Die

civilrechtlichen Gesetze

des Deutschen Reiches

mit Ausschluß des
Bürgerlichen Gesetzbuchs und der handels-, wechsel- und see-rechtlichen Gesetze, sowie der in der Gewerbeordnung, in den Reichsjustizgesetzen, im Zwangsversteigerungsgesetze, in der Grundbuchordnung und in der Reichsstrafgesetzgebung enthaltenen civilrechtlichen Bestimmungen.

Für die Praxis und zum Gebrauch bei Vorlesungen

in zeitlicher Folge zusammengestellt von

Dr. Emil Sehling,
orb. Professor der Rechte an der Universität Erlangen.

Dritte Auflage.

Leipzig,
Verlag von Veit & Comp.
1902

Typograph-Maschinensatz von Oscar Brandstetter in Leipzig.

Vorwort zur dritten Auflage.

Das „Bürgerliche Gesetzbuch" ist keine erschöpfende Kodifikation des bürgerlichen Rechts. Wenn von den landesrechtlichen Vorbehalten und von den Sondergesetzen des Handels-, Wechsel- und Seerechts ganz abgesehen wird, so gelten neben dem Bürgerlichen Gesetzbuch noch zahlreiche Reichsgesetze, die entweder rein zivilrechtlichen Inhalts sind oder doch vereinzelte Bestimmungen bürgerlich-rechtlicher Natur enthalten. Diese in einer handlichen Ausgabe zu vereinigen, ist der Zweck der vorliegenden, nunmehr in dritter Auflage erscheinenden Sammlung.

Von Reichsgesetzen zivilrechtlichen Inhalts außerhalb des Bürgerlichen Gesetzbuchs fehlen nur:

Die handels-, wechsel- und seerechtlichen Gesetze;

die in den Reichsjustizgesetzen, im Zwangsversteigerungsgesetze und in der Grundbuchordnung, sowie in der Reichsstrafgesetzgebung enthaltenen zivilrechtlichen Bestimmungen, sowie endlich die Gewerbeordnung.

Diese Gesetze, insbesondere die Gewerbeordnung, sind nicht aufgenommen worden, um den Umfang des Buches nicht allzusehr anschwellen zu lassen, sowie in der Erwägung, daß gewiß Ausgaben derselben in den Händen der Praktiker und Studirenden sich befinden. Von diesen Gesetzen abgesehen, bietet die vorliegende Sammlung — und dadurch unterscheidet sie sich von anderen — das **vollständige** bürgerliche Rechtsmaterial außerhalb des Bürgerlichen Gesetzbuchs.

Mehr als 200 Gesetze und Verordnungen sind theils vollständig, theils in ihren vereinzelten zivilrechtlichen Bestimmungen abgedruckt. Mit Rücksicht auf die Handlichkeit der Ausgabe sind in dieser dritten Auflage bei den sog. Sozial-Gesetzen die rein öffentlich-rechtlichen Partieen fortgelassen, soweit sie nicht zum Verständnis der privatrechtlichen unentbehrlich sind. Deshalb wurde der Titel des Buches, demjenigen der ersten Auflage entsprechend, ausschließlich auf das bürgerliche Recht abgestellt.

Im Uebrigen sind Anordnung und Ausstattung wie in den früheren Auflagen geblieben. Die Anordnung konnte nur eine chronologische sein, da der verschiedenartige Inhalt vieler Gesetze bei einer systematischen Einreihung eine vollständige Zerreißung des Gesetzes bedingt haben würde. Abänderungen und Nachträge sind bei dem durch sie abgeänderten Gesetze eingeschaltet und durch lateinische Schrift hervorgehoben; in der chronologischen Reihenfolge ist lediglich der Titel des ändernden oder ergänzenden Gesetzes abgedruckt und auf diejenige Stelle verwiesen, welche den Text enthält.

Wenn den Studirenden die Kenntniß des gesammten deutschen bürgerlichen Rechts auf der Universität vermittelt werden soll, sei es im Wege einer besonderen Vorlesung neben dem Bürgerlichen Gesetzbuche, wie ich sie seit Jahren regelmäßig halte, sei es im Zusammenhange mit den Vorträgen über das Bürgerliche Gesetzbuch, so ist, wie ich aus Erfahrung weiß, eine Sammlung wie die vorliegende ein unentbehrliches Hilfsmittel.

Aber auch dem in der Vorbereitung zum Assessor-Examen und dem bereits in der Praxis Stehenden dürfte der Besitz einer Sammlung von Nutzen sein, welche ihm den gesammten, gegenwärtig geltenden Rechtsstoff neben seinem Bürgerlichen Gesetzbuch zusammenfaßt, zu einer Zeit, wo die Verwirklichung des Grundsatzes „Jura novit curia“ mehr Schwierigkeiten darbietet, denn je.

Ein ausführliches Sachregister soll den Gebrauch erleichtern; es mag insbesondere auch für Unterrichts- und Examens-Zwecke Dienste leisten.

Erlangen, im Sommer 1902.

E. Sehling.

Verzeichniß der Abkürzungen.

BGBl = Bundesgesetzblatt des Norddeutschen Bundes.
CBl = Centralblatt für das Deutsche Reich.
CPO = Civilprozeßordnung.
EG z. CPO = Einführungsgesetz zur Civilprozeßordnung.
G = Gesetz.
GVG = Gerichtsverfassungsgesetz.
KO = Konkursordnung.
Nov. = Novelle.
RGBl = Reichsgesetzblatt.
StGB = Strafgesetzbuch.
V = Verordnung.

Wo eine besondere Jahreszahl nicht angegeben ist, stimmen die Jahreszahl des Gesetzes und der Jahrgang des betr. Gesetz- oder Verordnungsblattes überein.

Inhalt.

1867

1) Gesetz über die Freizügigkeit. Vom 1. Nov. 1867. (BGBl S. 55.)

§ 1. Jeder Bundesangehörige hat das Recht, innerhalb des Bundesgebietes:

1) an jedem Orte sich aufzuhalten oder niederzulassen, wo er eine eigene Wohnung oder ein Unterkommen sich zu verschaffen im Stande ist;
2) an jedem Orte Grundeigenthum aller Art zu erwerben;
3) umherziehend oder an dem Orte des Aufenthaltes, beziehungsweise der Niederlassung, Gewerbe aller Art zu betreiben, unter den für Einheimische geltenden gesetzlichen Bestimmungen.

In der Ausübung dieser Befugnisse darf der Bundesangehörige, soweit nicht das gegenwärtige Gesetz Ausnahmen zuläßt, weder durch die Obrigkeit seiner Heimath, noch durch die Obrigkeit des Ortes, in welchem er sich aufhalten oder niederlassen will, gehindert oder durch lästige Bedingungen beschränkt werden.

Keinem Bundesangehörigen darf um des Glaubensbekenntnisses willen oder wegen fehlender Landes- oder Gemeindeangehörigkeit der Aufenthalt, die Niederlassung, der Gewerbebetrieb oder der Erwerb von Grundeigenthum verweigert werden.

§ 2.[1] Wer die aus der Reichsangehörigkeit folgenden Befugnisse in Anspruch nimmt, hat auf Verlangen den Nachweis seiner Reichsangehörigkeit, und, sofern er unter elterlicher Gewalt oder unter Vormundschaft steht, den Nachweis der Genehmigung des gesetzlichen Vertreters zu erbringen.

Eine Ehefrau bedarf der Genehmigung des Ehemanns.

---

2) Gesetz, betr. die Organisation der Bundeskonsulate sowie die Amtsrechte und Pflichten der Bundeskonsuln. Vom 8. Nov. 1867. (BGBl S. 137.)[2]

§ 5. Die Bundeskonsuln können ohne Genehmigung des Bundespräsidiums weder Konsulate fremder Mächte bekleiden, noch Geschenke oder Orden von fremden Regierungen annehmen.

§ 13. Die Befugniß der Konsuln zu Eheschließungen und zur Beurkundung der Heirathen, Geburten und Sterbefälle der Bundes-

[1] Fassung durch EG BGB Art. 37.

[2] Vgl. auch das Konsulargerichtsbarkeitsgesetz vom 10. Juli 1879.

angehörigen bestimmt sich bis zum Erlaß eines diese Befugniß regelnden Bundesgesetzes nach den Landesgesetzen der einzelnen Bundesstaaten.

Wenn nach den Landesgesetzen die Befugniß von einer besonderen Ermächtigung abhängig ist, so wird die letztere von dem Bundeskanzler auf Antrag der Landesregierung ertheilt.

§ 14. Die Bundeskonsuln sind befugt zur Legalisation derjenigen Urkunden, welche in ihrem Amtsbezirke ausgestellt oder beglaubigt sind.

§ 15. Die schriftlichen Zeugnisse, welche von den Bundeskonsuln über ihre amtlichen Handlungen und die bei Ausübung ihres Amtes wahrgenommenen Thatsachen unter ihrem Siegel und ihrer Unterschrift ertheilt sind, haben die Beweiskraft öffentlicher Urkunden.

§ 16. Den Bundeskonsuln steht innerhalb ihres Amtsbezirks in Ansehung der Rechtsgeschäfte, welche Bundesangehörige errichten, insbesondere auch derjenigen, welche dieselben mit Fremden schließen, das Recht der Notare zu, dergestalt, daß die von ihnen aufgenommenen und mit ihrer Unterschrift und ihrem Siegel versehenen Urkunden den innerhalb der Bundesstaaten aufgenommenen Notariats-Urkunden gleich zu achten sind.

Einem Wahlkonsul steht in Ansehung der Errichtung einer Verfügung von Todeswegen das im Abs. 1 bezeichnete Recht der Notare nur dann zu, wenn das Rechte ihm von dem Reichskanzler besonders beigelegt ist.[1]

§ 17. Bei Aufnahme der Urkunden (§ 16) haben die Bundeskonsuln zwei Zeugen zuzuziehen, in deren Gegenwart die Verhandlung vorzulesen und von den Betheiligten durch Unterschrift oder im Falle der Schreibensunerfahrenheit durch Handzeichen zu vollziehen ist.

Die Befolgung dieser Vorschriften muß aus der Urkunde hervorgehen, widrigenfalls dieselbe nicht die Kraft einer Notariats-Urkunde hat. Diese Kraft mangelt auch in dem Falle, wenn der Konsul oder seine Frau oder einer von seinen oder seiner Frau Verwandten oder Verschwägerten in auf- oder absteigender Linie oder in der Seitenlinie bis zum Grade des Oheims oder Neffen einschließlich bei der Verhandlung betheiligt war, oder wenn darin eine Verfügung zu Gunsten einer der vorgenannten Personen oder der hinzugezogenen Zeugen getroffen ist.

§ 17a. Auf die Errichtung einer Verfügung von Todeswegen finden nicht die Vorschriften des § 17, sondern die Vorschriften des Bürgerlichen Gesetzbuchs Anwendung.[2]

§ 18. Die Bundeskonsuln sind berufen, der in ihrem Amtsbezirke befindlichen Verlassenschaften verstorbener Bundesangehöriger, wenn ein amtliches Einschreiten wegen Abwesenheit der nächsten Erben oder aus ähnlichen Gründen geboten erscheint, sich anzu-

[1] und [2] Zusätze durch EG z. BGB Art. 38.

nehmen; sie sind hierbei insbesondere ermächtigt, den Nachlaß zu versiegeln und zu inventarisiren, den beweglichen Nachlaß, wenn die Umstände es erfordern, in Verwahrung zu nehmen und öffentlich zu verkaufen, sowie die vorhandenen Gelder zur Tilgung der feststehenden Schulden zu verwenden.

§ 21. Bei Rechtsstreitigkeiten der Bundesangehörigen unter sich und mit Fremden sind die Bundeskonsuln berufen, nicht allein auf Antrag der Parteien den Abschluß von Vergleichen zu vermitteln, sondern auch das Schiedsrichteramt zu übernehmen, wenn sie in der durch die Ortsgesetze vorgeschriebenen Form von den Parteien zu Schiedsrichtern ernannt werden.

§ 22. Den Bundeskonsuln steht eine volle Gerichtsbarkeit zu, wenn sie in Ländern residiren, in welchen ihnen durch Herkommen oder durch Staatsverträge die Ausübung der Gerichtsbarkeit gestattet ist.

Der Konsulargerichtsbarkeit sind alle in den Konsular-Jurisdiktionsbezirken wohnenden oder sich aufhaltenden Bundesangehörigen und Schutzgenossen unterworfen. In Betreff der politischen Verbrechen und Vergehen jedoch nur, wenn diese nicht innerhalb des Norddeutschen Bundes oder in Beziehung auf denselben verübt sind.

§ 23. Die Jurisdiktionsbezirke der einzelnen Konsuln werden von dem Bundeskanzler nach Vernehmung des Ausschusses des Bundesrathes für Handel und Verkehr bestimmt.

§ 24. Bis zum Erlasse eines Bundesgesetzes über die Konsulargerichtsbarkeit wird dieselbe von den Bundeskonsuln nach Maßgabe des über die Gerichtsbarkeit der Konsuln in Preußen erlassenen Gesetzes vom 29. Juni 1865 (Gesetz-Samml. S. 681) ausgeübt. Die nach diesem Gesetze den Preußischen Ministern und Gesandten übertragenen Befugnisse stehen jedoch dem Bundeskanzler zu.

Neue Bundesgesetze erlangen in den Konsular-Jurisdiktionsbezirken nach Ablauf von sechs Monaten, von dem Tage gerechnet, an welchem dieselben durch das Bundesgesetzblatt verkündet worden sind, verbindliche Kraft.

---

3) Gesetz, betr. die Verpflichtung zum Kriegsdienst. Vom 9. Nov. 1867. (BGBl S. 131.)

§ 1. Jeder Norddeutsche ist wehrpflichtig und kann sich in Ausübung dieser Pflicht nicht vertreten lassen. Ausgenommen von der Wehrpflicht sind nur:

a) die Mitglieder regierender Häuser;

b) die Mitglieder der mediatisirten, vormals reichsständischen und derjenigen Häuser, welchen die Befreiung von der Wehrpflicht durch Verträge zugesichert ist, oder auf Grund besonderer Rechtstitel zusteht.

Diejenigen Wehrpflichten, welche zwar nicht zum Waffendienste, jedoch zu sonstigen militärischen Dienstleistungen, welche ihrem bürgerlichen Berufe entsprechen, fähig sind, können zu solchen herangezogen werden.[1]

1868

4) Gesetz über die Aufhebung der polizeilichen Beschränkungen der Eheschließung. Vom 4. Mai 1868. (BGBl S. 149.)[2]

§ 1. Bundesangehörige bedürfen zur Eingehung einer Ehe oder zu der damit verbundenen Gründung eines eigenen Haushaltes weder des Besitzes, noch des Erwerbes einer Gemeindeangehörigkeit (Gemeindemitgliedschaft) oder des Einwohnerrechtes, noch der Genehmigung der Gemeinde (Gutsherrschaft) oder des Armenverbandes, noch einer obrigkeitlichen Erlaubniß.

Insbesondere darf die Befugniß zur Verehelichung nicht beschränkt werden wegen Mangels eines bestimmten, die Großjährigkeit übersteigenden Alters oder des Nachweises einer Wohnung, eines hinreichenden Vermögens oder Erwerbes, wegen erlittener Bestrafung, bösen Rufes, vorhandener oder zu befürchtender Verarmung, bezogener Unterstützung oder aus anderen polizeilichen Gründen. Auch darf von der ortsfremden Braut ein Zuzugsgeld oder eine sonstige Abgabe nicht erhoben werden.

§ 2. Die polizeilichen Beschränkungen der Befugniß zur Eheschließung, welche in Ansehung der Ehen zwischen Juden und für die Angehörigen einzelner bürgerlichen Berufsstände bestehen, werden aufgehoben.

Die Bestimmungen über die Genehmigung der Eheschließung der Militairpersonen, Beamten, Geistlichen und Lehrer durch die Vorgesetzten werden hiervon nicht betroffen.

§ 3. Die für Geistliche und Civilstandsbeamte bestehenden Verbote, bei der Schließung einer Ehe ohne vorherige Beibringung einer obrigkeitlichen Bescheinigung amtlich mitzuwirken, bleiben in Beziehung auf Bundesangehörige nur soweit in Kraft, als diese Bescheinigung das Vorhandensein der durch dieses Gesetz nicht berührten Voraussetzungen der Eheschließung oder die im § 2 Alinea 2 erwähnten Bestimmungen zum Gegenstand hat.

§ 4. Die Vorschriften der Landesgesetze über die Zulassung von Ausländern zur Eingehung einer Ehe finden auf Bundesangehörige keine Anwendung.

§ 5. Die Bestimmungen des bürgerlichen Eherechtes werden durch dieses Gesetz nicht berührt.

§ 6. Dieses Gesetz tritt am 1. Juli d. J. in Kraft.

[1] Vgl. G vom 8. Februar 1890, betr. die Wehrpflicht der Geistlichen (RGBl S. 23).

[2] Gilt nicht in Bayern (Schlußprotokoll vom 23. Nov. 1870 unter 1. RGBl 1871, S. 23) und Elsaß-Lothringen. Vgl. auch BGB § 1315.

5) Gesetz, betr. die Aufhebung der Schuldhaft. Vom 29. Mai 1868. (BGBl S. 237.)[1]

§ 1. Der Personalarrest ist als Exekutionsmittel in bürgerlichen Rechtssachen insoweit nicht mehr statthaft, als dadurch die Zahlung einer Geldsumme oder die Leistung einer Quantität vertretbarer Sachen oder Werthpapiere erzwungen werden soll.

§ 2. Die gesetzlichen Vorschriften, welche den Personalarrest gestatten, um die Einleitung oder Fortsetzung des Prozeßverfahrens, oder die gefährdete Exekution in das Vermögen des Schuldners zu sichern (Sicherungsarrest), bleiben unberührt.[2]

§ 3. Die Bestimmung des § 1 findet auch auf die vor Erlassung dieses Gesetzes entstandenen Verbindlichkeiten Anwendung, selbst wenn auf Personalarrest rechtskräftig erkannt oder mit dessen Vollstreckung begonnen ist.

§ 4. Alle diesem Gesetze entgegenstehenden Vorschriften treten außer Kraft.

§ 5. Das Gesetz tritt in Kraft an dem Tage, an welchem es durch das Bundes-Gesetzblatt verkündet wird.

---

6) Gesetz, betr. die Quartierleistung für die bewaffnete Macht während des Friedenszustandes. Vom 25. Juni 1868. (BGBl S. 523.)

§ 4. Der Bund ist berechtigt, gegen Gewährung der im § 3, beziehungsweise im beigefügten Tarif bestimmten Entschädigung die Beschaffung der Quartierleistungen zu verlangen und dazu alle be-

---

[1] Gilt nicht in Elsaß-Lothringen.

[2] Aufgehoben durch § 13 Nr. 1 EG z. CPO. Derselbe lautet:
„Die proceßrechtlichen Vorschriften der Reichsgesetze werden durch die CPO nicht berührt."
Aufgehoben werden:
1) § 2 des Gesetzes betr. Aufhebung der Schuldhaft, vom 29. Mai 1868.
2) Artikel 34—36, 37 Satz 2, 39, 77, 78, 79 Abs. 2, 488, 494, 889 des Handelsgesetzbuches;
3) § 6 des Gesetzes, betreffend die Verbindlichkeit zum Schadensersatze für die bei dem Betriebe von Eisenbahnen, Bergwerken u. s. w. herbeigeführten Tödtungen und Körperverletzungen, vom 7. Juli 1871;
4) § 14 des Gesetzes über das Postwesen des Deutschen Reichs, vom 28. October 1871, insoweit diese Vorschrift die Unterbrechung der Verjährung an die Anmeldung der Klage knüpft.
5) § 144 Abs. 4 des Gesetzes, betreffend die Rechtsverhältnisse der Reichsbeamten, vom 31. März 1873;
6) § 78 Abs. 3 des Gesetzes über die Beurkundung des Personenstandes und die Eheschließung, vom 6. Februar 1875.
Vgl. § 918 (798) CPO: „Der persönliche Sicherheitsarrest findet nur statt, wenn er erforderlich ist, um die gefährdete Zwangsvollstreckung in das Vermögen des Schuldners zu sichern."

nutzbaren Baulichkeiten in Anspruch zu nehmen, soweit dadurch der Quartiergeber in der Benutzung der für seine Wohnungs-, Wirthschafts- und Gewerbebetriebs-Bedürfnisse unentbehrlichen Räumlichkeiten nicht behindert wird.

Befreit sind hiervon nur:

1) die Gebäude, welche a) sich im Besitze der Mitglieder regierender Familien befinden, b) zu den Standesherrschaften der vormals reichsständischen oder derjenigen Häuser gehören, denen diese Befreiung durch Verträge zugesichert ist oder auf Grund besonderer Rechtstitel zusteht, insofern diese Gebäude für immer oder zeitweise zum Wohnsitze ihrer Eigenthümer bestimmt sind;
2) die Wohnungen der Gesandten und des Gesandtschaftspersonals fremder Mächte; ferner, in Voraussetzung der Gegenseitigkeit, die Wohnungen der Berufskonsuln fremder Mächte, sofern sie Angehörige des entsendenden Staates sind und in ihrem Wohnort kein Gewerbe betreiben oder keine Grundstücke besitzen;
3) diejenigen Gebäude und Gebäudetheile, welche zu einem öffentlichen Dienst oder Gebrauch bestimmt sind, ohne Rücksicht auf deren Eigenthums-Verhältnisse; insonderheit also die zum Gebrauch von Behörden bestimmten, sowie die zum Betriebe der Eisenbahnen erforderlichen Gebäude und Gebäudetheile;
4) Universitäts- und andere zum öffentlichen Unterricht bestimmte Gebäude, Bibliotheken und Museen;
5) Kirchen, Kapellen und andere dem öffentlichen Gottesdienste gewidmete Gebäude, sowie die gottesdienstlichen Gebäude der mit Korporationsrechten versehenen Religionsgesellschaften;
6) Armen-, Waisen- und Krankenhäuser, Besserungs-, Aufbewahrungs- und Gefängnisanstalten, sowie Gebäude, welche milden Stiftungen angehören und für deren Zwecke unmittelbar benutzt werden;
7) neu erbaute oder vom Grunde aus wieder aufgebaute Gebäude bis zum Ablauf zweier Kalenderjahre nach dem Kalenderjahre, in welchem sie bewohnbar, beziehungsweise nutzbar geworden sind.

Zu neuen, einen Kostenaufwand verursachenden Herstellungen können die Verpflichteten ohne Gewährung vollständiger Entschädigung Seitens des Bundes nicht angehalten werden.

---

7) Gesetz, betr. die Schließung und Beschränkung der öffentlichen Spielbanken. Vom 1. Juli 1868. (BGBl S. 367.)[1]

§ 1. Oeffentliche Spielbanken dürfen weder konzessionirt noch geduldet werden.

[1] Gilt nicht in Baden und Elsaß-Lothringen. Vgl. aber §§ 284. 285. 360 Nr. 14 StGB. BGB §§ 762 ff.

8) Maß- und Gewichtsordnung für den Norddeutschen Bund. Vom 17. August 1868. (BGBl S. 473.)[1]

Artikel 1.[2] Das Meter und das Kilogramm sind die Grundlagen des Masses und des Gewichtes.

Das Meter ist die Einheit des Längenmasses. Es wird dargestellt durch den bei der Temperatur des schmelzenden Eises gemessenen Abstand der Endstriche auf demjenigen Massstab, welcher von der Internationalen Generalkonferenz für Mass und Gewicht als internationales Prototyp des Meter anerkannt worden und bei dem Internationalen Mass- und Gewichtsbüreau niedergelegt ist.

Das Kilogramm ist die Einheit des Gewichtes. Es wird dargestellt durch die Masse desjenigen Gewichtsstückes, welches durch die Internationale Generalkonferenz für Mass und Gewicht als internationales Prototyp des Kilogramm anerkannt worden und bei dem Internationalen Mass- und Gewichtsbüreau niedergelegt ist.

Artikel 10. Zum Zumessen und Zuwägen im öffentlichen Verkehre dürfen nur in Gemäßheit dieser Maß- und Gewichtsordnung gehörig gestempelte Maße, Gewichte und Wagen angewendet werden.

Der Gebrauch unrichtiger Maße, Gewichte und Wagen ist untersagt, auch wenn dieselben im Uebrigen den Bestimmungen dieser Maß- und Gewichtsordnung entsprechen. Die näheren Bestimmungen über die äußersten Grenzen der im öffentlichen Verkehr noch zu duldenden Abweichungen von der absoluten Richtigkeit erfolgen nach Vernehmung der im Artikel 18 bezeichneten technischen Behörde durch den Bundesrath.[3]

Artikel 11. Bei dem Verkaufe weingeistiger Flüssigkeiten nach Stärkegraden dürfen zur Ermittelung des Alkoholgehaltes nur gehörig gestempelte Alkoholmeter und Thermometer angewendet werden.

Artikel 12. Der in Fässern zum Verkauf kommende Wein darf dem Käufer nur in solchen Fässern, auf welchen die den Raumgehalt bildende Zahl der Liter durch Stempelung beglaubigt ist, überliefert werden.

Eine Ausnahme hiervon findet nur bezüglich desjenigen ausländischen Weines statt, welcher in den Originalgebinden weiter verkauft wird.

Artikel 13. Gasmesser, nach welchen die Vergütung für den Verbrauch von Leuchtgas bestimmt wird, sollen gehörig gestempelt sein.

---

[1] Vgl. die Gesetze vom 10. März 1870 (BGBl S. 46), 26. Nov. 1871 (RGBl S. 397), 7. Dez. 1873 (RGBl S. 377), 19. Dez. 1874 (RGBl 1875 S. 1). G, betr. Aenderungen im Münzwesen. Vom 1. Juni 1900 (RGBl S. 250). — Vgl. auch Bekanntmachung vom 26. Nov. 1877 (CBl S. 565).

[2] Art. 1 in der Fassung durch G vom 26. April 1893 (RGBl S. 151).

[3] Vgl. Bekanntmachung vom 27. Juli 1875 (RGBl S. 263).

Artikel 14.[1] Zur Aichung und Stempelung sind zuzulassen:

diejenigen Längenmafse, welche dem Meter oder seinen ganzen Vielfachen, oder seiner Hälfte, seinem fünften oder seinem zehnten Theile entsprechen;

diejenigen Körpermafse, welche dem Kubikmeter, dem Hektoliter, dem halben Hektoliter oder dem ganzen Vielfachen dieser Mafsgröfsen, oder dem Liter, seinem Zwei-, Fünf-, Zehn- oder Zwanzigfachen, oder seiner Hälfte, seinem fünften, zehnten, zwanzigsten, fünfzigsten oder hundertsten Theile entsprechen;

diejenigen Gewichte, welche dem Kilogramm, dem Gramm oder dem Milligramm oder dem Zwei-, Fünf-, Zehn-, Zwanzig- oder Fünfzigfachen dieser Gröfsen oder der Hälfte, dem fünften oder dem zehnten Theile des Kilogramm oder des Gramm entsprechen.

Zulässig ist ferner die Aichung und Stempelung des Viertel-Hektoliter, sowie des Viertel-Liter.

1869

9) Gesetz, Maßregeln gegen die Rinderpest betreffend. Vom 7. April 1869. (BGBl S. 105.[2]

§ 1. Wenn die Rinderpest (Löserdürre) in einem Bundesstaate oder in einem an das Gebiet des Norddeutschen Bundes angrenzenden oder mit demselben im direkten Verkehre stehenden Lande ausbricht, so sind die zuständigen Verwaltungsbehörden der betreffenden Bundesstaaten verpflichtet und ermächtigt, alle Maßregeln zu ergreifen, welche geeignet sind, die Einschleppung und beziehentlich die Weiterverbreitung der Seuche zu verhüten und die im Lande selbst ausgebrochene Seuche zu unterdrücken.

§ 2. Die Maßregeln, auf welche sich die im § 1 ausgesprochene Verpflichtung und Ermächtigung je nach den Umständen zu erstrecken hat, sind folgende:

1) Beschränkungen und Verbote der Einfuhr,[3] des Transports und des Handels in Bezug auf lebendes oder todtes Rindvieh, Schafe und Ziegen, Häute, Haare und sonstige thierische Rohstoffe in frischem oder trockenem Zustande, Rauchfutter, Streumaterialien, Lumpen, gebrauchte Kleider, Geschirre und Stallgeräthe; endlich Einführung einer Rindviehkontrole im Grenzbezirke;

2) Absperrung einzelner Gehöfte, Ortstheile, Orte, Bezirke, gegen den Verkehr mit der Umgebung;

---

[1] Art. 14 in der Fassung durch G vom 11. Juli 1884 (RGBl S. 115).

[2] Vgl. G vom 23. Juni 1880 (RGBl S. 153).

[3] Vgl. G vom 21. Mai 1878 (RGBl S. 95).

3) Tödtung selbst gesunder Thiere und Vernichtung von giftfangenden Sachen, ingleichen, wenn die Desinfektion nicht als ausreichend befunden wird, von Transportmitteln, Geräthschaften u. dergl. im erforderlichen Umfange;
4) Desinfizirung der Gebäude, Transportmittel und sonstigen Gegenstände, sowie der Personen, welche mit seuchekranken oder verdächtigen Thieren in Berührung gekommen sind;
5) Enteignung des Grund und Bodens für die zum Verscharren getödteter Thiere und giftfangender Dinge nöthigen Gruben.

§ 3. Für die auf Anordnung der Behörde getödteten Thiere, vernichteten Sachen und enteigneten Plätze, sowie für die nach rechtzeitig erfolgter Anzeige des Besitzers gefallenen Thiere wird der durch unparteiische Taxatoren festzustellende gemeine Werth aus der Bundeskasse vergütet.

Diese Entschädigung wird jedoch nicht gewährt für solches Vieh, welches innerhalb zehn Tage nach erfolgter Einfuhr oder nach Eintrieb über die Bundesgrenze an der Seuche fällt.[1]

§ 4. Jeder, der zuverlässige Kunde davon erlangt, daß ein Stück Vieh an der Rinderpest krank oder gefallen ist oder daß auch nur der Verdacht einer solchen Krankheit vorliegt, hat ohne Verzug der Ortspolizeibehörde Anzeige davon zu erstatten. Die Unterlassung schleunigster Anzeige hat für den Viehbesitzer selbst, welcher sich dieselbe zu Schulden kommen läßt, jedenfalls den Verlust des Anspruches auf Entschädigung für die ihm gefallenen oder getödteten Thiere zur Folge.

---

10) Gesetz, betr. die Kautionen der Bundesbeamten. Vom 2. Juni 1869. (BGBl S. 161.)[2]

§ 1. Bundesbeamter im Sinne dieses Gesetzes ist jeder Beamte, welcher entweder vom Bundespräsidium angestellt, oder nach Vorschrift der Bundesverfassung den Anordnungen des Bundespräsidiums Folge zu leisten verpflichtet ist.

Auf Personen des Soldatenstandes findet dies Gesetz keine Anwendung.

§ 2. Beamte, welchen die Verwaltung einer dem Bunde gehörigen Kasse oder eines dem Bunde gehörigen Magazins, oder die Annahme, die Aufbewahrung oder der Transport von, dem Bunde

---

[1] Vgl. dazu EG z. BGB Art. 52.

[2] Dieses Gesetz gilt in Folge des G wegen Aufhebung der Kautionspflicht der Reichsbeamten vom 20. Februar 1898 (RGBl S. 29) [vgl. unter 1898] nur noch für die Reichsbankbeamten. [V vom 23. Dez. 1875 (RGBl S. 380).] Ebenso auch G wegen Ergänzung des G vom 2. Juni 1869 betr. die Kautionen der Bundesbeamten vom 22. März 1893 (RGBl S. 131) unten unter 1893.

gehörigen oder ihm anvertrauten Geldern oder geldwerthen Gegenständen obliegt, haben dem Bunde für ihr Dienstverhältniß Kaution zu leisten. . . .

§ 5. Die Amtskautionen sind durch Verpfändung von auf den Inhaber lautenden Obligationen über Schulden des Bundes oder eines einzelnen Bundesstaates nach deren Nennwerthe zu leisten.

Die Verpfändung erfolgt durch Uebergabe zum Faustpfande.[1]

§ 6. Die Kautionen sind bei denjenigen Kassen, welche zur Aufbewahrung derselben von der obersten Präsidialbehörde bestimmt werden, niederzulegen. Die Niederlegung der Werthpapiere erfolgt einschließlich des dazu gehörigen Talons, beziehungsweise desjenigen Zinsscheins, an dessen Inhaber die neue Zinsschein-Serie ausgereicht wird.

Die faustpfandlichen Rechte an den niedergelegten Werthpapieren sind mit voller rechtlicher Wirkung erworben, sobald der Empfangsschein über die Niederlegung ertheilt ist.

Die Zinsscheine für einen vier Jahre nicht übersteigenden Zeitraum werden dem Kautionsbesteller belassen, beziehungsweise nach Ablauf dieses Zeitraums oder nach Ausreichung neuer Zinsscheine verabfolgt. Die Einziehung der neuen Zinsscheine erfolgt durch die Kasse. Letztere hat nicht die Verpflichtung, die Ausloosung der niedergelegten Werthpapiere zu überwachen.

§ 10. Die Amtskaution haftet dem Bunde für alle von dem kautionspflichtigen Beamten aus seiner Amtsführung zu vertretenden Schäden und Mängel an Kapital und Zinsen, sowie an gerichtlichen und außergerichtlichen Kosten der Ermittelung des Schadens.[2]

§ 11. Steht eine der nach § 10 aus der Kaution zu deckenden Forderungen zur Exekution, so ist die dem kautionspflichtigen Beamten vorgesetzte Dienstbehörde ohne Weiteres berechtigt, die verpfändeten Werthpapiere bis auf Höhe der Forderung an einer innerhalb des Bundesgebietes belegenen, von ihr zu bestimmenden Börse außergerichtlich verkaufen zu lassen. Der Kautionsbesteller ist in solchem Falle zur Ausantwortung der ihm belassenen noch nicht fälligen Zinsscheine (§ 6) verpflichtet. Ist diese Ausantwortung von ihm nicht zu erlangen, so kann er zur Erlegung des Geldwerthes der von ihm zurückbehaltenen Zinsscheine in dem für die Beitreibung öffentlicher Abgaben vorgeschriebenen Verfahren zwangsweise angehalten werden.

Der Bund ist nicht verpflichtet, im Falle des Konkurses die verpfändeten Werthpapiere in die Konkursmasse einzuliefern.

---

[1] Vgl. V vom 23. Dez. 1875 (RGBl S. 380) § 4.

[2] Vgl. §§ 134—136. 142. 144. 148 des Reichsbeamtengesetzes vom 31. März 1873.

11) Gesetz, betr. die Beschlagnahme des Arbeits- oder Dienstlohnes. Vom 21. Juni 1869. (BGBl S. 242.)[1]

§ 1. Die Vergütung (Lohn, Gehalt, Honorar u. s. w.) für Arbeiten oder Dienste, welche auf Grund eines Arbeits- oder Dienstverhältnisses geleistet werden, darf, sofern dieses Verhältniß die Erwerbsthätigkeit des Vergütungsberechtigten vollständig oder hauptsächlich in Anspruch nimmt, zum Zwecke der Sicherstellung oder Befriedigung eines Gläubigers erst dann mit Beschlag belegt werden, nachdem die Leistung der Arbeiten oder Dienste erfolgt und nachdem der Tag, an welchem die Vergütung gesetzlich, vertrags- oder gewohnheitsmäßig zu entrichten war, abgelaufen ist, ohne daß der Vergütungsberechtigte dieselbe eingefordert hat.

§ 2. Die Bestimmungen des § 1 können nicht mit rechtlicher Wirkung durch Vertrag ausgeschlossen oder beschränkt werden.

Soweit nach diesen Bestimmungen die Beschlagnahme unzulässig ist, ist auch jede Verfügung durch Cession, Anweisung, Verpfändung oder durch ein anderes Rechtsgeschäft ohne rechtliche Wirkung.

§ 3. Als Vergütung ist jeder dem Berechtigten gebührende Vermögensvortheil anzusehen. Auch macht es keinen Unterschied, ob dieselbe nach Zeit oder Stück berechnet wird.

Ist die Vergütung mit dem Preise oder Werth für Material oder mit dem Ersatz anderer Auslagen in ungetrennter Summe bedungen, so gilt als Vergütung im Sinne dieses Gesetzes der Betrag, welcher nach Abzug des Preises oder des Werthes der Materialien und nach Abzug der Auslagen übrig bleibt.

§ 4. Das gegenwärtige Gesetz findet keine Anwendung:

1) auf den Gehalt und die Dienstbezüge der öffentlichen Beamten;
2) auf die Beitreibung der direkten persönlichen Staatssteuern und Kommunalabgaben (die derartigen Abgaben an Kreis-, Kirchen-, Schul- und sonstige Kommunalverbände mit eingeschlossen), sofern diese Steuern und Abgaben nicht seit länger als drei Monaten fällig geworden sind;
3) auf die Beitreibung der den Verwandten, dem Ehegatten und dem früheren Ehegatten für die Zeit nach Erhebung der Klage und für das diesem Zeitpunkte vorausgehende letzte Vierteljahr kraft Gesetzes zu entrichtenden Unterhaltungsbeiträge;
4) insoweit der Gesammtbetrag der Vergütung (§§ 1, 3) die Summe von fünfzehnhundert Mark für das Jahr übersteigt.

4a) Auf die Beitreibung der zu Gunsten eines unehelichen Kindes von dem Vater für den im § 4 No. 3 bezeichneten

---

[1] Der ursprüngliche Text ist wesentlich geändert durch G vom 29. März 1897 (RGBl 159), sowie durch Art. III EG zu G, betr. Aenderungen der CPO vom 17. Mai 1898. [Letzterer änderte § 4 Nr. 4.] Die Aenderungen sind durch lateinischen Druck hervorgehoben. Vgl. CPO § 850 (749).

Zeitraum kraft Gesetzes zu entrichtenden Unterhaltsbeiträge findet dieses Gesetz nur insoweit Anwendung, als der Schuldner zur Bestreitung seines nothdürftigen Unterhalts und zur Erfüllung der ihm seinen Verwandten, seiner Ehefrau oder seiner früheren Ehefrau gegenüber gesetzlich obliegenden Unterhaltspflicht der Vergütung (§§ 1, 3) bedarf. Hierbei werden ausschließlich die Leistungen berücksichtigt, welche vermöge einer solchen Unterhaltspflicht für den nämlichen Zeitraum oder, falls die Klage zu Gunsten des unehelichen Kindes nach der Klage eines Unterhaltsberechtigten erhoben ist, für die Zeit von dem Beginne des der Klage dieses Berechtigten vorausgehenden letzten Vierteljahrs ab zu entrichten sind.

§ 5. Dieses Gesetz tritt am 1. August 1869 in Kraft.

Die bis dahin verfügten, mit den Vorschriften dieses Gesetzes nicht vereinbarten Beschlagnahmen sind auf Antrag des Schuldners aufzuheben oder einzuschränken.

Dagegen finden die Bestimmungen des zweiten Absatzes des § 2 auf frühere Fälle keine Anwendung.

---

12) Gewerbeordnung vom 21. Juni 1869.

Vgl. G vom 1. Juli 1883 und 26. Juli 1900.

---

13) Vereinszollgesetz. Vom 1. Juli 1869. (BGBl S. 317.)

§ 13. Zur Entrichtung des Zolles ist dem Staate gegenüber derjenige verpflichtet, welcher zur Zeit, wo der Zoll zu entrichten, Inhaber (natürlicher Besitzer) des zollpflichtigen Gegenstandes ist. Dem Inhaber steht derjenige gleich, welcher den zollpflichtigen Gegenstand aus einer öffentlichen Niederlage entnimmt.

§ 14.[1] Die zollpflichtigen Gegenstände haften ohne Rücksicht auf die Rechte eines Dritten an denselben für den darauf ruhenden Zoll und können, so lange dessen Entrichtung nicht erfolgt ist, von der Zollbehörde zurückbehalten oder mit Beschlag belegt werden. Das an den Inhaber eines zollpflichtigen Gegenstandes von einem Zollbeamten ergangene Verbot, über den fraglichen Gegenstand weiter zu verfügen, hat die volle Wirkung der Beschlagnahme. Die Verabfolgung der Waaren, auf welchen noch ein Zollanspruch haftet, kann in keinem Falle, auch nicht von den Gerichten, Gläubigern oder

---

[1] Vgl. auch § 100: Die in der Niederlage befindliche Waare haftet unbedingt für den darauf haftenden Zoll.

Wird die Verabfolgung der Waaren aus der Niederlage vom Niederleger oder einer dritten Person verlangt, so ist diesem Verlangen nur unter den im § 14 enthaltenen Beschränkungen zu willfahren.

Gütervertretern (Massenkuratoren) bei Konkursen eher verlangt werden, als bis die Abgaben davon bezahlt sind.[1]

§ 45.[2] Für den Eingangszoll muß entweder durch Pfandlegung oder durch einen sicheren Bürgen, der sich als Selbstschuldner verpflichtet und den bürgschaftlichen Rechtsbehelfen entsagt, Sicherheit bestellt werden.

Die Pfandlegung oder Bürgschaft muß, wenn die Waarengattung ermittelt ist, auf den zu berechnenden Betrag des Eingangszolles, sonst aber auf den höchsten Zollsatz gerichtet werden.

Das Abfertigungsamt ist befugt, bekannte sichere Waarenführer, sowohl In- als Ausländer, von der Sicherheitsbestellung zu entbinden.

§ 93. Die in dem Vereinszolltarif festgesetzten Werthzölle sollen nach dem Werthe am Orte des Ursprungs oder der Fabrikation des eingeführten Gegenstandes, mit Hinzurechnung der bis zum Orte der Eingangsabfertigung erforderlichen Transport-, Versicherungs- und Kommissionskosten, berechnet werden.

Wer einen solchen Gegenstand einführt, hat dessen Werth schriftlich zu deklariren.

Wenn die Zollbehörde den deklarirten Werth für unzulänglich erachtet, so soll sie berechtigt sein, die Waaren zu behalten, gegen Zahlung des deklarirten Werthes mit einem Zuschlage von fünf vom Hundert an denjenigen, welcher dieselben eingeführt hat.

Diese Zahlung muß innerhalb der auf die Deklaration folgenden vierzehn Tage erfolgen, und es müssen die etwa erhobenen Zölle gleichzeitig erstattet werden.

Wenn die Zollbehörde das Vorkaufsrecht ausüben will, so kann derjenige, gegen welchen dasselbe ausgeübt werden soll, sofern er es vorzieht, die Abschätzung der Waare durch Sachverständige verlangen. Dieselbe Befugniß steht der Zollbehörde zu, wenn sie es nicht für angemessen erachtet, sofort von dem Vorkaufsrechte Gebrauch zu machen.

Wenn die Schätzung durch Sachverständige ergiebt, daß der Werth der Waare den bei der Einfuhr deklarirten nicht um fünf vom Hundert übersteigt, so soll der Zoll nach dem in der Deklaration angegebenen Betrage erhoben werden.

Wenn der Werth den deklarirten um fünf vom Hundert übersteigt, so kann die Zollbehörde nach ihrer Wahl das Vorkaufsrecht ausüben oder den Zoll nach dem durch die Sachverständigen ermittelten Werth erheben.

---

[1] Vgl. jetzt § 49 Nr. 1 KO „Den im § 48 bezeichneten Pfandgläubigern stehen gleich:

1) Die Reichskasse, die Staatskassen und die Gemeinden, sowie die Amts-, Kreis- und Provinzialverbände wegen öffentlicher Abgaben, in Ansehung der zurückgehaltenen oder in Beschlag genommenen zoll- und steuerpflichtigen Sachen."

[2] Ueber dasselbe Verfahren in anderen Fällen vgl. §§ 68. 72. 81. 86. 87.

Dieser Zoll soll zur Strafe um die Hälfte seines Betrages erhöht werden, wenn der von den Sachverständigen ermittelte Werth um zehn vom Hundert höher ist, als der deklarirte.

Die Kosten der Untersuchung sind von dem Deklaranten zu tragen, wenn der durch die schiedsrichterliche Entscheidung ermittelte Werth den deklarirten Werth um fünf vom Hundert übersteigt; im entgegengesetzten Falle sind dieselben von der Zollbehörde zu tragen.

Im Falle einer Abschätzung der Waare wird der eine der beiden sachverständigen Schiedsrichter von dem Deklaranten, der andere von dem Vorstande der Lokal-Zollbehörde ernannt. Bei einer Meinungsverschiedenheit oder, wenn der Deklarant es verlangt, schon bei der Niedersetzung des Schiedsgerichts, wird ein Obmann von den Sachverständigen gewählt, oder sofern sich die letzteren über die Wahl nicht verständigen, von dem Präsidenten des zuständigen Handelsgerichts oder, wo ein solches nicht vorhanden ist, von dem Vorsitzenden des Civilgerichts erster Instanz ernannt.

Die schiedsrichterliche Entscheidung muß innerhalb der auf die Niedersetzung des Schiedsgerichts folgenden vierzehn Tage abgegeben werden.

§ 102. Die Niederlageverwaltung muß für die wirthschaftliche Erhaltung der Niederlageräume in Dach und Fach, für sichern Verschluß derselben, für Aufrechthaltung der Ruhe und Ordnung unter den in der Niederlage beschäftigten Personen, sowie für Abwendung von Feuersgefahr im Innern des Gebäudes und dem dazu gehörigen umschlossenen Raum sorgen und haftet für Beschädigungen der lagernden Waaren, welche aus einer ihr zur Last fallenden Unterlassung oder Vernachlässigung dieser Fürsorge entstehen. Diese Verpflichtung tritt erst ein, nachdem die Waare in die Niederlage aufgenommen und die amtliche Bescheinigung hierüber ertheilt worden ist.

Andere Beschädigungen der lagernden Waaren und Unglücksfälle, welche dieselben treffen, hat die Niederlageverwaltung nicht zu vertreten.

§ 104. Sind Güter, deren Eigenthümer und Disponenten unbekannt sind, ein Jahr in der Niederlage geblieben, so soll dies unter genauer Bezeichnung derselben zu zwei verschiedenen Malen mit einem Zwischenraum von mindestens vier Wochen durch öffentliche Blätter bekannt gemacht werden, und wenn sich hierauf binnen sechs Monaten nach der letzten Bekanntmachung Niemand meldet, die Niederlageverwaltung berechtigt sein, die Güter öffentlich meistbietend zu verkaufen. Der Erlös bleibt nach Abzug der Bekanntmachungs- und Verkaufskosten, der Abgaben, sowie der etwa auf die Erhaltung der Waaren verwandten Kosten und des Lagergeldes sechs Monate hindurch aufbewahrt und fällt, wenn er bis zu deren Ablauf von Niemand in Anspruch genommen wird, der Staatskasse anheim.

Sind dergleichen Waaren einem schnellen Verderben ausgesetzt, so kann ein früherer Verkauf mit Genehmigung der dem Hauptamte vorgesetzten Behörde in der Art geschehen, daß der Lizitationstermin im Orte zu zwei verschiedenen Malen innerhalb acht Tagen öffentlich bekannt gemacht wird.

Haben Güter, deren Eigenthümer oder Disponent bekannt ist, länger als fünf Jahre gelagert, so ist derselbe, sofern nicht auf seinen Antrag ausnahmsweise eine längere Lagerung bewilligt ist, aufzufordern, die Güter binnen einer Frist, welche vier Wochen nicht überschreiten darf, von der Niederlage zu nehmen. Genügt er dieser Aufforderung nicht, so wird zum öffentlichen Verkauf der Waaren geschritten und der Erlös nach Abzug der Kosten und Abgaben dem Eigenthümer oder Disponenten zugestellt.

§ 154. Der in Folge einer Kontrebande oder Defraudation eintretende Verlust der Gegenstände des Vergehens trifft jederzeit den Eigenthümer. Eine Ausnahme findet statt, wenn die Kontrebande von dem bekannten Frachtfuhrmann oder Schiffer, welchem der Transport allein anvertraut war, ohne Theilnahme oder Mitwissen des Eigenthümers oder des in dessen Namen handelnden Befrachters verübt worden ist, und der Waarenführer nicht zu denjenigen Personen gehört, für welche der Eigenthümer oder der Befrachter nach Vorschrift des § 153 subsidiarisch verhaftet ist. In diesem Falle tritt statt der Konfiskation die Verpflichtung des Waarenführers ein, den Werth jener Gegenstände zu entrichten.

§ 155. In allen Fällen, in denen die Konfiskation selbst nicht vollzogen werden kann, ist statt derselben auf Erlegung des Werths der Gegenstände und, wenn dieser nicht zu ermitteln ist, auf Zahlung einer Geldsumme von fünf und zwanzig bis Eintausend Thalern zu erkennen.

§ 156. Das Eigenthum der Gegenstände, die der Konfiskation unterliegen, geht in dem Augenblick, wo dieselben in Beschlag genommen worden sind, auf den Staat über, und kann nach den Grundsätzen der Civilgesetze über die Vindikation gegen jeden dritten Besitzer verfolgt werden.

§ 157. Zollpflichtige Gegenstände, welche im Grenzbezirke gefunden werden, unterliegen, sofern deren Eigenthum von Niemand in Anspruch genommen und der Nachweis ihrer Verzollung oder ihrer Herkunft aus dem freien Verkehr des Zollvereins nicht erbracht wird, der Beschlagnahme durch die Zollverwaltung.

Mit den hiernach in Beschlag genommenen Gegenständen ist weiter nach den Bestimmungen im Absatz 1 und 2 des § 104 zu verfahren.

---

14) Gesetz, betr. die Gleichberechtigung der Konfessionen in bürgerlicher und staatsbürgerlicher Beziehung. Vom 3. Juli 1869.
(BGBl S. 292.)

Einziger Artikel. Alle noch bestehenden, aus der Verschiedenheit des religiösen Bekenntnisses hergeleiteten Beschränkungen der bürgerlichen und staatsbürgerlichen Rechte werden hierdurch aufgehoben. Insbesondere soll die Befähigung zur Theilnahme an der Gemeinde- und Landesvertretung und zur Bekleidung öffentlicher Aemter vom religiösen Bekenntniß unabhängig sein.

1870

15) Gesetz, betr. die Eheschließung und die Beurkundung des Personenstandes von Bundesangehörigen im Auslande. Vom 4. Mai 1870. (BGBl S. 599.)[1]

§ 1.[2] Der Bundeskanzler kann einem diplomatischen Vertreter des Bundes für das ganze Gebiet des Staates, bei dessen Hofe oder Regierung derselbe beglaubigt ist, und einem Bundeskonsul für dessen Amtsbezirk die allgemeine Ermächtigung ertheilen, bürgerlich gültige Eheschließungen von Bundesangehörigen vorzunehmen, und die Geburten, Heirathen und Sterbefälle von Bundesangehörigen zu beurkunden.

§ 2. Die zur Eheschließung und zur Beurkundung des Personenstandes ermächtigten Beamten (§ 1) haben über die Beurkundung der Geburten, Heirathen und Sterbefälle getrennte Register zu führen. Die vorkommenden Fälle sind in protokollarischer Form unter fortlaufender Nummer in die Register einzutragen. Jedes Register wird in zwei gleichlautenden Originalen nach einem Formulare geführt, welches von dem Bundeskanzler vorgeschrieben wird. Das Formular soll für alle Beamten ein übereinstimmendes sein.

Am Jahresschlusse hat der Beamte die Register abzuschließen und das eine Exemplar derselben dem Bundeskanzler einzusenden.

---

[1] Vgl. G vom 6. Febr. 1875 § 85.

[2] Die einschlagenden Bekanntmachungen des Reichskanzlers sind bis zum Jahre 1873 im RGBl abgedruckt, seit 1873 im Centralblatt für das Deutsche Reich. Die Gültigkeit derartig geschlossener Ehen erkennen für ihr eigenes Rechtsgebiet nur an: Salvador (Freundschafts-, Handels- und Schifffahrtsvertrag vom 13. Juni 1870, RGBl 1872, S. 382, Art. 8), Brasilien (Konsularvertrag vom 10. Januar 1882, Art. 14, RGBl 1882, S. 78), Serbien (Konsularvertrag vom 6. Januar 1883, Art. 10, RGBl 1883, S. 66), Südafrikanische Republik (Freundschafts- und Handelsvertrag vom 22. Jan. 1885, Art. 16, RGBl 1886, S. 220), Paraguay (Meistbegünstigungsvertrag vom 21. Juli 1887, RGBl 1888, S. 178), ferner Vertrag zwischen dem Deutschen Reich und Italien vom 4. Mai 1891, RGBl S. 113). Nach dem Freundschafts-, Handels- Schifffahrts- und Konsularvertrag mit Hawaii gilt der Grundsatz: locus regit actum (Vertrag vom 5. März/19. September 1879, Art. II. Abs. 3; RGBl 1880, S. 123), vgl. dazu Deklaration vom 10. Febr. 1880 (RGBl 1880, S. 143) Erstens.

Das G vom 4. Mai 1870 findet Anwendung auch auf die deutschen Schutzgebiete. Vgl. G vom 10. September 1900. S. dazu VO vom 27. April 1898 betr. die Rechtsverhältnisse in Kiautschou. Vgl. auch unten G über die Konsulargerichtsbarkeit vom 7. April 1900 § 36, und VO vom 25. Okt. 1900 Art. 2.

Gleichzeitig hat er den Regierungen der einzelnen Bundesstaaten aus den Registern einen Auszug der Fälle mitzutheilen, welche Angehörige derselben betreffen.

Wenn im Laufe des Jahres in ein Register eine Eintragung nicht erfolgt ist, so hat der Beamte eine amtliche Bescheinigung hierüber am Jahresschlusse dem Bundeskanzler einzusenden.

§ 3. Der Schließung der Ehe soll[1] das Aufgebot vorangehen. Vor Beginn desselben sind dem Beamten die zur Eingehung einer Ehe nach den Gesetzen der Heimath der Verlobten nothwendigen Erfordernisse als vorhanden nachzuweisen. Insbesondere haben die Verlobten in beglaubigter Form beizubringen:

1) ihre Geburtsurkunden;
2) die zustimmende Erklärung derjenigen Personen, deren Einwilligung nach den Gesetzen der Heimath der Verlobten erforderlich ist.

Der Beamte kann die Beibringung dieser Urkunden erlassen, wenn ihm die Thatsachen, welche durch dieselben festgestellt werden sollen, persönlich bekannt oder auf andere Weise glaubhaft nachgewiesen sind.

Auch kann er von unbedeutenden Abweichungen in den Urkunden, beispielsweise von einer verschiedenen Schreibart der Namen, oder einer Verschiedenheit der Vornamen absehen, wenn in anderer Weise die Identität der Betheiligten festgestellt wird.

Der Beamte ist berechtigt, den Verlobten die eidesstattliche Versicherung über die Richtigkeit der Thatsachen abzunehmen, welche durch die vorliegenden Urkunden oder die sonst beigebrachten Beweismittel ihm nicht als hinreichend festgestellt erscheinen.

§ 4. Das Aufgebot geschieht durch eine Bekanntmachung des Beamten, welche die Vornamen, die Familiennamen, das Alter, den Stand oder das Gewerbe und den Wohnort der Verlobten und ihrer Eltern enthalten muß. Diese Bekanntmachung muß an der Thüre oder an einer in die Augen fallenden Stelle vor oder in der Kanzlei des Beamten eine Woche hindurch ausgehängt bleiben. Erscheint an dem Amtssitze des Beamten eine Zeitung, so ist die Bekanntmachung außerdem einmal darin einzurücken, und die Eheschließung nicht vor Ablauf des dritten Tages von dem Tage an zulässig, an welchem das die Bekanntmachung enthaltende Blatt ausgegeben ist. Unter mehreren an dem bezeichneten Orte erscheinenden Zeitungen hat der Beamte die Wahl.

§ 5. Wenn eine der aufzubietenden Personen innerhalb der letzten sechs Monate ihren Wohnsitz außerhalb des Amtsbereichs (§ 1) des Beamten gehabt hat, so muß die Bekanntmachung des Aufgebots auch an dem früheren Wohnsitze nach den dort geltenden Vorschriften erfolgen, oder ein gehörig beglaubigtes Zeugniß der

---

[1] Das Wörtchen soll ist durch EG BGB Art. 40 an die Stelle des bisherigen „muß" getreten. Ebenso in §§ 9, 11 Abs. 2, 12 Abs. 1 Satz 2.

Obrigkeit des früheren Wohnortes darüber beigebracht werden, daß daselbst Ehehindernisse in Betreff der einzugehenden Ehe nicht bekannt seien.

§ 6. Der Beamte kann aus besonders dringenden Gründen von dem Aufgebote (§§ 4 und 5) ganz dispensiren.

§ 7.[1] Die Ehe wird dadurch geschlossen, daß die Verlobten vor dem Beamten persönlich und bei gleichzeitiger Anwesenheit erklären, die Ehe mit einander eingehen zu wollen. Der Beamte muß zur Entgegennahme der Erklärungen bereit sein.

Die Erklärungen können nicht unter einer Bedingung oder einer Zeitbestimmung abgegeben werden.

§ 7a. Der Beamte soll bei der Eheschließung in Gegenwart von zwei Zeugen an die Verlobten einzeln und nach einander die Frage richten, ob sie die Ehe mit einander eingehen wollen, und, nachdem die Verlobten die Frage bejaht haben, aussprechen, daß sie kraft dieses Gesetzes nunmehr rechtmäßig verbundene Eheleute seien.

Als Zeugen sollen Personen, die der bürgerlichen Ehrenrechte für verlustig erklärt sind, während der Zeit, für welche die Aberkennung der Ehrenrechte erfolgt ist, sowie Minderjährige nicht zugezogen werden. Personen, die mit einem der Verlobten, mit dem Beamten oder mit einander verwandt oder verschwägert sind, dürfen als Zeugen zugezogen werden.

§ 8. Als zur Eheschließung ermächtigter Beamter (§ 1) gilt auch derjenige, welcher, ohne ein solcher Beamter zu sein, das Amt eines solchen öffentlich ausübt, es sei denn, daß die Verlobten den Mangel der amtlichen Befugniß bei der Eheschließung kennen.

§ 8a. Eine Ehe, die vor einem zur Eheschließung ermächtigten Beamten (§ 1) oder vor einer im § 8 einem solchen Beamten gleichgestellten Person geschlossen wird, ist wegen Formmangels nur dann nichtig, wenn bei der Eheschließung die im § 7 vorgeschriebene Form nicht beobachtet worden ist.

Ist die Ehe in das Heirathsregister eingetragen worden und haben die Ehegatten nach der Eheschließung zehn Jahre oder, falls einer von ihnen vorher gestorben ist, bis zu dessen Tode, jedoch mindestens drei Jahre als Ehegatten mit einander gelebt, so ist die Ehe als von Anfang an gültig anzusehen. Diese Vorschrift findet keine Anwendung, wenn bei dem Ablaufe der zehn Jahre oder zur Zeit des Todes des einen Ehegatten die Nichtigkeitsklage erhoben ist.

§ 9. Die über die geschlossene Ehe in die Register einzutragende Urkunde (Heiraths-Urkunde) soll enthalten:

1) Vor- und Familiennamen, Staatsangehörigkeit, Alter, Stand oder Gewerbe, Geburts- und Wohnort der die Ehe eingehenden Personen;

[1] Die §§ 7, 7a, 8, 8a wurden durch EG BGB Art. 40 an die Stelle der bisherigen §§ 7, 8 gesetzt.

2) Vor- und Familiennamen, Alter, Stand oder Gewerbe und Wohnort ihrer Eltern;
3) Vor- und Familiennamen, Alter, Stand oder Gewerbe und Wohnort der zugezogenen Zeugen;
4) die auf Befragen des Beamten abgegebene Erklärung der Verlobten, sowie die erfolgte Verkündigung ihrer Verbindung;
5) die Unterschrift der anwesenden Personen.

§ 10. Die vorstehenden Bestimmungen über die Eheschließung (§§ 3—9) finden auch Anwendung, wenn nicht beide Verlobte, sondern nur einer derselben ein Bundesangehöriger ist.

§ 11. Die Eintragung der Geburt eines Kindes in die Register kann von dem Beamten nur vorgenommen werden, nachdem sich derselbe durch Vernehmung des Vaters des Kindes oder anderer Personen die Ueberzeugung von der Richtigkeit der einzutragenden Thatsachen verschafft hat.

Diese Eintragung soll enthalten:
1) den Ort, den Tag und die Stunde der Geburt;
2) das Geschlecht des Kindes;
3) die ihm beigelegten Vornamen;
4) Vor- und Familiennamen, Staatsangehörigkeit, Stand oder Gewerbe, sowie den Wohnort der Eltern und zweier bei der Eintragung zuzuziehender Zeugen;
5) die Unterschrift des Vaters, wenn er anwesend ist, und der vorgedachten Zeugen.

§ 12. Die Eintragung eines Todesfalles in die Register erfolgt auf Grund der Erklärung zweier Zeugen. Sie soll enthalten:
1) Vor- und Familiennamen des Verstorbenen, dessen Staatsangehörigkeit, Alter, Stand oder Gewerbe, Wohn- und Geburtsort;
2) Vor- und Familiennamen seines Ehegatten;
3) Vor- und Familiennamen, Staatsangehörigkeit, Stand oder Gewerbe und Wohnort der Eltern des Verstorbenen;
4) Ort, Tag und Stunde des erfolgten Todes,

soweit diese Verhältnisse bekannt sind;

5) Vor- und Familiennamen, Alter, Stand oder Gewerbe und Wohnort der Zeugen, welche die Erklärung abgeben, und, wenn es Verwandte des Verstorbenen sind, den Grad ihrer Verwandtschaft;
6) Unterschriften der Zeugen.

§ 13. Insoweit durch die Gesetze eines Bundesstaates den diplomatischen Vertretern und Konsuln in Ansehung der Eheschließungen, sowie der Beurkundung der Geburten, Heirathen und Sterbefälle der Angehörigen dieses Staates von einer besonderen Ermächtigung nicht abhängige oder ausgedehntere Befugnisse, als die im gegenwärtigen Gesetze bestimmten, beigelegt sind oder künftig beigelegt werden, stehen diese Befugnisse für die bezeichneten Angehörigen auch den diplomatischen Vertretern des Bundes und den Bundeskonsuln zu.

§ 14. Auf die Gebühren, welche für die durch das gegenwärtige Gesetz den Beamten des Bundes überwiesenen Geschäfte und insbesondere für die Ausfertigungen und Abschriften aus den Personenstands-Registern zu erheben sind, findet der § 38 des Bundesgesetzes, betreffend die Organisation der Bundeskonsulate, sowie die Amtsrechte und Pflichten der Bundeskonsuln, vom 8. November 1867 (BGBl S. 137) Anwendung.

---

16) Gesetz über die Abgaben von der Flößerei. Vom 1. Juni 1870. (BGBl S. 312.)

§ 1. Auf den nur flößbaren Strecken derjenigen natürlichen Wasserstraßen, welche mehreren Bundesstaaten gemeinschaftlich sind, dürfen von der Flößerei mit verbundenen Hölzern Abgaben nur für die Benutzung besonderer zur Erleichterung des Verkehrs bestimmter Anstalten erhoben werden.

Das Bundespräsidium bestimmt für die einzelnen Flüsse Termine, an welchen die fernere Erhebung der nach der vorstehenden Bestimmung unzulässigen Abgaben aufhört.[1]

§ 2. Für die Aufhebung der nach § 1 unzulässigen Abgaben wird alsdann eine Entschädigung geleistet, wenn das Recht zur Erhebung der Abgabe auf einem lästigen Privatrechtstitel beruht und nicht einem Bundesstaate zusteht.

Die Leistung der Entschädigung erfolgt aus der Bundeskasse; die Entschädigung besteht in dem achtzehnfachen Betrage des durchschnittlichen Reinertrages der Abgabe aus den letzten drei Kalenderjahren vor dem Aufhören der Erhebung.[2]

Der Antrag auf Entschädigung ist bei Vermeidung der Präklusion innerhalb sechs Monaten nach dem Tage, mit welchem die Erhebung der Abgabe aufgehört hat, an das Reichskanzleramt zu richten.[3] Wenn dasselbe den Anspruch ganz oder theilweise zurückweist, so findet gegen diese Entscheidung der Rechtsweg statt. Die Klage muß binnen einer Frist von 90 Tagen, von dem Tage der zurückweisenden Entscheidung an gerechnet, erhoben werden; sie ist gegen den Bundesfiskus, vertreten durch das Bundeskanzler-Amt, zu richten, und bei dem Stadtgerichte zu Berlin als dem zuständigen Prozeßgerichte erster Instanz anzubringen. In letzter Instanz wird von dem Bundes-Oberhandelsgerichte entschieden.

§ 3. Abgaben, welche als Entschädigung an Besitzer von Wasserwerken, insbesondere Wehren zu betrachten sind, gehören nicht

---

[1] Vgl. V vom 1. Juni 1870 (BGBl S. 314), 19. Febr. 1871 (RGBl S. 31), 13. Febr. 1874 (RGBl S. 14).

[2] Fassung auf Grund von §§ 8, 12 des Gesetzes vom 22. April 1871 (RGBl S. 87).

[3] Fassung auf Grund von §§ 8, 12 des Gesetzes vom 22. April 1871 (RGBl S. 87).

zu den nach der Bestimmung des § 1 unzulässigen. Es dürfen jedoch vom 1. Januar 1872 an dergleichen Abgaben:

1) nur in Gelde nach Tarifen, welche von den Landesregierungen festgestellt worden, erhoben werden;
2) den Betrag, in welchem sie bisher erhoben sind, und das Maß einer billigen Entschädigung für geleistete Dienste, Beschädigung der Wehre, oder gehinderten Betrieb nicht überschreiten;
3) bei neu angelegten Mühlen oder nicht mehr vorhandenen Wehren überall nicht erhoben werden.

---

17) Gesetz über die Erwerbung und den Verlust der Reichs- und Staatsangehörigkeit. Vom 1. Juni 1870. (BGBl S. 355.)

§ 1. Die Reichs[1]angehörigkeit wird durch die Staatsangehörigkeit in einem Bundesstaate erworben und erlischt mit deren Verlust.[2]

§ 2. Die Staatsangehörigkeit in einem Bundesstaate wird fortan nur begründet:

1) durch Abstammung (§ 3),
2) durch Legitimation (§ 4),
3) durch Verheirathung (§ 5),
4) für einen Deutschen durch Aufnahme und
5) für einen Ausländer durch Naturalisation (§§ 6 ff.).

Die Adoption hat für sich allein diese Wirkung nicht.

§ 3. Durch die Geburt, auch wenn diese im Ausland erfolgt, erwerben eheliche Kinder eines Deutschen die Staatsangehörigkeit des Vaters, uneheliche Kinder einer Deutschen die Staatsangehörigkeit der Mutter.

§ 4. Ist der Vater eines unehelichen Kindes ein Deutscher und besitzt die Mutter nicht die Staatsangehörigkeit des Vaters, so erwirbt das Kind durch eine den gesetzlichen Bestimmungen gemäß erfolgte Legitimation die Staatsangehörigkeit des Vaters.

§ 5. Die Verheirathung mit einem Deutschen begründet für die Ehefrau die Staatsangehörigkeit des Mannes.

§ 6. Die Aufnahme, sowie die Naturalisation (§ 2 Nr. 4 und 5) erfolgt durch eine von der höheren Verwaltungsbehörde ausgefertigte Urkunde.

§ 7. Die Aufnahme-Urkunde wird jedem Angehörigen eines anderen Bundesstaates ertheilt, welcher um dieselbe nachsucht und nachweist, daß er in dem Bundesstaate, in welchem er die Aufnahme nachsucht, sich niedergelassen habe, sofern kein Grund vorliegt, welcher nach den §§ 2—5 des Gesetzes über die Freizügigkeit vom 1. Nov.

---

[1] „Reichsangehörigkeit" nach der Terminologie des BGB für „Bundesangehörigkeit". Entsprechend „Deutscher" für „Norddeutscher".

[2] § 1 Abs. 2 ist auf Grund des Ges. vom 22. April 1871 §§ 9, 12 (BGBl S. 89. 90) geltungslos geworden.

1867 (Bundes-Gesetzbl. S. 55) die Abweisung eines Neuanziehenden oder die Versagung der Fortsetzung des Aufenthaltes rechtfertigt.

§ 8. Die Naturalisations-Urkunde darf Ausländern nur dann ertheilt werden, wenn sie

1) nach den Gesetzen ihrer bisherigen Heimath dispositionsfähig sind, es sei denn, daß der Mangel der Dispositionsfähigkeit durch die Zustimmung des Vaters, des Vormundes oder Kurators des Aufzunehmenden ergänzt wird;
2) einen unbescholtenen Lebenswandel geführt haben;
3) an dem Orte, wo sie sich niederlassen wollen, eine eigene Wohnung oder ein Unterkommen finden;
4) an diesem Orte nach den daselbst bestehenden Verhältnissen sich und ihre Angehörigen zu ernähren im Stande sind.

Vor Ertheilung der Naturalisations-Urkunde hat die höhere Verwaltungsbehörde die Gemeinde, beziehungsweise den Armenverband desjenigen Orts, wo der Aufzunehmende sich niederlassen will, in Beziehung auf die Erfordernisse unter Nr. 2, 3 und 4 mit ihrer Erklärung zu hören.[1]

§ 9. Eine von der Regierung oder von einer Central- oder höheren Verwaltungsbehörde eines Bundesstaates vollzogene oder bestätigte Bestallung für einen in den unmittelbaren oder mittelbaren Staatsdienst oder in den Kirchen-, Schul- oder Kommunaldienst aufgenommenen Ausländer oder Angehörigen eines anderen Bundesstaates vertritt die Stelle der Naturalisations-Urkunde, beziehungsweise Aufnahme-Urkunde, sofern nicht ein entgegenstehender Vorbehalt in der Bestallung ausgedrückt wird.

Ist die Aufstellung eines Ausländers im Reichsdienst erfolgt, so erwirbt der Angestellte die Staatsangehörigkeit in demjenigen Bundesstaate, in welchem er seinen dienstlichen Wohnsitz hat.

§ 10. Die Naturalisations-Urkunde, beziehungsweise Aufnahme-Urkunde, begründet mit dem Zeitpunkte der Aushändigung alle mit der Staatsangehörigkeit verbundenen Rechte und Pflichten.

§ 11.[2] Die Verleihung der Staatsangehörigkeit erstreckt sich, insofern nicht dabei eine Ausnahme gemacht wird, zugleich auf die Ehefrau und auf diejenigen minderjährigen Kinder, deren gesetzliche Vertretung dem Aufgenommenen oder Naturalisirten kraft elterlicher Gewalt zusteht. Ausgenommen sind Töchter, die verheirathet sind, oder verheirathet gewesen sind.

§ 12. Der Wohnsitz innerhalb eines Bundesstaates begründet für sich allein die Staatsangehörigkeit nicht.

---

[1] Für § 8 Abs. 3 gilt das zu § 1 Abs. 2 Bemerkte. — Vgl. Erweiterungen bezw. Ergänzungen zu den §§ 8 und 9 in dem Reichsges. v. 20. Dezember 1875, betr. die Naturalisation von Ausländern, welche im Reichsdienst angestellt sind (RGBl S. 324) und in § 6 des Reichsges. v. 17. April 1886 (in der Fassung der Novellen vom 15. März 1888, und 2. Juli 1899, 25. Juli 1900 und der Neuredaktion vom 10. September 1900).

[2] Fassung durch EG z. BGB Art. 41 I.

§ 13. Die Staatsangehörigkeit geht fortan nur verloren:
1) durch Entlassung auf Antrag (§§ 14 ff.);
2) durch Ausspruch der Behörde (§§ 20 und 22);
3) durch zehnjährigen Aufenthalt im Auslande (§ 21);
4) bei unehelichen Kindern durch eine den gesetzlichen Bestimmungen gemäß erfolgte Legitimation, wenn der Vater einem anderen Staate angehört als die Mutter;
5) bei einer Deutschen durch Verheirathung mit dem Angehörigen eines anderen Bundesstaates oder mit einem Ausländer.

§ 14. Die Entlassung wird durch eine von der höheren Verwaltungsbehörde des Heimathsstaates ausgefertigte Entlassungs-Urkunde ertheilt.

§ 14a.[1] Die Entlassung eines Staatsangehörigen, der unter elterlicher Gewalt oder Vormundschaft steht, kann von dem gesetzlichen Vertreter nur mit Genehmigung des Vormundschaftsgerichts beantragt werden.

Die Genehmigung des Vormundschaftsgerichts ist nicht erforderlich, wenn der Vater oder die Mutter die Entlassung für sich und zugleich kraft elterlicher Gewalt für ein Kind beantragt. Erstreckt sich der Wirkungskreis eines der Mutter bestellten Beistandes auf die Sorge für die Person des Kindes, so bedarf die Mutter in einem solchen Falle der Genehmigung des Beistandes zu dem Antrag auf Entlassung des Kindes.

§ 15. Die Entlassung wird jedem Staatsangehörigen ertheilt, welcher nachweist, daß er in einem anderen Bundesstaate die Staatsangehörigkeit erworben hat.

In Ermangelung dieses Nachweises darf sie nicht ertheilt werden:
1) Wehrpflichtigen, welche sich in dem Alter vom vollendeten siebenzehnten bis zum vollendeten fünfundzwanzigsten Lebensjahre befinden, bevor sie ein Zeugniß der Kreis-Ersatzkommission darüber beigebracht haben, daß sie die Entlassung nicht blos in der Absicht nachsuchen, um sich der Dienstpflicht im stehenden Heere oder in der Flotte zu entziehen;
2) Militärpersonen, welche zum stehenden Heere oder zur Flotte gehören, Offizieren des Beurlaubtenstandes und Beamten, bevor sie aus dem Dienste entlassen sind;
3) den zur Reserve des stehenden Heeres und zur Landwehr, sowie den zur Reserve der Flotte und zur Seewehr gehörigen und nicht als Offiziere angestellten Personen, nachdem sie zum aktiven Dienste einberufen worden sind.

§ 16 ist auf Grund des Ges. vom 22. April 1871 §§ 9, 12 in Wegfall gekommen.

§ 17. Aus anderen als aus den in den § 15 [und § 16] bezeichneten Gründen darf in Friedenszeiten die Entlassung nicht verweigert werden. Für die Zeit eines Krieges oder einer Kriegsgefahr

[1] § 14a ist durch EG z. BGB Art. 41 II eingeschoben worden.

bleibt dem Bundespräsidium der Erlaß besonderer Anordnungen vorbehalten.

§ 18. Die Entlassungs-Urkunde bewirkt mit dem Zeitpunkte der Aushändigung den Verlust der Staatsangehörigkeit.

Die Entlassung wird unwirksam, wenn der Entlassene nicht binnen sechs Monaten vom Tage der Aushändigung der Entlassungs-Urkunde an seinen Wohnsitz außerhalb des Bundesgebietes verlegt oder die Staatsangehörigkeit in einem anderen Bundesstaate erwirbt.

§ 19.[1] Die Entlassung erstreckt sich, insoferne nicht dabei eine Ausnahme gemacht wird, zugleich auf die Ehefrau und auf diejenigen Kinder, deren gesetzliche Vertretung dem Entlassenen kraft elterlicher Gewalt zusteht.

Diese Vorschrift findet keine Anwendung auf Töchter, die verheirathet sind, oder verheirathet gewesen sind, sowie auf Kinder, die unter der elterlichen Gewalt der Mutter stehen, falls die Mutter zu dem Antrage auf Entlassung der Kinder nach § 14a Abs. 2 Satz 2 der Genehmigung des Beistandes bedarf.

§ 20. Deutsche, welche sich im Auslande aufhalten, können ihrer Staatsangehörigkeit durch einen Beschluß der Centralbehörde ihres Heimathsstaates verlustig erklärt werden, wenn sie im Falle eines Krieges oder einer Kriegsgefahr einer durch das Bundespräsidium für das ganze Reichsgebiet anzuordnenden ausdrücklichen Aufforderung zur Rückkehr binnen der darin bestimmten Frist keine Folge leisten.

§ 21. Deutsche, welche das Reichsgebiet verlassen und sich zehn Jahre lang ununterbrochen im Auslande aufhalten, verlieren dadurch ihre Staatsangehörigkeit. Die vorbezeichnete Frist wird von dem Zeitpunkte des Austritts aus dem Reichsgebiete oder, wenn der Austretende sich im Besitz eines Reisepapieres oder Heimathsscheines befindet, von dem Zeitpunkte des Ablaufs dieser Papiere an gerechnet. Sie wird unterbrochen durch die Eintragung in die Matrikel eines Reichskonsuls. Ihr Lauf beginnt von Neuem mit dem auf die Löschung in der Matrikel folgenden Tage.

Der hiernach eingetretene Verlust der Staatsangehörigkeit erstreckt sich zugleich auf die Ehefrau und auf diejenigen Kinder, deren gesetzliche Vertretung dem Ausgetretenen kraft elterlicher Gewalt zusteht, soweit sich die Ehefrau oder die Kinder bei dem Ausgetretenen befinden. Ausgenommen sind Töchter, die verheirathet sind oder verheirathet gewesen sind.[2]

Für Deutsche, welche sich in einem Staate des Auslandes mindestens fünf Jahre lang ununterbrochen aufhalten und in demselben zugleich die Staatsangehörigkeit erwerben, kann durch Staatsvertrag die zehnjährige Frist bis auf eine fünfjährige vermindert

---

[1] Fassung durch EG z. BGB Art. 41 III.

[2] § 21 Abs. 2 hat seine jetzige Fassung durch EG z. BGB Art. 41 IV erhalten.

werden, ohne Unterschied, ob die Betheiligten sich im Besitze eines Reisepapieres oder Heimatsscheines befinden oder nicht.[1]

Deutschen, welche ihre Staatsangehörigkeit durch zehnjährigen Aufenthalt im Auslande verloren und keine andere Staatsangehörigkeit erworben haben, kann die Staatsangehörigkeit in dem früheren Heimatsstaate wieder verliehen werden, auch ohne daß sie sich dort niederlassen.

Deutsche, welche ihre Staatsangehörigkeit durch zehnjährigen Aufenthalt im Auslande verloren haben und demnächst in das Gebiet des Deutschen Reiches zurückkehren, erwerben die Staatsangehörigkeit in demjenigen Bundesstaate, in welchem sie sich niedergelassen haben, durch eine von der höheren Verwaltungsbehörde ausgefertigte Aufnahme-Urkunde, welche auf Nachsuchen ihnen ertheilt werden muß.

§ 22. Tritt ein Deutscher ohne Erlaubniß seiner Regierung in fremde Staatsdienste, so kann die Centralbehörde seines Heimathsstaates denselben durch Beschluß seiner Staatsangehörigkeit verlustig erklären, wenn er einer ausdrücklichen Aufforderung zum Austritte binnen der darin bestimmten Frist keine Folge leistet.

§ 23. Wenn ein Deutscher mit Erlaubniß seiner Regierung bei einer fremden Macht dient, so verbleibt ihm seine Staatsangehörigkeit.

§ 24. Die Ertheilung von Aufnahme-Urkunden und in den Fällen des § 15 Absatz 1 von Entlassungs-Urkunden erfolgt kostenfrei.

Für die Ertheilung von Entlassungs-Urkunden in anderen als den im § 15 Absatz 1 bezeichneten Fällen darf an Stempelabgaben und Ausfertigungsgebühren zusammen nicht mehr als höchstens Ein Thaler erhoben werden.

§ 25. Für die beim Erlasse dieses Gesetzes im Auslande sich aufhaltenden Angehörigen derjenigen Bundesstaaten, nach deren Gesetzen die Staatsangehörigkeit durch einen zehnjährigen oder längeren Aufenthalt im Auslande verloren ging, wird der Lauf dieser Frist durch dieses Gesetz nicht unterbrochen.

Für die Angehörigen der übrigen Bundesstaaten beginnt der Lauf der im § 21 bestimmten Frist mit dem Tage der Wirksamkeit dieses Gesetzes.

§ 26. Alle diesem Gesetz zuwiderlaufenden Vorschriften werden aufgehoben.

§ 27. Dieses Gesetz tritt am 1. Januar 1871 in Kraft.

Urkundlich unter Unserer Höchsteigenhändigen Unterschrift und beigedrucktem Bundes-Insiegel.

---

[1] Vgl. den Vertrag zwischen dem Norddeutschen Bunde und den Vereinigten Staaten von Nordamerika vom 22. Febr. 1868 (BGBl S. 228).

18) Gesetz über den Unterstützungswohnsitz. Vom 6. Juni 1870. (BGBl S. 360.)

(Neu-Publikation auf Grund des G, betr. die Aenderung des G über den Unterstützungswohnsitz und die Ergänzung des Strafgesetzbuchs. Vom 12. März 1894 (RGBl S. 258) Art. 3, durch Bekanntm. vom 12. März 1894 (RGBl S. 262 ff.).

---

19) Gesetz, betr. das Urheberrecht an Schriftwerken, Abbildungen, musikalischen Kompositionen und dramatischen Werken. Vom 11. Juni 1870. (BGBl S. 339.)

[Dieses Gesetz ist gegenstandslos geworden in Folge G, betr. das Urheberrecht an Werken der Literatur und der Tonkunst. Vom 19. Juni 1901 (RGBl S. 227), und soweit noch in dem Gesetze vom 9. und 10. Januar 1876 darauf verwiesen wird, wird es in Folge weiterer Gesetzgebung voraussichtlich bald gegenstandslos werden.]

§ 60. Die Ertheilung von Privilegien zum Schutze des Urheberrechtes ist nicht mehr zulässig.

Dem Inhaber eines vor dem Inkrafttreten des gegenwärtigen Gesetzes von dem Deutschen Bunde oder den Regierungen einzelner, jetzt zum Norddeutschen Bunde gehörigen Staaten ertheilten Privilegiums steht es frei, ob er von diesem Privilegium Gebrauch machen oder den Schutz des gegenwärtigen Gesetzes anrufen will.

Der Privilegienschutz kann indeß nur für den Umfang derjenigen Staaten geltend gemacht werden, von welchen derselbe ertheilt worden ist.

Die Berufung auf den Privilegienschutz ist dadurch bedingt, daß das Privilegium entweder ganz oder dem wesentlichen Inhalte nach dem Werke vorgedruckt oder auf oder hinter dem Titelblatt desselben bemerkt ist. Wo dieses nach der Natur des Gegenstandes nicht stattfinden kann, oder bisher nicht geschehen ist, muß das Privilegium, bei Vermeidung des Erlöschens, binnen drei Monaten nach dem Inkrafttreten dieses Gesetzes zur Eintragung in die Eintragsrolle angemeldet und von dem Kuratorium derselben öffentlich bekannt gemacht werden.

1871

20) Verfassung des Deutschen Reiches. Vom 16. April 1871. (RGBl S. 64.)

Artikel 2. Innerhalb dieses Bundesgebietes übt das Reich das Recht der Gesetzgebung nach Maßgabe des Inhalts dieser Verfassung und mit der Wirkung aus, daß die Reichsgesetze den Landesgesetzen vorgehen. Die Reichsgesetze erhalten ihre verbindliche Kraft durch ihre Verkündigung von Reichswegen, welche vermittelst eines Reichsgesetzblattes geschieht. Sofern nicht in dem publizirten Gesetze ein anderer Anfangstermin seiner verbindlichen Kraft bestimmt ist, beginnt die letztere mit dem vierzehnten Tage nach dem Ablauf desjenigen Tages, an welchem das betreffende Stück des Reichsgesetzblattes in Berlin ausgegeben worden ist.[1]

Artikel 3. Für ganz Deutschland besteht ein gemeinsames Indigenat mit der Wirkung, daß der Angehörige (Unterthan, Staatsbürger) eines jeden Bundesstaates in jedem anderen Bundesstaate als Inländer zu behandeln und demgemäß zum festen Wohnsitz, zum Gewerbebetriebe, zu öffentlichen Aemtern, zur Erwerbung von Grundstücken, zur Erlangung des Staatsbürgerrechtes und zum Genusse aller sonstigen bürgerlichen Rechte unter denselben Voraussetzungen wie der Einheimische zuzulassen, auch in Betreff der Rechtsverfolgung und des Rechtsschutzes demselben gleich zu behandeln ist.

Kein Deutscher darf in der Ausübung dieser Befugniß durch die Obrigkeit seiner Heimath, oder durch die Obrigkeit eines anderen Bundesstaates beschränkt werden.

Diejenigen Bestimmungen, welche die Armenversorgung und die Aufnahme in den lokalen Gemeindeverband betreffen, werden durch den im ersten Absatz ausgesprochenen Grundsatz nicht berührt.

Ebenso bleiben bis auf Weiteres die Verträge in Kraft, welche zwischen den einzelnen Bundesstaaten in Beziehung auf die Uebernahme von Auszuweisenden, die Verpflegung erkrankter und die Beerdigung verstorbener Staatsangehörigen bestehen.

Hinsichtlich der Erfüllung der Militairpflicht im Verhältniß zu dem Heimathslande wird im Wege der Reichsgesetzgebung das Nöthige geordnet werden.

Dem Auslande gegenüber haben alle Deutschen gleichmäßig Anspruch auf den Schutz des Reichs.

Artikel 4. Der Beaufsichtigung seitens des Reichs und der Gesetzgebung desselben unterliegen die nachstehenden Angelegenheiten:

1) die Bestimmungen über Freizügigkeit, Heimaths- und Niederlassungs-Verhältnisse, Staatsbürgerrecht, Paßwesen und Fremdenpolizei und über den Gewerbebetrieb, einschließlich des Versicherungswesens, soweit diese Gegenstände nicht schon durch den Artikel 3 dieser Verfassung erledigt sind, in Bayern jedoch mit Ausschluß der Heimaths- und Niederlassungs-Verhältnisse, desgleichen über die Kolonisation und die Auswanderung nach außerdeutschen Ländern;
2) die Zoll- und Handelsgesetzgebung und die für die Zwecke des Reichs zu verwendenden Steuern;
3) die Ordnung des Maß-, Münz- und Gewichtssystems, nebst Feststellung der Grundsätze über die Emission von fundirtem und unfundirtem Papiergelde;
4) die allgemeinen Bestimmungen über das Bankwesen;
5) die Erfindungspatente;
6) der Schutz des geistigen Eigenthums;

[1] Vgl. auch G über die Konsulargerichtsbarkeit vom 7. April 1900, § 30.

7) Organisation eines gemeinsamen Schutzes des Deutschen Handels im Auslande, der Deutschen Schiffahrt und ihrer Flagge zur See und Anordnung gemeinsamer konsularischer Vertretung, welche vom Reiche ausgestattet wird;
8) das Eisenbahnwesen, in Bayern vorbehaltlich der Bestimmung im Artikel 46, und die Herstellung von Land- und Wasserstraßen im Interesse der Landesvertheidigung und des allgemeinen Verkehrs;
9) der Flößerei- und Schifffahrtsbetrieb auf den mehreren Staaten gemeinsamen Wasserstraßen und der Zustand der letzteren, sowie die Fluß- und sonstigen Wasserzölle, desgleichen die Seeschifffahrtszeichen (Leuchtfeuer, Tonnen, Baken und sonstige Tagesmarken)[1];
10) das Post- und Telegraphenwesen, jedoch in Bayern und Württemberg nur nach Maßgabe der Bestimmung im Artikel 52;
11) Bestimmungen über die wechselseitige Vollstreckung von Erkenntnissen in Civilsachen und Erledigung von Requisitionen überhaupt;
12) sowie über die Beglaubigung von öffentlichen Urkunden;
13) die gemeinsame Gesetzgebung über das gesammte bürgerliche Recht, das Strafrecht und das gerichtliche Verfahren[2];
14) das Militairwesen des Reichs und die Kriegsmarine;
15) Maßregeln der Medizinal- und Veterinairpolizei;
16) die Bestimmungen über die Presse und das Vereinswesen.

Artikel 5. Die Reichsgesetzgebung wird ausgeübt durch den Bundesrath und den Reichstag. Die Uebereinstimmung der Mehrheitsbeschlüsse beider Versammlungen ist zu einem Reichsgesetz erforderlich und ausreichend.

Bei Gesetzesvorschlägen über das Militairwesen, die Kriegsmarine und die im Artikel 35 bezeichneten Abgaben giebt, wenn im Bundesrathe eine Meinungsverschiedenheit stattfindet, die Stimme des Präsidiums den Ausschlag, wenn sie sich für die Aufrechthaltung der bestehenden Einrichtungen ausspricht.

Artikel 17. Dem Kaiser steht die Ausfertigung und Verkündigung der Reichsgesetze und die Ueberwachung der Ausführung derselben zu. Die Anordnungen und Verfügungen des Kaisers werden im Namen des Reichs erlassen und bedürfen zu ihrer Gültigkeit der Gegenzeichnung des Reichskanzlers, welcher dadurch die Verantwortlichkeit übernimmt.

Artikel 31. Ohne Genehmigung des Reichstages kann kein Mitglied desselben während der Sitzungsperiode wegen einer mit Strafe bedrohten Handlung zur Untersuchung gezogen oder verhaftet werden, außer wenn es bei Ausübung der That oder im Laufe des nächstfolgenden Tages ergriffen wird.

---

[1] Zusatz durch G vom 3. März 1873 (RGBl S. 47).
[2] Fassung in Folge Gesetzes vom 20. Dezember 1873 (RGBl S. 379).

Gleiche Genehmigung ist bei einer Verhaftung wegen Schulden erforderlich.

Auf Verlangen des Reichstages wird jedes Strafverfahren gegen ein Mitglied desselben und jede Untersuchungs- oder Civilhaft für die Dauer der Sitzungsperiode aufgehoben.

Artikel 32. Die Mitglieder des Reichstages dürfen als solche keine Besoldung oder Entschädigung beziehen.

---

21) Gesetz, betr. die Verbindlichkeit zum Schadenersatz für die bei dem Betriebe von Eisenbahnen, Bergwerken rc. herbeigeführten Tödtungen und Körperverletzungen. Vom 7. Juni 1871.[1]

(RGBl S. 207.)

§ 1. Wenn bei dem Betriebe einer Eisenbahn ein Mensch getödtet oder körperlich verletzt wird, so haftet der Betriebs-Unternehmer für den dadurch entstandenen Schaden, sofern er nicht beweist, daß der Unfall durch höhere Gewalt oder durch eigenes Verschulden des Getödteten oder Verletzten verursacht ist.

§ 2. Wer ein Bergwerk, einen Steinbruch, eine Gräberei (Grube) oder eine Fabrik betreibt, haftet, wenn ein Bevollmächtigter oder ein Repräsentant oder eine zur Leitung oder Beaufsichtigung des Betriebes oder der Arbeiter angenommene Person durch ein Verschulden in Ausführung der Dienstverrichtungen den Tod oder die Körperverletzung eines Menschen herbeigeführt hat, für den dadurch entstandenen Schaden.

§ 3. Im Falle der Tödtung ist der Schadenersatz (§§ 1 und 2) durch Ersatz der Kosten einer versuchten Heilung sowie des Vermögensnachtheils zu leisten, den der Getödtete dadurch erlitten hat, daſs während der Krankheit seine Erwerbsfähigkeit aufgehoben oder gemindert oder eine Vermehrung seiner Bedürfnisse eingetreten war. Der Ersatzpflichtige hat auſserdem die Kosten der Beerdigung demjenigen zu ersetzen, dem die Verpflichtung obliegt, diese Kosten zu tragen.

Stand der Getödtete zur Zeit der Verletzung zu einem Dritten in einem Verhältnisse, vermöge dessen er diesem gegenüber kraft Gesetzes unterhaltspflichtig war oder unterhaltspflichtig werden konnte, und ist dem Dritten in Folge der Tödtung das Recht auf den Unterhalt entzogen, so hat der Ersatzpflichtige dem Dritten insoweit Schadenersatz zu leisten, als der Getödtete während der muthmaſslichen Dauer seines Lebens zur Gewährung des Unterhalts verpflichtet gewesen sein würde. Die Ersatzpflicht tritt auch dann ein, wenn der Dritte zur Zeit der Verletzung erzeugt, aber noch nicht geboren war.

---

[1] Die durch lateinischen Druck in diesem Gesetz hervorgehobenen Aenderungen und Zusätze beruhen auf EG z. BGB Art. 42.

§ 3a. Im Falle einer Körperverletzung ist der Schadenersatz (§§ 1 und 2) durch Ersatz der Kosten der Heilung sowie des Vermögensnachtheils zu leisten, den der Verletzte dadurch erleidet, dafs in Folge der Verletzung zeitweise oder dauernd seine Erwerbsfähigkeit aufgehoben oder gemindert oder eine Vermehrung seiner Bedürfnisse eingetreten ist.

§ 4. War der Getödtete oder der Verletzte unter Mitleistung von Prämien oder anderen Beiträgen durch den Betriebs-Unternehmer bei einer Versicherungsanstalt, Knappschafts-, Unterstützungs-, Kranken- oder ähnlichen Kasse gegen den Unfall versichert, so ist die Leistung der Letzteren an den Ersatzberechtigten auf die Entschädigung einzurechnen, wenn die Mitleistung des Betriebs-Unternehmers nicht unter einem Drittel der Gesammtleistung beträgt.

§ 5. Die in den §§ 1 und 2 bezeichneten Unternehmer sind nicht befugt, die Anwendung der in den §§ 1 bis 3a enthaltenen Bestimmungen zu ihrem Vortheil durch Verträge (mittelst Reglements oder durch besondere Uebereinkunft) im Voraus auszuschließen oder zu beschränken.

Vertragsbestimmungen, welche dieser Vorschrift entgegenstehen, haben keine rechtliche Wirkung.

§ 6.[1] Das Gericht hat über die Wahrheit der thatsächlichen Behauptungen unter Berücksichtigung des gesammten Inhaltes der Verhandlungen nach freier Ueberzeugung zu entscheiden.

Die Vorschriften der Landesgesetze über den Beweis durch Eid, sowie über die Beweiskraft öffentlicher Urkunden und gerichtlicher Geständnisse bleiben unberührt.

Ob einer Partei über die Wahrheit oder Unwahrheit einer thatsächlichen Behauptung noch ein Eid aufzulegen, sowie ob und inwieweit über die Höhe des Schadens eine beantragte Beweisaufnahme anzuordnen oder Sachverständige mit ihrem Gutachten zu hören, bleibt dem Ermessen des Gerichts überlassen.

§ 7. Der Schadenersatz wegen Aufhebung oder Minderung der Erwerbsfähigkeit und wegen Vermehrung der Bedürfnisse des Verletzten sowie der nach § 3 Abs. 2 einem Dritten zu gewährende Schadenersatz ist für die Zukunft durch Entrichtung einer Geldrente zu leisten.

Die Vorschriften des § 843 Abs. 2 bis 4 des Bürgerlichen Gesetzbuchs und des § 648 Nr. 6 der Civilprozeſsordnung[2] finden entsprechende Anwendung. Das Gleiche gilt für die dem Verletzten zu entrichtende Geldrente von der Vorschrift des § 749 Abs. 3 und für die dem Dritten zu entrichtende Geldrente von der Vorschrift des § 749 Abs. 1 Nr. 2 der Civilprozeſsordnung.[3]

---

[1] Aufgehoben durch § 13 Nr. 3 EG z. CPO (vgl. oben S. 5 Anm. 2).

[2] und [3]. An die Stelle der §§ 648, 749 der alten Fassung treten nach dem Ermächtigungsgesetze v. 17. Mai 1898 § 1 Abs. 2 die §§ 708, 850 der neuen Fassung der CPO.

Ist bei der Verurtheilung des Verpflichteten zur Entrichtung einer Geldrente nicht auf Sicherheitsleistung erkannt worden, so kann der Berechtigte gleichwohl Sicherheitsleistung verlangen, wenn die Vermögensverhältnisse des Verpflichteten sich erheblich verschlechtert haben; unter der gleichen Voraussetzung kann er eine Erhöhung der in dem Urtheile bestimmten Sicherheit verlangen.

§ 8. Die Forderungen auf Schadenersatz (§§ 1 bis 3a) verjähren in zwei Jahren von dem Unfall an. Gegen denjenigen, welchem der Getödtete Unterhalt zu gewähren hatte (§ 3 Abs. 2), beginnt die Verjährung mit dem Tode. Im Uebrigen finden die Vorschriften des Bürgerlichen Gesetzbuchs über die Verjährung Anwendung.[1]

§ 9. Die gesetzlichen Vorschriften, nach welchen außer den in diesem Gesetze vorgesehenen Fällen der Unternehmer einer in den §§ 1, 2 bezeichneten Anlage oder eine andere Person, insbesondere wegen eines eigenen Verschuldens, für den bei dem Betriebe der Anlage durch Tödtung oder Körperverletzung eines Menschen entstandenen Schaden haftet, bleiben unberührt.

§ 10. Die Bestimmungen des Gesetzes, betreffend die Errichtung eines obersten Gerichtshofes für Handelssachen, vom 12. Juni 1869, sowie die Ergänzungen desselben werden auf diejenigen bürgerlichen Rechtsstreitigkeiten ausgedehnt, in welchen durch die Klage oder Widerklage ein Anspruch auf Grund des gegenwärtigen Gesetzes oder der in § 9 erwähnten gesetzlichen Bestimmungen geltend gemacht wird.

---

22) Gesetz, betr. die Inhaberpapiere mit Prämien. Vom 8. Juni 1871. (RGBl S. 210.)

§ 1. Auf den Inhaber lautende Schuldverschreibungen, in welchen allen Gläubigern oder einem Theile derselben außer der Zahlung der verschriebenen Geldsumme eine Prämie dergestalt zugesichert wird, daß durch Ausloosung oder durch eine andere auf den Zufall gestellte Art der Ermittelung die zu prämiirenden Schuldverschreibungen und die Höhe der ihnen zufallenden Prämie bestimmt werden sollen (Inhaberpapiere mit Prämien), dürfen innerhalb des Deutschen Reichs nur auf Grund eines Reichsgesetzes und nur zum Zwecke der Anleihe eines Bundesstaates oder des Reichs ausgegeben werden.

§ 2. Inhaberpapiere mit Prämien, welche nach Verkündigung des gegenwärtigen Gesetzes, der Bestimmung im § 1 zuwider, im Inlande ausgegeben sein möchten, imgleichen Inhaberpapiere mit Prämien, welche nach dem 30. April 1871 im Auslande ausgegeben sind, dürfen weder weiter begegeben, noch an den Börsen, noch an

---

[1] BGB §§ 202 ff.

anderen zum Verkehr mit Werthpapieren bestimmten Versammlungsorten zum Gegenstande eines Geschäfts- oder einer Geschäftsvermittlung gemacht werden.

§ 3. Dasselbe gilt vom 15. Juli 1871 ab von ausländischen Inhaberpapieren mit Prämien, deren Ausgabe vor dem 1. Mai 1871 erfolgt ist, sofern dieselben nicht abgestempelt sind (§§ 4, 5).

§ 4. Die Schuldverschreibungen, deren Abstempelung erfolgen soll, müssen spätestens am 15. Juli 1871 zu diesem Zwecke eingereicht werden.

Für die Abstempelung ist eine Gebühr zu entrichten, welche für eine Schuldverschreibung, deren Nominalbetrag den Werth von Einhundert Thalern nicht übersteigt . . 5 Sgr. oder $17^1/_2$ Kr. S. W., für eine Schuldverschreibung, deren Nominalbetrag den Werth von Einhundert Thalern übersteigt . . . 10 " " 35 " " " beträgt.

Der Ertrag dieser Abstempelungsgebühr fließt zur Reichskasse.

§ 5.[1] Der Bundesrath wird die zur Ausführung dieses Gesetzes erforderliche Instruktion erlassen und in derselben festsetzen, unter welchen Umständen ein gutgläubiger Inhaber, der aus entschuldbaren Gründen die Einreichungsfrist versäumt hat, noch nachträglich Abstempelung seiner Schuldverschreibungen erlangen kann. Der Bundesrath wird ferner zur Berechnung der Stempel-Abgabe den Thalerwerth der fremden Valuten feststellen, auch die Behörden bestimmen, bei welchen die Einreichung zur Abstempelung (§ 4) zu erfolgen hat.

§ 6. Wer den Bestimmungen der §§ 1, 2 oder 3 zuwiderhandelt, verfällt in eine Geldstrafe, welche dem fünften Theile des Nennwerthes der den Gegenstand der Zuwiderhandlung bildenden Papiere gleichkommt, mindestens aber Einhundert Thaler betragen soll.

Mit Geldstrafe bis zu Einhundert Thalern oder Gefängniß bis zu drei Monaten wird bestraft, wer ein im § 2 oder § 3 bezeichnetes Inhaberpapier mit Prämie öffentlich ankündigt, ausbietet oder empfiehlt, oder zur Feststellung eines Kurswerthes notirt.

---

23) Gesetz, betr. die Pensionirung und Versorgung der Militairpersonen des Reichsheeres und der Kaiserlichen Marine, sowie die Bewilligungen für die Hinterbliebenen solcher Personen. Vom 27. Juni 1871. (RGBl S. 275.)

§ 113.[2] Verfolgung von Rechtsansprüchen. Ueber die Rechtsansprüche auf Pensionen, Beihülfen und Bewilligungen, welche

---

[1] Vgl. hierzu: Bekanntmachung vom 19. Juni 1871 (RGBl S. 255); vom 1. Juli 1871 (RGBl S. 304); vom 10. Juli 1871 (RGBl S. 314); vom 4. Dezember 1871 (RGBl S. 408).

[2] Vgl. auch unten G vom 17. Juni 1887, § 34.

dieses Gesetzes (Theil I und II) gewährt, findet mit folgenden Maßgaben der Rechtsweg statt.

§ 114.[1] Vor Anstellung der Klage muß der Instanzenzug bei den Militair-Verwaltungsbehörden erschöpft sein. Die Klage muß sodann bei Verlust des Klagerechts innerhalb 6 Monaten, nachdem dem Kläger die endgültige Entscheidung der Militair-Verwaltungsbehörde bekannt gemacht worden, angebracht werden.

---

24) Gesetz über das Postwesen des Deutschen Reiches. Vom 28. Oktober 1871. (RGBl S. 347.)[2]

Abschnitt I.

Grundsätzliche Rechte und Pflichten der Post.

§ 1. Die Beförderung

1) aller versiegelten, zugenähten oder sonst verschlossenen Briefe,
2) aller Zeitungen politischen Inhalts, welche öfter als einmal wöchentlich erscheinen,

gegen Bezahlung von Orten mit einer Postanstalt nach anderen Orten mit einer Postanstalt des In- oder Auslandes auf andere

---

[1] Vgl. auch G, betr. einige Abänderungen und Ergänzungen der Militärpensionsgesetze vom 27. Juni 1871 und vom 4. April 1874, sowie des Reichsbeamtengesetzes vom 31. März 1873 und des Gesetzes über den Reichs-Invalidenfonds vom 11. Mai 1877. Vom 22. Mai 1893. (RGBl S. 171.)

Artikel 18. Die auf Grund der §§ 13, 56, 72 und 89 bis 93 des Gesetzes vom 27. Juni 1871 gewährten Verstümmelungszulagen bleiben bei der Veranlagung zu den Steuern und anderen öffentlichen Abgaben jeder Art außer Ansatz.

Diese Pensionserhöhungen sind weder der Pfändung unterworfen, noch bei der Ermittelung, ob und zu welchem Betrage ein Einkommen der Pfändung unterliege, zu berechnen.

Der Anspruch der Unteroffiziere auf die ihnen bei ihrem Ausscheiden gewährten Dienstprämien kann mit rechtlicher Wirkung weder verpfändet, noch übertragen, noch gepfändet werden. Auch ist bei Unteroffizieren während dreier Monate nach Auszahlung der Prämie ein dieser gleichkommender Geldbetrag der Pfändung nicht unterworfen.

Die im Absatz 2 und 3 festgesetzten Beschränkungen der Pfändung finden keine Anwendung auf die im § 749 Absatz 4 der Civilprozeßordnung bezeichneten Forderungen der Ehefrau und der ehelichen Kinder des Schuldners.

Vgl. auch unten G vom 17. Juni 1887, betr. die Fürsorge für die Wittwen und Waisen der Angehörigen des Reichsheeres und der Kaiserlichen Marine. (RGBl S. 237); Gesetz, betr. die Gewährung von Unterstützungen an Invalide aus den Kriegen von 1870 und an deren Hinterbliebene. Vom 14. Januar 1894 (RGBl S. 107); G, betr. die Fürsorge für die Wittwen und Waisen der Personen des Soldatenstandes des Reichsheeres und der Kaiserlichen Marine vom Feldwebel abwärts. Vom 13. Juni 1895 (RGBl S. 261); Gesetz wegen anderweiter Bemessung der Wittwen- und Waisengelder. Vom 17. Mai 1897 (RGBl S. 455); G, betr. Versorgung der Kriegsinvaliden und der Kriegshinterbliebenen. Vom 31. Mai 1901. RGBl S. 193.

[2] Vgl. hierzu Postordnung vom 20. März 1900 (CBl S. 53). Dazu vergl.

Weise, als durch die Post, ist verboten. Hinsichtlich der politischen Zeitungen erstreckt dieses Verbot sich nicht auf den zweimaligen Umkreis ihres Ursprungsortes.

Wenn Briefe und Zeitungen (Nr. 1 und 2) vom Auslande eingehen und nach inländischen Orten mit einer Postanstalt bestimmt sind, oder durch das Gebiet des Deutschen Reiches transitiren sollen, so müssen sie bei der nächsten inländischen Postanstalt zur Weiterbeförderung eingeliefert werden.

Unverschlossene Briefe, welche in versiegelten, zugenähten oder sonst verschlossenen Packeten befördert werden, sind den verschlossenen Briefen gleich zu achten. Es ist jedoch gestattet, versiegelten, zugenähten oder sonst verschlossenen Packeten, welche auf andere Weise, als durch die Post befördert werden, solche unverschlossene Briefe, Fakturen, Preiskurante, Rechnungen und ähnliche Schriftstücke beizufügen, welche den Inhalt des Packetes betreffen.

§ 1a.[1] Die §§ 1, 27, 28, 30 bis 33 dieses Gesetzes finden auch Anwendung auf verschlossene und solchen gleichzuachtende Briefe, die innerhalb der Gemeinde-Grenzen ihres mit einer Postanstalt versehenen Ursprungsorts verbleiben.

§ 2. Die Beförderung von Briefen und politischen Zeitungen (§ 1) gegen Bezahlung durch expresse Boten oder Fuhren ist gestattet. Doch darf ein solcher Expresser nur von Einem Absender abgeschickt sein, und dem Postzwange unterliegende Gegenstände weder von Anderen mitnehmen, noch für Andere zurückbringen.

§ 2a.[2] Die Beförderung von verschlossenen Briefen im Ur-

CBl 1900 S. 495. 599. 1901 S. 107. 429. G, betr. einige Aenderungen von Bestimmungen über das Postwesen. Vom 20. Dez. 1899. (RGBl S. 715.)

Vgl. ferner Weltpostvereinsvertrag vom 1. Juni 1878 (RGBl 1879, S. 83), dazu Uebereinkommen vom 1. Juni 1878 (RGBl 1879, S. 102), 4. Juni 1878 (RGBl 1879, S. 112), 3. Nov. 1880 (RGBl 1881, S. 69), 21. März 1885 (RGBl 1886, S. 82), 21. März 1885 (RGBl 1886, S. 97), 21. März 1885 (RGBl 1886, S. 100), 21. März 1885 (RGBl 1886, S. 104), 21. März 1885 (RGBl 1886, S. 115). — Vgl. auch die verschiedenen Postverträge mit außerdeutschen Staaten aus den Jahren 1868—1874. Dazu Bekanntm. vom 1. März 1899 (RGBl S. 136). Vgl. Weltpostvertrag vom 15. Juni 1897 (RGBl 1898, S. 1079 ff.). Uebereinkommen, betr. den Austausch von Briefen und Kästchen mit Werthangabe. Uebereinkommen, betr. den Postanweisungsdienst; betr. den Austausch von Postpacketen; betr. den Postauftragsdienst; betr. den Postbezug von Zeitungen und Zeitschriften (sämmtliche Uebereinkommen vom 15. Juni 1897 (RGBl 1898 S. 1115 ff.).

Vgl. Posttaxgesetz vom 28. Okt. 1871 (RGBl S. 358), G vom 17. Mai 1873 (RGBl S. 107), 3. Nov. 1874 (RGBl S. 127). G, betr. die Portofreiheiten im Gebiete des Nordd. Bundes. Vom 5. Juni 1869 (BGBl S. 141). G, betr. einige Aenderungen von Bestimmungen über das Postwesen. Vom 20. Dez. 1899 (RGBl S. 715); G, betr. Aenderungen des Gesetzes über das Posttaxwesen im Gebiete des Deutschen Reiches vom 28. Oktober 1871. Vom 11. März 1901 (RGBl S. 15).

[1] u. [2] Zusätze auf Grund G, betr. einige Aenderungen von Bestimmungen über das Postwesen. Vom 20. Dezember 1899 (RGBl S. 715).

sprungsorte (§ 1a) gegen Bezahlung durch Boten, welche weder die Einsammlung von Briefen, Karten, Drucksachen, Zeitungen und Zeitschriften oder Waarenproben gewerbsmäßig betreiben, noch im Dienste einer Privatbeförderunganstalt stehen, ist ohne die im § 2 vorgeschriebenen Einschränkungen gestattet.

Privatbeförderungsanstalten dürfen in eigener Angelegenheit verschlossene Briefe auch durch ihre Bediensteten befördern lassen.

§ 3. Die Annahme und Beförderung von Postsendungen darf von der Post nicht verweigert werden, sofern die Bestimmungen dieses Gesetzes und des Reglements (§ 50) beobachtet sind. Auch darf keine im Gebiete des Deutschen Reiches erscheinende politische Zeitung vom Postdebit ausgeschlossen und ebensowenig darf bei der Normirung der Provision, welche für die Beförderung und Debitirung der im Gebiete des Deutschen Reichs erscheinenden Zeitungen zu erheben ist, nach verschiedenen Grundsätzen verfahren werden. Die Post besorgt die Annahme der Pränumeration auf die Zeitungen, sowie den gesammten Debit derselben.

(§ 4.) Artikel 1.[1] Der Eisenbahnbetrieb ist, soweit es die Natur und die Erfordernisse desselben gestatten, in die nothwendige Uebereinstimmung mit den Bedürfnissen des Postdienstes zu bringen.

Die Einlegung besonderer Züge für die Zwecke des Postdienstes kann jedoch von der Postverwaltung nicht beansprucht werden.

Bei Meinungsverschiedenheiten zwischen der Postverwaltung und den Eisenbahnverwaltungen über die Bedürfnisse des Postdienstes, die Natur und die Erfordernisse des Eisenbahnbetriebes entscheidet, soweit die Postverwaltung sich bei dem Ausspruche der Landes-Aufsichtsbehörde nicht beruhigt, der Bundesrath, nach Anhörung der Reichs-Postverwaltung und des Reichs-Eisenbahn-Amts.

Artikel 2. Mit jedem für den regelmäßigen Beförderungsdienst der Bahn bestimmten Zug ist auf Verlangen der Postverwaltung Ein von dieser gestellter Postwagen unentgeltlich zu befördern. Diese unentgeltliche Beförderung umfaßt:

a) die Briefpostsendungen, Zeitungen, Gelder mit Einschluß des ungemünzten Goldes und Silbers, Juwelen und Pretiosen ohne Unterschied des Gewichts, ferner sonstige Poststücke bis zum Einzelgewichte von 10 Kilogramm einschließlich,

b) die zur Begleitung von Postsendungen, sowie zur Verrichtung des Dienstes unterwegs erforderlichen Postbeamten, auch wenn dieselben vom Dienste zurückkehren,

c) die Geräthschaften, deren die Postbeamten unterwegs bedürfen.

Für Poststücke, welche nicht unentgeltlich zu befördern sind, hat die Postverwaltung eine Frachtvergütung zu zahlen, welche nach der

[1] Die folgenden Bestimmungen, Art. 1—12, sind kraft G vom 20. Dezember 1875 (RGBl S. 318) an die Stelle des früheren § 4 getreten. Vgl. auch die Verordnungen vom 9. Februar 1876 (CBl S. 87), 9. Mai 1878 (CBl S. 261), 24. Dezember 1881 (CBl S. 4).

Gesammtmenge der auf der betreffenden Eisenbahn sich bewegenden zahlungspflichtigen Poststücke für den Achskilometer berechnet wird.

Die Mitbeförderung solcher Päckereien, welche nicht zu den Brief- und Zeitungspacketen gehören, soll bei Zügen, deren Fahrzeit besonders kurz bemessen ist, beschränkt oder ausgeschlossen werden, wenn dies von der Eisenbahn-Aufsichtsbehörde zur Wahrung der pünktlichen und sicheren Beförderung der betreffenden Züge für nothwendig erachtet wird, und andere zur Mitnahme der Päckereien geeignete Züge auf der betreffenden Bahn eingerichtet sind.

Artikel 3. Auf Grund vorangegangener Verständigung kann an Stelle eines besonderen Postwagens eine Abtheilung eines Eisenbahnwagens gegen Erstattung der für Herstellung und Wiederbeseitigung der für die Zwecke des Postdienstes erforderlichen Einrichtungen von der Eisenbahnverwaltung aufgewendeten Selbstkosten, sowie gegen Zahlung einer Miethe für Hergabe und Unterhaltung benutzt werden, welche nach Artikel 6 Absatz 5 zu berechnen ist.

Artikel 4. Bei solchen für den regelmäßigen Beförderungsdienst der Bahn bestimmten Zügen, welche nicht in der in den Artikeln 2 und 3 bezeichneten Weise zur Postbeförderung benutzt werden, kann die Postverwaltung entweder, insoweit dies nach dem Ermessen der Eisenbahnverwaltung zulässig ist, der letzteren Briefbeutel, sowie Brief- und Zeitungspackete zur unentgeltlichen Beförderung durch das Zugpersonal überweisen, oder die Beförderung von Briefbeuteln, sowie Brief- und Zeitungspacketen durch einen Postbeamten besorgen lassen, welchem der erforderliche Platz in einem Eisenbahnwagen unentgeltlich einzuräumen ist.

Artikel 5. Reicht der eine Postwagen (Art. 2) oder die an Stelle für Postzwecke bestimmte Wagenabtheilung (Art. 3) für die Bedürfnisse des Postdienstes nicht aus, so sind die Eisenbahnverwaltungen auf rechtzeitige Anmeldung oder Bestellung gehalten, nach Wahl der Postverwaltung

mehrere Postwagen zur Beförderung zuzulassen,

oder der Postverwaltung zur Befriedigung des Mehrbedürfnisses geeignete Güterwagen oder einzelne geeignete Abtheilungen solcher Personenwagen, deren übrige Abtheilungen in dem betreffenden Zuge für Eisenbahnzwecke verwendbar sind, zu gestellen,

oder endlich die ihnen von der Postverwaltung überwiesenen Postsendungen zur eigenen Beförderung zu übernehmen.

Bei Zügen, auf denen die Beförderung von Postpäckereien ausgeschlossen oder beschränkt ist (Art. 2 Abs. 3), darf die Gestellung außerordentlicher Transportmittel seitens der Postverwaltung nicht beansprucht werden. Die Ueberweisung von Postsendungen an die Eisenbahnverwaltungen ist nur insoweit zulässig, als letztere sich bei dem betreffenden Zuge mit der Beförderung von Gütern (Eil- oder Frachtgütern) befaßt und die zu überweisenden Poststücke nicht in Geld- oder Werthsendungen bestehen.

Für die Beförderung eines zweiten oder mehrerer Postwagen,

sowie für die Gestellung und Beförderung der erforderlichen Eisenbahn-Transportmittel ist von der Postverwaltung eine für den Achskilometer zu berechnende Vergütung, für die Beförderung der überwiesenen Poststücke aber die tarifmäßige Eisenbahn-Eilfrachtgebühr zu zahlen. Für die Mitbeförderung des etwa erforderlichen Postbegleitungspersonals und der Geräthschaften für den Dienst wird eine Vergütung nicht gezahlt.

Artikel 6. Die für den regelmäßigen Dienst erforderlichen Eisenbahn-Postwagen werden für Rechnung der Postverwaltung beschafft.

Die Eisenbahnverwaltungen sind verbunden, die Unterhaltung, äußere Reinigung, das Schmieren und das Ein- und Ausrangiren dieser Wagen gegen eine den Selbstkosten entsprechende Vergütung zu bewirken.

Wenn die im regelmäßigen Dienst befindlichen Eisenbahn-Postwagen während des Stillagers auf den Bahnhöfen der Endstationen im Freien stehen bleiben, so ist dafür eine Vergütung nicht zu zahlen. Letzteres gilt auch für die Plätze auf den Bahnhöfen, welche der Postverwaltung zur Aufbewahrung der Perronwagen und sonstigen Geräthschaften für das Verladungsgeschäft angewiesen werden.

Unbeladene Postwagen sind gegen Erstattung der für Eisenbahn-Güterwagen tarifmäßig zu entrichtenden Frachtgebühr zu befördern. Für die Beförderung zur Eisenbahn-Reparaturwerkstatt und zurück findet eine Vergütung nicht statt.

Wenn Eisenbahn-Postwagen beschädigt oder laufunfähig werden, so sind die Eisenbahnverwaltungen gehalten, der Postverwaltung geeignete Güterwagen zur Aushülfe zu überlassen. Für diese Güterwagen hat die Postverwaltung die nämliche Miethe zu bezahlen, welche die betreffende Eisenbahnverwaltung im Verkehr mit benachbarten Bahnen für Benutzung fremder Wagen von gleicher Beschaffenheit entrichtet.

Desgleichen sind die theilweise von der Post benutzten Eisenbahnwagen (Art. 3), wenn sie laufunfähig werden, von den Eisenbahnverwaltungen auf ihre Kosten durch andere zu ersetzen.

Artikel 7. Bei Errichtung neuer Bahnhöfe oder Stationsgebäude sind auf Verlangen der Postverwaltung die durch den Eisenbahnbetrieb bedingten, für die Zwecke des Postdienstes erforderlichen Diensträume mit den für den Postdienst etwa erforderlichen besonderen baulichen Anlagen von der Eisenbahnverwaltung gegen Miethsentschädigung zu beschaffen und zu unterhalten.

Dasselbe gilt bei dem Um- oder Erweiterungsbau bestehender Stationsgebäude, insofern durch die den Bau veranlassenden Verhältnisse eine Erweiterung oder Veränderung der Postdiensträume bedingt wird.

Bei dem Mangel geeigneter Privatwohnungen in der Nähe der Bahnhöfe sind die Eisenbahnverwaltungen gehalten, bei Aufstellung von Bauplänen zu Bahnhofsanlagen und bei dem Um- oder Erweiterungsbau von Stationsgebäuden auf die Beschaffung von Dienstwohnungsräumen für die Postbeamten, welche zur Verrichtung des durch den Eisenbahnbetrieb bedingten Postdienstes erforderlich sind, Rücksicht zu nehmen. Ueber den Umfang dieser Dienstwohnungsräume wird sich die Postverwaltung mit der Eisenbahnverwaltung und erforderlichen Falls mit der Landes-Aufsichtsbehörde in jedem einzelnen Falle verständigen. Für die Beschaffung und Unterhaltung der Dienstwohnungsräume hat die Postverwaltung eine Miethsentschädigung nach gleichen Grundsätzen wie für die Diensträume auf den Bahnhöfen zu entrichten.

Das Miethsverhältniß bezüglich der der Postverwaltung überwiesenen Dienst- und Dienstwohnungsräume auf den Bahnhöfen kann nur durch das Einverständniß beider Verwaltungen aufgelöst werden.

Werden bei Errichtung neuer Bahnhofsanlagen, sowie bei dem Um- oder Erweiterungsbau bestehender Stationsgebäude zur Unterbringung von Dienst- oder Dienstwohnungsräumen auf Verlangen der Postbehörde besondere Gebäude auf den Bahnhöfen hergestellt, so ist der erforderliche Bauplatz von den Eisenbahnverwaltungen gegen Erstattung der Selbstkosten zu beschaffen, der Bau und die Unterhaltung derartiger Gebäude aber aus der Postkasse zu bestreiten.

Artikel 8. Wenn bei dem Betriebe einer Eisenbahn ein im Dienst befindlicher Postbeamter getödtet oder körperlich verletzt worden ist, und die Eisenbahnverwaltung den nach den Gesetzen ihr obliegenden Schadenersatz dafür geleistet hat, so ist die Postverwaltung verpflichtet, derselben das Geleistete zu ersetzen, falls nicht der Tod oder die Körperverletzung durch ein Verschulden des Eisenbahnbetriebs-Unternehmers oder einer der im Eisenbahnbetrieb verwendeten Personen herbeigeführt worden ist.

Artikel 9. Der Reichskanzler ist ermächtigt, für Eisenbahnen mit schmalerer als der Normalspur und für Eisenbahnen, bei welchen wegen ihrer untergeordneten Bedeutung das Bahnpolizei-Reglement für die Eisenbahnen Deutschlands nicht für anwendbar erachtet ist, die vorstehenden Verpflichtungen für die Zwecke des Postdienstes zu ermäßigen oder ganz zu erlassen.

Artikel 10. Durch die von dem Reichskanzler, nach Anhörung der Reichs-Postverwaltung und des Reichs-Eisenbahn-Amtes, unter Zustimmung des Bundesraths zu erlassenden Vollzugsbestimmungen werden die näheren Anordnungen über die Ausführung der vorstehenden Leistungen, sowie über die Festsetzung und die Berechnung der Vergütung für die gegen Entgelt zu gewährenden Leistungen getroffen.

Artikel 11. Auf die bei Erlaß dieses Gesetzes bereits konzessionirten Eisenbahngesellschaften und deren zukünftig konzessionirte Erweiterungen durch Neubauten finden die vorstehenden Vorschriften insoweit Anwendung, als dies nach den Konzessionsurkunden zulässig ist. Im Uebrigen bewendet es für die Verbindlichkeit der bereits konzessionirten Eisenbahngesellschaften bei den Bestimmungen der

Konzessionsurkunden, und bleiben insbesondere in dieser Beziehung die bis dahin zur Anwendung gekommenen Vorschriften über den Umfang des Postzwanges und über die Verbindlichkeiten der Eisenbahnverwaltungen zu Leistungen für die Zwecke des Postdienstes maßgebend.

Die bereits konzessionirten Eisenbahngesellschaften sind jedoch berechtigt, an Stelle der ihnen konzessionsmäßig obliegenden Verpflichtungen für die Zwecke des Postdienstes die durch das gegenwärtige Gesetz angeordneten Leistungen zu übernehmen.

Artikel 12. Die vertragsmäßige Vergütung, welche an das Großherzogthum Baden für Leistungen seiner Staatsbahnen zu den Zwecken des Postdienstes zu entrichten ist, wird, sofern nicht eine anderweite Vereinbarung erfolgt, bis zum Ablauf des Jahres 1879 weiter gezahlt. Bis dahin bleiben für die Leistungen der badischen Staatsbahnen zu Zwecken des Postdienstes die Bestimmungen des Reglements über die Verhältnisse der Post zu den Staatseisenbahnen vom 1. Januar 1868 maßgebend.

Im Uebrigen kommen die Vorschriften dieses Gesetzes auf die im Eigenthum des Reichs oder eines Bundesstaates befindlichen, sowie auf die in das Eigenthum des Reichs oder eines Bundesstaates übergehenden Eisenbahnen mit dem Inkrafttreten dieses Gesetzes zur Anwendung.

§ 5. Das Briefgeheimniß ist unverletzlich. Die bei strafgerichtlichen Untersuchungen und in Konkurs- und civilprozessualischen Fällen nothwendigen Ausnahmen sind durch ein Reichsgesetz festzustellen. Bis zu dem Erlaß eines Reichsgesetzes werden jene Ausnahmen durch die Landesgesetze bestimmt.

Abschnitt II.

Garantie.

§ 6. Die Postverwaltung leistet dem Absender im Falle reglementsmäßig erfolgter Einlieferung Ersatz:

I. für den Verlust und die Beschädigung
   1) der Briefe mit Werthangabe,
   2) der Packete mit oder ohne Werthangabe,

II. für den Verlust der rekommandirten Sendungen, denen in dieser Beziehung Sendungen gleichgestellt werden, welche zur Beförderung durch Estafette eingeliefert sind.

Für einen durch verzögerte Beförderung oder Bestellung der unter I bezeichneten Gegenstände entstandenen Schaden leistet die Postverwaltung nur dann Ersatz, wenn die Sache durch die verzögerte Beförderung oder Bestellung verdorben ist, oder ihren Werth bleibend ganz oder theilweise verloren hat. Auf eine Veränderung des Kurses oder marktgängigen Preises wird jedoch hierbei keine Rücksicht genommen.

Die Verbindlichkeit der Postverwaltung zur Ersatzleistung bleibt ausgeschlossen, wenn der Verlust die Beschädigung oder die verzögerte Beförderung oder Bestellung

a) durch die eigene Fahrlässigkeit des Absenders, oder
b) durch die unabwendbaren Folgen eines Naturereignisses, oder durch die natürliche Beschaffenheit des Gutes herbeigeführt worden ist, oder
c) auf einer auswärtigen Beförderungsanstalt sich ereignet hat, für welche die Postverwaltung nicht durch Konvention die Ersatzleistung ausdrücklich übernommen hat; ist jedoch in diesem Falle die Einlieferung bei einer deutschen Postanstalt erfolgt, und will der Absender seine Ansprüche gegen die auswärtige Beförderungsanstalt geltend machen, so hat die Postverwaltung ihm Beistand zu leisten.

Für die auf Postanweisungen eingezahlten Beträge leistet die Postverwaltung Garantie.

Für andere, als die vorstehend bezeichneten Gegenstände, insbesondere für gewöhnliche Briefe, wird weder im Falle eines Verlustes oder einer Beschädigung, noch im Falle einer verzögerten Beförderung oder Bestellung Ersatz geleistet.

§ 7. Wenn der Verschluß und die Verpackung der zur Post gegebenen Gegenstände bei der Aushändigung an den Empfänger äußerlich unverletzt und zugleich das Gewicht mit dem bei der Einlieferung ermittelten übereinstimmend befunden wird, so darf dasjenige, was bei der Eröffnung an dem angegebenen Inhalte fehlt, von der Postverwaltung nicht vertreten werden. Die ohne Erinnerung geschehene Annahme einer Sendung begründet die Vermuthung, daß bei der Aushändigung Verschluß und Verpackung unverletzt und das Gewicht mit dem bei der Einlieferung ermittelten übereinstimmend befunden worden ist.

§ 8. Wenn eine Werthangabe geschehen ist, so wird dieselbe bei der Feststellung des Betrages des von der Postverwaltung zu leistenden Schadenersatzes zu Grunde gelegt. Beweist jedoch die Postverwaltung, daß der angegebene Werth den gemeinen Werth der Sache übersteigt, so hat sie nur diesen zu ersetzen.

Ist in betrüglicher Absicht zu hoch deklarirt worden, so verliert der Absender nicht nur jeden Anspruch auf Schadenersatz, sondern ist auch nach den Vorschriften der Strafgesetze zu bestrafen.

§ 9. Wenn bei Packeten die Angabe des Werthes unterblieben ist, so vergütet die Postverwaltung im Falle eines Verlustes oder einer Beschädigung den wirklich erlittenen Schaden, jedoch niemals mehr, als Einen Thaler für jedes Pfund (= 500 Gramme) der ganzen Sendung. Packete, welche weniger als Ein Pfund wiegen, werden den Packeten zum Gewicht von Einem Pfunde gleichgestellt und überschießende Pfundtheile für Ein Pfund gerechnet.

§ 10. Für eine rekommandirte Sendung, sowie für eine zur Beförderung durch Estafette eingelieferte Sendung (§ 6, II) wird dem

Absender im Falle des Verlustes, ohne Rücksicht auf den Werth der Sendung, ein Ersatz von vierzehn Thalern gezahlt.

§ 11. Bei Reisen mit den ordentlichen Posten leistet die Postverwaltung Ersatz:

1) für den Verlust oder die Beschädigung des reglementsmäßig eingelieferten Passagierguts nach Maßgabe der §§ 8 und 9, und
2) für die erforderlichen Kur- und Verpflegungskosten im Falle der körperlichen Beschädigung eines Reisenden, wenn dieselbe nicht erweislich durch höhere Gewalt oder durch eigene Fahrlässigkeit des Reisenden herbeigeführt ist.

Bei der Extrapostbeförderung wird weder für den Verlust oder die Beschädigung an Sachen, welche der Reisende bei sich führt, noch bei einer körperlichen Beschädigung des Reisenden Entschädigung von der Postverwaltung geleistet.

§ 12. Eine weitere, als die in den §§ 8, 9, 10 und 11 nach Verschiedenheit der Fälle bestimmte Entschädigung wird von der Postverwaltung nicht geleistet; insbesondere findet gegen dieselbe ein Anspruch wegen eines durch den Verlust oder die Beschädigung einer Sendung entstandenen mittelbaren Schadens oder entgangenen Gewinnes nicht statt.

§ 13. Der Anspruch auf Schadloshaltung gegen die Postverwaltung muß in allen Fällen gegen die Ober-Postdirektion, beziehungsweise gegen die mit deren Funktionen beauftragte Postbehörde gerichtet werden, in deren Bezirk der Ort der Einlieferung der Sendung oder der Ort der Einschreibung des Reisenden liegt.

§ 14.[1] Der Anspruch auf Entschädigung an die Postverwaltung erlischt mit Ablauf von sechs Monaten, vom Tage der Einlieferung der Sendung oder vom Tage der Beschädigung des Reisenden an gerechnet. Diese Verjährung wird nicht allein durch Anmeldung der Klage, sondern auch durch Anbringung der Reklamation bei der kompetenten Postbehörde (§ 13) unterbrochen. Ergeht hierauf eine abschlägige Bescheidung, so beginnt vom Empfange derselben eine neue Verjährung, welche durch eine Reklamation gegen jenen Bescheid nicht unterbrochen wird.

§ 15. In Fällen des Krieges und gemeiner Gefahr ist die Postverwaltung befugt, durch öffentliche Bekanntmachung jede Vertretung abzulehnen und Briefe, sowie Sachen, nur auf Gefahr des Absenders zur Beförderung zu übernehmen. In solchem Falle steht jedoch dem Absender frei, sich ohne Rücksicht auf die Bestimmung des § 1 jeder anderen Beförderungsgelegenheit zu bedienen.

Abschnitt III.

Besondere Vorrechte der Posten.

§ 16. Die ordentlichen Posten nebst deren Beiwagen, die auf Kosten des Staates beförderten Kuriere und Estafetten, die von Post-

---

[1] Abgeändert durch § 13 Nr. 4 EG CPO. (Vgl. oben S. 5 Anm.).

beförderungen ledig zurückkommenden Postfuhrwerke und Postpferde, die Briefträger und die Postboten sind von Entrichtung der Chausseegelder und anderen Kommunikationsabgaben befreit. Dasselbe gilt von Personenfuhrwerken, welche durch Privatunternehmer eingerichtet und als Ersatz für ordentliche Posten ausschließlich zur Beförderung von Reisenden und deren Effekten und von Postsendungen benutzt werden.

Diese Befreiung findet auch, jedoch unbeschadet wohlerworbener Rechte, gegen die zur Erhebung solcher Abgaben berechtigten Korporationen, Gemeinden oder Privatpersonen statt.

§ 17. In besonderen Fällen, in denen die gewöhnlichen Postwege gar nicht oder schwer zu passiren sind, können die ordentlichen Posten, die Extraposten, Kuriere und Estafetten sich der Neben- und Feldwege, sowie der ungehegten Wiesen und Aecker bedienen, unbeschadet jedoch des Rechtes der Eigenthümer auf Schadenersatz.

§ 18. Gegen die ordentlichen Posten, Extraposten, Kuriere und Estafetten ist keine Pfändung erlaubt; auch darf dieselbe gegen einen Postillon nicht geübt werden, welcher mit dem ledigen Gespann zurückkehrt. Bei Zuwiderhandlungen ist eine Geldstrafe von zehn Silbergroschen bis zu zwanzig Thalern verwirkt.

§ 19. Jedes Fuhrwerk muß den ordentlichen Posten, sowie den Extraposten, Kurieren und Estafetten auf das übliche Signal ausweichen. Bei Zuwiderhandlungen ist eine Geldstrafe von zehn Silbergroschen bis zu zehn Thalern verwirkt.

§ 20.[1] Das Inventarium der Posthaltereien darf im Wege des Arrestes oder der Exekution nicht mit Beschlag belegt werden.

§ 21. Wenn den ordentlichen Posten, Extraposten, Kurieren oder Estafetten unterwegs ein Unfall begegnet, so sind die Anwohner der Straße verbunden, denselben die zu ihrem Weiterkommen erforderliche Hülfe gegen vollständige Entschädigung schleunigst zu gewähren.

§ 22. Die vorschriftsmäßig zu haltenden Postpferde und Postillone dürfen zu den behufs der Staats- und Kommunalbedürfnisse zu leistenden Spanndiensten nicht herangezogen werden.

§ 23. Die Thorwachen, Thor-, Brücken- und Barrierebeamten sind verbunden, die Thore und Schlagbäume schleunigst zu öffnen, sobald der Postillon das übliche Signal giebt. Ebenso müssen auf dasselbe die Fährleute die Ueberfahrt unverzüglich bewirken. Bei Zuwiderhandlungen ist eine Geldstrafe von zehn Silbergroschen bis zu zehn Thalern verwirkt.

§ 24. Auf Requisition der Postbehörden haben die Polizei- und Steuerbeamten und deren Organe zur Verhütung und Entdeckung von Postübertretungen mitzuwirken.

§ 25. Die Postanstalten sind berechtigt, unbezahlt gebliebene Beträge an Personengeld, Porto und Gebühren nach den für die

[1] Vgl. § 1 Abs. 2 KO.

Beitreibung öffentlicher Abgaben bestehenden Vorschriften exekutivisch einziehen zu lassen.

Die mit Beitreibung exekutionsreifer Forderungen im Allgemeinen betrauten Organe sind verpflichtet, die von den Postanstalten angemeldeten rückständigen Beträge an Personengeld, Porto und Gebühren im Wege der Hülfsvollstreckung einzuheben.

Dem Exequirten steht jedoch die Betretung des Rechtsweges offen.

§ 26. Die Beträge, welche in einer Sendung enthalten sind, die weder an den Adressaten bestellt, noch an den Absender zurückgegeben werden kann, oder welche aus dem Verkaufe der vorgefundenen Gegenstände gelöst werden, fließen nach Abzug des Portos und der sonstigen Kosten zur Postarmen- oder Unterstützungskasse. Meldet sich der Absender oder der Adressat später, so zahlt ihm die Postarmen- oder Unterstützungskasse die ihr zugeflossenen Summen, jedoch ohne Zinsen zurück.

Nach gleichen Grundsätzen ist mit Beträgen, welche auf Postsendungen eingezahlt sind, und mit zurückgelassenen Passagier-Effekten zu verfahren.

Abschnitt IV.

Strafbestimmungen bei Post- und Portodefraudationen.

Abschnitt V.

Strafverfahren bei Post- und Portodefraudationen.

Abschnitt VI.

Allgemeine Bestimmungen.

§ 47. Was ein Briefträger oder Postbote über die von ihm geschehene Bestellung auf seinen Diensteid anzeigt, ist solange für wahr und richtig anzunehmen, bis das Gegentheil überzeugend nachgewiesen wird.

§ 48. Die Postverwaltung ist für die richtige Bestellung nicht verantwortlich, wenn der Adressat erklärt hat, die an ihn eingehenden Postsendungen selbst abzuholen oder abholen zu lassen. Auch liegt in diesem Falle der Postanstalt eine Prüfung der Legitimation desjenigen, welcher sich zur Abholung meldet, nicht ob, sofern nicht auf den Antrag des Adressaten zwischen diesem und der Postanstalt ein desfallsiges Abkommen getroffen worden ist.

§ 49. Die Postverwaltung ist, nachdem sie das Formular zum Ablieferungsscheine dem Adressaten reglementsmäßig hat ausliefern lassen, nicht verpflichtet, die Aechtheit der Unterschrift und des etwa hinzugefügten Siegels unter dem mit dem Namen des Empfangsberechtigten unterschriebenen und beziehungsweise untersiegelten Ablieferungsscheine zu untersuchen. Ebensowenig braucht sie die Legitimation desjenigen zu prüfen, welcher unter Vorlegung des vollzogenen Ablieferungsscheines, oder bei Packeten ohne Werthangabe unter Vorlegung des reglementsmäßig ausgelieferten Begleitbriefes, die Aushändigung der Sendung verlangt.

§ 50. Durch ein von dem Reichskanzler zu erlassendes Reglement, welches mittelst der für die Publikation amtlicher Bekanntmachungen bestimmten Blätter zu veröffentlichen ist, werden die weiteren bei Benutzung der Postanstalt zu beobachtenden Vorschriften getroffen.

Diese Vorschriften gelten als Bestandtheil des Vertrages zwischen der Postanstalt und dem Absender, beziehungsweise Reisenden.

Das Reglement hat zu enthalten:

1) die Bedingungen für die Annahme aller behufs der Beförderung durch die Post eingelieferten Gegenstände;
2) das Maximalgewicht der Briefe und Packete;
3) die Bedingungen der Rückforderung von Seite des Absenders und die Vorschriften über die Behandlung unbestellbarer Sendungen;
4) die Bestimmungen wegen schließlicher Verfügung über die unanbringlichen Sendungen;
5) die Bezeichnung der für Beförderung durch die Post unzulässigen Gegenstände;
6) die Gebühren für Postanweisungen, Vorschußsendungen und sonstige Geldübermittelungen durch die Post, für Sendungen von Drucksachen, Waarenproben und Mustern, Korrespondenzkarten, rekommandirte Sendungen, für Zustellung von Sendungen mit Behändigungsscheinen, für Laufschreiben wegen Postsendungen und Ueberweisung der Zeitungen;
7) Anordnungen über die Art der Bestellung der durch die Post beförderten Gegenstände und die hiefür zu erhebenden Gebühren, insbesondere die Gebühren für Bestellung der Expreßsendungen, der Stadtbriefe und Packete, der Werthsendungen, ferner die Vorschriften über Estafettenbeförderung;
8) die Bedingungen für die Beförderung der Reisenden mit den ordentlichen Posten oder mit Extrapost, die Bestimmung des Personengeldes und der Gebühr für Beförderung von Passagiergut;
9) die näheren Anordnungen über Kontirung und Kreditirung von Porto, sowie die dafür zu entrichtenden Gebühren;
10) Anordnungen zur Aufrechthaltung der Ordnung, der Sicherheit und des Anstandes auf den Posten, in den Postlokalen und Passagierstuben.

Die unter Ziffer 2, 4 und 6 bezeichneten Anordnungen unterliegen der Beschlußfassung des Bundesrathes.

Für den inneren Postverkehr der Königreiche Bayern und Württemberg werden die reglementairen Anordnungen von den zuständigen Behörden dieser Staaten erlassen.

§ 51. Alle bisherigen allgemeinen und besonderen Bestimmungen über Gegenstände, worüber das gegenwärtige Gesetz verfügt, soweit jene Bestimmungen nicht auf den mit dem Auslande abgeschlossenen Staatsverträgen oder Konventionen beruhen, werden hierdurch aufgehoben.

§ 52. Das gegenwärtige Gesetz tritt mit dem 1. Januar 1872 in Kraft.

---

25) Gesetz, betr. die Ausprägung von Reichsgoldmünzen. Vom 4. Dezember 1871. (RGBl S. 404.)[1]

§ 1. Es wird eine Reichsgoldmünze ausgeprägt, von welcher aus Einem Pfunde feinen Goldes 139½ Stück ausgebracht werden.

§ 2. Der zehnte Theil dieser Goldmünze wird Mark genannt und in hundert Pfennige eingetheilt.

§ 3. Außer der Reichsgoldmünze zu 10 Mark (§ 1) sollen ferner ausgeprägt werden:

Reichsgoldmünzen zu 20 Mark, von welchen aus Einem Pfunde feinen Goldes 69¾ Stück ausgebracht werden.

§ 4. Das Mischungsverhältniß der Reichsgoldmünzen wird auf 900 Tausendtheile Gold und 100 Tausendtheile Kupfer festgestellt. Es werden demnach

125,55 Zehn-Mark-Stücke,
62,775 Zwanzig-Mark-Stücke

je Ein Pfund wiegen.

§ 5. Die Reichsgoldmünzen tragen auf der einen Seite den Reichsadler mit der Inschrift „Deutsches Reich", und mit der Angabe des Werthes in Mark, sowie mit der Jahreszahl der Ausprägung, auf der anderen Seite das Bildniß des Landesherrn, beziehungsweise das Hoheitszeichen der freien Städte, mit einer entsprechenden Umschrift und dem Münzzeichen. Durchmesser der Münzen, Beschaffenheit und Inschrift der Ränder derselben werden vom Bundesrathe festgestellt.

§ 8. Alle Zahlungen, welche gesetzlich in Silbermünzen der Thalerwährung, der süddeutschen Währung, der lübischen oder hamburgischen Kurantwährung oder in Thalern Gold bremer Rechnung zu leisten sind, oder geleistet werden dürfen, können in Reichsgoldmünzen (§§ 1 und 3) dergestalt geleistet werden, daß gerechnet wird:

das Zehn-Mark-Stück zum Werthe von 3⅓ Thalern oder 5 Fl. 50 Kr. süddeutscher Währung, 8 Mark 5⅓ Schilling lübischer und hamburgischer Kurant-Währung, 3 1/93 Thaler Gold bremer Rechnung;

das Zwanzig-Mark-Stück zum Werthe von 6⅔ Thalern oder 11 Fl. 40 Kr. süddeutscher Währung, 16 Mark 10⅔ Schilling lübischer und hamburgischer Kurant-Währung, 6 2/93 Thaler Gold bremer Rechnung.

§ 9.[2] Reichsgoldmünzen, deren Gewicht um nicht mehr als

---

[1] Vgl. G vom 9. Juli 1873 (RGBl S. 233), vom 15. Nov. 1874 (RGBl S. 131) und Allerhöchsten Erlaß vom 17. Febr. 1875 (RGBl S. 72).

[2] Vgl. Bekanntmachung vom 29. Mai 1876 (CBl S. 260).

fünf Tausendtheile hinter dem Normalgewicht (§ 4) zurückbleibt (Passirgewicht), und welche nicht durch gewaltsame oder gesetzwidrige Beschädigung am Gewicht verringert sind, sollen bei allen Zahlungen als vollwichtig gelten.

Reichsgoldmünzen, welche das vorgedachte Passirgewicht nicht erreichen und an Zahlungsstatt von den Reichs-, Staats-, Provinzial- oder Kommunalkassen, sowie von Geld- und Kreditanstalten und Banken angenommen worden sind, dürfen von den gedachten Kassen und Anstalten nicht wieder ausgegeben werden.

Die Reichsgoldmünzen werden, wenn dieselben in Folge längerer Cirkulation und Abnutzung am Gewicht so viel eingebüßt haben, daß sie das Passirgewicht nicht mehr erreichen, für Rechnung des Reichs zum Einschmelzen eingezogen. Auch werden dergleichen abgenutzte Goldmünzen bei allen Kassen des Reichs und der Bundesstaaten stets voll zu demjenigen Werthe, zu welchem sie ausgegeben sind, angenommen werden.

§ 10. Eine Ausprägung von anderen, als den durch dieses Gesetz eingeführten Goldmünzen, sowie von groben Silbermünzen, mit Ausnahme von Denkmünzen[1], findet bis auf weiteres nicht statt.

§ 11. Die zur Zeit umlaufenden Goldmünzen der deutschen Bundesstaaten sind von Reichs wegen und auf Kosten des Reichs nach Maßgabe der Ausprägung der neuen Goldmünzen (§ 6) einzuziehen.

Der Reichskanzler wird ermächtigt, in gleicher Weise die Einziehung der bisherigen groben Silbermünzen der deutschen Bundesstaaten anzuordnen und die zu diesem Behufe erforderlichen Mittel aus den bereitesten Beständen der Reichskasse zu entnehmen.

Ueber die Ausführung der vorstehenden Bestimmungen ist dem Reichstage alljährlich in seiner ersten ordentlichen Session Rechenschaft zu geben.

---

26) Gesetz, betr. die Beschränkungen des Grundeigenthums in der Umgebung von Festungen. Vom 21. Dezember 1871.

(RGBl S. 459.)

§ 1. Die Benutzung des Grundeigenthums in der nächsten Umgebung der bereits vorhandenen, sowie der in Zukunft anzulegenden permanenten Befestigungen unterliegt nach Maßgabe dieses Gesetzes dauernden Beschränkungen.

§ 2. Behufs Feststellung dieser Beschränkungen wird die nächste Umgebung der Festungen in Rayons getheilt, und je nach der Entfernung von der äußersten Vertheidigungslinie ab als erster, zweiter, dritter Rayon bezeichnet.

---

[1] Diese Ausnahme ist aufgehoben durch Art. 11 des Münzgesetzes vom 9. Juli 1873.

Wenn bei Festungen mehrere zusammenhängende Befestigungslinien vor einander liegen, so bildet der Raum zwischen denselben die Zwischen-Rayons.

Bei Festungen mit einer Citadelle heißt der Rayonbezirk vor den stadtwärts gewendeten Werken derselben Esplanade.

§ 3. Die Abmessung der Rayons erfolgt von den ausspringenden Winkeln des bedeckten Weges, und zwar von dem oberen Rande des Glacis oder in Ermangelung eines Glacis von dem äußeren Grabenrande, oder wenn auch ein Graben nicht vorhanden ist, von der Feuerlinie der Wallbrustwehren, beziehungsweise der äußeren Mauerflucht der krenelirten Mauern.

§ 4. Der erste Rayon umfaßt bei allen Festungen und neu zu erbauenden detachirten Forts das im Umkreise derselben von 600 Metern belegene Terrain, außerdem bei Festungen, welche an Gewässern belegen sind und besondere Kehlbefestigungen haben, das Terrain zwischen diesen und dem Ufer.

§ 5. Der zweite Rayon begreift das Terrain zwischen der äußeren Grenze des ersten Rayons und einer von dieser im Abstande von 375 Metern gezogenen Linie.

Detachirte Forts haben keinen zweiten Rayon; bei diesen unterliegt jedoch das Terrain von der Grenze des ersten Rayons bis zu einer Entfernung von 1650 Metern den für den dritten Rayon gegebenen Beschränkungen.

§ 6. Der dritte Rayon umfaßt bei allen Festungen das Terrain von der äußeren Grenze des zweiten Rayons bis zu einer Entfernung von 1275 Metern.

§ 7. Die Zwischenrayons zerfallen in strenge und einfache.

Die ersteren enthalten das Terrain in einem Abstande von 75 Metern von der zurückliegenden oder inneren Befestigungslinie; darüber hinaus liegt der einfache Zwischenrayon.

§ 8. Bei Neu-Anlagen von Befestigungen werden die denselben zunächst gelegenen beiden Rayons, sowie etwaige Esplanaden und Zwischenrayons durch die Kommandanturen unter Mitwirkung der Polizeibehörden und Zuziehung der Ortsvorstände, sowie der Besitzer selbständiger Gutsbezirke abgesteckt und durch feste Marken (Rayonsteine) bezeichnet.

Von diesem Zeitpunkte an treten die gesetzlichen Beschränkungen in der Benutzung des Grundeigenthums in Wirksamkeit.

§ 9. Unmittelbar nach der Absteckung der Rayonlinie hat die Kommandantur einen Rayonplan und ein Rayonkataster aufzustellen.

Der Rayonplan muß den allgemeinen Erfordernissen eines Situationsplanes entsprechen, insbesondere die Richtung und Entfernung der Rayonlinien von den Festungswerken, Lage und Nummer der Grenzmarken enthalten und die Lage und Benutzungsweise, sowie Beschaffenheit der einzelnen in den Rayons belegenen Grundstücke erkennen lassen.

Das Rayon-Kataster enthält unter Bezugnahme auf den Rayonplan:

1) die Namen der Besitzer der einzelnen Grundstücke,
2) die Beschreibung des Zustandes und Umfanges, sowie der Zeit der Entstehung aller innerhalb der ersten beiden und der Zwischenrayons vorhandenen Baulichkeiten und Anlagen,
3) Vermerke über Entschädigungsberechtigung bei etwa stattfindender Demolirung.

§ 10. Behufs Aufnahme des Rayonplanes und Rayonkatasters sind alle Behörden verpflichtet, den Kommandanturen die in ihrem Besitze befindlichen Flurkarten, Risse, Pläne, Zeichnungen, Vermessungs- und Bonitirungsregister, Taxen, Kataster und dergleichen unentgeltlich zur Benutzung offen zu legen oder gegen Empfangsbescheinigung zuzustellen.

§ 11. Rayonplan und Rayonkataster sind in derjenigen Gemeinde, in deren Bezirk die aufgenommenen Grundstücke liegen, während 6 Wochen öffentlich auszulegen.

Der Beginn der Auslegung ist durch den Gemeindevorstand ortsüblich öffentlich bekannt zu machen.

Die öffentliche Bekanntmachung muß die Aufforderung zur Erhebung etwaiger Einwendungen unter Angabe der Frist zu deren Anbringung bei dem Gemeindevorstande und die Verwarnung enthalten, daß nach Ablauf dieser Frist mit Feststellung des Katasters verfahren wird.

Alle während dieser Frist eingehenden Beschwerden oder Anträge werden mit dem Vermerk des Eingangstages versehen, gesammelt und nach Ablauf der Anmeldefrist mit der Bescheinigung über die stattgefundene öffentliche Auslegung und die vorschriftsmäßige öffentliche Bekanntmachung der Kommandantur zugestellt.

Letztere prüft die Einwendungen und ertheilt den Bescheid.

Gegen diesen steht innerhalb einer Präklusivfrist von vier Wochen nach dem Empfange den Betheiligten der bei der Kommandantur einzulegende Rekurs an die Reichs-Rayonkommission zu.

Nach Verlauf der obigen Frist, beziehungsweise nach Eingang der Rekursbescheide, erfolgt die Feststellung des Katasters und des Planes durch die Kommandantur. Hiervon erhalten die betreffenden Gemeindevorstände Kenntniß und haben diese die Feststellung öffentlich bekannt zu machen.

§ 12. Die Kommandantur hat dafür Sorge zu tragen, daß im Rayonplan und Rayonkataster alle Veränderungen in baulicher Beziehung, sowie im Besitz, in der Benutzung oder Bestimmung der Grundstücke nachgetragen werden.

§ 13. Innerhalb sämmtlicher Rayons sind nicht ohne Genehmigung der Kommandantur zulässig, vorbehaltlich der Bestimmung in § 30:

1) jede dauernde Veränderung der Höhe der Terrainoberfläche, insbesondere die Anlage und der Betrieb von Lehm- und

Sandgruben, Stein- und Kalkbrüchen, die Anlage von Plätzen zur Ablagerung von Ballast, sowie eine jede solche Ablagerung an nicht dazu bestimmten Plätzen;

2) alle Neuanlagen oder Veränderungen von Dämmen, Deichen, Gräben, sowie in den Vorfluthverhältnissen, Ent- und Bewässerungsanlagen und sonstigen Bauten; desgleichen alle Neuanlagen oder Veränderungen von Chausseen, Wegen und Eisenbahnen;

3) die Anlage von größeren Parkanlagen, Baumschulen und Waldungen;

4) die Errichtung und Veränderung von Kirch- und Glockenthürmen, sowie alle thurmartigen Konstruktionen.

Die Genehmigung darf nicht versagt werden, wenn durch die bezeichneten Neuanlagen, beziehungsweise Veränderungen keine nachtheilige Deckung gegen die rasante Bestreichung der Werke, kein nachtheiliger Einfluß auf das Wasserspiel der Festungsgräben, auf Inundation des Vorterrains und auf die Tiefe der mit den Festungsanlagen in Beziehung stehenden Flußläufe entsteht, und keine vermehrte Einsicht in die Werke des Platzes gewonnen wird.

§ 14. Im dritten Rayon ist bei etwaiger Feststellung von Bebauungsplänen rücksichtlich der Breite und Richtung der Straßen die Genehmigung der Reichs-Rayonkommission (§ 31) erforderlich.

§ 15. Innerhalb des zweiten Rayon sind:

A. unzulässig:

1) alle Massivkonstruktionen von Gebäuden oder Gebäudetheilen mit Ausnahme massiver Feuerungsanlagen und solcher massiver Fundamente, die das umliegende Terrain nicht über 30 Centimeter überragen;

2) jede Art von Gewölbebauten, sowie Eindeckungen von Kelleranlagen mit steinerner und eiserner Konstruktion;

3) die Anlage von bleibenden Ziegel- und Kalköfen, sowie überhaupt massiver zu Fabrik- und sonstigen gewerblichen Zwecken bestimmter Oefen von größeren Abmessungen;

B. nicht ohne Genehmigung der Kommandantur zulässig:

1) die Anlage von Beerdigungsplätzen;

2) die Errichtung von Grabhügeln von mehr als 50 Centimetern Höhe, sowie von Denkmälern aus Stein oder Eisen, welche in den mehr als 50 Centimeter über der Erdoberfläche liegenden Theilen eine größere Stärke haben, als 15 Centimeter für Stein, bezüglich 2 Centimeter für Eisen;

3) die Errichtung von Gebäuden, welche nicht schon nach den Bestimmungen von A unzulässig sind;

die Genehmigung darf bei Einhaltung nachstehender Bestimmungen nicht versagt werden:

a) die Gebäude dürfen nur von Holz, oder einer nach dem Urtheil der Militairbehörde leicht zerstörbaren Eisenkonstruktion, oder in ausgemauertem Fachwerk von nicht mehr als 15 Centimetern Stärke erbaut sein; doch dürfen sie eine Ziegelbedachung, massive Feuerungsanlagen, soweit solche nicht nach A Nr. 3 unzulässig sind, und massive Fundamente haben, welche das umliegende Terrain nicht über 30 Centimeter überragen;

b) die Höhe des Gebäudes bis zur Dachfirst darf 13 Meter nicht übersteigen;

c) Keller dürfen nur hölzerne oder leichte eiserne Balken, mit gewöhnlichem Balkenzwischenraum und hölzernem Fußboden darüber haben;

4) die Anlage massiver Dampfschornsteine;
die Genehmigung darf nicht versagt werden, wenn die Höhe 20 Meter nicht übersteigt.

§ 16. Für den einfachen Zwischenrayon gelten die in § 15 für den zweiten Rayon gegebenen Vorschriften, jedoch mit folgenden Abweichungen:

Zu A. Unter besonderen Verhältnissen kann die Herstellung massiver Bauten und gewölbter Anlagen gestattet werden.

Zu B. 3b. Die Höhe des Gebäudes bis zur Dachfirst darf 8 Meter nicht übersteigen.

§ 17. Im ersten Rayon ist

A. unzulässig:

1) Alles, was im zweiten Rayon unzulässig ist; massive Fundamente dürfen jedoch das umliegende Terrain nicht über 15 Centimeter überragen;

2) Wohngebäude jeder Art;

3) Baulichkeiten von anderen Materialien, als von Holz oder einer nach dem Urtheil der Militairbehörde leicht zerstörbaren Eisenkonstruktion; Keller- oder mit dem Grund und Boden fest zusammenhängende Feuerungsanlagen; Baulichkeiten von größerer Höhe, als 7 Meter bis zur Dachfirst; andere Bedachungsmaterialien, als Holz, Stroh, Rohr, Dachpappe, Dachfilz, Zink oder Schiefer;

4) die Aufstellung von Lokomobilen in fester Verbindung mit Baulichkeiten, oder auf Terrain, aus welchem dieselben nicht sofort entfernt werden können;

5) Denkmäler von Stein oder Eisen, welche in den mehr als 50 Centimeter über der Erdoberfläche liegenden Theilen eine größere Breite haben, als 30 Centimeter;

6) Einhegungen durch Neuanlage von lebendigen Hecken;

B. nicht ohne Genehmigung der Kommandantur zulässig:

1) die Anlage von Beerdigungsplätzen;

2) die Errichtung von Grabhügeln von mehr als 50 Centimetern Höhe, sowie von Denkmälern aus Stein oder Eisen, welche in den mehr als 50 Centimeter über der Erdoberfläche liegenden Theilen eine größere Stärke haben, als 15 Centimeter für Stein, bezüglich 2 Centimeter für Eisen;

3) die Anlage hölzerner Windmühlen;

die Genehmigung darf nicht versagt werden, wenn die Entfernung von den Festungswerken 300 Meter oder mehr beträgt;

4) alle vorstehend nicht als unzulässig bezeichneten Baulichkeiten; bewegliche Feuerungsanlagen; hölzerne und eiserne Einfriedigungen, letztere, wenn sie ohne Schwierigkeit beseitigt werden können; Brunnen.

Die Genehmigung darf nur versagt werden, wenn es sich um wohnliche Einrichtungen irgend einer Art handelt. Jedoch darf bei nachgewiesener Nothwendigkeit der Anwesenheit eines Wächters die Aufstellung einer mit einem transportablen eisernen Ofen versehenen Wächterhütte auf je einem Grundstück nicht verweigert werden, sofern dieselbe im Grundflächenmaß 20 Quadratmeter nicht überschreitet, mit anderen Baulichkeiten nicht in Verbindung gesetzt ist, und der Ofen mit blecherner Rauchröhre versehen ist.

§ 18. Das Alignement der im ersten und zweiten Rayon und einfachen Zwischenrayon zu errichtenden Gebäude in Beziehung auf die Festungswerke, insofern dasselbe nicht von der Richtung vorhandener öffentlicher Wege oder Straßen abhängig ist, unterliegt der Genehmigung der Kommandantur.

§ 19. Innerhalb des strengen Zwischenrayons sind alle baulichen Anlagen unzulässig.

Auf Esplanaden sind nur solche Anlagen gestattet, welche nach dem Urtheil der Militairbehörde zu Vertheidigung dienen können.

Die Anlage von Hecken ist im strengen Zwischenrayon, wie auf Esplanaden unzulässig.

§ 20. Im ersten und zweiten Rayon und im einfachen Zwischenrayon ist die Einrichtung von Niederlagen und Plätzen, auf welchen Vorräthe zu gewerblichen Zwecken im Freien oder in Schuppen aufgestapelt werden, nicht ohne Genehmigung der Kommandantur zulässig.

Die Genehmigung darf nicht versagt werden, wenn die Entfernung von den Festungswerken 225 Meter beträgt.

Die Höhe der zulässigen Aufstapelung beträgt:

a) für unverbrennliche Materialien, für Stein- und Braunkohlen, Koaks und dergleichen: im ersten Rayon 1$^1/_2$ Meter, im zweiten und einfachen Zwischenrayon 2 Meter,

b) für Torf- und Lohkuchen: 3 Meter,

c) für Bau- und Brennholz: im ersten Rayon 4 Meter, im zweiten und einfachen Zwischenrayon 5 Meter.

Eine höhere Aufstapelung bedarf der Genehmigung der Kommandantur.

Auf dem Terrain, welches bei Festungen, die an schiff- oder flößbaren Gewässern liegen und besondere Kehlbefestigungen haben, zwischen diesen und dem Ufer befindlich ist (§ 4), ist die Lagerung derartiger Vorräthe, sowie die Anlage der zum Ein- und Ausladen nöthigen Anstalten ohne Genehmigung der Kommandantur zulässig. Jedoch steht es der Kommandantur zu, die einzuhaltende Entfernung von der Kehle, und die Zeit für die Wiederbeseitigung zu bestimmen.

§ 21. Bei vorübergehenden Veränderungen der Höhe der Terrainoberfläche, wie der Auflagerung von Baumaterialien während der Ausführung eines genehmigten Baues, der Benutzung der Grabenränder zur Auflagerung der bei der Grabenräumung ausgeworfenen Erde und dergleichen ähnlichen Benutzungen bedarf es im ersten und zweiten Rayon und einfachen Zwischenrayon nur einer vorgängigen Anzeige an die Kommandantur. Jedoch steht es derselben zu, die Zeit der Wiederbeseitigung der vorübergehenden Erhöhung des Terrains zu bestimmen.

Zur Anlage von Komposthaufen ist die Genehmigung der Kommandantur erforderlich.

§ 22. Die einmal vorhandenen Baulichkeiten und Anlagen, auf denen nicht die besondere Bedingung des Eingehens durch Verfall, oder der künftigen Reduktion auf eine leichtere Bauart schon haftet, sollen, unbeschadet der Bestimmung des § 43, erhalten bleiben, auch wenn sie den Vorschriften dieses Gesetzes nicht entsprechen. Dieselben können, wenn sie ganz oder theilweise zerstört oder baufällig geworden sind, nach vorgängiger Anzeige bei der Kommandantur in den alten Abmessungen und der bisherigen Bauart wieder hergestellt werden.

Ueberschreiten Wiederherstellungsbauten das vorbestimmte Maß, so bedarf es der Genehmigung der Kommandantur.

§ 23. Ob und in wie weit aus örtlichen Rücksichten Einschränkung der räumlichen Ausdehnung der Rayons oder Ermäßigungen der gesetzlichen Beschränkungen zulässig seien, bestimmt die Reichs-Rayonkommission.

§ 24. Die bisherigen von diesen Bestimmungen abweichenden Rayons bestehender Befestigungen, insbesondere die der vorhandenen detachirten Forts, verbleiben bis zur Ausführung eines Neu- oder Verstärkungsbaues unverändert.

Die vorhandenen Esplanaden bleiben in ihrer bisherigen Ausdehnung unverändert; bei Neubau einer Citadelle wird über den Umfang der Esplanade in jedem Falle besondere Bestimmung durch die Reichs-Rayonkommission getroffen.

Ebenso verbleiben alle übrigen zur Zeit vorhandenen besonderen Rayons, wie die von verschanzten Lägern, Städtebefestigungen, inneren Abschnitten in und bei Festungen unverändert.

§ 25. Bei den bestehenden Festungen bleibt die Anlegung eines Rayonplanes und Rayonkatasters der Kommandantur überlassen. Dieselbe muß nach Maßgabe der §§ 8—12 erfolgen, wenn in Folge eines Neu- oder Verstärkungsbaues die bisherigen Rayons verändert werden sollen.

Bis zur endgültigen Feststellung der Rayonkataster sind die bisher erforderlichen Reverse für die beabsichtigten Bauausführungen beizubehalten.

§ 26. Zu jeder Anlage, jeder Veränderung und Benutzung, die nach den §§ 13 ff. nicht ohne Genehmigung der Kommandantur zulässig ist, muß vor dem Beginn der Ausführung diese Genehmigung nachgesucht werden.

§ 27. Das Gesuch ist nebst zwei Exemplaren der etwa nöthigen Bauzeichnungen an die Ortspolizeibehörde zu richten. Findet diese gegen die Zulässigkeit nichts zu erinnern, so übersendet sie das Gesuch der Kommandantur, welche ihre Entscheidung, nebst einem Exemplar der Zeichnung, in welchem die im Festungs-Interesse nothwendigen Abänderungen einzutragen sind, an die Ortspolizeibehörde behufs Mittheilung an den Antragsteller zurückgelangen läßt.

§ 28. Die von der Kommandantur auszufertigende Genehmigung muß alle für den betreffenden Fall nach Maßgabe dieses Gesetzes festzustellenden speziellen Beschränkungen genau bestimmen, denen der Grundbesitzer, sowie alle Besitznachfolger bezüglich des Baues, der Niederlage von Materialien, der Anlage oder des Gewerbebetriebes sich zu unterwerfen haben. Insoweit nach Maßgabe dieses Gesetzes die Genehmigung nicht zu versagen ist, darf dieselbe auch nicht an Bedingungen geknüpft werden.

Sind seit der Aushändigung der Genehmigung zwei Jahre verflossen, ohne daß davon Gebrauch gemacht worden ist, so wird sie als erloschen betrachtet.

Wird die Genehmigung ganz oder theilweise versagt, so sind die Gründe der Ablehnung anzugeben.

§ 29. Gegen die Entscheidung der Kommandantur, wie gegen alle Anordnungen derselben, ist in Rayon-Angelegenheiten binnen einer vierwöchentlichen Präklusivfrist von der Zustellung ab, der Rekurs zulässig. Die Entscheidung auf den Rekurs erfolgt endgültig durch die Reichs-Rayonkommission.

Nach Ablauf der Frist, eintretenden Falls nach der höheren Entscheidung, sind die Anordnungen vollstreckbar.

Ist durch eine Anordnung der Kommandantur eine Anlage untersagt, so darf diese erst dann begonnen oder fortgesetzt werden, wenn die Anordnung in der höheren Instanz aufgehoben ist.

§ 30. Die Projekte größerer Anlagen (Chausseen, Deiche, Eisenbahnen u. s. w.) in den Rayons der Festungen und festen Plätze werden durch eine gemischte Kommission erörtert, deren Mitglieder von dem zuständigen Kriegsministerium im Verein mit den betreffenden höheren Verwaltungsbehörden berufen werden, und in welcher auch die von der Anlage betroffenen Gemeinden durch Deputirte vertreten werden.

Das hierüber aufzunehmende Protokoll wird der Reichs-Rayonkommission übersandt, welche in Gemeinschaft mit der betreffenden Centralverwaltungsbehörde die Entscheidung trifft oder erforderlichen Falls herbeiführt.

§ 31. Die Reichs-Rayonkommission ist eine durch den Kaiser zu berufende ständige Militairkommission, in welcher die Staaten, in deren Gebieten Festungen liegen, vertreten sind.

§ 32. Grundbesitzer, welche ohne die gesetzlich erforderliche Genehmigung, oder mit eigenmächtiger Abweichung von dem genehmigten Plane eine Anlage, einen Neu- oder Wiederherstellungsbau ausführen oder ausführen lassen, werden mit einer Geldbuße bis zu fünfzig Thalern bestraft. Eine gleiche Strafe trifft denjenigen, welcher als Baumeister oder Bauhandwerker die Ausführung geleitet hat. Soweit nach dem Urtheil der Kommandantur die Anlagen unzulässig befunden werden, ist der Besitzer innerhalb der vom Kommandanten zu bestimmenden Frist zu deren Beseitigung verbunden; nöthigenfalls erfolgt letztere auf Antrag der Kommandantur durch die Polizeibehörde auf Kosten des Besitzers. Die Einlegung des Rekurses hemmt die Vollstreckung, vorbehaltlich der Bestimmung in § 29.

Wer die in den §§ 21, 22 vorgeschriebene Anzeige unterläßt, wird mit einer Geldbuße bis zu fünf Thalern bestraft.

§ 33. Behufs der Kontrolle über alle Bauten, Anlagen und die Benutzung von Grundstücken in den Rayons sind die Kommandanturen und Ortspolizeibehörden und deren Organe befugt, in den Stunden von 8 Uhr Morgens bis 4 Uhr Nachmittags den Zutritt zu allen Privat- und öffentlichen Grundstücken in den Rayons zu verlangen.

Die Organe der Kommandantur sind die Ingenieur-Offiziere vom Platz, Posten-Offiziere und Wallmeister.

Alljährlich einmal erfolgt eine allgemeine Revision der Bauten und Anlagen in allen Rayons durch die Kommandantur oder ihre Organe unter Zuziehung der Ortspolizeibehörde und des Gemeindevorstandes.

§ 34. Für die in Folge dieses Gesetzes eintretenden Beschränkungen in der Benutzung des innerhalb der Rayons belegenen Grundeigenthums leistet das Reich Entschädigung.

Entschädigung wird von Seiten des Reichs nicht gewährt:

1) für Beschränkungen jeder Art, welchen das Grundeigenthum innerhalb des bisherigen Rayons der bereits bestehenden Festungen nach der seitherigen Gesetzgebung unterworfen war, und auch nach dem gegenwärtigen Gesetz unterworfen bleibt;
2) für Beschränkungen der im Eigenthum des Reichs oder eines Bundesstaats befindlichen Grundstücke und für Beschränkungen in Betreff der Anlagen auf Beerdigungsplätzen;
3) für die Verpflichtung zur Duldung der Rayonsteine;
4) für die auf besonderem Rechtstitel beruhenden Rayonbeschränkungen, wenn nicht durch dieselben eine Entschädigung ausdrücklich zugesichert ist.

§ 35. Die Entschädigung besteht im Ersatz derjenigen Verminderung des Werthes des Grundstücks, welche für den Besitzer dadurch entsteht, daß das Grundstück fortan Beschränkungen in der Benutzung unterliegt, denen es bisher nicht unterworfen war.

Bei der Feststellung des bisherigen Werthes darf die Zeit nach der im Reichsgesetzblatt erfolgten Bekanntmachung[1] des Reichskanzlers, daß die Neubefestigung des Platzes oder die Erweiterung der schon bestehenden Festungsanlage oder deren Rayons in Aussicht genommen ist, nicht berücksichtigt werden.

Steht das von der Beschränkung betroffene Grundstück mit anderem Grundbesitz desselben Besitzers dergestalt in Zusammenhang, daß die Beschränkung des ersteren auch auf den Werth des letzteren Einfluß übt, so ist der verminderte Werth des gesammten Grundbesitzes der Berechnung zu Grunde zu legen.

§ 36. Die Entschädigung wird in Rente gewährt; falls jedoch die Werthverminderung mindestens ein Drittel des bisherigen Werthes beträgt, nach der Wahl des Besitzers entweder in Kapital, oder in Rente.

Wird die Entschädigung in Kapital geleistet, so besteht sie in Zahlung derjenigen Summe um welche sich der Werth des Grundstücks vermindert hat, nebst fünf Prozent Zinsen von dem Tage der Absteckung der Rayonlinien.

Wird die Entschädigung in Rente gewährt, so beträgt die Rente jährlich sechs Prozent der vorgedachten Summe, wovon fünf Prozent als Verzinsung angesehen werden. Die Rente wird vom Tage der Absteckung der Rayonlinien auf die Dauer von 37 Jahren gewährt, erlischt jedoch, sobald das Grundstück aufhört, den Beschränkungen der ersten beiden Rayons oder der Zwischenrayons unterworfen zu sein.

Die[2] Rente wird dem jeweiligen im Rayonkataster bezeichneten Besitzer des Grundstücks in vierteljährlichen Raten postnumerando aus der Festungskasse gezahlt.

Renten, welche jährlich weniger als Einen Thaler betragen, werden mit dem $16^2/_3$ fachen Betrage kapitalisirt, und sofort an die Besitzer ausgezahlt.

§ 37. Ist[3] das Grundstück mit einem Rechte belastet, welches durch die Beschränkung des Eigenthums beeinträchtigt wird, so kann der Berechtigte bis zum Ablauf eines Monats, nachdem ihm der Eigenthümer die Beschränkung des Eigenthums mitgetheilt hat, die Eröffnung des Vertheilungsverfahrens beantragen.

§ 38. Für die gesetzlichen Beschränkungen im dritten Rayon

---

[1] Vgl. Bekanntmachungen betr. die Erweiterung von Festungsanlagen, vom 26. Februar 1872 (RGBl S. 56), vom 1. Februar 1873 (RGBl S. 39), vom 27. März 1873 (RGBl S. 58), vom 7. Juni 1876 (RGBl S. 165), vom 8. Januar 1882 (RGBl S. 3), 4. Dezember 1884 (RGBl S. 253), vom 13. Mai 1887 (RGBl S. 157), vom 16. August 1888 (RGBl S. 232), vom 25. April 1898 (RGBl S. 172), vom 8. Oktober 1900 (RGBl S. 870).

[2] Vgl. dazu EG BGB Art. 54.

[3] Neue Fassung durch EG BGB Art. 54.

wird Entschädigung nicht gewährt. Wenn jedoch die Genehmigung zu einer der im § 13 gedachten Anlagen versagt wird, so gewährt das Reich Entschädigung. Bei Feststellung derselben ist die Zeit der Anbringung des Gesuchs bei der Kommandantur zu Grunde zu legen.

Im Uebrigen finden die Bestimmungen der §§ 35—37 Anwendung, mit der Maßgabe, daß die Zinsen der Entschädigung in Kapital, beziehungsweise die Entschädigungsrente vom Tage des ablehnenden Bescheides der Kommandantur zu zahlen ist.

§ 39. Die Besitzer der Grundstücke, die sich durch die auferlegten Beschränkungen beeinträchtigt glauben, haben ihren Anspruch auf Entschädigung binnen einer sechswöchentlichen Präklusivfrist nach Feststellung des Rayonplans bei der Kommandantur geltend zu machen.

Beginn und Ablauf der Frist sind gleichzeitig mit der Feststellung des Rayonplanes öffentlich bekannt zu machen.

§ 40. Die Kommandantur theilt die Anmeldungen der höheren Civil-Verwaltungsbehörde mit, welche einen Kommissarius ernennt, der die Entschädigungsansprüche in Gegenwart der Entschädigungsberechtigten und eines Vertreters der Kommandantur erörtert und, falls die Parteien sich einigen, einen Rezeß aufnimmt, welcher die Kraft einer gerichtlichen oder notariellen Urkunde hat.

Wird eine Einigung nicht erzielt, so bleibt, wenn die Entschädigungspflicht von der Kommandantur bestritten wird, dem Besitzer des Grundstücks die Betretung des Rechtsweges unbenommen.

Ist dagegen nur das Vorhandensein oder die Höhe des Schadens streitig, so erfolgt die Ermittelung der Entschädigung durch Sachverständige.

Wenn beide Parteien sich nicht über Einen Sachverständigen vereinigen, so wählt jede Partei einen Sachverständigen, den dritten ernennt der Kommissarius.

Die Sachverständigen haben ihr Gutachten zu begründen und die Richtigkeit desselben zu beschwören oder auf den ein- für allemal geleisteten Sachverständigen-Eid zu versichern.

Ist nach einem dieser Gutachten die Werthsverminderung so groß, daß der Entschädigungsberechtigte eine Entschädigung in Kapital zu verlangen berechtigt ist, so muß er auf die Aufforderung des Kommissarius binnen einer Präklusivfrist von vier Wochen erklären, daß er die Entschädigung in Kapital verlange, widrigenfalls er nur Entschädigung in Rente verlangen kann.

§ 41. Der Kommissarius überreicht die Abschätzungsverhandlungen mit seinem Gutachten der höheren Civil-Verwaltungsbehörde behufs Feststellung der Entschädigung durch Beschluß.

Dieselbe setzt den Entschädigungsbetrag nach ihrem aus der Verhandlung und den Umständen geschöpften pflichtmäßigen Ermessen fest. Das Gutachten der Sachverständigen dient jeder Behörde hierbei nur als Auskunft und Anhalt.

Gegen den Beschluß der Verwaltungsbehörde steht dem Entschädigungsberechtigten innerhalb einer Präklusivfrist von neunzig Tagen, vom Empfange des Beschlusses an gerechnet, der Rechtsweg offen.

Innerhalb derselben Präklusivfrist ist die Militairbehörde berechtigt, die Enteignung des Grundstücks zu verlangen. Macht sie von diesem Rechte Gebrauch, so ist der Besitzer die Ausdehnung der Enteignung auf alle diejenigen Theile des Grundstücks zu verlangen berechtigt, deren fernere Benutzung in der bisherigen Weise nach dem Gutachten von Sachverständigen durch die Abtrennung des den Rayonbeschränkungen unterworfenen Theils wesentlich beeinträchtigt, erschwert oder verhindert werden würde. Die Erklärung der Militairbehörde an die höhere Verwaltungsbehörde, daß von dieser Befugniß Gebrauch gemacht wird, unterbricht den Lauf der im Absatz 3 bestimmten Frist und das gerichtliche Verfahren über die Höhe der Entschädigung.

Das Verfahren bei der Enteignung richtet sich nach den Landesgesetzen.

§ 42. Die nach den §§ 40 und 41 anzustellenden Klagen sind gegen den Reichsfiskus zu richten, welcher durch die Kommandantur vertreten wird.

Zuständig ist das Gericht, in dessen Bezirk das betreffende Grundstück belegen ist.

Das Gericht hat das Ergebniß der Beweisaufnahme nach freier Ueberzeugung zu würdigen.

§ 43. Wird die Armirung permanenter Befestigungen angeordnet, so sind die Besitzer der innerhalb der Rayons belegenen Grundstücke verpflichtet, der schriftlichen oder öffentlich bekannt gemachten Aufforderung der Kommandantur zur Niederlegung von baulichen oder sonstigen Anlagen, Wegschaffung von Materialien-Vorräthen, Beseitigung von Pflanzungen und Einstellung des Gewerbebetriebes nachzukommen. Wird dieser Aufforderung nicht in der gestellten Frist genügt, so können die Besitzer der betreffenden Grundstücke durch administrative Zwangsmaßregeln hierzu angehalten werden.

§ 44. Wird im Falle einer Armirung die Freilegung der Festungs-Rayons von der Kommandantur angeordnet, so veranlaßt die letztere vor der Beseitigung der baulichen und sonstigen Anlagen, Pflanzungen und dergleichen eine Beschreibung und nähere Feststellung des Zustandes durch die Ortsobrigkeit unter Zuziehung des Besitzers, eines Vertreters der Kommandantur und zweier Sachverständigen, und ertheilt über die stattgefundene Zerstörung oder Entziehung ein Anerkenntniß.

Die hierüber aufgenommene Verhandlung wird von der Ortsobrigkeit der höheren Civil-Verwaltungsbehörde überreicht, auch der Kommandantur und den Betheiligten in Abschrift mitgetheilt.

Die Entschädigungsermittelung erfolgt sobald als möglich, spätestens sofort nach Aufhebung des Armirungszustandes der Festung nach Vorschrift der §§ 39 ff.

Das Reich stellt Anerkenntnisse über die zu gewährende Entschädigung aus, welche bis zur Zahlung vom ersten Tage des auf die stattgefundene Zerstörung oder Entziehung folgenden Monates mit fünf Prozent jährlich verzinst wird.

Entschädigung wird nicht gewährt:

1) hinsichtlich derjenigen vor Eintritt der Geltung dieses Gesetzes vorhandenen Gebäude und Anlagen, welche nach der bisherigen Gesetzgebung, oder in Folge besonderer Rechtstitel, die Besitzer auf Befehl der Kommandantur unentgeltlich zu beseitigen verpflichtet waren;
2) hinsichtlich derjenigen Gebäude und Anlagen, welche nach Eintritt der Geltung dieses Gesetzes
   a) entweder im ersten oder zweiten Rayon, oder in einem Zwischenrayon einer neu angelegten Befestigung,
   b) oder auf einem Terrain, welches in Folge des Neu- oder Verstärkungsbaues einer schon bestehenden Festung in einen strengeren Rayon fällt,

   nach erfolgter Absteckung der Rayonlinien errichtet worden sind.

Die Kosten der Beseitigung der vorstehend unter 1) und 2) erwähnten Gebäude und Anlagen trägt der Besitzer, die Kosten der Beseitigung anderer Gebäude und Anlagen fallen dem Reiche zur Last.

§ 45. Alle Zustellungen in Rayon-Angelegenheiten sind gültig, wenn sie nach den für bürgerliche Rechtsstreitigkeiten bestehenden Vorschriften geschehen.

Die vereideten Verwaltungsbeamten haben dabei den Glauben der Gerichtsbeamten.

§ 46. Alle administrativen Verhandlungen und Gesuche in Rayon-Angelegenheiten sind kosten- und stempelfrei.

§ 47. Alle den Vorschriften dieses Gesetzes zuwiderlaufenden Bestimmungen werden aufgehoben.

Die zur Ausführung dieses Gesetzes erforderlichen Anordnungen erfolgen durch besondere Verordnungen.

1873

27) Gesetz, betr. einen Zusatz zu dem Art. 4, Nr. 9 der Reichsverfassung. Vom 3. März 1873. (RGBl S. 47.)

Vgl. oben zu Art. 4 der Reichs-Verfassung vom 16. April 1871.

---

28) Gesetz, betr. die Rechtsverhältnisse der Reichsbeamten. Vom 31. März 1873. (RGBl S. 61.)

§ 1. Reichsbeamter im Sinne dieses Gesetzes ist jeder Beamte, welcher entweder vom Kaiser angestellt oder nach Vorschrift der

Reichsverfassung den Anordnungen des Kaisers Folge zu leisten verpflichtet ist.

§ 6. Die Reichsbeamten können den auf die Zahlung von Diensteinkünften, Wartegeldern oder Pensionen ihnen zustehenden Anspruch mit rechtlicher Wirkung nur in soweit cediren, verpfänden[1] oder sonst übertragen, als sie der Beschlagnahme unterliegen (§ 19).[2]

§ 7. Hinterläßt ein Beamter, welcher mit der Wahrnehmung einer in den Besoldungs-Etats aufgeführten Stelle betraut ist, eine Wittwe oder eheliche Nachkommen, so gebührt den Hinterbliebenen für das auf den Sterbemonat folgende Vierteljahr noch die volle Besoldung des Verstorbenen (Gnadenquartal), unbeschadet jedoch weitergehender Ansprüche, welche ihm etwa vor Erlaß dieses Gesetzes und vor Eintritt in den Reichsdienst zugestanden worden sind. Zur Besoldung im Sinne der vorstehenden Bestimmung gehören außer dem Gehalt auch die sonstigen, dem Verstorbenen aus Reichsfonds gewährten Dienstemolumente, soweit dieselben nicht als Vergütung für baare Auslagen zu betrachten sind. An wen die Zahlung des Gnadenquartals zu leisten ist, bestimmt die vorgesetzte Dienstbehörde. Das Gnadenquartal kann nicht Gegenstand der Beschlagnahme sein.[3]

§ 8. Die Gewährung des Gnadenquartals kann in Ermangelung der im § 7 bezeichneten Hinterbliebenen mit Genehmigung der obersten Reichsbehörde auch dann stattfinden, wenn der Verstorbene Eltern, Geschwister, Geschwisterkinder oder Pflegekinder, deren Ernährer er war, in Bedürftigkeit hinterläßt, oder wenn der Nachlaß nicht ausreicht, um die Kosten der letzten Krankheit und der Beerdigung zu decken.

§ 9. In dem Genusse der von dem verstorbenen Beamten bewohnten Dienstwohnung ist die hinterbliebene Familie nach Ablauf des Sterbemonats noch drei fernere Monate zu belassen.

Hinterläßt der Beamte keine Familie, so ist denjenigen, auf welche sein Nachlaß übergeht, eine vom Todestage an zu rechnende dreißigtägige Frist zur Räumung der Dienstwohnung zu gewähren.

In jedem Falle müssen Arbeits- und Sessionszimmer, sowie sonstige für den amtlichen Gebrauch bestimmte Lokalitäten sofort geräumt werden.

§ 13. Jeder Reichsbeamte ist für die Gesetzmäßigkeit seiner amtlichen Handlungen verantwortlich.

§ 15. Die vom Kaiser angestellten Beamten dürfen Titel,

---

[1] Vgl. BGB § 394.

[2] Der frühere Abs. 2 „Die Benachrichtigung an die auszahlende Kasse geschieht durch eine der Kasse auszuhändigende öffentliche Urkunde" ist aufgehoben durch EG z. BGB Art. 43.

[3] Vergl. G, betr. die Fürsorge für die Wittwen und Waisen der Reichsbeamten der Civilverwaltung, vom 20. April 1881 (RGBl S. 85). Ausdehnung dieses Gesetzes auf Wittwen und Waisen der Reichsbankbeamten durch V vom 8. Juni 1881 (RGBl S. 117).

Ehrenzeichen, Geschenke, Gehaltsbezüge oder Remunerationen von anderen Regenten oder Regierungen nur mit Genehmigung des Kaisers annehmen.

Zur Annahme von Geschenken oder Belohnungen in Bezug auf sein Amt bedarf jeder Reichsbeamte der Genehmigung der obersten Reichsbehörde.

§ 16. Kein Reichsbeamter darf ohne vorgängige Genehmigung der obersten Reichsbehörde ein Nebenamt oder eine Nebenbeschäftigung, mit welcher eine fortlaufende Remuneration verbunden ist, übernehmen oder ein Gewerbe betreiben. Dieselbe Genehmigung ist zu dem Eintritt eines Reichsbeamten in den Vorstand, Verwaltungs- oder Aufsichtsrath einer jeden auf Erwerb gerichteten Gesellschaft erforderlich. Sie darf jedoch nicht ertheilt werden, sofern die Stelle mittelbar oder unmittelbar mit einer Remuneration verbunden ist.

Die ertheilte Genehmigung ist jederzeit widerruflich.

Auf Wahlkonsuln und einstweilen in den Ruhestand versetzte Beamte finden diese Bestimmungen keine Anwendung.[1]

§ 20. Ingleichen stehen bezüglich:

1) der Mitwirkung bei der Siegelung des Nachlasses eines Reichsbeamten,
2) des Vorzugsrechts im Konkurse oder außerhalb desselben wegen der einem Reichsbeamten zur Last fallenden Defekte aus einer von demselben geführten Kassen- oder sonstigen Vermögensverwaltung

dem Reiche, beziehungsweise dessen Behörden, im Verhältniß zu den Reichsbeamten dieselben Rechte zu, welche die am dienstlichen Wohnsitze des Reichsbeamten geltende Gesetzgebung des einzelnen Bundesstaates dem Staate, beziehungsweise dessen Behörden den Staatsbeamten gegenüber gewährt.

§ 31. Nach dem Tode eines einstweilig in den Ruhestand versetzten Beamten erfolgt die Gewährung des Gnadenquartals vom Wartegeld an die Hinterbliebenen nach den in den §§ 7 und 8 enthaltenen Grundsätzen.

§ 34.[2] Jeder Beamte, welcher sein Diensteinkommen aus der Reichskasse bezieht, erhält aus der letzteren eine lebenslängliche Pension, wenn er nach einer Dienstzeit von wenigstens zehn Jahren in Folge eines körperlichen Gebrechens oder wegen Schwäche seiner körperlichen oder geistigen Kräfte zu der Erfüllung seiner Amts-

---

[1] Ebensalls nicht auf nicht ständige Mitglieder des Patentamtes (Patentgesetz vom 7. April 1891, § 13) und des Reichsversicherungsamtes (G, betr. die Abänderung der Unfallversicherungsgesetze. In der Fassung vom 5. Juli 1900. § 19.)

[2] Die §§ 34—71 sind ausgedehnt auf die Reichsbankbeamten durch V vom 23. Dez. 1875 (RGBl S. 380). — Vgl. auch G, betr. einige Abänderungen und Ergänzungen der Militärpensionsgesetze vom 27. Juni 1871 und vom 4. April 1874, sowie des Reichsbeamtengesetzes vom 31. März 1873 und des Gesetzes über den Reichsinvalidenfonds vom 11. Mai 1877. Vom 22. Mai 1893. (RGBl S. 171.)

pflichten dauernd unfähig ist, und deshalb in den Ruhestand versetzt wird.

§ 69. Hinterläßt ein Pensionair eine Wittwe oder eheliche Nachkommen, so wird die Pension noch für den auf den Sterbemonat folgenden Monat gezahlt. An wen die Zahlung erfolgt, bestimmt die oberste Reichsbehörde.

Die Zahlung der Pension für den auf den Sterbemonat folgenden Monat kann mit Genehmigung der obersten Reichsbehörde auch dann stattfinden, wenn der Verstorbene Eltern, Geschwister, Geschwisterkinder oder Pflegekinder, deren Ernährer er gewesen ist, in Bedürftigkeit hinterläßt, oder wenn der Nachlaß nicht ausreicht, um die Kosten der letzten Krankheit und der Beerdigung zu decken.

Der über den Sterbemonat hinaus gewährte einmonatliche Betrag der Pension kann nicht Gegenstand der Beschlagnahme sein.

§ 79. Spricht das Gesetz bei Dienstvergehen, welche Gegenstand eines Disziplinarverfahrens werden, die Verpflichtung zur Wiedererstattung oder zum Schadensersatze oder eine sonstige civilrechtliche Verpflichtung aus, so gehört die Klage der Betheiligten vor das Civilgericht. Die Befugniß der vorgesetzten Behörde, einen Beamten zur Erstattung eines widerrechtlich erhobenen oder vorenthaltenen Werthbetrages anzuhalten, wird hierdurch nicht ausgeschlossen.

§ 134. Die Feststellung der Defekte an öffentlichem oder Privatvermögen, welche bei Reichskassen oder anderen Reichsverwaltungen entdeckt werden, ist zunächst von derjenigen Behörde zu bewirken, zu deren Geschäftskreise die unmittelbare Aufsicht über die Kasse oder andere Verwaltung gehört.

§ 135. Von dieser Behörde ist zugleich festzustellen, ob ein Reichsbeamter und eintretenden Falls welcher Beamte nach den Vorschriften des § 141 für den Defekt zu haften hat, und bei einem Defekt an Materialien, auf wie hoch die zu erstattende Summe in Gelde zu berechnen ist.

§ 136. Ebenso (§§ 134 und 135) hat die unmittelbar vorgesetzte Behörde die Defekte an solchem öffentlichen oder Privatvermögen festzustellen, welches, ohne zu einer Reichskasse oder anderen Reichsverwaltung gebracht zu sein, vermöge besonderer amtlicher Anordnung in den Gewahrsam eines Reichsbeamten gekommen ist.

§ 137. Ueber den Betrag des Defekts, die Person des zum Ersatz verpflichteten Beamten und den Grund seiner Verpflichtung ist von der in den §§ 134 und 135 bezeichneten Behörde ein motivirter Beschluß abzufassen.

§ 138. Nach Befinden der Umstände kann die Behörde auch mehrere Beschlüsse abfassen, wenn ein Theil des Defekts sofort klar ist, der andere Theil aber noch weitere Ermittelungen nothwendig macht, ingleichen, wenn unter mehreren Personen die Verpflichtung der einen feststeht, die der anderen noch zweifelhaft ist.

§ 139. Hat die Behörde die Eigenschaft einer höheren Reichsbehörde, so ist der Beschluß nach Maßgabe der §§ 143 und 144 vollstreckbar.

In allen anderen Fällen unterliegt der Beschluß der Prüfung der vorgesetzten höheren Reichsbehörde und wird erst nach deren Genehmigung vollstreckbar.

Von dem Beschlusse ist der obersten Reichsbehörde unverzüglich Kenntniß zu geben.

Der obersten Reichsbehörde bleibt in allen Fällen unbenommen, einzuschreiten und den Beschluß selbst abzufassen oder zu berichtigen.

§ 140. In dem abzufassenden Beschlusse ist zugleich zu bestimmen, welche Vollstreckungs- oder Sicherheitsmaßregeln behufs des Ersatzes des Defekts zu ergreifen sind.

Für diese Maßregeln sind die Gesetze des Bundesstaates, in welchem dieselben erfolgen, entscheidend.

§ 141. Der abzufassende Beschluß kann auf die unmittelbare Verpflichtung zum Ersatz des Defekts gerichtet werden:

1) gegen jeden Beamten, welcher der Unterschlagung als Thäter oder Theilnehmer nach der Ueberzeugung der Reichsbehörde überführt ist;

2) a. gegen diejenigen Beamten, welchen die Kasse u. s. w. zur Verwaltung übergeben war, und zwar auf Höhe des ganzen Defekts,

   b. gegen jeden anderen Beamten, der an der Einnahme oder Ausgabe, der Erhebung, der Ablieferung oder dem Transport von Kassengeldern oder anderen Gegenständen vermöge seiner dienstlichen Stellung theilzunehmen hatte, jedoch nur auf Höhe des in seinen Gewahrsam gekommenen Betrages,

   sofern der Defekt nach der Ueberzeugung der Reichsbehörde durch grobes Versehen entstanden ist.

Eben dies gilt gegen die in § 136 genannten Beamten in den daselbst bezeichneten Fällen.

§ 142. Sind Beamte, gegen welche die zwangsweise Einziehung des Defekts beschlossen wird, in der Verwaltung ihres Amtes, wofür sie eine Amtskaution gestellt haben, belassen worden, so haben dieselben wegen Ersatzes des Defekts anderweite Sicherheit zu leisten. Erfolgt die Sicherstellung nicht, so findet die Zwangsvollstreckung zunächst nicht in die Kaution, sondern in das übrige Vermögen statt.

§ 143. Die Verwaltungsbehörde ersucht die zuständigen Gerichte, Vollstreckungsbeamten oder Hypothekenbehörden um Vollziehung des Beschlusses.

Diese sind, ohne auf eine Beurtheilung der Rechtsmäßigkeit des Beschlusses einzugehen, verpflichtet, wenn sonst kein Anstand obwaltet, schleunig, ohne vorgängiges Zahlungsmandat, die Zwangsvollstreckung auszuführen, die Beschlagnahme der zur Deckung des Defekts erforderlichen Vermögensstücke zu verfügen und die in Antrag gebrachten Eintragungen im Hypothekenbuche zu veranlassen.

§ 144. Gegen den Beschluß, wodurch ein Beamter zur Erstattung eines Defekts für verpflichtet erklärt wird (§§ 137 und 140), steht demselben sowohl hinsichtlich des Betrages, als hinsichtlich der Ersatzverbindlichkeit außer der Beschwerde im Instanzenzuge der Rechtsweg zu.

Die Frist zur Beschreitung des Rechtsweges beträgt ein Jahr, ist eine Ausschlußfrist und beginnt mit dem Tage der dem Beamten geschehenen Bekanntmachung des vollstreckbaren Beschlusses, oder wenn der Beamte an seinem Wohnort nicht zu treffen ist, mit dem Tage des abgefaßten Beschlusses.

In dem auf die Klage des Beamten entstandenen Rechtsstreit hat das Gericht über die Wahrheit der thatsächlichen Behauptungen der Parteien nach seiner freien aus dem Inbegriff der Verhandlungen und Beweise geschöpften Ueberzeugung zu entscheiden.

Die Vorschriften der Landesgesetze über den Beweis durch Eid, sowie über die Beweiskraft öffentlicher Urkunden und gerichtlicher Geständnisse bleiben unberührt.[1]

Ob einer Partei über die Wahrheit oder Unwahrheit einer thatsächlichen Behauptung noch ein Eid aufzuerlegen, bleibt dem Ermessen des Gerichts überlassen.

In der wegen des Defekts etwa eingeleiteten Untersuchung bleiben dem Beamten, insofern es auf die Bestrafung ankommt, seine Einreden gegen den abgefaßten Beschluß auch nach Ablauf des Jahres, wenngleich sie im Civilprozeß nicht mehr geltend gemacht werden können, vorbehalten.

§ 145. Das Gericht hat auf Antrag des Beamten darüber Beschluß zu fassen, ob die Zwangsvollstreckung fortzusetzen oder einstweilen einzustellen sei. Die einstweilige Einstellung erfolgt, wenn der Beamte glaubhaft macht, daß die Fortsetzung der Zwangsvollstreckung für ihn einen schwer ersetzlichen Nachtheil zur Folge haben würde. Das Gericht ist jedoch verpflichtet, falls es die Einstellung der Zwangsvollstreckung verordnet, an Stelle derselben auf Antrag der verklagten Reichsbehörde die erforderlichen Sicherheitsmaßregeln behufs des Ersatzes des Defekts herbeizuführen.

§ 146. Wenn eine nahe und dringende Gefahr vorhanden ist, daß ein Beamter, gegen welchen die Zwangsvollstreckung zulässig ist (§ 141), sich auf flüchtigen Fuß setzen oder sein Vermögen der Verwendung zum Ersatz des Defekts entziehen werde, so kann die unmittelbar vorgesetzte Behörde, auch wenn sie nicht die Eigenschaft einer höheren Reichsbehörde hat, oder der unmittelbar vorgesetzte Beamte das abzugsfähige Gehalt (§ 19 Nr. 1) und nöthigenfalls das übrige bewegliche Vermögen des im Eingange bezeichneten Beamten vorläufig in Beschlag nehmen.

---

[1] Dieser Absatz ist aufgehoben durch § 13 Nr. 5 EG z. CPO; vgl. oben S. 5 Anm. 2. Vgl. §§ 445 ff., 415 ff., 288 ff. CPO.

Der vorgesetzten höheren Reichsbehörde ist ungesäumt Anzeige davon zu machen und deren Genehmigung einzuholen.

§ 147. Ist von den vorgesetzten Behörden oder Beamten gemäß § 146 eine Beschlagnahme erfolgt, so hat das Gericht, in dessen Bezirk die Beschlagnahme stattgefunden hat, auf Antrag des von derselben betroffenen Beamten anzuordnen, daß binnen einer zu bestimmenden Frist der in den §§ 137 und 140 vorgesehene Beschluß beizubringen sei.

Wird dieser Anordnung nicht Folge geleistet, so ist auf weiteren Antrag des Beamten die Beschlagnahme sofort aufzuheben; andernfalls kommen die Bestimmungen des § 144 zur Anwendung.

§ 149. Ueber vermögensrechtliche Ansprüche der Reichsbeamten aus ihrem Dienstverhältniß, insbesondere über Ansprüche auf Besoldung, Wartegeld oder Pension, sowie über die den Hinterbliebenen der Reichsbeamten gesetzlich gewährten Rechtsansprüche auf Bewilligungen, findet mit folgenden Maßgaben der Rechtsweg statt.

§ 150. Die Entscheidung der obersten Reichsbehörde muß der Klage vorhergehen und letztere sodann bei Verlust des Klagerechts innerhalb sechs Monaten, nachdem dem Betheiligten die Entscheidung jener Behörde bekannt gemacht worden, angebracht werden.

In den Fällen, in welchen gemäss § 54 die höhere Reichsbehörde Entscheidung getroffen hat, tritt der Verlust des Klagerechts auch dann ein, wenn nicht von dem Betheiligten gegen diese Entscheidung binnen gleicher Frist die Beschwerde an die oberste Reichsbehörde erhoben ist.[1]

§ 151. Der Reichsfiskus wird durch die höhere Reichsbehörde, unter welcher der Reichsbeamte steht oder gestanden hat, oder falls er direkt unter der obersten Reichsbehörde steht oder gestanden hat, durch die oberste Reichsbehörde vertreten.

Die Klage ist bei demjenigen Gerichte anzubringen, in dessen Bezirke die betreffende Behörde ihren Sitz hat.

§ 153. Auf die im § 144 erwähnten Rechtsstreitigkeiten finden die Bestimmungen der §§ 151 und 152 mit der Maßgabe Anwendung, daß der Reichsfiskus durch die höhere Reichsbehörde vertreten wird, welche den Defektbeschluß abgefaßt oder für vollstreckbar erklärt hat (§ 139 Abs. 2). Ist die Abfassung durch die oberste Reichsbehörde geschehen, so übernimmt diese die Vertretung des Reichsfiskus.

§ 155. Die Entscheidung der Disziplinar- und Verwaltungsbehörden darüber, ob und von welchem Zeitpunkte ab ein Reichsbeamter aus seinem Amte zu entfernen, einstweilig oder definitiv in den Ruhestand zu versetzen, oder vorläufig seines Dienstes zu entheben sei, und über die Verhängung von Ordnungsstrafen sind für die Beurtheilung der vor dem Gerichte geltend gemachten vermögensrechtlichen Ansprüche maßgebend.

---

[1] Zusatz auf Grund des Gesetzes betr. Abänderungen des Reichsbeamtengesetzes vom 31. März 1873. Vom 25. Mai 1887 (RGBl S. 194).

§ 157. Auf Personen des Soldatenstandes findet dieses Gesetz nur in den §§ 134 bis 148 Anwendung.

§ 159. Die Ausführung dieses Gesetzes regelt eine vom Kaiser zu erlassende Verordnung, durch welche namentlich diejenigen Behörden näher zu bezeichnen sind, welche unter den in diesem Gesetze erwähnten Reichsbehörden verstanden sein sollen.[1]

29) Gesetz über die Rechtsverhältnisse der zum dienstlichen Gebrauche einer Reichsverwaltung bestimmten Gegenstände. Vom 25. Mai 1873. (RGBl S. 113.)

§ 1. An allen dem dienstlichen Gebrauche einer verfassungsmäßig aus Reichsmitteln zu unterhaltenden Verwaltung gewidmeten Gegenständen stehen das Eigenthum und die sonstigen dinglichen Rechte, welche den einzelnen Bundesstaaten zugestanden haben, dem Deutschen Reiche zu. Der Zeitpunkt des Uebergangs dieser Gegenstände in eine solche Verwaltung ist als Zeitpunkt des Uebergangs der Rechte auf das Reich anzusehen.

Hinsichtlich der Befreiung von Steuern und sonstigen dinglichen Lasten sind die im Eigenthume des Reichs befindlichen Gegenstände den im Eigenthume des einzelnen Staates befindlichen gleichartigen Gegenständen gleichgestellt.

Auch unterliegt das Reich bezüglich der ihm zugehörigen Gegenstände der nämlichen Gerichtszuständigkeit, welcher der Staat, in dessen Bereich jene Gegenstände sich befinden, bezüglich der ihm zugehörigen gleichartigen Gegenstände unterworfen ist.

§ 2. Ausgenommen von den Bestimmungen im § 1 bleiben:

1) solche beim Erlaß dieses Gesetzes den Zwecken einer Reichsverwaltung dienenden Grundstücke und deren gesetzliche Zubehörungen, welche nach den in den einzelnen Bundesstaaten geltenden Bestimmungen der Benutzung des Staatsoberhauptes oder der Apanagirung der Mitglieder des regierenden Hauses gewidmet sind;
2) Grundstücke, welche bei dem Uebergange in eine Verwaltung des Reichs dieser nur auf eine bestimmte Zeit, oder auf Widerruf, oder miethweise überlassen sind;
3) Grundstücke, aus deren Erlös die zur Erwerbung oder Bebauung eines im Besitze derselben Reichsverwaltung befindlichen Grundstücks von einem Bundesstaate gemachten Ausgaben nach den darüber getroffenen Bestimmungen zu erstatten sind;

[1] Vgl. V, betr. die Zuständigkeit der Reichsbehörden zur Ausführung des Gesetzes vom 31. März 1873 und die Anstellung der Reichsbeamten. Vom 23. Nov. 1874 (RGBl S. 135); vgl. dazu V vom 19. Dez. 1875 (RGBl S. 378), vom 7. August 1888 (RGBl S. 229). Vgl. V, betr. die Zuständigkeit der Reichsbehörden zur Ausführung des G vom 31. März 1873. Vom 27. Dezember 1899 (RGBl S. 730); dgl. vom 14. Mai 1901 (RGBl S. 173).

4) Grundstücke, welche bei dem Uebergange in eine Verwaltung des Reichs dem betreffenden Dienstzweige nicht unmittelbar dienten, vielmehr nur insofern mit ihm in einem Zusammenhange standen, als die aus den Grundstücken aufkommenden Einkünfte bei jenem Dienstzweige mit verrechnet wurden;

5) Grundstücke, welche zu einem Theile von einer Reichsverwaltung, zu einem anderen Theile von einer Landesverwaltung benutzt werden, sofern der letzteren die Mitbenutzung nicht lediglich auf eine bestimmte Zeit oder auf Widerruf oder miethweise eingeräumt ist. An solchen Grundstücken steht dem Reiche auch ein Miteigenthum nicht zu, die Reichsverwaltung behält aber, bis sie mit der Landesverwaltung eine Theilung oder sonstige Auseinandersetzung vereinbart, das Benutzungsrecht im bisherigen Umfange.

§ 3. Wenn aus einem in das Eigenthum des Reichs übergegangenen Grundstücke, neben der Benutzung zum Dienstgebrauche oder zu Dienstwohnungen, noch sonst Erträgnisse gezogen werden, so ist eine feste Geldrente, welche nach dem nachhaltigen Werthe dieser Erträgnisse zu ermitteln ist, an denjenigen Bundesstaat abzuführen, von welchem das betreffende Grundstück an das Reich übergegangen ist.

§ 4. Die nach der Bestimmung im § 1 in das Eigenthum des Reichs übergegangenen Grundstücke können, wenn sie für die Zwecke der Reichsverwaltung in demjenigen Dienstzweige, dem sie bisher gewidmet waren, entbehrlich oder unbrauchbar werden, für Zwecke eines anderen Dienstzweiges der Reichsverwaltung verwendet werden.

§ 5. Das Reich ist zur Veräußerung eines nach § 1 in sein Eigenthum übergegangenen Grundstücks nur dann befugt, wenn dasselbe für die Zwecke der Reichsverwaltung entbehrlich oder unbrauchbar wird und der Erlös aus seinem Verkaufe dazu bestimmt ist, durch die Erwerbung eines anderen Grundstücks, oder die Herstellung einer anderen Baulichkeit im Gebiete desselben Bundesstaates einen Ersatz für das entbehrlich oder unbrauchbar gewordene Grundstück zu beschaffen.

§ 6. Ist für ein entbehrlich oder unbrauchbar gewordenes Grundstück ein Ersatz nicht nothwendig, so ist dasselbe in dem Zustande, in welchem es sich befindet, unentgeltlich und ohne Ersatzleistung für etwaige Verbesserungen oder Verschlechterungen demjenigen Bundesstaate zurückzugeben, aus dessen Besitz es in die Verwaltung des Reichs übergegangen war.

§ 7. Die Rückgabe (§ 6) solcher Grundstücke, welche den Zwecken der Militärverwaltung gewidmet sind, erfolgt, wenn sie für diese Verwaltung entbehrlich oder unbrauchbar werden, und weder nach § 5 ein Ersatz für sie zu beschaffen, noch ihre Verwendung für Zwecke der Marine erforderlich ist.

Im Falle der Einziehung einer Befestigung erfolgt die Rückgabe nur nach Vollendung der im Interesse der Landesvertheidigung nothwendigen Einebnungsarbeiten gegen Erstattung der Kosten dieser Arbeiten.

§ 9. Durch den Uebergang des Eigenthums an den im § 1 bezeichneten unbeweglichen Gegenständen an das Reich werden nicht berührt:

1) Verfügungen, welche in Betreff dieser Gegenstände vor dem 1. Januar 1873 getroffen sind;
2) die Fortdauer von Zahlungen oder anderen Leistungen, welche von einer Reichsverwaltung für die Einräumung eines Rechts an einem Grundstücke oder einem Theile desselben (§ 1 und § 2 Nr. 5) bisher an einen Bundesstaat zu entrichten waren;
3) die Rechte Dritter, insbesondere der Staatsgläubiger.

Die zur Wahrung dieser Rechte in den Landesgesetzen bestehenden Vorschriften sind auch von dem Reiche zu erfüllen.

Rechte und Pflichten in Bezug auf rückständige Kaufgelder gehen auf das Reich nicht über.

30) Gesetz über die Kriegsleistungen. Vom 13. Juni 1873. (RGBl S. 129.)

[Enthält zwar einige Bestimmungen über Enteignung (z. B. §§ 24, 25), dieselben sind aber überwiegend öffentlich-rechtlichen Charakters.]

31) Münzgesetz. Vom 9. Juli 1873. (RGBl S. 233.)[1]

Artikel 1. An die Stelle der in Deutschland geltenden Landeswährungen tritt die Reichsgoldwährung. Ihre Rechnungseinheit bildet die Mark, wie solche durch § 2 des Gesetzes vom 4. Dezember 1871, betreffend die Ausprägung von Reichsgoldmünzen (RGBl S. 404), festgestellt worden ist.

Der Zeitpunkt, an welchem die Reichswährung im gesammten Reichsgebiete in Kraft treten soll, wird durch eine mit Zustimmung des Bundesrathes zu erlassende, mindestens drei Monate vor dem Eintritt dieses Zeitpunktes zu verkündende Verordnung des Kaisers bestimmt.[2] Die Landesregierungen sind ermächtigt, auch vor diesem Zeitpunkte für ihr Gebiet die Reichsmarkrechnung im Verordnungswege einzuführen.

Artikel 2.[3]

---

[1] Eingeführt in Elsaß-Lothringen durch G vom 15. Nov. 1874 (RGBl S. 131).

[2] Vgl. V vom 22. Sept. 1875 (RGBl S. 303).

[3] Aufgehoben durch G, betr. Aenderungen im Münzwesen. Vom 1. Juni 1900 (RGBl S. 250) Art. I. „Der Artikel 2 des Münzgesetzes vom 9. Juli 1873 (RGBl S. 233) wird aufgehoben.

Die Reichsgoldmünzen zu fünf Mark sind auf Anordnung des Bundesraths mit einer Einlösungsfrist von einem Jahre außer Kurs zu setzen. Die Bekanntmachung über die Außerkurssetzung ist durch das Reichsgesetzblatt sowie durch die zu den amtlichen Bekanntmachungen der unteren Verwaltungsbehörden dienenden Tageszeitungen zu veröffentlichen." Vgl. dazu Bekanntm., betr. die

Artikel 3. Außer den Reichsgoldmünzen sollen als Reichsmünzen und zwar

1) als Silbermünzen:
   Fünfmarkstücke,
   Zweimarkstücke,
   Einmarkstücke,
   Fünfzigpfennigstücke;[1]

Außerkurssetzung der Reichsgoldmünzen zu fünf Mark. Vom 13. Juni 1900. (RGBl S. 253.)

Auf Grund des Artikel I Abs. 2 des Gesetzes, betreffend Aenderungen im Münzwesen, vom 1. Juni 1900 (Reichs-Gesetzbl. S. 250) hat der Bundesrath die nachfolgenden Bestimmungen getroffen:

§ 1.

Vom 1. Oktober 1900 ab gelten die Reichs-Goldmünzen zu fünf Mark nicht mehr als gesetzliches Zahlungsmittel. Es ist von diesem Zeitpunkt ab außer den mit der Einlösung beauftragten Kassen Niemand verpflichtet, diese Münze in Zahlung zu nehmen.

§ 2.

Bis zum 30. September 1901 werden Reichs-Goldmünzen zu fünf Mark bei den Reichs- und Landeskassen zu ihrem gesetzlichen Werthe sowohl in Zahlung genommen als auch gegen Reichsmünzen umgetauscht.

§ 3.

Die Verpflichtung zur Annahme und zum Umtausche (§ 2) findet auf durchlöcherte und anders als durch den gewöhnlichen Umlauf im Gewichte verringerte sowie auf verfälschte Münzstücke keine Anwendung.

---

[1] Der ursprüngliche Text lautete weiter „und Zwanzigpfennigstücke". Abgeändert durch G, betr. Aenderungen im Münzwesen. Vom 1. Juni 1900. (RGBl S. 250). Art. II. „Im Artikel 3 unter Nr. 1 des vorbezeichneten Gesetzes werden die Worte „und Zwanzigpfennigstücke", ferner im Art. 3 § 1 Abs. 1 die Worte „und in 500 Zwanzigpfennigstücke", sowie im Art. 3 § 1 Abs. 3 die Worte „mit Ausnahme der Zwanzigpfennigstücke" gestrichen.

Die Zwanzigpfennigstücke aus Silber sind außer Kurs zu setzen. Hierbei finden die Vorschriften des Art. I Abs. 2 dieses Gesetzes mit der Maßgabe Anwendung, daß die Anordnung der Außerkurssetzung nicht vor dem 1. Januar 1902 erfolgen darf. Vgl. dazu Bekanntm., betr. die Außerkurssetzung der Zwanzigpfennigstücke aus Silber. Vom 31. Oktober 1901 (RGBl S. 486).

Auf Grund des Artikel II des Gesetzes, betreffend Aenderungen im Münzwesen, vom 1. Juni 1900 (Reichs-Gesetzbl. S. 250) hat der Bundesrath die nachfolgenden Bestimmungen getroffen.

§ 1.

Die Zwanzigpfennigstücke aus Silber gelten vom 1. Januar 1902 ab nicht mehr als gesetzliches Zahlungsmittel. Von diesem Zeitpunkt ab ist außer den mit der Einlösung beauftragten Kassen Niemand verpflichtet, diese Münzen in Zahlung zu nehmen.

§ 2.

Die Zwanzigpfennigstücke aus Silber werden bis zum 31. Dezember 1902 bei den Reichs- und Landeskassen zu ihrem gesetzlichen Werthe sowohl in Zahlung als auch zur Umwechselung angenommen.

§ 3.

Die Verpflichtung zur Annahme und zum Umtausche (§ 2) findet auf

2) als Nickelmünzen:
Zwanzigpfennigstücke[1]
Zehnpfennigstücke und
Fünfpfennigstücke;
3) als Kupfermünzen:
Zweipfennigstücke und
Einpfennigstücke

nach Maßgabe folgender Bestimmungen ausgeprägt werden.

§ 1. Bei Ausprägung der Silbermünzen wird das Pfund feinen Silbers in

20 Fünfmarkstücke,
50 Zweimarkstücke,
100 Einmarkstücke,
200 Fünfzigpfennigstücke[2]

ausgebracht.

Das Mischungsverhältniß beträgt 900 Theile Silber und 100 Theile Kupfer, so daß 90 Mark in Silbermünzen 1 Pfund wiegen.

Das Verfahren bei Ausprägung dieser Münzen wird vom Bundesrath festgestellt. Bei den einzelnen Stücken darf die Abweichung im Mehr oder Weniger im Feingehalt nicht mehr als drei Tausendtheile, im Gewicht[3] nicht mehr als zehn Tausendtheile betragen. In der Masse aber müssen das Normalgewicht und der Normalgehalt bei allen Silbermünzen innegehalten werden.

§ 2. Die Silbermünzen über eine Mark tragen auf der einen Seite den Reichsadler mit der Inschrift „Deutsches Reich" und mit der Angabe des Werthes in Mark, sowie mit der Jahreszahl der Ausprägung, auf der anderen Seite das Bildniß des Landesherrn beziehungsweise das Hoheitszeichen der freien Städte mit einer entsprechenden Umschrift und dem Münzzeichen. Durchmesser der Münzen, Beschaffenheit und Verzierung der Ränder derselben werden vom Bundesrathe festgestellt.

---

durchlöcherte und anders als durch den gewöhnlichen Umlauf im Gewichte verringerte sowie auf verfälschte Münzstücke keine Anwendung.

[1] G, betr. die Ausprägung einer Nickelmünze zu 20 Pfennig. Vom 1. April 1886 (RGBl S. 67). Vgl. dazu G, betr. Aenderungen im Münzwesen. Vom 1. Juni 1900. Art. III: „Das Gesetz, betreffend die Ausprägung einer Nickelmünze zu zwanzig Pfennig, vom 1. April 1886 (RGBl S. 67) tritt außer Kraft.

Die Zwanzigpfennigstücke aus Nickel sind außer Kurs zu setzen. Hierbei finden die Vorschriften des Art. I Abs. 2 dieses Gesetzes mit der Maßgabe Anwendung, daß die Anordnung der Außerkurssetzung nicht vor dem 1. Januar 1903 erfolgen darf.

[2] Hier folgte ursprünglich „und in 500 Zwanzigpfennigstücke". Aenderung G vom 1. Juni 1900. S. vorhergehende Seite Anm. [1].

[3] Hier folgte ursprünglich: „mit Ausnahme der Zwanzigpfennigstücke". Aenderung durch G vom 1. Juni 1900. S. vorhergehende Seite Anm. [1].

§ 3. Die übrigen Silbermünzen, die Nickel- und Kupfermünzen tragen auf der einen Seite die Werthangabe, die Jahreszahl und die Inschrift „Deutsches Reich", auf der andern Seite den Reichsadler und das Münzzeichen. Die näheren Bestimmungen über Zusammensetzung, Gewicht und Durchmesser dieser Münzen, sowie über die Verzierung der Schriftseite und die Beschaffenheit der Ränder werden vom Bundesrathe festgestellt.

Der[1] Bundesrath wird ermächtigt, Fünfmarkstücke und Zweimarkstücke als Denkmünzen in anderer Prägung herstellen zu lassen.

§ 4. Die Silber-, Nickel- und Kupfermünzen werden auf den Münzstätten derjenigen Bundesstaaten, welche sich dazu bereit erklären, ausgeprägt. Die Ausprägung und Ausgabe dieser Münzen unterliegt der Beaufsichtigung von Seiten des Reichs. Der Reichskanzler bestimmt unter Zustimmung des Bundesrathes die auszuprägenden Beträge, die Vertheilung dieser Beträge auf die einzelnen Münzgattungen und auf die einzelnen Münzstätten und die den letzteren für die Prägung jeder einzelnen Münzgattung gleichmäßig zu gewährende Vergütung. Die Beschaffung der Münzmetalle für die Münzstätten erfolgt auf Anordnung des Reichskanzlers.

Artikel 4.[2] Der Gesammtbetrag der Reichssilbermünzen soll bis auf Weiteres fünfzehn Mark für den Kopf der Bevölkerung des Reichs nicht übersteigen.

Zur Neuprägung dieser Münzen sind Landessilbermünzen insoweit einzuziehen, als solche für die Neuprägungen und deren Kosten erforderlich sind.

Artikel 5. Der Gesammtbetrag der Nickel- und Kupfermünzen soll zwei und eine halbe Mark für den Kopf der Bevölkerung des Reichs nicht übersteigen.

Artikel 6. Von den Landesscheidemünzen sind:

1) die auf andere als Thalerwährung lautenden mit Ausschluß der bayerischen Heller und der mecklenburgischen nach dem Marksysteme ausgeprägten Fünf-, Zwei- und Einpfennigstücke,
2) die auf der Zwölftheilung des Groschens beruhenden Scheidemünzen zu 2 und 4 Pfennigen,
3) die Scheidemünzen der Thalerwährung, welche auf einer anderen Eintheilung als der in 30 Groschen beruhen, mit Ausnahme der Stücke im Werthe von $^{1}/_{12}$ Thaler

bis zu dem Zeitpunkte des Eintritts der Reichswährung (Art. 1) einzuziehen.

Nach diesem Zeitpunkte ist Niemand verpflichtet, Scheidemünzen in Zahlung zu nehmen als die mit der Einlösung derselben beauftragten Kassen.

---

[1] Zusatz durch G vom 1. Juni 1900. Art. V.
[2] Neue Fassung durch G vom 1. Juni 1900 (RGBl S. 250) Art. IV.

Artikel 7. Die Ausprägung der Silber-, Nickel- und Kupfermünzen (Art. 3), sowie die vom Reichskanzler anzuordnende Einziehung der Landessilbermünzen und Landesscheidemünzen erfolgt auf Rechnung des Reichs.

Artikel 8. Die Anordnung der Außerkurssetzung von Landesmünzen und Feststellung der für dieselbe erforderlichen Vorschriften erfolgt durch den Bundesrath.[1]

Die Bekanntmachungen über Außerkurssetzung von Landesmünzen sind außer in den zu der Veröffentlichung von Landesverordnungen bestimmten Blättern auch durch das Reichs-Gesetzblatt zu veröffentlichen.

Eine Außerkurssetzung darf erst eintreten, wenn eine Einlösungsfrist von mindestens vier Wochen festgesetzt und mindestens drei Monate vor ihrem Ablaufe durch die vorbezeichneten Blätter bekannt gemacht worden ist.

Artikel 9. Niemand ist verpflichtet, Reichssilbermünzen im Betrage von mehr als zwanzig Mark und Nickel- und Kupfermünzen im Betrage von mehr als einer Mark in Zahlung zu nehmen.

Von den Reichs- und Landeskassen werden Reichssilbermünzen in jedem Betrage in Zahlung genommen. Der Bundesrath wird diejenigen Kassen bezeichnen, welche Reichsgoldmünzen gegen Einzahlung von Reichssilbermünzen in Beträgen von mindestens 200 Mark

---

[1] Vgl. hierzu: Bekanntmachung, betr. die Außerkurssetzung der Landesgoldmünzen und der landesgesetzlich den inländischen Münzen gleichgestellten ausländischen Goldmünzen. Vom 6. Dez. 1873 (RGBl S. 375). — Bekanntmachung, betr. die Außerkurssetzung der Kronenthaler, sowie von Münzen des Konventionsfußes. Vom 7. März 1874 (RGBl S. 21). — Bekanntmachung, betr. die Außerkurssetzung der Zweiguldenstücke süddeutscher Währung. Vom 2. Juli 1874 (RGBl S. 111). — Bekanntmachung, betr. die Außerkurssetzung verschiedener Landes-Silber- und Kupfermünzen. Vom 19. Dez. 1874 (RGBl S. 149). — Bekanntmachung, betr. die Außerkurssetzung der Halbguldenstücke süddeutscher Währung, sowie der vor dem Jahre 1753 geprägten Dreißigkreuzerstücke und Fünfzehnkreuzerstücke deutschen Gepräges. Vom 7. Juni 1875 (RGBl S. 247). — Bekanntmachung, betr. die Außerkurssetzung der Münzen der lübischhamburgischen Kurantwährung, sowie verschiedener anderer Landesmünzen. Vom 21. Sept. 1875 (RGBl S. 304). — Bekanntmachung, betr. die Außerkurssetzung der Silber- und Bronzemünzen der Frankenwährung. Vom 21. Sept. 1875 (RGBl S. 307). — Bekanntmachung, betr. die Außerkurssetzung der Dreipfennigstücke deutschen Gepräges. Vom 17. Okt. 1875 (RGBl S. 311). — Bekanntmachung, betr. die Außerkurssetzung der Guldenstücke süddeutscher Währung, sowie die Einlösung der vom 1. Januar 1876 ab außer Kurs tretenden Scheidemünzen süddeutscher Währung. Vom 10. Dez. 1875 (RGBl S. 315). — Bekanntmachung, betr. die Außerkurssetzung von Scheidemünzen der Thalerwährung. Vom 12. April 1876 (RGBl S. 162). — Bekanntmachung, betr. die Außerkurssetzung der Zweithalerstücke und Eindrittelthalerstücke deutschen Gepräges. Vom 2. Nov. 1876 (RGBl S. 221). — Bekanntmachung, betr. die Außerkurssetzung verschiedener Landes-Silber- und Kupfermünzen. Vom 22. Februar 1878 (RGBl S. 3).

oder von Nickel- und Kupfermünzen in Beträgen von mindestens 50 Mark auf Verlangen verabfolgen. Derselbe wird zugleich die näheren Bedingungen des Umtausches festsetzen.[1]

Artikel 10. Die Verpflichtung zur Annahme und zum Umtausch (Art. 9) findet auf durchlöcherte und anders, als durch den gewöhnlichen Umlauf im Gewicht verringerte, ingleichen auf verfälschte Münzstücke keine Anwendung.

Reichs-Silber-, Nickel- und Kupfermünzen, welche in Folge längerer Cirkulation und Abnutzung an Gewicht oder Erkennbarkeit erheblich eingebüßt haben, werden zwar noch in allen Reichs- und Landeskassen angenommen, sind aber auf Rechnung des Reichs einzuziehen.

Artikel 11. (Uebergangsbestimmung.)

Artikel 12. Die Ausprägung von Reichsgoldmünzen geschieht auch ferner nach Maßgabe der Bestimmung im § 6 des Gesetzes, betr. die Ausprägung von Reichsgoldmünzen, vom 4. Dez. 1871 (RGBl S. 404), auf Rechnung des Reichs.

Privatpersonen haben das Recht, auf denjenigen Münzstätten, welche sich zur Ausprägung auf Reichsrechnung bereit erklärt haben, Zwanzigmarkstücke für ihre Rechnung ausprägen zu lassen, soweit diese Münzstätten nicht für das Reich beschäftigt sind.

Die für solche Ausprägungen zu erhebende Gebühr wird vom Reichskanzler mit Zustimmung des Bundesrathes festgestellt, darf aber das Maximum von 7 Mark auf das Pfund fein Gold nicht übersteigen.[2]

Die Differenz zwischen dieser Gebühr und der Vergütung, welche die Münzstätte für die Ausprägung in Anspruch nimmt, fließt in die Reichskasse. Diese Differenz muß für alle deutschen Münzstätten dieselbe sein.

Die Münzstätten dürfen für die Ausprägung keine höhere Vergütung in Anspruch nehmen, als die Reichskasse für die Ausprägung von Zwanzigmarkstücken gewährt.

Artikel 13. Der Bundesrath ist befugt:[3]

1) den Werth zu bestimmen, über welchen hinaus fremde Gold- und Silbermünzen nicht in Zahlung angeboten und gegeben werden dürfen, sowie den Umlauf fremder Münzen gänzlich zu untersagen;[4]
2) zu bestimmen, ob ausländische Münzen von Reichs- oder Landeskassen zu einem öffentlich bekannt zu machenden Kurse

---

[1] Vgl. Bekanntmachung vom 19. Dez. 1875 (CBl S. 802).

[2] Vgl. Bekanntmachung vom 8. Juni 1875 (CBl S. 348).

[3] Vgl. hierzu Bekanntmachungen vom 16. April 1888 (RGBl S. 149). Vom 30. April 1888 (RGBl S. 171). Vom 7. Juli 1888 (RGBl S. 218). Vom 26. Febr. 1889 (RGBl S. 37). Vom 24. Januar 1893 (RGBl S. 6).

[4] Vgl. hierzu: Bekanntmachung, das Verbot des Umlaufs der österreichischen und ungarischen Ein- und Zweiguldenstücke und der niederländischen Ein- und Zweieinhalbguldenstücke betreffend. Vom 22. Jan. 1874 (RGBl S. 12).

im inländischen Verkehr in Zahlung genommen werden dürfen, auch in solchem Falle den Kurs festzusetzen.

Gewohnheitsmäßige oder gewerbsmäßige Zuwiderhandlungen gegen die vom Bundesrathe in Gemäßheit der Bestimmungen unter 1 getroffenen Anordnungen werden bestraft mit Geldstrafe bis zu 150 Mark oder mit Haft bis zu sechs Wochen.

Artikel 14. Von dem Eintritt der Reichswährung an gelten folgende Vorschriften:

§ 1. Alle Zahlungen, welche bis dahin in Münzen einer inländischen Währung oder in landesgesetzlich den inländischen Münzen gleichgestellten ausländischen Münzen zu leisten waren, sind vorbehaltlich der Vorschriften Art. 9, 15 und 16 in Reichsmünzen zu leisten.

§ 2. Die Umrechnung solcher Goldmünzen, für welche ein bestimmtes Verhältniß zu Silbermünzen gesetzlich nicht feststeht, erfolgt nach Maßgabe des Verhältnisses des gesetzlichen Feingehalts derjenigen Münzen, auf welche die Zahlungsverpflichtung lautet, zu dem gesetzlichen Feingehalte der Reichsgoldmünzen.

Bei der Umrechnung anderer Münzen werden
der Thaler zum Werthe von 3 Mark,
der Gulden süddeutscher Währung zum Werthe von $1^5/_7$ Mark,
die Mark lübischer oder hamburgischer Kurantwährung zum Werthe von $1^1/_5$ Mark,
die übrigen Münzen derselben Währungen zu entsprechenden Werthen nach ihrem Verhältniß zu den genannten berechnet.

— Bekanntmachung, betr. das Verbot des Umlaufs der niederländischen Halbguldenstücke, sowie der österreichischen und ungarischen Viertelguldenstücke. Vom 29. Juni 1874 (RGBl S. 111). — Bekanntmachung, das Verbot des Umlaufs der finnischen Silbermünzen betreffend. Vom 16. Okt. 1874 (RGBl S. 126). — Bekanntmachung, das Verbot des Umlaufs fremder Silber- und Kupfermünzen betreffend. Vom 19. Dez. 174 (RGBl S. 152). — Bekanntmachung, betr. das Verbot des Umlaufs polnischer eindrittel und einsechstel Talarastücke. Vom 26. Febr. 1875 (RGBl S. 134). Bekanntm., betr. das Verbot des Umlaufs fremder Scheidemünzen. Vom 16. April 1888 (RGBl S. 149); Bekanntm., betr. die Gestattung des Umlaufs der Scheidemünzen der Frankenwährung innerhalb der badischen Grenzbezirke. Vom 16. April 1888 (ebendas.). Vom 24. Jan. 1893 (RGBl S. 6); Bekanntm., betr. die Gestattung des Umlaufs der Scheidemünzen österr. Währung innerhalb sächsischer Grenzbezirke. Vom 30. April 1888 (RGBl S. 171); Bekanntm., betr .die Gestattung des Umlaufs der Scheidemünzen der österr. und der Frankenwährung innerhalb bayerischer Grenzbezirke. Vom 7. Juli 1883 (RGBl S. 218); Bekanntm., betr. die Gestattung des Umlaufs der Scheidemünzen der österr. Währung innerhalb preußischer Grenzbezirke. Vom 20. Febr. 1889 (RGBl S. 37); Bekanntm., betr. die Gestattung des Umlaufs der Scheidemünzen der Frankenwährung innerhalb des württembergischen Grenzbezirkes. Vom 20. Februar 1889 (RGBl S. 38); Bekanntm., betr .die Gestattung des Umlaufs der Scheidemünzen der Frankenwährung innerhalb des württembergischen Grenzbezirkes. Vom 19. Dez. 1895 (RGBl S. 463); Bekanntm., betr. den Umlauf von Scheidemünzen luxemburgischen Gepräges innerhalb deutscher Grenzgebiete. Vom 23. Januar 1902 (RGBl S. 37).

Bei der Umrechnung werden Bruchtheile von Pfennigen der Reichswährung zu einem Pfennig berechnet, wenn sie einen halben Pfennig oder mehr betragen, Bruchtheile unter einem halben Pfennig werden nicht gerechnet.

§ 3. Werden Zahlungsverpflichtungen nach Eintritt der Reichswährung unter Zugrundelegung vormaliger inländischer Geld- oder Rechnungswährungen begründet, so ist die Zahlung vorbehaltlich der Vorschriften Art. 9, 15 und 16 in Reichsmünzen unter Anwendung der Vorschriften des § 2 zu leisten.

§ 4. In allen gerichtlich oder notariell aufgenommenen Urkunden, welche auf einen Geldbetrag lauten, desgleichen in allen zu einem Geldbetrag verurtheilenden gerichtlichen Entscheidungen ist dieser Geldbetrag, wenn für denselben ein bestimmtes Verhältniß zur Reichswährung gesetzlich feststeht, in Reichswährung auszudrücken; woneben jedoch dessen gleichzeitige Bezeichnung nach derjenigen Währung, in welcher ursprünglich die Verbindlichkeit begründet war, gestattet bleibt.

Artikel 15. An Stelle der Reichsmünzen sind bei allen Zahlungen bis zur Außerkurssetzung[1] anzunehmen:

1) im gesammten Bundesgebiete an Stelle aller Reichsmünzen die Ein- [und Zwei-]thalerstücke deutschen Gepräges unter Berechnung des Thalers zu drei Mark;[2]

[2) im gesammten Bundesgebiete an Stelle der Reichssilbermünzen, Silberkurantmünzen deutschen Gepräges zu $^1/_3$ und $^1/_6$ Thaler unter Berechnung des $^1/_3$ Thalerstücks zu einer Mark und des $^1/_6$ Thalerstücks zu einer halben Mark;

3) in denjenigen Ländern, in welchen gegenwärtig die Thalerwährung gilt, an Stelle der Reichs-, Nickel- und Kupfermünzen die nachbezeichneten Münzen der Thalerwährung zu den daneben bezeichneten Werthen:

$^1/_{12}$	Thalerstücke zum Werthe von	25	Pfennig,
$^1/_{15}$	" " " "	20	"
$^1/_{30}$	" " " "	10	"
$^1/_2$	Groschenstücke " " "	5	"
$^1/_5$	" " " "	2	"
$^1/_{10}$ und $^1/_{12}$	" " " "	1	"

[1] Durch die erfolgte Außerkurssetzung (vgl. Anm. zu Art. 8) ist der größte Theil des Art. 15 geltungslos geworden.

[2] Vgl. hierzu G vom 20. April 1874 (RGBl S. 35). Einziger Artikel: „Die Bestimmung im Art. 15, Ziffer 1 des Münzgesetzes vom 9. Juli 1873 (RGBl S. 233) findet auf die in Oesterreich bis zum Schlusse des Jahres 1867 geprägten Vereinsthaler und Vereinsdoppelthaler Anwendung." G vom 28. Febr. 1892 (RGBl S. 315): § 1. „Der Bundesrath wird ermächtigt, die Außerkurssetzung der in Oesterreich bis zum Schlusse des Jahres 1867 geprägten Vereinsthaler und Vereinsdoppelthaler über Einlösung derselben auf Rechnung des Reiches zu dem Werthverhältnisse von drei Mark gleich einem Thaler anzuordnen und die hierfür erforderlichen Vorschriften festzustellen." Bekanntm., betr. die Außerkurssetzung der Vereinsthaler österreichischen Gepräges, vom 8. November 1900 (RGBl S. 1013), bestimmt die Außerkurssetzung für den 1. Januar 1901.

4) in denjenigen Ländern, in welchen die Zwölftheilung des Groschens besteht, an Stelle der Reichs-, Nickel- und Kupfermünzen die auf der Zwölftheilung des Groschens beruhenden Dreipfennigstücke zum Werthe von $2^1/_2$ Pfennig;]

5) in Bayern an Stelle der Reichskupfermünzen die Hellerstücke zum Werthe von $^1/_2$ Pfennig;

[6) in Mecklenburg an Stelle der Reichskupfermünzen die nach dem Marksystem ausgeprägten Fünfpfennigstücke, Zweipfennigstücke und Einpfennigstücke zum Werthe von 5, 2 und 1 Pfennig.

Die sämmtlichen sub 3 und 4 verzeichneten Münzen sind an allen öffentlichen Kassen des gesammten Bundesgebietes zu den angegebenen Werthen bis zur Außerkurssetzung in Zahlung anzunehmen.]

Der Bundesrath ist befugt zu bestimmen[1], dafs die Einthalerstücke deutschen Gepräges, sowie die in Oesterreich bis zum Schlusse des Jahres 1867 geprägten Vereinsthaler bis zu ihrer Aufserkurssetzung nur noch an Stelle der Reichssilbermünzen, unter Berechnung des Thalers zu 3 Mark, in Zahlung anzunehmen sind.

Eine solche Bestimmung ist durch das Reichs-Gesetzblatt zu veröffentlichen und tritt frühestens einen Monat nach ihrer Veröffentlichung in Kraft.

Artikel 16. (Unanwendbar.)

Artikel 17. (Uebergangsbestimmung.)

Artikel 18. Bis zum 1. Januar 1876 sind sämmtliche nicht auf Reichswährung lautenden Noten der Banken einzuziehen.[2] Von diesem Termine an dürfen nur solche Banknoten, welche auf Reichswährung in Beträgen von nicht weniger als 100 Mark lauten, in Umlauf bleiben oder ausgegeben werden.

Dieselben Bestimmungen gelten für die bis jetzt von Korporationen ausgegebenen Scheine.

Das von den einzelnen Bundesstaaten ausgegebene Papiergeld ist spätestens bis zum 1. Januar 1876 einzuziehen und spätestens sechs Monate vor diesem Termine öffentlich aufzurufen. Dagegen wird nach Maßgabe eines zu erlassenden Reichsgesetzes eine Ausgabe von Reichspapiergeld stattfinden.[3] Das Reichsgeld wird über die Ausgabe und den Umlauf des Reichspapiergeldes, sowie über die den einzelnen Bundesstaaten zum Zweck der Einziehung ihres Papiergeldes zu gewährenden Erleichterungen die näheren Bestimmungen treffen.

---

[1] Zusatzbestimmung durch das G, betr. die Abänderung des Art. 15 des Münzgesetzes vom 9. Juli 1873. Vom 6. Januar 1876 (RGBl S. 3). — Vgl. Anmerkung zu Art. 15 Ziffer 1.

[2] Vgl. unten G, betr. die Ausgabe von Banknoten vom 21. Dez. 1874 und Bankgesetz vom 14. März 1875.

[3] Vgl. G vom 30. April 1874.

32) Gesetz, betr. die Abänderung der Nr. 13 des Art. 4 der Verfassung des Deutschen Reiches. Vom 20. Dez. 1873. (RGBl S. 379.)

Vgl. oben S. 28 zu Art. 4 Nr. 13 der Verfassung vom 16. April 1871.

1874

33) Gesetz, betr. die Abänderung des Art. 15 des Münzgesetzes vom 9. Juli 1873. Vom 20. April 1874. (RGBl S. 35.)

Vgl. Anm. zu Art. 15 Nr. 1 des Münzgesetzes vom 9. Juli 1873 (oben S. 74, Anm. 2).

34) Gesetz, betr. die Ausgabe von Reichskassenscheinen. Vom 30. April 1874. (RGBl S. 40.)

§ 1. Der Reichskanzler wird ermächtigt, Reichskassenscheine zum Gesammtbetrage von 120 Millionen Mark in Abschnitten zu 5, 20 und 50 Mark ausfertigen zu lassen und unter die Bundesstaaten nach dem Maßstabe ihrer durch die Zählung vom 1. Dezember 1871 festgestellten Bevölkerung zu vertheilen.

Ueber die Vertheilung des Gesammtbetrages auf die einzelnen Abschnitte beschließt der Bundesrath.

§ 5. Die Reichskassenscheine[1] werden bei allen Kassen des Reichs und sämmtlicher Bundesstaaten nach ihrem Nennwerthe in Zahlung angenommen und von der Reichs-Hauptkasse für Rechnung des Reichs jederzeit auf Erfordern gegen baares Geld eingelöst.

Im Privatverkehr findet ein Zwang zu ihrer Annahme nicht statt.

§ 6. Die Ausfertigung der Reichskassenscheine wird der Preußischen Hauptverwaltung der Staatsschulden unter der Benennung „Reichsschulden-Verwaltung" übertragen.

Die Reichsschulden-Verwaltung hat für beschädigte oder unbrauchbar gewordene Exemplare für Rechnung des Reichs Ersatz zu leisten, wenn das vorgelegte Stück zu einem echten Reichskassenscheine gehört und mehr als die Hälfte eines solchen beträgt. Ob in anderen Fällen ausnahmsweise ein Ersatz geleistet werden kann, bleibt ihrem pflichtmäßigen Ermessen überlassen.[2]

§ 7. Vor der Ausgabe der Reichskassenscheine ist eine genaue Beschreibung derselben öffentlich bekannt zu machen.[3]

---

[1] Vgl. G, betr. die Einziehung der mit dem Datum vom 11. Juli 1874 ausgefertigten Reichskassenscheine. Vom 21. Juli 1884 (RGBl S. 172).

[2] Vgl. Bekanntmachung der Reichsschuldenverwaltung. Vom 18. Mai 1876 (CBl S. 296).

[3] Vgl. G, betr. den Schutz des zur Anfertigung von Reichskassenscheinen verwendeten Papiers gegen unbefugte Nachahmung. Vom 26. Mai 1885 (RGBl S. 165) § 1.

Die Kontrolle über die Ausfertigung und Ausgabe der Reichskassenscheine übt die Reichsschulden-Kommission.

§ 8. Von den Bundesstaaten darf auch ferner nur auf Grund eines Reichsgesetzes Papiergeld ausgegeben oder dessen Ausgabe gestattet werden.

---

35) Reichsmilitärgesetz. Vom 2. Mai 1874. (RGBl S. 45.)

§ 40. Die Militärpersonen des Friedensstandes bedürfen zu ihrer Verheirathung der Genehmigung ihrer Vorgesetzten.[1]

§ 41. Die Militärpersonen des Friedensstandes und die Civilbeamten der Militärverwaltung können die Uebernahme von Vormundschaften ablehnen, und sind zu deren Uebernahme nur mit Genehmigung ihrer Vorgesetzten berechtigt.

§ 42. Die landesgesetzlich für einzelne Klassen von Militärpersonen bestehenden Beschränkungen hinsichtlich der Erwerbung, Veräußerung und Belastung von Grundstücken werden aufgehoben.

§ 43. Zum Betriebe eines Gewerbes bedürfen die Militärpersonen des Friedensstandes für sich und für die in Dienstgebäuden bei ihnen wohnenden Mitglieder ihres Hausstandes der Erlaubniß ihrer Vorgesetzten, insofern nicht das Gewerbe mit der Bewirthschaftung eines ihnen gehörigen ländlichen Grundstückes verbunden ist.

§ 44.[2] In Kriegszeiten oder während eines Belagerungszustandes können die im § 38 bezeichneten und die nach §§ 155 bis 158 des Militär-Strafgesetzbuchs vom 20. Juni 1872 den Militärgesetzen unterworfenen Personen letzwillige Verordnungen unter besonders erleichterten Formen gültig errichten (privilegirte militärische letztwillige Verfügungen). Die Vorrechte der Militärpersonen in Beziehung auf diese letztwilligen Verordnungen bestehen allein darin, daß sie nach Maßgabe der nachstehenden Bestimmungen den für ordentliche letztwillige Verfügungen vorgeschriebenen Förmlichkeiten nicht unterworfen sind. Es sind dabei die folgenden Bestimmungen zu beobachten:

1) Die Befugniß, in Kriegszeiten oder während eines Belagerungszustandes privilegirte militärische letztwillige Verfügungen zu errichten, beginnt für die oben bezeichneten Personen von der Zeit, wo sie entweder ihre Standquartiere oder im Fall ihnen solche nicht angewiesen sind, ihre bisherigen Wohnorte im Dienste verlassen oder in denselben angegriffen oder belagert werden.

---

[1] Aber Mangel dieser Genehmigung hat nur Strafe, nicht Ungültigkeit zur Folge. Vgl. Militärstrafgesetzbuch für das Deutsche Reich. Vom 20. Juni 1872. (RGBl S. 174) § 150 Abs. 1; BGB § 1315.

[2] Vgl. dazu EG z. BGB Art. 44. BGB § 2251. — Vgl. G, betr. die freiwillige Gerichtsbarkeit und andere Rechtsangelegenheiten in Heer und Marine. Vom 28. Mai 1901 (RGBl S. 185). § 2.

Kriegsgefangene oder Geißeln haben diese Befugniß, so lange sie sich in der Gewalt des Feindes befinden.

2) Privilegirte militärische letztwillige Verfügungen sind in gültiger Form errichtet:
   a) wenn sie von dem Testator eigenhändig geschrieben und unterschrieben sind;
   b) wenn sie von dem Testator eigenhändig unterschrieben und von zwei Zeugen oder einem Auditeur oder Offizier mitunterzeichnet sind;
   c) wenn von einem Auditeur oder Offizier, unter Zuziehung zweier Zeugen oder noch eines Auditeurs oder Offiziers, über die mündliche Erklärung des Testators eine schriftliche Verhandlung aufgenommen und diese dem Testator vorgelesen, sowie von dem Auditeur oder Offizier und den Zeugen, bezw. von den Auditeuren oder Offizieren unterschrieben ist.

   Bei verwundeten oder kranken Militärpersonen können die unter b) und c) erwähnten Auditeure und Offiziere durch Militärärzte oder höhere Lazarethbeamte oder Militärgeistliche vertreten werden.

3) Die sub 2 erwähnten Zeugen sind Beweiszeugen; sie brauchen nicht die Eigenschaft von Instrumentszeugen zu haben und es kann die Aussage eines derselben für vollständig beweisend angenommen werden.

4) Die nach Vorschrift sub 2c aufgenommene Verhandlung hat in Betreff ihres Inhalts und der in ihr angegebenen Zeit der Aufnahme die Beweiskraft einer öffentlichen Urkunde.

   Ist in der eigenhändig geschriebenen und unterschriebenen, oder in der eigenhändig unterschriebenen letztwilligen Verfügung (2a. b.) die Zeit der Errichtung angegeben, so streitet die Vermuthung bis zum Beweise des Gegentheils für die Richtigkeit dieser Angabe.

   Eine gleiche Vermuthung streitet dafür, daß die letztwillige Verfügung während des die privilegirte Form zulassenden Ausnahmezustandes errichtet ist, wenn dieselbe während dieser Zeit oder innerhalb vierzehn Tage nach deren Aufhören einer vorgesetzten Militärbehörde zur Aufbewahrung übergeben ist, oder wenn dieselbe in dem Feldnachlaß des Testators aufgefunden wird.

5) Privilegirte militärische letztwillige Verfügungen verlieren ihre Gültigkeit mit dem Ablauf eines Jahres von dem Tage ab, an welchem der Truppentheil, zu dem der Testator gehört, demobil gemacht ist, oder der Testator aufgehört hat zu dem mobilen Truppentheil zu gehören, oder als Kriegsgefangener oder Geißel aus der Gewalt des Feindes entlassen ist.

   Der Lauf dieser Frist wird jedoch suspendirt durch anhaltende Unfähigkeit des Testators zur Errichtung einer anderweiten letztwilligen Verordnung.

Wenn der Testator innerhalb des Jahres vermißt und in dem Verfahren auf Todeserklärung oder auf Abwesenheitserklärung festgestellt wird, daß er seit jener Zeit verschollen ist, so tritt die Ungültigkeit der letztwilligen Verfügung nicht ein.

§ 45. Die durch Reichs- oder Landesgesetze vorgeschriebenen Beschränkungen der gerichtlichen Zwangsvollstreckung gegen Militärpersonen finden auf alle Arten der Zwangsvollstreckung gegen die letzteren entsprechende Anwendung. Eine Aufhebung dieser Beschränkungen durch vorgängige Einwilligung des Schuldners ist ohne rechtliche Wirkung.

Den Anspruch auf Zahlung von Diensteinkünften, Wartegeldern oder Pensionen können die Militärpersonen mit rechtlicher Wirkung nur insoweit abtreten, verpfänden oder sonst übertragen, als eine Beschlagnahme im Falle einer Zwangsvollstreckung zulässig gewesen wäre. Die Benachrichtigung an die auszahlende Kasse geschieht durch eine der Kasse auszuhändigende öffentliche Urkunde.[1]

---

36) Strandungsordnung. Vom 17. Mai 1874. (RGBl S. 73.)[2]

I. Abschnitt.

Von den Strandbehörden.

§ 1. Die Verwaltung der Strandungsangelegenheiten wird durch Strandämter geführt.

Den Strandämtern werden Strandvögte untergeordnet. Letztere haben insbesondere diejenigen Maßregeln zu leiten, welche zum Zwecke der Bergung oder Hülfsleistung zu ergreifen sind.

§ 2. Die Organisation der Strandämter, die Abgrenzung ihrer Bezirke, die Anstellung der Strandbeamten, die Regelung des Verhältnisses der Strandvögte zu den Strandämtern, und die Bestimmung der Behörden, welche die Aufsicht über diese Aemter und Beamten zu führen haben, sowie die Feststellung der Dienstbezüge der Strandbeamten steht den Landesregierungen nach Maßgabe der Landesgesetze zu.

Der Vorsteher eines Strandamts kann für den ihm überwiesenen Bezirk oder einen Theil desselben zugleich zum Strandvogt bestellt werden.

§ 3. Die Oberaufsicht über die Verwaltung der Strandungsangelegenheiten steht dem Reiche zu.

---

[1] Letzter Satz aufgehoben durch EG z. BGB Art. 45. Vgl. auch BGB § 394.

[2] Vgl. Instruktion zur Strandungsordnung vom 24. Nov. 1875 (CBl S. 751). Vgl. Verzeichniß der auf Grund §§ 1 und 2 der Strandungsordnung vom 17. Mai 1874 von den Regierungen der Bundes-Seestaaten eingesetzten Strandämter und Strandvogteien (CBl 1878, S. 285; dazu CBl 1879, S. 270. 531. 639). — Eingeführt in Helgoland durch VO, betr. die Einführung der Strandungsordnung in Helgoland. Vom 20. Juli 1895 (RGBl S. 421).

II. Abschnitt.

Von dem Verfahren bei Bergung und Hülfsleistung in Seenoth.

§ 4. Wer ein auf den Strand gerathenes oder sonst unweit desselben in Seenoth befindliches Schiff wahrnimmt, hat hiervon sofort dem zuständigen Strandvogt oder der nächsten Gemeindebehörde Anzeige zu machen. Der Ueberbringer der ersten Anzeige hat Anspruch auf eine angemessene Vergütung.

§ 5. Die Gemeindebehörde hat unverzüglich für die Mittheilung der Nachricht an den Strandvogt zu sorgen. Die Gemeinden sind verpflichtet, hierzu gegen eine den ortsüblichen Sätzen entsprechende Vergütung einen Boten und die nöthigen Beförderungsmittel (Pferd, Gespann, Boot) zu stellen.

§ 6. Der Strandvogt hat unverzüglich nach Empfang der Nachricht (§ 5) sich an Ort und Stelle zu begeben und daselbst die zur Aufrechterhaltung der Ordnung sowie zur Bergung oder Hülfsleistung erforderlichen Anordnungen zu treffen. Auch hat er für schleunigste Benachrichtigung des Strandamts sowie des nächsten Zollbeamten Sorge zu tragen, bis zur Ankunft des letzteren aber das Zollinteresse selbst wahrzunehmen.

Bis zum Erscheinen des Strandvogts sind die Strand-Unterbeamten und in deren Ermangelung die nächste Gemeindebehörde zu den erforderlichen Anordnungen berufen.

§ 7. Wider den Willen des Schiffers dürfen Maßregeln zum Zweck der Bergung oder Hülfsleistung nicht ergriffen werden. Insbesondere darf wider den Willen des Schiffers weder an das Schiff angelegt, noch dasselbe betreten werden. Ist das Schiff von der Schiffsbesatzung verlassen, so bedarf es zum Anlegen an dasselbe oder zum Betreten desselben, sofern nicht dringende Gefahr im Verzuge liegt, der Erlaubniß des Strandvogts.

Auf die Thätigkeit der Vereine zur Rettung Schiffbrüchiger finden diese Bestimmungen keine Anwendung.

§ 8. Der Schiffer ist befugt, dem Strandvogt die Leitung des Verfahrens jederzeit wieder abzunehmen, sobald er für die etwa bereits entstandenen Bergungs- und Hülfskosten, einschließlich des Berge- und Hülfslohnes (Art. 753 des Allgemeinen Deutschen Handelsgesetzbuchs[1]), die von dem Vorsteher des Strandamtes oder dem Strandvogt erforderlich befundene Sicherheit bestellt hat.

§ 9. Die Verpflichtung, den polizeilichen Aufforderungen zur Hülfe Folge zu leisten, bestimmt sich nach § 360 Nr. 10 des Strafgesetzbuchs mit der Maßgabe, daß als „Polizeibehörde" im Sinne dieser Vorschrift auch der Strandvogt gilt.

Während der Seenoth ist der Strandvogt befugt, zur Rettung von Menschenleben die erforderlichen Fahrzeuge und Geräthschaften,

[1] HGB vom 10. Mai 1897 § 751.

sowie jeden außerhalb der öffentlichen Wege zum Strande führenden Zugang auch ohne Einwilligung der Verfügungsberechtigten in Anspruch zu nehmen. Der hieraus entstehende wirkliche Schaden ist zu vergüten. Wer der Anordnung des Strandvogts nicht Folge leistet, wird mit der im § 360 Nr. 10 a. a. O. angedrohten Strafe belegt.

Die Fahrzeuge und Geräthschaften der Vereine zur Rettung Schiffbrüchiger dürfen nur, insoweit die Vereinsmannschaft nicht selbst einschreitet, zur Rettung von Menschenleben in Anspruch genommen werden.

§ 10. Die in den §§ 4, 5 und 9 bezeichneten Vergütungen gehören zu den im Art. 745 Abs. 2 des Allgemeinen Deutschen Handelsgesetzbuchs[1] bestimmten Bergungs- und Hülfskosten. Dieselben werden nach Maßgabe der Bestimmungen des fünften Abschnitts festgesetzt und sind, wenn anderweit die Befriedigung nicht zu erreichen ist, aus Staatsmitteln zu leisten. Auf Verlangen sind sie aus diesen vorschußweise zu zahlen.

§ 11. Der Strandvogt hat vor Allem für die Rettung der Personen zu sorgen. Im Falle der Bergung hat er zunächst die Schiffs- und Ladungspapiere, insbesondere das Schiffsjournal an sich zu nehmen, das letztere sobald als möglich mit dem Datum und seiner Unterschrift abzuschließen und demnächst sämmtliche Papiere dem Schiffer zurückzugeben.

§ 12. Ohne Genehmigung des Schiffers darf nichts aus dem Schiffe fortgeschafft werden. Auch hat zunächst der Schiffer darüber Bestimmung zu treffen, wohin die fortgeschafften Gegenstände sowie das Schiff selbst zu bringen sind. Sowohl jene Genehmigung als auch diese Bestimmung steht dem Strandvogt zu, wenn derselbe die Leitung des Verfahrens übernommen hatte. In Ermangelung einer Bestimmung des Schiffers oder des Strandvogts muß das Geborgene, sofern keine Hindernisse entgegenstehen, bei Verlust des Anspruchs auf Berge- oder Hülfslohn nach dem zunächst erreichbaren deutschen Hafen oder Landungsplatze gebracht und sofort der nächsten Polizeibehörde oder dem Strandvogt angezeigt werden.

Die aus dem Schiffe fortgeschafften Gegenstände sind, sobald dies thunlich, zu verzeichnen.

§ 13. Werden einzelne Stücke der Ladung oder des Schiffs oder sonstige Gegenstände, welche auf dem Schiffe sich befunden, oder zu demselben gehört haben, an das Land getrieben, so hat derjenige, welcher dieselben birgt, dies sofort einem der mitwirkenden Beamten anzuzeigen und auf Erfordern die Sachen abzuliefern.

§ 14. Der Strandvogt hat dem nächsten Steuerbeamten von der Bergung sofort Nachricht zu geben und bis zur Ankunft desselben das steuerfiskalische Interesse wahrzunehmen.

Die geborgenen Gegenstände werden von dem Strandamt und dem Zollbeamten gemeinschaftlich in Gewahrsam genommen.

[1] HGB vom 10. Mai 1897 § 743 Abs. 2.

§ 15. Das Strandamt hat mit Zuziehung des Schiffers und des Zollbeamten ein Inventarium der geborgenen Gegenstände unter Angabe der etwa vorhandenen Marken und Nummern und mit Benutzung der vorläufigen Verzeichnisse (§ 12) aufzunehmen, dabei auch überall den Werth und die Menge zu vermerken, soweit dieselben sich aus vorhandenen Schriftstücken ergeben oder anderweit ohne Verletzung der Verpackung festzustellen sind. Das Inventarium ist von dem Zollbeamten und dem Schiffer zu unterschreiben, die Einsicht desselben oder die Fertigung einer Abschrift ist auch anderen Betheiligten zu gestatten.

§ 16. Die geborgenen Gegenstände sind dem Schiffer, in Ermangelung desselben demjenigen, welcher sonst seine Empfangsberechtigung nachweist, auszuliefern. Die Auslieferung darf jedoch, mit Ausnahme der für das augenblickliche Bedürfniß der Mannschaft und Passagiere erforderlichen Gegenstände, erst nach Bezahlung oder Sicherstellung der Bergungskosten einschließlich des Bergelohns (Art. 753 des Allgemeinen Deutschen Handelsgesetzbuchs[1]) und nach erfolgter zollamtlicher Abfertigung geschehen.

§ 17. Behufs Uebernahme der Vertretung der Betheiligten in Bergungs- und Hülfsleistungsfällen können von den Landesregierungen an geeigneten Orten ein- für allemal Sachverständige bestellt werden. Dieselben sind in den einzelnen Fällen den Betheiligten von dem Strandamt namhaft zu machen. Die Wahl anderer Vertreter ist hierdurch nicht ausgeschlossen.

§ 18. Leicht verderbliche und solche Gegenstände, deren Aufbewahrung mit Gefahr oder unverhältnißmäßigen Kosten verbunden sein würde, können von dem Strandamt öffentlich verkauft werden, jedoch bei Anwesenheit des Empfangsberechtigten nur mit Zustimmung desselben oder nach fruchtlos an ihn ergangener Aufforderung, die Gegenstände gemäß § 16 in Empfang zu nehmen.

§ 19. Entstehen Zweifel oder Streitigkeiten über die Empfangsberechtigung, oder sind die Empfangsberechtigten nicht alsbald zu ermitteln, so hat das Strandamt die betreffenden Gegenstände oder deren Erlös (§ 18) in Verwahrung zu nehmen, und demnächst nach den Bestimmungen des IV. Abschnitts zu verfahren.

III. Abschnitt.

Von Seeauswurf und strandtriftigen Gegenständen, sowie von versunkenen und seetriftigen Gegenständen.

§ 20. Wenn außer dem Falle der Seenoth eines Schiffes besitzlos gewordene Gegenstände von der See auf den Strand geworfen oder gegen denselben getrieben, und vom Strande aus geborgen werden, so haben auch in diesen Fällen die Berger Anspruch auf Bergelohn nach den Vorschriften des Allgemeinen Deutschen Han-

[1] HGB vom 10. Mai 1897 § 751.

delsgesetzbuchs, Buch V, Titel 9.[1] Sie sind verpflichtet, bei Verlust des Anspruchs auf Bergelohn von den geborgenen Gegenständen der nächsten Polizeibehörde oder dem Strandvogt sofort Anzeige zu machen, und dieselben zur Verfügung zu stellen.

§ 21. Denselben Anspruch und dieselbe Verpflichtung haben die Berger, wenn versunkene Schiffstrümmer oder sonstige Gegenstände vom Meeresgrunde heraufgebracht, oder wenn ein verlassenes Schiff oder sonstige besitzlos gewordene Gegenstände, in offener See treibend, von einem Fahrzeuge geborgen werden.

Die Verpflichtung tritt in diesem Falle ein, sobald das bergende Fahrzeug nach der Bergung an der deutschen Küste anlegt oder vor Anker geht, fällt aber fort, wenn das Fahrzeug inzwischen an einer fremden Küste angelegt hat, oder vor Anker gegangen ist, und die Berger dort die geborgenen Gegenstände dem Eigenthümer oder einer Behörde zur Verfügung gestellt haben.

§ 22. Welche Gewässer bei Anwendung der §§ 20 und 21 der See gleichzustellen sind, bestimmen die Landesregierungen.

§ 23. Das Strandamt hat den Berger über die Zeit, den Ort und die Umstände der Bergung sowie über den beanspruchten Lohn zu hören und für die angemessene Aufbewahrung der Gegenstände zu sorgen, auch dem nächsten Zollbeamten Nachricht zu geben. Die Bestimmungen der §§ 14, 15 und 18 finden auch hier Anwendung.

Kann der Empfangsberechtigte alsbald ermittelt werden, so ist nach der Vorschrift des § 16, andernfalls nach den Vorschriften des IV. Abschnitts, zu verfahren.

§ 24. Die Landesregierungen sind ermächtigt, Anmeldestellen einzurichten, welchen die Strandämter jede Bergung in den Fällen der §§ 20 und 21 mitzutheilen haben. Auf diesen Anmeldestellen ist ein Fundverzeichniß über die geborgenen Gegenstände und den Ort ihrer Aufbewahrung zu führen und zur Einsicht für jedermann auszulegen. Ein Auszug aus dem Verzeichniß wird in angemessenen Fristen bekannt gemacht.

Die Bestimmungen des § 23 finden auch da Anwendung, wo Anmeldestellen bestehen.

§ 25. Wird[2] die Schiffahrt dadurch beeinträchtigt, dafs in einem Fahrwasser, auf einer Rhede oder in einem Hafen ein Schiff oder Wrack hülflos treibt, oder gestrandet oder gesunken ist, oder Anker oder sonstige Gegenstände auf den Grund gerathen, so ist die Behörde befugt, die Beseitigung des Hindernisses zu veranlassen.

Sobald die Behörde eingeschritten und dies öffentlich erkennbar oder den Betheiligten bekannt gemacht ist, darf ohne Genehmigung der Behörde das Hindernifs nicht mehr beseitigt

[1] HGB vom 10. Mai 1897 Buch IV. Achter Abschnitt.

[2] Neue Fassung durch G zur Abänderung der Strandungsordnung. Vom 30. Dezember 1901 (RGBl 1902. S. 1).

und von dem Schiffe oder Wracke Nichts mehr fortgeschafft werden.

Zur Deckung der Kosten der Beseitigung kann die Behörde die beseitigten Gegenstände öffentlich verkaufen, soweit nicht Sicherheit gestellt wird. Dieses Recht erstreckt sich im Falle der Beseitigung eines Schiffes oder Wrackes auch auf alle Gegenstände, welche zur Zeit des Einschreitens der Behörde auf dem Schiffe oder Wracke vorhanden waren, mit Ausnahme der Habe der Schiffsbesatzung, des Reiseguts der Reisenden und der Post. Gegenstände, welche dem Reiche oder einem Bundesstaate gehören, sind zunächst der zuständigen Verwaltung gegen Erstattung des Werthes zur Verfügung zu stellen. Mit dem nach Abzug der Beseitigungskosten etwa verbleibenden Ueberschusse des Erlöses ist nach den §§ 16, 19 zu verfahren. Nach fruchtlosem Aufgebotsverfahren (§ 26) fällt der Ueberschuſs der Seemannskasse oder in Ermangelung einer solchen der Armenkasse am Sitze der Behörde zu.

Wird durch einen der im Abs. 1 bezeichneten Vorgänge die Gefahr einer Beeinträchtigung der Schiffahrt herbeigeführt, so ist der Schiffer, in dessen Ermangelung oder Verhinderung sein Stellvertreter, verpflichtet, dem nächsten Strandamt unverzüglich Anzeige zu erstatten.

IV. Abschnitt.

Von dem Aufgebotsverfahren in Bergungssachen und dem Rechte auf herrenlose geborgene Gegenstände.

§ 26. Behufs der Ermittelung des Empfangsberechtigten hat das Strandamt, sofern sich genügender Anlaß dazu bietet, geeignete Vorverhandlungen einzuleiten. Dem dadurch ermittelten Berechtigten sind die geborgenen Gegenstände nach Maßgabe des § 16 auszuliefern.

Wenn sich kein Anlaß zu Verhandlungen bietet, oder durch dieselben der Empfangsberechtigte nicht ermittelt wird, so tritt das Aufgebotsverfahren (§§ 27 ff.) ein.

§ 27. Im Aufgebotsverfahren werden alle unbekannten Berechtigten aufgefordert, bis zu einem bestimmten Termine bei dem Strandamte ihre Ansprüche anzuzeigen, widrigenfalls dieselben bei der Verfügung über die geborgenen Gegenstände unberücksichtigt bleiben würden.

Der Termin ist auf vier Wochen bis neun Monate zu bestimmen. Das Aufgebot wird durch Aushang (Anschlag) an der Amtsstelle sowie nach dem Ermessen des Strandamtes durch eine oder mehrere Anzeigen in öffentlichen Blättern und Anschlag an Börsen und anderen geeigneten Orten bekannt gemacht. Zur Ersparung von Kosten kann das Aufgebot so lange ausgesetzt werden, bis eine angemessene Zahl von Gegenständen angesammelt ist.

Ein Ausschlußbescheid wird nicht erlassen.

§ 28. Diejenigen Gegenstände, auf welche ein Anspruch nicht angezeigt ist, werden nach Ablauf des Termins den nach § 35 Berechtigten gegen Erlegung der Bergungskosten, zu welchen in den Fällen des ersten Absatzes des § 35 auch der Bergelohn gehört, nach erfolgter zollamtlicher Abfertigung ausgeliefert.

Der Empfänger ist, wenn versäumte Ansprüche später geltend gemacht werden, nur insoweit, als er sich dann im Besitze der Sache noch befindet oder durch den aus derselben gelösten Werth noch bereichert ist, dem Berechtigten zur Entschädigung verpflichtet. In den Fällen des zweiten Absatzes des § 35 behält der Berger auch den noch in seinem Besitze befindlichen Vortheil, insoweit dieser den Bergelohn nicht übersteigt.

§ 29. Sind dagegen Ansprüche angezeigt, so fordert das Strandamt die nach § 35 Berechtigten auf, sich binnen einer bestimmten Frist zu erklären, ob sie diese Ansprüche anerkennen wollen oder nicht, widrigenfalls dieselben für anerkannt erachtet werden würden.

Wenn innerhalb dieser Frist ein Widerspruch seitens der Aufgeforderten nicht erfolgt, so ist die Auslieferung der Gegenstände an denjenigen, welcher den Anspruch angezeigt hat, gemäß § 16 zu bewirken und zwar, falls das Strandamt den Anspruch für nachgewiesen erachtet, sofort, anderenfalls erst nach Ablauf des Aufgebotstermins, sofern auch bis dahin weitere Ansprüche nicht angemeldet werden.

Wenn dagegen ein Widerspruch von einem der Aufgeforderten innerhalb der Erklärungsfrist erfolgt, so sind die angezeigten Ansprüche gegen denselben im Wege der Klage auszuführen.

§ 30. Wenn die Berechtigung zum Empfang streitig, und von keinem der nach § 35 Berechtigten ein Widerspruch erhoben ist, so bestimmt das Strandamt denjenigen, gegen welchen die sonst angezeigten Ansprüche im Wege der Klage auszuführen sind.

Diesem steht auch die Befugniß zu, gegen Leistung der vom Strandamte zu bestimmenden Sicherheit die Auslieferung der geborgenen Gegenstände zu verlangen.

§ 31. Zur Anstellung der Klage (§§ 29 Abs. 3 und 30), welche bei dem für den Ort des Strandamts zuständigen Gerichte zu erheben ist, bestimmt das Strandamt eine angemessene Ausschlußfrist.

§ 32. Im Falle des § 30 hat das Strandamt auf Antrag dafür zu sorgen, daß die nach Abschnitt V dieses Gesetzes festgestellten Ansprüche aus der bestellten Sicherheit oder durch den Verkauf der geborgenen Gegenstände befriedigt werden.

§ 33. Streitigkeiten über die Empfangsberechtigung werden im Prozeßwege erledigt.

§ 34. Die Kosten der Vorverhandlungen und des Aufgebotsverfahrens gehören zu den im Artikel 745 Absatz 2 des Allgemeinen Deutschen Handelsgesetzbuchs[1] bestimmten Bergungskosten.

---

[1] HGB vom 10. Mai 1897 § 743 Abs. 2.

§ 35. Wenn der Empfangsberechtigte auch durch das Aufgebotsverfahren nicht ermittelt wird, so werden Gegenstände, welche in Seenoth vom Strande aus geborgen sind (§§ 4—19), desgleichen Seeauswurf und strandtriftige Güter (§ 20), dem Landesfiskus überwiesen.

Unter gleicher Voraussetzung werden versunkene und seetriftige Gegenstände (§ 21) dem Berger überwiesen.

Die Antheile mehrerer Mitberechtigter im Falle des Artikels 751 des Allgemeinen Deutschen Handelsgesetzbuchs[1] bestimmen sich auch in Beziehung auf diesen Anspruch nach den dort vorgeschriebenen Grundsätzen. Wer die ihm nach dem § 21 obliegende Anzeige unterläßt, geht dieses Anspruchs zu Gunsten der Seemannskasse des Orts, wo das Strandamt seinen Sitz hat, und in Ermangelung einer solchen, zu Gunsten der Ortsarmenkasse verlustig.

Ob und in welcher Weise diejenigen zu entschädigen sind, welchen nach den bisherigen Bestimmungen die in den vorstehenden Absätzen der Staatskasse und dem Berger überwiesenen Ansprüche zugestanden haben, bestimmen die Landesgesetze.

V. Abschnitt.

Von der Festsetzung der Bergungs- und Hülfskosten.

§ 36. Wer Berge- und Hülfslohn oder die Erstattung sonstiger Bergungs- oder Hülfskosten verlangt, hat in Ermangelung einer gütlichen Einigung seine Ansprüche bei dem Strandamt anzumelden.

§ 37. Das Strandamt hat nach Anhörung der Betheiligten, soweit dieselben anwesend sind, eine Berechnung der aufgestellten Forderungen zu entwerfen und mit seinen gutachtlichen Bemerkungen der Aufsichtsbehörde einzureichen.

§ 38. Die Aufsichtsbehörde hat die angemeldeten Ansprüche nach den Bestimmungen des Allgemeinen Deutschen Handelsgesetzbuchs, Buch V, Titel 9[2], zu prüfen und durch Bescheid festzusetzen. Jedem Betheiligten ist der Bescheid zu Protokoll bekannt zu machen, oder eine Ausfertigung desselben zuzustellen.

Die Zustellung ist gültig, wenn sie unter Beobachtung der für Zustellungen in bürgerlichen Rechtsstreitigkeiten vorgeschriebenen Formen erfolgt. Die vereideten Verwaltungsbeamten haben dabei die Glaubwürdigkeit der Gerichtsbeamten.

§ 39. Gegen den Bescheid der Aufsichtsbehörde findet nur der Rechtsweg statt.

Die Partei, welche sich durch den Bescheid beschwert fühlt, hat binnen einer Ausschlußfrist von 14 Tagen — vom Tage nach der Bekanntmachung oder Behändigung des Bescheides (§ 38) an gerechnet — die Klage bei dem für den Ort des Strandamts zustän-

---

[1] HGB vom 10. Mai 1897 § 749.

[2] HGB vom 10. Mai 1897, Buch IV. Achter Abschnitt.

digen Gerichte anzubringen. Das Gericht kann aus Gründen, die in der Sache selbst liegen, diese Frist angemessen verlängern.

Durch rechtzeitige Erhebung der Klage verliert der Bescheid zwischen den Prozeßparteien seine Kraft.

§ 40. Den Landesregierungen steht es zu, die in § 38 der Aufsichtsbehörde zugewiesenen Obliegenheiten dem Strandamt zu übertragen.

§ 41. Die Erhebung der festgesetzten Beträge und die Vertheilung derselben unter die Berechtigten erfolgt in der Regel durch das Strandamt.

Der Vorsteher des Strandamts hat auch in dem Falle keinen Anspruch auf Berge- oder Hülfslohn, wenn er zugleich zum Strandvogt bestellt ist.

VI. Abschnitt.

Allgemeine Bestimmungen.

§ 42. Schiffer im Sinne dieses Gesetzes ist der Führer des Schiffs (Schiffskapitän), in Ermangelung oder Verhinderung desselben dessen Stellvertreter.

§ 43. Wer den Vorschriften der §§ 4, 7 Abs. 1, 12 Abs. 1, 13, 20, 21, 25 Abs. 2, 4[1] zuwiderhandelt, wird, sofern nicht nach allgemeinen Strafgesetzen eine höhere Strafe verwirkt ist, mit Geldstrafe bis zu einhundertfünfzig Mark oder mit Haft bestraft.

§ 44. Die Bestimmungen des Gesetzes, betreffend die Errichtung eines obersten Gerichtshofes für Handelssachen, vom 12. Juni 1869, sowie die Ergänzungen desselben werden auf diejenigen bürgerlichen Rechtsstreitigkeiten ausgedehnt, in welchen durch Klage oder Widerklage ein Anspruch aus Rechtsverhältnissen geltend gemacht wird, welche auf die Bergung außer dem Falle der Seenoth sich beziehen.

§ 45. Ob und inwieweit im Falle der Bergung des von den Landesregierungen zur Betonnung verwendeten Materials an Tonnen, Ketten und sonstigem Zubehör bestimmte Lohnsätze an Stelle des Bergelohns treten, bestimmt sich, wenn die Bergung im eigenen Gebiete erfolgt, nach dem bezüglichen Landesrecht, andernfalls nach den etwa abgeschlossenen Staatsverträgen.

§ 46. Die in diesem Gesetz vorgeschriebene Mitwirkung der Zollbehörde findet in den Zollausschlüssen nicht statt.

§ 47. Die Bestimmungen der Staatsverträge über die den Konsuln fremder Staaten in Bergungsfällen zustehenden Rechte werden durch dieses Gesetz nicht berührt.

§ 48. Dieses Gesetz tritt am 1. Januar 1875 in Kraft.

---

[1] Die Worte „25 Abs. 2, 4" sind Zusatz durch G zur Abänderung der Strandungsordnung vom 30. Dezember 1901 (RGBl 1902 S. 1).

37) Gesetz, betr. die Aufhebung der Art. 11 und 12, Buch III, Titel 12 des revidirten Lübischen Rechtes, sowie der Art. 14 und 16, Theil III, Titel 12 des Rostocker Stadtrechtes. Vom 4. Nov. 1874.
(RGBl S. 128.)

---

38) Gesetz über Markenschutz. Vom 30. November 1874.
(RGBl S. 143.)
(Gegenstandslos geworden durch G, betr. den Schutz der Waarenbezeichnungen, vom 12. Mai 1894 (RGBl S. 441) § 24.

---

39) Gesetz, betr. die Ausgabe von Banknoten. Vom 21. Dez. 1874.
(RGBl S. 193.)[1]

Artikel II. Zur Ausführung der Anordnungen, welche im Art. 18 des Münzgesetzes vom 9. Juli 1873 (RGBl S. 239) über die Einziehung der nicht auf Reichswährung lautenden Noten der Banken und über den Mindestbetrag der auf Reichswährung lautenden Noten getroffen sind, wird Folgendes bestimmt:

§ 1. Eine Bank, welche zur Ausgabe von Banknoten befugt ist, darf vom 1. Juli 1875 ab Banknoten, welche auf Beträge von fünfzig Mark oder darunter lauten, wenn dieselben von ihr ausgestellt sind, nicht ausgeben und, wenn sie von einer anderen Bank ausgestellt sind, nur an die letztere in Zahlung geben oder bei derselben zur Einlösung präsentiren.

§ 2. Die Mitglieder des Vorstandes einer Bank werden, wenn die Bank den Vorschriften des § 1 zuwider Noten ausgiebt, mit einer Geldstrafe bestraft, welche dem Vierfachen des gesetzwidrig ausgegebenen Betrages gleichkommt, mindestens aber eintausend Mark beträgt.

§ 3. Die Banken sind verpflichtet, bis spätestens den 30. Juni 1875 dem Reichskanzler nachzuweisen, daß sie alle diejenigen Anordnungen getroffen haben, welche in Gemäßheit der für sie maßgebenden landesgesetzlichen und statutarischen Bestimmungen erforderlich sind, um die Einziehung ihrer sämmtlichen nicht auf Reichswährung, sowie ihrer auf Reichswährung in Beträgen von weniger als einhundert Mark lautenden Noten längstens bis zum 31. Dezember 1875 herbeizuführen.

§ 4. Die Banken sind ferner verpflichtet, dem Reichskanzler behufs der Veröffentlichung spätestens am siebenten Tage eines jeden Monats den am letzten Tage des vorausgegangenen Monats vorhanden gewesenen Betrag

der umlaufenden —
der in den Bankkassen (einschließlich der Filiale, Agenturen und sonstigen Zweiganstalten) befindlichen —

---

[1] Vgl. Bankgesetz vom 14. März 1875.

eintretenden Falls auch der nach erfolgter Einlösung vernichteten —

Noten, nach den einzelnen Abschnitten (Appoints) gesondert, anzuzeigen.

Artikel III. Das gegenwärtige Gesetz tritt mit dem 1. Januar 1875 in Wirksamkeit.

1875

40) Gesetz über die Beurkundung des Personenstandes und die Eheschließung. Vom 6. Februar 1875.[1] (RGBl S. 23.)

Erster Abschnitt.

Allgemeine Bestimmungen.

§ 1. Die Beurkundung der Geburten, Heirathen und Sterbefälle erfolgt ausschließlich durch die vom Staate bestellten Standesbeamten mittels Eintragung in die dazu bestimmten Register.

§ 2. Die Bildung der Standesamtsbezirke erfolgt durch die höhere Verwaltungsbehörde.

Die Standesamtsbezirke können aus einer oder mehreren Gemeinden gebildet, größere Gemeinden in mehrere Standesamtsbezirke getheilt werden.

§ 3. Für jeden Standesamtsbezirk ist ein Standesbeamter und mindestens ein Stellvertreter zu bestellen. Für den Fall vorübergehender Behinderung oder gleichzeitiger Erledigung des Amtes des Standesbeamten und der Stellvertreter ist die nächste Aufsichtsbehörde ermächtigt, die einstweilige Beurkundung des Personenstandes einem benachbarten Standesbeamten oder Stellvertreter zu übertragen.

Die Bestellung erfolgt, soweit nicht im § 4 ein Anderes bestimmt ist, durch die höhere Verwaltungsbehörde.

Geistlichen und anderen Religionsdienern darf das Amt eines Standesbeamten oder die Stellvertretung eines solchen nicht übertragen werden.

§ 4. In den Standesamtsbezirken, welche den Bezirk einer Gemeinde nicht überschreiten, hat der Vorsteher der Gemeinde (Bürgermeister, Schultheiß, Ortsvorsteher oder deren gesetzlicher Stellvertreter) die Geschäfte des Standesbeamten wahrzunehmen, sofern durch die höhere Verwaltungsbehörde nicht ein besonderer Beamter für dieselben bestellt ist. Der Vorsteher ist jedoch befugt, diese Geschäfte mit Genehmigung der höheren Verwaltungsbehörde anderen Gemeindebeamten widerruflich zu übertragen.

Die Gemeindebehörde kann die Anstellung besonderer Standes-

[1] Vgl. VO, betr. die Einführung des G über die Beurkundung des Personenstandes und die Eheschließung, vom 6. Februar 1875, in Helgoland. Vom 25. November 1899 (RGBl 675).

beamten beschließen. Die Ernennung der Standesbeamten erfolgt in diesem Falle durch den Gemeindevorstand unter Genehmigung der höheren Verwaltungsbehörde.

In der gleichen Weise erfolgt die Bestellung der Stellvertreter.

Die durch den Gemeindevorstand ernannten besonderen Standesbeamten und deren Stellvertreter sind Gemeindebeamte.

§ 5. Die durch die höhere Verwaltungsbehörde erfolgte Bestellung und Genehmigung zur Bestellung ist jederzeit widerruflich.

§ 6. Ist ein Standesamtsbezirk aus mehreren Gemeinden gebildet, so werden der Standesbeamte und dessen Stellvertreter stets von der höheren Verwaltungsbehörde bestellt.

Ein jeder Vorsteher oder andere Beamte einer dieser Gemeinden ist verpflichtet, das Amt des Standesbeamten oder des Stellvertreters zu übernehmen.

Die landesgesetzlichen Vorschriften, nach welchen den Vorstehern der aus mehreren Gemeinden gebildeten Verbände die gleiche Verpflichtung obliegt, werden hierdurch nicht berührt.

§ 7. Die etwa erforderliche Entschädigung der nach § 4 von den Gemeinden bestellten Standesbeamten fällt der Gemeinde zur Last.

Die in § 6 Absatz 2 und 3 bezeichneten Beamten sind berechtigt, für Wahrnehmung der Geschäfte des Standesbeamten von den zum Bezirk ihres Hauptamtes nicht gehörigen Gemeinden eine in allen Fällen als Pauschquantum festzusetzende Entschädigung zu beanspruchen.

Die Festsetzung erfolgt durch die untere Verwaltungsbehörde; über Beschwerden entscheidet endgültig die höhere Verwaltungsbehörde.

Bestellt die höhere Verwaltungsbehörde andere Personen zu Standesbeamten oder zu Stellvertretern, so fällt die etwa zu gewährende Entschädigung der Staatskasse zur Last.

§ 8. Die sächlichen Kosten werden in allen Fällen von den Gemeinden getragen; die Register und Formulare zu allen Registerauszügen werden jedoch den Gemeinden von der Zentralbehörde des Bundesstaates kostenfrei geliefert.

§ 9. In Standesamtsbezirken, welche aus mehreren Gemeinden gebildet sind, wird die den Standesbeamten oder den Stellvertretern zu gewährende Entschädigung und der Betrag der sächlichen Kosten auf die einzelnen betheiligten Gemeinden nach dem Maßstabe der Seelenzahl vertheilt.

§ 10. Den Gemeinden im Sinne dieses Gesetzes werden die außerhalb der Gemeinden stehenden Gutsbezirke, den Gemeindevorstehern die Vorsteher dieser Bezirke gleich geachtet.

§ 11. Die Aufsicht über die Amtsführung der Standesbeamten wird von der unteren Verwaltungsbehörde, in höherer Instanz von der höheren Verwaltungsbehörde geübt, insoweit die Landesgesetze nicht andere Aufsichtsbehörden bestimmen.

Die Aufsichtsbehörde ist befugt, gegen den Standesbeamten Warnungen, Verweise und Geldstrafen zu verhängen. Letztere dürfen für jeden einzelnen Fall den Betrag von einhundert Mark nicht übersteigen.

Lehnt der Standesbeamte die Vornahme einer Amtshandlung ab, so kann er dazu auf Antrag der Betheiligten durch das Gericht angewiesen werden. Zuständig ist das Gericht erster Instanz, in dessen Bezirk der Standesbeamte seinen Amtssitz hat. Das Verfahren und die Beschwerdeführung regelt sich[1] nach den Vorschriften, welche in Sachen der nichtstreitigen Gerichtsbarkeit gelten.

§ 12. Von jedem Standesbeamten sind drei Standesregister unter der Bezeichnung:

Geburtsregister,
Heirathsregister,
Sterberegister

zu führen.

§ 13. Die Eintragungen in die Standesregister erfolgen unter fortlaufenden Nummern und ohne Abkürzungen. Unvermeidliche Zwischenräume sind durch Striche auszufüllen, die wesentlichen Zahlenangaben mit Buchstaben zu schreiben.

Die auf mündliche Anzeige oder Erklärung erfolgenden Eintragungen sollen enthalten:

1) den Ort und Tag der Eintragung;
2) die Bezeichnung der Erschienenen;
3) den Vermerk des Standesbeamten, daß und auf welche Weise er sich die Ueberzeugung von der Persönlichkeit der Erschienenen verschafft hat;
4) den Vermerk, daß die Eintragung den Erschienenen vorgelesen und von denselben genehmigt ist;
5) die Unterschrift der Erschienenen und, falls sie schreibensunkundig oder zu schreiben verhindert sind, ihr Handzeichen oder die Angabe des Grundes, aus welchem sie dieses nicht beifügen konnten;
6) die Unterschrift des Standesbeamten.

Die auf schriftliche Anzeige erfolgenden Eintragungen sind unter Angabe von Ort und Tag der Eintragung zu bewirken und durch die Unterschrift des Standesbeamten zu vollziehen.

Zusätze, Löschungen oder Abänderungen sind am Rande zu vermerken und gleich der Eintragung selbst besonders zu vollziehen.

§ 14. Von jeder Eintragung in das Register ist von dem Standesbeamten an demselben Tage eine von ihm zu beglaubigende Abschrift in ein Nebenregister einzutragen.

Nach Ablauf des Kalenderjahres hat der Standesbeamte jedes Haupt- und jedes Nebenregister unter Vermerkung der Zahl der

[1] Hier folgte ursprünglich „insoweit die Landesgesetze nicht ein Anderes bestimmen". Gestrichen durch G über die Angelegenheiten der freiwilligen Gerichtsbarkeit. Vom 17. Mai 1898 (RGBl S. 189). § 186. S. auch ebendaselbst § 69 ff.

darin enthaltenen Eintragungen abzuschließen und das Nebenregister der Aufsichtsbehörde einzureichen; die letztere hat dasselbe nach erfolgter Prüfung dem Gerichte erster Instanz zur Aufbewahrung zuzustellen.[1]

Eintragungen, welche nach Einreichung des Nebenregisters in dem Hauptregister gemacht werden, sind gleichzeitig der Aufsichtsbehörde in beglaubigter Abschrift mitzutheilen. Die Letztere hat zu veranlassen, daß diese Eintragungen dem Nebenregister beigeschrieben werden.

§ 15. Die ordnungsmäßig geführten Standesregister (§§ 12 bis 14) beweisen diejenigen Thatsachen, zu deren Beurkundung sie bestimmt und welche in ihnen eingetragen sind, bis der Nachweis der Fälschung, der unrichtigen Eintragung oder der Unrichtigkeit der Anzeigen und Feststellungen, auf Grund deren die Eintragung stattgefunden hat, erbracht ist.

Dieselbe Beweiskraft haben die Auszüge, welche als gleichlautend mit dem Haupt- oder Nebenregister bestätigt und mit der Unterschrift und dem Dienstsiegel des Standesbeamten oder des zuständigen Gerichtsbeamten versehen sind.

Inwiefern durch Verstöße gegen die Vorschriften dieses Gesetzes über Art und Form der Eintragungen die Beweiskraft aufgehoben oder geschwächt wird, ist nach freiem richterlichen Ermessen zu beurtheilen.

§ 16. Die Führung der Standesregister und die darauf bezüglichen Verhandlungen erfolgen kosten- und stempelfrei.

Gegen Zahlung der nach dem angehängten Tarife zulässigen Gebühren müssen die Standesregister jedermann zur Einsicht vorgelegt, sowie beglaubigte Auszüge (§ 15) aus denselben ertheilt werden. In amtlichem Interesse und bei Unvermögen der Betheiligten ist die Einsicht der Register und die Ertheilung der Auszüge gebührenfrei zu gewähren.

Jeder Auszug einer Eintragung muß auch die zu derselben gehörigen Ergänzungen und Berichtigungen enthalten.

Zweiter Abschnitt.

Beurkundung der Geburten.

§ 17. Jede Geburt eines Kindes ist innerhalb einer Woche dem Standesbeamten des Bezirks, in welchem die Niederkunft stattgefunden hat, anzuzeigen.

§ 18. Zur Anzeige sind verpflichtet:

1) der eheliche Vater;
2) die bei der Niederkunft zugegen gewesene Hebamme;
3) der dabei zugegen gewesene Arzt;

[1] Vgl. G über die Angelegenheiten der freiwilligen Gerichtsbarkeit vom 17. Mai 1898. §§ 69. 197.

4) jede andere dabei zugegen gewesene Person;
5) die Mutter, sobald sie dazu im Stande ist.

Jedoch tritt die Verpflichtung der in der vorstehenden Reihenfolge später genannten Personen nur dann ein, wenn ein früher genannter Verpflichteter nicht vorhanden oder derselbe an der Erstattung der Anzeige verhindert ist.

§ 19. Die Anzeige ist mündlich von dem Verpflichteten selbst oder durch eine andere aus eigener Wissenschaft unterrichtete Person zu machen.

§ 20. Bei Geburten, welche sich in öffentlichen Entbindungs-, Hebammen-, Kranken-, Gefangen- und ähnlichen Anstalten, sowie in Kasernen ereignen, trifft die Verpflichtung zur Anzeige ausschließlich den Vorsteher der Anstalt oder den von der zuständigen Behörde ermächtigten Beamten. Es genügt eine schriftliche Anzeige in amtlicher Form.

§ 21. Der Standesbeamte ist verpflichtet, sich von der Richtigkeit der Anzeige (§§ 17 bis 20), wenn er dieselbe zu bezweifeln Anlaß hat, in geeigneter Weise Ueberzeugung zu verschaffen.

§ 22. Die Eintragung des Geburtsfalles soll enthalten:
1) Vor- und Familiennamen, Stand oder Gewerbe und Wohnort des Anzeigenden;
2) Ort, Tag und Stunde der Geburt;
3) Geschlecht des Kindes;
4) Vornamen des Kindes;
5) Vor- und Familiennamen, Religion, Stand und Gewerbe und Wohnort der Eltern.

Bei Zwillings- und Mehrgeburten ist die Eintragung für jedes Kind besonders und so genau zu bewirken, daß die Zeitfolge der verschiedenen Geburten ersichtlich ist.

Standen die Vornamen des Kindes zur Zeit der Anzeige noch nicht fest, so sind dieselben nachträglich und längstens binnen zwei Monaten nach der Geburt anzuzeigen. Ihre Eintragung erfolgt am Rande der ersten Eintragung.

§ 23. Wenn ein Kind todtgeboren oder in der Geburt verstorben ist, so muß die Anzeige spätestens am nächstfolgenden Tage geschehen. Die Eintragung ist alsdann mit dem im § 22 unter Nr. 1 bis 3 und 5 angegebenen Inhalte nur im Sterberegister zu machen.

§ 24. Wer ein neugeborenes Kind findet, ist verpflichtet, hiervon spätestens am nächstfolgenden Tage Anzeige bei der Ortspolizeibehörde zu machen. Die Letztere hat die erforderlichen Ermittelungen vorzunehmen und dem Standesbeamten des Bezirks von deren Ergebniß behufs Eintragung in das Geburtsregister Anzeige zu machen.

Die Eintragung soll enthalten die Zeit, den Ort und die Umstände des Auffindens, die Beschaffenheit und die Kennzeichen der bei dem Kinde vorgefundenen Kleider und sonstigen Gegenstände, die körperlichen Merkmale des Kindes, sein vermuthliches Alter, sein

Geschlecht, die Behörde, Anstalt oder Person, bei welcher das Kind untergebracht worden, und die Namen, welche ihm beigelegt werden.

§ 25. Die Anerkennung eines unehelichen Kindes darf in das Geburtsregister nur dann eingetragen werden, wenn dieselbe vor dem Standesbeamten oder in einer gerichtlich oder notariell aufgenommenen Urkunde erklärt ist.

§ 26. Wenn die Feststellung der Abstammung eines Kindes erst nach Eintragung des Geburtsfalles erfolgt oder die Standesrechte durch Legitimation, Annahme an Kindesstatt oder in anderer Weise eine Veränderung erleiden, so ist dieser Vorgang, sofern er durch öffentliche Urkunden nachgewiesen wird, auf Antrag eines Betheiligten am Rande der über den Geburtsfall vorgenommenen Eintragung zu vermerken.

§ 27. Wenn die Anzeige eines Geburtsfalles über drei Monate verzögert wird, so darf die Eintragung nur mit Genehmigung der Aufsichtsbehörde nach Ermittelung des Sachverhalts erfolgen.

Die Kosten dieser Ermittelung sind von demjenigen einzuziehen, welcher die rechtzeitige Anzeige versäumt hat.

Dritter Abschnitt.

Erfordernisse der Eheschließung.

§§ 28—40. Aufgehoben durch Art. 46 EG BGB.

Vierter Abschnitt.

Form und Beurkundung der Eheschließung.[1]

§ 41.[2] Für die Eheschliessung sind die Vorschriften des Bürgerlichen Gesetzbuchs maſsgebend.

§§ 42. 43. Aufgehoben durch Art. 46 EG BGB.

§ 44.[3] Für die Anordnung des vor der Eheschliessung zu erlassenden Aufgebots ist jeder Standesbeamte zuständig, vor dem nach § 1320 des Bürgerlichen Gesetzbuchs die Ehe geschlossen werden kann.

§ 45. Vor Anordnung des Aufgebots sind dem Standesbeamten (§ 44) die zur Eheschließung gesetzlich nothwendigen Erfordernisse als vorhanden nachzuweisen.

Insbesondere haben die Verlobten in beglaubigter Form beizubringen:

1) ihre Geburtsurkunden,
2) die zustimmende Erklärung derjenigen, deren Einwilligung nach dem Gesetze erforderlich ist.

---

[1] In Bayern gilt aber das G über Heimath, Verehelichung und Aufenthalt vom 16. April 1868 weiter (Neue Fassung vom 30. Juli 1899). Vgl. auch unten § 74.

[2] und [3] Fassung auf Grund Art. 46 EG BGB.

Der Beamte kann die Beibringung dieser Urkunden erlassen, wenn ihm die Thatsachen, welche durch dieselben festgestellt werden sollen, persönlich bekannt oder sonst glaubhaft nachgewiesen sind. Auch kann er von unbedeutenden Abweichungen in den Urkunden, beispielsweise von einer verschiedenen Schreibart der Namen oder einer Verschiedenheit der Vornamen absehen, wenn in anderer Weise die Persönlichkeit der Betheiligten festgestellt wird.

Der Beamte ist berechtigt, den Verlobten die eidesstattliche Versicherung über die Richtigkeit der Thatsachen abzunehmen, welche durch die vorliegenden Urkunden oder die sonst beigebrachten Beweismittel ihm nicht als hinreichend festgestellt erscheinen.

§ 46. Das Aufgebot ist bekannt zu machen:

1) in der Gemeinde oder in den Gemeinden, woselbst die Verlobten ihren Wohnsitz haben;
2) wenn einer der Verlobten seinen gewöhnlichen Aufenthalt außerhalb seines gegenwärtigen Wohnsitzes hat, auch in der Gemeinde seines jetzigen Aufenthalts;
3) wenn einer der Verlobten seinen Wohnsitz innerhalb der letzten sechs Monate gewechselt hat, auch in der Gemeinde seines früheren Wohnsitzes.

Die Bekanntmachung hat die Vor- und Familiennamen, den Stand oder das Gewerbe und den Wohnort der Verlobten und ihrer Eltern zu enthalten.

Sie ist während zweier Wochen an dem Raths- oder Gemeindehause, oder an der sonstigen, zu Bekanntmachungen der Gemeindebehörde bestimmten Stelle auszuhängen.

§ 47. Ist einer der Orte, an welchem nach § 46 das Aufgebot bekannt zu machen ist, im Auslande belegen, so ist an Stelle des an diesem Orte zu bewirkenden Aushanges die Bekanntmachung auf Kosten des Antragstellers einmal in ein Blatt einzurücken, welches an dem ausländischen Orte erscheint oder verbreitet ist. Die Eheschließung ist nicht vor Ablauf zweier Wochen nach dem Tage der Ausgabe der betreffenden Nummer des Blattes zulässig.

Es bedarf dieser Einrückung nicht, wenn eine Bescheinigung der betreffenden ausländischen Ortsbehörde dahin beigebracht wird, daß ihr von dem Bestehen eines Ehehindernisses nichts bekannt sei.

§ 48. Kommen Ehehindernisse zur Kenntniß des Standesbeamten, so hat er die Eheschließung abzulehnen.

§ 49. Soll die Ehe vor einem anderen Standesbeamten als demjenigen geschlossen werden, welcher das Aufgebot angeordnet hat, so hat der letztere eine Bescheinigung dahin auszustellen, daß und wann das Aufgebot vorschriftsmäßig erfolgt ist und daß Ehehindernisse nicht zu seiner Kenntniß gekommen sind.

§ 50.[1] Der Standesbeamte soll ohne Aufgebot die Eheschliessung nur vornehmen, wenn ihm ärztlich bescheinigt wird,

[1] Fassung auf Grund Art. 46 EG BGB.

dafs die lebensgefährliche Erkrankung eines der Verlobten den Aufschub der Eheschliefsung nicht gestattet.

§§ 51—53. Aufgehoben durch Art. 46 EG BGB.

§ 54. Die Eintragung in das Heirathsregister soll enthalten:

1) Vor- und Familiennamen, Religion, Alter, Stand oder Gewerbe, Geburts- und Wohnort der Eheschließenden;
2) Vor- und Familiennamen, Stand oder Gewerbe und Wohnort ihrer Eltern;
3) Vor- und Familiennamen, Alter, Stand oder Gewerbe und Wohnort der zugezogenen Zeugen;
4) die Erklärung der Eheschließenden;
5) den Ausspruch des Standesbeamten.

Ueber die erfolgte Eheschließung ist den Eheleuten sofort eine Bescheinigung auszustellen.

§ 55.[1] Ist eine Ehe für nichtig erklärt, ist in einem Rechtsstreite, der die Feststellung des Bestehens oder des Nichtbestehens einer Ehe zwischen den Parteien zum Gegenstande hat, das Nichtbestehen der Ehe festgestellt, ist eine Ehe vor dem Tode eines der Ehegatten aufgelöst oder ist nach § 1575 des Bürgerlichen Gesetzbuchs die eheliche Gemeinschaft aufgehoben, so ist dies am Rande der über die Eheschliefsung bewirkten Eintragung zu vermerken.

Wird die eheliche Gemeinschaft nach der Aufhebung wiederhergestellt, so ist dies auf Antrag am Rande zu vermerken.

Fünfter Abschnitt.

Beurkundung der Sterbefälle.

§ 56. Jeder Sterbefall ist spätestens am nächstfolgenden Wochentage dem Standesbeamten des Bezirks, in welchem der Tod erfolgt ist, anzuzeigen.

§ 57. Zu der Anzeige verpflichtet ist das Familienhaupt, und wenn ein solches nicht vorhanden oder an der Anzeige behindert ist, derjenige, in dessen Wohnung oder Behausung der Sterbefall sich ereignet hat.

§ 58. Die §§ 19 bis 21 kommen auch in Beziehung auf die Anzeige der Sterbefälle zur Anwendung.

Findet eine amtliche Ermittelung über den Todesfall statt, so erfolgt die Eintragung auf Grund der schriftlichen Mittheilung der zuständigen Behörde.

§ 59. Die Eintragung des Sterbefalles soll enthalten:

1) Vor- und Familiennamen, Stand oder Gewerbe und Wohnort des Anzeigenden;
2) Ort, Tag und Stunde des erfolgten Todes;
3) Vor- und Familiennamen, Religion, Alter, Stand oder Gewerbe, Wohnort und Geburtsort des Verstorbenen;

---

[1] Fassung auf Grund Art. 46 EG BGB.

4) Vor- und Familiennamen seines Ehegatten, oder Vermerk, daß der Verstorbene ledig gewesen sei;

5) Vor- und Familiennamen, Stand oder Gewerbe und Wohnort der Eltern des Verstorbenen.

Soweit diese Verhältnisse unbekannt sind, ist dies bei der Eintragung zu vermerken.

§ 60. Ohne Genehmigung der Ortspolizeibehörde darf keine Beerdigung vor der Eintragung des Sterbefalles in das Sterberegister stattfinden. Ist die Beerdigung dieser Vorschrift entgegen geschehen, so darf die Eintragung des Sterbefalles nur mit Genehmigung der Aufsichtsbehörde nach Ermittelung des Sachverhaltes erfolgen.

Sechster Abschnitt.

Beurkundung des Personenstandes der auf See befindlichen Personen.

§ 61. Geburten und Sterbefälle, welche sich auf Seeschiffen während der Reise ereignen, sind nach den Vorschriften dieses Gesetzes spätestens am nächstfolgenden Tage nach der Geburt oder dem Todesfall von dem Schiffer, unter Zuziehung von zwei Schiffsoffizieren oder anderen glaubhaften Personen, in dem Tagebuch zu beurkunden. Bei Sterbefällen ist zugleich die muthmaßliche Ursache des Todes zu vermerken.

§ 62. Der Schiffer hat zwei von ihm beglaubigte Abschriften der Urkunden demjenigen Seemannsamte, bei dem es zuerst geschehen kann, zu übergeben. Eine dieser Abschriften ist bei dem Seemannsamte aufzubewahren, die andere ist demjenigen Standesbeamten, in dessen Bezirk die Eltern des Kindes, beziehungsweise der Verstorbene ihren Wohnsitz haben oder zuletzt gehabt haben, behufs der Eintragung in das Register zuzufertigen.

§ 63. Ist der Schiffer verstorben oder verhindert, so hat der Steuermann die in den §§ 61 und 62 dem Schiffer auferlegten Verpflichtungen zu erfüllen.

§ 64. Sobald das Schiff in den inländischen Hafen eingelaufen ist, in welchem es seine Fahrt beendet, ist das Tagebuch der für den Standesbeamten des Hafenorts zuständigen Aufsichtsbehörde vorzulegen.

Diese hat beglaubigte Abschrift der in das Tagebuch eingetragenen Standesurkunde dem Standesbeamten, in dessen Register der Fall gehört (§ 62), behufs Kontrolirung der Eintragungen zuzustellen.

Siebenter Abschnitt.

Berichtigung der Standesregister.

§ 65. Die Berichtigung der Eintragung in dem Standesregister kann nur auf Grund gerichtlicher Anordnung erfolgen. Sie geschieht durch Beischreibung eines Vermerks am Rande der zu berichtigenden Eintragung.

§ 66. Für das Berichtigungsverfahren gelten[1] die nachstehenden Vorschriften.

Die Aufsichtsbehörde hat, wenn ein Antrag auf Berichtigung gestellt wird, oder wenn sie eine solche von Amtswegen für erforderlich erachtet, die Betheiligten zu hören und geeignetenfalls eine Aufforderung durch ein öffentliches Blatt zu erlassen. Die abgeschlossenen Verhandlungen hat sie demnächst dem Gericht erster Instanz vorzulegen. Dieses kann noch weitere thatsächliche Aufklärungen veranlassen und geeignetenfalls den Antragsteller auf den Prozeßweg verweisen.

Im Uebrigen finden die für Sachen der nichtstreitigen Gerichtsbarkeit geltenden Vorschriften Anwendung.

Achter Abschnitt.

Schlußbestimmungen.

§ 67. Ein Geistlicher oder anderer Religionsdiener, welcher zu den religiösen Feierlichkeiten einer Eheschließung schreitet, bevor ihm nachgewiesen worden ist, daß die Ehe vor dem Standesbeamten geschlossen sei, wird mit Geldstrafe bis zu dreihundert Mark oder mit Gefängniß bis zu drei Monaten bestraft.

Eine strafbare Handlung ist nicht vorhanden, wenn der Geistliche oder der Religionsdiener im Falle einer lebensgefährlichen, einen Aufschub nicht gestattenden Erkrankung eines der Verlobten zu den religiösen Feierlichkeiten der Eheschließung schreitet.[2]

§ 68. Wer den in den §§ 17 bis 20, 22 bis 24, 56 bis 58 vorgeschriebenen Anzeigepflichten nicht nachkommt, wird mit Geldstrafe bis zu einhundertfünfzig Mark oder mit Haft bestraft. Die Strafverfolgung tritt nicht ein, wenn die Anzeige, obwohl nicht von den zunächst Verpflichteten, doch rechtzeitig gemacht worden ist.

Die bezeichnete Strafe trifft auch den Schiffer oder Steuermann, welcher den Vorschriften der §§ 61 bis 64 zuwiderhandelt.

Die Standesbeamten sind außerdem befugt, die zu Anzeigen oder zu sonstigen Handlungen auf Grund dieses Gesetzes Verpflichteten hierzu durch Geldstrafen anzuhalten, welche für jeden einzelnen Fall den Betrag von fünfzehn Mark nicht übersteigen dürfen.

§ 69. Ein Standesbeamter, welcher unter Außerachtlassung der in diesem Gesetze und in dem Bürgerlichen Gesetzbuche[3] gegebenen Vorschriften eine Eheschließung vollzieht, wird mit Geldstrafe bis zu sechshundert Mark bestraft.

§ 70. Gebühren und Geldstrafen, welche in Gemäßheit dieses Gesetzes zur Erhebung gelangen, fließen, insoweit die Landesgesetze

[1] Hier folgte früher „insoweit die Landesgesetze nicht ein Anderes bestimmen"; aufgehoben durch G über die Angelegenheiten der freiwilligen Gerichtsbarkeit. § 186.

[2] Dieser Absatz 2 ist hinzugefügt durch Art. 46 EG BGB.

[3] Zusatz durch Art. 46 EG BGB.

nicht ein Anderes bestimmen, den Gemeinden zu, welche die sächlichen Kosten der Standesämter (§§ 8, 9) zu tragen haben.

§ 71. In welcher Weise die Verrichtungen der Standesbeamten in Bezug auf solche Militärpersonen wahrzunehmen sind, welche ihr Standquartier nicht innerhalb des Deutschen Reichs, oder dasselbe nach eingetretener Mobilmachung verlassen haben, oder welche sich auf den in Dienst gestellten Schiffen oder anderen Fahrzeugen der Marine befinden, wird durch Kaiserliche Verordnung bestimmt.[1]

§ 72. Für die Landesherren und die Mitglieder der landesherrlichen Familien, sowie der Fürstlichen Familie Hohenzollern erfolgt die Ernennung des Standesbeamten und die Bestimmung über die Art der Führung und Aufbewahrung der Standesregister durch Anordnung des Landesherrn.

In Betreff der Stellvertretung der Verlobten und in Betreff des Aufgebots entscheidet die Observanz.

Im Uebrigen werden in Ansehung der Mitglieder dieser Häuser die auf Hausgesetzen oder Observanz beruhenden Bestimmungen über die Erfordernisse der Eheschließung und über die Gerichtsbarkeit in Ehesachen nicht berührt.

§ 73. Den mit der Führung der Standesregister oder Kirchenbücher bisher betraut gewesenen Behörden und Beamten verbleibt die Berechtigung und Verpflichtung, über die bis zur Wirksamkeit dieses Gesetzes eingetragenen Geburten, Heirathen und Sterbefälle Zeugnisse zu ertheilen.

§ 74. Unberührt bleiben die landesgesetzlichen Vorschriften, welche

1) Geistlichen und Kirchendienern aus Anlaß der Einführung der bürgerlichen Standesregister und der bürgerlichen Form der Eheschließung einen Anspruch auf Entschädigung gewähren;
2) bestimmten Personen die Pflicht zu Anzeigen von Geburts- und Todesfällen auferlegen.

Wo die Zulässigkeit der Ehe nach den bestehenden Landesgesetzen von einem Aufgebote abhängig ist, welches durch andere bürgerliche Beamte als die Standesbeamten vollzogen wird, vertritt dieses die Stelle des von den Standesbeamten anzuordnenden Aufgebots.

§ 75. Innerhalb solcher Grenzpfarreien, deren Bezirk sich in das Ausland erstreckt, bleibt das bestehende Recht für die Beurkundung derjenigen Geburten und Sterbefälle, sowie für die Form und Beurkundung derjenigen Eheschließungen maßgebend, für welche ein Standesbeamter nach den Vorschriften des Bürgerlichen Gesetz-

---

[1] Vgl. V vom 4. Nov. 1875 (RGBl S. 313) und vom 20. Januar 1875 (RGBl S. 5). Gesetz, betr. die freiwillige Gerichtsbarkeit und andere Rechtsangelegenheiten in Heer und Marine. Vom 28. Mai 1901 (RGBl S. 185).

buchs[1] nicht zuständig, dagegen nach dem bestehenden Recht die Zuständigkeit des Geistlichen begründet ist.

Im Geltungsgebiet des preußischen Gesetzes vom 9. März 1874 ist unter dem bestehenden Recht dasjenige Recht zu verstehen, welches vor dem Inkrafttreten jenes Gesetzes maßgebend war.

§ 76. In streitigen Ehe- und Verlöbnißsachen sind die bürgerlichen Gerichte ausschließlich zuständig. Eine geistliche oder eine durch die Zugehörigkeit zu einem Glaubensbekenntniß bedingte Gerichtsbarkeit findet nicht statt.

§ 77. Wenn nach dem bisherigen Rechte auf beständige Trennung der Ehegatten von Tisch und Bett zu erkennen sein würde, ist fortan die Auflösung des Bandes der Ehe auszusprechen.

Ist vor dem Tage, an welchem dieses Gesetz in Kraft tritt, auf beständige Trennung von Tisch und Bett erkannt worden, so kann, wenn eine Wiedervereinigung der getrennten Ehegatten nicht stattgefunden hat, jeder derselben auf Grund des ergangenen Urtheils die Auflösung des Bandes der Ehe im ordentlichen Prozeßverfahren beantragen.

§ 78. Ehestreitigkeiten, welche in Bayern vor dem Tage, an welchem dieses Gesetz daselbst in Kraft tritt, durch Zustellung des Beschlusses über Zulässigkeit der Klage anhängig geworden sind, werden von dem mit der Sache befaßten Gericht bis zur rechtskräftigen Entscheidung nach Maßgabe der bisher geltenden Gesetze durchgeführt.

Daselbst kann die Auflösung der Ehe auf Grund eines die beständige Trennung von Tisch und Bett verfügenden Urtheils geltend gemacht werden, nachdem das Gericht auf Anrufen eines Ehegatten in dem nach Art. 675 Abs. 1 und 2 der Prozeßordnung in bürgerlichen Rechtsstreitigkeiten vom 29. April 1869 vorgesehenen Verfahren die Auflösung des Bandes der Ehe ausgesprochen hat.

Das Verfahren in streitigen Ehesachen richtet sich in Bayern in den rechtsrheinischen Gebietstheilen nach den Bestimmungen des Hauptstückes XXVI. der genannten Prozeßordnung, in der Pfalz nach den Bestimmungen des Artikels 69 des Gesetzes über die Einführung dieser Prozeßordnung.[2]

§ 79. Dieses Gesetz tritt mit dem 1. Januar 1876 in Kraft. Es bleibt den Landesregierungen überlassen, das ganze Gesetz oder auch den dritten Abschnitt und § 77 im Verordnungswege früher einzuführen.

§ 80. Die vor dem Tage, an welchem dieses Gesetz in Kraft tritt, nach den Vorschriften des bisherigen Rechts ergangenen Aufgebote behalten ihre Wirksamkeit.

§ 81. Auf Geburts- und Sterbefälle, welche sich vor dem Tage,

---

[1] Fassung auf Grund EG BGB Art. 46.

[2] Der Abs. 3 des § 78 ist aufgehoben durch § 13 EG CPO. (Vgl. oben S. 5.) Vgl. §§ 606 ff. CPO.

an welchem dieses Gesetz in Kraft tritt, ereignet haben, an diesem Tage aber noch nicht eingetragen sind, findet das gegenwärtige Gesetz mit der Maßgabe Anwendung, daß der Lauf der vorgeschriebenen Anzeigefristen mit dem Tage beginnt, an welchem dieses Gesetz in Kraft tritt.

Ein Gleiches gilt für den Fall, daß auch nur die Vornamen eines Kindes an diesem Tage noch nicht eingetragen sind.

§ 82. Die kirchlichen Verpflichtungen in Beziehung auf Taufe und Trauung werden durch dieses Gesetz nicht berührt.

§ 83. Die zur Ausführung dieses Gesetzes erforderlichen Bestimmungen werden, soweit dieselben nicht durch eine vom Bundesrathe erlassene Ausführungsverordnung getroffen werden[1], von den einzelnen Landesregierungen erlassen.

---

[1] Vgl. Bekanntm., betr. Vorschriften zur Ausführung des Gesetzes über die Beurkundung des Personenstandes und die Eheschließung. Vom 25. März 1899 (RGBl S. 225 ff.).

Auf Grund des § 83 des Gesetzes über die Beurkundung des Personenstandes und die Eheschließung vom 6. Februar 1875 hat der Bundesrath die nachstehenden

Vorschriften zur Ausführung des Gesetzes über die Beurkundung des Personenstandes und die Eheschließung

beschlossen, welche an die Stelle der Verordnungen vom 22. Juni 1875 und vom 10. März 1892 treten:

§ 1. Die Standesregister (§ 12 des Gesetzes) sind nach den Formularen A, B, C, und zwar

das Geburtsregister nach dem Formular A,
das Heirathsregister nach dem Formular B,
das Sterberegister nach dem Formular C

zu führen.

Die Formulare sind für die Gestalt der Standesregister maßgebend. Die Größe der Blätter soll in der Höhe $40^1/_2$, in der Breite $25^1/_2$ Centimeter betragen. In dem Geburts- und Sterberegister ist jedes Blatt auf der Vorderseite und auf der Rückseite zu bedrucken; das Heirathsregister ist so einzurichten, daß jede Eintragung auf zwei gegenüberstehenden Seiten erfolgt.

§ 2. Die Formulare zu den Nebenregistern (§ 14 Abs. 1 des Gesetzes) sind im Vordruck am Schlusse mit folgendem Beglaubigungsvermerke zu versehen:

Die Uebereinstimmung mit dem Hauptregister beglaubigt

.... am .... 19..........

der Standesbeamte

....

Im Uebrigen gelten die Vorschriften des § 1 auch für die Nebenregister.

§ 3. Der nach Ablauf des Kalenderjahrs vorzunehmende Abschluß des Haupt- und Nebenregisters (§ 14 Abs. 2 des Gesetzes) erfolgt auf der Seite, welche der letzten Eintragung folgt. Zu Eintragungen darf diese Seite nicht verwendet werden; ihr Vordruck ist zu durchstreichen.

Steht die letzte Eintragung auf der letzten Registerseite, so erfolgt der Abschluß auf dieser Seite.

§ 4. Muß im Laufe des Kalenderjahrs ein neuer Registerband angefangen werden, so ist der alte Band unter Vermerkung der Zahl der darin enthaltenen Eintragungen und unter Verweisung auf den neuen Band abzuschließen; die Vorschriften des § 3 finden entsprechende Anwendung.

In dem mit der nächsten Nummer der Eintragungen beginnenden neuen Bande ist auf der ersten Seite auf den alten Band zu verweisen. Zu Eintragungen darf diese Seite nicht verwendet werden; ihr Vordruck ist zu durchstreichen.

§ 5. In kleineren Standesamtsbezirken kann das Hauptregister für mehrere Jahrgänge in einem gemeinschaftlichen Bande geführt werden.

§ 6. Für die Gestalt der Registerauszüge (§ 8, § 15 Abs. 2 des Gesetzes) sind die Formulare Aa, Bb, Cc maßgebend. Ihre Größe soll in der Höhe 33, in der Breite 21 Centimeter betragen.

§ 7. Die im § 54 Abs. 2 des Gesetzes vorgeschriebene Bescheinigung über die erfolgte Eheschließung ist nach dem Formular D auszustellen.

Das Aufgebot, welches nach § 1316 des Bürgerlichen Gesetzbuchs der Eheschließung vorhergehen soll, ist nach dem Formular E anzuordnen.

Die Ermächtigung des zuständigen Standesbeamten zur Eheschließung vor dem Standesbeamten eines anderen Bezirkes (§ 1321 des Bürgerlichen Gesetzbuchs) nebst der Bescheinigung über das erfolgte Aufgebot (§ 49 des Gesetzes) ist nach dem Formular F zu ertheilen.

Soll, nachdem einer von mehreren zuständigen Standesbeamten (§ 1320 Abs. 2 des Bürgerlichen Gesetzbuchs) das Aufgebot angeordnet hat, die Eheschließung vor einem anderen der zuständigen Beamten erfolgen, so ist für die Ertheilung der Bescheinigung über das erfolgte Aufgebot das Formular F mit der Maßgabe zu verwenden, daß der Vordruck für die Ermächtigung zur Eheschließung durchstrichen wird.

§ 8. Neben den Registern und den Formularen zu den Registerauszügen (§ 8 des Gesetzes) werden auch die Formulare D, E und F den Gemeinden kostenfrei geliefert.

§ 9. Verlobten ist auf Verlangen von dem Standesbeamten eine Bescheinigung über das angeordnete Aufgebot kostenfrei zu ertheilen.

§ 10. Ist ein Erschienener stumm oder sonst am Sprechen verhindert oder taub und ist eine schriftliche Verständigung mit ihm nicht möglich, so soll bei der Anzeige oder der Eheschließung sowie bei der Eintragung ein Dolmetscher zugezogen werden. Auf den Dolmetscher finden die nach § 1318 Abs. 2 des Bürgerlichen Gesetzbuchs für einen Zeugen geltenden Vorschriften entsprechende Anwendung. Der Standesbeamte soll dem Dolmetscher die Versicherung an Eidesstatt abnehmen, daß er treu und gewissenhaft übertragen werde; ist der Dolmetscher für Uebertragungen der betreffenden Art im Allgemeinen vereidet, so genügt die Berufung auf den geleisteten Eid.

Die Eintragung soll von dem Dolmetscher genehmigt und unterschrieben werden.

§ 11. Die Standesregister sind in deutscher Sprache zu führen.

Ist ein Erschienener der deutschen Sprache nicht mächtig, so finden die Vorschriften des § 10 Anwendung; der Zuziehung des Dolmetschers bedarf es jedoch nicht, wenn der Standesbeamte der Sprache, in der sich der Erschienene erklärt, mächtig ist.

Die Eintragung soll dem der deutschen Sprache nicht mächtigen Erschienenen durch den Dolmetscher oder, wenn ein Dolmetscher nicht zugezogen worden ist, durch den Standesbeamten in der fremden Sprache vorgetragen werden und die Feststellung enthalten, daß dies geschehen ist.

§ 12. Erfolgt die Eintragung eines Geburts- oder Sterbefalls auf Grund der schriftlichen Anzeige oder Mittheilung einer Behörde (§§ 20, 24, 58, 62 des Gesetzes), so ist in der Eintragung auf die Anzeige oder Mittheilung Bezug zu nehmen.

§ 13. Soweit die Beurkundung einer Thatsache innerhalb des ihr nach dem Vordrucke zukommenden Raumes nicht erfolgen kann, ist sie am Rande vorzunehmen.

In den Fällen des § 12 dieser Vorschriften und des § 23 des Gesetzes ist der Vordruck nur insoweit zu benutzen, als ein zusammenhängender Theil des Vordrucks zweckmäßiger Weise verwendet werden kann; im Uebrigen ist der Vordruck zu durchstreichen und die Eintragung am Rande vorzunehmen.

Wird nach den vorstehenden Bestimmungen eine Eintragung zum Theil am Rande vorgenommen, so ist der Zusammenhang mit dem innerhalb des Vordrucks stehenden Theile kenntlich zu machen. Die Anzahl der am Rande geschriebenen Zeilen ist am Schlusse der Eintragung zu vermerken.

Ist in den Fällen des Abs. 2 der Vordruck ganz unbenutzt geblieben, so dürfen bei der Ertheilung von Registerauszügen die für die Auszüge bestimmten Formulare nicht verwendet werden.

§ 14. Erkennt bei der Anzeige der Geburt eines unehelichen Kindes der Anzeigende oder ein mit dem Anzeigenden erschienener seine Vaterschaft vor dem Standesbeamten an, so hat dieser die Anerkennung in der über den Geburtsfall vorgenommenen Eintragung zu beurkunden.

Erfolgt die Anerkennung vor dem Standesbeamten nach der Anzeige der Geburt, so hat er sie am Rande der über den Geburtsfall vorgenommenen Eintragung zu beurkunden.

§ 15. Erkennt Jemand bei seiner Eheschließung mit der Mutter eines unehelichen Kindes seine Vaterschaft vor dem Standesbeamten an, so hat dieser die Anerkennung in der über die Eheschließung vorgenommenen Eintragung zu beurkunden.

Die Anerkennung gilt, wenn nicht das Gegentheil erklärt wird, zugleich als Antrag auf Beischreibung eines Vermerkes am Rande der über den Geburtsfall vorgenommenen Eintragung. Ist der Geburtsfall in dem Standesregister eines anderen Bezirkes eingetragen, so hat der Standesbeamte dem Standesbeamten dieses Bezirkes einen Auszug aus dem Heirathsregister behufs Beischreibung des Vermerkes kostenfrei zu übersenden.

§ 16. Wird vor dem Standesbeamten über die bei der Anzeige der Geburt oder bei der Eheschließung erfolgende Anerkennung der Vaterschaft auf Verlangen des Anerkennenden eine besondere Urkunde errichtet, so finden die Vorschriften des § 14 Abs. 1 und des § 15 keine Anwendung. In einem solchen Falle bleibt es den Betheiligten überlassen, bei dem Standesbeamten, in dessen Register der Geburtsfall eingetragen ist, die Beischreibung eines Randvermerkes nach Maßgabe des § 26 des Gesetzes zu beantragen.

§ 17. Zusätze, Löschungen und Aenderungen nach Maßgabe des § 13 Abs. 4 des Gesetzes sind nur zulässig, solange die Eintragung noch nicht abgeschlossen ist.

Die in das Nebenregister aufzunehmende Abschrift (§ 14 Abs. 1 des Gesetzes) hat die Zusätze, Löschungen und Aenderungen als solche wiederzugeben.

§ 18. Offenbare Schreibfehler, die in einer abgeschlossenen Eintragung enthalten sind, kann der Standesbeamte mit Genehmigung der Aufsichtsbehörde durch einen Vermerk am Rande der Eintragung beseitigen; der Vermerk ist unter Angabe des Tages besonders zu vollziehen.

Die Vorschrift des § 17 Abs. 2 findet entsprechende Anwendung.

§ 19. In die Auszüge aus dem Standesregister (§ 15 Abs. 2 des Gesetzes) ist unter Weglassung der in den §§ 17, 18 bezeichneten Randvermerke der berichtigte Wortlaut der Eintragung aufzunehmen. Im Uebrigen sind die Randvermerke in den Auszügen als solche wiederzugeben.

§ 20. Um den Standesbeamten eine nähere Anweisung für die richtige Benutzung des Vordrucks in den Formularen A bis F an die Hand zu geben, sind ihnen sowie ihren Stellvertretern je zwei der beifolgenden Muster mitzutheilen:

A der Eintragung in das Geburtsregister auf Grund
der Anzeige des ehelichen Vaters (§ 18 Abs. 1 Nr. 1 des Gesetzes) — A 1 —,
der Anzeige einer bei der Niederkunft zugegen gewesenen Person (§ 18 Abs. 1 Nr. 2 bis 4 des Gesetzes) — A 2 —
der Anzeige einer aus eigener Wissenschaft unterrichteten Person (§ 19 des Gesetzes) — A 3 —,
der Anzeige einer öffentlichen Krankenanstalt (§ 20 des Gesetzes) — A 4 —.

A 1 enthält zugleich ein Beispiel für die Eintragung der nachträglichen Anzeige der Vornamen des Kindes (§ 22 Abs. 3 des Gesetzes).

A 2 macht ersichtlich, wie die Abänderung der Eintragung im Falle des § 13 Abs. 4 des Gesetzes (§ 17 dieser Vorschriften) zu bewirken ist.

A 3 enthält ein Beispiel für eine Eintragung auf Grund der Genehmigung der Aufsichtsbehörde (§ 27 Abs. 1 des Gesetzes) und für die Beurkundung der bei der Anzeige der Geburt eines unehelichen Kindes erfolgenden Anerkennung der Vaterschaft (§ 14 Abs. 1 dieser Vorschriften).

A 4 giebt zugleich Anleitung für die Benutzung des Vordrucks gemäß § 13 Abs. 2 dieser Vorschriften und zeigt die Form des Randvermerkes über die bei der Eheschließung der Eltern erfolgte Anerkennung der Vaterschaft (§ 26 des Gesetzes, § 15 Abs. 2 dieser Vorschriften).

B der Eintragung in das Heirathsregister.

B 1 zeigt, in welcher Weise zu verfahren ist, wenn ein Schreibensunkundiger nur sein Handzeichen beifügen kann (§ 13 Abs. 2 Nr. 5 des Gesetzes), und macht ferner ersichtlich, wie in Fällen der Verhinderung des Standesbeamten dessen Stellvertreter die Eintragung zu unterzeichnen hat.

B 2 giebt ein Beispiel für die Eintragung einer bei der Eheschließung erfolgenden Anerkennung der Vaterschaft (§ 15 Abs. 1 dieser Vorschriften) sowie eines Randvermerkes nach Maßgabe des § 55 des Gesetzes und zeigt zugleich, wie die Abschrift im Nebenregister zu beglaubigen und die Beischreibung einer nach der Einreichung des Nebenregisters an die Aufsichtsbehörde in das Hauptregister gemachten Eintragung zu bewirken ist (§ 14 Abs. 3 des Gesetzes).

C der Eintragung in das Sterberegister auf Grund
der Anzeige des Familienhaupts — C 1 —,
der Anzeige desjenigen, in dessen Behausung sich der Sterbefall ereignet hat — C 2 —.

C 1 giebt zugleich Anleitung für die Eintragung einer unter Zuziehung eines Dolmetschers erstatteten Anzeige mit theilweiser Benutzung des Randes (§ 11, § 13 Abs. 1, 3 dieser Vorschriften).

C 2 zeigt, in welcher Weise die Beseitigung einer offenbaren Unrichtigkeit zu bewirken ist (§ 18 dieser Vorschriften).

C 3 gewährt ein Beispiel für die nach § 23 des Gesetzes im Sterberegister zu bewirkenden Eintragungen unter theilweiser Benutzung des Vordrucks (§ 13 Abs. 2, 3 dieser Vorschriften),

C 4 für eine Eintragung auf Grund der Anzeige einer Behörde (§ 12, § 13 Abs. 2, 3 dieser Vorschriften). Das Muster enthält auch einen Vermerk über eine nach § 65 des Gesetzes auf Anordnung des Amtsgerichts (§ 69 des Gesetzes über die Angelegenheiten der freiwilligen Gerichtsbarkeit) erfolgte Berichtigung der Eintragung.

D der Bescheinigung über die erfolgte Eheschließung — D 1 —,
E der Anordnung des Aufgebots — E 1 —,
F der Bescheinigung des Aufgebots — F 1 —.

§ 21. Die Einsicht der Register ist Geistlichen und anderen Religionsdienern kostenfrei zu gestatten.

§ 22. Für jedes Register sind von dem Standesbeamten Sammelakten zu halten; die Akten sind nach Jahrgängen zu ordnen.

In die Sammelakten sind alle auf die Registerführung bezüglichen amtlichen Schriftstücke aufzunehmen, insbesondere die den Standesbeamten zugestellten schriftlichen Anträge, Anzeigen und Mittheilungen, die bei ihnen eingereichten Urkunden, die Verfügungen der Aufsichtsbehörde und der Gerichte, desgleichen die von den Standesbeamten in Gemäßheit der §§ 21, 45 bis 47, des § 58 Abs. 1 und des § 68 Abs. 3 des Gesetzes aufgenommenen Verhandlungen und getroffenen Anordnungen.

Wird eine eingereichte Urkunde zurückgegeben, so ist dies unter Angabe des wesentlichen Inhalts der Urkunde in den Akten zu vermerken.

§ 23. Der Standesbeamte hat ferner zu führen:

1. für jedes Register ein nach den Anfangsbuchstaben der Namen, bei dem Heirathsregister nach den Anfangsbuchstaben der Namen beider Ehegatten geordnetes Verzeichniß, welches das Auffinden der einzelnen Eintragung ermöglicht;
2. ein Verzeichniß der Geburtsfälle, in welchen die Anzeige der Vornamen des Kindes noch aussteht (§ 22 Abs. 3 des Gesetzes);
3. ein Verzeichniß der Aufgebote;
4. ein Verzeichniß der zu erhebenden und der erhobenen Gebühren (§ 16 des Gesetzes).

In kleineren Bezirken kann das Namensverzeichniß (Nr. 1) für zwei oder für alle Register gemeinschaftlich geführt werden.

§ 24. Die Beischreibung und die Beglaubigung nachträglicher Eintragungen im Nebenregister (§ 14 Abs. 3 Satz 2 des Gesetzes) sowie die Ertheilung von Auszügen aus dem Nebenregister (§ 15 Abs. 2 des Gesetzes) ist von dem Gerichtsschreiber des Gerichts zu bewirken, von dem das Nebenregister aufbewahrt wird.

Solange das Nebenregister sich bei der Aufsichtsbehörde befindet (§ 14 Abs. 2 des Gesetzes), kann die Beischreibung und die Beglaubigung nachträglicher

§ 84. Welche Behörden in jedem Bundesstaate unter der Bezeichnung: höhere Verwaltungsbehörde, untere Verwaltungsbehörde, Gemeindebehörde, Gemeindevorstand, Gericht erster Instanz[1] zu verstehen sind, wird von der Zentralbehörde des Bundesstaates bekannt gemacht.

§ 85. Durch dieses Gesetz werden die Bestimmungen des Gesetzes vom 4. Mai 1870, betreffend die Eheschließung und die Beurkundung des Personenstandes von Reichsangehörigen im Auslande, nicht berührt.

Der Reichskanzler kann einem diplomatischen Vertreter oder einem Konsul des Deutschen Reichs die allgemeine Ermächtigung zur Vornahme von Eheschließungen und zur Beurkundung der Geburten, Heirathen und Sterbefälle, wie für Reichsangehörige, so auch für Schutzgenossen ertheilen. Diese Vorschrift tritt mit dem 1. März 1875 in Kraft.[2]

41) Gesetz über die Naturalleistung für die bewaffnete Macht im Frieden. Vom 13. Februar 1875. (RGBl S. 52.)

Vgl. G vom 24. Mai 1898.

Eintragungen im Nebenregister auf Anordnung der Aufsichtsbehörde auch von einem hierzu ermächtigten Beamten dieser Behörde bewirkt werden.

§ 25. In den im § 55 Abs. 1 des Gesetzes bezeichneten Fällen hat die Staatsanwaltschaft dem Standesbeamten, vor welchem die Ehe geschlossen worden ist, eine mit dem Zeugnisse der Rechtskraft und mit der Angabe des Tages der Rechtskraft versehene Ausfertigung des Urtheils behufs Beischreibung des Randvermerkes zu übersenden.

Hat ein Ehegatte, nachdem der andere für todt erklärt worden ist, eine neue Ehe geschlossen (§ 1348 Abs. 2 des Bürgerlichen Gesetzbuchs), so hat der Standesbeamte, vor welchem diese Ehe geschlossen worden ist, dem Standesbeamten, in dessen Heirathsregister die frühere Ehe eingetragen ist, einen Auszug aus dem Heirathsregister behufs Beischreibung des Randvermerkes kostenfrei zu übersenden.

§ 26. Dem Ersuchen eines Standesbeamten sind andere Standesbeamte sowie Gemeinde- und Ortspolizeibehörden Folge zu leisten verpflichtet.

§ 27. Der Standesbeamte darf sein Amt in Angelegenheiten ausüben, die seine Ehefrau oder Personen betreffen, mit denen er verwandt oder verschwägert ist.

§ 28. Diese Vorschriften treten gleichzeitig mit dem Bürgerlichen Gesetzbuch in Kraft.

Die am 1. Januar 1900 noch vorhandenen Bestände der alten Formulare, mit Ausnahme des Formulars B, können aufgebraucht werden; die alten Formulare für die Nebenregister und für die Registerauszüge sind auch künftig zu verwenden, soweit die Eintragung im Hauptregister unter Benutzung eines alten Formulars bewirkt ist.

[1] Vgl. G über die Angelegenheiten der freiw. Gerichtsbarkeit. Vom 17. Mai 1898, § 69.

[2] Vgl. oben S. 16 Anm. zu § 1 des G vom 4. Mai 1870.

42) Gesetz, betr. das Alter der Großjährigkeit. Vom 17. Febr. 1875. (RGBl S. 71.)

§ 1. Das Alter der Großjährigkeit beginnt im ganzen Umfange des Deutschen Reichs mit dem vollendeten einundzwanzigsten Lebensjahre.

§ 2. Die hausverfassungsmäßigen oder landesgesetzlichen Bestimmungen über den Beginn der Großjährigkeit der Landesherren und der Mitglieder der landesherrlichen Familien, sowie der Fürstlichen Familie Hohenzollern werden durch die Vorschrift des § 1 nicht berührt.

§ 3. Dieses Gesetz tritt mit dem 1. Januar 1876 in Kraft.

---

43) Gesetz, Maßregeln gegen die Reblauskrankheit betreffend. Vom 6. März 1875. (RGBl S. 175.)

[Enthält eine Bestimmung über Enteignung.]

---

44) Bankgesetz. Vom 14. März 1875. (RGBl S. 177.)

Titel I. Allgemeine Bestimmungen.

§ 1. Die Befugniß zur Ausgabe von Banknoten kann nur durch Reichsgesetz erworben, oder über den bei Erlaß des gegenwärtigen Gesetzes zulässigen Betrag der Notenausgabe hinaus erweitert werden.

Den Banknoten im Sinne dieses Gesetzes wird dasjenige Staatspapiergeld gleich geachtet, dessen Ausgabe einem Bankinstitute zur Verstärkung seiner Betriebsmittel übertragen ist.

§ 2. Eine Verpflichtung zur Annahme von Banknoten bei Zahlungen, welche gesetzlich in Geld zu leisten sind, findet nicht statt und kann auch für Staatskassen durch Landesgesetz nicht begründet werden.

§ 3. Banknoten dürfen nur auf Beträge von 100, 200, 500 und 1000 Mark oder von einem Vielfachen von 1000 Mark ausgefertigt werden.

§ 4. Jede Bank ist verpflichtet, ihre Noten sofort auf Präsentation zum vollen Nennwerthe einzulösen, auch solche nicht nur an ihrem Hauptsitz, sondern auch bei ihren Zweiganstalten jederzeit zum vollen Nennwerthe in Zahlung anzunehmen.

Für beschädigte Noten hat sie Ersatz zu leisten, sofern der Inhaber entweder einen Theil der Note präsentirt, welcher größer ist, als die Hälfte, oder den Nachweis führt, daß der Rest der Note, von welcher er nur die Hälfte oder einen geringeren Theil als die Hälfte präsentirt, vernichtet sei.

Für vernichtete oder verlorene Noten Ersatz zu leisten ist sie nicht verpflichtet.

§ 5. Banknoten, welche in die Kasse der Bank oder einer ihrer Zweiganstalten oder in eine von ihr bestellte Einlösungskasse in beschädigtem oder beschmutztem Zustande zurückkehren, dürfen nicht wieder ausgegeben werden.

§ 6. Der Aufruf und die Einziehung der Noten einer Bank oder einer Gattung von Banknoten darf nur auf Anordnung oder mit Genehmigung des Bundesraths erfolgen.

Die Anordnung erfolgt, wenn ein größerer Theil des Umlaufs sich in beschädigtem oder beschmutztem Zustande befindet, oder wenn die Bank die Befugniß zur Notenausgabe verloren hat.

Die Genehmigung darf nur ertheilt werden, wenn nachgewiesen wird, daß Nachahmungen der aufzurufenden Noten in den Verkehr gebracht sind.

In allen Fällen schreibt der Bundesrath die Art, die Zahl und die Fristen der über den Aufruf zu erlassenden Bekanntmachungen, den Zeitraum, innerhalb dessen, und die Stellen, an welchen die Noten eingelöst werden sollen, die Maßgaben, unter denen nach Ablauf der Fristen eine Einlösung der aufgerufenen Noten noch stattzufinden hat, und die zur Sicherung der Noteninhaber sonst erforderlichen Maßregeln vor.

Die nach dem Vorstehenden von dem Bundesrathe zu erlassenden Vorschriften sind durch das Reichsgesetzblatt zu veröffentlichen.[1]

---

[1] Vgl. Bekanntm. 7./6. 77, betr. den Aufruf und die Einziehung der Einhundertmarknoten der Bayr. Hypotheken- und Wechselbank (RGBl 527); Bekanntm., betr. den Aufruf und die Einziehung der Einhundertmarknoten der Rostocker Bank 19./2. 77 (RGBl 575), 9./4. 78 (RGBl 11), 19./10. 78 (RGBl 350); Bekanntm., betr. den Aufruf und die Einziehung der von der vormaligen Preußischen Bank ausgegebenen Hundertmarknoten 15./3. 78 (RGBl 6), 10./4. 78 (RGBl 12); Bekanntm., betr. den Aufruf und die Einziehung der Einhundertmarknoten der Commerzbank in Lübeck 8./8. 86 (RGBl 259); Bekanntm., betr. den Aufruf und die Einziehung der Einhundertmarknoten der Kölnischen Privatbank in Köln 7./7. 87 (RGBl 286); Bekanntm., betr. den Aufruf und die Einziehung der Einhundertmarknoten der Hannoverschen Bank in Hannover 16./7. 89 (RGBl 169); Bekanntm., betr. den Aufruf und die Einziehung der Einhundertmarknoten der Bremer Bank in Bremen 25./10. 89 (RGBl 199); Bekanntm., betr. den Aufruf und die Einziehung der Fünfhundertmarknoten des Leipziger Kassenvereins in Leipzig 4./7. 90 (RGBl 76); Bekanntm., betr. den Aufruf und die Einziehung der Noten der Magdeburger Privatbank in Magdeburg 9./12. 90 (RGBl 205); Bekanntm., betr. den Aufruf und die Einziehung der Einhundert-, Zweihundert- und Fünfhundertmarknoten der Provinzial-Aktienbank des Großherzogtums Posen in Posen 9./12. 90 (RGBl 206); Bekanntm., betr. den Aufruf und die Einziehung der Einhundertmarknoten der Danziger Privat-Aktienbank in Danzig 25./12. 90 (RGBl 213); Bekanntm., betr. den Aufruf und die Einziehung der Einhundertmarknoten der Chemnitzer Stadtbank 3./2. 91 (RGBl 12); Bekanntm., betr. den Aufruf und die Einziehung der Noten der Magdeburger Privatbank 29./4. 93 (RGBl 153); Bekanntm., betr. den Aufruf und die Einziehung der Noten der Städtischen Bank zu Breslau 19./11. 93 (RGBl 263); Bekanntm., betr. den Aufruf und die Einziehung der Noten der Frankfurter Bank in Frankfurt am Main. Vom 6. Juli 1901 (RGBl S. 262). Dgl. betr. die Noten der Bank für Süddeutschland in Darmstadt. Vom 5. Juni 1902 (RGBl S. 225).

§ 7. Den Banken, welche Noten ausgeben, ist nicht gestattet:

1) Wechsel zu acceptiren,
2) Waaren oder kurshabende Papiere für eigene oder für fremde Rechnung auf Zeit zu kaufen oder auf Zeit zu verkaufen, oder für die Erfüllung solcher Kaufs- oder Verkaufsgeschäfte Bürgschaft zu übernehmen.

§ 8. Banken, welche Noten ausgeben, haben

1) den Stand ihrer Aktiva und Passiva vom 7., 15., 23. und Letzten jeden Monats, spätestens am fünften Tag nach diesen Terminen und
2) spätestens drei Monate nach dem Schlusse jedes Geschäftsjahres eine genaue Bilanz ihrer Aktiva und Passiva, sowie den Jahresabschluß des Gewinn- und Verlustkontos

durch den Reichsanzeiger auf ihre Kosten zu veröffentlichen.

Die wöchentliche Veröffentlichung muß angeben

1) auf Seiten der Passiva:
   das Grundkapital,
   den Reservefonds,
   den Betrag der umlaufenden Noten,
   die sonstigen täglichen fälligen Verbindlichkeiten,
   die an eine Kündigungsfrist gebundenen Verbindlichkeiten,
   die sonstigen Passiva;
2) auf Seiten der Aktiva:
   den Metallbestand (den Bestand an kursfähigem deutschen Gelde und an Gold in Barren oder ausländischen Münzen, das Pfund fein zu 1392 Mark berechnet),
   den Bestand:
   an Reichskassenscheinen,
   an Noten anderer Banken,
   an Wechseln,
   an Lombardforderungen,
   an Effekten,
   an sonstigen Aktiven.

Welche Kategorieen der Aktiva und Passiva in der Jahresbilanz gesondert nachzuweisen sind, bestimmt der Bundesrath.

Außerdem sind in beiden Veröffentlichungen die aus weiterbegebenen im Inlande zahlbaren Wechseln entsprungenen eventuellen Verbindlichkeiten ersichtlich zu machen.

§ 9. Banken, deren Notenumlauf ihren Baarvorrath und den ihnen nach Maßgabe der Anlage zugewiesenen Betrag übersteigt, haben vom 1. Januar 1876 ab von dem Ueberschusse eine Steuer von jährlich fünf vom Hundert an die Reichskasse zu entrichten. Als Baarvorrath gilt bei Feststellung der Steuer der in den Kassen der Bank befindliche Betrag an kursfähigem deutschen Gelde, an Reichs-Kassenscheinen, an Noten anderer deutscher Banken und an Gold in Baaren oder ausländischen Münzen, das Pfund fein zu 1392 Mark berechnet.

Erlischt die Befugniß einer Bank zur Notenausgabe (§ 49), so wächst der derselben zustehende Antheil an dem Gesammtbetrage des der Steuer nicht unterliegenden ungedeckten Notenumlaufs dem Antheile der Reichsbank zu.[1]

§ 10. Zum Zweck der Feststellung der Steuer hat die Verwaltung der Bank am 7., 15., 23. und Letzten jedes Monats den Betrag des Baarvorraths und der umlaufenden Noten der Bank festzustellen und diese Feststellung an die Aufsichtsbehörde einzureichen. Am Schluß jedes Jahres wird von der Aufsichtsbehörde auf Grund dieser Nachweisungen die von der Bank zu zahlende Steuer in der Weise festgestellt, daß von dem aus jeder dieser Nachweisungen sich ergebenden steuerpflichtigen Ueberschusse des Notenumlaufs $^5/_{48}$ Prozent als Steuersoll berechnet werden. Die Summe dieser für jede einzelne Nachweisung als Steuersoll berechneten Beträge ergiebt die von der Bank spätestens am 31. Januar des folgenden Jahres zur Reichskasse abzuführende Steuer.

§ 11. Ausländische Banknoten oder sonstige auf den Inhaber lautende unverzinsliche Schuldverschreibungen ausländischer Korporationen, Gesellschaften oder Privaten dürfen, wenn sie ausschließlich oder neben anderen Werthbestimmungen in Reichswährung oder einer deutschen Landeswährung ausgestellt sind, innerhalb des Reichsgebietes zu Zahlungen nicht gebraucht werden.

Titel II. Reichsbank.

§ 12. Unter dem Namen

„Reichsbank"

wird eine unter Aufsicht und Leitung des Reichs stehende Bank errichtet, welche die Eigenschaft einer juristischen Person besitzt und die Aufgabe hat, den Geldumlauf im gesammten Reichsgebiet zu regeln, die Zahlungsausgleichungen zu erleichtern und für die Nutzbarmachung verfügbaren Kapitals zu sorgen.

Die Reichsbank hat ihren Hauptsitz in Berlin. Sie ist berechtigt, aller Orten im Reichsgebiete Zweiganstalten zu errichten.

Der Bundesrath kann die Errichtung solcher Zweiganstalten an bestimmten Plätzen anordnen.

§ 13.[2] Die Reichsbank ist befugt, folgende Geschäfte zu betreiben:

1) Gold und Silber in Barren und Münzen zu kaufen und zu verkaufen;

---

[1] Vgl. Bekanntmachungen 1./4. 76 (RGBl 124); 23./7. 76 (RGBl 176); 13./10. 77 (RGBl 567); 25./7. 86 (RGBl 236); 15./3. 87 (RGBl 123); 25./10. 89 (RGBl 200); 9./5. 90 (RGBl 68); 14./1. 91 (RGBl 9); 27./2. 1894 (RGBl S. 152); 6./7. 1901 (RGBl S. 263); 5./6. 1902 (RGBl S. 226). Art. 5 des G, betr. die Abänderung des Bankgesetzes vom 17. Juni 1899.

[2] In der Fassung des G 7./6. 99 Art. 6.

2) Wechsel, welche eine Verfallzeit von höchstens drei Monaten haben, und aus welchen in der Regel drei, mindestens aber zwei als zahlungsfähig bekannte Verpflichtete haften, ferner Schuldverschreibungen des Reichs, eines deutschen Staats oder inländischer kommunaler Korporationen, welche nach spätestens drei Monaten mit ihrem Nennwerthe fällig sind, zu diskontiren, zu kaufen und zu verkaufen;

3) zinsbare Darlehne auf nicht länger als drei Monate gegen bewegliche Pfänder zu ertheilen (Lombardverkehr), und zwar:

a) gegen Gold und Silber, gemünzt und ungemünzt,

b) gegen zinstragende oder spätestens nach einem Jahr fällige und auf den Inhaber lautende Schuldverschreibungen des Reichs, eines deutschen Staats oder inländischer kommunaler Korporationen, oder gegen zinstragende, auf den Inhaber lautende Schuldverschreibungen, deren Zinsen vom Reiche oder von einem Bundesstaate garantirt sind, gegen voll eingezahlte Stamm- und Stammprioritätsaktien und Prioritätsobligationen deutscher Eisenbahngesellschaften, deren Bahnen in Betrieb befindlich sind, sowie gegen Pfandbriefe landschaftlicher, kommunaler oder anderer unter staatlicher Aufsicht stehender Bodenkreditinstitute Deutschlands und deutscher Hypothekenbanken auf Aktien, zu höchstens drei Viertel des Kurswerthes. Diesen Pfandbriefen stehen gleich andere auf den Inhaber lautende Schuldverschreibungen der bezeichneten Institute und Banken, welche auf Grund von Darlehnen ausgestellt werden, die an inländische kommunale Korporationen oder gegen Uebernahme der Garantie durch solche Korporation gewährt sind;

c) gegen zinstragende, auf den Inhaber lautende Schuldverschreibungen nicht deutscher Staaten, sowie gegen staatlich garantirte ausländische Eisenbahn-Prioritätsobligationen, zu höchstens 50 Prozent des Kurswerthes,

d) gegen Wechsel, welche anerkannt solide Verpflichtete aufweisen, mit einem Abschlage von mindestens 5 Prozent ihres Kurswerthes,

e) gegen Verpfändung im Inlande lagernder Kaufmannswaaren, höchstens bis zu zwei Dritttheilen ihres Werthes;

4) Schuldverschreibungen der vorstehend unter 3 b) bezeichneten Art zu kaufen und zu verkaufen; die Geschäftsanweisung für das Reichsbank-Direktorium (§ 26) wird feststellen, bis zu welcher Höhe die Betriebsmittel der Bank in solchen Schuldverschreibungen angelegt werden dürfen;

5) für Rechnung von Privatpersonen, Anstalten und Behörden Inkassos zu besorgen und nach vorheriger Deckung Zahlungen zu leisten und Anweisungen oder Ueberweisungen an ihre Zweiganstalten oder Korrespondenten auszustellen;

6) für fremde Rechnung Effekten aller Art, sowie Edelmetalle nach vorheriger Deckung zu kaufen und nach vorheriger Ueberlieferung zu verkaufen;
7) verzinsliche und unverzinsliche Gelder im Depositengeschäft und im Giroverkehr anzunehmen; die Summe der verzinslichen Depositen darf diejenige des Grundkapitals und des Reservefonds der Bank nicht übersteigen;
8) Werthgegenstände in Verwahrung und Verwaltung zu nehmen.

§ 14. Die Reichsbank ist verpflichtet, Barrengold zum festen Satze von 1392 Mark für das Pfund fein gegen ihre Noten umzutauschen.

Die Bank ist berechtigt, auf Kosten des Abgebers solches Gold durch die von ihr zu bezeichnenden Techniker prüfen und scheiden zu lassen.

§ 15. Die Reichsbank hat jeweilig den Prozentsatz öffentlich bekannt zu machen, zu welchem sie diskontirt (§ 13, 2) oder zinsbare Darlehne ertheilt (§ 13, 3). Die Aufstellung ihrer Wochen-Uebersichten erfolgt auf Grundlage der Bücher des Reichsbank-Direktoriums und der demselben unmittelbar untergeordneten Zweiganstalten.

§ 16. Die Reichsbank hat das Recht, nach Bedürfniß ihres Verkehrs Banknoten auszugeben.

Die An- und Ausfertigung, Einziehung und Vernichtung derselben erfolgt unter Kontrolle der Reichsschulden-Kommission.[1]

§ 17. Die Reichsbank ist verpflichtet, für den Betrag ihrer im Umlauf befindlichen Banknoten jederzeit mindestens ein Dritttheil in kursfähigem deutschen Gelde, Reichs-Kassenscheinen oder in Gold in Barren oder ausländischen Münzen, das Pfund fein zu 1392 Mark gerechnet, und den Rest in diskontirten Wechseln, welche eine Verfallzeit von höchstens drei Monaten haben, und aus welchen in der Regel drei, mindestens aber zwei als zahlungsfähig bekannte Verpflichtete haften, in ihren Kassen als Deckung bereit zu halten.

§ 18. Die Reichsbank ist verpflichtet, ihre Noten:
a) bei ihrer Hauptkasse in Berlin sofort auf Präsentation,
b) bei ihren Zweiganstalten, soweit es deren Baarbestände und Geldbedürfnisse gestatten,

dem Inhaber gegen kursfähiges deutsches Geld einzulösen.

§ 19. Die Reichsbank ist verpflichtet, die Noten der, vom Reichskanzler nach der Bestimmung im § 45 dieses Gesetzes bekannt gemachten Banken sowohl in Berlin, als auch bei ihren Zweiganstalten in Städten von mehr als 30000 Einwohnern oder am Sitze der Bank, welche die Noten ausgegeben hat, zum vollen Nennwerthe in Zahlung zu nehmen, so lange die ausgebende Bank ihrer

[1] Der früher hier folgende Satz „welcher zu diesem Zwecke ein vom Kaiser ernanntes Mitglied hinzutritt", ist aufgehoben durch „Reichsschuldenordnung". Vom 19. März 1900 (RGBl S. 129) § 20.

Noteneinlösungspflicht pünktlich nachkommt. Die auf diesem Wege angenommenen Banknoten dürfen nur entweder zur Einlösung präsentirt oder zu Zahlungen an diejenige Bank, welche dieselben ausgegeben hat, oder zu Zahlungen an dem Orte, wo letztere ihren Hauptsitz hat, verwendet werden.

Die Reichsbank ist ermächtigt, mit anderen deutschen Banken Vereinbarungen über Verzichtleistung der letzteren auf das Recht zur Notenausgabe abzuschließen.

§ 20. Wenn der Schuldner eines im Lombardverkehr (§ 13, Ziffer 3) gewährten Darlehns im Verzuge ist, ist die Reichsbank berechtigt, ohne gerichtliche Ermächtigung oder Mitwirkung das bestellte Faustpfand durch einen ihrer Beamten oder durch einen zu Versteigerungen befugten Beamten öffentlich verkaufen, oder, wenn der verpfändete Gegenstand einen Börsenpreis oder Marktpreis hat, den Verkauf auch nicht öffentlich durch einen ihrer Beamten, oder durch einen Handelsmakler, oder, in Ermangelung eines solchen, durch einen zu Versteigerungen befugten Beamten zum laufenden Preise bewirken zu lassen, und sich aus dem Erlöse wegen Kapital, Zinsen und Kosten bezahlt zu machen. Dieses Recht behält die Bank auch gegenüber anderen Gläubigern und gegenüber der Konkursmasse des Schuldners.

§ 21. Die Reichsbank und ihre Zweiganstalten sind im gesammten Reichsgebiete frei von staatlichen Einkommen- und Gewerbesteuern.

§ 22. Die Reichsbank ist verpflichtet, ohne Entgelt für Rechnung des Reichs Zahlungen anzunehmen und bis auf Höhe des Reichsguthabens zu leisten.

Sie ist berechtigt, die nämlichen Geschäfte für die Bundesstaaten zu übernehmen.[1]

§ 23.[2] Das Grundkapital der Reichsbank besteht aus einhundertundachtzig Millionen Mark, getheilt in vierzigtausend Antheile von je dreitausend und sechzigtausend Antheile von je eintausend Mark.

Von letzteren sind dreifsigtausend Antheile bis zum 31. Dezember 1900 und dreifsigtausend Antheile bis zum 31. Dezember 1905 zu begeben. Auf die Begebung findet der § 38 des Gesetzes vom 22. Juni 1896 (Prospektzwang) keine Anwendung.

Die Antheile lauten auf Namen.

Die Antheilseigner haften persönlich für die Verbindlichkeiten der Reichsbank nicht.

§ 24.[3] Aus dem beim Jahresabschlusse sich ergebenden Reingewinne der Reichsbank wird:

---

[1] Vgl. die Bekanntmachung, betr. die Reichshauptkasse 29./12. 75 (CBl 821).

[2] In der Fassung des G 7./6. 99 Art. 1.

[3] In der Fassung des G 7./6. 99 Art. 2. Die Fassung des G 18./12. 89 ist dadurch aufgehoben.

1) zunächst den Antheilseignern eine ordentliche Dividende von dreiundeinhalb Prozent des Grundkapitals berechnet, sodann
2) von dem Mehrbetrag eine Quote von zwanzig Prozent dem Reservefonds zugeschrieben, solange derselbe nicht den Betrag von sechzig Millionen Mark erreicht hat,
3) von dem weiter verbleibenden Reste den Antheilseignern ein Viertel, der Reichskasse drei Viertel überwiesen.

Erreicht der Reingewinn nicht volle dreiundeinhalb Prozent des Grundkapitals, so ist das Fehlende aus dem Reservefonds zu ergänzen.

Das bei Begebung von Antheilsscheinen der Reichsbank etwa zu gewinnende Aufgeld fließt dem Reservefonds zu.

Dividendenrückstände verjähren binnen vier Jahren, von dem Tage ihrer Fälligkeit an gerechnet, zum Vortheile der Bank.

§ 25. Die dem Reiche zustehende Aufsicht über die Reichsbank wird von einem Bank-Kuratorium ausgeübt, welches aus dem Reichskanzler als Vorsitzendem und vier Mitgliedern besteht. Eines dieser Mitglieder ernennt der Kaiser, die drei anderen der Bundesrath.

Das Kuratorium versammelt sich vierteljährlich einmal. In diesen Versammlungen wird ihm über den Zustand der Bank und alle darauf Bezug habenden Gegenstände Bericht erstattet und eine allgemeine Rechenschaft von allen Operationen und Geschäftseinrichtungen der Bank ertheilt.

§ 26. Die dem Reiche zustehende Leitung der Bank wird vom Reichskanzler, und unter diesem von dem Reichsbank-Direktorium ausgeübt; in Behinderungsfällen des Reichskanzlers wird die Leitung durch einen vom Kaiser hierfür ernannten Stellvertreter wahrgenommen.

Der Reichskanzler leitet die gesammte Bankverwaltung innerhalb der Bestimmungen dieses Gesetzes und des zu erlassenden Statutes (§ 40). Er erläßt die Geschäftsanweisungen für das Reichsbank-Direktorium und für die Zweiganstalten, sowie die Dienstinstruktionen für die Beamten der Bank, und verfügt die erforderlichen Abänderungen der bestehenden Geschäftsanweisungen (Reglements) und Dienstinstruktionen.

§ 27. Das Reichsbank-Direktorium ist die verwaltende und ausführende, sowie die, die Reichsbank nach außen vertretende Behörde.

Es besteht aus einem Präsidenten und der erforderlichen Anzahl von Mitgliedern, und faßt seine Beschlüsse nach Stimmenmehrheit, hat jedoch bei seiner Verwaltung überall den Vorschriften und Weisungen des Reichskanzlers Folge zu leisten.

Präsident und Mitglieder des Reichsbank-Direktoriums werden auf den Vorschlag des Bundesraths vom Kaiser auf Lebenszeit ernannt.

§ 28. Die Beamten der Reichsbank haben die Rechte und Pflichten der Reichsbeamten.

Ihre Besoldung, Pensionen und sonstigen Dienstbezüge, sowie die Pensionen und Unterstützungen für ihre Hinterbliebenen, trägt die Reichsbank.[1] Der Besoldungs- und Pensionsetat des Reichsbank-Direktoriums wird jährlich durch den Reichshaushalts-Etat, der der übrigen Beamten jährlich vom Kaiser im Einvernehmen mit dem Bundesrathe auf den Antrag des Reichskanzlers festgesetzt.

Kein Beamter der Reichsbank darf Antheilscheine derselben besitzen.

§ 29. Die Rechnungen der Reichsbank unterliegen der Revision durch den Rechnungshof des Deutschen Reichs.

Die Form, in welcher die jährliche Rechnungslegung zu erfolgen hat, wird durch den Reichskanzler bestimmt. Die hierüber ergehenden Bestimmungen sind dem Rechnungshof mitzutheilen.

§ 30. Die Antheilseigner üben die ihnen zustehende Betheiligung an der Verwaltung der Reichsbank durch die Generalversammlung, außerdem durch einen aus ihrer Mitte gewählten ständigen Centralausschuß nach Maßgabe der nachfolgenden Bestimmungen aus.

§ 31.[2]) Der Centralausschuß ist die ständige Vertretung der Antheilseigener gegenüber der Verwaltung. Er besteht aus fünfzehn Mitgliedern, neben welchen fünfzehn Stellvertreter zu wählen sind. Die Mitglieder und die Stellvertreter werden von der Generalversammlung aus der Zahl derjenigen Antheilseigner gewählt, welche auf ihren Namen lautende Antheilsscheine über einen Mindestbetrag von je neuntausend Mark besitzen. Sämmtliche Mitglieder und Stellvertreter müssen im Reichsgebiet und wenigstens neun Mitglieder und neun Stellvertreter in Berlin ihren Wohnsitz haben. Ein Drittel der Mitglieder scheidet jährlich aus. Die Ausscheidenden sind wieder wählbar.

Der Centralausschuß versammelt sich unter Vorsitz des Präsidenten des Reichsbank-Direktoriums wenigstens einmal monatlich, kann von demselben aber auch außerordentlich berufen werden. Er ist beschlußfähig bei Anwesenheit von mindestens sieben Mitgliedern; die Geschäftsanweisung wird festsetzen, in welchen Fällen und in welcher Reihenfolge die Einberufung von Stellvertretern zu bewirken ist.

§ 32. Dem Centralausschuß werden in jedem Monat die wöchentlichen Nachweisungen über die Diskonto-, Wechsel- und Lom-

[1] Vgl. V betr. die Fürsorge für die Wittwen und Waisen der Reichsbankbeamten 8./6. 81 (RGBl 117); V betr. die Pensionen und Kautionen der Reichsbankbeamten 23./12. 75 (RGBl 380); dazu V 31./3. 80 (RGBl 97). VO, betr. die anderweitige Bemessung der Wittwen- und Waisengelder für die Hinterbliebenen der Reichsbankbeamten. Vom 26. Juli 1897 (RGBl S. 613).

[2] In der Fassung des Gesetzes vom 7. Juni 1899, Art. 3.

bardbestände, den Notenumlauf, die Baarfonds, die Depositen, über den An- und Verkauf von Gold, Wechseln und Effekten, über die Vertheilung der Fonds auf die Zweiganstalten zur Einsicht vorgelegt, und zugleich die Ergebnisse der ordentlichen und der außerordentlichen Kassenrevisionen, sowie die Ansichten und Vorschläge des Reichsbank-Direktoriums über den Gang der Geschäfte im Allgemeinen und über die etwa erforderlichen Maßregeln mitgetheilt.

Insbesondere ist der Centralausschuß gutachtlich zu hören:

a) über die Bilanz und die Gewinnberechnung, welche nach Ablauf des Geschäftsjahres vom Reichsbank-Direktorium aufgestellt, mit dessen Gutachten dem Reichskanzler zur definitiven Festsetzung überreicht, und demnächst den Antheilseignern in deren außerordentlicher Generalversammlung mitgetheilt wird;

b) über Abänderungen des Besoldungs- und Pensionsetats (§ 28);

c) über die Besetzung erledigter Stellen im Reichsbank-Direktorium, mit Ausnahme der Stelle des Präsidenten, vor der Beschlußfassung des Bundesraths (§ 27);

d) über den Höchstbetrag, bis zu welchem die Fonds der Bank zu Lombarddarlehen verwendet werden können.

Der Ankauf von Effekten für Rechnung der Bank kann nur erfolgen, nachdem die Höhe des Betrages, bis zu welcher die Fonds der Bank zu diesem Zwecke verwendet werden können, zuvor mit Zustimmung des Centralausschusses festgesetzt ist;

e) über die Höhe des Diskontosatzes und des Lombard-Zinsfußes, sowie über Veränderungen in den Grundsätzen und Fristen der Kreditertheilung;

f) über Vereinbarungen mit anderen deutschen Banken (§ 19), sowie über die in den Geschäftsbeziehungen zu denselben zu beobachtenden Grundsätze.

Allgemeine Geschäftsanweisungen und Dienstinstruktionen sind dem Centralausschusse alsbald nach ihrem Erlasse (§ 26) zur Kenntnißnahme mitzutheilen.

§ 33. Die Mitglieder des Centralausschusses beziehen keine Besoldung.

Wenn ein Ausschußmitglied das Bankgeheimniß (§ 39) verletzt, die durch sein Amt erlangten Aufschlüsse gemißbraucht oder sonst das öffentliche Vertrauen verloren hat, oder wenn durch dasselbe überhaupt das Interesse des Instituts gefährdet erscheint, so ist die Generalversammlung berechtigt, seine Ausschließung zu beschließen.

Ein Ausschußmitglied, welches in Konkurs geräth, während eines halben Jahres den Versammlungen nicht beigewohnt, oder eine der Voraussetzungen seiner Wählbarkeit (§ 31) verloren hat, wird für ausgeschieden erachtet.

§ 34. Die fortlaufende spezielle Kontrolle über die Verwaltung der Reichsbank üben drei, von dem Centralausschusse aus der Zahl seiner Mitglieder auf ein Jahr gewählte Deputirte des Centralausschusses beziehungsweise deren gleichzeitig zu wählende Stellvertreter. Die Geschäftsanweisung wird festsetzen, in welchen Fällen und in welcher Reihenfolge die Einberufung von Stellvertretern zu bewirken ist.

Die Deputirten sind insbesondere berechtigt, allen Sitzungen des Reichsbank-Direktoriums mit berathender Stimme beizuwohnen.

Sie sind ferner berechtigt und verpflichtet, in den gewöhnlichen Geschäftsstunden und im Beisein eines Mitgliedes des Reichsbank-Direktoriums von dem Gange der Geschäfte Kenntniß zu nehmen, die Bücher und die Portefeuilles der Bank einzusehen und den ordentlichen, wie außerordentlichen Kassenrevisionen beizuwohnen. Ueber ihre Wirksamkeit erstatten sie in den monatlichen Versammlungen des Centralausschusses Bericht.

Im Fall des § 33, Absatz 2 kann ein Deputirter bereits vor der Entscheidung der Generalversammlung durch den Centralausschuß suspendirt werden.

§ 35. Geschäfte mit den Finanzverwaltungen des Reichs oder deutscher Bundesstaaten dürfen nur innerhalb der Bestimmungen dieses Gesetzes und des Bankstatuts gemacht und müssen, wenn andere als die allgemein geltenden Bedingungen des Bankverkehrs in Anwendung kommen sollen, zuvor zur Kenntniß der Deputirten gebracht, und, wenn auch nur Einer derselben darauf anträgt, dem Centralausschuß vorgelegt werden. Sie müssen unterbleiben, wenn der letztere nicht in einer beschlußfähigen Versammlung mit Stimmenmehrheit für die Zulässigkeit sich ausspricht.

§ 36. Außerhalb des Hauptsitzes der Bank sind an, vom Bundesrathe zu bestimmenden, größeren Plätzen Reichsbankhauptstellen zu errichten, welche unter Leitung eines aus wenigstens zwei Mitgliedern bestehenden Vorstandes, und unter Aufsicht eines vom Kaiser ernannten Bank-Kommissarius stehen.

Bei jeder Reichsbankhauptstelle soll, wenn sich daselbst eine hinreichende Zahl geeigneter Antheilseigner vorfindet, ein Bezirksausschuß bestehen, dessen Mitglieder vom Reichskanzler aus den vom Bank-Kommissar und vom Centralausschuß aufgestellten Vorschlagslisten der am Sitz der Bankhauptstelle oder in dessen unmittelbarer Nähe wohnhaften Antheilseigner ausgewählt werden. Dem Ausschuß werden in seinen monatlich abzuhaltenden Sitzungen die Uebersichten über die Geschäfte der Bankhauptstelle und die von der Centralverwaltung ergangenen allgemeinen Anordnungen mitgetheilt. Anträge und Vorschläge des Bezirksausschusses, welchen vom Vorstande der Bankhauptstelle nicht in eigener Zuständigkeit entsprochen wird, werden von letzterem dem Reichskanzler mittelst Berichts eingereicht.

Eine fortlaufende spezielle Kontrolle über den Geschäftsgang bei den Bankhauptstellen nach Maßgabe der Bestimmungen in § 34 üben, so weit es ohne Störung der täglichen laufenden Geschäfte geschehen kann, 2 bis 3 Beigeordnete, welche vom Bezirksausschuß aus seiner Mitte gewählt, oder, wo ein Bezirksausschuß nicht besteht, vom Reichskanzler nach Absatz 2 ernannt werden.

§ 37. Die Errichtung sonstiger Zweiganstalten erfolgt, sofern dieselben dem Reichsbank-Direktorium unmittelbar untergeordnet werden (Reichsbankstellen), durch den Reichskanzler, sofern sie einer anderen Zweiganstalt untergeordnet werden, durch das Reichsbank-Direktorium.

§ 38. Die Reichsbank wird in allen Fällen, und zwar auch wo die Gesetze eine Spezialvollmacht fordern, durch die Unterschrift des Reichsbank-Direktoriums oder einer Reichsbankhauptstelle verpflichtet, sofern diese Unterschriften von zwei Mitgliedern des Reichsbank-Direktoriums beziehungsweise von zwei Mitgliedern des Vorstandes der Reichsbankhauptstelle oder den als Stellvertretern der letzteren bezeichneten Beamten vollzogen sind.

Unter welchen Voraussetzungen und in welcher Form die Unterschriften der Bankstellen eine Verpflichtung für die Reichsbank begründen, wird vom Reichskanzler bestimmt und besonders bekannt gemacht.

Gegen die Reichsbankhauptstellen und Bankstellen können alle Klagen, welche auf den Geschäftsbetrieb derselben Bezug haben, bei dem Gerichte des Orts erhoben werden, wo die Zweiganstalt errichtet ist.

§ 39. Sämmtliche bei der Verwaltung der Bank als Beamte, Ausschußmitglieder, Beigeordnete betheiligte Personen sind verpflichtet, über alle einzelne Geschäfte der Bank, besonders über die mit Privatpersonen und über den Umfang des den letzteren gewährten Kredits, Schweigen zu beobachten. Die Deputirten des Centralausschusses und deren Stellvertreter, sowie die Beigeordneten bei den Reichsbankhauptstellen sind hierzu vor Antritt ihrer Funktionen mittelst Handschlags an Eidesstatt besonders zu verpflichten.

§ 40. Das Statut der Reichsbank wird nach Maßgabe der vorstehend in den §§ 12 bis 39 enthaltenen Vorschriften vom Kaiser im Einvernehmen mit dem Bundesrath erlassen.[1]

Dasselbe muß insbesondere Bestimmungen enthalten:

1) über die Form der Antheilscheine der Reichsbank und der dazu gehörigen Dividendenscheine und Talons;
2) über die bei Uebertragung oder Verpfändung von Antheilscheinen zu beachtenden Formen;
3) über die Mortifikation verlorener oder vernichteter Antheilscheine, sowie über das Verfahren in Betreff abhanden gekommener Dividendenscheine und Talons;
4) über die Grundsätze, nach denen die Jahresbilanz der Reichsbank aufzunehmen ist;
5) über Termine und Modalitäten der Erhebung der Dividende;

[1] Vgl. Statut 21./5. 75 (RGBl 203). V. 3./9. 1900 betr. Abänderung des Statuts der Reichsbank (RGBl 793).

6)[1] über die Form, in welcher die Zusammenberufung der Generalversammlungen geschieht, sowie über die Bedingungen und die Art der Ausübung des Stimmrechts der Antheilseigner; die Ausübung des Stimmrechts darf jedoch nicht durch den Besitz von mehr als einem Antheilsscheine bedingt, noch dürfen mehr als dreihundert Stimmen in einer Hand vereinigt werden, wobei ein Antheilsschein zu dreitausend Mark dem Rechte auf drei Stimmen und ein Antheilsschein zu eintausend Mark dem Rechte auf eine Stimme entsprechen soll;
7) über die Modalitäten der Wahl des Centralausschusses und der Deputirten desselben, der Bezirksausschüsse und der Beigeordneten bei den Reichsbankhauptstellen;
8) über die Form, in welcher die von der Gesellschaft ausgehenden Bekanntmachungen erfolgen, sowie über die öffentlichen Blätter, in welche dieselben aufzunehmen sind;
9) über die im Fall der Aufhebung der Reichsbank (§ 41) eintretende Liquidation;
10) über die Form, in welcher die Mitwirkung der Antheilseigner oder deren Vertreter zu einer durch Reichsgesetz festzustellenden Erhöhung des Grundkapitals herbeigeführt werden soll;
11) über die Voraussetzungen der Sicherstellung, unter denen Effekten für fremde Rechnung gekauft oder verkauft werden dürfen.

§ 41. Das Reich behält sich das Recht vor, zuerst zum 1. Januar 1891, alsdann aber von zehn zu zehn Jahren nach vorausgegangener einjähriger Ankündigung, welche auf Kaiserliche Anordnung, im Einvernehmen mit dem Bundesrath, vom Reichskanzler an das Reichsbank-Direktorium zu erlassen und von letzterem zu veröffentlichen ist, entweder
a) die auf Grund dieses Gesetzes errichtete Reichsbank aufzuheben und die Grundstücke derselben gegen Erstattung des Buchwerthes zu erwerben, oder
b) die sämmtlichen Antheile der Reichsbank zum Nennwerthe zu erwerben.

In beiden Fällen geht der bilanzmäßige Reservefonds, so weit derselbe nicht zur Deckung von Verlusten in Anspruch zu nehmen ist, zur einen Hälfte an die Antheilseigner, zur anderen Hälfte an das Reich über.

Zur Verlängerung der Frist nach Inhalt des ersten Absatzes ist die Zustimmung des Reichstages erforderlich.

Titel III. Privatnotenbanken.

§ 42. Banken, welche sich bei Erlaß dieses Gesetzes im Besitze der Befugniß der Notenausgabe befinden, dürfen außerhalb des-

[1] In der Fassung des G. 7./6. 99 Art. 4.

jenigen Staates, welcher ihnen diese Befugniß ertheilt hat, Bankgeschäfte durch Zweiganstalten weder betreiben, noch durch Agenten für ihre Rechnung betreiben lassen, noch als Gesellschafter an Bankhäusern sich betheiligen.

§ 43. Die Noten einer Bank, welche sich bei Erlaß dieses Gesetzes im Besitze der Befugniß zur Notenausgabe befindet, dürfen außerhalb desjenigen Staates, welcher derselben diese Befugniß ertheilt hat, zu Zahlungen nicht gebraucht werden.

Der Umtausch solcher Noten gegen andere Banknoten, Papiergeld oder Münzen unterliegt diesem Verbote nicht.

§ 44. Die beschränkenden Bestimmungen des § 43 finden auf diejenigen Banken keine Anwendung, welche bis zum 1. Januar 1876 folgende Voraussetzungen erfüllen:

1) Die Bank darf ihre Betriebsmittel nur in den im § 13 unter 1 bis 4 bezeichneten Geschäften, und zwar zu 4 höchstens bis zur Höhe der Hälfte des Grundkapitals der Bank und der Reserven, anlegen.

   Bezüglich des Darlehngeschäfts ist der Bank eine Frist bis zum 1. Januar 1877 eingeräumt, innerhalb welcher sie ihre Darlehne den Bestimmungen des § 13, Nummer 3 zu konformiren hat.

   Sie hat jeweilig den Prozentsatz öffentlich bekannt zu machen, zu welchem sie diskontirt oder zinsbare Darlehne gewährt.

2) Die Bank legt von dem sich jährlich über das Maß von $4^1/_2$ Prozent des Grundkapitals hinaus ergebenden Reingewinn jährlich mindestens 20 Prozent so lange zur Ansammlung eines Reservefonds zurück, als der letztere nicht ein Viertheil des Grundkapitals beträgt.

3) Die Bank verpflichtet sich, für den Betrag ihrer im Umlauf befindlichen Banknoten jederzeit mindestens ein Dritttheil in kursfähigem deutschen Gelde, Reichs-Kassenscheinen oder in Gold in Barren oder in ausländischen Münzen, das Pfund fein zu 1392 Mark gerechnet, und den Rest in diskontirten Wechseln, welche eine Verfallzeit von höchstens drei Monaten haben und aus welchen in der Regel drei, mindestens aber zwei als zahlungsfähig bekannte Verpflichtete haften, in ihren Kassen als Deckung bereit zu halten.

4) Die Bank verpflichtet sich, ihre Noten bei einer von ihr zu bezeichnenden Stelle in Berlin oder Frankfurt, deren Wahl der Genehmigung des Bundesraths unterliegt, dem Inhaber gegen kursfähiges deutsches Geld einzulösen.

   Die Einlösung hat spätestens vor Ablauf des auf den Tag der Präsentation folgenden Tages zu erfolgen.

5) Die Bank verpflichtet sich, alle deutschen Banknoten, deren Umlauf im gesammten Reichsgebiete gestattet ist, an ihrem

Sitze, sowie bei denjenigen ihrer Zweiganstalten, welche in Städten von mehr als 80000 Einwohnern ihren Sitz haben, zu ihrem vollen Nennwerthe in Zahlung zu nehmen, so lange die Bank, welche solche Noten ausgegeben hat, ihrer Noteneinlösungspflicht pünktlich nachkommt. Alle bei einer Bank eingegangenen Noten einer anderen Bank dürfen, so weit es nicht Noten der Reichsbank sind, nur entweder zur Einlösung präsentirt, oder zu Zahlungen an diejenige Bank, welche dieselben ausgegeben hat, oder zu Zahlungen an dem Orte, wo letztere ihren Hauptsitz hat, verwendet werden.

6) Die Bank verzichtet auf jedes Widerspruchsrecht, welches ihr entweder gegen die Ertheilung der Befugniß zur Ausgabe von Banknoten an andere Banken, oder gegen die Aufhebung einer etwa bestehenden Verpflichtung der Landesregierung, ihre Noten in den öffentlichen Kassen statt baaren Geldes in Zahlung nehmen zu lassen, zustehen möchte.

7) Die Bank willigt ein, daß ihre Befugniß zur Ausgabe von Banknoten zu den in § 41 bezeichneten Terminen durch Beschluß der Landesregierung oder des Bundesraths mit einjähriger Kündigungsfrist aufgehoben werden könne, ohne daß ihr ein Anspruch auf irgend welche Entschädigung zustände.

Von Seiten des Bundesraths wird eine Kündigung nur eintreten zum Zwecke weiterer einheitlicher Regelung des Notenbankwesens oder wenn eine Notenbank den Anordnungen gegenwärtigen Gesetzes zuwidergehandelt hat. Ob diese Voraussetzungen vorliegen, entscheidet der Bundesrath.

Einer Bank, welche die vorstehend unter 1 bis 7 bezeichneten Voraussetzungen erfüllt hat, kann der Betrieb von Bankgeschäften durch Zweiganstalten oder Agenturen außerhalb des im § 42 bezeichneten Gebiets auf Antrag der für den Ort, wo dies geschehen soll, zuständigen Landesregierung durch den Bundesrath gestattet werden.

Banken, welche bis zum 1. Januar 1876 nachweisen, daß der Betrag der nach ihrem Statut oder Privileg ihnen gestatteten Notenausgabe auf den Betrag des Grundkapitals eingeschränkt ist, welcher am 1. Januar 1874 eingezahlt war, sind von der Erfüllung der unter 2 bezeichneten Voraussetzung entbunden und erlangen mit der Gestattung des Umlaufs ihrer Noten im gesammten Reichsgebiete zugleich die Befugniß, im gesammten Reichsgebiete durch Zweiganstalten oder Agenturen Bankgeschäfte zu betreiben. Dem Bundesrath bleibt vorbehalten, diesen Banken einzelne der durch die Bestimmungen unter 1 ausgeschlossenen Formen der Kreditertheilung, in deren Ausübung dieselben sich bisher befunden haben, auf Grund des nachgewiesenen besonderen Bedürfnisses zeitweilig oder widerruflich auch ferner zu gestatten und die hierfür etwa nothwendigen Bedingungen festzusetzen.

§ 45.[1] Banken, welche von den Bestimmungen im § 44 zu ihren Gunsten Gebrauch machen wollen, haben dem Reichskanzler nachzuweisen:

1) daß ihre Statuten den durch den § 44 aufgestellten Voraussetzungen entsprechen;
2) daß die erforderliche Einlösungsstelle eingerichtet ist.

Sobald dieser Nachweis geführt ist, erläßt der Reichskanzler eine durch das Reichsgesetzblatt zu veröffentlichende Bekanntmachung, in welcher:

1) die beschränkenden Bestimmungen der §§ 42 und 43 oder des § 43 dieses Gesetzes zu Gunsten der zu bezeichnenden Bank als nicht anwendbar erklärt,
2) die Stelle, an welcher die Noten der Bank eingelöst werden, bezeichnet wird.

§ 46. Kann die Dauer einer bereits erworbenen Befugniß zur Ausgabe von Banknoten durch eine vom Staate oder einer öffentlichen Behörde ausgehende, an einen bestimmten Termin gebundene Kündigung auf eine bestimmte Zeit beschränkt werden, so tritt diese Kündigung zu dem frühesten zulässigen Termine kraft gegenwärtigen Gesetzes ein, es sei denn, daß die Bank den zulässigen Betrag ihrer Notenausgabe auf den am 1. Januar 1874 eingezahlten Betrag ihres Grundkapitals beschränkt und sich den Bestimmungen im § 44 unter 1 und 3 bis 7 unterworfen hat.

Statutarische Bestimmungen, durch welche die Dauer einer Bank oder der derselben ertheilten Befugniß zur Notenausgabe von der unveränderten Fortdauer des Notenprivilegiums der Preußischen Bank abhängig gemacht ist, treten außer Kraft.

§ 47. Jede Abänderung der Bestimmungen des Grundgesetzes, Statuts oder Privilegiums einer Bank, welche die Befugniß zur Ausgabe von Banknoten bereits erworben hat, bedarf, so lange der Bank diese Befugniß zusteht, zu ihrer Gültigkeit der Genehmigung des Bundesraths, sofern sie das Grundkapital, den Reservefonds, den Geschäftskreis oder die Deckung der auszugebenden Noten, oder die Dauer der Befugniß zur Notenausgabe zum Gegenstande hat. Landesgesetzliche Vorschriften und Konzessionsbedingungen, durch welche eine Bank bezüglich des Betriebs des Diskonto-, des Lombard-, des Effekten- und des Depositengeschäfts Beschränkungen unterworfen ist, welche das gegenwärtige Gesetz nicht enthält, stehen einer solchen Aenderung nicht entgegen.

Die Genehmigung wird, nach Erfüllung der sonstigen gesetzlichen Erfordernisse, durch die betheiligte Landesregierung beantragt und muß versagt werden, wenn die Bank nicht von den Bestimmungen des § 44 Gebrauch macht.

Die bayerische Regierung ist berechtigt, bis zum Höchstbetrage

[1] Vgl. Bekanntmachungen 29./12. 75 (RGBl 390); 7./1. 76 (RGBl 2); 3./9. 79 (RGBl 286); 18./5. 85 (RGBl 108).

von 70 Millionen Mark die Befugniß zur Ausgabe von Banknoten für die in Bayern bestehende Notenbank zu erweitern, oder diese Befugniß einer anderen Bank zu ertheilen, sofern die Bank sich den Bestimmungen des § 44 unterwirft.

§ 48. Der Reichskanzler ist jederzeit befugt, sich nöthigenfalls durch kommissarische Einsichtnahme von den Büchern, Geschäftslokalen und Kassenbeständen der Noten ausgebenden Banken die Ueberzeugung zu verschaffen, daß dieselben die durch Gesetz oder Statut festgestellten Bedingungen und Beschränkungen der Notenausgabe innehalten, oder die Voraussetzungen der zu ihren Gunsten etwa ausgesprochenen Nichtanwendbarkeit der §§ 42 und 43 oder des § 43 dieses Gesetzes erfüllen und daß die von ihnen veröffentlichten Wochen- und Jahresübersichten (§ 8), sowie die behufs der Steuerberechnung abgegebenen Nachweise (§ 10) der wirklichen Sachlage entsprechen.

Das Aufsichtsrecht der Landesregierungen wird durch diese Bestimmung nicht berührt.

§ 49. Die Befugniß zur Ausgabe von Banknoten geht verloren:

1) durch Ablauf der Zeitdauer, für welche sie ertheilt ist,
2) durch Verzicht,
3) im Falle des Konkurses durch Eröffnung des Verfahrens gegen die Bank,
4) durch Entziehung kraft richterlichen Urtheils,
5) durch Verfügung der Landesregierung nach Maßgabe der Statuten oder Privilegien.

§ 50. Die Entziehung der Befugniß zur Notenausgabe wird auf Klage des Reichskanzlers oder der Regierung des Bundesstaates, in welchem die Bank ihren Sitz hat, durch gerichtliches Urtheil ausgesprochen:

1) wenn die Vorschriften der Statuten, des Privilegiums oder des gegenwärtigen Gesetzes über die Deckung für die umlaufenden Noten verletzt worden sind oder der Notenumlauf die durch Statut, Privilegium oder Gesetz bestimmte Grenze überschritten hat;
2) wenn die Bank vor Erlaß der in § 45 erwähnten Bekanntmachung des Reichskanzlers außerhalb des durch § 42 ihr angewiesenen Gebiets die in § 42 ihr untersagten Geschäfte betreibt, oder außerhalb des durch § 43 ihr angewiesenen Gebiets ihre Noten vertreibt oder vertreiben läßt;
3) wenn die Bank die Einlösung präsentirter Noten nicht bewirkt
   a) an ihrem Sitze am Tage der Präsentation,
   b) an ihrer Einlösungsstelle (§ 44, Nr. 4) bis zum Ablaufe des auf den Tag der Präsentation folgenden Tages,
   c) an sonstigen durch die Statuten bestimmten Einlösungsstellen bis zum Ablaufe des dritten Tages nach dem Tage der Präsentation;

4) sobald das Grundkapital sich durch Verluste um ein Drittel vermindert hat.

Die Klage ist im ordentlichen Verfahren zu verhandeln. Der Rechtsstreit gilt im Sinne der Reichs- und Landesgesetze als Handelssache.

In dem Urtheile ist zugleich die Verpflichtung zur Einziehung der Noten auszusprechen.

§ 51. Das Urtheil ist erst nach Eintritt der Rechtskraft vollstreckbar. Die Vollstreckung wird auf Antrag durch das Prozeßgericht verfügt. Das Gericht bestimmt zu diesem Zweck die Frist, innerhalb welcher von der Bankverwaltung die Bekanntmachung über die Einziehung der Noten zu erlassen ist.

Sofern nicht der Konkurs über die Bank ausgebrochen ist, setzt das Gericht einen Kurator ein, welcher die Einziehung der Noten zu überwachen und, wenn die Bank den für diesen Fall vorgesehenen Verpflichtungen nicht nachkommt, die Liquidation der Bank beim Gerichte zu beantragen verpflichtet ist.

Eingehende Noten sind von der Bank an eine vom Reichskanzler zu bezeichnende, am Sitze der Bank gelegene Kasse abzuliefern.

§ 52. Sechs Monate, nachdem das Urtheil (§ 50) die Rechtskraft erlangt hat, zahlt die Bank an die vom Reichskanzler bezeichnete Kasse einen Betrag in baarem Gelde ein, welcher dem bis dahin nicht abgelieferten Betrage ihrer Noten gleichkommt. Dieser Baarbetrag wird ihr nach Maßgabe der weiter von ihr abgelieferten Noten und der verbleibende Rest nach Ablauf der letzten vom Bundesrathe für die Einlösung festgesetzten Frist zurückgezahlt.

§ 53. Die an die Kasse abgelieferten Noten (§§ 51 und 52) werden in Gegenwart des Kurators der Kasse und des für die Einziehung der Noten bestellten Kurators vernichtet. Ueber die Vernichtung wird ein gerichtliches oder notarielles Protokoll aufgenommen. Die Verwaltung der Bank ist befugt, an der Vernichtung durch zwei Abgeordnete Theil zu nehmen. Der für die Vernichtung bestimmte Termin ist ihr jedesmal spätestens acht Tage vorher von der der Kasse vorgesetzten Behörde anzuzeigen. Die Vernichtung kann in einem oder mehreren Terminen erfolgen.

§ 54. Für diejenigen Korporationen, welche, ohne Zettelbanken zu sein, sich beim Erlaß dieses Gesetzes im Besitz der Befugniß zur Ausgabe von Noten, Kassenscheinen oder sonstigen auf den Inhaber ausgestellten unverzinslichen Schuldverschreibungen befinden, und für das von ihnen ausgegebene Papiergeld gelten in so lange, als sie von der Befugniß, Papiergeld in Umlauf zu erhalten, Gebrauch machen, die Bestimmungen der §§ 2 bis einschließlich 6, dann des § 43 und des § 47, Absatz 1 dieses Gesetzes, so weit sich derselbe auf die Befugniß zur Ausgabe von Papiergeld, auf deren Dauer, oder auf die Deckung des Papiergeldes bezieht.

Titel IV. Strafbestimmungen.

§ 55. Wer unbefugt Banknoten oder sonstige auf den Inhaber lautende unverzinsliche Schuldverschreibungen ausgiebt, wird mit einer Geldstrafe bestraft, welche dem Zehnfachen des Betrages der von ihm ausgegebenen Werthzeichen gleichkommt, mindestens aber fünftausend Mark beträgt.

§ 56. Mit Geldstrafe bis zu einhundertfünfzig Mark wird bestraft, wer der Verbotsbestimmung des § 43 zuwider, Noten inländischer Banken, oder Noten oder sonstige Geldzeichen inländischer Korporationen außerhalb desjenigen Landesgebiets, für welches dieselben zugelassen sind, zur Leistung von Zahlungen verwendet.

§ 57. Mit Geldstrafe von fünfzig Mark bis zu fünftausend Mark wird bestraft, wer der Verbotsbestimmung in § 11 zuwider, ausländische Banknoten oder sonstige auf den Inhaber lautende unverzinsliche Schuldverschreibungen ausländischer Korporationen, Gesellschaften oder Privaten, welche ausschließlich oder neben anderen Werthbestimmungen in Reichswährung oder einer deutschen Landeswährung ausgestellt sind, zur Leistung von Zahlungen verwendet.

Geschieht die Verwendung gewerbsmäßig, so tritt neben der Geldstrafe Gefängniß bis zu einem Jahre ein. Der Versuch ist strafbar.

§ 58. Mit Geldstrafe bis zu fünftausend Mark wird bestraft, wer den Bestimmungen im § 42 zuwider, für Rechnung von Banken als Vorsteher von Zweiganstalten oder als Agent Bankgeschäfte betreibt oder mit Banken als Gesellschafter in Verbindung tritt.

Die gleiche Strafe trifft die Mitglieder des Vorstandes einer Bank, welche den Bestimmungen des § 7 entgegenhandeln, oder welche dem Verbote des § 42 zuwider

a) Zweiganstalten oder Agenturen bestellen, oder
b) die von ihnen vertretene Bank als Gesellschafter an Bankhäusern betheiligen.

§ 59. Die Mitglieder des Vorstandes einer Bank werden:

1) wenn sie in den durch die Bestimmungen des § 8 vorgeschriebenen Veröffentlichungen wissentlich den Stand der Verhältnisse der Bank unwahr darstellen oder verschleiern, mit Gefängniß bis zu drei Monaten bestraft;
2) wenn sie durch unrichtige Aufstellung der im § 10 vorgeschriebenen Nachweisungen den steuerpflichtigen Notenumlauf zu gering angeben, mit einer Geldstrafe bestraft, welche dem Zehnfachen der hinterzogenen Steuer gleichsteht, mindestens aber fünfhundert Mark beträgt;
3) wenn die Bank mehr Noten ausgiebt, als sie auszugeben befugt ist, mit einer Geldstrafe bestraft, welche dem Zehnfachen des zuviel ausgegebenen Betrages gleichkommt, mindestens aber fünftausend Mark beträgt.

Die Strafe zu 3 trifft auch die Mitglieder des Vorstandes

solcher Korporationen, welche zur Ausgabe von auf den Inhaber lautenden unverzinslichen Schuldverschreibungen befugt sind, wenn sie mehr solche Geldzeichen ausgeben, als die Korporation auszugeben befugt ist.

Titel V. Schlußbestimmungen.

§ 60. Die §§ 6, 42 und 43, sowie die auf die letzteren bezüglichen Strafbestimmungen in den §§ 56 und 58 gegenwärtigen Gesetzes treten am 1. Januar 1876 in Kraft.

§ 61. Der Reichskanzler wird ermächtigt, mit der Königlich preußischen Regierung wegen Abtretung der Preußischen Bank an das Reich auf folgenden Grundlagen einen Vertrag abzuschließen:[1]

1) Preußen tritt nach Zurückziehung seines Einschußkapitals von 1,906,800 Thalern, sowie der ihm zustehenden Hälfte des Reservefonds die Preußische Bank mit allen ihren Rechten und Verpflichtungen mit dem 1. Januar 1876 unter den nachstehend Ziffer 2—6 bezeichneten Bedingungen an das Reich ab. Das Reich wird diese Bank an die nach Maßgabe der Bestimmungen dieses Gesetzes zu errichtende Reichsbank übertragen.
2) Preußen empfängt für Abtretung der Bank eine Entschädigung von fünfzehn Millionen Mark, welche aus den Mitteln der Reichsbank zu decken ist.
3) den bisherigen Antheilseignern der Preußischen Bank wird die Befugniß vorbehalten, gegen Verzicht auf alle ihnen durch ihre Bankantheilsscheine verbrieften Rechte zu Gunsten der Reichsbank den Umtausch dieser Urkunden gegen Antheilsscheine der Reichsbank von gleichem Nominalbetrag zu verlangen.
4) Die Reichsbank hat denjenigen Antheilseignern, welche nach den Bestimmungen der §§ 16 und 19 der Bankordnung vom 5. Oktober 1846 (Preuß. Gesetz-Samml. S. 435) die Herauszahlung des eingeschossenen Kapitals und ihres Antheils an dem Reservefonds der Preußischen Bank verlangen, diese Zahlung zu leisten.
5) Die Reichsbank wird zur Erfüllung der von der Preußischen Bank durch Vertrag vom 28./31. Januar 1856 hinsichtlich der Staatsanleihe von sechzehn Millionen fünfhundertachtundneunzigtausend Thalern übernommenen Verbindlichkeiten an Preußen für die Jahre 1876 bis einschließlich 1925 jährlich 621,910 Thaler in halbjährlichen Raten zahlen. Wird die Konzession der Reichsbank nicht verlängert, so wird das Reich dafür sorgen, daß, so lange keine andere Bank in diese Verpflichtung eintritt, die Rente bis zu dem ebengedachten Zeitpunkte der preußischen Staatskasse unverkürzt zufließe.
6) Eine Auseinandersetzung zwischen Preußen und der Reichsbank wegen der Grundstücke der Preußischen Bank bleibt vorbehalten.

[1] Vgl. den Vertrag 17.—18./5. 75 (RGBl 215 ff.).

§ 62. Der Reichskanzler wird ermächtigt:

1) diejenigen Antheilsscheine der Reichsbank zu begeben, welche nicht nach § 61, Nr. 3 gegen Antheilsscheine der Preußischen Bank umzutauschen sind,
2) auf Höhe der nicht begebenen Antheilsscheine zur Beschaffung des nach § 23 erforderlichen Grundkapitals der Reichsbank verzinsliche, spätestens am 1. Mai 1876 fällig werdende Schatzanweisungen auszugeben.

§ 63. Die Ausfertigung der Schatzanweisungen (§ 62, Nr. 2) wird der Preußischen Hauptverwaltung der Staatsschulden übertragen. Den Zinssatz bestimmt der Reichskanzler. Bis zum 1. Mai 1876 kann, nach Anordnung des Reichskanzlers, der Betrag der Schatzanweisungen wiederholt, jedoch nur zur Deckung der in Verkehr gesetzten Schatzanweisungen ausgegeben werden.

§ 64. Die zur Verzinsung und Einlösung der Schatzanweisungen erforderlichen Beträge müssen der Reichsschulden-Verwaltung aus den bereitesten Einkünften des Reichs zur Verfallzeit zur Verfügung gestellt werden.

§ 65. Die Ausgabe der Schatzanweisungen ist durch die Reichskasse zu bewirken.

Die Zinsen der Schatzanweisungen verjähren binnen vier Jahren, die verschriebenen Kapitalbeträge binnen 30 Jahren nach Eintritt des in jeder Schatzanweisung auszudrückenden Fälligkeitstermins.

§ 66. Die Bestimmungen des Handelsgesetzbuchs über die Eintragung in das Handelsregister und die rechtlichen Folgen derselben finden auf die Reichsbank keine Anwendung.

---

45) Gesetz, betr. die Abänderung des § 4 des Gesetzes über das Postwesen des Deutschen Reiches vom 28. Oktober 1871. Vom 20. Dezember 1875. (RGBl S. 318.)

Vgl. oben zu § 4 des Gesetzes vom 28. Oktober 1871.

1876

46) Gesetz, betr. die Abänderung des Artikels 15 des Münzgesetzes vom 9. Juli 1873. Vom 6. Januar 1876. (RGBl S. 3.)

Vgl. oben S. 74 zu Art. 15 des Münzgesetzes vom 9. Juli 1873.

---

47) Gesetz, betr. das Urheberrecht an Werken der bildenden Künste. Vom 9. Januar 1876. (RGBl S. 4.)

A. Ausschließliches Recht des Urhebers.

§ 1. Das Recht, ein Werk der bildenden Künste ganz oder theilweise nachzubilden, steht dem Urheber desselben ausschließlich zu.

§ 2. Das Recht des Urhebers geht auf dessen Erben über. Dieses Recht kann beschränkt oder unbeschränkt durch Vertrag oder durch Verfügung von Todeswegen auf Andere übertragen werden.

§ 3. Auf die Baukunst findet das gegenwärtige Gesetz keine Anwendung.

§ 4. Als Nachbildung ist nicht anzusehen die freie Benutzung eines Werkes der bildenden Künste zur Hervorbringung eines neuen Werkes.

§ 5. Jede Nachbildung eines Werkes der bildenden Künste, welche in der Absicht, dieselbe zu verbreiten, ohne Genehmigung des Berechtigten (§§ 1, 2) hergestellt wird, ist verboten. Als verbotene Nachbildung ist es auch anzusehen:

1) wenn bei Hervorbringung derselben ein anderes Verfahren angewendet worden ist, als bei dem Originalwerk;
2) wenn die Nachbildung nicht unmittelbar nach dem Originalwerke, sondern mittelbar nach einer Nachbildung desselben geschaffen ist;
3) wenn die Nachbildung eines Werkes der bildenden Künste sich an einem Werke der Baukunst, der Industrie der Fabriken, Handwerke oder Manufakturen befindet;
4) wenn der Urheber oder Verleger dem unter ihnen bestehenden Vertrage zuwider eine neue Vervielfältigung des Werkes veranstalten;
5) wenn der Verleger eine größere Anzahl von Exemplaren eines Werkes anfertigen läßt, als ihm vertragsmäßig oder gesetzlich gestattet ist;

§ 6. Als verbotene Nachbildung ist nicht anzusehen:

1) die Einzelkopie eines Werkes der bildenden Künste, sofern dieselbe ohne die Absicht der Verwerthung angefertigt wird. Es ist jedoch verboten, den Namen oder das Monogramm des Urhebers des Werkes in irgend einer Weise auf der Einzelkopie anzubringen, widrigenfalls eine Geldstrafe bis zu fünfhundert Mark verwirkt ist;
2) die Nachbildung eines Werkes der zeichnenden oder malenden Kunst durch die plastische Kunst, oder umgekehrt;
3) die Nachbildung von Werken der bildenden Künste, welche auf oder an Straßen oder öffentlichen Plätzen bleibend sich befinden. Die Nachbildung darf jedoch nicht in derselben Kunstform erfolgen;
4) die Aufnahme von Nachbildungen einzelner Werke der bildenden Künste in ein Schriftwerk, vorausgesetzt, daß das letztere als die Hauptsache erscheint, und die Abbildungen nur zur Erläuterung des Textes dienen. Jedoch muß der Urheber des Originals oder die benutzte Quelle angegeben werden, widrigenfalls die Strafbestimmung im § 24 des Gesetzes vom 11. Juni 1870, betreffend das Urheberrecht an Schriftwerken 2c. (BGBl 1870 S. 339), Platz greift.

§ 7. Wer ein von einem Anderen herrührendes Werk der bildenden Künste auf rechtmäßige Weise, aber mittelst eines anderen Kunstverfahrens nachbildet, hat in Beziehung auf das von ihm hervorgebrachte Werk das Recht eines Urhebers (§ 1), auch wenn das Original bereits Gemeingut geworden ist.

§ 8. Wenn der Urheber eines Werkes der bildenden Künste das Eigenthum am Werke einem Anderen überläßt, so ist darin die Uebertragung des Nachbildungsrechts fortan nicht enthalten; bei Portraits und Portraitbüsten geht dieses Recht jedoch auf den Besteller über.

Der Eigenthümer des Werkes ist nicht verpflichtet, dasselbe zum Zweck der Veranstaltung von Nachbildungen an den Urheber oder dessen Rechtsnachfolger herauszugeben.

B. Dauer des Urheberrechts.

§ 9. Der Schutz des gegenwärtigen Gesetzes gegen Nachbildung wird für die Lebensdauer des Urhebers und dreißig Jahre nach dem Tode desselben gewährt.

Bei Werken, welche veröffentlicht sind, ist diese Dauer des Schutzes an die Bedingung geknüpft, daß der wahre Name des Urhebers auf dem Werke vollständig genannt oder durch kenntliche Zeichen ausgedrückt ist.

Werke, welche entweder unter einem anderen, als dem wahren Namen des Urhebers veröffentlicht, oder bei welchen ein Urheber gar nicht angegeben ist, werden dreißig Jahre lang, von der Veröffentlichung an, gegen Nachbildung geschützt. Wird innerhalb dieser dreißig Jahre der wahre Name des Urhebers von ihm selbst oder seinen hierzu legitimirten Rechtsnachfolgern zur Eintragung in die Eintragsrolle[1] (§ 39 des Gesetzes vom 11. Juni 1870, betreffend das Urheberrecht an Schriftwerken ꝛc., — BGBl 1870 S. 339) angemeldet, so wird dadurch dem Werke die im Abs. 1 bestimmte längere Dauer des Schutzes erworben.

§ 10. Bei Werken, die in mehreren Bänden oder Abtheilungen erscheinen, wird die Schutzfrist von dem ersten Erscheinen eines jeden Bandes oder einer jeden Abtheilung an berechnet.

Bei Werken jedoch, die in einem oder mehreren Bänden eine einzige Aufgabe behandeln und mithin als in sich zusammenhängend zu betrachten sind, beginnt die Schutzfrist erst nach dem Erscheinen des letzten Bandes oder der letzten Abtheilung.

Wenn indessen zwischen der Herausgabe einzelner Bände oder Abtheilungen ein Zeitraum von mehr als drei Jahren verflossen ist, so sind die vorher erschienenen Bände, Abtheilungen ꝛc. als ein für sich bestehendes Werk und ebenso die nach Ablauf der drei Jahre

[1] Vgl. Bestimmungen über die Führung der Eintragsrolle für Werke der Litteratur, der Tonkunst und der bildenden Künste. Vom 13. Sept. 1901 (CBl S. 335).

erscheinenden weiteren Fortsetzungen als ein neues Werk zu behandeln.

§ 11. Die erst nach dem Tode des Urhebers veröffentlichten Werke werden dreißig Jahre lang, vom Tode des Urhebers an gerechnet, gegen Nachbildung geschützt.

§ 12. Einzelne Werke der bildenden Künste, welche in periodischen Werken, als Zeitschriften, Taschenbüchern, Kalendern ꝛc. erschienen sind, darf der Urheber, falls nichts anderes verabredet ist, auch ohne Einwilligung des Herausgebers oder Verlegers des Werkes, in welches dieselben aufgenommen sind, nach zwei Jahren, vom Ablaufe des Jahres des Erscheinens an gerechnet, anderweitig abdrucken.

§ 13. In den Zeitraum der gesetzlichen Schutzfrist wird das Todesjahr des Verfassers beziehungsweise das Kalenderjahr der ersten Veröffentlichung oder des ersten Erscheinens des Werkes nicht eingerechnet.

§ 14. Wenn der Urheber eines Werkes der bildenden Künste gestattet, daß dasselbe an einem Werke der Industrie, der Fabriken, Handwerke oder Manufakturen nachgebildet wird, so genießt er den Schutz gegen weitere Nachbildungen an Werken der Industrie ꝛc. nicht nach Maßgabe des gegenwärtigen Gesetzes, sondern nur nach Maßgabe des Gesetzes, betreffend das Urheberrecht an Mustern und Modellen.

§ 15. Ein Heimfallsrecht des Fiskus oder anderer zu herrenlosen Verlassenschaften berechtigter Personen findet auf das ausschließliche Recht des Urhebers und seiner Rechtsnachfolger nicht statt.

C. Sicherstellung des Urheberrechts.

§ 16.[1] Die Bestimmungen in den §§ 18—42 des Gesetzes vom 11. Juni 1870, betreffend das Urheberrecht an Schriftwerken ꝛc. (BGBl 1870 S. 339), finden auch auf die Nachbildung von Werken der bildenden Künste entsprechenden Anwendung.

Die Sachverständigen-Vereine, welche nach Maßgabe des § 31 des genannten Gesetzes Gutachten über die Nachbildung von Werken der bildenden Künste abzugeben haben, sollen aus Künstlern verschiedener Kunstzweige, aus Kunsthändlern, Kunstgewerbetreibenden und aus anderen Kunstverständigen bestehen.

D. Allgemeine Bestimmungen.

§ 17. Das gegenwärtige Gesetz tritt mit dem 1. Juli 1876 in Kraft. Alle früheren in den einzelnen Staaten des Deutschen Reichs

[1] Vgl. Bestimmungen über die Zusammensetzung und den Geschäftsbetrieb der künstlerischen, photographischen und gewerblichen Sachverständigen-Vereine vom 29. Februar 1876 (CBl S. 117), dazu Bekanntm. betr. die Abänderung des § 4 der Bestimmungen über die Zusammensetzung ꝛc. vom 29. Febr. 1876. Vom 16. Juli 1879 (CBl S. 490); dazu Bekanntm. betr. die Abänderung der Bestimmungen über die Zusammensetzung ꝛc. vom 29. Febr. 1876. Vom 25. Okt. 1882 (CBl S. 417). — Vgl. auch Anm. zu § 49 des Gesetzes betr. das Urheberrecht vom 19. Juni 1901.

geltenden Bestimmungen in Beziehung auf das Urheberrecht an Werken der bildenden Künste treten von demselben Tage ab außer Wirksamkeit.

§ 18. Das gegenwärtige Gesetz findet auch auf alle vor dem Inkrafttreten desselben erschienenen Werke der bildenden Künste Anwendung, selbst wenn dieselben nach den bisherigen Landesgesetzgebungen keinen Schutz gegen Nachbildung genossen haben.

Die bei dem Inkrafttreten dieses Gesetzes vorhandenen Exemplare, deren Herstellung nach der bisherigen Gesetzgebung gestattet war, sollen auch fernerhin verbreitet werden dürfen, selbst wenn ihre Herstellung nach dem gegenwärtigen Gesetze untersagt ist.

Ebenso sollen die bei dem Inkrafttreten dieses Gesetzes vorhandenen, bisher rechtmäßig angefertigten Vorrichtungen, wie Formen, Platten, Steine, Stereotypabgüsse zc. auch fernerhin zur Anfertigung von Exemplaren benutzt werden dürfen.[1]

Auch dürfen die beim Inkrafttreten des Gesetzes bereits begonnenen, bisher gestatteten Vervielfältigungen noch vollendet werden.

Die Regierungen der Staaten des Deutschen Reichs werden ein Inventarium über die Vorrichtungen, deren fernere Benutzung hiernach gestattet ist, amtlich aufstellen und diese Vorrichtungen mit einem gleichförmigen Stempel bedrucken lassen.

Nach Ablauf der für die Legalisirung angegebenen Frist unterliegen alle mit dem Stempel nicht versehenen Vorrichtungen der bezeichneten Werke, auf Antrag des Verletzten, der Einziehung. Die nähere Instruktion über das bei der Aufstellung des Inventariums und bei der Stempelung zu beobachtende Verfahren wird vom Reichskanzler-Amt erlassen.

§ 19. Die Ertheilung von Privilegien zum Schutze des Urheberrechts ist nicht mehr zulässig.

Dem Inhaber eines vor dem Inkrafttreten des gegenwärtigen Gesetzes von den Regierungen einzelner deutscher Staaten ertheilten Privilegiums steht es frei, ob er von diesem Privilegium Gebrauch machen oder den Schutz des gegenwärtigen Gesetzes anrufen will.

Der Privilegienschutz kann indeß nur für den Umfang derjenigen Staaten geltend gemacht werden, von welchen derselbe ertheilt worden ist.

Die Berufung auf den Privilegienschutz ist dadurch bedingt, daß das Privilegium entweder ganz oder dem wesentlichen Inhalte nach dem Werke vorgedruckt oder auf oder hinter dem Titelblatt desselben bemerkt ist. Wo dieses nach der Natur des Gegenstandes nicht stattfinden kann oder bisher nicht geschehen ist, muß das Privilegium, bei Vermeidung des Erlöschens, binnen drei Monaten nach dem Inkrafttreten dieses Gesetzes zur Eintragung in die Eintragsrolle an-

[1] Vgl. Bestimmungen betr. die Inventarisirung und Stempelung der nach der bisherigen Gesetzgebung rechtmäßig angefertigten Vorrichtungen zur Herstellung von Werken der bildenden Künste. Vom 29. Febr. 1876 (CBl S. 118).

gemeldet werden. Das Kuratorium der Eintragsrolle hat das Privilegium öffentlich bekannt zu machen.

§ 20.[1] Das gegenwärtige Gesetz findet Anwendung auf alle Werke inländischer Urheber, gleichviel ob die Werke im Inlande oder Auslande erschienen oder überhaupt noch nicht veröffentlicht sind.

Wenn Werke ausländischer Urheber bei inländischen Verlegern erscheinen, so stehen diese Werke unter dem Schutze des gegenwärtigen Gesetzes.

§ 21. Diejenigen Werke ausländischer Urheber, welche in einem Orte erschienen sind, der zum ehemaligen Deutschen Bunde, nicht aber zum Deutschen Reiche gehört, genießen den Schutz dieses Gesetzes unter der Voraussetzung, daß das Recht des betreffenden Staates den innerhalb des Deutschen Reichs erschienenen Werken einen den einheimischen Werken gleichen Schutz gewährt; jedoch dauert der Schutz nicht länger, als in dem betreffenden Staate selbst. Dasselbe gilt von nicht veröffentlichten Werken solcher Urheber, welche zwar nicht im Deutschen Reich, wohl aber im ehemaligen deutschen Bundesgebiete staatsangehörig sind.

---

48) Gesetz, betr. den Schutz der Photographieen gegen unbefugte Nachbildung. Vom 10. Januar 1876. (RGBl S. 8.)

§ 1. Das Recht, ein durch Photographie hergestelltes Werk ganz oder theilweise auf mechanischem Wege nachzubilden, steht dem Verfertiger der photographischen Aufnahme ausschließlich zu.

Auf Photographieen von solchen Werken, welche gesetzlich gegen Nachdruck und Nachbildung noch geschützt sind, findet das gegenwärtige Gesetz keine Anwendung.

§ 2. Als Nachbildung ist nicht anzusehen die freie Benutzung eines durch Photographie hergestellten Werkes zur Hervorbringung eines neuen Werkes.

§ 3. Die mechanische Nachbildung eines photographischen Werkes, welche in der Absicht, dieselbe zu verbreiten, ohne Genehmigung der Berechtigten (§§ 1 und 7) hergestellt wird, ist verboten.

§ 4. Die Nachbildung eines photographischen Werkes, wenn sie sich an einem Werke der Industrie, der Fabriken, Handwerke oder Manufakturen befindet, ist als eine verbotene nicht anzusehen.

§ 5. Jede rechtmäßige photographische oder sonstige mechanische Abbildung der Originalaufnahme muß auf der Abbildung selbst oder auf dem Karton

a) den Namen beziehungsweise die Firma des Verfertigers der Originalaufnahme oder des Verlegers, und
b) den Wohnort des Verfertigers oder Verlegers,

---

[1] Vgl. Anm. zu § 55 des G. betr. das Urheberrecht vom 19. Juni 1901, sowie die Berner Uebereinkunft vom 9. September 1886.

c) das Kalenderjahr, in welchem die rechtmäßige Abbildung zuerst erschienen ist,

enthalten, widrigenfalls ein Schutz gegen Nachbildung nicht stattfindet.

§ 6. Der Schutz des gegenwärtigen Gesetzes gegen Nachbildung wird dem Verfertiger des photographischen Werkes fünf Jahre gewährt. Diese Frist wird vom Ablaufe desjenigen Kalenderjahres ab gerechnet, in welchem die rechtmäßigen photographischen oder sonstigen mechanischen Abbildungen der Originalaufnahme zuerst erschienen sind.

Wenn solche Abbildungen nicht erscheinen, so wird die fünfjährige Frist von dem Ablauf desjenigen Kalenderjahres ab gerechnet, in welchem das Negativ der photographischen Aufnahme entstanden ist.

Bei Werken, die in mehreren Bänden oder Abtheilungen erscheinen, findet der § 14 des Gesetzes vom 11. Juni 1870, betreffend das Urheberrecht an Schriftwerken ꝛc., Anwendung.

§ 7. Das im § 1 bezeichnete Recht des Verfertigers eines photographischen Werkes geht auf dessen Erben über. Auch kann dieses Recht von dem Verfertiger oder dessen Erben ganz oder theilweise durch Vertrag oder durch Verfügung von Todeswegen auf Andere übertragen werden. Bei photographischen Bildnissen (Portraits) geht das Recht auch ohne Vertrag von selbst auf den Besteller über.

§ 8. Wer eine von einem Anderen verfertigte photographische Aufnahme durch ein Werk der malenden, zeichnenden oder plastischen Kunst nachbildet, genießt in Beziehung auf das von ihm hervorgebrachte Werk das Recht eines Urhebers nach Maßgabe des § 7 des Gesetzes vom 9. Januar d. J., betreffend das Urheberrecht an Werken der bildenden Künste.

§ 9. Die Bestimmungen in den §§ 18 bis 38, 44, 61 Abs. 1 des Gesetzes vom 11. Juni 1870, betreffend das Urheberrecht an Schriftwerken ꝛc., finden auch Anwendung auf das ausschließliche Nachbildungs- und Vervielfältigungsrecht des Verfertigers photographischer Werke.

§ 10.[1] Die Sachverständigen-Vereine, welche Gutachten über die Nachbildung photographischer Aufnahmen abzugeben haben, sollen aus Künstlern verschiedener Kunstzweige, aus Kunsthändlern, aus anderen Kunstverständigen und aus Photographen bestehen.

§ 11. Die Bestimmungen des gegenwärtigen Gesetzes finden auch Anwendung auf solche Werke, welche durch ein der Photographie ähnliches Verfahren hergestellt werden.

§ 12. Das gegenwärtige Gesetz tritt mit dem 1. Juli 1876 in Kraft. Auf photographische Aufnahmen, welche vor diesem Tage angefertigt sind, findet dasselbe nur dann Anwendung, wenn die erste rechtmäßige photographische oder sonstige mechanische Abbildung der Originalaufnahme nach dem Inkrafttreten des gegenwärtigen Gesetzes erschienen ist.

---

[1] Vgl. S. 130 Anm. 1.

Photographische Aufnahmen, welche schon bisher landesgesetzlich gegen Nachbildung geschützt waren, behalten diesen Schutz; jedoch kann derselbe nur für denjenigen räumlichen Umfang geltend gemacht werden, für welchen er durch die Landesgesetzgebung ertheilt war.

---

49) Gesetz, betr. das Urheberrecht an Mustern und Modellen. Vom 11. Januar 1876. (RGBl S. 11.)

§ 1. Das Recht, ein gewerbliches Muster oder Modell ganz oder theilweise nachzubilden, steht dem Urheber desselben ausschließlich zu.

Als Muster oder Modelle im Sinne dieses Gesetzes werden nur neue und eigenthümliche Erzeugnisse angesehen.

§ 2. Bei solchen Mustern und Modellen, welche von den in einer inländischen gewerblichen Anstalt beschäftigten Zeichnern, Malern, Bildhauern ꝛc. im Auftrage oder für Rechnung des Eigenthümers der gewerblichen Anstalt angefertigt werden, gilt der letztere, wenn durch Vertrag nichts anderes bestimmt ist, als der Urheber der Muster und Modelle.

§ 3. Das Recht des Urhebers geht auf dessen Erben über. Dieses Recht kann beschränkt oder unbeschränkt durch Vertrag oder durch Verfügung von Todeswegen auf Andere übertragen werden.

§ 4. Die freie Benutzung einzelner Motive eines Musters oder Modells zur Herstellung eines neuen Musters oder Modells ist als Nachbildung nicht anzusehen.

§ 5. Jede Nachbildung eines Musters oder Modells, welche in der Absicht, dieselbe zu verbreiten, ohne Genehmigung des Berechtigten (§§ 1—3) hergestellt wird, ist verboten. Als verbotene Nachbildung ist es auch anzusehen:

1) wenn bei Hervorbringung derselben ein anderes Verfahren angewendet worden ist, als bei dem Originalwerke, oder wenn die Nachbildung für einen anderen Gewerbszweig bestimmt ist, als das Original;
2) wenn die Nachbildung in anderen räumlichen Abmessungen oder Farben hergestellt wird, als das Original, oder wenn sie sich vom Original nur durch solche Abänderungen unterscheidet, welche nur bei Anwendung besonderer Aufmerksamkeit wahrgenommen werden können;
3) wenn die Nachbildung nicht unmittelbar nach dem Originalwerke, sondern mittelbar nach einer Nachbildung desselben geschaffen ist.

§ 6. Als verbotene Nachbildung ist nicht anzusehen:

1) die Einzelkopie eines Musters oder Modells, sofern dieselbe ohne die Absicht der gewerbsmäßigen Verbreitung und Verwerthung angefertigt wird;
2) die Nachbildung von Mustern, welche für Flächenerzeugnisse bestimmt sind, durch plastische Erzeugnisse, und umgekehrt;

3) die Aufnahme von Nachbildungen einzelner Muster oder Modelle in ein Schriftwerk.

§ 7. Der Urheber eines Musters oder Modells genießt den Schutz gegen Nachbildung nur dann, wenn er dasselbe zur Eintragung in das Musterregister angemeldet und ein Exemplar oder eine Abbildung des Musters ꝛc. bei der mit Führung des Musterregisters beauftragten Behörde niedergelegt hat.

Die Anmeldung und Niederlegung muß erfolgen, bevor ein nach dem Muster oder Modelle gefertigtes Erzeugniß verbreitet wird.

§ 8. Der Schutz des gegenwärtigen Gesetzes gegen Nachbildung wird dem Urheber des Musters oder Modells nach seiner Wahl ein bis drei Jahre lang, vom Tage der Anmeldung (§ 7) ab, gewährt.

Der Urheber ist berechtigt, gegen Zahlung der im § 12 Absatz 3 bestimmten Gebühr, eine Ausdehnung der Schutzfrist bis auf höchstens fünfzehn Jahre zu verlangen. Die Verlängerung der Schutzfrist wird in dem Musterregister eingetragen.

Der Urheber kann das ihm nach Absatz 2 zustehende Recht außer bei der Anmeldung auch bei Ablauf der dreijährigen und der zehnjährigen Schutzfrist ausüben.

§ 9.[1] Das Musterregister wird von den mit der Führung der Handelsregister beauftragten Gerichtsbehörden geführt.

Der Urheber hat die Anmeldung und Niederlegung des Musters oder Modells bei der Gerichtsbehörde seiner Hauptniederlassung, und falls er eine eingetragene Firma nicht besitzt, bei der betreffenden Gerichtsbehörde seines Wohnortes zu bewirken.

Urheber, welche im Inlande weder eine Niederlassung, noch einen Wohnsitz haben, müssen die Anmeldung und Niederlegung bei dem Handelsgericht in Leipzig bewirken.

Die Muster oder Modelle können offen oder versiegelt, einzeln oder in Packeten niedergelegt werden. Die Packete dürfen jedoch nicht mehr als 50 Muster oder Modelle enthalten und nicht mehr als 10 Kilogramm wiegen. Die näheren Vorschriften über die Führung des Musterregisters erläßt das Reichskanzler-Amt.

Die Eröffnung der versiegelt niedergelegten Muster erfolgt drei Jahre nach der Anmeldung (§ 7) beziehentlich, wenn die Schutzfrist eine kürzere ist, nach dem Ablaufe derselben.

Die Eintragung und die Verlängerung der Schutzfrist (§ 8 Alinea 2) wird monatlich im Deutschen Reichsanzeiger bekannt gemacht. Die Kosten der Bekanntmachung hat der Anmeldende zu tragen.

§ 10. Die Eintragungen in das Musterregister werden bewirkt, ohne daß eine zuvorige Prüfung über die Berechtigung des Antrag-

[1] Vgl. Bestimmungen über die Führung des Musterregisters. Vom 29. Febr. 1876 (CBl S. 123); dazu Bekanntm. vom 12. Nov. 1883 (CBl S. 325) und vom 23. Dez. 1886 (CBl S. 418).

stellers oder über die Richtigkeit der zur Eintragung angemeldeten Thatsachen stattfindet.

§ 11. Es ist Jedermann gestattet, von dem Musterregister und den nicht versiegelten Mustern oder Modellen Einsicht zu nehmen und sich beglaubigte Auszüge aus dem Musterregister ertheilen zu lassen. In Streitfällen darüber, ob ein Muster oder Modell gegen Nachbildung geschützt ist, können zur Herbeiführung der Entscheidung auch die versiegelten Packete von der mit der Führung des Musterregisters beauftragten Behörde geöffnet werden.

§ 12. Alle Eingaben, Verhandlungen, Atteste, Beglaubigungen, Zeugnisse, Auszüge ꝛc., welche die Eintragung in das Musterregister betreffen, sind stempelfrei.

Für jede Eintragung und Niederlegung eines einzelnen Musters oder eines Packets mit Mustern ꝛc. (§ 9) wird, insofern die Schutzfrist auf nicht länger als drei Jahre beansprucht wird (§ 8 Absatz 1), eine Gebühr von 1 Mark für jedes Jahr erhoben.

Nimmt der Urheber in Gemäßheit des § 8 Absatz 2 eine längere Schutzfrist in Anspruch, so hat er für jedes weitere Jahr bis zum zehnten Jahre einschließlich eine Gebühr von 2 Mark, von elf bis fünfzehn Jahren eine Gebühr von 3 Mark für jedes einzelne Muster oder Modell zu entrichten. Für jeden Eintragungsschein, sowie für jeden sonstigen Auszug aus dem Musterregister wird eine Gebühr von je 1 Mark erhoben.

§ 13. Derjenige, welcher nach Maßgabe des § 7 das Muster oder Modell zur Eintragung in das Musterregister angemeldet und niedergelegt hat, gilt bis zum Gegenbeweise als Urheber.

§ 14.[1] Die Bestimmungen in den §§ 18—36, 38 des Gesetzes vom 11. Juni 1870, betreffend das Urheberrecht an Schriftwerken ꝛc. (Bundes-Gesetzbl. 1870 S. 339), finden auch auf das Urheberrecht an Mustern und Modellen mit der Maßgabe entsprechende Anwendung, daß die vorräthigen Nachbildungen und die zur widerrechtlichen Vervielfältigung bestimmten Vorrichtungen nicht vernichtet, sondern auf Kosten des Eigenthümers und nach Wahl desselben entweder ihrer gefährdenden Form entkleidet, oder bis zum Ablauf der Schutzfrist amtlich aufbewahrt werden.

Die Sachverständigen-Vereine, welche nach § 31 des genannten Gesetzes Gutachten über die Nachbildung von Mustern oder Modellen abzugeben haben, sollen aus Künstlern, aus Gewerbtreibenden verschiedener Gewerbzweige und aus sonstigen Personen, welche mit dem Muster- und Modellwesen vertraut sind, zusammengesetzt werden.

§ 15. Bürgerliche Rechtsstreitigkeiten, in welchen auf Grund

---

[1] Vgl. Bestimmungen über die Zusammensetzung und den Geschäftsbetrieb der künstlerischen, photographischen und gewerblichen Sachverständigen-Vereine vom 29. Februar 1876 (CBl S. 117), mit Abänderungen vom 16. Juli 1879 (CBl S. 490). Vgl. auch Anm. zu § 49 des G. betr. das Urheberrecht vom 19. Juni 1901.

der Bestimmungen dieses Gesetzes eine Klage wegen Entschädigung, Bereicherung oder Einziehung angestellt wird, gelten im Sinne der Reichs- und Landesgesetze als Handelssachen.

§ 16. Das gegenwärtige Gesetz findet Anwendung auf alle Muster und Modelle inländischer Urheber, sofern die nach den Mustern oder Modellen hergestellten Erzeugnisse im Inlande verfertigt sind, gleichviel ob dieselben im Inlande oder Auslande verbreitet werden.

Wenn ausländische Urheber im Gebiete des Deutschen Reichs ihre gewerbliche Niederlassung haben, so genießen sie für die im Inlande gefertigten Erzeugnisse den Schutz des gegenwärtigen Gesetzes.

Im Uebrigen richtet sich der Schutz der ausländischen Urheber nach den bestehenden Staatsverträgen.

§ 17. Das gegenwärtige Gesetz tritt mit dem 1. April 1876 in Kraft. Es findet Anwendung auf alle Muster und Modelle, welche nach dem Inkrafttreten desselben angefertigt worden sind.

Muster und Modelle, welche vor diesem Tage angefertigt worden sind, genießen den Schutz des Gesetzes nur dann, wenn das erste nach dem Muster ꝛc. gefertigte Erzeugniß erst nach dem Inkrafttreten des Gesetzes verbreitet worden ist.

Muster und Modelle, welche schon bisher landesgesetzlich gegen Nachbildung geschützt waren, behalten diesen Schutz; jedoch kann derselbe nur für denjenigen räumlichen Umfang geltend gemacht werden, für welchen er durch die Landesgesetzgebung ertheilt war.

---

50) Gesetz über die eingeschriebenen Hülfskassen. Vom 7. April 1876. (RGBl S. 125.)[1]

§ 1. Kassen, welche die gegenseitige Unterstützung ihrer Mitglieder für den Fall der Krankheit bezwecken und auf freier Uebereinkunft beruhen, erhalten die Rechte einer eingeschriebenen Hülfskasse unter den nachstehend angegebenen Bedingungen.

---

[1] Der ursprüngliche Text des Gesetzes ist wesentlich abgeändert durch G vom 1. Juni 1884 (RGBl S. 54). Die auf dieser Novelle beruhenden Abänderungen sind durch lateinischen Druck, die durch dieselbe verursachten Auslassungen durch Punktirung hervorgehoben. — Die Abänderungen sind enthalten in Art. 1—18. Die beiden Schlußartikel der Novelle lauten:

Artikel 19. Die Statuten bestehender eingeschriebener Hülfskassen, welche den Vorschriften dieses Gesetzes nicht genügen, sind der erforderlichen Abänderung zu unterziehen.

Kassen, welche dieser Verpflichtung nicht bis zum 1. Januar 1885 genügen, sind von der höheren Verwaltungsbehörde unter Bestimmung einer mindestens sechswöchentlichen Frist dazu aufzufordern und können nach unbenutztem Ablauf dieser Frist geschlossen werden. Die Schließung erfolgt nach Maßgabe des § 29.

Artikel 20. Von bestehenden eingeschriebenen Hülfskassen, welche örtliche Verwaltungsstellen errichtet haben, ist die im § 19d vorgeschriebene Anzeige binnen drei Monaten nach Inkrafttreten dieses Gesetzes zu erstatten.

§ 2. Die Kasse hat einen Namen anzunehmen, welcher von dem aller anderen, an demselben Orte oder in derselben Gemeinde befindlichen Hülfskassen verschieden ist und die zusätzliche Bezeichnung: „eingeschriebene Hülfskasse" enthält.

§ 3. Das Statut der Kasse muſs Bestimmung treffen:

1) über Namen, Sitz und Zweck der Kasse;
2) über den Beitritt und Austritt der Mitglieder;
3) über die Höhe der Beiträge . . .;
4) über die Voraussetzungen, die Art und den Umfang der Unterstützungen;
5) über die Bildung des Vorstandes, . . . über die Legitimation seiner Mitglieder und den Umfang seiner Befugnisse;
6) über die Zusammensetzung und Berufung der Generalversammlung und über die Art ihrer Beschlußfassung . . .;
6a) über die Bildung und die Befugnisse der örtlichen Verwaltungsstellen, falls solche errichtet werden sollen;
7) über die Abänderung des Statuts;
8) über die Verwendung des Kassenvermögens im Falle der Auflösung oder Schließung der Kasse;
9) über die Aufstellung und Prüfung der Jahresrechnung.

Das Statut darf keine Bestimmung enthalten, welche mit dem Zwecke der Kasse nicht in Verbindung steht oder den Vorschriften dieses Gesetzes zuwiderläuft.

§ 4. Das Statut ist in zwei Exemplaren dem Vorstande der Gemeinde, in deren Bezirk die Kasse ihren Sitz nimmt, von den mit der Geschäftsleitung vorläufig betrauten Personen oder von dem Vorstande der Kasse in Person einzureichen. Der Gemeindevorstand hat das Statut der höheren Verwaltungsbehörde ungesäumt zu übersenden; diese entscheidet über die Zulassung der Kasse. Der Bescheid ist innerhalb sechs Wochen zu ertheilen.

Die Zulassung darf nur versagt werden, wenn das Statut den Anforderungen dieses Gesetzes nicht genügt. Wird die Zulassung versagt, so sind die Gründe mitzutheilen. Gegen die Versagung steht der Rekurs zu; wegen des Verfahrens und der Behörden gelten die Vorschriften der §§ 20 und 21 der Gewerbeordnung. In Elsaß-Lothringen finden statt derselben die dort geltenden Bestimmungen über das Verfahren in streitigen Verwaltungssachen entsprechende Anwendung. Wird die Zulassung ausgesprochen, so ist eine Ausfertigung des Statuts, versehen mit dem Vermerke der erfolgten Zulassung, zurückzugeben.

Abänderungen des Statuts unterliegen den gleichen Vorschriften. Ueber die Zulassung einer Abänderung, durch welche der Sitz der Kasse verlegt werden soll, hat die Behörde des alten Sitzes zu entscheiden.

Die Zulassung einer Kasse, welche örtliche Verwaltungsstellen einrichtet, ist bei derjenigen Verwaltungsbehörde zu erwirken, in deren Bezirk die Hauptkasse ihren Sitz nimmt.

Auf[1] den Antrag der Kasse hat die höhere Verwaltungsbehörde bei der Zulassung zugleich zu bescheinigen, daſs das Statut den Vorschriften des § 75 des Gesetzes, betreffend die Krankenversicherung der Arbeiter, vom 15. Juni 1883 genügt. Wird die Bescheinigung versagt, so sind die Gründe mitzutheilen. Gegen die Versagung steht der Rekurs gemäſs Absatz 2 zu.

§ 5. Die Kasse kann unter ihrem Namen Rechte erwerben und Verbindlichkeiten eingehen, Eigenthum und andere dingliche Rechte an Grundstücken erwerben, vor Gericht klagen und verklagt werden.

Für alle Verbindlichkeiten der Kasse haftet den Kassengläubigern nur das Vermögen der Kasse.

Der ordentliche Gerichtsstand der Kasse ist bei dem Gerichte, in dessen Bezirk sie ihren Sitz hat.

§ 6. Zum Beitritt der Mitglieder ist eine schriftliche Erklärung oder die Unterzeichnung des Statuts erforderlich. Handzeichen Schreibensunkundiger bedürfen der Beglaubigung durch ein Mitglied des Vorstandes oder einer örtlichen Verwaltungsstelle; vergleiche §§ 19a ff.

Der Beitritt darf von der Betheiligung an anderen Gesellschaften oder Vereinen nur dann abhängig gemacht werden, wenn eine solche Betheiligung für sämmtliche Mitglieder bei Errichtung der Kasse durch das Statut vorgesehen ist. Im Uebrigen darf den Mitgliedern die Verpflichtung zu Handlungen oder Unterlassungen, welche mit dem Kassenzweck in keiner Verbindung stehen, nicht auferlegt werden.

§ 7. Das Recht auf Unterstützung aus der Kasse beginnt für sämmtliche Mitglieder spätestens mit dem Ablauf der dreizehnten auf den Beitritt folgenden Woche.

Hat ein Mitglied bereits das Recht auf Unterstützung erworben, so verbleibt ihm dasselbe auch nach dem Austritte oder Ausschlusse für die nach Absatz 1 festgesetzte Frist. Ist der Ausschluß wegen Zahlungssäumniß erfolgt, so läuft diese Frist von dem Tage, bis zu welchem die Beiträge bezahlt sind.

Für die erste Woche nach dem Beginn der Krankheit kann die Gewährung einer Unterstützung ausgeschlossen werden.

Der völlige oder theilweise Ausschluſs der Unterstützung ist nur in Fällen solcher Krankheiten zulässig, welche sich die Mitglieder vorsätzlich oder durch schuldhafte Betheiligung an Schlägereien oder Raufhändeln, durch Trunkfälligkeit oder geschlechtliche Ausschweifungen zugezogen haben. Soweit die Unterstützung in Gewährung freier ärztlicher Behandlung oder Arznei besteht, kann sie auch in diesen Fällen nicht ausgeschlossen werden.

[1] Dieser Abs. 5 ist mit dem 1. Januar 1893 außer Kraft getreten. Vgl. G über die Abänderung des Gesetzes, betreffend die Krankenversicherung der Arbeiter, vom 15. Juni 1883. Vom 10. April 1892 (RGBl S. 379) Art. 32. Dazu jetzt § 75a des Krankenversicherungs-Gesetzes in der Fassung vom 10. April 1892 (vgl. unten).

§ 8. Die Mitglieder sind der Kasse gegenüber lediglich zu den auf Grund dieses Gesetzes und des Statuts festgestellten Beiträgen verpflichtet.

Nach Maſsgabe des Geschlechts, des Gesundheitszustandes, des Lebensalters, der Beschäftigung oder des Beschäftigungsortes der Mitglieder darf die Höhe der Beiträge verschieden bemessen werden.

Die Einrichtung von Mitgliederklassen mit verschiedenen Beitrags- und Unterstützungssätzen ist zulässig.

Im Uebrigen müssen die Beiträge und Unterstützungen für alle Mitglieder nach gleichen Grundsätzen abgemessen sein.

§ 9 (ist aufgehoben).

§ 10. Der Anspruch auf Unterstützung kann mit rechtlicher Wirkung weder verpfändet, noch übertragen, noch gepfändet und darf nur auf geschuldete Beiträge aufgerechnet werden.[1]

§ 11 (ist aufgehoben).

§ 12. Als Krankenunterstützung können den Mitgliedern Krankengeld, ärztliche Behandlung, Arznei und andere Heilmittel, Verpflegung in einem Krankenhause, sowie die geeigneten Mittel zur Erleichterung der ihnen nach der Genesung verbliebenen körperlichen Mängel gewährt werden.

Auch kann die Krankenunterstützung an Wöchnerinnen gewährt und die Gewährung ärztlicher Behandlung auf die Familienangehörigen der Mitglieder ausgedehnt werden.

Den Hinterbliebenen verstorbener Mitglieder kann ferner eine Beihülfe gewährt werden, welche das Zehnfache der wöchentlichen Unterstützung, auf welche das verstorbene Mitglied Anspruch hatte, nicht überschreitet.

§ 13. Zu anderen Zwecken, als den im § ... 12 bezeichneten Unterstützungen und der Deckung der Verwaltungskosten, dürfen weder Beiträge von den Mitgliedern erhoben werden, noch Verwendungen aus dem Vermögen der Kasse erfolgen.

§ 14 (ist aufgehoben).

§ 15. Der Ausschluß von Mitgliedern aus der Kasse kann nur unter den durch das Statut bestimmten Formen und aus den darin bezeichneten Gründen erfolgen. Er ist nur zulässig bei dem Wegfall einer die Aufnahme bedingenden Voraussetzung, für den Fall einer Zahlungssäumniß oder einer solchen strafbaren Handlung, welche eine Verletzung der Bestimmungen des Statuts in sich schließt. Wegen Ueberschreitung der Altersgrenze, über welche hinaus nach Bestimmung des Statuts Mitglieder nicht aufgenommen werden, und wegen Veränderung des Gesundheitszustandes, von welchem nach Bestimmung des Statuts die Aufnahme abhängig ist, darf der Ausschluſs nicht erfolgen. Wegen des Austrittes

[1] Vgl. BGB § 394.

oder Ausschlusses aus einer Gesellschaft oder einem Vereine können Mitglieder nicht ausgeschlossen werden, wenn sie der Kasse bereits zwei Jahre angehört haben. Erfolgt ihre Ausschließung vor Ablauf dieser Zeit, so haben sie Anspruch auf Ersatz des von ihnen bezahlten Eintrittsgeldes.

§ 16. Die Kasse muß einen von der Generalversammlung gewählten Vorstand haben, durch welchen sie gerichtlich und außergerichtlich vertreten wird.

Die Mitglieder des Vorstandes, welche die Kasse gerichtlich und aufsergerichtlich vertreten, haben in der Generalversammlung nur eine berathende Stimme.

§ 17. Die Zusammensetzung des Vorstandes, sowie jede in der Zusammensetzung des Vorstandes eingetretene Aenderung ist dem Vorstande der Gemeinde, in deren Bezirk die Kasse ihren Sitz hat, anzumelden. Die Anmeldung hat durch die Vorstandsmitglieder in Person oder durch eine beglaubigte schriftliche Erklärung zu erfolgen. Ist die Anmeldung nicht geschehen, so kann eine in der Zusammensetzung eingetretene Aenderung dritten Personen nur dann entgegengesetzt werden, wenn bewiesen wird, daß sie letzteren bekannt war.

Zur Legitimation des Vorstandes bei allen Geschäften, auch den das Hypotheken- und Grundschuldwesen betreffenden, genügt das Zeugniß des Vorstandes der Gemeinde, daß die darin bezeichneten Personen zur Zeit als Mitglieder des Vorstandes angemeldet sind.

§ 18. Die Befugniß des Vorstandes, die Kasse nach Außen zu vertreten, wird durch die im Statut enthaltene Vollmacht bestimmt.

Durch die innerhalb der Grenzen dieser Vollmacht im Namen der Kasse vom Vorstande abgeschlossenen Geschäfte wird die Kasse verpflichtet und berechtigt.

§ 19. Dem Vorstande kann zur Ueberwachung der Geschäftsleitung ein Ausschuß zur Seite gesetzt werden, welcher durch die Generalversammlung zu wählen ist.

§ 19a. Die Kasse kann für bestimmte Bezirke örtliche Verwaltungsstellen errichten und denselben folgende Befugnisse ertheilen:

1) Beitrittserklärungen und Austrittserklärungen entgegen zu nehmen, sowie Handzeichen Schreibensunkundiger in Gemäfsheit des § 6 Absatz 1 zu beglaubigen;
2) die Kassenbeiträge zu erheben, über Stundungsgesuche zu entscheiden, die Unterstützungen auszuzahlen, sowie die eingehenden Gelder, vorbehaltlich anderweiter Verfügung des Vorstandes über dieselben, bis zum Belaufe einer durchschnittlichen Jahresausgabe zum Zweck des Betriebes zu verwahren und anzulegen;
3) Einrichtungen zur Wahrnehmung der Krankenkontrolle zu treffen.

§ 19b. Der Versammlung der Kassenmitglieder, für welche

die örtliche Verwaltungsstelle errichtet ist, kann die Befugniſs beigelegt werden:

1) die Mitglieder der örtlichen Verwaltung und den Kassenarzt für den Bezirk derselben zu wählen. Die Wahlen bedürfen der Bestätigung des Vorstandes (§ 16). Der Letztere ist befugt, die Gewählten, welche bei der Wahrnehmung ihrer Obliegenheiten den gesetzlichen oder statutarischen Anforderungen nicht genügen, zu beseitigen und durch andere zu ersetzen;
2) Kassenrevisoren für die Kasse der örtlichen Verwaltungsstelle und Krankenbesucher für den Bezirk derselben zu wählen;
3) einen oder mehrere Abgeordnete zur Generalversammlung zu wählen, sofern diese statutenmäſsig aus Abgeordneten besteht;
4) Anträge und Beschwerden in Angelegenheiten der Kasse an die Generalversammlung zu richten.

§ 19c. Weitere, als die in den §§ 19a, 19b bezeichneten Befugnisse dürfen den örtlichen Verwaltungsstellen und der Gesammtheit der Mitglieder ihres Bezirks nicht beigelegt werden.

§ 19d. Die Kasse hat der Aufsichtsbehörde, in deren Bezirk sie ihren Sitz hat, von der Errichtung jeder örtlichen Verwaltungsstelle binnen zwei Wochen, unter Angabe des Sitzes und Bezirks derselben und unter Bezeichnung der Personen, welche zur Zeit die örtliche Verwaltung führen, Anzeige zu erstatten.

Die Aufsichtsbehörde hat die Anzeige, sofern die örtliche Verwaltungsstelle ihren Sitz in dem Bezirke einer anderen Aufsichtsbehörde hat, dieser mitzutheilen.

Von jeder Aenderung des Bezirks der örtlichen Verwaltungsstelle und der Zusammensetzung ihrer Verwaltung hat diese der Aufsichtsbehörde ihres Sitzes Anzeige zu erstatten.

§ 20. Soweit die Angelegenheiten der Kasse nicht durch den Vorstand oder Ausschuß wahrgenommen werden, steht die Beschlußnahme darüber der Generalversammlung zu.

Die Generalversammlung kann dritten Personen ihre Befugnisse nicht übertragen.

Abänderungen des Statuts bedürfen . . . ihrer Zustimmung.

§ 21. In der Generalversammlung hat jedes anwesende Mitglied, welches großjährig und im Besitz der bürgerlichen Ehrenrechte ist, eine Stimme. Mitglieder, welche mit den Beiträgen im Rückstande sind, können von der Theilnahme an der Abstimmung ausgeschlossen werden.

Die Generalversammlung kann auch aus Abgeordneten gebildet werden, welche aus der Mitte der stimmfähigen Mitglieder zu wählen sind; die Zahl der zu wählenden Abgeordneten muſs jedoch mindestens zwanzig betragen und doppelt so groſs sein, als die Zahl der Vorstandsmitglieder.

. . . .

Soll die Wahl der Abgeordneten von den Mitgliedern nach Abtheilungen vorgenommen werden, so muſs die Bildung der Wahlabtheilungen und die Vertheilung der Abgeordneten auf dieselben durch das Statut erfolgen.

§ 22. Generalversammlungen können nur innerhalb des Deutschen Reichs an einem Orte abgehalten werden, an welchem die Kasse eine örtliche Verwaltungsstelle besitzt. Bei der Berufung ist der Gegenstand der Berathung anzugeben.

Wird von dem Ausschuß oder von dem zehnten Theile der stimmfähigen Mitglieder die Berufung der Generalversammlung beantragt, so muß der Vorstand die letztere berufen.

§ 23 (ist aufgehoben).

§ 24. Die Einnahmen und Ausgaben der Kasse sind von allen den Zwecken der Kasse fremden Vereinnahmungen und Verausgabungen getrennt festzustellen und zu verrechnen; ebenso sind Bestände gesondert zu verwahren.

Verfügbare Gelder dürfen, außer in öffentlichen Sparkassen, nur ebenso wie die Gelder Bevormundeter angelegt werden.

§ 25. Die Kasse hat einen Reservefonds im Mindestbetrage der durchschnittlichen Jahresausgabe der letzten fünf Rechnungsjahre anzusammeln und erforderlichenfalls bis zu dieser Höhe zu ergänzen.

So lange der Reservefonds diesen Betrag nicht erreicht, ist demselben mindestens ein Zehntel des Jahresbetrages der Kassenbeiträge zuzuführen.

§ 26. Ergiebt sich aus den Jahresabschlüssen der Kasse, daſs die Einnahmen derselben zur Deckung ihrer Ausgaben einschlieſslich der Rücklagen zur Ansammlung und Ergänzung des Reservefonds nicht ausreichen, so ist entweder eine Erhöhung der Beiträge oder eine Minderung der Kassenleistungen herbeizuführen.

Unterläſst die Kasse, eine dem Bedürfnisse entsprechende Abänderung herbeizuführen, so hat ihr die höhere Verwaltungsbehörde auf Grund eines sachverständigen Gutachtens zu eröffnen, in welcher Art und in welchem Maſse dieselbe für erforderlich zu erachten und binnen welcher Frist dieselbe herbeizuführen ist. Die Frist muſs auf mindestens sechs Wochen bestimmt werden.

§ 27. Die Kasse ist verpflichtet, in den vorgeschriebenen Fristen und nach den vorgeschriebenen Formularen[1] Uebersichten über die Mitglieder, über die Krankheits- und Sterbefälle, über die vereinnahmten Beiträge und die geleisteten Unter-

---

[1] Vgl. Bekanntm. des Bundesraths vom 16. Okt. 1884 (CBl S. 266).

stützungen, sowie einen Rechnungsabschlufs der Aufsichtsbehörde einzusenden.[1]

Sie hat das Ausscheiden der Mitglieder auf Erfordern den Aufsichtsbehörden, in deren Bezirk dieselben sich aufhalten, anzuzeigen. Für Mitglieder, welche sich im Bezirke einer örtlichen Verwaltungsstelle aufhalten, liegt diese Verpflichtung der letzteren ob.

§ 28. Die Kasse . . . kann durch Beschluß der Generalversammlung unter Zustimmung von mindestens vier Fünftheilen sämmtlicher Stimmen aufgelöst werden.

§ 29. Die Schließung einer Kasse kann durch die höhere Verwaltungsbehörde erfolgen:

1) wenn mehr als ein Viertheil der Mitglieder mit der Einzahlung der Beiträge im Rückstande ist, und trotz ergangener Aufforderung der Aufsichtsbehörde weder die Beitreibung der fälligen Beiträge, noch der Ausschluß der säumigen Mitglieder erfolgt;

2) wenn die Kasse trotz ergangener Aufforderung der Aufsichtsbehörde vier Wochen mit Zahlung fälliger nicht streitiger Unterstützungen im Rückstande ist;

3) wenn die Generalversammlung einen mit den Vorschriften dieses Gesetzes oder des Kassenstatuts im Widerspruch stehenden Beschlufs gefalst hat und der Auflage der Aufsichtsbehörde, denselben zurückzunehmen, innerhalb der gesetzten, auf mindestens sechs Wochen zu bemessenden Frist nicht nachgekommen ist;

4) wenn dem § 6 dieses Gesetzes zuwider Mitglieder zu Handlungen oder Unterlassungen verpflichtet, oder wenn der Vorschrift des § 13 entgegen Beiträge von den Mitgliedern erhoben oder Verwendungen aus dem Vermögen der Kasse bewirkt werden;

5) wenn im Falle des § 26 Absatz 2 innerhalb der bestimmten Frist die Erhöhung der Beiträge oder die Minderung der Unterstützungssätze in dem festgesetzten Malse nicht erfolgt;

5a) wenn sich ergiebt, dals nach § 3, 4 die Zulassung der Kasse hätte versagt werden müssen, und die erforderliche Abänderung des Statuts innerhalb einer von der höheren Verwaltungsbehörde zu bestimmenden, mindestens sechswöchentlichen Frist nicht bewirkt worden ist;

6) wenn Mitglieder aus einem nach diesem Gesetze unzulässigen Grunde aus der Kasse ausgeschlossen werden.

Gegen die Maßregeln der Verwaltungsbehörde ist der Rekurs zulässig; wegen des Verfahrens und der Behörden gelten die Vorschriften der §§ 20 und 21 der Gewerbeordnung. In Elsaß-Lothringen

[1] CBl 1892 S. 671, 1897 S. 329.

finden statt derselben die dort geltenden Bestimmungen über das Verfahren in streitigen Verwaltungssachen entsprechende Anwendung.

Die Eröffnung des Konkursverfahrens über eine Kasse hat die Schließung kraft Gesetzes zur Folge.

§ 30. Bei der Auflösung einer Kasse wird die Abwickelung der Geschäfte, sofern die Generalversammlung darüber nicht anderweitig beschließt, durch den Vorstand vollzogen. Genügt dieser seiner Verpflichtung nicht, oder wird die Kasse geschlossen, so hat die Aufsichtsbehörde die Abwickelung der Geschäfte geeigneten Personen zu übertragen und deren Namen bekannt zu machen.

§ 31. Von dem Zeitpunkte der Auflösung oder Schließung einer Kasse ab bleiben die Mitglieder noch für diejenigen Zahlungen verhaftet, zu welchen sie das Statut für den Fall ihres Austrittes aus der Kasse verpflichtete.

Das Vermögen der Kasse ist nach der Auflösung oder Schließung zunächst zur Deckung der vor dem Zeitpunkte der Auflösung oder Schließung bereits eingetretenen Unterstützungsverpflichtungen zu verwenden.

§ 32. Bis zum Ablaufe eines Jahres nach Auflösung oder Schließung einer Kasse kann einer für die gleichen Zwecke und für denselben Mitgliederkreis oder für einen Theil desselben neu errichteten Kasse die Zulassung versagt werden.

§ 33. Die Kassen und ihre örtlichen Verwaltungsstellen unterliegen in Bezug auf die Befolgung dieses Gesetzes der Beaufsichtigung durch die von den Landesregierungen zu bestimmenden Behörden, mit der Maſsgabe, daſs mit den von den höheren Verwaltungsbehörden wahrzunehmenden Geschäften diejenigen höheren Verwaltungsbehörden zu betrauen sind, welche nach Landesrecht die Aufsicht oder Oberaufsicht in Gemeindeangelegenheiten wahrzunehmen haben.

Die Kassen sind verpflichtet, der Aufsichtsbehörde auf Verlangen jederzeit ihre Bücher, Verhandlungen und Rechnungen im Geschäftslokale der Kasse zur Einsicht vorzulegen und die Revision ihrer Kassenbestände zu gestatten.

Die Aufsichtsbehörde beruft die Generalversammlung, falls der Vorstand der durch § 22 begründeten Verpflichtung nicht genügt.

Sie kann die Mitglieder des Vorstandes und der örtlichen Verwaltungsstellen, sowie die im Falle der Auflösung oder Schlieſsung einer Kasse mit der Abwickelung der Geschäfte betrauten Personen zur Erfüllung der durch dieses Gesetz begründeten Pflichten durch Androhung, Festsetzung und Vollstreckung von Geldstrafen bis zu einhundert Mark, sowie durch die sonstigen nach den Landesgesetzen ihr zustehenden Zwangsmittel anhalten. Gegen die Androhung und Festsetzung von Geldstrafen beziehungsweise Anwendung von Zwangsmitteln seitens der Aufsichtsbehörden steht den Kassenvorständen der

Rekurs zu; wegen des Verfahrens und der Behörden gelten die Vorschriften der §§ 20 und 21 der Reichs-Gewerbeordnung.

§ 34. Mitglieder des Vorstandes, des Ausschusses oder einer örtlichen Verwaltungsstelle, welche den Bestimmungen dieses Gesetzes zuwiderhandeln, werden mit Geldstrafe bis zu dreihundert Mark bestraft.

Haben sie absichtlich zum Nachtheil der Kasse gehandelt, so unterliegen sie der Strafbestimmung des § 266 des Strafgesetzbuchs.

§ 35. Eine Vereinigung mehrerer Kassen zu einem Verbande behufs gegenseitiger Aushülfe kann unter Zustimmung der Generalversammlungen der einzelnen Kassen und auf Grund eines schriftlichen Statuts erfolgen.

Der Verband ist durch einen aus der Wahl der Vorstände oder Ausschüsse der betheiligten Kassen hervorgegangenen Vorstand zu verwalten. Seine Pflichten und Befugnisse bestimmt das Statut. Sein Sitz darf nur an einem Orte sein, wo eine der betheiligten Kassen ihren Sitz hat.

Der Verband unterliegt nach Maßgabe des § 33 der Aufsicht der höheren Verwaltungsbehörde desjenigen Bezirks, in welchem der Vorstand seinen Sitz hat.

Auf die Mitglieder des Vorstandes und die sonstigen Organe des Verbandes finden die Bestimmungen des § 34 Anwendung.

§ 35 a. Die Eintragungen in das Hülfskassenregister und die gemäß § 17 zu ertheilenden Zeugnisse sind gebühren- und stempelfrei.

§ 36. Die Verfassung und die Rechte der auf Grund landesrechtlicher Vorschriften errichteten Hülfskassen werden durch dieses Gesetz nicht berührt; die Kassen können jedoch durch die Landesregierungen zur Einsendung der im § 27 bezeichneten Uebersichten verpflichtet werden.

In Ansehung der Kassen der Knappschaftsvereine verbleibt es bei den dafür maßgebenden besonderen Bestimmungen.

1877

51) Patentgesetz. Vom 25. Mai 1877. (RGBl S. 501.)

Für die §§ 1—40 vgl. das Patentgesetz vom 7. April 1891 (vgl. unten).

Fünfter Abschnitt.

Uebergangsbestimmungen.

§ 41. Die auf Grund landesgesetzlicher Bestimmungen zur Zeit bestehenden Patente bleiben nach Maßgabe dieser Bestimmungen bis zu ihrem Ablaufe in Kraft; eine Verlängerung ihrer Dauer ist unzulässig.

§ 42. Der Inhaber eines bestehenden Patentes (§ 41) kann für die dadurch geschützte Erfindung die Ertheilung eines Patentes nach Maßgabe dieses Gesetzes beanspruchen. Die Prüfung der Erfindung unterliegt dann dem durch dieses Gesetz vorgeschriebenen Verfahren. Die Ertheilung des Patentes ist zu versagen, wenn vor der Beschlußfassung über die Ertheilung der Inhaber eines anderen, für dieselbe Erfindung bestehenden Patentes (§ 41) die Ertheilung des Patentes beansprucht oder gegen die Ertheilung Einspruch erhebt. Wegen mangelnder Neuheit ist die Ertheilung des Patentes nur dann zu versagen, wenn die Erfindung zur Zeit, als sie im Inlande zuerst einen Schutz erlangte, im Sinne des § 2 nicht mehr neu war.

Mit der Ertheilung eines Patentes nach Maßgabe dieses Gesetzes erlöschen die für dieselbe Erfindung bestehenden Patente (§ 41), soweit der Inhaber des neuen Patentes deren Inhaber ist. Soweit dieses nicht der Fall ist, treten die gesetzlichen Wirkungen des neuen Patentes in dem Geltungsbereiche der bestehenden Patente erst mit dem Ablaufe der letzteren ein.

§ 43. Auf die gesetzliche Dauer eines nach Maßgabe des § 42 ertheilten Patentes wird die Zeit in Anrechnung gebracht, während deren die Erfindung nach dem ältesten der bestehenden Patente im Inlande bereits geschützt gewesen ist. Der Patentinhaber ist für die noch übrige Dauer des Patentes zur Zahlung der gesetzlichen Gebühren (§ 8) verpflichtet; der Fälligkeitstag und der Jahresbetrag der Gebühren wird nach dem Zeitpunkt bestimmt, mit welchem die Erfindung im Inlande zuerst einen Schutz erlangt hat.

§ 44. Durch die Ertheilung eines Patentes nach Maßgabe des § 42 werden diejenigen, welche die Erfindung zur Zeit der Anmeldung derselben ohne Verletzung eines Patentrechts bereits in Benutzung genommen oder die zur Benutzung erforderlichen Veranstaltungen getroffen hatten, in dieser Benutzung nicht beschränkt.

§ 45. Dieses Gesetz tritt mit dem 1. Juli 1877 in Kraft.

1878

52) Gesetz, betr. die Gewährung einer Ehrenzulage an die Inhaber des Eisernen Kreuzes von 1870/71. Vom 2. Juni 1878.

(RGBl S. 99.)

§ 3. Die Ehrenzulage wird auf Lebenszeit gewährt und unterliegt nicht der Beschlagnahme. Das Anrecht auf die Ehrenzulage erlischt mit dem Eintritt der Rechtskraft eines strafgerichtlichen Erkenntnisses, welches den Verlust der Orden zur Folge hat.

1879

53) Gesetz, betr. den Verkehr mit Nahrungsmitteln, Genußmitteln und Gebrauchsgegenständen. Vom 14. Mai 1879.

(RGBl S. 145.)

§ 1. Der Verkehr mit Nahrungs- und Genußmitteln, sowie mit Spielwaaren, Tapeten, Farben, Eß-, Trink- und Kochgeschirr und mit

Petroleum unterliegt der Beaufsichtigung nach Maßgabe dieses Gesetzes.

§ 2. Die Beamten der Polizei sind befugt, in die Räumlichkeiten, in welchen Gegenstände der in § 1 bezeichneten Art feilgehalten werden, während der üblichen Geschäftsstunden oder während die Räumlichkeiten dem Verkehr geöffnet sind, einzutreten.

Sie sind befugt, von den Gegenständen der in § 1 bezeichneten Art, welche in den angegebenen Räumlichkeiten sich befinden, oder welche an öffentlichen Orten, auf Märkten, Plätzen, Straßen oder im Umherziehen verkauft oder feilgehalten werden, nach ihrer Wahl Proben zum Zwecke der Untersuchung gegen Empfangsbescheinigung zu entnehmen. Auf Verlangen ist dem Besitzer ein Theil der Probe amtlich verschlossen oder versiegelt zurückzulassen. Für die entnommene Probe ist Entschädigung in Höhe des üblichen Kaufpreises zu leisten.

---

54) Gesetz über die Konsulargerichtsbarkeit. Vom 10. Juli 1879. (RGBl S. 197.)

Aufgehoben durch Gesetz über die Konsulargerichtsbarkeit. Vom 7. April 1900. (RGBl S. 213). S. unten.

---

55) Gesetz, betr. die Anfechtung von Rechtshandlungen eines Schuldners außerhalb des Konkursverfahrens. Vom 21. Juli 1879. (RGBl S. 277.)

Neu-Publikation auf Grund des G vom 17. Mai 1898 (RGBl S. 342), durch Bekanntm. vom 20. Mai 1898 (RGBl S. 369 ff.).

1880

56) Gesetz, betr. den Wucher. Vom 24. Mai 1880. (RGBl S. 109.)

Artikel 1. Hinter den § 302 des Strafgesetzbuchs für das Deutsche Reich werden die folgenden neuen §§ 302a, 302b, 302c, 302d eingestellt:

§ 302a. Wer unter Ausbeutung der Nothlage, des Leichtsinns oder der Unerfahrenheit eines Anderen für ein Darlehn oder im Falle der Stundung einer Geldforderung sich

56) Gesetz, betr. Ergänzung der Bestimmungen über den Wucher. Vom 19. Juni 1893. (RGBl S. 197.)

Artikel I. In dem Strafgesetzbuch werden die §§ 302a und 302d folgendermaßen abgeändert, und werden hinter dem § 302d folgender § 302e und in dem § 367 hinter Nr. 15 folgende Nr. 16 eingestellt:

§ 302a. Wer unter Ausbeutung der Nothlage, des Leichtsinns oder der Unerfahrenheit eines Anderen mit Bezug auf ein Darlehn oder auf die Stundung einer Geldfor-

oder einem Dritten Vermögensvortheile versprechen oder gewähren läßt, welche den üblichen Zinsfuß dergestalt überschreiten, daß nach den Umständen des Falles die Vermögensvortheile in auffälligem Mißverhältnisse zu der Leistung stehen, wird wegen Wuchers mit Gefängniß bis zu sechs Monaten und zugleich mit Geldstrafe bis zu dreitausend Mark bestraft. Auch kann auf Verlust der bürgerlichen Ehrenrechte erkannt werden.

§ 302b. Wer sich oder einem Dritten die wucherlichen Vermögensvortheile (§ 302a) verschleiert oder wechselmäßig oder unter Verpfändung der Ehre, auf Ehrenwort, eidlich oder unter ähnlichen Versicherungen oder Betheuerungen versprechen läßt, wird mit Gefängniß bis zu Einem Jahre und zugleich mit Geldstrafe bis zu sechstausend Mark bestraft. Auch kann auf Verlust der bürgerlichen Ehrenrechte erkannt werden.

§ 302c. Dieselben Strafen (§ 302a, 302b) treffen denjenigen, welcher mit Kenntniß des Sachverhalts eine Forderung der vorbezeichneten Art erwirbt und entweder dieselbe weiter veräußert oder die wucherlichen Vermögensvortheile geltend macht.

§ 302d. Wer den Wucher gewerbs- oder gewohnheitsmäßig betreibt, wird mit Gefängniß nicht unter drei Monaten und zugleich mit Geldstrafe von einhundertfünfzig bis zu fünfzehntausend Mark bestraft. Auch ist auf Verlust der bürgerlichen Ehrenrechte zu erkennen.

derung oder auf ein anderes zweiseitiges Rechtsgeschäft, welches denselben wirthschaftlichen Zwecken dienen soll, sich oder einem Dritten Vermögensvortheile versprechen oder gewähren läßt, welche den üblichen Zinsfuß dergestalt überschreiten, daß nach den Umständen des Falles die Vermögensvortheile in auffälligem Mißverhältniß zu der Leistung stehen, wird wegen Wuchers mit Gefängniß bis zu sechs Monaten und zugleich mit Geldstrafe bis zu dreitausend Mark bestraft. Auch kann auf Verlust der bürgerlichen Ehrenrechte erkannt werden.

§ 302d. Wer den Wucher (§§ 302a bis 302c) gewerbs- oder gewohnheitsmäßig betreibt, wird mit Gefängniß nicht unter drei Monaten und zugleich mit Geldstrafe von einhundertfünfzig bis zu fünfzehntausend Mark bestraft. Auch ist auf Verlust der bürgerlichen Ehrenrechte zu erkennen.

Artikel 2. Der § 360 Nr. 12 des Strafgesetzbuchs in der durch das Gesetz vom 26. Februar 1876 festgestellten Fassung wird durch nachstehende Bestimmung ersetzt:

§ 360 Nr. 12. Wer als Pfandleiher oder Rückkaufshändler bei Ausübung seines Gewerbes den darüber erlassenen Anordnungen zuwiderhandelt, insbesondere den durch Landesgesetz oder Anordnung der zuständigen Behörde bestimmten Zinsfuß überschreitet.

Artikel 3. Aufgehoben durch Art. 47 EG BGB.

---

§ 302e. Dieselbe Strafe (§ 302d) trifft denjenigen, welcher mit Bezug auf ein Rechtsgeschäft anderer als der im § 302a bezeichneten Art gewerbs- oder gewohnheitsmäßig unter Ausbeutung der Nothlage, des Leichtsinns oder der Unerfahrenheit eines Anderen sich oder einem Dritten Vermögensvortheile versprechen oder gewähren läßt, welche den Werth der Leistung dergestalt überschreiten, daß nach den Umständen des Falles die Vermögensvortheile in auffälligem Mißverhältniß zu der Leistung stehen.

§ 367. 16. wer den über das Abhalten von öffentlichen Versteigerungen und über das Verabfolgen geistiger Getränke vor und bei öffentlichen Versteigerungen erlassenen polizeilichen Anordnungen zuwiderhandelt.

Artikel II. In dem Gesetze, betreffend den Wucher, vom 24. Mai 1880 (Reichs-Gesetzbl. S. 109) wird der Artikel 3 im ersten Absatz und im ersten Satz des zweiten Absatzes folgendermaßen abgeändert und wird folgender Artikel 4 eingestellt:

Artikel 3. Aufgehoben durch Art. 47 EG BGB.

Artikel 4. Wer aus dem Betriebe von Geld- oder Kreditgeschäften ein Gewerbe macht, hat die Rechnung des Geschäftsjahres für jeden, welcher ein Geschäft der bezeichneten Art mit ihm abgeschlossen hat und daraus sein Schuldner geworden ist, abzuschließen und dem Schuldner binnen drei Monaten nach Schluß des Jahres einen schriftlichen Auszug dieser Rechnung mitzutheilen, der außer dem Ergebniß derselben auch erkennen läßt, wie solches erwachsen ist.

Wer sich dieser Verpflichtung vorsätzlich entzieht, wird mit Geldstrafe bis zu fünfhundert Mark, oder mit Haft bestraft und verliert den Anspruch auf die Zinsen für das verflossene Jahr hinsichtlich der Geschäfte, welche in den Rechnungsauszug aufzunehmen waren.

Die vorstehenden Bestimmungen finden keine Anwendung:

1) wenn das Schuldverhältniß auf nur Einem während des abgelaufenen Geschäftsjahres abgeschlossenen Rechtsgeschäfte beruht, über dessen Entstehung und Ergebniß dem Schuldner eine schriftliche Mittheilung behändigt ist;
2) auf öffentliche Banken, Notenbanken, Bodenkreditinstitute und Hypothekenbanken auf Aktien, auf öffentliche Leihanstalten, auf Spar- und Darleihinstitute öffentlicher Korporationen und auf eingetragene Genossenschaften, soweit es sich bei den eingetragenen Genossenschaften um den Geschäftsverkehr mit den Mitgliedern handelt;
3) auf den Geschäftsverkehr zwischen Kaufleuten, deren Firma in das Handelsregister eingetragen ist.

Artikel III. Der Absatz 3 Satz 1 des § 35 der Gewerbeordnung erhält folgende veränderte Fassung:

Dasselbe gilt von der gewerbsmäßigen Besorgung fremder Rechtsangelegenheiten und bei Behörden wahrzunehmender Geschäfte, insbesondere der Abfassung der darauf bezüglichen schriftlichen Aufsätze, von dem gewerbsmäßigen Betriebe der Viehverstellung (Viehpacht), des Viehhandels und des Handels mit ländlichen Grundstücken, von dem Geschäfte der gewerbsmäßigen Vermittelungsagenten für Immobiliarverträge, Darlehen und Heirathen, von dem Geschäfte eines Gesindevermiethers und eines Stellenvermittlers, sowie vom Geschäfte eines Auktionators.

---

57) Gesetz, betr. die Abwehr und Unterdrückung von Viehseuchen. Vom 23. Juni 1880. (RGBl S. 153.)

Vgl. Neu-Publikation vom 1. Mai 1894.

1881

58) Gesetz, betr. die Fürsorge für die Wittwen und Waisen der Reichsbeamten der Civilverwaltung. Vom 20. April 1881. (RGBl S. 85.)[1]

§ 4. Die Wittwen- und Waisengeldbeiträge werden in denjenigen Theilbeträgen, in welchen das Diensteinkommen, das Wartegeld oder die Pension zahlbar ist, durch Einbehaltung eines entsprechenden Theiles dieser Bezüge erhoben.

Der einzuhaltende Theil ist weder der Pfändung unterworfen, noch bei der Ermittelung, ob und zu welchem Betrage die Bezüge der Pfändung unterliegen, zu berechnen.

§ 17. Das Wittwen- und Waisengeld kann mit rechtlicher Wirkung weder abgetreten, noch verpfändet oder sonst übretragen werden.

1883

59) Gesetz, betreffend die Krankenversicherung der Arbeiter. Vom 15. Juni 1883. (RGBl S. 73.)

Vgl. unten G vom 10. April 1892.

---

[1] G betr. die Fürsorge für die Wittwen und Waisen der Reichsbankbeamten. Vom 8. Juni 1881 (RGBl S. 117); G wegen anderweiter Bemessung der Wittwen- und Waisengelder. Vom 17. Mai 1897 (RGBl S. 455). Vgl. auch EG BGB Art. 48.

60) Gesetz, betr. die Reichskriegshäfen und die Feststellung eines Nachtrages zum Reichshaushaltsetat für das Etatsjahr 1883/84. Vom 19. Juni 1883. (RGBl S. 105.)

§ 3. In den im § 1 bestimmten Kriegshafengebieten sind Bauten, Anlagen und Unternehmungen, welche die Sand- oder Schlickablagerung oder die Versandung[1] befördern, nicht ohne die Genehmigung des Marinestationschefs zulässig. Dies gilt insbesondere von Eindeichungen, Ausschüttung von Baggergut, Ballast oder anderen festen Sinkstoffen, von der Anlage von Gräben, Bollwerken und Buhnen.

Der Marinestationschef darf die Genehmigung nicht versagen, wenn die betreffende Vornahme für die Erhaltung des Fahrwassers beziehungsweise der Wassertiefe unschädlich ist.

Wird die Genehmigung ganz oder theilweise versagt, so sind die Gründe der Ablehnung anzugeben.

Gegen die Versagung der Genehmigung ist binnen einer vierwöchentlichen Präklusivfrist, vom Tage der Zustellung ab, der Rekurs zulässig. Die Einlegung desselben erfolgt bei dem Marinestationschef.

Die Entscheidung auf den Rekurs erfolgt, nach Anhörung der Admiralität, endgültig durch den Bundesrath.

Sind seit der Zustellung der Genehmigung zwei Jahre verflossen, ohne daß davon Gebrauch gemacht worden ist, so wird sie als erloschen betrachtet.

§ 4. Wer ohne Genehmigung des Marinestationschefs oder mit eigenmächtiger Abweichung von der ertheilten Genehmigung Bauten, Anlagen oder Unternehmungen der im § 3 bezeichneten Art ausführt oder ausführen läßt, wird mit Geldstrafe bis zu einhundertfünfzig Mark bestraft; eine gleiche Strafe trifft denjenigen, welcher als Bauverständiger die Ausführung geleitet hat.

Soweit nach dem Urtheile des Marinestationschefs der Bau, die Anlage oder die Unternehmung unzulässig befunden wird, ist der Unternehmer innerhalb der von dem Marinestationschef zu bestimmenden Frist zu deren Beseitigung verbunden. Erfolgt die Beseitigung innerhalb dieser Frist nicht, so ist die Marinebehörde befugt, dieselbe auf Kosten des Schuldigen vorzunehmen.

---

61) Gesetz, betr. Abänderung der Gewerbeordnung. Vom 1. Juli 1883. (RGBl S. 159.)

Artikel 16. Der Reichskanzler wird ermächtigt, den Text der Gewerbeordnung, wie er sich aus den Aenderungen ergiebt, welche in diesem Gesetze und den Gesetzen vom

[1] Im Reichsgesetzblatt Druckfehler: Verlandung.

12. Juni 1872, Reichs-Gesetzblatt Seite 170,
2. März 1874, " " 19,
8. April 1876, " " 134,
17. Juli 1878, " " 199,
23. Juli 1879, " " 267,
15. Juli 1880, " " 178,
und vom 18. Juli 1881, " " 233,

sowie durch die am 26. Juli 1881 und 21. April 1883 bekannt gemachten, vom Reichstag genehmigten Beschlüsse des Bundesraths (Reichs-Gesetzblatt des Jahres 1882 Seite 10 und des Jahres 1883 Seite 33) festgestellt sind, durch das Reichs-Gesetzblatt bekannt zu machen.

Vgl. jetzt Neu-Publikation der Gewerbeordnung vom 26. Juli 1900.

---

62) Gesetz, betr. die Abwehr und Unterdrückung der Reblauskrankheit. Vom 3. Juli 1883. (RGBl S. 149.)

§ 1. Alle Rebpflanzungen unterliegen der Beaufsichtigung und Untersuchung durch die von den Landesregierungen ermächtigten Organe. Die letzteren sind befugt, zum Zweck von Nachforschungen nach der Reblaus (**Phylloxera vastatrix**) die Entwurzelung einer entsprechenden Anzahl von Rebstöcken zu bewirken.

§ 2. Die Landesregierungen werden die Rebpflanzungen überwachen lassen.

Insbesondere sind diejenigen Rebschulen, in welchen Reben zum Verkaufe gezogen werden, einer regelmäßigen, mindestens alljährlichen Untersuchung zu unterwerfen. Die höheren Verwaltungsbehörden können Ausnahmen zu Gunsten derjenigen kleineren Rebschulen gestatten, in welchen ausschließlich in der Gegend übliche Rebsorten gezogen werden.

§ 3. Im Falle der Ermittelung des Insekts liegt den Landesregierungen ob, nach Möglichkeit Verfügungen zu treffen, welche eine Verbreitung desselben zu verhindern geeignet sind.

Zu diesem Behufe können die Landesregierungen namentlich

1) verbieten, daß Reben, Rebtheile, Weinpfähle (Rebstützen) oder Erzeugnisse des Weinstocks, ferner auch, daß andere Pflanzen oder Pflanzentheile von dem betreffenden Grundstücke entfernt werden;
2) die Vernichtung der angesteckten oder dem Verdacht einer Ansteckung unterworfenen Rebpflanzungen und die Unschädlichmachung (Desinfektion) des Bodens anordnen;
3) die Benutzung des Grundstücks zur Kultur von Reben für einen bestimmten Zeitraum untersagen.

Die vorbezeichneten oder sonst erforderlichen Maßregeln können einzeln oder in Verbindung mit einander angeordnet werden; dieselben können auf Theile des Grundstücks beschränkt, aber auch auf mehrere Grundstücke und erforderlichenfalls auf größere Bezirke erstreckt werden.

§ 9. Die Kosten der nach Maßgabe dieses Gesetzes auf obrigkeitliche Anordnung ausgeführten Vernichtung von Rebpflanzen und Unschädlichmachung des Bodens fallen demjenigen Bundesstaate zur Last, in dessen Gebiete die infizirte Rebpflanzung belegen ist.

§ 10.[1] Derjenige, dessen Rebpflanzungen von den in den §§ 1 bis 3 bezeichneten Maßregeln betroffen worden, ist befugt, den Ersatz des Werthes der auf obrigkeitliche Anordnung vernichteten und des Minderwerthes der bei der Untersuchung beschädigten gesunden Reben zu verlangen.

Die Bestimmungen darüber:

1) von wem diese Entschädigung zu gewähren und wie dieselbe aufzubringen ist,
2) nach welchen Normen die Entschädigung zu ermitteln und festzustellen ist,

sind von den einzelnen Bundesstaaten zu treffen.

§ 11. Der Anspruch auf Entschädigung (§ 10) geht verloren, wenn der Eigenthümer oder Nutzungsberechtigte der im § 8 ihm auferlegten Verpflichtung wissentlich oder aus einem vertretbaren Versehen nicht nachgekommen ist.

1884

63) Gesetz, betr. die Anfertigung und Verzollung von Zündhölzern. Vom 13. Mai 1884. (RGBl S. 49.)[2]

§ 1. Die Anfertigung von Zündhölzern unter Verwendung von weißem Phosphor darf nur in Anlagen stattfinden, welche ausschließlich für die Herstellung von Zündhölzern benutzt werden.

§ 2. In Räumen, in welchen

a) das Zubereiten der Zündmasse,
b) das Betunken der Hölzer,
c) das Trocknen der betunkten Hölzer

erfolgt, darf jugendlichen Arbeitern (§ 136 der Gewerbeordnung), in Räumen, welche

d) zu dem Abfüllen der Hölzer und ihrer ersten Verpackung dienen,

darf Kindern (§ 135 Abs. 1 und 2 der Gewerbeordnung) der Aufenthalt nicht gestattet werden.

§ 3. Zuwiderhandlungen gegen die Vorschrift in § 1 werden mit Geldstrafe bis zu dreihundert Mark, im Unvermögensfalle mit Haft bestraft. Neben der Strafe ist auf Einziehung der in dem

---

[1] Vgl. dazu EG BGB Art. 52.

[2] Vgl. hierzu Bekanntm., betr. die Einrichtung und den Betrieb von Anlagen zur Anfertigung von Zündhölzern unter Verwendung von weißem Phosphor. Vom 8. Juli 1893 (RGBl S. 209).

gesetzwidrigen Betriebe benutzten beweglichen Gegenstände und der hergestellten Zündhölzer zu erkennen.

§ 4. Zuwiderhandlungen gegen die Vorschrift im § 2 werden mit Geldstrafe bis zu zweitausend Mark, im Unvermögensfalle mit Gefängniß bis zu 6 Monaten bestraft.

Die auf Grund der vorstehenden Bestimmung auferlegten Geldstrafen fließen der im § 116 der Gewerbeordnung bezeichneten Kasse zu.

---

64) Gesetz, betr. die Abänderung des Gesetzes über die eingeschriebenen Hülfskassen vom 7. April 1876. Vom 1. Juni 1884. (RGBl S. 54.)

Vgl. oben Anmerkung zum Hülfskassengesetz vom 7. April 1876.

---

65) Unfallversicherungsgesetz. Vom 6. Juli 1884. (RGBl S. 69.)

Neu-Publikation auf Grund § 28 des G, betr. die Abänderung der Unfallversicherungsgesetze vom 30. Juni 1900 (RGBl S. 335) durch Bekanntm. vom 5. Juli 1900 (RGBl S. 573).

---

66) Gesetz, betr. die Abänderung der Maaß- und Gewichtsordnung vom 17. August 1868. Vom 11. Juli 1884. (RGBl S. 115.)

Vgl. oben S. 8 Anm. zu Art. 14 des Gesetzes vom 17. August 1868.

---

67) Gesetz über den Feingehalt der Gold- und Silberwaaren. Vom 16. Juli 1884. (RGBl S. 120.)

§ 1. Gold- und Silberwaaren dürfen zu jedem Feingehalte angefertigt und feilgehalten werden. Die Angabe des Feingehaltes auf denselben ist nur nach Maßgabe der folgenden Bestimmungen gestattet.

§ 2. Auf goldenen Geräthen darf der Feingehalt nur in 585 oder mehr Tausendtheilen, auf silbernen Geräthen nur in 800 oder mehr Tausendtheilen angegeben werden.

Der wirkliche Feingehalt darf weder im Ganzen der Waare noch auch in deren einzelnen Bestandtheilen bei goldenen Geräthen mehr als fünf, bei silbernen Geräthen mehr als acht Tausendtheile unter dem angegebenen Feingehalte bleiben. Vorbehaltlich dieser Abweichung muß der Gegenstand im Ganzen und mit der Löthung eingeschmolzen den angegebenen Feingehalt haben.

§ 3.[1] Die Angabe des Feingehalts auf goldenen und silbernen Geräthen geschieht durch ein Stempelzeichen, welches die Zahl der

[1] Vgl. Bekanntm., betr. die Bestimmung der Form des Stempelzeichens zur Angabe des Feingehalts auf goldenen und silbernen Geräthen. Vom 7. Januar 1886 (RGBl S. 1).

Tausendtheile und die Firma des Geschäfts, für welches die Stempelung bewirkt ist, kenntlich macht. Die Form des Stempelzeichens wird durch den Bundesrath bestimmt.

§ 4. Goldene und silberne Uhrgehäuse unterliegen den Bestimmungen der §§ 2 und 3.

§ 5. Schmucksachen von Gold und Silber dürfen in jedem Feingehalte gestempelt werden und ist in diesem Falle der letztere in Tausendtheilen anzugeben.

Die Fehlergrenze darf zehn Tausendtheile nicht überschreiten, wenn der Gegenstand im Ganzen eingeschmolzen wird.

Das vom Bundesrath gemäß § 3 bestimmte Stempelzeichen darf auf Schmucksachen von Gold und Silber nicht angebracht werden.

§ 6. Aus dem Auslande eingeführte Gold- und Silberwaaren, deren Feingehalt durch eine diesem Gesetze nicht entsprechende Bezeichnung angegeben ist, dürfen nur dann feilgehalten werden, wenn sie außerdem mit einem Stempelzeichen nach Maßgabe dieses Gesetzes versehen sind.

§ 7. Für die Richtigkeit des angegebenen Feingehalts haftet der Verkäufer der Waare. Ist deren Stempelung im Inlande erfolgt, so haftet gleich dem Verkäufer der Inhaber des Geschäfts, für welches die Stempelung erfolgt ist.

§ 8. Auf Gold- und Silberwaaren, welche mit anderen metallischen Stoffen ausgeführt sind, darf der Feingehalt nicht angegeben werden.

Dasselbe gilt von Gold- und Silberwaaren, mit welchen aus anderen Metallen bestehende Verstärkungsvorrichtungen metallisch verbunden sind.

Bei Ermittelung des Feingehalts bleiben alle von dem zu stempelnden Metalle verschiedenen, äußerlich als solche erkennbaren Metalle außer Betracht, welche:

1) zur Verzierung der Waare dienen;
2) zur Herstellung mechanischer Vorrichtungen erforderlich sind;
3) als Verstärkungsvorrichtungen ohne metallische Verbindung sich darstellen.

§ 9. Mit Geldstrafe bis zu eintausend Mark oder mit Gefängniß bis zu sechs Monaten wird bestraft:

1) wer Gold- oder Silberwaaren, welche nach diesem Gesetze mit einer Angabe des Feingehalts nicht versehen sein dürfen, mit einer solchen Angabe versieht;
2) wer Gold- oder Silberwaaren, welche nach diesem Gesetze mit einer Angabe des Feingehalts versehen sein dürfen, mit einer anderen, als der nach diesem Gesetze zulässigen Feingehaltsangabe versieht;
3) wer gold- oder silberähnliche Waaren mit einem durch dieses Gesetz vorgesehenen Stempelzeichen oder mit einem Stempelzeichen versieht, welches nach diesem Gesetze als Feingehaltsbezeichnung für Gold- und Silberwaaren nicht zulässig ist;

4) wer Waaren feilhält, welche mit einer gegen die Bestimmungen dieses Gesetzes verstoßenden Bezeichnung versehen sind.

Mit der Verurtheilung ist zugleich auf Vernichtung der gesetzwidrigen Bezeichnung oder, wenn diese in anderer Weise nicht möglich ist, auf Zerstörung der Waaren zu erkennen.

§ 10. Dieses Gesetz tritt am 1. Januar 1888 in Kraft. An demselben Tage treten alle landesrechtlichen Bestimmungen über den Feingehalt der Gold- und Silberwaaren außer Geltung.

1886

68) Gesetz, betr. die Fürsorge für Beamte und Personen des Soldatenstandes in Folge von Betriebsunfällen. Vom 15. März 1886. (RGBl S. 53.)

Neue Fassung s. Unfallfürsorgegesetz für Beamte und für Personen des Soldatenstandes. Vom 18. Juni 1901 (RGBl S. 211). S. unten.

---

69) Gesetz, betr. die Rechtsverhältnisse der deutschen Schutzgebiete. Vom 17. April 1886. (RGBl S. 75.)

(Neue Fassung durch G vom 15. März 1888 (RGBl S. 71). In Folge dessen Neupublikation am 19. März 1888 (RGBl S. 75). Weitere Aenderungen trafen die Gesetze vom 2. Juli 1899 (RGBl S. 365) und vom 25. Juli 1900 (RGBl S. 809). Auf Grund des letzteren Gesetzes wurde das Gesetz durch Bekanntm. vom 10. September 1900 neu publiziert (RGBl S. 812). S. unten.

---

70) Gesetz, betr. die Unzulässigkeit der Pfändung von Eisenbahnfahrbetriebsmitteln. Vom 3. Mai 1886. (RGBl S. 131.)[1]

Die Fahrbetriebsmittel der Eisenbahnen, welche Personen oder Güter im öffentlichen Verkehr befördern, sind von der ersten Einstellung in den Betrieb bis zur endgültigen Ausscheidung aus den Beständen der Pfändung nicht unterworfen.

Durch diese Bestimmung werden dieselben im Falle des Konkursverfahrens von der Konkursmasse nicht ausgeschlossen.

Auf die Fahrbetriebsmittel ausländischer Eisenbahnen findet die Bestimmung des ersten Absatzes nur insoweit Anwendung, als die Gegenseitigkeit verbürgt ist.

Dieses Gesetz tritt mit dem 1. Juni 1886 in Kraft.

Vgl. auch Internationales Uebereinkommen über den Eisenbahnfrachtverkehr. Vom 14. Oktober 1890 (RGBl 1892 S. 793 ff.). Art. 23 Abs. 4. Dazu BGB § 394.

---

[1] Vgl. Erklärung, betr. die Unzulässigkeit der Pfändung von Eisenbahnbetriebsmitteln. Vom 17. März 1887 (RGBl S. 153: Gegenseitigkeit mit Oesterreich).

---

71) Gesetz, betr. die Unfall- und Krankenversicherung der in land- und forstwirthschaftlichen Betrieben beschäftigten Personen. Vom 5. Mai 1886. (RGBl S. 132.)

Neu-Publikation auf Grund des Gesetzes betr. Abänderung der Unfallversicherungsgesetze vom 30. Juni 1900 (RGBl S. 335) § 28 durch Bekanntm. vom 5. Juli 1900 (RGBl S. 573). S. unten.

---

72) Berner Uebereinkunft[1], betreffend die Bildung eines internationalen Verbandes zum Schutze von Werken der Literatur und Kunst. Vom 9. September 1886. (RGBl 1887 S. 493 ff.)

In der Fassung der Zusatzakte und mit der Deklaration vom 4. Mai 1896 (RGBl 1897 S. 759 ff.).

Artikel 1. Die vertragschließenden Länder bilden einen Verband zum Schutze des Urheberrechts an Werken der Literatur und Kunst.

Artikel 2. Die einem der Verbandsländer angehörigen Urheber oder ihre Rechtsnachfolger genießen in den übrigen Ländern für ihre Werke, und zwar sowohl für die überhaupt nicht veröffentlichten als auch für die in einem Verbandslande zum ersten Male veröffentlichten, diejenigen Rechte, welche die betreffenden Gesetze den inländischen Urhebern gegenwärtig einräumen oder in Zukunft einräumen werden.

Der Genuß dieser Rechte ist von der Erfüllung der Bedingungen und Förmlichkeiten abhängig, welche durch die Gesetzgebung des Ursprungslandes des Werkes vorgeschrieben sind; derselbe kann in den übrigen Ländern die Dauer des in dem Ursprungslande gewährten Schutzes nicht übersteigen.

Als Ursprungsland des Werkes wird dasjenige angesehen, in welchem die erste Veröffentlichung erfolgt ist, oder wenn diese Veröffentlichung gleichzeitig in mehreren Verbandsländern stattgefunden hat, dasjenige unter ihnen, dessen Gesetzgebung die kürzeste Schutzfrist gewährt.

In Ansehung der nicht veröffentlichten Werke gilt das Heimathland des Urhebers als Ursprungsland des Werkes.

Die nachgelassenen Werke sind in den geschützten Werken inbegriffen.

---

[1] Der „Berner Uebereinkunft" gehören jetzt an:
Belgien, Deutschland, Frankreich, Großbritannien, Haïti, Italien, Japan, Luxemburg, Monaco, Norwegen, Schweiz, Spanien, Tunis. Ueber das Verhältniß dieser Uebereinkunft zu den besonderen Verträgen Deutschlands mit einzelnen Staaten s. Anm. zu § 55 des G v. 19. Juni 1901, betr. das Urheberrecht an Werken der Litteratur und Tonkunst. Vgl. auch G vom 4. April 1888, betr. die Ausführung der am 9. September 1886 zu Bern abgeschlossenen Uebereinkunft (RGBl S. 139) und die dazu ergangenen Verordnungen. [S. unten zum Gesetz vom 4. April 1888.]

Artikel 3. Die Urheber, welche keinem der Verbandsländer angehören, aber ihre Werke der Literatur oder Kunst zum ersten Male in einem Verbandslande veröffentlichen oder veröffentlichen lassen, sollen für diese Werke den Schutz genießen, den die Berner Uebereinkunft und die gegenwärtige Zusatzakte gewähren.

Artikel 4. Der Ausdruck „Werke der Literatur und Kunst" umfaßt Bücher, Broschüren und alle anderen Schriftwerke; dramatische und dramatisch-musikalische Werke, musikalische Kompositionen mit oder ohne Text; Werke der zeichnenden Kunst, der Malerei, der Bildhauerei; Stiche, Lithographien, Illustrationen, geographische Karten; geographische, topographische, architektonische oder sonstige wissenschaftliche Pläne, Skizzen und Darstellungen plastischer Art; überhaupt jedes Erzeugniß aus dem Bereiche der Literatur, Wissenschaft oder Kunst, welches im Wege des Drucks oder sonstiger Vervielfältigung veröffentlicht werden kann.

Artikel 5. Den einem der Verbandsländer angehörigen Urhebern oder ihren Rechtsnachfolgern steht in den übrigen Ländern während der ganzen Dauer ihres Rechtes an dem Originale das ausschließliche Recht zu, ihre Werke zu übersetzen oder die Uebersetzung derselben zu gestatten. Jedoch erlischt das ausschließliche Uebersetzungsrecht, wenn der Urheber davon nicht innerhalb zehn Jahren von der ersten Veröffentlichung des Originalwerkes an gerechnet in der Weise Gebrauch gemacht hat, daß er in einem Verbandsland eine Uebersetzung in der Sprache, für welche der Schutz in Anspruch genommen werden soll, sei es selbst veröffentlicht hat, sei es hat veröffentlichen lassen.

Bei den in Lieferungen veröffentlichten Werken beginnt die Frist von zehn Jahren erst mit dem Erscheinen der letzten Lieferung des Originalwerkes.

Bei Werken, welche aus mehreren, in Zwischenräumen erscheinenden Bänden bestehen, sowie bei fortlaufenden Berichten oder Heften, welche von literarischen oder wissenschaftlichen Gesellschaften oder von Privatpersonen veröffentlicht werden, wird jeder Band, jeder Bericht oder jedes Heft bezüglich der zehnjährigen Schutzfrist als ein besonderes Werk angesehen.

In den in diesem Artikel vorgesehenen Fällen gilt für die Berechnung der Schutzfristen als Tag der Veröffentlichung der 31. Dezember des Jahres, in welchem das Werk erschienen ist.

Artikel 6. Rechtmäßige Uebersetzungen werden wie Originalwerke geschützt. Sie genießen demzufolge rücksichtlich ihrer unbefugten Vervielfältigung in den Verbandsländern den in den Artikeln 2 und 3 festgesetzten Schutz.

Wenn es sich indessen um ein Werk handelt, betreffs dessen das Recht zur Uebersetzung allgemein freisteht, so steht dem Uebersetzer kein Einspruch gegen die Uebersetzung des Werkes durch andere Schriftsteller zu.

Artikel 7. Feuilletonromane, einschließlich der Novellen, welche in einem Verbandsland in Zeitungen oder periodischen Zeitschriften veröffentlicht sind, können in den übrigen Ländern ohne Ermächtigung der Urheber oder ihrer Rechtsnachfolger weder im Originale noch in Uebersetzung abgedruckt werden.

Dasselbe gilt für die übrigen Artikel von Zeitungen oder periodischen Zeitschriften, wenn die Urheber oder Herausgeber in der Zeitung oder Zeitschrift, worin sie die Artikel bringen, ausdrücklich erklären, daß sie den Abdruck verbieten. Bei Zeitschriften genügt es, wenn das Verbot allgemein an der Spitze einer jeden Nummer ausgesprochen ist.

Fehlt das Verbot, so ist der Abdruck unter der Bedingung gestattet, daß die Quelle angegeben wird.

Das Verbot findet jedoch bei Artikeln politischen Inhalts, bei Tagesneuigkeiten und „vermischten Nachrichten" keine Anwendung.

Artikel 8. Bezüglich der Befugniß, Auszüge oder Stücke aus Werken der Literatur und Kunst in Veröffentlichungen, welche für den Unterricht bestimmt oder wissenschaftlicher Natur sind, oder in Chrestomathien aufzunehmen, sollen die Gesetzgebungen der einzelnen Verbandsländer und die zwischen ihnen bestehenden oder in Zukunft abzuschließenden besonderen Abkommen maßgebend sein.

Artikel 9. Die Bestimmungen des Artikels 2 finden auf die öffentliche Aufführung dramatischer oder dramatisch-musikalischer Werke Anwendung, gleichviel, ob diese Werke veröffentlicht sind oder nicht.

Die Urheber von dramatischen oder dramatisch-musikalischen Werken, sowie ihre Rechtsnachfolger werden gegenseitig, während der Dauer ihres ausschließlichen Uebersetzungsrechts, gegen die öffentliche, von ihnen nicht gestattete Aufführung einer Uebersetzung ihrer Werke geschützt.

Die Bestimmungen des Artikels 2 finden gleichfalls Anwendung auf die öffentliche Aufführung von nicht veröffentlichten und solchen veröffentlichten musikalischen Werken, bei denen der Urheber auf dem Titelblatt oder an der Spitze des Werkes ausdrücklich die öffentliche Aufführung untersagt hat.

Artikel 10. Zu der unerlaubten Wiedergabe, auf welche die gegenwärtige Uebereinkunft Anwendung findet, gehört insbesondere auch diejenige nicht genehmigte indirekte Aneignung eines Werkes der Literatur oder Kunst, welche mit verschiedenen Namen, wie „Adaptationen, musikalische Arrangements" u. s. w. bezeichnet zu werden pflegt, sofern dieselbe lediglich die Wiedergabe eines solchen Werkes in derselben oder einer anderen Form, mit unwesentlichen Aenderungen, Zusätzen oder Abkürzungen darstellt, ohne im Uebrigen die Eigenschaft eines neuen Originalwerkes zu besitzen.

Es besteht darüber Einverständniß, daß die Gerichte der verschiedenen Verbandsländer gegebenenfalls diesen Artikel nach Maßgabe der besonderen Bestimmungen ihrer Landesgesetze anzuwenden haben.

Artikel 11. Damit die Urheber der durch die gegenwärtige Uebereinkunft geschützten Werke bis zum Beweise des Gegentheils als solche angesehen und demgemäß vor den Gerichten der einzelnen Verbandsländer zur Verfolgung von unerlaubter Wiedergabe zugelassen werden, genügt es, wenn ihr Name in der üblichen Weise auf dem Werke angegeben ist.

Bei anonymen oder pseudonymen Werken ist der Verleger, dessen Name auf dem Werke steht, zur Wahrnehmung der dem Urheber zustehenden Rechte befugt. Derselbe gilt ohne weiteren Beweis als Rechtsnachfolger des anonymen oder pseudonymen Urhebers.

Im Uebrigen können die Gerichte eintretendenfalls die Beibringung einer von der zuständigen Behörde ausgestellten Bescheinigung fordern, durch welche die Erfüllung der im Sinne des Artikels 2 von der Gesetzgebung des Ursprungslandes vorgeschriebenen Förmlichkeiten dargethan wird.

Artikel 12. Jedes nachgedruckte oder nachgebildete Werk kann durch die zuständigen Behörden derjenigen Verbandsländer, in welchen das Originalwerk auf gesetzlichen Schutz Anspruch hat, beschlagnahmt werden.

Die Beschlagnahme findet statt nach den Vorschriften der inneren Gesetzgebung des betreffenden Landes.

Artikel 13. Die Bestimmungen der gegenwärtigen Uebereinkunft beeinträchtigen in keiner Beziehung das der Regierung eines jeden Verbandslandes zustehende Recht, durch Maßregeln der Gesetzgebung oder inneren Verwaltung die Verbreitung, die Darstellung oder das Feilbieten eines jeden Werkes oder Erzeugnisses zu gestatten, zu überwachen und zu untersagen, in Betreff dessen die zuständige Behörde dieses Recht auszuüben haben würde.

Artikel 14. Die gegenwärtige Uebereinkunft findet, vorbehaltlich der gemeinsam zu vereinbarenden Einschränkungen und Bedingungen, auf alle Werke Anwendung, welche in ihrem Ursprungslande zur Zeit des Inkrafttretens der Uebereinkunft noch nicht Gemeingut geworden sind.

Artikel 15. Die Regierungen der Verbandsländer behalten sich das Recht vor, einzeln mit einander besondere Abkommen zu treffen, insoweit als diese Abkommen den Urhebern oder ihren Rechtsnachfolgern weitergehende Rechte, als ihnen solche durch den Verband gewährt werden, einräumen oder sonst Bestimmungen enthalten, welche der gegenwärtigen Uebereinkunft nicht zuwiderlaufen.

Artikel 16. Es wird ein internationales Amt unter dem Namen „Büreau des internationalen Verbandes zum Schutze von Werken der Literatur und Kunst" errichtet.

Dieses Büreau, dessen Kosten von den Regierungen aller Verbandsländer getragen werden, wird unter den hohen Schutz der oberen Verwaltungsbehörde der Schweizerischen Eidgenossenschaft gestellt und versieht seinen Dienst unter deren Aufsicht. Seine Befugnisse werden gemeinsam von den Verbandsländern festgestellt.

Artikel 17. Die gegenwärtige Uebereinkunft kann Revisionen unterzogen werden, behufs Einführung von Verbesserungen, welche geeignet sind, das System des Verbandes zu vervollkommnen.

Derartige, sowie solche Fragen, welche in anderen Beziehungen die Entwickelung des Verbandes berühren, sollen auf Konferenzen erörtert werden, welche der Reihe nach in den einzelnen Verbandsländern durch Delegierte derselben abzuhalten sind.

Indessen bedarf eine jede Aenderung der gegenwärtigen Uebereinkunft zu ihrer Gültigkeit für den Verband der einhelligen Zustimmung der Verbandsländer.

Artikel 18. Denjenigen Ländern, welche sich an der gegenwärtigen Uebereinkunft nicht betheiligt haben und welche für ihr Gebiet den gesetzlichen Schutz der den Gegenstand dieser Uebereinkunft bildenden Rechte gewährleisten, soll auf ihren Wunsch der Beitritt gestattet sein.

Dieser Beitritt soll schriftlich der Regierung der Schweizerischen Eidgenossenschaft und von dieser allen übrigen Regierungen bekannt gegeben werden.

Derselbe bewirkt von Rechtswegen die Unterwerfung unter alle verpflichtenden Bestimmungen und die Theilnahme an allen Vortheilen der gegenwärtigen Uebereinkunft.

Artikel 19. Die der gegenwärtigen Uebereinkunft beitretenden Länder haben jederzeit auch das Recht, derselben für ihre Kolonien oder auswärtigen Besitzungen beizutreten.

Zu diesem Behufe können sie entweder eine allgemeine Erklärung abgeben, nach welcher alle ihre Kolonien oder Besitzungen in den Beitritt einbegriffen sind, oder diejenigen besonders benennen, welche darin einbegriffen, oder sich darauf beschränken, diejenigen zu bezeichnen, welche davon ausgeschlossen sein sollen.

Artikel 20. Die gegenwärtige Uebereinkunft soll drei Monate nach Auswechselung der Ratifikations-Urkunden in Kraft treten und ohne zeitliche Beschränkung in Kraft bleiben bis zum Ablaufe eines Jahres von dem Tage an gerechnet, an welchem die Kündigung derselben erfolgt sein wird.

Diese Kündigung soll an die Regierung der Schweizerischen Eidgenossenschaft gerichtet werden. Sie übt ihre Wirkung nur in Ansehung des aufkündigenden Landes aus, während die Uebereinkunft für die übrigen Verbandsländer verbindlich bleibt.

Artikel 21. Die gegenwärtige Uebereinkunft soll ratifizirt und die Ratifikations-Urkunden sollen spätestens innerhalb eines Jahres zu Bern ausgetauscht werden.

So geschehen zu Bern, am neunten September des Jahres Eintausend achthundertundsechsundachtzig.

Zusatzartikel.

Die zur Vollziehung der Uebereinkunft, betreffend Bildung eines internationalen Verbandes zum Schutze von Werken der Literatur und Kunst, versammelten Bevollmächtigten sind über den nachstehenden Zusatzartikel übereingekommen, welcher gleichzeitig mit der Uebereinkunft, auf welche er sich bezieht, ratifizirt werden soll:

Die unter dem heutigen Datum abgeschlossene Uebereinkunft berührt in keiner Weise die weitere Geltung der zwischen den vertragschließenden Ländern gegenwärtig bestehenden Abkommen, insoweit als diese Abkommen den Urhebern oder ihren Rechtsnachfolgern weitergehende Rechte, als ihnen solche durch den Verband gewährt werden, einräumen oder sonst Bestimmungen enthalten, welche dieser Uebereinkunft nicht zuwiderlaufen.

Schlußprotokoll.

1. In Bezug auf Artikel 4 ist man übereingekommen, wie folgt:

A. — In denjenigen Verbandsländern, in welchen nicht nur die architektonischen Pläne, sondern auch die architektonischen Werke selbst Schutz genießen, werden diese Werke der Wohlthat der Bestimmungen der Berner Uebereinkunft und der gegenwärtigen Zusatzakte theilhaftig.

B. — Die photographischen Erzeugnisse und solche Erzeugnisse, welche durch ein ähnliches Verfahren hergestellt sind, werden der Wohlthat der Bestimmungen dieser beiden Akte theilhaftig, insoweit die innere Gesetzgebung es zuläßt und in demselben Maße, in welchem sie den gleichartigen einheimischen Werken Schutz zubilligt.

Die mit Genehmigung des Berechtigten angefertigte Photographie eines geschützten Kunstwerkes genießt in allen Verbandsländern den gesetzlichen Schutz im Sinne der Berner Uebereinkunft und der gegenwärtigen Zusatzakte so lange, als das Recht zur Nachbildung des Originalwerkes dauert, und in den Grenzen der zwischen den Berechtigten abgeschlossenen Privatverträge.

2. In Bezug auf Artikel 9 ist man übereingekommen, daß diejenigen Verbandsländer, deren Gesetzgebung unter den dramatisch-musikalischen Werken auch die choreographischen Werke begreift, den letzteren ausdrücklich die Vortheile der in der Uebereinkunft vom heutigen Tage enthaltenen Bestimmungen zu Theil werden lassen.

Uebrigens sollen die bei Anwendung der vorstehenden Bestimmung sich etwa ergebenden Zweifel der Entscheidung der betreffenden Gerichte vorbehalten bleiben.

3. Es besteht Einverständniß darüber, daß die Fabrikation und der Verkauf von Instrumenten, welche zur mechanischen Wiedergabe von Musikstücken dienen, die aus geschützten Werken entnommen sind, nicht als den Thatbestand der musikalischen Nachbildung darstellend angesehen werden sollen.

4. Die im Artikel 14 der Uebereinkunft vorgesehene gemeinsame Vereinbarung wird, wie folgt, getroffen:

Die Anwendung der Berner Uebereinkunft und der gegenwärtigen Zusatzakte auf die zur Zeit des Inkrafttretens dieser beiden Akte in ihrem Ursprungslande noch nicht Gemeingut gewordenen Werke soll in Gemäßheit der Abmachungen erfolgen, welche hierüber in den bestehenden oder zu dem Zwecke abzuschließenden besonderen Abkommen enthalten sind.

In Ermangelung derartiger Abmachungen zwischen Verbandsländern werden die betreffenden Länder, ein jedes für sich, durch die innere Gesetzgebung über die Art und Weise der Anwendung des im Artikel 14 enthaltenen Grundsatzes Bestimmung treffen.[1]

Die Bestimmungen im Artikel 14 der Berner Uebereinkunft und der gegenwärtigen Nummer des Schlußprotokolls finden in gleicher Weise auf das ausschließliche Uebersetzungsrecht, wie es durch die gegenwärtige Zusatzakte gewährt wird, Anwendung.

Die vorgedachten Uebergangsbestimmungen finden auch bei weiteren Beitritten zum Verband Anwendung.

5. Die Organisation des im Artikel 16 der Uebereinkunft vorgesehenen internationalen Büreaus soll durch ein Reglement festgestellt werden, dessen Ausarbeitung der Regierung der Schweizerischen Eidgenossenschaft übertragen wird.

Die Geschäftssprache des internationalen Büreaus ist die französische.

Das internationale Büreau sammelt Nachrichten aller Art, welche sich auf den Schutz des Urheberrechts an Werken der Literatur und Kunst beziehen; es ordnet dieselben und veröffentlicht sie. Es stellt Untersuchungen an, welche von gemeinsamem Nutzen und von Interesse für den Verband sind, und giebt auf Grund der Dokumente, welche ihm die verschiedenen Regierungen zur Verfügung stellen werden, eine periodische Zeitschrift in französischer Sprache über die den Gegenstand des Verbandes betreffenden Fragen heraus. Die Regierungen der Verbandsländer behalten sich vor, nach erfolgter allseitiger Zustimmung das Büreau zur Veröffentlichung einer Ausgabe in einer oder mehreren anderen Sprachen zu ermächtigen, für den Fall, daß sich hierfür ein Bedürfniß durch die Erfahrung herausstellen sollte.

Das internationale Büreau hat sich jederzeit zur Verfügung der Verbandsmitglieder bereit zu halten, um denselben über Fragen, betreffend den Schutz von Werken der Literatur und Kunst, die besonderen Auskünfte zu ertheilen, deren sie etwa bedürfen.

Die Regierung des Landes, in welchem eine Konferenz tagen soll, bereitet unter Mitwirkung des internationalen Büreaus die Arbeiten dieser Konferenz vor.

[1] Vgl. unten G vom 4. April 1888, und dazu V vom 11. Juli 1898 und 29. November 1897.

Der Direktor des internationalen Büreaus wohnt den Konferenzsitzungen bei und nimmt an den Verhandlungen ohne beschließende Stimme theil. Er erstattet über seine Geschäftsführung einen Jahresbericht, welcher allen Verbandsmitgliedern mitgetheilt wird.

Die Kosten des Büreaus des internationalen Verbandes werden gemeinschaftlich von den vertragschließenden Ländern getragen. Bis zu neuer Beschlußfassung dürfen sie die Summe von 60000 Franken jährlich nicht übersteigen. Diese Summe kann nöthigenfalls erhöht werden durch einfachen Beschluß einer der im Artikel 17 vorgesehenen Konferenzen.

Behufs Festsetzung des Beitrags eines jeden Landes zu dieser Gesammtkostensumme werden die vertragschließenden und die etwa später dem Verbande beitretenden Länder in sechs Klassen getheilt, von denen eine jede in dem Verhältniß einer gewissen Anzahl von Einheiten beiträgt, nämlich:

die 1. Klasse	25	Einheiten,
die 2. „	20	„
die 3. „	15	„
die 4. „	10	„
die 5. „	5	„
die 6. „	3	„

Diese Koeffizienten werden mit der Zahl der Länder einer jeden Klasse multiplizirt und die Summe der so gewonnenen Ziffern giebt die Zahl der Einheiten, durch welche der Gesammtkostenbetrag zu dividiren ist. Der Quotient ergiebt den Betrag der Kosteneinheit.

Jedes Land erklärt bei seinem Beitritt, in welche der oben genannten Klassen es einzutreten wünscht.

Die schweizerische Regierung stellt das Budget des Büreaus auf, überwacht dessen Ausgaben, leistet die nöthigen Vorschüsse und stellt die Jahresrechnung auf, welche allen übrigen Regierungen mitgetheilt wird.

6. Die nächste Konferenz soll in Paris stattfinden nach Ablauf von vier bis sechs Jahren seit Inkrafttreten der Uebereinkunft.

Die französische Regierung wird innerhalb dieser Grenze nach vorgängigem Benehmen mit dem internationalen Büreau den Zeitpunkt bestimmen.

7. Behufs der im Artikel 21 vorgesehenen Auswechselung der Ratifikations-Urkunden soll ein jeder vertragschließende Theil nur ein Instrument übergeben, welches zusammen mit denjenigen der anderen Länder in den Archiven der Regierung der Schweizerischen Eidgenossenschaft niedergelegt werden soll. Jeder Theil wird dagegen ein Exemplar des von den betheiligten Bevollmächtigten unterzeichneten Protokolls über die Auswechselung der Ratifikationen erhalten.

Das gegenwärtige Schlußprotokoll, welches gleichzeitig mit der am heutigen Tage abgeschlossenen Uebereinkunft ratifizirt werden wird, soll als ein integrirender Bestandtheil dieser Uebereinkunft gelten und dieselbe Kraft, Gültigkeit und Dauer haben.

Vollziehungsprotokoll. (Auszug.)

Die Bevollmächtigten, welche sich heute zu dem Zweck versammelt haben, um zur Vollziehung der Uebereinkunft, betreffend Bildung eines internationalen Verbandes zum Schutze von Werken der Literatur und Kunst, zu schreiten, haben folgende Erklärungen ausgetauscht:

1. Bezüglich des im Artikel 19 der Uebereinkunft vorgesehenen Beitritts der Kolonien oder auswärtigen Besitzungen:

Die Bevollmächtigten Seiner Katholischen Majestät des Königs von Spanien behalten ihrer Regierung das Recht vor, ihren Entschluß bei der Auswechselung der Ratifikations-Urkunden bekannt zu geben.

Der Bevollmächtigte der Französischen Republik erklärt, daß der Beitritt seines Landes den aller Kolonien Frankreichs in sich schließt.

Die Bevollmächtigten Ihrer Britischen Majestät erklären, daß der Beitritt Großbritanniens zu der Uebereinkunft zum Schutze von Werken der Literatur und Kunst das Vereinigte Königreich von Großbritannien und Irland sowie alle Kolonien und auswärtigen Besitzungen Ihrer Britischen Majestät umfaßt.

Indessen behalten sie der Regierung Ihrer Britischen Majestät das Recht vor, in der durch Artikel 20 der Uebereinkunft vorgesehenen Weise jederzeit die Kündigung getrennt für eine oder mehrere der folgenden Kolonien oder Besitzungen, nämlich: Indien, das Dominium Kanada, Neufundland, Kapland, Natal, Neu-Süd-Wales, Viktoria, Queensland, Tasmanien, Süd-Australien, West-Australien und Neu-Seeland, erklären zu dürfen.

Zusatzakte vom 4. Mai 1896.

Artikel 1. Die internationale Uebereinkunft vom 9. September 1886 wird in folgender Weise abgeändert:

(Es folgen unter I—VI die in vorstehendem Abdruck der Berner Uebereinkunft vom 9. September 1886 bereits berücksichtigten Abänderungen der Artikel 2, 3, 5, 7, 12 und 20.)

Artikel 2. Das Schlußprotokoll zur Uebereinkunft vom 9. September 1886 wird in folgender Weise abgeändert:

(Es folgen unter I und II die im vorstehenden Abdruck des „Schlußprotokolls" bereits berücksichtigten Abänderungen der Nummern 1 und 4.)

Artikel 3. Denjenigen Verbandsländern, welche sich an der gegenwärtigen Zusatzakte nicht betheiligt haben, soll auf ihren Wunsch jederzeit der Beitritt gestattet sein. Dasselbe gilt auch für diejenigen Länder, welche später der Uebereinkunft vom 9. September 1886 beitreten werden. Es genügt zu diesem Zwecke, wenn eine schriftliche Benachrichtigung an den Schweizerischen Bundesrath erfolgt, der dann seinerseits den anderen Regierungen von dem erfolgten Beitritte Kenntniß geben wird.

Artikel 4. Die gegenwärtige Zusatzakte soll dieselbe Gültigkeit und Dauer haben wie die Uebereinkunft vom 9. September 1886.

Sie soll ratifizirt und die Ratifikations-Urkunden sollen in der für diese Uebereinkunft angenommenen Form sobald als möglich und spätestens innerhalb eines Jahres in Paris ausgetauscht werden.

Sie soll zwischen den Ländern, die sie ratifizirt haben, drei Monate nach diesem Austausch in Kraft treten.

Ausgefertigt in einem einzigen Exemplare zu Paris, am 4. Mai 1896.

Deklaration vom 4. Mai 1896.

1. Nach dem Wortlaute von Artikel 2 Absatz 2 der Uebereinkunft ist der durch die vorerwähnten beiden Akte gewährleistete Schutz lediglich von der im Ursprungslande des Werkes erfolgten Erfüllung der Bedingungen und Förmlichkeiten abhängig, welche durch die Gesetzgebung dieses Landes etwa vorgeschrieben sind. Dasselbe gilt für den in Nummer 1 litera B des abgeänderten Schlußprotokolls erwähnten Schutz von photographischen Erzeugnissen.

2. Unter „veröffentlichten" Werken sind solche zu verstehen, die in einem Verbandslande „herausgegeben" sind. In Folge dessen stellen die Aufführung eines dramatischen oder dramatisch-musikalischen Werkes, die Aufführung eines musikalischen Werkes und die Ausstellung eines Kunstwerkes keine „Veröffentlichung" im Sinne der vorerwähnten beiden Akte dar.

3. Die Umgestaltung eines Romans in ein Theaterstück oder eines Theaterstücks in einen Roman fällt unter die Bestimmungen von Artikel 10.

Denjenigen Verbandsländern, welche sich an der gegenwärtigen Deklaration nicht betheiligt haben, soll auf ihren Wunsch jederzeit der Beitritt zu derselben gestattet sein. Das Gleiche soll auch für diejenigen Länder gelten, welche, sei es der Uebereinkunft vom 9. September 1886, sei es der Uebereinkunft und der Zusatzakte vom 4. Mai 1896, beitreten. Es genügt zu diesem Zwecke, wenn eine schriftliche Benachrichtigung an den Schweizerischen Bundesrath erfolgt, der dann seinerseits den anderen Regierungen von dem erfolgten Beitritte Kenntniß geben wird.

Die gegenwärtige Deklaration soll dieselbe Gültigkeit und Dauer haben wie die beiden Akte, auf welche sie sich bezieht.

Sie soll ratifizirt und die Ratifikationen sollen in der für jene beiden Akte angenommenen Form sobald als möglich und spätestens innerhalb eines Jahres zu Paris ausgetauscht werden.

Ausgefertigt in einem einzigen Exemplare zu Paris, am 4. Mai 1896.

1887

73) Gesetz, betr. Abänderungen des Reichsbeamtengesetzes vom 31. März 1873. Vom 25. Mai 1887. (RGBl S. 194.)

Vgl. oben Anm. S. 64 zu § 150 des Gesetzes vom 31. März 1873.

---

74) Gesetz, betr. die Fürsorge für die Wittwen und Waisen von Angehörigen des Reichsheeres und der Kaiserlichen Marine. Vom 17. Juni 1887.[1] (RGBl S. 237.)

§ 19. Das Wittwen- und Waisengeld kann mit rechtlicher Wirkung weder abgetreten, noch verpfändet oder sonst übertragen werden.

§ 34. Ueber die auf Grund dieses Gesetzes erhobenen Rechtsansprüche auf Wittwen- und Waisengeld findet der Rechtsweg, und zwar, soweit nicht die Bestimmungen der §§ 149 ff. des Reichsbeamtengesetzes vom 31. März 1873 Platz greifen, mit denselben Maßgaben statt, welche für die gerichtliche Geltendmachung von Pensionsansprüchen des beitragspflichtigen Ehemannes oder Vaters vorgeschrieben sind.

§ 35. Vorstehende Bestimmungen kommen in Bayern nach Maßgabe des Bündnißvertrages vom 23. November 1870 (Bundes-Gesetzbl. 1871 S. 9) zur Anwendung.

Insoweit in Bayern für einzelne Beamtenkategorien besondere von den reichsgesetzlichen Bestimmungen abweichende Pensionsnormen bestehen, bleibt landesrechtlicher Bestimmung vorbehalten, auch für diese Kategorien eine Bemessung des Wittwen- und Waisengeldes nach Maßgabe des den Grundsätzen des Reichsbeamtengesetzes entsprechenden Pensionsbetrages anzuordnen.

§ 36. Dieses Gesetz tritt mit dem 1. Juli 1887 in Kraft.

---

75) Gesetz, betr. Abänderung bezw. Ergänzung des Gesetzes betr. die Quartierleistung für die bewaffnete Macht während des Friedenszustandes, vom 25. Juni 1868 (BGBl S. 523), sowie des Gesetzes über die Naturalleistungen für die bewaffnete Macht im Frieden, vom 13. Februar 1875 (RGBl S. 52). Vom 21. Juni 1887. (RGBl S. 245.)

Vgl. unten zum G vom 24. Mai 1898.

---

[1] Vgl. dazu G wegen anderweiter Bemessung der Wittwen- und Waisengelder. Vom 17. Mai 1897 (RGBl S. 455). EG BGB Art. 49.

76) Gesetz, betr. die Unfallversicherung der bei Bauten beschäftigten Personen. Vom 11. Juli 1887. (RGBl S. 287.)

[Neu-Publikation auf Grund des G, betr. die Abänderung der Unfallversicherungsgesetze. Vom 30. Juni 1900 (RGBl S. 335) § 28, durch Bekanntm. vom 5. Juli 1900 (RGBl S. 573).]

77) Gesetz, betr. die Unfallversicherung der Seeleute und anderer bei der Seeschiffahrt betheiligter Personen. Vom 13. Juli 1887. (RGBl S. 329.)

[Neu-Publikation auf Grund G, betr. die Abänderung der Unfallversicherungsgesetze. Vom 30. Juni 1900 (RGBl S. 335) § 28, durch Bekanntm. vom 5. Juli 1900 (RGBl S. 573).]

1888

78) Gesetz, betr. die Einführung der Gewerbeordnung in Elsaß-Lothringen. Vom 27. Februar 1888. (RGBl S. 57. 58.)

79) Gesetz, betr. die Unterstützung von Familien in den Dienst eingetretener Mannschaften. Vom 28. Februar 1888. (RGBl S. 59.)

[Betrifft den Mobilmachungsfall.]

80) Gesetz wegen Abänderung des Gesetzes, betr. die Rechtsverhältnisse der deutschen Schutzgebiete, vom 17. April 1886 (RGBl S. 75). Vom 15. März 1888. (RGBl S. 71.)

Vgl. oben zum G vom 17. April 1886. Vgl. unten Neu-Publikation des Gesetzes vom 10. September 1900.

81) Gesetz, betr. den Schutz von Vögeln. Vom 22. März 1888. (RGBl S. 111.)

§ 1. Das Zerstören und das Ausheben von Nestern oder Brutstätten der Vögel, das Zerstören und Ausnehmen von Eiern, das Ausnehmen und Tödten von Jungen, das Feilbieten und der Verkauf der gegen dieses Verbot erlangten Nester, Eier und Jungen ist untersagt.

Dem Eigenthümer und dem Nutzungsberechtigten und deren Beauftragten steht jedoch frei, Nester, welche sich an oder in Gebäuden oder in Hofräumen befinden, zu beseitigen.

Auch findet das Verbot keine Anwendung auf das Einsammeln, Feilbieten und den Verkauf der Eier von Strandvögeln, Seeschwalben, Möven und Kiebitzen, jedoch kann durch Landesgesetz oder durch landespolizeiliche Anordnung das Einsammeln der Eier dieser Vögel für bestimmte Orte oder für bestimmte Zeiten untersagt werden.

82) Gesetz, betr. die Ausführung der am 9. September 1886 zu Bern abgeschlossenen Uebereinkunft wegen Bildung eines internationalen Verbandes zum Schutze von Werken der Literatur und Kunst. Vom 4. April 1888. (RGBl S. 139.)

Die in Nr. 4 Absatz 3 des Schlußprotokolls zu der Uebereinkunft vom 9. September 1886, betreffend die Bildung eines internationalen Verbandes zum Schutze von Werken der Literatur und Kunst (Reichs-Gesetzbl. 1887 S. 493), vorbehaltenen Bestimmungen über die Art und Weise der Anwendung des im Artikel 14 der Uebereinkunft enthaltenen Grundsatzes werden durch Kaiserliche Verordnung mit Zustimmung des Bundesraths getroffen.[1]

---

[1] Es ergingen folgende zwei Verordnungen 83):

Nr. 1. Verordnung, betr. die Ausführung der am 9. Sept. 1886 zu Bern abgeschlossenen Uebereinkunft wegen Bildung eines internationalen Verbandes zum Schutze von Werken der Literatur und Kunst. Vom 11. Juli 1888. (RGBl S. 225.)

§ 1. Die zufolge des Artikels 14 der vorbezeichneten Uebereinkunft in Deutschland eintretende Anwendung derselben auf alle aus den übrigen Verbandsländern herrührenden, beim Inkrafttreten der Uebereinkunft in ihrem Ursprungslande noch nicht Gemeingut gewordenen Werke unterliegt, soweit nicht nach Nummer 4 Absatz 2 des Schlußprotokolls bestehende Verträge Platz greifen, den nachstehenden Einschränkungen:

1. Der Druck der Exemplare, deren Herstellung bei dem Inkrafttreten der Uebereinkunft erlaubterweise im Gange war, darf vollendet werden; diese Exemplare sowie diejenigen, welche zu dem gedachten Zeitpunkt erlaubterweise hergestellt waren, dürfen verbreitet und verkauft werden. Ebenso dürfen die zu dem gedachten Zeitpunkt vorhandenen Vorrichtungen, wie Stereotypen, Holzstöcke und gestochene Platten aller Art, sowie lithographische Steine bis zum 31. Dezember 1891 benutzt werden.
2. Werke, welche vor dem Inkrafttreten der Uebereinkunft in einem der übrigen Verbandsländer veröffentlicht sind, genießen den im Artikel 5 der Uebereinkunft vorgesehenen Schutz des ausschließlichen Uebersetzungsrechts nicht gegenüber solchen Uebersetzungen, welche zu dem gedachten Zeitpunkt in Deutschland erlaubterweise bereits ganz oder theilweise veröffentlicht waren.
3. Dramatische oder dramatisch-musikalische Werke, welche in einem der übrigen Verbandsländer veröffentlicht oder aufgeführt und vor dem Inkrafttreten der Uebereinkunft im Original oder in Uebersetzung in Deutschland erlaubterweise öffentlich aufgeführt sind, genießen den Schutz gegen unerlaubte Aufführung im Original oder in einer Uebersetzung nicht.

§ 2. Diese Verordnung tritt mit dem Tage ihrer Verkündung in Kraft. Die Bestimmungen derselben gelten auch für die seit dem Inkrafttreten der Uebereinkunft verflossene Zeit. Nach der Verkündigung dieser Verordnung unterliegt indessen die im § 1 Nummer 1 gewährte Befugniß zur Verbreitung und zum Verkauf von Exemplaren sowie zur Benutzung von Vorrichtungen der Bedingung, daß die Exemplare und Vorrichtungen mit einem besonderen Stempel versehen sind. Die Abstempelung muß spätestens am 1. November 1888 erfolgen. Die näheren Anordnungen in Betreff der Abstempelung sowie in Betreff der Inventarisirung der abgestempelten Exemplare und Vorrichtungen werden vom Reichskanzler erlassen.[1]

§ 3. Im Falle des Beitritts anderer Länder auf Grund des Artikels 18 der Uebereinkunft finden die Bestimmungen im § 1 und § 2 sinngemäße Anwendung. Insoweit nach denselben das Inkrafttreten der Uebereinkunft als Zeitpunkt entscheidet, ist statt dessen das des Beitritts maßgebend. Von letzterem Zeitpunkt an gerechnet ist die Benutzung der Vorrichtungen (§ 1 Nr. 1) vier Jahre lang gestattet und die Abstempelung (§ 2) binnen drei Monaten zu bewirken.

Nr. 2. Verordnung, betreffend die Ausführung der am 9. Sept. 1886 zu Bern abgeschlossenen Uebereinkunft wegen Bildung eines internationalen Verbandes zum Schutze von Werken der Literatur und Kunst. Vom 29. Nov. 1897. (RGBl S. 787.)

§ 1. Werden besondere Abkommen, die mit anderen Verbandsländern über den Schutz von Werken der Literatur und Kunst abgeschlossen sind, außer Kraft gesetzt, so unterliegt die Anwendung der Uebereinkunft auf Werke, welche bis dahin nach Maßgabe dieser Abkommen zu behandeln und in ihrem Ursprungslande beim Inkrafttreten der Uebereinkunft noch nicht Gemeingut geworden waren (Artikel 14 der Uebereinkunft), den nachstehenden Einschränkungen:

1. Der Druck der Exemplare, deren Herstellung zur Zeit der Aufhebung des Abkommens erlaubterweise im Gange war, darf vollendet werden; diese Exemplare sowie diejenigen, welche zu dem gedachten Zeitpunkt erlaubterweise hergestellt waren, dürfen verbreitet und verkauft werden. Ebenso dürfen die zu dem gedachten Zeitpunkte vorhandenen Vorrichtungen (Formen, Platten, Steine, Stereotypen ꝛc.) noch vier Jahre lang benutzt werden; diese Frist beginnt mit dem Schlusse des Jahres, in welchem das Abkommen aufgehoben worden ist.
2. Werke, welche vor der Aufhebung des Abkommens in einem der übrigen Verbandsländer veröffentlicht sind, genießen den im Artikel 5 der Uebereinkunft vorgesehenen Schutz des ausschließlichen Uebersetzungsrechts nicht gegenüber solchen Uebersetzungen, welche zu dem gedachten Zeitpunkt in Deutschland erlaubterweise bereits ganz oder theilweise veröffentlicht waren.
3. Dramatische oder dramatisch-musikalische Werke, welche in einem der übrigen Verbandsländer veröffentlicht oder aufgeführt und vor der Aufhebung des Abkommens im Original oder in Uebersetzung in Deutschland erlaubterweise öffentlich aufgeführt sind, genießen den Schutz gegen unerlaubte Aufführung im Original oder in einer Uebersetzung nicht.

§ 2.[2] Die im § 1 Nr. 1 gewährte Befugniß zur Verbreitung und zum Verkaufe von Exemplaren sowie zur Benutzung von Vorrichtungen unterliegt der Bedingung, daß die Exemplare und Vorrichtungen mit einem besonderen Stempel versehen sind. Die Abstempelung ist nur bis zum Ablaufe dreier Monate zulässig; diese Frist beginnt mit dem Schlusse des Monats, in welchem das Abkommen aufgehoben worden ist. Die näheren Anordnungen in Betreff der Abstempelung sowie in Betreff der Inventarisirung der abgestempelten Exemplare und Vorrichtungen werden vom Reichskanzler erlassen.

§ 3. Diese Verordnung tritt mit dem Tage ihrer Verkündung in Kraft.

---

[1] Vgl. Bekanntm. betr. Bestimmungen zur Ausführung der am 9. September 1886 zu Bern abgeschlossenen Uebereinkunft wegen Bildung eines internationalen Verbandes zum Schutze von Werken der Literatur und Kunst. Vom 7. August 1888 (CBl S. 673).

[2] Vgl. dazu Bekanntm. vom 3. Februar 1898 (RGBl S. 86) [betrifft die Beziehungen zu Großbritannien].

1889

84) Gesetz, betr. die Erwerbs- und Wirthschaftsgenossenschaften. Vom 1. Mai 1889. (RGBl S. 55.)

[Neu-Publikation auf Grund des Art. 13 des EG HGB vom 10. Mai 1897, durch Bekanntm. vom 20. Mai 1898.] Vgl. unten.

85) Gesetz, betr. die Invaliditäts- und Altersversicherung. Vom 22. Juni 1889. (RGBl S. 97.)

Neu-Publikation auf Grund des Invalidenversicherungsgesetzes. Vom 13. Juli 1899 (RGBl S. 393) § 163 durch Bekanntmachung vom 19. Juli 1899 (RGBl S. 463). Vgl. unten.

86) Gesetz, betr. die Abänderung des Bankgesetzes vom 14. März 1875. Vom 18. Dezember 1889. (RGBl S. 201.)

Vgl. oben zu § 24 des Bankgesetzes vom 14. März 1875.

87) Internationales Uebereinkommen über den Eisenbahnfrachtverkehr. Vom 14. Oktober 1890. (RGBl 1892.) S. 793 ff.

[Vgl. oben zum G vom 3. Mai 1886 Nr. 70 dieser Sammlung.]

1890

88) Gesetz, betr. die Gewerbegerichte. Vom 29. Juli 1890. (RGBl S. 141.)

Neu-Publikation auf Grund des G vom 30. Juni 1901, vom 29. Sept. 1901. (RGBl S. 353.)

1891

89) Patentgesetz.[1] Vom 7. April 1891. (RGBl S. 79.)

Artikel I. An Stelle der §§ 1 bis 40 des Patentgesetzes vom 25. Mai 1877[2] (Reichs-Gesetzbl. S. 501) treten folgende Bestimmungen.

Erster Abschnitt.

Patentrecht.

§ 1. Patente werden ertheilt für neue Erfindungen, welche eine gewerbliche Verwerthung gestatten.

Ausgenommen sind:

1) Erfindungen, deren Verwerthung den Gesetzen oder guten Sitten zuwiderlaufen würde;

[1] Vgl. auch Gesetz, betr. die Patentanwälte. Vom 21. Mai 1900 (RGBl S. 233).

[2] Die weiteren Paragraphen s. oben bei Nr. 51 dieser Sammlung.

2) Erfindungen von Nahrungs-, Genuß- und Arzneimitteln, sowie von Stoffen, welche auf chemischem Wege hergestellt werden, soweit die Erfindungen nicht ein bestimmtes Verfahren zur Herstellung der Gegenstände betreffen.

§ 2. Eine Erfindung gilt nicht als neu, wenn sie zur Zeit der auf Grund dieses Gesetzes erfolgten Anmeldung in öffentlichen Druckschriften aus den letzten hundert Jahren bereits derart beschrieben oder im Inlande bereits so offenkundig benutzt ist, daß danach die Benutzung durch andere Sachverständige möglich erscheint.

Die im Auslande amtlich herausgegebenen Patentbeschreibungen stehen den öffentlichen Druckschriften erst nach Ablauf von drei Monaten seit dem Tage der Herausgabe gleich, sofern das Patent von demjenigen, welcher die Erfindung im Auslande angemeldet hat, oder von seinem Rechtsnachfolger nachgesucht wird. Diese Begünstigung erstreckt sich jedoch nur auf die amtlichen Patentbeschreibungen derjenigen Staaten, in welchen nach einer im Reichs-Gesetzblatt enthaltenen Bekanntmachung die Gegenseitigkeit verbürgt ist.

§ 3. Auf die Ertheilung des Patents hat derjenige Anspruch, welcher die Erfindung zuerst nach Maßgabe dieses Gesetzes angemeldet hat. Eine spätere Anmeldung kann den Anspruch auf ein Patent nicht begründen, wenn die Erfindung Gegenstand des Patents des früheren Anmelders ist. Trifft diese Voraussetzung theilweise zu, so hat der spätere Anmelder nur Anspruch auf Ertheilung eines Patents in entsprechender Beschränkung.

Ein Anspruch des Patentsuchers auf Ertheilung des Patents findet nicht statt, wenn der wesentliche Inhalt seiner Anmeldung den Beschreibungen, Zeichnungen, Modellen, Geräthschaften oder Einrichtungen eines Anderen oder einem von diesem angewendeten Verfahren ohne Einwilligung desselben entnommen und von dem letzteren aus diesem Grunde Einspruch erhoben ist. Hat der Einspruch die Zurücknahme oder Zurückweisung der Anmeldung zur Folge, so kann der Einsprechende, falls er innerhalb eines Monats seit Mittheilung des hierauf bezüglichen Bescheides des Patentamts die Erfindung seinerseits anmeldet, verlangen, daß als Tag seiner Anmeldung der Tag vor Bekanntmachung der früheren Anmeldung festgesetzt werde.

§ 4. Das Patent hat die Wirkung, daß der Patentinhaber ausschließlich befugt ist, gewerbsmäßig den Gegenstand der Erfindung herzustellen, in Verkehr zu bringen, feilzuhalten oder zu gebrauchen. Ist das Patent für ein Verfahren ertheilt, so erstreckt sich die Wirkung auch auf die durch das Verfahren unmittelbar hergestellten Erzeugnisse.

§ 5. Die Wirkung des Patents tritt gegen denjenigen nicht ein, welcher zur Zeit der Anmeldung bereits im Inlande die Erfindung in Benutzung genommen oder die zur Benutzung erforderlichen Veranstaltungen getroffen hatte. Derselbe ist befugt, die Erfindung für die Bedürfnisse seines eigenen Betriebes in eigenen oder fremden Werkstätten auszunutzen. Diese Befugniß kann nur zusammen mit dem Betriebe vererbt oder veräußert werden.

Die Wirkung des Patents tritt ferner insoweit nicht ein, als die Erfindung nach Bestimmung des Reichskanzlers für das Heer oder für die Flotte oder sonst im Interesse der öffentlichen Wohlfahrt benutzt werden soll. Doch hat der Patentinhaber in diesem Falle gegenüber dem Reich oder dem Staate, welcher in seinem besonderen Interesse die Beschränkung des Patents beantragt hat, Anspruch auf angemessene Vergütung, welche in Ermangelung einer Verständigung im Rechtswege festgesetzt wird.

Auf Einrichtungen an Fahrzeugen, welche nur vorübergehend in das Inland gelangen, erstreckt sich die Wirkung des Patents nicht.

§ 6. Der Anspruch auf Erteilung des Patents und das Recht aus dem Patent gehen auf die Erben über. Der Anspruch und das Recht können beschränkt oder unbeschränkt durch Vertrag oder durch Verfügung von Todeswegen auf andere übertragen werden.

§ 7. Die Dauer des Patents ist fünfzehn Jahre; der Lauf dieser Zeit beginnt mit dem auf die Anmeldung der Erfindung folgenden Tage. Bezweckt eine Erfindung die Verbesserung oder sonstige weitere Ausbildung einer anderen, zu Gunsten des Patentsuchers durch ein Patent geschützten Erfindung, so kann dieser die Ertheilung eines Zusatzpatents nachsuchen, welches mit dem Patent für die ältere Erfindung sein Ende erreicht.

Wird durch die Erklärung der Nichtigkeit des Hauptpatents ein Zusatzpatent zu einem selbständigen Patent, so bestimmt sich dessen Dauer und der Fälligkeitstag der Gebühren nach dem Anfangstage des Hauptpatents. Für den Jahresbetrag der Gebühren ist der Anfangstag des Zusatzpatents maßgebend. Dabei gilt als erstes Patentjahr der Zeitabschnitt zwischen dem Tage der Anmeldung des Zusatzpatents und dem nächstfolgenden Jahrestage des Anfangs des Hauptpatents.

§ 8. Für jedes Patent ist vor der Ertheilung eine Gebühr von dreißig Mark zu entrichten (§ 24 Absatz 1).

Mit Ausnahme der Zusatzpatente (§ 7) ist außerdem für das Patent mit Beginn des zweiten und jedes folgenden Jahres der Dauer eine Gebühr zu entrichten, welche das erste Mal fünfzig Mark beträgt und weiterhin jedes Jahr um fünfzig Mark steigt.

Diese Gebühr (Absatz 2) ist innerhalb sechs Wochen nach der Fälligkeit zu entrichten. Nach Ablauf der Frist kann die Zahlung nur unter Zuschlag einer Gebühr von zehn Mark innerhalb weiterer sechs Wochen erfolgen.

Einem Patentinhaber, welcher seine Bedürftigkeit nachweist, können die Gebühren für das erste und zweite Jahr der Dauer des Patents bis zum dritten Jahre gestundet und, wenn das Patent im dritten Jahre erlischt, erlassen werden.

Die Zahlung der Gebühren kann vor Eintritt der Fälligkeit erfolgen. Wird auf das Patent verzichtet oder dasselbe für nichtig erklärt oder zurückgenommen, so erfolgt die Rückzahlung der nicht fällig gewordenen Gebühren.

Durch Beschluß des Bundesraths kann eine Herabsetzung der Gebühren angeordnet werden.

§ 9. Das Patent erlischt, wenn der Patentinhaber auf dasselbe verzichtet, oder wenn die Gebühren nicht rechtzeitig bei der Kasse des Patentamts oder zur Ueberweisung an dieselbe bei einer Postanstalt im Gebiete des Deutschen Reichs eingezahlt sind.

§ 10. Das Patent wird für nichtig erklärt, wenn sich ergiebt:

1) daß der Gegenstand nach §§ 1 und 2 nicht patentfähig war,
2) daß die Erfindung Gegenstand des Patents eines früheren Anmelders ist,
3) daß der wesentliche Inhalt der Anmeldung den Beschreibungen, Zeichnungen, Modellen, Geräthschaften oder Einrichtungen eines Anderen oder einem von diesem angewendeten Verfahren ohne Einwilligung desselben entnommen war.

Trifft eine dieser Voraussetzungen (1 bis 3) nur theilweise zu, so erfolgt die Erklärung der Nichtigkeit durch entsprechende Beschränkung des Patents.

§ 11. Das Patent kann nach Ablauf von drei Jahren, von dem Tage der über die Ertheilung des Patents erfolgten Bekanntmachung (§ 27 Absatz 1) gerechnet, zurückgenommen werden:

1) wenn der Patentinhaber es unterläßt, im Inlande die Erfindung in angemessenem Umfange zur Ausführung zu bringen, oder doch alles zu thun, was erforderlich ist, um diese Ausführung zu sichern;
2) wenn im öffentlichen Interesse die Ertheilung der Erlaubniß zur Benutzung der Erfindung an andere geboten erscheint, der Patentinhaber aber gleichwohl sich weigert, diese Erlaubniß gegen angemessene Vergütung und genügende Sicherstellung zu ertheilen.

§ 12. Wer nicht im Inlande wohnt, kann den Anspruch auf die Ertheilung eines Patents und die Rechte aus dem Patent nur geltend machen, wenn er im Inlande einen Vertreter bestellt hat. Der Letztere ist zur Vertretung in dem nach Maßgabe dieses Gesetzes stattfindenden Verfahren, sowie in den das Patent betreffenden bürgerlichen Rechtsstreitigkeiten und zur Stellung von Strafanträgen befugt. Der Ort, wo der Vertreter seinen Wohnsitz hat, und in Ermangelung eines solchen der Ort, wo das Patentamt seinen Sitz hat, gilt im Sinne des § 23 der Civilprozeßordnung als der Ort, wo sich der Vermögensgegenstand befindet.

Unter Zustimmung des Bundesraths kann durch Anordnung des Reichskanzlers bestimmt werden, daß gegen die Angehörigen eines ausländischen Staates ein Vergeltungsrecht zur Anwendung gebracht werde.

Zweiter Abschnitt.

Patentamt.

§ 13. Die Ertheilung, die Erklärung der Nichtigkeit und die Zurücknahme der Patente erfolgt durch das Patentamt.

Das Patentamt hat seinen Sitz in Berlin. Es besteht aus einem Präsidenten, aus Mitgliedern, welche die Befähigung zum Richteramt oder zum höheren Verwaltungsdienst besitzen (rechtskundige Mitglieder), und aus Mitgliedern, welche in einem Zweige der Technik sachverständig sind (technische Mitglieder). Die Mitglieder werden, und zwar der Präsident auf Vorschlag des Bundesraths, vom Kaiser ernannt. Die Berufung der rechtskundigen Mitglieder erfolgt, wenn sie im Reichs- oder Staatsdienst ein Amt bekleiden, auf die Dauer dieses Amts, anderenfalls auf Lebenszeit. Die Berufung der technischen Mitglieder erfolgt entweder auf Lebenszeit oder auf fünf Jahre. In letzterem Falle finden auf sie die Bestimmungen im § 16 des Gesetzes, betreffend die Rechtsverhältnisse der Reichsbeamten, vom 31. März 1873 keine Anwendung.

§ 14. In dem Patentamt werden

1) Abtheilungen für die Patentanmeldungen (Anmeldeabtheilungen),
2) eine Abtheilung für die Anträge auf Erklärung der Nichtigkeit oder auf Zurücknahme von Patenten (Nichtigkeitsabtheilung),
3) Abtheilungen für die Beschwerden (Beschwerdeabtheilungen)

gebildet.

In den Anmeldeabtheilungen dürfen nur solche technische Mitglieder mitwirken, welche auf Lebenszeit berufen sind. Die technischen Mitglieder der Anmeldeabtheilungen dürfen nicht in den übrigen Abtheilungen, die technischen Mitglieder der letzteren nicht in den Anmeldeabtheilungen mitwirken.

Die Beschlußfähigkeit der Anmeldeabtheilungen ist durch die Anwesenheit von mindestens drei Mitgliedern bedingt, unter welchen sich zwei technische Mitglieder befinden müssen.

Die Entscheidungen der Nichtigkeitsabtheilung und der Beschwerdeabtheilungen erfolgen in der Besetzung von zwei rechtskundigen und drei technischen Mitgliedern. Zu anderen Beschlußfassungen genügt die Anwesenheit von drei Mitgliedern.

Die Bestimmungen der Civilprozeßordnung über Ausschließung und Ablehnung der Gerichtspersonen finden entsprechende Anwendung.

Zu den Berathungen können Sachverständige, welche nicht Mitglieder sind, zugezogen werden; dieselben dürfen an den Abstimmungen nicht theilnehmen.

§ 15. Die Beschlüsse und die Entscheidungen der Abtheilungen erfolgen im Namen des Patentamts; sie sind mit Gründen zu versehen, schriftlich auszufertigen und allen Betheiligten von Amtswegen zuzustellen.

§ 16. Gegen die Beschlüsse der Anmeldeabtheilungen und der Nichtigkeitsabtheilung findet die Beschwerde statt. An der Beschlußfassung über die Beschwerde darf kein Mitglied theilnehmen, welches bei dem angefochtenen Beschlusse mitgewirkt hat.

§ 17. Die Bildung der Abtheilungen, die Bestimmung ihres Geschäftskreises, die Formen des Verfahrens, einschließlich des Zustellungswesens, und der Geschäftsgang des Patentamts werden, insoweit dieses Gesetz nicht Bestimmungen darüber trifft, durch Kaiserliche Verordnung unter Zustimmung des Bundesraths geregelt.[1]

§ 18. Das Patentamt ist verpflichtet, auf Ersuchen der Gerichte über Fragen, welche Patente betreffen, Gutachten abzugeben, sofern in dem gerichtlichen Verfahren von einander abweichende Gutachten mehrerer Sachverständiger vorliegen.

---

[1] Vgl. V zur Ausführung des Patentgesetzes vom 7. April 1891, und des Gesetzes, betr. den Schutz von Gebrauchsmustern, vom 1. Juni 1891. Vom 11. Juli 1891 (RGBl S. 349):

I. Patentangelegenheiten.

§ 1. Im Patentamt werden für die Patentanmeldungen vier Abtheilungen gebildet, welche die Bezeichnung

Anmeldeabtheilung

führen und durch den Zusatz I, II, III, IV unterschieden werden.

Der Reichskanzler bestimmt, für welche Gebiete der Technik eine jede der Abtheilungen zuständig ist.

Zu dem Geschäftskreis der Anmeldeabtheilungen gehören auch die Beschlüsse über Eintragungen und Löschungen in der Patentrolle (§ 19 des Patentgesetzes) für das einer jeden Abtheilung zugewiesene Gebiet der Technik.

§ 2. Für Beschwerden gegen die Beschlüsse der Anmeldeabtheilungen und der Nichtigkeitsabtheilung (§§ 16, 26 des Patentgesetzes) werden zwei Abtheilungen gebildet, welche die Bezeichnung

Beschwerdeabtheilung

führen und durch den Zusatz I und II unterschieden werden.

Die Beschwerdeabtheilung I ist zuständig für Beschwerden gegen Beschlüsse der Anmeldeabtheilungen I und II, sowie für Beschwerden gegen Beschlüsse der Nichtigkeitsabtheilung. Die Beschwerdeabtheilung II ist zuständig für Beschwerden gegen Beschlüsse der Anmeldeabtheilungen III und IV.

Die Beschwerdeabtheilungen sind außerdem, und zwar jede innerhalb des durch Absatz 2 festgesetzten Geschäftskreises, zuständig für die vom Patentamt abzugebenden Gutachten.

§ 3. Meinungsverschiedenheiten zwischen mehreren Abtheilungen über die Zuständigkeit werden von dem Präsidenten entschieden.

Für Anträge oder Gesuche, welche andere, als die in den §§ 1 und 2 bezeichneten Angelegenheiten betreffen, wird die Zuständigkeit von dem Präsidenten bestimmt.

§ 4. Die Geschäftsleitung in den Anmeldeabtheilungen steht dem zum Vorsitz berufenen rechtskundigen oder technischen*) Mitgliede, die Geschäftsleitung in den Beschwerdeabtheilungen und in der Nichtigkeitsabtheilung dem Präsidenten zu. Ueber die Vertretung des Präsidenten im Vorsitz trifft der Reichskanzler Bestimmung.

§ 5. Die Zuweisung der Mitglieder an die Abtheilungen erfolgt durch den Reichskanzler.

Im Falle des Todes, der Erkrankung oder der längeren Abwesenheit eines Mitgliedes können in die davon betroffene Abtheilung, solange das Bedürfniß dieses erfordert, durch den Präsidenten Mitglieder anderer Abtheilungen zur Aushülfe berufen werden.

---

*) Die Worte „oder technischen" sind Zusatz durch VO zur Ausf. des Patentgesetzes vom 7. April 1891 und des Gesetzes, betr. den Schutz von Gebrauchsmustern. Vom 1. Juni 1891. Vom 25. Oktober 1899 (RGBl S. 661).

Im Uebrigen ist das Patentamt nicht befugt, ohne Genehmigung des Reichskanzlers außerhalb seines gesetzlichen Geschäftskreises Beschlüsse zu fassen oder Gutachten abzugeben.

§ 19. Bei dem Patentamt wird eine Rolle geführt, welche den Gegenstand und die Dauer der ertheilten Patente, sowie den Namen und Wohnort der Patentinhaber und ihrer bei Anmeldung der Er-

---

§ 6. In den Abtheilungen trifft der Vorsitzende die für den Fortgang der Sachen erforderlichen Verfügungen.

In den Anmeldeabtheilungen bezeichnet er für jede Klasse der Anmeldungen im Voraus das Mitglied, welchem die Vorprüfung (§ 21 des Patentgesetzes) obliegt, sowie einen weiteren Berichterstatter für das Verfahren nach Erlaß des Vorbescheides.

In den Beschwerdeabtheilungen und in der Nichtigkeitsabtheilung bezeichnet der Präsident für jede Klasse im Voraus zwei Berichterstatter.

An Stelle der hiernach berufenen Mitglieder können für den einzelnen Fall andere Berichterstatter bezeichnet werden.

Die Berichterstatter halten den mündlichen Vortrag in der Sitzung und entwerfen alle Beschlüsse und Entscheidungen. Der Vorsitzende prüft die Entwürfe und stellt sie fest. Ueber sachliche Meinungsverschiedenheiten beschließt die Abtheilung.

§ 7. In den Anmeldeabtheilungen bedarf es der Berathung und Abstimmung in einer Sitzung für Beschlüsse über die Bekanntmachung der Anmeldung, sowie für Beschlüsse, durch welche die Anmeldung oder ein Einspruch ganz oder theilweise zurückgewiesen wird.

Für die Beschlüsse der Beschwerdeabtheilungen, durch welche eine auf Grund des § 16 des Patentgesetzes erhobene Beschwerde erledigt wird, sowie für die nach §§ 26, 29 und 30 des Patentgesetzes ergehenden Entscheidungen der Beschwerdeabtheilungen und der Nichtigkeitsabtheilung bedarf es der Berathung und Abstimmung in einer Sitzung. An den Entscheidungen nehmen außer dem Präsidenten und dem weiteren rechtskundigen Mitgliede die beiden für die Sache bestellten Berichterstatter und ein drittes von dem Präsidenten vorher bestimmtes technisches Mitglied theil.

§ 8. Bei den Abstimmungen entscheidet die absolute Mehrheit der Stimmen, bei Stimmengleichheit die Stimme des Vorsitzenden.

Ist eine Anhörung der Betheiligten (Patentgesetz § 25, § 26 Absatz 3, § 30 Absatz 2) vorhergegangen, so kann ein Mitglied, welches hierbei nicht zugegen gewesen ist, an der Abstimmung nicht theilnehmen.

§ 9. Dem Präsidenten liegt es ob, auf eine gleichmäßige Behandlung der Geschäfte und auf die Beobachtung gleicher Grundsätze hinzuwirken. Zu diesem Behufe ist er befugt, den Berathungen aller Abtheilungen beizuwohnen, auch sämmtliche Mitglieder zu Plenarversammlungen zu vereinigen und die Berathung des Plenums über die von ihm vorgelegten Fragen herbeizuführen.

§ 10. Die Sitzungen der Abtheilungen finden der Regel nach an bestimmten Tagen und zu bestimmten Stunden statt. Die Verfügung darüber steht dem Präsidenten zu.

§ 11. Die Ausfertigungen der Beschlüsse und Entscheidungen der Abtheilungen erhalten die Unterschrift:

Kaiserliches Patentamt

und zusätzlich die vorschriftsmäßige Bezeichnung der Abtheilung.

§ 12. Für das Zustellungswesen gelten folgende Vorschriften:

1. Zustellungen, welche den Lauf der im § 26 Absatz 1 des Patentgesetzes

findung etwa bestellten Vertreter angiebt. Der Anfang, der Ablauf, das Erlöschen, die Erklärung der Nichtigkeit und die Zurücknahme der Patente sind, unter gleichzeitiger Bekanntmachung durch den Reichsanzeiger, in der Rolle zu vermerken.

Tritt in der Person des Patentinhabers oder seines Vertreters eine Aenderung ein, so wird dieselbe, wenn sie in beweisender Form

bezeichneten Frist bedingen, sowie Zustellungen in dem Verfahren vor der Nichtigkeitsabtheilung erfolgen durch die Post. Auf diese Zustellungen finden die Vorschriften der Civilprozeßordnung mit nachstehenden Maßgaben Anwendung.

Der vom Präsidenten bestimmte Beamte trägt für die Bewirkung der Zustellung Sorge und beglaubigt die zu übergebenden Abschriften. Er übergiebt die Schriftstücke in einem verschlossenen, mit der Adresse der Person, an welche zugestellt werden soll, sowie mit der Geschäftsnummer versehenen Briefumschlag der Post zur Zustellung. Auf den Briefumschlag wird der Vermerk gesetzt: „Vereinfachte Zustellung". Eine Bescheinigung der Uebergabe an die Post (Civilprozeßordnung §§ 177, 179)[1] ist nicht erforderlich.

Die von dem Postboten aufzunehmende Zustellungsurkunde muß die Adresse und die Geschäftsnummer des Briefes, den Ort und die Zeit der Zustellung, sowie die Person, welcher zugestellt ist, und wenn die Zustellung nicht an den Adressaten persönlich erfolgt ist, den Grund hiervon angeben. Die Urkunde ist von dem Postboten zu unterschreiben. Abschrift der Zustellungsurkunde wird nicht übergeben. Der Tag der Zustellung ist von dem Postboten auf dem Briefumschlag zu vermerken.

2. Zustellungen, welche den Lauf sonstiger Fristen bedingen, erfolgen mittelst eingeschriebenen Briefes.

Kann in den Fällen der Nr. 1 und 2 eine Zustellung im Inlande nicht erfolgen, so wird sie durch Aufgabe zur Post nach Maßgabe der §§ 161, 175[2] der Civilprozeßordnung bewirkt.

§ 13. Zeugen und Sachverständige erhalten Gebühren nach Maßgabe der Gebührenordnung vom 30. Juni 1878 (Reichs-Gesetzbl. S. 173).[3]

§ 14. Zu den Kosten des Verfahrens, über welche das Patentamt nach § 26 Absatz 5 und § 31 des Patentgesetzes zu bestimmen hat, gehören außer den aus der Kasse des Patentamts bestrittenen Auslagen diejenigen den Betheiligten erwachsenen Kosten, welche nach freiem Ermessen des Patentamts zur zweckentsprechenden Wahrung der Ansprüche und Rechte nothwendig waren.

§ 15. Ist eine Patentgebühr (§ 8 Absatz 2 des Patentgesetzes) nicht innerhalb sechs Wochen nach der Fälligkeit entrichtet, so benachrichtigt das Patentamt hiervon den Patentinhaber.

Aus dem Umstande, daß der Patentinhaber eine Benachrichtigung nicht erhält, erwachsen Rechtsfolgen nicht.

§ 16. Die Orte außerhalb Berlins, an welchen eine Auslegung der Patentanmeldungen erfolgen soll, sowie die Art und Zeitdauer dieser Auslegung werden vom Reichskanzler bezeichnet. Wenn eine Auslegung an diesen Orten unterbleibt, so wird dadurch ein Mangel des Verfahrens nicht begründet.

§ 17. Der Präsident verfügt im Einvernehmen mit der für die Anmeldung zuständigen Abtheilung über Modelle und Proben, deren Rückgabe nicht

[1] Jetzt: §§ 194. 196. [2] Jetzt: §§ 175. 192.

[3] Vgl. Neu-Publikation durch Bekanntm. vom 20. Mai 1898 (RGBl S. 689).

zur Kenntniß des Patentamts gebracht ist, ebenfalls in der Rolle vermerkt und durch den Reichsanzeiger veröffentlicht. Solange dieses nicht geschehen ist, bleiben der frühere Patentinhaber und sein früherer Vertreter nach Maßgabe dieses Gesetzes berechtigt und verpflichtet.

Die Einsicht der Rolle, der Beschreibungen, Zeichnungen, Mo-

---

binnen sechs Monaten nach endgültiger Abweisung der Anmeldung oder nach der Bekanntmachung von der Ertheilung des Patents (§ 27 Abs. 1 des Patentgesetzes) beantragt ist.

§ 18. Soweit für Patentangelegenheiten aus der Zeit vor dem 1. Oktober 1891 Uebergangsbestimmungen erforderlich sind, werden dieselben vom Reichskanzler erlassen.[1]

II. Angelegenheiten des Gebrauchsmusterschutzes.

§ 19. Für Anträge in Sachen des Schutzes von Gebrauchsmustern wird in dem Patentamt eine besondere Anmeldestelle errichtet.

Die Leitung dieser Stelle liegt einem von dem Reichskanzler bezeichneten rechtskundigen Mitgliede ob.

Im Falle einer Verhinderung dieses Mitgliedes kann der Präsident einem anderen rechtskundigen Mitgliede die Vertretung übertragen.

§ 20. Die Verfügungen der Anmeldestelle erhalten die Unterschrift:

Kaiserliches Patentamt,
Anmeldestelle für Gebrauchsmuster.

§ 21. Ueber Vorstellungen gegen die Verfügung der Anmeldestelle befindet der Präsident.

§ 22. Aenderungen in der Person des Eingetragenen oder des nach § 13 Absatz 2 des Gesetzes vom 1. Juni 1891 bestellten Vertreters, welche in der Rolle vermerkt werden sollen, sind in beweisender Form zur Kenntniß des Patentamts zu bringen.

§ 23. Nach der Eintragung in der Rolle erhält der Eingetragene eine Ausfertigung des Eintragungsvermerks.

§ 24. Der Präsident verfügt über Modelle, deren Rückgabe nicht binnen vier Jahren nach Ablauf der Schutzfrist beantragt wird.

III. Gemeinschaftliche Bestimmungen.

§ 25. Die Einrichtung der Büreaus, die Verwaltung der Kasse, der Bibliothek und der Sammlungen werden durch den Präsidenten geordnet. Der Präsident erläßt die erforderlichen Geschäftsanweisungen.

§ 26. Die Leitung und Beaufsichtigung des gesammten Geschäftsbetriebes steht dem Präsidenten zu. Er verfügt in allen Verwaltungsangelegenheiten.

§ 27. Sämmtliche eingehende Geschäftssachen werden, ohne Rücksicht auf ihren verschiedenen Inhalt, nach der Zeit ihres Eingangs mit einer laufenden Nummer, als Geschäftsnummer, und mit dem Datum bezeichnet.

Geschäftssachen, welche während der Dienststunden eingehen, sind alsbald, andere Geschäftssachen bei dem Wiederbeginn der Dienststunden von dem dazu bestimmten Beamten hiernach zu bezeichnen. Wenn die Reihe des Eingangs nicht feststeht, so sind sie nach der Reihe, in welcher sie von dem Beamten übernommen werden, mit der Bezeichnung zu versehen.

Von zwei an demselben Tage an das Patentamt gelangten Geschäftssachen gilt diejenige als später eingegangen, welche die höhere Geschäftsnummer trägt.

---

[1] Vgl. V vom 17. Juli 1891 (CBl S. 217).

delle und Probestücke, auf Grund deren die Ertheilung der Patente erfolgt ist, steht, soweit es sich nicht um ein im Namen der Reichsverwaltung für die Zwecke des Heeres oder der Flotte genommenes Patent handelt, jedermann frei.

Das Patentamt veröffentlicht die Beschreibungen und Zeichnungen, soweit deren Einsicht jedermann freisteht, in ihren wesentlichen Theilen durch ein amtliches Blatt. In dasselbe sind auch die

---

§ 28. Vertreter in Patentangelegenheiten und in Angelegenheiten des Gebrauchsmusterschutzes haben dem Patentamt gegenüber ihre Bevollmächtigung durch eine Vollmacht nachzuweisen.

Die Vollmachten müssen auf prozeßfähige, mit ihrem bürgerlichen Namen bezeichnete Personen lauten.

Sind mehrere Personen bevollmächtigt, so gelten dieselben für befugt, sowohl gemeinschaftlich als auch einzeln die Vertretung wahrzunehmen. Eine abweichende Bestimmung dürfen die Vollmachten nicht enthalten.

§ 29. Das Patentamt kann nach seinem Ermessen von den bei ihm beruhenden Eingaben und Verhandlungen, soweit die Einsicht in dieselben gesetzlich nicht beschränkt ist, an jedermann Abschriften und Auszüge gegen Einzahlung der Kosten ertheilen.

§ 30. Das Siegel des Patentamts enthält in der Mitte den Reichsadler und in der Umschrift die Worte „Kaiserliches Patentamt".

Verordnung zur Ausführung des Patentgesetzes vom 7. April 1891. Vom 5. Juni 1897. (RGBl S. 473.)

§ 1. Im Patentamte wird für die Patentanmeldungen eine weitere Abtheilung gebildet, welche die Bezeichnung Anmeldeabtheilung V führt.

§ 2. Für Beschwerden gegen Beschlüsse der Anmeldeabtheilung V sowie für die Erstattung von Gutachten innerhalb des der Anmeldeabtheilung V zugewiesenen Geschäftskreises ist die Beschwerdeabtheilung II zuständig.

Desgl. vom 6. Mai 1899 (RGBl 283):

§ 1. Im Patentamte wird für die Patentanmeldungen eine weitere Abtheilung gebildet, welche die Bezeichnung Anmeldeabtheilung VI führt.

§ 2. Für Beschwerden gegen Beschlüsse der Anmeldeabtheilung VI sowie für die Erstattung von Gutachten innerhalb des der Anmeldeabtheilung VI zugewiesenen Geschäftskreises ist die Beschwerdeabtheilung II zuständig.

Desgl. vom 2. Mai 1900 (RGBl S. 232):

§ 1. Im Patentamte werden für die Patentanmeldungen zwei weitere Abtheilungen gebildet, welche die Bezeichnung Anmeldeabtheilung VII und Anmeldeabtheilung VIII führen.

§ 2. Für Beschwerden gegen Beschlüsse der Anmeldeabtheilungen VII und VIII, sowie für die Erstattung von Gutachten innerhalb des den Anmelde-Abtheilungen VII und VIII zugewiesenen Geschäftskreises ist die Beschwerdeabtheilung I zuständig.

Desgl. vom 26. Mai 1902 (RGBl S. 169):

§ 1. Im Patentamte werden für die Patentanmeldungen zwei weitere Abtheilungen gebildet, welche die Bezeichnung Anmeldeabtheilung IX und Anmeldeabtheilung X führen.

§ 2. Für Beschwerden gegen Beschlüsse der Anmeldeabtheilungen IX und X, sowie für die Erstattung von Gutachten innerhalb des denselben zugewiesenen Geschäftskreises ist bezüglich der Anmeldeabtheilung
IX die Beschwerdeabtheilung I, und bezüglich der Anmeldeabtheilung
X die Beschwerdeabtheilung II zuständig.

Bekanntmachungen aufzunehmen, welche durch den Reichsanzeiger nach Maßgabe dieses Gesetzes erfolgen müssen.

Dritter Abschnitt.

Verfahren in Patentsachen.

§ 20. Die Anmeldung einer Erfindung behufs Ertheilung eines Patents geschieht schriftlich bei dem Patentamt. Für jede Erfindung ist eine besondere Anmeldung erforderlich. Die Anmeldung muß den Antrag auf Ertheilung des Patents enthalten und in dem Antrage den Gegenstand, welcher durch das Patent geschützt werden soll, genau bezeichnen. In einer Anlage ist die Erfindung dergestalt zu beschreiben, daß danach die Benutzung derselben durch andere Sachverständige möglich erscheint. Am Schlusse der Beschreibung ist dasjenige anzugeben, was als patentfähig unter Schutz gestellt werden soll (Patentanspruch). Auch sind die erforderlichen Zeichnungen, bildlichen Darstellungen, Modelle und Probestücke beizufügen.

Das Patentamt erläßt Bestimmungen über die sonstigen Erfordernisse der Anmeldung.

Bis zu dem Beschlusse über die Bekanntmachung der Anmeldung sind Abänderungen der darin enthaltenen Angaben zulässig. Gleichzeitig mit der Anmeldung sind für die Kosten des Verfahrens zwanzig Mark zu zahlen.

§ 21. Die Anmeldung unterliegt einer Vorprüfung durch ein Mitglied der Anmeldeabtheilung.

Erscheint hierbei die Anmeldung als den vorgeschriebenen Anforderungen (§ 20) nicht genügend, so wird durch Vorbescheid der Patentsucher aufgefordert, die Mängel innerhalb einer bestimmten Frist zu beseitigen.

Insoweit die Vorprüfung ergiebt, daß eine nach §§ 1, 2, 3 Absatz 1 patentfähige Erfindung nicht vorliegt, wird der Patentsucher hiervon unter Angabe der Gründe mit der Aufforderung benachrichtigt, sich binnen einer bestimmten Frist zu äußern.

Erklärt sich der Patentsucher auf den Vorbescheid (Absatz 2 und 3) nicht rechtzeitig, so gilt die Anmeldung als zurückgenommen; erklärt er sich innerhalb der Frist, so faßt die Anmeldeabtheilung Beschluß.

§ 22. Ist durch die Anmeldung den vorgeschriebenen Anforderungen (§ 20) nicht genügt oder ergiebt sich, daß eine nach §§ 1, 2, 3 Absatz 1 patentfähige Erfindung nicht vorliegt, so wird die Anmeldung von der Abtheilung zurückgewiesen. An der Beschlußfassung darf das Mitglied, welches den Vorbescheid erlassen hat, nicht theilnehmen.

Soll die Zurückweisung auf Grund von Umständen erfolgen, welche nicht bereits durch den Vorbescheid dem Patentsucher mitgetheilt waren, so ist demselben vorher Gelegenheit zu geben, sich über diese Umstände binnen einer bestimmten Frist zu äußern.

§ 23. Erachtet das Patentamt die Anmeldung für gehörig erfolgt und die Ertheilung eines Patents nicht für ausgeschlossen, so beschließt es die Bekanntmachung der Anmeldung. Mit der Bekanntmachung treten für den Gegenstand der Anmeldung zu Gunsten des Patentsuchers einstweilen die gesetzlichen Wirkungen des Patents ein (§§ 4 und 5).

Die Bekanntmachung geschieht in der Weise, daß der Name des Patentsuchers und der wesentliche Inhalt des in seiner Anmeldung enthaltenen Antrags durch den Reichsanzeiger einmal veröffentlicht wird. Mit der Veröffentlichung ist die Anzeige zu verbinden, daß der Gegenstand der Anmeldung einstweilen gegen unbefugte Benutzung geschützt sei.

Gleichzeitig ist die Anmeldung mit sämmtlichen Beilagen bei dem Patentamt zur Einsicht für jedermann auszulegen. Auf dem durch § 17 des Gesetzes bestimmten Wege kann angeordnet werden, daß die Auslegung auch außerhalb Berlins zu erfolgen habe.

Die Bekanntmachung kann auf Antrag des Patentsuchers auf die Dauer von höchstens sechs Monaten, vom Tage des Beschlusses über die Bekanntmachung an gerechnet, ausgesetzt werden. Bis zur Dauer von drei Monaten darf die Aussetzung nicht versagt werden.

Handelt es sich um ein im Namen der Reichsverwaltung für die Zwecke des Heeres oder der Flotte nachgesuchtes Patent, so erfolgt auf Antrag die Patentertheilung ohne jede Bekanntmachung. In diesem Falle unterbleibt auch die Eintragung in die Patentrolle.

§ 24. Innerhalb der Frist von zwei Monaten nach der Veröffentlichung (§ 23) ist die erste Jahresgebühr (§ 8 Absatz 1) einzuzahlen. Erfolgt die Einzahlung nicht binnen dieser Frist, so gilt die Anmeldung als zurückgenommen.

Innerhalb der gleichen Frist kann gegen die Ertheilung des Patents Einspruch erhoben werden. Der Einspruch muß schriftlich erfolgen und mit Gründen versehen sein. Er kann nur auf die Behauptung gestützt werden, daß der Gegenstand nach §§ 1 und 2 nicht patentfähig sei, oder daß dem Patentsucher ein Anspruch auf das Patent nach § 3 nicht zustehe. Im Falle des § 3 Absatz 2 ist nur der Verletzte zum Einspruch berechtigt.

Nach Ablauf der Frist hat das Patentamt über die Ertheilung des Patents Beschluß zu fassen. An der Beschlußfassung darf das Mitglied, welches den Vorbescheid (§ 21) erlassen hat, nicht theilnehmen.

§ 25. Bei der Vorprüfung und in dem Verfahren vor der Anmeldeabtheilung kann jederzeit die Ladung und Anhörung der Betheiligten, die Vernehmung von Zeugen und Sachverständigen, sowie die Vornahme sonstiger zur Aufklärung der Sache erforderlicher Ermittelungen angeordnet werden.

§ 26. Gegen den Beschluß, durch welchen die Anmeldung zurückgewiesen wird, kann der Patentsucher, und gegen den Beschluß, durch welchen über die Ertheilung des Patents entschieden wird, der Patentsucher oder der Einsprechende innerhalb eines Monats nach der Zustellung Beschwerde einlegen. Mit der Einlegung der Beschwerde sind für die Kosten des Beschwerdeverfahrens zwanzig Mark zu zahlen; erfolgt die Zahlung nicht, so gilt die Beschwerde als nicht erhoben.

Ist die Beschwerde an sich nicht statthaft oder ist dieselbe verspätet eingelegt, so wird sie als unzulässig verworfen.

Wird die Beschwerde für zulässig befunden, so richtet sich das weitere Verfahren nach § 25. Die Ladung und Anhörung der Betheiligten muß auf Antrag eines derselben erfolgen. Dieser Antrag kann nur abgelehnt werden, wenn die Ladung des Antragstellers in dem Verfahren vor der Anmeldeabtheilung bereits erfolgt war.

Soll die Entscheidung über die Beschwerde auf Grund anderer als der in dem angegriffenen Beschlusse berücksichtigten Umstände erfolgen, so ist den Betheiligten zuvor Gelegenheit zu geben, sich hierüber zu äußern.

Das Patentamt kann nach freiem Ermessen bestimmen, inwieweit einem Betheiligten im Falle des Unterliegens die Kosten des Beschwerdeverfahrens zur Last fallen, sowie anordnen, daß dem Betheiligten, dessen Beschwerde für gerechtfertigt befunden ist, die Gebühr (Absatz 1) zurückgezahlt wird.

§ 27. Ist die Ertheilung des Patents endgültig beschlossen, so erläßt das Patentamt darüber durch den Reichsanzeiger eine Bekanntmachung und fertigt demnächst für den Patentinhaber eine Urkunde aus.

Wird die Anmeldung nach der Veröffentlichung (§ 23) zurückgenommen oder wird das Patent versagt, so ist dies ebenfalls bekannt zu machen. Die eingezahlte Jahresgebühr wird in diesen Fällen erstattet. Mit der Versagung des Patents gelten die Wirkungen des einstweiligen Schutzes als nicht eingetreten.

§ 28. Die Einleitung des Verfahrens wegen Erklärung der Nichtigkeit oder wegen Zurücknahme des Patents erfolgt nur auf Antrag.

Im Falle des § 10 Nr. 3 ist nur der Verletzte zu dem Antrage berechtigt.

Im Falle des § 10 Nr. 1 ist nach Ablauf von fünf Jahren, von dem Tage der über die Ertheilung des Patents erfolgten Bekanntmachung (§ 27 Absatz 1) gerechnet, der Antrag unstatthaft.

Der Antrag ist schriftlich an das Patentamt zu richten und hat die Thatsachen anzugeben, auf welche er gestützt wird. Mit dem Antrage ist eine Gebühr von fünfzig Mark zu zahlen. Erfolgt die Zahlung nicht, so gilt der Antrag als nicht gestellt. Die Gebühr wird erstattet, wenn das Verfahren ohne Anhörung der Betheiligten beendet wird.

Wohnt der Antragsteller im Auslande, so hat er dem Gegner auf dessen Verlangen Sicherheit wegen der Kosten des Verfahrens zu leisten. Die Höhe der Sicherheit wird von dem Patentamt nach freiem Ermessen festgesetzt. Dem Antragsteller wird bei Anordnung der Sicherheitsleistung eine Frist bestimmt, binnen welcher die Sicherheit zu leisten ist. Erfolgt die Sicherheitsleistung nicht vor Ablauf der Frist, so gilt der Antrag als zurückgenommen.

§ 29. Nachdem die Einleitung des Verfahrens verfügt ist, fordert das Patentamt den Patentinhaber unter Mittheilung des Antrags auf, sich über denselben innerhalb eines Monats zu erklären.

Erklärt der Patentinhaber binnen der Frist sich nicht, so kann ohne Ladung und Anhörung der Betheiligten sofort nach dem Antrage entschieden und bei dieser Entscheidung jede von dem Antragsteller behauptete Thatsache für erwiesen angenommen werden.

§ 30. Widerspricht der Patentinhaber rechtzeitig, oder wird im Falle des § 29 Absatz 2 nicht sofort nach dem Antrage entschieden, so trifft das Patentamt, und zwar im ersteren Falle unter Mittheilung des Widerspruchs an den Antragsteller, die zur Aufklärung der Sache erforderlichen Verfügungen. Es kann die Vernehmung von Zeugen und Sachverständigen anordnen. Auf dieselben finden die Vorschriften der Civilprozeßordnung entsprechende Anwendung. Die Beweisverhandlungen sind unter Zuziehung eines beeidigten Protokollführers aufzunehmen.

Die Entscheidung erfolgt nach Ladung und Anhörung der Betheiligten.

Wird die Zurücknahme des Patents auf Grund des § 11 Nr. 2 beantragt, so muß der diesem Antrage entsprechenden Entscheidung eine Androhung der Zurücknahme unter Angabe von Gründen und unter Festsetzung einer angemessenen Frist vorausgehen.

§ 31. In der Entscheidung (§§ 29, 30) hat das Patentamt nach freiem Ermessen zu bestimmen, zu welchem Antheile die Kosten des Verfahrens den Betheiligten zur Last fallen.

§ 32. Die Gerichte sind verpflichtet, dem Patentamt Rechtshülfe zu leisten. Die Festsetzung einer Strafe gegen Zeugen und Sachverständige, welche nicht erscheinen oder ihre Aussage oder deren Beeidigung verweigern, sowie die Vorführung eines nicht erschienenen Zeugen erfolgt auf Ersuchen durch die Gerichte.

§ 33. Gegen die Entscheidung des Patentamts (§§ 29, 30) ist die Berufung zulässig. Die Berufung geht an das Reichsgericht. Sie ist binnen sechs Wochen nach der Zustellung bei dem Patentamt schriftlich anzumelden und zu begründen.

Durch das Urtheil des Gerichtshofs ist nach Maßgabe des § 31 auch über die Kosten des Verfahrens zu bestimmen.

Im Uebrigen wird das Verfahren vor dem Gerichtshof durch ein Regulativ bestimmt, welches von dem Gerichtshof zu entwerfen ist und durch Kaiserliche Verordnung unter Zustimmung des Bundesraths festgestellt wird.[1]

---

[1] V, betr. das Berufungsverfahren beim Reichsgericht in Patentsachen. Vom 6. Dezember 1891 (RGBl S. 389).

§ 1. Die in Gemäßheit des § 33 Absatz 1 des Patentgesetzes vom 7. April 1891 bei dem Patentamt einzureichende Berufungsschrift muß die Berufungs-

§ 34. In Betreff der Geschäftssprache vor dem Patentamt finden die Bestimmungen des Gerichtsverfassungsgesetzes über die Gerichtssprache entsprechende Anwendung. Eingaben, welche nicht in deutscher Sprache abgefaßt sind, werden nicht berücksichtigt.

Vierter Abschnitt.

Strafen und Entschädigung.

§ 35. Wer wissentlich oder aus grober Fahrlässigkeit den Bestimmungen der §§ 4 und 5 zuwider eine Erfindung in Benutzung nimmt, ist dem Verletzten zur Entschädigung verpflichtet.

Handelt es sich um eine Erfindung, welche ein Verfahren zur Herstellung eines neuen Stoffes zum Gegenstand hat, so gilt bis zum Beweise des Gegentheils jeder Stoff von gleicher Beschaffenheit als nach dem patentirten Verfahren hergestellt.

§ 36. Wer wissentlich den Bestimmungen der §§ 4 und 5 zuwider eine Erfindung in Benutzung nimmt, wird mit Geldstrafe bis zu fünftausend Mark oder mit Gefängniß bis zu einem Jahre bestraft.

---

anträge sowie die Angabe der neuen Thatsachen und Beweismittel enthalten, welche der Berufungskläger geltend machen will.

§ 2. Ist die Berufungsschrift nicht rechtzeitig eingegangen oder nicht in deutscher Sprache abgefaßt oder enthält sie nicht die Berufungsanträge, so hat das Patentamt die Berufung als unzulässig zu verwerfen.

Der Berufungskläger kann binnen einer Woche nach Zustellung dieses Beschlusses auf die Entscheidung des Reichsgerichts antragen.

§ 3. Ist die Berufung zulässig, so wird die Berufungsschrift von dem Patentamt dem Berufungsbeklagten mit der Auflage mitgetheilt, seine schriftliche Erklärung innerhalb eines Monats nach der Zustellung bei dem Patentamt einzureichen.

Die Erklärung muß die Gegenanträge sowie die Angabe der neuen Thatsachen und Beweismittel enthalten, welche der Berufungsbeklagte geltend machen will.

§ 4. Das Patentamt legt die Verhandlungen nebst den Akten erster Instanz beim Reichsgericht vor und benachrichtigt hiervon die Parteien unter Mittheilung der Gegenerklärung an den Berufungskläger.

§ 5. Das Reichsgericht trifft nach freiem Ermessen die zur Aufklärung der Sache erforderlichen Verfügungen.

Beweiserhebungen können durch Vermittelung des Patentamts erfolgen.

§ 6. Das Urtheil des Reichsgerichts ergeht nach Ladung und Anhörung der Parteien.

Die Ladungsfrist beträgt mindestens zwei Wochen.

§ 7. Die Geltendmachung neuer Thatsachen und Beweismittel im Termin ist nur insoweit zulässig, als sie durch das Vorbringen des Berufungsbeklagten in der Erklärungsschrift veranlaßt wird.

Das Gericht kann auch Thatsachen und Beweise berücksichtigen, mit welchen die Parteien ausgeschlossen sind.

Auf eine noch erforderliche Beweisaufnahme findet die Bestimmung im § 5 Anwendung.

Soll das Urtheil auf Umstände gegründet werden, welche von den Parteien nicht berührt sind, so sind diese zu veranlassen, sich hierüber zu äußern.

Die Strafverfolgung tritt nur auf Antrag ein. Die Zurücknahme des Antrags ist zulässig.

Wird auf Strafe erkannt, so ist zugleich dem Verletzten die Befugniß zuzusprechen, die Verurtheilung auf Kosten des Verurtheilten öffentlich bekannt zu machen. Die Art der Bekanntmachung, sowie die Frist zu derselben ist im Urtheil zu bestimmen.

§ 37. Statt jeder aus diesem Gesetze entspringenden Entschädigung kann auf Verlangen des Beschädigten neben der Strafe auf eine an ihn zu erlegende Buße bis zum Betrage von zehntausend Mark erkannt werden. Für diese Buße haften die zu derselben Verurtheilten als Gesammtschuldner.

Eine erkannte Buße schließt die Geltendmachung eines weiteren Entschädigungsanspruchs aus.

§ 38. In bürgerlichen Rechtsstreitigkeiten, in welchen durch Klage oder Widerklage ein Anspruch auf Grund der Bestimmungen dieses Gesetzes geltend gemacht ist, wird die Verhandlung und Ent-

---

§ 8. Von einer Partei behauptete Thatsachen, über welche die Gegenpartei sich nicht erklärt hat, können für erwiesen angenommen werden.

Erscheint in dem Termin keine der Parteien, so ergeht das Urtheil auf Grund der Akten.

§ 9. Das Reichsgericht kann zu der Berathung Sachverständige zuziehen; dieselben dürfen an der Abstimmung nicht theilnehmen.

§ 10. Zu den Kosten des Verfahrens, über welche das Reichsgericht nach § 33 Absatz 2 des Patentgesetzes zu bestimmen hat, gehören außer den aus der Kasse des Patentamts zu bestreitenden Auslagen diejenigen den Parteien erwachsenen Auslagen, welche nach freiem Ermessen des Gerichtshofes zur zweckentsprechenden Wahrung der Ansprüche und Rechte nothwendig waren.

§ 11. In dem Termin ist ein Protokoll aufzunehmen, welches den Gang der Verhandlung im Allgemeinen angiebt.

Das Protokoll ist von dem Vorsitzenden und dem Gerichtsschreiber zu unterschreiben.

§ 12. Die Verkündung des Urtheils erfolgt in dem Termin, in welchem die Verhandlung geschlossen ist, oder in einem sofort anzuberaumenden Termin.

Wird die Verkündung der Entscheidungsgründe für angemessen erachtet, so erfolgt sie durch Verlesung der Gründe oder durch mündliche Mittheilung des wesentlichen Inhalts.

Die Ausfertigungen des mit Gründen zu versehenden Urtheils werden durch Vermittelung des Patentamts zugestellt.

§ 13. Wird beantragt, daß in Abänderung der Entscheidung des Patentamts die Zurücknahme des Patents auf Grund des § 11 Nr. 2 des Patentgesetzes ausgesprochen werde, so findet die Vorschrift des § 30 Absatz 3 dieses Gesetzes entsprechende Anwendung.

§ 14. Die zur Praxis bei dem Reichsgericht zugelassenen Rechtsanwälte sind befugt, im Berufungsverfahren in Patentsachen die Vertretung zu übernehmen.

Den Parteien und deren Vertretern ist es gestattet, mit einem technischen Beistande zu erscheinen.

§ 15. Im Uebrigen ist für das Berufungsverfahren in Patentsachen das den Geschäftsgang beim Reichsgericht normirende Regulativ maßgebend.

scheidung letzter Instanz im Sinne des § 8 des Einführungsgesetzes zum Gerichtsverfassungsgesetze dem Reichsgericht zugewiesen.

§ 39. Die Klagen wegen Verletzung des Patentrechts verjähren rücksichtlich jeder einzelnen dieselbe begründenden Handlung in drei Jahren.

§ 40. Mit Geldstrafe bis zu eintausend Mark wird bestraft:

1) wer Gegenstände oder deren Verpackung mit einer Bezeichnung versieht, welche geeignet ist, den Irrthum zu erregen, daß die Gegenstände durch ein Patent nach Maßgabe dieses Gesetzes geschützt seien;
2) wer in öffentlichen Anzeigen, auf Aushängeschildern, auf Empfehlungskarten oder in ähnlichen Kundgebungen eine Bezeichnung anwendet, welche geeignet ist, den Irrthum zu erregen, daß die darin erwähnten Gegenstände durch ein Patent nach Maßgabe dieses Gesetzes geschützt seien.

Artikel II. Die Bestimmung im § 28 Absatz 3 des Artikels I findet auf die zur Zeit bestehenden Patente mit der Maßgabe Anwendung, daß der Antrag mindestens bis zum Ablauf von drei Jahren nach dem Tage des Inkrafttretens dieses Gesetzes statthaft ist.

Artikel III. Dieses Gesetz tritt mit dem 1. Oktober 1891 in Kraft.[1]

---

[1] Bezüglich des gegenseitigen Schutzes der Patentrechte vgl. die verschiedenen Konventionen, so mit Oesterreich-Ungarn vom 6. Dezember 1891 (RGBl 1892 S. 289), Italien vom 18. Januar 1892 (RGBl S. 293) u. s. w. Vgl. Anm. zu § 23 des G zum Schutze der Waarenbezeichnungen. Vom 12. Mai 1894. Das Uebereinkommen mit Oesterreich wird abgedruckt.

Uebereinkommen zwischen dem Reich und Oesterreich-Ungarn über den gegenseitigen Patent-, Muster- und Markenschutz. Vom 6. Dez. 1891 (RGBl S. 289 ff.):

Artikel 1. Die Angehörigen des einen der vertragschließenden Theile sollen in den Gebieten des anderen in Bezug auf den Schutz von Erfindungen, von Mustern (einschließlich der Gebrauchsmuster) und Modellen, von Handels- und Fabrikmarken, von Firmen und Namen dieselben Rechte wie die eigenen Angehörigen genießen.

Artikel 2. Den Angehörigen im Sinne dieser Vereinbarung sind gleichgestellt andere Personen, welche in den Gebieten des einen der vertragschließenden Theile ihren Wohnsitz oder ihre Hauptniederlassung haben.

Artikel 3. Wird eine Erfindung, ein Muster oder Modell, eine Fabrik- oder Handelsmarke in den Gebieten des einen der vertragschließenden Theile behufs Erlangung des Schutzes angemeldet und binnen einer Frist von drei Monaten die Anmeldung auch in den Gebieten des anderen vertragschließenden Theiles bewirkt, so soll

a) diese spätere Anmeldung allen Anmeldungen vorgehen, welche in den Gebieten des anderen Theiles nach dem Zeitpunkt der ersten Anmeldung eingereicht worden sind;
b) durch Umstände, welche nach dem Zeitpunkt der ersten Anmeldung eintreten, dem Gegenstande derselben die Neuheit in den Gebieten des anderen Theiles nicht entzogen werden.

Artikel 4. Die im Artikel 3 vorgesehene Frist beginnt:

a) bei Mustern und Modellen, sowie Handels- und Fabrikmarken mit dem Zeitpunkt, in welchem die erste Anmeldung erfolgt;

b) bei Erfindungen mit dem Zeitpunkte, in welchem auf die erste Anmeldung das Patent ertheilt wird;

c) bei Gegenständen, welche in Deutschland als Gebrauchsmuster, in Oesterreich-Ungarn als Erfindungen angemeldet werden, mit dem Zeitpunkt der ersten Anmeldung, falls diese in Deutschland erfolgt, und mit dem Zeitpunkt, in welchem das Patent auf die erste Anmeldung ertheilt wird, falls diese in Oesterreich-Ungarn erfolgt.

Der Tag der Anmeldung oder der Ertheilung wird in die Frist nicht eingerechnet.

Als Tag der Ertheilung gilt der Tag, an welchem der Beschluß über die endgültige Ertheilung des Patents zugestellt worden ist.

Artikel 5. Die Einfuhr einer in den Gebieten des einen Theiles hergestellten Waare in die Gebiete des anderen Theiles soll in den letzteren den Verlust des auf Grund einer Erfindung, eines Musters oder Modells für die Waare gewährten Schutzrechtes nicht zur Folge haben.

Artikel 6. Dem Inhaber einer in den Gebieten des einen Theiles eingetragenen Handels- und Fabrikmarke kann die Eintragung in den Gebieten des anderen Theiles nicht aus dem Grunde versagt werden, weil die Marke den hier geltenden Vorschriften über die Zusammensetzung und äußere Gestaltung der Marken nicht entspricht.

Zu den Vorschriften über die Zusammensetzung und äußere Gestaltung der Marken werden diejenigen Vorschriften nicht gerechnet, welche in den Marken die Verwendung von Bildnissen der Landesherren oder der Mitglieder der landesherrlichen Häuser oder von Staats- und anderen öffentlichen Wappen verbieten.

Artikel 7. Handels- und Fabrikmarken, welche in den Gebieten des einen Theiles als Kennzeichen der Waaren von Angehörigen eines bestimmten gewerblichen Verbandes, eines bestimmten Ortes oder Bezirkes Schutz genießen, sind, sofern die Anmeldung dieser Marken vor dem 1. Oktober 1875 in den Gebieten des anderen Theiles erfolgt ist, hier von der Benutzung als Freizeichen ausgeschlossen. Außer den Angehörigen eines solchen Verbandes, Ortes oder Bezirkes hat niemand Anspruch auf Schutz dieser Marken.

Waarenzeichen, welche öffentliche Wappen aus den Gebieten des einen Theiles enthalten, sind in den Gebieten des anderen Theiles von der Benutzung als Freizeichen ausgeschlossen. Außer demjenigen, welcher die Erlaubniß zur Benutzung der Wappen besitzt, hat niemand Anspruch auf Schutz dieser Zeichen.

Artikel 8. Jeder der vertragschließenden Theile wird, soweit dies noch nicht geschehen ist, Bestimmungen gegen den Verkauf und das Feilhalten solcher Waaren treffen, welche zum Zweck der Täuschung in Handel und Verkehr mit Staatswappen des anderen Theiles oder mit Namen oder Wappen bestimmter, in den Gebieten des anderen Theiles belegenen Orte oder Bezirke behufs Bezeichnung des Ursprungs versehen sind.

Artikel 9. Muster und Modelle, sowie Handels- und Fabrikmarken, für welche deutsche Angehörige in der Oesterreichisch-Ungarischen Monarchie einen Schutz erlangen wollen, sind sowohl bei der Handels- und Gewerbekammer in Wien für die im Reichsrath vertretenen Königreiche und Länder, als auch bei der Handels- und Gewerbekammer in Budapest für die Länder der Ungarischen Krone anzumelden.

Artikel 10. Das gegenwärtige Uebereinkommen tritt am 1. Februar 1892

90) Gesetz, betr. das Reichsschuldbuch.[1]) Vom 31. Mai 1891.

§ 1. Schuldverschreibungen der Reichsanleihen können in Buchschulden des Reichs auf den Namen eines bestimmten Gläubigers umgewandelt werden.

§ 2. Die Umwandlung erfolgt gegen Einlieferung zum Umlauf brauchbarer Reichsschuldverschreibungen durch Eintragung in das bei der Reichsschuldenverwaltung zu führende Reichsschuldbuch.

Für die zu verschiedenen Zinssätzen erfolgenden Eintragungen können getrennte Bücher angelegt werden.

In dem Reichsschuldbuche sind auch die in dem Schuldverhältnisse eintretenden Veränderungen zu vermerken.

Von dem Reichsschuldbuche ist eine Abschrift zu bilden und getrennt aufzubewahren.

Ueber den Inhalt des Reichsschuldbuches darf nur dem eingetragenen Gläubiger, seinen gesetzlichen Vertretern, Bevollmächtigten und Rechtsnachfolgern von Todeswegen, sowie bezüglich der im § 4 unter Nr. 3 und 4 bezeichneten Gläubiger den zur Revision der Kassen derselben berechtigten öffentlichen Behörden oder sonstigen Personen, letzteren aber nur, falls ihre Berechtigung zur Kassenrevision durch eine inländische öffentliche Behörde bescheinigt ist, Auskunft ertheilt werden.

§ 3. Die Eintragung einer Buchschuld geschieht auf Antrag des Inhabers und auf den Namen der in dem Antrage als Gläubiger bezeichneten Person.

§ 4. Als Gläubiger können nur eingetragen werden:

1) einzelne physische Personen,
2) einzelne Handelsfirmen,

---

in Kraft und bleibt bis zum Ablauf von sechs Monaten nach erfolgter Kündigung von Seite eines der vertragschließenden Theile in Wirksamkeit.

Schlußprotokoll. Bei der am heutigen Tage erfolgten Unterzeichnung des Uebereinkommens zwischen dem Deutschen Reich und der Oesterreichisch-Ungarischen Monarchie über den gegenseitigen Patent-, Muster- und Markenschutz haben die beiderseitigen Bevollmächtigten folgende Erklärung in das gegenwärtige Protokoll niedergelegt:

Die Bestimmung im Artikel 6 Absatz 1 des Uebereinkommens bezweckt nicht, der in den Gebieten des einen Theiles eingetragenen Marke in den Gebieten des anderen Theiles auch dann einen Anspruch auf Eintragung zu gewähren, wenn hier befunden wird, daß der Inhalt der Marke gegen die Sittlichkeit oder gegen die öffentliche Ordnung verstößt, oder mit den thatsächlichen Verhältnissen in einem das Publikum irreführenden Widerspruch steht. Liegt eine dieser Voraussetzungen vor, so kann die Eintragung versagt werden.

Das gegenwärtige Protokoll, welches einen integrirenden Bestandtheil des Uebereinkommens bildet, auf das es sich bezieht, und welches ohne besondere Ratifikation durch die bloße Thatsache der Auswechselung der Ratifikationen dieses Uebereinkommens als von den vertragschließenden Theilen gebilligt und bestätigt anzusehen ist, wurde in doppelter Ausfertigung zu Wien im 6. Dezember 1891 unterzeichnet.

[1] Vgl. auch Bekanntm. vom 4. März 1896 (CBl S. 75).

3) einzelne eingetragene Genossenschaften, einzelne eingeschriebene Hülfskassen und einzelne juristische Personen, welche im Inlande ihren Sitz haben,

4) einzelne Vermögensmassen, wie Stiftungen, Anstalten, Familienfideikommisse, deren Verwaltung von einer öffentlichen Behörde oder unter deren Aufsicht geführt wird, oder deren Verwalter ihre Verfügungsbefugniß über die Masse durch eine gerichtliche oder notarielle Urkunde nachweisen.

Einem Gläubiger wird nicht mehr als ein Konto im Reichsschuldbuche eröffnet.

§ 5. Mit der Eintragung erlöschen die Rechte des Inhabers an den eingelieferten Schuldverschreibungen.

Im Uebrigen finden die für die Tilgung und Verzinsung der Reichsanleihen geltenden Vorschriften auf die eingetragenen Forderungen entsprechende Anwendung.

§ 6. Eingetragene Forderungen können durch Zuschreibung erhöht, ganz oder theilweise auf andere Konten übertragen und ganz oder theilweise gelöscht werden.

Theilübertragungen und Theillöschungen sind jedoch nur zulässig, sofern die Theilbeträge in Stücken von Schuldverschreibungen darstellbar sind.

Im Falle gänzlicher oder theilweiser Löschung der eingetragenen Forderung erfolgt die Ausreichung von Schuldverschreibungen zu gleichem Zinssatze und gleichem Nennwerthe, zu deren Anfertigung die Reichsschuldenverwaltung hierdurch ermächtigt wird.

§ 7. Zur Stellung von Anträgen auf Uebertragung eingetragener Forderungen auf ein anderes Konto, auf Eintragung und auf Löschung von Vermerken über Veränderungen im Schuldverhältnisse (§ 2 Absatz 3), sowie auf Ausreichung von Reichsschuldverschreibungen gegen Löschung der eingetragenen Forderung sind nur der eingetragene Gläubiger, seine gesetzlichen Vertreter und Bevollmächtigten, sowie diejenigen Personen berechtigt, auf welche die eingetragene Forderung von Todeswegen übergegangen ist. Zur Stellung von Anträgen für eine Firma gilt für berechtigt, wer zur Zeichnung der Firma berechtigt ist; zur Stellung von Anträgen für die im § 4 Nr. 4 gedachten Vermögensmassen die daselbst genannte Behörde oder die von derselben bezeichnete Person, beziehungsweise die gemäß § 4 Nr. 4 zur Verfügung über die Masse befugten Verwalter.

Zur Löschung von Vermerken zu Gunsten Dritter bedarf es der Zustimmung derselben mit Ausnahme des im § 13 gedachten Falles.

Verfügungen über eingetragene Forderungen, wie Abtretungen, Verpfändungen erlangen dem Reich gegenüber nur durch die Eintragung Wirksamkeit.

Eine Pfändung oder vorläufige Beschlagnahme der eingetragenen Forderung im Wege der Zwangsvollstreckung oder des Arrestes, sowie eine durch eine einstweilige gerichtliche Verfügung angeordnete Beschränkung des eingetragenen Gläubigers ist von Amtswegen auf dem Konto zu vermerken, beziehentlich nach erfolgter Beseitigung dieser Anordnungen zu löschen. Wird eine gepfändete Forderung an Zahlungsstatt überwiesen, so ist dieselbe vorbehaltlich der Bestimmung im § 15 Nr. 2 im Reichsschuldbuche zu übertragen.

Eine Prüfung der Gültigkeit der den Anträgen zu Grunde liegenden Rechtsgeschäfte findet nicht statt.

§ 8. Die Eintragungen erfolgen in derselben Reihenfolge, in welcher die auf dasselbe Konto bezüglichen Anträge bei der Reichsschuldenverwaltung eingegangen sind.

§ 9.[1] Eine Ehefrau wird zu Anträgen ohne Zustimmung des Ehemannes zugelassen.

Die Ehefrau bedarf der Zustimmung des Ehemannes, wenn ein Vermerk zu dessen Gunsten eingetragen ist. Ein solcher Vermerk ist einzutragen, wenn die Ehefrau oder mit ihrer Zustimmung der Ehemann die Eintragung beantragt. Die Ehefrau ist dem Ehemanne gegenüber zur Ertheilung der Zustimmung verpflichtet, wenn sie nach dem unter ihnen bestehenden Güterstande über die Buchforderung nur mit Zustimmung des Ehemannes verfügen kann.

§ 10. Zum Antrage auf Eintragung einer Forderung sowie auf gleichzeitigen Vermerk einer Beschränkung des Gläubigers in Bezug auf Kapital oder Zinsen derselben und zur gleichzeitigen Ertheilung einer Vollmacht genügt schriftliche Form.

In allen anderen Fällen muß der Antrag gerichtlich oder notariell, oder von einem Konsul des Reichs aufgenommen oder beglaubigt sein. Bei der Beglaubigung bedarf es weder der Zuziehung von Zeugen noch der Aufnahme eines Protokolls.

Sind seit der Eintragung Aenderungen in der Person des Gläubigers (Verheirathung einer Frau, Aenderung des Gewerbes, Standes, Namens, Wohnortes) eingetreten, so kann verlangt werden, daß die Identität durch eine öffentliche Urkunde dargethan werde.

§ 11. Rechtsnachfolger von Todeswegen haben sich, sofern ihre Berechtigung auf der gesetzlichen Erbfolge beruht, durch eine Bescheinigung als Erben, sofern dieselbe auf letztwilliger Verfügung beruht, durch eine Bescheinigung darüber auszuweisen, daß sie über die eingetragene Forderung zu verfügen befugt sind.

Zur[2] Ausstellung dieser Bescheinigungen ist das Nachlaßgericht und, falls der Erblasser zur Zeit des Erbfalls im Inlande weder Wohnsitz noch Aufenthalt hatte, auch derjenige Konsul des Reichs zuständig, in dessen Amtsbezirk der Erblasser zur Zeit des Erbfalls seinen Wohnsitz oder seinen gewöhnlichen Aufenthalt hatte, sofern

---

[1] Fassung nach EG BGB Art. 50.

[2] Neue Fassung auf Grund § 188 des G über die Angelegenheiten der freiwilligen Gerichtsbarkeit. Vom 17. Mai 1898. Nach der Bekanntm. vom 20. Mai 1898.

dem Konsul von dem Reichskanzler die Ermächtigung zur Ausstellung solcher Bescheinigungen ertheilt ist.

Unberührt bleiben die landesgesetzlichen Vorschriften, nach welchen zur Ausstellung der Bescheinigung statt der Gerichte andere Behörden oder Notare zuständig sind. Die Zuständigkeit derselben ist von dem im Absatz 2 bezeichneten Gericht auf der Bescheinigung zu bestätigen.

§ 12. Mehrere Erben haben zur Stellung von Anträgen und zur Empfangnahme von Schuldverschreibungen eine einzelne Person zum Bevollmächtigten zu bestellen.

§ 13. Vollmachten, sowie die Genehmigungserklärungen dritter Personen, zu deren Gunsten der eingetragene Gläubiger in Bezug auf die Forderung oder deren Zinserträgnisse durch einen Vermerk im Reichsschuldbuche beschränkt ist, bedürfen zu ihrer Gültigkeit derselben Form, welche für die Anträge vorgeschrieben ist. Zum Widerruf einer Vollmacht genügt schriftliche Form.

Zur Löschung von persönlichen unvererblichen Einschränkungen des Gläubigerrechts oder des Verfügungsrechts, welche durch den Tod des Berechtigten erloschen sind, ist nur die Beibringung der Sterbeurkunde erforderlich; das Recht auf den Bezug rückständiger Leistungen wird hierdurch nicht berührt.

Anträge öffentlicher Behörden bedürfen, wenn sie ordnungsmäßig unterschrieben und untersiegelt sind, keiner Beglaubigung.

§ 14. Ueber die Eintragung von Forderungen und Vermerken sowie über die verfügte Auslieferung von Schuldverschreibungen an Stelle zur Löschung gelangter Forderungen wird dem Antragsteller und, falls der Berechtigte ein Anderer ist, auch diesem eine Benachrichtigung ertheilt.

Die Benachrichtigung gilt nicht als eine über die Forderung ausgestellte Verschreibung.

§ 15. Von Amtswegen kann die Löschung eingetragener Forderungen und die Hinterlegung der dagegen auszuliefernden Schuldverschreibungen bei der Hinterlegungsstelle in Berlin auf Kosten des Gläubigers erfolgen:

1) wenn die Eintragung von Verpfändungen oder sonstigen Verfügungsbeschränkungen beantragt wird;
2) wenn die Forderung ganz oder theilweise im Wege der Zwangsvollstreckung oder des Arrestes gepfändet oder wenn eine einstweilige gerichtliche Verfügung über dieselbe getroffen ist;
3) wenn über das Vermögen des eingetragenen Gläubigers der Konkurs eröffnet worden ist;
4) wenn die Zinsen des eingetragenen Kapitals zehn Jahre hintereinander nicht abgehoben worden sind;
5) wenn glaubhaft bekannt geworden ist, daß der Gläubiger vor länger als zehn Jahren verstorben ist und ein Rechtsnachfolger sich nicht legitimirt hat;
6) wenn sonst ein gesetzlicher Grund zur Hinterlegung gegeben ist.

Die hinterlegten Schuldverschreibungen treten in allen rechtlichen Beziehungen an die Stelle der gelöschten Forderung.

§ 16. Im Falle der Kündigung einer der Reichsanleihen sind die mit ihrer Forderung zu dem Zinssatze der gekündigten Anleihe eingetragenen Gläubiger schriftlich zu benachrichtigen. Die Wirksamkeit der Kündigung ist jedoch von dieser Benachrichtigung nicht abhängig.

§ 17. Die Zahlung der Zinsen einer eingetragenen Forderung erfolgt, sofern nicht die Voraussetzungen des § 7 Absatz 4 vorliegen, mit rechtlicher Wirkung an denjenigen, welcher am zehnten Tage des dem Fälligkeitstermine der Zinsen vorangehenden Monats eingetragener Berechtigter war.

§ 18. Die Zinsen werden nur im Inlande gezahlt, und zwar in der Zeit vom vierzehnten Tage vor bis zum achten Tage nach dem Fälligkeitstermine durch eine Reichs- oder Landeskasse, oder durch die Reichsbank, oder auf Gefahr und Kosten des Berechtigten mittelst Uebersendung durch die Post. Die Bestimmung der Landeskassen erfolgt durch den Reichskanzler im Einvernehmen mit der Landesregierung oder durch den Bundesrath.

Kommt die Sendung als unbestellbar zurück, so unterbleiben weitere Sendungen, bis der Gläubiger die richtige Adresse angezeigt hat.

§ 19. Aenderungen in der Person oder der Wohnung des Zinsenempfängers (§ 10 Absatz 3) werden nur berücksichtigt, wenn sie von demselben schriftlich gemeldet werden.

§ 20. An Gebühren werden erhoben:

1) für die Umwandlung von Reichsschuldverschreibungen in Buchschulden des Reichs, sowie für sonstige Eintragungen und Löschungen, jede Einschrift in das Reichsschuldbuch besonders gerechnet, 25 Pfennig von je angefangenen 1000 Mark des Betrages, über den verfügt wird, zusammen mindestens 1 Mark;
2) für die Ausreichung von Reichsschuldverschreibungen für je angefangene 1000 Mark Kapitalbetrag 50 Pfennig, zusammen mindestens 1 Mark.

Vermerke über Bevollmächtigungen, sowie über Aenderungen in der Person oder der Wohnung des eingetragenen Berechtigten (§ 10 Absatz 3) sind gebührenfrei.

Die Gebühren werden von dem Antragsteller, soweit nöthig, nach den für die Beitreibung öffentlicher Abgaben bestehenden Vorschriften eingezogen. Auch kann die Vorausbezahlung der Gebühren gefordert werden.

Für die gerichtliche oder notarielle Beglaubigung der Anträge (§ 10 Absatz 2) dürfen an Gebühren nicht mehr als höchstens
1 Mark 50 Pfennig bei Beträgen bis 2000 Mark,
3 Mark bei Beträgen über 2000 Mark
erhoben werden.

§ 21. Anträge auf Eintragung oder Löschung von Forderungen und Vermerken, welche in dem dem Fälligkeitstermine der Zinsen voraufgehenden Monate eingereicht werden, sind erst nach Ablauf desselben zu erledigen.

§ 22. Die Reichsschuldenverwaltung ist unbedingt verantwortlich:

1) dafür, daß die im Reichsschuldbuche eingetragenen Forderungen und die noch umlaufenden, mit ihnen zu gleichem Satze verzinslichen Schuldverschreibungen zusammen den gesetzlich festgestellten Betrag der betreffenden Anleihe nicht überschreiten;
2) für die Löschung, Kassation und Aufbewahrung der behufs Eintragung der Forderung eingelieferten Reichsschuldverschreibungen bis zur gänzlichen Vernichtung derselben.

Die Reichsschuldenkommission übt die fortlaufende Kontrole über diese Geschäfte.

§ 23. Soweit nach gesetzlicher Bestimmung zur zinsbaren Anlage von Mündelgeldern Schuldverschreibungen der Reichsanleihen geeignet sind, gilt dasselbe von den im Reichsschuldbuche eingetragenen Forderungen.

Soweit Reichsschuldverschreibungen eines Mündels zu hinterlegen oder außer Kurs zu setzen sind, kann das Vormundschaftsgericht anordnen, daß an Stelle der Hinterlegung oder Außerkurssetzung die Umwandlung in Buchschulden des Reichs mit einem die Verfügung über die einzutragende Forderung an die Genehmigung des Vormundschaftsgerichts knüpfenden Vermerke im Reichsschuldbuche beantragt werde.

§ 24. Der Zeitpunkt, mit welchem das gegenwärtige Gesetz in Kraft tritt, wird durch Kaiserliche Verordnung mit Zustimmung des Bundesraths bestimmt.

---

91) Gesetz, betr. die Abänderung der Gewerbeordnung. Vom 1. Juni 1891. (RGBl S. 261 ff.)

Siehe zu § 154 der GO in der Fassung vom 26. Juli 1900.

---

92) Gesetz, betr. den Schutz von Gebrauchsmustern. Vom 1. Juni 1891.[1] (RGBl S. 290.)

§ 1. Modelle von Arbeitsgeräthschaften oder Gebrauchsgegenständen oder von Theilen derselben werden, insoweit sie dem Arbeits- oder Gebrauchszweck durch eine neue Gestaltung, Anordnung oder Vorrichtung dienen sollen, als Gebrauchsmuster nach Maßgabe dieses Gesetzes geschützt.

Modelle gelten insoweit nicht als neu, als sie zur Zeit der auf Grund dieses Gesetzes erfolgten Anmeldung bereits in öffentlichen Druckschriften beschrieben oder im Inlande offenkundig benutzt sind.

---

[1] Vgl. S. 178. Anm. zu § 17 des Patent-Gesetzes.

§ 2. Modelle, für welche der Schutz als Gebrauchsmuster verlangt wird, sind bei dem Patentamt schriftlich anzumelden.

Die Anmeldung muß angeben, unter welcher Bezeichnung das Modell eingetragen werden und welche neue Gestaltung oder Vorrichtung dem Arbeits- oder Gebrauchszweck dienen soll.

Jeder Anmeldung ist eine Nach- oder Abbildung des Modells beizufügen.

Ueber die sonstigen Erfordernisse der Anmeldung trifft das Patentamt Bestimmung.

Gleichzeitig mit der Anmeldung ist für jedes angemeldete Modell eine Gebühr von fünfzehn Mark einzuzahlen.

§ 3. Entspricht die Anmeldung den Anforderungen des § 2, so verfügt das Patentamt die Eintragung in die Rolle für Gebrauchsmuster.

Die Eintragung muß den Namen und Wohnsitz des Anmelders, sowie die Zeit der Anmeldung angeben.

Die Eintragungen sind durch den Reichs-Anzeiger in bestimmten Fristen bekannt zu machen.

Aenderungen in der Person des Eingetragenen werden auf Antrag in der Rolle vermerkt.

Die Einsicht der Rolle sowie der Anmeldungen, auf Grund deren die Eintragungen erfolgt sind, steht jedermann frei.

§ 4. Die Eintragung eines Gebrauchsmusters im Sinne des § 1 hat die Wirkung, daß dem Eingetragenen ausschließlich das Recht zusteht, gewerbsmäßig das Muster nachzubilden, die durch Nachbildung hervorgebrachten Geräthschaften und Gegenstände in Verkehr zu bringen, feilzuhalten oder zu gebrauchen.

Das durch eine spätere Anmeldung begründete Recht darf, soweit es in das Recht des auf Grund früherer Anmeldung Eingetragenen eingreift, ohne Erlaubniß des letzteren nicht ausgeübt werden.

Wenn der wesentliche Inhalt der Eintragung den Beschreibungen, Zeichnungen, Modellen, Geräthschaften oder Einrichtungen eines Anderen ohne Einwilligung desselben entnommen ist, so tritt dem Verletzten gegenüber der Schutz des Gesetzes nicht ein.

§ 5. Soweit ein nach § 4 begründetes Recht in ein Patent eingreift, dessen Anmeldung vor der Anmeldung des Modells erfolgt ist, darf der Eingetragene das Recht ohne Erlaubniß des Patentinhabers nicht ausüben.

Imgleichen darf, soweit in ein nach § 4 begründetes Recht durch ein später angemeldetes Patent eingegriffen wird, das Recht aus diesem Patent ohne Erlaubniß des Eingetragenen nicht ausgeübt werden.

§ 6. Liegen die Erfordernisse des § 1 nicht vor, so hat jedermann gegen den Eingetragenen Anspruch auf Löschung des Gebrauchsmusters.

Im Falle des § 4 Absatz 3 steht dem Verletzten ein Anspruch auf Löschung zu.

§ 7. Das durch die Eintragung begründete Recht geht auf die Erben über und kann beschränkt oder unbeschränkt durch Vertrag oder Verfügung von Todeswegen auf andere übertragen werden.

§ 8. Die Dauer des Schutzes ist drei Jahre; der Lauf dieser Zeit beginnt mit dem auf die Anmeldung folgenden Tage. Bei Zahlung einer weiteren Gebühr von sechszig Mark vor Ablauf der Zeit tritt eine Verlängerung der Schutzfrist um drei Jahre ein. Die Verlängerung wird in der Rolle vermerkt.

Wenn der Eingetragene während der Dauer der Frist auf den Schutz Verzicht leistet, so wird die Eintragung gelöscht.

Die nicht in Folge von Ablauf der Frist stattfindenden Löschungen von Eintragungen sind durch den Reichs-Anzeiger in bestimmten Fristen bekannt zu machen.

§ 9. Wer wissentlich oder aus grober Fahrlässigkeit den Bestimmungen der §§ 4 und 5 zuwider ein Gebrauchsmuster in Benutzung nimmt, ist dem Verletzten zur Entschädigung verpflichtet.

Die Klagen wegen Verletzung des Schutzrechtes verjähren rücksichtlich jeder einzelnen dieselbe begründenden Handlung in drei Jahren.

§ 10. Wer wissentlich den Bestimmungen der §§ 4 und 5 zuwider ein Gebrauchsmuster in Benutzung nimmt, wird mit Geldstrafe bis zu fünftausend Mark oder mit Gefängniß bis zu einem Jahre bestraft.

Die Strafverfolgung tritt nur auf Antrag ein. Die Zurücknahme des Antrags ist zulässig.

Wird auf Strafe erkannt, so ist zugleich dem Verletzten die Befugniß zuzusprechen, die Verurtheilung auf Kosten des Verurtheilten öffentlich bekannt zu machen. Die Art der Bekanntmachung, sowie die Frist zu derselben ist im Urtheil zu bestimmen.

§ 11. Statt jeder aus diesem Gesetze entspringenden Entschädigung kann auf Verlangen des Beschädigten neben der Strafe auf eine an ihn zu erlegende Buße bis zum Betrage von zehntausend Mark erkannt werden. Für diese Buße haften die zu derselben Verurtheilten als Gesammtschuldner.

Eine erkannte Buße schließt die Geltendmachung eines weiteren Entschädigungsanspruchs aus.

§ 12. In bürgerlichen Rechtsstreitigkeiten, in welchen durch Klage oder Widerklage ein Anspruch auf Grund der Bestimmungen dieses Gesetzes geltend gemacht ist, wird die Verhandlung und Entscheidung letzter Instanz im Sinne des § 8 des Einführungsgesetzes zum Gerichtsverfassungsgesetze dem Reichsgericht zugewiesen.

§ 13. Wer im Inlande einen Wohnsitz oder eine Niederlassung nicht hat, kann nur dann den Anspruch auf den Schutz dieses Gesetzes geltend machen, wenn in dem Staate, in welchem sein Wohnsitz oder seine Niederlassung sich befindet, nach einer im Reichs-Gesetzblatt enthaltenen Bekanntmachung deutsche Gebrauchsmuster einen Schutz genießen.[1]

Wer auf Grund dieser Bestimmung eine Anmeldung bewirkt, muß gleichzeitig einen im Inlande wohnhaften Vertreter bestellen. Name und Wohnsitz des Vertreters werden in der Rolle eingetragen. Der eingetragene Vertreter ist zur Vertretung des Schutzberechtigten in den das Gebrauchsmuster betreffenden Rechtsstreitigkeiten und zur Stellung von Strafanträgen befugt. Der Ort, wo der Vertreter seinen Wohnsitz hat, und in Ermangelung eines solchen der Ort, wo das Patentamt seinen Sitz hat, gilt im Sinne des § 23 der Civilprozeßordnung als der Ort, wo der Vermögensgegenstand sich befindet.

§ 14. Die zur Ausführung dieses Gesetzes erforderlichen Bestimmungen über die Einrichtung und den Geschäftsgang des Patentamts werden durch Kaiserliche Verordnung unter Zustimmung des Bundesraths getroffen.[2]

§ 15. Dieses Gesetz tritt mit dem 1. Oktober 1891 in Kraft.

---

93) Verordnung zur Ausführung des Patentgesetzes vom 7. April 1891 und des Gesetzes, betr. den Schutz von Gebrauchsmustern, vom 1. Juni 1891. Vom 11. Juli 1891. (RGBl S. 349.)

[Abgedruckt S. 178 Anm. 1.]

---

94) Verordnung, betr. das Berufungsverfahren beim Reichsgericht in Patentsachen. Vom 6. Dezember 1891. (RGBl S. 389.)

[Abgedruckt S. 186 Anm. 1.]

---

95) Uebereinkommen zwischen dem Reich und Oesterreich-Ungarn über den gegenseitigen Patent-, Muster- und Markenschutz. Vom 6. Dezember 1891. (RGBl S. 289.)

[Abgedruckt oben S. 189 Anm.]

---

[1] Vgl. S. 189 Anm. zu Art. III des Patentgesetzes.

[2] V zur Ausführung des Patentgesetzes vom 7. April 1891 und des Gesetzes, betr. den Schutz von Gebrauchsmustern, vom 1. Juni 1891. Vom 11. Juli 1891 (RGBl S. 349 ff.). Abgedruckt oben zu § 17 des Patentgesetzes. Vgl. V zur Ausführung des G zum Schutze der Waarenbezeichnungen vom 12. Mai 1894 (RGBl S. 441), und des G, betr. den Schutz von Gebrauchsmustern, vom 1. Juni 1891 (RGBl S. 290). Vom 30. Juni 1894 (RGBl S. 495). Abgedruckt als Anm. zu § 25 des Gesetzes zum Schutze der Waarenbezeichnungen vom 12. Mai 1894.

1892.

96) Gesetz, betr. die Vereinsthaler österreichischen Gepräges. Vom 28. Februar 1892. (RGBl S. 315.)

[Siehe oben Anm. 2 zu Art. 15 des Münzgesetzes.]

97) Gesetz über das Telegraphenwesen des Deutschen Reichs. Vom 6. April 1892. (RGBl S. 467.)

§ 1. Das Recht, Telegraphenanlagen für die Vermittelung von Nachrichten zu errichten und zu betreiben, steht ausschließlich dem Reich zu. Unter Telegraphenanlagen sind die Fernsprechanlagen mit begriffen.

§ 2. Die Ausübung des im § 1 bezeichneten Rechts kann für einzelne Strecken oder Bezirke an Privatunternehmer und muß an Gemeinden für den Verkehr innerhalb des Gemeindebezirks verliehen werden, wenn die nachsuchende Gemeinde die genügende Sicherheit für einen ordnungsmäßigen Betrieb bietet und das Reich eine solche Anlage weder errichtet hat, noch sich zur Errichtung und zum Betriebe einer solchen bereit erklärt.

Die Verleihung erfolgt durch den Reichskanzler oder die von ihm hierzu ermächtigten Behörden.

Die Bedingungen der Verleihung sind in der Verleihungsurkunde festzustellen.

§ 3. Ohne Genehmigung des Reichs können errichtet und betrieben werden:

1) Telegraphenanlagen, welche ausschließlich dem inneren Dienste von Landes- oder Kommunalbehörden, Deichkorporationen, Siel- und Entwässerungsverbänden gewidmet sind;
2) Telegraphenanlagen, welche von Transportanstalten auf ihren Linien ausschließlich zu Zwecken ihres Betriebes oder für die Vermittelung von Nachrichten innerhalb der bisherigen Grenzen benutzt werden;
3) Telegraphenanlagen
   a) innerhalb der Grenzen eines Grundstücks,
   b) zwischen mehreren einem Besitzer gehörigen oder zu einem Betriebe vereinigten Grundstücken, deren keines von dem anderen über 25 Kilometer in der Luftlinie entfernt ist, wenn diese Anlagen ausschließlich für den der Benutzung der Grundstücke entsprechenden unentgeltlichen Verkehr bestimmt sind.

§ 4. Durch die Landes-Zentralbehörde wird, vorbehaltlich der Reichsaufsicht (Art. 4 Ziffer 10 der Reichsverfassung), die Kontrolle darüber geführt, daß die Errichtung und der Betrieb der im § 3 bezeichneten Telegraphenanlagen sich innerhalb der gesetzlichen Grenzen halten.

§ 5. Jedermann hat gegen Zahlung der Gebühren das Recht auf Beförderung von ordnungsmäßigen Telegrammen und auf Zulassung zu einer ordnungsmäßigen telephonischen Unterhaltung durch die für den öffentlichen Verkehr bestimmten Anlagen.

Vorrechte bei der Benutzung der dem öffentlichen Verkehr dienenden Anlagen und Ausschließungen von der Benutzung sind nur aus Gründen des öffentlichen Interesses zulässig.

§ 6. Sind an einem Orte Telegraphenlinien für den Ortsverkehr, sei es von der Reichs-Telegraphenverwaltung, sei es von der Gemeindeverwaltung oder von einem anderen Unternehmer, zur Benutzung gegen Entgelt errichtet, so kann jeder Eigenthümer eines Grundstücks gegen Erfüllung der von jenen zu erlassenden und öffentlich bekannt zu machenden Bedingungen den Anschluß an das Lokalnetz verlangen.

Die Benutzung solcher Privatstellen durch Unbefugte gegen Entgelt ist unzulässig.

§ 7. Die für die Benutzung von Reichs-Telegraphen- und Fernsprech-Anlagen bestehenden Gebühren können nur auf Grund eines Gesetzes erhöht werden. Ebenso ist eine Ausdehnung der gegenwärtig bestehenden Befreiungen von solchen Gebühren nur auf Grund eines Gesetzes zulässig.[1]

§ 8. Das Telegraphengeheimniß ist unverletzlich, vorbehaltlich der gesetzlich für strafgerichtliche Untersuchungen, im Konkurse und in civilprozessualischen Fällen oder sonst durch Reichsgesetz festgestellten Ausnahmen. Dasselbe erstreckt sich auch darauf, ob und zwischen welchen Personen telegraphische Mittheilungen stattgefunden haben.

§ 9. Mit Geldstrafe bis zu eintausendfünfhundert Mark oder mit Haft oder mit Gefängniß bis zu sechs Monaten wird bestraft, wer vorsätzlich entgegen den Bestimmungen dieses Gesetzes eine Telegraphenanlage errichtet oder betreibt.

§ 10. Mit Geldstrafe bis zu einhundertundfünfzig Mark wird bestraft, wer den in Gemäßheit des § 4 erlassenen Kontrollvorschriften zuwiderhandelt.

§ 11. Die unbefugt errichteten oder betriebenen Anlagen sind außer Betrieb zu setzen oder zu beseitigen. Den Antrag auf Einleitung des hierzu nach Maßgabe der Landesgesetzgebung erforderlichen Zwangsverfahrens stellt der Reichskanzler, oder die vom Reichskanzler dazu ermächtigten Behörden.

Der Rechtsweg bleibt vorbehalten.

§ 12. Elektrische Anlagen sind, wenn eine Störung des Betriebes der einen Leitung durch die andere eingetreten oder zu befürchten ist, auf Kosten desjenigen Theiles, welcher durch eine spätere Anlage oder durch eine später eintretende Aenderung seiner bestehenden Anlage diese Störung oder die Gefahr derselben veranlaßt, nach Möglichkeit so auszuführen, daß sie sich nicht störend beeinflussen.

§ 13. Die auf Grund der vorstehenden Bestimmung entstehenden Streitigkeiten gehören vor die ordentlichen Gerichte.

---

[1] Fernsprechgebühren-Ordnung. Vom 20. Dezbr. 1899. (RGBl S. 711.)

Das gerichtliche Verfahren ist zu beschleunigen (§§ 221, 224 bis 226 der Reichs-Civilprozeßordnung). Der Rechtsstreit gilt als Feriensache (§ 202 des Gerichtsverfassungsgesetzes, § 223 der Reichs-Civilprozeßordnung).

§ 14. Das Reich erlangt durch dieses Gesetz keine weitergehenden als die bisher bestehenden Ansprüche auf die Verfügung über fremden Grund und Boden, insbesondere über öffentliche Wege und Straßen.

§ 15. Die Bestimmungen des Gesetzes gelten für Bayern und Württemberg mit der Maßgabe, daß für ihre Gebiete die für das Reich festgestellten Rechte diesen Bundesstaaten zustehen und daß die Bestimmungen des § 7 auf den inneren Verkehr dieser Bundesstaaten keine Anwendung finden.

---

99) Gesetz über die Abänderung des Gesetzes, betr. die Krankenversicherung der Arbeiter, vom 15. Juni 1883. Vom 10. April 1892. (RGBl S. 379.)

[Art. 1—31 enthalten die Abänderungen des Krankenversicherungsgesetzes. S. die Neu-Redaktion.]

Artikel 32. Dieses Gesetz tritt, soweit es sich um die zu seiner Durchführung erforderlichen Maßnahmen handelt, sofort, im Uebrigen mit dem 1. Januar 1893 in Kraft.

Mit dem gleichen Tage treten außer Wirksamkeit die Bestimmungen des § 4 Absatz 5 des Gesetzes über die eingeschriebenen Hülfskassen vom 7. April 1876 (Reichs-Gesetzbl. S. 125) in der Fassung des Gesetzes vom 1. Juni 1884 (Reichs-Gesetzbl. S. 54), der §§ 15, 16, 17 Absatz 2 des Gesetzes über die Ausdehnung der Unfall- und Krankenversicherung vom 28. Mai 1885 (Reichs-Gesetzbl. S. 159) und der §§ 134 Absatz 1, 135, 139, 140 des Gesetzes, betreffend die Unfall- und Krankenversicherung der in land- und forstwirthschaftlichen Betrieben beschäftigten Personen, vom 5. Mai 1886 (Reichs-Gesetzbl. S. 132).

Der Reichskanzler wird ermächtigt, den Text des Gesetzes vom 15. Juni 1883, wie er sich aus den Aenderungen durch gegenwärtiges Gesetz ergiebt, durch das Reichs-Gesetzblatt mit der Ueberschrift „Krankenversicherungsgesetz" bekannt zu machen.

---

100) Bekanntmachung, betr. die Redaktion des Krankenversicherungsgesetzes. Vom 10. April 1892. (RGBl S. 417.)

Auf Grund des Artikels 32 des Gesetzes vom 10. April 1892 über die Abänderung des Gesetzes, betreffend die Krankenversicherung der Arbeiter, vom 15. Juni 1883 (Reichs-Gesetzbl. S. 73) wird der Text des „Krankenversicherungsgesetzes", wie er sich aus den Abänderungen durch jenes Gesetz ergiebt, nachstehend bekannt gemacht:

Krankenversicherungsgesetz.

[Auszug.]

A. Versicherungszwang.

§ 1. Personen, welche gegen Gehalt oder Lohn beschäftigt sind:

1) in Bergwerken, Salinen, Aufbereitungsanstalten, Brüchen und Gruben, in Fabriken und Hüttenwerken, beim Eisenbahn-, Binnenschiffahrts- und Baggereibetriebe, auf Werften und bei Bauten,

2) im Handelsgewerbe, im Handwerk und in sonstigen stehenden Gewerbebetrieben,

2a) in dem Geschäftsbetriebe der Anwälte, Notare und Gerichtsvollzieher, der Krankenkassen, Berufsgenossenschaften und Versicherungsanstalten,

3) in Betrieben, in denen Dampfkessel oder durch elementare Kraft (Wind, Wasser, Dampf, Gas, heiße Luft u. s. w.) bewegte Triebwerke zur Verwendung kommen, sofern diese Verwendung nicht ausschließlich in vorübergehender Benutzung einer nicht zur Betriebsanlage gehörenden Kraftmaschine besteht,

sind mit Ausnahme der Gehülfen und Lehrlinge in Apotheken, sowie der im § 2 unter Ziffer 2 bis 6 aufgeführten Personen, sofern nicht die Beschäftigung durch die Natur ihres Gegenstandes oder im Voraus durch den Arbeitsvertrag auf einen Zeitraum von weniger als einer Woche beschränkt ist, nach Maßgabe der Vorschriften dieses Gesetzes gegen Krankheit zu versichern.

Dasselbe gilt von Personen, welche in dem gesammten Betriebe der Post- und Telegraphenverwaltungen, sowie in den Betrieben der Marine- und Heeresverwaltungen gegen Gehalt oder Lohn beschäftigt sind und nicht bereits auf Grund der vorstehenden Bestimmungen der Krankenversicherungspflicht unterliegen.

Die Besatzung von Seeschiffen, auf welche die Vorschriften der §§ 48 und 49 der Seemannsordnung vom 27. Dezember 1872 (Reichs-Gesetzbl. S. 409) Anwendung finden, unterliegt der Versicherungspflicht nicht.

Handlungsgehülfen und -Lehrlinge unterliegen der Versicherungspflicht nur, sofern durch Vertrag die ihnen nach Artikel 60[1] des deutschen Handelsgesetzbuchs zustehenden Rechte aufgehoben oder beschränkt sind.

Als Gehalt oder Lohn im Sinne dieses Gesetzes gelten auch Tantiemen und Naturalbezüge. Für die letzteren wird der Durchschnittswerth in Ansatz gebracht; dieser Werth wird von der unteren Verwaltungsbehörde festgesetzt.

§ 2. Durch statutarische Bestimmung einer Gemeinde für ihren Bezirk, oder eines weiteren Kommunalverbandes für seinen Bezirk

[1] HGB vom 10. Mai 1897. § 63.

oder Theile desselben, kann die Anwendung der Vorschriften des § 1 erstreckt werden:

1) auf diejenigen im § 1 bezeichneten Personen, deren Beschäftigung durch die Natur ihres Gegenstandes oder im Voraus durch den Arbeitsvertrag auf einen Zeitraum von weniger als einer Woche beschränkt ist,
2) auf die in Kommunalbetrieben und im Kommunaldienste beschäftigten Personen, auf welche die Anwendung des § 1 nicht durch anderweite reichsgesetzliche Vorschriften erstreckt ist,
3) auf diejenigen Familienangehörigen eines Betriebsunternehmers, deren Beschäftigung in dem Betriebe nicht auf Grund eines Arbeitsvertrages stattfindet,
4) auf selbständige Gewerbetreibende, welche in eigenen Betriebsstätten im Auftrage und für Rechnung anderer Gewerbetreibender mit der Herstellung oder Bearbeitung gewerblicher Erzeugnisse beschäftigt werden (Hausindustrie), und zwar auch für den Fall, daß sie die Roh- und Hülfsstoffe selbst beschaffen, und auch für die Zeit, während welcher sie vorübergehend für eigene Rechnung arbeiten,
5) auf Handlungsgehülfen und -Lehrlinge, soweit dieselben nicht nach § 1 versicherungspflichtig sind,
6) auf die in der Land- und Forstwirthschaft betheiligten Arbeiter und Betriebsbeamten.

Die auf Grund dieser Vorschrift ergehenden statutarischen Bestimmungen müssen die genaue Bezeichnung derjenigen Klassen von Personen, auf welche die Anwendung der Vorschriften des § 1 erstreckt werden soll, und in den Fällen der Ziffern 1 und 4 Bestimmungen über die Verpflichtung zur An- und Abmeldung, sowie über die Verpflichtung zur Einzahlung der Beiträge enthalten.

Sie bedürfen der Genehmigung der höheren Verwaltungsbehörde und sind in der für Bekanntmachungen der Gemeindebehörden vorgeschriebenen oder üblichen Form zu veröffentlichen.

Auf[1] die im Absatz 1 Ziffer 4 bezeichneten Gewerbetreibenden kann die Anwendung der Vorschriften des § 1 auch durch Beschluß des Bundesraths erstreckt werden. Die Anordnung kann auch für bestimmte Gewerbszweige und für örtliche Bezirke erfolgen.

§ 2a. Die Anwendung der Vorschriften des § 1 kann auch auf solche in Betrieben oder im Dienste des Reichs oder eines Staates beschäftigte Personen erstreckt werden, welche der Krankenversicherungspflicht nicht bereits nach gesetzlichen Bestimmungen unterliegen. Die Erstreckung erfolgt durch Verfügung des Reichskanzlers beziehungsweise der Zentralbehörde.

§ 2b. Betriebsbeamte, Werkmeister und Techniker, Handlungsgehülfen und -Lehrlinge, sowie die unter § 1 Absatz 1 Ziffer 2a

---

[1] Zusatz durch G, betr. die Abänderung des Krankenversicherungsgesetzes. Vom 30. Juni 1900 (RGBl S. 332).

fallenden Personen unterliegen der Versicherungspflicht nur, wenn ihr Arbeitsverdienst an Lohn oder Gehalt sechszweidrittel Mark für den Arbeitstag oder, sofern Lohn oder Gehalt nach größeren Zeitabschnitten bemessen ist, zweitausend Mark für das Jahr gerechnet, nicht übersteigt.

Dasselbe gilt von anderen unter § 2 Absatz 1 Ziffer 2 und § 2a fallenden Personen, soweit sie Beamte sind.

§ 3. Personen des Soldatenstandes, sowie solche in Betrieben oder im Dienste des Reichs, eines Staates oder Kommunalverbandes beschäftigte Personen, welche dem Reich, Staat oder Kommunalverbande gegenüber in Krankheitsfällen Anspruch auf Fortzahlung des Gehalts oder des Lohnes mindestens für dreizehn Wochen nach der Erkrankung oder auf eine den Bestimmungen des § 6 entsprechende Unterstützung haben, sind von der Versicherungspflicht ausgenommen.

§ 3a. Auf ihren Antrag sind von der Versicherungspflicht zu befreien:

1) Personen, welche in Folge von Verletzungen, Gebrechen, chronischen Krankheiten oder Alter nur theilweise oder nur zeitweise erwerbsfähig sind, wenn der unterstützungspflichtige Armenverband der Befreiung zustimmt,
2) Personen, welchen gegen ihren Arbeitgeber für den Fall der Erkrankung ein Rechtsanspruch auf eine den Bestimmungen des § 6 entsprechende oder gleichwerthige Unterstützung zusteht, sofern die Leistungsfähigkeit des Arbeitgebers zur Erfüllung des Anspruchs gesichert ist.

Wird der Antrag auf Befreiung von der Verwaltung der Gemeinde-Krankenversicherung oder von dem Vorstande der Krankenkasse, welcher der Antragsteller angehören würde, abgelehnt, so entscheidet auf Anrufen des Antragstellers die Aufsichtsbehörde endgültig.

In dem Falle zu 2 gilt die eingeräumte Befreiung nur für die Dauer des Arbeitsvertrages. Sie erlischt vor Beendigung des Arbeitsvertrages:

a) wenn sie von der Aufsichtsbehörde wegen nicht genügender Leistungsfähigkeit des Arbeitgebers von Amtswegen oder auf Antrag eines Betheiligten aufgehoben wird,
b) wenn der Arbeitgeber die befreite Person zur Krankenversicherung anmeldet. Die Anmeldung ist ohne rechtliche Wirkung, wenn die befreite Person zur Zeit derselben bereits erkrankt war.

Insoweit im Erkrankungsfalle der gegen den Arbeitgeber bestehende Anspruch nicht erfüllt wird, ist auf Antrag der befreiten Person von der Gemeinde-Krankenversicherung oder von der Krankenkasse, welcher sie im Nichtbefreiungsfalle angehört haben würde, die gesetzliche oder statutenmäßige Krankenunterstützung zu gewähren. Die zu dem Ende gemachten Aufwendungen sind von dem Arbeitgeber zu erstatten.

§ 3b. Auf den Antrag des Arbeitgebers sind von der Versicherungspflicht zu befreien Lehrlinge, welchen durch den Arbeitgeber für die während der Dauer des Lehrverhältnisses eintretenden Erkrankungsfälle der Anspruch auf freie Kur oder Verpflegung in einem Krankenhause auf die im § 6 Absatz 2 bezeichnete Dauer gesichert ist. Gleiches gilt von Personen, welche im Falle der Arbeitslosigkeit in einer die Versicherungspflicht begründenden Art in Wohlthätigkeitsanstalten beschäftigt werden, deren Zweck darin besteht, arbeitslosen Personen vorübergehend Beschäftigung zu gewähren (Arbeiterkolonien und dergl.).

Die Bestimmungen des § 3a Absatz 2 bis 4 finden entsprechende Anwendung.

B. Gemeinde-Krankenversicherung.

§ 4. Für alle versicherungspflichtigen Personen, welche nicht
einer Orts-Krankenkasse (§ 16),
einer Betriebs- (Fabrik-) Krankenkasse (§ 59),
einer Bau-Krankenkasse (§ 69),
einer Innungs-Krankenkasse (§ 73),
einer Knappschaftskasse (§ 74)
angehören, tritt, vorbehaltlich der Bestimmung des § 75, die Gemeinde-Krankenversicherung ein.

Personen der in §§ 1 bis 3 bezeichneten Art, welche der Versicherungspflicht nicht unterliegen und deren jährliches Gesammteinkommen zweitausend Mark nicht übersteigt, sowie Dienstboten sind berechtigt, der Gemeinde-Krankenversicherung der Gemeinde, in deren Bezirk sie beschäftigt sind, beizutreten. Durch statutarische Bestimmung (§ 2) kann auch anderen nichtversicherungspflichtigen Personen die Aufnahme in die Gemeinde-Krankenversicherung gestattet oder das Recht des Beitritts eingeräumt werden, sofern ihr jährliches Gesammteinkommen zweitausend Mark nicht übersteigt.

Der Beitritt der Berechtigten erfolgt durch schriftliche oder mündliche Erklärung beim Gemeindevorstande, gewährt aber keinen Anspruch auf Unterstützung im Falle einer bereits zur Zeit dieser Erklärung eingetretenen Erkrankung. Die Gemeinde ist berechtigt, nichtversicherungspflichtige Personen, welche sich zum Beitritt melden, einer ärztlichen Untersuchung unterziehen zu lassen, und, wenn diese eine bereits bestehende Krankheit ergiebt, von der Versicherung zurückzuweisen.

Freiwillig Beigetretene, welche die Versicherungsbeiträge (§ 5) an zwei auf einander folgenden Zahlungsterminen nicht geleistet haben, scheiden damit aus der Gemeinde-Krankenversicherung aus.

§ 5. Denjenigen Personen, für welche die Gemeinde-Krankenversicherung eintritt, ist von der Gemeinde, in deren Bezirk sie beschäftigt sind, im Falle einer Krankheit oder durch Krankheit herbeigeführten Erwerbsunfähigkeit Krankenunterstützung zu gewähren.

Von denselben hat die Gemeinde Krankenversicherungsbeiträge (§ 9) zu erheben.

§ 6. Als Krankenunterstützung ist zu gewähren:

1) vom Beginn der Krankheit ab freie ärztliche Behandlung, Arznei, sowie Brillen, Bruchbänder und ähnliche Heilmittel;
2) im Falle der Erwerbsunfähigkeit vom dritten Tage nach dem Tage der Erkrankung ab für jeden Arbeitstag ein Krankengeld in Höhe der Hälfte des ortsüblichen Tagelohnes gewöhnlicher Tagearbeiter.

Die Krankenunterstützung endet spätestens mit dem Ablauf der dreizehnten Woche nach Beginn der Krankheit, im Falle der Erwerbsunfähigkeit spätestens mit dem Ablauf der dreizehnten Woche nach Beginn des Krankengeldbezuges. Endet der Bezug des Krankengeldes erst nach Ablauf der dreizehnten Woche nach dem Beginn der Krankheit, so endet mit dem Bezuge des Krankengeldes zugleich auch der Anspruch auf die im Absatz 1 unter Ziffer 1 bezeichneten Leistungen.

Das Krankengeld ist nach Ablauf jeder Woche zu zahlen.

§ 6a. Die Gemeinden sind ermächtigt, zu beschließen:

1) daß Personen, welche der Versicherungspflicht nicht unterliegen und freiwillig der Gemeinde-Krankenversicherung beitreten, erst nach Ablauf einer auf höchstens sechs Wochen vom Beitritt ab zu bemessenden Frist Krankenunterstützung erhalten;
2) daß Versicherten, welche die Gemeinde-Krankenversicherung durch eine mit dem Verlust der bürgerlichen Ehrenrechte bedrohte strafbare Handlung geschädigt haben, für die Dauer von zwölf Monaten seit Begehung der Strafthat, sowie daß Versicherten, welche sich eine Krankheit vorsätzlich oder durch schuldhafte Betheiligung bei Schlägereien oder Raufhändeln, durch Trunkfälligkeit oder geschlechtliche Ausschweifungen zugezogen haben, für diese Krankheit das Krankengeld gar nicht oder nur theilweise zu gewähren ist;
3) daß Versicherten, welche von der Gemeinde die Krankenunterstützung ununterbrochen oder im Laufe eines Zeitraums von zwölf Monaten für dreizehn Wochen bezogen haben, bei Eintritt eines neuen Unterstützungsfalles, sofern dieser durch die gleiche nicht gehobene Krankheitsursache veranlaßt ist, im Laufe der nächsten zwölf Monate Krankenunterstützung nur für die Gesammtdauer von dreizehn Wochen zu gewähren ist;
4) daß Krankengeld allgemein oder unter bestimmten Voraussetzungen schon vom Tage des Eintritts der Erwerbsunfähigkeit ab, sowie für Sonn- und Festtage zu zahlen ist;
5) daß Versicherten auf ihren Antrag die im § 6 Absatz 1 Ziffer 1 bezeichneten Leistungen auch für ihre dem Krankenversicherungszwange nicht unterliegenden Familienangehörigen zu gewähren sind;
6) daß die ärztliche Behandlung, die Lieferung der Arznei und die Kur und Verpflegung nur durch bestimmte Aerzte, Apotheken und Krankenhäuser zu gewähren sind und die Bezahlung der

durch Inanspruchnahme anderer Aerzte, Apotheken und Krankenhäuser entstandenen Kosten, von dringenden Fällen abgesehen, abgelehnt werden kann.

Die Gemeinden sind ferner ermächtigt, Vorschriften über die Krankenmeldung, über das Verhalten der Kranken und über die Krankenaufsicht zu erlassen und zu bestimmen, daß Versicherte, welche diesen Vorschriften oder den Anordnungen des behandelnden Arztes zuwiderhandeln, Ordnungsstrafen bis zu zwanzig Mark zu erlegen haben. Vorschriften dieser Art bedürfen der Genehmigung der Aufsichtsbehörde.

§ 7. An Stelle der im § 6 vorgeschriebenen Leistungen kann freie Kur und Verpflegung in einem Krankenhause gewährt werden, und zwar:

1) für diejenigen, welche verheirathet sind, oder eine eigene Haushaltung haben, oder Mitglieder der Haushaltung ihrer Familie sind, mit ihrer Zustimmung, oder unabhängig von derselben, wenn die Art der Krankheit Anforderungen an die Behandlung oder Verpflegung stellt, welchen in der Familie des Erkrankten nicht genügt werden kann, oder wenn die Krankheit eine ansteckende ist, oder wenn der Erkrankte wiederholt den auf Grund des § 6a Absatz 2 erlassenen Vorschriften zuwider gehandelt hat, oder wenn dessen Zustand oder Verhalten eine fortgesetzte Beobachtung erfordert;
2) für sonstige Erkrankte unbedingt.

Hat der in einem Krankenhause Untergebrachte Angehörige, deren Unterhalt er bisher aus seinem Arbeitsverdienst bestritten hat, so ist neben der freien Kur und Verpflegung die Hälfte des im § 6 als Krankengeld festgesetzten Betrages für diese Angehörigen zu zahlen. Die Zahlung kann unmittelbar an die Angehörigen erfolgen.

§ 8. Der Betrag des ortsüblichen Tagelohnes gewöhnlicher Tagearbeiter wird von der höheren Verwaltungsbehörde nach Anhörung der Gemeindebehörde festgesetzt und durch das für ihre amtlichen Bekanntmachungen bestimmte Blatt veröffentlicht. Aenderungen der Festsetzung treten erst sechs Monate nach der Veröffentlichung in Kraft.

Die Festsetzung findet für männliche und weibliche, für Personen über und unter sechszehn Jahren besonders statt. Für Personen unter sechszehn Jahren (jugendliche Personen) kann die Festsetzung getrennt für junge Leute zwischen vierzehn und sechszehn Jahren und für Kinder unter vierzehn Jahren vorgenommen werden. Für Lehrlinge gilt die für junge Leute getroffene Feststellung.[1]

§ 9. Die von der Gemeinde zu erhebenden Versicherungsbeiträge sollen, solange nicht nach Maßgabe des § 10 etwas anderes festgesetzt ist, einundeinhalb Prozent des ortsüblichen Tagelohnes (§ 8) nicht übersteigen und sind mangels besonderer Beschlußnahme

[1] Vgl. CBl 1892 S. 717; 1893 S. 6.

in dieser Höhe zu erheben. In Fällen der Gewährung der im § 6a Absatz 1 Ziffer 5 bezeichneten besonderen Leistungen sind besondere von der Gemeinde-Krankenversicherung allgemein festzusetzende Zusatzbeiträge zu erheben.

Die Beiträge fließen in eine besondere Kasse, aus welcher auch die Krankenunterstützungen zu bestreiten sind.

Die Einnahmen und Ausgaben dieser Kasse sind getrennt von den sonstigen Einnahmen und Ausgaben der Gemeinde festzustellen und zu verrechnen. Die Verwaltung der Kasse hat die Gemeinde unentgeltlich zu führen. Ein Jahresabschluß der Kasse nebst einer Uebersicht über die Versicherten und die Krankheitsverhältnisse ist alljährlich der höheren Verwaltungsbehörde einzureichen.[1]

Reichen die Bestände der Krankenversicherungskasse nicht aus, um die fällig werdenden Ausgaben derselben zu decken, so sind aus der Gemeindekasse die erforderlichen Vorschüsse zu leisten, welche ihr, vorbehaltlich der Bestimmungen des § 10, demnächst aus der Krankenversicherungskasse mit ihrem Reservefonds zu erstatten sind.

§ 11. Personen, für welche die Gemeinde-Krankenversicherung eingetreten ist, behalten, wenn sie aus der dieselbe begründenden Beschäftigung ausscheiden und nicht zu einer Beschäftigung übergehen, vermöge welcher sie nach Vorschrift dieses Gesetzes Mitglieder einer Krankenkasse werden, den Anspruch auf Krankenunterstützung, solange sie die Versicherungsbeiträge fortzahlen und entweder im Gemeindebezirk ihres bisherigen Aufenthaltes verbleiben, oder in dem Gemeindebezirk ihren Aufenthalt nehmen, in welchem sie zuletzt beschäftigt wurden.

C. Orts-Krankenkassen.

§ 16. Die Gemeinden sind berechtigt, für die in ihrem Bezirk beschäftigten versicherungspflichtigen Personen Orts-Krankenkassen zu errichten, sofern die Zahl der in der Kasse zu versichernden Personen mindestens einhundert beträgt.

Die Vorschriften des § 5a finden auch hier Anwendung.

Die Orts-Krankenkassen sollen in der Regel für die in einem Gewerbszweige oder in einer Betriebsart beschäftigten Personen errichtet werden.

Die Errichtung gemeinsamer Orts-Krankenkassen für mehrere Gewerbszweige oder Betriebsarten ist zulässig, wenn die Zahl der in den einzelnen Gewerbszweigen und Betriebsarten beschäftigten Personen weniger als einhundert beträgt.

Gewerbszweige oder Betriebsarten, in welchen einhundert Personen oder mehr beschäftigt werden, können mit anderen Gewerbszweigen oder Betriebsarten zu einer gemeinsamen Orts-Krankenkasse nur vereinigt werden, nachdem den in ihnen beschäftigten Personen Gelegenheit zu einer Aeußerung über die Errichtung der gemeinsamen

[1] Vgl. CBl 1892 S. 671; 1897 S. 329.

Kasse gegeben worden ist. Wird in diesem Falle Widerspruch erhoben, so entscheidet über die Zulässigkeit der Errichtung die höhere Verwaltungsbehörde.

§ 19. Die Gewerbszweige und Betriebsarten, für welche eine Orts-Krankenkasse errichtet wird, sind in dem Kassenstatut (§ 23) zu bezeichnen.

Die in diesen Gewerbszweigen und Betriebsarten beschäftigten Personen werden, soweit sie versicherungspflichtig sind, vorbehaltlich der Bestimmung des § 75, mit dem Tage, an welchem sie in die Beschäftigung eintreten, Mitglieder der Kasse, sofern sie nicht vermöge ihrer Beschäftigung einer der in §§ 59, 69, 73, 74 bezeichneten Kassen angehören.

Soweit sie nicht versicherungspflichtig sind, haben sie das Recht, der Kasse beizutreten, sofern ihr jährliches Gesammteinkommen zweitausend Mark nicht übersteigt. Der Beitritt erfolgt durch schriftliche oder mündliche Anmeldung bei dem Kassenvorstande oder der auf Grund des § 49 Absatz 5 errichteten Meldestelle, gewährt aber keinen Anspruch auf Unterstützung im Falle einer bereits zur Zeit dieser Anmeldung eingetretenen Erkrankung. Die Kasse ist berechtigt, nichtversicherungspflichtige Personen, welche sich zum Beitritt melden, einer ärztlichen Untersuchung unterziehen zu lassen und ihre Aufnahme abzulehnen, wenn die Untersuchung eine bereits bestehende Krankheit ergiebt.

Sind mehrere Gewerbszweige oder Betriebsarten zu einem Betriebe vereinigt, so gehören die in diesem beschäftigten versicherungspflichtigen Personen derjenigen Orts-Krankenkasse an, welche für den Gewerbszweig oder die Betriebsart errichtet ist, in denen die Mehrzahl dieser Personen beschäftigt ist. Im Zweifel entscheidet, nach Anhörung des Betriebsunternehmers, der Vorstände der betheiligten Kassen und der Aufsichtsbehörde, die höhere Verwaltungsbehörde endgültig.

Der Austritt ist versicherungspflichtigen Personen mit dem Schlusse des Rechnungsjahres zu gestatten, wenn sie denselben spätestens drei Monate zuvor bei dem Vorstande beantragen und vor dem Austritt nachweisen, daß sie Mitglieder einer der im § 75 bezeichneten Kassen geworden sind.

Die Mitgliedschaft nichtversicherungspflichtiger Personen erlischt, wenn sie die Beiträge an zwei auf einander folgenden Zahlungsterminen nicht geleistet haben.

§ 20. Die Orts-Krankenkassen sollen mindestens gewähren:

1) im Falle einer Krankheit oder durch Krankheit herbeigeführten Erwerbsunfähigkeit eine Krankenunterstützung, welche nach §§ 6, 7, 8 mit der Maßgabe zu bemessen ist, daß der durchschnittliche Tagelohn derjenigen Klassen der Versicherten, für welche die Kasse errichtet wird, soweit er drei Mark für den Arbeitstag nicht überschreitet, an die Stelle des ortsüblichen Tagelohnes gewöhnlicher Tagearbeiter tritt;

2) eine Unterstützung in Höhe des Krankengeldes an Wöchnerinnen, welche innerhalb des letzten Jahres, vom Tage der Entbindung ab gerechnet, mindestens sechs Monate hindurch einer auf Grund dieses Gesetzes errichteten Kasse oder einer Gemeinde-Krankenversicherung angehört haben, auf die Dauer von mindestens vier Wochen nach ihrer Niederkunft, und soweit ihre Beschäftigung nach den Bestimmungen der Gewerbeordnung für eine längere Zeit untersagt ist, für diese Zeit;

3) für den Todesfall eines Mitgliedes ein Sterbegeld im zwanzigfachen Betrage des durchschnittlichen Tagelohnes (Ziffer 1).

Die Feststellung des durchschnittlichen Tagelohnes kann auch unter Berücksichtigung der zwischen den Kassenmitgliedern hinsichtlich der Lohnhöhe bestehenden Verschiedenheiten klassenweise erfolgen. Der durchschnittliche Tagelohn einer Klasse darf in diesem Falle nicht über den Betrag von vier Mark festgestellt werden.

Verstirbt ein als Mitglied der Kasse Erkrankter nach Beendigung der Krankenunterstützung, so ist das Sterbegeld zu gewähren, wenn die Erwerbsunfähigkeit bis zum Tode fortgedauert hat und der Tod in Folge derselben Krankheit vor Ablauf eines Jahres nach Beendigung der Krankenunterstützung eingetreten ist.

Das Sterbegeld ist zunächst zur Deckung der Kosten des Begräbnisses bestimmt und in dem aufgewendeten Betrage demjenigen auszuzahlen, welcher das Begräbniß besorgt. Ein etwaiger Ueberschuß ist dem hinterbliebenen Ehegatten, in Ermangelung eines solchen den nächsten Erben auszuzahlen. Sind solche Personen nicht vorhanden, so verbleibt der Ueberschuß der Kasse.

§ 21. Eine Erhöhung und Erweiterung der Leistungen der Orts-Krankenkassen ist in folgendem Umfange zulässig:

1) Die Dauer der Krankenunterstützung kann auf einen längeren Zeitraum als dreizehn Wochen bis zu einem Jahre festgesetzt werden.

1a) Das Krankengeld kann allgemein oder unter bestimmten Voraussetzungen schon vom Tage des Eintritts der Erwerbsunfähigkeit ab, sowie für Sonn- und Festtage gewährt werden, sofern dieses sowohl von der Vertretung der zu Beiträgen verpflichteten Arbeitgeber (§ 38) als auch von derjenigen der Versicherten beschlossen wird, oder sofern der Betrag des gesetzlich vorgeschriebenen Reservefonds erreicht ist.

2) Das Krankengeld kann auf einen höheren Betrag, und zwar bis zu drei Viertel des durchschnittlichen Tagelohnes (§ 20) festgesetzt werden; neben freier ärztlicher Behandlung und Arznei können auch andere als die im § 6 bezeichneten Heilmittel gewährt werden.

3) Neben freier Kur und Verpflegung in einem Krankenhause kann Krankengeld bis zu einem Achtel des durchschnittlichen Tagelohnes (§ 20) auch solchen bewilligt werden, welche nicht den Unterhalt von Angehörigen aus ihrem Lohne bestritten haben.

3a) Für die Dauer eines Jahres von Beendigung der Krankenunterstützung ab kann Fürsorge für Rekonvalescenten, namentlich auch Unterbringung in einer Rekonvalescentenanstalt gewährt werden.

4) Die Wöchnerinnen-Unterstützung kann allgemein bis zur Dauer von sechs Wochen nach der Niederkunft erstreckt werden.

5) Freie ärztliche Behandlung, freie Arznei und sonstige Heilmittel können für erkrankte Familienangehörige der Kassenmitglieder, sofern sie nicht selbst dem Krankenversicherungszwange unterliegen, auf besonderen Antrag oder allgemein gewährt werden. Unter derselben Voraussetzung kann für Ehefrauen der Kassenmitglieder im Falle der Entbindung die nach Ziffer 4 zulässige Unterstützung gewährt werden.

6) Das Sterbegeld kann auf einen höheren als den zwanzigfachen Betrag, und zwar bis zum vierzigfachen Betrage des durchschnittlichen Tagelohnes (§ 20) erhöht werden.

7) Beim Tode der Ehefrau oder eines Kindes eines Kassenmitgliedes kann, sofern diese Personen nicht selbst in einem gesetzlichen Versicherungsverhältniß stehen, auf Grund dessen ihren Hinterbliebenen ein Anspruch auf Sterbegeld zusteht, ein Sterbegeld, und zwar für erstere im Betrage bis zu zwei Dritteln, für letztere bis zur Hälfte des für das Mitglied festgestellten Sterbegeldes gewährt werden.

Auf weitere Unterstützungen, namentlich auf Invaliden-, Wittwen- und Waisenunterstützungen, dürfen die Leistungen der Orts-Krankenkassen nicht ausgedehnt werden.

§ 22. Die Beiträge zu den Orts-Krankenkassen sind in Prozenten des durchschnittlichen Tagelohnes (§ 20) so zu bemessen, daß sie unter Einrechnung der etwaigen sonstigen Einnahmen der Kasse ausreichen, um die statutenmäßigen Unterstützungen, die Verwaltungskosten und die zur Ansammlung oder Ergänzung des Reservefonds (§ 32) erforderlichen Rücklagen zu decken.

Krankenkassen, welche die im § 21 Absatz 1 Ziffer 5 bezeichneten besonderen Leistungen auf Antrag gewähren, sind nach Bestimmung des Statuts befugt, für diese Leistungen von Kassenmitgliedern mit Familienangehörigen einen besonderen, allgemein festzusetzenden Zusatzbeitrag zu erheben.

Orts-Krankenkassen, welche für verschiedene Gewerbszweige oder Betriebsarten errichtet sind, können die Höhe der Beiträge für die einzelnen Gewerbszweige und Betriebsarten verschieden bemessen, wenn und soweit die Verschiedenheit der Gewerbszweige und Betriebsarten eine erhebliche Verschiedenheit der Erkrankungsgefahr bedingt. Festsetzungen dieser Art bedürfen der Genehmigung der höheren Verwaltungsbehörde.

§ 25. Die Orts-Krankenkasse kann unter ihrem Namen Rechte erwerben und Verbindlichkeiten eingehen, vor Gericht klagen und verklagt werden.

Für alle Verbindlichkeiten der Kasse haftet den Kassengläubigern nur das Vermögen der Kasse.

§ 46. Sämmtliche oder mehrere Gemeinde-Krankenversicherungen und Orts-Krankenkassen innerhalb des Bezirks einer Aufsichtsbehörde können durch übereinstimmende Beschlüsse der betheiligten Kommunalverbände und der Generalversammlungen der betheiligten Kassen sich zu einem Verbande vereinigen zum Zweck:

1) der Anstellung eines gemeinsamen Rechnungs- und Kassenführers und anderer gemeinsamer Bediensteten,
2) der Abschließung gemeinsamer Verträge mit Aerzten, Apotheken, Krankenhäusern und Lieferanten von Heilmitteln und anderer Bedürfnisse der Krankenpflege,
3) der Anlage und des Betriebes gemeinsamer Anstalten zur Heilung und Verpflegung erkrankter Mitglieder, sowie zur Fürsorge für Rekonvalescenten,
4) der gemeinsamen Bestreitung der Krankenunterstützungskosten zu einem die Hälfte ihres Gesammtbetrages nicht übersteigenden Theil.

Die Vertretung des Kassenverbandes und die Geschäftsführung für denselben wird nach Maßgabe eines von der höheren Verwaltungsbehörde zu genehmigenden Verbandsstatuts durch einen von den Verwaltungen der betheiligten Gemeinde-Krankenversicherungen und den Vorständen der betheiligten Kassen zu wählenden oder, solange eine Wahl nicht zu Stande kommt, von der Aufsichtsbehörde zu ernennenden Vorstand wahrgenommen. Im Falle der Anstellung eines gemeinsamen Rechnungs- und Kassenführers können durch das Verbandsstatut Bestimmungen über gemeinsame Verwahrung der Bestände der betheiligten Gemeinde-Krankenversicherungen und Krankenkassen getroffen werden.

Der Verband kann unter seinem Namen Rechte erwerben und Verbindlichkeiten eingehen, vor Gericht klagen und verklagt werden. Die Ausgaben des Verbandes werden durch Beiträge der betheiligten Gemeinde-Krankenversicherungen und Krankenkassen gedeckt, welche in Ermangelung anderweiter durch Uebereinkommen derselben getroffener Regelung am Schlusse jedes Rechnungsjahres nach dem Verhältniß der im Laufe des Rechnungsjahres vereinnahmten Kassenbeiträge umgelegt werden.

Die Gemeinde-Krankenversicherungen und Krankenkassen, welche dem Verbande angehören, sind verpflichtet, auf Aufforderung des Verbandsvorstandes im Laufe des Rechnungsjahres diejenigen Vorschüsse zur Verbandskasse zu leisten, welche zur Deckung der gemeinsamen Ausgaben erforderlich sind. Die Vorschüsse sind in Ermangelung anderweiter durch das Verbandsstatut getroffener Regelung nach dem Verhältniß der im Laufe des zunächst voraufgegangenen Rechnungsjahres vereinnahmten Kassenbeiträge auszuschreiben und innerhalb zweier Wochen nach erfolgter Ausschreibung einzuzahlen. Die im Laufe des Rechnungsjahres geleisteten Vorschüsse sind bei der am Schlusse desselben erfolgenden Umlegung zur Anrechnung zu bringen.

§ 47. Die Schließung einer Orts-Krankenkasse muß erfolgen:

1) wenn die Zahl der Mitglieder dauernd unter fünfzig sinkt;

2) wenn sich aus den Jahresabschlüssen der Kasse ergiebt, daß die gesetzlichen Mindestleistungen auch nach erfolgter Erhöhung der Beiträge der Versicherten auf drei Prozent desjenigen Betrages, nach welchem die Unterstützungen zu bemessen sind (§§ 20, 26a Ziffer 6), nicht gedeckt werden können, und eine weitere Erhöhung der Beiträge nicht auf dem im § 31 Absatz 2 vorgesehenen Wege beschlossen wird.

Die Auflösung kann erfolgen, wenn sie von der Gemeindebehörde unter Zustimmung der Generalversammlung beantragt wird.

Die Schließung oder Auflösung erfolgt durch Verfügung der höheren Verwaltungsbehörde, welche, sofern sie auf Schließung einer Kasse gerichtet ist, von der Generalversammlung, sofern dadurch die Auflösung einer Kasse abgelehnt wird, von der Gemeindebehörde beziehungsweise der Generalversammlung nach Maßgabe des § 24 angefochten werden kann.

Wird eine Orts-Krankenkasse geschlossen oder aufgelöst, so sind die versicherungspflichtigen Personen, für welche sie errichtet war, anderen Orts-Krankenkassen und, soweit dies nicht ohne erhebliche Benachtheiligung anderer Orts-Krankenkassen geschehen kann, der Gemeinde-Krankenversicherung zu überweisen.

Das etwa vorhandene Vermögen der Kasse ist in diesem Falle zunächst zur Berichtigung der etwa vorhandenen Schulden und zur Deckung der vor der Schließung oder Auflösung bereits entstandenen Unterstützungsansprüche zu verwenden. Der Rest fällt denjenigen Orts-Krankenkassen, sowie der Gemeinde-Krankenversicherung zu, welchen die der geschlossenen oder aufgelösten Kasse angehörenden Personen überwiesen werden. Findet eine solche Ueberweisung nicht statt, so ist der Rest des Vermögens in der dem bisherigen Zweck am meisten entsprechenden Weise zu verwenden.

Die Verfügung über die Zuweisung der versicherungspflichtigen Personen, für welche die geschlossene oder aufgelöste Kasse errichtet war, an andere Krankenkassen oder die Gemeinde-Krankenversicherung, sowie über die Vertheilung oder Verwendung des Restvermögens wird von der höheren Verwaltungsbehörde getroffen. Gegen diese Verfügung steht den Betheiligten innerhalb vier Wochen die Beschwerde an die Zentralbehörde zu. Die Beschwerde hat, soweit es sich um die Zuweisung der versicherungspflichtigen Personen handelt, keine aufschiebende Wirkung.

Die Vorschrift des ersten Absatzes findet keine Anwendung, wenn nach dem Urtheil der höheren Verwaltungsbehörde die Gewährung der gesetzlichen Mindestleistungen durch vorhandenes Vermögen oder durch andere außerordentliche Hülfsquellen gesichert ist.

D. Gemeinsame Bestimmungen für die Gemeinde-Krankenversicherung und für die Orts-Krankenkassen.

§ 49. Die Arbeitgeber haben jede von ihnen beschäftigte versicherungspflichtige Person, welche weder einer Betriebs- (Fabrik-) Krankenkasse (§ 59), Bau-Krankenkasse (§ 69), Innungs-Krankenkasse (§ 73), Knappschaftskasse (§ 74) angehört, noch gemäß § 75 von der Verpflichtung, der Gemeinde-Krankenversicherung oder einer Orts-Krankenkasse anzugehören, befreit ist, spätestens am dritten Tage nach Beginn der Beschäftigung anzumelden und spätestens am dritten Tage nach Beendigung derselben wieder abzumelden. Veränderungen, durch welche während der Dauer der Beschäftigung die Versicherungspflicht für solche Personen begründet wird, die der Versicherungspflicht auf Grund ihrer Beschäftigung bisher nicht unterlagen, sind spätestens am dritten Tage nach ihrem Eintritt gleichfalls anzumelden. Das Gleiche gilt bei Aenderungen des Arbeitsvertrages, welche die Versicherungspflicht der im § 1 Absatz 4 bezeichneten Personen zur Folge haben.

Die Anmeldungen und Abmeldungen erfolgen für versicherungspflichtige Personen solcher Klassen, für welche Orts-Krankenkassen bestehen (§ 23 Absatz 2 Ziffer 1), bei den durch das Statut dieser Kassen bestimmten Stellen, übrigens bei der Gemeindebehörde oder einer von dieser zu bestimmenden Meldestelle.

In der Anmeldung zur Orts-Krankenkasse sind auch die behufs der Berechnung der Beiträge durch das Statut geforderten Angaben über die Lohnverhältnisse zu machen. Aenderungen in diesen Verhältnissen sind spätestens am dritten Tage, nachdem sie eingetreten, anzumelden.

Durch Beschluß der Verwaltung der Gemeinde-Krankenversicherung und durch das Kassenstatut kann die Frist für die An- und Abmeldungen bis zum letzten Werktage der Kalenderwoche, in welcher die dreitägige Frist (Absatz 1) abläuft, erstreckt werden.

Die Aufsichtsbehörde, sowie die höhere Verwaltungsbehörde kann für sämmtliche Gemeinde-Krankenversicherungen und Orts-Krankenkassen ihres Bezirks oder einzelner Theile desselben eine gemeinsame Meldestelle errichten. Die Aufbringung der Kosten derselben erfolgt durch die betheiligten Gemeinden und Orts-Krankenkassen nach Maßgabe des § 46 Absatz 3, 4.

§ 49a. Hülfskassen der im § 75 bezeichneten Art haben jedes Ausscheiden eines versicherungspflichtigen Mitgliedes aus der Kasse und jedes Uebertreten eines solchen in eine niedrigere Mitgliederklasse innerhalb Monatsfrist bei der gemeinsamen Meldestelle oder bei der Aufsichtsbehörde desjenigen Bezirks, in welchem das Mitglied zur Zeit der letzten Beitragszahlung beschäftigt war, unter Angabe seines Aufenthaltsortes und seiner Beschäftigung zu dieser Zeit schriftlich anzuzeigen.

Für Hülfskassen, welche örtliche Verwaltungsstellen errichtet haben, ist die Anzeige von der örtlichen Verwaltungsstelle zu erstatten.

Zur Erstattung der Anzeige ist für jede Hülfskasse, sofern deren Vorstand nicht eine andere Person damit beauftragt, der Rechnungsführer derselben, für die örtliche Verwaltungsstelle dasjenige Mitglied, welches die Rechnungsgeschäfte derselben führt, verpflichtet.

Die Aufsichtsbehörde hat die an sie gelangenden Anzeigen der Verwaltung der Gemeinde-Krankenversicherung oder dem Vorstande der Orts-Krankenkasse, welcher die in der Anzeige bezeichnete Person nach der in derselben angegebenen Beschäftigung anzugehören verpflichtet ist, zu überweisen.

§ 50. Arbeitgeber, welche der ihnen nach § 49 obliegenden Anmeldepflicht vorsätzlich oder fahrlässigerweise nicht genügen, haben alle Aufwendungen, welche eine Gemeinde-Krankenversicherung oder eine Orts-Krankenkasse auf Grund gesetzlicher oder statutarischer Vorschrift in einem vor der Anmeldung durch die nicht angemeldete Person veranlaßten Unterstützungsfalle gemacht hat, zu erstatten.

Die Verpflichtung zur Entrichtung von Beiträgen für die Zeit, während welcher die nicht angemeldete oder nicht angezeigte Person der Gemeinde-Krankenversicherung oder der Orts-Krankenkasse anzugehören verpflichtet war, wird hierdurch nicht berührt.

§ 51. Die Beiträge zur Krankenversicherung entfallen bei versicherungspflichtigen Personen zu zwei Dritteln auf diese, zu einem Drittel auf ihre Arbeitgeber. Eintrittsgelder belasten nur die Versicherten.

Durch statutarische Regelung (§ 2) kann bestimmt werden, daß Arbeitgeber, in deren Betrieben Dampfkessel oder durch elementare Kraft bewegte Triebwerke nicht verwendet und mehr als zwei dem Krankenversicherungszwange unterliegende Personen nicht beschäftigt werden, von der Verpflichtung zur Leistung von Beiträgen aus eigenen Mitteln befreit sind.

§ 52. Die Arbeitgeber sind verpflichtet, die Beiträge und Eintrittsgelder, welche für die von ihnen beschäftigten Personen zur Gemeinde-Krankenversicherung oder zu einer Orts-Krankenkasse zu entrichten sind, einzuzahlen. Die Beiträge sind an die Gemeinde-Krankenversicherung, sofern nicht durch Gemeindebeschluß andere Zahlungstermine festgesetzt sind, wöchentlich im Voraus, an die Orts-Krankenkasse zu den durch Statut festgesetzten Zahlungsterminen einzuzahlen. Das Eintrittsgeld ist mit dem ersten fälligen Beitrage einzuzahlen. Die Beiträge sind solange fortzuzahlen, bis die vorschriftsmäßige Abmeldung (§ 49) erfolgt ist, und für den betreffenden Zeittheil zurückzuerstatten, wenn die rechtzeitig abgemeldete Person innerhalb der Zahlungsperiode aus der bisherigen Beschäftigung ausscheidet.

Wenn der Versicherte gleichzeitig in mehreren die Versicherungspflicht begründenden Arbeitsverhältnissen steht, so haften die sämmtlichen Arbeitgeber als Gesammtschuldner für die vollen Beiträge und Eintrittsgelder.

Durch Gemeindebeschluß mit Genehmigung der Aufsichtsbehörde oder durch Kassenstatut kann bestimmt werden, daß die Beiträge stets für volle Wochen erhoben und zurückgezahlt werden.

§ 53. Die Versicherten sind verpflichtet, die Eintrittsgelder und Beiträge, letztere nach Abzug des auf den Arbeitgeber entfallenden Drittels (§ 51), bei den Lohnzahlungen sich einbehalten zu lassen. Die Arbeitgeber dürfen nur auf diesem Wege den auf die Versicherten entfallenden Betrag wieder einziehen. Die Abzüge für Beiträge sind auf die Lohnzahlungsperioden, auf welche sie entfallen, gleichmäßig zu vertheilen. Diese Theilbeträge dürfen, ohne daß dadurch Mehrbelastungen der Versicherten herbeigeführt werden, auf volle zehn Pfennig abgerundet werden. Sind Abzüge für eine Lohnzahlungsperiode unterblieben, so dürfen sie nur noch bei der Lohnzahlung für die nächstfolgende Lohnzahlungsperiode nachgeholt werden.

Hat der Arbeitgeber Beiträge um deswillen nachzuzahlen, weil die Verpflichtung zur Entrichtung von Beiträgen zwar vom Arbeitgeber anerkannt, von dem Versicherten, der Gemeinde-Krankenversicherung oder Orts-Krankenkasse aber bestritten wurde und erst durch einen Rechtsstreit (§ 58) hat festgestellt werden müssen, oder weil die im § 49a vorgeschriebene Anzeige erst nach Ablauf der im Absatz 1 bezeichneten Zeiträume oder gar nicht erstattet worden ist, so findet die Wiedereinziehung des auf den Versicherten entfallenden Theiles der Beiträge ohne die vorstehend aufgeführten Beschränkungen statt.

Arbeitgeber, deren Zahlungsunfähigkeit im Zwangsbeitreibungsverfahren festgestellt worden ist, sind, solange für sie nicht eine Anordnung der im § 52a bezeichneten Art getroffen worden ist, verpflichtet, die im Absatz 1 zugelassenen Lohnabzüge zu machen und deren Betrag sofort, nachdem der Abzug gemacht worden ist, an die berechtigte Kasse abzuliefern.

§ 53a. Streitigkeiten zwischen dem Arbeitgeber und den von ihm beschäftigten Personen über die Berechnung und Anrechnung der von diesen zu leistenden Beiträge werden nach den Vorschriften des Gesetzes, betreffend die Gewerbegerichte, vom 29. Juli 1890 (Reichs-Gesetzbl. S. 141)[1] entschieden.

Die Vorschriften des letzteren Gesetzes finden auch auf Streitigkeiten zwischen den bezeichneten Personen über die Berechnung und Anrechnung des Eintrittsgeldes Anwendung. Zur Entscheidung dieser Streitigkeit sind auch die auf Grund des § 80 jenes Gesetzes fortbestehenden Gewerbegerichte zuständig.

§ 54. Ob und inwieweit die Vorschriften des § 49 Absatz 1 bis 3, § 51, § 52 Absatz 1 auf die Arbeitgeber der im § 2 Absatz 1 unter Ziffer 1 und 4 bezeichneten Personen Anwendung finden, ist

[1] Jetzt Fassung vom 29. September 1901.

durch statutarische Bestimmung zu regeln; dieselbe bedarf der Genehmigung der höheren Verwaltungsbehörde.

Auf dem gleichen Wege kann bestimmt werden:

1) daß für diejenigen Versicherten, auf welche die Anwendung der Vorschriften des § 1 auf Grund des § 2 Absatz 1 Ziffer 4 erstreckt ist, sowie für die von ihnen beschäftigten versicherungspflichtigen Personen die Beiträge und Unterstützungen statt nach dem ortsüblichen Lohne gewöhnlicher Tagearbeiter (§ 8) in Prozenten des wirklichen Arbeitsverdienstes, soweit dieser vier Mark für den Arbeitstag nicht überschreitet, festzustellen sind;

2) daß die Arbeitgeber der im § 2 Absatz 1 Ziffer 4 bezeichneten Gewerbetreibenden, sofern auf diese die Anwendung der Vorschriften des § 1 erstreckt ist, auch die Beiträge für die von diesen Gewerbetreibenden beschäftigten versicherungspflichtigen Personen einzuzahlen und zu einem Drittel aus eigenen Mitteln zu bestreiten haben;

3)[1] daß und inwieweit in Fällen, in welchen die Beschäftigung von Hausgewerbetreibenden (§ 2 Absatz 1 Ziffer 4) durch Zwischenpersonen (Ausgeber, Faktoren, Zwischenmeister u. s. w.) vermittelt wird, diejenigen Gewerbetreibenden, in deren Auftrag die Zwischenpersonen die Waaren herstellen oder bearbeiten lassen, die Beiträge (§§ 9, 10, 22, 26a Abs. 2 Ziffer 6, §§ 64, 73) und Eintrittsgelder (§ 26 Abs. 3) für die Hausgewerbetreibenden sowie für deren Gesellen (Gehülfen) und Lehrlinge einzuzahlen und die Beiträge zu einem Drittel aus eigenen Mitteln zu entrichten haben.

Auf Gewerbetreibende, für welche Anordnungen der im Absatz 2 Ziffer 3 bezeichneten Art getroffen worden sind, finden die für Arbeitgeber geltenden Vorschriften der §§ 52, 52a, 52b, 53, 53a, 57a, 80, 82, 82a, 82b entsprechende Anwendung.

Die den Bestimmungen der Abs. 1, 2 entsprechenden Anordnungen können in den Fällen des § 2 Absatz 4 auch durch Beschluß des Bundesraths getroffen werden.

Auf dem in den Absätzen 1, 4 bezeichneten Wege kann bestimmt werden, daß Eintrittsgelder (§ 26 Absatz 3) von Hausgewerbetreibenden sowie von deren Gesellen (Gehülfen) und Lehrlingen nicht erhoben werden dürfen.

Wird eine Bestimmung der im Absatz 2 Ziffer 2 und 3 bezeichneten Art erlassen, so steht den die Arbeit vergebenden Gewerbetreibenden das Recht zu, zwei Drittel der von ihnen entrichteten Beiträge von den Hausgewerbetreibenden oder, wenn sie die Waaren durch Zwischenpersonen herstellen oder bearbeiten lassen, von den Zwischenpersonen sich erstatten zu lassen. Die Zwischenpersonen, welche den Gewerbetreibenden (Ziffer 3) diese zwei Drittel erstattet haben, sind

[1] Nr. 3 und Abs. 3—7 sind Zusatz durch G, betr. die Abänderung des Krankenversicherungsgesetzes. Vom 30. Juni 1900 (RGBl S. 332).

befugt, diesen Betrag von den Hausgewerbetreibenden wieder einzuziehen.

Auf Streitigkeiten finden die Bestimmungen des § 58 Absatz 1 entsprechende Anwendung.

§ 54a. Im Falle der Erwerbsunfähigkeit werden für die Dauer der Krankenunterstützung Beiträge nicht entrichtet. Die Mitgliedschaft dauert während des Bezuges von Krankenunterstützung fort.

§ 55. Der Anspruch auf Eintrittsgelder und Beiträge verjährt in einem Jahre nach Ablauf des Kalenderjahres, in welchem er entstanden ist. Rückständige Eintrittsgelder und Beiträge werden in derselben Weise beigetrieben, wie Gemeindeabgaben. Die dafür bestehenden landesrechtlichen Vorschriften finden auch insofern Anwendung, als sie über die aufschiebende Wirkung etwaiger gegen die Zahlungspflicht erhobener Einwendungen Bestimmung treffen.

Die rückständigen Eintrittsgelder und Beiträge haben das Vorzugsrecht des § 54 Ziffer 1 der Reichs-Konkursordnung vom 10. Februar 1877[1] (Reichs-Gesetzbl. S. 351).

Sofern nach Gemeindebeschluß oder Kassenstatut der Einleitung des Beitreibungsverfahrens ein Mahnverfahren vorangeht, kann von Arbeitgebern, welche die Eintrittsgelder und Beiträge nicht zum Fälligkeitstermine eingezahlt haben, eine Mahngebühr erhoben und wie die Rückstände beigetrieben werden. Die Festsetzung des Betrages der Mahngebühr unterliegt der Genehmigung der Aufsichtsbehörde.

§ 56. Die Unterstützungsansprüche auf Grund dieses Gesetzes verjähren in zwei Jahren vom Tage ihrer Entstehung an.

Die dem Unterstützungsberechtigten zustehenden Forderungen können mit rechtlicher Wirkung weder verpfändet, noch übertragen, noch für andere als die im § 749 Absatz 4[2] der Civilprozeßordnung bezeichneten Forderungen der Ehefrau und ehelichen Kinder und die des ersatzberechtigten Armenverbandes gepfändet werden; sie dürfen nur auf geschuldete Eintrittsgelder und Beiträge, welche von dem Unterstützungsberechtigten selbst einzuzahlen waren, sowie auf Geldstrafen, welche er durch Zuwiderhandlungen gegen die auf Grund des § 6a Absatz 2 oder § 26a Absatz 2 Ziffer 2a erlassenen Vorschriften verwirkt hat, aufgerechnet werden.

§ 57. Die auf gesetzlicher Vorschrift beruhende Verpflichtung von Gemeinden oder Armenverbänden zur Unterstützung hülfsbedürftiger Personen, sowie die auf Gesetz, Vertrag oder letztwilliger Anordnung beruhenden Ansprüche der Versicherten gegen Dritte werden durch dieses Gesetz nicht berührt.

Soweit auf Grund dieser Verpflichtung Unterstützungen für einen Zeitraum geleistet sind, für welchen dem Unterstützten auf Grund dieses Gesetzes ein Unterstützungsanspruch zusteht, geht der letztere

---

[1] Jetzt: § 61.
[2] Jetzt: § 850.

im Betrage der geleisteten Unterstützung auf die Gemeinde oder den Armenverband über, von welchen die Unterstützung geleistet ist.

Das Gleiche gilt von den Betriebsunternehmern und Kassen, welche die den bezeichneten Gemeinden und Armenverbänden obliegende Verpflichtung zur Unterstützung auf Grund gesetzlicher Vorschrift erfüllt haben.

Ist von der Gemeinde-Krankenversicherung oder von der Orts-Krankenkasse Unterstützung in einem Krankheitsfalle geleistet, für welchen dem Versicherten ein gesetzlicher Entschädigungsanspruch gegen Dritte zusteht, so geht dieser Anspruch in Höhe der geleisteten Unterstützung auf die Gemeinde-Krankenversicherung oder die Orts-Krankenkasse über.

In Fällen dieser Art gilt als Ersatz der im § 6 Absatz 1 Ziffer 1 bezeichneten Leistungen die Hälfte des gesetzlichen Mindestbetrages des Krankengeldes.

§ 57b. Streitigkeiten zwischen Gemeinde-Krankenversicherungen und Orts-Krankenkassen oder zwischen Orts-Krankenkassen über die Frage, welcher von ihnen die in einem Gewerbszweige oder in einer Betriebsart oder in einem einzelnen Betriebe beschäftigten Personen angehören, werden von der höheren Verwaltungsbehörde entschieden.

Gegen die Entscheidung steht den Betheiligten nur die Beschwerde an die Zentralbehörde zu. Die Beschwerde ist binnen zwei Wochen nach der Eröffnung der Entscheidung einzulegen.

Ergeht die Entscheidung dahin, daß versicherungspflichtige Personen einer anderen Kasse, als derjenigen, bei welcher sie bisher thatsächlich versichert waren, anzugehören haben, so ist in derselben der Zeitpunkt zu bestimmen, mit welchem das neue Versicherungsverhältniß in Kraft tritt.

§ 58. Streitigkeiten, welche zwischen den auf Grund dieses Gesetzes zu versichernden Personen oder ihren Arbeitgebern einerseits und der Gemeinde-Krankenversicherung oder der Orts-Krankenkasse andererseits über das Versicherungsverhältniß oder über die Verpflichtung zur Leistung oder Einzahlung von Eintrittsgeldern und Beiträgen oder über Unterstützungsansprüche entstehen, sowie Streitigkeiten über Unterstützungsansprüche aus § 57a Absatz 3 und über Erstattungsansprüche aus § 50 werden von der Aufsichtsbehörde entschieden. Erstreckt sich der Bezirk der Gemeinde-Krankenversicherung oder der Orts-Krankenkasse über mehrere Gemeindebezirke, so kann durch die Zentralbehörde die Entscheidung anderen Behörden übertragen werden. Die Entscheidung kann binnen vier Wochen nach der Zustellung derselben mittelst Klage im ordentlichen Rechtswege, soweit aber landesgesetzlich solche Streitigkeiten dem Verwaltungsstreitverfahren überwiesen sind, im Wege des letzteren angefochten werden.

Streitigkeiten über die im § 57 Absatz 2 und 3 bezeichneten Ansprüche, Streitigkeiten über Erstattungsansprüche aus § 3a Absatz 4, §§ 3b und 57a, ferner Streitigkeiten zwischen Gemeinde-Krankenversicherungen und Krankenkassen über den Ersatz irrthümlich geleisteter Unterstützungen werden im Verwaltungsstreitverfahren, wo ein solches nicht besteht, von der Aufsichtsbehörde entschieden. Die Entscheidung der Aufsichtsbehörde kann binnen vier Wochen nach Zustellung derselben im Wege des Rekurses nach Maßgabe der §§ 20 und 21 der Gewerbeordnung angefochten werden.

Streitigkeiten zwischen einem Verbande und den betheiligten Kassen (§ 46) aus dem Verbandsverhältnis werden von der Aufsichtsbehörde entschieden. Die Entscheidungen können binnen vier Wochen nach der Zustellung derselben im Wege des Verwaltungsstreitverfahrens, wo ein solches nicht besteht, im Wege des Rekurses nach Maßgabe der Vorschriften der §§ 20 und 21 der Gewerbeordnung angefochten werden.

Die Entscheidung der Aufsichtsbehörde über Unterstützungsansprüche oder über Ansprüche eines Verbandes an die betheiligten Kassen (Absatz 1 und 3) ist vorläufig vollstreckbar.

E. Betriebs- (Fabrik-) Krankenkassen.

§ 59. Krankenkassen, welche für einen der im § 1 bezeichneten Betriebe oder für mehrere dieser Betriebe gemeinsam in der Weise errichtet werden, daß auf dem Wege des Arbeitsvertrags (durch Fabrikordnung, Reglement u. s. w.) die in dem Betriebe beschäftigten Personen zum Beitritt verpflichtet werden, unterliegen den nachfolgenden Vorschriften.

§ 60. Ein Unternehmer, welcher in einem Betriebe oder in mehreren Betrieben fünfzig oder mehr dem Krankenversicherungszwange unterliegende Personen beschäftigt, ist berechtigt, eine Betriebs- (Fabrik-) Krankenkasse zu errichten.

Er kann dazu durch Anordnung der höheren Verwaltungsbehörde verpflichtet werden, wenn dies von der Gemeinde, in welcher die Beschäftigung stattfindet, oder von der Krankenkasse, welcher die beschäftigten Personen angehören, beantragt wird. Vor der Anordnung ist dem Unternehmer, sowie den von ihm beschäftigten Personen oder von diesen gewählten Vertretern und, falls der Antrag von einer Orts-Krankenkasse ausgegangen ist, auch der Gemeinde zu einer Aeußerung darüber Gelegenheit zu geben.

§ 61. Unternehmer eines Betriebes, welcher für die darin beschäftigten Personen mit besonderer Krankheitsgefahr verbunden ist, können auch dann, wenn sie weniger als fünfzig Personen beschäftigen, zur Errichtung einer Betriebs- (Fabrik-) Krankenkasse angehalten werden.

Unternehmern eines Betriebes, in welchem weniger als fünfzig Personen beschäftigt werden, kann die Errichtung einer Betriebs- (Fabrik-) Krankenkasse gestattet werden, wenn die nachhaltige Leistungsfähigkeit der Kasse in einer von der höheren Verwaltungsbehörde für ausreichend erachteten Weise sichergestellt ist.

§ 62. Unternehmer, welche der Verpflichtung, eine Betriebs- (Fabrik-) Krankenkasse zu errichten, innerhalb der von der höheren Verwaltungsbehörde zu bestimmenden Frist nicht nachkommen, sind verpflichtet, für jede in ihrem Betriebe beschäftigte, dem Versicherungszwange unterliegende Person Beiträge bis zu fünf Prozent des verdienten Lohnes aus eigenen Mitteln zur Gemeinde-Krankenversicherung oder zur Orts-Krankenkasse zu leisten.

Die Höhe der zu leistenden Beiträge wird nach Anhörung der Gemeindebehörde von der höheren Verwaltungsbehörde endgültig festgesetzt.

§ 63. Versicherungspflichtige Personen, welche in dem Betriebe, für welchen eine Betriebs- (Fabrik-) Krankenkasse errichtet ist, beschäftigt werden, gehören vorbehaltlich der Bestimmungen des § 75 mit dem Tage des Eintritts in die Beschäftigung der Kasse als Mitglieder an.

Nichtversicherungspflichtige in dem Betriebe beschäftigte Personen haben das Recht, der Kasse beizutreten, sofern ihr jährliches Gesammteinkommen zweitausend Mark nicht übersteigt. Der Beitritt erfolgt durch schriftliche oder mündliche Anmeldung bei dem Kassenvorstande, gewährt aber keinen Anspruch auf Unterstützung im Falle einer bereits zur Zeit dieser Anmeldung eingetretenen Erkrankung. Die Kasse ist berechtigt, nichtversicherungspflichtige Personen, welche sich zum Beitritt melden, einer ärztlichen Untersuchung unterziehen zu lassen und ihre Aufnahme abzulehnen, wenn die Untersuchung eine bereits bestehende Krankheit ergiebt.

Versicherungspflichtigen Personen ist der Austritt mit dem Schlusse des Rechnungsjahres zu gestatten, wenn sie denselben mindestens drei Monate vorher bei dem Vorstande beantragen und vor dem Austritt nachweisen, daß sie einer der im § 75 bezeichneten Kassen angehören.

Nichtversicherungspflichtige Personen, welche die Beiträge an zwei auf einander folgenden Zahlungsterminen nicht geleistet haben, scheiden damit aus der Kasse aus.

§ 64. Die für die Orts-Krankenkassen geltenden Bestimmungen der §§ 20 bis 42, 46 bis 46b, 48a und 49a Absatz 4 finden auf die Betriebs- (Fabrik-) Krankenkassen mit folgenden Abänderungen Anwendung:

F. Bau-Krankenkassen.

§ 69. Für die bei Eisenbahn-, Kanal-, Wege-, Strom-, Deich- und Festungsbauten, sowie in anderen vorübergehenden Baubetrieben beschäftigten Personen haben die Bauherren auf Anordnung der höheren Verwaltungsbehörde Bau-Krankenkassen zu errichten, wenn sie zeitweilig eine größere Zahl von Arbeitern beschäftigen.

G. Innungs-Krankenkassen.

§ 73. Auf Krankenkassen, welche auf Grund der Vorschriften des Titels VI der Gewerbeordnung von Innungen für die Gesellen und Lehrlinge ihrer Mitglieder errichtet werden, finden die Vorschriften des § 19 Absatz 5, §§ 20 bis 22, 26 bis 33, 39 bis 42, 46, 46a, 46b, 48a Absatz 2, § 49a Absatz 4, §§ 51 bis 53a, 54a bis 58, 65 Absatz 2 Anwendung.

Wird für eine Innung nach Maßgabe der vorstehenden Bestimmung eine Innungs-Krankenkasse errichtet, so werden die von Innungsmitgliedern in ihrem Gewerbebetriebe beschäftigten versicherungspflichtigen Personen, vorbehaltlich der Bestimmung des § 75, soweit sie zu dem Zeitpunkte, mit welchem die Kasse ins Leben tritt, in dieser Beschäftigung stehen, mit diesem Zeitpunkte, soweit sie später in diese Beschäftigung eintreten, mit diesem Eintritt Mitglieder der Innungs-Krankenkasse.

Versicherungspflichtige Personen, deren Arbeitgeber der Innung, für welche eine Innungs-Krankenkasse errichtet ist, erst nach deren Errichtung beitreten, werden, soweit sie bisher einer Orts-Krankenkasse angehörten, mit Beginn des neuen Rechnungsjahres Mitglieder der Innungs-Krankenkasse, sofern der Arbeitgeber drei Monate zuvor dem Vorstande der Orts-Krankenkasse seinen Eintritt in die Innung nachgewiesen hat.

Mit dem Zeitpunkte, mit welchem versicherungspflichtige Personen Mitglieder einer Innungs-Krankenkasse werden, scheiden sie aus anderen auf Grund dieses Gesetzes errichteten Kassen, welchen sie bis dahin vermöge ihrer Beschäftigung angehörten, aus.

Den Zeitpunkt, mit welchem eine neuerrichtete Innungs-Krankenkasse ins Leben tritt, bestimmt die höhere Verwaltungsbehörde.

Im Uebrigen bleiben für diese Kassen die Vorschriften des Titels VI der Gewerbeordnung in Kraft.

H. Verhältniß der Knappschaftskassen und der eingeschriebenen und anderen Hülfskassen zur Krankenversicherung.

§ 74. Für die Mitglieder der auf Grund berggesetzlicher Vorschriften errichteten Krankenkassen (Knappschaftskassen) tritt weder die Gemeinde-Krankenversicherung noch die Verpflichtung, einer nach Maßgabe der Vorschriften dieses Gesetzes errichteten Krankenkasse anzugehören, ein.

Die statutenmäßigen Leistungen dieser Kassen in Krankheitsfällen müssen die für die Betriebs- (Fabrik-) Krankenkassen vorgeschriebenen Mindestleistungen erreichen.

Die Vorschriften des § 26 Absatz 1 und Absatz 2 Satz 1, §§ 56a und 57a finden auch auf Knappschaftskassen Anwendung.

Im Uebrigen bleiben die landesgesetzlichen Vorschriften über die Knappschaftskassen unberührt.

§ 75. Mitglieder der auf Grund des Gesetzes über die eingeschriebenen Hülfskassen vom $\frac{\text{7. April 1876 (Reichs-Gesetzbl. S. 125)}}{\text{1. Juni 1884 (Reichs-Gesetzbl. S. 54)}}$ errichteten Kassen sind von der Verpflichtung, der Gemeinde-Krankenversicherung oder einer nach Maßgabe dieses Gesetzes errichteten Krankenkasse anzugehören, befreit, wenn die Hülfskasse, welcher sie angehören, allen ihren versicherungspflichtigen Mitgliedern oder doch derjenigen Mitgliederklasse, zu welcher der Versicherungspflichtige gehört, im Krankheitsfalle mindestens diejenigen Leistungen gewährt, welche nach Maßgabe der §§ 6 und 7 von der Gemeinde, in deren Bezirk der Versicherungspflichtige beschäftigt ist, zu gewähren sind. Die durch Kassenstatut begründeten Beschränkungen der Unterstützungsansprüche schließen die Befreiung nicht aus, wenn sie sich innerhalb der Grenzen der den Gemeinden nach § 6a gestatteten Beschränkungen halten.

Tritt ein Mitglied einer eingeschriebenen Hülfskasse an einem Orte in Beschäftigung, an welchem das Krankengeld der Mitgliederklasse, der es bisher angehörte, hinter dem von der Gemeinde-Krankenversicherung zu gewährenden Krankengelde zurückbleibt, so gilt die Befreiung noch für die Dauer von zwei Wochen. Die Meldepflicht des Arbeitgebers (§ 49 Absatz 1) beginnt in diesen Fällen erst mit dem Ablauf dieser zwei Wochen.

Mitgliedern einer eingeschriebenen Hülfskasse, welche zugleich der Gemeinde-Krankenversicherung oder einer auf Grund dieses Gesetzes errichteten Krankenkasse angehören, kann an Stelle der freien ärztlichen Behandlung und Arznei eine Erhöhung des Krankengeldes um ein Viertel des Betrages des ortsüblichen Tagelohnes (§ 8) ihres Beschäftigungsortes gewährt werden.

Die vorstehenden Bestimmungen finden auch auf Mitglieder solcher auf Grund landesrechtlicher Vorschriften errichteten Hülfskassen Anwendung, deren Statut von einer Staatsbehörde genehmigt ist und über die Bildung eines Reservefonds den §§ 32, 33 entsprechende Bestimmungen enthält.

§ 75a. Den eingeschriebenen Hülfskassen, sowie den im § 75 Absatz 4 bezeichneten, auf Grund landesrechtlicher Vorschriften errichteten Hülfskassen ist auf ihren Antrag eine amtliche Bescheinigung darüber auszustellen, daß sie, vorbehaltlich der Höhe des Krankengeldes, den Anforderungen des § 75 genügen.

Die Bescheinigung wird ausgestellt:

1) für Kassen, deren Bezirk über die Grenzen eines Bundesstaates nicht hinausreicht, von der Zentralbehörde;
2) für Kassen, deren Bezirk über die Grenzen eines Bundesstaates hinausreicht, von dem Reichskanzler.

Wird die Bescheinigung versagt, so sind die Gründe mitzutheilen.

Tritt in dem Statut der Kasse eine Aenderung ein, so ist von Amtswegen zu prüfen, ob die Kasse den Anforderungen des § 75 auch ferner entspricht. Nach dem Ausfall dieser Prüfung ist die Bescheinigung von Neuem zu ertheilen oder zu widerrufen.

Die Bescheinigung und deren Widerruf sind in dem Falle zu 1 durch das für die amtlichen Bekanntmachungen der Zentralbehörde bestimmte Blatt, in dem Falle zu 2 durch den Reichs-Anzeiger bekannt zu machen.[1]

§ 75b. Bei Streitigkeiten über die Befreiung eines Mitgliedes einer Hülfskasse von der Verpflichtung, einer Gemeinde-Krankenversicherung oder einer auf Grund dieses Gesetzes errichteten Krankenkasse anzugehören, ist für die Entscheidung der Frage, ob die Kasse den Anforderungen des § 75 genügt, vorbehaltlich der Frage, ob das Krankengeld die Hälfte des ortsüblichen Lohnes gewöhnlicher Tagearbeiter am Beschäftigungsorte des Mitgliedes erreicht, die auf Grund des § 75a ausgestellte Bescheinigung maßgebend.

Der Nachweis der Bescheinigung wird durch Vorlegung eines Exemplars des Kassenstatuts geführt, in welchem das die Bekanntmachung enthaltende Blatt nach Jahrgang, Nummer und Seitenzahl angegeben ist.

§ 76. Die Bestimmungen der §§ 57 und 58 Absatz 2 finden auf die im § 75 bezeichneten Hülfskassen Anwendung.

J. Schluß-, Straf- und Uebergangsbestimmungen.

§ 76a. Die Verwaltungen der Gemeinde-Krankenversicherung, sowie die Vorstände der Krankenkassen und der im § 75 bezeichneten Hülfskassen sind verpflichtet, den Behörden von Gemeinden und Armenverbänden, welche auf Grund der ihnen obliegenden gesetzlichen Verpflichtung zur Unterstützung hülfsbedürftiger Personen Versicherte unterstützt haben, auf Erfordern Auskunft darüber zu ertheilen, ob und in welchem Umfange diesen Personen gegen sie Unterstützungsansprüche auf Grund dieses Gesetzes zustehen.

Die Verwaltungen der Gemeinde-Krankenversicherung, sowie die Vorstände der Krankenkassen und der im § 75 bezeichneten Hülfskassen sind ferner verpflichtet, den auf Grund der Unfallversicherungsgesetze bestehenden Berufsgenossenschaften, sowie den auf Grund des Gesetzes, betreffend die Invaliditäts- und Altersversicherung, vom 22. Juni 1889 (Reichs-Gesetzbl. S. 97) bestehenden Versicherungs-

---

[1] Vgl. Gesetz, betreffend die Einführung des § 75a des Krankenversicherungsgesetzes. Vom 14. Dezember 1892 (RGBl S. 1049).

Mitglieder solcher eingeschriebenen und auf Grund landesrechtlicher Vorschriften errichteten Hülfskassen, welche am 1. Januar 1893 die im § 75a des Krankenversicherungsgesetzes vorgesehene Bescheinigung noch nicht erhalten, aber bereits vor diesem Tage die hierzu erforderliche Abänderung der Statuten mit dem Antrage auf fernere Zulassung oder Genehmigung bei der zuständigen Stelle eingebracht haben, bleiben von der Verpflichtung, der Gemeinde-Krankenversicherung oder einer nach Maßgabe des Krankenversicherungsgesetzes errichteten Krankenkasse anzugehören, noch bis zum 1. Juli 1893 befreit, wenn für die Mitglieder dieser Kassen auf Grund des § 75 des Gesetzes vom 15. Juni 1883 und der am 31. Dezember 1892 geltenden Kassenstatuten eine solche Befreiung besteht.

Bis zu diesem Zeitpunkte haben die bezeichneten Kassen der Bestimmung des § 49a des Krankenversicherungsgesetzes nur insoweit zu genügen, als es sich um den Austritt von Kassenmitgliedern handelt.

anstalten zu gestatten, zum Zweck der Ermittelung der von ihren Mitgliedern beziehungsweise den Arbeitgebern ihres Bezirks beschäftigten Versicherten und deren Beschäftigungszeit und Lohnhöhe durch Beauftragte von den Büchern und Listen der Kasse in deren Geschäftsräumen während der Geschäftsstunden Einsicht zu nehmen.

Die Mitglieder der Verwaltungen der Gemeinde-Krankenversicherung und der Kassenvorstände können zur Erfüllung der ihnen durch vorstehende Bestimmungen auferlegten Verpflichtungen von der Aufsichtsbehörde durch Geldstrafen bis zu zwanzig Mark angehalten werden.

§ 76b. Die Verwaltungen der Gemeinde-Krankenversicherung, sowie die Vorstände der Krankenkassen und der im § 75 bezeichneten Hülfskassen sind verpflichtet, jeden Erkrankungsfall, welcher durch einen nach den Unfallversicherungsgesetzen zu entschädigenden Unfall herbeigeführt ist, sofern mit dem Ablauf der vierten Woche der Krankheit die Erwerbsfähigkeit des Erkrankten noch nicht wiederhergestellt ist, binnen einer Woche nach diesem Zeitpunkte dem Vorstande der Berufsgenossenschaft, bei welcher der Erkrankte gegen Unfall versichert ist, anzuzeigen. Ist die Berufsgenossenschaft in Sektionen getheilt, so ist die Anzeige an den Sektionsvorstand zu richten. Zur Erstattung der Anzeige ist, sofern der Vorstand der Gemeinde oder der Krankenkasse nicht eine andere Person damit beauftragt, der Rechnungsführer, für örtliche Verwaltungsstellen der eingeschriebenen Hülfskassen dasjenige Mitglied, welches die Rechnungsgeschäfte derselben führt, verpflichtet.

Die Unterlassung der Anzeige kann von der Aufsichtsbehörde mit Ordnungsstrafe bis zu zwanzig Mark geahndet werden.

§ 76c. In Erkrankungsfällen, welche durch Unfall herbeigeführt werden, ist die Berufsgenossenschaft berechtigt, das Heilverfahren auf ihre Kosten zu übernehmen. Vom Tage der Uebernahme an bis zur Beendigung des Heilverfahrens oder bis zum Ablauf der dreizehnten Woche nach Beginn des Krankengeldbezuges geht der Anspruch des Erkrankten auf Krankengeld auf die Berufsgenossenschaft über. Auf diese gehen dagegen für denselben Zeitraum alle Verpflichtungen über, welche der Krankenkasse dem Erkrankten gegenüber obliegen.

Streitigkeiten aus diesem Verhältniß werden, soweit sie zwischen dem Erkrankten und der Berufsgenossenschaft entstehen, nach Vorschrift des § 58 Absatz 1, soweit sie zwischen der Berufsgenossenschaft und der Gemeinde-Krankenversicherung oder Krankenkasse entstehen, nach Vorschrift des § 58 Absatz 2 entschieden.

§ 76d. Den Berufsgenossenschaften stehen in Beziehung auf die Anwendung der §§ 76a, 76b, 76c das Reich, die Staaten und diejenigen Verbände gleich, welche nach den Bestimmungen der Unfallversicherungsgesetze an die Stelle der Berufsgenossenschaften treten.

§ 76e. Gegen die Strafverfügungen, welche auf Grund der im § 6a Absatz 2 und § 26a Absatz 2 Ziffer 2a zugelassenen Bestimmungen getroffen worden sind, ist binnen zwei Wochen nach deren

Eröffnung Beschwerde an die Aufsichtsbehörde zulässig. Die Entscheidung der letzteren ist endgültig.

Gegen die auf Grund der §§ 76a und 76b getroffenen Strafverfügungen ist binnen zwei Wochen nach deren Eröffnung Beschwerde an die nächst vorgesetzte Behörde zulässig. Die Entscheidung der letzteren ist endgültig.

§ 77. Die auf Grund dieses Gesetzes gewährten Leistungen, sowie die Unterstützungen, welche nach Maßgabe des § 57 Absatz 2 und 3 ersetzt sind, gelten nicht als öffentliche Armenunterstützungen.

§ 78. Die auf Grund dieses Gesetzes versicherten Personen sind in Streitigkeiten über Unterstützungsansprüche vom Kostenvorschuß befreit.

Amtliche Bescheinigungen, welche zur Legitimation von Kassen- und Verbandsvorständen oder zur Führung der den Versicherten nach Vorschriften dieses Gesetzes obliegenden Nachweise erforderlich werden, sind gebühren- und stempelfrei.

§ 78a. Bei der Berechnung einer in diesem Gesetze vorgesehenen Frist, welche nach Tagen bestimmt ist, wird der Tag nicht mitgerechnet, auf welchen der Zeitpunkt oder das Ereigniß fällt, nach welchem der Anfang der Frist sich richten soll.

Eine nach Wochen oder Monaten bestimmte Frist endigt mit Ablauf desjenigen Tages der letzten Woche oder des letzten Monats, welcher durch seine Benennung oder Zahl dem Tage entspricht, an welchem die Frist begonnen hat. Fehlt dieser Tag in dem letzten Monat, so endigt die Frist mit Ablauf des letzten Tages dieses Monats.

Fällt das Ende einer Frist auf einen Sonntag oder allgemeinen Feiertag, so endigt die Frist mit Ablauf des nächstfolgenden Werktages. Auf die Berechnung der Dauer der Krankenunterstützung findet diese Vorschrift keine Anwendung.

§ 79. Die Fristen und Formulare für die in den §§ 9, 41 vorgeschriebenen Uebersichten und Rechnungsabschlüsse werden vom Bundesrath festgestellt. Mindestens von fünf zu fünf Jahren findet eine einheitliche Zusammenstellung und Verarbeitung für das Reich statt.[1]

§ 80. Den Arbeitgebern ist untersagt, die Anwendung der Bestimmungen dieses Gesetzes zum Nachtheile der Versicherten durch Verträge (mittelst Reglements oder besonderer Uebereinkunft) auszuschließen oder zu beschränken. Vertragsbestimmungen, welche diesem Verbote zuwiderlaufen, haben keine rechtliche Wirkung.

§ 81. Wer der ihm nach § 49 oder nach den auf Grund des § 2 Absatz 2 erlassenen Bestimmungen obliegenden Verpflichtung zur An- oder Abmeldung oder der ihm nach § 49a obliegenden Anzeige-

---

[1] Vgl. Bekanntm. vom 16. Oktober 1884 (CBl S. 266), dazu Bekanntm. vom 6. Januar 1887 (CBl S. 5). Vgl. Bekanntm. vom 16. November 1892 (CBl S. 671).

pflicht nicht nachkommt, wird mit Geldstrafe bis zu zwanzig Mark bestraft.

§ 82a. Die Arbeitgeber sind befugt, die Erfüllung der ihnen durch dieses Gesetz auferlegten Verpflichtungen solchen Personen zu übertragen, welche sie zur Leitung ihres Betriebes oder eines Theiles desselben oder zur Beaufsichtigung bestellt haben.

Sind die in diesem Gesetze gegebenen Vorschriften von solchen Personen übertreten worden, so trifft die Strafe die letzteren. Der Arbeitgeber ist neben denselben strafbar, wenn die Zuwiderhandlung mit seinem Vorwissen begangen ist, oder wenn er bei der nach den Verhältnissen möglichen eigenen Beaufsichtigung des Betriebes, oder bei der Auswahl oder der Beaufsichtigung der Betriebsleiter oder Aufsichtspersonen es an der erforderlichen Sorgfalt hat fehlen lassen.

Für den Erstattungsanspruch aus § 50 haftet neben dem zur Anmeldung etwa verpflichteten Betriebsleiter oder Aufseher in allen Fällen auch der Arbeitgeber. Mehrere Verpflichtete haften dabei als Gesammtschuldner.

§ 83. Die in diesem Gesetze für Gemeinden getroffenen Bestimmungen gelten auch für die einem Gemeindeverbande nicht einverleibten selbständigen Gutsbezirke und Gemarkungen (ausmärkische Bezirke) mit Ausnahme des § 5 Absatz 2 und des § 13. Soweit aus denselben der Gemeinde Rechte und Pflichten erwachsen, tritt an ihre Stelle der Gutsherr oder der Gemarkungsberechtigte.

§ 84. Die Bestimmung darüber, welche Behörden in jedem Bundesstaate unter Gemeindebehörde, höhere Verwaltungsbehörde, und welche Verbände als weitere Kommunalverbände im Sinne dieses Gesetzes zu verstehen sind, bleibt den Landesregierungen mit der Maßgabe überlassen, daß mit den von den höheren Verwaltungsbehörden wahrzunehmenden Geschäften diejenigen höheren Verwaltungsbehörden zu betrauen sind, welche nach Landesrecht die Aufsicht oder Oberaufsicht in Gemeindeangelegenheiten wahrzunehmen haben.

Die auf Grund dieser Vorschrift erlassenen Bestimmungen sind bekannt zu machen.

Bei Betriebs- (Fabrik-) und Bau-Krankenkassen, welche ausschließlich für Betriebe des Reichs oder des Staates errichtet werden, können die Befugnisse und Obliegenheiten der Aufsichtsbehörde und der höheren Verwaltungsbehörde den den Verwaltungen dieser Betriebe vorgesetzten Dienstbehörden übertragen werden.

§ 85. Bestehende Krankenkassen, in Ansehung deren nach den bisher geltenden Vorschriften für Personen, welche unter die Vorschrift des § 1 fallen, eine Beitrittspflicht begründet war, unterliegen den Vorschriften dieses Gesetzes.

Bisherige Leistungen dieser Kassen, welche nach den Vorschriften dieses Gesetzes von den Krankenkassen nicht übernommen werden dürfen, können, soweit sie nicht in Invaliden-, Wittwen- und Waisenpensionen bestehen, beibehalten werden, sofern die bisherigen statutenmäßigen Kassenbeiträge mit Hülfe der Einkünfte des etwa vorhandenen Vermögens nach dem Urtheil der höheren Verwaltungsbehörde zur dauernden Deckung der Kassenleistungen ausreichend sind, oder auf dem für die Abänderung des Statuts vorgeschriebenen Wege und unter Berücksichtigung der Vorschrift des § 31 Absatz 2 erhöht werden.

Im Uebrigen finden auf die Abänderung des Statuts die Vorschriften der §§ 24, 30 Anwendung.

§ 86. Für Kassen der im § 85 bezeichneten Art, welche neben den nach den Vorschriften dieses Gesetzes zulässigen Leistungen Invaliden-, Wittwen- oder Waisenpensionen gewähren, treten folgende Bestimmungen in Kraft:

1) Die bisherige Kasse bleibt als Krankenkasse bestehen. Auf dieselbe finden die Vorschriften des § 85 Anwendung.
2) Der statutenmäßigen Vertretung der bisherigen Kasse, bei Betriebs- (Fabrik-) Krankenkassen (§ 59) jedoch nur unter Zustimmung des Betriebsunternehmers, ist gestattet, eine besondere Pensionskasse mit Beitrittszwang für diejenigen Klassen von Personen, welche der bisherigen Kasse beizutreten verpflichtet waren, zu errichten.
3) Für die neue Pensionskasse ist durch Beschluß der Vertretung der bisherigen Kasse, bei Betriebs- (Fabrik-) Krankenkassen durch den Betriebsunternehmer, nach Anhörung der Vertreter der bisherigen Kasse ein Kassenstatut zu errichten.
4) Findet die Errichtung einer besonderen Pensionskasse statt, so erfolgt die Verwendung des Vermögens der bisherigen Kasse nach Anordnung der höheren Verwaltungsbehörde in der Weise, daß zunächst derjenige Betrag, welcher zur Deckung der bereits entstandenen Pensionsansprüche erforderlich ist, ausgeschieden und der Pensionskasse mit der Verpflichtung, diese Ansprüche zu befriedigen, überwiesen wird. Der Rest des Vermögens wird zwischen der Krankenkasse und der Pensionskasse mit der Maßgabe vertheilt, daß der Krankenkasse höchstens der zweijährige Betrag der nach Vorschrift des neuen Kassenstatuts für die derzeitigen Kassenmitglieder zu erhebenden Beiträge überwiesen wird.
5) Wird eine besondere Pensionskasse nicht errichtet, so ist nach Anordnung der höheren Verwaltungsbehörde aus dem Vermögen der bisherigen Kasse derjenige Betrag auszuscheiden, welcher erforderlich ist, um die bereits entstandenen Pensionsansprüche zu decken.

Für den ausgeschiedenen Vermögenstheil ist von der höheren Verwaltungsbehörde eine besondere Verwaltung zu bestellen, auf welche die Verpflichtung zur Befriedigung der Pensionsansprüche übergeht.

Reicht das Vermögen der bisherigen Kasse nicht aus, um die bereits entstandenen Pensionsansprüche zu decken, so werden die letzteren um den nicht gedeckten Betrag pro rata ermäßigt.

Der nach der Ausscheidung verbleibende Rest des Vermögens

der bisherigen Kasse und der nach Befriedigung sämmtlicher auf den ausgeschiedenen Vermögenstheil angewiesenen Ansprüche von diesem verbleibende Rest fallen der Krankenkasse zu.

102) Gesetz, betr. die Unterstützung von Familien der zu Friedensübungen einberufenen Mannschaften. Vom 10. Mai 1892. (RGBl S. 661.)[1]

§ 1. Die Familien der aus der Reserve, Landwehr oder Seewehr zu Friedensübungen einberufenen Mannschaften erhalten auf Verlangen aus öffentlichen Mitteln Unterstützungen. Das Gleiche gilt bezüglich der Familien der aus der Ersatzreserve für die zweite oder dritte Uebung einberufenen Mannschaften.

Vorstehendes findet nicht Anwendung, wenn der Uebungspflichtige zu denjenigen Reichs-, Staats- oder Kommunalbeamten, welchen zufolge § 66 Absatz 2 des Reichs-Militärgesetzes vom 2. Mai 1874 (Reichs-Gesetzbl. S. 45) in der Zeit der Einberufung zum Militärdienste ihr persönliches Diensteinkommen gewahrt ist, gehört.

Der Anspruch auf Unterstützung ist bei der Gemeindebehörde desjenigen Ortes anzubringen, an welchem der Unterstützungsberechtigte zur Zeit des Beginns des Unterstützungsanspruchs seinen gewöhnlichen Aufenthaltsort hat, und erlischt, wenn solches nicht binnen vier Wochen nach Beendigung der Uebung geschieht.

Die Gewährung der Unterstützungen richtet sich, soweit nachfolgend nicht Besonderes bestimmt ist, nach den Vorschriften des Gesetzes, betreffend die Unterstützung von Familien in den Dienst eingetretener Mannschaften, vom 28. Februar 1888 (Reichs-Gesetzbl. S. 59).

§ 4. Die nach Maßgabe dieses Gesetzes gewährten Unterstützungen können nicht verpfändet, noch an Dritte abgetreten werden, unterliegen auch keiner Art von Zwangsvollstreckung.

§ 5. Dieses Gesetz tritt mit dem 1. Juli 1892 in Kraft.

103) Gesetz, betr. die Einführung des § 75a des Krankenversicherungsgesetzes. Vom 14. Dezember 1892. (RGBl S. 1049.)

Vgl. S. 225 Anm. 1.

1893.

104) Gesetz wegen Ergänzung des Gesetzes vom 2. Juni 1869, betreffend die Kautionen der Bundesbeamten. Vom 22. März 1893.[2] (RGBl S. 131.)

§ 1. Amtskautionen im Sinne des Gesetzes vom 2. Juni 1869 (Bundes-Gesetzbl. S. 161) können durch Bestellung eines Faustpfand-

[1] Vgl. Bekanntmachungen vom 2. Juni 1892 (RGBl S. 668), vom 12. Dezember 1898 (RGBl S. 1305).

[2] Gilt nur noch für die Reichsbankbeamten. Vgl. oben S. 9 Anm. 1 zum G vom 2. Juni 1869.

rechts an einer in einem Schuldbuche des Reichs oder eines Bundesstaates eingetragenen Forderung geleistet werden.

Die Bestellung erfolgt durch Eintragung eines der Bestimmung im § 10 des bezeichneten Gesetzes entsprechenden Vermerks im Schuldbuche.

Das Recht zum Empfange der Zinsen der eingetragenen Forderung wird durch die Kautionsbestellung nicht berührt.

§ 2. Ist das Faustpfandrecht bestellt, so ist die Geltendmachung früher bezüglich der Forderung begründeter, im Schuldbuche nicht vermerkter Rechte, welche der dem kautionspflichtigen Beamten vorgesetzten Dienstbehörde unbekannt waren, ihr gegenüber ausgeschlossen.

§ 3. Sobald für eine aus der Kaution zu deckende Forderung ein vollstreckbarer Titel vorliegt, ist die dem kautionspflichtigen Beamten vorgesetzte Dienstbehörde befugt, auf dessen Kosten die Ausreichung auf den Inhaber lautender Schuldverschreibungen gegen Löschung der eingetragenen Forderung oder eines Theiles derselben zu verlangen.

Gegenüber der Schuldenverwaltung bedarf es des Nachweises des vollstreckbaren Titels nicht.

Die ausgereichten Schuldverschreibungen gelten als zum Zweck der Kautionsleistung bestelltes Faustpfand.

§ 4. Sobald amtlich festgestellt ist, daß aus dem kautionspflichtigen Dienstverhältniß Vertretungen nicht mehr zu leisten sind, hat die vorgesetzte Dienstbehörde die Löschung des Vermerks im Schuldbuche zu genehmigen.

§ 5. Amtskautionen, welche mit Schuldverschreibungen bestellt sind, deren Umwandlung in Buchstaben statthaft ist, können zu Kautionsmassen vereinigt und auf deren Namen in das Schuldbuch eingetragen werden. Zu diesem Zweck hat der Kautionsbesteller auf Verlangen sämmtliche noch nicht fälligen Zinsscheine einzureichen.

Mit der Aufnahme in die Kautionsmasse gehen die Schuldverschreibungen in das Eigenthum des Reichs über.

Die Zinsen werden dem Kautionsbesteller beim Eintritt der Fälligkeit durch die Reichskasse gezahlt.

Der Reichskanzler bestimmt, für welche einzelnen Dienstzweige Kautionsmassen anzulegen sind und welchen Behörden die Verwaltung der Massen obliegt.

§ 6. Wird eine in die Masse aufgenommene Kaution aus derselben wieder ausgeschieden, so sind dem Kautionsbesteller Schuldverschreibungen gleicher Art und Menge zuzuweisen. Diese Schuldverschreibungen treten in allen rechtlichen Beziehungen an die Stelle der verpfändeten Werthpapiere.

§ 7. Von der Aufnahme der Schuldverschreibungen in die Kautionsmasse (§ 5) und von der Zuweisung anderer Schuldverschreibungen (§ 6) ist der Kautionsbesteller zu benachrichtigen.

§ 8. Ist eine in die Masse aufgenommene Kaution zurückzugeben, so erhält der Kautionsbesteller Schuldverschreibungen gleicher Art und Menge.

---

105) Gesetz, betr. die Abänderung der Maaß- und Gewichtsordnung. Vom 26. April 1893. (RGBl S. 151.)

(Vgl. oben S. 7 zu Art. 1 der Maaß- und Gewichtsordnung. Vom 17. August 1868.)

---

106) Gesetz, betr. einige Abänderungen und Ergänzungen der Militärpensionsgesetze vom 27. Juni 1871 und vom 4. April 1874, sowie des Reichsbeamtengesetzes vom 31. März 1873 und des Gesetzes über den Reichsinvalidenfonds vom 11. Mai 1877. Vom 22. Mai 1893. (RGBl S. 171.)

(Vgl. oben S. 33/60.)

---

107) Gesetz, betr. Ergänzung der Bestimmungen über den Wucher. Vom 19. Juni 1893. (RGBl S. 197.)

(Vgl. oben S. 148.)

1894.

108) Gesetz, betr. die Gewährung von Unterstützungen an Invalide aus den Kriegen vor 1870 und an deren Hinterbliebene. Vom 14. Januar 1894. (RGBl S. 107.)

§ 1. Denjenigen Personen des Soldatenstandes und Beamten des Heeres und der Marine, welche in Folge ihrer Theilnahme an den von deutschen Staaten vor 1870 geführten Kriegen invalide und zur Fortsetzung des aktiven Militärdienstes beziehungsweise zur Erfüllung ihrer Amtspflichten unfähig geworden, sind zu den zuständigen Gebührnissen fortlaufende Zuschüsse behufs Erreichung derjenigen Beträge zu gewähren, welche ihnen nach dem Gesetze vom 27. Juni 1871 (Reichs-Gesetzbl. S. 275) beziehungsweise nach dem Gesetze vom 31. März 1873 (Reichs-Gesetzbl. S. 61) nebst Abänderungen und Ergänzungen zustehen würden.

§ 2. Die Zuschüsse (§ 1) stehen den Pensionen gleich, welche das Gesetz vom 27. Juni 1871 beziehungsweise das Gesetz vom 31. März 1873 nebst Abänderungen und Ergänzungen gewährt, und unterliegen denselben gesetzlichen Bestimmungen.

§ 6. Die Prüfung und Entscheidung aller auf Grund dieses Gesetzes gestellten Anträge erfolgt durch die Militärbehörden.

Ueber die Rechtsansprüche auf Bewilligungen, welche dieses Gesetz gewährt, findet der Rechtsweg unter den im dritten Theil des

Militärpensionsgesetzes vom 27. Juni 1871 (Reichs-Gesetzbl. S. 275 ff.) vorgesehenen Maßgaben statt.

---

109) Gesetz, betr. die Aenderung des Gesetzes über den Unterstützungswohnsitz und die Ergänzung des Strafgesetzbuchs. Vom 12. März 1894. (RGBl S. 259.)

Artikel 3. Dieses Gesetz tritt mit dem 1. April 1894 in Kraft. Der Reichskanzler wird ermächtigt, den Text des Gesetzes über den Unterstützungswohnsitz vom 6. Juni 1870 (Bundes-Gesetzbl. S. 360), wie er sich aus den Aenderungen durch gegenwärtiges Gesetz ergiebt, durch das Reichs-Gesetzblatt bekannt zu machen.

[Die übrigen Artikel enthalten die Aenderungen, welche aus der folgenden Neu-Publikation hervorgehen.]

---

110) Bekanntmachung, betr. die Redaktion des Gesetzes über den Unterstützungswohnsitz vom 6. Juni 1870 (Bundes-Gesetzbl. S. 360). Vom 12. März 1894. (RGBl S. 262.)

Auf Grund des Artikels 3 des Gesetzes vom 12. März 1894, betreffend die Aenderung des Gesetzes über den Unterstützungswohnsitz und die Ergänzung des Strafgesetzbuchs, wird der Text des Gesetzes über den Unterstützungswohnsitz vom 6. Juni 1870 (Bundes-Gesetzbl. S. 360), wie er sich aus den Aenderungen durch jenes Gesetz ergiebt, nachstehend bekannt gemacht.

Gesetz über den Unterstützungswohnsitz.

§ 1. Jeder Norddeutsche ist in jedem Bundesstaate in Bezug

a) auf die Art und das Maß der im Falle der Hülfsbedürftigkeit zu gewährenden öffentlichen Unterstützung,

b) auf den Erwerb und Verlust des Unterstützungswohnsitzes

als Inländer zu behandeln.

Die Bestimmungen im § 7 des Gesetzes über die Freizügigkeit vom 1. November 1867 (Bundes-Gesetzbl. S. 55) sind auf Norddeutsche ferner nicht anwendbar.

§ 2. Die öffentliche Unterstützung hülfsbedürftiger Norddeutscher wird, nach näherer Vorschrift dieses Gesetzes, durch Ortsarmenverbände und durch Landarmenverbände geübt.

§ 9. Der Unterstützungswohnsitz wird erworben durch

a) Aufenthalt,

b) Verehelichung,

c) Abstammung.

§ 10. Wer innerhalb eines Ortsarmenverbandes nach zurückgelegtem achtzehnten Lebensjahre zwei Jahre lang ununterbrochen seinen gewöhnlichen Aufenthalt gehabt hat, erwirbt dadurch in demselben den Unterstützungswohnsitz.

§ 15. Die Ehefrau theilt vom Zeitpunkte der Eheschließung ab den Unterstützungswohnsitz des Mannes.

§ 16. Wittwen und rechtskräftig geschiedene Ehefrauen behalten den bei Auflösung der Ehe gehabten Unterstützungswohnsitz so lange, bis sie denselben nach den Vorschriften der §§ 22 Nr. 2, 23 bis 27 verloren oder einen anderweitigen Unterstützungswohnsitz nach Vorschrift der §§ 9 bis 14 erworben haben.

§ 17. Als selbständig in Beziehung auf den Erwerb und Verlust des Unterstützungswohnsitzes gilt die Ehefrau auch während der Dauer der Ehe, wenn und solange der Ehemann sie böslich verlassen hat, ferner wenn und solange sie während der Dauer der Haft des Ehemannes oder in Folge ausdrücklicher Einwilligung desselben oder kraft der nach den Landesgesetzen ihr zustehenden Befugniß vom Ehemanne getrennt lebt und ohne dessen Beihülfe ihre Ernährung findet.

§ 18. Eheliche und den ehelichen gesetzlich gleichstehende Kinder theilen, vorbehaltlich der Bestimmung des § 20, den Unterstützungswohnsitz des Vaters solange, bis sie denselben nach Vorschrift der §§ 22 Nr. 2, 23 bis 27 verloren, oder einen anderweitigen Unterstützungswohnsitz nach Vorschrift der §§ 9 bis 14 erworben haben.

Sie behalten diesen Unterstützungswohnsitz auch nach dem Tode des Vaters bis zu dem vorstehend gedachten Zeitpunkte, vorbehaltlich der Bestimmung des § 19.

§ 19. Wenn die Mutter den Vater überlebt, so theilen nach Auflösung der Ehe durch den Tod des Vaters die ehelichen und den ehelichen gesetzlich gleichstehenden Kinder den Unterstützungswohnsitz der Mutter in dem Umfange des § 18.

Gleiches gilt im Falle des § 17, sofern die Kinder bei der Trennung vom Hausstande des Vaters der Mutter gefolgt sind.

§ 20. Bei der Scheidung der Ehe theilen die ehelichen und den ehelichen gesetzlich gleichstehenden Kinder in dem Umfange des § 18 den Unterstützungswohnsitz der Mutter, wenn dieser die Erziehung der Kinder zusteht.

§ 21. Uneheliche Kinder theilen in dem Umfange des § 18 den Unterstützungswohnsitz der Mutter.

§ 22. Der Verlust des Unterstützungswohnsitzes tritt ein durch
1) Erwerbung eines anderweitigen Unterstützungswohnsitzes,
2) zweijährige ununterbrochene Abwesenheit nach zurückgelegtem achtzehnten Lebensjahre.

§ 61. Durch die Bestimmungen dieses Gesetzes werden Rechte und Verbindlichkeiten nur zwischen den zur Gewährung öffentlicher Unterstützung nach Vorschrift dieses Gesetzes verpflichteten Verbänden (Orts-, Landarmenverbände, Bundesstaaten) begründet.

Daher werden die auf anderen Titeln (Familien- und Dienstverhältniß, Vertrag, Genossenschaft, Stiftung u. s. w.) beruhenden Verpflichtungen, einen Hülfsbedürftigen zu unterstützen, von den Bestimmungen dieses Gesetzes nicht betroffen.

§ 62. Jeder Armenverband, welcher nach Vorschrift dieses Gesetzes einen Hülfsbedürftigen unterstützt hat, ist befugt, Ersatz derjenigen Leistungen, zu deren Gewährung ein Dritter aus anderen, als den durch dieses Gesetz begründeten Titeln verpflichtet ist, von dem Verpflichteten in demselben Maße und unter denselben Voraussetzungen zu fordern, als dem Unterstützten auf jene Leistungen ein Recht zusteht.

Der Einwand, daß der unterstützende Armenverband den Ersatz von einem anderen Armenverbande zu fordern berechtigt sei, darf demselben hierbei nicht entgegengestellt werden.

§ 64. Das Eintreten der in den §§ 10 und 22 an den Ablauf einer bestimmten Frist geknüpften Wirkungen kann durch Vertrag oder Verzicht der betheiligten Behörden oder Personen nicht ausgeschlossen werden.

---

111) **Gesetz, betr. die Abänderung des Gesetzes über die Abwehr und Unterdrückung von Viehseuchen. Vom 1. Mai 1894.** (RGBl S. 405.)

Vgl. die nachfolgende Bekanntmachung.

---

112) **Bekanntmachung, betr. die Redaktion des Gesetzes über die Abwehr und die Unterdrückung von Viehseuchen vom 23. Juni 1880 (RGBl S. 153). Vom 1. Mai 1894.** (RGBl S. 409.)

Auf Grund des Artikels 9 des Gesetzes vom 1. Mai 1894, betr. die Abänderung des Gesetzes über die Abwehr und die Unterdrückung von Viehseuchen, wird der Text des Viehseuchen-Gesetzes vom 23. Juni 1880 (RGBl S. 153), wie er sich aus den Abänderungen durch jenes Gesetz ergiebt, nachstehend bekannt gemacht.

Gesetz betr. die Abwehr und Unterdrückung von Viehseuchen.

§ 1. Das nachstehende Gesetz regelt das Verfahren zur Abwehr und Unterdrückung übertragbarer Seuchen der Hausthiere mit Ausnahme der Rinderpest.

c. Schutzmaßregeln gegen Seuchengefahr.

§ 18.[1] Im Falle der Seuchengefahr und für die Dauer derselben können, vorbehaltlich der in diesem Gesetze rücksichtlich ein-

---

[1] Bekanntm., betr. die Instruktion zur Ausführung der §§ 19—29 des G vom $\frac{\text{23. Juni 1880}}{\text{1. Mai 1894}}$ über die Abwehr und Unterdrückung von Viehseuchen. Vom 27. Juni 1895 (RGBl S. 357). Zu § 10 des G ergingen zahlreiche Bekanntmachungen, namentlich betr. die Anzeigepflicht gegenüber der Geflügel-Cholera.

zelner Seuchen ertheilten besonderen Vorschriften; je nach Lage des Falles und nach der Größe der Gefahr, unter Berücksichtigung der betheiligten Verkehrsinteressen die nachfolgenden Schutzmaßregeln (§§ 19 bis 29) polizeilich angeordnet werden.

Beschwerden des Besitzers über die von der Polizeibehörde angeordneten Schutzmaßregeln haben keine aufschiebende Wirkung.

§ 24. 6. Die Tödtung der an der Seuche erkrankten oder verdächtigen Thiere.

Dieselbe darf nur in den Fällen angeordnet werden, welche in diesem Gesetze ausdrücklich vorgesehen sind.

Die Vorschrift unverzüglicher Tödtung der an einer Seuche erkrankten oder verdächtigen Thiere findet, wo sie in diesem Gesetze enthalten ist, keine Anwendung auf solche Thiere, welche einer der Staatsaufsicht unterworfenen höheren Lehranstalt übergeben sind, um dort für die Zwecke derselben verwendet zu werden.

§ 25. Werden Thiere, welche bestimmten Verkehrs- oder Nutzungsbeschränkungen oder der Absperrung unterworfen sind, in verbotwidriger Benutzung oder außerhalb der ihnen angewiesenen Räumlichkeit, oder an Orten, zu welchen ihr Zutritt verboten ist, betroffen, so kann die Polizeibehörde die sofortige Tödtung derselben anordnen.

4. Entschädigung für getödtete, oder nach Vornahme einer polizeilich angeordneten Impfung eingegangene Thiere.

§ 57.[1] Für die auf polizeiliche Anordnung getödteten oder nach dieser Anordnung gefallenen, sowie für diejenigen Thiere, welche in Folge einer gemäß § 45 polizeilich angeordneten Impfung eingehen, muß vorbehaltlich der in diesem Gesetze bezeichneten Ausnahmen eine Entschädigung gewährt werden.

§ 58. Die Bestimmungen darüber:

1) von wem die Entschädigung zu gewähren und wie dieselbe aufzubringen ist,
2) wie die Entschädigung im einzelnen Falle zu ermitteln und festzustellen ist,

sind von den Einzelstaaten zu treffen.

Die in dieser Hinsicht in den Einzelstaaten bereits bestehenden Vorschriften bleiben unberührt. Insoweit solche Vorschriften nicht entgegenstehen, sind die Landesregierungen befugt, zu bestimmen, daß die Entschädigung für getödtete Pferde und Rinder bis zum Eintritt einer anderweiten landesverfassungsmäßigen Regelung durch Beiträge der Besitzer von Pferden und Rindvieh nach Maßgabe der über die Vertheilung und Erhebung der Beiträge von der Landesregierung zu treffenden näheren Anordnung aufgebracht werden.

In allen Fällen sollen jedoch die Vorschriften der §§ 59—64 dieses Gesetzes dabei maßgebend sein.

---

[1] Vgl. auch EG BGB Art. 52.

§ 59. Als Entschädigung soll der gemeine Werth des Thieres gewährt werden, ohne Rücksicht auf den Minderwerth, welchen das Thier dadurch erlitten hat, daß es von der Seuche ergriffen, oder der Impfung unterworfen worden ist. Bei den mit Rotzkrankheit behafteten Thieren hat jedoch die Entschädigung drei Viertel, bei dem mit der Lungenseuche behafteten Rindvieh, sowie bei den nach Ausführung einer gemäß § 45 polizeilich angeordneten Impfung eingegangenen Thieren vier Fünftel des so berechneten Werthes zu betragen.

Auf die zu leistende Entschädigung werden angerechnet:

1) die aus Privatverträgen zahlbare Versicherungssumme, und zwar bei Rotz zu drei Viertel, bei Lungenseuche zu vier Fünfteln, in allen anderen Fällen zum vollen Betrage;
2) der Werth derjenigen Theile des getödteten Thieres, welche dem Besitzer nach Maßgabe der polizeilichen Anordnungen zur Verfügung bleiben.

§ 60. Die zu leistende Entschädigung wird, sofern ein anderer Berechtigter nicht bekannt ist, demjenigen gezahlt, in dessen Gewahrsam oder Obhut sich das Thier zur Zeit der Tödtung befand.

Mit dieser Zahlung ist jeder Entschädigungsanspruch Dritter erloschen.

§ 61. Keine Entschädigung wird gewährt:

1) für Thiere, welche dem Reich, den Einzelstaaten oder zu den landesherrlichen Gestüten gehören;
2) für Thiere, welche, der Vorschrift des § 6 zuwider, mit der Krankheit behaftet, in das Reichsgebiet eingeführt sind;
3) für Thiere, bei welchen nach ihrer Einführung in das Reichsgebiet innerhalb 90 Tagen die Rotzkrankheit oder innerhalb 180 Tagen die Lungenseuche festgestellt wird, wenn nicht der Nachweis erbracht wird, daß die Ansteckung der Thiere erst nach Einführung derselben in das Reichsgebiet stattgefunden hat.

§ 62. Die Gewährung einer Entschädigung kann versagt werden:

1) für Thiere, welche mit einer ihrer Art oder dem Grade nach unheilbaren und unbedingt tödtlichen Krankheit, mit Ausnahme jedoch des Rotzes und der Lungenseuche behaftet waren;
2) für das in Schlachtviehhöfen oder in öffentlichen Schlachthäusern aufgestellte, auf polizeiliche Anordnung geschlachtete oder getödtete Schlachtvieh;
3) für Hunde und Katzen, welche aus Anlaß der Tollwuth getödtet sind (§§ 34, 37 Abs. 1, 38).

§ 63. Der Anspruch auf Entschädigung fällt weg:

1) wenn der Besitzer der Thiere oder der Vorsteher der Wirthschaft, welcher die Thiere angehören, vorsätzlich oder fahrlässig, oder der Begleiter der auf dem Transporte befindlichen Thiere, oder bezüglich der in fremdem Gewahrsam befindlichen Thiere, der Besitzer des Gehöfts, der Stallung, Koppel oder Weide vor-

sätzlich, den Vorschriften der §§ 9 und 10 zuwider, die Anzeige vom Ausbruche der Seuche oder vom Seuchenverdacht unterläßt, oder länger als 24 Stunden nach erhaltener Kenntniß verzögert;

2) wenn der Besitzer eines der Thiere mit der Seuche behaftet gekauft oder durch ein anderes Rechtsgeschäft unter Lebenden erworben hat und von diesem kranken Zustande beim Erwerbe des Thieres Kenntniß hatte;

3) im Falle des § 25, oder wenn dem Besitzer oder dessen Vertreter die Nichtbefolgung oder Uebertretung der polizeilich angeordneten Schutzmaßregeln zur Abwehr der Seuchengefahr zur Last fällt.

§ 64. Wenn zur Bestreitung der Entschädigungen Beiträge nach Maßgabe des vorhandenen Pferde- und Rindviehbestandes erhoben werden, dürfen diese Beiträge für Thiere, welche dem Reich, den Einzelstaaten oder zu den landesherrlichen Gestüten gehören, und im Falle des § 62 Nr. 2 für das in Schlachtviehhöfen oder in öffentlichen Schlachthäusern aufgestellte Schlachtvieh nicht beansprucht werden.

---

113) Gesetz zum Schutz der Waarenbezeichnungen. Vom 12. Mai 1894. (RGBl S. 441.)

§ 1. Wer in seinem Geschäftsbetriebe zur Unterscheidung seiner Waaren von den Waaren Anderer eines Waarenzeichens sich bedienen will, kann dieses Zeichen zur Eintragung in die Zeichenrolle anmelden.

§ 2. Die Zeichenrolle wird bei dem Patentamt geführt. Die Anmeldung eines Waarenzeichens hat schriftlich bei dem Patentamt zu erfolgen. Jeder Anmeldung muß die Bezeichnung des Geschäftsbetriebes, in welchem das Zeichen verwendet werden soll, ein Verzeichniß der Waaren, für welche es bestimmt ist, sowie eine deutliche Darstellung und soweit erforderlich eine Beschreibung des Zeichens beigefügt sein.

Das Patentamt erläßt Bestimmungen über die sonstigen Erfordernisse der Anmeldung.

Für jedes Zeichen ist bei der Anmeldung eine Gebühr von dreißig Mark, bei jeder Erneuerung der Anmeldung eine Gebühr von zehn Mark zu entrichten. Führt die erste Anmeldung nicht zur Eintragung, so werden von der Gebühr zwanzig Mark erstattet.

§ 3. Die Zeichenrolle soll enthalten:

1) den Zeitpunkt des Eingangs der Anmeldung;
2) die nach § 2 Absatz 1 der Anmeldung beizufügenden Angaben;
3) Namen und Wohnort des Zeicheninhabers und seines etwaigen Vertreters, sowie Aenderungen in der Person, im Namen oder im Wohnorte des Inhabers oder des Vertreters;
4) den Zeitpunkt einer Erneuerung der Anmeldung;
5) den Zeitpunkt der Löschung des Zeichens.

Die Einsicht der Zeichenrolle steht jedermann frei.

Jede Eintragung und jede Löschung wird amtlich bekannt gemacht. Das Patentamt veröffentlicht in regelmäßiger Wiederholung Uebersichten über die in der Zwischenzeit eingetragenen und gelöschten Zeichen.

§ 4. Die Eintragung in die Rolle ist zu versagen für Freizeichen, sowie für Waarenzeichen,

1) welche ausschließlich in Zahlen, Buchstaben oder solchen Wörtern bestehen, die Angaben über Art, Zeit und Ort der Herstellung, über die Beschaffenheit, über die Bestimmung, über Preis-, Mengen- oder Gewichtsverhältnisse der Waaren enthalten;
2) welche in- oder ausländische Staatswappen oder Wappen eines inländischen Ortes, eines inländischen Gemeinde- oder weiteren Kommunalverbandes enthalten;
3) welche Aergerniß erregende Darstellungen oder solche Angaben enthalten, die ersichtlich den thatsächlichen Verhältnissen nicht entsprechen und die Gefahr einer Täuschung begründen.

Zeichen, welche gelöscht sind, dürfen für die Waaren, für welche sie eingetragen waren, oder für gleichartige Waaren zu Gunsten eines anderen, als des letzten Inhabers erst nach Ablauf von zwei Jahren seit dem Tage der Löschung von Neuem eingetragen werden.

§ 5. Erachtet das Patentamt, daß ein zur Anmeldung gebrachtes Waarenzeichen mit einem anderen, für dieselben oder für gleichartige Waaren auf Grund des Gesetzes über Markenschutz vom 30. November 1874 (Reichs-Gesetzbl. S. 143) oder auf Grund des gegenwärtigen Gesetzes früher angemeldeten Zeichen übereinstimmt, so macht es dem Inhaber dieses Zeichens hiervon Mittheilung. Erhebt derselbe nicht innerhalb eines Monats nach der Zustellung Widerspruch gegen die Eintragung des neu angemeldeten Zeichens, so ist das Zeichen einzutragen. Im anderen Falle entscheidet das Patentamt durch Beschluß, ob die Zeichen übereinstimmen.

Aus dem Unterbleiben der im ersten Absatz vorgesehenen Mittheilung erwächst ein Ersatzanspruch nicht.

§ 6. Wird durch den Beschluß (§ 5 Absatz 1) die Uebereinstimmung der Zeichen verneint, so ist das neuangemeldete Zeichen einzutragen.

Wird durch den Beschluß die Uebereinstimmung der Zeichen festgestellt, so ist die Eintragung zu versagen. Sofern der Anmelder geltend machen will, daß ihm ungeachtet der durch die Entscheidung des Patentamts festgestellten Uebereinstimmung ein Anspruch auf die Eintragung zustehe, hat er diesen Anspruch im Wege der Klage gegenüber dem Widersprechenden zur Anerkennung zu bringen. Die Eintragung auf Grund einer zu seinen Gunsten ergehenden Entscheidung wird unter dem Zeitpunkte der ursprünglichen Anmeldung bewirkt.

§ 7. Das durch die Anmeldung oder Eintragung eines Waarenzeichens begründete Recht geht auf die Erben über und kann durch Vertrag oder durch Verfügung von Todeswegen auf Andere übertragen werden. Das Recht kann jedoch nur mit dem Geschäftsbetriebe, zu welchem das Waarenzeichen gehört, auf einen Anderen übergehen.

Der Uebergang wird auf Antrag des Rechtsnachfolgers in der Zeichenrolle vermerkt, sofern die Einwilligung des Berechtigten in beweisender Form beigebracht wird. Ist der Berechtigte verstorben, so ist der Nachweis der Rechtsnachfolge zu führen.

Solange der Uebergang in der Zeichenrolle nicht vermerkt ist, kann der Rechtsnachfolger sein Recht aus der Eintragung des Waarenzeichens nicht geltend machen.

Verfügungen und Beschlüsse des Patentamts, welche einer Zustellung an den Inhaber des Zeichens bedürfen, sind stets an den eingetragenen Inhaber zu richten. Ergiebt sich, daß derselbe verstorben ist, so kann das Patentamt nach seinem Ermessen die Zustellung als bewirkt ansehen oder zum Zweck der Zustellung an die Erben deren Ermittelung veranlassen.

§ 8. Auf Antrag des Inhabers wird das Zeichen jederzeit in der Rolle gelöscht.

Von Amtswegen erfolgt die Löschung:

1) wenn seit der Anmeldung des Zeichens oder seit ihrer Erneuerung zehn Jahre verflossen sind;
2) wenn die Eintragung des Zeichens hätte versagt werden müssen.

Soll die Löschung ohne Antrag des Inhabers erfolgen, so giebt das Patentamt diesem zuvor Nachricht. Widerspricht er innerhalb eines Monats nach der Zustellung nicht, so erfolgt die Löschung. Widerspricht er, so faßt das Patentamt Beschluß. Soll in Folge Ablaufs der zehnjährigen Frist die Löschung erfolgen, so ist von derselben abzusehen, wenn der Inhaber des Zeichens bis zum Ablauf eines Monats nach der Zustellung unter Zahlung einer Gebühr von zehn Mark neben der Erneuerungsgebühr die Erneuerung der Anmeldung nachholt; die Erneuerung gilt dann als an dem Tage des Ablaufs der früheren Frist geschehen.

§ 9. Ein Dritter kann die Löschung eines Waarenzeichens beantragen:

1) wenn das Zeichen für ihn auf Grund einer früheren Anmeldung für dieselben oder für gleichartige Waaren in der Zeichenrolle oder in den nach Maßgabe des Gesetzes über den Markenschutz vom 30. November 1874 geführten Zeichenregistern eingetragen steht;
2) wenn der Geschäftsbetrieb, zu welchem das Waarenzeichen gehört, von dem eingetragenen Inhaber nicht mehr fortgesetzt wird;
3) wenn Umstände vorliegen, aus denen sich ergiebt, daß der Inhalt des Waarenzeichens den thatsächlichen Verhältnissen nicht entspricht und die Gefahr einer Täuschung begründet.

Hat ein nach dem Gesetze über Markenschutz vom 30. November 1874 von der Eintragung ausgeschlossenes Waarenzeichen bis zum Erlaß des gegenwärtigen Gesetzes innerhalb betheiligter Verkehrskreise als Kennzeichen der Waaren eines bestimmten Geschäftsbetriebes gegolten, so kann der Inhaber des letzteren, falls das Zeichen nach

Maßgabe des gegenwärtigen Gesetzes für einen Anderen in die Zeichenrolle eingetragen wird, bis zum 1. Oktober 1895 die Löschung beantragen. Wird dem Antrage stattgegeben, so darf das Zeichen für den Antragsteller schon vor Ablauf der im § 4 Absatz 2 bestimmten Frist in die Zeichenrolle eingetragen werden.

Der Antrag auf Löschung ist im Wege der Klage geltend zu machen und gegen den eingetragenen Inhaber oder, wenn dieser gestorben, gegen dessen Erben zu richten.

Hat vor oder nach Erhebung der Klage ein Uebergang des Waarenzeichens auf einen Anderen stattgefunden, so ist die Entscheidung in Ansehung der Sache auch gegen den Rechtsnachfolger wirksam und vollstreckbar. Auf die Befugniß des Rechtsnachfolgers, in den Rechtsstreit einzutreten, finden die Bestimmungen der §§ 66 bis 69 und 76 der Civilprozeßordnung entsprechende Anwendung.

In den Fällen des Absatz 1 Nr. 2 kann der Antrag auf Löschung zunächst bei dem Patentamt angebracht werden. Das Patentamt giebt dem als Inhaber des Waarenzeichens Eingetragenen davon Nachricht. Widerspricht derselbe innerhalb eines Monats nach der Zustellung nicht, so erfolgt die Löschung. Widerspricht er, so wird dem Antragsteller anheimgegeben, den Anspruch auf Löschung im Wege der Klage zu verfolgen.

§ 10. Anmeldungen von Waarenzeichen, Anträge auf Uebertragung und Widersprüche gegen die Löschung derselben werden in dem für Patentangelegenheiten maßgebenden Verfahren durch Vorbescheid und Beschluß erledigt. In den Fällen des § 5 Absatz 1 wird ein Vorbescheid nicht erlassen.

Gegen den Beschluß, durch welchen ein Antrag zurückgewiesen wird, kann der Antragsteller, und gegen den Beschluß, durch welchen Widerspruchs ungeachtet die Löschung angeordnet wird, der Inhaber des Zeichens innerhalb eines Monats nach der Zustellung bei dem Patentamt Beschwerde einlegen.

Zustellungen, welche die Eintragung, die Uebertragung oder die Löschung eines Waarenzeichens betreffen, erfolgen mittelst eingeschriebenen Briefes. Kann eine Zustellung im Inlande nicht erfolgen, so wird sie durch Aufgabe zur Post nach Maßgabe der §§ 175, 192 der Civilprozeßordnung bewirkt.

§ 11. Das Patentamt ist verpflichtet, auf Ersuchen der Gerichte über Fragen, welche eingetragene Waarenzeichen betreffen, Gutachten abzugeben, sofern in dem gerichtlichen Verfahren von einander abweichende Gutachten mehrerer Sachverständigen vorliegen.

§ 12. Die Eintragung eines Waarenzeichens hat die Wirkung, daß dem Eingetragenen ausschließlich das Recht zusteht, Waaren der angemeldeten Art oder deren Verpackung oder Umhüllung mit dem Waarenzeichen zu versehen, die so bezeichneten Waaren in Verkehr zu setzen, sowie auf Ankündigungen, Preislisten, Geschäftsbriefen, Empfehlungen, Rechnungen oder dergleichen das Zeichen anzubringen.

Im Falle der Löschung können für die Zeit, in welcher ein Rechtsgrund für die Löschung früher bereits vorgelegen hat, Rechte aus der Eintragung nicht mehr geltend gemacht werden.

§ 13. Durch die Eintragung eines Waarenzeichens wird niemand gehindert, seinen Namen, seine Firma, seine Wohnung, sowie Angaben über Art, Zeit und Ort der Herstellung, über die Beschaffenheit, über die Bestimmung, über Preis-, Mengen- oder Gewichtsverhältnisse von Waaren, sei es auch in abgekürzter Gestalt, auf Waaren, auf deren Verpackung oder Umhüllung anzubringen und derartige Angaben im Geschäftsverkehr zu gebrauchen.

§ 14. Wer wissentlich oder aus grober Fahrlässigkeit Waaren oder deren Verpackung oder Umhüllung, oder Ankündigungen, Preislisten, Geschäftsbriefe, Empfehlungen, Rechnungen oder dergleichen mit dem Namen oder der Firma eines Anderen oder mit einem nach Maßgabe dieses Gesetzes geschützten Waarenzeichen widerrechtlich versieht oder dergleichen widerrechtlich gekennzeichnete Waaren in Verkehr bringt oder feilhält, ist dem Verletzten zur Entschädigung verpflichtet.

Hat er die Handlung wissentlich begangen, so wird er außerdem mit Geldstrafe von einhundertfünfzig bis fünftausend Mark oder mit Gefängniß bis zu sechs Monaten bestraft. Die Strafverfolgung tritt nur auf Antrag ein. Die Zurücknahme des Antrages ist zulässig.

§ 15. Wer zum Zweck der Täuschung in Handel und Verkehr Waaren oder deren Verpackung oder Umhüllung, oder Ankündigungen, Preislisten, Geschäftsbriefe, Empfehlungen, Rechnungen oder dergleichen mit einer Ausstattung, welche innerhalb betheiligter Verkehrskreise als Kennzeichen gleichartiger Waaren eines Anderen gilt, ohne dessen Genehmigung versieht, oder wer zu dem gleichen Zweck derartig gekennzeichnete Waaren in Verkehr bringt oder feilhält, ist dem Verletzten zur Entschädigung verpflichtet und wird mit Geldstrafe von einhundert bis dreitausend Mark oder mit Gefängniß bis zu drei Monaten bestraft. Die Strafverfolgung tritt nur auf Antrag ein. Die Zurücknahme des Antrages ist zulässig.

§ 16. Wer Waaren oder deren Verpackung oder Umhüllung oder Ankündigungen, Preislisten, Geschäftsbriefe, Empfehlungen, Rechnungen oder dergleichen fälschlich mit einem Staatswappen oder mit dem Namen oder Wappen eines Ortes, eines Gemeinde- oder weiteren Kommunalverbandes zu dem Zweck versieht, über Beschaffenheit und Werth der Waaren einen Irrthum zu erregen, oder wer zu dem gleichen Zweck derartig bezeichnete Waaren in Verkehr bringt oder feilhält, wird mit Geldstrafe von einhundertfünfzig bis fünftausend Mark oder mit Gefängniß bis zu sechs Monaten bestraft.

Die Verwendung von Namen, welche nach Handelsgebrauch zur Benennung gewisser Waaren dienen, ohne deren Herkunft bezeichnen zu sollen, fällt unter diese Bestimmung nicht.

§ 17. Ausländische Waaren, welche mit einer deutschen Firma und Ortsbezeichnung, oder mit einem in die Zeichenrolle eingetragenen

Waarenzeichen widerrechtlich versehen sind, unterliegen bei ihrem Eingang nach Deutschland zur Einfuhr oder Durchfuhr auf Antrag des Verletzten und gegen Sicherheitsleistung der Beschlagnahme und Einziehung. Die Beschlagnahme erfolgt durch die Zoll- und Steuerbehörden, die Festsetzung der Einziehung durch Strafbescheid der Verwaltungsbehörden (§ 459 der Strafprozeßordnung).

§ 18. Statt jeder aus diesem Gesetze entspringenden Entschädigung kann auf Verlangen des Beschädigten neben der Strafe auf eine an ihn zu erlegende Buße bis zum Betrage von zehntausend Mark erkannt werden. Für diese Buße haften die zu derselben Verurtheilten als Gesammtschuldner.

Eine erkannte Buße schließt die Geltendmachung eines weiteren Entschädigungsanspruchs aus.

§ 19. Erfolgt eine Verurtheilung auf Grund der §§ 14 bis 16, 18, so ist bezüglich der im Besitz des Verurtheilten befindlichen Gegenstände auf Beseitigung der widerrechtlichen Kennzeichnung, oder, wenn die Beseitigung in anderer Weise nicht möglich ist, auf Vernichtung der damit versehenen Gegenstände zu erkennen.

Erfolgt die Verurtheilung im Strafverfahren, so ist in den Fällen der §§ 14 und 15 dem Verletzten die Befugniß zuzusprechen, die Verurtheilung auf Kosten des Verurtheilten öffentlich bekannt zu machen. Die Art der Bekanntmachung sowie die Frist zu derselben ist in dem Urtheil zu bestimmen.

§ 20. Die Anwendung der Bestimmungen dieses Gesetzes wird durch Abweichungen nicht ausgeschlossen, mit denen fremde Namen, Firmen, Zeichen, Wappen und sonstige Kennzeichnungen von Waaren wiedergegeben werden, sofern ungeachtet dieser Abweichungen die Gefahr einer Verwechselung im Verkehr vorliegt.

§ 21. In bürgerlichen Rechtsstreitigkeiten, in welchen durch Klage oder Widerklage ein Anspruch auf Grund dieses Gesetzes geltend gemacht ist, wird die Verhandlung und Entscheidung letzter Instanz im Sinne des § 8 des Einführungsgesetzes zum Gerichtsverfassungsgesetze dem Reichsgericht zugewiesen.

§ 22. Wenn deutsche Waaren im Auslande bei der Einfuhr oder Durchfuhr der Verpflichtung unterliegen, eine Bezeichnung zu tragen, welche ihre deutsche Herkunft erkennen läßt, oder wenn dieselben bei der Zollabfertigung in Beziehung auf die Waarenbezeichnungen ungünstiger als die Waaren anderer Länder behandelt werden, so ist der Bundesrath ermächtigt, den fremden Waaren bei ihrem Eingang nach Deutschland zur Einfuhr oder Durchfuhr eine entsprechende Auflage zu machen, und anzuordnen, daß für den Fall der Zuwiderhandlung die Beschlagnahme und Einziehung der Waaren erfolge. Die Beschlagnahme erfolgt durch die Zoll- und Steuerbehörden, die Festsetzung der Einziehung durch Strafbescheid der Verwaltungsbehörden (§ 459 der Strafprozeßordnung).

§ 23.[1] Wer im Inlande eine Niederlassung nicht besitzt, hat auf den Schutz dieses Gesetzes nur Anspruch, wenn in dem Staate, in welchem seine Niederlassung sich befindet, nach einer im Reichs-Gesetzblatt enthaltenen Bekanntmachung deutsche Waarenbezeichnungen in gleichem Umfange wie inländische Waarenbezeichnungen zum gesetzlichen Schutz zugelassen werden.

Der Anspruch auf Schutz eines Waarenzeichens und das durch die Eintragung begründete Recht können nur durch einen im Inlande bestellten Vertreter geltend gemacht werden. Der letztere ist zur Vertretung in dem nach Maßgabe dieses Gesetzes vor dem Patentamt stattfindenden Verfahren, sowie in den das Zeichen betreffenden bürgerlichen Rechtsstreitigkeiten und zur Stellung von Strafanträgen befugt. Für die das Zeichen betreffenden Klagen gegen den eingetragenen Inhaber ist das Gericht zuständig, in dessen Bezirk der Vertreter seinen Wohnsitz hat, in dessen Ermangelung das Gericht, in dessen Bezirk das Patentamt seinen Sitz hat.

Wer ein ausländisches Waarenzeichen zur Anmeldung bringt, hat damit den Nachweis zu verbinden, daß er in dem Staate, in welchem seine Niederlassung sich befindet, für dieses Zeichen den

---

[1] Vgl. die verschiedenen Konventionen: Mit Schweden-Norwegen 11. Juli 1872 (RGBl S. 293); Vereinigte Staaten von Nordamerika (Konsularkonv. 11. Dez. 1871 [RGBl S. 72, 106]); Portugal (Handelsvertrag 2. März 1872, Art. 10 [RGBl S. 258]); Rußland 18. August 1873 (RGBl S. 337); Frankreich 8. Oktober 1873 (RGBl S. 365); Großbritannien (Deklaration 14. April 1875 [RGBl S. 199]); Belgien 13. September 1875 (RGBl S. 301); Luxemburg 14. Juli 1876 (RGBl S. 169); vgl. dazu Bekanntm. vom 2. August 1883 (RGBl S. 268); Brasilien 28. Febr. 1877 (RGBl S. 406); Dänemark 4. April 1879 (RGBl S. 123); Schweiz, Bekanntm. 31. Dez. 1891 (RGBl S. 92, 304), 13. April 1892 (RGBl 1894 S. 511); den Niederlanden 19. Jan. 1882 (RGBl S. 5); Rumänien 27. Jan. 1882 (RGBl S. 7); Italien, Uebereinkommen 18. Jan. 1892 (RGBl S. 213); Spanien (Handels- und Schiffahrtsvertrag 12. Juli 1883, Art. 7 [RGBl S. 312]; vgl. dazu Protokoll 12. Juli 1883 [RGBl S. 326]; der Vertrag galt bis 1. August 1892); Venezuela 8. Dez. 1883 (RGBl S. 339); Serbien Uebereinkommen 21. August 1892 (RGBl S. 93, 317); Bulgarien, Bekanntm. 21. Jan. 1894 (RGBl S. 112); Japan 4. April 1896 (RGBl S. 715); Vereinigte Staaten von Mexiko 16. Mai 1899 (RGBl S. 284); Guatemala 16. August 1899 (RGBl S. 543).

In Aussicht genommen sind derartige Vereinbarungen mit Griechenland (vgl. Handels- und Schiffahrtsvertrag 9. Juli 1884, Art. 7 [RGBl S. 25, 28]), (vgl. auch RGBl 18894 S. 520), der Südafrikanischen Republik (Freundschafts- und Handelsvertrag 22. Jan. 1885, Art. 6 [RGBl S. 86, 212]), und der Dominikanischen Republik (Handelsvertrag 30. Jan. 1885, Art. 5 [RGBl S. 86, 6]). Bek. 22. Sept. 1894, betr. d. Schutz deutscher Waarenbezeichn. in auswärtigen Staaten (RGBl S. 94, 521); Bekanntm. 17. September 1894 betr. Griechenland (RGBl 1894 S. 521); betr. Costa-Rica 1. Oktober 1901 (RGBl S. 375). — Das Uebereinkommen mit Oesterreich-Ungarn, vom 6. Dezember 1891 ist abgedruckt als Anm. zu Art. III des Patentgesetzes vom 7. April 1891.

Markenschutz nachgesucht und erhalten hat. Die Eintragung ist, soweit nicht Staatsverträge ein Anderes bestimmen, nur dann zulässig, wenn das Zeichen den Anforderungen dieses Gesetzes entspricht.

§ 24. Auf die in Gemäßheit des Gesetzes über Markenschutz vom 30. November 1874 in die Zeichenregister eingetragenen Waarenzeichen finden bis zum 1. Oktober 1898 die Bestimmungen jenes Gesetzes noch ferner Anwendung. Die Zeichen können bis zum 1. Oktober 1898 jederzeit zur Eintragung in die Zeichenrolle nach Maßgabe des gegenwärtigen Gesetzes angemeldet werden und unterliegen alsdann dessen Bestimmungen. Die Eintragung darf nicht versagt werden hinsichtlich derjenigen Zeichen, welche auf Grund eines älteren landesgesetzlichen Schutzes in die Zeichenregister eingetragen worden sind. Die Eintragung geschieht unentgeltlich und unter dem Zeitpunkte der ersten Anmeldung. Ueber den Inhalt der ersten Eintragung ist ein Zeugniß der bisherigen Registerbehörde beizubringen.

Mit der Eintragung in die Zeichenrolle oder, sofern eine solche nicht erfolgt ist, mit dem 1. Oktober 1898 erlischt der den Waarenzeichen bis dahin gewährte Schutz.

§ 25.[1] Die zur Ausführung dieses Gesetzes erforderlichen Bestimmungen über die Einrichtung und den Geschäftsgang des Patentamts, sowie über das Verfahren vor demselben werden durch Kaiserliche Verordnung unter Zustimmung des Bundesraths getroffen.

§ 26. Dieses Gesetz tritt mit dem 1. Oktober 1894 in Kraft.

---

[1] Vgl. VO vom 30. Juni 1894. **(114):**

Verordnung zur Ausführung des Gesetzes zum Schutz der Waarenbezeichnungen vom 12. Mai 1894 (Reichs-Gesetzbl. S. 441) und des Gesetzes, betreffend den Schutz von Gebrauchsmustern, vom 1. Juni 1891 (Reichs-Gesetzbl. S. 290). Vom 30. Juni 1894. (RGBl S. 495).

I. Waarenzeichen.

§ 1. Für die auf Waarenzeichen bezüglichen Angelegenheiten wird in dem Patentamt eine besondere Abtheilung gebildet, welche die Bezeichnung:

Abtheilung für Waarenzeichen

führt.

Die Abtheilung besteht aus einem rechtskundigen Mitgliede als Vorsitzenden und aus Mitgliedern, welche rechtskundig oder in einem Zweige der Technik sachverständig sind. Die Zuweisung der Mitglieder an die Abtheilung erfolgt durch den Reichskanzler.

Im Falle der Verhinderung eines Mitgliedes kann der Präsident des Patentamts einem anderen Mitgliede der Behörde die Vertretung übertragen.

§ 2. Für Beschwerden gegen die Beschlüsse der Abtheilung für Waarenzeichen, sowie für die Erstattung von Gutachten gemäß § 11 des Gesetzes vom 12. Mai 1894 ist die Beschwerdeabtheilung I des Patentamts zuständig.

§ 3. Die Beschlußfähigkeit der Abtheilung für Waarenzeichen ist durch die Anwesenheit von mindestens drei Mitgliedern bedingt.

Die Beschwerdeabtheilung I entscheidet über Beschwerden gegen die Beschlüsse der Abtheilung für Waarenzeichen in der Besetzung von fünf Mitgliedern, von denen mindestens zwei rechtskundig sein müssen. Soweit es sich

Von dem gleichen Zeitpunkte ab werden Anmeldungen von Waarenzeichen auf Grund des Gesetzes über Markenschutz vom 30. November 1874 nicht mehr angenommen.

---

115) Gesetz, betr. die Abzahlungsgeschäfte. Vom 16. Mai 1894. (RGBl S. 450.)

§ 1. Hat bei dem Verkauf einer dem Käufer übergebenen beweglichen Sache, deren Kaufpreis in Theilzahlungen berichtigt werden soll, der Verkäufer sich das Recht vorbehalten, wegen Nichterfüllung der dem Käufer obliegenden Verpflichtungen von dem Vertrage zurückzutreten, so ist im Falle dieses Rücktritts jeder Theil verpflichtet, dem anderen Theil die empfangenen Leistungen zurückzugewähren. Eine entgegenstehende Vereinbarung ist nichtig.

Dem Vorbehalte des Rücktrittsrechts steht es gleich, wenn der Verkäufer wegen Nichterfüllung der dem Käufer obliegenden Ver-

---

um die Erstattung von Gutachten handelt, genügt die Anwesenheit von drei Mitgliedern.

Die Bestimmungen der Civilprozeßordnung über Ausschließung und Ablehnung der Gerichtspersonen finden entsprechende Anwendung.

Zu den Berathungen können Sachverständige, welche nicht Mitglieder sind, zugezogen werden; dieselben dürfen an den Abstimmungen nicht theilnehmen.

§ 4. Der Berathung und Abstimmung in einer Sitzung bedarf es

a) in der Abtheilung für Waarenzeichen für die Beschlußfassung über die Versagung der Eintragung eines Waarenzeichens, sowie für Beschlüsse, welche die Uebereinstimmung von Waarenzeichen und in den Fällen des § 8 des Gesetzes vom 12. Mai 1894 die Löschung von Waarenzeichen gegen den Widerspruch des Inhabers betreffen;

b) in der Beschwerdeabtheilung I für die Beschlußfassung auf Beschwerden gegen Beschlüsse der Abtheilung für Waarenzeichen.

§ 5. Die Beschlüsse und Entscheidungen erfolgen im Namen des Patentamts; sie sind mit Gründen zu versehen, schriftlich auszufertigen und allen Betheiligten von Amtswegen zuzustellen.

§ 6. Ueber die Eintragung eines Waarenzeichens in die Zeichenrolle erhält der Inhaber eine Bescheinigung.

§ 7. Ueber Modelle, Probestücke und sonstige Unterlagen einer Anmeldung trifft, insoweit deren Aufbewahrung nicht mehr für erforderlich erachtet wird, der Präsident des Patentamts im Einvernehmen mit der Abtheilung für Waarenzeichen Verfügung.

§ 8. Im Uebrigen finden auf die Einrichtung und den Geschäftsgang des Patentamts und das Verfahren vor demselben in Angelegenheiten des Schutzes der Waarenzeichen die Bestimmungen in den §§ 4, 6, 8 bis 11, 13, 14, 25 bis 30 der Kaiserlichen Verordnung vom 11. Juli 1891 (Reichs-Gesetzbl. S. 349) entsprechende Anwendung.

II. Gebrauchsmuster.

§ 9. Insoweit in Angelegenheiten des Schutzes von Gebrauchsmustern das Patentamt zur Erstattung von Gutachten ermächtigt wird, sind hierfür die Beschwerdeabtheilungen, und zwar jede innerhalb derjenigen Zweige der Technik zuständig, welche ihr hinsichtlich der Patentangelegenheiten gemäß den §§ 1 und 2 der Kaiserlichen Verordnung vom 11. Juli 1891 zugewiesen sind.

pflichtungen kraft Gesetzes die Auflösung des Vertrages verlangen kann.

§ 2. Der Käufer hat im Falle des Rücktritts dem Verkäufer für die in Folge des Vertrages gemachten Aufwendungen, sowie für solche Beschädigungen der Sache Ersatz zu leisten, welche durch ein Verschulden des Käufers oder durch einen sonstigen von ihm zu vertretenden Umstand verursacht sind. Für die Ueberlassung des Gebrauchs oder der Benutzung ist deren Werth zu vergüten, wobei auf die inzwischen eingetretene Werthminderung der Sache Rücksicht zu nehmen ist. Eine entgegenstehende Vereinbarung, insbesondere die vor Ausübung des Rücktrittsrechts erfolgte vertragsmäßige Festsetzung einer höheren Vergütung, ist nichtig.

Auf die Festsetzung der Höhe der Vergütung finden die Vorschriften des § 287 Absatz 1 der Civilprozeßordnung entsprechende Anwendung.

§ 3. Die nach den Bestimmungen der §§ 1, 2 begründeten gegenseitigen Verpflichtungen sind Zug um Zug zu erfüllen.

§ 4. Eine wegen Nichterfüllung der dem Käufer obliegenden Verpflichtungen verwirkte Vertragsstrafe kann, wenn sie unverhältnißmäßig hoch ist, auf Antrag des Käufers durch Urtheil auf den angemessenen Betrag herabgesetzt werden. Die Herabsetzung einer entrichteten Strafe ist ausgeschlossen.

Die Abrede, daß die Nichterfüllung der dem Käufer obliegenden Verpflichtungen die Fälligkeit der Restschuld zur Folge haben solle, kann rechtsgültig nur für den Fall getroffen werden, daß der Käufer mit mindestens zwei auf einander folgenden Theilzahlungen ganz oder theilweise im Verzug ist und der Betrag, mit dessen Zahlung er im Verzug ist, mindestens dem zehnten Theile des Kaufpreises der übergebenen Sache gleichkommt.

§ 5. Hat der Verkäufer auf Grund des ihm vorbehaltenen Eigenthums die verkaufte Sache wieder an sich genommen, so gilt dies als Ausübung des Rücktrittsrechts.

§ 6. Die Vorschriften der §§ 1 bis 5 finden auf Verträge, welche darauf abzielen, die Zwecke eines Abzahlungsgeschäfts (§ 1) in einer anderen Rechtsform, insbesondere durch miethweise Ueberlassung der Sache zu erreichen, entsprechende Anwendung, gleichviel ob dem Empfänger der Sache ein Recht, später deren Eigenthum zu erwerben, eingeräumt ist oder nicht.

§ 7. Wer Lotterieloose, Inhaberpapiere mit Prämien (Gesetz vom 8. Juni 1871, Reichs-Gesetzbl. S. 210) oder Bezugs- oder Antheilscheine auf solche Loose oder Inhaberpapiere gegen Theilzahlungen verkauft oder durch sonstige auf die gleichen Zwecke abzielende Verträge veräußert, wird mit Geldstrafe bis zu fünfhundert Mark bestraft.

Es begründet keinen Unterschied, ob die Uebergabe des Papiers vor oder nach der Zahlung des Preises erfolgt.

§ 8. Die Bestimmungen dieses Gesetzes finden keine Anwendung, wenn der Empfänger der Waare als Kaufmann in das Handelsregister eingetragen ist.

§ 9. Verträge, welche vor dem Inkrafttreten dieses Gesetzes abgeschlossen worden sind, unterliegen den Vorschriften desselben nicht.

116) Gesetz, betr. den Schutz der Brieftauben und den Brieftaubenverkehr im Kriege. Vom 28. Mai 1894. (RGBl S. 463.)

§ 1. Die Vorschriften der Landesgesetze, nach welchen das Recht, Tauben zu halten, beschränkt ist, und nach welchen im Freien betroffene Tauben der freien Zueignung oder der Tödtung unterliegen, finden auf Militärbrieftauben keine Anwendung.

Dasselbe gilt von landesgesetzlichen Vorschriften, nach welchen Tauben, die in ein fremdes Taubenhaus übergehen, dem Eigenthümer des letzteren gehören.

§ 2. Insoweit auf Grund landesgesetzlicher Bestimmungen Sperrzeiten für den Taubenflug bestehen, finden dieselben auf die Reiseflüge der Militärbrieftauben keine Anwendung. Die Sperrzeiten dürfen für Militärbrieftauben nur einen zusammenhängenden Zeitraum von höchstens je zehn Tagen im Frühjahr und Herbst umfassen. Sind längere als zehntägige Sperrzeiten eingeführt, so gelten für Militärbrieftauben immer nur die ersten zehn Tage.

§ 3. Als Militärbrieftauben im Sinne dieses Gesetzes gelten Brieftauben, welche der Militär- (Marine-) Verwaltung gehören oder derselben gemäß den von ihr erlassenen Vorschriften zur Verfügung gestellt und welche mit dem vorgeschriebenen Stempel versehen sind.

Privatpersonen gehörige Militärbrieftauben genießen den Schutz dieses Gesetzes erst dann, wenn in ortsüblicher Weise bekannt gemacht worden ist, daß der Züchter seine Tauben der Militärverwaltung zur Verfügung gestellt hat.

§ 4. Für den Fall eines Krieges kann durch Kaiserliche Verordnung bestimmt werden, daß alle gesetzlichen Vorschriften, welche das Tödten und Einfangen fremder Tauben gestatten, für das Reichsgebiet oder einzelne Theile desselben außer Kraft treten, sowie daß die Verwendung von Tauben zur Beförderung von Nachrichten ohne Genehmigung der Militärbehörde mit Gefängniß bis zu drei Monaten zu bestrafen ist.

1895.

117) Gesetz, betr. die Fürsorge für die Wittwen und Waisen der Personen des Soldatenstandes des Reichsheeres und der Kaiserlichen Marine vom Feldwebel abwärts. Vom 13. Juni 1895. (RGBl S. 261.)[1]

§ 1. Die Wittwe und die hinterbliebenen ehelichen oder durch nachgefolgte Ehe legitimirten Kinder einer dem aktiven Heere oder

[1] Vgl. dazu G, wegen anderweiter Bemessung der Wittwen- und Waisengelder. Vom 17. Mai 1897 (RGBl S. 455). — Vgl. auch EG BGB Art. 51.

der aktiven Marine angehörenden Person des Soldatenstandes vom Feldwebel abwärts erhalten aus der Reichskasse Wittwen- und Waisengeld, wenn der Ehemann oder Vater nach Ablauf einer mindestens zehnjährigen Dienstzeit verstorben ist.

Ist der Tod die Folge einer bei Ausübung des Dienstes erlittenen Beschädigung, so ist Wittwen- und Waisengeld auch schon bei kürzerer als zehnjähriger Dienstzeit und selbst dann zuständig, wenn der Ehemann oder Vater zur Zeit seines Todes dem aktiven Heere oder der aktiven Marine nicht mehr angehört hat, aber vor Ablauf von sechs Jahren nach der Entlassung aus dem aktiven Dienste verstorben ist (§ 38 des Reichs-Militärgesetzes vom 2. Mai 1874).

Die Berechnung der Dienstzeit sowie die Feststellung einer Dienstbeschädigung erfolgt nach den bezüglichen Bestimmungen des Militärpensionsgesetzes vom 27. Juni 1871 nebst Abänderungen und Ergänzungen (§§ 60 beziehungsweise 59 und 83 ebenda).

§ 9. Das Wittwen- und Waisengeld kann mit rechtlicher Wirkung weder abgetreten, noch verpfändet oder sonst übertragen werden.

§ 13. Ueber die auf Grund dieses Gesetzes erhobenen Rechtsansprüche auf Wittwen- und Waisengeld findet der Rechtsweg mit denselben Maßgaben statt, welche für die gerichtliche Geltendmachung von Pensionsansprüchen der hier in Betracht kommenden Militärpersonen vorgeschrieben sind.

---

118) Gesetz, betr. die Bestrafung des Sklavenraubes und des Sklavenhandels. Vom 28. Juli 1895. (RGBl S. 425.)

§ 3. In den Fällen der §§ 1 und 2 dieses Gesetzes ist neben der Freiheitsstrafe auf eine Geldstrafe bis einhunderttausend Mark zu erkennen. Neben der Freiheitsstrafe kann in diesen Fällen zugleich auf Zulässigkeit von Polizeiaufsicht erkannt werden. Auch kann auf die Einziehung aller zur Begehung des Verbrechens gebrauchten oder bestimmten Gegenstände erkannt werden, ohne Unterschied, ob sie dem Verurtheilten gehören oder nicht. Ist die Verfolgung einer bestimmten Person nicht ausführbar, so kann auf die Einziehung selbständig erkannt werden.

1896.

119) Zusatzakte und Deklaration zur Berner Uebereinkunft, betr. die Bildung eines internationalen Verbandes zum Schutze von Werken der Litteratur und Kunst, vom 9. September 1886. Vom 4. Mai 1896. (RGBl 1897 S. 759 ff.)

(S. oben S. 167 zur Berner Uebereinkunft von 1886.)

---

120) Gesetz zur Bekämpfung des unlauteren Wettbewerbes. Vom 27. Mai 1896. (RGBl S. 145.)

§ 1. Wer in öffentlichen Bekanntmachungen oder in Mittheilungen, welche für einen größeren Kreis von Personen bestimmt sind, über geschäftliche Verhältnisse, insbesondere über die Beschaffenheit, die Herstellungsart oder die Preisbemessung von Waaren oder gewerblichen Leistungen, über die Art des Bezuges oder die Bezugsquelle von Waaren, über den Besitz von Auszeichnungen, über den Anlaß oder den Zweck des Verkaufs unrichtige Angaben thatsächlicher Art macht, welche geeignet sind, den Anschein eines besonders günstigen Angebots hervorzurufen, kann auf Unterlassung der unrichtigen Angaben in Anspruch genommen werden. Dieser Anspruch kann von jedem Gewerbetreibenden, der Waaren oder Leistungen gleicher oder verwandter Art herstellt oder in den geschäftlichen Verkehr bringt, oder von Verbänden zur Förderung gewerblicher Interessen geltend gemacht werden, soweit die Verbände als solche in bürgerlichen Rechtsstreitigkeiten klagen können.

Neben dem Anspruch auf Unterlassung der unrichtigen Angaben haben die vorerwähnten Gewerbetreibenden auch Anspruch auf Ersatz des durch die unrichtigen Angaben verursachten Schadens gegen denjenigen, der die Angaben gemacht hat, falls dieser ihre Unrichtigkeit kannte oder kennen mußte. Der Anspruch auf Schadensersatz kann gegen Redakteure, Verleger, Drucker oder Verbreiter von periodischen Druckschriften nur geltend gemacht werden, wenn dieselben die Unrichtigkeit der Angaben kannten.

Die Verwendung von Namen, welche nach dem Handelsgebrauch zur Benennung gewisser Waaren dienen, ohne deren Herkunft bezeichnen zu sollen, fällt unter die vorstehenden Bestimmungen nicht.

Im Sinne der Bestimmungen des Absatzes 1 und 2 sind den Angaben thatsächlicher Art bildliche Darstellungen und sonstige Veranstaltungen gleich zu achten, die darauf berechnet und geeignet sind, solche Angaben zu ersetzen.

Unter Waaren im Sinne dieses Gesetzes sind auch landwirthschaftliche Erzeugnisse, unter gewerblichen Leistungen auch landwirthschaftliche zu verstehen.

§ 2. Für Klagen auf Grund des § 1 ist ausschließlich zuständig das Gericht, in dessen Bezirk der Beklagte seine gewerbliche Niederlassung oder in Ermangelung einer solchen seinen Wohnsitz hat. Für Personen, welche im Inlande weder eine gewerbliche Niederlassung noch einen Wohnsitz haben, ist ausschließlich zuständig das Gericht des inländischen Aufenthaltsortes, oder wenn ein solcher nicht bekannt ist, das Gericht, in dessen Bezirk die Handlung begangen ist.

§ 3. Zur Sicherung des im § 1 Absatz 1 bezeichneten Anspruchs können einstweilige Verfügungen erlassen werden, auch wenn die in den §§ 935, 940 der Civilprozeßordnung bezeichneten Voraussetzungen nicht zutreffen. Zuständig ist auch das Amtsgericht, in dessen Bezirk die den Anspruch begründende Handlung begangen ist; im Uebrigen finden die Vorschriften des § 942 der Civilprozeßordnung Anwendung.

§ 4. Wer in der Absicht, den Anschein eines besonders günstigen Angebots hervorzurufen, in öffentlichen Bekanntmachungen oder in Mittheilungen, welche für einen größeren Kreis von Personen bestimmt sind, über die Beschaffenheit, die Herstellungsart oder die Preisbemessung von Waaren oder gewerblichen Leistungen, über die Art des Bezuges oder die Bezugsquelle von Waaren, über den Besitz von Auszeichnungen, über den Anlaß oder den Zweck des Verkaufs wissentlich unwahre und zur Irreführung geeignete Angaben thatsächlicher Art macht, wird mit Geldstrafe bis zu eintausendfünfhundert Mark bestraft.

Ist der Thäter bereits einmal wegen einer Zuwiderhandlung gegen die vorstehende Vorschrift bestraft, so kann neben oder statt der Geldstrafe auf Haft oder auf Gefängniß bis zu sechs Monaten erkannt werden; die Bestimmungen des § 245 des Strafgesetzbuchs finden entsprechende Anwendung.

§ 5. Durch Beschluß des Bundesraths kann festgesetzt werden, daß bestimmte Waaren im Einzelverkehr nur in vorgeschriebenen Einheiten der Zahl, der Länge und des Gewichts oder mit einer auf der Waare oder ihrer Aufmachung anzubringenden Angabe über Zahl, Länge oder Gewicht gewerbsmäßig verkauft oder feilgehalten werden dürfen.[1]

Für den Einzelverkehr mit Bier in Flaschen oder Krügen kann die Angabe des Inhaltes unter Festsetzung angemessener Fehlergrenzen vorgeschrieben werden.

Die durch Beschluß des Bundesraths getroffenen Bestimmungen sind durch das Reichs-Gesetzblatt zu veröffentlichen und dem Reichstag sogleich oder bei seinem nächsten Zusammentritt vorzulegen.

Zuwiderhandlungen gegen die Bestimmungen des Bundesraths werden mit Geldstrafe bis einhundertundfünfzig Mark oder mit Haft bestraft.

§ 6. Wer zu Zwecken des Wettbewerbes über das Erwerbsgeschäft eines Anderen, über die Person des Inhabers oder Leiters des Geschäfts, über die Waaren oder gewerblichen Leistungen eines Anderen Behauptungen thatsächlicher Art aufstellt oder verbreitet, welche geeignet sind, den Betrieb des Geschäfts oder den Kredit des Inhabers zu schädigen, ist, sofern die Behauptungen nicht erweislich wahr sind, dem Verletzten zum Ersatze des entstandenen Schadens verpflichtet. Auch kann der Verletzte den Anspruch geltend machen, daß die Wiederholung oder Verbreitung der Behauptungen unterbleibe.

---

[1] Vgl. Bekanntm., betr. Bestimmungen für den Kleinhandel mit Garn. Vom 20. November 1900 (RGBl S. 104), dgl. für den Kleinhandel mit Kerzen. Vom 4. Dezember 1901 (RGBl S. 1014).

Die Bestimmungen des ersten Absatzes finden keine Anwendung, wenn der Mittheilende oder der Empfänger der Mittheilung an ihr ein berechtigtes Interesse hat.

§ 7. Wer wider besseres Wissen über das Erwerbsgeschäft eines Anderen, über die Person des Inhabers oder Leiters des Geschäfts, über die Waaren oder gewerblichen Leistungen eines Anderen unwahre Behauptungen thatsächlicher Art aufstellt oder verbreitet, welche geeignet sind, den Betrieb des Geschäfts zu schädigen, wird mit Geldstrafe bis zu eintausendfünfhundert Mark oder mit Gefängniß bis zu einem Jahre bestraft.

§ 8. Wer im geschäftlichen Verkehr einen Namen, eine Firma oder die besondere Bezeichnung eines Erwerbsgeschäfts, eines gewerblichen Unternehmens oder einer Druckschrift in einer Weise benutzt, welche darauf berechnet und geeignet ist, Verwechselungen mit dem Namen, der Firma oder der besonderen Bezeichnung hervorzurufen, deren sich ein Anderer befugterweise bedient, ist diesem zum Ersatze des Schadens verpflichtet. Auch kann der Anspruch auf Unterlassung der mißbräuchlichen Art der Benutzung geltend gemacht werden.

§ 9. Mit Geldstrafe bis zu dreitausend Mark oder mit Gefängniß bis zu einem Jahre wird bestraft, wer als Angestellter, Arbeiter oder Lehrling eines Geschäftsbetriebes Geschäfts- oder Betriebsgeheimnisse, die ihm vermöge des Dienstverhältnisses anvertraut oder sonst zugänglich geworden sind, während der Geltungsdauer des Dienstverhältnisses unbefugt an Andere zu Zwecken des Wettbewerbes oder in der Absicht, dem Inhaber des Geschäftsbetriebes Schaden zuzufügen, mittheilt.

Gleiche Strafe trifft denjenigen, welcher Geschäfts- oder Betriebsgeheimnisse, deren Kenntniß er durch eine der im Absatz 1 bezeichneten Mittheilungen oder durch eine gegen das Gesetz oder die guten Sitten verstoßende eigene Handlung erlangt hat, zu Zwecken des Wettbewerbes unbefugt verwerthet oder an Andere mittheilt.

Zuwiderhandlungen verpflichten außerdem zum Ersatze des entstandenen Schadens. Mehrere Verpflichtete haften als Gesammtschuldner.

§ 10. Wer zum Zweck des Wettbewerbes es unternimmt, einen Anderen zu einer unbefugten Mittheilung der im § 9 Absatz 1 bezeichneten Art zu bestimmen, wird mit Geldstrafe bis zu zweitausend Mark oder mit Gefängniß bis zu neun Monaten bestraft.

§ 11. Die in den §§ 1, 6, 8, 9 bezeichneten Ansprüche auf Unterlassung oder Schadensersatz verjähren in sechs Monaten von dem Zeitpunkte an, in welchem der Anspruchsberechtigte von der Handlung und von der Person des Verpflichteten Kenntniß erlangt, ohne Rücksicht auf diese Kenntniß in drei Jahren von der Begehung der Handlung an.

Für die Ansprüche auf Schadensersatz beginnt der Lauf der

Verjährung nicht vor dem Zeitpunkt, in welchem ein Schaden entstanden ist.

§ 12. Die Strafverfolgung tritt mit Ausnahme der im § 5 bezeichneten Fälle nur auf Antrag ein. In den Fällen des § 4 hat das Recht den Strafantrag zu stellen, jeder der im § 1 Absatz 1 bezeichneten Gewerbetreibenden und Verbände.

Die Zurücknahme des Antrages ist zulässig.

Strafbare Handlungen, deren Verfolgung nur auf Antrag eintritt, können von den zum Strafantrage Berechtigten im Wege der Privatklage verfolgt werden, ohne daß es einer vorgängigen Anrufung der Staatsanwaltschaft bedarf. Die öffentliche Klage wird von der Staatsanwaltschaft nur dann erhoben, wenn dies im öffentlichen Interesse liegt.

Geschieht die Verfolgung im Wege der Privatklage, so sind die Schöffengerichte zuständig.

§ 13. Wird in den Fällen des § 4 auf Strafe erkannt, so kann angeordnet werden, daß die Verurtheilung auf Kosten des Schuldigen öffentlich bekannt zu machen sei.

Wird in den Fällen des § 7 auf Strafe erkannt, so ist zugleich dem Verletzten die Befugniß zuzusprechen, die Verurtheilung innerhalb bestimmter Frist auf Kosten des Verurtheilten öffentlich bekannt zu machen.

Auf Antrag des freigesprochenen Angeschuldigten kann das Gericht die öffentliche Bekanntmachung der Freisprechung anordnen; die Staatskasse trägt die Kosten, insofern dieselben nicht dem Anzeigenden oder dem Privatkläger auferlegt worden sind.

Ist in den Fällen der §§ 1, 6 und 8 auf Unterlassung Klage erhoben, so kann in dem Urtheile der obsiegenden Partei die Befugniß zugesprochen werden, den verfügenden Theil des Urtheils innerhalb bestimmter Frist auf Kosten der unterliegenden Partei öffentlich bekannt zu machen.

Die Art der Bekanntmachung ist im Urtheil zu bestimmen.

§ 14. Neben einer nach Maßgabe dieses Gesetzes verhängten Strafe kann auf Verlangen des Verletzten auf eine an ihn zu erlegende Buße bis zum Betrage von zehntausend Mark erkannt werden. Für diese Buße haften die zu derselben Verurtheilten als Gesammtschuldner. Eine erkannte Buße schließt die Geltendmachung eines weiteren Entschädigungsanspruchs aus.

§ 15. Bürgerliche Rechtsstreitigkeiten, in welchen durch Klage ein Anspruch auf Grund dieses Gesetzes geltend gemacht ist, gehören, insoweit in erster Instanz die Zuständigkeit der Landgerichte begründet ist, vor die Kammer für Handelssachen. Die Verhandlung und Entscheidung letzter Instanz im Sinne des § 8 des Einführungsgesetzes zum Gerichtsverfassungsgesetze wird dem Reichsgericht zugewiesen.

§ 16. Wer im Inlande eine Hauptniederlassung nicht besitzt, hat auf den Schutz dieses Gesetzes nur insoweit Anspruch, als in dem

Staate, in welchem seine Hauptniederlassung sich befindet, nach einer im Reichs-Gesetzblatt enthaltenen Bekanntmachung deutsche Gewerbetreibende einen entsprechenden Schutz genießen.

§ 17. Dieses Gesetz tritt am 1. Juli 1896 in Kraft.

---

121) Gesetz, betr. Abänderung der Gewerbeordnung. Vom 6. August 1896. (RGBl S. 685.)

[Enthält Aenderungen der GO. Vgl. jetzt Neu-Publikation vom 26. Juli 1900.]

---

122) Gesetz, betr. die Abänderung des Gesetzes über die Erwerbs- und Wirthschaftsgenossenschaften vom 1. Mai 1889, sowie den Geschäftsbetrieb von Konsumanstalten. Vom 12. August 1896. (RGBl S. 695.)

Artikel 1. Das Gesetz, betreffend die Erwerbs- und Wirthschaftsgenossenschaften, vom 1. Mai 1889 (Reichs-Gesetzbl. S. 55) wird durch nachstehende Vorschriften abgeändert und ergänzt:

[Betrifft die §§ 8 Abs. 4, 20, 31, 32, 91 Abs. 3, 92, 152, 153, 154 des G, betr. die Erwerbs- und Wirthschaftsgenossenschaften in der Fassung vom 20. Mai 1898.]

Artikel 2. Die im Artikel 1 Nr. 1, 3 und 7 enthaltenen Vorschriften finden auf Konsumanstalten, welche von Arbeitgebern für ihre Arbeiter und Beamten betrieben werden, sowie auf Vereinigungen (Gesellschaften, Korporationen), deren wesentlicher Geschäftszweck es ist, ihren Mitgliedern oder bestimmten Berufskreisen in dem Bezug von Waaren Vortheile zu verschaffen, insbesondere auch auf Beamten- und Offiziervereine mit der Maßgabe sinngemäße Anwendung, daß die hinsichtlich der Mitglieder der Konsumvereine getroffenen Bestimmungen bei den vorbezeichneten Konsumanstalten und Vereinigungen hinsichtlich derjenigen Personen gelten, für welche die Einrichtung bestimmt ist. Jedoch ist es den Konsumanstalten und Vereinigungen der vorbezeichneten Art gestattet, in ihren Speiseanstalten Waaren zum alsbaldigen persönlichen Verbrauch auch an Dritte abzugeben.

Artikel 3. Dieses Gesetz tritt am 1. Januar 1897 in Kraft.

---

123) Abkommen zur Regelung von Fragen des internationalen Privatrechts. Vom 14. November 1896, mit Zusatzprotokoll vom 22. Mai 1897. (RGBl S. 1899.)

(Haager Konvention.)

[Betrifft Mittheilung gerichtlicher und außergerichtlicher Urkunden, Ersuchungsschreiben, Sicherheitsleistung für die Prozeßkosten, Armenrecht, Personalhaft.]

---

124) Bekanntmachung, betr. Ausführungsbestimmungen zur Gewerbeordnung. Vom 27. November 1896. (RGBl S. 745.)

1897.

125) Bekanntmachung, betr. Ausführungsbestimmungen zur Gewerbeordnung. Vom 25. März 1897. (RGBl S. 96.)

126) Gesetz wegen Abänderung des Gesetzes, betr. die Beschlagnahme des Arbeits- oder Dienstlohnes, und der Civilprozeßordnung. Vom 29. März 1897. (RGBl S. 159.)

[Die Aenderungen sind oben S. 11 bei dem G vom 21. Juni 1869 hervorgehoben.]

127) Gesetz wegen anderweiter Bemessung der Wittwen- und Waisengelder. Vom 17. April 1897. (RGBl S. 455.)

[Enthält Aenderungen der Gesetze vom 20. April 1881, 17. Juni 1887, 13. Juni 1895. Vgl. ebenda.]

128) Verordnung, betr. die Ausdehnung der §§ 135 bis 139, und des § 139b der Gewerbeordnung auf die Werkstätten der Kleider- und Wäschekonfektion. Vom 31. Mai 1897. (RGBl S. 459.)

129) Verordnung zur Ausführung des Patentgesetzes vom 7. April 1891. Vom 5. Juni 1897. (RGBl S. 473.)

Vgl. S. 182 Anm. zu § 17 des Patentgesetzes.

130) Gesetz über das Auswanderungswesen. Vom 9. Juni 1897. (RGBl S. 463.)

I. Unternehmer.

§ 1. Wer die Beförderung von Auswanderern nach außerdeutschen Ländern betreiben will (Unternehmer), bedarf hierzu der Erlaubniß.

§ 2. Zur Ertheilung oder Versagung der Erlaubniß ist der Reichskanzler unter Zustimmung des Bundesraths zuständig.[1]

§ 3. Die Erlaubniß ist in der Regel nur zu ertheilen:

a) an Reichsangehörige, welche ihre gewerbliche Niederlassung im Reichsgebiete haben;

b) an Handelsgesellschaften, eingetragene Genossenschaften und juristische Personen, welche im Reichsgebiet ihren Sitz haben; an offene Handelsgesellschaften, Kommanditgesellschaften und Kommanditgesellschaften auf Aktien jedoch nur, wenn ihre persönlich haftenden Gesellschafter sämmtlich Reichsangehörige sind.

§ 4. Ausländischen Personen oder Gesellschaften, sowie solchen

[1] Vgl. CBl 1898 S. 221. 273. 288. 335. 495. 1899 S. 2, 42. 127. 128. 406. 1900 S. 21. 662. 1901 S. 306.

Reichsangehörigen, welche ihre gewerbliche Niederlassung nicht im Reichsgebiete haben, darf die Erlaubniß nur ertheilt werden, wenn sie

a) einen im Reichsgebiete wohnhaften Reichsangehörigen zu ihrem Bevollmächtigten bestellen, welcher sie in den auf die Beförderung der Auswanderer bezüglichen Angelegenheiten Behörden und Privaten gegenüber rechtsverbindlich zu vertreten hat,

b) wegen der aus der Annahme und Beförderung der Auswanderer erwachsenden Rechtsstreitigkeiten dem deutschen Rechte und den deutschen Gerichten sich unterwerfen.

§ 5. Vor Ertheilung der Erlaubniß hat der Nachsuchende eine Sicherheit im Mindestbetrage von fünfzigtausend Mark zu bestellen und im Falle beabsichtigter überseeischer Beförderung den Nachweis zu führen, daß er Rheder ist.

§ 6. Die Erlaubniß ist nur für bestimmte Länder, Theile von solchen oder bestimmte Orte und im Falle überseeischer Beförderung nur für bestimmte Einschiffungshäfen zu ertheilen.

§ 7. Bei Ertheilung der Erlaubniß an solche deutsche Gesellschaften, welche sich die Besiedelung eines von ihnen in überseeischen Ländern erworbenen Gebiets zur Aufgabe machen, ist der Reichskanzler an die Vorschriften des § 5 nicht gebunden.

Im Uebrigen können aus besonderen Gründen Ausnahmen von den Vorschriften des § 5 zugelassen werden.

§ 8. Die Erlaubniß berechtigt den Unternehmer zum Geschäftsbetrieb im ganzen Reichsgebiete mit der Einschränkung, daß er außerhalb des Gemeindebezirkes seiner gewerblichen Niederlassung und des Gemeindebezirkes seiner etwaigen Zweigniederlassungen bei der Ausübung seines gesammten Geschäftsbetriebs, soweit es sich dabei nicht lediglich um die Ertheilung von Auskunft auf Anfrage oder um die Veröffentlichung der Beförderungsgelegenheiten und Beförderungsbedingungen handelt, ausschließlich der Vermittelung seiner nach § 11 ff. zugelassenen Agenten sich zu bedienen hat.

§ 9. Der Unternehmer kann seine Befugnisse zum Geschäftsbetriebe durch Stellvertreter ausüben. Die Bestellung eines solchen ist erforderlich für die Geschäftsführung in Zweigniederlassungen.

Nach dem Tode des Unternehmers sowie im Falle einer Vormundschaft oder Pflegschaft kann der Geschäftsbetrieb noch längstens sechs Monate durch Stellvertreter fortgesetzt werden.

Die Bestellung eines Stellvertreters bedarf der Genehmigung des Reichskanzlers.

§ 10. Die den Unternehmern ertheilte Erlaubniß kann unter Zustimmung des Bundesraths vom Reichskanzler jederzeit beschränkt oder widerrufen werden. Die Genehmigung der Bestellung eines Stellvertreters kann vom Reichskanzler jederzeit widerrufen werden.

II. Agenten.

§ 11. Wer bei einem Betriebe der im § 1 bezeichneten Art durch Vorbereitung, Vermittelung oder Abschluß des Beförderungsvertrags gewerbsmäßig mitwirken will (Agent), bedarf hierzu der Erlaubniß.

§ 12. Die Erlaubniß wird von der höheren Verwaltungsbehörde ertheilt.

§ 13. Die Erlaubniß darf nur ertheilt werden an Reichsangehörige, welche im Bezirke der höheren Verwaltungsbehörde (§ 12) ihre gewerbliche Niederlassung oder ihren Wohnsitz haben und von einem zugelassenen Unternehmer (§ 1) bevollmächtigt sind.

Die Erlaubniß darf auch bei Erfüllung der vorstehenden Erfordernisse nicht ertheilt werden:

a) wenn Thatsachen vorliegen, welche die Unzuverlässigkeit des Nachsuchenden in Beziehung auf den beabsichtigten Geschäftsbetrieb darthun;

b) wenn einer den Verhältnissen des Verwaltungsbezirkes der zuständigen Verwaltungsbehörde entsprechenden Anzahl von Personen die Erlaubniß zum Betriebe des Geschäfts eines Auswanderungsagenten ertheilt oder ausgedehnt (§ 15) worden ist.

§ 14. Vor Ertheilung der Erlaubniß hat der Nachsuchende eine Sicherheit im Mindestbetrage von fünfzehnhundert Mark zu bestellen.

§ 15. Die Erlaubniß berechtigt zum Geschäftsbetrieb im Bezirke der die Erlaubniß ertheilenden Behörde, wenn sie nicht auf einen Theil desselben beschränkt wird. Im Einvernehmen mit dieser Behörde kann jedoch dem Agenten die Ausdehnung seines Geschäftsbetriebs auf benachbarte Bezirke von den für letztere zuständigen höheren Verwaltungsbehörden gestattet werden.

§ 16. Für andere als den in der Erlaubnißurkunde namhaft gemachten Unternehmer sowie auf eigene Rechnung darf der Agent Geschäfte der im § 11 bezeichneten Art nicht besorgen.

§ 17. Dem Agenten ist es untersagt, seine Geschäfte in Zweigniederlassungen, durch Stellvertreter oder im Umherziehen zu betreiben.

§ 18. Die dem Agenten ertheilte Erlaubniß kann jederzeit beschränkt oder widerrufen werden.

Die Erlaubniß muß widerrufen werden:

a) wenn den Erfordernissen nicht mehr genügt wird, an welche die Ertheilung der Erlaubniß nach § 13 Absatz 1 gebunden ist;

b) wenn Thatsachen vorliegen, welche die Unzuverlässigkeit des Agenten in Beziehung auf den Geschäftsbetrieb darthun;

c) wenn die Sicherheit ganz oder zum Theil zur Deckung der auf ihr haftenden Ansprüche verwendet worden ist und nicht binnen vier Wochen nach ergangener Aufforderung neu bestellt oder ergänzt wird.

§ 19. Gegen die auf Grund der §§ 11 bis 15 und 18 von der höheren Verwaltungsbehörde getroffenen Verfügungen ist Beschwerde an die Aufsichtsbehörde zulässig. Die Frist zur Einlegung der Beschwerde beträgt zwei Wochen.

III. Gemeinsame Bestimmungen für Unternehmer und Agenten.

§ 20. Die von den Unternehmern und von den Agenten bestellten Sicherheiten haften für alle anläßlich ihres Geschäftsbetriebs gegenüber den Behörden und gegenüber den Auswanderern begründeten Verbindlichkeiten sowie für Geldstrafen und Kosten.

§ 21. Der Bundesrath erläßt nähere Bestimmungen über den Geschäftsbetrieb der Unternehmer und Agenten und deren Beaufsichtigung, namentlich auch

a) über die von ihnen zu führenden Bücher, Listen, statistischen und sonstigen Nachweisungen sowie über die in Anwendung zu bringenden Vertragsformulare;

b) über die Art und Weise der Sicherheitsbestellung und die Bedingungen, welche über die Haftbarkeit sowie über die Ergänzung und die Rückgabe der Sicherheit in die Bestellungsurkunde aufzunehmen sind.[1]

IV. Allgemeine Bestimmungen über die Beförderung von Auswanderern.

§ 22. Der Unternehmer darf Auswanderer nur befördern auf Grund eines vorher abgeschlossenen schriftlichen Vertrags.

Den Auswanderern darf nicht die Verpflichtung auferlegt werden, den Beförderungspreis oder einen Theil desselben oder ihnen geleistete Vorschüsse nach ihrer Ankunft am Bestimmungsorte zu zahlen oder zurückzuerstatten oder durch Arbeit abzuverdienen; ebensowenig dürfen sie in der Wahl ihres Aufenthaltsorts oder ihrer Beschäftigung im Bestimmungslande beschränkt werden.

§ 23. Verboten ist die Beförderung sowie der Abschluß von Verträgen über die Beförderung:

a) von Wehrpflichtigen im Alter vom vollendeten siebzehnten bis zum vollendeten fünfundzwanzigsten Lebensjahre, bevor sie eine Entlassungsurkunde (§ 14 des Gesetzes über die Erwerbung und den Verlust der Bundes- und Staatsangehörigkeit vom 1. Juni 1870) oder ein Zeugniß der Ersatzkommission darüber beigebracht haben, daß ihrer Auswanderung aus dem Grunde der Wehrpflicht kein Hinderniß entgegensteht;

b) von Personen, deren Verhaftung oder Festnahme von einer Gerichts- oder Polizeibehörde angeordnet ist;

c) von Reichsangehörigen, für welche von fremden Regierungen oder von Kolonisationsgesellschaften oder ähnlichen Unternehmungen der Beförderungspreis ganz oder theilweise bezahlt wird oder Vorschüsse geleistet werden; Ausnahmen von dieser Bestimmung kann der Reichskanzler zulassen.

---

[1] Vgl. Bekanntm., betr. Bestimmungen über den Geschäftsbetrieb der Auswanderungsunternehmer und Agenten. Vom 14. März 1898 (RGBl S. 39).

§ 24. Auswanderer, welche sich nicht im Besitze der nach § 23a erforderlichen Urkunde befinden, oder welche zu den im § 23 unter b und c bezeichneten Personen gehören, können durch die Polizeibehörden am Verlassen des Reichsgebiets verhindert werden.

Die Polizeibehörden in den Hafenorten sind befugt, die Unternehmer an der Einschiffung von Personen zu verhindern, deren Beförderung auf Grund dieses Gesetzes verboten ist.

V. Besondere Bestimmungen für die überseeische Auswanderung nach außereuropäischen Ländern.

§ 25. Verträge über die überseeische Beförderung von Auswanderern müssen auf Beförderung und Verpflegung bis zur Landung im außereuropäischen Ausschiffungshafen gerichtet sein. Sie sind auf die Weiterbeförderung und Verpflegung vom Ausschiffungshafen bis an das Auswanderungsziel zu erstrecken, insoweit dies bei der Ertheilung der Erlaubniß (§ 1) zur Bedingung gemacht ist.

Soll das Schiff in einem außerdeutschen Hafen bestiegen oder gewechselt werden, so ist dies in den Beförderungsvertrag aufzunehmen.

§ 26. Der Verkauf von Fahrscheinen an Auswanderer zur Weiterbeförderung von einem überseeischen Platze aus ist verboten.

Dieses Verbot findet jedoch keine Anwendung auf Verträge, durch welche der Unternehmer (§ 1) sich zugleich zur Weiterbeförderung vom überseeischen Ausschiffungshafen aus verpflichtet.

§ 27. Der Unternehmer ist verpflichtet, den Auswanderern an dem zu ihrer Einschiffung oder Weiterbeförderung bestimmten Orte bei jeder nicht von ihnen selbst verschuldeten Verzögerung der Beförderung von dem vertragsmäßig bestimmten Abfahrtstag an ohne besondere Vergütung Unterkunft und Verpflegung zu gewähren.

§ 28. Falls die Verzögerung länger als eine Woche dauert, hat der Auswanderer, unbeschadet der ihm nach dem bürgerlichen Rechte etwa zustehenden Ansprüche auf Schadensersatz, das Recht, von dem Vertrage zurückzutreten und die Rückerstattung des gezahlten Ueberfahrtsgeldes zu verlangen.

§ 29. Die Rückerstattung des Ueberfahrtsgeldes kann auch dann verlangt werden, wenn der Auswanderer oder einer der ihn begleitenden Familienangehörigen vor Antritt der Seereise stirbt oder nachweislich durch Krankheit oder durch sonstige außer seiner Macht liegende Zwischenfälle am Antritte der Seereise verhindert wird.

Das Gleiche gilt, wenn in Fällen des § 26 Absatz 2 die Verhinderung im überseeischen Ausschiffungshafen eintritt, rücksichtlich des den Weiterbeförderungskosten entsprechenden Theiles des Ueberfahrtsgeldes.

Die Hälfte des Ueberfahrtsgeldes kann zurückverlangt werden, wenn der Auswanderer vor Antritt der Reise vom Vertrag aus anderen Gründen zurücktritt.

§ 30. Wird das Schiff durch einen Seeunfall oder einen anderen Umstand an der Fortsetzung der Reise verhindert oder zu einer längeren Unterbrechung derselben genöthigt, so ist der Unternehmer (§ 1) verpflichtet, ohne besondere Vergütung den Auswanderern angemessene Unterkunft und Verpflegung zu gewähren und die Beförderung derselben und ihres Gepäcks nach dem Bestimmungsorte sobald als möglich herbeizuführen.

Diese Vorschrift findet sinngemäße Anwendung auf die Weiterbeförderung vom überseeischen Ausschiffungshafen aus (§ 26 Absatz 2).

§ 31. Vereinbarungen, welche den Bestimmungen der §§ 27 bis 30 zuwiderlaufen, haben keine rechtliche Wirkung.

§ 32. Der Unternehmer kann verpflichtet werden, zur Sicherstellung der ihm aus den §§ 27 bis 30 entstehenden Verpflichtungen eine das Ueberfahrtsgeld um den halben Betrag übersteigende Summe zu versichern oder einen der Versicherungssumme entsprechenden Betrag zu hinterlegen.

§ 33. Der Unternehmer hat dafür Sorge zu tragen, daß das Schiff, mit welchem die Auswanderer befördert werden sollen, für die beabsichtigte Reise völlig seetüchtig, vorschriftsmäßig eingerichtet, ausgerüstet und verproviantirt ist.

Die gleiche Verpflichtung trifft den Führer des Schiffes.

§ 34. Jedes Auswandererschiff unterliegt vor dem Antritte der Reise einer Untersuchung über seine Seetüchtigkeit, Einrichtung, Ausrüstung und Verproviantirung.

Die Untersuchung erfolgt durch amtliche, von den Landesregierungen bestellte Besichtiger.

§ 35. Vor Abgang des Schiffes ist der Gesundheitszustand der Auswanderer und der Schiffsbesatzung durch einen von der Auswanderungsbehörde (§ 40) zu bestimmenden Arzt zu untersuchen.

§ 36. Der Bundesrath erläßt Vorschriften[1] über die Beschaffenheit, Einrichtung, Ausrüstung und Verproviantirung der Auswandererschiffe, über die amtliche Besichtigung und Kontrolle dieser Schiffe, ferner über die ärztliche Untersuchung der Reisenden und der Schiffsbesatzung vor der Einschiffung, über die Ausschließung kranker Personen, über das Verfahren bei der Einschiffung und über den Schutz der Auswanderer in gesundheitlicher und sittlicher Hinsicht.

Die vom Bundesrath erlassenen Vorschriften sind durch das Reichs-Gesetzblatt zu veröffentlichen und dem Reichstage bei seinem nächsten Zusammentritte zur Kenntnißnahme vorzulegen.

§ 37. Als Auswandererschiffe im Sinne dieses Gesetzes gelten alle nach außereuropäischen Häfen bestimmten Seeschiffe, mit denen, abgesehen von den Kajütspassagieren, mindestens fünfundzwanzig Reisende befördert werden sollen.

---

[1] Vgl. Bekanntm., betr. Vorschriften über Auswandererschiffe. Vom 14. März 1898 (RGBl S. 57). Berichtigung eines Druckfehlers s. RGBl 1898 S. 917.

VI. Auswanderungsbehörden.

§ 38. Zur Mitwirkung bei Ausübung der dem Reichskanzler auf dem Gebiete des Auswanderungswesens zustehenden Befugnisse wird ein sachverständiger Beirath[1] gebildet, welcher aus einem Vorsitzenden und mindestens vierzehn Mitgliedern besteht. Den Vorsitzenden ernennt der Kaiser. Die Mitglieder werden vom Bundesrathe gewählt. Alle zwei Jahre findet eine Neuwahl sämmtlicher Mitglieder statt. Im Uebrigen wird die Organisation des Beiraths durch ein vom Bundesrathe zu erlassendes Regulativ und seine Thätigkeit durch eine selbstgegebene Geschäftsordnung geregelt.

§ 39. Die Anhörung des Beiraths muß erfolgen vor Ertheilung der Erlaubniß für solche Unternehmungen, welche die Besiedelung eines bestimmten Gebiets in überseeischen Ländern zum Gegenstande haben, sowie im Falle der Beschränkung oder des Widerrufs der einem Unternehmer ertheilten Erlaubniß.

Außerdem können auf dem Gebiete des Auswanderungswesens von dem Reichskanzler geeignete wichtigere Fragen dem Beirathe zur Begutachtung vorgelegt und von letzterem Anträge an den Reichskanzler gestellt werden.

§ 40. Zur Ueberwachung des Auswanderungswesens und der Ausführung der darauf bezüglichen Bestimmungen sind an denjenigen Hafenplätzen, für welche Unternehmer zugelassen sind, von den Landesregierungen Auswanderungsbehörden zu bestellen.

§ 41. In den Hafenorten übt der Reichskanzler die Aufsicht über das Auswanderungswesen durch von ihm bestellte Kommissare aus.

Diese Kommissare sind befugt, den im § 34 vorgesehenen Untersuchungen beizuwohnen, auch selbständig Untersuchungen der Auswandererschiffe vorzunehmen. Sie haben die Landesbehörden auf die von ihnen wahrgenommenen Mängel und Verstöße aufmerksam zu machen und auf deren Abstellung zu dringen.

Die Führer von Auswandererschiffen sind verpflichtet, den Kommissaren auf Erfordern wahrheitsgetreue Auskunft über alle Verhältnisse des Schiffes und über dessen Reise zu ertheilen, sowie jederzeit das Betreten der Schiffsräume und die Einsicht in die Schiffspapiere zu gestatten.

Im Auslande werden die Obliegenheiten der Kommissare behufs Wahrnehmung der Interessen deutscher Auswanderer von den Behörden des Reichs wahrgenommen, denen erforderlichenfalls besondere Kommissare als Hülfsbeamte beizugeben sind.

VII. Beförderung von außerdeutschen Häfen aus.

§ 42. Durch Kaiserliche Verordnung mit Zustimmung des Bundesraths können zur Regelung der Beförderung von Auswan-

[1] Vgl. CBl 1898 S. 98.

derern und Passagieren auf deutschen Schiffen, welche von außerdeutschen Häfen ausgehen, Vorschriften der im § 36 bezeichneten Art erlassen werden.

VIII. Strafbestimmungen.

§ 43. Unternehmer (§ 1), welche den Bestimmungen der §§ 8, 22, 23, 25, 32 und 33 Absatz 1 oder den für die Ausübung ihres Geschäftsbetriebs von den zuständigen Behörden erlassenen Vorschriften zuwiderhandeln, werden mit Geldstrafe von einhundertfünfzig bis zu sechstausend Mark oder mit Gefängniß bis zu sechs Monaten bestraft.

Sind die Zuwiderhandlungen von einem Stellvertreter (§ 9) begangen worden, so trifft die Strafe diesen; der Unternehmer ist neben demselben strafbar, wenn die Zuwiderhandlung mit seinem Vorwissen begangen ist, oder wenn er bei der nach den Verhältnissen möglichen eigenen Beaufsichtigung des Stellvertreters es an der erforderlichen Sorgfalt hat fehlen lassen.

Die gleiche Strafe trifft Schiffsführer, welche den ihnen im § 33 Absatz 2 und im § 41 Absatz 3 auferlegten Verpflichtungen oder den auf Grund des § 36 erlassenen Vorschriften zuwiderhandeln, ohne Unterschied, ob die Zuwiderhandlung im Inland oder im Auslande begangen ist.

§ 44. Agenten (§ 11), welche den Bestimmungen der §§ 15, 16, 17, 22 Absatz 2, 23 und 25 oder den für die Ausübung ihres Geschäftsbetriebs von den zuständigen Behörden erlassenen Vorschriften zuwiderhandeln, werden mit Geldstrafe von dreißig bis zu dreitausend Mark oder mit Gefängniß bis zu drei Monaten bestraft.

§ 45. Wer ohne die nach §§ 1 und 11 erforderliche Erlaubniß die Beförderung von Auswanderern betreibt oder bei einem solchen Betriebe gewerbsmäßig mitwirkt, wird mit Gefängniß bis zu einem Jahre und mit Geldstrafe bis zu sechstausend Mark oder mit einer dieser Strafen bestraft.

Die gleiche Strafe trifft denjenigen, welcher sich zum Geschäfte macht, zur Auswanderung anzuwerben.

§ 46. Wer der Vorschrift des § 26 Absatz 1 zuwiderhandelt, wird mit Geldstrafe bis zu einhundertfünfzig Mark oder mit Haft bestraft.

§ 47. Wer den auf Grund des § 42 erlassenen Vorschriften zuwiderhandelt, wird mit Geldstrafe von einhundertfünfzig bis zu sechstausend Mark oder mit Gefängniß bis zu sechs Monaten bestraft.

§ 48. Wer eine Frauensperson zu dem Zwecke, sie der gewerbsmäßigen Unzucht zuzuführen, mittelst arglistiger Verschweigung dieses Zweckes zur Auswanderung verleitet, wird mit Zuchthaus bis zu fünf Jahren bestraft. Neben der Zuchthausstrafe ist der Verlust der bürgerlichen Ehrenrechte auszusprechen; auch kann zugleich auf Geldstrafe von einhundertfünfzig bis zu sechstausend Mark sowie auf Zulässigkeit von Polizeiaufsicht erkannt werden.

Dieselben Strafvorschriften finden auf denjenigen Anwendung, welcher mit Kenntniß des vom Thäter in solcher Weise verfolgten Zweckes die Auswanderung der Frauensperson vorsätzlich befördert; sind mildernde Umstände vorhanden, so tritt Gefängnißstrafe nicht unter drei Monaten ein, neben welcher auf Geldstrafe von einhundertfünfzig bis zu sechstausend Mark erkannt werden kann.

Schlußbestimmungen.

§ 49. Welche Behörden in jedem Bundesstaat unter der Bezeichnung: Aufsichtsbehörde, höhere Verwaltungsbehörde, Polizeibehörde zu verstehen sind, wird von der Zentralbehörde des Bundesstaats bekannt gemacht.

§ 50. Dieses Gesetz tritt am 1. April 1898 in Kraft. Mit dem gleichen Zeitpunkt erlöschen die auf Grund landesgesetzlicher Vorschriften ertheilten Genehmigungen zur Beförderung oder zur Mitwirkung bei der Beförderung von Auswanderern.

---

131) Weltpostvertrag vom 15. Juni 1897 (RGBl 1898 S. 1079 ff.) und die verschiedenen dahin gehörigen Uebereinkommen vom 15. Juni 1897 (RGBl 1898 S. 1115 ff.).

Vgl. Anm. zum Postgesetz vom 28. Oktober 1871.

---

132) Gesetz, betr. den Verkehr mit Butter, Käse, Schmalz und deren Ersatzmitteln. Vom 15. Juni 1897. (RGBl S. 475.)

§ 1. Die Geschäftsräume und sonstigen Verkaufsstellen, einschließlich der Marktstände, in denen Margarine, Margarinekäse oder Kunstspeisefett gewerbsmäßig verkauft oder feilgehalten wird, müssen an in die Augen fallender Stelle die deutliche, nicht verwischbare Inschrift „Verkauf von Margarine“, „Verkauf von Margarinekäse“, „Verkauf von Kunstspeisefett“ tragen.

Margarine im Sinne dieses Gesetzes sind diejenigen, der Milchbutter oder dem Butterschmalz ähnlichen Zubereitungen, deren Fettgehalt nicht ausschließlich der Milch entstammt.

Margarinekäse im Sinne dieses Gesetzes sind diejenigen käseartigen Zubereitungen, deren Fettgehalt nicht ausschließlich der Milch entstammt.

Kunstspeisefett im Sinne dieses Gesetzes sind diejenigen, dem Schweineschmalz ähnlichen Zubereitungen, deren Fettgehalt nicht ausschließlich aus Schweinefett besteht. Ausgenommen sind unverfälschte Fette bestimmter Thier- oder Pflanzenarten, welche unter den ihrem Ursprung entsprechenden Bezeichnungen in den Verkehr gebracht werden.

§ 2. Die Gefäße und äußeren Umhüllungen, in welchen Margarine, Margarinekäse oder Kunstspeisefett gewerbsmäßig verkauft oder feilgehalten wird, müssen an in die Augen fallenden Stellen die deutliche, nicht verwischbare Inschrift „Margarine“, „Margarinekäse", „Kunstspeisefett" tragen. Die Gefäße müssen außerdem mit einem stets sichtbaren, bandförmigen Streifen von rother Farbe versehen sein, welcher bei Gefäßen bis zu 35 Centimeter Höhe mindestens 2 Centimeter, bei höheren Gefäßen mindestens 5 Centimeter breit sein muß.

Wird Margarine, Margarinekäse oder Kunstspeisefett in ganzen Gebinden oder Kisten gewerbsmäßig verkauft oder feilgehalten, so hat die Inschrift außerdem den Namen oder die Firma des Fabrikanten, sowie die von dem Fabrikanten zur Kennzeichnung der Beschaffenheit seiner Erzeugnisse angewendeten Zeichen (Fabrikmarke) zu enthalten.

Im gewerbsmäßigen Einzelverkaufe müssen Margarine, Margarinekäse und Kunstspeisefett an den Käufer in einer Umhüllung abgegeben werden, auf welcher die Inschrift „Margarine", „Margarinekäse", „Kunstspeisefett" mit dem Namen oder der Firma des Verkäufers angebracht ist.

Wird Margarine oder Margarinekäse in regelmäßig geformten Stücken gewerbsmäßig verkauft oder feilgehalten, so müssen dieselben von Würfelform sein, auch muß denselben die Inschrift „Margarine", „Margarinekäse" eingepreßt sein.

§ 3. Die Vermischung von Butter oder Butterschmalz mit Margarine oder anderen Speisefetten zum Zwecke des Handels mit diesen Mischungen ist verboten.

Unter diese Bestimmung fällt auch die Verwendung von Milch oder Rahm bei der gewerbsmäßigen Herstellung von Margarine, sofern mehr als 100 Gewichtstheile Milch oder eine dementsprechende Menge Rahm auf 100 Gewichtstheile der nicht der Milch entstammenden Fette in Anwendung kommen.

§ 4. In Räumen, woselbst Butter oder Butterschmalz gewerbsmäßig hergestellt, aufbewahrt, verpackt oder feilgehalten wird, ist die Herstellung, Aufbewahrung, Verpackung oder das Feilhalten von Margarine oder Kunstspeisefett verboten. Ebenso ist in Räumen, woselbst Käse gewerbsmäßig hergestellt, aufbewahrt, verpackt oder feilgehalten wird, die Herstellung, Aufbewahrung, Verpackung oder das Feilhalten von Margarinekäse untersagt.

In Orten, welche nach dem endgültigen Ergebnisse der letztmaligen Volkszählung weniger als 5000 Einwohner hatten, findet die Bestimmung des vorstehenden Absatzes auf den Kleinhandel und das Aufbewahren der für den Kleinhandel erforderlichen Bedarfsmengen in öffentlichen Verkaufsstätten, sowie auf das Verpacken der daselbst im Kleinhandel zum Verkaufe gelangenden Waaren keine Anwendung. Jedoch müssen Margarine, Margarinekäse und Kunstspeisefett innerhalb der Verkaufsräume in besonderen Vorrathsgefäßen und an besonderen Lagerstellen, welche von den zur Aufbewahrung von Butter, Butterschmalz und Käse dienenden Lagerstellen getrennt sind, aufbewahrt werden.

Für Orte, deren Einwohnerzahl erst nach dem endgültigen Ergebniß einer späteren Volkszählung die angegebene Grenze überschreitet, wird der Zeitpunkt, von welchem ab die Vorschrift des zweiten Absatzes nicht mehr Anwendung findet, durch die nach Anordnung der Landes-Zentralbehörde zuständigen Verwaltungsstellen bestimmt. Mit Genehmigung der Landes-Zentralbehörde können diese Verwaltungsstellen bestimmen, daß die Vorschrift des zweiten Absatzes von einem bestimmten Zeitpunkt ab ausnahmsweise in einzelnen Orten mit weniger als 5000 Einwohnern nicht Anwendung findet, sofern der unmittelbare räumliche Zusammenhang mit einer Ortschaft von mehr als 5000 Einwohnern ein Bedürfniß hierfür begründet.

Die auf Grund des dritten Absatzes ergehenden Bestimmungen sind mindestens sechs Monate vor dem Eintritte des darin bezeichneten Zeitpunktes öffentlich bekannt zu machen.

§ 5. In öffentlichen Angeboten, sowie in Schlußscheinen, Rechnungen, Frachtbriefen, Konnossementen, Lagerscheinen, Ladescheinen und sonstigen im Handelsverkehr üblichen Schriftstücken, welche sich auf die Lieferung von Margarine, Margarinekäse oder Kunstspeisefett beziehen, müssen die diesem Gesetz entsprechenden Waarenbezeichnungen angewendet werden.

§ 6. Margarine und Margarinekäse, welche zu Handelszwecken bestimmt sind, müssen einen die allgemeine Erkennbarkeit der Waare mittelst chemischer Untersuchung erleichternden, Beschaffenheit und Farbe derselben nicht schädigenden Zusatz erhalten.

Die näheren Bestimmungen hierüber werden vom Bundesrath erlassen und im Reichs-Gesetzblatte veröffentlicht.[1]

§ 7. Wer Margarine, Margarinekäse oder Kunstspeisefett gewerbsmäßig herstellen will, hat davon der nach den landesrechtlichen Bestimmungen zuständigen Behörde Anzeige zu erstatten, hierbei auch die für die Herstellung, Aufbewahrung, Verpackung und Feilhaltung der Waaren dauernd bestimmten Räume zu bezeichnen und die etwa bestellten Betriebsleiter und Aufsichtspersonen namhaft zu machen.

Für bereits bestehende Betriebe ist eine entsprechende Anzeige binnen zwei Monaten nach Inkrafttreten dieses Gesetzes zu erstatten.

Veränderungen bezüglich der der Anzeigepflicht unterliegenden Räume und Personen sind nach Maßgabe der Bestimmung des Absatzes 1 der zuständigen Behörde binnen drei Tagen anzuzeigen.

§ 8. Die Beamten der Polizei und die von der Polizeibehörde beauftragten Sachverständigen sind befugt, in die Räume, in denen Butter, Margarine, Margarinekäse oder Kunstspeisefett gewerbsmäßig hergestellt wird, jederzeit, in die Räume, in denen Butter, Margarine, Margarinekäse oder Kunstspeisefett aufbewahrt, feilgehalten oder verpackt wird, während der Geschäftszeit einzutreten

---

[1] Vgl. Bekanntm., betr. Bestimmungen zur Ausführung des Gesetzes über den Verkehr mit Butter, Käse, Schmalz und deren Ersatzmitteln. Vom 4. Juli 1897 (RGBl S. 591).

und daselbst Revisionen vorzunehmen, auch nach ihrer Auswahl Proben zum Zwecke der Untersuchung gegen Empfangsbescheinigung zu entnehmen. Auf Verlangen ist ein Theil der Probe amtlich verschlossen oder versiegelt zurückzulassen und für die entnommene Probe eine angemessene Entschädigung zu leisten.

§ 9. Die Unternehmer von Betrieben, in denen Margarine, Margarinekäse oder Kunstspeisefett gewerbsmäßig hergestellt wird, sowie die von ihnen bestellten Betriebsleiter und Aufsichtspersonen sind verpflichtet, der Polizeibehörde oder deren Beauftragten auf Erfordern Auskunft über das Verfahren bei Herstellung der Erzeugnisse, über den Umfang des Betriebs und über die zur Verarbeitung gelangenden Rohstoffe, insbesondere auch über deren Menge und Herkunft zu ertheilen.

§ 10. Die Beauftragten der Polizeibehörde sind, vorbehaltlich der dienstlichen Berichterstattung und der Anzeige von Gesetzwidrigkeiten, verpflichtet, über die Thatsachen und Einrichtungen, welche durch die Ueberwachung und Kontrole der Betriebe zu ihrer Kenntniß kommen, Verschwiegenheit zu beobachten und sich der Mittheilung und Nachahmung der von den Betriebsunternehmern geheim gehaltenen, zu ihrer Kenntniß gelangten Betriebseinrichtungen und Betriebsweisen, solange als diese Betriebsgeheimnisse sind, zu enthalten.

Die Beauftragten der Polizeibehörde sind hierauf zu beeidigen.

§ 11. Der Bundesrath ist ermächtigt, das gewerbsmäßige Verkaufen und Feilhalten von Butter, deren Fettgehalt nicht eine bestimmte Grenze erreicht oder deren Wasser- oder Salzgehalt eine bestimmte Grenze überschreitet, zu verbieten.[1]

§ 12. Der Bundesrath ist ermächtigt,

1) nähere, im Reichs-Gesetzblatte zu veröffentlichende Bestimmungen zur Ausführung der Vorschriften des § 2 zu erlassen,[2]
2) Grundsätze aufzustellen, nach welchen die zur Durchführung dieses Gesetzes, sowie des Gesetzes vom 14. Mai 1879, betreffend den Verkehr mit Nahrungsmitteln, Genußmitteln und Gebrauchsgegenständen (Reichs-Gesetzbl. S. 145), erforderlichen Untersuchungen von Fetten und Käsen vorzunehmen sind.

§ 13. Die Vorschriften dieses Gesetzes finden auf solche Erzeugnisse der im § 1 bezeichneten Art, welche zum Genusse für Menschen nicht bestimmt sind, keine Anwendung.

§ 14. Mit Gefängniß bis zu sechs Monaten und mit Geldstrafe bis zu eintausendfünfhundert Mark oder mit einer dieser Strafen wird bestraft:

1) wer zum Zwecke der Täuschung im Handel und Verkehr eine der nach § 3 unzulässigen Mischungen herstellt;
2) wer in Ausübung eines Gewerbes wissentlich solche Mischungen verkauft, feilhält oder sonst in Verkehr bringt;

---

[1] S. Bekanntm. vom 1. März 1902 (RGBl S. 64). [2] S. Anm. zu § 6.

3) wer Margarine oder Margarinekäse ohne den nach § 6 erforderlichen Zusatz vorsätzlich herstellt oder wissentlich verkauft, feilhält oder sonst in Verkehr bringt.

Im Wiederholungsfalle tritt Gefängnißstrafe bis zu sechs Monaten ein, neben welcher auf Geldstrafe bis zu eintausendfünfhundert Mark erkannt werden kann; diese Bestimmung findet nicht Anwendung, wenn seit dem Zeitpunkt, in welchem die für die frühere Zuwiderhandlung erkannte Strafe verbüßt oder erlassen ist, drei Jahre verflossen sind.

§ 15. Mit Geldstrafe bis zu eintausendfünfhundert Mark oder mit Gefängniß bis zu drei Monaten wird bestraft, wer als Beauftragter der Polizeibehörde unbefugt Betriebsgeheimnisse, welche kraft seines Auftrags zu seiner Kenntniß gekommen sind, offenbart, oder geheimgehaltene Betriebseinrichtungen oder Betriebsweisen, von denen er kraft seines Auftrags Kenntniß erlangt hat, nachahmt, solange dieselben noch Betriebsgeheimnisse sind.

Die Verfolgung tritt nur auf Antrag des Betriebsunternehmers ein.

§ 16. Mit Geldstrafe von fünfzig bis zu einhundertfünfzig Mark oder mit Haft wird bestraft:

1) wer den Vorschriften des § 8 zuwider den Eintritt in die Räume, die Entnahme einer Probe oder die Revision verweigert;
2) wer die in Gemäßheit des § 9 von ihm erforderte Auskunft nicht ertheilt oder bei der Auskunftertheilung wissentlich unwahre Angaben macht.

§ 17. Mit Geldstrafe bis zu einhundertfünfzig Mark oder mit Haft bis zu vier Wochen wird bestraft:

1) wer den Vorschriften des § 7 zuwiderhandelt;
2) wer bei der nach § 9 von ihm erforderten Auskunftertheilung aus Fahrlässigkeit unwahre Angaben macht.

§ 18. Außer den Fällen der §§ 14 bis 17 werden Zuwiderhandlungen gegen die Vorschriften dieses Gesetzes sowie gegen die in Gemäßheit der §§ 11 und 12 Ziffer 1 ergehenden Bestimmungen des Bundesraths mit Geldstrafe bis zu einhundertfünfzig Mark oder mit Haft bestraft.

Im Wiederholungsfall ist auf Geldstrafe bis zu sechshundert Mark, oder auf Haft, oder auf Gefängniß bis zu drei Monaten zu erkennen. Diese Bestimmung findet keine Anwendung, wenn seit dem Zeitpunkt, in welchem die für die frühere Zuwiderhandlung erkannte Strafe verbüßt oder erlassen ist, drei Jahre verflossen sind.

§ 19. In den Fällen der §§ 14 und 18 kann neben der Strafe auf Einziehung der verbotswidrig hergestellten, verkauften, feilgehaltenen oder sonst in Verkehr gebrachten Gegenstände erkannt werden, ohne Unterschied, ob sie dem Verurtheilten gehören oder nicht.

Ist die Verfolgung oder Verurtheilung einer bestimmten Person nicht ausführbar, so kann auf die Einziehung selbständig erkannt werden.

§ 20. Die Vorschriften des Gesetzes, betreffend den Verkehr mit Nahrungsmitteln, Genußmitteln und Gebrauchsgegenständen, vom 14. Mai 1879 (Reichs-Gesetzbl. S. 145) bleiben unberührt. Die Vorschriften in den §§ 16, 17 desselben finden auch bei Zuwiderhandlungen gegen die Vorschriften des gegenwärtigen Gesetzes mit der Maßgabe Anwendung, daß in den Fällen des § 14 die öffentliche Bekanntmachung der Verurtheilung angeordnet werden muß.

§ 21. Die Bestimmungen des § 4 treten mit dem 1. April 1898 in Kraft.

Im Uebrigen tritt dieses Gesetz am 1. Oktober 1897 in Kraft. Mit diesem Zeitpunkte tritt das Gesetz, betreffend den Verkehr mit Ersatzmitteln für Butter, vom 12. Juli 1887 (Reichs-Gesetzbl. S. 375) außer Kraft.

---

133) Verordnung, betr. die anderweite Bemessung des Wittwen- und Waisengeldes für die Hinterbliebenen der Reichsbankbeamten. Vom 26. Juli 1897. (RGBl S. 613.)

Vgl. Anm. zu § 28 des Bankgesetzes vom 14. März 1875.

---

134) Gesetz, betr. die Abänderung der Gewerbeordnung. Vom 26. Juli 1897. (RGBl S. 663 ff.)[1]

Artikel 1 (enthält die Abänderung von Titel VI der Gewerbeordnung).

Artikel 2 (enthält die Abänderung der §§ 126—133).

Artikel 3, 4, 5 enthalten Abänderungen einzelner §§ der Gewerbeordnung.

(Vgl. die Neu-Publikation der Gewerbeordnung vom 26. Juli 1900.)

Uebergangsbestimmungen.

Artikel 6. 1. Auf bestehende Innungen finden die Vorschriften dieses Gesetzes Anwendung; sie haben innerhalb eines Jahres nach dem Inkrafttreten der in den §§ 81 bis 99 des Artikels 1 vorgesehenen Bestimmungen ihre Verfassung diesen Vorschriften entsprechend umzugestalten. Wird die Umgestaltung nicht bewirkt, so hat die höhere Verwaltungsbehörde die erforderliche Abänderung anzuordnen und, falls dieser Anordnung nicht Folge gegeben wird, entweder die Aenderung mit rechtsverbindlicher Kraft zu verfügen oder die Innung zu schließen.

2. Die von der höheren Verwaltungsbehörde auf Grund der bisherigen §§ 100e und 100f der Gewerbeordnung getroffenen Bestimmungen werden mit dem Ablaufe von sechs Monaten nach dem Inkrafttreten der §§ 81 bis 99 des Artikels 1 aufgehoben.

---

[1] Theilweise Inkraftsetzung durch VO vom 14. März 1898 (RGBl S. 37).

Wird innerhalb dieser Frist der Antrag auf Erlaß der im § 100 Absatz 1 des Artikels 1 bezeichneten Anordnung von einer Innung gestellt, für welche Bestimmungen auf Grund der bisherigen §§ 100e oder 100f ergangen sind, so kann demselben stattgegeben werden, ohne daß die Voraussetzungen des § 100 Absatz 1 Ziffer 1 und 2 zutreffen.

3. Die Innungs-Krankenkassen haben ihre Statuten gemäß den Vorschriften des § 90 dieses Gesetzes zu ändern. Falls dies binnen einer von der Aufsichtsbehörde zu bestimmenden Frist nicht geschieht, so können sie, soweit nicht die Bestimmungen des § 100l Anwendung finden, geschlossen werden.

4. Tritt an Stelle einer beim Inkrafttreten dieses Gesetzes einem Innungsausschuß oder Innungsverband angehörigen Innung eine Zwangsinnung, so wird sie bis zur anderweiten Beschlußfassung der Innungsversammlung mit allen Rechten und Verbindlichkeiten Mitglied des Innungsausschusses oder Innungsverbandes.

Artikel 7. Gewerbetreibende, welche bei Erlaß des Gesetzes Lehrlinge halten, sind berechtigt, diese Lehrlinge auszulehren.

Auf Personen, welche beim Inkrafttreten dieser Bestimmungen das siebzehnte Lebensjahr vollendet haben, findet § 129 Absatz 1 des Artikels 2 mit der Maßgabe Anwendung, daß denselben die Befugniß zur Anleitung von Lehrlingen auch dann zusteht, wenn sie nur eine zweijährige Lehrzeit zurückgelegt haben.

Die untere Verwaltungsbehörde ist befugt, Personen, welche den Voraussetzungen des Absatzes 2 nicht entsprechen, die Befugniß zur Anleitung von Lehrlingen zu verleihen.

Die Landes-Zentralbehörde kann für einzelne Gewerbe oder Zweige eines Gewerbes bestimmen, daß den im Absatze 2 bezeichneten Personen die Befugniß zur Anleitung von Lehrlingen auch dann zusteht, wenn sie eine kürzere als zweijährige Lehrzeit zurückgelegt haben.

Artikel 8. Wer beim Inkrafttreten dieser Bestimmungen persönlich ein Handwerk selbständig ausübt, ist befugt, den Meistertitel (Artikel 2 § 133) zu führen, wenn er in diesem Gewerbe die Befugniß zur Anleitung von Lehrlingen besitzt.

---

135) Verordnung, betr. die Ausführung der am 9. September 1886 zu Bern abgeschlossenen Uebereinkunft wegen Bildung eines internationalen Verbandes zum Schutze von Werken der Litteratur und Kunst. Vom 29. November 1897. (RGBl S. 787.)

Vgl. Anm. [1] Nr. 2 zum G vom 4. April 1888.

1898.

136) Gesetz wegen Aufhebung der Kautionspflicht der Reichsbeamten. Vom 20. Februar 1898. (RGBl S. 29.)[1]

§ 1. Die Verpflichtung der Reichsbeamten zur Kautionsleistung nach Maßgabe des Gesetzes vom 2. Juni 1869 (Bundes-Gesetzbl. S. 161) wird aufgehoben.

§ 2. Die Rückgabe der Kautionen erfolgt nach näherer Bestimmung des Reichskanzlers innerhalb einer zweijährigen Frist nach dem Inkrafttreten dieses Gesetzes.

Für etwaige vor der Rückgabe bekannt gewordene Ersatzansprüche bleiben die Kautionen verhaftet. Ihre Rückgabe wird in Höhe der Ansprüche ausgesetzt, bis über diese endgültig entschieden ist.

§ 3. Die über die Kautionspflicht der Reichsbankbeamten bestehenden Bestimmungen bleiben unberührt.

---

138) Verordnung über theilweise Inkraftsetzung des Gesetzes, betr. die Abänderung der Gewerbeordnung vom 26. Juli 1897. Vom 14. März 1898. (RGBl S. 37.)

[Vgl. Anm. [1] zum G betr. die Abänderung der Gewerbeordnung vom 26. Juli 1897 (RGBl S. 663).]

---

139) Gesetz, betr. die Ermächtigung des Reichskanzlers zur Bekanntmachung der Texte verschiedener Reichsgesetze. Vom 17. Mai 1898. (RGBl S. 342.)

§ 1. Der Reichskanzler wird ermächtigt, die Texte

1) des Gerichtsverfassungsgesetzes,
2) der Civilprozeßordnung,
3) der Konkursordnung,
4) des Gerichtskostengesetzes,
5) der Gebührenordnung für Gerichtsvollzieher,
6) der Gebührenordnung für Zeugen und Sachverständige,
7) der Gebührenordnung für Rechtsanwälte,
8) des Gesetzes, betreffend die Anfechtung von Rechtshandlungen eines Schuldners außerhalb des Konkursverfahrens,

wie sie sich aus den Aenderungen ergeben, welche in

dem Gesetze vom 29. Juni 1881 (Reichs-Gesetzbl. S. 178),
dem Gesetze vom 17. März 1886 (Reichs-Gesetzbl. S. 61,
dem Gesetze vom 30. April 1886 (Reichs-Gesetzbl. S. 130),
dem Gesetze vom 5. April 1888 (Reichs-Gesetzbl. S. 133),
dem Gesetze vom 11. Juni 1890 (Reichs-Gesetzbl. S. 73),
dem Gesetze vom 29. März 1897 (Reichs-Gesetzbl. S. 159),
dem Gesetze, betreffend Aenderungen des Gerichtsverfassungsgesetzes und der Strafprozeßordnung,

---

[1] Vgl. oben S. 9, zum G vom 2. Juni 1869.

dem Gesetze, betreffend Aenderungen der Civilprozeßordnung, und dem zugehörigen Einführungsgesetze,
dem Gesetze, betreffend Aenderungen der Konkursordnung, und dem zugehörigen Einführungsgesetze,
sowie in dem § 153 Abs. 1 des Gesetzes, betreffend die Erwerbs- und Wirthschaftsgenossenschaften, vom 1. Mai 1889 (Reichs-Gesetzbl. S. 55), dem Artikel 13 Abs. 3 des Einführungsgesetzes zum Handelsgesetzbuch und dem Abs. 2

vorgesehen sind, und zwar die Civilprozeßordnung und die Konkursordnung unter fortlaufender Nummerfolge der Paragraphen, durch das Reichs-Gesetzblatt bekannt zu machen.

Soweit in Reichsgesetzen oder in Landesgesetzen auf Vorschriften der im Abs. 1 Nr. 1 bis 8 bezeichneten Gesetze verwiesen ist, treten die entsprechenden Vorschriften der durch den Reichskanzler bekannt gemachten Texte an ihre Stelle.

§ 2. Der Reichskanzler wird ermächtigt, die Texte

1) des Gesetzes über die Zwangsversteigerung und die Zwangsverwaltung und des zugehörigen Einführungsgesetzes,
2) der Grundbuchordnung,
3) des Gesetzes über die Angelegenheiten der freiwilligen Gerichtsbarkeit

durch das Reichs-Gesetzblatt in der Weise bekannt zu machen, daß die darin enthaltenen Verweisungen auf Vorschriften der Civilprozeßordnung, der Konkursordnung und der im Artikel 13 Abs. 1 des Einführungsgesetzes zum Handelsgesetzbuche bezeichneten Gesetze durch Verweisungen auf die entsprechenden Vorschriften der durch den Reichskanzler bekannt gemachten Texte zu ersetzen sind.

---

140) Bekanntmachung der Texte verschiedener Reichsgesetze in der vom 1. Januar 1900 an geltenden Fassung. Vom 20. Mai 1898.
(RGBl S. 369.)

Auf Grund des Gesetzes, betreffend die Ermächtigung des Reichskanzlers zur Bekanntmachung der Texte verschiedener Reichsgesetze, vom 17. Mai 1898 werden die Texte der unten folgenden Gesetze:

des Gerichtsverfassungsgesetzes, der Civilprozeßordnung, der Konkursordnung, des Gerichtskostengesetzes, der Gebührenordnung für Gerichtsvollzieher, der Gebührenordnung für Zeugen und Sachverständige, der Gebührenordnung für Rechtsanwälte, des Gesetzes, betreffend die Anfechtung von Rechtshandlungen eines Schuldners außerhalb des Konkursverfahrens, unter Ausschluß des die Uebergangsbestimmungen enthaltenden § 14 des Gesetzes vom 21. Juli 1879 (Reichs-Gesetzbl. S. 277), des Gesetzes über die Zwangsversteigerung und die Zwangsverwaltung und des zugehörigen Einführungsgesetzes, der Grundbuchordnung und des Gesetzes über die Angelegenheiten der freiwilligen Gerichtsbarkeit

bekannt gemacht.

Ferner werden auf Grund des Artikel 13 des Einführungsgesetzes zum Handelsgesetzbuche vom 10. Mai 1897 die Texte des Gesetzes, betreffend die Erwerbs- und Wirthschaftsgenossenschaften, unter Ausschluß der in den §§ 153 bis 170 des Gesetzes vom 1. Mai 1889 (Reichs-Gesetzbl. S. 55) enthaltenen Schluß- und Uebergangsbestimmungen, des Gesetzes, betreffend die Gesellschaften mit beschränkter Haftung, und des Gesetzes, betreffend die privatrechtlichen Verhältnisse der Binnenschiffahrt, nachstehend bekannt gemacht.

---

141) Gesetz, betr. die Anfechtung von Rechtshandlungen eines Schuldners außerhalb des Konkursverfahrens.

[In der Fassung der Bekanntm. vom 20. Mai 1898 (RGBl S. 709 ff.).]

§ 1. Rechtshandlungen eines Schuldners können außerhalb des Konkursverfahrens zum Zwecke der Befriedigung eines Gläubigers als diesem gegenüber unwirksam nach Maßgabe der folgenden Bestimmungen angefochten werden.

§ 2. Zur Anfechtung ist jeder Gläubiger, welcher einen vollstreckbaren Schuldtitel erlangt hat und dessen Forderung fällig ist, befugt, sofern die Zwangsvollstreckung in das Vermögen des Schuldners zu einer vollständigen Befriedigung des Gläubigers nicht geführt hat, oder anzunehmen ist, daß sie zu einer solchen nicht führen würde.

§ 3. Anfechtbar sind:

1) Rechtshandlungen, welche der Schuldner in der dem anderen Theile bekannten Absicht, seine Gläubiger zu benachtheiligen, vorgenommen hat;
2) die in dem letzten Jahre vor der Anfechtung geschlossenen entgeltlichen Verträge des Schuldners
   mit seinem Ehegatten, vor oder während der Ehe, mit seinen oder seines Ehegatten Verwandten in auf- oder absteigender Linie, mit seinen oder seines Ehegatten voll- und halbbürtigen Geschwistern, oder mit dem Ehegatten einer dieser Personen,

   sofern durch den Abschluß des Vertrages die Gläubiger des Schuldners benachtheiligt werden und der andere Theil nicht beweist, daß ihm zur Zeit des Vertragsabschlusses eine Absicht des Schuldners, die Gläubiger zu benachtheiligen, nicht bekannt war;
3) die in dem letzten Jahre vor der Anfechtung von dem Schuldner vorgenommenen unentgeltlichen Verfügungen, sofern nicht dieselben gebräuchliche Gelegenheitsgeschenke zum Gegenstande hatten;
4) die in den letzten zwei Jahren vor der Anfechtung von dem Schuldner vorgenommenen unentgeltlichen Verfügungen zu Gunsten seines Ehegatten.

§ 3a. Hat der Erbe aus dem Nachlasse Pflichttheilsansprüche, Vermächtnisse oder Auflagen erfüllt, so kann ein Nachlaßgläubiger, der im Konkursverfahren über den Nachlaß dem Empfänger der Leistung im Range vorgehen oder gleichstehen würde, die Leistung in gleicher Weise anfechten wie eine unentgeltliche Verfügung des Erben.

§ 4. Hat der Gläubiger, bevor er einen vollstreckbaren Schuldtitel erlangt hatte oder seine Forderung fällig war, denjenigen, welchem gegenüber eine im § 3 Nr. 2 bis 4 bezeichnete Rechtshandlung vorgenommen ist, von seiner Absicht, die Handlung anzufechten, durch Zustellung eines Schriftsatzes in Kenntniß gesetzt, so wird die Frist von dem Zeitpunkte der Zustellung zurückgerechnet, sofern schon zu dieser Zeit der Schuldner zahlungsunfähig war und bis zum Ablaufe von zwei Jahren seit diesem Zeitpunkte die Anfechtung erfolgt ist.

§ 5. Die Erhebung des Anfechtungsanspruchs im Wege der Einrede kann erfolgen, bevor ein vollstreckbarer Schuldtitel für die Forderung erlangt ist; der Gläubiger hat denselben jedoch vor der Entscheidung binnen einer von dem Gerichte zu bestimmenden Frist beizubringen.

§ 6. Die Anfechtung wird dadurch nicht ausgeschlossen, daß für die anzufechtende Rechtshandlung ein vollstreckbarer Schuldtitel erlangt, oder daß dieselbe durch Zwangsvollstreckung oder durch Vollziehung eines Arrestes erwirkt worden ist.

§ 7. Der Gläubiger kann, soweit es zu seiner Befriedigung erforderlich ist, beanspruchen, daß dasjenige, was durch die anfechtbare Handlung aus dem Vermögen des Schuldners veräußert, weggegeben oder aufgegeben ist, als noch zu demselben gehörig von dem Empfänger zurückgewährt werde.

Der gutgläubige Empfänger einer unentgeltlichen Leistung hat dieselbe nur soweit zurückzugewähren, als er durch sie bereichert ist.

§ 8. Wegen Erstattung einer Gegenleistung oder im Fall einer anfechtbaren Leistung wegen seiner Forderung kann der Empfänger sich nur an den Schuldner halten.

§ 9. Erfolgt die Anfechtung im Wege der Klage, so hat der Klagantrag bestimmt zu bezeichnen, in welchem Umfange und in welcher Weise die Rückgewähr seitens des Empfängers bewirkt werden soll.

§ 10. Liegt ein nur vorläufig vollstreckbarer Schuldtitel des Gläubigers oder ein unter Vorbehalt ergangenes Urtheil (Civilprozeßordnung §§ 540, 599) vor, so ist in dem den Anfechtungsanspruch für begründet erklärenden Urtheile die Vollstreckung desselben davon abhängig zu machen, daß die gegen den Schuldner ergangene Entscheidung rechtskräftig oder vorbehaltlos wird.

§ 11. Die gegen den Erblasser begründete Anfechtung findet gegen den Erben statt.

Gegen einen anderen Rechtsnachfolger desjenigen, welchem

gegenüber die anfechtbare Handlung vorgenommen ist, findet die gegen den letzteren begründete Anfechtung statt:

1) wenn ihm zur Zeit seines Erwerbes die Umstände, welche die Anfechtbarkeit des Erwerbes seines Rechtsvorgängers begründen, bekannt waren;
2) wenn er zu den im § 3 Nr. 2 genannten Personen gehört, es sei denn, daß ihm zur Zeit seines Erwerbes die Umstände, welche die Anfechtbarkeit des Erwerbes seines Rechtsvorgängers begründen, unbekannt waren;
3) wenn ihm das Erlangte unentgeltlich zugewendet worden ist.

Im Falle des Abs. 2 Nr. 3 findet auf die Haftung des Rechtsnachfolgers die Vorschrift des § 7 Abs. 2 Anwendung.

Zur Erstreckung der Fristen in Gemäßheit des § 4 genügt die Zustellung des Schriftsatzes an den Rechtsnachfolger, gegen welchen die Anfechtung erfolgen soll.

§ 12. Die Anfechtung einer nach § 3 Nr. 1 anfechtbaren Handlung kann nur binnen zehn Jahren erfolgen. Auf den Lauf der Frist finden die für die Verjährung geltenden Vorschriften des § 203 Abs. 2 und der §§ 206, 207 des Bürgerlichen Gesetzbuchs entsprechende Anwendung.

Die Frist beginnt mit dem Zeitpunkt, in welchem der Gläubiger den vollstreckbaren Schuldtitel erlangt hatte und seine Forderung fällig war, wenn aber die Rechtshandlung nach diesem Zeitpunkte vorgenommen ist, mit der Vornahme der Handlung.

Die Anfechtung ist ausgeschlossen, wenn seit der Vornahme der Rechtshandlung dreißig Jahre verstrichen sind.

§ 13. Wird über das Vermögen des Schuldners das Konkursverfahren eröffnet, so steht die Verfolgung der von Konkursgläubigern erhobenen Anfechtungsansprüche dem Konkursverwalter zu. Aus dem Erstrittenen sind dem Gläubiger die Prozeßkosten vorweg zu erstatten.

Ist das Verfahren über den Anfechtungsanspruch noch rechtshängig, so wird dasselbe unterbrochen. Im Fall einer Verzögerung der Aufnahme kommen die Bestimmungen der Civilprozeßordnung § 239 zur entsprechenden Anwendung. Der Konkursverwalter kann den Anspruch nach den Vorschriften der Konkursordnung §§ 37 bis 39, 41 in Gemäßheit der §§ 268, 529 der Civilprozeßordnung erweitern. Lehnt der Verwalter die Aufnahme des Rechtsstreits ab, so kann derselbe rücksichtlich der Prozeßkosten von jeder Partei aufgenommen werden. Durch die Ablehnung der Aufnahme wird die Befugniß des Verwalters, nach den Vorschriften der Konkursordnung das Anfechtungsrecht auszuüben, nicht ausgeschlossen.

Soweit der Gläubiger aus dem Zurückzugewährenden eine Sicherung oder Befriedigung erlangt hatte, finden auf die Anfechtung derselben die Vorschriften des § 30 Nr. 1 der Konkursordnung entsprechende Anwendung.

Nach der Beendigung des Konkursverfahrens können Anfechtungsrechte, deren Ausübung dem Konkursverwalter zustand, von den einzelnen Gläubigern nach Maßgabe dieses Gesetzes verfolgt werden, soweit nicht dem Anspruch entgegenstehende Einreden gegen den Verwalter erlangt sind. War die Anfechtung nicht schon zur Zeit der Eröffnung des Konkursverfahrens erfolgt, so wird die im § 3 Nr. 2 bis 4 bestimmte Frist von diesem Zeitpunkte berechnet, sofern die Anfechtung bis zum Ablauf eines Jahres seit der Beendigung des Konkursverfahrens erfolgt.

Rechtshandlungen, welche der Gemeinschuldner rücksichtlich seines nicht zur Konkursmasse gehörigen Vermögens vorgenommen hat, können von den Konkursgläubigern auch während des Konkursverfahrens nach Maßgabe dieses Gesetzes angefochten werden.[1]

---

142) Gesetz über die Angelegenheiten der freiwilligen Gerichtsbarkeit. Vom 17. Mai 1898. (RGBl S. 771—809.)

[In der Fassung der Bekanntm. vom 20. Mai 1898 (RGBl S. 771).]

Erster Abschnitt.

Allgemeine Vorschriften.

§ 1. Für diejenigen Angelegenheiten der freiwilligen Gerichtsbarkeit, welche durch Reichsgesetz den Gerichten übertragen sind, gelten, soweit nicht ein Anderes bestimmt ist, die nachstehenden allgemeinen Vorschriften.

§ 2. Die Gerichte haben sich Rechtshülfe zu leisten. Die §§ 158 bis 169 des Gerichtsverfassungsgesetzes finden Anwendung.

§ 3. Soweit für die örtliche Zuständigkeit der Gerichte der Wohnsitz eines Betheiligten maßgebend ist, bestimmt sich für Deutsche, die das Recht der Exterritorialität genießen, sowie für Beamte des Reichs oder eines Bundesstaats, die im Ausland angestellt sind, der Wohnsitz nach den Vorschriften des § 15 der Civilprozeßordnung.

§ 4. Unter mehreren zuständigen Gerichten gebührt demjenigen der Vorzug, welches zuerst in der Sache thätig geworden ist.

§ 5. Besteht Streit oder Ungewißheit darüber, welches von mehreren Gerichten örtlich zuständig ist, so wird das zuständige Gericht durch das gemeinschaftliche obere Gericht bestimmt. Ist das zuständige Gericht in einem einzelnen Falle an der Ausübung des

---

[1] Der durch die Bekanntm. vom 20. Mai 1898 ausgeschlossene § 14 des G vom 21. Juli 1879 lautete:

§ 14. Dieses Gesetz tritt im ganzen Umfange des Reichs gleichzeitig mit der Konkursordnung in Kraft.

Dasselbe findet auch auf die vor diesem Zeitpunkte vorgenommenen Rechtshandlungen Anwendung, sofern sie nicht nach den Vorschriften der bisherigen Gesetze der Anfechtung entzogen oder in geringerem Umfange unterworfen sind.

Ist der Anfechtungsanspruch zur Zeit des Inkrafttretens dieses Gesetzes rechtshängig, so bleiben für die Entscheidung des Rechtsstreits die Vorschriften der bisherigen Gesetze maßgebend.

Richteramts rechtlich oder thatsächlich verhindert, so erfolgt die Bestimmung durch das ihm im Instanzenzuge vorgeordnete Gericht.

Eine Anfechtung der Entscheidung findet nicht statt.

§ 6. Ein Richter ist von der Ausübung des Richteramts kraft Gesetzes ausgeschlossen:

1) in Sachen, in denen er selbst betheiligt ist oder in denen er zu einem Betheiligten in dem Verhältniß eines Mitberechtigten oder Mitverpflichteten steht;
2) in Sachen seiner Ehefrau, auch wenn die Ehe nicht mehr besteht;
3) in Sachen einer Person, mit der er in gerader Linie oder im zweiten Grade der Seitenlinie verwandt oder verschwägert ist;
4) in Sachen, in denen er als Vertreter eines Betheiligten bestellt oder als gesetzlicher Vertreter eines solchen aufzutreten berechtigt ist.

Ein Richter kann sich der Ausübung seines Amtes wegen Befangenheit enthalten. Die Ablehnung eines Richters ist ausgeschlossen.

§ 7. Gerichtliche Handlungen sind nicht aus dem Grunde unwirksam, weil sie von einem örtlich unzuständigen Gericht oder von einem Richter vorgenommen sind, der von der Ausübung des Richteramts kraft Gesetzes ausgeschlossen ist.

§ 8. Auf das gerichtliche Verfahren finden die Vorschriften des Gerichtsverfassungsgesetzes über die Gerichtssprache, über die Sitzungspolizei und über die Berathung und Abstimmung entsprechende Anwendung, die Vorschriften über die Gerichtssprache mit den sich aus dem § 9 ergebenden Abweichungen.

§ 9. Der Zuziehung eines Dolmetschers bedarf es nicht, wenn der Richter der Sprache, in der sich die betheiligten Personen erklären, mächtig ist; die Beeidigung des Dolmetschers ist nicht erforderlich, wenn die betheiligten Personen darauf verzichten. Auf den Dolmetscher finden die Vorschriften des § 6 entsprechende Anwendung.

§ 10. Auf das gerichtliche Verfahren sind die Gerichtsferien ohne Einfluß. Die Bearbeitung der Vormundschaftssachen und der Nachlaßsachen kann während der Ferien unterbleiben, soweit das Bedürfniß einer Beschleunigung nicht vorhanden ist.

§ 11. Anträge und Erklärungen können zum Protokolle des Gerichtsschreibers des zuständigen Gerichts oder des Gerichtsschreibers eines Amtsgerichts erfolgen.

§ 12. Das Gericht hat von Amtswegen die zur Feststellung der Thatsachen erforderlichen Ermittelungen zu veranstalten und die geeignet erscheinenden Beweise aufzunehmen.

§ 13. Die Betheiligten können mit Beiständen erscheinen. Sie können sich, soweit nicht das Gericht das persönliche Erscheinen anordnet, auch durch Bevollmächtigte vertreten lassen. Die Bevollmächtigten haben auf Anordnung des Gerichts oder auf Verlangen eines Betheiligten die Bevollmächtigung durch eine öffentlich beglaubigte Vollmacht nachzuweisen.

§ 14. Die Vorschriften der Civilprozeßordnung über das Armenrecht sowie die Vorschriften der §§ 34 bis 36 der Rechtsanwaltsordnung finden entsprechende Anwendung.

§ 15. Die Vorschriften der Civilprozeßordnung über den Zeugenbeweis, über den Beweis durch Sachverständige und über das Verfahren bei der Abnahme von Eiden finden entsprechende Anwendung. Ueber die Beeidigung eines Zeugen oder Sachverständigen entscheidet jedoch, unbeschadet der §§ 393, 402 der Civilprozeßordnung, das Ermessen des Gerichts.

Behufs der Glaubhaftmachung einer thatsächlichen Behauptung kann ein Betheiligter zur Versicherung an Eidesstatt zugelassen werden.

§ 16. Gerichtliche Verfügungen werden mit der Bekanntmachung an denjenigen, für welchen sie ihrem Inhalte nach bestimmt sind, wirksam.

Die Bekanntmachung erfolgt, wenn mit ihr der Lauf einer Frist beginnt, durch Zustellung nach den für die Zustellung von Amtswegen geltenden Vorschriften der Civilprozeßordnung; durch die Landesjustizverwaltung kann jedoch für Zustellungen im Ausland eine einfachere Art der Zustellung angeordnet werden. In denjenigen Fällen, in welchen mit der Bekanntmachung nicht der Lauf einer Frist beginnt, soll in den Akten vermerkt werden, in welcher Weise, an welchem Orte und an welchem Tage die Bekanntmachung zur Ausführung gebracht ist; durch die Landesjustizverwaltung kann näher bestimmt werden, in welcher Weise in diesen Fällen die Bekanntmachung zur Ausführung gebracht werden soll.

Einem Anwesenden kann die Verfügung zu Protokoll bekannt gemacht werden. Auf Verlangen ist ihm eine Abschrift der Verfügung zu ertheilen.

§ 17. Für die Berechnung der Fristen gelten die Vorschriften des Bürgerlichen Gesetzbuchs.

Fällt das Ende der Frist auf einen Sonntag oder allgemeinen Feiertag, so endigt die Frist mit dem Ablaufe des nächstfolgenden Werktags.

§ 18. Erachtet das Gericht eine von ihm erlassene Verfügung nachträglich für ungerechtfertigt, so ist es berechtigt, sie zu ändern; soweit eine Verfügung nur auf Antrag erlassen werden kann und der Antrag zurückgewiesen worden ist, darf die Aenderung nur auf Antrag erfolgen.

Zu der Aenderung einer Verfügung, die der sofortigen Beschwerde unterliegt, ist das Gericht nicht befugt.

§ 19. Gegen die Verfügungen des Gerichts erster Instanz findet das Rechtsmittel der Beschwerde statt.

Ueber die Beschwerde entscheidet das Landgericht.

§ 20. Die Beschwerde steht Jedem zu, dessen Recht durch die Verfügung beeinträchtigt ist.

Soweit eine Verfügung nur auf Antrag erlassen werden kann und der Antrag zurückgewiesen worden ist, steht die Beschwerde nur dem Antragsteller zu.

§ 21. Die Beschwerde kann bei dem Gerichte, dessen Verfügung angefochten wird, oder bei dem Beschwerdegericht eingelegt werden.

Die Einlegung erfolgt durch Einreichung einer Beschwerdeschrift oder durch Erklärung zum Protokolle des Gerichtsschreibers desjenigen Gerichts, dessen Verfügung angefochten wird, oder des Gerichtsschreibers des Beschwerdegerichts.

§ 22. Die sofortige Beschwerde ist binnen einer Frist von zwei Wochen einzulegen. Die Frist beginnt mit dem Zeitpunkt, in welchem die Verfügung dem Beschwerdeführer bekannt gemacht worden ist.

Einem Beschwerdeführer, der ohne sein Verschulden verhindert war, die Frist einzuhalten, ist auf Antrag von dem Beschwerdegerichte die Wiedereinsetzung in den vorigen Stand zu ertheilen, wenn er die Beschwerde binnen zwei Wochen nach der Beseitigung des Hindernisses einlegt und die Thatsachen, welche die Wiedereinsetzung begründen, glaubhaft macht. Eine Versäumung der Frist, die in dem Verschulden eines Vertreters ihren Grund hat, wird als eine unverschuldete nicht angesehen. Gegen die Entscheidung über den Antrag findet die sofortige weitere Beschwerde statt. Nach dem Ablauf eines Jahres, von dem Ende der versäumten Frist an gerechnet, kann die Wiedereinsetzung nicht mehr beantragt werden.

§ 23. Die Beschwerde kann auf neue Thatsachen und Beweise gestützt werden.

§ 24. Die Beschwerde hat nur dann aufschiebende Wirkung, wenn sie gegen eine Verfügung gerichtet ist, durch die eine Strafe festgesetzt wird.

Das Gericht, dessen Verfügung angefochten wird, kann anordnen, daß die Vollziehung auszusetzen ist.

Das Beschwerdegericht kann vor der Entscheidung eine einstweilige Anordnung erlassen; es kann insbesondere anordnen, daß die Vollziehung der angefochtenen Verfügung auszusetzen ist.

§ 25. Die Entscheidung des Beschwerdegerichts ist mit Gründen zu versehen.

§ 26. Die Entscheidung des Beschwerdegerichts wird in den Fällen, in welchen die sofortige weitere Beschwerde stattfindet, erst mit der Rechtskraft wirksam. Das Beschwerdegericht kann jedoch die sofortige Wirksamkeit der Entscheidung anordnen.

§ 27. Gegen die Entscheidung des Beschwerdegerichts ist das Rechtsmittel der weiteren Beschwerde zulässig, wenn die Entscheidung auf einer Verletzung des Gesetzes beruht. Die Vorschriften der

§§ 550, 551, 561, 563 der Civilprozeßordnung finden entsprechende Anwendung.

§ 28. Ueber die weitere Beschwerde entscheidet das Oberlandesgericht.

Will das Oberlandesgericht bei der Auslegung einer reichsgesetzlichen Vorschrift, welche eine der im § 1 bezeichneten Angelegenheiten betrifft, von der auf weitere Beschwerde ergangenen Entscheidung eines anderen Oberlandesgerichts, falls aber über die Rechtsfrage bereits eine Entscheidung des Reichsgerichts ergangen ist, von dieser abweichen, so hat es die weitere Beschwerde unter Begründung seiner Rechtsauffassung dem Reichsgerichte vorzulegen. Der Beschluß über die Vorlegung ist dem Beschwerdeführer bekannt zu machen.

In den Fällen des Abs. 2 entscheidet über die weitere Beschwerde das Reichsgericht.

§ 29. Die weitere Beschwerde kann bei dem Gericht erster Instanz, bei dem Landgericht oder bei dem Oberlandesgericht eingelegt werden. Erfolgt die Einlegung durch Einreichung einer Beschwerdeschrift, so muß diese von einem Rechtsanwalt unterzeichnet sein. Der Zuziehung eines Rechtsanwalts bedarf es nicht, wenn die Beschwerde von einer Behörde oder von einem Notar eingelegt wird, der in der Angelegenheit für den Beschwerdeführer einen Antrag bei dem Gericht erster Instanz gestellt hat.

Soweit eine Verfügung der sofortigen Beschwerde unterliegt, findet auch gegen die Entscheidung des Beschwerdegerichts die sofortige weitere Beschwerde statt.

Das Gericht erster Instanz und das Landgericht sind nicht befugt, der weiteren Beschwerde abzuhelfen.

Im Uebrigen finden die Vorschriften über die Beschwerde entsprechende Anwendung.

§ 30. Die Entscheidungen über Beschwerden erfolgen bei den Landgerichten durch eine Civilkammer, bei den Oberlandesgerichten und bei dem Reichsgerichte durch einen Civilsenat. Ist bei einem Landgericht eine Kammer für Handelssachen gebildet, so tritt für Handelssachen diese Kammer an die Stelle der Civilkammer.

Die Vorschriften des § 137 des Gerichtsverfassungsgesetzes finden entsprechende Anwendung.

§ 31. Zeugnisse über die Rechtskraft einer Verfügung sind von dem Gerichtsschreiber erster Instanz zu ertheilen.

§ 32. Ist eine Verfügung, durch die Jemand die Fähigkeit oder die Befugniß zur Vornahme eines Rechtsgeschäfts oder zur Entgegennahme einer Willenserklärung erlangt, ungerechtfertigt, so hat, sofern nicht die Verfügung wegen Mangels der sachlichen Zuständigkeit des Gerichts unwirksam ist, die Aufhebung der Verfügung auf die Wirksamkeit der inzwischen von ihm oder ihm gegenüber vorgenommenen Rechtsgeschäfte keinen Einfluß.

§ 33. Soll in den gesetzlich zugelassenen Fällen Jemand durch Ordnungsstrafen zur Befolgung einer gerichtlichen Anordnung angehalten werden, so muß der Festsetzung der Strafe eine Androhung vorausgehen. Die einzelne Strafe darf den Betrag von dreihundert Mark nicht übersteigen.

§ 34. Die Einsicht der Gerichtsakten kann Jedem insoweit gestattet werden, als er ein berechtigtes Interesse glaubhaft macht. Das Gleiche gilt von der Ertheilung einer Abschrift; die Abschrift ist auf Verlangen zu beglaubigen.

Zweiter Abschnitt.

Vormundschaftssachen.

§ 35. Für die dem Vormundschaftsgericht obliegenden Verrichtungen sind die Amtsgerichte zuständig.

§ 36. Für die Vormundschaft ist das Gericht zuständig, in dessen Bezirke der Mündel zu der Zeit, zu welcher die Anordnung der Vormundschaft erforderlich wird, seinen Wohnsitz oder in Ermangelung eines inländischen Wohnsitzes seinen Aufenthalt hat. Wird die Anordnung einer Vormundschaft über Geschwister erforderlich, die in den Bezirken verschiedener Vormundschaftsgerichte ihren Wohnsitz oder ihren Aufenthalt haben, so ist, wenn für einen der Mündel schon eine Vormundschaft anhängig ist, das für diese zuständige Gericht, anderenfalls dasjenige Gericht, in dessen Bezirke der jüngste Mündel seinen Wohnsitz oder seinen Aufenthalt hat, für alle Geschwister maßgebend.

Ist der Mündel ein Deutscher und hat er im Inlande weder Wohnsitz noch Aufenthalt, so ist das Gericht zuständig, in dessen Bezirke der Mündel seinen letzten inländischen Wohnsitz hatte. In Ermangelung eines solchen Wohnsitzes wird das zuständige Gericht, falls der Mündel einem Bundesstaat angehört, von der Landesjustizverwaltung, anderenfalls von dem Reichskanzler bestimmt.

Für die Vormundschaft über einen Minderjährigen, dessen Familienstand nicht zu ermitteln ist, ist das Gericht zuständig, in dessen Bezirke der Minderjährige aufgefunden wurde.

§ 37. Soll Jemand nach § 1909 des Bürgerlichen Gesetzbuchs einen Pfleger erhalten, so ist, wenn bei einem inländischen Gericht eine Vormundschaft über ihn anhängig ist, für die Pflegschaft dieses Gericht zuständig. Im Uebrigen finden auf die Pflegschaft die Vorschriften des § 36 Anwendung.

Für die Pflegschaft über einen Ausländer, für den bei einem inländischen Gericht eine Vormundschaft nicht anhängig ist und der im Inlande weder Wohnsitz noch Aufenthalt hat, ist das Gericht zuständig, in dessen Bezirke das Bedürfniß der Fürsorge hervortritt.

§ 38. Auf die Zuständigkeit für die Pflegschaft über einen Gebrechlichen finden die Vorschriften des § 36 Abs. 1, 2 und des § 37 Abs. 2 entsprechende Anwendung.

§ 39. Für die Pflegschaft über einen Abwesenden ist das Gericht zuständig, in dessen Bezirke der Abwesende seinen Wohnsitz hat.

Hat der Abwesende im Inlande keinen Wohnsitz, so finden die Vorschriften des § 36 Abs. 2 und des § 37 Abs. 2 entsprechende Anwendung.

§ 40. Für die Pflegschaft über eine Leibesfrucht ist das Gericht zuständig, welches für die Vormundschaft zuständig sein würde, falls das Kind zu der Zeit, zu welcher das Bedürfniß der Fürsorge hervortritt, geboren wäre.

§ 41. Wird im Falle des § 1913 des Bürgerlichen Gesetzbuchs die Anordnung einer Pflegschaft für den bei einer Angelegenheit Betheiligten erforderlich, so ist das Gericht zuständig, in dessen Bezirke das Bedürfniß der Fürsorge hervortritt.

§ 42. Für die Pflegschaft zum Zwecke der Verwaltung und Verwendung eines durch öffentliche Sammlung zusammengebrachten Vermögens ist das Gericht des Ortes zuständig, an welchem bisher die Verwaltung geführt wurde.

§ 43. Die Zuständigkeit für eine Verrichtung des Vormundschaftsgerichts, die nicht eine Vormundschaft oder eine Pflegschaft betrifft, bestimmt sich, soweit sich nicht aus dem Gesetz ein Anderes ergiebt, nach den Vorschriften des § 36 Abs. 1, 2; maßgebend ist für jede einzelne Angelegenheit der Zeitpunkt, in welchem das Gericht mit ihr befaßt wird.

Ist für die Person, in Ansehung deren die Verrichtung des Vormundschaftsgerichts erforderlich wird, eine Vormundschaft oder eine Pflegschaft anhängig oder ist der Mutter, unter deren elterlicher Gewalt sie steht, ein Beistand bestellt, so ist das Gericht zuständig, bei welchem die Vormundschaft, Pflegschaft oder Beistandschaft anhängig ist.

§ 44. Für die in den §§ 1665, 1846 des Bürgerlichen Gesetzbuchs und im Artikel 23 Abs. 2 des Einführungsgesetzes zum Bürgerlichen Gesetzbuche bezeichneten Maßregeln ist auch das Gericht zuständig, in dessen Bezirke das Bedürfniß der Fürsorge hervortritt. Das Gericht soll, wenn eine Vormundschaft, Pflegschaft oder Beistandschaft anhängig ist, von den angeordneten Maßregeln dem nach § 43 Abs. 2 zuständigen Gerichte Mittheilung machen.

§ 45. Wird in einer Angelegenheit, welche die persönlichen Rechtsbeziehungen der Ehegatten zu einander oder das eheliche Güterrecht betrifft, eine Verrichtung des Vormundschaftsgerichts erforderlich, so ist das Gericht zuständig, in dessen Bezirke der Mann seinen Wohnsitz oder in Ermangelung eines inländischen Wohnsitzes seinen Aufenthalt hat.

Ist der Mann ein Deutscher und hat er im Inlande weder Wohnsitz noch Aufenthalt, so finden die Vorschriften des § 36 Abs. 2 entsprechende Anwendung.

Hat der Mann die Reichsangehörigkeit verloren, die Frau sie aber behalten, so ist, wenn der Mann im Inlande weder Wohnsitz noch Aufenthalt hat, das Gericht zuständig, in dessen Bezirke die Frau ihren Wohnsitz oder in Ermangelung eines inländischen Wohnsitzes ihren Aufenthalt hat; hat sie im Inlande weder Wohnsitz noch Aufenthalt, so finden die Vorschriften des § 36 Abs. 2 entsprechende Anwendung.

Für die Zuständigkeit ist in Ansehung jeder einzelnen Angelegenheit der Zeitpunkt maßgebend, in welchem das Gericht mit ihr befaßt wird.

§ 46. Das Vormundschaftsgericht kann die Vormundschaft aus wichtigen Gründen an ein anderes Vormundschaftsgericht abgeben, wenn sich dieses zur Uebernahme der Vormundschaft bereit erklärt; nach der Bestellung des Vormundes ist jedoch dessen Zustimmung erforderlich.

Einigen sich die Gerichte nicht oder verweigert der Vormund oder, wenn mehrere Vormünder die Vormundschaft gemeinschaftlich führen, einer von ihnen seine Zustimmung, so entscheidet das gemeinschaftliche obere Gericht. Eine Anfechtung der Entscheidung findet nicht statt.

Diese Vorschriften finden auf die Pflegschaft und die im § 43 bezeichneten Angelegenheiten entsprechende Anwendung.

§ 47. Ist über einen Deutschen, der im Auslande seinen Wohnsitz oder Aufenthalt hat, die nach den Vorschriften des Bürgerlichen Gesetzbuchs erforderliche Vormundschaft im Ausland angeordnet, so kann die Anordnung der Vormundschaft im Inland unterbleiben, wenn dies im Interesse des Mündels liegt.

Hat ein Deutscher, über den im Inland eine Vormundschaft angeordnet ist, im Auslande seinen Wohnsitz oder Aufenthalt, so kann das Gericht, bei welchem die Vormundschaft anhängig ist, sie an den ausländischen Staat abgeben, wenn dies im Interesse des Mündels liegt, der Vormund seine Zustimmung ertheilt und der ausländische Staat sich zur Uebernahme bereit erklärt. Verweigert der Vormund oder, wenn mehrere Vormünder die Vormundschaft gemeinschaftlich führen, einer von ihnen seine Zustimmung, so entscheidet an Stelle des Gerichts, bei welchem die Vormundschaft anhängig ist, das im Instanzenzuge vorgeordnete Gericht. Eine Anfechtung der Entscheidung findet nicht statt.

Diese Vorschriften gelten auch für die Pflegschaft.

§ 48. Wird bei einem Standesbeamten der Tod einer Person, die ein minderjähriges Kind hinterlassen hat, oder die Geburt eines ehelichen Kindes nach dem Tode des Vaters oder die Geburt eines unehelichen Kindes oder die Auffindung eines Minderjährigen, dessen Familienstand nicht zu ermitteln ist, angezeigt oder wird vor einem Standesbeamten von einer Frau, die ein minderjähriges eheliches Kind hat, eine Ehe geschlossen, so hat der Standesbeamte hiervon dem Vormundschaftsgericht Anzeige zu machen.

§ 49. Erlangt der Gemeindewaisenrath von einem Falle Kenntniß, in welchem ein Vormund, ein Gegenvormund oder ein Pfleger zu bestellen ist, so hat er dem Vormundschaftsgericht Anzeige zu machen. Zugleich soll er die Person vorschlagen, die sich zum Vormunde, Gegenvormund oder Pfleger eignet.

§ 50. Wird die Anordnung einer Vormundschaft oder einer Pflegschaft in Folge eines gerichtlichen Verfahrens erforderlich, so hat das Gericht das zuständige Vormundschaftsgericht hiervon zu benachrichtigen.

§ 51. Eine Verfügung, durch die von dem Vormundschaftsgerichte festgestellt wird, daß der Vater oder die Mutter auf längere Zeit an der Ausübung der elterlichen Gewalt thatsächlich verhindert ist, tritt mit der Bestellung des Vormundes in Wirksamkeit; hat jedoch während der Verhinderung des Vaters die Mutter die elterliche Gewalt auszuüben, so wird die Verfügung mit der Bekanntmachung an die Mutter wirksam.

Eine Verfügung, durch die von dem Vormundschaftsgerichte festgestellt wird, daß der Grund für das Ruhen der elterlichen Gewalt des Vaters oder der Mutter nicht mehr besteht, wird mit der Bekanntmachung an den Vater oder an die Mutter wirksam.

§ 52. Eine Verfügung, durch die ein Volljähriger unter vorläufige Vormundschaft gestellt wird, tritt, wenn die Entmündigung wegen Geisteskrankheit beantragt ist, mit der Bestellung des Vormundes, wenn die Entmündigung wegen Geistesschwäche, wegen Verschwendung oder wegen Trunksucht beantragt ist, mit der Bekanntmachung an den zu Entmündigenden, eine Verfügung, durch die eine vorläufige Vormundschaft aufgehoben wird, tritt mit der Bekanntmachung an den Mündel in Wirksamkeit.

§ 53. Eine Verfügung, durch die auf Antrag die Ermächtigung oder die Zustimmung eines Anderen zu einem Rechtsgeschäft ersetzt oder dem Manne die im § 1358 Abs. 1 des Bürgerlichen Gesetzbuchs vorgesehene Ermächtigung zur Kündigung ertheilt oder durch welche die Beschränkung oder die Ausschließung der nach § 1357 des Bürgerlichen Gesetzbuchs der Frau zustehenden Rechte aufgehoben wird, tritt erst mit der Rechtskraft in Wirksamkeit. Das Gleiche gilt von einer Verfügung, durch die auf Antrag des Kindes die Zustimmung der Mutter zur Ehelichkeitserklärung ihres Kindes ersetzt wird.

Bei Gefahr im Verzuge kann das Gericht die sofortige Wirksamkeit der Verfügung anordnen. Die Verfügung tritt mit der Bekanntmachung an den Antragsteller in Wirksamkeit.

§ 54. Liegen nach dem Ermessen des Vormundschaftsgerichts die Voraussetzungen vor, unter denen der Vormund, der Pfleger oder der Beistand zur Sicherheitsleistung angehalten werden kann, so ist das Gericht befugt, das Grundbuchamt um die Eintragung einer Sicherungshypothek an Grundstücken des Vormundes, des Pflegers oder des Beistandes zu ersuchen. Der Vormund, der

Pfleger oder der Beistand soll soweit thunlich vorher gehört werden. Die Hypothek entsteht mit der Eintragung.

Diese Vorschriften finden auf die Eintragung eines Pfandrechts an einem im Schiffsregister eingetragenen Schiffe entsprechende Anwendung.

§ 55. Eine Verfügung, durch welche die Genehmigung zu einem Rechtsgeschäft ertheilt oder verweigert wird, kann von dem Vormundschaftsgericht insoweit nicht mehr geändert werden, als die Genehmigung oder deren Verweigerung einem Dritten gegenüber wirksam geworden ist.

Eine Verfügung, durch welche die Zustimmung zu einer Ehelichkeitserklärung ersetzt wird, kann nicht mehr geändert werden, wenn die Ehelichkeitserklärung erfolgt ist.

§ 56. Die Volljährigkeitserklärung soll nur auf Antrag des Minderjährigen oder desjenigen gesetzlichen Vertreters des Minderjährigen erfolgen, welchem die Sorge für die Person zusteht.

Die Verfügung, durch welche der Minderjährige für volljährig erklärt wird, tritt erst mit der Rechtskraft in Wirksamkeit.

§ 57. Die Beschwerde steht, unbeschadet der Vorschriften des § 20, zu:

1) gegen eine Verfügung, durch welche die Anordnung einer Vormundschaft abgelehnt oder eine Vormundschaft aufgehoben wird, Jedem, der ein rechtliches Interesse an der Aenderung der Verfügung hat, sowie dem Ehegatten, den Verwandten und Verschwägerten des Mündels, es sei denn, daß die Verfügung eine vorläufige Vormundschaft betrifft;

2) gegen eine Verfügung, durch welche die Anordnung einer vorläufigen Vormundschaft abgelehnt oder eine solche Vormundschaft aufgehoben wird, denjenigen, welche den Antrag auf Entmündigung zu stellen berechtigt sind;

3) gegen eine Verfügung, durch welche die Anordnung einer Pflegschaft abgelehnt oder eine Pflegschaft aufgehoben wird, Jedem, der ein rechtliches Interesse an der Aenderung der Verfügung hat, in den Fällen der §§ 1909, 1910 des Bürgerlichen Gesetzbuchs auch dem Ehegatten sowie den Verwandten und Verschwägerten des Pflegebefohlenen; diese Vorschrift gilt jedoch im Falle des § 1910 nur dann, wenn eine Verständigung mit dem Pflegebefohlenen nicht möglich ist;

4) gegen eine Verfügung, durch welche die Einsetzung eines Familienraths abgelehnt oder der Familienrath aufgehoben wird, dem Ehegatten sowie den Verwandten und Verschwägerten des Mündels;

5) gegen eine Verfügung, durch die in den Fällen des § 1687 Nr. 1, 3 des Bürgerlichen Gesetzbuchs die Bestellung eines Beistandes der Mutter abgelehnt oder die Bestellung aufgehoben wird, dem Ehegatten sowie den Verwandten und Verschwägerten des Kindes;

6) gegen eine Verfügung, durch die ein Antrag des Gegenvormundes oder des Beistandes zurückgewiesen wird, gegen den gesetzlichen Vertreter wegen pflichtwidrigen Verhaltens einzuschreiten oder den Vormund oder den Pfleger aus einem der im § 1886 des Bürgerlichen Gesetzbuchs bezeichneten Gründe zu entlassen, dem Antragsteller;
7) gegen eine Verfügung, durch die dem Vormund oder dem Pfleger eine Vergütung bewilligt wird, dem Gegenvormunde;
8) gegen eine Verfügung, durch welche die Anordnung einer der in den §§ 1665 bis 1667 des Bürgerlichen Gesetzbuchs vorgesehenen Maßregeln abgelehnt oder eine solche Maßregel aufgehoben wird, den Verwandten und Verschwägerten des Kindes;
9) gegen eine Verfügung, die eine Entscheidung über eine die Sorge für die Person des Kindes oder des Mündels betreffende Angelegenheit enthält, Jedem, der ein berechtigtes Interesse hat, diese Angelegenheit wahrzunehmen.

Die Vorschrift des Abs. 1 Nr. 9 findet auf die sofortige Beschwerde keine Anwendung.

§ 58. Führen mehrere Vormünder oder Pfleger die Vormundschaft oder die Pflegschaft gemeinschaftlich, so kann jeder von ihnen für den Mündel das Beschwerderecht selbständig ausüben.

Diese Vorschrift findet in den Fällen der §§ 1629, 1798 des Bürgerlichen Gesetzbuchs entsprechende Anwendung.

§ 59. Ein unter elterlicher Gewalt stehendes Kind oder ein unter Vormundschaft stehender Mündel kann in allen seine Person betreffenden Angelegenheiten ohne Mitwirkung seines gesetzlichen Vertreters das Beschwerderecht ausüben. Das Gleiche gilt in Angelegenheiten, in denen der Mündel vor einer Entscheidung des Vormundschaftsgerichts gehört werden soll.

Diese Vorschriften finden auf Personen, die geschäftsunfähig sind oder nicht das vierzehnte Lebensjahr vollendet haben, keine Anwendung.

§ 60. Die sofortige Beschwerde findet statt:
1) gegen eine Verfügung, durch die ein als Vormund, Pfleger, Gegenvormund, Beistand oder Mitglied des Familienraths Berufener übergangen wird;
2) gegen eine Verfügung, durch welche die Weigerung, eine Vormundschaft, Pflegschaft, Gegenvormundschaft oder Beistandschaft zu übernehmen, zurückgewiesen wird;
3) gegen eine Verfügung, durch die ein Vormund, Pfleger, Gegenvormund oder Beistand gegen seinen Willen entlassen wird;
4) gegen eine Verfügung, durch die der Familienrath aufgehoben oder ein Mitglied des Familienraths gegen seinen Willen entlassen wird;
5) gegen eine Verfügung, durch die ein Volljähriger unter vorläufige Vormundschaft gestellt wird;
6) gegen Verfügungen, die erst mit der Rechtskraft wirksam werden.

Die Frist beginnt in den Fällen des Abs. 1 Nr. 1 mit dem Zeitpunkt, in welchem der Beschwerdeführer von seiner Uebergehung Kenntniß erlangt, im Falle der Aufhebung des Familienraths mit dem Zeitpunkt, in welchem das Vormundschaftsgericht die bisherigen Mitglieder von der Aufhebung in Kenntniß setzt.

§ 61. Wird eine Verfügung, durch die ein Volljähriger unter vorläufige Vormundschaft gestellt ist, von dem Beschwerdegericht aufgehoben, so kann die Wirksamkeit der von oder gegenüber dem Volljährigen vorgenommenen Rechtsgeschäfte nicht auf Grund der aufgehobenen Verfügung in Frage gestellt werden.

§ 62. Soweit eine Verfügung nach § 55 von dem Vormundschaftsgerichte nicht mehr geändert werden kann, ist auch das Beschwerdegericht nicht berechtigt, sie zu ändern.

§ 63. Auf die weitere Beschwerde finden die Vorschriften der §§ 57 bis 62 entsprechende Anwendung.

§ 64. Gegen eine Verfügung, durch die über die Entlassung eines Mitglieds des Familienraths von dem Gerichte, welches dem Vormundschaftsgericht im Instanzenzuge vorgeordnet ist, entschieden wird, findet die Beschwerde an das Oberlandesgericht statt. Die weitere Beschwerde ist ausgeschlossen.

Dritter Abschnitt.

Annahme an Kindesstatt.

§ 65. Die Bestätigung des Vertrags, durch welchen Jemand an Kindesstatt angenommen oder das durch die Annahme an Kindesstatt begründete Rechtsverhältniß wieder aufgehoben wird, gehört zur Zuständigkeit der Amtsgerichte.

§ 66. Für die Bestätigung ist das Gericht zuständig, in dessen Bezirke der Annehmende zu der Zeit, zu welcher der Antrag auf Bestätigung eingereicht oder nach Maßgabe des § 1753 Abs. 2 des Bürgerlichen Gesetzbuchs das Gericht oder der Notar mit der Einreichung betraut wird, seinen Wohnsitz oder in Ermangelung eines inländischen Wohnsitzes seinen Aufenthalt hat.

Ist der Annehmende ein Deutscher und hat er im Inlande weder Wohnsitz noch Aufenthalt, so ist das Gericht zuständig, in dessen Bezirke der Annehmende seinen letzten inländischen Wohnsitz hatte. In Ermangelung eines solchen Wohnsitzes wird das zuständige Gericht, falls der Annehmende einem Bundesstaat angehört, von der Landesjustizverwaltung, anderenfalls von dem Reichskanzler bestimmt.

§ 67. Der Beschluß, durch den die Bestätigung ertheilt wird, tritt mit der Bekanntmachung an den Annehmenden in Wirksamkeit.

Ist die Bestätigung noch nach dem Tode des Annehmenden zulässig, so tritt der Beschluß, unbeschadet der Vorschriften des § 1753 Abs. 3 und des § 1770 des Bürgerlichen Gesetzbuchs, mit der Bekanntmachung an das Kind in Wirksamkeit; wird nach dem Tode des Kindes das zwischen den übrigen Betheiligten bestehende Rechtsverhältniß durch Vertrag aufgehoben, so tritt der Beschluß, durch welchen die Aufhebung nach dem Tode des Annehmenden bestätigt wird, mit der Bekanntmachung an die übrigen Betheiligten in Wirksamkeit.

Das Gericht ist zu einer Aenderung des Beschlusses nicht befugt.

§ 68. Gegen den Beschluß, durch welchen die Bestätigung ertheilt wird, findet kein Rechtsmittel statt.

Gegen den Beschluß, durch welchen die Bestätigung versagt wird, findet die sofortige Beschwerde statt. Die Beschwerde steht jedem der Vertragschließenden zu, auch wenn der Antrag auf Bestätigung von ihm nicht gestellt war. Die Vorschriften des § 22 Abs. 2, des § 24 Abs. 3 und des § 26 Satz 2 finden keine Anwendung.

Vierter Abschnitt.

Personenstand.

§ 69. Für die nach dem Gesetz über die Beurkundung des Personenstandes und die Eheschließung vom 6. Februar 1875 (Reichs-Gesetzbl. S. 23) dem Gericht erster Instanz obliegenden Verrichtungen sind die Amtsgerichte zuständig.

§ 70. Gegen eine Verfügung, durch die angeordnet wird, daß eine Eintragung in dem Standesregister zu berichtigen ist, findet die sofortige Beschwerde statt. Die Verfügung tritt erst mit der Rechtskraft in Wirksamkeit.

§ 71. Sind Vorgänge, die auf Antrag eines Betheiligten in dem Standesregister am Rande einer Eintragung zu vermerken sind, von einem Notar beurkundet, so gilt dieser als ermächtigt, im Namen des Betheiligten, dessen Erklärung beurkundet ist, die Eintragung des Vermerkes in das Standesregister zu beantragen.

Fünfter Abschnitt.

Nachlaß- und Theilungssachen.

§ 72. Für die dem Nachlaßgericht obliegenden Verrichtungen sind die Amtsgerichte zuständig.

§ 73. Die örtliche Zuständigkeit bestimmt sich nach dem Wohnsitze, den der Erblasser zur Zeit des Erbfalls hatte; in Ermangelung eines inländischen Wohnsitzes ist das Gericht zuständig, in dessen Bezirke der Erblasser zur Zeit des Erbfalls seinen Aufenthalt hatte.

Ist der Erblasser ein Deutscher und hatte er zur Zeit des Erbfalls im Inlande weder Wohnsitz noch Aufenthalt, so ist das Gericht zuständig, in dessen Bezirke der Erblasser seinen letzten inländischen Wohnsitz hatte. In Ermangelung eines solchen Wohnsitzes wird das zuständige Amtsgericht, falls der Erblasser zur Zeit des Erbfalls einem Bundesstaat angehörte, von der Landesjustizverwaltung, anderenfalls von dem Reichskanzler bestimmt.

Ist der Erblasser ein Ausländer und hatte er zur Zeit des Erbfalls im Inlande weder Wohnsitz noch Aufenthalt, so ist jedes Gericht, in dessen Bezirke sich Nachlaßgegenstände befinden, in Ansehung aller im Inlande befindlichen Nachlaßgegenstände zuständig. Die Vorschriften des § 2369 Abs. 2 des Bürgerlichen Gesetzbuchs finden Anwendung.

§ 74. Für die Sicherung des Nachlasses ist jedes Amtsgericht zuständig, in dessen Bezirke das Bedürfniß der Fürsorge hervortritt. Das Gericht soll von den angeordneten Maßregeln dem nach § 73 zuständigen Nachlaßgerichte Mittheilung machen.

§ 75. Auf die Nachlaßpflegschaft finden die für Vormundschaftssachen geltenden Vorschriften dieses Gesetzes Anwendung. Unberührt bleiben die Vorschriften über die Zuständigkeit des Nachlaßgerichts; das Nachlaßgericht kann jedoch die Pflegschaft nach Maßgabe des § 46 an ein anderes Nachlaßgericht abgeben.

§ 76. Gegen eine Verfügung, durch die dem Antrage des Erben, die Nachlaßverwaltung anzuordnen, stattgegeben wird, ist die Beschwerde unzulässig.

Gegen eine Verfügung durch die dem Antrag eines Nachlaßgläubigers, die Nachlaßverwaltung anzuordnen, stattgegeben wird, findet die sofortige Beschwerde statt. Die Beschwerde steht nur dem Erben, bei Miterben jedem Erben, sowie dem Testamentsvollstrecker zu, welcher zur Verwaltung des Nachlasses berechtigt ist.

§ 77. Gegen eine Verfügung, durch die dem Erben eine Inventarfrist bestimmt wird, findet die sofortige Beschwerde statt.

Das Gleiche gilt von einer Verfügung, durch die über die Bestimmung einer neuen Inventarfrist oder über den Antrag des Erben, die Inventarfrist zu verlängern, entschieden wird.

In den Fällen der Abs. 1, 2 beginnt die Frist zur Einlegung der Beschwerde für jeden Nachlaßgläubiger mit dem Zeitpunkt, in welchem die Verfügung demjenigen Nachlaßgläubiger bekannt gemacht wird, welcher den Antrag auf die Bestimmung der Inventarfrist gestellt hat.

§ 78. Hat das Nachlaßgericht nach § 1964 des Bürgerlichen Gesetzbuchs festgestellt, daß ein anderer Erbe als der Fiskus nicht vorhanden ist, so steht die Einsicht der dieser Feststellung vorausgegangenen Ermittelungen Jedem zu, der ein berechtigtes Interesse glaubhaft macht. Das Gleiche gilt von der Einsicht einer Verfügung, welche die Bestimmung einer Inventarfrist oder die Ernennung oder die Entlassung eines Testamentsvollstreckers betrifft, eines Protokolls über die Leistung des im § 79 bezeichneten Eides sowie von der Einsicht eines Erbscheins und eines der in den §§ 1507, 2368 des Bürgerlichen Gesetzbuchs und den §§ 37, 38 der Grundbuchordnung vorgesehenen gerichtlichen Zeugnisse.

Von den Schriftstücken, deren Einsicht gestattet ist, kann eine Abschrift gefordert werden; die Abschrift ist auf Verlangen zu beglaubigen.

§ 79. Verlangt ein Nachlaßgläubiger von dem Erben die Leistung des im § 2006 des Bürgerlichen Gesetzbuchs vorgesehenen Offenbarungseids, so kann die Bestimmung des Termins zur Leistung des Eides sowohl von dem Nachlaßgläubiger als von dem Erben beantragt werden. Zu dem Termine sind beide Theile zu laden. Die Anwesenheit des Gläubigers ist nicht erforderlich.

§ 80. Gegen eine Verfügung, durch die nach den §§ 2151, 2153 bis 2155, 2192, 2193 und dem § 2198 Abs. 2 des Bürgerlichen Gesetzbuchs dem Beschwerten oder einem Dritten eine Frist zur Erklärung bestimmt wird, findet die sofortige Beschwerde statt.

§ 81. Gegen eine Verfügung, durch die von dem Nachlaßgericht ein Testamentsvollstrecker ernannt oder einem zum Testamentsvollstrecker Ernannten eine Frist zur Erklärung über die Annahme des Amtes bestimmt wird, findet die sofortige Beschwerde statt.

Das Gleiche gilt von einer Verfügung, durch die ein Testamentsvollstrecker gegen seinen Willen entlassen wird.

§ 82. Führen mehrere Testamentsvollstrecker das Amt gemeinschaftlich, so steht gegen eine Verfügung, durch die das Nachlaßgericht Anordnungen des Erblassers für die Verwaltung des Nachlasses außer Kraft setzt oder bei einer Meinungsverschiedenheit zwischen den Testamentsvollstreckern entscheidet, jedem Testamentsvollstrecker die Beschwerde selbständig zu.

Auf eine Verfügung, durch die bei einer Meinungsverschiedenheit zwischen den Testamentsvollstreckern über die Vornahme eines Rechtsgeschäfts das Nachlaßgericht entscheidet, finden die Vorschriften des § 53 und des § 60 Abs. 1 Nr. 6 entsprechende Anwendung.

§ 83. Das Nachlaßgericht kann im Falle des § 2259 Abs. 1 des Bürgerlichen Gesetzbuchs den Besitzer des Testaments durch Ordnungsstrafen zur Ablieferung des Testaments anhalten.

Besteht Grund zu der Annahme, daß Jemand ein Testament im Besitze hat, zu dessen Ablieferung er nach § 2259 Abs. 1 des Bürgerlichen Gesetzbuchs verpflichtet ist, so kann er von dem Nachlaßgerichte zur Leistung des Offenbarungseids angehalten werden; die Vorschriften des § 883 Abs. 2, 3, des § 900 Abs. 1 und der §§ 901, 902, 904 bis 910, 912, 913 der Civilprozeßordnung finden entsprechende Anwendung.

§ 84. Gegen einen Beschluß, durch den ein Erbschein für kraftlos erklärt wird, findet die Beschwerde nicht statt. Das Gleiche gilt von einem Beschlusse, durch den eines der in den §§ 1507, 2368 des Bürgerlichen Gesetzbuchs und den §§ 37, 38 der Grundbuchordnung vorgesehenen gerichtlichen Zeugnisse für kraftlos erklärt wird.

§ 85. Wer ein rechtliches Interesse glaubhaft macht, kann verlangen, daß ihm von dem Gericht eine Ausfertigung des Erbscheins ertheilt werde. Das Gleiche gilt in Ansehung der im § 84 Satz 2 bezeichneten Zeugnisse sowie in Ansehung der gerichtlichen Verfügungen, die sich auf die Ernennung oder die Entlassung eines Testamentsvollstreckers beziehen.

§ 86. Hinterläßt ein Erblasser mehrere Erben, so hat das Nachlaßgericht auf Antrag die Auseinandersetzung in Ansehung des Nachlasses zwischen den Betheiligten zu vermitteln, sofern nicht ein zur Bewirkung der Auseinandersetzung berechtigter Testamentsvollstrecker vorhanden ist.

Antragsberechtigt ist jeder Miterbe, der Erwerber eines Erbtheils sowie derjenige, welchem ein Pfandrecht oder ein Nießbrauch an einem Erbtheile zusteht.

§ 87. In dem Antrage sollen die Betheiligten und die Theilungsmasse bezeichnet werden.

Hält das Gericht vor der Verhandlung mit den Betheiligten eine weitere Aufklärung für angemessen, so hat es den Antragsteller zur Ergänzung des Antrags, insbesondere zur Angabe der den einzelnen Betheiligten in Ansehung des Nachlasses zustehenden Ansprüche, zu veranlassen. Es kann dem Antragsteller auch die Beschaffung der Unterlagen aufgeben.

§ 88. Einem abwesenden Betheiligten kann, wenn die Voraussetzungen der Abwesenheitspflegschaft vorliegen und eine Pflegschaft über ihn nicht bereits anhängig ist, für das Auseinandersetzungsverfahren von dem Nachlaßgericht ein Pfleger bestellt werden. Für die Pflegschaft tritt an die Stelle des Vormundschaftsgerichts das Nachlaßgericht.

§ 89. Das Gericht hat den Antragsteller und die übrigen Betheiligten, diese unter Mittheilung des Antrags, zu einem Verhandlungstermine zu laden. Die Ladung durch öffentliche Zustellung ist unzulässig. Die Ladung soll den Hinweis darauf enthalten, daß ungeachtet des Ausbleibens eines Betheiligten über die Auseinandersetzung verhandelt werden würde und daß, falls der Termin vertagt oder ein neuer Termin zur Fortsetzung der Verhandlung anberaumt werden sollte, die Ladung zu dem neuen Termin unterbleiben könne. Sind Unterlagen für die Auseinandersetzung vorhanden, so ist in der Ladung zu bemerken, daß die Unterlagen auf der Gerichtsschreiberei eingesehen werden können.

§ 90. Die Frist zwischen der Ladung und dem Termine muß mindestens zwei Wochen betragen.

Diese Vorschrift findet auf eine Vertagung sowie auf einen Termin zur Fortsetzung der Verhandlung keine Anwendung. In diesen Fällen kann die Ladung der zu dem früheren Termine geladenen Betheiligten durch die Verkündung des neuen Termins ersetzt werden.

§ 91. Treffen die erschienenen Betheiligten vor der Auseinandersetzung eine Vereinbarung über vorbereitende Maßregeln, insbesondere über die Art der Theilung, so hat das Gericht die Vereinbarung zu beurkunden. Das Gleiche gilt, wenn nur ein Betheiligter erschienen ist, in Ansehung der von diesem gemachten Vorschläge.

Sind die Betheiligten sämmtlich erschienen, so hat das Gericht die von ihnen getroffene Vereinbarung zu bestätigen. Dasselbe gilt, wenn die nicht erschienenen Betheiligten ihre Zustimmung zu gerichtlichem Protokoll oder in einer öffentlich beglaubigten Urkunde ertheilen.

Ist ein Betheiligter nicht erschienen, so hat das Gericht, sofern er nicht nach Abs. 2 Satz 2 zugestimmt hat, ihm den Inhalt der Urkunde, soweit dieser ihn betrifft, bekannt zu machen und ihn gleichzeitig zu benachrichtigen, daß er die Urkunde auf der Gerichtsschreiberei einsehen und eine Abschrift der Urkunde fordern könne. Die Bekanntmachung muß den Hinweis darauf enthalten, daß, wenn der Betheiligte nicht innerhalb einer von dem Gerichte zu bestimmenden Frist die Anberaumung eines neuen Termins beantrage oder wenn er in dem neuen Termine nicht erscheine, sein Einverständniß mit dem Inhalte der Urkunde angenommen werden würde. Beantragt der Betheiligte rechtzeitig die Anberaumung eines neuen Termins und erscheint er in diesem Termine, so ist die Verhandlung fortzusetzen. Anderenfalls hat das Gericht die Vereinbarung zu bestätigen.

§ 92. War im Falle des § 91 der Betheiligte ohne sein Verschulden verhindert, die Anberaumung eines neuen Termins rechtzeitig zu beantragen oder in dem neuen Termine zu erscheinen, so ist ihm auf Antrag von dem Gerichte die Wiedereinsetzung in den vorigen Stand zu ertheilen, wenn er binnen zwei Wochen nach der Beseitigung des Hindernisses die Anberaumung eines neuen Termins beantragt und die Thatsachen, welche die Wiedereinsetzung begründen, glaubhaft macht. Eine Versäumung, die in dem Verschulden eines Vertreters ihren Grund hat, wird als eine unverschuldete nicht angesehen. Nach dem Ablauf eines Jahres, von dem Ende der versäumten Frist an gerechnet, kann die Wiedereinsetzung nicht mehr beantragt werden.

§ 93. Sobald nach Lage der Sache die Auseinandersetzung stattfinden kann, hat das Gericht einen Auseinandersetzungsplan anzufertigen. Sind die erschienenen Betheiligten mit dem Inhalte des Planes einverstanden, so hat das Gericht die Auseinandersetzung zu beurkunden. Sind die Betheiligten sämmtlich erschienen, so hat das Gericht die Auseinandersetzung zu bestätigen; dasselbe gilt, wenn die nicht erschienenen Betheiligten ihre Zustimmung zu gerichtlichem Protokoll oder in einer öffentlich beglaubigten Urkunde ertheilen.

Ist ein Betheiligter nicht erschienen, so hat das Gericht nach § 91 Abs. 3 zu verfahren. Die Vorschriften des § 92 finden entsprechende Anwendung.

§ 94. Ist vereinbart, daß eine Vertheilung durch das Loos geschehen soll, so wird das Loos, sofern nicht ein Anderes bestimmt ist, für die nicht erschienenen Betheiligten von einem durch das Gericht zu bestellenden Vertreter gezogen.

§ 95. Ergeben sich bei den Verhandlungen Streitpunkte, so ist ein Protokoll darüber aufzunehmen und das Verfahren bis zur Erledigung der Streitpunkte auszusetzen. Soweit bezüglich der unstreitigen Punkte die Aufnahme einer Urkunde ausführbar ist, hat das Gericht nach den §§ 91, 93 zu verfahren.

§ 96. Gegen den Beschluß, durch welchen eine vorgängige Vereinbarung oder eine Auseinandersetzung bestätigt, sowie gegen den Beschluß, durch welchen über den Antrag auf Wiedereinsetzung in den vorigen Stand entschieden wird, findet die sofortige Beschwerde statt. Die Beschwerde gegen den Bestätigungsbeschluß kann nur darauf gegründet werden, daß die Vorschriften über das Verfahren nicht beobachtet seien.

§ 97. Eine vorgängige Vereinbarung sowie eine Auseinandersetzung ist nach dem Eintritte der Rechtskraft des Bestätigungsbeschlusses für alle Betheiligten in gleicher Weise verbindlich wie eine vertragsmäßige Vereinbarung oder Auseinandersetzung.

Bedarf ein Betheiligter zur Vereinbarung oder zur Auseinandersetzung der Genehmigung des Vormundschaftsgerichts, so ist, wenn er im Inlande keinen Vormund, Pfleger oder Beistand hat, für die Ertheilung oder die Verweigerung der Genehmigung an Stelle des Vormundschaftsgerichts das Nachlaßgericht zuständig.

§ 98. Aus einer vorgängigen Vereinbarung sowie aus einer Auseinandersetzung findet nach dem Eintritte der Rechtskraft des Bestätigungsbeschlusses die Zwangsvollstreckung statt. Die Vorschriften der §§ 795, 797 der Civilprozeßordnung finden Anwendung.

§ 99. Nach der Beendigung einer ehelichen Gütergemeinschaft oder einer fortgesetzten Gütergemeinschaft finden auf die Auseinandersetzung in Ansehung des Gesammtguts die Vorschriften der §§ 86 bis 98 entsprechende Anwendung.

Für die Auseinandersetzung ist, falls ein Antheil an dem Gesammtgute zu einem Nachlasse gehört, das Amtsgericht zuständig, welches für die Auseinandersetzung in Ansehung des Nachlasses zuständig ist. Im Uebrigen ist das Amtsgericht zuständig, in dessen Bezirke der Ehemann oder bei fortgesetzter Gütergemeinschaft der überlebende Ehegatte zur Zeit der Beendigung der Gütergemeinschaft seinen Wohnsitz oder in Ermangelung eines inländischen Wohnsitzes seinen Aufenthalt hatte. Hatte der Ehemann oder der Ehegatte zu der bezeichneten Zeit im Inlande weder Wohnsitz noch Aufenthalt, so finden die Vorschriften des § 73 Abs. 2 entsprechende Anwendung.

Sechster Abschnitt.

Schiffspfandrecht.

§ 100. In Ansehung eines Pfandrechts an einem im Schiffsregister eingetragenen Schiffe soll, soweit nicht das Gesetz ein Anderes vorschreibt, eine Eintragung nur auf Antrag erfolgen. Der Zeitpunkt, in welchem der Antrag bei der Registerbehörde eingeht, soll auf dem Antrage genau vermerkt werden.

Antragsberechtigt ist Jeder, dessen Recht von der Eintragung betroffen wird oder zu dessen Gunsten die Eintragung erfolgen soll. Die Vorschriften der §§ 14 bis 18 der Grundbuchordnung finden entsprechende Anwendung.

§ 101. Eine Eintragung erfolgt, wenn derjenige sie bewilligt, dessen Recht von ihr betroffen wird.

§ 102. Zur Berichtigung des Schiffsregisters bedarf es der Bewilligung desjenigen, dessen Recht von der Berichtigung betroffen wird, nicht, wenn die Unrichtigkeit nachgewiesen wird. Dies gilt insbesondere für die Eintragung oder Löschung einer Verfügungsbeschränkung.

§ 103. Ist eine Vormerkung oder ein Widerspruch auf Grund einer einstweiligen Verfügung eingetragen, so bedarf es zur Löschung nicht der Bewilligung der Berechtigten, wenn die einstweilige Verfügung durch eine vollstreckbare Entscheidung aufgehoben ist. Diese Vorschrift findet entsprechende Anwendung, wenn auf Grund eines vorläufig vollstreckbaren Urtheils nach den Vorschriften der Civilprozeßordnung eine Vormerkung oder ein Widerspruch eingetragen ist.

§ 104. Soll die Uebertragung einer Forderung, für die ein Pfandrecht am Schiffe eingetragen ist oder für die ein solches Pfandrecht als Pfand haftet, eingetragen werden, so genügt es, wenn an Stelle der Eintragungsbewilligung die Abtretungserklärung des bisherigen Gläubigers vorgelegt wird.

Diese Vorschrift findet entsprechende Anwendung, wenn eine Belastung der Forderung eingetragen werden soll.

§ 105. Ein Pfandrecht am Schiffe darf nur mit Zustimmung des eingetragenen Eigenthümers, ein das Pfandrecht belastendes Recht nur mit Zustimmung des eingetragenen Pfandgläubigers gelöscht werden. Für eine Löschung, die zur Berichtigung des Schiffsregisters erfolgen soll, ist die Zustimmung nicht erforderlich, wenn die Unrichtigkeit des Registers nachgewiesen wird.

§ 106. In der Eintragungsbewilligung oder, wenn eine solche nicht erforderlich ist, in dem Eintragungsantrage sind der Name und die Ordnungsnummer, unter welcher das Schiff im Schiffsregister eingetragen ist, sowie die einzutragenden Geldbeträge in Reichswährung anzugeben.

§ 107. Eine Eintragung soll nur erfolgen, wenn die Eintragungsbewilligung oder die sonstigen zu der Eintragung erforderlichen Erklärungen vor der Registerbehörde zu Protokoll gegeben oder durch öffentliche oder öffentlich beglaubigte Urkunden nachgewiesen werden.

Andere Voraussetzungen der Eintragung bedürfen, soweit sie nicht bei der Registerbehörde offenkundig sind, des Nachweises durch öffentliche Urkunden. Die Vorschriften der §§ 33 bis 38 der Grundbuchordnung finden entsprechende Anwendung.

§ 108. Für den Eintragungsantrag sowie für die Vollmacht zur Stellung eines solchen gelten die Vorschriften des § 107 Abs. 1

nur, wenn durch den Antrag zugleich eine zu der Eintragung erforderliche Erklärung ersetzt werden soll.

§ 109. Erklärungen, durch die ein Eintragungsantrag zurückgenommen oder eine zur Stellung des Eintragungsantrags ertheilte Vollmacht widerrufen wird, bedürfen der im § 107 Abs. 1 vorgeschriebenen Form.

§ 110. In den Fällen, in denen nach gesetzlicher Vorschrift eine Behörde befugt ist, die Registerbehörde um eine Eintragung zu ersuchen, erfolgt die Eintragung auf Grund des Ersuchens der Behörde.

§ 111. Eine Eintragung soll nur erfolgen, wenn derjenige, dessen Recht durch sie betroffen wird, als der Berechtigte eingetragen ist.

Ist derjenige, dessen Recht durch eine Eintragung betroffen wird, Erbe des eingetragenen Berechtigten, so findet die Vorschrift des Abs. 1 keine Anwendung, wenn die Uebertragung oder die Aufhebung des Rechtes eingetragen werden soll oder wenn der Eintragungsantrag durch die Bewilligung des Erblassers oder eines Nachlaßpflegers oder durch einen gegen den Erblasser oder den Nachlaßpfleger vollstreckbaren Titel begründet wird. Das Gleiche gilt für eine Eintragung auf Grund der Bewilligung eines Testamentsvollstreckers oder auf Grund eines gegen diesen vollstreckbaren Titels, sofern die Bewilligung oder der Titel gegen den Erben wirksam ist.

§ 112. Bei einem Pfandrechte für die Forderung aus einer Schuldverschreibung auf den Inhaber, aus einem Wechsel oder einem anderen Papiere, das durch Indossament übertragen werden kann, soll eine Eintragung nur erfolgen, wenn die Urkunde vorgelegt wird.

Diese Vorschrift findet keine Anwendung, wenn eine Eintragung auf Grund der Bewilligung eines nach den §§ 1189, 1270 des Bürgerlichen Gesetzbuchs bestellten Vertreters oder auf Grund einer gegen diesen erlassenen gerichtlichen Entscheidung bewirkt werden soll.

§ 113. Jede Eintragung soll den Tag, an welchem sie erfolgt ist, angeben und mit der Unterschrift des zuständigen Beamten versehen werden.

§ 114. Die Eintragungen erhalten diejenige Reihenfolge, welche der Zeitfolge der Anträge entspricht; sind die Anträge gleichzeitig gestellt, so ist, wenn unter den Eintragungen ein Rangverhältniß besteht, im Schiffsregister zu vermerken, daß die Eintragungen gleichen Rang haben.

Diese Vorschriften finden insoweit keine Anwendung, als das Rangverhältniß von den Antragstellern abweichend bestimmt ist.

§ 115. Die Löschung eines Rechtes oder einer Verfügungsbeschränkung erfolgt durch Eintragung eines Löschungsvermerkes.

§ 116. Werden mehrere Schiffe mit einem Pfandrechte belastet, so ist auf dem Blatte jedes Schiffes die Mitbelastung der übrigen von Amtswegen erkennbar zu machen. Das Gleiche gilt, wenn mit einem an einem Schiffe bestehenden Pfandrechte nachträglich noch ein anderes Schiff belastet wird. Soweit eine Mitbelastung erlischt, ist dies von Amtswegen zu vermerken.

§ 117. Bei der Eintragung eines Pfandrechts für Theilschuldverschreibungen auf den Inhaber genügt es, wenn der Gesammtbetrag der Forderungen unter Angabe der Anzahl, des Betrags und der Bezeichnung der Theile eingetragen wird.

§ 118. Ist ein Testamentsvollstrecker ernannt, so ist dies bei der Eintragung des Erben des Gläubigers von Amtswegen miteinzutragen, es sei denn, daß das eingetragene Recht der Verwaltung des Testamentsvollstreckers nicht unterliegt.

§ 119. Ergiebt sich, daß die Registerbehörde unter Verletzung gesetzlicher Vorschriften eine Eintragung vorgenommen hat, durch die das Schiffsregister unrichtig geworden ist, so ist von Amtswegen ein Widerspruch einzutragen. Erweist sich eine Eintragung nach ihrem Inhalt als unzulässig, so ist sie von Amtswegen zu löschen.

§ 120. Jede Eintragung ist baldthunlichst auf dem Schiffscertifikat oder dem Schiffsbriefe zu vermerken.

Wird eine Urkunde über die Pfandforderung vorgelegt, so ist die Eintragung auch auf dieser Urkunde unter kurzer Bezeichnung des Inhalts der Eintragungen, welche dem Pfandrecht im Range vorgehen oder gleichstehen, zu vermerken. Der Vermerk ist mit Unterschrift und Siegel zu versehen.

§ 121. Jede Eintragung soll dem Antragsteller und dem eingetragenen Eigenthümer sowie im Uebrigen allen aus dem Schiffsregister ersichtlichen Personen bekannt gemacht werden, zu deren Gunsten die Eintragung erfolgt ist oder deren Recht durch sie betroffen wird. Auf die Bekanntmachung kann verzichtet werden.

§ 122. Die Beschwerde gegen eine Eintragung ist unzulässig. Im Wege der Beschwerde kann jedoch verlangt werden, daß die Registerbehörde angewiesen wird, nach § 119 einen Widerspruch einzutragen oder eine Löschung vorzunehmen.

§ 123. Das Beschwerdegericht kann vor der Entscheidung durch eine einstweilige Anordnung der Registerbehörde aufgeben, eine Vormerkung oder einen Widerspruch einzutragen.

Die Vormerkung oder der Widerspruch wird von Amtswegen gelöscht, wenn die Beschwerde zurückgenommen oder zurückgewiesen wird.

§ 124. Bei der Einlegung der weiteren Beschwerde durch Einreichung einer Beschwerdeschrift bedarf es der Zuziehung eines Rechtsanwalts nicht, wenn die Beschwerde von dem Notar eingelegt wird, der die zu der Eintragung erforderliche Erklärung beurkundet oder beglaubigt und im Namen eines Antragsberechtigten den Eintragungsantrag gestellt hat. Die Vorschrift des § 29 Abs. 1 Satz 3 bleibt unberührt.

Siebenter Abschnitt.

Handelssachen.

§ 125. Für die Führung des Handelsregisters sind die Amtsgerichte zuständig.

Durch Anordnung der Landesjustizverwaltung kann die Führung des Registers für mehrere Amtsgerichtsbezirke einem Amtsgericht übertragen werden.

§ 126. Die Organe des Handelsstandes sind verpflichtet, die Registergerichte behufs der Verhütung unrichtiger Eintragungen sowie behufs der Berichtigung und Vervollständigung des Handelsregisters zu unterstützen; sie sind berechtigt, Anträge zu diesem Zwecke bei den Registergerichten zu stellen und gegen Verfügungen, durch die über solche Anträge entschieden wird, das Rechtsmittel der Beschwerde zu erheben.

Die näheren Bestimmungen werden von den Landesregierungen getroffen.

§ 127. Das Registergericht kann, wenn eine von ihm zu erlassende Verfügung von der Beurtheilung eines streitigen Rechtsverhältnisses abhängig ist, die Verfügung aussetzen, bis über das Verhältniß im Wege des Rechtsstreits entschieden ist. Es kann, wenn der Rechtsstreit nicht anhängig ist, einem der Betheiligten eine Frist zur Erhebung der Klage bestimmen.

§ 128. Die Anmeldungen zur Eintragung in das Handelsregister sowie die zur Aufbewahrung bei dem Gerichte bestimmten Zeichnungen von Unterschriften können zum Protokolle des Gerichtsschreibers des Registergerichts erfolgen.

§ 129. Ist die zu einer Eintragung erforderliche Erklärung von einem Notar beurkundet oder beglaubigt, so gilt dieser als ermächtigt, im Namen des zur Anmeldung Verpflichteten die Eintragung zu beantragen. Die Vorschriften des § 124 finden entsprechende Anwendung.

§ 130. Jede Eintragung soll den Tag, an welchem sie erfolgt ist, angeben und mit der Unterschrift des zuständigen Beamten versehen werden.

Jede Eintragung soll demjenigen, welcher sie beantragt hat, bekannt gemacht werden. Auf die Bekanntmachung kann verzichtet werden.

§ 131. Die Eintragung einer Zweigniederlassung ist von Amtswegen dem Registergerichte der Hauptniederlassung mitzutheilen und in dessen Register zu vermerken. Das Gleiche gilt, wenn die Zweigniederlassung aufgehoben wird.

§ 132. Sobald das Registergericht von einem sein Einschreiten nach den §§ 14, 319 und dem § 325 Nr. 9 des Handelsgesetzbuchs rechtfertigenden Sachverhalte glaubhafte Kenntniß erhält, hat es dem Betheiligten unter Androhung einer Ordnungsstrafe aufzugeben, innerhalb einer bestimmten Frist seiner gesetzlichen Verpflichtung nachzukommen oder die Unterlassung mittelst Einspruchs gegen die Verfügung zu rechtfertigen.

Die Beschwerde gegen diese Verfügung ist unzulässig.

§ 133. Wird innerhalb der bestimmten Frist weder der gesetzlichen Verpflichtung genügt noch Einspruch erhoben, so ist die angedrohte Strafe festzusetzen und zugleich die frühere Verfügung unter Androhung einer erneuten Ordnungsstrafe zu wiederholen.

In gleicher Weise ist fortzufahren, bis der gesetzlichen Verpflichtung genügt oder Einspruch erhoben wird.

§ 134. Wird rechtzeitig Einspruch erhoben, so hat das Gericht, wenn sich der Einspruch nicht ohne Weiteres als begründet ergiebt, zur Erörterung der Sache den Betheiligten zu einem Termine zu laden.

Das Gericht kann, auch wenn der Betheiligte nicht erscheint, nach Lage der Sache entscheiden.

§ 135. Wird der Einspruch für begründet erachtet, so ist die erlassene Verfügung aufzuheben.

Anderenfalls hat das Gericht den Einspruch zu verwerfen und die angedrohte Strafe festzusetzen. Das Gericht kann, wenn die Umstände es rechtfertigen, von der Festsetzung einer Strafe absehen oder eine geringere als die angedrohte Strafe festsetzen.

Im Falle der Verwerfung des Einspruchs hat das Gericht zugleich eine erneute Verfügung nach § 132 zu erlassen. Die in dieser Verfügung bestimmte Frist beginnt mit dem Eintritte der Rechtskraft der Verwerfung des Einspruchs.

§ 136. Wird im Falle des § 133 gegen die wiederholte Verfügung Einspruch erhoben und dieser für begründet erachtet, so kann das Gericht, wenn die Umstände es rechtfertigen, zugleich die früher festgesetzte Strafe aufheben oder an deren Stelle eine geringere Strafe festsetzen.

§ 137. Gegen die Versäumung der Einspruchsfrist ist auf Antrag nach Maßgabe des § 22 Abs. 2 die Wiedereinsetzung in den vorigen Stand zu ertheilen.

§ 138. Bei der Festsetzung der Ordnungsstrafe ist der Betheiligte zugleich in die Kosten des Verfahrens zu verurtheilen.

§ 139. Gegen den Beschluß, durch welchen die Ordnungsstrafe festgesetzt oder der Einspruch verworfen wird, findet die sofortige Beschwerde statt.

Ist die Strafe nach Maßgabe des § 133 festgesetzt, so kann die Beschwerde nicht darauf gestützt werden, daß die Verfügung, durch welche die Strafe angedroht worden ist, nicht gerechtfertigt gewesen sei.

§ 140. Soll nach § 37 Abs. 1 des Handelsgesetzbuchs gegen eine Person eingeschritten werden, die eine ihr nicht zustehende Firma gebraucht, so finden die Vorschriften der §§ 132 bis 139 mit der Maßgabe Anwendung, daß

1) in der nach § 132 zu erlassenden Verfügung dem Betheiligten

aufgegeben wird, sich des Gebrauchs der Firma zu enthalten oder binnen bestimmter Frist den Gebrauch der Firma mittelst Einspruchs gegen die Verfügung zu rechtfertigen;

2) die Ordnungsstrafe festgesetzt wird, falls kein Einspruch erhoben oder der erhobene Einspruch rechtskräftig verworfen ist und der Betheiligte nach der Bekanntmachung der Verfügung dieser zuwider gehandelt hat.

§ 141. Soll nach § 31 Abs. 2 des Handelsgesetzbuchs das Erlöschen einer Firma von Amtswegen in das Handelsregister eingetragen werden, so hat das Registergericht den eingetragenen Inhaber der Firma oder dessen Rechtsnachfolger von der beabsichtigten Löschung zu benachrichtigen und ihm zugleich eine angemessene Frist zur Geltendmachung eines Widerspruchs zu bestimmen. Die Frist darf nicht weniger als drei Monate betragen.

Sind die bezeichneten Personen oder deren Aufenthalt nicht bekannt, so erfolgt die Benachrichtigung und die Bestimmung der Frist durch Einrückung in diejenigen Blätter, welche für die Bekanntmachungen der Eintragungen in das Handelsregister bestimmt sind. Es kann angeordnet werden, daß die Bekanntmachung noch in andere Blätter eingerückt wird.

Wird Widerspruch erhoben, so entscheidet über ihn das Gericht. Gegen die den Widerspruch zurückweisende Verfügung findet die sofortige Beschwerde statt.

Die Löschung darf nur erfolgen, wenn Widerspruch nicht erhoben oder wenn die den Widerspruch zurückweisende Verfügung rechtskräftig geworden ist.

§ 142. Ist eine Eintragung in das Handelsregister bewirkt, obgleich sie wegen Mangels einer wesentlichen Voraussetzung unzulässig war, so kann das Registergericht sie von Amtswegen löschen. Die Löschung geschieht durch Eintragung eines Vermerkes.

Das Gericht hat den Betheiligten von der beabsichtigten Löschung zu benachrichtigen und ihm zugleich eine angemessene Frist zur Geltendmachung eines Widerspruchs zu bestimmen.

Auf das weitere Verfahren finden die Vorschriften des § 141 Abs. 3, 4 Anwendung.

§ 143. Die Löschung einer Eintragung kann gemäß den Vorschriften des § 142 auch von dem Landgerichte verfügt werden, welches dem Registergericht im Instanzenzuge vorgeordnet ist. Die Vorschrift des § 30 Abs. 1 Satz 2 findet Anwendung.

Gegen die einen Widerspruch zurückweisende Verfügung des Landgerichts findet die sofortige Beschwerde an das Oberlandesgericht mit der Maßgabe statt, daß die Vorschriften des § 28 Abs. 2, 3 zur entsprechenden Anwendung kommen. Die weitere Beschwerde ist ausgeschlossen.

§ 144. Eine in das Handelsregister eingetragene Aktiengesellschaft oder Kommanditgesellschaft auf Aktien kann gemäß den Vorschriften der §§ 142, 143 als nichtig gelöscht werden, wenn die

Voraussetzungen vorliegen, unter denen nach den §§ 309, 310 des Handelsgesetzbuchs die Nichtigkeitsklage erhoben werden kann. Das Gleiche gilt für eine in das Handelsregister eingetragene Gesellschaft mit beschränkter Haftung, wenn die Voraussetzungen vorliegen, unter denen nach den §§ 75, 76 des Gesetzes, betreffend die Gesellschaften mit beschränkter Haftung, die Nichtigkeitsklage erhoben werden kann.

Ein in das Handelsregister eingetragener Beschluß der Generalversammlung oder Versammlung der Gesellschafter einer der im Abs. 1 bezeichneten Gesellschaften kann gemäß den Vorschriften der §§ 142, 143 als nichtig gelöscht werden, wenn er durch seinen Inhalt zwingende Vorschriften des Gesetzes verletzt und seine Beseitigung im öffentlichen Interesse erforderlich erscheint.

In den Fällen der Abs. 1, 2 soll die nach § 142 Abs. 2 zu bestimmende Frist mindestens drei Monate betragen.

§ 145. Die Amtsgerichte sind zuständig für die nach § 146 Abs. 2, § 147, § 157 Abs. 2, § 166 Abs. 3, § 192 Abs. 3, § 254 Abs. 3, § 266 Abs. 2, § 268 Abs. 2, § 295 Abs. 2, 3, § 302 Abs. 2 bis 4, § 338 Abs. 3, § 524 Abs. 1, 2, § 530 Abs. 1, §§ 590, 685, § 729 Abs. 1, § 884 Nr. 4 des Handelsgesetzbuchs von dem Gerichte zu erledigenden Angelegenheiten.

Ist die Führung des Handelsregisters für mehrere Amtsgerichtsbezirke einem Amtsgericht übertragen worden, so gehören zur Zuständigkeit dieses Amtsgerichts auch die im Abs. 1 bezeichneten Angelegenheiten, mit Ausnahme derjenigen Geschäfte, welche den Gerichten nach § 524 Abs. 1, 2, § 530 Abs. 1, §§ 590, 685, § 729 Abs. 1, § 884 Nr. 4 des Handelsgesetzbuchs obliegen.

§ 146. Soweit in den im § 145 bezeichneten Angelegenheiten ein Gegner des Antragstellers vorhanden ist, hat ihn das Gericht wenn thunlich zu hören.

Gegen die Verfügung, durch welche über den Antrag entschieden wird, findet die sofortige Beschwerde statt.

Eine Anfechtung der Verfügung, durch welche einem nach § 524 Abs. 1, 2, § 530 Abs. 1, § 685, § 729 Abs. 1, § 884 Nr. 4 des Handelsgesetzbuchs gestellten Antrage stattgegeben wird, ist ausgeschlossen.

§ 147. Die Vorschriften der §§ 127 bis 131, 142, 143 finden auf die Eintragungen in das Genossenschaftsregister entsprechende Anwendung.

Eine in das Genossenschaftsregister eingetragene Genossenschaft kann gemäß den Vorschriften der §§ 142, 143 als nichtig gelöscht werden, wenn die Voraussetzungen vorliegen, unter denen nach den §§ 94, 95 des Gesetzes, betreffend die Erwerbs- und Wirthschaftsgenossenschaften, die Nichtigkeitsklage erhoben werden kann.

Ein in das Genossenschaftsregister eingetragener Beschluß der Generalversammlung einer Genossenschaft kann gemäß den Vorschriften der §§ 142, 143, als nichtig gelöscht werden, wenn er durch seinen Inhalt zwingende Vorschriften des Gesetzes verletzt und seine Beseitigung im öffentlichen Interesse erforderlich erscheint.

In den Fällen der Abs. 2, 3 soll die nach § 142 Abs. 2 zu bestimmende Frist mindestens drei Monate betragen.

§ 148. Die Vorschriften des § 146 Abs. 1, 2 finden auf die nach § 45 Abs. 3, § 61, § 83 Abs. 3, 4, § 93 des Gesetzes, betreffend die Erwerbs- und Wirthschaftsgenossenschaften, und nach § 66 Abs. 2, 3, § 74 des Gesetzes, betreffend die Gesellschaften mit beschränkter Haftung, von dem Registergerichte zu erledigenden Angelegenheiten Anwendung.

Gegen die Verfügung, durch welche der im § 11 des Gesetzes, betreffend die privatrechtlichen Verhältnisse der Binnenschiffahrt, oder der im § 8 des Gesetzes, betreffend die privatrechtlichen Verhältnisse der Flößerei, bezeichnete Antrag auf Beweisaufnahme oder der im § 87 Abs. 2 des ersteren Gesetzes bezeichnete Antrag auf Bestellung eines Dispacheurs zurückgewiesen wird, findet die sofortige Beschwerde statt. Eine Anfechtung der Verfügung, durch welche einem solchen Antrage stattgegeben wird, ist ausgeschlossen.

§ 149. Für die Verrichtungen, welche den Gerichten in Ansehung der nach dem Handelsgesetzbuch oder nach dem Gesetze, betreffend die privatrechtlichen Verhältnisse der Binnenschiffahrt, aufzumachenden Dispache obliegen, ist das Amtsgericht des Ortes zuständig, an welchem die Vertheilung der Havereischäden zu erfolgen hat.

§ 150. Lehnt der Dispacheur den Auftrag eines Betheiligten zur Aufmachung der Dispache aus dem Grunde ab, weil ein Fall der großen Haverei nicht vorliege, so entscheidet über die Verpflichtung des Dispacheurs auf Antrag des Betheiligten das Gericht. Gegen die Verfügung findet die sofortige Beschwerde statt.

§ 151. Auf Antrag des Dispacheurs kann das Gericht einem Betheiligten unter Androhung von Ordnungsstrafen aufgeben, dem Dispacheur die in seinem Besitze befindlichen Schriftstücke, zu deren Mittheilung er gesetzlich verpflichtet ist, auszuhändigen. Die einzelne Strafe darf den Betrag von dreihundert Mark nicht übersteigen.

§ 152. Der Dispacheur ist verpflichtet, jedem Betheiligten Einsicht in die Dispache zu gewähren und ihm auf Verlangen eine Abschrift gegen Erstattung der Kosten zu ertheilen. Das Gleiche gilt, wenn die Dispache nach dem Gesetze, betreffend die privatrechtlichen Verhältnisse der Binnenschiffahrt, von dem Schiffer aufgemacht worden ist, für diesen.

§ 153. Jeder Betheiligte ist befugt, bei dem Gericht eine Verhandlung über die von dem Dispacheur aufgemachte Dispache zu beantragen. In dem Antrage sind diejenigen Betheiligten zu bezeichnen, welche zu dem Verfahren zugezogen werden sollen.

Wird ein Antrag auf gerichtliche Verhandlung gestellt, so hat das Gericht die Dispache und deren Unterlagen von dem Dispacheur einzuziehen und, wenn nicht offensichtig die Voraussetzungen der großen Haverei fehlen, den Antragsteller sowie die von ihm bezeichneten Betheiligten zu einem Termine zu laden. Mehrere Anträge können von dem Gerichte zum Zwecke der gleichzeitigen Verhandlung verbunden werden.

Die Ladung muß den Hinweis darauf enthalten, daß, wenn der Geladene weder in dem Termin erscheine noch vorher Widerspruch gegen die Dispache bei dem Gericht anmelde, sein Einverständniß mit der Dispache angenommen werden würde. In der Ladung ist zu bemerken, daß die Dispache und deren Unterlagen auf der Gerichtsschreiberei eingesehen werden können.

Die Frist zwischen der Ladung und dem Termine muß wenigstens zwei Wochen betragen.

§ 154. Erachtet das Gericht eine Vervollständigung der Unterlagen der Dispache für nothwendig, so hat es die Beibringung der erforderlichen Belege anzuordnen. Die Vorschriften des § 151 finden entsprechende Anwendung.

§ 155. In dem Termin ist mit den Erschienenen über die Dispache zu verhandeln.

Wird ein Widerspruch gegen die Dispache nicht erhoben und ist ein solcher auch vorher nicht angemeldet, so hat das Gericht die Dispache gegenüber den an dem Verfahren Betheiligten zu bestätigen.

Liegt ein Widerspruch vor, so haben sich die Betheiligten, deren Rechte durch ihn betroffen werden, zu erklären. Wird der Widerspruch als begründet anerkannt oder kommt anderweit eine Einigung zu Stande, so ist die Dispache demgemäß zu berichtigen. Erledigt sich der Widerspruch nicht, so ist die Dispache insoweit zu bestätigen, als sie durch den Widerspruch nicht berührt wird.

Werden durch den Widerspruch die Rechte eines in dem Termine nicht erschienenen Betheiligten betroffen, so wird angenommen, daß dieser den Widerspruch nicht als begründet anerkenne.

§ 156. Soweit ein Widerspruch nicht gemäß § 155 Abs. 3 erledigt wird, hat ihn der Widersprechende durch Erhebung der Klage gegen diejenigen an dem Verfahren Betheiligten, deren Rechte durch den Widerspruch betroffen werden, zu verfolgen. Die das Vertheilungsverfahren betreffenden Vorschriften der §§ 878, 879 der Civilprozeßordnung finden mit der Maßgabe entsprechende Anwendung, daß das Gericht einem Betheiligten auf seinen Antrag, wenn erhebliche Gründe glaubhaft gemacht werden, die Frist zur Erhebung der Klage verlängern kann und daß an die Stelle der Ausführung des Vertheilungsplans die Bestätigung der Dispache tritt.

Ist der Widerspruch durch rechtskräftiges Urtheil oder in anderer Weise erledigt, so wird die Dispache bestätigt, nachdem sie erforderlichen Falles von dem Amtsgerichte nach Maßgabe der Erledigung der Einwendungen berichtigt ist.

§ 157. Gegen die Verfügung, durch welche ein nach § 153

gestellter Antrag auf gerichtliche Verhandlung zurückgewiesen oder über die Bestätigung der Dispache entschieden wird, findet die sofortige Beschwerde statt.

Einwendungen gegen die Dispache, welche mittelst Widerspruchs geltend zu machen sind, können nicht im Wege der Beschwerde geltend gemacht werden.

§ 158. Die Bestätigung der Dispache ist nur für das gegenseitige Verhältniß der an dem Verfahren Betheiligten wirksam.

Aus der rechtskräftig bestätigten Dispache findet die Zwangsvollstreckung nach den Vorschriften der Civilprozeßordnung statt.

Für Klagen auf Ertheilung der Vollstreckungsklausel sowie für Klagen, durch welche Einwendungen gegen die in der Dispache festgestellten Ansprüche geltend gemacht werden oder die bei der Ertheilung der Vollstreckungsklausel als eingetreten angenommene Rechtsnachfolge bestritten wird, ist das Amtsgericht zuständig, welches die Dispache bestätigt hat. Gehört der Anspruch nicht vor die Amtsgerichte, so sind die Klagen bei dem zuständigen Landgerichte zu erheben.

Achter Abschnitt.

Vereinssachen. Güterrechtsregister.

§ 159. Auf die Eintragungen in das Vereinsregister finden die Vorschriften der §§ 127 bis 130, 142, 143, auf das Verfahren bei der Verhängung von Ordnungsstrafen gegen Mitglieder des Vorstandes oder Liquidatoren eines eingetragenen Vereins finden die Vorschriften der §§ 127, 132 bis 139 entsprechende Anwendung.

§ 160. Im Falle des § 37 des Bürgerlichen Gesetzbuchs soll das Gericht vor der Verfügung, durch welche über das Verlangen, eine Mitgliederversammlung zu berufen, entschieden wird, soweit thunlich den Vorstand des Vereins hören. Gegen die Verfügung findet die sofortige Beschwerde statt.

§ 161. Auf die Eintragungen in das Güterrechtsregister finden die Vorschriften der §§ 127 bis 130, 142, 143 entsprechende Anwendung.

Von einer Eintragung sollen in allen Fällen beide Ehegatten benachrichtigt werden.

§ 162. Das Amtsgericht hat auf Verlangen eine Bescheinigung darüber zu ertheilen, daß bezüglich des Gegenstandes einer Eintragung weitere Eintragungen in das Vereins- oder Güterrechtsregister nicht vorhanden sind oder daß eine bestimmte Eintragung in das Register nicht erfolgt ist.

Neunter Abschnitt.

Offenbarungseid. Untersuchung und Verwahrung von Sachen. Pfandverkauf.

§ 163. Ist in den Fällen der §§ 259, 260, 2028, 2057 des Bürgerlichen Gesetzbuchs der Offenbarungseid nicht vor dem Prozeßgerichte zu leisten, so finden die Vorschriften des § 79 entsprechende Anwendung.

§ 164. In den Fällen, in denen nach den Vorschriften des bürgerlichen Rechtes Jemand den Zustand oder den Werth einer Sache durch Sachverständige feststellen lassen kann, ist für die Ernennung, Beeidigung und Vernehmung der Sachverständigen das Amtsgericht zuständig, in dessen Bezirke sich die Sache befindet. Durch eine ausdrückliche Vereinbarung der Betheiligten kann die Zuständigkeit eines anderen Amtsgerichts begründet werden.

Eine Anfechtung der Verfügung, durch welche dem Antrage stattgegeben wird, ist ausgeschlossen.

Bei dem Verfahren ist der Gegner soweit thunlich zu hören.

§ 165. In den Fällen der §§ 432, 1217, 1281, 2039 des Bürgerlichen Gesetzbuchs ist für die Bestellung des Verwahrers das Amtsgericht zuständig, in dessen Bezirke sich die Sache befindet.

Ueber eine von dem Verwahrer beanspruchte Vergütung entscheidet das Amtsgericht.

Vor der Bestellung des Verwahrers und vor der Entscheidung über die Vergütung sind die Betheiligten soweit thunlich zu hören.

§ 166. Im Falle des § 1246 Abs. 2 des Bürgerlichen Gesetzbuchs ist für die Entscheidung des Gerichts das Amtsgericht des Ortes zuständig, an welchem das Pfand aufbewahrt wird.

Vor der Entscheidung sind die Betheiligten soweit thunlich zu hören.

Zehnter Abschnitt.

Gerichtliche und notarielle Urkunden.

§ 167. Für die gerichtliche Beurkundung eines Rechtsgeschäfts sowie für die gerichtliche Beglaubigung eines Handzeichens sind die Amtsgerichte zuständig.

Für die öffentliche Beglaubigung einer Unterschrift sind außer den Notaren die Amtsgerichte zuständig. Das Gleiche gilt für die Aufnahme der im § 1718 und im § 1720 Abs. 2 des Bürgerlichen Gesetzbuchs vorgesehenen öffentlichen Urkunden über die Anerkennung der Vaterschaft; für die Aufnahme dieser Urkunden ist, wenn die Anerkennung der Vaterschaft bei der Anzeige der Geburt des Kindes oder bei der Eheschließung seiner Eltern erfolgt, auch der Standesbeamte zuständig, welcher die Geburt oder die Eheschließung beurkundet.

§ 168. Für die gerichtliche und notarielle Beurkundung eines Rechtsgeschäfts gelten, unbeschadet der Vorschriften des Bürgerlichen Gesetzbuchs über die Errichtung von Testamenten und Erbverträgen, die §§ 169 bis 182. Als Betheiligter im Sinne der §§ 169 bis 182 ist derjenige anzusehen, dessen Erklärung beurkundet werden soll.

§ 169. Ist ein Betheiligter nach der Ueberzeugung des Richters oder des Notars taub, blind, stumm oder sonst am Sprechen verhindert, so muß der Richter einen Gerichtsschreiber oder zwei Zeugen, der Notar einen zweiten Notar oder zwei Zeugen zuziehen.

§ 170. Als Richter, Notar, Gerichtsschreiber oder Zeuge kann bei der Beurkundung nicht mitwirken:

1) wer selbst Betheiligter ist sowie derjenige, für welchen ein Betheiligter als Vertreter handelt;
2) der Ehegatte eines Betheiligten, auch wenn die Ehe nicht mehr besteht;
3) wer mit einem Betheiligten in gerader Linie oder im zweiten Grade der Seitenlinie verwandt oder verschwägert ist;
4) wer zu demjenigen, für welchen ein Betheiligter als Vertreter handelt, in einem Verhältnisse der unter Nr. 2, 3 bezeichneten Art steht.

§ 171. Als Richter, Notar, Gerichtsschreiber oder Zeuge kann bei der Beurkundung nicht mitwirken:

1) derjenige, zu dessen Gunsten in der Urkunde eine Verfügung getroffen wird;
2) wer zu demjenigen, zu dessen Gunsten in der Urkunde eine Verfügung getroffen wird, in einem Verhältnisse der im § 170 Nr. 2, 3 bezeichneten Art steht.

Die Mitwirkung einer hiernach ausgeschlossenen Person hat zur Folge, daß die Beurkundung insoweit nichtig ist, als sie eine Verfügung zu Gunsten einer der im Abs. 1 Nr. 1, 2 bezeichneten Personen zum Gegenstande hat.

§ 172. Als Gerichtsschreiber oder zweiter Notar oder Zeuge kann bei der Beurkundung nicht mitwirken, wer zu dem Richter oder dem beurkundenden Notar in einem Verhältnisse der im § 170 Nr. 2, 3 bezeichneten Art steht.

§ 173. Als Zeuge soll bei der Beurkundung nicht mitwirken:

1) ein Minderjähriger;
2) wer der bürgerlichen Ehrenrechte für verlustig erklärt ist, während der Zeit, für welche die Aberkennung der Ehrenrechte erfolgt ist;
3) wer nach den Vorschriften der Strafgesetze unfähig ist, als Zeuge eidlich vernommen zu werden;
4) wer als Gesinde oder Gehülfe im Dienste des Richters oder des beurkundenden Notars steht.

§ 174. Die bei der Beurkundung mitwirkenden Personen müssen bei der Vorlesung, Genehmigung und Unterzeichnung der Urkunde zugegen sein.

§ 175. Ueber die Verhandlung muß ein Protokoll in deutscher Sprache aufgenommen werden.

§ 176. Das Protokoll muß enthalten:

1) Ort und Tag der Verhandlung;
2) die Bezeichnung der Betheiligten und der bei der Verhandlung mitwirkenden Personen;
3) die Erklärung der Betheiligten.

Wird in der Erklärung auf eine Schrift Bezug genommen und diese dem Protokoll als Anlage beigefügt, so bildet sie einen Theil des Protokolls.

Das Protokoll soll eine Angabe darüber enthalten, ob der Richter oder der Notar die Betheiligten kennt oder, sofern dies nicht der Fall ist, in welcher Weise er sich Gewißheit über ihre Persönlichkeit verschafft hat. Kann er sich diese Gewißheit nicht verschaffen, wird aber gleichwohl die Aufnahme der Verhandlung verlangt, so sollen der Sachverhalt und dasjenige, was zur Feststellung der Persönlichkeit beigebracht ist, in das Protokoll aufgenommen werden.

§ 177. Das Protokoll muß vorgelesen, von den Betheiligten genehmigt und von ihnen eigenhändig unterschrieben werden. Im Protokolle muß festgestellt werden, daß dies geschehen ist. Das Protokoll soll den Betheiligten auf Verlangen auch zur Durchsicht vorgelegt werden.

Erklärt ein Betheiligter, daß er nicht schreiben könne, so muß diese Erklärung im Protokolle festgestellt werden, Bei der Vorlesung und der Genehmigung muß der Richter oder der Notar einen Zeugen zuziehen. In den Fällen des § 169 bedarf es dieser Zuziehung nicht; das Gleiche gilt, wenn in anderen Fällen ein Gerichtsschreiber oder ein zweiter Notar zugezogen wird.

Das Protokoll muß von den mitwirkenden Personen unterschrieben werden.

§ 178. Ist nach der Ueberzeugung des Richters oder des Notars ein Betheiligter stumm oder sonst am Sprechen verhindert und eine schriftliche Verständigung mit ihm nicht möglich, so muß bei der Beurkundung ein vereideter Dolmetscher zugezogen werden.

Im Protokolle muß festgestellt werden, daß der Richter oder der Notar die Ueberzeugung gewonnen hat, daß der Betheiligte am Sprechen verhindert und eine schriftliche Verständigung mit ihm nicht möglich ist. Das Protokoll muß von dem Dolmetscher genehmigt und unterschrieben werden.

Der Zuziehung eines Zeugen, eines Gerichtsschreibers oder eines zweiten Notars bedarf es in diesem Falle nicht.

Auf Antrag können die Protokolle auch auszugsweise ausgefertigt werden.

§ 179. Erklärt ein Betheiligter, daß er der deutschen Sprache nicht mächtig sei, so muß bei der Beurkundung ein vereideter Dolmetscher zugezogen werden. Der Zuziehung des Dolmetschers bedarf es nicht, wenn der Richter oder der Notar der Sprache, in der sich der Betheiligte erklärt, mächtig ist; die Beeidigung des Dolmetschers ist nicht erforderlich, wenn der Betheiligte darauf verzichtet.

Das Protokoll muß dem der deutschen Sprache nicht mächtigen Betheiligten durch den Dolmetscher oder, wenn ein Dolmetscher nicht zugezogen worden ist, durch den Richter oder den Notar in der fremden Sprache vorgetragen werden und die Feststellung enthalten, daß dies geschehen ist.

Im Protokolle muß festgestellt werden, daß der Betheiligte der deutschen Sprache nicht mächtig ist.

Der Dolmetscher muß das Protokoll unterschreiben.

Eine Beurkundung ist nicht aus dem Grunde unwirksam, weil den Vorschriften des Abs. 1 zuwider die Zuziehung eines Dolmetschers unterblieben ist.

§ 180. Auf den Dolmetscher finden die nach den §§ 170 bis 173 für einen Zeugen geltenden Vorschriften entsprechende Anwendung.

§ 181. Bei der gerichtlichen oder notariellen Beurkundung von Versteigerungen gelten Bieter nicht als Betheiligte; ausgenommen sind solche Bieter, die an ihr Gebot gebunden bleiben. Entfernt sich ein solcher Bieter vor dem Schlusse der Verhandlung, so genügt an Stelle seiner Unterschrift die Angabe des Grundes, aus welchem sie unterblieben ist.

§ 182. Die Ausfertigung der Protokolle über die gerichtliche Beurkundung eines Rechtsgeschäfts ist von dem Gerichtsschreiber zu unterschreiben und mit dem Gerichtssiegel zu versehen.

§ 183. Die gerichtliche oder notarielle Beglaubigung einer Unterschrift darf nur erfolgen, wenn die Unterschrift in Gegenwart des Richters oder des Notars vollzogen oder anerkannt wird.

Die Beglaubigung geschieht durch einen unter die Unterschrift zu setzenden Vermerk. Der Vermerk muß die Bezeichnung desjenigen, welcher die Unterschrift vollzogen oder anerkannt hat, enthalten und den Ort und den Tag der Ausstellung angeben sowie mit Unterschrift und Siegel oder Stempel versehen sein.

Diese Vorschriften finden auf die gerichtliche oder notarielle Beglaubigung eines Handzeichens entsprechende Anwendung.

§ 184. Für die nach § 167 den Amtsgerichten obliegenden Verrichtungen sind in Ansehung solcher Personen, die zur Besatzung eines in Dienst gestellten Schiffes der Kaiserlichen Marine gehören oder die in anderer Eigenschaft an Bord eines solchen Schiffes sind, auch die Geschwaderauditeure zuständig, solange das Schiff sich außerhalb eines inländischen Hafens befindet. Den Schiffen stehen die sonstigen Fahrzeuge der Kaiserlichen Marine gleich.

Die Ausfertigung der Protokolle über die Beurkundung eines Rechtsgeschäfts ist von dem Auditeur zu unterschreiben und mit dem Gerichtssiegel zu versehen.

Die Vorschriften des Artikel 44 des Einführungsgesetzes zum Bürgerlichen Gesetzbuche bleiben unberührt.

Elfter Abschnitt.

Schlußbestimmungen.

§ 185. Dieses Gesetz tritt gleichzeitig mit dem Bürgerlichen Gesetzbuch in Kraft.

Die Artikel 2 bis 5, 32 des Einführungsgesetzes zum Bürgerlichen Gesetzbuche finden entsprechende Anwendung.

§ 186. Die Vorschriften der §§ 11, 66 des Gesetzes über die Beurkundung des Personenstandes und die Eheschließung vom 6. Februar 1875 (Reichs-Gesetzbl. S. 23) werden insoweit aufgehoben, als sie der Landesgesetzgebung die Befugniß gewähren, das gerichtliche Verfahren abweichend zu regeln.

§ 187. Der § 150 des Gesetzes, betreffend die Erwerbs- und Wirthschaftsgenossenschaften, vom 1. Mai 1889 (Reichs-Gesetzbl. S. 55) wird aufgehoben.

§ 188. Der § 11 Abs. 2 des Gesetzes, betreffend das Reichsschuldbuch, vom 31. Mai 1891 (Reichs-Gesetzbl. S. 321) wird dahin geändert:

> Zur Ausstellung dieser Bescheinigungen ist das Nachlaßgericht und, falls der Erblasser zur Zeit des Erbfalls im Inlande weder Wohnsitz noch Aufenthalt hatte, auch derjenige Konsul des Reichs zuständig, in dessen Amtsbezirke der Erblasser zur Zeit des Erbfalls seinen Wohnsitz oder seinen gewöhnlichen Aufenthalt hatte, sofern dem Konsul von dem Reichskanzler die Ermächtigung zur Ausstellung solcher Bescheinigungen ertheilt ist.

§ 189. Soweit im Einführungsgesetze zum Bürgerlichen Gesetzbuche zu Gunsten der Landesgesetze Vorbehalte gemacht sind, gelten sie auch für die Vorschriften der Landesgesetze über diejenigen Angelegenheiten der freiwilligen Gerichtsbarkeit, welche Gegenstand dieses Gesetzes sind; den Landesgesetzen stehen nach Maßgabe der Artikel 57, 58 des Einführungsgesetzes zum Bürgerlichen Gesetzbuche die Hausverfassungen gleich.

§ 190. Unberührt bleiben die landesgesetzlichen Vorschriften, welche für den Fall, daß nach Artikel 147 des Einführungsgesetzes zum Bürgerlichen Gesetzbuche die dem Vormundschaftsgericht obliegenden Verrichtungen durch Landesgesetz anderen Behörden als den Amtsgerichten übertragen sind, über den Vorsitz im Familienrathe Bestimmung treffen.

§ 191. Unberührt bleiben die landesgesetzlichen Vorschriften, nach welchen für die Aufnahme der nach dem § 1718 und dem § 1720 Abs. 2 des Bürgerlichen Gesetzbuchs erforderlichen öffentlichen Urkunden sowie für die öffentliche Beglaubigung einer Unterschrift außer den Amtsgerichten und Notaren auch andere Behörden oder Beamte zuständig sind.

Durch Landesgesetz kann die Zuständigkeit der Amtsgerichte für die öffentliche Beglaubigung einer Unterschrift oder eines Handzeichens ausgeschlossen werden.

§ 192. Unberührt bleiben die landesgesetzlichen Vorschriften, nach welchen, wenn die Auseinandersetzung in Ansehung eines Nachlasses nicht binnen einer bestimmten Frist bewirkt ist, das Nachlaßgericht die Auseinandersetzung von Amtswegen zu vermitteln hat;

auf die Auseinandersetzung finden die Vorschriften der §§ 88 bis 98 Anwendung.

§ 193. Unberührt bleiben die landesgesetzlichen Vorschriften, nach welchen für die gemäß § 99 den Amtsgerichten obliegenden Verrichtungen andere als gerichtliche Behörden zuständig sind, sowie die landesgesetzlichen Vorschriften, nach welchen in den Fällen der §§ 86, 99 an Stelle der Gerichte oder neben diesen die Notare die Auseinandersetzung zu vermitteln haben.

§ 194. Sind für die im § 1 bezeichneten Angelegenheiten nach Landesgesetz andere als gerichtliche Behörden zuständig, so gelten die in dem ersten Abschnitte für die Gerichte gegebenen Vorschriften auch für die anderen Behörden.

Als gemeinschaftliches oberes Gericht im Sinne der §§ 5, 46 gilt dasjenige Gericht, welches das gemeinschaftliche obere Gericht für die Amtsgerichte ist, in deren Bezirke die Behörden ihren Sitz haben. Durch Landesgesetz kann jedoch bestimmt werden, daß, wenn die Behörden in dem Bezirke desselben Amtsgerichts ihren Sitz haben, dieses als gemeinschaftliches oberes Gericht zuständig ist.

Die Vorschriften des § 8 über die Sitzungspolizei und über die Berathung und Abstimmung sowie die Vorschriften der §§ 6, 10, 11, des § 16 Abs. 2 und des § 31 finden keine Anwendung.

Durch die Vorschrift des Abs. 1 wird die Verpflichtung der gerichtlichen Behörden, gemäß § 2 Rechtshülfe zu leisten, nicht berührt.

§ 195. Durch die Gesetzgebung eines Bundesstaats, in dem für die dem Vormundschaftsgericht oder dem Nachlaßgericht obliegenden Verrichtungen andere Behörden als die Amtsgerichte zuständig sind, kann bestimmt werden, daß die Abänderung einer Entscheidung einer solchen Behörde bei dem Amtsgerichte nachzusuchen ist, in dessen Bezirke die Behörde ihren Sitz hat. In diesem Falle finden auf das Verfahren die Vorschriften der §§ 20 bis 25 entsprechende Anwendung.

Die Beschwerde findet gegen die Entscheidung des Amtsgerichts statt.

§ 196. Ist für die Volljährigkeitserklärung nach Landesgesetz die Zentralstelle des Bundesstaats zuständig, so finden die in dem ersten Abschnitte für die Gerichte gegebenen Vorschriften keine Anwendung.

Die Verfügung, durch welche der Minderjährige für volljährig erklärt wird, tritt mit der Bekanntmachung an den Minderjährigen in Wirksamkeit.

§ 197. Durch die Landesjustizverwaltung kann angeordnet werden, daß die im § 14 des Gesetzes über die Beurkundung des Personenstandes und die Eheschließung vom 6. Februar 1875 vorgesehene Aufbewahrung des Nebenregisters bei den Landgerichten erfolgen soll.

§ 198. Unberührt bleiben die landesgesetzlichen Vorschriften, nach welchen bei der Beurkundung einer Erklärung in den Fällen des § 169 der Richter an Stelle des Gerichtsschreibers oder der zwei Zeugen eine besonders dazu bestellte Urkundsperson zuziehen kann.

Auf die Urkundsperson finden die Vorschriften der §§ 170 bis 172 Anwendung.

§ 199. Durch die Gesetzgebung eines Bundesstaats, in dem mehrere Oberlandesgerichte errichtet sind, kann die Entscheidung über das Rechtsmittel der weiteren Beschwerde einem der mehreren Oberlandesgerichte oder an Stelle eines solchen Oberlandesgerichts dem obersten Landesgerichte zugewiesen werden.

Das Gericht, dem nach Abs. 1 die Entscheidung zugewiesen wird, tritt zugleich für die Beschwerde gegen eine Verfügung des Landgerichts an die Stelle des nach § 64 und § 143 Abs. 2 zuständigen Oberlandesgerichts. Auch gilt es im Sinne der §§ 5, 46 als gemeinschaftliches oberes Gericht für alle Gerichte des Bundesstaats.

§ 200. Durch Landesgesetz können Vorschriften zur Ergänzung und Ausführung dieses Gesetzes, mit Einschluß der erforderlichen Uebergangsvorschriften, auch insoweit erlassen werden, als dieses Gesetz Vorbehalte für die Landesgesetzgebung nicht enthält.

Soweit durch Landesgesetz allgemeine Vorschriften über die Errichtung gerichtlicher oder notarieller Urkunden erlassen werden, ist ein Verstoß gegen eine solche Vorschrift, unbeschadet der Vorschriften über die Folgen des Mangels der sachlichen Zuständigkeit, ohne Einfluß auf die Gültigkeit der Beurkundung.

---

143) Gesetz, betr. die Erwerbs- und Wirthschaftsgenossenschaften.

[In der Fassung der Bekanntm. vom 20. Mai 1898 (RGBl S. 810ff.).]

Erster Abschnitt.

Errichtung der Genossenschaft.

§ 1. Gesellschaften von nicht geschlossener Mitgliederzahl, welche die Förderung des Erwerbes oder der Wirthschaft ihrer Mitglieder mittelst gemeinschaftlichen Geschäftsbetriebes bezwecken (Genossenschaften), namentlich:

1) Vorschuß- und Kreditvereine,
2) Rohstoffvereine,
3) Vereine zum gemeinschaftlichen Verkaufe landwirthschaftlicher oder gewerblicher Erzeugnisse (Absatzgenossenschaften, Magazinvereine),
4) Vereine zur Herstellung von Gegenständen und zum Verkaufe derselben auf gemeinschaftliche Rechnung (Produktivgenossenschaften),
5) Vereine zum gemeinschaftlichen Einkaufe von Lebens- oder Wirthschaftsbedürfnissen im Großen und Ablaß im Kleinen (Konsumvereine),

6) Vereine zur Beschaffung von Gegenständen des landwirthschaftlichen oder gewerblichen Betriebes und zur Benutzung derselben auf gemeinschaftliche Rechnung,

7) Vereine zur Herstellung von Wohnungen,

erwerben die Rechte einer „eingetragenen Genossenschaft" nach Maßgabe dieses Gesetzes.

§ 2. Die Genossenschaften können errichtet werden:

1) dergestalt, daß die einzelnen Mitglieder (Genossen) für die Verbindlichkeiten der Genossenschaft dieser sowie unmittelbar den Gläubigern derselben mit ihrem ganzen Vermögen haften (eingetragene Genossenschaft mit unbeschränkter Haftpflicht);

2) dergestalt, daß die Genossen zwar mit ihrem ganzen Vermögen, aber nicht unmittelbar den Gläubigern der Genossenschaft verhaftet, vielmehr nur verpflichtet sind, der letzteren die zur Befriedigung der Gläubiger erforderlichen Nachschüsse zu leisten (eingetragene Genossenschaft mit unbeschränkter Nachschußpflicht);

3) dergestalt, daß die Haftpflicht der Genossen für die Verbindlichkeiten der Genossenschaft sowohl dieser wie unmittelbar den Gläubigern gegenüber im Voraus auf eine bestimmte Summe beschränkt ist (eingetragene Genossenschaft mit beschränkter Haftpflicht).

§ 3. Die Firma der Genossenschaft muß vom Gegenstande des Unternehmens entlehnt sein und entsprechend der im § 2 vorgesehenen Art der Genossenschaft die daselbst bestimmte zusätzliche Bezeichnung enthalten.

Der Name von Genossen oder anderen Personen darf in die Firma nicht aufgenommen werden. Jede neue Firma muß sich von allen an demselben Orte oder in derselben Gemeinde bereits bestehenden Firmen eingetragener Genossenschaften deutlich unterscheiden.

§ 4. Die Zahl der Genossen muß mindestens sieben betragen.

§ 5. Das Statut der Genossenschaft bedarf der schriftlichen Form.

§ 6. Das Statut muß enthalten:

1) die Firma und den Sitz der Genossenschaft;

2) den Gegenstand des Unternehmens;

3) Bestimmungen über die Form für die Berufung der Generalversammlung der Genossen, sowie für die Beurkundung ihrer Beschlüsse und über den Vorsitz in der Versammlung;

4) Bestimmungen über die Form, in welcher die von der Genossenschaft ausgehenden Bekanntmachungen erfolgen, sowie über die öffentlichen Blätter, in welche dieselben aufzunehmen sind.

§ 7. Das Statut muß ferner bestimmen:

1) ob die Genossen der unbeschränkten Haftpflicht oder nur der unbeschränkten Nachschußpflicht oder der beschränkten Haftpflicht unterliegen sollen;

2) den Betrag, bis zu welchem sich die einzelnen Genossen mit Einlagen betheiligen können (Geschäftsantheil),

sowie die Einzahlungen auf den Geschäftsantheil, zu welchen jeder Genosse verpflichtet ist; dieselben müssen bis zu einem Gesammtbetrage von mindestens einem Zehntheile des Geschäftsantheils nach Betrag und Zeit bestimmt sein;

3) die Grundsätze für die Aufstellung und die Prüfung der Bilanz;

4) die Bildung eines Reservefonds, welcher zur Deckung eines aus der Bilanz sich ergebenden Verlustes zu dienen hat, sowie die Art dieser Bildung, insbesondere den Theil des jährlichen Reingewinns, welcher in den Reservefonds einzustellen ist, und den Mindestbetrag des letzteren, bis zu dessen Erreichung die Einstellung zu erfolgen hat.

§ 8. Der Aufnahme in das Statut bedürfen Bestimmungen, nach welchen:

1) die Genossenschaft auf eine bestimmte Zeit beschränkt wird;

2) Erwerb und Fortdauer der Mitgliedschaft an den Wohnsitz innerhalb eines bestimmten Bezirks geknüpft wird;

3) das Geschäftsjahr, insbesondere das erste, auf ein mit dem Kalenderjahre nicht zusammenfallendes Jahr oder auf eine kürzere Dauer, als auf ein Jahr, bemessen wird;

4) über gewisse Gegenstände die Generalversammlung nicht schon durch einfache Stimmenmehrheit, sondern nur durch eine größere Stimmenmehrheit oder nach anderen Erfordernissen Beschluß fassen kann;

5) die Ausdehnung des Geschäftsbetriebes auf Personen, welche nicht Mitglieder der Genossenschaft sind, zugelassen wird.

Genossenschaften, bei welchen die Gewährung von Darlehen Zweck des Unternehmens ist, dürfen ihren Geschäftsbetrieb, soweit er in einer diesen Zweck verfolgenden Darlehnsgewährung besteht, nicht auf andere Personen außer den Mitgliedern ausdehnen. Darlehnsgewährungen, welche nur die Anlegung von Geldbeständen bezwecken, fallen nicht unter dieses Verbot.

Als Ausdehnung des Geschäftsbetriebes gilt nicht der Abschluß von Geschäften mit Personen, welche bereits die Erklärung des Beitritts zur Genossenschaft unterzeichnet haben und von derselben zugelassen sind.

Konsumvereine (§ 1 Nr. 5) dürfen im regelmäßigen Geschäftsverkehr Waaren nur an ihre Mitglieder oder deren Vertreter verkaufen. Diese Beschränkung findet auf landwirthschaftliche Konsumvereine, welche ohne Haltung eines offenen Ladens die Vermittelung des Bezugs von ihrer Natur nach ausschließlich für den landwirthschaftlichen Betrieb bestimmten Waaren besorgen, hinsichtlich dieser Waaren keine Anwendung.

§ 9. Die Genossenschaft muß einen Vorstand und einen Aufsichtsrath haben.

Die Mitglieder des Vorstandes und des Aufsichtsraths müssen

Genossen sein. Gehören der Genossenschaft einzelne eingetragene Genossenschaften als Mitglieder an, oder besteht die Genossenschaft ausschließlich aus solchen, so können Mitglieder der letzteren in den Vorstand und den Aufsichtsrath berufen werden.

§ 10. Das Statut, sowie die Mitglieder des Vorstandes sind in das Genossenschaftsregister bei dem Gerichte einzutragen, in dessen Bezirke die Genossenschaft ihren Sitz hat.

Das Genossenschaftsregister wird bei dem zur Führung des Handelsregisters zuständigen Gerichte geführt.

§ 11. Die Anmeldung behufs der Eintragung liegt dem Vorstande ob.

Der Anmeldung sind beizufügen:

1) das Statut, welches von den Genossen unterzeichnet sein muß, und eine Abschrift desselben;
2) eine Liste der Genossen;
3) eine Abschrift der Urkunden über die Bestellung des Vorstandes und des Aufsichtsraths.

Die Mitglieder des Vorstandes haben zugleich ihre Unterschrift vor dem Gerichte zu zeichnen oder die Zeichnung in beglaubigter Form einzureichen.

Die Abschrift des Statuts wird von dem Gerichte beglaubigt und, mit der Bescheinigung der erfolgten Eintragung versehen, zurückgegeben. Die übrigen Schriftstücke werden bei dem Gerichte aufbewahrt.

§ 12. Das eingetragene Statut ist von dem Gerichte im Auszuge zu veröffentlichen.

Die Veröffentlichung muß enthalten:

1) das Datum des Statuts;
2) die Firma und den Sitz der Genossenschaft;
3) den Gegenstand des Unternehmens;
4) die Form, in welcher die von der Genossenschaft ausgehenden Bekanntmachungen erfolgen, sowie die öffentlichen Blätter, in welche dieselben aufzunehmen sind;
5) die Zeitdauer der Genossenschaft, falls dieselbe auf eine bestimmte Zeit beschränkt ist;
6) das Geschäftsjahr, falls es, abgesehen von dem ersten, auf ein mit dem Kalenderjahre nicht zusammenfallendes Jahr oder auf eine kürzere Dauer, als auf ein Jahr, bemessen ist;
7) die Namen und den Wohnort der Mitglieder des Vorstandes.

Zugleich ist bekannt zu machen, daß die Einsicht der Liste der Genossen während der Dienststunden des Gerichts Jedem gestattet ist.

Ist in dem Statut bestimmt, in welcher Form der Vorstand seine Willenserklärungen kundgiebt und für die Genossenschaft zeichnet, so ist auch diese Bestimmung zu veröffentlichen.

§ 13. Vor der Eintragung in das Genossenschaftsregister ihres Sitzes hat die Genossenschaft die Rechte einer eingetragenen Genossenschaft nicht.

§ 14. Jede Zweigniederlassung muß bei dem Gerichte, in dessen Bezirke sie sich befindet, behufs Eintragung in das Genossenschaftsregister angemeldet werden.

Die Anmeldung hat die im § 12 vorgeschriebenen Angaben zu enthalten. Derselben sind zwei beglaubigte Abschriften des Statuts und eine durch das Gericht der Hauptniederlassung beglaubigte Abschrift der Liste der Genossen beizufügen. Die Bestimmung im § 11 Absatz 3 findet Anwendung.

Das Gericht hat die eine Abschrift des Statuts, mit der Bescheinigung der erfolgten Eintragung versehen, zurückzugeben und von der Eintragung zu dem Genossenschaftsregister bei dem Gerichte der Hauptniederlassung Mittheilung zu machen.

§ 15. Nach der Anmeldung des Statuts zum Genossenschaftsregister bedarf es zum Erwerbe der Mitgliedschaft einer von dem Beitretenden zu unterzeichnenden, unbedingten Erklärung des Beitritts.

Der Vorstand hat die Erklärung im Falle der Zulassung des Beitretenden behufs Eintragung desselben in die Liste der Genossen dem Gerichte (§ 10) einzureichen. Die Eintragung ist unverzüglich vorzunehmen.

Durch die Eintragung, welche auf Grund der Erklärung und deren Einreichung stattfindet, entsteht die Mitgliedschaft des Beitretenden.

Von der Eintragung hat das Gericht den Genossen und den Vorstand zu benachrichtigen. Die Beitrittserklärung wird in Urschrift bei dem Gerichte aufbewahrt. Wird die Eintragung versagt, so hat das Gericht hiervon den Antragsteller unter Rückgabe der Beitrittserklärung und den Vorstand in Kenntniß zu setzen.

§ 16. Eine Abänderung des Statuts oder die Fortsetzung einer auf bestimmte Zeit beschränkten Genossenschaft kann nur durch die Generalversammlung beschlossen werden.

Zu einer Abänderung des Gegenstandes des Unternehmens, sowie zur Erhöhung des Geschäftsantheils bedarf es einer Mehrheit von drei Viertheilen der erschienenen Genossen. Das Statut kann noch andere Erfordernisse aufstellen. Zu sonstigen Aenderungen des Statuts bedarf es einer Mehrheit von drei Viertheilen der erschienenen Genossen, sofern nicht das Statut andere Erfordernisse aufstellt.

Auf die Anmeldung und Eintragung des Beschlusses finden die Vorschriften des § 11 mit der Maßgabe entsprechende Anwendung, daß der Anmeldung zwei Abschriften des Beschlusses beizufügen sind. Die Veröffentlichung des Beschlusses findet nur insoweit statt, als derselbe eine der im § 12 Absatz 2 und 4 bezeichneten Bestimmungen zum Gegenstande hat.

Der Beschluß hat keine rechtliche Wirkung, bevor er in das Genossenschaftsregister des Sitzes der Genossenschaft eingetragen ist.

Zweiter Abschnitt.

Rechtsverhältnisse der Genossenschaft und der Genossen.

§ 17. Die eingetragene Genossenschaft als solche hat selbständig ihre Rechte und Pflichten; sie kann Eigenthum und andere dingliche Rechte an Grundstücken erwerben, vor Gericht klagen und verklagt werden.

Genossenschaften gelten als Kaufleute im Sinne des Handelsgesetzbuchs, soweit dieses Gesetz keine abweichenden Vorschriften enthält.

§ 18. Das Rechtsverhältniß der Genossenschaft und der Genossen richtet sich zunächst nach dem Statut. Letzteres darf von den Bestimmungen dieses Gesetzes nur insoweit abweichen, als dies ausdrücklich für zulässig erklärt ist.

§ 19. Der bei Genehmigung der Bilanz für die Genossen sich ergebende Gewinn oder Verlust des Geschäftsjahres ist auf diese zu vertheilen. Die Vertheilung geschieht für das erste Geschäftsjahr nach dem Verhältniß ihrer auf den Geschäftsantheil geleisteten Einzahlungen, für jedes folgende nach dem Verhältniß ihrer durch die Zuschreibung von Gewinn oder die Abschreibung von Verlust zum Schlusse des vorhergegangenen Geschäftsjahres ermittelten Geschäftsguthaben. Die Zuschreibung des Gewinns erfolgt solange, als nicht der Geschäftsantheil erreicht ist.

Das Statut kann einen anderen Maßstab für die Vertheilung von Gewinn und Verlust aufstellen, sowie Bestimmung darüber treffen, inwieweit der Gewinn vor Erreichung des Geschäftsantheils an die Genossen auszuzahlen ist. Bis zur Wiederergänzung eines durch Verlust verminderten Guthabens findet eine Auszahlung des Gewinns nicht statt.

§ 20. Durch das Statut kann festgesetzt werden, daß der Gewinn nicht vertheilt, sondern dem Reservefonds zugeschrieben wird.

§ 21. Für das Geschäftsguthaben werden Zinsen von bestimmter Höhe nicht vergütet, auch wenn der Genosse Einzahlungen in höheren als den geschuldeten Beiträgen geleistet hat.

Auch können Genossen, welche mehr als die geschuldeten Einzahlungen geleistet haben, im Falle eines Verlustes andere Genossen nicht aus dem Grunde in Anspruch nehmen, daß von letzteren nur diese Einzahlungen geleistet sind.

§ 22. Eine Herabsetzung des Geschäftsantheils oder der auf denselben zu leistenden Einzahlungen oder eine Verlängerung der für die letzteren festgesetzten Fristen kann nur unter Beobachtung der Bestimmungen erfolgen, welche für die Vertheilung des Genossenschaftsvermögens im Falle der Auflösung maßgebend sind.

Das Geschäftsguthaben eines Genossen darf, solange er nicht ausgeschieden ist, von der Genossenschaft nicht ausgezahlt oder im geschäftlichen Betriebe zum Pfande genommen, eine geschuldete Einzahlung darf nicht erlassen werden.

Gegen die letztere kann der Genosse eine Aufrechnung nicht geltend machen.

§ 23. Für die Verbindlichkeiten der Genossenschaft haften die Genossen nach Maßgabe dieses Gesetzes.

Wer in die Genossenschaft eintritt, haftet auch für die vor seinem Eintritt eingegangenen Verbindlichkeiten.

Ein den vorstehenden Bestimmungen zuwiderlaufender Vertrag ist ohne rechtliche Wirkung.

Dritter Abschnitt.

Vertretung und Geschäftsführung.

§ 24. Die Genossenschaft wird durch den Vorstand gerichtlich und außergerichtlich vertreten.

Der Vorstand besteht aus zwei Mitgliedern und wird von der Generalversammlung gewählt. Durch das Statut kann eine höhere Mitgliederzahl sowie eine andere Art der Bestellung festgesetzt werden.

Die Mitglieder des Vorstandes können besoldet oder unbesoldet sein. Ihre Bestellung ist zu jeder Zeit widerruflich, unbeschadet der Entschädigungsansprüche aus bestehenden Verträgen.

§ 25. Der Vorstand hat in der durch das Statut bestimmten Form seine Willenserklärungen kundzugeben und für die Genossenschaft zu zeichnen. Ist nichts darüber bestimmt, so muß die Erklärung und Zeichnung durch sämmtliche Mitglieder des Vorstandes erfolgen. Weniger als zwei Mitglieder dürfen hierfür nicht bestimmt werden.

Die Zeichnung geschieht in der Weise, daß die Zeichnenden zu der Firma der Genossenschaft oder zu der Benennung des Vorstandes ihre Namensunterschrift beifügen.

§ 26. Die Genossenschaft wird durch die von dem Vorstande in ihrem Namen geschlossenen Rechtsgeschäfte berechtigt und verpflichtet; es ist gleichgültig, ob das Geschäft ausdrücklich im Namen der Genossenschaft geschlossen worden ist, oder ob die Umstände ergeben, daß es nach dem Willen der Vertragschließenden für die Genossenschaft geschlossen werden sollte.

Zur Legitimation des Vorstandes Behörden gegenüber genügt eine Bescheinigung des Gerichts (§ 10), daß die darin zu bezeichnenden Personen als Mitglieder des Vorstandes in das Genossenschaftsregister eingetragen sind.

§ 27. Der Vorstand ist der Genossenschaft gegenüber verpflichtet, die Beschränkungen einzuhalten, welche für den Umfang seiner Befugniß, die Genossenschaft zu vertreten, durch das Statut oder durch Beschlüsse der Generalversammlung festgesetzt sind.

Gegen dritte Personen hat eine Beschränkung der Befugniß des Vorstandes, die Genossenschaft zu vertreten, keine rechtliche Wirkung. Dies gilt insbesondere für den Fall, daß die Vertretung sich nur auf gewisse Geschäfte oder Arten von Geschäften erstrecken oder nur unter gewissen Umständen oder für eine gewisse Zeit oder an einzelnen Orten stattfinden soll oder daß die Zustimmung der Generalversammlung, des Aufsichtsraths oder eines anderen Organs der Genossenschaft für einzelne Geschäfte erfordert ist.

§ 28. Jede Aenderung des Vorstandes, sowie die Beendigung der Vertretungsbefugniß eines Vorstandsmitgliedes ist durch den Vorstand zur Eintragung in das Genossenschaftsregister anzumelden. Eine Abschrift der Urkunden über die Bestellung oder über die Beendigung der Vertretungsbefugniß eines Vorstandsmitgliedes ist der Anmeldung beizufügen und wird bei dem Gericht aufbewahrt.

Die Vorstandsmitglieder haben ihre Unterschrift vor dem Gerichte zu zeichnen oder die Zeichnung in beglaubigter Form einzureichen.

§ 29. Eine Aenderung des Vorstandes, eine Beendigung der Vertretungsbefugniß eines Vorstandsmitgliedes, sowie eine Aenderung des Statuts rücksichtlich der Form für Willenserklärungen des Vorstandes kann, solange sie nicht in das Genossenschaftsregister eingetragen und öffentlich bekannt gemacht ist, von der Genossenschaft einem Dritten nicht entgegengesetzt werden, es sei denn, daß dieser von der Aenderung oder Beendigung Kenntniß hatte.

Nach der Eintragung und Bekanntmachung muß der Dritte die Aenderung oder Beendigung gegen sich gelten lassen, es sei denn, daß er sie weder kannte noch kennen mußte.

Für den Geschäftsverkehr mit einer in das Genossenschaftsregister eingetragenen Zweigniederlassung ist im Sinne dieser Vorschriften die Eintragung und Bekanntmachung durch das Gericht der Zweigniederlassung entscheidend.

§ 30. Der Vorstand hat ein Verzeichniß der Genossen zu führen und dasselbe mit der Liste in Uebereinstimmung zu halten.

§ 31. Für Konsumvereine, welche einen offenen Laden haben, hat der Vorstand, um die Beobachtung der Bestimmung des § 8 Absatz 4 zu sichern, Anweisung darüber zu erlassen, auf welche Weise sich die Vereinsmitglieder oder deren Vertreter den Waarenverkäufern gegenüber zu legitimiren haben. Abschrift der Anweisung hat er der höheren Verwaltungsbehörde, in deren Bezirk die Genossenschaft ihren Sitz hat, unverzüglich einzureichen.

Die höhere Verwaltungsbehörde ist befugt, die Mitglieder des Vorstandes zur Einreichung und nöthigenfalls zur Abänderung oder Ergänzung der Anweisung durch Geldstrafen bis zum Betrage von je dreihundert Mark anzuhalten.

Gegen die Anordnungen und Straffestsetzungen der höheren Verwaltungsbehörde findet binnen zwei Wochen die Beschwerde an die Landeszentralbehörde statt.

§ 32. Von Konsumvereinen oder von Gewerbetreibenden, welche mit solchen wegen Waarenabgabe an die Mitglieder in Verbindung stehen, dürfen Marken oder sonstige nicht auf den Namen lautende Anweisungen oder Werthzeichen, welche anstatt baaren Geldes die

Mitglieder zum Waarenbezug berechtigen sollen, nicht ausgegeben werden.

§ 33. Der Vorstand ist verpflichtet, Sorge zu tragen, daß die erforderlichen Bücher der Genossenschaft geführt werden.

Er muß binnen sechs Monaten nach Ablauf jedes Geschäftsjahres die Bilanz desselben, die Zahl der im Laufe des Jahres eingetretenen oder ausgeschiedenen, sowie die Zahl der am Jahresschlusse der Genossenschaft angehörigen Genossen veröffentlichen. Die Bekanntmachung ist zu dem Genossenschaftsregister einzureichen.

§ 34. Die Mitglieder des Vorstandes haben die Sorgfalt eines ordentlichen Geschäftsmannes anzuwenden.

Mitglieder, welche ihre Obliegenheiten verletzen, haften der Genossenschaft persönlich und solidarisch für den dadurch entstandenen Schaden.

Insbesondere sind sie zum Ersatze der Zahlung verpflichtet, wenn entgegen den Vorschriften in §§ 19, 22 der Gewinn oder das Geschäftsguthaben ausgezahlt wird.

Die Ansprüche auf Grund der vorstehenden Bestimmungen verjähren in fünf Jahren.

§ 35. Die für Mitglieder des Vorstandes gegebenen Vorschriften gelten auch für Stellvertreter von Mitgliedern.

§ 36. Der Aufsichtsrath besteht, sofern nicht das Statut eine höhere Zahl festsetzt, aus drei von der Generalversammlung zu wählenden Mitgliedern. Die zu einer Beschlußfassung erforderliche Zahl ist durch das Statut zu bestimmen.

Die Mitglieder dürfen keine nach dem Geschäftsergebniß bemessene Vergütung (Tantieme) beziehen.

Die Bestellung zum Mitgliede des Aufsichtsraths kann auch vor Ablauf des Zeitraums, für welchen dasselbe gewählt ist, durch die Generalversammlung widerrufen werden. Der Beschluß bedarf einer Mehrheit von drei Viertheilen der erschienenen Genossen.

§ 37. Die Mitglieder des Aufsichtsraths dürfen nicht zugleich Mitglieder des Vorstandes oder dauernd Stellvertreter derselben sein, auch nicht als Beamte die Geschäfte der Genossenschaft führen. Nur für einen im Voraus begrenzten Zeitraum kann der Aufsichtsrath einzelne seiner Mitglieder zu Stellvertretern von behinderten Mitgliedern des Vorstandes bestellen; während dieses Zeitraums und bis zur ertheilten Entlastung des Vertreters darf der letztere eine Thätigkeit als Mitglied des Aufsichtsraths nicht ausüben.

Scheiden aus dem Vorstande Mitglieder aus, so dürfen dieselben nicht vor ertheilter Entlastung in den Aufsichtsrath gewählt werden.

§ 38. Der Aufsichtsrath hat den Vorstand bei seiner Geschäftsführung in allen Zweigen der Verwaltung zu überwachen und zu dem Zweck sich von dem Gange der Angelegenheiten der Genossenschaft zu unterrichten. Er kann jederzeit über dieselben Berichterstattung von dem Vorstande verlangen und selbst oder durch einzelne von ihm zu bestimmende Mitglieder die Bücher und Schriften der Genossenschaft einsehen, sowie den Bestand der Genossenschaftskasse und die Bestände an Effekten, Handelspapieren und Waaren untersuchen. Er hat die Jahresrechnung, die Bilanzen und die Vorschläge zur Vertheilung von Gewinn und Verlust zu prüfen und darüber der Generalversammlung vor Genehmigung der Bilanz Bericht zu erstatten.

Er hat eine Generalversammlung zu berufen, wenn dies im Interesse der Genossenschaft erforderlich ist.

Weitere Obliegenheiten des Aufsichtsraths werden durch das Statut bestimmt.

Die Mitglieder des Aufsichtsraths können die Ausübung ihrer Obliegenheiten nicht anderen Personen übertragen.

§ 39. Der Aufsichtsrath ist ermächtigt, die Genossenschaft bei Abschließung von Verträgen mit dem Vorstande zu vertreten und gegen die Mitglieder desselben die Prozesse zu führen, welche die Generalversammlung beschließt.

Der Genehmigung des Aufsichtsraths bedarf jede Gewährung von Kredit an ein Mitglied des Vorstandes, soweit letztere nicht durch das Statut an noch andere Erfordernisse geknüpft oder ausgeschlossen ist. Das Gleiche gilt von der Annahme eines Vorstandsmitgliedes als Bürgen für eine Kreditgewährung.

In Prozessen gegen die Mitglieder des Aufsichtsraths wird die Genossenschaft durch Bevollmächtigte vertreten, welche in der Generalversammlung gewählt werden.

§ 40. Der Aufsichtsrath ist befugt, nach seinem Ermessen Mitglieder des Vorstandes vorläufig, bis zur Entscheidung der ohne Verzug zu berufenden Generalversammlung, von ihren Geschäften zu entheben und wegen einstweiliger Fortführung derselben das Erforderliche zu veranlassen.

§ 41. Die Mitglieder des Aufsichtsraths haben die Sorgfalt eines ordentlichen Geschäftsmannes anzuwenden.

Mitglieder, welche ihre Obliegenheiten verletzen, haften der Genossenschaft persönlich und solidarisch für den dadurch entstandenen Schaden.

Insbesondere sind sie in den Fällen des § 34 Absatz 3 zum Ersatze der Zahlung verpflichtet, wenn diese mit ihrem Wissen und ohne ihr Einschreiten erfolgt ist.

Die Ansprüche auf Grund der vorstehenden Bestimmungen verjähren in fünf Jahren.

§ 42. Der Betrieb von Geschäften der Genossenschaft, sowie die Vertretung der letzteren in Bezug auf diese Geschäftsführung kann auch sonstigen Bevollmächtigten oder Beamten der Genossenschaft zugewiesen werden. In diesem Falle bestimmt sich die Befugniß derselben nach der ihnen ertheilten Vollmacht; sie erstreckt sich im Zweifel auf alle Rechtshandlungen, welche die Ausführung derartiger Geschäfte gewöhnlich mit sich bringt.

Die Bestellung von Prokuristen oder von Handlungsbevollmächtigten zum gesammten Geschäftsbetriebe findet nicht statt.

§ 43. Die Rechte, welche den Genossen in den Angelegenheiten der Genossenschaft, insbesondere in Bezug auf die Führung der Geschäfte, die Prüfung der Bilanz und die Vertheilung von Gewinn und Verlust zustehen, werden in der Generalversammlung durch Beschlußfassung der erschienenen Genossen ausgeübt.

Jeder Genosse hat eine Stimme.

Ein Genosse, welcher durch die Beschlußfassung entlastet oder von einer Verpflichtung befreit werden soll, hat hierbei kein Stimmrecht. Dasselbe gilt von einer Beschlußfassung, welche den Abschluß eines Rechtsgeschäfts mit einem Genossen betrifft.

Die Genossen können das Stimmrecht nicht durch Bevollmächtigte ausüben. Diese Bestimmung findet auf handlungsunfähige Personen, Korporationen, Handelsgesellschaften, Genossenschaften oder andere Personenvereine und, wenn das Statut die Theilnahme von Frauen an der Generalversammlung ausschließt, auf Frauen keine Anwendung. Ein Bevollmächtigter kann nicht mehr als einen Genossen vertreten.

§ 44. Die Generalversammlung wird durch den Vorstand berufen, soweit nicht nach dem Statut oder diesem Gesetze auch andere Personen dazu befugt sind.

Eine Generalversammlung ist außer den im Statut oder in diesem Gesetze ausdrücklich bestimmten Fällen zu berufen, wenn dies im Interesse der Genossenschaft erforderlich erscheint.

§ 45. Die Generalversammlung muß ohne Verzug berufen werden, wenn der zehnte Theil oder der im Statut hierfür bezeichnete geringere Theil der Genossen in einer von ihnen unterschriebenen Eingabe unter Anführung des Zwecks und der Gründe die Berufung verlangt.

In gleicher Weise sind die Genossen berechtigt, zu verlangen, daß Gegenstände zur Beschlußfassung einer Generalversammlung angekündigt werden.

Wird dem Verlangen nicht entsprochen, so kann das Gericht (§ 10) die Genossen, welche das Verlangen gestellt haben, zur Berufung der Generalversammlung oder zur Ankündigung des Gegenstandes ermächtigen. Mit der Berufung oder Ankündigung ist die gerichtliche Ermächtigung bekannt zu machen.

§ 46. Die Berufung der Generalversammlung muß in der durch das Statut bestimmten Weise mit einer Frist von mindestens einer Woche erfolgen.

Der Zweck der Generalversammlung soll jederzeit bei der Berufung bekannt gemacht werden. Ueber Gegenstände, deren Verhandlung nicht in der durch das Statut oder durch § 45 Absatz 3 vorgesehenen Weise mindestens drei Tage vor der Generalversammlung angekündigt ist, können Beschlüsse nicht gefaßt werden; hiervon sind jedoch Beschlüsse über die Leitung der Versammlung, sowie über

Anträge auf Berufung einer außerordentlichen Generalversammlung ausgenommen.

Zur Stellung von Anträgen und zu Verhandlungen ohne Beschlußfassung bedarf es der Ankündigung nicht.

§ 47. Die Beschlüsse der Generalversammlung sind in ein Protokollbuch einzutragen, dessen Einsicht jedem Genossen und der Staatsbehörde gestattet werden muß.

§ 48. Die Generalversammlung hat über die Genehmigung der Bilanz zu beschließen und von dem Gewinn oder Verlust den auf die Genossen fallenden Betrag festzusetzen.

Die Bilanz, sowie eine den Gewinn und Verlust des Jahres zusammenstellende Berechnung (Jahresrechnung) sollen mindestens eine Woche vor der Versammlung in dem Geschäftslokale der Genossenschaft oder an einer anderen, durch den Vorstand bekannt zu machenden, geeigneten Stelle zur Einsicht der Genossen ausgelegt oder sonst denselben zur Kenntniß gebracht werden. Jeder Genosse ist berechtigt, auf seine Kosten eine Abschrift der Bilanz, sowie der Jahresrechnung zu verlangen.

§ 49. Die Generalversammlung hat festzusetzen:

1) den Gesammtbetrag, welchen Anleihen der Genossenschaft und Spareinlagen bei derselben nicht überschreiten sollen;
2) die Grenzen, welche bei Kreditgewährungen an Genossen eingehalten werden sollen.

§ 50. Soweit das Statut die Genossen zu Einzahlungen auf den Geschäftsantheil verpflichtet, ohne dieselben nach Betrag und Zeit festzusetzen, unterliegt ihre Festsetzung der Beschlußfassung durch die Generalversammlung.

§ 51. Ein Beschluß der Generalversammlung kann wegen Verletzung des Gesetzes oder des Statuts im Wege der Klage angefochten werden. Die Klage muß binnen einem Monat erhoben werden.

Zur Anfechtung befugt ist jeder in der Generalversammlung erschienene Genosse, sofern er gegen den Beschluß Widerspruch zum Protokoll erklärt hat, und jeder nicht erschienene Genosse, sofern er zu der Generalversammlung unberechtigter Weise nicht zugelassen worden ist oder sofern er die Anfechtung darauf gründet, daß die Berufung der Versammlung oder die Ankündigung des Gegenstandes der Beschlußfassung nicht gehörig erfolgt sei. Außerdem ist der Vorstand und, wenn der Beschluß eine Maßregel zum Gegenstande hat, durch deren Ausführung sich die Mitglieder des Vorstandes und des Aufsichtsraths strafbar oder den Gläubigern der Genossenschaft haftbar machen würden, jedes Mitglied des Vorstandes und des Aufsichtsraths zur Anfechtung befugt.

Die Klage ist gegen die Genossenschaft zu richten. Die Genossenschaft wird durch den Vorstand, sofern dieser nicht selbst klagt, und durch den Aufsichtsrath vertreten. Zuständig für die Klage ist ausschließlich das Landgericht, in dessen Bezirke die Genossenschaft ihren Sitz hat. Die mündliche Verhandlung erfolgt nicht vor Ablauf der im ersten Absatz bezeichneten Frist. Mehrere Anfechtungsprozesse sind zur gleichzeitigen Verhandlung und Entscheidung zu verbinden.

Die Erhebung der Klage sowie der Termin zur mündlichen Verhandlung sind ohne Verzug von dem Vorstande in den für die Bekanntmachungen der Genossenschaft bestimmten Blättern zu veröffentlichen.

Soweit durch ein Urtheil rechtskräftig der Beschluß für nichtig erklärt ist, wirkt es auch gegenüber den Genossen, welche nicht Partei sind. War der Beschluß in das Genossenschaftsregister eingetragen, so hat der Vorstand dem Gerichte (§ 10) das Urtheil behufs der Eintragung einzureichen. Die öffentliche Bekanntmachung der letzteren erfolgt, soweit der eingetragene Beschluß veröffentlicht war.

§ 52. Für einen durch unbegründete Anfechtung des Beschlusses der Genossenschaft entstandenen Schaden haften ihr solidarisch die Kläger, welchen bei Erhebung der Klage eine bösliche Handlungsweise zur Last fällt.

Vierter Abschnitt.

Revision.

§ 53. Die Einrichtungen der Genossenschaft und die Geschäftsführung derselben in allen Zweigen der Verwaltung sind mindestens in jedem zweiten Jahre der Prüfung durch einen der Genossenschaft nicht angehörigen, sachverständigen Revisor zu unterwerfen.

§ 54. Für Genossenschaften, welche einem den nachfolgenden Anforderungen genügenden Verbande angehören, ist diesem das Recht zu verleihen, den Revisor zu bestellen.

§ 55. Der Verband muß die Revision der ihm angehörigen Genossenschaften und kann auch sonst die gemeinsame Wahrnehmung ihrer im § 1 bezeichneten Interessen, insbesondere die Unterhaltung gegenseitiger Geschäftsbeziehungen zum Zweck haben. Andere Zwecke darf er nicht verfolgen.

§ 56. Die Zwecke des Verbandes müssen in dem Statut desselben angegeben sein. Der Inhalt des Statuts muß erkennen lassen, daß der Verband im Stande ist, der Revisionspflicht zu genügen. Das Statut hat insbesondere den Verbandsbezirk sowie die höchste und die geringste Zahl von Genossenschaften, welche der Verband umfassen kann, festzusetzen und die Bestimmungen über Auswahl und Bestellung der Revisoren, Art und Umfang der Revisionen, sowie über Bildung, Sitz und Befugnisse des Vorstandes und über die sonstigen Organe des Verbandes zu enthalten.

§ 57. Die Verleihung des Rechts zur Bestellung des Revisors erfolgt, wenn der Bezirk des Verbandes sich über mehrere Bundesstaaten erstreckt, durch den Bundesrath, anderenfalls durch die Zentralbehörde des Bundesstaates.

Aenderungen des Verbandsstatuts sind der nach Absatz 1 zuständigen Stelle einzureichen.

§ 58. Der Verbandsvorstand hat das Statut mit einer beglaubigten Abschrift der Verleihungsurkunde, sowie alljährlich im Monat Januar ein Verzeichniß der dem Verbande angehörigen Genossenschaften den Gerichten (§ 10), in deren Bezirke diese ihren Sitz haben, sowie der höheren Verwaltungsbehörde, in deren Bezirke der Vorstand seinen Sitz hat, einzureichen.

§ 59. Generalversammlungen des Verbandes dürfen nur innerhalb des Verbandsbezirks abgehalten werden.

Sie sind der höheren Verwaltungsbehörde, in deren Bezirke der Vorstand seinen Sitz hat, sowie der höheren Verwaltungsbehörde, in deren Bezirke die Versammlung abgehalten werden soll, unter Einreichung der Tagesordnung mindestens eine Woche vorher anzuzeigen.

Der letzteren Behörde steht das Recht zu, in die Versammlung einen Vertreter zu entsenden.

§ 60. Das Recht zur Bestellung des Revisors kann dem Verbande entzogen werden:

1) wenn er sich gesetzwidriger Handlungen schuldig macht, durch welche das Gemeinwohl gefährdet wird, oder wenn er andere als die im § 55 bezeichneten Zwecke verfolgt;
2) wenn der Verband der ihm obliegenden Pflicht der Revision nicht genügt.

Die Entziehung wird nach Anhörung des Verbandsvorstandes durch die für die Verleihung zuständige Stelle ausgesprochen.

Von der Entziehung ist den im § 58 bezeichneten Gerichten Mittheilung zu machen.

§ 61. Für Genossenschaften, welche einem Revisionsverbande (§§ 55 bis 57) nicht angehören, wird der Revisor durch das Gericht (§ 10) bestellt.

Der Vorstand der Genossenschaft hat die Bestellung zu beantragen.

Die Bestellung erfolgt, nachdem die höhere Verwaltungsbehörde über die Person des Revisors gehört ist. Erklärt die Behörde sich mit einer von der Genossenschaft vorgeschlagenen Person einverstanden, so ist diese zum Revisor zu bestellen.

§ 62. Der Revisor hat gegen die Genossenschaft Anspruch auf Erstattung angemessener baarer Auslagen und auf Vergütung für seine Leistung nach Maßgabe der erforderlichen Zeitversäumniß.

Dem vom Gerichte bestellten Revisor werden in Ermangelung einer Einigung die Auslagen und die Vergütung durch das Gericht festgesetzt. Die Vorschriften im § 104 Absatz 2, § 105, § 794 Nr. 3 der Civilprozeßordnung finden Anwendung.

§ 63. Der Vorstand der Genossenschaft hat dem Revisor die Einsicht der Bücher und Schriften der Genossenschaft und die Untersuchung des Bestandes der Genossenschaftskasse, sowie der Bestände an Effekten, Handelspapieren und Waaren zu gestatten. Zu der Revision ist der Aufsichtsrath zuzuziehen.

Der Vorstand hat eine Bescheinigung des Revisors, daß die Revision stattgefunden hat, zum Genossenschaftsregister einzureichen und den Bericht über die Revision bei der Berufung der nächsten Generalversammlung als Gegenstand der Beschlußfassung anzukündigen. In der Generalversammlung hat der Aufsichtsrath sich über das Ergebniß der Revision zu erklären.

Der von einem Verbande bestellte Revisor hat eine Abschrift des Revisionsberichts dem Verbandsvorstande einzureichen.

§ 64. Der Reichskanzler ist ermächtigt, allgemeine Anweisungen zu erlassen, nach welchen die Revisionsberichte anzufertigen sind.

Fünfter Abschnitt.

Ausscheiden einzelner Genossen.

§ 65. Jeder Genosse hat das Recht, mittelst Aufkündigung seinen Austritt aus der Genossenschaft zu erklären.

Die Aufkündigung findet nur zum Schlusse eines Geschäftsjahres statt. Sie muß mindestens drei Monate vorher schriftlich erfolgen. Durch das Statut kann eine längere, jedoch höchstens zweijährige Kündigungsfrist festgesetzt werden.

Ein den vorstehenden Bestimmungen zuwiderlaufendes Abkommen ist ohne rechtliche Wirkung.

§ 66. Der Gläubiger eines Genossen, welcher, nachdem innerhalb der letzten sechs Monate eine Zwangsvollstreckung in das Vermögen des Genossen fruchtlos versucht ist, die Pfändung und Ueberweisung des demselben bei der Auseinandersetzung mit der Genossenschaft zukommenden Guthabens erwirkt hat, kann behufs seiner Befriedigung das Kündigungsrecht des Genossen an dessen Stelle ausüben, sofern der Schuldtitel nicht blos vorläufig vollstreckbar ist.

Der Aufkündigung muß eine beglaubigte Abschrift des Schuldtitels und der Urkunden über die fruchtlose Zwangsvollstreckung beigefügt sein.

§ 67. Ist durch das Statut die Mitgliedschaft an den Wohnsitz innerhalb eines bestimmten Bezirks geknüpft (§ 8 Nr. 2), so kann ein Genosse, welcher den Wohnsitz in dem Bezirke aufgiebt, zum Schlusse des Geschäftsjahres seinen Austritt schriftlich erklären.

Imgleichen kann die Genossenschaft dem Genossen schriftlich erklären, daß er zum Schlusse des Geschäftsjahres auszuscheiden habe.

Ueber die Aufgabe des Wohnsitzes ist die Bescheinigung einer öffentlichen Behörde beizubringen.

§ 68. Ein Genosse kann wegen des Verlustes der bürgerlichen Ehrenrechte, sowie wegen der Mitgliedschaft in einer anderen Genossenschaft, welche an demselben Orte ein gleichartiges Geschäft betreibt, zum Schlusse des Geschäftsjahres aus der Genossenschaft ausgeschlossen werden. Aus Vorschuß- und Kreditvereinen kann die Ausschließung wegen der Mitgliedschaft in einer anderen solchen Genossenschaft auch dann erfolgen, wenn die letztere ihr Geschäft nicht an demselben Orte betreibt.

Durch das Statut können sonstige Gründe der Ausschließung festgesetzt werden.

Der Beschluß, durch welchen der Genosse ausgeschlossen wird, ist diesem von dem Vorstande ohne Verzug mittelst eingeschriebenen Briefes mitzutheilen.

Von dem Zeitpunkte der Absendung desselben kann der Genosse nicht mehr an der Generalversammlung theilnehmen, auch nicht Mitglied des Vorstandes oder des Aufsichtsraths sein.

§ 69. Der Vorstand ist verpflichtet, die Aufkündigung des Genossen oder des Gläubigers mindestens sechs Wochen vor dem Ende des Geschäftsjahres, zu dessen Schlusse sie stattgefunden hat, dem Gerichte (§ 10) zur Liste der Genossen einzureichen. Er hat zugleich die schriftliche Versicherung abzugeben, daß die Aufkündigung rechtzeitig erfolgt ist. Der Aufkündigung des Gläubigers sind die im § 66 Absatz 2 bezeichneten Urkunden, sowie eine beglaubigte Abschrift des Pfändungs- und Ueberweisungsbeschlusses beizufügen.

Imgleichen hat der Vorstand im Falle des § 67 mit der Bescheinigung die Erklärung des Genossen oder Abschrift der Erklärung der Genossenschaft, sowie im Falle der Ausschließung Abschrift des Beschlusses dem Gerichte einzureichen. Die Einreichung ist bis zu dem im ersten Absatz bezeichneten Zeitpunkte und, wenn die Erklärung oder der Beschluß später erfolgt, ohne Verzug zu bewirken.

§ 70. In die Liste ist die das Ausscheiden des Genossen begründende Thatsache und der aus den Urkunden hervorgehende Jahresschluß unverzüglich einzutragen.

In Folge der Eintragung scheidet der Genosse mit dem in der Liste vermerkten Jahresschlusse, wenn jedoch die Eintragung erst im Laufe eines späteren Geschäftsjahres bewirkt wird, mit dem Schlusse des letzteren aus der Genossenschaft aus.

§ 71. Auf Antrag des Genossen, im Falle des § 66 auf Antrag des Gläubigers, hat das Gericht die Thatsache, auf Grund deren das Ausscheiden, und den Jahresschluß, zu welchem dasselbe beansprucht wird, ohne Verzug in der Liste vorzumerken.

Erkennt der Vorstand den Anspruch in beglaubigter Form an oder wird er zur Anerkennung rechtskräftig verurtheilt, so ist dies bei Einreichung des Anerkenntnisses oder Urtheils der Vormerkung hinzuzufügen. In Folge dessen gilt der Austritt oder die Ausschließung als am Tage der Vormerkung eingetragen.

§ 72. Von der Eintragung, sowie der Vormerkung oder von deren Versagung hat das Gericht den Vorstand und den Genossen, im Falle des § 66 auch den Gläubiger, zu benachrichtigen.

Die behufs der Eintragung oder der Vormerkung eingereichten Urkunden bleiben in der Verwahrung des Gerichts.

§ 73. Die Auseinandersetzung des Ausgeschiedenen mit der Genossenschaft bestimmt sich nach der Vermögenslage derselben und dem Bestande der Mitglieder zur Zeit seines Ausscheidens.

Die Auseinandersetzung erfolgt auf Grund der Bilanz. Das

Geschäftsguthaben des Genossen ist binnen sechs Monaten nach dem Ausscheiden auszuzahlen; an den Reservefonds und das sonstige Vermögen der Genossenschaft hat er keinen Anspruch. Reicht das Vermögen einschließlich des Reservefonds und aller Geschäftsguthaben zur Deckung der Schulden nicht aus, so hat der Ausgeschiedene von dem Fehlbetrage den ihn treffenden Antheil an die Genossenschaft zu zahlen; der Antheil wird in Ermangelung einer anderen Bestimmung des Statuts nach der Kopfzahl der Mitglieder berechnet.

§ 74. Die Klage des ausgeschiedenen Genossen auf Auszahlung des Geschäftsguthabens verjährt in zwei Jahren.

§ 75. Wird die Genossenschaft binnen sechs Monaten nach dem Ausscheiden des Genossen aufgelöst, so gilt dasselbe als nicht erfolgt.

§ 76. Ein Genosse kann zu jeder Zeit, auch im Laufe des Geschäftsjahres, sein Geschäftsguthaben mittelst schriftlicher Uebereinkunft einem Anderen übertragen und hierdurch aus der Genossenschaft ohne Auseinandersetzung mit ihr austreten, sofern der Erwerber an seiner Stelle Genosse wird oder sofern derselbe schon Genosse ist und dessen bisheriges Guthaben mit dem ihm zuzuschreibenden Betrage den Geschäftsantheil nicht übersteigt. Das Statut kann eine solche Uebertragung ausschließen oder an weitere Voraussetzungen knüpfen.

Der Vorstand hat die Uebereinkunft dem Gerichte (§ 10) ohne Verzug einzureichen und, falls der Erwerber schon Genosse ist, zugleich die schriftliche Versicherung abzugeben, daß dessen bisheriges Guthaben mit dem zuzuschreibenden Betrage den Geschäftsantheil nicht übersteigt.

Die Uebertragung ist in die Liste bei dem veräußernden Genossen unverzüglich einzutragen. Als Zeitpunkt des Ausscheidens gilt der Tag der Eintragung. Dieselbe darf, falls der Erwerber noch nicht Genosse ist, nur zugleich mit der Eintragung des letzteren erfolgen. Die Vorschriften der §§ 15, 71 und 72 finden entsprechende Anwendung.

Wird die Genossenschaft binnen sechs Monaten nach dem Ausscheiden des Genossen aufgelöst, so hat dieser im Falle der Eröffnung des Konkursverfahrens die Nachschüsse, zu deren Zahlung er verpflichtet gewesen sein würde, insoweit zu leisten, als zu derselben der Erwerber unvermögend ist.

§ 77. Im Falle des Todes eines Genossen gilt dieser mit dem Schlusse des Geschäftsjahres, in welchem der Tod erfolgt ist, als ausgeschieden. Bis zu diesem Zeitpunkte wird die Mitgliedschaft des Verstorbenen durch den Erben desselben fortgesetzt. Für mehrere Erben kann das Stimmrecht durch einen Bevollmächtigten ausgeübt werden.

Der Vorstand hat eine Anzeige von dem Tode des Genossen ohne Verzug dem Gerichte (§ 10) zur Liste der Genossen einzureichen.

Die Vorschriften in § 70 Absatz 1, §§ 71 bis 75 finden entsprechende Anwendung.

Sechster Abschnitt.

Auflösung und Nichtigkeit der Genossenschaft.

§ 78. Die Genossenschaft kann durch Beschluß der Generalversammlung jederzeit aufgelöst werden; der Beschluß bedarf einer Mehrheit von drei Viertheilen der erschienenen Genossen. Das Statut kann außer dieser Mehrheit noch andere Erfordernisse aufstellen.

Die Auflösung ist durch den Vorstand ohne Verzug zur Eintragung in das Genossenschaftsregister anzumelden.

§ 79. In dem Falle, daß durch das Statut die Zeitdauer der Genossenschaft beschränkt ist, tritt die Auflösung derselben durch Ablauf der bestimmten Zeit ein.

Die Vorschrift im § 78 Absatz 2 findet Anwendung.

§ 80. Beträgt die Zahl der Genossen weniger als sieben, so hat das Gericht (§ 10) auf Antrag des Vorstandes und, wenn der Antrag nicht binnen sechs Monaten erfolgt, von Amtswegen nach Anhörung des Vorstandes die Auflösung der Genossenschaft auszusprechen.

Der Beschluß ist der Genossenschaft zuzustellen. Gegen denselben steht ihr die sofortige Beschwerde nach Maßgabe der Civilprozeßordnung zu. Die Auflösung tritt mit der Rechtskraft des Beschlusses in Wirksamkeit.

§ 81. Wenn eine Genossenschaft sich gesetzwidriger Handlungen oder Unterlassungen schuldig macht, durch welche das Gemeinwohl gefährdet wird, oder wenn sie andere als die in diesem Gesetze (§ 1) bezeichneten geschäftlichen Zwecke verfolgt, so kann sie aufgelöst werden, ohne daß deßhalb ein Anspruch auf Entschädigung stattfindet.

Das Verfahren und die Zuständigkeit der Behörden richtet sich nach den für streitige Verwaltungssachen landesgesetzlich geltenden Vorschriften. Wo ein Verwaltungsstreitverfahren nicht besteht, finden die Vorschriften in §§ 20, 21 der Gewerbeordnung mit der Maßgabe Anwendung, daß die Entscheidung in erster Instanz durch die höhere Verwaltungsbehörde erfolgt, in deren Bezirke die Genossenschaft ihren Sitz hat.

Von der Auflösung hat die in erster Instanz entscheidende Behörde dem Gerichte (§ 10) Mittheilung zu machen.

§ 82. Die Auflösung der Genossenschaft ist von dem Gerichte ohne Verzug in das Genossenschaftsregister einzutragen.

Sie muß von den Liquidatoren zu drei verschiedenen Malen durch die für die Bekanntmachungen der Genossenschaft bestimmten Blätter bekannt gemacht werden. Durch die Bekanntmachung sind zugleich die Gläubiger aufzufordern, sich bei der Genossenschaft zu melden.

§ 83. Die Liquidation erfolgt durch den Vorstand, wenn nicht dieselbe durch das Statut oder durch Beschluß der Generalversammlung anderen Personen übertragen wird.

Es sind wenigstens drei Liquidatoren zu bestellen.

Auf Antrag des Aufsichtsraths oder mindestens des zehnten Theils der Genossen kann die Ernennung von Liquidatoren durch das Gericht (§ 10) erfolgen.

Die Abberufung der Liquidatoren kann durch das Gericht unter denselben Voraussetzungen wie die Bestellung erfolgen. Liquidatoren, welche nicht vom Gerichte ernannt sind, können auch durch die Generalversammlung vor Ablauf des Zeitraums, für welchen sie bestellt sind, abberufen werden.

§ 84. Die ersten Liquidatoren sind durch den Vorstand, jede Aenderung in den Personen der Liquidatoren, sowie eine Beendigung ihrer Vertretungsbefugniß ist durch die Liquidatoren zur Eintragung in das Genossenschaftsregister anzumelden. Eine Abschrift der Urkunden über die Bestellung der Liquidatoren oder über die Aenderung in den Personen derselben ist der Anmeldung beizufügen und wird bei dem Gericht aufbewahrt.

Die Eintragung der gerichtlichen Ernennung oder Abberufung von Liquidatoren geschieht von Amtswegen.

Die Liquidatoren haben ihre Unterschrift persönlich vor dem Gerichte zu zeichnen oder die Zeichnung in beglaubigter Form einzureichen.

§ 85. Die Liquidatoren haben in der bei ihrer Bestellung bestimmten Form ihre Willenserklärungen kundzugeben und für die Genossenschaft zu zeichnen. Ist nichts darüber bestimmt, so muß die Erklärung und Zeichnung durch sämmtliche Liquidatoren erfolgen. Weniger als zwei dürfen hierfür nicht bestimmt werden.

Die Bestimmung ist mit der Bestellung der Liquidatoren zur Eintragung in das Genossenschaftsregister anzumelden.

Die Zeichnungen geschehen derartig, daß die Liquidatoren der bisherigen, nunmehr als Liquidationsfirma zu bezeichnenden Firma ihre Namensunterschrift beifügen.

§ 86. Die Vorschriften im § 29 über das Verhältniß zu dritten Personen finden bezüglich der Liquidatoren Anwendung.

§ 87. Bis zur Beendigung der Liquidation kommen ungeachtet der Auflösung der Genossenschaft in Bezug auf die Rechtsverhältnisse derselben und der Genossen die Vorschriften des zweiten und dritten Abschnitts dieses Gesetzes zur Anwendung, soweit sich aus den Bestimmungen des gegenwärtigen Abschnitts und aus dem Wesen der Liquidation nicht ein Anderes ergiebt.

Der Gerichtsstand, welchen die Genossenschaft zur Zeit ihrer Auflösung hatte, bleibt bis zur vollzogenen Vertheilung des Vermögens bestehen.

§ 88. Die Liquidatoren haben die laufenden Geschäfte zu beendigen, die Verpflichtungen der aufgelösten Genossenschaft zu erfüllen, die Forderungen derselben einzuziehen und das Vermögen der Genossenschaft in Geld umzusetzen; sie haben die Genossenschaft gerichtlich und außergerichtlich zu vertreten. Zur Beendigung schwebender Geschäfte können die Liquidatoren auch neue Geschäfte eingehen.

§ 89. Die Liquidatoren haben die aus den §§ 26, 27, § 33 Absatz 1, § 34, §§ 44 bis 47, § 48 Absatz 2, § 51 sich ergebenden Rechte und Pflichten des Vorstandes und unterliegen gleich diesem der Ueberwachung des Aufsichtsraths. Sie haben sofort bei Beginn der Liquidation und demnächst in jedem Jahre eine Bilanz aufzustellen. Die erste Bilanz ist zu veröffentlichen; die Bekanntmachung ist zu dem Genossenschaftsregister einzureichen.

§ 90. Eine Vertheilung des Vermögens unter die Genossen darf nicht vor Tilgung oder Deckung der Schulden und nicht vor Ablauf eines Jahres seit dem Tage vollzogen werden, an welchem die Aufforderung der Gläubiger in den hierzu bestimmten Blättern (§ 82 Absatz 2) zum dritten Male erfolgt ist.

Meldet sich ein bekannter Gläubiger nicht, so ist der geschuldete Betrag, wenn die Berechtigung zur Hinterlegung vorhanden ist, für den Gläubiger zu hinterlegen. Ist die Berichtigung einer Verbindlichkeit zur Zeit nicht ausführbar oder ist eine Verbindlichkeit streitig, so darf die Vertheilung des Vermögens nur erfolgen, wenn dem Gläubiger Sicherheit geleistet ist.

Liquidatoren, welche diesen Vorschriften zuwiderhandeln, sind außer der Genossenschaft den Gläubigern zum Ersatze des ihnen daraus erwachsenen Schadens persönlich und solidarisch verpflichtet. Die gleiche Verpflichtung trifft die Mitglieder des Aufsichtsraths, wenn die Zuwiderhandlung mit ihrem Wissen und ohne ihr Einschreiten geschieht. Die Verpflichtung wird den Gläubigern gegenüber dadurch nicht aufgehoben, daß die Zuwiderhandlung auf einem Beschlusse der Generalversammlung beruht.

§ 91. Die Vertheilung des Vermögens unter die einzelnen Genossen erfolgt bis zum Gesammtbetrage ihrer auf Grund der ersten Liquidationsbilanz (§ 89) ermittelten Geschäftsguthaben nach dem Verhältniß der letzteren. Bei Ermittelung der einzelnen Geschäftsguthaben bleiben für die Vertheilung des Gewinnes oder Verlustes, welcher sich für den Zeitraum zwischen der letzten Jahresbilanz (§ 33) und der ersten Liquidationsbilanz ergeben hat, die seit der letzten Jahresbilanz geleisteten Einzahlungen außer Betracht. Der Gewinn aus diesem Zeitraum ist dem Guthaben auch insoweit zuzuschreiben, als dadurch der Geschäftsantheil überschritten wird.

Ueberschüsse, welche sich über den Gesammtbetrag dieser Guthaben hinaus ergeben, sind nach Köpfen zu vertheilen.

Durch das Statut kann die Vertheilung des Vermögens ausgeschlossen oder ein anderes Verhältniß für die Vertheilung bestimmt werden.

§ 92. Ein bei der Auflösung der Genossenschaft verbleibendes unvertheilbares Reinvermögen (§ 91 Absatz 3) fällt, sofern dasselbe nicht durch das Statut einer physischen oder juristischen Person zu einem bestimmten Verwendungszweck überwiesen ist, an diejenige Gemeinde, in der die Genossenschaft ihren Sitz hatte. Die Zinsen dieses Fonds sind zu gemeinnützigen Zwecken zu verwenden.

§ 93. Nach Beendigung der Liquidation sind die Bücher und Schriften der aufgelösten Genossenschaft für die Dauer von zehn Jahren einem der gewesenen Genossen oder einem Dritten in Verwahrung zu geben. Der Genosse oder der Dritte wird in Ermangelung einer Bestimmung des Statuts oder eines Beschlusses der Generalversammlung durch das Gericht (§ 10) bestimmt. Dasselbe kann die Genossen und deren Rechtsnachfolger, sowie die Gläubiger der Genossenschaft zur Einsicht der Bücher und Schriften ermächtigen.

§ 94. Enthält das Statut nicht die für dasselbe wesentlichen Bestimmungen oder ist eine dieser Bestimmungen nichtig, so kann jeder Genosse und jedes Mitglied des Vorstandes und des Aufsichtsraths im Wege der Klage beantragen, daß die Genossenschaft für nichtig erklärt werde.

§ 95. Als wesentlich im Sinne des § 94 gelten die in den §§ 6, 7 und 131 bezeichneten Bestimmungen des Statuts mit Ausnahme derjenigen über die Beurkundung der Beschlüsse der Generalversammlung und den Vorsitz in dieser, sowie über die Grundsätze für die Aufstellung und Prüfung der Bilanz.

Ein Mangel, der eine hiernach wesentliche Bestimmung des Statuts betrifft, kann durch einen den Vorschriften dieses Gesetzes über Aenderungen des Statuts entsprechenden Beschluß der Generalversammlung geheilt werden.

Die Berufung der Generalversammlung erfolgt, wenn sich der Mangel auf die Bestimmungen über die Form der Berufung bezieht, durch Einrückung in diejenigen öffentlichen Blätter, welche für die Bekanntmachung der Eintragungen in das Genossenschaftsregister des Sitzes der Genossenschaft bestimmt sind.

Betrifft bei einer Genossenschaft mit beschränkter Haftpflicht der Mangel die Bestimmungen über die Haftsumme, so darf durch die zur Heilung des Mangels beschlossenen Bestimmungen der Gesammtbetrag der von den einzelnen Genossen übernommenen Haftung nicht vermindert werden.

§ 96. Das Verfahren über die Klage auf Nichtigkeitserklärung und die Wirkungen des Urtheils bestimmen sich nach den Vorschriften des § 51 Absatz 3 bis 5 und des § 52.

§ 97. Ist die Nichtigkeit einer Genossenschaft in das Genossenschaftsregister eingetragen, so finden zum Zwecke der Abwickelung ihrer Verhältnisse die für den Fall der Auflösung geltenden Vorschriften entsprechende Anwendung.

Die Wirksamkeit der im Namen der Genossenschaft mit Dritten vorgenommenen Rechtsgeschäfte wird durch die Nichtigkeit nicht berührt.

Soweit die Genossen eine Haftung für die Verbindlichkeiten der

Genossenschaft übernommen haben, sind sie verpflichtet, die zur Befriedigung der Gläubiger erforderlichen Beträge nach Maßgabe der Vorschriften des folgenden Abschnitts zu leisten.

Siebenter Abschnitt.

Konkursverfahren und Haftpflicht der Genossen.

§ 98. Das Konkursverfahren findet im Falle der Zahlungsunfähigkeit, nach Auflösung der Genossenschaft auch im Falle der Ueberschuldung statt.

Nach Auflösung der Genossenschaft ist die Eröffnung des Verfahrens so lange zulässig, als die Vertheilung des Vermögens nicht vollzogen ist.

§ 99. Sobald die Zahlungsunfähigkeit der Genossenschaft eintritt, hat der Vorstand die Eröffnung des Konkursverfahrens zu beantragen; dasselbe gilt, wenn bei oder nach Auflösung der Genossenschaft aus der Jahresbilanz oder aus einer im Laufe des Jahres aufgestellten Bilanz Ueberschuldung sich ergiebt.

Die Mitglieder des Vorstandes sind der Genossenschaft zum Ersatz einer nach diesem Zeitpunkte geleisteten Zahlung nach Maßgabe des § 34 verpflichtet.

Die Ansprüche auf Grund der vorstehenden Bestimmungen verjähren in fünf Jahren.

§ 100. Zu dem Antrage auf Eröffnung des Verfahrens ist außer den Konkursgläubigern jedes Mitglied des Vorstandes berechtigt.

Wird der Antrag nicht von allen Mitgliedern gestellt, so ist derselbe zuzulassen, wenn die ihn begründenden Thatsachen (§ 98) glaubhaft gemacht werden. Das Gericht hat die übrigen Mitglieder nach Maßgabe der Konkursordnung § 105 Absatz 2, 3 zu hören.

Der Eröffnungsantrag kann nicht aus dem Grunde abgewiesen werden, daß eine den Kosten des Verfahrens entsprechende Konkursmasse nicht vorhanden sei.

§ 101. Durch die Eröffnung des Konkursverfahrens wird die Genossenschaft aufgelöst.

§ 102. Die Eröffnung des Konkursverfahrens ist unverzüglich in das Genossenschaftsregister einzutragen. Die Eintragung wird nicht bekannt gemacht.

§ 103. Bei der Eröffnung des Verfahrens ist von dem Gerichte ein Gläubigerausschuß zu bestellen. Die Gläubigerversammlung hat über die Beibehaltung der bestellten oder die Wahl anderer Mitglieder zu beschließen. Im Uebrigen kommen die Vorschriften im § 87 der Konkursordnung zur Anwendung.

§ 104. Die Generalversammlung ist ohne Verzug zur Beschlußfassung darüber zu berufen (§§ 44 bis 46), ob die bisherigen Mitglieder des Vorstandes und des Aufsichtsraths beizubehalten oder andere zu bestellen sind.

§ 105. Soweit die Konkursgläubiger wegen ihrer bei der Schlußvertheilung (Konkursordnung § 161) berücksichtigten Forderungen aus dem zur Zeit der Eröffnung des Konkursverfahrens vorhandenen Vermögen der Genossenschaft nicht befriedigt werden, sind die Genossen verpflichtet, Nachschüsse zur Konkursmasse zu leisten.

Die Nachschüsse sind von den Genossen, wenn nicht das Statut ein anderes Beitragsverhältniß festsetzt, nach Köpfen zu leisten.

Beiträge, zu deren Leistung einzelne Genossen unvermögend sind, werden auf die übrigen vertheilt.

Zahlungen, welche Genossen über die von ihnen nach den vorstehenden Bestimmungen geschuldeten Beiträge hinaus leisten, sind ihnen, nachdem die Befriedigung der Gläubiger erfolgt ist, aus den Nachschüssen zu erstatten.

Gegen die Nachschüsse kann der Genosse eine Forderung an die Genossenschaft aufrechnen, sofern die Voraussetzungen vorliegen, unter welchen er als Konkursgläubiger Befriedigung wegen der Forderung aus den Nachschüssen zu beanspruchen hat.

§ 106. Der Konkursverwalter hat sofort, nachdem die Bilanz auf der Gerichtsschreiberei niedergelegt ist (Konkursordnung § 124), zu berechnen, wieviel zur Deckung des in der Bilanz bezeichneten Fehlbetrages die Genossen vorschußweise beizutragen haben.

In der Berechnung (Vorschußberechnung) sind die sämmtlichen Genossen namentlich zu bezeichnen und auf sie die Beiträge zu vertheilen. Die Höhe der Beiträge ist jedoch derart zu bemessen, daß durch ein vorauszusehendes Unvermögen einzelner Genossen zur Leistung von Beiträgen ein Ausfall an dem zu deckenden Gesammtbetrage nicht entsteht.

Die Berechnung ist dem Konkursgerichte mit dem Antrage einzureichen, dieselbe für vollstreckbar zu erklären. Wird das Genossenschaftsregister nicht bei dem Konkursgerichte geführt, so ist dem Antrage eine beglaubigte Abschrift des Statuts und der Liste der Genossen beizufügen.

§ 107. Zur Erklärung über die Berechnung bestimmt das Gericht einen Termin, welcher nicht über zwei Wochen hinaus anberaumt werden darf. Derselbe ist öffentlich bekannt zu machen; die in der Berechnung aufgeführten Genossen sind besonders zu laden.

Die Berechnung ist spätestens drei Tage vor dem Termine auf der Gerichtsschreiberei zur Einsicht der Betheiligten niederzulegen. Hierauf ist in der Bekanntmachung und den Ladungen hinzuweisen.

§ 108. In dem Termine sind Vorstand und Aufsichtsrath der Genossenschaft, sowie der Konkursverwalter und der Gläubigerausschuß und, soweit Einwendungen erhoben werden, die sonst Betheiligten zu hören.

Das Gericht entscheidet über die erhobenen Einwendungen, berichtet, soweit erforderlich, die Berechnung oder ordnet die Berichtigung an und erklärt die Berechnung für vollstreckbar. Die Entscheidung ist in dem Termine oder in einem sofort anzuberaumenden Termine, welcher nicht über eine Woche hinaus angesetzt werden soll, zu verkünden. Die Berechnung mit der sie für vollstreckbar erklärenden Entscheidung ist zur Einsicht der Betheiligten auf der Gerichtsschreiberei niederzulegen.

Gegen die Entscheidung findet ein Rechtsmittel nicht statt.

§ 109. Nachdem die Berechnung für vollstreckbar erklärt ist, hat der Konkursverwalter ohne Verzug die Beiträge von den Genossen einzuziehen.

Die Zwangsvollstreckung gegen einen Genossen findet in Gemäßheit der Civilprozeßordnung auf Grund einer vollstreckbaren Ausfertigung der Entscheidung und eines Auszuges aus der Berechnung statt.

Für die in den Fällen der §§ 731, 767, 768 der Civilprozeßordnung zu erhebenden Klagen ist das Amtsgericht, bei welchem das Konkursverfahren anhängig ist, und, wenn der Streitgegenstand zur Zuständigkeit der Amtsgerichte nicht gehört, das Landgericht ausschließlich zuständig, zu dessen Bezirke der Bezirk des Konkursgerichts gehört.

§ 110. Die eingezogenen Beträge sind bei der von der Gläubigerversammlung bestimmten Stelle (Konkursordnung § 132) zu hinterlegen oder anzulegen.

§ 111. Jeder Genosse ist befugt, die für vollstreckbar erklärte Berechnung im Wege der Klage anzufechten. Die Klage ist gegen den Konkursverwalter zu richten. Sie findet nur binnen der Nothfrist eines Monats seit Verkündung der Entscheidung und nur insoweit statt, als der Kläger den Anfechtungsgrund in dem Termine (§ 107) geltend gemacht hat oder ohne sein Verschulden geltend zu machen außer Stande war.

Das rechtskräftige Urtheil wirkt für und gegen alle beitragspflichtigen Genossen.

§ 112. Die Klage ist ausschließlich bei dem Amtsgerichte zu erheben, welches die Berechnung für vollstreckbar erklärt hat. Die mündliche Verhandlung erfolgt nicht vor Ablauf der bezeichneten Nothfrist. Mehrere Anfechtungsprozesse sind zur gleichzeitigen Verhandlung und Entscheidung zu verbinden.

Uebersteigt der Streitgegenstand eines Prozesses die sonst für die sachliche Zuständigkeit der Amtsgerichte geltende Summe, so hat das Gericht, sofern eine Partei in einem solchen Prozesse vor der Verhandlung zur Hauptsache darauf anträgt, durch Beschluß die sämmtlichen Streitsachen an das Landgericht, in dessen Bezirke es seinen Sitz hat, zu verweisen. Gegen diesen Beschluß findet die sofortige Beschwerde statt. Die Nothfrist beginnt mit der Verkündung des Beschlusses.

Ist der Beschluß rechtskräftig, so gelten die Streitsachen als bei dem Landgerichte anhängig. Die im Verfahren vor dem Amtsgerichte erwachsenen Kosten werden als Theil der bei dem Landgerichte erwachsenen Kosten behandelt und gelten als Kosten einer Instanz.

Die Vorschriften der Civilprozeßordnung §§ 769, 770 über die Einstellung der Zwangsvollstreckung und die Aufhebung der Vollstreckungsmaßregeln finden entsprechende Anwendung.

§ 113. Soweit in Folge des Unvermögens einzelner Genossen zur Leistung von Beiträgen der zu deckende Gesammtbetrag nicht erreicht wird, oder in Gemäßheit des auf eine Anfechtungsklage ergehenden Urtheils oder aus anderen Gründen die Berechnung abzuändern ist, hat der Konkursverwalter eine Zusatzberechnung aufzustellen. Rücksichtlich derselben kommen die Vorschriften in §§ 106 bis 112 zur Anwendung.

Die Aufstellung einer Zusatzberechnung ist erforderlichenfalls zu wiederholen.

§ 114. Sobald mit dem Vollzuge der Schlußvertheilung (Konkursordnung § 161) begonnen wird, hat der Konkursverwalter in Ergänzung oder Berichtigung der Vorschußberechnung und der zu derselben etwa ergangenen Zusätze zu berechnen, wieviel die Genossen in Gemäßheit des § 105 an Nachschüssen zu leisten haben.

Die Berechnung (Nachschußberechnung) unterliegt den Vorschriften in §§ 106 bis 109, 111 bis 113, der Vorschrift im § 106 Absatz 2 mit der Maßgabe, daß auf Genossen, deren Unvermögen zur Leistung von Beiträgen sich herausgestellt hat, Beiträge nicht vertheilt werden.

§ 115. Der Verwalter hat, nachdem die Nachschußberechnung für vollstreckbar erklärt ist, unverzüglich den gemäß § 110 vorhandenen Bestand und, so oft von den noch einzuziehenden Beiträgen hinreichender Bestand eingegangen ist, diesen im Wege der Nachtragsvertheilung (Konkursordnung § 166) unter die Gläubiger zu vertheilen.

Außer den Antheilen auf die im § 168 der Konkursordnung bezeichneten Forderungen sind zurückzubehalten die Antheile auf Forderungen, welche im Prüfungstermine von dem Vorstande ausdrücklich bestritten worden sind. Dem Gläubiger bleibt überlassen, den Widerspruch des Vorstandes durch Klage zu beseitigen. Soweit der Widerspruch rechtskräftig für begründet erklärt wird, werden die Antheile zur Vertheilung unter die übrigen Gläubiger frei.

Die zur Befriedigung der Gläubiger nicht erforderlichen Ueberschüsse hat der Konkursverwalter an die Genossen zurückzuzahlen.

§ 116. Eine Aufhebung des Konkursverfahrens durch Zwangsvergleich findet nicht statt.

Eine Einstellung des Verfahrens ist erst zulässig, nachdem mit dem Vollzuge der Schlußvertheilung begonnen ist. Die Zustimmung aller bei der letzteren berücksichtigten Konkursgläubiger ist beizubringen. Inwieweit es der Zustimmung oder der Sicherstellung von Gläubigern bedarf, deren Forderungen nicht festgestellt sind, entscheidet das Konkursgericht nach freiem Ermessen.

§ 117. Der Vorstand ist verpflichtet, den Konkursverwalter bei den diesem in § 106 Absatz 1, § 109 Absatz 1, §§ 113, 114 zugewiesenen Obliegenheiten zu unterstützen.

§ 118. Die in diesem Abschnitte hinsichtlich des Vorstandes getroffenen Bestimmungen gelten auch hinsichtlich der Liquidatoren.

Achter Abschnitt.

Besondere Bestimmungen.

I. Für Genossenschaften mit unbeschränkter Haftpflicht.

§ 119. Bei Genossenschaften mit unbeschränkter Haftpflicht darf ein Genosse nicht auf mehr als einen Geschäftsantheil betheiligt sein.

§ 120. Die Beitrittserklärungen (§ 15) müssen die ausdrückliche Bemerkung enthalten, daß die einzelnen Genossen für die Verbindlichkeiten der Genossenschaft dieser sowie unmittelbar den Gläubigern derselben nach Maßgabe des Gesetzes mit ihrem ganzen Vermögen haften.

§ 121. Sobald sich bei der Geschäftsführung ergiebt, daß das Vermögen der Genossenschaft einschließlich des Reservefonds und der Geschäftsguthaben zur Deckung der Schulden nicht ausreicht, hat der Vorstand die Generalversammlung zur Beschlußfassung, ob die Genossenschaft aufgelöst werden soll, zu berufen.

Für den Fall, daß die Auflösung beschlossen wird, ist zugleich die im § 104 vorgesehene Beschlußfassung herbeizuführen.

§ 122. Im Falle des Konkursverfahrens sind neben der Genossenschaft die einzelnen Genossen solidarisch und mit ihrem ganzen Vermögen den Konkursgläubigern für den Ausfall verhaftet, welchen diese an ihren bei der Schlußvertheilung (Konkursordnung § 161) berücksichtigten Forderungen bei derselben erleiden.

Nach Ablauf von drei Monaten seit dem Termine, in welchem die Nachschußberechnung für vollstreckbar erklärt ist, können die Gläubiger, soweit sie bisher nicht befriedigt sind, die einzelnen Genossen in Anspruch nehmen.

Festgestellte Forderungen, welche im Prüfungstermine von dem Vorstande oder den Liquidatoren nicht ausdrücklich bestritten sind, können auch von den in Anspruch genommenen Genossen nicht bestritten werden.

Das rechtskräftige Urtheil, welches in dem Prozeß über eine im Prüfungstermine von dem Vorstande oder den Liquidatoren bestrittene Forderung für oder gegen dieselben ergeht, wirkt gegenüber allen Genossen.

In Ansehung einer im Konkursverfahren streitig gebliebenen Forderung kann, solange dieselbe nicht festgestellt ist, eine Verurtheilung der Genossen nicht erfolgen.

§ 123. Die Klage der Gläubiger gegen die einzelnen Genossen verjährt, sofern nicht nach Beschaffenheit der Forderung eine kürzere Verjährungsfrist gesetzlich eintritt, in zwei Jahren seit Ablauf der im § 122 Absatz 2 bestimmten Frist.

Die Verjährung zu Gunsten eines Genossen wird durch Rechtshandlungen unterbrochen, welche gegen die Genossenschaft oder von derselben vorgenommen werden; sie wird nicht unterbrochen durch Rechtshandlungen, welche gegen einen anderen Genossen oder von demselben vorgenommen werden.

§ 124. Soweit Genossen in Gemäßheit des § 122 Konkursgläubiger befriedigen, treten sie in die Rechte der letzteren gegen die Genossenschaft ein.

§ 125. Die Bestimmungen der §§ 122 bis 124 finden auf die in den letzten zwei Jahren vor der Eröffnung des Konkursverfahrens aus der Genossenschaft ausgeschiedenen Genossen (§§ 70, 76), welche nicht schon in Gemäßheit des § 75 der Haftpflicht unterliegen, wegen der bis zu dem Zeitpunkte ihres Ausscheidens von der Genossenschaft eingegangenen Verbindlichkeiten mit der Maßgabe Anwendung, daß der Anspruch der Gläubiger erst nach Ablauf von sechs Monaten seit dem Termine, in welchem die Nachschußberechnung (§ 114) für vollstreckbar erklärt ist, erhoben werden kann.

Dieser Anspruch erstreckt sich, wenn im Falle des Todes eines Genossen dessen Ausscheiden nach dem im § 77 Absatz 1 bezeichneten Zeitpunkte eingetragen ist, auf die bis zum Tage der Eintragung von der Genossenschaft eingegangenen Verbindlichkeiten, sofern nicht der Erbe beweist, daß bei ihrer Eingehung dem Gläubiger der Tod des Genossen bekannt war.

II. Für Genossenschaften mit unbeschränkter Nachschußpflicht.

§ 126. Die Bestimmungen des § 119 über die Beschränkung der Betheiligung auf einen Geschäftsantheil und des § 121 über die Berufung der Generalversammlung im Falle der Ueberschuldung finden auf die Genossenschaften mit unbeschränkter Nachschußpflicht Anwendung.

§ 127. Die Beitrittserklärungen (§ 15) müssen die ausdrückliche Bemerkung enthalten, daß die einzelnen Genossen mit ihrem ganzen Vermögen verpflichtet sind, der Genossenschaft die zur Befriedigung der Gläubiger derselben erforderlichen Nachschüsse nach Maßgabe des Gesetzes zu leisten.

§ 128. Ist im Falle der Eröffnung des Konkursverfahrens nach Ablauf von drei Monaten seit dem Termine, in welchem die Nachschußberechnung (§ 114) für vollstreckbar erklärt ist, die Befriedigung oder Sicherstellung der im § 105 Absatz 1 bezeichneten Konkursgläubiger noch nicht bewirkt, so sind die hierzu erforderlichen Beiträge von den innerhalb der letzten achtzehn Monate vor der Eröffnung des Konkursverfahrens ausgeschiedenen Genossen, welche nicht schon in Gemäßheit des § 75 oder des § 76 Absatz 4 der Nachschußpflicht unterliegen, nach Maßgabe des § 105 zur Konkursmasse zu leisten.

§ 129. Der Konkursverwalter hat ohne Verzug eine Berechnung über die Beitragspflicht der Ausgeschiedenen aufzustellen.

In der Berechnung sind dieselben namentlich zu bezeichnen und auf sie die Beiträge zu vertheilen, soweit nicht das Unvermögen Einzelner zur Leistung von Beiträgen vorauszusehen ist.

Im Uebrigen finden die Vorschriften in § 106 Absatz 3, §§ 107 bis 109, 111 bis 113 und 115 entsprechende Anwendung.

§ 130. Durch die Bestimmungen der §§ 128, 129 wird die Einziehung der Nachschüsse von den in der Genossenschaft verbliebenen Genossen nicht berührt.

Aus den Nachschüssen der letzteren sind den Ausgeschiedenen die von diesen geleisteten Beiträge zu erstatten, sobald die Befriedigung oder Sicherstellung der sämmtlichen im § 105 Absatz 1 bezeichneten Konkursgläubiger bewirkt ist.

III. Für Genossenschaften mit beschränkter Haftpflicht.

§ 131. Bei Genossenschaften mit beschränkter Haftpflicht darf die Haftsumme der einzelnen Genossen (§ 2) nicht niedriger als der Geschäftsantheil sein.

Die Haftsumme muß bei Errichtung der Genossenschaft durch das Statut bestimmt werden. Die Bestimmung oder eine Abänderung derselben ist zu veröffentlichen (§§ 12, 16).

§ 132. Zu einer Erhöhung der Haftsumme bedarf es einer Mehrheit von drei Viertheilen der in der Generalversammlung erschienenen Genossen. Das Statut kann noch andere Erfordernisse aufstellen.

§ 133. Eine Herabsetzung der Haftsumme kann nur unter Beobachtung der Bestimmungen erfolgen, welche für die Vertheilung des Genossenschaftsvermögens im Falle der Auflösung maßgebend sind (§ 82 Absatz 2, § 90 Absatz 1 bis 3). Bekannte Gläubiger sind durch besondere Mittheilung zur Anmeldung aufzufordern.

Die Anmeldung des Herabsetzungsbeschlusses zum Genossenschaftsregister erfolgt nicht vor Ablauf des im § 90 Absatz 1 bezeichneten Jahres. Mit der Anmeldung sind die Bekanntmachungen des Beschlusses einzureichen. Zugleich hat der Vorstand die schriftliche Versicherung abzugeben, daß die Gläubiger, welche sich bei der Genossenschaft gemeldet und der Herabsetzung nicht zugestimmt haben, befriedigt oder sichergestellt sind.

§ 134. Durch das Statut kann die Betheiligung des Genossen auf mehrere Geschäftsantheile, unter Festsetzung der höchsten Zahl derselben, gestattet werden.

Die Bestimmung oder eine Abänderung derselben ist zu veröffentlichen (§§ 12, 16).

§ 135. Die Haftung eines Genossen, welcher auf mehr als einen Geschäftsantheil betheiligt ist, erhöht sich auf das der Zahl der Geschäftsantheile entsprechende Vielfache der Haftsumme.

§ 136. Bevor der erste Geschäftsantheil erreicht ist, darf die Betheiligung des Genossen auf einen zweiten Geschäftsantheil seitens der Genossenschaft nicht zugelassen werden. Das Gleiche gilt von der Zulassung zu jedem weiteren Geschäftsantheile.

§ 137. Ein Genosse, welcher auf einen weiteren Geschäftsantheil betheiligt sein will, hat darüber eine von ihm zu unterzeichnende, unbedingte Erklärung abzugeben.

Die Erklärung ist von dem Vorstande nach der Zulassung des Genossen zu dem weiteren Geschäftsantheile behufs Eintragung des letzteren in die Liste der Genossen dem Gerichte (§ 10) einzureichen. Zugleich hat der Vorstand schriftlich zu versichern, daß die übrigen Geschäftsantheile des Genossen erreicht seien.

Die Betheiligung auf den weiteren Geschäftsantheil tritt mit der in Gemäßheit der vorstehenden Absätze erfolgten Eintragung in Kraft.

Im Uebrigen kommen die Vorschriften des § 15 zur entsprechenden Anwendung.

§ 138. Eine Uebertragung des Geschäftsguthabens findet in dem Falle des § 134 an einen anderen Genossen nur statt, sofern dessen bisheriges Guthaben mit dem ihm zuzuschreibenden Betrage die der höchsten Zahl der Geschäftsantheile entsprechende Gesammtsumme nicht übersteigt. Hierauf ist die im § 76 vorgesehene Versicherung des Vorstandes zu richten. Im Uebrigen verbleibt es bei den Bestimmungen im § 137.

§ 139. Mit der Bilanz eines jeden Geschäftsjahres ist außer den im § 33 vorgesehenen Angaben über die Zahl der Genossen der Gesammtbetrag, um welchen in diesem Jahre die Geschäftsguthaben, sowie die Haftsummen der Genossen sich vermehrt oder vermindert haben, und der Betrag der Haftsummen zu veröffentlichen, für welche am Jahresschlusse alle Genossen zusammen aufzukommen haben.

§ 140. Das Konkursverfahren findet bei bestehender Genossenschaft außer dem Falle der Zahlungsunfähigkeit in dem Falle der Ueberschuldung statt, sofern diese ein Viertheil des Betrages der Haftsummen aller Genossen übersteigt. Der Vorstand hat, wenn eine solche Ueberschuldung sich aus der Jahresbilanz oder aus einer im Laufe des Jahres aufgestellten Bilanz ergiebt, die Eröffnung des Konkursverfahrens zu beantragen. Die Vorschriften des § 99 Absatz 2, 3, § 100 finden entsprechende Anwendung.

§ 141. Die einzelnen Genossen können über ihre Haftsumme hinaus weder auf Leistung von Nachschüssen, noch von den Konkursgläubigern in Anspruch genommen werden. Im Uebrigen finden auf den Anspruch der Gläubiger die Bestimmungen in §§ 122 bis 125 Anwendung.

§ 142. Außer dem Falle des § 90 kann in dem Falle, daß entgegen den Vorschriften in §§ 19, 22 der Gewinn oder das Geschäftsguthaben ausgezahlt wird, der Ersatzanspruch gegen die Mitglieder des Vorstandes oder des Aufsichtsraths oder gegen die Liquidatoren von den Gläubigern der Genossenschaft, soweit sie von dieser ihre Befriedigung nicht erlangen können, selbständig geltend gemacht werden. Dasselbe findet gegen die Mitglieder des Vorstandes oder die Liquidatoren statt, wenn nach dem Zeitpunkte, mit welchem die Verpflichtung zum Antrage auf Eröffnung des Konkursverfahrens eingetreten ist, eine Zahlung geleistet wird, rücksichtlich des Ersatzes derselben.

Die Ersatzpflicht wird den Gläubigern gegenüber dadurch nicht aufgehoben, daß die Handlung auf einem Beschlusse der Generalversammlung beruht.

IV. Für die Umwandlung von Genossenschaften.

§ 143. Eine Genossenschaft mit unbeschränkter Haftpflicht kann sich in eine solche mit unbeschränkter Nachschußpflicht nur unter Beobachtung der Bestimmungen umwandeln, welche für die Vertheilung des Genossenschaftsvermögens im Falle der Auflösung maßgebend sind (§ 82 Absatz 2, § 90 Absatz 1 bis 3).

Dasselbe gilt von der Umwandlung einer Genossenschaft mit unbeschränkter Haftpflicht oder mit unbeschränkter Nachschußpflicht in eine solche mit beschränkter Haftpflicht.

Die Vorschriften im § 133 Absatz 2 finden entsprechende Anwendung.

§ 144. Zu dem Beschluß auf Umwandlung einer Genossenschaft mit unbeschränkter Nachschußpflicht in eine solche mit unbeschränkter Haftpflicht oder einer Genossenschaft mit beschränkter Haftpflicht in eine solche mit unbeschränkter Haftpflicht oder mit unbeschränkter Nachschußpflicht bedarf es einer Mehrheit von drei Viertheilen der in der Generalversammlung erschienenen Genossen. Das Statut kann noch andere Erfordernisse aufstellen.

§ 145. Die Umwandlung (§§ 143, 144) ist auch gegenüber den vor der Eintragung des Beschlusses in das Genossenschaftsregister aus der Genossenschaft Ausgeschiedenen wirksam.

Im Falle der Umwandlung einer Genossenschaft mit unbeschränkter Nachschußpflicht können dieselben für die Verbindlichkeiten der Genossenschaft nicht in Anspruch genommen werden, sofern ihr Ausscheiden früher als achtzehn Monate vor der Eintragung erfolgt ist. Im Falle der Umwandlung einer Genossenschaft mit beschränkter Haftpflicht bleibt der Anspruch gegen sie auf ihre bisherige Haftsumme beschränkt.

Neunter Abschnitt.

Strafbestimmungen.

§ 146. Mitglieder des Vorstandes und des Aufsichtsraths und Liquidatoren werden, wenn sie absichtlich zum Nachtheile der Genossenschaft handeln, mit Gefängniß und zugleich mit Geldstrafe bis zu dreitausend Mark bestraft.

Zugleich kann auf Verlust der bürgerlichen Ehrenrechte erkannt werden.

§ 147. Mitglieder des Vorstandes und des Aufsichtsraths und Liquidatoren werden mit Gefängniß bis zu einem Jahre und zugleich mit Geldstrafe bis zu dreitausend Mark bestraft, wenn sie in den von ihnen dem Gerichte (§ 10) zu machenden Anmeldungen, Anzeigen und Versicherungen wissentlich falsche Angaben machen, oder in ihren Darstellungen, ihren Uebersichten über den Vermögensstand der Genossenschaft, über die Mitglieder und die Haftsummen, oder den in der Generalversammlung gehaltenen Vorträgen den Stand der Verhältnisse der Genossenschaft wissentlich unwahr darstellen.

Zugleich kann auf Verlust der bürgerlichen Ehrenrechte erkannt werden.

Sind mildernde Umstände vorhanden, so tritt ausschließlich die Geldstrafe ein.

§ 148. Mit Geldstrafe bis zu sechshundert Mark oder mit Gefängniß bis zu drei Monaten oder mit beiden Strafen zugleich werden bestraft:

1) die Mitglieder des Vorstands und des Aufsichtsraths und die Liquidatoren, wenn länger als drei Monate die Genossenschaft ohne Aufsichtsrath geblieben ist, oder in dem letzteren die zur Beschlußfähigkeit erforderliche Zahl von Mitgliedern gefehlt hat;
2) die Mitglieder des Vorstandes oder die Liquidatoren, wenn entgegen den Vorschriften in §§ 99, 118, 140 der Antrag auf Eröffnung des Konkursverfahrens unterlassen ist.

Die Strafe tritt nicht gegen denjenigen ein, welcher nachweist, daß die Unterlassung ohne sein Verschulden geschehen ist.

§ 149. Mitglieder des Vorstandes werden mit Geldstrafe bis zu sechshundert Mark bestraft, wenn ihre Handlungen auf andere als die im § 1 erwähnten geschäftlichen Zwecke gerichtet sind, oder wenn sie in der Generalversammlung die Erörterung von Anträgen gestatten oder nicht hindern, welche auf öffentliche Angelegenheiten gerichtet sind, deren Erörterung unter die Gesetze über das Versammlungs- und Vereinsrecht fällt.

§ 150. Die Mitglieder des Vorstandes eines Revisionsverbandes werden, wenn unterlassen ist, die Versammlung in Gemäßheit des § 59 Absatz 2 anzuzeigen, mit Geldstrafe bis zu sechshundert Mark bestraft.

Die Strafe tritt nicht gegen denjenigen ein, welcher nachweist, daß die Unterlassung ohne sein Verschulden geschehen ist.

§ 151. Wer sich besondere Vortheile dafür hat gewähren oder versprechen lassen, daß er bei einer Abstimmung in der Generalversammlung in einem gewissen Sinne stimme, wird mit Geldstrafe bis zu dreitausend Mark, oder mit Gefängniß bis zu einem Jahre bestraft.

§ 152. Personen, welche für einen Konsumverein den Waarenverkauf bewirken, werden, wenn sie der Vorschrift des § 8 Absatz 4 zuwider wissentlich oder ohne Beobachtung der nach § 31 von dem

Vorstande erlassenen Anweisung Waaren an andere Personen als an Mitglieder oder deren Vertreter verkaufen, mit Geldstrafe bis zu einhundertfünfzig Mark bestraft.

Gleiche Strafe trifft das Mitglied, welches seine Legitimation, durch die es zum Waarenkauf in einem Konsumverein oder bei einem mit diesem wegen Waarenabgabe an die Mitglieder in Verbindung stehenden Gewerbetreibenden berechtigt wird, einem Dritten zum Zweck unbefugter Waarenentnahme überläßt.

Dritte, welche von solcher Legitimation zu demselben Zweck Gebrauch machen, oder auf andere Weise zu unbefugter Waarenabgabe zu verleiten unternehmen, werden in gleicher Weise bestraft.

§ 153. Mit Geldstrafe bis zu einhundertfünfzig Mark wird bestraft, wer Waaren, die er aus dem Konsumverein oder von einem mit diesem wegen Waarenabgabe in Verbindung stehenden Gewerbetreibenden auf Grund seiner Mitgliedschaft bezogen hat, gegen Entgelt gewohnheitsmäßig oder gewerbsmäßig an Nichtmitglieder veräußert.

Diese Bestimmung findet keine Anwendung:

1) wenn ein Mitglied eines Konsumvereins die von ihm bezogenen Waaren in seiner Speiseanstalt oder an seine Kostgänger zum alsbaldigen persönlichen Verbrauch abgiebt;
2) wenn ein Konsumverein, welcher Mitglied eines anderen Konsumvereins ist, die aus letzterem bezogenen Waaren an seine Mitglieder abgiebt.

§ 154. Zuwiderhandlungen gegen die Vorschrift des § 32 werden mit Geldstrafe bis zu einhundertfünfzig Mark bestraft.

Zehnter Abschnitt.

Schlußbestimmungen.

§ 155. In bürgerlichen Rechtsstreitigkeiten, in welchen durch Klage oder Widerklage ein Anspruch auf Grund der Bestimmungen dieses Gesetzes geltend gemacht ist, wird die Verhandlung und Entscheidung letzter Instanz im Sinne des § 8 des Einführungsgesetzes zum Gerichtsverfassungsgesetze dem Reichsgerichte zugewiesen.

§ 156. Die Vorschriften in §§ 9 bis 11 des Handelsgesetzbuchs finden auf das Genossenschaftsregister Anwendung. Die Eintragungen sind durch den Deutschen Reichsanzeiger bekannt zu machen. Die anderen Blätter hat das Gericht zu bestimmen, für kleinere Genossenschaften nur ein anderes Blatt.

§ 157. Die Anmeldungen zum Genossenschaftsregister sind durch sämmtliche Mitglieder des Vorstandes oder sämmtliche Liquidatoren persönlich zu bewirken oder in beglaubigter Form einzureichen.

Die in §§ 16, 28, § 33 Absatz 2, § 51 Absatz 5, § 63 Absatz 2, § 84, § 85 Absatz 2 vorgeschriebenen Anmeldungen und Einreichungen müssen auch zu dem Genossenschaftsregister einer jeden Zweigniederlassung erfolgen.

§ 158. Von der Eintragung eines beitretenden Genossen, der Eintragung oder Vormerkung des Austritts, der Ausschließung oder des Todes von Genossen, sowie von der Eintragung weiterer Geschäftsantheile in die Liste der Genossen hat das Gericht (§ 10) dem Gerichte einer jeden Zweigniederlassung zur Berichtigung der dort geführten Liste Mittheilung zu machen.

Imgleichen ist die Eintragung der Auflösung einer Genossenschaft, sowie der Eröffnung des Konkursverfahrens zu dem Genossenschaftsregister einer jeden Zweigniederlassung mitzutheilen.

§ 159.[1] Gebühren für die Verhandlung und Entscheidung erster Instanz über die in vorstehendem Paragraphen bezeichneten Anträge, sowie für die Eintragungen und Vormerkungen werden nicht erhoben. Die Erhebung von Auslagen findet nach §§ 79, 80 und 80b des Gerichtskostengesetzes statt.

§ 160. Die Mitglieder des Vorstandes sind von dem Gerichte (§ 10) zur Befolgung der im § 8 Absatz 2, § 14, §§ 28, 30, § 61 Absatz 2, § 63, § 78 Absatz 2, § 79 Absatz 2 enthaltenen Vorschriften durch Ordnungsstrafen anzuhalten; die einzelne Strafe darf den Betrag von dreihundert Mark nicht übersteigen. In gleicher Weise sind die Mitglieder des Vorstandes und die Liquidatoren zur Befolgung der im § 33 Absatz 2, § 47, § 48 Absatz 2, § 51 Absatz 4 und 5, § 84, § 85 Absatz 2, § 89, § 157 Absatz 2 enthaltenen Vorschriften anzuhalten.

Rücksichtlich des Verfahrens sind die Vorschriften maßgebend, welche zur Erzwingung der im Handelsgesetzbuch angeordneten Anmeldungen zum Handelsregister gelten.[2]

---

[1] Der früher vorhergehende § 150 wurde aufgehoben durch G über die Angelegenheiten der freiwilligen Gerichtsbarkeit vom 17. Mai 1898. § 187.

[2] Die früher folgenden §§ 153—170 Schluß- und Uebergangsbestimmungen sind von der Neu-Publikation ausgeschlossen worden. Sie lauteten:

§ 153. Das Gesetz, betreffend die privatrechtliche Stellung der Erwerbs- und Wirthschaftsgenossenschaften, vom 4. Juli 1868 (Bundes-Gesetzbl. S. 415) mit der Deklaration vom 19. Mai 1871 (Reichs-Gesetzbl. S. 101), sowie die Vorschriften in §§ 195 bis 197 der Konkursordnung und im § 3 Absatz 4 des Einführungsgesetzes zu derselben werden aufgehoben. Unberührt bleibt die Vorschrift im § 6 des letzteren Gesetzes.

Wo in anderen Gesetzen auf die Bestimmungen des Gesetzes vom 4. Juli 1868 Bezug genommen ist, treten an deren Stelle die entsprechenden Bestimmungen des gegenwärtigen Gesetzes.

§ 154. Auf die in Gemäßheit des Gesetzes vom 4. Juli 1868 eingetragenen Genossenschaften findet das gegenwärtige Gesetz mit den in den nachfolgenden Paragraphen enthaltenen Maßgaben Anwendung.

§ 155. Die Genossenschaften haben in die Firma die zusätzliche Bezeichnung: „eingetragene Genossenschaft mit unbeschränkter Haftpflicht" aufzunehmen. Zur Anmeldung dieses Zusatzes ist der Vorstand von dem Gerichte (§§ 10, 14) durch Ordnungsstrafen in Gemäßheit des § 152 anzuhalten.

§ 156. Solange in dem Statut einer Genossenschaft die im § 7 Nr. 4 vorgesehene Bestimmung über die Bildung eines Reservefonds nicht getroffen ist, hat die Genossenschaft von dem nach Inkrafttreten des Gesetzes beginnenden Geschäftsjahre an zur Bildung des Reservefonds mindestens den zehnten Theil des jährlichen Reingewinns zu verwenden.

§ 157. Die Vorschrift der Nr. 3 im § 8 Absatz 1 über das Geschäftsjahr findet nach Ablauf von drei Monaten seit dem Inkrafttreten des Gesetzes Anwendung.

Eine Genossenschaft, deren Statut die Ausdehnung des Geschäftsbetriebes durch Gewährung von Darlehen an Personen gestattet, welche nicht Mitglieder der Genossenschaft sind, unterliegt dem Verbote des § 8 Absatz 2 nach Ablauf von zwei Jahren seit dem Inkrafttreten des Gesetzes.

§ 158. Auf den Vorstand findet die Bestimmung im § 24 Absatz 2 über die Mindestzahl der Mitglieder, auf den Aufsichtsrath finden die Bestimmungen im § 9, § 34 Absatz 1 nach Ablauf von sechs Monaten seit dem Inkrafttreten des Gesetzes Anwendung. Das Gleiche gilt von der Bestimmung im § 81 Absatz 2 über die Zahl der Liquidatoren.

§ 159. Die Bestimmung des § 66 über die Ausschließung von Genossen wegen der Mitgliedschaft in einer gleichartigen Genossenschaft findet, soweit der Beitritt zu dieser vor dem Inkrafttreten des Gesetzes erfolgt ist, keine Anwendung.

§ 160. Auf eine Genossenschaft, welche bei dem Inkrafttreten des Gesetzes weniger als sieben Mitglieder hat, findet der § 78 solange keine Anwendung, als nicht diese Mitgliederzahl erreicht wird.

§ 161. Die Haftpflicht der Genossen bestimmt sich nach den Vorschriften in §§ 52 bis 65 des Gesetzes vom 4. Juli 1868 und im § 197 der Konkursordnung, sofern vor dem Inkrafttreten des gegenwärtigen Gesetzes der Vertheilungsplan zur Erklärung der Vollstreckbarkeit eingereicht oder ohne Einreichung eines solchen das Konkursverfahren aufgehoben war.

§ 162. Außer den Fällen des vorhergehenden Paragraphen kommen rücksichtlich der Haftpflicht der Genossen, welche vor dem Tage des Inkrafttretens des Gesetzes aus der Genossenschaft ausgeschieden und noch nicht durch Verjährung der Klage befreit sind, die Vorschriften des gegenwärtigen Gesetzes mit der Maßgabe zur Anwendung, daß mit dem bezeichneten Tage die zweijährige Frist des § 119 Absatz 1 beginnt, und daß die im zweiten Absatz desselben Paragraphen bestimmte Ausdehnung der Haftpflicht nicht eintritt.

§ 163. Die Bestimmung im § 112 findet nicht Anwendung, insoweit beim Inkrafttreten des Gesetzes ein Genosse auf mehr als einen Geschäftsantheil betheiligt ist.

§ 164. Der Vorstand hat dem Gerichte (§ 10) binnen einem Monate nach dem Tage des Inkrafttretens des Gesetzes anzuzeigen, welche Personen außer den in der gerichtlichen Mitgliederliste (§§ 4, 25 Absatz 2 des Gesetzes vom 4. Juli 1868) aufgeführten bis zu dem bezeichneten Tage Mitglieder der Genossenschaft geworden sind, und welche von den in der Liste aufgeführten Personen an diesem Tage der Genossenschaft nicht angehört haben.

Zugleich sind die Mitglieder, welche nach dem Inkrafttreten des Gesetzes in Folge vorher geschehener Aufkündigung oder Ausschließung ausscheiden, und der Tag ihres Ausscheidens zu bezeichnen.

Zur Befolgung dieser Vorschriften ist der Vorstand durch Ordnungsstrafen in Gemäßheit des § 152 anzuhalten.

§ 165. Das Gericht hat die Liste nach den in vorstehendem Paragraphen bezeichneten Angaben zu berichtigen.

Es hat mittelst öffentlicher Bekanntmachung eine allgemeine Aufforderung zu erlassen, inhalts deren die in der Liste aufgeführten Personen, welche be-

§ 161. Die zur Ausführung der Vorschriften über das Genossenschaftsregister und die Anmeldungen zu demselben erforderlichen Bestimmungen werden von dem Bundesrath erlassen.[1]

Welche Behörden in jedem Bundesstaate unter der Bezeichnung Staatsbehörde (§ 47) und höhere Verwaltungsbehörde (§§ 58, 59, 61, 81) zu verstehen sind, wird von der Zentralbehörde des Bundesstaates bekannt gemacht.

---

haupten, daß sie am Tage des Inkrafttretens des Gesetzes nicht Mitglieder der Genossenschaft gewesen sind oder daß ihr Ausscheiden nicht richtig in die Liste eingetragen ist, sowie die in derselben nicht aufgeführten Personen, welche behaupten, daß sie an dem bezeichneten Tage Mitglieder der Genossenschaft gewesen sind, ihren Widerspruch gegen die Liste bis zum Ablauf einer Ausschlußfrist von einem Monate schriftlich oder zum Protokoll des Gerichtsschreibers zu erklären haben.

§ 166. Die Bekanntmachung erfolgt durch einmalige Einrückung in die für die Bekanntmachungen der Genossenschaft bestimmten Blätter.

Die Kosten der Bekanntmachungen werden von der Genossenschaft getragen.

§ 167. Die Ausschlußfrist beginnt mit dem Tage, an welchem das letzte der die Bekanntmachung enthaltenden Blätter erschienen ist.

§ 168. Nach Ablauf der Ausschlußfrist ist für die Mitgliedschaft am Tage des Inkrafttretens des Gesetzes und für das Ausscheiden in Folge vorher geschehener Aufkündigung oder Ausschließung (§ 164 Absatz 2) der Inhalt der Liste maßgebend.

Einwendungen gegen die Liste bleiben den im § 165 Absatz 2 bezeichneten Personen vorbehalten, sofern sie in Gemäßheit desselben den Widerspruch erklärt haben oder hieran ohne ihr Verschulden verhindert waren und binnen einem Monate nach Beseitigung des Hindernisses den Widerspruch schriftlich oder zum Protokoll des Gerichtsschreibers erklärt haben.

Auf diese Rechtsfolgen ist in der im § 165 vorgeschriebenen Bekanntmachung hinzuweisen.

§ 169. Das Gericht hat die in Gemäßheit des § 165 Absatz 2 und § 168 Absatz 2 erklärten Widersprüche in der Liste zu vermerken und dem Vorstande der Genossenschaft zur Erklärung mitzutheilen.

Soweit der Vorstand die Widersprüche in beglaubigter Form als begründet anerkennt oder zur Anerkennung rechtskräftig verurtheilt wird, ist die Liste zu berichtigen. Wird das Anerkenntniß oder Urtheil oder eine die vorläufige Aufrechterhaltung des Widerspruchs anordnende einstweilige Verfügung des Prozeßgerichts nicht binnen zwei Jahren seit Eintragung des Widerspruchs dem Gerichte (§ 10) eingereicht, so ist derselbe als nicht erfolgt anzusehen und von Amtswegen zu löschen.

§ 170. Das Gericht hat von den zufolge § 165 Absatz 1, § 169 vorgenommenen Eintragungen dem Gerichte einer jeden Zweigniederlassung zur Berichtigung der dort geführten Liste Mittheilung zu machen.

Auf die Eintragungen finden die Vorschriften in §§ 150, 151 entsprechende Anwendung.

[1] Vgl. Bekanntm., betr. die Führung des Genossenschaftsregisters und die Anmeldungen zu demselben. Vom 11. Juli 1889 (RGBl S. 150 ff.) und vom 1. Juli 1899 (RGBl S. 347).

144) Gesetz, betr. die Entschädigung der im Wiederaufnahmeverfahren freigesprochenen Personen. Vom 20. Mai 1898. (RGBl S. 345.)

§ 1. Personen, welche im Wiederaufnahmeverfahren freigesprochen oder in Anwendung eines milderen Strafgesetzes mit einer geringeren Strafe belegt werden, können Entschädigung aus der Staatskasse verlangen, wenn die früher erkannte Strafe ganz oder theilweise gegen sie vollstreckt worden ist. Das Wiederaufnahmeverfahren muß die Unschuld des Verurtheilten bezüglich der ihm zur Last gelegten That oder bezüglich eines die Anwendung eines schwereren Strafgesetzes begründenden Umstandes ergeben oder doch dargethan haben, daß ein begründeter Verdacht gegen den Angeklagten nicht mehr vorliegt.

Außer dem Verurtheilten haben diejenigen, denen gegenüber er kraft Gesetzes unterhaltspflichtig war, Anspruch auf Entschädigung.

Der Anspruch auf Entschädigung ist ausgeschlossen, wenn der Verurtheilte die frühere Verurtheilung vorsätzlich herbeigeführt oder durch grobe Fahrlässigkeit verschuldet hat.

Die Versäumung der Einlegung eines Rechtsmittels ist nicht als eine Fahrlässigkeit zu erachten.

§ 2. Gegenstand des dem Verurtheilten zu leistenden Ersatzes ist der für ihn durch die Strafvollstreckung entstandene Vermögensschaden.

Unterhaltsberechtigten ist insoweit Ersatz zu leisten, als ihnen durch die Strafvollstreckung der Unterhalt entzogen worden ist.

§ 3. Die Entschädigung wird aus der Kasse desjenigen Bundesstaats gezahlt, bei dessen Gerichte das Strafverfahren in erster Instanz anhängig war.

Bis zum Betrage der geleisteten Entschädigung tritt die Kasse in die Rechte ein, welche dem Entschädigten gegen Dritte um deswillen zustehen, weil durch deren rechtswidrige Handlungen seine Verurtheilung herbeigeführt war.

§ 4. Ueber die Verpflichtung der Staatskasse zur Entschädigung wird durch besonderen Beschluß des im Wiederaufnahmeverfahren erkennenden Gerichts Bestimmung getroffen.

Der Beschluß ist von dem Gerichte gleichzeitig mit dem Urtheile zu fassen, aber nicht zu verkünden, sondern durch Zustellung bekannt zu machen. Der Beschluß unterliegt nicht der Anfechtung durch Rechtsmittel. Er tritt außer Kraft, wenn das Urtheil aufgehoben wird.

§ 5. Wer auf Grund des die Verpflichtung der Staatskasse zur Entschädigung aussprechenden Beschlusses einen Anspruch geltend macht, hat diesen Anspruch bei Vermeidung des Verlustes binnen drei Monaten nach Zustellung des Beschlusses durch Antrag bei der Staatsanwaltschaft zu verfolgen. Der Antrag ist bei der Staatsanwaltschaft desjenigen Landgerichts zu stellen, in dessen Bezirke das Urtheil ergangen ist.

Ueber den Antrag entscheidet die oberste Behörde der Landesjustizverwaltung. Eine Ausfertigung der Entscheidung ist dem Antragsteller nach den Vorschriften der Civilprozeßordnung zuzustellen.

Gegen die Entscheidung ist die Berufung auf den Rechtsweg zulässig. Die Klage ist binnen einer Ausschlußfrist von drei Monaten nach Zustellung der Entscheidung zu erheben. Für die Ansprüche auf Entschädigung sind die Civilkammern der Landgerichte ohne Rücksicht auf den Werth des Streitgegenstandes ausschließlich zuständig.

Bis zur endgültigen Entscheidung über den Antrag ist der Anspruch weder übertragbar, noch der Pfändung unterworfen.

§ 6. In den zur Zuständigkeit des Reichsgerichts in erster Instanz gehörigen Sachen ist statt der Staatskasse die Reichskasse ersatzpflichtig.

In diesen Fällen tritt an die Stelle der Staatsanwaltschaft des Landgerichts die Staatsanwaltschaft bei dem Reichsgericht, an die Stelle der obersten Behörde der Landesjustizverwaltung der Reichskanzler.

---

145) Gesetz, enthaltend Abänderungen des Gesetzes über die Naturalleistungen für die bewaffnete Macht im Frieden vom 13. Febr. 1875 (RGBl S. 52) und des Gesetzes vom 21. Juni 1887 (RGBl S. 245). Vom 24. Mai 1898. (RGBl S. 357.)

Art. I enthält die Abänderungen. S. die Neu-Publikation des G vom 24. Mai 1898.)

Artikel II. Das gegenwärtige Gesetz tritt mit dem 1. Juli 1898 in Kraft.

Artikel III. Die zur Ausführung dieses Gesetzes erforderlichen allgemeinen Anordnungen werden für das gesammte Bundesgebiet mit Ausschluß Bayerns durch Verordnung des Kaisers, für Bayern durch Königliche Verordnung erlassen.

Artikel IV. Der Reichskanzler wird ermächtigt, den Text des Gesetzes über die Naturalleistungen für die bewaffnete Macht im Frieden vom 13. Februar 1875 durch das Reichs-Gesetzblatt mit denjenigen Aenderungen zu veröffentlichen, welche sich aus diesem Gesetz und dem Gesetze vom 21. Juni 1887 (Reichs-Gesetzbl. S. 245) ergeben.

---

146) Bekanntmachung, betr. die Redaktion des Gesetzes über die Naturalleistungen für die bewaffnete Macht im Frieden. Vom 24. Mai 1898. (RGBl S. 360.)

Auf Grund des Artikels IV des Gesetzes vom 24. Mai 1898 (Reichs-Gesetzbl. S. 357) wird der Text des Gesetzes über die Naturalleistungen für die bewaffnete Macht im Frieden vom 13. Februar 1875

(Reichs-Gesetzbl. S. 52), wie er sich aus den Abänderungen durch jenes Gesetz und durch das Gesetz vom 21. Juni 1887 (Reichs-Gesetzbl. S. 245) ergiebt, nachstehend bekannt gemacht.

Gesetz über die Naturalleistungen für die bewaffnete Macht im Frieden.[1]

§ 1. Naturalleistungen für die bewaffnete Macht können, soweit das Gesetz über die Kriegsleistungen vom 13. Juni 1873 (Reichs-Gesetzbl. S. 129) und das Gesetz vom 25. Juni 1868 über die Quartierleistung für die bewaffnete Macht während des Friedenszustandes (Bundes-Gesetzbl. S. 523) nicht Anwendung finden, innerhalb des Reichsgebiets nur nach Maßgabe der Bestimmungen des gegenwärtigen Gesetzes gefordert werden.

I. Leistungen durch Vermittelung der Gemeinden.

II. Besondere Verpflichtungen der Besitzer von Schiffen und Fahrzeugen.

III. Besondere Verpflichtungen der Besitzer von Grundstücken rc.

§ 11. Wenn kultivirte Grundstücke zu Truppenübungen benutzt werden sollen, so sind davon zuvor die betreffenden Ortsvorstände zu benachrichtigen, damit die vorzugsweise zu schonenden Ländereien durch Warnungszeichen kenntlich gemacht werden können.

Ausgeschlossen von jeder Benutzung bei Truppenübungen bleiben Gebäude, Wirthschafts- und Hofräume, Gärten, Parkanlagen, Holzschonungen, Dünen-Anpflanzungen, Hopfengärten und Weinberge, sowie die Versuchsfelder land- und forstwirthschaftlicher Lehranstalten und Versuchsstationen.

§ 12. Die Besitzer von Brunnen und Tränken sind verpflichtet, marschirende, biwakirende, kantonnirende und übende Truppen, falls die vorhandenen öffentlichen Brunnen und Tränken für die Bedürfnisse der Truppen nicht ausreichen, zur Mitbenutzung der Brunnen und Tränken zuzulassen, auch wenn zu diesem Zwecke Wirthschafts- und Hofräume betreten werden müssen.

Auf die Uebungen der Truppen auf ihren ständigen Exerzir- und Schießplätzen findet diese Vorschrift keine Anwendung.

§ 13. Die Besitzer von Schmieden sind verpflichtet, marschirende, biwakirende und kantonnirende Truppen zur Mitbenutzung der Schmieden gegen angemessene Vergütung zuzulassen.

§ 14.[2] Alle durch die Benutzung von Grundstücken zu Truppenübungen, sowie die in den Fällen des § 12 entstehenden Schäden werden aus Militärfonds vergütet. Die Feststellung derselben, so-

[1] Vgl. Allerh. Erlaß, betr die Verordnung zur Ausführung des Gesetzes über die Naturalleistungen für die bewaffnete Macht im Frieden, in der Fassung des Gesetzes vom 24. Mai 1898 (RGBl S. 361). Vom 13. Juli 1898 (RGBl S. 921).

[2] Vgl. EG BGB Art. 52.

wie der nach § 13 eintretenden Vergütungen erfolgt, sofern über den Betrag eine Einigung nicht stattfindet, endgültig unter Ausschluß des Rechtswegs auf Grund sachverständiger Schätzung.

Bei der Auswahl der Sachverständigen haben die Vertretungen der Kreise oder gleichartiger Verbände mitzuwirken. Die Betheiligten sind zum Schätzungstermine vorzuladen.

Schlußbestimmungen.

§ 16. Entschädigungsansprüche, welche auf Grund dieses Gesetzes erhoben werden, sind bei dem Gemeindevorstande beziehungsweise der zuständigen Civilbehörde anzumelden. Sie erlöschen in den Fällen der §§ 9 Ziffer 1 Absatz 4, 10 Absatz 4, 11 bis 14, wenn sie nicht innerhalb vier Wochen nach dem Eintritte der behaupteten Beschädigung, in allen anderen Fällen, wenn sie nicht spätestens im Laufe desjenigen Kalenderjahres angemeldet werden, welches auf das Jahr folgt, in dem die Entschädigungsverpflichtung begründet worden ist.

Diese Frist läuft auch gegen Minderjährige und Bevormundete, sowie moralische Personen, denen gesetzlich die Rechte der Minderjährigen zustehen, ohne Zulassung der Wiedereinsetzung in den vorigen Stand, jedoch mit Vorbehalt des Regresses gegen die Vormünder und Verwalter.

§ 17 (gegenstandslos).

§ 18.[1] Die zur Ausführung dieses Gesetzes erforderlichen allgemeinen Anordnungen werden für das gesammte Bundesgebiet, mit Ausschluß Bayerns, durch Verordnung des Kaisers, für Bayern durch Königliche Verordnung erlassen.

---

147) Gesetz, betr. die elektrischen Maßeinheiten. Vom 1. Juni 1898. (RGBl S. 905.)

§ 1. Die gesetzlichen Einheiten für elektrische Messungen sind das Ohm, das Ampere und das Volt.

§ 6. Bei der gewerbsmäßigen Abgabe elektrischer Arbeit dürfen Meßwerkzeuge, sofern sie nach den Lieferungsbedingungen zur Bestimmung der Vergütung dienen sollen, nur verwendet werden, wenn ihre Angaben auf den gesetzlichen Einheiten beruhen. Der Gebrauch unrichtiger Meßgeräthe ist verboten. Der Bundesrath hat nach Anhörung der Physikalisch-Technischen Reichsanstalt die äußersten Grenzen der zu duldenden Abweichungen von der Richtigkeit festzusetzen.

Der Bundesrath ist ermächtigt, Vorschriften darüber zu erlassen, inwieweit die im Absatz 1 bezeichneten Meßwerkzeuge amtlich be-

---

§ 17 (gegenstandslos).

[1] S. Anm. [1]. Für Bayern vgl. VO vom 24. Mai 1898 (Bayer. Ges. und VOBl S. 509).

glaubigt oder einer wiederkehrenden amtlichen Ueberwachung unterworfen sein sollen.

§ 12. Wer bei der gewerbsmäßigen Abgabe elektrischer Arbeit den Bestimmungen im § 6 oder den auf Grund derselben ergehenden Verordnungen zuwiderhandelt, wird mit Geldstrafe bis zu einhundert Mark oder mit Haft bis zu vier Wochen bestraft. Neben der Strafe kann auf Einziehung der vorschriftswidrigen oder unrichtigen Meßwerkzeuge erkannt werden.

---

148) Bekanntmachung, betreffend Ausführungsbestimmungen zu den §§ 980, 981, 983 des Bürgerlichen Gesetzbuchs. Vom 16. Juni 1898.
(RGBl S. 912.)

Auf Grund der §§ 982, 983 des Bürgerlichen Gesetzbuchs hat der Bundesrath folgende

Vorschriften über die in Fundsachen u. s. w. von Reichsbehörden und Reichsanstalten zu erlassenden Bekanntmachungen

beschlossen:

§ 1. Die nach den §§ 980, 981, 983 des Bürgerlichen Gesetzbuchs von Reichsbehörden und Reichsanstalten zu erlassenden Bekanntmachungen erfolgen durch Aushang an der Amtsstelle oder, wenn für Bekanntmachungen der bezeichneten Art eine andere Stelle bestimmt ist, durch Aushang an dieser Stelle. Zwischen dem Tage, an welchem der Aushang bewirkt, und dem Tage, an welchem das ausgehängte Schriftstück wieder abgenommen wird, soll ein Zeitraum von mindestens sechs Wochen liegen; auf die Gültigkeit der Bekanntmachung hat es keinen Einfluß, wenn das Schriftstück von dem Orte des Aushanges zu früh entfernt wird.

Die Behörde oder die Anstalt kann weitere Bekanntmachungen, insbesondere durch Einrückung in öffentliche Blätter, veranlassen.

§ 2. Die in der Bekanntmachung zu bestimmende Frist zur Anmeldung von Rechten muß mindestens sechs Wochen betragen. Die Frist beginnt mit dem Aushange, falls aber die Bekanntmachung auch durch Einrückung in öffentliche Blätter erfolgt, mit der letzten Einrückung.

---

149) Gesetz, betr. den Verkehr mit künstlichen Süßstoffen. Vom 6. Juli 1898.

§ 1. Künstliche Süßstoffe im Sinne dieses Gesetzes sind alle auf künstlichem Wege gewonnenen Stoffe, welche als Süßmittel dienen können und eine höhere Süßkraft als raffinirter Rohr- oder Rübenzucker, aber nicht entsprechenden Nährwerth besitzen.

§ 2. Die Verwendung künstlicher Süßstoffe bei der Herstellung von Nahrungs- und Genußmitteln ist als Verfälschung im Sinne des § 10 des Gesetzes, betreffend den Verkehr mit Nahrungsmitteln,

Genußmitteln und Gebrauchsgegenständen, vom 14. Mai 1879 (Reichs-Gesetzbl. S. 145) anzusehen.

Die unter Verwendung von künstlichen Süßstoffen hergestellten Nahrungs- und Genußmittel dürfen nur unter einer diese Verwendung erkennbar machenden Bezeichnung verkauft oder feilgehalten werden.

§ 3. Es ist verboten:

1) künstliche Süßstoffe bei der gewerbsmäßigen Herstellung von Bier, Wein oder weinähnlichen Getränken, von Fruchtsäften, Konserven und Likören sowie von Zucker- oder Stärkesyrupen zu verwenden;
2) Nahrungs- und Genußmittel der unter 1 gedachten Art, welchen künstliche Süßstoffe zugesetzt sind, zu verkaufen oder feilzuhalten.

§ 4. Wer den Vorschriften des § 3 vorsätzlich zuwiderhandelt, wird mit Gefängniß bis zu sechs Monaten und mit Geldstrafe bis zu eintausendfünfhundert Mark oder mit einer dieser Strafen bestraft.

Ist die Handlung aus Fahrlässigkeit begangen worden, so tritt Geldstrafe bis zu einhundertundfünfzig Mark oder Haft ein.

Neben der Strafe kann auf Einziehung der verbotswidrig hergestellten, verkauften oder feilgehaltenen Gegenstände erkannt werden. Ist die Verfolgung oder Verurtheilung einer bestimmten Person nicht ausführbar, so kann auf die Einziehung selbständig erkannt werden.

Die Vorschriften in den §§ 16, 17 des Gesetzes vom 14. Mai 1879 finden Anwendung.

§ 5. Der Bundesrath ist ermächtigt, die zur Ausführung erforderlichen näheren Vorschriften zu erlassen.

§ 6. Dieses Gesetz tritt mit dem 1. Oktober 1898 in Kraft.

---

150) Bestimmungen über das Vereins- und Güterrechtsregister.
(CBl S. 438.)

Der Bundesrath hat durch Beschluß vom 3. November 1898 den nachstehenden

Bestimmungen
über das Vereinsregister und das Güterrechtsregister

die Zustimmung ertheilt:

I. Allgemeines.

§ 1. Die Eintragungen in das Register erfolgen auf Grund einer Verfügung des Amtsgerichts. Werden die Geschäfte des Registerführers nicht von einem Richter wahrgenommen, so soll die Verfügung den Wortlaut der Eintragung feststellen.

§ 2. Die Register werden nach den anliegenden Formularen geführt. Jede Eintragung ist mit einer laufenden Nummer zu versehen und mittelst eines alle Spalten des Formulars durchschneidenden Querstrichs von der folgenden Eintragung zu trennen.

§ 3. Vor oder unter einer jeden Eintragung ist der Tag der Eintragung zu vermerken. Die Eintragung ist von dem Registerführer zu unterschreiben.

§ 4. Bei jeder Eintragung ist am Schlusse auf die Stelle der Registerakten zu verweisen, wo sich die zu Grunde liegende gerichtliche Verfügung befindet.

Jede Eintragung ist in den Registerakten bei der gerichtlichen Verfügung zu vermerken.

§ 5. Aenderungen des Inhalts einer Eintragung sowie Löschungen sind unter einer neuen laufenden Nummer in derjenigen Spalte des Registers einzutragen, in welcher sich die zu ändernde oder zu löschende Eintragung befindet. Eine Eintragung, die durch eine spätere Eintragung ihre Bedeutung verloren hat, ist roth zu unterstreichen oder in einer ihre Leserlichkeit nicht beeinträchtigenden Weise zu durchstreichen.

Schreibfehler und ähnliche offenbare Unrichtigkeiten, die in einer Eintragung vorkommen, sind neben dieser Eintragung in der Spalte „Bemerkungen“ zu berichtigen.

§ 6. Die Register sind mit laufenden Seitenzahlen zu versehen.

§ 7. Der Gebrauch der Formulare wird durch die beiden mit Eintragungen versehenen Muster erläutert.

II. Vereinsregister.

§ 8. Für die einen Verein betreffenden Eintragungen sind zwei gegenüberstehende Seiten des Vereinsregisters zu verwenden.

§ 9. In der ersten Spalte ist die laufende Nummer der Eintragung, in der zweiten Spalte sind neben dem Namen und dem Sitze des Vereins die darauf sich beziehenden Aenderungen (zu vergl. §§ 57, 64, 71 des Bürgerlichen Gesetzbuchs) zu vermerken.

In der dritten Spalte sind einzutragen:

der Tag der Errichtung der Satzung;

solche Bestimmungen der Satzung, die den Umfang der Vertretungsmacht des Vorstandes beschränken oder die Beschlußfassung des Vorstandes und der Liquidatoren abweichend von den Vorschriften des § 28 Abs. 1 und des § 48 Abs. 3 des Bürgerlichen Gesetzbuchs regeln (zu vergl. § 64, § 76 Abs. 1 Satz 2 des Bürgerlichen Gesetzbuchs);

ferner der Tag einer Aenderung der Satzung und, sofern die Aenderung eine der vorbezeichneten Bestimmungen betrifft, der Inhalt, andernfalls aber nur eine allgemeine Bezeichnung des Gegenstandes der Aenderung (zu vergl. § 71 des Bürgerlichen Gesetzbuchs).

In der vierten Spalte sind die Mitglieder des Vorstandes nach Familiennamen, Vornamen, Beruf und Wohnort sowie die Aenderungen des Vorstandes und die erneute Bestellung eines Vorstandsmitglieds anzugeben (zu vergl. §§ 64, 67 des Bürgerlichen Gesetzbuchs).

In der fünften Spalte sind einzutragen:

die Auflösung, die Entziehung der Rechtsfähigkeit, die Eröffnung des Konkurses und die Aufhebung des Eröffnungsbeschlusses;

ferner, unter Angabe des Familiennamens, Vornamens, Berufs und Wohnorts, die Personen der Liquidatoren und die sie betreffenden Aenderungen;

endlich Bestimmungen, welche die Beschlußfassung der Liquidatoren abweichend von der Vorschrift des § 48 Abs. 3 des Bürgerlichen Gesetzbuchs regeln und nicht schon in der Satzung enthalten sind (zu vergl. §§ 74 bis 76 des Bürgerlichen Gesetzbuchs).

Die sechste Spalte dient auch zu etwaigen Verweisungen auf spätere Eintragungen, insbesondere für den Fall, daß der Inhalt einer Eintragung durch eine spätere Eintragung nur theilweise geändert wird und deshalb seine Bedeutung nicht verliert (zu vergl. § 5 Abs. 1).

§ 10. Für jeden eingetragenen Verein werden besondere Akten gehalten. Die Akten sind mit dem Namen des Vereins und mit der Nummer zu versehen, welche der Verein im Register führt.

In die Registerakten sind aufzunehmen:

die zur Eintragung bestimmten Anmeldungen nebst den ihnen beigefügten Schriftstücken, die gerichtlichen Verfügungen, die Mittheilungen anderer Behörden und die Nachweise über die Bekanntmachungen.

§ 11. Zu dem Register ist ein alphabetisches Verzeichniß der Vereine zu führen; haben mehrere Vereine den gleichen Namen, so ist die Bezeichnung des Sitzes beizufügen. Bei jedem Vereine sind außer der laufenden Nummer die Seiten anzugeben, wo er im Register eingetragen ist.

III. Güterrechtsregister.

§ 12. Für die ein Ehepaar betreffenden Eintragungen ist eine Seite des Güterrechtsregisters zu verwenden.

§ 13. Die Ehegatten sind nach Familiennamen und Vornamen, der Mann unter Bezeichnung seines Berufs und Wohnsitzes, die Frau unter Beifügung ihres Geburtsnamens, über den Spalten des Formulars anzugeben. Ist bei dem Gericht offenkundig, daß sich am Wohnorte des Ehemannes mehrere Personen mit gleichem Vornamen und Familiennamen und von gleichem Berufe befinden, so ist die Bezeichnung des Mannes durch die Angabe der Zeit und des Ortes seiner Geburt oder durch die Angabe seiner Eltern oder in sonstiger Weise zu ergänzen.

In der ersten Spalte ist die laufende Nummer der Eintragung zu vermerken.

In der zweiten Spalte sind einzutragen:

die Beschränkung oder Ausschließung des der Frau nach § 1357 des Bürgerlichen Gesetzbuchs zustehenden Rechtes sowie die Aufhebung einer solchen Beschränkung oder Ausschließung;

die Ausschließung oder Aenderung der Verwaltung und Nutznießung des Mannes sowie die Aufhebung oder Aenderung einer in dem Güterrechtsregister eingetragenen Regelung der güterrechtlichen Verhältnisse (zu vergl. §§ 1371, 1431, 1435, 1441, 1470, 1526, 1545, 1548, 1549, 1587 des Bürgerlichen Gesetzbuchs; Art. 16 des zugehörigen Einführungsgesetzes);

der Einspruch des Mannes gegen den selbständigen Betrieb eines Erwerbsgeschäfts der Frau oder der Widerruf seiner Einwilligung sowie die Zurücknahme des Einspruchs oder des Widerrufs (zu vergl. §§ 1405, 1452, § 1519 Abs. 2, § 1525 Abs. 2, § 1549 des Bürgerlichen Gesetzbuchs; Art. 16, Art. 36 Nr. I des zugehörigen Einführungsgesetzes).

Bei der Eintragung von Vorbehaltsgut kann zur näheren Bezeichnung der einzelnen dazu gehörenden Gegenstände auf ein bei den Registerakten befindliches Verzeichniß Bezug genommen werden.

Die dritte Spalte dient auch zu etwaigen Verweisungen auf spätere Eintragungen (zu vergl. § 9 Abs. 5).

Erfolgt eine Eintragung im Register eines anderen als des für den Wohnsitz des Mannes zuständigen Gerichts, weil einer der Ehegatten im Bezirke des anderen Gerichts ein Handelsgewerbe oder ein sonstiges Gewerbe betreibt (vergl. Art. 4 des Einführungsgesetzes zum Handelsgesetzbuch, Art. 36 Nr. I des Einführungsgesetzes zum Bürgerlichen Gesetzbuche), so ist bei der Eintragung dieser Grund in der dritten Spalte zu vermerken.

§ 14. Die Ertheilung der beglaubigten Abschrift einer Eintragung zum Zwecke der Wiederholung der Eintragung in dem Register eines anderen Bezirkes nach Aufhebung des bisherigen Wohnsitzes des Mannes (§ 1561 Abs. 3 Nr. 2 des Bürgerlichen Gesetzbuchs) ist in der dritten Spalte zu vermerken.

§ 15. Zu dem Register werden besondere Akten gehalten. In diese Akten sind aufzunehmen: die Eintragungsanträge nebst den ihnen beigefügten Schriftstücken, die gerichtlichen Verfügungen und die Nachweise über die Bekanntmachungen.

§ 16. Zu dem Register ist ein alphabetisches Verzeichniß der Eintragungen nach dem Namen des Ehemannes unter Angabe der Seite des Registers zu führen.

Berlin, den 12. November 1898.

Der Reichskanzler. In Vertretung: Nieberding.

151) Bekanntmachung, betr. die Ausführungsvorschriften zu dem Gesetze vom 10. Mai 1892 (RGBl S. 661) über die Unterstützung von Familien der zu Friedensübungen einberufenen Mannschaften. Vom 12. Dezember 1898. (RGBl S. 1305.)

Vgl. Anm. zum G vom 10. Mai 1892.

1899.

152) Bekanntmachung, betr. Vorschriften zur Ausführung des Gesetzes über die Beurkundung des Personenstandes und die Eheschließung. Vom 25. März 1899. (RGBl S. 225.)

[Vgl. oben S. 101 Anm. zum Reichsgesetz vom 6. Februar 1875.]

153) Verordnung, betr. die Hauptmängel und Gewährfristen beim Viehhandel. Vom 27. März 1899. (RGBl S. 219.)

Wir Wilhelm, von Gottes Gnaden Deutscher Kaiser, König von Preußen rc. verordnen auf Grund des § 482 Abs. 2 des Bürgerlichen Gesetzbuchs im Namen des Reichs, nach erfolgter Zustimmung des Bundesraths, was folgt:

§ 1. Für den Verkauf von Nutz- und Zuchtthieren gelten als Hauptmängel:

I. bei Pferden, Eseln, Mauleseln und Maulthieren; 1) Rotz (Wurm) mit einer Gewährfrist von vierzehn Tagen; 2) Dummkoller (Koller, Dummsein) mit einer Gewährfrist von vierzehn Tagen; als Dummkoller ist anzusehen die allmählich oder in Folge der akuten Gehirnwassersucht entstandene, unheilbare Krankheit des Gehirns, bei der das Bewußtsein des Pferdes herabgesetzt ist; 3) Dämpfigkeit (Dampf, Hartschlägigkeit, Bauchschlägigkeit) mit einer Gewährfrist von vierzehn Tagen; als Dämpfigkeit ist anzusehen die Athembeschwerde, die durch einen chronischen, unheilbaren Krankheitszustand der Lungen oder des Herzens bewirkt wird; 4) Kehlkopfspfeifen (Pfeiferdampf, Hartschnaufigkeit, Rohren) mit einer Gewährfrist von vierzehn Tagen; als Kehlkopfspfeifen ist anzusehen die durch einen chronischen und unheilbaren Krankheitszustand des Kehlkopfs oder der Luftröhre verursachte und durch ein hörbares Geräusch gekennzeichnete Athemstörung; 5) periodische Augenentzündung (innere Augenentzündung, Mondblindheit) mit einer Gewährfrist von vierzehn Tagen; als periodische Augenentzündung ist anzusehen die auf inneren Einwirkungen beruhende, entzündliche Veränderung an den inneren Organen des Auges; 6) Koppen (Krippensetzen, Aufsetzen, Freikoppen, Luftschnappen, Windschnappen) mit einer Gewährfrist von vierzehn Tagen;

II. bei Rindvieh: 1) tuberkulöse Erkrankung, sofern in Folge dieser Erkrankung eine allgemeine Beeinträchtigung des Nährzustandes des Thieres herbeigeführt ist, mit einer Gewährfrist von vierzehn Tagen; 2) Lungenseuche mit einer Gewährfrist von achtundzwanzig Tagen;

III. bei Schafen: Räude mit einer Gewährfrist von vierzehn Tagen;

IV. bei Schweinen: 1) Rothlauf mit einer Gewährfrist von drei Tagen; 2) Schweineseuche (einschließlich Schweinepest) mit einer Gewährfrist von zehn Tagen.

§ 2. Für den Verkauf solcher Thiere, die alsbald geschlachtet werden sollen und bestimmt sind, als Nahrungsmittel für Menschen zu dienen (Schlachtthiere), gelten als Hauptmängel:

I. bei Pferden, Eseln, Mauleseln und Maulthieren: Rotz (Wurm) mit einer Gewährfrist von vierzehn Tagen;

II. bei Rindvieh: tuberkulöse Erkrankung, sofern in Folge dieser Erkrankung mehr als die Hälfte des Schlachtgewichts nicht oder nur unter Beschränkungen als Nahrungsmittel für Menschen geeignet ist, mit einer Gewährfrist von vierzehn Tagen;

III. bei Schafen: allgemeine Wassersucht mit einer Gewährfrist von vierzehn Tagen; als allgemeine Wassersucht ist anzusehen der durch eine innere Erkrankung oder durch ungenügende Ernährung herbeigeführte wassersüchtige Zustand des Fleisches;

IV. bei Schweinen: 1) tuberkulöse Erkrankung unter der in der Nr. II bezeichneten Voraussetzung mit einer Gewährfrist von vierzehn Tagen; 2) Trichinen mit einer Gewährfrist von vierzehn Tagen; 3) Finnen mit einer Gewährfrist von vierzehn Tagen.

---

154) Verordnung zur Ausführung des Patentgesetzes, vom 7. Mai 1891. Vom 6. Mai 1899. (RGBl S. 283.)

[Vgl. Anm. zu § 17 des Patentgesetzes vom 7. Mai 1891.]

---

155) Gesetz, betr. die Abänderung des Bankgesetzes vom 14. März 1875. Vom 7. Juni 1899. (RGBl S. 311.)

Artikel 1—4. Siehe Bankgesetz vom 14. März 1875 zu § 23, 24, 31, 48.

Artikel 5. Der nach Maßgabe der Anlage zum § 9 des Bankgesetzes der Reichsbank zustehende Antheil an dem Gesammtbetrage des der Steuer nicht unterliegenden ungedeckten Notenumlaufs, einschließlich der ihr inzwischen zugewachsenen Antheile der unter Nr. 2 bis 11, 15 bis 17, 21 bis 23 und 25 bis 33 bezeichneten Banken wird auf vierhundertundfünfzig Millionen Mark festgesetzt, unter gleichzeitiger Erhöhung des Gesammtbetrags auf fünfhunderteinundvierzig Millionen sechshunderttausend Mark.

Artikel 6. Siehe Bankgesetz vom 14. März 1875 zu § 13.

Artikel 7. § 1. Die Reichsbank darf vom 1. Januar 1901 ab nicht unter dem von ihr gemäß § 15 des Bankgesetzes jeweilig öffentlich bekannt gemachten Prozentsatze diskontiren, sobald dieser Satz vier Prozent erreicht oder überschreitet.

Wenn die Reichsbank zu einem geringeren als dem öffentlich bekannt gemachten Prozentsatze diskontirt, so hat sie diesen Satz im Reichsanzeiger bekannt zu machen.

§ 2. Der Bundesrath wird denjenigen Privatnotenbanken gegenüber, auf welche die beschränkenden Bestimmungen des § 43 des Bankgesetzes keine Anwendung finden, von dem vorbehaltenen Kündigungsrechte behufs Aufhebung der Befugniß zur Ausgabe von Banknoten zum 1. Januar 1901 Gebrauch machen, wenn diese Banken sich nicht bis zum 1. Dezember 1899 verpflichten, vom 1. Januar 1901 ab

1) nicht unter dem gemäß § 15 des Bankgesetzes öffentlich bekannt gemachten Prozentsatze der Reichsbank zu diskontiren, sobald dieser Satz vier Prozent erreicht oder überschreitet,

   und

2) im Uebrigen nicht um mehr als einviertel Prozent unter dem gemäß § 15 des Bankgesetzes öffentlich bekannt gemachten Prozentsatze der Reichsbank zu diskontiren, oder falls die Reichsbank selbst zu einem geringeren Satze diskontirt, nicht um mehr als einachtel Prozent unter diesem Satze.

§ 3. Handelt eine Privatnotenbank der nach § 2 eingegangenen Verpflichtung entgegen, so wird die Entziehung der Befugniß zur Notenausgabe gemäß § 50 ff. des Bankgesetzes durch gerichtliches Urtheil ausgesprochen.

Mitglieder des Vorstandes, Vorsteher einer Zweiganstalt, sonstige Angestellte oder Agenten einer solchen Bank, welche für Rechnung der Bank der von ihr eingegangenen Verpflichtung entgegen, unter dem nach § 2 zulässigen Prozentsatze diskontiren, werden mit Geldstrafe bis zu fünftausend Mark bestraft.

Artikel 8. Der Reichskanzler wird ermächtigt, die auf Grund des Artikels 1 dieses Gesetzes auszugebenden neuen Antheilsscheine im Wege öffentlicher Zeichnung zu begeben.

Die Höhe des bei Begebung der neuen Antheilsscheine zu entrichtenden Aufgeldes und die Fristen für die Einzahlung des Gegenwerths bestimmt der Reichskanzler.

Artikel 9. § 1. Die Reichsbank zahlt am 1. Januar 1901 an die Reichskasse einen Betrag, welcher dem Nennwerthe der dann noch im Umlaufe befindlichen Noten der vormaligen Preußischen Bank entspricht.

§ 2. Das Reich erstattet der Reichsbank diejenigen Beträge, zu welchen sie vom 1. Januar 1901 ab Noten der im § 1 bezeichneten Art einlöst oder in Zahlung nimmt oder mit welchen sie für dieselben nach § 4 des Bankgesetzes Ersatz leistet.

§ 3. Vom 1. Januar 1901 ab werden die Noten der vormaligen Preußischen Bank bei Feststellung des Notenumlaufs der Reichsbank gemäß §§ 8, 9, 10 und 17 des Bankgesetzes außer Ansatz gelassen.

Artikel 10. Die Artikel 1, 2, 5 und 6 dieses Gesetzes treten am 1. Januar 1901 in Kraft.

---

156) Gesetz, betr. das Flaggenrecht der Kauffahrteischiffe.[1] Vom 22. Juni 1899. (RGBl S. 319.)

§ 1. Die zum Erwerbe durch die Seefahrt bestimmten Schiffe (Kauffahrteischiffe) mit Einschluß der Lootsen-, Hochseefischerei-, Bergungs- und Schleppfahrzeuge haben als Nationalflagge ausschließlich die Reichsflagge (Artikel 55 der Reichsverfassung) zu führen.

Die Form der Reichsflagge und die Art ihrer Führung wird durch Kaiserliche Verordnung bestimmt.

§ 2. Zur Führung der Reichsflagge sind die Kauffahrteischiffe nur dann berechtigt, wenn sie im ausschließlichen Eigenthume von Reichsangehörigen stehen.

Den Reichsangehörigen werden gleichgeachtet offene Handelsgesellschaften und Kommanditgesellschaften, wenn die persönlich haftenden Gesellschafter sämmtlich Reichsangehörige sind; andere Handelsgesellschaften, eingetragene Genossenschaften und juristische Personen, wenn sie im Inland ihren Sitz haben, Kommanditgesellschaften auf Aktien jedoch nur dann, wenn die persönlich haftenden Gesellschafter sämmtlich Reichsangehörige sind.

---

157) Gesetz, betr. Abänderung und Ergänzung des Gesetzes über die Rechtsverhältnisse der deutschen Schutzgebiete (Reichs-Gesetzbl. 1888 S. 75). Vom 2. Juli 1899. (RGBl S. 365.)

[Enthält die Abänderung von § 8 und § 10 des Schutzgebietsgesetzes. Vgl. die Fassung in der Neu-Publikation vom 10. September 1900.]

---

158) Verordnung, betr. die Vereinigung von Wohnplätzen in den Schutzgebieten zu kommunalen Verbänden. Vom 3. Juli 1899. (RGBl S. 366.)

Vgl. Anm. [1] zum Schutzgebietsgesetze vom 10. September 1900.

---

[1] Vgl. auch Gesetz zur Abänderung des Gesetzes, betreffend das Flaggenrecht der Kauffahrteischiffe. Vom 29. Mai 1901 (RGBl S. 184). Vgl. ferner VO, betr. das Flaggenrecht deutscher Binnenschiffe, die ausschließlich auf ausländischen Gewässern verkehren. Vom 1. März 1900 (RGBl S. 41).

159) Hypothekenbankgesetz. Vom 13. Juli 1899. (RGBl S. 375.)

§ 1. Aktiengesellschaften und Kommanditgesellschaften auf Aktien, bei welchen der Gegenstand des Unternehmens in der hypothekarischen Beleihung von Grundstücken und der Ausgabe von Schuldverschreibungen auf Grund der erworbenen Hypotheken besteht (Hypothekenbanken), bedürfen zur Ausübung ihres Geschäftsbetriebs der Genehmigung des Bundesraths.

Ist in der Satzung einer Hypothekenbank bestimmt, daß die hypothekarischen Beleihungen nur im Gebiete desjenigen Bundesstaats erfolgen dürfen, in welchem die Bank ihren Sitz hat, so steht die Ertheilung der Genehmigung der Zentralbehörde dieses Bundesstaats zu.

Zu jeder Aenderung der Satzung einer Hypothekenbank ist die Genehmigung der nach den Abs. 1, 2 zuständigen Stelle erforderlich.

§ 2. Offenen Handelsgesellschaften, Kommanditgesellschaften, Gesellschaften mit beschränkter Haftung, eingetragenen Genossenschaften und einzelnen Personen ist der Betrieb eines Unternehmens der im § 1 Abs. 1 bezeichneten Art untersagt.

§ 3. Die Hypothekenbanken unterliegen der staatlichen Aufsicht. Die Aufsicht steht dem Bundesstaate zu, in welchem die Bank ihren Sitz hat. Die Aufsicht erstreckt sich auf den ganzen Geschäftsbetrieb der Bank und dauert auch nach deren Auflösung bis zur Beendigung der Liquidation fort.

§ 4. Die Aufsichtsbehörde ist befugt, alle Anordnungen zu treffen, welche erforderlich sind, um den Geschäftsbetrieb der Bank mit den Gesetzen, der Satzung und den sonst in verbindlicher Weise getroffenen Bestimmungen im Einklange zu erhalten.

Die Aufsichtsbehörde ist namentlich befugt:

1) jederzeit die Bücher und Schriften der Bank einzusehen sowie den Bestand der Kasse und die Bestände an Werthpapieren zu untersuchen;
2) von den Verwaltungsorganen der Bank Auskunft über alle Geschäftsangelegenheiten zu verlangen;
3) einen Vertreter in die Generalversammlungen und in die Sitzungen der Verwaltungsorgane der Bank zu entsenden, die Berufung der Generalversammlung, die Anberaumung von Sitzungen der Verwaltungsorgane sowie die Ankündigung von Gegenständen zur Beschlußfassung zu verlangen und, wenn dem Verlangen nicht entsprochen wird, die Berufung, Anberaumung oder Ankündigung auf Kosten der Bank selbst vorzunehmen;
4) die Ausführung von Beschlüssen oder Anordnungen zu untersagen, die gegen das Gesetz, die Satzung oder die sonst in verbindlicher Weise getroffenen Bestimmungen verstoßen.

Die Aufsichtsbehörde kann einen Kommissar bestellen, der unter ihrer Leitung die Aufsicht ausübt. Sie kann bestimmen, daß für die Thätigkeit des Kommissars eine Vergütung von der Bank an die

Staatskasse zu entrichten ist; sie setzt den Betrag dieser Vergütung fest.

§ 5. Die Hypothekenbanken dürfen außer der Gewährung hypothekarischer Darlehen und der Ausgabe von Hypothekenpfandbriefen nur folgende Geschäfte betreiben:

1) den Erwerb, die Veräußerung und die Beleihung von Hypotheken;
2) die Gewährung nicht hypothekarischer Darlehen an inländische Körperschaften des öffentlichen Rechtes oder gegen Uebernahme der vollen Gewährleistung durch eine solche Körperschaft und die Ausgabe von Schuldverschreibungen auf Grund der so erworbenen Forderungen;
3) die Gewährung von Darlehen an inländische Kleinbahnunternehmungen gegen Verpfändung der Bahn und die Ausgabe von Schuldverschreibungen auf Grund der so erworbenen Forderungen;
4) den kommissionsweisen Ankauf und Verkauf von Werthpapieren, jedoch unter Ausschluß von Zeitgeschäften;
5) die Annahme von Geld oder anderen Sachen zum Zwecke der Hinterlegung, jedoch mit der Maßgabe, daß der Gesammtbetrag des hinterlegten Geldes die Hälfte des eingezahlten Grundkapitals nicht übersteigen darf;
6) die Besorgung der Einziehung von Wechseln, Anweisungen und ähnlichen Papieren.

Verfügbares Geld dürfen die Hypothekenbanken nutzbar machen durch Hinterlegung bei geeigneten Bankhäusern, durch Ankauf ihrer Hypothekenpfandbriefe und ihrer gemäß Abs. 1 Nr. 2, 3 ausgegebenen Schuldverschreibungen, durch Ankauf solcher Wechsel und Werthpapiere, welche nach den Vorschriften des Bankgesetzes vom 14. März 1875 von der Reichsbank angekauft werden dürfen, sowie durch Beleihung von Werthpapieren nach einer von der Hypothekenbank aufzustellenden Anweisung. Die Anweisung hat die beleihungsfähigen Papiere und die zulässige Höhe der Beleihung festzusetzen.

Der Erwerb von Grundstücken ist den Hypothekenbanken nur zur Verhütung von Verlusten an Hypotheken oder zur Beschaffung von Geschäftsräumen gestattet. In Ansehung eines solchen Erwerbes stehen in jedem Bundesstaate Hypothekenbanken, die in dem Gebiet eines anderen Bundesstaats ihren Sitz haben, den einheimischen Hypothekenbanken gleich.

§ 6. Der Gesammtbetrag der im Umlaufe befindlichen Hypothekenpfandbriefe muß in Höhe des Nennwerths jederzeit durch Hypotheken von mindestens gleicher Höhe und mindestens gleichem Zinsertrage gedeckt sein.

Die Deckung muß, soweit Hypotheken an landwirthschaftlichen Grundstücken dazu verwendet werden, mindestens zur Hälfte aus Amortisationshypotheken bestehen, bei denen der jährliche Tilgungsbeitrag des Schuldners nicht weniger als ein Viertheil vom Hundert des Hypothekenkapitals beträgt. Die Bank darf jedoch, falls solche Hypotheken vor der Zeit zurückbezahlt werden, an ihrer Stelle bis zum Ablaufe der planmäßigen Tilgungszeit Hypotheken anderer Art zur Deckung benutzen.

Steht der Bank eine Hypothek an einem Grundstücke zu, das sie zur Verhütung eines Verlustes an der Hypothek erworben hat, so darf diese als Deckung von Hypothekenpfandbriefen höchstens mit der Hälfte des Betrags in Ansatz gebracht werden, mit welchem sie vor dem Erwerbe des Grundstücks durch die Bank als Deckung in Ansatz gebracht war.

Ist in Folge der Rückzahlung von Hypotheken oder aus einem anderen Grunde die vorgeschriebene Deckung in Hypotheken nicht mehr vollständig vorhanden und ist weder die Ergänzung durch andere Hypotheken noch die Einziehung eines entsprechenden Betrags von Hypothekenpfandbriefen sofort ausführbar, so hat die Bank die fehlende Hypothekendeckung einstweilen durch Schuldverschreibungen des Reichs oder eines Bundesstaats oder durch Geld zu ersetzen. Die Schuldverschreibungen dürfen höchstens mit einem Betrag in Ansatz gebracht werden, der um fünf vom Hundert des Nennwerths unter ihrem jeweiligen Börsenpreise bleibt.

§ 7. Die Hypothekenbanken dürfen Hypothekenpfandbriefe nur bis zum fünfzehnfachen Betrage des eingezahlten Grundkapitals und des ausschließlich zur Deckung einer Unterbilanz oder zur Sicherung der Pfandbriefgläubiger bestimmten Reservefonds ausgeben.

§ 8. In den Hypothekenpfandbriefen sind die für das Rechtsverhältniß zwischen der Hypothekenbank und den Pfandbriefgläubigern maßgebenden Bestimmungen, insbesondere in Betreff der Kündbarkeit der Hypothekenpfandbriefe, ersichtlich zu machen.

Die Hypothekenbank darf auf das Recht zur Rückzahlung der Hypothekenpfandbriefe höchstens für einen Zeitraum von zehn Jahren verzichten. Den Pfandbriefgläubigern darf ein Kündigungsrecht nicht eingeräumt werden.

§ 9. Die Ausgabe von Hypothekenpfandbriefen, deren Einlösungswerth den Nennwerth übersteigt, ist nicht gestattet.

§ 10. Als Deckung für Hypothekenpfandbriefe dürfen nur Hypotheken benutzt werden, welche den in den §§ 11, 12 bezeichneten Erfordernissen entsprechen.

§ 11. Die Beleihung ist auf inländische Grundstücke beschränkt und der Regel nach nur zur ersten Stelle zulässig.

Die Beleihung darf die ersten drei Fünftheile des Werthes des Grundstücks nicht übersteigen. Die Zentralbehörde eines Bundesstaats kann die Beleihung landwirthschaftlicher Grundstücke in dem Gebiete des Bundesstaats oder in Theilen dieses Gebiets bis zu zwei Drittheilen des Werthes gestatten.

§ 12. Der bei der Beleihung angenommene Werth des Grundstücks darf den durch sorgfältige Ermittelung festgestellten Verkaufswerth nicht übersteigen. Bei der Feststellung dieses Werthes sind nur die dauernden Eigenschaften des Grundstücks und der Ertrag zu berücksichtigen, welchen das Grundstück bei ordnungsmäßiger Wirthschaft jedem Besitzer nachhaltig gewähren kann.

Soweit vor der Beleihung die Grundstücke durch eine öffentliche Behörde des Gebiets, in welchem sie liegen, abgeschätzt werden, kann der Bundesrath bestimmen, daß der bei der Beleihung angenommene Werth auch den durch eine solche Abschätzung festgestellten Werth nicht übersteigen darf.

Die zur Deckung von Hypothekenpfandbriefen verwendeten Hypotheken an Bauplätzen sowie an solchen Neubauten, welche noch nicht fertiggestellt und ertragsfähig sind, dürfen zusammen den zehnten Theil des Gesammtbetrags der zur Deckung der Hypothekenpfandbriefe benutzten Hypotheken sowie den halben Betrag des eingezahlten Grundkapitals nicht überschreiten. Im Uebrigen sind Hypotheken an Grundstücken, die einen dauernden Ertrag nicht gewähren, insbesondere an Gruben und Brüchen, von der Verwendung zur Deckung von Hypothekenpfandbriefen ausgeschlossen. Das Gleiche gilt von Hypotheken an Bergwerken. Hypotheken an anderen Berechtigungen, für welche die sich auf Grundstücke beziehenden Vorschriften Anwendung finden, sind von der Verwendung zur Deckung von Hypothekenpfandbriefen ausgeschlossen, sofern die Berechtigungen einen dauernden Ertrag nicht gewähren.

§ 13. Die Hypothekenbank hat auf Grund der Vorschriften des § 12 eine Anweisung über die Werthermittelung zu erlassen; die Anweisung bedarf der Genehmigung der Aufsichtsbehörde.

Nimmt die Bank hypothekarische Beleihungen in dem Gebiet eines Bundesstaats vor, in dem sie nicht ihren Sitz hat, so ist die Anweisung auch der Aufsichtsbehörde dieses Bundesstaats einzureichen. Ueber Beanstandungen, die von der Behörde erhoben werden, beschließt, wenn die Erledigung in anderer Weise nicht zu erreichen ist, der Bundesrath; die Beschlußfassung des Bundesraths wird auf Antrag durch den Reichskanzler herbeigeführt.

§ 14. Die hypothekarischen Darlehen sind in Geld zu gewähren.

Die Gewährung von Darlehen in Hypothekenpfandbriefen der Bank zum Nennwerth ist nur zulässig, wenn die Satzung der Bank sie gestattet und der Schuldner ausdrücklich zustimmt. In diesem Falle ist dem Schuldner urkundlich das Recht einzuräumen, die Rückzahlung der Hypothek nach seiner Wahl in Geld oder in Hypothekenpfandbriefen der Bank, die derselben Gattung angehören wie die empfangenen, nach dem Nennwerthe zu bewirken. Hypothekenpfandbriefe, die bei der amtlichen Feststellung des Börsenpreises nicht unterschieden werden, gelten im Sinne dieser Vorschrift stets als zu derselben Gattung gehörig.

§ 15. Die Grundzüge der Bedingungen für die hypothekarischen Darlehen sind von der Hypothekenbank festzustellen; die Grundzüge bedürfen der Genehmigung der Aufsichtsbehörde. In den Bedingungen ist namentlich zu bestimmen, welche Nachtheile den Schuldner bei nicht rechtzeitiger Zahlung treffen sowie unter welchen Voraussetzungen die Bank befugt ist, die vorzeitige Rückzahlung der Hypothek zu verlangen.

Nimmt die Bank Beleihungen in dem Gebiet eines Bundesstaats vor, in dem sie nicht ihren Sitz hat, so kann die Aufsichtsbehörde dieses Bundesstaats verlangen, daß ihr die Grundzüge der Darlehensbedingungen eingereicht werden. Auf die Erledigung von Beanstandungen finden die Vorschriften des § 13 Abs. 2 Satz 2 entsprechende Anwendung.

Der Aufsichtsbehörde des im Abs. 2 bezeichneten Bundesstaats ist auf ihr Verlangen alljährlich ein Verzeichniß der hypothekarischen Beleihungen einzureichen, welche die Bank in dem Gebiete des Bundesstaats vorgenommen hat. Der Bundesrath kann Bestimmungen über die Einrichtung und den Inhalt der Verzeichnisse erlassen.

§ 16. In den von der Hypothekenbank verwendeten Darlehensprospekten und Antragsformularen sind alle Bestimmungen über die Art der Auszahlung der Darlehen, über Abzüge zu Gunsten der Bank, über die Höhe und Fälligkeit der Zinsen und der sonst dem Schuldner obliegenden Leistungen, über den Beginn einer Amortisation und über die Kündigung und Rückzahlung aufzunehmen.

§ 17. Im Falle einer Verschlechterung des beliehenen Grundstücks oder seiner Zubehörstücke, der ein unwirthschaftliches Verfahren des Besitzers nicht zu Grunde liegt, finden zu Gunsten der Hypothekenbank die Vorschriften der §§ 1133, 1135 des Bürgerlichen Gesetzbuchs über das Recht des Gläubigers auf sofortige Befriedigung aus dem Grundstücke nur in Ansehung des Betrags Anwendung, für welchen in dem verminderten Werthe des Grundstücks nicht mehr die nach dem Gesetz oder der Satzung erforderliche Deckung vorhanden ist. Ueber diesen Betrag hinaus darf sich die Bank für den Fall einer Verminderung des Werthes des Grundstücks das Recht, die vorzeitige Rückzahlung der Hypothek zu verlangen, nicht ausbedingen.

Die Bank darf sich für den Fall, daß ein Theil des Grundstücks veräußert und die Unschädlichkeit der Veräußerung für die Berechtigten nach Maßgabe der Landesgesetze von der zuständigen Behörde festgestellt wird, keine weiteren als die ihr gesetzlich zustehenden Rechte auf Sicherstellung oder Befriedigung vorbehalten.

Es darf nicht bedungen werden, daß die Bank im Falle ihrer Auflösung die vorzeitige Rückzahlung der Hypothek verlangen kann.

§ 18. Dem Schuldner ist urkundlich das Recht einzuräumen, die Hypothek ganz oder theilweise zu kündigen und zurückzuzahlen.

Das Recht der Rückzahlung darf nur bis zu einem Zeitraume von zehn Jahren ausgeschlossen werden. Dieser Zeitraum beginnt mit der Auszahlung des Darlehens, im Falle der Auszahlung in Theilbeträgen mit der letzten Zahlung; wird nach der Auszahlung des Darlehens eine Vereinbarung über die Zeit der Rückzahlung getroffen, so beginnt der zehnjährige Zeitraum mit der Vereinbarung.

Die Kündigungsfrist darf neun Monate und bei Hypotheken,

welche die Bank kündigen kann, auch die der Bank eingeräumte Kündigungsfrist nicht überschreiten.

Soweit es nach diesen Vorschriften nicht gestattet ist, das Recht des Schuldners zur Rückzahlung der Hypothek auszuschließen, darf sich die Bank eine Rückzahlungsprovision oder die Bestellung einer Sicherheit bei der Kündigung nicht ausbedingen.

§ 19. Bei Amortisationshypotheken darf zu Gunsten der Bank ein Kündigungsrecht nicht bedungen werden. Eine Vereinbarung, welche der Bank das Recht einräumt, aus besonderen, in dem Verhalten des Schuldners liegenden Gründen die Rückzahlung der Hypothek vor der bestimmten Zeit zu verlangen, wird hierdurch nicht berührt.

Die Jahresleistung des Schuldners darf nur die bedungenen Zinsen und den Tilgungsbeitrag enthalten.

§ 20. Der Beginn der Amortisation darf für einen zehn Jahre nicht übersteigenden Zeitraum hinausgeschoben werden. Ist in einem solchen Falle in Folge der Hinausschiebung der Amortisation außer den bedungenen Zinsen ein Betrag an die Bank zu entrichten, so ist dieser in der Darlehensurkunde ersichtlich zu machen.

Von dem Beginne der Amortisation an dürfen die Jahreszinsen von keinem höheren Betrag als von dem für den Schluß des Vorjahrs sich ergebenden Restkapitale berechnet werden; der Mehrbetrag der Jahresleistung ist zur Tilgung zu verwenden.

§ 21. Das Recht des Schuldners zur theilweisen Rückzahlung der Hypothek kann bei Amortisationshypotheken in der Weise beschränkt werden, daß eine Zahlung von der Bank nur angenommen zu werden braucht, wenn die Zahlung dazu bestimmt und geeignet ist, die Tilgungszeit unter Beibehaltung der bisherigen Höhe der Jahresleistungen um ein Jahr oder um mehrere Jahre abzukürzen. Die Vorschrift findet jedoch keine Anwendung, wenn der Betrag der Zahlung den zehnten Theil des Restkapitals erreicht und der Schuldner verlangt, daß die späteren Jahresleistungen unter Beibehaltung der ursprünglichen Tilgungszeit herabgesetzt werden; in diesem Falle darf bei den im § 6 Abs. 2 bezeichneten Hypotheken der jährliche Tilgungsbeitrag weniger als ein Viertheil vom Hundert des ursprünglichen Kapitals betragen; die Bank hat einen neuen Tilgungsplan aufzustellen.

Die Bank darf sich von der Verpflichtung, in Ansehung des amortisirten Betrags die ihr behufs der Berichtigung des Grundbuchs, der Löschung der Hypothek oder der Herstellung eines Theilhypothekenbriefs nach den Vorschriften des bürgerlichen Rechtes obliegenden Handlungen vorzunehmen, im voraus nicht befreien.

Die Bank hat nach Veröffentlichung der Jahresbilanz jedem Schuldner auf Verlangen mitzutheilen, welcher Betrag der Hypothek am Schlusse des Vorjahrs amortisirt war.

§ 22. Die zur Deckung der Hypothekenpfandbriefe bestimmten Hypotheken sind von der Bank einzeln in ein Register einzutragen.

Im Falle des § 6 Abs. 4 sind die ersatzweise zur Deckung bestimmten Werthpapiere gleichfalls in das Register einzutragen; die Eintragung hat die einzelnen Stücke zu bezeichnen.

Innerhalb des ersten Monats eines jeden Kalenderhalbjahrs ist eine von dem nach § 29 bestellten Treuhänder beglaubigte Abschrift der Eintragungen, welche während des letzten Halbjahrs in dem Hypothekenregister vorgenommen worden sind, der Aufsichtsbehörde einzureichen. Die Abschrift wird von der Aufsichtsbehörde aufbewahrt.

§ 23. Innerhalb des zweiten Monats eines jeden Kalenderhalbjahrs hat die Bank den Gesammtbetrag der Hypothekenpfandbriefe, welche am letzten Tage des vergangenen Halbjahrs im Umlaufe waren, und den nach Abzug aller Rückzahlungen oder sonstigen Minderungen sich ergebenden Gesammtbetrag der am letzten Tage des vergangenen Halbjahrs in das Hypothekenregister eingetragenen Hypotheken sowie den Gesammtbetrag der an diesem Tage in das Register eingetragenen Werthpapiere und des in der Verwahrung des Treuhänders befindlichen Geldes im Deutschen Reichsanzeiger und in den für die Veröffentlichungen der Bank bestimmten Blättern bekannt zu machen.

Sind in dem Register Werthpapiere oder solche Hypotheken eingetragen, die nicht ihrem vollen Betrage nach zur Deckung von Hypothekenpfandbriefen geeignet sind, so ist in der Bekanntmachung anzugeben, mit welchem Betrage die Werthpapiere oder die Hypotheken als Deckung nicht in Ansatz kommen.

§ 24. Die Jahresbilanz einer Hypothekenbank hat in getrennten Posten namentlich zu enthalten:

1) den Gesammtbetrag der zur Deckung der Hypothekenpfandbriefe bestimmten Hypotheken und Werthpapiere;
2) den Gesammtbetrag der rückständigen Hypothekenzinsen;
3) den Gesammtwerth der Grundstücke der Bank unter gesonderter Angabe des Werthes der Bankgebäude;
4) die Gesammtbeträge der Bestände an Geld, an Wechseln und an Werthpapieren, unter gesonderter Angabe des Betrags der eigenen Hypothekenpfandbriefe und Schuldverschreibungen der Bank;
5) den Gesammtbetrag der Forderungen der Bank aus Lombardgeschäften;
6) den Gesammtbetrag der Guthaben bei Bankhäusern;
7) den Gesammtbetrag der im Umlaufe befindlichen Hypothekenpfandbriefe nach ihrem Nennwerthe, bei verschieden verzinslichen Hypothekenpfandbriefen den Gesammtbetrag jeder dieser Gattungen;
8) den Gesammtbetrag der Verbindlichkeiten der Bank aus der Annahme von Geld zum Zwecke der Hinterlegung.

§ 25. Sind Hypothekenpfandbriefe zu einem geringeren Betrag als dem Nennwerth ausgegeben worden, so darf in die Aktiven der Bilanz ein Betrag aufgenommen werden, der vier Fünftheilen des Mindererlöses gleichkommt; von dem Mindererlös ist der Gewinn abzuziehen, den die Bank durch den Rückkauf von Hypothekenpfandbriefen zu einem geringeren Betrag als dem Nennwerth erzielt hat. Der demgemäß in die Bilanz eingestellte Aktivposten muß jährlich zu mindestens einem Viertheil abgeschrieben werden.

In keinem Jahre dürfen die nach den Vorschriften des Abs. 1 in die Bilanz aufgenommenen Aktivposten zusammen mehr betragen als das Doppelte des Ueberschusses, den die Hypothekenzinsen für das Bilanzjahr ergeben, wenn von ihnen die Pfandbriefzinsen und außerdem ein Viertheil vom Hundert der Gesammtsumme der Hypotheken abgezogen werden; auch dürfen die bezeichneten Aktivposten zusammen nicht den Betrag des ausschließlich zur Deckung einer Unterbilanz bestimmten Reservefonds übersteigen.

Die durch die Ausgabe der Hypothekenpfandbriefe entstandenen Kosten, mit Einschluß der für die Unterbringung gezahlten Provisionen, sind ihrem vollen Betrage nach zu Lasten des Jahres zu verrechnen, in welchem sie entstanden sind.

Ansprüche der Bank auf Jahresleistungen der Hypothekenschuldner für die auf das Bilanzjahr folgende Zeit dürfen nicht in die Aktiven der Bilanz aufgenommen werden.

§ 26. Sind Hypothekenpfandbriefe zu einem höheren Betrag als dem Nennwerth ausgegeben worden und hat die Bank auf das Recht verzichtet, die Hypothekenpfandbriefe jederzeit zurückzuzahlen, so ist der Mehrerlös, soweit er den Betrag von eins vom Hundert des Nennwerths übersteigt, in die Passiven der Bilanz einzustellen. Die Bank darf über ihn während der Jahre, für welche die Rückzahlung der Hypothekenpfandbriefe ausgeschlossen ist, alljährlich nur zu einem der Zahl dieser Jahre entsprechenden Bruchtheile verfügen. Die Verfügung ist ausgeschlossen, solange ein Mindererlös der im § 25 Abs. 1 bezeichneten Art als Aktivposten in der Bilanz steht; zur Tilgung eines solchen Mindererlöses sowie zur Deckung des Verlustes, der für die Bank durch den Rückkauf von Hypothekenpfandbriefen zu einem den Nennwerth übersteigenden Betrag entstanden ist, darf der Mehrerlös jederzeit verwendet werden.

§ 27. In der Gewinn- und Verlustrechnung sind in getrennten Posten namentlich die Gesammtbeträge der in dem Geschäftsjahre von der Bank verdienten Hypothekenzinsen, Darlehensprovisionen und sonstigen Nebenleistungen der Hypothekenschuldner sowie der Gesammtbetrag der für das Geschäftsjahr von der Bank zu entrichtenden Pfandbriefzinsen anzugeben.

§ 28. In dem Geschäftsbericht oder in der Bilanz sind ersichtlich zu machen:

1) die Zahl der zur Deckung der Hypothekenpfandbriefe bestimmten Hypotheken und deren Vertheilung nach ihrer Höhe in Stufen von hunderttausend Mark;

2) die Beträge, welche davon auf Hypotheken an landwirthschaftlichen und auf solche an anderen Grundstücken, auf Amortisationshypotheken und auf andere Hypotheken, auf Hypotheken an Bauplätzen und an unfertigen, noch nicht ertragsfähigen Neubauten fallen;
3) die Zahl der Zwangsversteigerungen und die Zahl der Zwangsverwaltungen, welche in dem Geschäftsjahr auf Antrag der Bank bewirkt worden sind, sowie die Zahl der in dem Geschäftsjahre bewirkten Zwangsversteigerungen und Zwangsverwaltungen, an welchen die Bank sonst betheiligt war;
4) die Zahl der Fälle, in welchen die Bank während des Geschäftsjahrs Grundstücke zur Verhütung von Verlusten an Hypotheken hat übernehmen müssen, sowie den Gesammtbetrag dieser Hypotheken und die Verluste oder Gewinne, welche sich bei dem Wiederverkauf übernommener Grundstücke ergeben haben;
5) die Jahre, aus welchen die Rückstände auf die von den Hypothekenschuldnern zu entrichtenden Zinsen herrühren, sowie der Gesammtbetrag der Rückstände eines jeden Jahres;
6) der Gesammtbetrag der im Geschäftsjahr erfolgten Rückzahlungen auf die Hypotheken, getrennt nach den durch Amortisation und den in anderer Weise erfolgten Rückzahlungen;
7) die Beschränkungen, welche sich die Bank hinsichtlich der Rückzahlung der Hypothekenpfandbriefe unterworfen hat, getrennt nach den einzelnen Gattungen der Hypothekenpfandbriefe.

Die unter Nr. 3 bis 5 bezeichneten Angaben sind getrennt nach landwirthschaftlichen und anderen Grundstücken und nach den Hauptgebieten zu machen, auf welche sich die Geschäftsthätigkeit der Hypothekenbank erstreckt.

In dem Geschäftsbericht oder in der Gewinn- und Verlustrechnung sind der Mehrerlös und der Mindererlös anzugeben, welche in dem Geschäftsjahre durch die Ausgabe von Hypothekenpfandbriefen zu einem höheren oder geringeren Betrag als dem Nennwerth entstanden sind.

§ 29. Bei jeder Hypothekenbank ist ein Treuhänder sowie ein Stellvertreter zu bestellen.

Die Bestellung erfolgt durch die Aufsichtsbehörde nach Anhörung der Hypothekenbank. Die Bestellung kann jederzeit durch die Aufsichtsbehörde widerrufen werden.

§ 30. Der Treuhänder hat darauf zu achten, daß die vorschriftsmäßige Deckung für die Hypothekenpfandbriefe jederzeit vorhanden ist; hierbei hat er, sofern der Werth der beliehenen Grundstücke gemäß der von der Aufsichtsbehörde genehmigten Anweisung festgesetzt ist, nicht zu untersuchen, ob der festgesetzte Werth dem wirklichen Werthe entspricht.

Er hat darauf zu achten, daß die zur Deckung der Hypothekenpfandbriefe bestimmten Hypotheken und Werthpapiere gemäß den

Vorschriften des § 22 Abs. 1 in das Hypothekenregister eingetragen werden.

Er hat die Hypothekenpfandbriefe vor der Ausgabe mit einer Bescheinigung über das Vorhandensein der vorschriftsmäßigen Deckung und über die Eintragung in das Hypothekenregister zu versehen.

Eine in das Hypothekenregister eingetragene Hypothek sowie ein in das Hypothekenregister eingetragenes Werthpapier kann nur mit Zustimmung des Treuhänders in dem Register gelöscht werden. Die Zustimmung des Treuhänders bedarf der schriftlichen Form; sie kann in der Weise erfolgen, daß der Treuhänder seine Namensunterschrift dem Löschungsvermerk im Hypothekenregister beifügt.

§ 31. Der Treuhänder hat die Urkunden über die in das Hypothekenregister eingetragenen Hypotheken sowie die in das Register eingetragenen Werthpapiere und das gemäß § 6 Abs. 4 zur Deckung der Hypothekenpfandbriefe bestimmte Geld unter dem Mitverschlusse der Bank zu verwahren; er darf diese Gegenstände nur gemäß den Vorschriften dieses Gesetzes herausgeben.

Er ist verpflichtet, Hypothekenurkunden sowie Werthpapiere und Geld auf Verlangen der Bank herauszugeben und zur Löschung im Hypothekenregister mitzuwirken, soweit die übrigen in das Register eingetragenen Hypotheken und Werthpapiere zur Deckung der Hypothekenpfandbriefe genügen oder die Bank eine andere vorschriftsmäßige Deckung beschafft. Ist die Bank dem Hypothekenschuldner gegenüber zur Aushändigung der Hypothekenurkunde oder zur Vornahme der im § 1145 des Bürgerlichen Gesetzbuchs bezeichneten Handlungen verpflichtet, so hat der Treuhänder die Urkunde auch dann herauszugeben, wenn die bezeichneten Voraussetzungen nicht vorliegen; wird die Hypothek zurückgezahlt, so ist in dem letzteren Falle das gezahlte Geld dem Treuhänder zur Verwahrung gemäß Abs. 1 zu übergeben.

Bedarf die Bank einer Hypothekenurkunde nur zu vorübergehendem Gebrauche, so hat der Treuhänder sie herauszugeben, ohne daß die Bank verpflichtet ist, eine andere Deckung zu beschaffen.

§ 32. Der Treuhänder ist befugt, jederzeit die Bücher und Schriften der Bank einzusehen, soweit sie sich auf die Hypothekenpfandbriefe und auf die in das Hypothekenregister eingetragenen Hypotheken beziehen.

Die Hypothekenbank ist verpflichtet, von den Kapitalrückzahlungen auf die in das Hypothekenregister eingetragenen Hypotheken sowie von sonstigen für die Pfandbriefgläubiger erheblichen Aenderungen, welche diese Hypotheken betreffen, dem Treuhänder fortlaufende Mittheilung zu machen.

§ 33. Streitigkeiten zwischen dem Treuhänder und der Hypothekenbank entscheidet die Aufsichtsbehörde.

§ 34. Der Treuhänder kann von der Hypothekenbank eine angemessene Vergütung für seine Geschäftsführung verlangen. Der Betrag der vereinbarten Vergütung ist der Aufsichtsbehörde anzuzeigen; in Ermangelung einer Einigung wird der Betrag durch die Aufsichtsbehörde festgesetzt.

§ 35. Ist über das Vermögen der Hypothekenbank der Konkurs eröffnet, so gehen in Ansehung der Befriedigung aus den in das Hypothekenregister eingetragenen Hypotheken und Werthpapieren die Forderungen der Pfandbriefgläubiger den Forderungen aller anderen Konkursgläubiger vor. Das Gleiche gilt von Geld, das dem Treuhänder zur Deckung der Hypothekenpfandbriefe in Verwahrung gegeben ist. Die Pfandbriefgläubiger haben unter einander gleichen Rang.

In Betreff des Anspruchs der Pfandbriefgläubiger auf Befriedigung aus dem sonstigen Vermögen der Bank finden die für die Absonderungsberechtigten geltenden Vorschriften der §§ 64, 153, 155, 156 und des § 168 Nr. 3 der Konkursordnung (Reichs-Gesetzbl. 1898 S. 612) entsprechende Anwendung.

Gehören zur Konkursmasse eigene Hypothekenpfandbriefe der Bank, die von dieser dem Bestand an Werthpapieren zugeschrieben sind, so werden sie bei der Berechnung der auf die einzelnen Hypothekenpfandbriefe fallenden Antheile an dem Erlös aus den im Abs. 1 bezeichneten Gegenständen mitgezählt.

Während des Konkurses der Hypothekenbank sind die Kosten einer Versammlung der Pfandbriefgläubiger, die nach den Vorschriften des Gesetzes, betreffend die gemeinsamen Rechte der Besitzer von Schuldverschreibungen, berufen wird, aus dem zur vorzugsweisen Befriedigung der letzteren dienenden Theile der Konkursmasse zu berichtigen.

§ 36. Treuhänder, die absichtlich zum Nachtheile der Pfandbriefgläubiger handeln, werden wegen Untreue nach § 266 des Strafgesetzbuchs bestraft.

§ 37. Wer für eine Hypothekenbank wissentlich Hypothekenpfandbriefe über den Betrag hinaus ausgiebt, welcher durch die in das Hypothekenregister eingetragenen Hypotheken und Werthpapiere oder das in der Verwahrung des Treuhänders befindliche Geld vorschriftsmäßig gedeckt ist, wird mit Gefängniß bis zu einem Jahre und mit Geldstrafe bis zu zwanzigtausend Mark bestraft.

Die gleiche Strafe trifft denjenigen, welcher für eine Hypothekenbank wissentlich über eine in das Hypothekenregister eingetragene Hypothek oder über ein in das Register eingetragenes Werthpapier durch Veräußerung oder Belastung verfügt, obwohl die übrigen in das Register eingetragenen Hypotheken und Werthpapiere zur vorschriftsmäßigen Deckung der Hypothekenpfandbriefe nicht genügen, sowie denjenigen, welcher der Vorschrift des § 31 Abs. 2 Satz 2 zuwider es unterläßt, bei der Rückzahlung einer Hypothek das gezahlte Geld dem Treuhänder zur Verwahrung zu übergeben.

Sind mildernde Umstände vorhanden, so kann auf die Geldstrafe allein erkannt werden.

§ 38. Wer für eine Hypothekenbank Hypothekenpfandbriefe ohne die nach § 30 Abs. 3 erforderliche Bescheinigung ausgiebt, wird mit Geldstrafe bis zu eintausend Mark oder mit Gefängniß bis zu drei Monaten bestraft.

§ 39. Zuwiderhandlungen gegen die Vorschrift des § 2 werden mit Geldstrafe bis zu dreitausend Mark bestraft.

§ 40. Den Hypotheken stehen im Sinne dieses Gesetzes die Grundschulden gleich.

Hat die Bank ein Grundstück zur Verhütung von Verlusten an einer ihr an dem Grundstücke zustehenden Hypothek oder Grundschuld bei der Zwangsversteigerung erworben und an Stelle der gelöschten Hypothek oder Grundschuld für sich eine Grundschuld eintragen lassen, so findet auf diese die Vorschrift des § 6 Abs. 3 entsprechende Anwendung.

§ 41. Werden von einer Hypothekenbank auf Grund nicht hypothekarischer Darlehen, die an inländische Körperschaften des öffentlichen Rechtes oder gegen Uebernahme der Gewährleistung durch eine solche Körperschaft gewährt sind, Schuldverschreibungen ausgegeben, so finden auf diese Schuldverschreibungen und die ihnen zu Grunde liegenden Darlehensforderungen die Vorschriften des § 6 Abs. 1, 4 und der §§ 8, 9, 22, 23, 25, 26, 29 bis 38 entsprechende Anwendung.

Die Schuldverschreibungen, welche die Hypothekenbank gemäß Abs. 1 ausgiebt, dürfen unter Hinzurechnung der im Umlaufe befindlichen Hypothekenpfandbriefe den für die letzteren im § 7 bestimmten Höchstbetrag nicht um mehr als den fünften Theil übersteigen.

§ 42. Werden von einer Hypothekenbank auf Grund von Darlehen, die an Kleinbahnunternehmungen gegen Verpfändung der Bahn gewährt sind, Schuldverschreibungen ausgegeben, so finden auf diese Schuldverschreibungen und die ihnen zu Grunde liegenden Darlehensforderungen die im § 41 Abs. 1 angeführten Vorschriften entsprechende Anwendung. Die von der Hypothekenbank in der bezeichneten Weise ausgegebenen Schuldverschreibungen stehen im Sinne der Vorschriften des § 7 und des § 41 Abs. 2 den Hypothekenpfandbriefen gleich.

Die Satzung der Bank kann bestimmen, daß auf Grund der Forderungen aus den gemäß Abs. 1 gewährten Darlehen und auf Grund der Forderungen aus Darlehen, die an Kleinbahnunternehmungen gegen Uebernahme der Gewährleistung durch eine inländische Körperschaft des öffentlichen Rechtes gewährt sind, Schuldverschreibungen einer und derselben Art ausgegeben werden, denen beide Arten von Forderungen zur Deckung dienen. In dem Geschäftsbericht oder in der Bilanz ist der Gesammtbetrag der Forderungen der einen und der anderen Art ersichtlich zu machen.

Im Uebrigen sind die für die Gewährung von Darlehen an Kleinbahnunternehmungen maßgebenden Grundsätze von der Hypothekenbank festzustellen; die Grundsätze bedürfen der Genehmigung der Aufsichtsbehörde. Die Vorschriften des § 13 Abs. 2 finden entsprechende Anwendung.

§ 43. Der § 17 des Einführungsgesetzes zur Konkursordnung wird durch folgende Vorschriften ersetzt:

Unberührt bleiben die landesgesetzlichen Vorschriften, nach welchen den Inhabern von Pfandbriefen, die von Kreditanstalten, welche nicht zu den Hypothekenbanken gehören, auf Grund von Hypotheken ausgestellt sind, ein Vorrecht vor allen anderen Konkursgläubigern in Ansehung der Befriedigung aus den Hypotheken der Anstalt zusteht.

Unberührt bleiben die landesgesetzlichen Vorschriften, nach welchen den Inhabern von Schuldverschreibungen, die von Körperschaften des öffentlichen Rechtes, Aktiengesellschaften, Kommanditgesellschaften auf Aktien, Gesellschaften mit beschränkter Haftung oder Genossenschaften über ein Anlehen ausgestellt sind, ein Vorrecht vor nicht bevorrechtigten Konkursgläubigern, deren Forderungen später entstehen, dadurch gewährt werden kann, daß die zu bevorrechtigenden Forderungen in ein öffentliches Schuldbuch eingetragen werden.

§ 44. Dieses Gesetz tritt, soweit sich nicht aus dem § 53 ein Anderes ergiebt, gleichzeitig mit dem Bürgerlichen Gesetzbuch in Kraft.

§ 45. Auf die bei dem Inkrafttreten dieses Gesetzes bestehenden Hypothekenbanken finden die Vorschriften des § 1 Abs. 1, 2 keine Anwendung.

Auf die bei dem Inkrafttreten dieses Gesetzes in das Genossenschaftsregister eingetragenen Genossenschaften findet, sofern sie vor dem 1. Mai 1898 gemäß den Bestimmungen ihrer Satzung die im § 1 Abs. 1 bezeichneten Geschäfte betrieben haben, die Vorschrift des § 2 keine Anwendung.

§ 46. Die bei dem Inkrafttreten dieses Gesetzes bestehenden Hypothekenbanken unterliegen den Vorschriften des § 5 insoweit nicht, als sie bis zum 1. Mai 1898 gemäß den Bestimmungen ihrer Satzung Geschäfte in weiterem als dem im § 5 bezeichneten Umfange betrieben haben.

Eine Hypothekenbank, die von dem Rechte des erweiterten Geschäftsbetriebs nach Maßgabe des Abs. 1 Gebrauch macht, darf Hypothekenpfandbriefe nur bis zum zehnfachen Betrage des eingezahlten Grundkapitals und des im § 7 bezeichneten Reservefonds ausgeben. Die Befugniß zur Ausgabe von Hypothekenpfandbriefen ist auf den doppelten Betrag des eingezahlten Grundkapitals und des im § 7 bezeichneten Reservefonds beschränkt, wenn bei dem Inkrafttreten des Gesetzes die von der Bank ausgegebenen Hypothekenpfandbriefe den doppelten Betrag des eingezahlten Grundkapitals nicht übersteigen.

Der Betrag, bis zu welchem hiernach eine Bank Hypothekenpfandbriefe ausgeben darf, tritt auch im Sinne des § 41 Abs. 2 an die Stelle des im § 7 bestimmten Höchstbetrags.

§ 47. Beschließt eine Hypothekenbank, die nach § 46 nicht an die Vorschriften des § 5 gebunden ist, sich diesen Vorschriften zu unterwerfen und ihre Satzung demgemäß zu ändern, so ist, wenn im Zusammenhange damit zugleich eine Herabsetzung des Grundkapitals stattfindet, die im § 289 Abs. 3, 4 des Handelsgesetzbuchs vorgesehene Sicherstellung der Gläubiger in Ansehung der Pfandbriefgläubiger nicht erforderlich, sofern die im Umlaufe befindlichen Hypothekenpfandbriefe durch die in das Hypothekenregister eingetragenen Hypotheken vollständig gedeckt sind.

§ 48. Eine Hypothekenbank, die bei dem Inkrafttreten dieses Gesetzes das Recht besitzt, über den in den §§ 7, 41, 42 oder im § 46 Abs. 2 Satz 1, Abs. 3 bestimmten Betrag hinaus Hypothekenpfandbriefe oder Schuldverschreibungen auszugeben, behält dieses Recht mit der Maßgabe, daß die Hypothekenpfandbriefe und die auf Grund von Darlehen an Kleinbahnunternehmungen ausgegebenen Schuldverschreibungen den zwanzigfachen Betrag des eingezahlten Grundkapitals nicht übersteigen dürfen und daß hierbei das eingezahlte Kapital nur insoweit berücksichtigt wird, als es innerhalb des Betrags verbleibt, auf welchen am 1. Mai 1898 das Grundkapital der Bank durch die Satzung festgesetzt war; die Schuldverschreibungen, welche die Bank auf Grund nicht hypothekarischer Darlehen an Körperschaften des öffentlichen Rechtes oder gegen Uebernahme der Gewährleistung durch eine solche Körperschaft ausgiebt, dürfen unter Hinzurechnung der im Umlaufe befindlichen Hypothekenpfandbriefe und auf Grund von Darlehen an Kleinbahnunternehmungen ausgegebenen Schuldverschreibungen den Betrag, bis zu welchem die Bank Hypothekenpfandbriefe ausgeben darf, nicht um mehr als den fünften Theil übersteigen.

Auf Grund einer nach dem 1. Mai 1898 in das Handelsregister eingetragenen Kapitalserhöhung dürfen Hypothekenpfandbriefe und Schuldverschreibungen nur nach den Vorschriften der §§ 7, 41, 42, 46 ausgegeben werden. Hierbei bleibt der Reservefonds, der bei Erreichung des nach Abs. 1 zulässigen Höchstbetrags vorhanden war, außer Betracht.

Diese Vorschriften finden in dem Falle des § 46 Abs. 2 Satz 2 keine Anwendung.

§ 49. Auf die Deckung der Hypothekenpfandbriefe durch Hypotheken, die vor dem Inkrafttreten dieses Gesetzes von einer Hypothekenbank gemäß den Bestimmungen ihrer Satzung erworben sind, finden die Vorschriften des § 6 Abs. 2 und der §§ 10 bis 12 keine Anwendung. Die Vorschriften des § 17 Abs. 1 Satz 2, Abs. 2, 3 und der §§ 18 bis 21 sind nur für Verträge maßgebend, die nach dem Inkrafttreten dieses Gesetzes abgeschlossen werden.

§ 50. Die Vorschriften der §§ 24 bis 28 finden bei den bestehenden Hypothekenbanken erst auf die Bilanz, die Gewinn- und Verlustrechnung und den Geschäftsbericht für das mit oder in dem Jahre 1900 beginnende Geschäftsjahr Anwendung.

Auf die Verrechnung des Mindererlöses, der vor dem Inkrafttreten dieses Gesetzes durch die Ausgabe von Hypothekenpfandbriefen zu einem geringeren Betrag als dem Nennwerth entstanden ist, sowie auf die Verrechnung der Kosten der vor dem bezeichneten Zeitpunkt erfolgten Ausgabe von Hypothekenpfandbriefen finden die Vorschriften des § 25 keine Anwendung. Die Bank hat jedoch die zur Deckung eines solchen Mindererlöses oder solcher Kosten in die Aktiven der Bilanz aufgenommenen Posten, soweit die Aufnahme nach § 25 nicht zulässig sein würde, längstens binnen fünf Jahren abzuschreiben. Das Gleiche gilt bezüglich der vor dem Inkrafttreten dieses Gesetzes in die Aktiven der Bilanz aufgenommenen Ansprüche auf künftige Jahresleistungen der Darlehensschuldner.

§ 51. Ist bei einer Hypothekenbank zur Zeit des Inkrafttretens dieses Gesetzes ein Staatskommissar mit der Ueberwachung der Pfandbriefausgabe betraut, so können die Obliegenheiten, welche nach § 22 Abs. 2 und den §§ 30 bis 32, 41, 42 von dem Treuhänder wahrzunehmen sind, dem nach § 4 Abs. 3 bestellten Kommissar übertragen werden.

§ 52. Hat eine Hypothekenbank auf Grund von Rentenforderungen, die vor dem 1. Januar 1899 als Reallasten in das Grundbuch eingetragen worden sind, besondere Schuldverschreibungen ausgegeben, so finden auf diese Schuldverschreibungen und auf die ihnen zu Grunde liegenden Rentenforderungen die Vorschriften der §§ 6, 22, 29 bis 35, des § 37 Abs. 2, 3, des § 41 Abs. 1 und des § 51 entsprechende Anwendung.

§ 53. Die bestehenden Hypothekenbanken haben mit der Anlegung der in den §§ 22, 41, 42, 52 vorgeschriebenen Register so zeitig zu beginnen, daß die Register am 1. Januar 1900 angelegt sind. Unverzüglich nach diesem Zeitpunkte haben sie der Aufsichtsbehörde anzuzeigen, daß die Anlegung der Register erfolgt ist. Eine von dem Treuhänder oder dem Kommissar der Aufsichtsbehörde beglaubigte Abschrift des Registers ist der Behörde mit thunlichster Beschleunigung einzureichen.

Mit der Erstattung der im Abs. 1 Satz 2 vorgeschriebenen Anzeige erlöschen die Pfandrechte, welche für die Pfandbriefgläubiger nach den Landesgesetzen bestellt sind. Soweit einer Bank in der Satzung oder den Pfandbriefbedingungen die Verpflichtung zur Bestellung eines Pfandrechts für die Pfandbriefgläubiger auferlegt ist, verlieren die hierauf bezüglichen Bestimmungen mit dem gedachten Zeitpunkt ihre Wirksamkeit.

---

160) Invalidenversicherungsgesetz. Vom 13. Juli 1899.

(RGBl S. 393.)

An die Stelle des Gesetzes, betreffend die Invaliditäts- und Altersversicherung, vom 22. Juni 1889 (Reichs-Gesetzbl. S. 97) und des Gesetzes, betreffend die Abänderung des § 157 des Invaliditäts-

und Altersversicherungsgesetzes, vom 8. Juni 1891 (Reichs-Gesetzbl. S. 337) treten die nachstehenden Bestimmungen.

[Vgl. Neu-Publikation des Gesetzes vom 19. Juli 1899.]

§ 163. Gesetzeskraft.

. . . .

Der Reichskanzler wird ermächtigt, den Text des Invalidenversicherungsgesetzes unter fortlaufender Nummernfolge der Paragraphen durch das Reichs-Gesetzblatt bekannt zu machen. Soweit in Reichsgesetzen oder in Landesgesetzen auf Vorschriften des Gesetzes vom 22. Juni 1889 verwiesen ist, treten die entsprechenden Vorschriften dieses Textes an ihre Stelle.

---

161) Bekanntmachung des Textes des Invalidenversicherungsgesetzes vom 13. Juli 1899. Vom 19. Juli 1899. (RGBl S. 463.)

Auf Grund der im § 163 Abs. 3 des Invalidenversicherungsgesetzes vom 13. Juli 1899 ertheilten Ermächtigung wird der Text des Invalidenversicherungsgesetzes unter fortlaufender Nummerfolge der Paragraphen nachstehend bekannt gemacht.

Invalidenversicherungsgesetz.

I. Umfang und Gegenstand der Versicherung.

Versicherungspflicht.

§ 1. Nach Maßgabe der Bestimmungen dieses Gesetzes werden vom vollendeten sechzehnten Lebensjahr ab versichert:

1) Personen, welche als Arbeiter, Gehülfen, Gesellen, Lehrlinge oder Dienstboten gegen Lohn oder Gehalt beschäftigt werden;

2) Betriebsbeamte, Werkmeister und Techniker, Handlungsgehülfen und -Lehrlinge (ausschließlich der in Apotheken beschäftigten Gehülfen und Lehrlinge), sonstige Angestellte, deren dienstliche Beschäftigung ihren Hauptberuf bildet, sowie Lehrer und Erzieher, sämmtlich sofern sie Lohn oder Gehalt beziehen, ihr regelmäßiger Jahresarbeitsverdienst aber zweitausend Mark nicht übersteigt, sowie

3) die gegen Lohn oder Gehalt beschäftigten Personen der Schiffsbesatzung deutscher Seefahrzeuge (§ 2 des Gesetzes vom 13. Juli 1887, Reichs-Gesetzbl. S. 329) und von Fahrzeugen der Binnenschiffahrt, Schiffsführer jedoch nur dann, wenn ihr regelmäßiger Jahresarbeitsverdienst an Lohn oder Gehalt zweitausend Mark nicht übersteigt. Die Führung der Reichsflagge auf Grund der gemäß Artikel II § 7 Abs. 1 des Gesetzes vom 15. März 1888 (Reichs-Gesetzbl. S. 71) ertheilten Ermächtigung macht das

Schiff nicht zu einem deutschen Seefahrzeug im Sinne dieses Gesetzes.

§ 2. Durch Beschluß des Bundesraths kann die Vorschrift des § 1 für bestimmte Berufszweige allgemein oder mit Beschränkung auf gewisse Bezirke auch

1) auf Gewerbetreibende und sonstige Betriebsunternehmer, welche nicht regelmäßig wenigstens einen Lohnarbeiter beschäftigen, sowie
2) ohne Rücksicht auf die Zahl der von ihnen beschäftigten Lohnarbeiter auf solche selbständige Gewerbetreibende, welche in eigenen Betriebsstätten im Auftrag und für Rechnung anderer Gewerbetreibenden mit der Herstellung oder Bearbeitung gewerblicher Erzeugnisse beschäftigt werden (Hausgewerbetreibende),

erstreckt werden, und zwar auf letztere auch dann, wenn sie die Roh- und Hülfsstoffe selbst beschaffen, und auch für die Zeit, während welcher sie vorübergehend für eigene Rechnung arbeiten.

Durch Beschluß des Bundesraths kann bestimmt werden,

1) daß und inwieweit Gewerbetreibende, in deren Auftrag und für deren Rechnung von Hausgewerbetreibenden (Abs. 1 Ziffer 2) gearbeitet wird, gehalten sein sollen, rücksichtlich der Hausgewerbetreibenden und ihrer Gehülfen, Gesellen und Lehrlinge die in diesem Gesetze den Arbeitgebern auferlegten Verpflichtungen zu erfüllen,[1]
2) daß und inwieweit Gewerbetreibende, in deren Auftrage Zwischenpersonen (Ausgeber, Faktoren, Zwischenmeister rc.) gewerbliche Erzeugnisse herstellen oder bearbeiten lassen, gehalten sein sollen, rücksichtlich der von den Zwischenpersonen hierbei beschäftigten Hausgewerbetreibenden (Abs. 1 Ziffer 2) und deren Gehülfen, Gesellen und Lehrlinge die in diesem Gesetze den Arbeitgebern auferlegten Verpflichtungen zu erfüllen.

§ 3. Als Lohn oder Gehalt gelten auch Tantiemen und Naturalbezüge. Für dieselben wird der Durchschnittswerth in Ansatz gebracht; dieser Werth wird von der unteren Verwaltungsbehörde festgesetzt.

Eine Beschäftigung, für welche als Entgelt nur freier Unterhalt gewährt wird, gilt im Sinne dieses Gesetzes nicht als eine die Versicherungspflicht begründende Beschäftigung.

§ 4. Durch Beschluß des Bundesraths wird bestimmt, inwie-

---

[1] Vgl. Bekanntm., betr. die Erstreckung der Versicherungspflicht nach dem Invaliditäts- und Altersversicherungsgesetz auf die Hausgewerbetreibenden der Tabakfabrikation. Vom 16. Dezember 1891 (RGBl S. 395); dgl. betr. die Invaliditäts- und Altersversicherung von Hausgewerbetreibenden der Textilindustrie. Vom 1. März 1894 (RGBl S. 324), und vom 9. November 1895 (RGBl S. 452).

weit vorübergehende Dienstleistungen als versicherungspflichtige Beschäftigung im Sinne dieses Gesetzes nicht anzusehen sind.[1]

Der Bundesrath ist befugt, zu bestimmen, daß Ausländer,[2] welchen der Aufenthalt im Inlande nur für eine bestimmte Dauer behördlich gestattet ist und die nach Ablauf dieser Zeit in das Ausland zurückkehren müssen, der Versicherungspflicht nicht unterliegen. Sofern eine solche Bestimmung getroffen wird, haben Arbeitgeber, welche solche Ausländer beschäftigen, nach näherer Bestimmung des Reichs-Versicherungsamts denjenigen Betrag an die Versicherungsanstalt zu zahlen, den sie für die Versicherung der Ausländer aus eigenen Mitteln würden entrichten müssen (§ 27 Abs. 3), wenn deren Versicherungspflicht bestände.

§ 5. Beamte des Reichs, der Bundesstaaten und der Kommunalverbände sowie Lehrer und Erzieher an öffentlichen Schulen oder Anstalten unterliegen der Versicherungspflicht nicht, solange sie lediglich zur Ausbildung für ihren zukünftigen Beruf beschäftigt werden oder sofern ihnen eine Anwartschaft auf Pension im Mindestbetrage der Invalidenrente nach den Sätzen der ersten Lohnklasse gewährleistet ist.

Beamte der Versicherungsanstalten und zugelassenen besonderen Kasseneinrichtungen unterliegen der Versicherungspflicht nicht, sofern ihnen eine Anwartschaft auf Pension in der im Abs. 1 bezeichneten Höhe gewährleistet ist.

Der Versicherungspflicht unterliegen ferner nicht Personen, welche Unterricht gegen Entgelt ertheilen, sofern dies während ihrer wissenschaftlichen Ausbildung für ihren zukünftigen Lebensberuf geschieht, Personen des Soldatenstandes, welche dienstlich als Arbeiter beschäftigt werden, sowie Personen, welchen auf Grund der reichsgesetzlichen Bestimmungen eine Invalidenrente bewilligt ist.

Der Versicherungspflicht unterliegen endlich nicht diejenigen Personen, deren Erwerbsfähigkeit in Folge von Alter, Krankheit oder anderen Gebrechen dauernd auf weniger als ein Drittel herabgesetzt ist. Dies ist dann anzunehmen, wenn sie nicht mehr im Stande sind, durch eine ihren Kräften und Fähigkeiten entsprechende Thätigkeit, die ihnen unter billiger Berücksichtigung ihrer Ausbildung und ihres bisherigen Berufs zugemuthet werden kann, ein Drittel desjenigen zu erwerben, was körperlich und geistig gesunde Personen derselben Art mit ähnlicher Ausbildung in derselben Gegend durch Arbeit zu verdienen pflegen.

§ 6. Auf ihren Antrag sind von der Versicherungspflicht zu befreien Personen, welche vom Reiche, von einem Bundesstaat, einem Kommunalverband, einer Versicherungsanstalt oder zugelassenen be-

---

[1] Vgl. Bekanntm. vom 24. Dezember 1891 (RGBl S. 399), vom 24. Jan. 1893 (RGBl S. 5), und 31. Dezember 1894 (RGBl S. 543), vom 27. Dez. 1899 (RGBl S. 725).

[2] Vgl. CBl 1901 S. 78.

sonderen Kasseneinrichtung, oder welchen auf Grund früherer Beschäftigung als Lehrer oder Erzieher an öffentlichen Schulen oder Anstalten Pensionen, Wartegelder oder ähnliche Bezüge im Mindestbetrage der Invalidenrente nach den Sätzen der ersten Lohnklasse bewilligt sind, oder welchen auf Grund der reichsgesetzlichen Bestimmungen über Unfallversicherung der Bezug einer jährlichen Rente von mindestens demselben Betrage zusteht. Dasselbe gilt von solchen Personen, welche das siebenzigste Lebensjahr vollendet haben. Ueber den Antrag entscheidet die untere Verwaltungsbehörde des Beschäftigungsorts. Gegen den Bescheid derselben ist die Beschwerde an die zunächst vorgesetzte Behörde zulässig, welche endgültig entscheidet. Bei Zurücknahme des Antrags tritt die Versicherungspflicht wieder in Kraft.

In der gleichen Weise sind auf ihren Antrag von der Versicherungspflicht zu befreien Personen, welche Lohnarbeit im Laufe eines Kalenderjahrs nur in bestimmten Jahreszeiten für nicht mehr als zwölf Wochen oder überhaupt für nicht mehr als fünfzig Tage übernehmen, im Uebrigen aber ihren Lebensunterhalt als Betriebsunternehmer oder anderweit selbständig erwerben, oder ohne Lohn oder Gehalt thätig sind, solange für dieselben nicht bereits einhundert Wochen lang Beiträge entrichtet worden sind. Der Bundesrath ist befugt, hierüber nähere Bestimmungen zu erlassen.[1]

§ 7.[2] Durch Beschluß des Bundesraths kann auf Antrag bestimmt werden, daß und inwieweit die Bestimmungen des § 5 Abs. 1 bis 3 und des § 6 Abs. 1 auf Beamte, welche von anderen öffentlichen Verbänden oder von Körperschaften angestellt sind, sowie auf Lehrer und Erzieher an nicht öffentlichen Schulen oder Anstalten, sofern diesen Personen eine Anwartschaft auf Pension im Mindestbetrage der Invalidenrente nach den Sätzen der ersten Lohnklasse gewährleistet ist, und auf Personen Anwendung finden sollen, welchen auf Grund früherer Anstellung bei solchen Verbänden oder Körperschaften, Schulen oder Anstalten Pensionen, Wartegelder oder ähnliche Bezüge in dem genannten Mindestbetrage der Invalidenrente bewilligt sind.

Besondere Kasseneinrichtungen.

§ 8. Versicherungspflichtige Personen, welche in Betrieben des Reichs, eines Bundesstaats oder eines Kommunalverbandes beschäftigt werden, genügen der gesetzlichen Versicherungspflicht durch Betheiligung an einer für den betreffenden Betrieb bestehenden oder zu errichtenden besonderen Kasseneinrichtung, durch welche ihnen eine den reichsgesetzlich vorgesehenen Leistungen gleichwerthige Fürsorge

[1] Vgl. Bekanntmachung, betr. die Befreiung von der Versicherungspflicht auf Grund des § 6 Abs. 2 des Invalidenversicherungsgesetzes vom 24. Dez. 1899 (RGBl S. 721).

[2] Vgl. CBl 1896 S. 80; 1898 S. 427; 1900 S. 312; 1901 S. 16. 55.

gesichert ist, sofern bei der betreffenden Kasseneinrichtung folgende Voraussetzungen zutreffen:

1) Die Beiträge der Versicherten dürfen, soweit sie für die Invalidenversicherung in Höhe des reichsgesetzlichen Anspruchs entrichtet werden, die Hälfte des für den letzteren nach § 32 zu erhebenden Beitrags nicht übersteigen. Diese Bestimmung findet keine Anwendung, sofern in der betreffenden Kasseneinrichtung die Beiträge nach einem von der Berechnungsweise der §§ 32, 33 abweichenden Verfahren aufgebracht und in Folge dessen höhere Beiträge erforderlich werden, um die der Kasseneinrichtung aus Invaliden- und Altersrenten in Höhe des reichsgesetzlichen Anspruchs obliegenden Leistungen zu decken. Sofern hiernach höhere Beiträge zu erheben sind, dürfen die Beiträge der Versicherten diejenigen der Arbeitgeber nicht übersteigen.
2) Bei der Verwaltung der Kassen müssen die Versicherten mindestens nach Maßgabe des Verhältnisses ihrer Beiträge zu den Beiträgen der Arbeitgeber durch in geheimer Wahl gewählte Vertreter betheiligt sein.
3) Bei Berechnung der Wartezeit und der Rente ist den bei solchen Kasseneinrichtungen betheiligten Personen, soweit es sich um das Maß des reichsgesetzlichen Anspruchs handelt, unbeschadet der Bestimmung des § 46 die bei Versicherungsanstalten (§ 65) zurückgelegte Beitragszeit in Anrechnung zu bringen.
4) Ueber den Anspruch der einzelnen Betheiligten auf Gewährung von Invaliden- und Altersrente muß ein schiedsgerichtliches Verfahren unter Mitwirkung von Vertretern der Versicherten zugelassen sein.
5) Wenn für die Gewährung der reichsgesetzlichen Leistungen besondere Beiträge von den Versicherten erhoben werden oder eine Erhöhung der Beiträge derselben eingetreten ist oder eintritt, so dürfen die reichsgesetzlichen Renten auf die sonstigen Kassenleistungen nur insoweit angerechnet werden, daß der zur Auszahlung gelangende Theil der letzteren für die einzelnen Mitgliederklassen im Durchschnitte mindestens den Reichszuschuß erreicht.

Der Bundesrath bestimmt auf Antrag der zuständigen Reichs-, Staats- oder Kommunalbehörde, welche Kasseneinrichtungen (Pensions-, Alters-, Invalidenkassen) den vorstehenden Anforderungen entsprechen. Den vom Bundesrath anerkannten Kasseneinrichtungen dieser Art wird zu den von ihnen zu leistenden Invaliden- und Altersrenten der Reichszuschuß (§ 35) gewährt, sofern ein Anspruch auf solche Renten auch nach den reichsgesetzlichen Bestimmungen bestehen würde.[1]

---

[1] Vgl. Bekanntm. vom 9. März 1896 (CBl S. 79), 13. Juli 1900 (CBl S. 448).

§ 9. Vom 1. Januar 1891 ab wird die Betheiligung bei solchen vom Bundesrathe zugelassenen Kasseneinrichtungen der Versicherung in einer Versicherungsanstalt gleich geachtet.

Wenn bei einer solchen Kasseneinrichtung die Beiträge nicht in der nach §§ 130 ff. vorgeschriebenen Form erhoben werden, hat der Vorstand der Kasseneinrichtung den aus der letzteren ausscheidenden Personen die Dauer ihrer Betheiligung und für diesen Zeitraum die Höhe des bezogenen Lohnes, die Zugehörigkeit zu einer Krankenkasse sowie die Dauer etwaiger Krankheiten (§ 30) zu bescheinigen. Der Bundesrath ist befugt, über Form und Inhalt der Bescheinigung Vorschriften zu erlassen.

§ 10. Durch Beschluß des Bundesraths kann auf Antrag bestimmt werden, daß die Bestimmungen der §§ 8, 9 auf Mitglieder anderer Kasseneinrichtungen, welche die Fürsorge für den Fall der Invalidität und des Alters zum Gegenstande haben, Anwendung finden sollen.

§ 11. Durch Beschluß des Bundesraths kann der auf Grund des Gesetzes vom 13. Juli 1887 (Reichs-Gesetzbl. S. 329) errichteten See-Berufsgenossenschaft gestattet werden, unter ihrer Haftung eine besondere Einrichtung zu dem Zwecke zu begründen, die Invalidenversicherung nach Maßgabe dieses Gesetzes für diejenigen Personen zu übernehmen, welche in den zur Genossenschaft gehörenden Betrieben oder einzelnen Arten dieser Betriebe beschäftigt werden, sowie für diejenigen Unternehmer, welche gleichzeitig der Unfallversicherung und der Invalidenversicherung unterliegen. Eine solche Einrichtung darf jedoch nur gestattet werden, wenn für die Hinterbliebenen der darin versicherten Personen von der Genossenschaft zugleich eine Wittwen- und Waisenversorgung begründet wird. Werden solche Einrichtungen getroffen, so sind in denselben diejenigen Personen, für welche sie bestimmt sind, kraft Gesetzes versichert.

Werden die Versicherten zu Beiträgen herangezogen, so sind dieselben in gleicher Weise wie die Arbeitgeber bei der Verwaltung zu betheiligen.

Der Theil der Beiträge, welcher auf die Arbeitgeber entfällt, darf im Durchschnitte nicht niedriger sein als die Hälfte der Beiträge, welche auf Grund dieses Gesetzes (§ 32) zu zahlen sind. Die Beiträge der Versicherten dürfen nicht höher sein als die der Arbeitgeber.

Werden die Beiträge der Versicherten abgestuft, so sind auch die Renten für die Hinterbliebenen im gleichen Verhältniß abzustufen.

Die Wartezeit darf weder für die Invalidenversicherung noch für die Wittwen- und Waisenversorgung höher bemessen werden, als im § 29 vorgesehen ist.

Den Versicherten muß, wenn sie zeitweilig auf ausländischen Schiffen Beschäftigung nehmen, ihre Familien aber in Deutschland verbleiben, oder wenn sie aus anderen Gründen aus der versicherungspflichtigen Beschäftigung ausscheiden, die Weiterversicherung gemäß den Bestimmungen dieses Gesetzes nicht nur hinsichtlich der Invalidenversicherung, sondern auch in Bezug auf die Wittwen- und Waisenversorgung gestattet sein.

§ 12. Auf die im § 11 bezeichneten Einrichtungen finden die Bestimmungen der §§ 8, 9 entsprechende Anwendung; sie unterliegen der Beaufsichtigung durch das Reichs-Versicherungsamt nach Maßgabe der §§ 108 bis 110 dieses Gesetzes.

Die für die Unfallversicherung errichteten Schiedsgerichte sind auch für die von der See-Berufsgenossenschaft übernommene Invalidenversicherung sowie für die von ihr eingerichtete Wittwen- und Waisenversorgung zuständig.

§ 13. Beschlüsse der Genossenschaft, durch welche die im § 11 bezeichneten Einrichtungen getroffen werden, die hierfür erlassenen Statuten und deren Abänderungen bedürfen der Genehmigung des Bundesraths. Der Bundesrath beschließt, nachdem zuvor die im § 91 des Gesetzes vom 13. Juli 1887 bezeichneten, für die Versicherten berufenen Beisitzer der Schiedsgerichte gehört worden sind.

Der Bundesrath bestimmt den Zeitpunkt, mit welchem die Einrichtung in Wirksamkeit tritt.

Freiwillige Versicherung.

§ 14. Folgende Personen sind befugt, freiwillig in die Versicherung einzutreten, solange sie das vierzigste Lebensjahr nicht vollendet haben (Selbstversicherung):

1) Betriebsbeamte, Werkmeister, Techniker, Handlungsgehülfen und sonstige Angestellte, deren dienstliche Beschäftigung ihren Hauptberuf bildet, ferner Lehrer und Erzieher sowie Schiffsführer, sämmtlich sofern ihr regelmäßiger Jahresarbeitsverdienst an Lohn oder Gehalt mehr als zweitausend Mark, aber nicht über dreitausend Mark beträgt;
2) Gewerbetreibende und sonstige Betriebsunternehmer, welche nicht regelmäßig mehr als zwei versicherungspflichtige Lohnarbeiter beschäftigen, sowie Hausgewerbetreibende, sämmtlich soweit nicht durch Beschluß des Bundesraths (§ 2 Abs. 1) die Versicherungspflicht auf sie erstreckt worden ist;
3) Personen, welche auf Grund des § 3 Abs. 2 und § 4 Abs. 1 der Versicherungspflicht nicht unterliegen.

Diese Personen sind ferner berechtigt, beim Ausscheiden aus dem die Berechtigung der Selbstversicherung begründenden Verhältnisse die Selbstversicherung fortzusetzen und nach den Bestimmungen des § 46 zu erneuern.

Personen, welche aus einem die Versicherungspflicht begründenden Verhältniß ausscheiden, sind befugt, die Versicherung freiwillig fortzusetzen oder zu erneuern (Weiterversicherung).

Die in Betrieben, für welche eine besondere Kasseneinrichtung (§§ 8, 10, 11) errichtet ist, beschäftigten Personen der im Abs. 1

Ziffer 1 bis 3 bezeichneten Art sind berechtigt, sich bei der Kasseneinrichtung freiwillig zu versichern (Abs. 1). Die in solchen Betrieben beschäftigten versicherungspflichtigen Personen sind ferner beim Ausscheiden aus dem die Versicherungspflicht begründenden Arbeits- oder Dienstverhältnisse befugt, sich bei der besonderen Kasseneinrichtung weiter zu versichern (Abs. 2), solange sie nicht durch ein neues Arbeits- oder Dienstverhältniß bei einer anderen besonderen Kasseneinrichtung oder bei einer Versicherungsanstalt versicherungspflichtig werden. Solange die Voraussetzungen für die freiwillige Versicherung bei einer besonderen Kasseneinrichtung gegeben sind, findet die freiwillige Versicherung bei einer Versicherungsanstalt nicht statt.

Gegenstand der Versicherung.

§ 15. Gegenstand der Versicherung ist der Anspruch auf Gewährung einer Rente für den Fall der Erwerbsunfähigkeit oder des Alters.

Invalidenrente erhält ohne Rücksicht auf das Lebensalter derjenige Versicherte, welcher im Sinne des § 5 Abs. 4 dauernd erwerbsunfähig ist. Eine durch einen Unfall herbeigeführte Erwerbsunfähigkeit begründet unbeschadet der Vorschriften des § 113 den Anspruch auf Invalidenrente nur insoweit, als die zu gewährende Invalidenrente die gewährte Unfallrente übersteigt.

Altersrente erhält ohne Rücksicht auf das Vorhandensein von Erwerbsunfähigkeit derjenige Versicherte, welcher das siebenzigste Lebensjahr vollendet hat.

§ 16. Invalidenrente erhält auch derjenige nicht dauernd erwerbsunfähige Versicherte, welcher während sechsundzwanzig Wochen ununterbrochen erwerbsunfähig gewesen ist, für die weitere Dauer seiner Erwerbsunfähigkeit.

§ 17. Dem Versicherten steht ein Anspruch auf Invalidenrente nicht zu, wenn er die Erwerbsunfähigkeit vorsätzlich herbeigeführt hat. Die Gewährung der Rente kann ganz oder theilweise versagt werden, wenn der Versicherte die Erwerbsunfähigkeit bei Begehung eines durch strafgerichtliches Urtheil festgestellten Verbrechens oder vorsätzlichen Vergehens sich zugezogen hat. In Fällen der letzteren Art kann die Rente, sofern der Versicherte eine im Inlande wohnende Familie besitzt, deren Unterhalt er bisher aus seinem Arbeitsverdienste bestritten hat, ganz oder theilweise der Familie überwiesen werden.

§ 18. Ist ein Versicherter dergestalt erkrankt, daß als Folge der Krankheit Erwerbsunfähigkeit zu besorgen ist, welche einen Anspruch auf reichsgesetzliche Invalidenrente begründet, so ist die Versicherungsanstalt befugt, zur Abwendung dieses Nachtheils ein Heilverfahren in dem ihr geeignet erscheinenden Umfang eintreten zu lassen.

Die Versicherungsanstalt kann das Heilverfahren durch Unterbringung des Erkrankten in einem Krankenhaus oder in einer Anstalt für Genesende gewähren. Ist der Erkrankte verheirathet oder hat er eine eigene Haushaltung oder ist er Mitglied der Haushaltung seiner Familie, so bedarf es hierzu seiner Zustimmung.

Läßt die Versicherungsanstalt ein Heilverfahren eintreten, so gehen bei Versicherten, welche der reichs- oder landesgesetzlichen Krankenfürsorge unterliegen, vom Beginne dieses Heilverfahrens an bis zu dessen Beendigung die Verpflichtungen der Krankenkasse gegen den Versicherten auf die Versicherungsanstalt über. Dieser hat die Krankenkasse Ersatz zu leisten in Höhe desjenigen Krankengeldes, welches der Versicherte von der Krankenkasse für sich beanspruchen konnte.

Während des Heilverfahrens ist für solche Angehörigen des Versicherten, deren Unterhalt dieser bisher aus seinem Arbeitsverdienste bestritten hat, eine Unterstützung auch dann zu zahlen, wenn der Versicherte der reichs- oder landesgesetzlichen Krankenversorgung nicht unterliegt. Diese Angehörigenunterstützung beträgt, sofern der Versicherte der reichs- oder landesgesetzlichen Krankenfürsorge bis zum Eingreifen der Versicherungsanstalt unterlag, die Hälfte des für ihn während der gesetzlichen Dauer der Krankenunterstützung maßgebend gewesenen Krankengeldes, im Uebrigen ein Viertel des für den Ort seiner letzten Beschäftigung oder seines letzten Aufenthalts maßgebenden ortsüblichen Tagelohns gewöhnlicher Tagearbeiter. Wenn der Versicherte Invalidenrente erhält, kann dieselbe auf die Angehörigenunterstützung angerechnet werden.

§ 19. Die Versicherungsanstalt, welche ein Heilverfahren eintreten läßt, ist befugt, die Fürsorge für den Erkrankten der Krankenkasse, welcher er angehört oder zuletzt angehört hat, in demjenigen Umfange zu übertragen, welchen die Versicherungsanstalt für geboten erachtet. Werden dadurch der Kasse Leistungen auferlegt, welche über den Umfang der von ihr gesetzlich oder statutarisch zu leistenden Fürsorge hinausgehen, so hat die Versicherungsanstalt die entstehenden Mehrkosten zu ersetzen. Bestand eine Fürsorgepflicht der Krankenkasse nicht mehr, so ist ihr von der Versicherungsanstalt bei Gewährung der im § 6 Abs. 1 Ziffer 1 des Krankenversicherungsgesetzes bezeichneten Leistungen das halbe, bei Unterbringung des Versicherten in ein Krankenhaus oder in eine Anstalt für Genesende das einundeinhalbfache Krankengeld zu ersetzen, sofern nicht höhere Aufwendungen nachgewiesen werden.

§ 20. Als Krankenkassen im Sinne der Bestimmungen in den §§ 18, 19 gelten auch diejenigen Hülfskassen, welche die im § 75a des Krankenversicherungsgesetzes vorgesehene amtliche Bescheinigung besitzen.

§ 21. Ist die Krankheit, wegen deren das Heilverfahren eingeleitet wurde, auf einen nach den Reichsgesetzen über Unfallversicherung zu entschädigenden Unfall zurückzuführen, und ist durch das Heilverfahren der Eintritt der Erwerbsunfähigkeit (§§ 15, 16) verhindert und zugleich eine Entlastung des entschädigungspflichtigen

Trägers der Unfallversicherung herbeigeführt worden, indem die Unfallentschädigung ganz oder zum Theil nicht zu bewilligen war oder in Wegfall gekommen ist, so hat die Versicherungsanstalt gegen diesen Träger Anspruch auf Ersatz der Kosten des Heilverfahrens in dem im § 19 Satz 3 vorgesehenen Umfange. Ein Ersatz für Kosten des Heilverfahrens, welche vor dem Beginne der vierzehnten Woche nach dem Unfall entstanden sind, kann nicht beansprucht werden.

Für die Ansprüche des Versicherten an den Träger der Unfallversicherung ist die Uebernahme des Heilverfahrens durch die Versicherungsanstalt der Uebernahme durch den Träger der Unfallversicherung gleich zu achten.

§ 22. Wird der Versicherte in Folge der Krankheit erwerbsunfähig, so kann ihm, falls er sich den gemäß §§ 18, 19 von der Versicherungsanstalt getroffenen Maßnahmen ohne gesetzlichen oder sonst triftigen Grund entzogen hat, die Invalidenrente auf Zeit ganz oder theilweise versagt werden, sofern er auf diese Folgen hingewiesen worden ist und nachgewiesen wird, daß die Erwerbsunfähigkeit durch sein Verhalten veranlaßt ist.

§ 23. Streitigkeiten, welche aus den Bestimmungen in den §§ 18 bis 20, 22 zwischen den Versicherungsanstalten und den Versicherten entstehen, werden, soweit sie nicht bei der Rentenfeststellung zum Austrage gelangen, von der Aufsichtsbehörde der Versicherungsanstalten entschieden.

Streitigkeiten, welche aus den Bestimmungen in den §§ 18 bis 20, 22 zwischen den Versicherungsanstalten und den Krankenkassen entstehen, werden, sofern es sich um die Geltendmachung der den Versicherungsanstalten eingeräumten Befugnisse handelt, von der Aufsichtsbehörde der betheiligten Krankenkasse, sofern es sich aber um Ersatzansprüche handelt, im Verwaltungsstreitverfahren, oder, wo ein solches nicht besteht, ebenfalls durch die Aufsichtsbehörde der betheiligten Krankenkasse entschieden. Die Entscheidung dieser Aufsichtsbehörde ist im ersteren Falle endgültig; im letzteren Falle kann sie innerhalb eines Monats nach der Zustellung im Wege des Rekurses nach Maßgabe der §§ 20, 21 der Gewerbeordnung angefochten werden.

Streitigkeiten über Ersatzansprüche in den Fällen des § 21 Abs. 1 werden durch das Reichs-Versicherungsamt entschieden.

§ 24. Durch statutarische Bestimmung einer Gemeinde für ihren Bezirk oder eines weiteren Kommunalverbandes für seinen Bezirk oder Theile desselben kann, sofern daselbst nach Herkommen der Lohn der in land- oder forstwirthschaftlichen Betrieben beschäftigten Arbeiter ganz oder zum Theil in Form von Naturalleistungen gewährt wird, bestimmt werden, daß denjenigen in diesem Bezirke wohnenden Rentenempfängern, welche innerhalb desselben als Arbeiter in land- und forstwirthschaftlichen Betrieben ihren Lohn oder Gehalt ganz oder zum Theil in Form von Naturalleistungen bezogen haben, auch die Rente bis zu zwei Dritteln ihres Betrags in dieser Form gewährt wird. Der Werth der Naturalleistungen wird nach Durchschnittspreisen in Ansatz gebracht. Dieselben werden von der höheren Verwaltungsbehörde festgesetzt. Die statutarische Bestimmung bedarf der Genehmigung der höheren Verwaltungsbehörde.

Solchen Personen, welchen wegen gewohnheitsmäßiger Trunksucht nach Anordnung der zuständigen Behörde geistige Getränke in öffentlichen Schankstätten nicht verabfolgt werden dürfen, ist die Rente in derjenigen Gemeinde, für deren Bezirk eine solche Anordnung getroffen worden ist, auch ohne daß die Voraussetzungen des Abs. 1 vorliegen, ihrem vollen Betrage nach in Naturalleistungen zu gewähren.

Der Anspruch auf die Rente geht zu demjenigen Betrag, in welchem Naturalleistungen gewährt werden, auf den Kommunalverband, für dessen Bezirk eine solche Bestimmung getroffen ist, über, wogegen diesem die Leistung der Naturalien obliegt.

Dem Bezugsberechtigten, auf welchen vorstehende Bestimmungen Anwendung finden sollen, ist dies von dem Kommunalverbande mitzutheilen.

Der Bezugsberechtigte ist befugt, binnen zwei Wochen nach der Zustellung dieser Mittheilung die Entscheidung der Kommunalaufsichtsbehörde anzurufen. Auf demselben Wege werden alle übrigen Streitigkeiten entschieden, welche aus der Anwendung dieser Bestimmungen zwischen dem Bezugsberechtigten und dem Kommunalverband entstehen.

Sobald der Uebergang des Anspruchs auf Rente endgültig feststeht, hat auf Antrag des Kommunalverbandes der Vorstand der Versicherungsanstalt die Postverwaltung hiervon rechtzeitig in Kenntniß zu setzen.

§ 25. Auf Grund statutarischer Bestimmung der Versicherungsanstalt kann der Vorstand einem Rentenempfänger auf seinen Antrag an Stelle der Rente Aufnahme in ein Invalidenhaus oder in ähnliche von Dritten unterhaltene Anstalten auf Kosten der Versicherungsanstalt gewähren. Der Aufgenommene ist auf ein Vierteljahr und, wenn er die Erklärung nicht einen Monat vor Ablauf dieses Zeitraums zurücknimmt, jedesmal auf ein weiteres Vierteljahr an den Verzicht auf die Rente gebunden.

§ 26. Ist der Berechtigte ein Ausländer, so kann er, falls er seinen Wohnsitz im Deutschen Reiche aufgiebt, mit dem dreifachen Betrage der Jahresrente abgefunden werden. Durch Beschluß des Bundesraths kann diese Bestimmung für bestimmte Grenzgebiete oder für die Angehörigen solcher auswärtiger Staaten, durch deren Gesetzgebung deutschen Arbeitern eine entsprechende Fürsorge für den Fall der Erwerbsunfähigkeit oder des Alters gewährleistet ist, außer Kraft gesetzt werden.

Aufbringung der Mittel.

§ 27. Die Mittel zur Gewährung der in diesem Gesetze vorgesehenen Leistungen werden vom Reiche, von den Arbeitgebern und von den Versicherten aufgebracht.

Die Aufbringung der Mittel erfolgt seitens des Reichs durch Zuschüsse zu den in jedem Jahre thatsächlich zu zahlenden Renten (§ 35), seitens der Arbeitgeber und der Versicherten durch laufende Beiträge.

Die Beiträge entfallen auf den Arbeitgeber und den Versicherten zu gleichen Theilen (§§ 142, 144, 154) und sind für jede Beitragswoche (§ 30) zu entrichten.

Voraussetzungen des Anspruchs.

§ 28. Zur Erlangung eines Anspruchs auf Invaliden- oder Altersrente ist, außer dem Nachweise der Erwerbsunfähigkeit beziehungsweise des gesetzlich vorgesehenen Alters, erforderlich:

1) die Zurücklegung der vorgeschriebenen Wartezeit;
2) die Leistung von Beiträgen.

Wartezeit.

§ 29. Die Wartezeit beträgt:

1) bei der Invalidenrente, wenn mindestens einhundert Beiträge auf Grund der Versicherungspflicht geleistet worden sind, zweihundert Beitragswochen, anderenfalls fünfhundert Beitragswochen;
2) bei der Altersrente eintausendzweihundert Beitragswochen.

Die für die freiwillige Versicherung (§ 14) geleisteten Beiträge kommen auf die Wartezeit für die Invalidenrente nur dann zur Anrechnung, wenn mindestens einhundert Beiträge auf Grund eines die Versicherungspflicht oder die Berechtigung zur Selbstversicherung begründenden Verhältnisses geleistet worden sind.

Die Vorschrift des Abs. 2 findet keine Anwendung auf Beiträge, welche von den Versicherten innerhalb der ersten vier Jahre, nachdem die Versicherungspflicht für ihren Berufszweig in Kraft getreten ist, freiwillig geleistet worden sind.

Beitragsleistung.

§ 30. Für jede Woche, in welcher der Versicherte in einem die Versicherungspflicht begründenden Arbeits- oder Dienstverhältnisse gestanden hat, ist ein Versicherungsbeitrag zu entrichten (Beitragswoche). Die Beitragswoche beginnt mit dem Montag einer jeden Kalenderwoche.

Als Beitragswochen werden, ohne daß Beiträge entrichtet zu

werden brauchen, diejenigen vollen Wochen in Anrechnung gebracht, während deren Versicherte

1) behufs Erfüllung der Wehrpflicht in Friedens-, Mobilmachungs- oder Kriegszeiten zum Heere oder zur Marine eingezogen gewesen sind,
2) in Mobilmachungs- oder Kriegszeiten freiwillig militärische Dienstleistungen verrichtet haben,
3) wegen bescheinigter, mit zeitweiser Erwerbsunfähigkeit verbundener Krankheit an der Fortsetzung ihrer Berufsthätigkeit verhindert gewesen sind.

Diese Anrechnung erfolgt jedoch nur bei solchen Personen, welche vor den in Rede stehenden Zeiten berufsmäßig eine die Versicherungspflicht begründende Beschäftigung nicht lediglich vorübergehend aufgenommen haben.

Die Dauer einer Krankheit ist nicht als Beitragszeit in Anrechnung zu bringen, wenn der Betheiligte sich die Krankheit vorsätzlich oder bei Begehung eines durch strafgerichtliches Urtheil festgestellten Verbrechens, durch schuldhafte Betheiligung bei Schlägereien oder Raufhändeln oder durch Trunkfälligkeit zugezogen hat.

Bei Krankheiten, welche ununterbrochen länger als ein Jahr währen, kommt die über diesen Zeitraum hinausreichende Dauer der Krankheit als Beitragszeit nicht in Anrechnung.

Die an eine Krankheit sich anschließende Genesungszeit wird der Krankheit gleich geachtet. Dasselbe gilt von einem regelmäßig verlaufenden Wochenbette für die Dauer der dadurch veranlaßten Erwerbsunfähigkeit, aber höchstens für sechs Wochen von der Entbindung an gerechnet.

§ 31. Zum Nachweis einer Krankheit (§ 30) genügt die Bescheinigung des Vorstandes derjenigen Krankenkasse (§ 166) beziehungsweise derjenigen eingeschriebenen oder auf Grund landesrechtlicher Vorschriften errichteten Hülfskasse, welcher der Versicherte angehört hat, für diejenige Zeit aber, welche über die Dauer der von den betreffenden Kassen zu gewährenden Krankenunterstützung hinausreicht, sowie für diejenigen Personen, welche einer derartigen Kasse nicht angehört haben, die Bescheinigung der Gemeindebehörde. Die Kassenvorstände sind verpflichtet, diese Bescheinigungen den Versicherten sofort nach Beendigung der Krankenunterstützung oder der Fürsorge während der Genesungszeit von Amtswegen auszustellen und können hierzu von der Aufsichtsbehörde durch Geldstrafe bis zu einhundert Mark angehalten werden.

Für die in Reichs- und Staatsbetrieben beschäftigten Personen können die vorstehend bezeichneten Bescheinigungen durch die vorgesetzte Dienstbehörde ausgestellt werden. Für diese Fälle ist die Krankenkasse durch die Aufsichtsbehörde von der Ausstellungspflicht zu entbinden.

Der Nachweis geleisteter Militärdienste erfolgt durch Vorlegung der Militärpapiere.

Höhe der Beiträge.

§ 32. Die für die Beitragswoche zu entrichtenden Beiträge werden nach Lohnklassen (§ 34) im voraus auf bestimmte Zeiträume, und zwar zunächst für die Zeit bis zum 31. Dezember 1910, demnächst für je zehn weitere Jahre durch den Bundesrath einheitlich festgesetzt.

Gemeinlast. Sonderlast.

§ 33. Jede Versicherungsanstalt verwaltet ihre Einnahmen und ihr Vermögen (Gemeinvermögen und Sondervermögen) selbständig. Aus denselben sind die von allen Versicherungsträgern gemeinsam aufzubringende Last (Gemeinlast) und die den einzelnen Versicherungsträgern verbleibende besondere Last (Sonderlast) zu decken.

Die Gemeinlast wird gebildet durch drei Viertel sämmtlicher Altersrenten, die Grundbeträge aller Invalidenrenten, die Rentensteigerungen in Folge von Krankheitswochen (§ 40 Abs. 1) und die Rentenabrundungen (§ 38). Alle übrigen Verpflichtungen bilden die Sonderlast der Versicherungsanstalt.

Zur Deckung der Gemeinlast werden in jeder Versicherungsanstalt vom 1. Januar 1900 ab vier Zehntel der Beiträge buchmäßig ausgeschieden (Gemeinvermögen). Dem Gemeinvermögen sind für seinen buchmäßigen Bestand von der Versicherungsanstalt Zinsen gutzuschreiben. Den Zinsfuß bestimmt der Bundesrath für die im § 32 Abs. 1 bestimmten Zeiträume einheitlich für alle Versicherungsanstalten.[1]

Ergiebt sich bei Ablauf der im § 32 Abs. 1 bezeichneten Zeiträume, daß das Gemeinvermögen zur Deckung der Gemeinlast nicht ausreicht oder nicht erforderlich ist, so hat der Bundesrath für den nächstfolgenden Zeitraum über die Höhe des für das Gemeinvermögen buchmäßig auszuscheidenden Theiles der Beiträge zwecks Ausgleichung der entstandenen Fehlbeträge oder Ueberschüsse zu beschließen.

Eine Erhöhung des für das Gemeinvermögen buchmäßig auszuscheidenden Theiles der Beiträge bedarf der Zustimmung des Reichstags.

Das am 31. Dezember 1899 angesammelte gesammte Vermögen der Versicherungsanstalten und weiter das bei Ablauf der im § 32 Abs. 1 bezeichneten Zeiträume angesammelte Vermögen der Versicherungsanstalten, soweit es nicht buchmäßig für die Gemeinlast ausgeschieden ist, darf zur Deckung der Gemeinlast nicht herangezogen werden.

---

[1] Vgl. Bekanntm. vom 31. Januar 1901 (CBl S. 24).

Lohnklassen.

§ 34. Nach der Höhe des Jahresarbeitsverdienstes werden für die Versicherten folgende Lohnklassen gebildet:

Klasse I bis zu 350 Mark einschließlich,
" II von mehr als 350 bis zu 550 Mark,
" III von mehr als 550 bis zu 850 Mark,
" IV von mehr als 850 bis zu 1150 Mark,
" V von mehr als 1150 Mark.

Der Versicherte kann die Versicherung in einer höheren als derjenigen Lohnklasse, welche nach den vorstehenden Bestimmungen für ihn maßgebend sein würde, beanspruchen. In diesen Fällen ist jedoch der auf den Arbeitgeber entfallende Theil des Beitrags, sofern nicht die Versicherung in der höheren Lohnklasse von dem Arbeitgeber und dem Versicherten vereinbart ist, nicht nach der höheren, sondern nach der für den Versicherten maßgebenden Lohnklasse zu bemessen.

Die Landes-Zentralbehörde kann anordnen, daß die nach Abs. 2 für die einzelnen Orte maßgebenden Lohnklassen und Beiträge (§ 32) sowie die Klassen von Versicherten, welche an dem betreffenden Orte in die einzelnen Lohnklassen entfallen, von der Versicherungsanstalt in jedem Orte ihres Bezirkes bekannt zu machen sind.

Berechnung der Renten.

§ 35. Die Renten werden nach den Lohnklassen (§ 34) und nach Jahresbeträgen berechnet. Sie bestehen aus einem in der Höhe verschiedenen Betrage, welcher, vorbehaltlich der Vorschrift des § 40 Abs. 2, von den Versicherungsanstalten aufzubringen ist, und aus einem festen Zuschusse des Reichs, der für jede Rente jährlich fünfzig Mark beträgt.

§ 36. Die Berechnung des von den Versicherungsanstalten aufzubringenden Theiles der Invalidenrenten erfolgt in der Weise, daß einem Grundbetrage die der Zahl der Beitragswochen entsprechenden Steigerungssätze hinzugerechnet werden.

Der Grundbetrag beläuft sich:

für	die	Lohnklasse	I	auf	60	Mark,
"	"	"	II	"	70	"
"	"	"	III	"	80	"
"	"	"	IV	"	90	"
"	"	"	V	"	100	"

Der Berechnung des Grundbetrags der Invalidenrente werden stets fünfhundert Beitragswochen zu Grunde gelegt. Sind weniger als fünfhundert Beitragswochen nachgewiesen, so werden für die fehlenden Wochen Beiträge der Lohnklasse I in Ansatz gebracht; sind mehr als fünfhundert Beitragswochen nachgewiesen, so sind stets die fünfhundert Beiträge der höchsten Lohnklassen zu Grunde zu legen. Kommen für diese fünfhundert Wochen verschiedene Lohnklassen in Betracht, so wird als Grundbetrag der Durchschnitt der diesen Beitragswochen entsprechenden Grundbeträge in Ansatz gebracht.

Der Steigerungssatz beträgt für jede Beitragswoche:

in der Lohnklasse	I	3 Pfennig,
= = =	II	6 =
= = =	III	8 =
= = =	IV	10 =
= = =	V	12 =

Für die Beitragswoche kann nur ein Steigerungssatz in Anrechnung gebracht werden. Sind mehr Beitragsmarken verwendet, als hiernach Beitragswochen in Anrechnung gebracht werden dürfen, und können die zu Unrecht beigebrachten Marken nicht mehr ermittelt werden, so sind die Beiträge durch Ausscheidung der für die niedrigeren Lohnklassen entrichteten Marken bis auf die zulässige Höchstzahl zu mindern.

§ 37. Der von den Versicherungsanstalten aufzubringende Theil der Altersrente beträgt:

in der Lohnklasse	I	60 Mark,
= = =	II	90 =
= = =	III	120 =
= = =	IV	150 =
= = =	V	180 =

Kommen Beiträge in verschiedenen Lohnklassen in Betracht, so wird der Durchschnitt der diesen Beiträgen entsprechenden Altersrente gewährt. Sind mehr als eintausendzweihundert Beitragswochen nachgewiesen, so sind die eintausendzweihundert Beiträge der höchsten Lohnklassen der Berechnung zu Grunde zu legen.

§ 38. Die Renten sind auf volle fünf Pfennig für den Monat nach oben abzurunden und in monatlichen Theilbeträgen im voraus zu zahlen. Für denjenigen Kalendermonat, in welchem die den Wegfall oder das Ruhen des Rentenanspruchs bewirkende Thatsache eintritt, ist der gezahlte Monatsbetrag der Rente zu belassen.

§ 39. Für einen Versicherten, welcher bei einer der nach §§ 8, 10, 11 zugelassenen Kasseneinrichtungen betheiligt gewesen ist, wird bei Berechnung der Rente für jede Woche der Betheiligung nach dem 1. Januar 1891 diejenige Lohnklasse in Rechnung gebracht, welcher derselbe nach dem von ihm wirklich bezogenen Lohne angehört haben würde, wenn er bei einer Versicherungsanstalt versichert gewesen wäre. Hat der Versicherte gleichzeitig einer Knappschaftskasse oder einer Orts-, Betriebs- (Fabrik-), Bau- oder Innungs-Krankenkasse angehört, so bestimmt sich die in Rechnung zu bringende Lohnklasse nach den Bestimmungen des § 34 Abs. 2 Ziffer 1 beziehungsweise 4 und des § 34 Abs. 3.

§ 40. Für die nach § 30 als Beitragszeit geltende Dauer bescheinigter Krankheiten und militärischer Dienstleistungen wird bei Berechnung der Rente die Lohnklasse II zu Grunde gelegt.

Den auf die Dauer militärischer Dienstleistungen entfallenden Antheil der Rente übernimmt das Reich (§ 125).

§ 41. Die Invalidenrente beginnt mit dem Tage, an welchem der Verlust der Erwerbsfähigkeit eingetreten ist. Als dieser Zeitpunkt gilt, sofern nicht ein anderer in der Entscheidung festgestellt wird, der Tag, an welchem der Antrag auf Bewilligung der Rente bei der zuständigen Behörde eingegangen ist (§ 112 Abs. 1).

Die Altersrente beginnt frühestens mit dem ersten Tage des einundsiebenzigsten Lebensjahrs.

Für Zeiten, die beim Eingange des Antrags auf Bewilligung einer Rente länger als ein Jahr zurückliegen, wird die Rente nicht gewährt.

Stirbt ein Versicherter, dessen Rentenantrag noch zu seinen Lebzeiten bei der zuständigen Behörde eingegangen war, so ist zur Fortsetzung des Verfahrens und im Falle der Bewilligung der Rente zum Bezuge der bis zum Todestage fälligen Rentenbeträge an erster Stelle der Ehegatte berechtigt, sofern derselbe mit dem Rentenberechtigten bis zu dessen Tode in häuslicher Gemeinschaft gelebt hat; wenn ein solcher nicht vorhanden ist, tritt die Rechtsnachfolge nach den Bestimmungen des bürgerlichen Rechtes ein.

Erstattung von Beiträgen.

§ 42. Weiblichen Personen, welche eine Ehe eingehen, bevor ihnen die eine Rente (§§ 15, 16) bewilligende Entscheidung zugestellt ist, steht ein Anspruch auf Erstattung der Hälfte der für sie geleisteten Beiträge zu, wenn die letzteren vor Eingehung der Ehe für mindestens zweihundert Wochen entrichtet worden sind. Dieser Anspruch muß bei Vermeidung des Ausschlusses vor Ablauf eines Jahres nach dem Tage der Verheirathung geltend gemacht werden. Der zu erstattende Betrag wird auf volle Mark nach oben abgerundet.

Mit der Erstattung erlischt die durch das frühere Versicherungsverhältniß begründete Anwartschaft.

§ 43. Werden versicherte Personen durch einen Unfall dauernd erwerbsunfähig im Sinne dieses Gesetzes und steht ihnen nach § 15 Abs. 2 Satz 2 für die Zeit des Bezugs der Unfallrente ein Anspruch auf Invalidenrente nicht zu, so ist ihnen auf ihren Antrag die Hälfte der für sie entrichteten Beiträge zu erstatten. Der Anspruch muß bei Vermeidung des Ausschlusses vor Ablauf von zwei Jahren nach dem Unfalle geltend gemacht werden. Die Bestimmungen des § 42 Abs. 1 Satz 3 und Abs. 2 finden Anwendung.

§ 44. Wenn eine männliche Person, für welche mindestens für zweihundert Wochen Beiträge entrichtet worden sind, verstirbt, bevor ihr die eine Rente (§§ 15, 16) bewilligende Entscheidung zugestellt ist, so steht der hinterlassenen Wittwe oder, falls eine solche nicht vorhanden ist, den hinterlassenen ehelichen Kindern unter fünfzehn Jahren ein Anspruch auf Erstattung der Hälfte der für den Verstorbenen entrichteten Beiträge zu.

Wenn eine weibliche Person, für welche mindestens für zweihundert Wochen Beiträge entrichtet worden sind, verstirbt, bevor ihr die eine Rente (§§ 15, 16) bewilligende Entscheidung zugestellt ist, so steht den hinterlassenen vaterlosen Kindern unter fünfzehn Jahren ein Anspruch auf Erstattung der Hälfte der für die Verstorbene entrichteten Beiträge zu. Ein gleicher Anspruch steht unter denselben Voraussetzungen den hinterlassenen, noch nicht fünfzehn Jahre alten Kindern einer solchen weiblichen Person zu, deren Ehemann sich von der häuslichen Gemeinschaft ferngehalten und sich der Pflicht der Unterhaltung der Kinder entzogen hat. War die weibliche Person wegen Erwerbsunfähigkeit ihres Ehemanns die Ernährerin der Familie, so steht ein gleicher Erstattungsanspruch dem hinterlassenen Wittwer zu.

Der Erstattungsanspruch muß bei Vermeidung des Ausschlusses vor Ablauf eines Jahres nach dem Tode des Versicherten erhoben werden. Der zu erstattende Betrag wird auf volle Mark nach oben abgerundet.

Schwebt beim Tode des Versicherten bereits ein Rentenfeststellungsverfahren, so schließt der Erstattungsanspruch den Anspruch der Erben auf die rückständigen Rentenbeträge aus, solange nicht eine den letzteren anerkennende Entscheidung zugestellt ist.

Vorstehende Bestimmungen finden keine Anwendung, soweit den Hinterbliebenen aus Anlaß des Todes des Versicherten auf Grund der Unfallversicherungsgesetze Renten gewährt werden.

§ 45. Durch übereinstimmenden Beschluß des Vorstandes und des Ausschusses kann bestimmt werden, daß die Ueberschüsse des Sondervermögens einer Versicherungsanstalt über den zur Deckung ihrer Verpflichtungen dauernd erforderlichen Bedarf zu anderen als den im Gesetze vorgesehenen Leistungen im wirthschaftlichen Interesse der der Versicherungsanstalt angehörenden Rentenempfänger, Versicherten sowie ihrer Angehörigen verwendet werden.

Solche Beschlüsse bedürfen der Genehmigung des Bundesraths. Die Genehmigung kann widerrufen werden, wenn das Sondervermögen der Versicherungsanstalt zur dauernden Deckung ihrer Verpflichtungen nicht mehr ausreicht.

Erlöschen der Anwartschaft.

§ 46. Die aus der Versicherungspflicht sich ergebende Anwartschaft erlischt, wenn während zweier Jahre nach dem auf der Quittungskarte (§ 131) verzeichneten Ausstellungstag ein die Versicherungspflicht begründendes Arbeits- oder Dienstverhältniß, auf Grund dessen Beiträge entrichtet sind, oder die Weiterversicherung (§ 14

Abs. 2) nicht oder in weniger als insgesammt zwanzig Beitragswochen bestanden hat.

Den Beitragswochen im Sinne des vorigen Absatzes werden gleich behandelt die Zeiten,

1) welche nach § 30 als Beitragszeiten angerechnet werden,
2) während deren der Anwärter eine Unfallrente für eine Verminderung der Erwerbsfähigkeit um mindestens zwanzig Prozent oder aus Kassen der in den §§ 8, 10, 11, 52 bezeichneten Art Invaliden- oder Altersrenten bezog, ohne gleichzeitig eine nach diesem Gesetze versicherungspflichtige Beschäftigung auszuüben.

Bei der Selbstversicherung und ihrer Fortsetzung (§ 14 Abs. 1) müssen zur Aufrechterhaltung der Anwartschaft während der im Abs. 1 bezeichneten Frist mindestens vierzig Beiträge entrichtet werden.

Die Anwartschaft lebt wieder auf, sobald durch Wiedereintreten in eine versicherungspflichtige Beschäftigung oder durch freiwillige Beitragsleistung das Versicherungsverhältniß erneuert und danach eine Wartezeit von zweihundert Beitragswochen zurückgelegt ist.

Entziehung der Invalidenrente.

§ 47. Tritt in den Verhältnissen des Empfängers einer Invalidenrente eine Veränderung ein, welche ihn nicht mehr als erwerbsunfähig (§§ 15, 16) erscheinen läßt, so kann demselben die Rente entzogen werden.

Ist begründete Annahme vorhanden, daß der Empfänger einer Invalidenrente bei Durchführung eines Heilverfahrens die Erwerbsfähigkeit wieder erlangen werde, so kann die Versicherungsanstalt zu diesem Zwecke ein Heilverfahren eintreten lassen. Dabei finden die Bestimmungen des § 18 Abs. 2 bis 4, §§ 19 bis 21, 23 mit der Maßgabe Anwendung, daß an Stelle der Angehörigenunterstützung die Invalidenrente treten kann. Hat sich der Rentenempfänger solchen Maßnahmen der Versicherungsanstalt ohne gesetzlichen oder sonst triftigen Grund entzogen, so kann ihm die Rente auf Zeit ganz oder theilweise entzogen werden, sofern auf diese Folgen hingewiesen worden ist und nachgewiesen wird, daß er durch sein Verhalten die Wiedererlangung der Erwerbsfähigkeit vereitelt hat.

Die Entziehung der Rente tritt mit Ablauf des Monats in Wirksamkeit, in welchem der die Entziehung aussprechende Bescheid zugestellt worden ist.

Wird die Rente von neuem oder wird an Stelle einer nach § 16 gewährten Invalidenrente eine Rente für dauernde Erwerbsunfähigkeit (§ 15) bewilligt oder wird eine Altersrente bewilligt, so ist die Zeit des früheren Rentenbezugs dem Versicherten ebenso wie eine bescheinigte Krankheitszeit (§ 40 Abs. 1) anzurechnen. Die Vorschriften des § 30 Abs. 5 und des § 46 Abs. 1, 3 finden auf diese Zeit keine Anwendung.

Ruhen der Rente.

§ 48. Das Recht auf Bezug der Rente ruht:

1) für diejenigen Personen, welche auf Grund der reichsgesetzlichen Bestimmungen über Unfallversicherung eine Rente beziehen, solange und soweit die Unfallrente unter Hinzurechnung der ihnen nach dem gegenwärtigen Gesetze zugesprochenen Rente den siebenundeinhalbfachen Grundbetrag der Invalidenrente (§ 36, Abs. 2, 3) übersteigt;
2) für die in den §§ 5, 6 Abs. 1, § 7 bezeichneten Personen, solange und soweit die denselben gewährten Pensionen, Wartegelder oder ähnlichen Bezüge unter Hinzurechnung der ihnen nach dem gegenwärtigen Gesetze zugesprochenen Rente den in Ziffer 1 bezeichneten Höchstbetrag übersteigen;
3) solange der Berechtigte eine die Dauer von einem Monat übersteigende Freiheitsstrafe verbüßt oder solange er in einem Arbeitshaus oder in einer Besserungsanstalt untergebracht ist;
4) solange der Berechtigte nicht im Inlande seinen gewöhnlichen Aufenthalt hat. Durch Beschluß des Bundesraths kann diese Bestimmung für bestimmte Grenzgebiete oder für solche auswärtige Staaten, durch deren Gesetzgebung deutschen Arbeitern eine entsprechende Fürsorge für den Fall der Erwerbsunfähigkeit und des Alters gewährleistet ist, außer Kraft gesetzt werden.[1]

Hat in den Fällen der Ziffer 3 der Rentenberechtigte eine im Inlande wohnende Familie, deren Unterhalt er bisher aus seinem Arbeitsverdienste bestritten hat, so ist dieser die Rente zu überweisen.

Während des Bezugs von Invalidenrente ruht der Anspruch auf die Altersrente. Auf diesen Fall findet die Bestimmung des § 38 Satz 2 keine Anwendung.

Verhältniß zu anderen Ansprüchen.

§ 49. Die auf gesetzlicher Vorschrift beruhende Verpflichtung von Gemeinden und Armenverbänden zur Unterstützung hülfsbedürftiger Personen sowie sonstige gesetzliche, statutarische oder auf Vertrag beruhende Verpflichtungen zur Fürsorge für alte, kranke, erwerbsunfähige oder hülfsbedürftige Personen werden durch dieses Gesetz nicht berührt.

Wenn von einer Gemeinde oder einem Armenverband an hülfsbedürftige Personen Unterstützungen für einen Zeitraum geleistet werden, für welchen diesen Personen ein Anspruch auf Invaliden- oder Altersrente zustand oder noch zusteht, so ist ihnen hierfür durch Ueberweisung von Rentenbeträgen Ersatz zu leisten.

Ist die Unterstützung eine vorübergehende, so können als Ersatz höchstens drei Monatsbeträge der Rente, und zwar mit nicht mehr als der Hälfte, in Anspruch genommen werden.

---

[1] Vgl. Bekanntm. vom 16. Mai 1891 (CBl S. 97), 5. Mai 1892 (CBl S. 317), 9. Nov. 1895 (CBl S. 379).

Ist die Unterstützung eine fortlaufende, so kann als Ersatz, wenn die Unterstützung in der Gewährung des Unterhalts in einer Anstalt besteht, für dessen Dauer und in dem zur Ersatzleistung erforderlichen Betrage die fortlaufende Ueberweisung der vollen Rente, im Uebrigen die fortlaufende Ueberweisung von höchstens der halben Rente beansprucht werden.

§ 50. Der Antrag auf Ueberweisung von Rentenbeträgen (§ 49 Abs. 2 bis 4) ist bei einer der im § 112 Abs. 1 bezeichneten Behörden anzumelden; soweit es sich um den Ersatz für eine vorübergehende Unterstützung handelt, ist der Anspruch bei Vermeidung des Ausschlusses spätestens binnen drei Monaten seit Beendigung der Unterstützung geltend zu machen.

Den Gemeinden und Armenverbänden steht die Geltendmachung des Ersatzanspruchs auch dann zu, wenn die hülfsbedürftige Person, welcher ein Anspruch auf Invaliden- oder Altersrente zustand, vor Stellung des Rentenantrags verstorben ist. Die Bestimmung im § 44 Abs. 4 findet entsprechende Anwendung.

Streitigkeiten, welche zwischen den Betheiligten über den Anspruch auf Ueberweisung von Entschädigungsbeträgen entstehen, werden im Verwaltungsstreitverfahren oder, wo ein solches nicht besteht, durch die dem Ersatzberechtigten vorgesetzte Aufsichtsbehörde entschieden. Die Entscheidung der letzteren kann innerhalb eines Monats nach der Zustellung im Wege des Rekurses nach Maßgabe der §§ 20, 21 der Gewerbeordnung angefochten werden.

§ 51. Die Bestimmungen der §§ 49, 50 gelten auch für Betriebsunternehmer und Kassen, welche die den Gemeinden oder Armenverbänden obliegende Verpflichtung zur Unterstützung Hülfsbedürftiger auf Grund gesetzlicher Vorschrift erfüllen.

§ 52. Fabrikkassen, Knappschaftskassen, Seemannskassen und andere für gewerbliche, landwirthschaftliche oder ähnliche Unternehmungen bestehende Kasseneinrichtungen, welche ihren nach den reichsgesetzlichen Bestimmungen versicherten Mitgliedern für den Fall des Alters oder der Erwerbsunfähigkeit Renten oder Kapitalien gewähren, sind berechtigt, diese Unterstützungen für solche Personen, welche auf Grund der reichsgesetzlichen Bestimmungen einen Anspruch auf Invaliden- oder Altersrenten haben, um den Werth der letzteren oder zu einem geringeren Betrage zu ermäßigen, sofern gleichzeitig die Beiträge der Betriebsunternehmer und Kassenmitglieder oder im Falle der Zustimmung der Betriebsunternehmer wenigstens diejenigen der Kassenmitglieder in entsprechendem Verhältnisse herabgemindert werden. Auf statutenmäßige Kassenleistungen, welche vor dem betreffenden Beschlusse der zuständigen Organe oder vor dem 1. Januar 1891 aus der Kasse bewilligt worden sind, erstreckt sich die Ermäßigung nicht.

Die hierzu erforderliche Abänderung der Statuten bedarf der Genehmigung der zuständigen Landesbehörde. Die letztere ist befugt, eine entsprechende Abänderung der Statuten ihrerseits mit rechtsgültiger Wirkung vorzunehmen, sofern die zu den erwähnten Kasseneinrichtungen beitragenden Betriebsunternehmer oder die Mehrheit der Kassenmitglieder die Abänderung beantragt haben, die letztere aber von den zuständigen Organen der Kasse abgelehnt worden ist.

Der Ermäßigung der Beiträge bedarf es nicht, sofern die durch die Herabminderung der Unterstützungen ersparten Beträge zu anderen Wohlfahrtseinrichtungen für Betriebsbeamte, Arbeiter oder deren Hinterbliebene verwendet werden sollen und diese anderweite Verwendung durch das Statut geregelt und von der Aufsichtsbehörde genehmigt wird, oder soweit die Beiträge in der bisherigen Höhe erforderlich sind, um die der Kasse verbleibenden Leistungen zu decken.

§ 53. Die Bestimmungen des § 46 Abs. 2 Ziffer 2 und des § 52 finden auch auf die zur Fürsorge für Invalidität und Alter bestehenden Kassen Anwendung, hinsichtlich deren auf Grund ortsstatutarischer Bestimmungen eine Verpflichtung zum Beitritte besteht.

§ 54. Insoweit den nach Maßgabe der reichsgesetzlichen Bestimmungen zum Bezuge von Invalidenrenten berechtigten Personen ein gesetzlicher Anspruch auf Ersatz des ihnen durch die Invalidität entstandenen Schadens gegen Dritte zusteht, geht derselbe auf die Versicherungsanstalt bis zum Betrage der von dieser zu gewährenden Rente über.

Unpfändbarkeit der Ansprüche.

§ 55. Die Uebertragung der aus den reichsgesetzlichen Bestimmungen sich ergebenden Ansprüche auf Dritte sowie deren Verpfändung oder Pfändung hat nur insoweit rechtliche Wirkung, als sie erfolgt:

1) zur Deckung eines Vorschusses, welcher dem Berechtigten auf seine Ansprüche vor Anweisung der Rente von seinem Arbeitgeber oder einem Organe der Versicherungsanstalt oder dem Mitglied eines solchen Organs gegeben worden ist;
2) zur Deckung der im § 850 Abs. 4 der Civilprozeßordnung in der Fassung der Bekanntmachung vom 20. Mai 1898 (Reichs-Gesetzbl. S. 369) bezeichneten Forderungen;
3) zur Deckung von Forderungen der nach §§ 49, 51 ersatzberechtigten Gemeinden und Armenverbände sowie der an deren Stelle getretenen Betriebsunternehmer und Kassen.

Die Rentenforderungen dürfen nur auf Ersatzforderungen für bezogene Unfallrenten und Entschädigungen, soweit der Anspruch auf diese nach §§ 54, 113 Abs. 2 auf die Versicherungsanstalt übergegangen ist, auf geschuldete Beiträge, auf gezahlte Vorschüsse, auf zu Unrecht gezahlte Rentenbeträge, auf die zu erstattenden Kosten des Verfahrens und auf die von den Organen der Versicherungsanstalten verhängten Geldstrafen aufgerechnet werden.

Ausnahmsweise darf der Berechtigte den Anspruch auf die Rente ganz oder zum Theil auf andere übertragen, sofern dies von der unteren Verwaltungsbehörde genehmigt wird.

II. Organisation.

§ 56. Die Durchführung der Invalidenversicherung erfolgt unter Mitwirkung der Landesverwaltungs- und der Postbehörden durch Versicherungsanstalten und ihre Organe (§§ 65 ff.), durch Schiedsgerichte (§§ 103 ff.) sowie durch das Reichs-Versicherungsamt und die Landes-Versicherungsämter (§§ 108 ff.).

A. Mitwirkung der Landesverwaltungsbehörden.

B. Versicherungsanstalten.

1. Errichtung.

§ 65. Die Versicherungsanstalten werden nach Bestimmung der Landesregierungen für weitere Kommunalverbände ihres Gebiets oder für das Gebiet des Bundesstaats oder Theile desselben errichtet.

Auch kann für mehrere Bundesstaaten oder Gebietstheile derselben sowie für mehrere weitere Kommunalverbände eines Bundesstaats eine gemeinsame Versicherungsanstalt errichtet werden.[1]

In der Versicherungsanstalt sind alle diejenigen Personen zu versichern, welche in deren Bezirke beschäftigt werden. Auf die Bestimmung des Beschäftigungsorts finden die Vorschriften des § 5a des Krankenversicherungsgesetzes Anwendung. Soweit die Beschäftigung in einem Betriebe stattfindet, dessen Sitz in dem Bezirk einer anderen Versicherungsanstalt belegen ist, kann mit Zustimmung der betheiligten Versicherungsanstalten die Versicherung auch bei der Versicherungsanstalt des Betriebssitzes erfolgen. Diese Zustimmung muß auf Antrag des zur Beitragsleistung verpflichteten Arbeitgebers ertheilt werden, wenn die beschäftigten Personen Mitglieder einer für den Betrieb errichteten Betriebs- (Fabrik-) Krankenkasse sind. Findet die Beschäftigung vorübergehend im Ausland, aber in einem Betriebe statt, dessen Sitz im Inlande belegen ist, so erfolgt die Versicherung bei der Versicherungsanstalt des Betriebssitzes.

Bei ausländischen Binnenschiffen gilt als Beschäftigungsort des Personals der Sitz derjenigen Versicherungsanstalt, in deren Bezirke das Schiff bei Ueberfahren der Grenze zuerst eintritt.

§ 66. Die Errichtung der Versicherungsanstalten bedarf der Genehmigung des Bundesraths. Soweit die Genehmigung nicht ertheilt wird, kann der Bundesrath nach Anhörung der betheiligten Landesregierungen die Errichtung von Versicherungsanstalten anordnen.

§ 67. Der Sitz der Versicherungsanstalt wird durch die Landesregierung bestimmt.

Ist die Versicherungsanstalt für mehrere Bundesstaaten oder Gebietstheile derselben errichtet, so bestimmt den Sitz, falls eine Vereinbarung der betheiligten Landesregierungen nicht zu Stande kommt, der Bundesrath.

---

[1] Vgl. CBl 1890 S. 53.

§ 68. Die Versicherungsanstalt kann unter ihrem Namen Rechte erwerben und Verbindlichkeiten eingehen, vor Gericht klagen und verklagt werden. Für ihre Verbindlichkeiten haftet den Gläubigern das Anstaltsvermögen, soweit dasselbe zur Deckung der Verpflichtungen der Versicherungsanstalt nicht ausreicht, der Kommunalverband, für welchen die Versicherungsanstalt errichtet ist, im Falle seines Unvermögens oder wenn die Versicherungsanstalt für den Bundesstaat oder Theile desselben errichtet ist, der Bundesstaat.

Ist die Versicherungsanstalt für mehrere Kommunalverbände oder Bundesstaaten oder Theile solcher errichtet, so bemißt sich deren im Falle der Unzulänglichkeit des Anstaltsvermögens eintretende Haftung nach dem Verhältnisse der auf Grund der letzten Volkszählung festgestellten Bevölkerungsziffer derjenigen Bezirke, mit welchen sie an der Versicherungsanstalt betheiligt sind.

Die Mittel der Versicherungsanstalt dürfen für andere als die in diesem Gesetze vorgesehenen Zwecke nicht verwendet werden. Ihre Einnahmen und Ausgaben sind gesondert zu verrechnen, ihre Bestände gesondert zu verwahren.

Die Versicherungsanstalt darf andere als die in diesem Gesetz ihr übertragenen Geschäfte nicht übernehmen.

C. Schiedsgerichte.[1]

§ 103. Für den Bezirk jeder Versicherungsanstalt wird mindestens ein Schiedsgericht errichtet.

Die Zahl, die Bezirke und die Sitze der Schiedsgerichte werden von der Zentralbehörde des Bundesstaats, in dessen Gebiete die Versicherungsanstalt ihren Sitz hat, bestimmt. Für gemeinsame Versicherungsanstalten wird diese Bestimmung, sofern ein Einverständniß unter den betheiligten Landesregierungen nicht erzielt wird, vom Reichskanzler getroffen.

D. Reichs-Versicherungsamt und Landes-Versicherungsämter.

Reichs-Versicherungsamt.

§ 108. Die Versicherungsanstalten unterliegen der Beaufsichtigung durch das Reichs-Versicherungsamt. Das Aufsichtsrecht des letzteren erstreckt sich auf die Beobachtung der gesetzlichen und statutarischen Vorschriften.

Alle Entscheidungen des Reichs-Versicherungsamts sind endgültig, soweit in diesem Gesetze nicht ein Anderes bestimmt ist.

Das Reichs-Versicherungsamt ist befugt, jederzeit eine Prüfung der Geschäftsführung der Versicherungsanstalten vorzunehmen. Die Mitglieder der Vorstände und sonstigen Organe der Versicherungs-

---

[1] Vgl. VO, betr. das Verfahren vor den auf Grund des Invalidenversicherungsgesetzes errichteten Schiedsgerichten. Vom 6. Dezember 1899 (RGBl S. 677). Vgl. VO, betr. das Verfahren vor den Schiedsgerichten für Arbeiterversicherung. Vom 22. November 1900 (RGBl S. 1017).

anstalten sind auf Erfordern des Reichs-Versicherungsamts verpflichtet, ihre Bücher, Beläge, Werthpapiere und Geldbestände sowie ihre auf den Inhalt der Bücher und die Festsetzung der Renten 2c. bezüglichen Schriftstücke vorzulegen und die sonstigen Mittheilungen zu machen, die zur Ausübung des Aufsichtsrechts als erforderlich erachtet werden. Das Reichs-Versicherungsamt kann dieselben hierzu sowie zur Befolgung der gesetzlichen und statutarischen Vorschriften durch Geldstrafen bis zu eintausend Mark anhalten.

§ 109. Das Reichs-Versicherungsamt entscheidet, unbeschadet der Rechte Dritter, über Streitigkeiten, welche sich auf die Rechte und Pflichten der Organe der Versicherungsanstalten sowie der Mitglieder dieser Organe, auf die Auslegung der Statuten und auf die Gültigkeit der vollzogenen Wahlen, soweit über letztere nicht nach § 63 Abs. 3, § 77 Abs. 3 und § 82 Abs. 2 zu befinden ist, beziehen.

Auf die dienstlichen Verhältnisse der auf Grund des § 74 Abs. 1 bestellten und der im § 81 Abs. 2 bezeichneten Beamten findet diese Vorschrift keine Anwendung.[1]

Landes-Versicherungsämter.

§ 111. Sofern für das Gebiet eines Bundesstaats ein Landes-Versicherungsamt errichtet ist (§ 92 des Unfallversicherungsgesetzes, § 100 des Gesetzes vom 5. Mai 1886, Reichs-Gesetzbl. S. 132) unterliegen diejenigen Versicherungsanstalten, welche sich über das Gebiet dieses Bundesstaats nicht hinaus erstrecken, der Beaufsichtigung durch das Landes-Versicherungsamt. Auf die Landes-Versicherungsämter finden die Vorschriften der §§ 108 bis 110 entsprechende Anwendung.

In den Angelegenheiten der den Landes-Versicherungsämtern unterstellten Versicherungsanstalten gehen die in den §§ 72, 91, 102, 127, 140, 156, 161, 178 und, sofern auch die in Anspruch genommene Berufsgenossenschaft der Aufsicht desselben Landes-Versicherungsamts unterstellt ist, die im § 23 Abs. 3, § 113 Abs. 6 und § 128 Abs. 3 dem Reichs-Versicherungsamt übertragenen Zuständigkeiten auf das Landes-Versicherungsamt über.

Die Formen des Verfahrens und der Geschäftsgang bei dem Landes-Versicherungsamte werden durch die Landesregierung geregelt.

III. Verfahren.

Feststellung der Rente.

§ 112. Der Anspruch auf Bewilligung einer Rente ist unter Einreichung der zur Begründung dienenden Beweisstücke, insbesondere der letzten Quittungskarte (§ 131) bei der für den Wohnort oder Beschäftigungsort des Versicherten und, wenn er einen solchen im

---

[1] Vgl. VO, betr. die Formen des Verfahrens und den Geschäftsgang des Reichsversicherungsamtes in den Angelegenheiten der Invalidenversicherung. Vom 19. Oktober 1900 (RGBl S. 983).

Inlande nicht mehr hat, bei der für seinen letzten Wohnort oder Beschäftigungsort zuständigen unteren Verwaltungsbehörde oder Rentenstelle anzumelden. Die Landes-Zentralbehörde ist befugt, anzuordnen, daß die Anmeldung bei einer anderen Behörde rechtswirksam erfolgen darf; letztere hat die Anmeldung an die für ihren Bezirk zuständige untere Verwaltungsbehörde oder Rentenstelle weiterzugeben.

Die untere Verwaltungsbehörde oder Rentenstelle hat die zur Klarstellung des Sachverhalts erforderlichen Erhebungen anzustellen und die Verhandlungen mit ihrer gutachtlichen Aeußerung (§§ 57 bis 59, 79, 84 Abs. 1) dem Vorstande der für ihren Bezirk zuständigen Versicherungsanstalt zu übersenden.

Glaubt der Vorstand dem für die Gewährung einer Rente abgegebenen Gutachten der unteren Verwaltungsbehörde oder der Rentenstelle nicht entsprechen zu können, so ist die Sache, soweit es sich um die Frage der Versicherungspflicht (§§ 1 bis 7) oder des Versicherungsrechts (§ 14) oder um das Maß der Erwerbsfähigkeit des Rentenbewerbers (§§ 5, 15, 16) handelt, an die untere Verwaltungsbehörde oder die Rentenstelle zur Anhörung der Beisitzer (§ 59 Abs. 1) zurückzugeben, falls letztere noch nicht gehört sind.

Wird der angemeldete Anspruch anerkannt, so ist die Höhe und der Beginn der Rente sofort festzustellen. Dem Empfangsberechtigten ist sodann ein schriftlicher Bescheid zu ertheilen, aus welchem die Art der Berechnung zu ersehen ist.

Wird der angemeldete Anspruch nicht anerkannt, so ist derselbe durch schriftlichen, mit Gründen zu versehenden Bescheid abzulehnen.

§ 113. Die Annahme, daß die Erwerbsunfähigkeit durch einen nach den Unfallversicherungsgesetzen zu entschädigenden Unfall verursacht ist, begründet nicht die Ablehnung des Anspruchs auf Invalidenrente. Es ist vielmehr, sofern im Uebrigen die Voraussetzungen, unter denen eine Invalidenrente bewilligt werden darf, vorliegen, diese Rente festzustellen.

Ist sodann die Invalidenrente für einen Zeitraum gezahlt, für welchen dem Empfänger ein Anspruch auf Unfallrente zusteht, so geht dieser Anspruch insoweit auf die Versicherungsanstalt über, als die gewährte Invalidenrente die zu gewährende Unfallrente nicht übersteigt.

Die Versicherungsanstalten sind berechtigt, an Stelle des Verletzten die Feststellung der Unfallrente, soweit diese noch nicht erfolgt ist, zu beantragen und nöthigenfalls das durch die Unfallversicherungsgesetze vorgeschriebene Verfahren durchzuführen, auch an Stelle des Verletzten Rechtsmittel einzulegen und zwar ohne Rücksicht auf Fristen, welche ohne ihr Verschulden verstrichen sind.

Die Versicherungsanstalten sind auch dann berechtigt, nach Abs. 3 die Feststellung von Unfallrenten herbeizuführen, wenn als Folge hiervon ein völliges oder theilweises Ruhen der Invaliden- oder Altersrente eintreten würde.

War in den Fällen des Abs. 1 von der Versicherungsanstalt ein Heilverfahren eingeleitet, so finden die Bestimmungen des § 21 entsprechende Anwendung.

Streitigkeiten aus Anlaß des Ersatzanspruchs (Abs. 2, 5) werden durch das Reichs-Versicherungsamt entschieden.

§ 114. Gegen den Bescheid, durch welchen der Anspruch auf Invaliden- oder Altersrente abgewiesen wird, sowie gegen den Bescheid, durch welchen die Höhe und der Beginn der Rente festgestellt wird, steht dem Rentenbewerber die Berufung auf schiedsgerichtliche Entscheidung zu. Die Berufung hat keine aufschiebende Wirkung.

Zur Entscheidung über die Berufung ist dasjenige Schiedsgericht berufen, das für den Bezirk der unteren Verwaltungsbehörde oder Rentenstelle zuständig ist. Die Berufung ist bei Vermeidung des Ausschlusses innerhalb eines Monats nach der Zustellung des Bescheids bei diesem Schiedsgericht einzulegen.

Die Frist gilt auch dann als gewahrt, wenn innerhalb derselben die Berufung des Rentenbewerbers bei einer anderen Behörde eingegangen ist; letztere hat die Berufungsschrift ungesäumt an das zuständige Schiedsgericht abzugeben.

Der Bescheid muß die Bezeichnung der Berufungsfrist und des für die Berufung zuständigen Schiedsgerichts enthalten.

Eine Ausfertigung der Entscheidung des Schiedsgerichts ist dem Rentenbewerber sowie dem Vorstande der Versicherungsanstalt zuzustellen.

§ 115. Das Schiedsgericht hat, wenn es den Anspruch auf Rente für begründet erachtet, zugleich die Höhe und den Beginn der Rente festzustellen. Hat das Schiedsgericht in besonderen Ausnahmefällen, welche das Reichs-Versicherungsamt näher bestimmen darf, den Anspruch auf Rente nur dem Grunde nach anerkannt und nicht gleichzeitig über die Höhe und den Beginn der Rente entschieden, so hat der Vorstand der Versicherungsanstalt in denjenigen Fällen, in welchen das Rechtsmittel der Revision eingelegt wird, vorläufige Rentenbeträge unverzüglich zu bewilligen. Gegen die vorläufige Bewilligung von Rentenbeträgen findet ein Rechtsmittel nicht statt. Sobald der Anspruch auf Rente rechtskräftig feststeht, hat der Vorstand deren Höhe und Beginn, sofern dies nicht bereits früher geschehen ist, festzustellen (§ 112). Die vorläufig gezahlten Beträge werden auf die endgültig angewiesene Rente angerechnet.

§ 116. Gegen die Entscheidung des Schiedsgerichts steht beiden Theilen das Rechtsmittel der Revision zu. Die Revision des Vorstandes hat aufschiebende Wirkung insoweit, als es sich um Beträge handelt, die für die Zeit vor dem Erlasse der angefochtenen Entscheidung nachträglich gezahlt werden sollen. Im Uebrigen hat die Revision keine aufschiebende Wirkung.

Ueber die Revision entscheidet das Reichs-Versicherungsamt. Das Rechtsmittel ist bei demselben zur Vermeidung des Ausschlusses innerhalb eines Monats nach der Zustellung der Entscheidung des

Schiedsgerichts einzulegen; die Bestimmung des § 114 Abs. 3 findet entsprechende Anwendung.

Die Revision kann nur darauf gestützt werden:

1) daß die angefochtene Entscheidung auf der Nichtanwendung oder auf der unrichtigen Anwendung des bestehenden Rechtes oder auf einem Verstoße wider den klaren Inhalt der Akten beruhe;
2) daß das Verfahren an wesentlichen Mängeln leide.

§ 117. Bei Einlegung der Revision ist anzugeben, worin die Nichtanwendung oder die unrichtige Anwendung des bestehenden Rechtes oder der Verstoß wider den klaren Inhalt der Akten oder worin die behaupteten Mängel des Verfahrens gefunden werden. Das Reichs-Versicherungsamt ist bei seiner Entscheidung an diejenigen Gründe nicht gebunden, welche zur Rechtfertigung der gestellten Anträge geltend gemacht worden sind.

Fehlt die Angabe solcher Gründe oder ergiebt sich aus der Prüfung der Anträge, daß die angegriffene Entscheidung nicht auf der Nichtanwendung oder unrichtigen Anwendung des bestehenden Rechtes beruht sowie daß das Verfahren nicht an wesentlichen Mängeln leidet und daß ein Verstoß wider den klaren Inhalt der Akten nicht vorliegt, oder ist die Revision verspätet eingelegt, so kann das Reichs-Versicherungsamt das Rechtsmittel ohne mündliche Verhandlung zurückweisen. Anderenfalls hat das Reichs-Versicherungsamt nach mündlicher Verhandlung zu entscheiden.

Wird das angefochtene Urtheil aufgehoben, so kann das Reichs-Versicherungsamt zugleich in der Sache selbst entscheiden oder dieselbe an das Schiedsgericht oder an den Vorstand zurückverweisen. Dabei kann das Reichs-Versicherungsamt bestimmen, daß dem Rentenbewerber eine ihrem Betrage nach bestimmte Rente vorläufig zu zahlen ist. Im Falle der Zurückverweisung ist die rechtliche Beurtheilung, auf welche das Reichs-Versicherungsamt die Aufhebung gestützt hat, den weiteren Entscheidungen oder Bescheiden zu Grunde zu legen.

§ 118. Die Versicherungsanstalten sind befugt, von der Rückforderung der gemäß §§ 115 bis 117 vor rechtskräftiger Entscheidung gezahlten Rentenbeträge abzusehen.

§ 119. Auf die Anfechtung der rechtskräftigen Entscheidung über einen Anspruch auf Rente finden die Vorschriften der Civilprozeßordnung über die Wiederaufnahme des Verfahrens entsprechende Anwendung, soweit nicht durch Kaiserliche Verordnung mit Zustimmung des Bundesraths ein Anderes bestimmt wird.

§ 120. Die Wiederholung eines Antrags auf Bewilligung einer Invalidenrente, welcher wegen des Fehlens dauernder Erwerbsunfähigkeit endgültig abgelehnt worden war, ist vor Ablauf eines Jahres seit der Zustellung der endgültigen Entscheidung nur dann zulässig, wenn glaubhaft bescheinigt wird, daß inzwischen Umstände eingetreten sind, aus denen sich das Vorhandensein der dauernden

Erwerbsunfähigkeit des Antragstellers ergiebt. Sofern eine solche Bescheinigung nicht beigebracht wird, hat die untere Verwaltungsbehörde oder Rentenstelle den vorzeitig wiederholten Antrag durch Verfügung, gegen welche ein Rechtsmittel nicht stattfindet, zurückzuweisen.

§ 121. Ueber die Entziehung der Rente (§ 47) sowie die Einstellung von Rentenzahlungen (§ 48) erläßt der Vorstand schriftlichen mit Gründen zu versehenden Bescheid.

Vor der Entscheidung ist die für den Wohnort des Rentenempfängers zuständige untere Verwaltungsbehörde oder Rentenstelle gutachtlich zu hören (§§ 57 bis 59, 79, 84 Abs. 1).

Der § 112 Abs. 3 und die §§ 114, 116 bis 119 finden im Uebrigen entsprechende Anwendung.

§ 122. Der unteren Verwaltungsbehörde oder Rentenstelle ist von allen auf ihre Begutachtung hin vom Vorstande getroffenen Entscheidungen Kenntniß zu geben. Sofern Rentenstellen errichtet sind, hat der Vorstand außerdem der für den Wohnort des Rentenempfängers zuständigen unteren Verwaltungsbehörde über die dem Berechtigten zustehenden Bezüge Mittheilung zu machen. Das Gleiche gilt beim Eintritte von Veränderungen.

Auszahlung der Renten.

§ 123. Die Auszahlung der Renten wird auf Anweisung des Vorstandes der nach § 112 Abs. 2 zuständigen Versicherungsanstalt vorschußweise durch die Postverwaltungen, und zwar in der Regel durch diejenige Postanstalt bewirkt, in deren Bezirke der Empfangsberechtigte zur Zeit des Antrags auf Bewilligung der Rente seinen Wohnsitz hatte. Der Vorstand der Versicherungsanstalt hat dem Berechtigten die mit der Zahlung der Rente beauftragte Postanstalt zu bezeichnen.

Verlegt der Empfangsberechtigte seinen Wohnsitz, so hat auf seinen Antrag der Vorstand der Versicherungsanstalt, welcher die Rente angewiesen hatte, die letztere an die Postanstalt des neuen Wohnorts zur Auszahlung zu überweisen.

Die Zentral-Postbehörden sind berechtigt, von jeder Versicherungsanstalt einen Betriebsfonds einzuziehen. Derselbe ist in vierteljährlichen oder monatlichen Theilzahlungen an die den Versicherungsanstalten von der Zentral-Postbehörde zu bezeichnenden Kassen abzuführen und darf die für die Versicherungsanstalt im laufenden Rechnungsjahre voraussichtlich auszuzahlenden Beträge nicht übersteigen.

Rechnungsstelle.

§ 124. Die Rechnungsstelle des Reichs-Versicherungsamts hat alle bei dem letzteren nach Maßgabe dieses Gesetzes vorkommenden rechnerischen und versicherungstechnischen Arbeiten auszuführen. Insbesondere liegt derselben ob:

1) die Vertheilung der Renten (§§ 125, 174);
2) die Abrechnung mit den Postverwaltungen (§§ 126 ff.) und die Berechnung des diesen von jeder Versicherungsanstalt vorzuschießenden Betriebsfonds (§ 123);
3) die Mitwirkung bei den im Vollzuge des Gesetzes herzustellenden statistischen Arbeiten;
4) die Mitwirkung bei Festsetzung der Versicherungsbeiträge (§ 32).

Das Reichs-Versicherungsamt bestimmt, welche Mittheilungen der Rechnungsstelle zu diesen Zwecken von den Versicherungsanstalten zu machen sind.

Vertheilung der Renten.

§ 125. Die Rechnungsstelle vertheilt die Renten auf das Reich, das Gemeinvermögen und auf das Sondervermögen. Dem Reiche sind für jede Rente fünfzig Mark Zuschuß (§ 35) und für jede ohne Beitragsleistung in Anrechnung kommende Beitragswoche bis zu anderweiter Feststellung durch den Bundesrath ein Rentenantheil von achtzehn Pfennig zur Last zu legen (§ 40 Abs. 2).

Die Steigerungssätze der Invalidenrenten sowie ein Viertel der Altersrenten sind von dem Sondervermögen der einzelnen Versicherungsanstalten, alle übrigen Rentenantheile von dem Gemeinvermögen zu tragen. Die Steigerungsbeträge fallen derjenigen Anstalt zur Last, welcher die entsprechenden Beiträge zugeflossen sind; das Viertel jeder Altersrente ist auf diejenigen Anstalten zu vertheilen, welchen die Beiträge für den betreffenden Rentenempfänger zugeflossen sind, und zwar im Verhältnisse des Werthes dieser Beiträge. Der anweisenden Versicherungsanstalt sind die dem Sondervermögen einer anderen Versicherungsanstalt zur Last fallenden Rentenantheile am Schlusse des Rechnungsjahrs mit ihrem Kapitalwerth einmalig zu erstatten (§ 126).

Zur Feststellung des Maßstabs, in welchem die im abgelaufenen Rechnungsjahre gezahlten Rentenbeträge der Post zu erstatten sind, ermittelt die Rechnungsstelle für jedes Jahr und für jede Versicherungsanstalt den Kapitalwerth der von ihr zur Zahlung angewiesenen noch laufenden Renten sowie den hiervon auf das Reich, das Gemeinvermögen und auf das Sondervermögen der einzelnen Versicherungsanstalten entfallenden Antheil. Ueber die Berechnung des Kapitalwerths trifft der Bundesrath Bestimmung.

§ 126. Die Zentral-Postbehörden haben der Rechnungsstelle Nachweisungen über diejenigen Zahlungen, welche im verflossenen Rechnungsjahr auf Grund der Anweisungen der Versicherungsanstalten geleistet worden sind, zuzustellen. Die Rechnungsstelle hat die vorgeschossenen Beträge nach dem gemäß § 125 Abs. 3 festgestellten Maßstab auf das Reich, das Gemeinvermögen und das Sondervermögen zu vertheilen. Die hiernach auf das Gemeinvermögen sämmtlicher Anstalten entfallenden Zahlungen sind von den einzelnen Versicherungsanstalten im Verhältnisse der für die Gemeinlast bestimmten Theile ihres Vermögens zu erstatten.

Auf Grund dieser Vertheilung hat die Rechnungsstelle jeder Versicherungsanstalt den Betrag mitzutheilen, den diese aus dem für die Gemeinlast bestimmten Theile ihres Vermögens einerseits und aus ihrem Sondervermögen andererseits zu erstatten hat; dabei sind zugleich die gemäß § 125 Abs. 2 von den einzelnen Anstalten einander zu erstattenden Kapitalwerthe aus dem abgelaufenen Rechnungsjahre festzustellen. Die den Berechnungen zu Grunde liegenden Zahlen sind anzugeben. Gegen die Vertheilung und Abrechnung ist die Beschwerde bei dem Reichs-Versicherungsamte zulässig. Ueber die dem Reiche zur Last fallenden Beträge ist dem Reichskanzler (Reichsamt des Innern) Vorlage zu machen.

Den Zentral-Postbehörden hat die Rechnungsstelle mitzutheilen, welche Beträge von dem Reiche und von den einzelnen Versicherungsanstalten zu erstatten sind.

Erstattung der Vorschüsse der Postverwaltungen.

§ 127. Die Versicherungsanstalten haben die von der Rechnungsstelle ihnen mitgetheilten Beträge (§ 126) den Postverwaltungen binnen zwei Wochen nach Eingang der Mittheilung zu erstatten. Die Erstattung erfolgt aus den bereiten Mitteln der Anstalt. Sind solche nicht vorhanden, so hat der weitere Kommunalverband beziehungsweise der Bundesstaat die erforderlichen Beträge vorzuschießen. Bei gemeinsamen Versicherungsanstalten erfolgt die Aufbringung dieses Vorschusses nach dem im § 68 Abs. 2 festgesetzten Verhältnisse.

Gegen Versicherungsanstalten, welche mit der Erstattung der Beträge im Rückstande bleiben, ist auf Antrag der Zentral-Postbehörde von dem Reichs-Versicherungsamte das Zwangsbeitreibungsverfahren einzuleiten.

Erstattung von Beiträgen.

§ 128. Der Anspruch auf Erstattung von Beiträgen (§§ 42 bis 44) ist unter Beibringung der zur Begründung dienenden Beweisstücke bei der unteren Verwaltungsbehörde oder Rentenstelle des Wohnorts oder des letzten Beschäftigungsorts oder bei der von der Landes-Zentralbehörde bestimmten Behörde (§ 112 Abs. 1) geltend zu machen.

Die untere Verwaltungsbehörde oder Rentenstelle hat die Verhandlungen dem Vorstande der für ihren Bezirk zuständigen Versicherungsanstalt zu übersenden. Dieser hat über den Anspruch einen schriftlichen Bescheid zu ertheilen.

Der § 113 findet entsprechende Anwendung, wenn der Todesfall, welcher den Anspruch auf Beitragserstattung begründet, durch einen nach den Unfallversicherungsgesetzen zu entschädigenden Unfall herbeigeführt worden ist.

Gegen den Bescheid steht dem Erstattungsberechtigten die Beschwerde an das Reichs-Versicherungsamt zu. Die Beschwerde ist bei Vermeidung des Ausschlusses innerhalb eines Monats nach Zustellung des Bescheids bei dem Reichs-Versicherungsamt einzulegen.

Die Bestimmungen des § 114 Abs. 3 sind in den Fällen der Abs. 1, 4 entsprechend anzuwenden.

Die Versicherungsanstalten, an welche seinerzeit die nunmehr zurückerstatteten Beiträge entrichtet worden sind, haben der erstattenden Versicherungsanstalt Ersatz zu leisten; die Abrundungsbeträge (§ 42 Abs. 1, § 43, § 44 Abs. 3) verbleiben zu Lasten der erstattenden Versicherungsanstalt. Das Verfahren wird vom Reichs-Versicherungsamte geregelt. Die Versicherungsanstalten können durch Vertrag auf die Ersatzleistungen gegenseitig verzichten; der Vertrag ist dem Reichs-Versicherungsamte mitzutheilen.

Entscheidung durch Rentenstellen.

§ 129. Sind Rentenstellen auf Grund der Vorschriften des § 86 die dort bezeichneten Befugnisse übertragen, so finden die Vorschriften der §§ 112 bis 122, 128 mit folgenden Maßgaben entsprechende Anwendung.

Die Entscheidungen der Rentenstelle erfolgen nach Stimmenmehrheit in der Besetzung von drei Mitgliedern, unter denen sich außer dem Vorsitzenden oder seinem Stellvertreter je ein Vertreter der Arbeitgeber und der Versicherten befinden muß, wenn nach Ansicht des Vorsitzenden oder seines Stellvertreters die Versagung einer beantragten Rente oder die Gewährung eines geringeren als des beantragten Rentenbetrags oder die Entziehung einer Invalidenrente in Frage steht.

In den Fällen, in welchen der Anspruch auf Rente oder Beitragserstattung ganz oder zum Theil anerkannt oder die Entziehung einer Invalidenrente oder die Einstellung von Rentenzahlungen abgelehnt oder ausgesprochen worden ist, hat der Vorsitzende der Rentenstelle nach Ertheilung des Bescheids dem Vorstande derjenigen Versicherungsanstalt, die für den Bezirk der Rentenstelle zuständig ist, unverzüglich die Verhandlungen zu übersenden und dabei diejenigen Entscheidungen zu bezeichnen, welche gegen seine Stimme ergangen sind.

Der Vorstand der Versicherungsanstalt ist befugt, Entscheidungen der Rentenstelle, durch welche der Anspruch auf Rente oder Beitragserstattung ganz oder zum Theil anerkannt oder die Entziehung der Invalidenrente oder die Einstellung von Rentenzahlungen abgelehnt worden ist, durch Berufung oder Beschwerde gemäß § 114 Abs. 1, § 128 Abs. 4 anzufechten. Die Berufung und Beschwerde des Vorstandes haben aufschiebende Wirkung, die Berufung aber nur insoweit, als es sich um Beträge handelt, die für die Zeit vor dem Erlasse der Entscheidung der Rentenstelle nachträglich gezahlt werden sollen.

Die Berufung oder Beschwerde ist bei Vermeidung des Ausschlusses innerhalb eines Monats, nachdem die Verhandlungen der Rentenstelle bei dem Vorstand eingegangen sind (Abs. 3), bei dem zuständigen Schiedsgericht oder dem Reichs-Versicherungsamt einzulegen.

Marken.[1]

§ 130. Zum Zwecke der Erhebung der Beiträge werden von jeder Versicherungsanstalt für die einzelnen Lohnklassen Marken mit der Bezeichnung ihres Geldwerths ausgegeben. Das Reichs-Versicherungsamt bestimmt die Zeitabschnitte, für welche die Marken ausgegeben werden sollen, sowie die Unterscheidungsmerkmale und die Gültigkeitsdauer der Marken. Innerhalb zweier Jahre nach Ablauf der Gültigkeitsdauer können ungültig gewordene Marken bei den zum Markenverkaufe bestimmten Stellen gegen gültige Marken umgetauscht werden.

Die Marken einer Versicherungsanstalt können bei allen in ihrem Bezirke belegenen Postanstalten und anderen von der Versicherungsanstalt einzurichtenden Verkaufsstellen gegen Erlegung des Nennwerths käuflich erworben werden.

Quittungskarte.

§ 131. Die Entrichtung der Beiträge erfolgt durch Einkleben eines entsprechenden Betrags von Marken in die Quittungskarte des Versicherten. . . . . . .

Entrichtung der Beiträge durch die Arbeitgeber.

§ 140. Die Beiträge des Arbeitgebers und des Versicherten sind von demjenigen Arbeitgeber zu entrichten, welcher den Versicherten während der Beitragswoche (§ 30) beschäftigt hat.

Findet die Beschäftigung nicht während der ganzen Beitragswoche bei demselben Arbeitgeber statt, so ist von demjenigen Arbeitgeber, welcher den Versicherten zuerst beschäftigt, der volle Wochenbeitrag zu entrichten. Wurde dieser Verpflichtung nicht genügt, und hat der Versicherte den Beitrag nicht selbst entrichtet (§ 144), so hat derjenige Arbeitgeber, welcher den Versicherten weiterhin beschäftigt, den Wochenbeitrag zu entrichten, doch steht ihm gegen den zunächst Verpflichteten Anspruch auf Ersatz zu. Steht der Versicherte gleichzeitig in mehreren die Versicherungspflicht begründenden Arbeits- oder Dienstverhältnissen, so haften die Arbeitgeber als Gesammtschuldner für die vollen Wochenbeiträge.

Sofern die thatsächlich verwendete Arbeitszeit nicht festgestellt werden kann, ist der Beitrag für diejenige Arbeitszeit zu entrichten, welche zur Herstellung der Arbeit annähernd für erforderlich zu erachten ist. Im Streitfall entscheidet auf Antrag eines Theiles die untere Verwaltungsbehörde endgültig. Die Versicherungsanstalt ist

[1] Vgl. Bekanntm. vom 9. September 1890 (CBl S. 320).

berechtigt, für die Berechnung derartiger Beiträge besondere Bestimmungen zu erlassen. Dieselben bedürfen der Genehmigung des Reichs-Versicherungsamts.

§ 141.[1] Die Entrichtung der Beiträge erfolgt in der Weise, daß der Arbeitgeber (§ 140) bei der Lohnzahlung für die Dauer der Beschäftigung Marken derjenigen Art in die Quittungskarte einklebt, welche für die Lohnklasse, die für den Versicherten in Anwendung kommt (§ 34), von der für den Beschäftigungsort zuständigen Versicherungsanstalt ausgegeben ist. Der Arbeitgeber hat die Marken aus eigenen Mitteln zu erwerben.

Die Versicherungsanstalt kann bestimmen, daß und inwieweit Arbeitgeber befugt sein sollen, die Marken zu anderen als den aus den Lohnzahlungen sich ergebenden Terminen beizubringen. In allen Fällen müssen die auf die Dauer des Arbeits- oder Dienstverhältnisses entfallenden Marken spätestens in der letzten Woche des Kalenderjahrs oder, sofern das Arbeits- oder Dienstverhältniß früher beendigt wird, bei Beendigung desselben eingeklebt werden.

Marken für einen zwei Wochen übersteigenden Zeitraum müssen entwerthet werden. Der Bundesrath hat die näheren Vorschriften über die Art der Entwerthung zu erlassen und deren Nichtbefolgung mit Strafe zu bedrohen.

Der Bundesrath ist befugt, über die Entwerthung von anderen Marken Vorschriften zu erlassen und deren Nichtbefolgung mit Strafe zu bedrohen.

§ 142. Die Versicherten sind verpflichtet, bei den Lohnzahlungen die Hälfte der Beiträge, in den Fällen des § 34 Abs. 4 aber, sofern nicht die Versicherung in einer höheren Lohnklasse auf einer Vereinbarung zwischen dem Arbeitgeber und dem Versicherten beruht, den auf sie entfallenden höheren Betrag sich einbehalten zu lassen. Die Arbeitgeber dürfen nur auf diesem Wege den auf die Versicherten entfallenden Betrag wieder einziehen.

Die Abzüge für Beiträge sind auf die Lohnzahlungsperioden, auf welche sie entfallen, gleichmäßig zu vertheilen. Die Theilbeträge dürfen, ohne daß dadurch Mehrbelastungen der Versicherten herbeigeführt werden, auf volle zehn Pfennig abgerundet werden.

Sind Abzüge bei einer Lohnzahlungsperiode unterblieben, so dürfen sie für die betreffende Lohnzahlungsperiode nur noch bei der nächstfolgenden Lohnzahlung nachgeholt werden. Diese Bestimmung findet keine Anwendung, wenn wegen verspäteter Feststellung einer bisher streitigen Versicherungspflicht oder aus anderen Gründen Beiträge nachträglich zu verwenden sind, ohne daß den Arbeitgeber hierbei ein Verschulden trifft.

Arbeitgeber, deren Zahlungsunfähigkeit im Zwangsbeitreibungsverfahren festgestellt worden ist, dürfen, soweit die Entrichtung der

[1] Vgl. Bekanntm., betr. die Entwerthung und Vernichtung der Marken bei der Invalidenversicherung. Vom 9. November 1899 (RGBl S. 665).

Beiträge in der im § 141 Abs. 1 angegebenen Weise erfolgt, Lohnabzüge nur für diejenige Zeitdauer machen, für welche sie die geschuldeten Beiträge nachweislich bereits entrichtet haben; soweit dagegen die Einziehung der Beiträge gemäß §§ 148 ff. stattfindet, sind sie verpflichtet, die im Abs. 1 zugelassenen Lohnabzüge zu machen und deren Betrag sofort, nachdem der Abzug gemacht ist, an die zuständige Einzugsstelle abzuliefern. Eine gegen den Arbeitgeber auf Grund des § 52a des Krankenversicherungsgesetzes getroffene Anordnung erstreckt sich auch auf die von der betheiligten Krankenkasse einzuziehenden Beiträge für die Invalidenversicherung.

§ 143. Die Erhebung der Beiträge für diejenigen Personen, auf welche die Versicherungspflicht nach § 2 erstreckt worden ist, wird durch Beschluß des Bundesraths geregelt.

Entrichtung der Beiträge durch die Versicherten.

§ 144. Versicherungspflichtige Personen sind befugt, die Beiträge an Stelle der Arbeitgeber zu entrichten.

Dem Versicherten, welcher auf Grund dieser Bestimmung die vollen Wochenbeiträge entrichtet hat, steht gegen den nach § 140 zur Entrichtung der Beiträge verpflichteten Arbeitgeber der Anspruch auf Erstattung der Hälfte des Betrags, und in Fällen des § 34 Abs. 4, sofern nicht die Versicherung in einer höheren Lohnklasse auf einer Vereinbarung zwischen dem Arbeitgeber und dem Versicherten beruht, auf Erstattung der Hälfte desjenigen geringeren Betrags zu, welchen der Arbeitgeber nach der für den Versicherten maßgebenden Lohnklasse zu tragen hat. Der Anspruch besteht jedoch nur, sofern die Marke vorschriftsmäßig entwerthet ist. Der Anspruch ist für die betreffende Lohnzahlungsperiode bei der Lohnzahlung geltend zu machen. Ist dies bei einer Lohnzahlung unterblieben, so darf der Anspruch für die betreffende Lohnzahlungsperiode nur noch bei der nächstfolgenden Lohnzahlung erhoben werden, sofern nicht der Versicherte ohne sein Verschulden erst nachträglich an Stelle des Arbeitgebers Beiträge verwendet hat.

§ 145. Bei freiwilliger Versicherung (§ 14) haben die sie eingehenden Personen Marken derjenigen Versicherungsanstalt zu verwenden, in deren Bezirke sie beschäftigt sind oder, sofern eine Beschäftigung nicht stattfindet, sich aufhalten. Dabei steht ihnen die Wahl der Lohnklasse frei. Begeben sich Versicherte in das Ausland, so sind sie berechtigt, die Versicherung dort fortzusetzen; sie haben dabei Marken derjenigen Versicherungsanstalt zu verwenden, in deren Bezirke sie zuletzt beschäftigt waren oder sich aufgehalten haben.

Personen, welche für die Dauer einer gegen Lohn oder Gehalt unternommenen Beschäftigung, während deren sie nach § 3 Abs. 2, § 4 Abs. 1 der Versicherungspflicht nicht unterliegen, freiwillig sich versichern (§ 14 Abs. 1), steht gegen denjenigen Arbeitgeber, welcher, wenn die Versicherungspflicht bestände, nach § 140 zur Entrichtung der Beiträge verpflichtet sein würde, der Anspruch auf Erstattung der Hälfte der für die Dauer der Arbeitszeit entrichteten Beträge nach Maßgabe des § 144 Abs. 2 zu. Die Anrechnung höherer Beträge, als sich bei Anwendung des § 34 Abs. 1 bis 3 ergeben würden, kann der Arbeitgeber ablehnen.

Unwirksame Beiträge.

§ 146. Die nachträgliche Entrichtung von Beiträgen für eine versicherungspflichtige Beschäftigung ist nach Ablauf von zwei Jahren, sofern aber die Beitragsleistung wegen verspäteter Feststellung einer bisher streitigen Versicherungspflicht oder aus anderen Gründen ohne Verschulden der Betheiligten unterblieben ist, nach Ablauf von vier Jahren seit der Fälligkeit unzulässig. Freiwillige Beiträge und Beiträge einer höheren als der maßgebenden Lohnklasse (§ 34 Abs. 4) dürfen für eine länger als ein Jahr zurückliegende Zeit sowie nach eingetretener Erwerbsunfähigkeit (§§ 15, 16) nachträglich oder für die fernere Dauer der Erwerbsunfähigkeit nicht entrichtet werden.

§ 147. Die in einer ordnungsmäßig ausgestellten Quittungskarte ordnungsmäßig verwendeten Marken begründet die Vermuthung, daß während derjenigen Zahl von Beitragswochen, für welche Marken beigebracht sind, ein den Vorschriften des Gesetzes entsprechendes Versicherungsverhältniß auf Grund der Versicherungspflicht oder freiwilliger Versicherung bestanden hat. Diese Vermuthung findet jedoch insoweit nicht statt, als sich ergiebt, daß die Marken erst nach Ablauf eines Monats seit der Fälligkeit der Beiträge eingeklebt oder während eines Kalenderjahrs mehr Marken beigebracht sind, als in dasselbe Beitragswochen entfallen.

Streitigkeiten.

§ 155. Streitigkeiten zwischen den Organen der Versicherungsanstalten einerseits und Arbeitgebern oder Arbeitnehmern oder den im § 14 bezeichneten Personen andererseits, oder zwischen Arbeitgebern und Arbeitnehmern über die Frage, ob oder zu welcher Versicherungsanstalt oder in welcher Lohnklasse Beiträge zu entrichten sind, werden, sofern sie nicht im Rentenfeststellungsverfahren (§§ 112 ff.) hervortreten, von der für den Beschäftigungsort (§ 65) zuständigen unteren Verwaltungsbehörde und da, wo Rentenstellen bestehen, von dem Vorsitzenden derselben entschieden. Vor der Entscheidung ist in der Regel der Versicherungsanstalt Gelegenheit zur Aeußerung zu geben. Gegen die Entscheidung steht den Betheiligten und der Versicherungsanstalt, welche sich in dem Verfahren geäußert hat, innerhalb eines Monats nach der Zustellung die Beschwerde an die höhere Verwaltungsbehörde zu, welche endgültig entscheidet. Die zuständigen Behörden sind bei den Entscheidungen an die vom Reichs-Versicherungsamt aufgestellten Grundsätze gebunden. Streitigkeiten über Fragen von grundsätzlicher Bedeutung sind dem Reichs-Versicherungsamte zur Entscheidung zu überweisen, wenn dies innerhalb der Beschwerdefrist von der Versicherungsanstalt beantragt wird.

Besteht Meinungsverschiedenheit über die Frage, welche Behörde zur Entscheidung zuständig sei, so wird die Zuständigkeit von der höheren Verwaltungsbehörde oder der Landes-Zentralbehörde, sofern aber mehrere Bundesstaaten in Betracht kommen und eine Einigung ihrer Zentralbehörden nicht stattfindet, vom Reichskanzler bestimmt.

§ 156. Streitigkeiten zwischen den Organen verschiedener Versicherungsanstalten über die Frage, zu welcher derselben für bestimmte Personen Beiträge zu entrichten sind, werden auf Antrag des Vorstandes einer betheiligten Versicherungsanstalt vom Reichs-Versicherungsamt entschieden.

§ 157. Im Uebrigen werden Streitigkeiten zwischen Arbeitgebern und Arbeitnehmern über die Berechnung und Anrechnung der für diese zu entrichtenden oder im Falle des § 140 Abs. 2 und der §§ 144, 145 denselben zu erstattenden Beiträge sowie Streitigkeiten über Ersatzansprüche in den Fällen des § 140 Abs. 2 von der unteren Verwaltungsbehörde und da, wo Rentenstellen bestehen, von dem Vorsitzenden derselben (§ 155) endgültig entschieden.

§ 158. Nach endgültiger Erledigung dieser Streitigkeiten hat die untere Verwaltungsbehörde und da, wo Rentenstellen bestehen, der Vorsitzende derselben von Amtswegen dafür zu sorgen, daß zu wenig erhobene Beträge durch nachträgliche Verwendung von Marken beigebracht werden. Zu viel erhobene Beträge sind auf Antrag von der Versicherungsanstalt wieder einzuziehen und nach Vernichtung der in die Quittungskarten eingeklebten betreffenden Marken und Berichtigung der Aufrechnungen an diejenigen Arbeitgeber und Versicherten zurückzuzahlen, welche die Aufwendung für die Beitragsentrichtung gemacht haben.

Handelt es sich um die Verwendung von Marken einer nicht zuständigen Versicherungsanstalt, so ist nach Vernichtung derjenigen Marken, welche irrthümlich beigebracht sind, ein der Zahl der Beitragswochen entsprechender Betrag von Marken der zuständigen Versicherungsanstalt beizubringen. Der Betrag der vernichteten Marken ist von der Versicherungsanstalt, welche sie ausgestellt hatte, wieder einzuziehen und zwischen den betheiligten Arbeitgebern und Versicherten entsprechend zu theilen.

An die Stelle der Vernichtung von Marken kann in den nach Ansicht der unteren Verwaltungsbehörde dazu geeigneten Fällen die Einziehung der Quittungskarten und nach Uebertragung der gültigen Eintragungen derselben die Ausstellung neuer Quittungskarten treten.

§ 159. Die Kosten des Verfahrens bei Streitigkeiten der in den §§ 155 bis 158 bezeichneten Art trägt, soweit sie bei dem Reichs-Versicherungsamt entstehen, das Reich, soweit sie bei einer Rentenstelle entstehen, die Versicherungsanstalt, im Uebrigen der Bundesstaat.

Die Bestimmung des § 64 Abs. 5 findet entsprechende Anwendung.

§ 160. Auch ohne daß ein Streitfall gemäß §§ 155, 156 vorausgegangen ist, sind den Betheiligten auf ihren Antrag die entrichteten Beiträge zurückzuzahlen, sofern die Versicherungspflicht oder das Recht zur freiwilligen Versicherung (§ 14) für die betreffenden Beitragswochen endgültig verneint worden ist.

Kontrole.

§ 161. Die Versicherungsanstalten sind verpflichtet, die rechtzeitige und vollständige Entrichtung der Beiträge regelmäßig zu überwachen.

Die Arbeitgeber sind verpflichtet, über die Zahl der von ihnen beschäftigten Personen, über die gezahlten Löhne und Gehälter und über die Dauer der Beschäftigung den Organen der Versicherungsanstalt und ihren Beauftragten sowie den die Kontrole ausübenden anderen Behörden oder Beamten auf Verlangen Auskunft zu ertheilen und denselben diejenigen Geschäftsbücher oder Listen, aus welchen jene Thatsachen hervorgehen, zur Einsicht während der Betriebszeit an Ort und Stelle vorzulegen. Ebenso sind die Versicherten zur Ertheilung von Auskunft über Ort und Dauer ihrer Beschäftigung verpflichtet. Die Arbeitgeber und die Versicherten sind ferner verbunden, den bezeichneten Organen, Behörden und Beamten auf Erfordern die Quittungskarten behufs Ausübung der Kontrole und Herbeiführung der etwa erforderlichen Berichtigungen gegen Bescheinigung auszuhändigen. Sie können hierzu von der Ortspolizeibehörde durch Geldstrafen bis zum Betrage von je einhundertundfünfzig Mark angehalten werden.

Die Versicherungsanstalten sind befugt, mit Genehmigung des Reichs-Versicherungsamts zum Zwecke der Kontrole Vorschriften zu erlassen. Das Reichs-Versicherungsamt kann den Erlaß solcher Vorschriften anordnen und dieselben, sofern die Anordnung nicht befolgt wird, selbst erlassen. Der Vorstand der Versicherungsanstalt oder der Vorsitzende der Rentenstelle, sofern dieser die Beitragskontrole obliegt, ist befugt, Arbeitgeber und Versicherte zur rechtzeitigen Erfüllung dieser Vorschriften durch Geldstrafen bis zum Betrage von je einhundertundfünfzig Mark anzuhalten.

§ 162. Die durch die Kontrole den Versicherungsanstalten erwachsenden Kosten gehören zu den Verwaltungskosten. Soweit dieselben in baaren Auslagen bestehen, können sie durch den Vorstand der Versicherungsanstalt oder den Vorsitzenden der Rentenstelle, sofern dieser die Beitragskontrole obliegt, dem Arbeitgeber auferlegt werden, wenn derselbe durch Nichterfüllung der ihm obliegenden Verpflichtungen zu ihrer Aufwendung Anlaß gegeben hat. Gegen die Auferlegung der Kosten findet binnen zwei Wochen nach

Zustellung des Beschlusses die Beschwerde an die höhere Verwaltungsbehörde statt; diese entscheidet endgültig. Die Beitreibung der auferlegten Kosten erfolgt in derselben Weise wie die der Gemeindeabgaben.

§ 163. Berichtigungen der Quittungskarten erfolgen, sofern die Betheiligten über dieselben einverstanden sind, auf dem im § 158 angegebenen Wege durch die die Kontrole ausübenden Organe, Behörden oder Beamten oder durch die die Beiträge einziehenden Organe, anderenfalls nach Erledigung des Streitverfahrens gemäß §§ 155 bis 157.

Vermögensverwaltung.

§ 164. Die Bestände der Versicherungsanstalten müssen in der durch §§ 1807, 1808 des Bürgerlichen Gesetzbuchs bezeichneten Weise angelegt werden. Hat die Versicherungsanstalt ihren Sitz in einem Bundesstaate, für dessen Gebiet Werthpapiere durch landesgesetzliche Vorschrift zur Anlegung von Mündelgeldern für geeignet erklärt sind (Artikel 212 des Einführungsgesetzes zum Bürgerlichen Gesetzbuche), so können ihre Bestände auch in Werthpapieren dieser Art angelegt werden. Die Landes-Zentralbehörde desjenigen Bundesstaats, in dessen Gebiete die Versicherungsanstalt ihren Sitz hat, kann genehmigen, daß die Bestände der Versicherungsanstalt auch in Darlehen an Gemeinden und weitere Kommunalverbände angelegt werden. Es kann ferner in gleicher Weise angeordnet werden, daß bei der Anlegung des Anstaltsvermögens einzelne nach den vorstehenden Bestimmungen zugelassene Gattungen zinstragender Papiere nur bis zu einem näher zu bestimmenden Betrag erworben werden dürfen, und Bestimmung über die Aufbewahrung von Werthpapieren getroffen werden. Bei gemeinsamen Versicherungsanstalten bedarf es hierzu des Einverständnisses der betheiligten Landesregierungen.

In gleicher Weise kann ferner widerruflich gestattet werden, daß zeitweilig verfügbare baare Bestände auch in anderer als der durch §§ 1807 und 1808 des Bürgerlichen Gesetzbuchs bezeichneten Weise vorübergehend angelegt werden.

Die Versicherungsanstalten können mit Genehmigung der Aufsichtsbehörde einen Theil ihres Vermögens in anderer als der nach Abs. 1 zulässigen Weise, insbesondere in Grundstücken anlegen. Wollen die Versicherungsanstalten mehr als den vierten Theil ihres Vermögens in dieser Weise anlegen, so bedürfen sie dazu außerdem der Genehmigung des Kommunalverbandes beziehungsweise der Zentralbehörde des Bundesstaats, für welchen sie errichtet sind, und sofern mehrere Landes-Zentralbehörden betheiligt sind, eine Verständigung unter denselben aber nicht erzielt wird, der Genehmigung des Bundesraths. Eine solche Anlage ist jedoch nur in Werthpapieren oder für die Zwecke der Verwaltung, zur Vermeidung von Vermögensverlusten für die Versicherungsanstalt oder für solche Veranstaltungen zulässig, welche ausschließlich oder überwiegend der versicherungspflichtigen Bevölkerung zu gute kommen. Mehr als die Hälfte ihres Vermögens darf jedoch eine Versicherungsanstalt in der bezeichneten Weise nicht anlegen.

IV. Schluß-, Straf- und Uebergangsbestimmungen.

Krankenkassen.

§ 166. Als Krankenkassen im Sinne dieses Gesetzes gelten vorbehaltlich der Bestimmung in den §§ 20, 62 Abs. 1, § 82 Abs. 2 die Orts-, Betriebs- (Fabrik-), Bau- und Innungs-Krankenkassen, die Knappschaftskassen sowie die Gemeinde-Krankenversicherung und landesrechtliche Einrichtungen ähnlicher Art.

Besondere Kasseneinrichtungen.

§ 173. Die Bestimmungen der §§ 18 bis 23, 33, 47 bis 52, 54, 55, 99, 100 bis 102, 113, 115 bis 119, 123 bis 127, 128 Abs. 3, 6, §§ 156, 165 Abs. 1, §§ 171, 172 finden auch auf die nach §§ 8, 10, 11 zugelassenen Kasseneinrichtungen entsprechende Anwendung.

Die Haftung für die der Kasseneinrichtung obliegenden Leistungen (§§ 68, 127) liegt, sofern die Kasseneinrichtung für Betriebe des Reichs oder eines Kommunalverbandes errichtet ist, dem Reiche oder dem Kommunalverband, im Uebrigen demjenigen Bundesstaat ob, in dem der Betrieb, für welchen die Kasseneinrichtung errichtet ist, seinen Sitz hat. Ist die Kasseneinrichtung für mehrere, in verschiedenen Bundesstaaten belegene Betriebe errichtet, so haften diese Bundesstaaten nach der Zahl der bei der Kasseneinrichtung versicherten Personen, welche in den betheiligten Betrieben am Schlusse des letzten Rechnungsjahrs beschäftigt waren. Diese Bestimmung findet in den Fällen des § 101 entsprechende Anwendung.

§ 174. Für die Feststellung der von den Kasseneinrichtungen dem Gemeinvermögen nach dem Inkrafttreten des Gesetzes zufließenden Beitragseinnahmen sowie für die Vertheilung der Altersrenten sind die nach § 32 Abs. 5 zur Erhebung kommenden Beiträge maßgebend. Eine Vertheilung der von Kasseneinrichtungen festgestellten Renten erfolgt nur dann und insoweit, als ein Anspruch auf dieselben auch nach den Vorschriften dieses Gesetzes bestehen würde und soweit dieselben das Maß des reichsgesetzlichen Anspruchs nicht übersteigen.

Soweit diese Kasseneinrichtungen die von ihnen festgesetzten Renten ohne Vermittelung der Postanstalten selbst auszahlen, wird ihnen der Reichszuschuß am Schlusse eines jeden Rechnungsjahrs direkt überwiesen.

§ 177. Der Arbeitgeber ist befugt, die Aufstellung der nach gesetzlicher oder statutarischer Vorschrift erforderlichen Nachweisungen oder Anzeigen sowie die Verwendung von Marken auf bevollmächtigte Leiter seines Betriebs zu übertragen.

Name und Wohnort von solchen bevollmächtigten Betriebsleitern sind dem Vorstande der Versicherungsanstalt und da, wo die Beitragskontrole Rentenstellen übertragen ist, dem Vorsitzenden derselben sowie beim Einzugsverfahren der Einzugsstelle mitzutheilen. Begeht ein derartiger Bevollmächtigter eine in den §§ 175, 176, 179 mit Strafe bedrohte Handlung, so finden auf ihn die dort vorgesehenen Strafen Anwendung.

§ 180. Den Arbeitgebern und ihren Angestellten ist untersagt, durch Uebereinkunft oder mittelst Arbeitsordnungen die Anwendung der Bestimmungen dieses Gesetzes zum Nachtheile der Versicherten ganz oder theilweise auszuschließen oder dieselben in der Uebernahme oder Ausübung eines in Gemäßheit dieses Gesetzes ihnen übertragenen Ehrenamts zu beschränken. Vertragsbestimmungen, welche diesem Verbote zuwiderlaufen, haben keine rechtliche Wirkung.

Arbeitgeber oder deren Angestellte, welche gegen die vorstehende Bestimmung verstoßen, werden, sofern nicht nach anderen gesetzlichen Vorschriften eine härtere Strafe eintritt, mit Geldstrafe bis zu dreihundert Mark oder mit Haft bestraft.

§ 184. Wer in Quittungskarten Eintragungen oder Vermerke macht, welche nach § 139 unzulässig sind, oder wer in Quittungskarten den Vordruck oder die zur Ausfüllung des Vordrucks eingetragenen Worte oder Zahlen verfälscht oder wissentlich von einer derart verfälschten Karte Gebrauch macht, kann von der unteren Verwaltungsbehörde und da, wo Rentenstellen die Beitragskontrolle übertragen ist, von dem Vorsitzenden derselben mit Geldstrafe bis zu zwanzig Mark belegt werden.

Sind die Eintragungen, Vermerke oder Veränderungen in der Absicht gemacht worden, den Inhaber der Quittungskarte anderen Arbeitgebern gegenüber zu kennzeichnen, so tritt Geldstrafe bis zu zweitausend Mark oder Gefängniß bis zu sechs Monaten ein. Sind mildernde Umstände vorhanden, so kann statt der Gefängnißstrafe auf Haft erkannt werden.

Eine Verfolgung wegen Urkundenfälschung (§§ 267, 268 des Reichs-Strafgesetzbuchs) tritt nur ein, wenn die Fälschung in der Absicht begangen wurde, sich oder einem anderen einen Vermögensvortheil zu verschaffen oder einem Anderen Schaden zuzufügen.

§ 185. Die Mitglieder der Vorstände und sonstiger Organe der Versicherungsanstalten sowie die das Aufsichtsrecht über dieselben ausübenden Beamten werden, wenn sie unbefugt Betriebsgeheimnisse offenbaren, welche kraft ihres Amtes zu ihrer Kenntniß gelangt sind, mit Geldstrafe bis zu eintausendfünfhundert Mark oder mit Gefängniß bis zu drei Monaten bestraft.

Die Verfolgung tritt nur auf Antrag des Betriebsunternehmers ein.

§ 186. Die im § 185 bezeichneten Personen werden mit Gefängniß, neben welchem auf Verlust der bürgerlichen Ehrenrechte erkannt werden kann, bestraft, wenn sie absichtlich zum Nachtheile der Betriebsunternehmer Betriebsgeheimnisse, welche kraft ihres Amtes zu ihrer Kenntniß gelangt waren, offenbaren, oder wenn sie geheim gehaltene Betriebseinrichtungen oder Betriebsweisen, welche kraft ihres Amtes zu ihrer Kenntniß gelangt sind, solange als diese Betriebsgeheimnisse sind, nachahmen.

Thun sie dies, um sich oder einem Anderen einen Vermögensvortheil zu verschaffen, so kann neben der Gefängnißstrafe auf Geldstrafe bis zu dreitausend Mark erkannt werden.

Uebergangsbestimmungen.

§ 189. Bei Versicherten, welche innerhalb der ersten fünf Jahre, nachdem die Versicherungspflicht für ihren Berufszweig in Kraft getreten ist, erwerbsunfähig werden, wird auf die Wartezeit für die Invalidenrente (§ 29 Abs. 1 Ziffer 1) die Dauer einer früheren Beschäftigung angerechnet, für welche die Versicherungspflicht bestand oder inzwischen eingeführt worden ist.

Die Anrechnung erfolgt aber nur, insoweit die frühere Beschäftigung in die letzten fünf Jahre vor Eintritt der Erwerbsunfähigkeit entfällt, und nur dann, wenn nach dem Zeitpunkte, mit welchem die Versicherungspflicht für den betreffenden Berufszweig in Kraft getreten ist, eine die Versicherungspflicht begründende Beschäftigung für die Dauer von mindestens vierzig Wochen bestanden hat.

§ 190. Bei Versicherten, welche zu der Zeit, als die Versicherungspflicht für ihren Berufszweig in Kraft trat, das vierzigste Lebensjahr vollendet haben, werden auf die Wartezeit für die Altersrente (§ 29 Abs. 1 Ziffer 2) für jedes volle Jahr, um welches ihr Lebensalter zu diesem Zeitpunkte das vollendete vierzigste Jahr überstiegen hat, vierzig Wochen und für den überschießenden Theil eines solchen Jahres die weiteren Wochen, jedoch nicht mehr als vierzig, angerechnet.

Die Anrechnung erfolgt aber nur dann, wenn solche Personen während der dem Inkrafttreten unmittelbar vorangegangenen drei Jahre berufsmäßig, wenn auch nicht ununterbrochen, eine Beschäftigung gehabt haben, für welche die Versicherungspflicht bestand oder inzwischen eingeführt worden ist. Dieser Nachweis wird erlassen, wenn innerhalb der ersten fünf Jahre, nachdem die Versicherungspflicht für den betreffenden Berufszweig in Kraft getreten ist, eine die Versicherungspflicht begründende Beschäftigung für die Dauer von mindestens zweihundert Wochen bestanden hat.

§ 191. In den Fällen der §§ 189, 190 wird für die in Anrechnung zu bringende Zeit vor der Begründung der Versicherungspflicht eine unter § 30 Abs. 2 fallende Krankheit oder militärische Dienstleistung sowie die Zeit des früheren Bezugs einer Invalidenrente (§ 47 Abs. 4) einem Arbeits- oder Dienstverhältnisse gleich geachtet.

Dasselbe gilt für den Zeitraum von höchstens vier Monaten während eines Kalenderjahrs

1) von Zeiten vorübergehender Unterbrechung eines ständigen Arbeits- oder Dienstverhältnisses zu einem bestimmten Arbeitgeber;
2) von Zeiten vorübergehender Unterbrechung einer berufsmäßigen Beschäftigung, soweit es sich um eine Beschäftigung handelt, die nach ihrer Natur alljährlich für einige Zeit vorübergehend unterbrochen zu werden pflegt (Saisonarbeit);
3) von einer zu Zwecken des Verdienstes unternommenen Beschäftigung mit Spinnen, Stricken oder ähnlichen leichten häuslichen Arbeiten, wie sie landesüblich von alternden oder schwächlichen Leuten geleistet zu werden pflegen.

§ 192. Sind bei den auf Grund des § 190 zu gewährenden Altersrenten weniger als vierhundert Beitragswochen nachgewiesen, so werden für die fehlenden Wochen Beiträge derjenigen Lohnklasse, welche dem durchschnittlichen Jahresarbeitsverdienste des Versicherten während der im § 190 Abs. 2 Satz 1 bezeichneten drei Jahre entspricht, mindestens aber Beiträge der ersten Lohnklasse in Ansatz gebracht. Sind mehr als vierhundert Beitragswochen nachgewiesen, so kommen die Bestimmungen des § 37 ohne Weiteres in Anwendung.

§ 193. Ansprüche auf Renten oder Beitragserstattungen, über welche zur Zeit des Inkrafttretens dieses Gesetzes das Feststellungsverfahren noch schwebt, unterliegen den Bestimmungen dieses Gesetzes, sofern letzteres für die Berechtigten günstiger ist. Die Nichtanwendung dieser günstigeren Bestimmungen bildet einen Revisionsgrund im Sinne des § 116 Abs. 3.

Gesetzeskraft.

§ 194. Die vorstehenden Bestimmungen treten, soweit sie sich auf die Herstellung oder Veränderung der zur Durchführung der Invalidenversicherung erforderlichen Einrichtungen beziehen, mit dem Tage der Verkündung, im Uebrigen mit dem 1. Januar 1900 in Kraft.

Sofern bis zu letzterem Zeitpunkte die Statuten einer Versicherungsanstalt oder einer auf Grund der §§ 5, 7 des Gesetzes vom 22. Juni 1889 zugelassenen besonderen Kasseneinrichtung die nach dem gegenwärtigen Gesetz erforderlichen Aenderungen nicht rechtzeitig erfahren sollten, werden diese Abänderungen durch die Aufsichtsbehörde mit rechtsverbindlicher Wirkung von Aufsichtswegen vollzogen.

Soweit in Reichsgesetzen oder in Landesgesetzen auf Vorschriften des Gesetzes vom 22. Juni 1889 verwiesen ist, treten die entsprechenden Vorschriften dieses Textes an ihre Stelle.

162) Verordnung zur Ausführung des Patentgesetzes vom 7. April 1891 und des Gesetzes, betr. den Schutz von Gebrauchsmustern, vom 1. Juni 1891. Vom 25. Oktober 1899. (RGBl S. 661.)

Enthält nur den oben S. 178 Anm. [1] zu § 4 der VO zur Ausführung des Patentgesetzes vom 7. April 1891 und des Gesetzes, betr. den Schutz von Gebrauchsmustern, vom 1. Juni 1891. Vom 11. Juli 1891 (RGBl S. 349), erwähnten Zusatz.

---

163) Verordnung, betr. die Einführung des Gesetzes über die Beurkundung des Personenstandes und die Eheschließung vom 6. Februar 1875 in Helgoland. Vom 25. November 1899. (RGBl S. 675.)

Das Gesetz über die Beurkundung des Personenstandes und die Eheschließung vom 6. Februar 1875 (RGBl S. 23) tritt gleichzeitig mit dem Bürgerlichen Gesetzbuch auf der Insel Helgoland in Kraft.

---

164) Gesetz, betr. die gemeinsamen Rechte der Besitzer von Schuldverschreibungen. Vom 4. Dezember 1899. (RGBl S. 691.)

§ 1. Sind von Jemand, der im Inlande seinen Wohnsitz oder seine gewerbliche Niederlassung hat, im Inlande Schuldverschreibungen mit im voraus bestimmten Nennwerthen ausgestellt, die nach dem Verhältniß dieser Werthe den Gläubigern gleiche Rechte gewähren, und betragen die Nennwerthe der ausgegebenen Schuldverschreibungen zusammen mindestens dreihunderttausend Mark und die Zahl der ausgegebenen Stücke mindestens dreihundert, so haben die Beschlüsse, welche von einer Versammlung der Gläubiger aus diesen Schuldverschreibungen zur Wahrung ihrer gemeinsamen Interessen gefaßt werden, nach Maßgabe dieses Gesetzes verbindliche Kraft für alle Gläubiger der bezeichneten Art.

Die Versammlung kann insbesondere zur Wahrnehmung der Rechte der Gläubiger einen gemeinsamen Vertreter für diese bestellen.

Eine Verpflichtung zu Leistungen kann für die Gläubiger durch Beschluß der Gläubigerversammlung nicht begründet werden.

§ 2. Sinkt der Gesammtbetrag der im Umlaufe befindlichen Schuldverschreibungen unter einhunderttausend Mark oder sinkt die Zahl der im Umlaufe befindlichen Stücke unter einhundert, so ist dies von dem Schuldner unverzüglich im Deutschen Reichsanzeiger bekannt zu machen. Von dem auf die Bekanntmachung folgenden Tage an können Gläubigerversammlungen auf Grund dieses Gesetzes nicht mehr abgehalten werden; mit dem bezeichneten Zeitpunkt erlischt das Amt eines von der Gläubigerversammlung bestellten Vertreters der Gläubiger.

§ 3. Die Versammlung wird durch den Schuldner berufen.

Die Versammlung ist zu berufen, wenn Gläubiger, deren Schuldverschreibungen zusammen den zwanzigsten Theil des Gesammtbetrags der im Umlaufe befindlichen Schuldverschreibungen erreichen, oder ein von der Gläubigerversammlung bestellter Vertreter der Gläubiger die Berufung schriftlich unter Angabe des Zweckes und der Gründe verlangen.

Die Kosten der Berufung und Abhaltung der Versammlung trägt, soweit nicht in diesem Gesetz ein Anderes vorgeschrieben ist, der Schuldner.

§ 4. Wird einem nach § 3 Abs. 2 gestellten Verlangen nicht entsprochen, so kann das Amtsgericht, in dessen Bezirke der Schuldner seinen Wohnsitz oder seine gewerbliche Niederlassung hat, die Antragsteller ermächtigen, die Versammlung zu berufen. Hat in dem Zeitpunkt, in welchem der Antrag gestellt werden soll, der Schuldner im Inlande weder einen Wohnsitz noch eine gewerbliche Niederlassung, so ist das Amtsgericht zuständig, in dessen Bezirk er zuletzt seinen Wohnsitz oder seine gewerbliche Niederlassung gehabt hat.

Wird der Antrag von Gläubigern gestellt, so haben diese ihre Schuldverschreibungen bei der Reichsbank, bei einem Notar oder bei einer anderen durch die Landesregierung dazu für geeignet erklärten Stelle zu hinterlegen.

Wird die Ermächtigung zur Berufung der Gläubigerversammlung ertheilt, so kann das Gericht zugleich über den Vorsitz in der Versammlung Bestimmung treffen. Das Gericht entscheidet darüber, ob die durch den Antrag sowie die durch die Berufung und Abhaltung der Versammlung entstehenden Kosten von den Antragstellern oder von dem Schuldner zu tragen sind.

Vor der Verfügung, durch welche über den Antrag auf Ermächtigung zur Berufung der Gläubigerversammlung oder über die Tragung der Kosten entschieden wird, ist soweit thunlich der Schuldner und, wenn ein Vertreter der Gläubiger bestellt ist, auch dieser zu hören. Gegen die Verfügung findet die sofortige Beschwerde statt.

§ 5. Steht der Geschäftsbetrieb des Schuldners unter staatlicher Aufsicht, so hat das Gericht vor der im § 4 Abs. 4 bezeichneten Verfügung auch die Aufsichtsbehörde zu hören.

Die Aufsichtsbehörde kann die Gläubigerversammlung auf Kosten des Schuldners berufen oder die Berufung durch den Schuldner anordnen.

Sie hat das Recht, einen Vertreter in die Versammlung zu entsenden.

§ 6. Die Berufung der Gläubigerversammlung erfolgt durch mindestens zweimalige Bekanntmachung im Deutschen Reichsanzeiger und in den sonstigen Blättern, durch welche für den Bezirk des im § 4 bezeichneten Gerichts die Eintragungen in das Handelsregister bekannt gemacht werden. An die Stelle der letzteren Blätter treten, wenn der Schuldner eine Aktiengesellschaft, eine Kommanditgesellschaft auf Aktien, eine Gesellschaft mit beschränkter Haftung oder eine eingetragene Genossenschaft ist, die für die Veröffentlichungen der Gesellschaft oder der Genossenschaft bestimmten Blätter.

Die Frist zwischen der letzten Bekanntmachung und dem Tage der Versammlung ist so zu bemessen, daß mindestens zwei Wochen für die im § 10 Abs. 2 vorgesehene Hinterlegung der Schuldverschreibungen frei bleiben.

In dem Falle des § 4 muß bei der Berufung auf die gerichtliche Ermächtigung Bezug genommen werden.

§ 7. Der Zweck der Versammlung soll bei der Berufung bekannt gemacht werden. Jedem Gläubiger ist auf Verlangen eine Abschrift der Anträge zu ertheilen.

Ueber Gegenstände, die nicht gemäß § 6 Abs. 1, 2 ihrem wesentlichen Inhalte nach angekündigt sind, können Beschlüsse nicht gefaßt werden.

Die Vorschriften der §§ 3, 4, des § 5 Abs. 1, 2 und des § 6 Abs. 3 finden auf die Ankündigung von Gegenständen zur Beschlußfassung einer Versammlung entsprechende Anwendung.

§ 8. Bei dem Beginne der Versammlung ist ein Verzeichniß der erschienenen Gläubiger oder Vertreter von Gläubigern mit Angabe ihres Namens und Wohnorts sowie des Betrags der von Jedem vertretenen Schuldverschreibungen aufzustellen. Das Verzeichniß ist sofort nach der Aufstellung, spätestens aber vor der ersten Abstimmung zur Einsicht aufzulegen; es ist von dem Vorsitzenden zu unterzeichnen.

§ 9. Jeder Beschluß der Versammlung bedarf zu seiner Gültigkeit der Beurkundung durch ein über die Verhandlung gerichtlich oder notariell aufgenommenes Protokoll.

In dem Protokolle sind der Ort und der Tag der Verhandlung, der Name des Richters oder des Notars sowie die Art und das Ergebniß der Beschlußfassungen anzugeben.

Das nach § 8 aufgestellte Verzeichniß der Theilnehmer der Versammlung sowie die Belege über die ordnungsmäßige Berufung der Versammlung sind dem Protokolle beizufügen. Die Beifügung der Belege über die Berufung der Versammlung kann unterbleiben, wenn die Belege unter Angabe ihres Inhalts in dem Protokoll aufgeführt werden.

Das Protokoll muß von dem Richter oder dem Notar vollzogen werden. Die Zuziehung von Zeugen ist nicht erforderlich.

§ 10. Die Beschlüsse bedürfen, soweit nicht in diesem Gesetz ein Anderes vorgeschrieben ist, der Mehrheit der abgegebenen Stimmen. Die Mehrheit wird nach den Beträgen der Schuldverschreibungen berechnet. Bei Gleichheit der Stimmen entscheidet die Zahl der Gläubiger.

Gezählt werden nur die Stimmen derjenigen Gläubiger, welche ihre Schuldverschreibungen spätestens am zweiten Tage vor der Versammlung bei der Reichsbank, bei einem Notar oder bei einer anderen durch die Landesregierung dazu für geeignet erklärten Stelle hinterlegt haben.

Das Stimmrecht kann durch einen Bevollmächtigten ausgeübt

werden. Für die Vollmacht ist die schriftliche Form erforderlich und genügend.

Der Schuldner ist für die in seinem Besitze befindlichen Schuldverschreibungen nicht stimmberechtigt. Soweit ihm an den Schuldverschreibungen ein Pfandrecht oder ein Zurückbehaltungsrecht zusteht, ist er auf Verlangen des Eigenthümers verpflichtet, die Schuldverschreibungen bei einer der im Abs. 2 bezeichneten Stellen in der Weise zu hinterlegen, daß, unbeschadet der Fortdauer des Pfandrechts oder Zurückbehaltungsrechts, dem Eigenthümer die Ausübung des Stimmrechts ermöglicht wird; die Kosten der Hinterlegung hat der Eigenthümer zu tragen und vorzuschießen.

§ 11. Die Aufgabe oder Beschränkung von Rechten der Gläubiger, insbesondere die Ermäßigung des Zinsfußes oder die Bewilligung einer Stundung, kann von der Gläubigerversammlung nur zur Abwendung einer Zahlungseinstellung oder des Konkurses des Schuldners beschlossen werden.

Der Beschluß, durch welchen Rechte der Gläubiger aufgegeben oder beschränkt werden, bedarf einer Mehrheit von mindestens drei Viertheilen der abgegebenen Stimmen. Die Mehrheit muß mindestens die Hälfte des Nennwerths der im Umlaufe befindlichen Schuldverschreibungen und, wenn dieser nicht mehr als zwölf Millionen Mark beträgt, mindestens zwei Drittheile des Nennwerths erreichen; beträgt der Nennwerth der im Umlaufe befindlichen Schuldverschreibungen weniger als sechzehn Millionen, aber mehr als zwölf Millionen Mark, so muß die Mehrheit acht Millionen Mark erreichen.

In diesen Fällen bleiben bei der Berechnung des Nennwerths der umlaufenden Schuldverschreibungen die im Besitze des Schuldners befindlichen Schuldverschreibungen, für welche das Stimmrecht nach § 10 Abs. 4 ausgeschlossen ist, außer Ansatz.

Der Schuldner ist verpflichtet, in der Gläubigerversammlung Auskunft über den Betrag der im Umlaufe befindlichen, zum Stimmen berechtigenden Schuldverschreibungen zu ertheilen.

§ 12. Ein Beschluß der im § 11 bezeichneten Art muß für alle Gläubiger die gleichen Bedingungen festsetzen. Die Festsetzung ungleicher Bedingungen ist nur mit ausdrücklicher Einwilligung der zurückgesetzten Gläubiger zulässig. Jedes sonstige Abkommen des Schuldners oder eines Dritten mit einem Gläubiger, durch welches dieser begünstigt werden soll, ist nichtig. Ein Beschluß der Versammlung, der durch Begünstigung einzelner Gläubiger zu Stande gebracht ist, hat den übrigen Gläubigern gegenüber keine verbindliche Kraft.

Der Schuldner hat den Beschluß in der im § 6 Abs. 1 bezeichneten Weise bekannt zu machen.

Auf die dem Nennwerthe der Schuldverschreibungen entsprechenden Kapitalansprüche kann durch Beschluß der Versammlung nicht verzichtet werden.

§ 13. Steht der Geschäftsbetrieb des Schuldners unter staatlicher Aufsicht, so ist zu einem Beschlusse der im § 11 bezeichneten Art die Bestätigung durch die Aufsichtsbehörde erforderlich.

Die Aufsichtsbehörde hat die Ertheilung sowie die Versagung der Bestätigung öffentlich bekannt zu machen.

§ 14. Beschließt die Versammlung die Bestellung eines Vertreters der Gläubiger, so muß zugleich der Umfang seiner Befugnisse bestimmt werden.

Soweit der Vertreter zur Geltendmachung von Rechten der Gläubiger ermächtigt ist, kann durch Beschluß der Gläubigerversammlung die Befugniß der einzelnen Gläubiger zur selbständigen Geltendmachung ausgeschlossen werden. Der Beschluß unterliegt den Vorschriften des § 11 Abs. 2 bis 4, des § 12 Abs. 2 und des § 13.

Zum Verzicht auf Rechte der Gläubiger ist der Vertreter nur auf Grund eines ihn hierzu im einzelnen Falle besonders ermächtigenden Beschlusses der Gläubigerversammlung befugt. Der Beschluß unterliegt den Vorschriften der §§ 11 bis 13.

Führt der Vertreter für die Gesammtheit der Gläubiger einen Rechtsstreit, so hat er in diesem die Stellung eines gesetzlichen Vertreters. Für die Kosten des Rechtsstreits, welche den Gläubigern zur Last fallen, haftet der Schuldner, unbeschadet seines Rückgriffs gegen die Gläubiger.

Sind mehrere Vertreter bestellt, so können sie, falls nicht ein Anderes bestimmt ist, ihre Befugnisse nur in Gemeinschaft ausüben.

Ein Vertreter kann, unbeschadet des Anspruchs auf die vertragsmäßige Vergütung, von der Gläubigerversammlung jederzeit abberufen werden. Der Beschluß bedarf einer Mehrheit von drei Viertheilen der abgegebenen Stimmen; die Mehrheit muß, wenn dem Vertreter nach Maßgabe des Abs. 2 die ausschließliche Geltendmachung von Rechten der Gläubiger übertragen ist, mindestens die Hälfte des Nennwerths der im Umlaufe befindlichen Schuldverschreibungen betragen; die Vorschriften des § 11 Abs. 3, 4 und des § 12 Abs. 2 finden Anwendung.

§ 15. Ist der Schuldner eine Gesellschaft oder juristische Person, deren Mitglieder in Versammlungen Beschlüsse fassen, so ist jeder nach Maßgabe dieses Gesetzes bestellte Vertreter der Gläubiger befugt, den Mitgliederversammlungen beizuwohnen und sich an den Berathungen zu betheiligen.

Soweit nach den Gesetzen Schriftstücke, die sich auf die Verhandlungen in der Mitgliederversammlung oder auf die Vermögenslage oder den Geschäftsbetrieb der Gesellschaft beziehen, den Gesellschaftern mitzutheilen sind, hat die Mittheilung in gleicher Weise auch an den Vertreter der Gläubiger zu erfolgen.

§ 16. Die Befugnisse und Verpflichtungen eines Vertreters, dessen Bestellung gemäß § 1189 des Bürgerlichen Gesetzbuchs oder auf Grund einer bei Ausgabe der Schuldverschreibungen in verbindlicher Weise getroffenen Festsetzung erfolgt, werden durch die nach diesem Gesetze vorgenommene Bestellung eines Vertreters nicht berührt.

Die Rechte, welche nach den Vorschriften des § 3 und des § 7 Abs. 3 einem von der Gläubigerversammlung bestellten Vertreter hinsichtlich der Berufung der Versammlung und der Ankündigung von Gegenständen zur Beschlußfassung zustehen, können auch von einem Vertreter der im Abs. 1 bezeichneten Art geltend gemacht werden.

Auf Antrag von Gläubigern, deren Schuldverschreibungen zusammen den fünften Theil des Gesammtbetrags der im Umlaufe befindlichen Schuldverschreibungen erreichen, kann das Gericht, wenn ein wichtiger Grund vorliegt, den Vertreter abberufen. Zuständig ist das im § 4 bezeichnete Amtsgericht. Vor der Verfügung, durch welche über den Antrag entschieden wird, sind soweit thunlich der Vertreter und der Schuldner zu hören. Gegen die Verfügung findet die sofortige Beschwerde statt.

§ 17. Die Vorschriften des § 16 finden auch auf einen Vertreter Anwendung, der für die Besitzer von Schuldverschreibungen vor dem Inkrafttreten des Bürgerlichen Gesetzbuchs in Gemäßheit des bisherigen Rechtes bestellt worden ist oder nach dem Inkrafttreten des Bürgerlichen Gesetzbuchs bis zu dem Zeitpunkt, in welchem das Grundbuch als angelegt anzusehen ist, in Gemäßheit des Landesrechts durch Eintragung in das Hypothekenbuch oder ein ähnliches Buch bestellt wird.

Ein solcher Vertreter steht im Sinne des § 44 Abs. 2 der Grundbuchordnung einem nach § 1189 des Bürgerlichen Gesetzbuchs bestellten Vertreter gleich. Dasselbe gilt in Ansehung eines durch die Gläubigerversammlung bestellten Vertreters.

§ 18. Ist über das Vermögen des Schuldners der Konkurs eröffnet, so gelten in Ansehung der Versammlung der im § 1 bezeichneten Gläubiger die folgenden besonderen Vorschriften.

Die Versammlung wird von dem Konkursgerichte berufen und geleitet.

Unverzüglich nach der Eröffnung des Konkurses ist eine Versammlung der Gläubiger zu berufen, um über die Bestellung eines gemeinsamen Vertreters im Konkursverfahren zu beschließen; die Berufung kann unterbleiben, wenn schon vorher von einer Versammlung über die Bestellung eines solchen Vertreters Beschluß gefaßt worden ist.

Das Konkursgericht hat außer den Fällen des § 3 Abs. 2 eine Versammlung der Gläubiger zu berufen, wenn dies von dem Konkursverwalter, dem Ausschusse der Konkursgläubiger oder der Aufsichtsbehörde verlangt wird.

Die Stelle, bei welcher die Gläubiger die Schuldverschreibungen zu hinterlegen haben, wird durch das Konkursgericht bestimmt.

Die Vorschriften des § 5 Abs. 1, 2, des § 11 Abs. 1, des § 12 Abs. 3 und des § 13 finden keine Anwendung.

§ 19. Werden im Konkurse die Forderungen aus den Schuldverschreibungen durch den von der Gläubigerversammlung bestellten Vertreter der Gläubiger angemeldet, so bedarf es der Beifügung der Schuldverschreibungen nicht. Zur Erhebung der bei einer Vertheilung auf die Schuldverschreibungen fallenden Beträge ist die Vorlegung der Schuldverschreibungen erforderlich; auf die Erhebung findet die Vorschrift des § 14 Abs. 2 keine Anwendung.

§ 20. Die in diesem Gesetze der Gläubigerversammlung und dem Vertreter der Gläubiger eingeräumten Befugnisse können durch Festsetzungen in den Schuldverschreibungen nicht ausgeschlossen oder beschränkt werden.

§ 21. Wer Schuldverschreibungen, die sich im Besitze des Schuldners befinden, einem Anderen zu dem Zwecke überläßt, das Stimmrecht der Vorschrift des § 10 Abs. 4 zuwider an Stelle des Schuldners auszuüben, wird mit Gefängniß bis zu einem Jahre und mit Geldstrafe bis zu fünftausend Mark bestraft. Die gleiche Strafe trifft denjenigen, welcher die Schuldverschreibungen zu dem bezeichneten Zwecke verwendet.

Sind mildernde Umstände vorhanden, so tritt ausschließlich die Geldstrafe ein.

§ 22. Wer in der Bekanntmachung, die gemäß § 2 erlassen wird, oder in der Auskunft, die gemäß § 11 Abs. 4 in der Gläubigerversammlung ertheilt wird, wissentlich unwahre Angaben über Thatsachen macht, deren Mittheilung ihm nach den bezeichneten Vorschriften obliegt, wird mit Gefängniß bis zu einem Jahre oder mit Geldstrafe bis zu dreitausend Mark bestraft.

Wer es unterläßt, die nach § 2 ihm obliegende Bekanntmachung zu bewirken, wird mit Geldstrafe bis zu dreitausend Mark bestraft.

§ 23. Wer sich besondere Vortheile dafür gewähren oder versprechen läßt, daß er bei einer Abstimmung in der Gläubigerversammlung in einem gewissen Sinne stimme oder an der Abstimmung in der Gläubigerversammlung nicht Theil nehme, wird mit Geldstrafe bis zu dreitausend Mark oder mit Gefängniß bis zu einem Jahre bestraft.

Die gleiche Strafe trifft denjenigen, welcher besondere Vortheile dafür gewährt oder verspricht, daß Jemand bei einer Abstimmung in der Gläubigerversammlung in einem gewissen Sinne stimme oder an der Abstimmung in der Gläubigerversammlung nicht Theil nehme.

§ 24. Auf Schuldverschreibungen des Reichs, eines Bundesstaats oder einer Körperschaft des öffentlichen Rechtes finden die Vorschriften dieses Gesetzes keine Anwendung. Die Landesgesetze können jedoch bestimmen, daß die bezeichneten Vorschriften auch auf Schuldverschreibungen von Körperschaften des öffentlichen Rechtes Anwendung finden.

§ 25. Unberührt bleiben die landesgesetzlichen Vorschriften über die Versammlung und Vertretung der Pfandgläubiger einer Eisenbahn oder Kleinbahn in dem zur abgesonderten Befriedigung dieser Gläubiger aus den Bestandtheilen der Bahneinheit bestimmten Verfahren.

§ 26. Dieses Gesetz tritt gleichzeitig mit dem Bürgerlichen Gesetzbuch in Kraft.

Es findet auch auf die vorher ausgegebenen Schuldverschreibungen Anwendung.

---

165) Gesetz, betr. das Vereinswesen. Vom 11. Dezember 1899. (RGBl S. 699.)

Einziger Artikel. Inländische Vereine jeder Art dürfen mit einander in Verbindung treten. Entgegenstehende landesgesetzliche Bestimmungen sind aufgehoben.

---

166) Telegraphenwege-Gesetz. Vom 18. Dezember 1899. (RGBl S. 705.)

§ 1. Die Telegraphenverwaltung ist befugt, die Verkehrswege für ihre zu öffentlichen Zwecken dienenden Telegraphenlinien zu benutzen, soweit nicht dadurch der Gemeingebrauch der Verkehrswege dauernd beschränkt wird. Als Verkehrswege im Sinne dieses Gesetzes gelten, mit Einschluß des Luftraums und des Erdkörpers, die öffentlichen Wege, Plätze, Brücken und die öffentlichen Gewässer nebst deren dem öffentlichen Gebrauche dienenden Ufern.

Unter Telegraphenlinien sind die Fernsprechlinien mitbegriffen.

§ 2. Bei der Benutzung der Verkehrswege ist eine Erschwerung ihrer Unterhaltung und eine vorübergehende Beschränkung ihres Gemeingebrauchs nach Möglichkeit zu vermeiden.

Wird die Unterhaltung erschwert, so hat die Telegraphenverwaltung dem Unterhaltungspflichtigen die aus der Erschwerung erwachsenden Kosten zu ersetzen.

Nach Beendigung der Arbeiten an der Telegraphenlinie hat die Telegraphenverwaltung den Verkehrsweg sobald als möglich wieder in Stand zu setzen, sofern nicht der Unterhaltungspflichtige erklärt hat, die Instandsetzung selbst vornehmen zu wollen. Die Telegraphenverwaltung hat dem Unterhaltungspflichtigen die Auslagen für die von ihm vorgenommene Instandsetzung zu vergüten und den durch die Arbeiten an der Telegraphenlinie entstandenen Schaden zu ersetzen.

§ 3. Ergiebt sich nach Errichtung einer Telegraphenlinie, daß sie den Gemeingebrauch eines Verkehrswegs, und zwar nicht nur vorübergehend, beschränkt oder die Vornahme der zu seiner Unterhaltung erforderlichen Arbeiten verhindert oder der Ausführung einer von dem Unterhaltungspflichtigen beabsichtigten Aenderung des Verkehrswegs entgegensteht, so ist die Telegraphenlinie, soweit erforderlich, abzuändern oder gänzlich zu beseitigen.

Soweit ein Verkehrsweg eingezogen wird, erlischt die Befugniß der Telegraphenverwaltung zu seiner Benutzung.

In allen diesen Fällen hat die Telegraphenverwaltung die gebotenen Aenderungen an der Telegraphenlinie auf ihre Kosten zu bewirken.

§ 4. Die Baumpflanzungen auf und an den Verkehrswegen sind nach Möglichkeit zu schonen, auf das Wachsthum der Bäume ist thunlichst Rücksicht zu nehmen. Ausästungen können nur insoweit verlangt werden, als sie zur Herstellung der Telegraphenlinien oder zur Verhütung von Betriebsstörungen erforderlich sind; sie sind auf das unbedingt notwendige Maß zu beschränken.

Die Telegraphenverwaltung hat dem Besitzer der Baumpflanzungen eine angemessene Frist zu setzen, innerhalb welcher er die Ausästungen selbst vornehmen kann. Sind die Ausästungen innerhalb der Frist nicht oder nicht genügend vorgenommen, so bewirkt die Telegraphenverwaltung die Ausästungen. Dazu ist sie auch berechtigt, wenn es sich um die dringliche Verhütung oder Beseitigung einer Störung handelt.

Die Telegraphenverwaltung ersetzt den an den Baumpflanzungen verursachten Schaden und die Kosten der auf ihr Verlangen vorgenommenen Ausästungen.

§ 5. Die Telegraphenlinien sind so auszuführen, daß sie vorhandene besondere Anlagen (der Wegeunterhaltung dienende Einrichtungen, Kanalisations-, Wasser-, Gasleitungen, Schienenbahnen, elektrische Anlagen und dergleichen) nicht störend beeinflussen. Die aus der Herstellung erforderlicher Schutzvorkehrungen erwachsenden Kosten hat die Telegraphenverwaltung zu tragen.

Die Verlegung oder Veränderung vorhandener besonderer Anlagen kann nur gegen Entschädigung und nur dann verlangt werden, wenn die Benutzung des Verkehrswegs für die Telegraphenlinie sonst unterbleiben müßte und die besondere Anlage anderweit ihrem Zwecke entsprechend untergebracht werden kann.

Auch beim Vorhandensein dieser Voraussetzungen hat die Benutzung des Verkehrswegs für die Telegraphenlinie zu unterbleiben, wenn der aus der Verlegung oder Veränderung der besonderen Anlage entstehende Schaden gegenüber den Kosten, welche der Telegraphenverwaltung aus der Benutzung eines anderen ihr zur Verfügung stehenden Verkehrswegs erwachsen, unverhältnißmäßig groß ist.

Diese Vorschriften finden auf solche in der Vorbereitung befindliche besondere Anlagen, deren Herstellung im öffentlichen Interesse liegt, entsprechende Anwendung. Eine Entschädigung auf Grund des Abs. 2 wird nur bis zu dem Betrage der Aufwendungen gewährt, die durch die Vorbereitung entstanden sind. Als in der Vorbereitung begriffen gelten Anlagen, sobald sie auf Grund eines im Einzelnen ausgearbeiteten Planes die Genehmigung des Auftraggebers und, soweit erforderlich, die Genehmigungen der zuständigen Behörden und des Eigenthümers oder des sonstigen Nutzungsberechtigten des in Anspruch genommenen Weges erhalten haben.

§ 6. Spätere besondere Anlagen sind nach Möglichkeit so auszuführen, daß sie die vorhandenen Telegraphenlinien nicht störend beeinflussen.

Dem Verlangen der Verlegung oder Veränderung einer Telegraphenlinie muß auf Kosten der Telegraphenverwaltung stattgegeben werden, wenn sonst die Herstellung einer späteren besonderen Anlage unterbleiben müßte oder wesentlich erschwert werden würde, welche aus Gründen des öffentlichen Interesses, insbesondere aus volkswirthschaftlichen oder Verkehrsrücksichten, von den Wegeunterhaltungspflichtigen oder unter überwiegender Betheiligung eines oder mehrerer derselben zur Ausführung gebracht werden soll. Die Verlegung einer nicht lediglich dem Orts-, Vororts- oder Nachbarortsverkehr dienenden Telegraphenlinie kann nur dann verlangt werden, wenn die Telegraphenlinie ohne Aufwendung unverhältnißmäßig hoher Kosten anderweitig ihrem Zwecke entsprechend untergebracht werden kann.

Muß wegen einer solchen späteren besonderen Anlage die schon vorhandene Telegraphenlinie mit Schutzvorkehrungen versehen werden, so sind die dadurch entstehenden Kosten von der Telegraphenverwaltung zu tragen.

Ueberläßt ein Wegeunterhaltungspflichtiger seinen Antheil einem nicht unterhaltungspflichtigen Dritten, so sind der Telegraphenverwaltung die durch die Verlegung oder Veränderung oder durch die Herstellung der Schutzvorkehrungen erwachsenden Kosten, soweit sie auf dessen Antheil fallen, zu erstatten.

Die Unternehmer anderer als der in Abs. 2 bezeichneten besonderen Anlagen haben die aus der Verlegung oder Veränderung der vorhandenen Telegraphenlinien oder aus der Herstellung der erforderlichen Schutzvorkehrungen an solchen erwachsenden Kosten zu tragen.

Auf spätere Aenderungen vorhandener besonderer Anlagen finden die Vorschriften der Abs. 1 bis 5 entsprechende Anwendung.

§ 7. Vor der Benutzung eines Verkehrswegs zur Ausführung neuer Telegraphenlinien hat die Telegraphenverwaltung einen Plan aufzustellen. Der Plan soll die in Aussicht genommene Richtungslinie, den Raum, welcher für die oberirdischen oder unterirdischen Leitungen in Anspruch genommen wird, bei oberirdischen Linien auch die Entfernung der Stangen von einander und deren Höhe, soweit dies möglich ist, angeben.

Der Plan ist, sofern die Unterhaltungspflicht an dem Verkehrsweg einem Bundesstaat, einem Kommunalverband oder einer anderen Körperschaft des öffentlichen Rechtes obliegt, dem Unterhaltungspflichtigen, andernfalls der unteren Verwaltungsbehörde mitzutheilen; diese hat, soweit thunlich, die Unterhaltungspflichtigen von dem Eingange des Planes zu benachrichtigen. Der Plan ist in allen

Fällen, in denen die Verlegung oder Veränderung einer der im § 5 bezeichneten Anlagen verlangt wird oder die Störung einer solchen Anlage zu erwarten ist, dem Unternehmer der Anlage mitzutheilen.

Außerdem ist der Plan bei den Post- oder Telegraphenämtern, soweit die Telegraphenlinie deren Bezirke berührt, auf die Dauer von vier Wochen öffentlich auszulegen. Die Zeit der Auslegung soll mindestens in einer der Zeitungen, welche im betreffenden Bezirke zu den Veröffentlichungen der unteren Verwaltungsbehörden dienen, bekannt gemacht werden. Die Auslegung kann unterbleiben, soweit es sich lediglich um die Führung von Telegraphenlinien durch den Luftraum über den Verkehrswegen handelt.

§ 8. Die Telegraphenverwaltung ist zur Ausführung des Planes befugt, wenn nicht gegen diesen von den Betheiligten binnen vier Wochen bei der Behörde, welche den Plan ausgelegt hat, Einspruch erhoben wird.

Die Einspruchsfrist beginnt für diejenigen, denen der Plan gemäß den Vorschriften des § 7 Abs. 2 mitgetheilt ist, mit der Zustellung, für andere Betheiligte mit der öffentlichen Auslegung.

Der Einspruch kann nur darauf gestützt werden, daß der Plan eine Verletzung der Vorschriften der §§ 1 bis 5 dieses Gesetzes oder der auf Grund des § 18 erlassenen Anordnungen enthält.

Ueber den Einspruch entscheidet die höhere Verwaltungsbehörde. Gegen die Entscheidung findet, sofern die höhere Verwaltungsbehörde nicht zugleich Landes-Zentralbehörde ist, binnen einer Frist von zwei Wochen nach der Zustellung die Beschwerde an die Landes-Zentralbehörde statt. Die Landes-Zentralbehörde hat in allen Fällen vor der Entscheidung die Zentral-Telegraphenbehörde zu hören. Auf Antrag der Telegraphenverwaltung kann die Entscheidung der höheren Verwaltungsbehörde für vorläufig vollstreckbar erklärt werden. Wird eine für vorläufig vollstreckbar erklärte Entscheidung aufgehoben oder abgeändert, so ist die Telegraphenverwaltung zum Ersatze des Schadens verpflichtet, der dem Gegner durch die Ausführung der Telegraphenlinie entstanden ist.

§ 9. Auf Verlangen einer Landes-Zentralbehörde ist den von ihr bezeichneten öffentlichen Behörden Kenntniß von dem Plane durch Mittheilung einer Abschrift zu geben.

§ 10. Wird ohne wesentliche Aenderung vorhandener Telegraphenlinien die Ueberschreitung des in dem ursprünglichen Plane für die Leitungen in Anspruch genommenen Raumes beabsichtigt und ist davon eine weitere Beeinträchtigung der Baumpflanzungen durch Ausästungen zu befürchten, so ist den Eigenthümern der Baumpflanzungen vor der Ausführung Gelegenheit zur Wahrnehmung ihrer Interessen zu geben.

§ 11. Die Reichs-Telegraphenverwaltung kann die Straßenbau- und Polizeibeamten mit der Beaufsichtigung und vorläufigen Wiederherstellung der Telegraphenleitungen nach näherer Anweisung der Landes-Zentralbehörde beauftragen; sie hat dafür den Beamten im Einvernehmen mit der ihnen vorgesetzten Behörde eine besondere Vergütung zu zahlen.

§ 12. Die Telegraphenverwaltung ist befugt, Telegraphenlinien durch den Luftraum über Grundstücken, die nicht Verkehrswege im Sinne dieses Gesetzes sind, zu führen, soweit nicht dadurch die Benutzung des Grundstücks nach den zur Zeit der Herstellung der Anlage bestehenden Verhältnissen wesentlich beeinträchtigt wird. Tritt später eine solche Beeinträchtigung ein, so hat die Telegraphenverwaltung auf ihre Kosten die Leitungen zu beseitigen.

Beeinträchtigungen in der Benutzung eines Grundstücks, welche ihrer Natur nach lediglich vorübergehend sind, stehen der Führung der Telegraphenlinien durch den Luftraum nicht entgegen, doch ist der entstehende Schaden zu ersetzen. Ebenso ist für Beschädigungen des Grundstücks und seines Zubehörs, die in Folge der Führung der Telegraphenlinien durch den Luftraum eintreten, Ersatz zu leisten.

Die Beamten und Beauftragten der Telegraphenverwaltung, welche sich als solche ausweisen, sind befugt, zur Vornahme nothwendiger Arbeiten an Telegraphenlinien, insbesondere zur Verhütung und Beseitigung von Störungen, die Grundstücke nebst den darauf befindlichen Baulichkeiten und deren Dächern mit Ausnahme der abgeschlossenen Wohnräume während der Tagesstunden nach vorheriger schriftlicher Ankündigung zu betreten. Der dadurch entstehende Schaden ist zu ersetzen.

§ 13. Die auf den Vorschriften dieses Gesetzes beruhenden Ersatzansprüche verjähren in zwei Jahren. Die Verjährung beginnt mit dem Schlusse des Jahres, in welchem der Anspruch entstanden ist.

Ersatzansprüche aus den §§ 2, 4, 5 und 6 sind bei der von der Landes-Zentralbehörde bestimmten Verwaltungsbehörde geltend zu machen. Diese setzt die Entschädigung vorläufig fest.

Gegen die Entscheidung der Verwaltungsbehörde steht binnen einer Frist von einem Monat nach der Zustellung des Bescheids die gerichtliche Klage zu.

Für alle anderen Ansprüche steht der Rechtsweg sofort offen.

§ 14. Die Bestimmung darüber, welche Behörden in jedem Bundesstaat untere und höhere Verwaltungsbehörden im Sinne dieses Gesetzes sind, steht der Landes-Zentralbehörde zu.

§ 15. Die bestehenden Vorschriften und Vereinbarungen über die Rechte der Telegraphenverwaltung zur Benutzung des Eisenbahngeländes werden durch dieses Gesetz nicht berührt.

§ 16. Telegraphenverwaltung im Sinne dieses Gesetzes ist die Reichs-Telegraphenverwaltung, die Königlich bayerische und die Königlich württembergische Telegraphenverwaltung.

§ 17. Die Vorschriften dieses Gesetzes finden auf Telegraphenlinien, welche die Militärverwaltung oder die Marineverwaltung für ihre Zwecke herstellen läßt, entsprechende Anwendung.

§ 18. Unter Zustimmung des Bundesraths kann der Reichskanzler Anordnungen treffen:[1]

1) über das Maß der Ausästungen;
2) darüber, welche Aenderungen der Telegraphenlinien im Sinne des § 7 Abs. 1 als wesentlich anzusehen sind;
3) über die Anforderungen, welche an den Plan auf Grund des § 7 Abs. 1 im Einzelnen zu stellen sind;
4) über die unter Zuziehung der Betheiligten vorzunehmenden Ortsbesichtigungen und über die dabei entstehenden Kosten;
5) über das Einspruchsverfahren und die dabei entstehenden Kosten;
6) über die Höhe der den Straßenbau- und Polizeibeamten zu gewährenden Vergütungen für die im Interesse der Reichs-Telegraphenverwaltung geforderten Dienstleistungen.

§ 19. Dieses Gesetz tritt am 1. Januar 1900 in Kraft.

Auf die vorhandenen, zu öffentlichen Zwecken dienenden Linien der Telegraphenverwaltung (§§ 16 und 17) findet dieses Gesetz Anwendung, soweit nicht entgegenstehende besondere Vereinbarungen getroffen sind.

Urkundlich unter Unserer Höchsteigenhändigen Unterschrift und beigedrucktem Kaiserlichen Insiegel.

Gegeben Neues Palais, den 18. Dezember 1899.

(L. S.) Wilhelm. Fürst zu Hohenlohe.

---

167) Gesetz, betr. einige Aenderungen von Bestimmungen über das Postwesen. Vom 20. Dezember 1899. (RGBl S. 715.)

Artikel 1. Das Gesetz über das Posttaxwesen im Gebiete des Deutschen Reichs vom 28. Oktober 1871 (Reichs-Gesetzbl. S. 358) wird dahin geändert:

I. An die Stelle des § 1 treten folgende Vorschriften:

Porto für Briefe.

Das Porto beträgt für den frankirten gewöhnlichen Brief
bis zum Gewichte von 20 Gramm einschließlich 10 Pf.,
bei größerem Gewichte . . . . 20 -

Bei unfrankirten Briefen tritt ein Zuschlagporto von 10 Pfennig, ohne Unterschied des Gewichts des Briefes, hinzu. Dasselbe Zuschlagporto wird bei unzureichend frankirten Briefen neben dem Ergänzungsporto erhoben.

Portopflichtige Dienstbriefe werden mit Zuschlagporto nicht belegt, wenn ihre Eigenschaft als Dienstsache durch eine von der Reichs-Postverwaltung festzustellende Bezeichnung auf dem Umschlage vor der Postaufgabe erkennbar gemacht worden ist.

---

[1] Vgl. Ausführungsbestimmungen zum Telegraphenwege-Gesetze. Vom 26. Januar 1900 (RGBl S. 7).

II. Als § 1a wird folgende Vorschrift eingestellt:

Nachbarortsverkehr.

Der Reichskanzler ist ermächtigt, den Geltungsbereich der Ortstaxe (§ 50,7 des Gesetzes über das Postwesen des Deutschen Reichs vom 28. Oktober 1871) auf Nachbarorte auszudehnen.[1]

III. An die Stelle des § 10 treten folgende Vorschriften:

Die Zeitungsgebühr beträgt:

a) 2 Pfennig für jeden Monat der Bezugszeit,
b) 15 Pfennig jährlich für das wöchentlich einmalige oder seltenere Erscheinen sowie 15 Pfennig jährlich mehr für jede weitere Ausgabe in der Woche,
c) 10 Pfennig jährlich für jedes Kilogramm des Jahresgewichts unter Gewährung eines Freigewichts von je 1 Kilogramm jährlich für soviel Ausgaben, wie der Gebühr zu b unterliegen.

Das Jahresgewicht wird für jedes Kalenderjahr nach dem thatsächlichen Gewichte der Zeitungsnummern des voraufgegangenen Rechnungsjahrs festgestellt. Bei neuen Zeitungen erfolgt bis zur Anwendbarkeit dieser Bestimmung die Gewichtsberechnung vierteljährlich nach dem Gewichte der erschienenen Nummern.

Der Verleger hat zum Zwecke der Gewichtsberechnung der ihm bezeichneten Postdienststelle ein vollständiges Pflichtexemplar von jeder Zeitungsnummer beim Erscheinen zu liefern.

Die Selbstverpackung ist auf Antrag des Verlegers zu gestatten.

Artikel 2. Das Gesetz über das Postwesen des Deutschen Reichs vom 28. Oktober 1871 (Reichs-Gesetzbl. S. 347) wird dahin geändert:

I. Als § 1a wird folgende Vorschrift eingestellt:

[S. oben S. 34.]

II. Als § 2a werden folgende Vorschriften eingestellt:

[S. oben S. 34.]

Artikel 3. Anstalten zur gewerbsmäßigen Einsammlung, Beförderung oder Vertheilung von unverschlossenen Briefen, Karten, Drucksachen und Waarenproben, die mit der Aufschrift bestimmter Empfänger versehen sind, dürfen vom 1. April 1900 ab nicht betrieben werden.

Zuwiderhandlungen werden mit Geldstrafe bis zu eintausendfünfhundert Mark oder mit Haft oder mit Gefängniß bis zu sechs Monaten bestraft.

Abgesehen von den bezeichneten Anstalten ist die gewerbsmäßige oder nicht gewerbsmäßige Beförderung von unverschlossenen politischen Zeitungen innerhalb der Gemeindegrenzen eines Ortes, insbesondere auch wenn sie durch die Post oder durch Expreßboten dort-

[1] S. dazu verschiedene Bekanntm. im CBl.

hin befördert wurden, Jedermann gestattet, auch an Sonn- und Feiertagen während der Stunden, in denen die Kaiserliche Post bestellt.

Artikel 4. Den vor dem 1. April 1898 eingerichteten und seitdem bis zur Verkündigung dieses Gesetzes ohne Unterbrechung betriebenen Privat-Briefbeförderungsanstalten und ihren Bediensteten, die in Folge dieses Gesetzes Schaden erleiden, sind Entschädigungen nach den folgenden Bestimmungen zu gewähren:

A. Der den Anstalten zu ersetzende Schaden umfaßt auch den entgangenen Gewinn. Die Feststellung des entgangenen Gewinns richtet sich nach § 252 des Bürgerlichen Gesetzbuchs. Jedoch soll die Entschädigung für den entgangenen Gewinn in keinem Falle mehr als das Zehnfache des jährlichen Reingewinns betragen, den die Anstalt im Durchschnitte der vor dem 1. April 1898 liegenden drei letzten Geschäftsjahre erzielt hat. Das erste Geschäftsjahr nach Errichtung oder Erwerbung der Anstalt wird hierbei nicht in Betracht gezogen. Hat die Anstalt bis zum 1. April 1898 noch nicht vier Jahre bestanden, so wird der durchschnittliche Jahresbetrag des Reingewinns in der Weise gebildet, daß der im Durchschnitte für den Monat nach Ablauf des ersten Geschäftsjahrs erzielte Reingewinn mit zwölf vervielfältigt wird. Als Reingewinn gilt die Roheinnahme aus der Beförderung der ihrem Betrieb auf Grund dieses Gesetzes entzogenen Gegenstände nach Abzug des dem Verhältnisse dieser Einnahme zur Roheinnahme aus dem gesammten Beförderungsgeschäft entsprechenden Theiles der Geschäftskosten. Zu den Geschäftskosten werden auch gerechnet die Abnutzung der der Anstalt gehörenden Gebäude und Betriebsmittel, soweit sie dem Beförderungsgeschäfte dienen, und vierprozentige Zinsen des Anlage- und Betriebskapitals.

B. Die Bediensteten, die in Folge des Eingehens oder der Beschränkung des Betriebs der Anstalten aus der Beschäftigung austreten oder entlassen werden und mindestens drei Monate lang, vom Tage der Verkündigung dieses Gesetzes rückwärts gerechnet, im Dienste der Anstalten gestanden sowie ihren Erwerb ausschließlich oder überwiegend aus dieser Beschäftigung gezogen und vor dem Tage der Verkündigung dieses Gesetzes das achtzehnte Lebensjahr vollendet haben, erhalten, wenn die Beschäftigung gedauert hat:

	3 Monate	bis einschließlich	6 Monate	$^1/_{12}$,
mehr als	6 "	" "	1 Jahr	$^2/_{12}$,
" "	1 Jahr	" "	$1^1/_2$ "	$^3/_{12}$,
" "	$1^1/_2$ "	" "	2 Jahre	$^4/_{12}$,
" "	2 Jahre	" "	3 "	$^6/_{12}$,
" "	3 "	" "	4 "	$^9/_{12}$,
" "	4 "	" "	5 "	$^{11}/_{12}$,
" "	5 "	" "	6 "	$^{14}/_{12}$,

mehr als	6	Jahre	bis einschließlich	7	Jahre	17/12,
" "	7	"	" "	8	"	20/12,
" "	8	"	" "	9	"	23/12,
" "	9	"	" "	10	"	26/12,
" "	10	"	" "	11	"	29/12,
" "	11	"	" "	12	"	32/12

u. s. w. für jedes weitere Beschäftigungsjahr mehr 3/12 des innerhalb der letzten zwölf Monate bezogenen Gehalts oder Arbeitsverdienstes als einmalige Entschädigung.

Gehälter oder Arbeitsverdienste, welche mehr als 5000 Mark pro Jahr betragen haben, dürfen nur mit 5000 Mark bei der Feststellung der Entschädigung angerechnet werden.

Besteht das Gehalt oder der Arbeitsverdienst ganz oder zum Theil aus Antheilen an der Geschäftseinnahme oder am Geschäftsgewinne, so werden diese Antheile mit dem Durchschnitte der vor der Verkündigung dieses Gesetzes liegenden zwei Beschäftigungsjahre angesetzt.

Hat die Beschäftigung weniger als zwölf Monate gedauert, so wird der Berechnung der Entschädigung der Betrag zu Grunde gelegt, der nach dem durchschnittlich für den Tag bezogenen Gehalt oder Arbeitsverdienste sich im Laufe eines Jahres ergeben hätte.

Von der Entschädigung sind die Bediensteten ausgeschlossen, die von der Postverwaltung in eine ihrem bisherigen Beschäftigungsverhältniß entsprechende Dienststelle von mindestens ihren bisherigen Bezügen gleichkommenden Dienstbezügen übernommen werden.

Bei der Uebernahme in den Reichs-Postdienst ist den Bediensteten die im Dienste der Privatpostanstalten verbrachte Dienstzeit so anzurechnen, als wenn sie im Dienste der Reichs-Postverwaltung thätig gewesen wären.

Ist mit dem Antritt einer derartigen Stelle ein Wechsel des Wohnorts verbunden, so werden die Umzugskosten ersetzt.

Anspruch auf obige Entschädigung haben auch diejenigen Angestellten, die nach der Einstellung in den Postdienst innerhalb drei Monate, ohne sich eines Vergehens oder Verbrechens schuldig gemacht zu haben, als ungeeignet entlassen werden müssen.

Artikel 5. Der Anspruch auf Entschädigung ist innerhalb einer Ausschlußfrist von sechs Monaten bei einer Postbehörde schriftlich anzumelden. Die Frist beginnt mit dem 1. April 1900, für die im letzten Satze des Artikels 4 erwähnten Angestellten mit dem Tage der Entlassung aus dem Postdienste. Die Feststellung der Entschädigung erfolgt für das Reichs-Postgebiet durch das Reichs-Postamt, für Bayern und Württemberg durch die obere Postverwaltungsbehörde dieser Staaten.

Die Postverwaltungen und deren Beauftragte sind befugt, unter Hinzuziehung eines vereideten Protokollführers, Zeugen und Sachverständige eidlich zu vernehmen oder die Gerichte um deren Vernehmung zu ersuchen.

Gegen den Bescheid der Postbehörde, durch den der Entschädigungsanspruch abgelehnt oder die Entschädigung festgestellt wird, findet die Berufung auf schiedsrichterliche Entscheidung statt.

Die Berufung ist bei Vermeidung des Ausschlusses binnen vier Wochen nach der Zustellung des Bescheids bei dem Schiedsgerichte zu erheben.

Der Bescheid der Postbehörde muß die Bezeichnung des für die Berufung zuständigen Schiedsgerichts und die Belehrung über die einzuhaltende Frist enthalten.

Das Schiedsgericht wird aus drei Mitgliedern des Reichsgerichts gebildet. Die Ernennung derselben und der Stellvertreter erfolgt für die Dauer ihres Hauptamts durch den Reichskanzler.

Auf die Beweisaufnahme im schiedsrichterlichen Verfahren finden die für das Verfahren vor den ordentlichen Gerichten geltenden Vorschriften entsprechende Anwendung.

Die Entschädigungssummen sind für das Reichs-Postgebiet aus den Mitteln der Reichs-Post- und Telegraphenverwaltung, für Bayern und Württemberg aus den Landesmitteln zu bestreiten.

Artikel 6. Die Bestimmungen des Artikels 1 III Abs. 1, 2 und 4 treten am 1. Januar 1901, Abs. 3 am 1. Januar 1900, die übrigen Bestimmungen dieses Gesetzes am 1. April 1900 in Kraft.

Für das Kalenderjahr 1901 wird der Gewichtsberechnung (Artikel 1 III) das Gewicht der vom 1. Januar bis 30. September 1900 erschienenen Zeitungsnummern unter Erhöhung um ein Drittel zu Grunde gelegt.

---

168) Uebereinkommen, betr. den Schutz der Urheberrechte an Werken der Litteratur, Kunst und Photographie zwischen dem Deutschen Reiche und Oesterreich-Ungarn. Vom 30. Dezember 1899. (RGBl 1901 S. 131.)

[Abgedruckt als Anm. zu § 55 des Urheberrechts-Gesetzes vom 19. Juni 1901.]

1900.

169) Bekanntmachung, betr. die Zuständigkeit für Todeserklärungen. Vom 8. März 1900. (RGBl S. 128.)

Auf Grund des § 961 der Civilprozeßordnung bestimme ich:

Für das Aufgebotsverfahren zum Zwecke der Todeserklärung eines Verschollenen, der weder einen inländischen

Wohnsitz gehabt hat, noch einem Bundesstaat angehört, ist das Königlich preußische Amtsgericht I in Berlin zuständig.

Berlin, den 8. März 1900.

Der Reichskanzler. Fürst zu Hohenlohe.

170) Verordnung über die weitere Inkraftsetzung des Gesetzes, betr. die Abänderung der Gewerbeordnung, vom 26. Juli 1897. Vom 12. März 1900. (RGBl S. 127.)

[Vgl. Gewerbeordnung in der Fassung vom 26. Juli 1900.]

171) Reichsschuldenordnung. Vom 19. März 1900. (RGBl S. 129.)

§ 1. Die Bereitstellung der außerordentlichen, im Wege des Kredits zu beschaffenden Geldmittel, welche in dem Reichshaushaltsplane zur Bestreitung einmaliger Ausgaben für Zwecke der Reichsverwaltung vorgesehen sind, erfolgt auf Grund einer gesetzlichen Ermächtigung des Reichskanzlers bis zur Höhe der bewilligten Summe in dem zu ihrer Beschaffung erforderlichen Nennbetrage durch Aufnahme einer verzinslichen Anleihe oder durch Ausgabe von Schatzanweisungen. Ueber die Ausführung des die Ermächtigung ertheilenden Gesetzes hat der Reichskanzler dem Reichstage bei dessen nächster Zusammenkunft Rechenschaft abzulegen.

Die Ermächtigung des Reichskanzlers, zur vorübergehenden Verstärkung der ordentlichen Betriebsmittel der Reichs-Hauptkasse nach Bedarf Schatzanweisungen auszugeben, hat gleichfalls durch Gesetz zu erfolgen.

§ 2. Die Bestimmung darüber, zu welcher Zeit, durch welche Stelle und in welchen Beträgen Schuldverschreibungen der verzinslichen Anleihe ausgegeben werden sollen, steht, soweit nicht in der im § 1 Abs. 1 vorgesehenen Ermächtigung ein Anderes vorgeschrieben ist, dem Reichskanzler zu. Das Gleiche gilt von der Bestimmung des Zinssatzes, der Kündigungsbedingungen und des Kurses, zu welchem die Ausgabe erfolgen soll.

§ 3. Die Schuldverschreibungen nebst den dazu gehörenden Zinsscheinen und Erneuerungsscheinen werden von der Reichsschuldenverwaltung ausgestellt.

§ 4. Die Gültigkeit der Unterzeichnung der auf den Inhaber lautenden Schuldverschreibungen, Zinsscheine und Erneuerungsscheine hängt davon ab, daß dieselben vorschriftsmäßig ausgefertigt sind. Der Aufnahme dieser Bestimmung in die Urkunde bedarf es nicht.

Die Ausfertigung erfolgt bei den Schuldverschreibungen durch eigenhändige Unterzeichnung des Vermerkes „Ausgefertigt" seitens des damit beauftragten Beamten, bei Zinsscheinen und Erneuerungsscheinen durch Aufdruck eines den Reichsadler enthaltenden Trockenstempels.

§ 5. Die Tilgung der Anleihe geschieht in der Weise, daß die durch den Haushaltsplan dazu bestimmten Mittel zum Ankauf einer entsprechenden Anzahl von Schuldverschreibungen verwendet werden.

Die durch besondere Gesetze angeordnete Verminderung der Schuld durch Absetzung vom Anleihesoll ist einer Tilgung gleich zu achten.

§ 6. Dem Reiche bleibt das Recht vorbehalten, die im Umlaufe befindlichen Schuldverschreibungen insgesammt oder in angemessenen Theilbeträgen zur Einlösung gegen Baarzahlung des Nennbetrags binnen einer gesetzlich festzusetzenden Frist zu kündigen.

Den Inhabern der Schuldverschreibungen steht ein Kündigungsrecht gegen das Reich nicht zu.

§ 7. Die Bestimmung darüber, zu welcher Zeit und in welchen Beträgen Schatzanweisungen ausgegeben werden sollen, steht, soweit nicht in den im § 1 vorgesehenen Ermächtigungen ein Anderes vorgeschrieben ist, dem Reichskanzler zu. Das Gleiche gilt von der Bestimmung des Zinssatzes und der Umlaufszeit; der Fälligkeitstermin ist in den Schatzanweisungen anzugeben.

Innerhalb der Umlaufszeit kann nach Anordnung des Reichskanzlers der Betrag der Schatzanweisungen wiederholt, jedoch nur zur Deckung der in den Verkehr gelangten Schatzanweisungen ausgegeben werden.

Die Umlaufszeit der zur vorübergehenden Verstärkung der ordentlichen Betriebsmittel der Reichs-Hauptkasse bestimmten Schatzanweisungen darf den Zeitraum von sechs Monaten nach dem Ablaufe des betreffenden Rechnungsjahrs nicht überschreiten.

Die Schatzanweisungen werden von der Reichsschuldenverwaltung ausgestellt; auf die Ausfertigung finden die Vorschriften des § 4 Anwendung. Die Ausgabe der Schatzanweisungen wird durch die Reichskasse bewirkt.

§ 8. Die für die Verzinsung und Tilgung der Anleihe sowie für die Verzinsung und Einlösung der Schatzanweisungen erforderlichen Beträge müssen der Reichsschuldenverwaltung zur Verfallzeit aus den bereitesten Einkünften des Reichs zur Verfügung gestellt werden.

Welche Theile der Anleihe getilgt werden sollen, bestimmt in Ermangelung besonderer gesetzlicher Vorschriften der Reichskanzler.

§ 9. Die Verwaltung der Reichsanleihe verbleibt bis auf Weiteres der Preußischen Hauptverwaltung der Staatsschulden unter der Bezeichnung „Reichsschuldenverwaltung". Für die Verwaltung sind die Vorschriften des preußischen Gesetzes vom 24. Februar 1850 (Gesetz-Samml. S. 57) maßgebend. Die sich aus § 6 des genannten Gesetzes ergebende unbedingte Verantwortlichkeit der Reichsschuldenverwaltung erstreckt sich auch darauf, daß eine Umwandlung der Schuldverschreibungen nur auf Grund eines sie anordnenden oder zulassenden Gesetzes und nach Bewilligung der erforderlichen Mittel vorgenommen wird.

§ 10. Die obere Leitung steht dem Reichskanzler zu, soweit dies mit der der Reichsschuldenverwaltung beigelegten Unabhängigkeit vereinbar ist.

§ 11. Der Präsident und die Mitglieder der Preußischen Hauptverwaltung der Staatsschulden haben zu Protokoll zu erklären, daß sie den von ihnen gemäß § 9 des preußischen Gesetzes vom 24. Februar 1850 und § 1 des preußischen Gesetzes vom 29. Januar 1879 (Gesetz-Samml. S. 10) geleisteten Eid auch für die durch bundes- oder reichsgesetzliche Bestimmungen ihnen übertragene Verwaltung der Reichsschulden als maßgebend anerkennen.

Das Protokoll ist dem Bundesrath und dem Reichstage vorzulegen.

§ 12. Die Geschäfte der im § 1 des preußischen Gesetzes vom 24. Februar 1850 bezeichneten Staatsschulden-Kommission werden von einer Reichsschulden-Kommission wahrgenommen.

Die Reichsschulden-Kommission besteht aus sechs Bevollmächtigten oder stellvertretenden Bevollmächtigten zum Bundesrath, und zwar aus dem jedesmaligen Vorsitzenden des Ausschusses für das Rechnungswesen oder einem Stellvertreter des Vorsitzenden und fünf Mitgliedern des Ausschusses, sowie aus sechs Mitgliedern des Reichstags und bis zur Errichtung einer eigenen Rechnungsbehörde für das Reich aus dem Chefpräsidenten der preußischen Ober-Rechnungskammer in seiner gleichzeitigen Eigenschaft als Chefpräsident des Rechnungshofs für das Deutsche Reich; der Chefpräsident ist für die durch dieses Gesetz ihm vorläufig übertragenen Verpflichtungen besonders zu beeidigen.

§ 13. Der Bundesrath wählt jährlich aus den Mitgliedern des Ausschusses für das Rechnungswesen die der Reichsschulden-Kommission hinzutretenden Mitglieder. Die aus dem Reichstage zu entsendenden Mitglieder der Kommission werden von diesem mit Stimmenmehrheit für die Dauer der Legislaturperiode gewählt.

Scheidet vor dem Ablaufe der im Abs. 1 bestimmten Fristen ein Mitglied der Kommission aus dem Bundesrath oder dem Reichstag aus, so endigt damit auch seine Mitgliedschaft in der Kommission.

Die Verpflichtung der nach Abs. 1, 2 ausscheidenden Mitglieder erlischt jedoch erst mit dem Eintritt ihrer Nachfolger in die Kommission.

§ 14. Den Vorsitz in der Kommission führt der Vorsitzende des Ausschusses des Bundesraths für das Rechnungswesen oder sein Stellvertreter, im Falle ihrer Verhinderung ein anderes dem Bundesrath angehörendes Mitglied der Kommission.

Die Beschlüsse der Kommission werden nach Stimmenmehrheit gefaßt. Bei Stimmengleichheit entscheidet die Stimme des Vorsitzenden.

Zu einem Beschluß ist die Anwesenheit von mindestens fünf Mitgliedern erforderlich.

§ 15. Die Reichsschulden-Kommission hat dem Bundesrath und dem Reichstage gegenüber dieselben Verpflichtungen, welche der preußischen Staatsschulden-Kommission den beiden Häusern des preußischen Landtags gegenüber obliegen.

§ 16. Wird der Reichsschuldenverwaltung der Verlust einer Schuldverschreibung oder Schatzanweisung von dem bisherigen Inhaber mit der Behauptung angezeigt, daß die Schuldurkunde vernichtet sei, so hat ihm auf seinen Antrag die Reichsschuldenverwaltung eine neue Schuldverschreibung oder Schatzanweisung zu ertheilen, falls sie die Vernichtung der Urkunde für nachgewiesen erachtet. Die Kosten hat der bisherige Inhaber zu tragen und vorzuschießen.

Ist ein Zinsschein abhanden gekommen oder vernichtet, so ist der im § 804 Abs. 1 des Bürgerlichen Gesetzbuchs bestimmte Anspruch ausgeschlossen, ohne daß es der Ausschließung in dem Scheine bedarf.

Behauptet der bisherige Inhaber eines Zinsscheins, daß der Schein vernichtet sei, so finden die Vorschriften des Abs. 1 Anwendung.

§ 17. Für das Aufgebotsverfahren zum Zwecke der Kraftloserklärung einer auf den Inhaber lautenden Schuldverschreibung oder Schatzanweisung ist dasjenige Amtsgericht ausschließlich zuständig, in dessen Bezirke die Reichsschuldenverwaltung ihren Sitz hat.

Durch Anordnung des Reichskanzlers kann die Anwendung der Vorschrift des Abs. 1 für einzelne Theile der Anleihe im voraus ausgeschlossen werden. Ueber die Ausführung einer solchen Anordnung hat der Reichskanzler dem Reichstage, wenn dieser versammelt ist, sofort, anderenfalls bei dessen nächster Zusammenkunft Rechenschaft abzulegen.

§ 18. Soll eine Schuldverschreibung oder Schatzanweisung für kraftlos erklärt werden, so muß die öffentliche Bekanntmachung des Aufgebots und des Ausschlußurtheils, unbeschadet der Vorschriften der §§ 1009, 1017 der Civilprozeßordnung, auch durch einmalige Einrückung in eine in Hamburg, eine in Leipzig, eine in Frankfurt a. M. und eine in München erscheinende Zeitung erfolgen; die Bestimmung und die Veröffentlichung dieser Zeitungen im Deutschen Reichsanzeiger sind jährlich durch den Reichskanzler zu veranlassen.

§ 19. Die Reichsschuldenverwaltung hat jährlich amtliche Listen der im abgelaufenen Rechnungsjahre für kraftlos erklärten Schuldverschreibungen und Schatzanweisungen durch den Deutschen Reichsanzeiger und die im § 18 bezeichneten Blätter sowie durch Aushang auf der Börse in Berlin und den Börsen der im § 18 bezeichneten Orte zu veröffentlichen.

Die Reichsschuldenverwaltung kann noch andere Veröffentlichungen veranlassen.

§ 20. Dieses Gesetz tritt mit dem Tage der Verkündigung in Kraft. Der § 6 des Gesetzes vom 9. November 1867 (Bundes-Gesetzbl. S. 157) und das Gesetz vom 12. Mai 1873 (Reichs-Gesetzbl.

S. 91) sowie der § 3 des Gesetzes vom 23. Februar 1876 (Reichs-Gesetzbl. S. 24) treten außer Kraft.

Im § 16 Abs. 2 des Bankgesetzes vom 14. März 1875 (Reichs-Gesetzbl. S. 177) werden die Worte: „welcher zu diesem Zwecke ein vom Kaiser ernanntes Mitglied hinzutritt" gestrichen.

Die nach Maßgabe des § 3 des Gesetzes vom 23. Februar 1876 gewählten Mitglieder der Reichsschulden-Kommission sowie das auf Grund des § 16 des Gesetzes vom 14. März 1875 vom Kaiser ernannte Mitglied werden für die Zeit, für welche sie gewählt oder ernannt sind, vollberechtigte Mitglieder der Kommission.

§ 21. Von dem Inkrafttreten dieses Gesetzes an gelten für die vorher ausgestellten, auf den Inhaber lautenden Schuldverschreibungen, Zinsscheine und Schatzanweisungen die Vorschriften der §§ 798 bis 802, 805 und des § 806 Satz 1 des Bürgerlichen Gesetzbuchs, die Vorschriften der Civilprozeßordnung über das Aufgebotsverfahren zum Zwecke der Kraftloserklärung einer abhanden gekommenen oder vernichteten Urkunde sowie die Vorschriften der §§ 17 bis 19 dieses Gesetzes.

Den vor dem Inkrafttreten dieses Gesetzes ausgestellten Schuldverschreibungen, Zinsscheinen und Schatzanweisungen stehen diejenigen Schuldverschreibungen, Zinsscheine und Schatzanweisungen gleich, welche nach dieser Zeit auf Grund einer früheren gesetzlichen Ermächtigung ausgegeben werden.

§ 22. Ein vor dem Inkrafttreten dieses Gesetzes anhängiges gerichtliches Aufgebotsverfahren zum Zwecke der Kraftloserklärung einer der im § 21 Abs. 1 bezeichneten Schuldverschreibungen und Schatzanweisungen ist nach den bisherigen Gesetzen zu erledigen. Nach diesen Gesetzen bestimmen sich auch die Wirkungen des Verfahrens und der Entscheidung.

---

172) Postordnung für das Deutsche Reich. Vom 20. März 1900. (CBl S. 53 ff.)

Auf Grund des § 50 des Gesetzes über das Postwesen vom 28. Oktober 1871 wird nachstehende Postordnung erlassen:

Abschnitt I.

Postsendungen.

Allgemeines.

§ 1. I Zur Beförderung als Postsendungen sind unter den nachfolgenden Bestimmungen zulässig:

1) Briefe;
2) Packete;
3) Postanweisungen;
4) Zeitungen, die im Wege des Postzeitungsvertriebs zur Beförderung gelangen.

Postkarten, Drucksachen, Geschäftspapiere und Waarenproben gelten als offene Briefe und sind unter dem Ausdrucke „Briefsendungen" in den folgenden Bestimmungen inbegriffen.

II Soweit die Briefsendungen und Packete nicht unter Einschreibung oder Werthangabe befördert werden, sind sie nachstehend als „gewöhnliche" bezeichnet.

Meistgewicht.

§ 2. Es beträgt das Meistgewicht:
für Briefe 250 Gramm,
für Drucksachen 1 Kilogramm,
für Geschäftspapiere 1 Kilogramm,
für Waarenproben 350 Gramm,
für Packete 50 Kilogramm.

Außenseite.

§ 3. I Der Absender darf auf der Außenseite einer Postsendung außer den die Beförderung betreffenden Angaben seinen Namen und seine Adresse vermerken. Diese sämmtlichen Angaben können außer bei Sendungen mit Werthangabe (§ 14) auch durch aufgeklebte Zettel hergestellt werden.[1] Bei gewöhnlichen und eingeschriebenen Briefsendungen sind weitere Angaben, welche nicht die Eigenschaft einer brieflichen Mittheilung haben, sowie Abbildungen unter der Bedingung zulässig, daß sie in keiner Weise die Deutlichkeit der Aufschrift sowie die Anbringung der Stempelabdrücke und der postdienstlichen Vermerke beeinträchtigen. Wegen der besonderen Bestimmungen für Postpacketadressen und Postanweisungen siehe §§ 12 und 20.

II Die Freimarken sind in die obere rechte Ecke der Aufschriftseite, bei Packeten an gleicher Stelle auf die Postpacketadresse zu kleben.

Aufschrift.

§ 4. I In der Aufschrift müssen der Empfänger und der Bestimmungsort deutlich und so bestimmt bezeichnet sein, daß jeder Ungewißheit vorgebeugt wird.

Bei Sendungen mit dem Vermerke „Postlagernd", für welche die Post nicht Gewähr zu leisten hat, dürfen statt des Namens des Empfängers Buchstaben, Ziffern, einzelne Wörter oder kurze Sätze angegeben sein.

II Bei Postsendungen nach Orten ohne Postanstalt ist in der Aufschrift außer dem Bestimmungsorte noch die Postanstalt anzugeben, von welcher die Sendung bestellt wird oder abgeholt werden soll. Wenn der Ort der Bestimmungs-Postanstalt nicht zu den allgemeiner bekannten Orten gehört, so ist seine Lage in der Aufschrift noch näher zu bezeichnen.

---

[1] Aenderung durch VO vom 8. April 1901 (CBl S. 107).

III Die Aufschrift eines Packets muß mit der Aufschrift der Postpacketadresse (§ 12) derart übereinstimmen, daß nöthigen Falles das Packet auch ohne die Postpacketadresse bestellt werden kann. Die Vermerke über Frankirung, Eilbestellung 2c. sind sowohl auf dem Packet als auch auf der Postpacketadresse niederzuschreiben. Wegen der Einschreibpackete, der Packete mit Werthangabe, der Nachnahmepackete, der dringenden Packete und der Packete gegen Rückschein siehe §§ 13 II, 14 II, 19 II, 24 II und 26 I.

IV Die Aufschrift eines Packets muß unmittelbar auf der Umhüllung oder auf einem der ganzen Fläche nach aufgeklebten oder sonst unlösbar darauf befestigten Papier 2c. haltbar angebracht werden. Ist dies nicht ausführbar, so ist für die Aufschrift eine haltbar befestigte Fahne von Pappe, Pergamentpapier, Holz oder sonstigem festem Stoffe zu benutzen. Besonders groß und deutlich muß der Name des Bestimmungsorts geschrieben oder gedruckt sein.

Von der Postbeförderung ausgeschlossene Gegenstände.

§ 5. I Sendungen, deren Außenseite oder Inhalt, soweit er offensichtlich ist, gegen diese Gesetze verstößt oder aus Rücksichten des öffentlichen Wohles oder der Sittlichkeit für unzulässig erachtet wird, werden von der Postbeförderung ausgeschlossen.

II Zur Versendung mit der Post dürfen ferner nicht aufgegeben werden: Gegenstände, deren Beförderung mit Gefahr verbunden ist, namentlich alle durch Reibung, Luftzudrang, Druck oder sonst leicht entzündliche Sachen sowie ätzende Flüssigkeiten.

III Die Postanstalten können in Fällen des Verdachts, daß die Sendungen Gegenstände der zu II genannten Art enthalten, vom Absender die Angabe des Inhalts verlangen und, wenn diese verweigert wird, die Annahme der Sendung ablehnen.

IV Wer derartige Sachen unter unrichtiger Angabe oder mit Verschweigung des Inhalts aufgiebt, hat — vorbehaltlich der Bestrafung nach den Gesetzen — für jeden entstehenden Schaden zu haften.

V Die Postanstalten können die Annahme und Beförderung von Sendungen ablehnen, sofern deren Zuführung an den Bestimmungsort nach Maßgabe der vorhandenen Postverbindungen und Postbeförderungsmittel nicht möglich ist.

Zur Postbeförderung bedingt zugelassene Gegenstände.

§ 6. I Flüssigkeiten, Sachen, die dem schnellen Verderb und der Fäulniß ausgesetzt sind, unförmig große Gegenstände, ferner lebende Thiere können von den Postanstalten zurückgewiesen werden. Bei Sendungen mit lebenden Thieren ist vom Absender durch einen sowohl auf die Postpacketadresse als auch auf die Sendung selbst zu setzenden Vermerk darüber Bestimmung zu treffen, was mit der Sendung geschehen soll, wenn der Empfänger sie nicht binnen 24 Stunden nach geschehener postamtlicher Benachrichtigung annimmt oder wenn sie aus einem anderen Grunde unbestellbar wird. Dieser Vermerk muß, je nach der Wahl des Absenders, der nachstehenden Fassung entsprechen:

„Wenn unbestellbar, zurück“ oder
„Wenn unbestellbar, an N. in N.“ oder
„Wenn unbestellbar, verkaufen“ oder
„Wenn unbestellbar, telegraphische Nachricht auf meine Kosten“.

Für die Behandlung der Sendung mit lebenden Thieren am Bestimmungsort ist die getroffene Verfügung des Absenders maßgebend, mit der Ausnahme, daß, wenn der Inhalt der Sendung vor Ausführung der etwa anderweitigen Verfügung des Absenders ersichtlich dem Verderb ausgesetzt ist, die Bestimmungen des § 45 V in Anwendung zu kommen haben.

II Für derartige Gegenstände ꝛc., wenn sie dennoch zur Beförderung angenommen werden, sowie für leicht zerbrechliche Gegenstände und für in Schachteln verpackte Sachen leistet die Postverwaltung keinen Ersatz, wenn durch die Natur des Inhalts der Sendung oder durch die Beschaffenheit der Verpackung während der Beförderung eine Beschädigung oder ein Verlust entstanden ist.

III Zur Verwendung für Hand-Schußwaffen bestimmte Zündhütchen, Zündspiegel und Metallpatronen sowie Patronen aus starker Pappe mit einem zum Schutze der Pulverladung dienenden Blechmantel sind zulässig, wenn sie in Kisten oder Fässern fest von außen und innen verpackt und als solche sowohl auf der Postpacketadresse als auch auf der Sendung selbst bezeichnet sind. Die Patronen müssen für Centralfeuer bestimmt und außerdem derart beschaffen sein, daß weder ein Ablösen der Kugel oder ein Herausfallen der Schrote noch ein Ausstreuen des Pulvers stattfinden kann. Der Absender ist, wenn er diese Bedingungen nicht eingehalten hat, für den aus etwaiger Entzündung entstandenen Schaden haftbar.

IV Die im § 5 III ausgesprochene Befugniß der Postanstalten tritt auch in solchen Fällen ein, in welchen Grund zu der Annahme vorliegt, daß die Sendungen Flüssigkeiten, dem schnellen Verderb und der Fäulniß ausgesetzte Sachen, lebende Thiere, Zündhütchen, Zündspiegel oder Patronen enthalten.

Postkarten.

§ 7. I Die Postkarten müssen offen versendet werden.

II Formulare zu Postkarten können durch alle Postanstalten bezogen werden. Gestempelte Formulare zu Postkarten werden zum Nennwerthe des Stempels, ungestempelte zum Preise von 5 Pf. für je 10 Stück verabfolgt.

III Von der Privatindustrie hergestellte Formulare sind zulässig; sie dürfen in Form, Größe und Papierstärke nicht wesentlich von den durch die Post ausgegebenen Formularen abweichen und müssen auf der Vorderseite die Ueberschrift „Postkarte“ tragen.

IV Bilderschmuck und Aufklebungen auf der Rückseite der Formulare sind insoweit zulässig, als dadurch die Eigenschaft des Versendungsgegenstandes als offene Postkarte nicht beeinträchtigt wird und die aufgeklebten Zettel ꝛc. der ganzen Fläche nach befestigt sind. Waarenproben und ähnliche Gegenstände den Postkarten beizufügen oder an ihnen zu befestigen, ist nicht gestattet.

V Mit den Postkarten dürfen Antwortkarten verbunden sein. Beide Theile dieser Doppelkarten müssen, jeder für sich, den Bestimmungen für einfache Postkarten entsprechen; die Antwortkarte muß als solche bezeichnet sein.

VI Die Gebühr beträgt, mit Ausnahme des Orts- und Nachbarortsverkehrs (§ 37), im Frankirungsfalle 5 Pf. für die einfache Postkarte oder für jeden der beiden Theile der Postkarte mit Antwort, im Nichtfrankirungsfalle das Doppelte.

VII Für unzureichend frankirte Postkarten wird dem Empfänger das Doppelte des Fehlbetrags angesetzt, nöthigen Falles unter Abrundung auf eine durch 5 theilbare Pfennigsumme aufwärts.

VIII Postkarten, die den vorstehenden Bestimmungen nicht entsprechen, unterliegen dem Briefporto.

Drucksachen.

§ 8. I Gegen die für Drucksachen festgesetzte ermäßigte Taxe werden befördert: alle durch Buchdruck, Kupferstich, Stahlstich, Holzschnitt, Lithographie, Metallographie, Photographie, Hektographie, Papyrographie, Chromographie oder ein ähnliches mechanisches Verfahren vervielfältigten Gegenstände, die nach ihrer Form und sonstigen Beschaffenheit zur Beförderung mit der Briefpost geeignet sind. Wegen der zulässigen schriftlichen Aenderungen und Zusätze siehe unter X. Briefe dürfen den Drucksachen nicht beigefügt sein.

II Die ermäßigte Taxe findet auch Anwendung auf solche Drucksachen, die durch verschiedene nach einander angewendete Vervielfältigungsverfahren (I), z. B. theils durch Buchdruck, theils durch Hektographie, hergestellt sind.

III Von der Beförderung gegen die ermäßigte Taxe sind ausgeschlossen die mittelst des Durchdrucks, der Kopirpresse und der Schreibmaschine hergestellten Schriftstücke.

IV Die Sendungen können entweder unter der Aufschrift bestimmter Empfänger oder als außergewöhnliche Beilagen der Zeitungen und Zeitschriften, deren Vertrieb die Post besorgt, eingeliefert werden.

a) Drucksachen unter der Aufschrift bestimmter Empfänger.

V Die Sendungen müssen offen, und zwar entweder unter Streif- oder Kreuzband oder umschnürt oder in einem offenen Umschlag oder aber in einfacher Weise zusammengefaltet eingeliefert werden, sodaß ihr Inhalt leicht geprüft werden kann. Unter Band ꝛc.

können auch Bücher, gleichviel ob gebunden oder geheftet, versendet werden.

VI Drucksachen in Rollenform dürfen 75 Centimeter in der Länge und 10 Centimeter im Durchmesser nicht überschreiten.

VII Drucksachen sind auch in Form offener Karten zulässig; solche Karten dürfen die Größe der Formulare zu Postpacketadressen nicht wesentlich überschreiten und nicht die Bezeichnung „Postkarte" tragen. Gedruckte 2c. Karten mit dieser Bezeichnung unterliegen den Vorschriften im § 7.

VIII Die Sendung kann eine innere, mit der äußeren übereinstimmende Aufschrift enthalten.

IX Mehrere unter einer Umhüllung vereinigte Drucksachen dürfen nicht mit verschiedenen Adressen versehen sein. Wegen der Vereinigung von Drucksachen mit Geschäftspapieren und Waarenproben siehe § 11.

X Es ist zulässig:

1) auf gedruckten Visitenkarten die Adresse des Absenders, seinen Titel sowie mit höchstens 5 Worten oder mit den üblichen Anfangsbuchstaben gute Wünsche, Glückwünsche, Danksagungen, Beileidsbezeigungen oder andere Höflichkeitsformeln handschriftlich hinzuzufügen;
2) auf den Drucksachen selbst den Tag der Absendung, die Unterschrift oder Firma sowie den Stand und Wohnort des Absenders handschriftlich oder auf mechanischem Wege anzugeben oder abzuändern;
3) Druckfehler zu berichtigen;
4) Korrekturbogen das Manuskript beizufügen und in den Korrekturbogen Aenderungen und Zusätze zu machen, welche die Korrektur, die Form und den Druck betreffen, solche Zusätze bei mangelndem Raume auch auf besonderen Zetteln anzubringen;
5) gewisse Stellen des gedruckten Textes zu durchstreichen, um sie unleserlich zu machen;
6) Worte oder Theile des Textes, auf welche man die Aufmerksamkeit zu lenken wünscht, durch Anstriche hervorzuheben und zu unterstreichen;
7) bei Preislisten, Börsenzetteln, Handelscirkularen und Prospekten Zahlen nebst Zusätzen, die als Bestandtheile der Preisbestimmung zu betrachten sind, sowie bei Reise-Ankündigungen den Namen des Reisenden, die Zeit[1] seines Eintreffens und den Namen des Ortes, den er zu besuchen beabsichtigt, mit der Feder oder auf mechanischem Wege einzutragen oder zu berichtigen;
8) in Anzeigen über die Abfahrt von Schiffen den Tag der Abfahrt handschriftlich anzugeben;

---

[1] Aenderung durch VO vom 8. April 1901 (CBl S. 107).

9) in Einladungs- und Einberufungskarten den Namen des Eingeladenen oder Einberufenen sowie Zeit, Zweck und Ort der Zusammenkunft zu vermerken;

10) auf Büchern, Musikalien, Zeitungen, Zeitschriften, Bildern, Landkarten, Weihnachts- und Neujahrskarten eine Widmung hinzuzufügen und diesen Drucksachen eine auf den Gegenstand bezügliche Rechnung beizulegen sowie die Rechnung mit solchen handschriftlichen Zusätzen zu versehen, die den Inhalt der Sendung betreffen und nicht die Eigenschaft einer besonderen, mit diesem in keiner Beziehung stehenden Mittheilung haben;

11) bei Bücher- und Subskriptionszetteln für buchhändlerische Werke, Bücher, Zeitungen, Zeitschriften, Bilder und Musikalien die bestellten oder angebotenen Werke ꝛc. handschriftlich zu bezeichnen und die gedruckten Mittheilungen ganz oder theilweise zu durchstreichen oder zu unterstreichen;

12) Modebilder, Landkarten ꝛc. auszumalen;

13) bei Ausschnitten aus Zeitungen, Zeitschriften und Büchern handschriftlich oder auf mechanischem Wege Titel, Tag, Nummer und Adresse der Veröffentlichung, welcher der Artikel entnommen ist, hinzuzufügen;

14) bei Quittungskarten über Invalidenversicherungsbeiträge die durch das Invalidenversicherungsgesetz vom 13. Juli 1899 zugelassenen Eintragungen handschriftlich oder auf mechanischem Wege vorzunehmen, die Beitragsmarken aufzukleben und die aufgeklebten Marken zu entwerthen oder zu vernichten;

15) bei Drucksachen, die von Berufsgenossenschaften oder Versicherungsanstalten oder deren Organen auf Grund der Unfallversicherungsgesetze oder des Invalidenversicherungsgesetzes abgesendet werden und auf der Außenseite mit dem Namen der Berufsgenossenschaft oder der Versicherungsanstalt bezeichnet sind, Zahlen oder Namen handschriftlich oder auf mechanischem Wege einzutragen oder zu ändern und den Vordruck ganz oder theilweise zu durchstreichen.

Weitere Zusätze oder Aenderungen, gleichviel ob sie handschriftlich, mit Durchdruck, Kopirpresse oder Schreibmaschine (III) oder durch Ueberkleben, Punktiren, Unterstreichen, Durchstreichen, Wegschaben, Durchstechen, Ab- und Ausschneiden von Wörtern, Ziffern oder Zeichen ꝛc. stattgefunden haben, sind bei Drucksachen nicht gestattet. Die nach 5 und 6 erlaubten Durchstreichungen, Anstriche und Unterstreichungen dürfen nicht briefliche Mittheilungen in offener oder verabredeter Sprache herstellen.

XI Drucksachen, die den vorstehenden Bestimmungen nicht entsprechen, werden nicht befördert.

XII Drucksachen müssen frankirt sein. Die Gebühr beträgt, mit Ausnahme des Orts- und Nachbarortsverkehrs (§ 37):

bis 50 Gramm einschließlich	. . . .	3 Pf.,
über 50 - 100 - -	. . . . .	5 - ,
- 100 - 250 - -	. . . . .	10 - ,
- 250 - 500 - -	. . . . .	20 - ,
- 500 Gramm bis 1 Kilogramm einschließlich		30 - .

Unfrankirte Drucksachen gelangen nicht zur Absendung.

XIII Für unzureichend frankirte Drucksachen wird dem Empfänger das Doppelte des Fehlbetrags angesetzt, nöthigen Falles unter Abrundung auf eine durch 5 theilbare Pfennigsumme aufwärts.

b) Drucksachen als außergewöhnliche Zeitungsbeilagen.

XIV[1] Als außergewöhnliche Zeitungsbeilagen werden solche den Bestimmungen unter I und II entsprechende Drucksachen befördert, die nach Form, Papier, Druck oder sonstiger Beschaffenheit nicht als Bestandtheile derjenigen Zeitung oder Zeitschrift erachtet werden können, mit welcher die Versendung erfolgen soll.

XV Jede Versendung außergewöhnlicher Zeitungsbeilagen muß von dem Verleger bei der Verlags-Postanstalt unter Entrichtung der Gebühr für so viele Exemplare als der Zeitung 2c. beigelegt werden sollen, vorher angemeldet werden. Das Einlegen in die einzelnen Zeitungs- 2c. Exemplare ist Sache des Verlegers.

XVI Außergewöhnliche Zeitungsbeilagen dürfen nicht über zwei Bogen stark, auch nicht geheftet, geklebt oder gebunden sein, die einzelnen Bogen müssen in der Bogenform zusammenhängen. Die Postanstalten sind zur Zurückweisung solcher Beilagen befugt, die nach Größe und Stärke des Papiers oder nach ihrer sonstigen Beschaffenheit zur Beförderung in den Zeitungspacketen nicht geeignet erscheinen.

XVII Die Gebühr für außergewöhnliche Zeitungsbeilagen beträgt $^1/_4$ Pf. für je 25 Gramm jedes einzelnen Beilage-Exemplars. Ein bei Berechnung des Gesammtbetrags sich ergebender Bruchtheil einer Mark wird nöthigen Falles auf eine durch 5 theilbare Pfennigsumme aufwärts abgerundet.

Geschäftspapiere.

§ 9. I Als Geschäftspapiere sind zugelassen: alle Schriftstücke und Urkunden, ganz oder theilweise mit der Hand geschrieben oder gezeichnet, welche nicht die Eigenschaft einer eigentlichen und persönlichen Korrespondenz haben, wie Prozeßakten, von öffentlichen Beamten aufgenommene Urkunden jeder Art, Frachtbriefe oder Ladescheine, Rechnungen, Quittungen auf gestempeltem oder ungestempeltem Papiere, die verschiedenen Dienstpapiere der Versicherungsgesellschaften, Abschriften oder Auszüge außergerichtlicher Verträge, gleichviel ob auf gestempeltem oder ungestempeltem Papiere ge-

[1] Aenderung durch VO vom 14. November 1900 (CBl S. 599).

schrieben, handschriftliche Partituren oder Notenblätter, die abgesondert versendeten Manuskripte von Werken oder Zeitungen, korrigirte Schülerarbeiten mit Ausschluß jeglichen Urtheils über die Arbeit, Militärpässe, Lohn-, Dienst- oder Arbeitsbücher ꝛc.

II Geschäftspapiere unterliegen, was Form und äußere Beschaffenheit betrifft, den für Drucksachen geltenden Vorschriften (§ 8). Die Aufschrift muß die Bezeichnung „Geschäftspapiere" enthalten.

III Geschäftspapiere, die den vorstehenden Bestimmungen nicht entsprechen, werden nicht befördert.

IV Geschäftspapiere müssen frankirt sein. Die Gebühr beträgt, mit Ausnahme des Orts- und Nachbarortsverkehrs (§ 37):

bis 250 Gramm einschließlich	10 Pf.,
über 250 - 500 - -	20 - ,
- 500 Gramm bis 1 Kilogramm einschließlich	30 - .

Unfrankirte Geschäftspapiere gelangen nicht zur Absendung.

V Für unzureichend frankirte Geschäftspapiere wird dem Empfänger das Doppelte des Fehlbetrags angesetzt, nöthigen Falles unter Abrundung auf eine durch 5 theilbare Pfennigsumme aufwärts.

VI Wegen Vereinigung von Geschäftspapieren mit Drucksachen und Waarenproben siehe § 11.

Waarenproben.

§ 10. I Gegen die für Waarenproben festgesetzte ermäßigte Taxe werden nur solche Waarenproben befördert, die keinen Handelswerth haben, ferner naturgeschichtliche Gegenstände, getrocknete oder konservirte Thiere und Pflanzen, geologische Muster ꝛc., deren Versendung nicht zu einem Handelszwecke geschieht. Die Sendungen müssen nach ihrer Form, Verpackung und sonstigen Beschaffenheit zur Beförderung mit der Briefpost geeignet sein.

II Waarenprobensendungen dürfen 30 Centimeter in der Länge, 20 Centimeter in der Breite und 10 Centimeter in der Höhe oder, wenn sie Rollenform haben, 30 Centimeter in der Länge und 15 Centimeter im Durchmesser nicht überschreiten.

III Briefe dürfen den Waarenproben nicht beigefügt werden; handschriftliche Vermerke sind nur zulässig in Bezug auf: Namen oder Firma des Absenders, Adresse des Empfängers, Fabrik- oder Handelszeichen, Nummern, Preise und Angaben bezüglich des Gewichts, des Maßes und der Ausdehnung sowie der verfügbaren Menge, der Herkunft und der Natur der Waare.

IV Die Einlieferung der Waarenproben muß unter Band oder in offenen Umschlägen oder in Kästchen oder Säckchen erfolgen, sodaß der Inhalt leicht geprüft werden kann.

V Die Aufschrift ist möglichst unmittelbar auf der Sendung, wenn dies jedoch nicht angeht, auf einer haltbar befestigten Fahne von Pappe, Pergamentpapier oder sonstigem festen Stoffe anzubringen. Die Aufschrift muß den Vermerk „Waarenproben“ oder „Proben“ oder „Muster“ enthalten.

VI Mehrere unter einer Umhüllung vereinigte Waarenproben dürfen nicht mit verschiedenen Adressen versehen sein. Wegen der Vereinigung von Waarenproben mit Drucksachen oder Geschäftspapieren siehe § 11.

VII Gegenstände aus Glas, Flüssigkeiten, Oele, fette Stoffe, Pulver sowie lebende Bienen werden zur Beförderung als Waarenproben unter folgenden besonderen Bedingungen zugelassen:

1) Gegenstände aus Glas müssen in einer festen Umhüllung von Metall, Holz, Leder oder Pappe verpackt sein, sodaß jeder Gefahr für andere Sendungen und die Beamten vorgebeugt wird;
2) Flüssigkeiten, Oele und leicht schmelzbare Stoffe müssen in fest verschlossenen Glasfläschchen enthalten sein. Jedes Fläschchen muß in ein Kästchen von Holz oder starker Pappe verpackt werden, das mit Sägespähnen, Baumwolle oder einem schwammigen Stoffe so anzufüllen ist, daß im Falle des Zerbrechens des Fläschchens die Flüssigkeit aufgesaugt werden kann. Das Kästchen selbst muß in eine Hülse von Metall, von Holz mit angeschraubtem Deckel oder von starkem und dickem Leder eingeschlossen werden. Wenn aber zur Verpackung der Fläschchen von durchlochten Holzblöcken Gebrauch gemacht wird, die hinreichende Widerstandsfähigkeit besitzen und mit aufsaugenden Stoffen angefüllt sowie mit einem Deckel verschlossen sind, so brauchen diese Blöcke nicht in ein zweites Behältniß eingeschlossen zu werden. Ebenso[1] kann von der doppelten Verpackung abgesehen werden bei Kästchen aus starker Wellpappe, wenn sämmtliche Zwischenräume mit aufsaugenden Stoffen angefüllt und die Fläschchen sicher verschlossen sind, sowie wenn, bei Vereinigung mehrerer Fläschchen zu einer Sendung jedes Fläschchen mit einer besonderen Umhüllung von Wellpappe versehen ist;
3) schwer schmelzende Fettstoffe wie Salben, weiche Seife, Harze ꝛc. müssen zunächst in eine besondere Hülle (Kästchen, Säckchen von Leinwand, Pergament ꝛc.) eingeschlossen und dann in ein Kästchen von Holz, Metall oder starkem und dickem Leder verpackt werden;
4) Pulver müssen in Pappkästchen verpackt und diese in Säckchen von Leinwand oder Pergament eingeschlossen werden;
5) lebende Bienen müssen in Kästchen versendet werden, die so beschaffen sind, daß sie jede Gefahr ausschließen.

Die Verpackung muß in allen Fällen so eingerichtet sein, daß eine Prüfung des Inhalts möglich ist.

VIII Waarenproben, die den vorstehenden Bestimmungen nicht entsprechen, werden nicht befördert. Das Gleiche gilt für Waarenproben, deren Beförderung mit Nachtheil oder Gefahr verbunden sein würde.

---

[1] Zusatz durch VO vom 12. Dezember 1901 (CBl S. 429).

IX Waarenproben müssen frankirt sein. Die Gebühr beträgt, mit Ausnahme des Orts- und Nachbarortsverkehrs (§ 37):

bis 250 Gramm einschließlich . . . . 10 Pf.,
über 250 bis 350 Gramm einschließlich . . . . 20 " .

Unfrankirte Waarenproben gelangen nicht zur Absendung.

X Für unzureichend frankirte Waarenproben wird dem Empfänger das Doppelte des Fehlbetrags angesetzt, nöthigen Falles unter Abrundung auf eine durch 5 theilbare Pfennigsumme aufwärts.

Zusammenpacken von Drucksachen, Geschäftspapieren und Waarenproben.

§ 11. I Die Vereinigung von Drucksachen, Geschäftspapieren und Waarenproben oder von zweien dieser Gattungen zu einer Sendung ist unter der Bedingung gestattet, daß:

1) jeder Gegenstand, für sich genommen, die auf ihn anwendbaren Grenzen des Gewichts und der Ausdehnung nicht überschreitet;
2) das Gesammtgewicht einer Sendung 1 Kilogramm nicht überschreitet.

II Die Sendungen müssen frankirt sein. Die Gebühr beträgt, mit Ausnahme des Orts- und Nachbarortsverkehrs (§ 37):

bis 250 Gramm einschließlich . . . . 10 Pf.,
über 250 " 500 " " . . . . . 20 " ,
" 500 Gramm bis 1 Kilogramm einschließlich 30 " .

Unfrankirte Sendungen gelangen nicht zur Absendung.

III Für unzureichend frankirte Sendungen wird dem Empfänger das Doppelte des Fehlbetrags angesetzt, nöthigen Falles unter Abrundung auf eine durch 5 theilbare Pfennigsumme aufwärts.

Packete.

§ 12. I Den Packeten muß eine Postpacketadresse in der von der Postverwaltung vorgeschriebenen Form beigegeben sein.

II Zu einer Postpacketadresse dürfen höchstens drei Packete gehören; jedes Nachnahmepacket (§ 19) muß jedoch von einer besonderen Postpacketadresse begleitet sein.

III Eine Vereinigung von gewöhnlichen Packeten mit Einschreibpacketen oder Packeten mit Werthangabe sowie von Einschreibpacketen mit Packeten mit Werthangabe zu einer Postpacketadresse ist nicht zulässig.[1]

IV Gehören mehrere Packete mit Werthangabe zu einer Postpacketadresse, so muß auf dieser der Werth eines jeden Packets besonders angegeben sein.

V Die oberste Postbehörde kann die Befugniß, mehrere Packete mit einer Postpacketadresse zu versenden, vorübergehend aufheben.

[1] Aenderung durch VO vom 8. April 1901 (CBl S. 107).

VI Formulare zu Postpacketadressen können durch alle Postanstalten bezogen werden. Für Formulare, die mit Freimarken beklebt sind, wird nur der Betrag der Freimarke erhoben. Unbeklebte Formulare werden zum Preise von 5 Pf. für je 10 Stück abgelassen.

VII Formulare, welche nicht von der Post bezogen werden, müssen in Größe, Farbe und Stärke des Papiers sowie im Vordrucke mit den von der Post gelieferten Formularen übereinstimmen.

VIII Der an der Postpacketadresse befindliche Abschnitt kann vom Absender zu Mittheilungen benutzt werden.

IX Die Postpacketadresse sowie die zur Frankirung des Packets verwendeten Postwerthzeichen gehen mit der Einlieferung in das Eigenthum der Postverwaltung über und müssen vom Empfänger oder im Falle der Unbestellbarkeit vom Absender an die Postanstalt zurückgegeben werden, gleichviel ob er das Packet annimmt oder nicht; den Abschnitt der Postpacketadresse kann er jedoch bei der Annahme des Packets abtrennen und behalten.

X Wegen der Verpackung und des Verschlusses der Packete siehe §§ 15 und 16.

Einschreibsendungen.

§ 13. I Briefsendungen und Packete können unter Einschreibung befördert werden. Bei Einschreibsendungen ist weder eine Werthangabe (§ 14) noch die Beifügung von Zustellungsurkunden (§ 25) oder die Beförderung als dringende Packete (§ 24) zulässig.

II Einschreibsendungen müssen vom Absender mit der Bezeichnung „Einschreiben" versehen werden. Bei Packeten muß diese Bezeichnung auch auf der Postpacketadresse angegeben sein; die Wirkung der Einschreibung hinsichtlich der Gewährleistung erstreckt sich nur auf das Packet, nicht auch auf die Postpacketadresse. Wegen der Verpackung und des Verschlusses der einzuschreibenden Packete siehe §§ 15 und 16.

III Ueber Einschreibsendungen wird eine Einlieferungsbescheinigung ertheilt.

IV Für Einschreibsendungen wird außer dem Porto eine Einschreibgebühr von 20 Pf. ohne Rücksicht auf die Entfernung und das Gewicht erhoben.

Sendungen mit Werthangabe.

§ 14. I Briefe und Packete können unter Werthangabe befördert werden. Bei Sendungen mit Werthangabe ist weder die Einschreibung (§ 13) noch die Beifügung von Zustellungsurkunden (§ 25) oder die Beförderung als dringende Packete (§ 24) zulässig. Wegen der Verpackung und des Verschlusses der Sendungen mit Werthangabe siehe §§ 15 bis 17.

II Der Werth ist in der Aufschrift, bei Packeten auch auf der Postpacketadresse, in Zahlen ersichtlich zu machen. Die Angabe des Werthes hat in der Reichswährung zu erfolgen. Der angegebene Betrag soll den gemeinen Werth der Sendung nicht übersteigen.

III Bei der Versendung von kurshabenden Papieren ist der Kurswerth, den die Papiere zur Zeit der Einlieferung haben, bei der Versendung von hypothekarischen Papieren, Wechseln und ähnlichen Dokumenten der Betrag anzugeben, der voraussichtlich erforderlich wäre, um eine neue rechtsgültige Ausfertigung des Dokuments zu erlangen oder um die Hindernisse zu beseitigen, welche sich der Einziehung der Forderung entgegenstellen würden, wenn das Dokument verloren ginge. Entspricht die Werthangabe diesen Grundsätzen nicht, so kann die Sendung zur Berichtigung zurückgegeben werden. Aus einer zu hohen Werthangabe darf ein Anspruch auf Erstattung des entsprechenden Theiles der Versicherungsgebühr nicht hergeleitet werden.

IV Der Vermerk über Postnachnahme gilt nicht als Werthangabe. Nachnahmesendungen werden daher nur dann als Sendungen mit Werthangabe behandelt, wenn außer dem Nachnahmebetrage noch ein Werth angegeben ist.

V Ueber Sendungen mit Werthangabe wird eine Einlieferungsbescheinigung ertheilt.

Verpackung der gewöhnlichen und einzuschreibenden Packete sowie der Sendungen mit Werthangabe.

§ 15. I Die Verpackung der gewöhnlichen und einzuschreibenden Packete sowie der Sendungen mit Werthangabe muß nach Maßgabe der Beförderungsstrecke, des Umfanges der Sendung und der Beschaffenheit des Inhalts haltbar und sichernd eingerichtet sein.

II Bei Gegenständen von geringerem Werthe, die nicht unter Druck leiden und nicht Fett oder Feuchtigkeit absetzen, ferner bei Akten- oder Schriftensendungen genügt bei einem Gewichte bis zu 3 Kilogramm eine Umhüllung von Packpapier mit angemessener Verschnürung.

III Schwerere Gegenstände müssen, sofern nicht der Inhalt und der Umfang eine festere Verpackung erfordern, mindestens in mehrfachen Umschlägen von starkem Packpapiere verpackt sein.

IV Sendungen von bedeutenderem Werthe, insbesondere solche, die durch Nässe, Reibung oder Druck leicht Schaden leiden, z. B. Spitzen, Seidenwaaren, müssen nach Maßgabe ihres Werthes, Umfanges und Gewichts genügend sicher in Wachsleinwand, Pappe oder in gut beschaffenen, nach Umständen mit Leinen überzogenen Kisten rc. verpackt sein.

V Sendungen mit einem Inhalte, der andere Sendungen beschädigen könnte, müssen so verpackt sein, daß eine solche Beschädigung fern gehalten wird. Fässer mit Flüssigkeiten müssen mit starken Reifen versehen sein. Leicht zerbrechliche Gefäße (Flaschen, Krüge rc.) mit Flüssigkeiten sind in festen Kisten, Kübeln oder Körben zu verwahren.

VI Briefe mit Werthangabe müssen mit einem haltbaren, aus einem Stücke hergestellten Umschlage versehen sein. Der Umschlag darf nicht farbige Ränder haben.

VII Wegen der besonderen Anforderungen bei Geldsendungen siehe § 17.

Verschluß der gewöhnlichen und einzuschreibenden Packete sowie der Sendungen mit Werthangabe.

§ 16. I Der Verschluß der gewöhnlichen und einzuschreibenden Packete muß haltbar und so eingerichtet sein, daß ohne dessen Beschädigung oder Eröffnung dem Inhalte nicht beizukommen ist. Von einem Siegelverschlusse kann abgesehen werden, wenn durch den sonstigen Verschluß oder durch die Untheilbarkeit des Inhalts die Sendung hinreichend gesichert erscheint. Der Verschluß kann durch eine gut geknotete Verschnürung oder, wenn die Umhüllung aus Packpapier besteht, mittelst guten Klebstoffs oder mittelst Siegelmarken hergestellt werden. Auch bei anderer Verpackung können Siegelmarken angewendet werden, sofern damit ein haltbarer Verschluß erzielt wird. Bei Reisetaschen, Koffern und Kisten, die mit Schlössern versehen sind, bei gut bereiften und fest verspundeten Fässern und bei fest vernagelten Kisten bedarf es keines weiteren Verschlusses. Gut umhüllte Maschinentheile, größere Waffen und Instrumente, Kartenkasten, einzelne Stücke Wildpret, z. B. Hasen und Rehe, können ohne besonderen Verschluß angenommen werden.

II Bei Sendungen mit Werthangabe sind in gutem Siegellack mittelst desselben Petschafts Siegelabdrücke in solcher Zahl anzubringen, daß dem Inhalte ohne sichtbare Beschädigung der Umhüllung (des Briefumschlags) oder der Siegelabdrücke nicht beizukommen ist. Bei Briefen mit Werthangabe müssen die Siegelabdrücke sämmtliche Klappen des Umschlags fassen. Wegen der besonderen Anforderungen bei Geldsendungen siehe § 17.

Besondere Anforderungen an Verpackung und Verschluß der Geldsendungen.

§ 17. I Geldstücke, die in Briefen versendet werden, müssen in Papier 2c. eingeschlagen und innerhalb des Briefes so befestigt sein, daß sie während der Beförderung ihre Lage nicht ändern können.

II Bei Geldpacketen im Gewichte bis zu 2 Kilogramm, deren Werth bei Papiergeld 10000 Mark und bei baarem Gelde 1000 Mark nicht übersteigt, genügt eine Umhüllung aus starkem, mehrfach umgeschlagenem Papiere mit guter Verschnürung und Versiegelung. Geldpackete von größerem Gewicht oder von höherem Werthe müssen in haltbarer Leinwand, in Wachsleinwand oder in Leder verpackt, gut umschnürt und vernäht sowie längs der Naht hinreichend oft versiegelt sein.

III Geldbeutel und Säcke, die ohne weitere Verpackung versendet werden, dürfen aus einfacher starker Leinwand nur dann bestehen, wenn das Geld gerollt oder zu Päckchen vereinigt ist. Anderenfalls müssen die Beutel ꝛc. aus wenigstens doppelter Leinwand hergestellt sein. Die Naht darf nicht auswendig und der Kropf nicht zu kurz sein. Die Schnur, die den Kropf umgiebt, muß durch den Kropf selbst hindurchgezogen werden. Wo der Knoten geschürzt ist, und außerdem über beiden Schnurenden muß das Siegel aufgedrückt sein. Derartige Sendungen dürfen nicht über 25 Kilogramm schwer sein.

IV Geldkisten müssen aus starkem Holze gefertigt, gut gefügt und fest vernagelt oder mit guten Schlössern versehen sein. Der Deckel darf nicht überstehen; die Eisenbeschläge müssen gut befestigt und so eingelassen sein, daß sie andere Gegenstände nicht zerscheuern können. Ueber 25 Kilogramm schwere Kisten müssen gut bereift und mit Handhaben versehen sein.

V Geldfässer müssen gut bereift, die Schlußreifen angenagelt und an beiden Böden so verschnürt und versiegelt sein, daß ein Oeffnen des Fasses ohne Verletzung der Umschnürung oder des Siegels nicht möglich ist.

VI Bei Sendungen mit baarem Gelde in größeren Beträgen muß der Inhalt gerollt sein. Gelder, die in Fässern oder Kisten zur Versendung gelangen sollen, müssen zunächst in Beutel oder Packete verpackt werden.

Postaufträge zur Einziehung von Geldbeträgen und zur Einholung von Wechselaccepten.

§ 18. I Im Wege des Postauftrags können

a) Gelder bis 800 Mark einschließlich eingezogen oder

b) Wechsel zur Einholung der Annahmeerklärung versendet werden.

II Dem Postauftrage sind die einzulösenden Papiere (quittirte Rechnung, quittirter Wechsel, Zinsschein ꝛc.) zur Aushändigung an die Person, die Zahlung leisten soll, oder die zur Annahme vorzuzeigenden Wechsel beizufügen. Die Vereinigung mehrerer Postaufträge zu einer Sendung ist nicht gestattet. Einem Postauftrage zur Geldeinziehung können mehrere Quittungen, Wechsel, Zinsscheine ꝛc. zur gleichzeitigen Einziehung von demselben Zahlungspflichtigen beigefügt werden; die Gesammtsumme des einzuziehenden Betrags darf jedoch 800 Mark nicht übersteigen. Ebenso können einem Postauftrage zur Accepteinholung mehrere Wechsel beigefügt werden, wenn sie derselben Person gleichzeitig zur Annahmeerklärung vorzuzeigen sind.

III Zu den Postaufträgen zur Geldeinziehung und zur Accepteinholung kommen verschiedene Formulare zur Anwendung. Derartige Formulare werden von den Postanstalten zum Preise von 5 Pf. für je 10 Stück verabfolgt. Den Absendern ist nicht gestattet, für eigene Rechnung hergestellte Formulare postmäßig zu verwenden; es steht ihnen jedoch frei, die Ausfüllung der von der Post bezogenen

Formulare zu Postaufträgen ganz oder theilweise durch Druck, mit der Schreibmaschine rc. bewirken zu lassen.

IV Der Auftraggeber hat auf der Vorderseite des Formulars anzugeben:

den Namen und Wohnort der Person, die Zahlung leisten oder das Accept ertheilen soll,

den einzuziehenden Betrag oder den Betrag der zur Annahme vorzuzeigenden Wechsel, wobei die Marksumme in Zahlen und Buchstaben ausgedrückt sein muß,

den eigenen (des Auftraggebers) Namen und Wohnort.

Bei den Postaufträgen zur Geldeinziehung ist außerdem die Zahl der Anlagen einzurücken. Ferner ist gestattet, den Tag anzugeben, an welchem die Einziehung des Betrags erfolgen soll. Dieser Tag ist dann für die Vorzeigung des Postauftrags maßgebend.

Bei den Postaufträgen zur Accepteinholung bleibt die Ausfüllung des Vordrucks in Bezug auf Fälligkeit des Wechsels und Angabe der Wechselnummer dem Auftraggeber anheimgestellt.

Der unbedruckte Theil der Rückseite des Postauftragsformulars dient zur Aufnahme etwaiger Bestimmungen des Auftraggebers darüber, was mit dem Postauftrage nach einmaliger vergeblicher Vorzeigung rc. (VI) geschehen soll.

V Zu schriftlichen Mittheilungen darf das Postauftragsformular, das im Falle der Einziehung des Betrags oder der Annahme des Wechsels in den Händen der Post verbleibt, nicht benutzt werden. Briefe dem Postauftrage beizufügen, ist nicht gestattet.

VI Der Auftraggeber kann verlangen, daß der Postauftrag nach einmaliger vergeblicher Vorzeigung oder nach dem ersten vergeblich gebliebenen Versuche der Vorzeigung an ihn zurückgesendet oder nach einem innerhalb des Deutschen Reichs belegenen Orte weitergesendet werde. Dieses Verlangen ist durch den Vermerk „Sofort zurück" oder — unter genauer Bezeichnung eines anderen Empfängers — durch den Vermerk „Sofort an N. in N." auf der Rückseite des Postauftragsformulars auszudrücken. Wünscht der Auftraggeber, daß die Weitersendung an eine zur Aufnahme des Wechselprotestes befugte Person geschieht, so genügt der Vermerk „Sofort zum Protest" auf der Rückseite des Postauftragsformulars, ohne daß es der namentlichen Bezeichnung einer solchen Person bedarf.

VII Der Auftraggeber hat den Postauftrag unter verschlossenem Umschlag an die Postanstalt, welche die Einziehung oder Accepteinholung bewirken soll, abzusenden. Der Brief ist mit der Aufschrift „Postauftrag nach . . . . (Name der Postanstalt)" zu versehen. Soll die Vorzeigung an einem bestimmten Tage geschehen, so darf die Einlieferung des Postauftrags nicht früher als sieben Tage vorher erfolgen.

VIII Ueber den Postauftragsbrief wird eine Einlieferungsbescheinigung ertheilt.

IX Bei Postaufträgen zur Geldeinziehung erfolgt die Einziehung des Betrags gegen Vorzeigung des Postauftrags und Aushändigung der quittirten Rechnung (des quittirten Wechsels rc.). Wegen der Vorzeigung der Postaufträge zur Geldeinziehung und der Aushändigung der Anlagen siehe § 39 IV und V.

Die Zahlung ist entweder sofort an den bestellenden Boten oder, wenn der Zahlungspflichtige oder dessen Bevollmächtigter (§ 39 III) Frist verlangt und der Auftraggeber nicht eine andere Bestimmung (XVIII) getroffen hat, binnen sieben Tagen nach der Vorzeigung des Postauftrags bei der einziehenden Postanstalt zu leisten. Die siebentägige Lagerfrist wird von dem Tage gerechnet, welcher auf den Tag des ersten Versuchs der Vorzeigung folgt. Erfolgt die Zahlung innerhalb dieser Frist nicht, so wird der Postauftrag vor der Rücksendung nochmals zur Zahlung vorgezeigt. Verweigert der Zahlungspflichtige oder dessen Bevollmächtigter bereits bei der ersten Vorzeigung die Einlösung, so wird der Postauftrag sofort zurückgesendet. Als Zahlungsverweigerung gilt nur die Erklärung des Zahlungspflichtigen selbst oder dessen Bevollmächtigten. Theilzahlungen werden nicht angenommen.

X Der eingezogene Betrag, nach Abrechnung der Postanweisungsgebühr, wird dem Auftraggeber durch Postanweisung (§ 20) übermittelt.

XI Dem Belieben des Auftraggebers ist es überlassen, dem Postauftrage das ausgefüllte Formular der Postanweisung beizufügen. In diesem Formulare darf nur der Betrag angegeben werden, der nach Abzug der Postanweisungsgebühr übrig bleibt.

XII Bei Postaufträgen zur Accepteinholung erfolgt die Vorzeigung des Postauftrags und des beigefügten Wechsels an die im Auftragsformulare namhaft gemachte Person oder deren Bevollmächtigten. Als bevollmächtigt wird, sofern nicht bei der Postanstalt eine im Besonderen auf die Annahme von Wechseln lautende Vollmacht niedergelegt ist, postseitig jeder angesehen, der zur Empfangnahme von Sendungen mit einer Werthangabe von mehr als 400 Mark für die betreffende Person berechtigt ist (§ 39 VII).

XIII Die Annahmeerklärung muß auf dem Wechsel schriftlich geschehen. Die Annahme gilt als verweigert, wenn sie nur auf einen Theil der Wechselsumme erfolgt oder wenn der Annahmeerklärung andere Einschränkungen beigefügt werden.

XIV Der angenommene Wechsel wird von der Bestimmungs-Postanstalt ohne Verzug an den Auftraggeber unter Einschreibung zurückgesendet.

XV Wechsel, welche bei der ersten Vorzeigung mit einem schriftlichen Accepte nicht versehen worden sind, werden nach sieben Tagen nochmals vorgezeigt, falls Frist verlangt worden ist und der Auftraggeber nicht durch einen Vermerk auf der Rückseite des Postauftragsformulars ein anderes Verfahren (XVIII) vorgeschrieben hat. Für die Berechnung der siebentägigen Lagerfrist gelten die Bestimmungen unter IX.

XVI An Sonntagen und allgemeinen Feiertagen werden Postaufträge nicht vorgezeigt.

XVII Hat der Auftraggeber auf der Rückseite des Postauftragsformulars nicht anders bestimmt (XVIII), so ist der Postauftrag nebst Anlagen an ihn zurückzusenden, sobald feststeht, daß die Person, die Zahlung leisten oder das Accept ertheilen soll (IV), nicht zu ermitteln ist, oder sobald die Zahlung und bei Postaufträgen zur Accepteinholung die Annahmeerklärung verweigert oder eine die Verweigerung der Annahme ausdrückende oder ihr gleich zu achtende Erklärung auf dem Wechsel niedergeschrieben worden ist.

XVIII Postaufträge, auf denen für den Fall der Nichteinlösung oder der verweigerten Annahme die sofortige Rücksendung oder die Weitersendung an eine andere Person verlangt ist, werden sofort nach der ersten vergeblichen Vorzeigung oder nach dem ersten vergeblich gebliebenen Versuche der Vorzeigung mittelst Einschreibbriefs zurück- oder weitergesendet. Postaufträge mit dem Vermerke „Sofort zum Protest" werden nach der ersten vergeblichen Vorzeigung oder nach dem ersten vergeblich gebliebenen Versuche der Vorzeigung bis zum Schlusse der Schalterdienststunden an dem betreffenden Tage bei der Postanstalt zur Einlösung oder Ertheilung der Annahmeerklärung bereit gehalten. Ist jedoch am Tage der Vorzeigung der auf dem Postauftragsformular angegebene Tag (IV) bereits verstrichen, so hat die Rück- oder Weitersendung ohne Verzug zu erfolgen. Mit der Weitergabe des Postauftrags und dessen Anlagen an den Gerichtsvollzieher, Notar 2c. oder bei Postaufträgen mit dem Vermerke „Sofort an N. in N." mit der Weitergabe an den zweiten Empfänger ist die Obliegenheit der Postverwaltung erfüllt. Die Protestkosten hat der Auftraggeber unmittelbar an den Erheber des Protestes zu entrichten.

XIX Solange der Postauftrag noch nicht eingelöst oder nicht angenommen, zurückgesendet oder weitergesendet ist, kann der Absender unter Vorlegung eines Doppels des ausgefüllten Postauftragsformulars und unter den sonstigen Bedingungen des § 33 den Postauftrag zurückziehen oder die Angaben im Postauftragsformular ändern lassen. Nachträgliche Aenderungen hinsichtlich der Anlagen sind nicht zulässig.

XX Die Postverwaltung haftet für eine Postauftragssendung wie für einen eingeschriebenen Brief und für den eingezogenen Betrag wie für die auf Postanweisungen eingezahlten Beträge. Eine weitergehende Gewähr, insbesondere für rechtzeitige Vorzeigung oder für rechtzeitige Rück- oder Weitersendung des Postauftrags, wird nicht geleistet; auch übernehmen die Postanstalten keinerlei Verpflichtung zur Erfüllung der besonderen Vorschriften des Wechselrechts.

XXI Es werden erhoben:

1) für den Postauftragsbrief . . . . 30 Pf.;

2) a) bei Postaufträgen zur Geldeinziehung die tarifmäßige Postanweisungsgebühr für die Uebermittelung des eingezogenen Geldbetrags (§ 20 II);

b) bei Postaufträgen zur Accepteinholung für die Rücksendung des angenommenen Wechsels . . . 30 Pf.

Die Gebühr unter 1 ist vom Auftraggeber vorauszubezahlen. Die Postanweisungsgebühr (2a) wird von dem eingezogenen Geldbetrag in Abzug gebracht. Die Gebühr unter 2b wird dem Auftraggeber bei Uebersendung des angenommenen Wechsels angerechnet.

Ist die Zahlung des Gedbetrags oder die Annahme des Wechsels verweigert worden, so wird die Rücksendung des Postauftrags und dessen Weitersendung an einen anderen Empfänger oder an eine zur Aufnahme des Wechselprotestes befugte Person ohne neuen Gebührenansatz bewirkt.

Postnachnahmesendungen.

§ 19. I Postnachnahmen sind bis 800 Mark einschließlich bei Briefsendungen und Packeten zulässig. Postnachnahme wird nicht als Werthangabe erachtet (§ 14 IV). Die Beifügung von Zustellungsurkunden (§ 25) ist bei Nachnahmesendungen ausgeschlossen.

II Nachnahmesendungen müssen in der Aufschrift mit dem Vermerke „Nachnahme von . . . . Mark . . Pf." (Marksumme in Zahlen und Buchstaben, Pfennigsumme nur in Zahlen) versehen sein und unmittelbar darunter die deutliche Angabe des Namens und Wohnorts — in größeren Städten auch die Wohnung — des Absenders enthalten. Bei Nachnahmepacketen müssen vorhandene Vermerke auf dem Packet und der Postpacketadresse angebracht sein.

III Bei Nachnahmesendungen wird über den Betrag eine Einlieferungsbescheinigung ertheilt. Ist über die Sendung ohnehin eine Einlieferungsbescheinigung zu verabfolgen, so wird der Nachnahmebetrag darin mit vermerkt.

IV Eine Nachnahmesendung darf nur gegen Berichtigung des Nachnahmebetrags ausgehändigt werden. Der Empfänger kann eine Einlösungsfrist von 7 Tagen vom Tage nach dem Eingange der Sendung in Anspruch nehmen. Wird die Nachnahme bei der ersten Vorzeigung nicht eingelöst und eine Zahlungsfrist nicht beansprucht, so wird die Sendung sofort zurückgesendet, sofern nicht zunächst eine Unbestellbarkeitsmeldung zu erlassen ist (§ 45). Nachnahmesendungen mit dem Vermerke „Postlagernd" werden 7 Tage lang vom Tage nach dem Eingange zur Verfügung des Empfängers gehalten, falls nicht früher die Annahme verweigert wird.

Bei Nachnahmesendungen, die vom Absender mit dem Vermerke „Sofort zurück" oder mit einer ähnlichen, das Verlangen schleuniger Rücksendung ausdrückenden Angabe versehen sind, ist die Lagerfrist ausgeschlossen. Der Vermerk muß auf der Aufschriftseite der Sendung und bei Packeten auch auf der Postpacketadresse angegeben sein.

Im Falle der Nachsendung (§ 44) einer Nachnahmesendung wird die Einlösungsfrist von 7 Tagen für jeden neuen Bestimmungsort besonders berechnet.

V Der Absender einer Nachnahmesendung kann unter den Bedingungen des § 33 die Nachnahme nachträglich streichen oder ändern lassen.

VI Eingelöste Nachnahmebeträge werden den Absendern von der Bestimmungs-Postanstalt mittelst Postanweisung (§ 20) nach Abzug der Geldübermittelungsgebühr zugesendet. Auf dem Abschnitte der Postanweisung wird postseitig vermerkt, auf welche Nachnahmesendung sich die Postanweisung bezieht.

VII Für Nachnahmesendungen werden erhoben:

1) das Porto für gleichartige Sendungen ohne Nachnahme, bei Einschreibsendungen und Sendungen mit Werthangabe auch die Einschreib- und die Versicherungsgebühr;
2) eine Vorzeigegebühr von 10 Pf.;
3) die Postanweisungsgebühr für die Uebermittelung des eingezogenen Betrags an den Absender (§ 20 II).

VIII Die Vorzeigegebühr wird zugleich mit dem Porto erhoben und ist auch dann zu entrichten, wenn die Sendung nicht eingelöst wird.

Postanweisungen.

§ 20. I Im Wege der Postanweisung werden Geldbeträge bis 800 Mark einschließlich übermittelt.

II Postanweisungen müssen frankirt werden. Die Gebühr beträgt auf alle Entfernungen:

	bis	5 Mark	10 Pf.,
über	5	- 100 -	20 - ,
-	100	- 200 -	30 - ,
-	200	- 400 -	40 - ,
-	400	- 600 -	50 - ,
-	600	- 800 -	60 - .

Bei Postanweisungen mit angehängter Karte zur Empfangsbestätigung muß auch diese, nach der Gebühr für Postkarten frankirt sein.

III Zu Postanweisungen dürfen nur Formulare benutzt werden, welche von den Postanstalten bezogen sind. Gestempelte Formulare werden zum Nennwerthe des Stempels, ungestempelte zum Preise von 5 Pf. für je 10 Stück, ungestempelte Formulare mit angehängter Postkarte zur Empfangsbestätigung zum Preise von 5 Pf. für je 5 Stück verabfolgt.

IV Die Ausfüllung der Postanweisungen kann auch durch Druck, mit der Schreibmaschine ꝛc. bewirkt werden; die handschriftliche Ausfüllung darf nur mit Tinte geschehen. Die Angabe des Geldbetrags hat in der Reichswährung zu erfolgen. Die Marksumme muß in Zahlen und in Buchstaben ausgedrückt sein.

V Der Abschnitt der Postanweisung kann zu Mittheilungen benutzt werden.

VI Ueber den eingezahlten Betrag wird eine Einlieferungsbescheinigung ertheilt.

VII Die Auszahlung erfolgt gegen Quittung auf der Postanweisung. Der Abschnitt der Postanweisung kann vom Empfänger abgetrennt und zurückbehalten werden; bei Postanweisungen mit angehängter Postkarte zur Empfangsbestätigung wird dem Empfänger die Karte überlassen.

VIII Die Postanweisung sowie die zur Frankirung verwendeten Postwerthzeichen gehen mit der Einlieferung in das Eigenthum der Postverwaltung über und müssen auch dann an die Postanstalt zurückgegeben werden, wenn auf die Auszahlung des Betrags verzichtet oder dessen Annahme verweigert wird.

IX Stehen der Bestimmungs-Postanstalt die erforderlichen Geldmittel augenblicklich nicht zur Verfügung, so kann die Auszahlung erst verlangt werden, nachdem die Beschaffung der Mittel erfolgt ist.

X Wenn dem Empfänger eine Postanweisung abhanden gekommen ist, so hat er der Bestimmungs-Postanstalt von dem Verluste Mittheilung zu machen. Von dieser Postanstalt wird alsdann bei etwaiger Vorlegung der Anweisung die Zahlung bis auf Weiteres ausgesetzt. Es ist Sache des Empfängers, durch Vermittelung des Absenders bei der Aufgabe-Postanstalt die Uebersendung eines vom Absender auszufertigenden Doppels der Postanweisung zu erwirken. Bei der Einlieferung des Doppels muß die bei der Aufgabe der abhanden gekommenen Postanweisung ertheilte Einlieferungsbescheinigung von dem Absender vorgelegt werden. Die Versendung des Doppels von dem Aufgabe- nach dem Bestimmungsort erfolgt kostenfrei.

Telegraphische Postanweisungen.

§ 21. I Die Ueberweisung auf Postanweisungen eingezahlter Beträge kann auf Verlangen des Absenders durch Vermittelung des Telegraphen erfolgen.

II Falls ein solches Verlangen ausgesprochen wird, liegt die Ausfertigung des Telegramms, mittelst dessen die Ueberweisung erfolgt, der Aufgabe-Postanstalt ob. Wünscht der Absender durch dieses Telegramm weitere, auf die Verfügung über das Geld bezügliche Mittheilungen zu machen, so muß er diese der Postanstalt schriftlich übergeben, welche sie in das Telegramm mit aufnimmt.

III Bei telegraphischen Postanweisungen, die an Orten ohne Telegraphenanstalt zur Post gegeben werden, wird das Telegramm von der Aufgabe-Postanstalt mit der nächsten Post der am schnellsten zu erreichenden, dem allgemeinen Verkehre dienenden Telegraphenanstalt als Einschreibsendung zugeführt.

IV Ist eine telegraphische Postanweisung nach einem mit einer Telegraphenanstalt nicht versehenen Postorte gerichtet, so erfolgt die Weiterbeförderung des Telegramms von der letzten Telegraphenanstalt bis zur Bestimmungs-Postanstalt ebenfalls mit der nächsten Post als Einschreibsendung.

V Der Absender hat zu entrichten:

1) die Postanweisungsgebühr;
2) die Telegrammgebühr.

Außerdem kommt zutreffenden Falles zur Erhebung:

a) das Porto und die Einschreibgebühr für die Beförderung des Telegramms zur nächsten Telegraphenanstalt (III);
b) das Porto und die Einschreibgebühr für die Beförderung des Telegramms von der letzten Telegraphenanstalt bis zur Bestimmungs-Postanstalt (IV);
c) das Eilbestellgeld für die Bestellung an den Empfänger (VI).

Die Gebühren unter a sind stets vom Absender vorauszubezahlen; dagegen bleibt es in sein Belieben gestellt, ob er die Gebühren uelntr b und c ebenfalls vorausbezahlen oder deren Entrichtung dem Empfänger überlassen will.

VI Die Bestimmungs-Postanstalt hat das Telegramm, sofern die Anweisung nicht mit dem Vermerke „Postlagernd" versehen ist, gleich nach der Ankunft dem Empfänger durch einen besonderen Boten zuzustellen (§ 22). Die Auszahlung des angewiesenen Betrags erfolgt gegen Rückgabe des mit der Quittung des Empfängers versehenen Telegramms.

VII Die Nachsendung telegraphischer Postanweisungen erfolgt in der Regel auf dem Postweg, auf telegraphischem Wege nur dann, wenn dies vom Aufgeber ausdrücklich vorgeschrieben oder vom Empfänger beantragt ist.

VIII Die Telegraphenanstalten sind ermächtigt, in Vertretung der Postanstalt Beträge auf Postanweisungen, die auf telegraphischem Wege überwiesen werden sollen, von den Absendern anzunehmen oder telegraphisch überwiesene Beträge am Bestimmungsort auszuzahlen.

Durch Eilboten zu bestellende Sendungen.

§ 22. I Auf Verlangen des Absenders können Postsendungen dem Empfänger sogleich nach der Ankunft bei der Bestimmungs-Postanstalt durch besonderen Boten zugestellt werden (Eilbestellung).

Wegen der Zulässigkeit des Verlangens der Eilbestellung durch den Empfänger siehe unter XII.

II Das Verlangen der Eilbestellung muß durch den vom Absender durch Unterstreichung hervorzuhebenden Vermerk „Durch Eilboten" ausgedrückt werden. Bezeichnungen wie „Dringend, Eilig" ꝛc. sind zur Kundgebung des Verlangens der Eilbestellung nicht ausreichend.

III Der Absender kann die Gebühr für die Eilbestellung (VI) vorausbezahlen oder die Zahlung dem Empfänger überlassen. Im Falle der Vorausbezahlung hat er dem Eilbestellvermerke hinzuzufügen „Bote bezahlt".

IV An Empfänger im Orts- und Landbestellbezirke des Aufgabe-Postorts sind nur gewöhnliche Briefsendungen zur Eilbestellung zugelassen.

V Gewöhnliche und eingeschriebene Briefsendungen, Postanweisungen nebst den Geldbeträgen, gewöhnliche und eingeschriebene Packete bis zum Gewichte von 5 Kilogramm und Sendungen mit Werthangabe bis zum Betrage von 800 Mark und bis zum Gewichte von 5 Kilogramm werden den Eilboten mitgegeben. Bei schwereren Packeten sowie bei Sendungen mit höherer Werthangabe erstreckt sich die Verpflichtung zur Bestellung nur auf die Postpacketadresse oder den Ablieferungsschein. Die oberste Postbehörde ist indessen berechtigt, die bezeichneten Gewichts- und Werthgrenzen für bestimmte Orte dauernd oder vorübergehend zu erweitern und die unter VI festgesetzten Gebühren entsprechend zu erhöhen; ebenso kann die Postbehörde, soweit es sich um Sendungen mit Werthangabe, Postanweisungen oder Packete handelt, die Eilbestellung für die Nachtstunden beschränken. Wünscht der Absender der Eilsendung, daß diese nicht während der Nachtstunden bestellt werde, so kann er solches durch einen Vermerk in der Aufschrift bestimmen.

VI Für die Eilbestellung sind zu entrichten:

A. Im Falle der Vorausbezahlung durch den Absender

1) bei gewöhnlichen und eingeschriebenen Briefsendungen, Postanweisungen, Briefen mit Werthangabe, Ablieferungsscheinen und Postpacketadressen

im Ortsbestellbezirke . . . . 25 Pf.,
im Landbestellbezirke . . . . 60 „

für jeden Gegenstand,
bei Sendungen an Empfänger im Landbestellbezirke des Aufgabe-Postorts (IV) jedoch die wirklich erwachsenden Botenkosten, zu deren Deckung der Absender auf Verlangen einen angemessenen Betrag zu hinterlegen hat, mindestens aber 25 Pf.;

2) bei Packeten

im Ortsbestellbezirke . . . . 40 Pf.,
im Landbestellbezirke . . . . 90 „

für jedes Packet.

B. Im Falle der Entrichtung des Botenlohns durch den Empfänger

bei allen Sendungen die wirklich erwachsenden Botenkosten, mindestens jedoch 25 Pf. für einen der Gegenstände zu A 1 und 40 Pf. für ein Packet.

VII[1] Bei gleichzeitiger Abtragung mehrerer Sendungen durch denselben Boten an denselben Empfänger wird, wenn die Zahlung des Botenlohns dem Empfänger überlassen ist, der Botenlohn bei Briefsendungen für eine der Sendungen zum vollen Betrag und für die andern mit je 10 Pf., bei Packeten aber für jedes Packet mindestens der Betrag von 40 Pf., erhoben. Sind mit Eilbriefsendungen zugleich Eilpackete abzutragen, so kommen die Botenlohnsätze für Packete und außerdem für jede Briefsendung der Satz von 10 Pf. in Anwendung. Werden durch denselben Boten an denselben Empfänger gleichzeitig solche Eilsendungen abgetragen, für welche das Eilbestellgeld ganz oder zum Theil (VIII) im voraus bezahlt ist, und solche, bei welchen dies nicht der Fall ist: so ist vom Empfänger der nach Vorstehendem zu berechnende Botenlohn abzüglich der vorausbezahlten Beträge zu entrichten. Die für etwa gleichzeitig zur Abtragung gelangende Telegramme im voraus bezahlte Bestellgebühr bleibt hierbei außer Betracht.

VIII Reichen bei Briefsendungen, die im Briefkasten vorgefunden werden, die verwendeten Freimarken zur Deckung des Portos und der Eilbestellgebühr (VI A) nicht aus, so kommen für die Sendungen die Sätze unter VI B zur Erhebung nach Abzug des durch Freimarken vorausbezahlten Theiles der Gebühr.

IX Eine Beförderung von Sendungen mittelst Eilboten vom Einlieferungsorte nach einem anderen Postorte findet nicht statt. Dagegen kann auf Verlangen des Absenders die besondere Beförderung von Sendungen, die einer Postanstalt von weiterher zugehen und nach einem anderen Postorte gerichtet sind, durch Eilboten stattfinden, wenn die Entfernung zwischen den beiden Postanstalten nicht über 15 Kilometer beträgt. Die Aufschriften derartiger Sendungen müssen unter der Angabe des Bestimmungsorts den Vermerk enthalten: „Von (Bezeichnung der Postanstalt, von welcher aus die Beförderung durch Eilboten erfolgen soll) durch Eilboten". Für derartige Eilsendungen sind auch im Falle der Vorausbezahlung durch den Absender die wirklich erwachsenden Botenkosten, mindestens aber die unter VI A für die Landbestellung festgesetzten Beträge, zu entrichten. Der Absender hat auf Verlangen einen angemessenen Betrag zur Deckung dieser Kosten zu hinterlegen.

X Hat der Absender den Botenlohn nicht vorausbezahlt und verweigert der Empfänger dessen Zahlung, so ist die Sendung als unbestellbar zu behandeln.

XI Im Falle der Rücksendung einer unbestellbaren Eilsendung sind die Kosten für den Eilbestellversuch, welche bei der Aushändigung der Sendung vom Empfänger zu erheben gewesen wären, vom Absender zu tragen.

XII Anträgen des Empfängers auf Eilbestellung von Postsendungen kann ausnahmsweise entsprochen werden, wenn dies ohne

[1] Neue Fassung durch VO vom 12. Dezember 1901 (CBl S. 429).

Beeinträchtigung des Dienstbetriebs möglich ist. Zutreffenden Falles ist der Botenlohn nach den Festsetzungen unter VI B zu erheben. Die unter VII vorgesehene Ermäßigung bei gleichzeitiger Abtragung mehrerer Gegenstände findet in diesem Falle keine Anwendung.

Bahnhofsbriefe.

§ 23. I Wünscht ein Empfänger Briefe von einem bestimmten Absender am Bahnhof unmittelbar nach Ankunft der Eisenbahnzüge in Empfang zu nehmen (Bahnhofsbriefe), so hat er dies der Postanstalt an seinem Wohnorte mitzutheilen, die ihm gegen Entrichtung der festgesetzten Gebühr (IV) ein Ausweisschreiben aushändigt.

II Die Verständigung mit dem Absender, daß die Bahnhofsbriefe stets zu demselben Zuge aufgeliefert werden, liegt dem Empfänger ob.

III Bahnhofsbriefe müssen der Form und der sonstigen Beschaffenheit nach zur Beförderung als Briefe geeignet sein und dürfen weder unter Einschreibung befördert werden noch das Gewicht von 250 Gramm überschreiten. Zum Verschlusse sind Briefumschläge zu verwenden, die mit einem breiten rothen Rande versehen sind und am Kopfe in großen Buchstaben die Bezeichnung „Bahnhofsbrief" tragen; auf der Rückseite des Briefumschlags ist der Name des Absenders anzugeben.

IV Bahnhofsbriefe müssen vom Absender frankirt werden. Die neben dem Porto zu entrichtende Gebühr für die tägliche Abholung je eines mit einem bestimmten Eisenbahnzuge beförderten Briefes von demselben Absender an einen Empfänger beträgt 12 Mark für den Kalendermonat oder, wenn die Beförderung für kürzere Fristen als einen Monat erfolgen soll, 4 Mark für die Woche oder den Theil einer Woche. Die Gebühr ist von dem Empfänger im voraus zu zahlen.

V Die Aushändigung der Bahnhofsbriefe erfolgt nur gegen Vorzeigung des Ausweisschreibens. Meldet sich der Abholer nicht rechtzeitig, so werden die Briefe gegen die im § 22 VI unter B festgesetzte Gebühr durch Eilboten bestellt.

Dringende Packete.

§ 24. I Zur Beförderung mit der Post geeignete Packete, deren beschleunigte Uebermittelung besonders erwünscht ist, können auf Verlangen der Absender als dringende Packete mit den sich darbietenden schnellsten Postgelegenheiten versendet werden. Das Verlangen der Einschreibung oder eine Werthangabe ist bei dringenden Packeten nicht zulässig.

II Die Sendungen müssen bei der Einlieferung zur Postanstalt äußerlich durch einen farbigen Zettel, der in fettem schwarzem Typendruck oder ausnahmsweise in großen handschriftlichen Zügen die Bezeichnung „Dringend" trägt, hervortretend kenntlich gemacht sein. Die zugehörigen Postpacketadressen sind mit dem gleichen Vermerke zu versehen.

III Dringende Packete werden am Bestimmungsorte durch Eilboten abgetragen, wenn sie nicht mit dem Vermerke „Postlagernd" versehen sind.

IV Für dringende Packete hat der Absender bei der Einlieferung im voraus zu entrichten:

1) das tarifmäßige Packetporto;
2) eine besondere Gebühr von 1 Mark;
3) u. U. (III) die Eilbestellgebühr (§ 22).

Briefe mit Zustellungsurkunde.

§ 25.[1] I Auf Verlangen des Absenders kann die Zustellung eines Briefes an den Empfänger postamtlich beurkundet und die aufgenommene Zustellungsurkunde dem Absender übersendet werden.

II Hinsichtlich der Art der Zustellung ist zu unterscheiden:

a) die gewöhnliche Zustellung;
b) die vereinfachte Zustellung.

Im Falle zu a wird dem Empfänger bei der Zustellung eine beglaubigte Abschrift der Zustellungsurkunde übergeben, im Falle zu b nur der Tag der Zustellung auf dem Briefe vor seiner Aushändigung vermerkt. Wegen der Bestellung der Briefe mit Zustellungsurkunde siehe § 40.

III Briefe mit Zustellungsurkunde müssen verschlossen und auf der Außenseite mit der Angabe von Namen und Wohnort des Absenders handschriftlich oder durch Stempelabdruck ꝛc. versehen sein. Der Absender hat dem Briefe im Falle der gewöhnlichen Zustellung (II a) zwei Formulare zur Zustellungsurkunde auf weißem Papier (Urschrift und Abschrift), im Falle der vereinfachten Zustellung (II b) ein Formular auf blauem Papiere haltbar äußerlich beizufügen und dementsprechend den Brief auf der Aufschriftseite mit dem Vermerke

„Hierbei ein Formular zur Zustellungsurkunde nebst Abschrift"
oder
„Hierbei ein Formular zur Zustellungsurkunde"

zu versehen. Im letzteren Falle muß der Brief außerdem in der Aufschrift den Vermerk „Vereinfachte Zustellung" tragen.

IV Der Absender muß den Kopf des Formulars zur Zustellungsurkunde und bei der gewöhnlichen Zustellung auch desjenigen zur Abschrift dem Vordruck entsprechend ausfüllen und das erstere mit der für die Rücksendung erforderlichen Aufschrift versehen.

V Soll die Zustellung an eine der in den §§ 181, 183 und im § 184 Abs. 1 der Civilprozeßordnung in der Fassung vom 20. Mai

[1] Abs. III und Abs. VIII in der Fassung der VO vom 12. Dezember 1901 (CBl S. 429).

1898 bezeichneten Personen, der an Stelle des eigentlichen Empfängers zugestellt werden könnte, unterbleiben, so hat der Absender auf der Aufschriftseite des Briefes und auf dem Formulare zur Zustellungsurkunde unmittelbar unter dem Namen 2c. des Empfängers mittelst rother Tinte einen Vermerk in folgender Fassung hervortretend niederzuschreiben: „Eine Zustellung an . . . . . (z. B. an die Ehefrau, an den Vermiether N., an das Dienstmädchen N.) darf nicht stattfinden".

VI Zu den Zustellungsurkunden kommen Formulare mit verschiedenem Vordrucke zur Anwendung, je nachdem es sich um Zustellungen an Gewerbetreibende, an Rechtsanwälte, Notare oder Gerichtsvollzieher, an Behörden oder Korporationen 2c., an Unteroffiziere und Gemeine oder an andere vorstehend nicht näher bezeichnete Personen handelt. Die Formulare können bei den Postanstalten zum Preise von 5 Pf. für je 10 Stück bezogen werden.

Den Gerichten, Gerichtsschreibereien und Gerichtsvollziehern werden die Formulare unentgeltlich geliefert.

VII Einschreibung, Werthangabe, Nachnahme, das Verlangen der Eilbestellung und der Vermerk „Postlagernd" sind bei Briefen mit Zustellungsurkunde unzulässig.

VIII Für Briefe mit Zustellungsurkunde werden erhoben:

1) das gewöhnliche Briefporto;
2) eine Zustellungsgebühr von 20 Pf.;
3) das Porto von 10 Pf. für die Rücksendung der Zustellungsurkunde (wegen der Ausnahme im Orts- und Nachbarortsverkehre siehe § 37 III).

Die Beträge zu 1 bis 3 müssen sämmtlich entweder vom Absender sogleich bei der Einlieferung oder vom Empfänger bei der Aushändigung entrichtet werden. Im Uebrigen haftet der Absender für alle Beträge, die vom Empfänger nicht erhoben werden können. Kann die Zustellung nicht ausgeführt werden, so ist bei unfrankirten Briefen nur das Porto zu 1 zu entrichten, während bei frankirten Briefen der zu 2 und 3 vorausbezahlte Betrag erstattet wird.

Rückschein.

§ 26. I Wünscht der Absender eines Packets ohne Werthangabe, einer Einschreibsendung oder einer Sendung mit Werthangabe eine von dem Empfänger auszustellende Empfangsbescheinigung (Rückschein) zu erhalten, so muß ein solches Verlangen durch die Bemerkung „Rückschein" in der Aufschrift, bei Packeten auch auf der Postpacketadresse, ausgedrückt sein; auch muß der Absender sich namhaft machen oder angeben, an wen sonst der Rückschein abzuliefern ist.

II Sendungen gegen Rückschein müssen vom Absender frankirt werden. Für die Beschaffung des Rückscheins ist eine besondere Gebühr von 20 Pf. vom Absender im voraus zu entrichten.

III Die Weigerung des Empfängers, den Rückschein zu vollziehen, gilt als Verweigerung der Annahme der Sendung.

IV Der Absender kann gegen eine im voraus zu entrichtende Gebühr von 20 Pf. einen Rückschein über die unter I bezeichneten Sendungen auch später als bei der Einlieferung der Sendung verlangen.

Behandlung ordnungswidrig beschaffener Sendungen.

§ 27. I Sendungen, welche nicht den vorstehenden Bestimmungen gemäß verpackt und verschlossen ꝛc. sind, können dem Einlieferer zur Herstellung der vorschriftsmäßigen Beschaffenheit zurückgegeben werden.

II Verlangt jedoch der Einlieferer ungeachtet der erhobenen Ausstellungen die Beförderung der Sendung in ihrer mangelhaften Beschaffenheit, so muß die Beförderung geschehen, wenn aus den Mängeln ein Nachtheil für andere Postsendungen oder eine Störung der Ordnung im Dienstbetriebe nicht zu befürchten ist, der Einlieferer auch auf Ersatz und Entschädigung verzichtet und diese Verzichtleistung in der Aufschrift, bei Packeten auch auf der Postpacketadresse, durch die Worte „Auf meine Gefahr“ ausdrückt und unterschreibt. Wird über die Sendung eine Einlieferungsbescheinigung ertheilt, so hat die Postanstalt über die Verzichtleistung des Einlieferers in der Bescheinigung einen Vermerk niederzuschreiben.

III Auch wenn die Annahme der Sendung nicht wegen mangelhafter Beschaffenheit beanstandet worden ist, hat dennoch der Absender alle die Nachtheile zu vertreten, die aus einer vorschriftswidrigen Verpackung, Verschließung und Aufschrift hervorgegangen sind. Ebenso hat der Absender den Schaden zu ersetzen, welcher durch die Beförderung von Gegenständen entsteht, die von der Postbeförderung ausgeschlossen oder zur Postbeförderung nur bedingt zugelassen sind (§§ 5 und 6).

Zeitungsvertrieb.

§ 28. Soll eine Zeitung der Postverwaltung zum Vertrieb übergeben werden, so hat der Verleger eine entsprechende schriftliche Erklärung nach Maßgabe der von der Postverwaltung vorgeschriebenen Fassung bei der Postanstalt niederzulegen.

Ort der Einlieferung.

§ 29. I Sofern der Umfang und die sonstige Beschaffenheit der Gegenstände nicht ein Anderes bedingen, sind gewöhnliche Briefsendungen mittelst der Briefkasten zur Einlieferung zu bringen. Es ist auch gestattet, derartige Sendungen den Postbegleitern, Postillonen und Beförderern von Botenposten, wenn diese sich unterwegs im Dienste befinden, sowie den Führern der zu Postzwecken dienenden Privat-Personenfuhrwerke zu übergeben.

II Die Einlieferung sonstiger mit der Post zu befördernden Sendungen muß, mit der unter III gestatteten Ausnahme, bei den Postanstalten an der Annahmestelle geschehen. Die als Ergänzungsanlagen in Landorten errichteten Posthülfsstellen besitzen nicht die Eigenschaft von Postanstalten und sind in der Annahme von Postsendungen beschränkt (VIII).

III In den Orten, in denen mit Pferden auszuführende Packetbestellfahrten bestehen, dürfen den Packetbestellern gewöhnliche Packete zur Ablieferung an die Postanstalt übergeben werden. Es ist auch gestattet, bei der Postanstalt die Abholung von Packeten aus der Wohnung schriftlich zu bestellen. Für derartige Bestellschreiben oder Bestellkarten kommt eine Gebühr nicht zur Erhebung; sie können in die Briefkasten gelegt oder den bestellenden Boten mitgegeben werden.

Den Landbriefträgern dürfen auf ihren Bestellgängen zur Ablieferung an die Postanstalt oder zur Bestellung unterwegs die nachbezeichneten Sendungen übergeben werden:

gewöhnliche und einzuschreibende Briefsendungen,
Postanweisungen,
gewöhnliche und einzuschreibende Packete,
Nachnahmesendungen und
Sendungen mit Werthangabe, im Einzelnen bis zum Werthbetrage vn 800 Mark.

Zur Mitnahme von Packeten sind die Landbriefträger zu Fuß nur insoweit verpflichtet, als die Packete geschützt untergebracht werden können und Unzuträglichkeiten für die Beförderung oder Bestellung der sonstigen Sendungen nicht zu besorgen sind.

Von den Landbriefträgern werden auf ihren Bestellgängen auch Bestellungen auf Zeitungen angenommen.

IV Jeder Landbriefträger führt auf seinem Bestellgang ein Annahmebuch mit sich, in welches er die von ihm angenommenen Einschreibsendungen, Sendungen mit Werthangabe, Postanweisungen, gewöhnlichen Packete und Nachnahmesendungen, die zur Frankirung dieser Sendungen baar entrichteten Beträge sowie die angenommenen Bestellungen auf Zeitungen nebst den ihm hierfür übergebenen Geldbeträgen einzutragen hat. Ein Annahmebuch führt auch jeder zur Annahme gewöhnlicher Packete ermächtigte Packetbesteller mit sich. Der Einlieferer oder Auftraggeber ist berechtigt, sich das Annahmebuch vorzeigen zu lassen, um sich von den Eintragungen zu überzeugen, auch kann er die Eintragungen selbst bewirken.

V Die Einlieferungsbescheinigungen, soweit solche über die vom Packetbesteller oder Landbriefträger angenommenen Sendungen zu ertheilen sind, sowie die Quittungen über die vom Landbriefträger angenommenen Zeitungsgelder werden erst durch die Postanstalt ausgestellt und dem Einlieferer ꝛc., wenn möglich beim nächsten Bestellgang, überbracht.

VI Für die von den Landbriefträgern auf ihren Bestellgängen eingesammelten portopflichtigen Einschreibbriefsendungen, Packete bis

$2^1/_2$ Kilogramm einschließlich, Postanweisungen und Briefe mit Werthangabe (III) ist, wenn diese Gegenstände zur Weitersendung durch die Postanstalt des Amtsorts des Landbriefträgers nach einer anderen Postanstalt bestimmt sind, außer dem Porto und den sonstigen Gebühren eine Nebengebühr von 5 Pf., für Packete von höherem Gewicht als $2^1/_2$ Kilogramm eine solche von 20 Pf. im voraus zu entrichten.

VII Für die von den Packetbestellern auf ihren Bestellfahrten eingesammelten gewöhnlichen Packete (III) kommt außer dem Porto eine Nebengebühr von 10 Pf. zur Erhebung, die im voraus zu entrichten ist.

VIII Bei den Posthülfstellen dürfen gewöhnliche Briefsendungen und bei denjenigen Posthülfstellen, welche zur Annahme von Packeten ermächtigt sind, auch gewöhnliche Packete eingeliefert werden. Die Annahme von Einschreibsendungen, Sendungen mit Werthangabe und von Postanweisungen gehört nicht zu den dienstlichen Verpflichtungen der Posthülfstelle. Es können jedoch derartige Sendungen in dem unter III festgesetzten Umfange bei der Posthülfstelle zur Weitergabe an den Landbriefträger niedergelegt werden. Diese Niederlegung ist aber lediglich Vertrauenssache der Absender gegenüber dem Inhaber der Posthülfstelle. Die Haftpflicht der Postverwaltung beginnt erst mit erfolgter Ablieferung der Sendungen an den Landbriefträger. Die eingelieferten Packete sowie die niedergelegten Einschreibsendungen, Sendungen mit Werthangabe und Postanweisungen hat der Inhaber der Posthülfstelle sogleich in sein Annahmebuch einzutragen, wovon sich der Einlieferer überzeugen kann; dieser ist auch zur Eintragung selbst befugt.

Für die Einlieferung von Sendungen bei einer Posthülfstelle wird keine Nebengebühr erhoben.

Zeit der Einlieferung.

§ 30. I Die Einlieferung bei den Postanstalten muß während der Schalterdienststunden und, wenn die Sendung mit der nächsten dazu geeigneten Post befördert werden soll, vor der Schlußzeit dieser Post geschehen.

II Die Postschalterdienststunden werden nach Maßgabe der örtlichen Verhältnisse festgesetzt und durch die bei den Postanstalten aushängenden Postberichte zur Kenntniß des Publikums gebracht.

III Als Schlußzeit für die Einlieferung bei den Annahmestellen der Postanstalten gelten in der Regel die nachbezeichneten Fristen vor dem planmäßigen Abgange der Post:

1) für gewöhnliche Briefe und Postkarten
eine viertel bis eine halbe Stunde;
2) für gewöhnliche Drucksachen, Geschäftspapiere und Waarenproben
eine halbe bis eine Stunde;

3) für einzuschreibende Briefsendungen
eine viertel bis eine halbe Stunde;
4) für alle anderen Gegenstände
eine Stunde.

IV Falls die ordnungsmäßige Bearbeitung der Sendungen innerhalb der vorbezeichneten Fristen wegen besonderer örtlicher Verhältnisse nicht ausführbar sein sollte, können die Schlußzeiten angemessen verlängert werden. Das Gleiche gilt im Einzelfalle bei gleichzeitiger Einlieferung größerer Mengen von Sendungen durch denselben Absender.

V In jedem Falle werden bei Postbeförderungen auf Eisenbahnen die Schlußzeiten um so viel verlängert, als erforderlich ist, um die Sendungen von der Postanstalt nach dem Bahnhofe zu befördern und auf dem Bahnhof überzuladen.

VI Für Posten, die außerhalb der gewöhnlichen Dienststunden abgehen, bildet der Ablauf der Dienststunden die Schlußzeit, sofern diese nicht nach den vorstehenden Festsetzungen früher eintritt.

VII Die Briefkasten an und in den Posthäusern werden bei Eintritt der Schlußzeit jeder Post, zu den außerhalb der gewöhnlichen Dienststunden abgehenden Posten auch noch vor deren Abgange geleert. Die Leerungszeiten der anderen Briefkasten werden nach den örtlichen Bedürfnissen festgesetzt; die Zeit der nächsten Leerung ist an jedem Briefkasten ersichtlich. Die Briefkasten auf den Bahnhöfen werden möglichst kurz vor dem planmäßigen Abgang eines jeden für den betreffenden Ort zur Postbeförderung benutzten Postzugs geleert. Die Einlegung gewöhnlicher Briefsendungen in die Briefkasten der Bahnpostwagen ist, soweit nicht für einzelne Züge Einschränkungen angeordnet sind, bis zum Abgange des Zuges zulässig.

VIII Soweit die örtlichen Verhältnisse es gestatten, werden Einschreibsendungen und gewöhnliche Packete von den Postanstalten sowie nöthigen Falles Einschreibbriefsendungen von den selbständigen Telegraphenanstalten auch außerhalb der Postschalterdienststunden angenommen. Die näheren Bestimmungen hierüber werden durch die Postberichte (II) zur öffentlichen Kenntniß gebracht. Für jede Sendung ist eine besondere Einlieferungsgebühr von 20 Pf. im voraus zu entrichten.

Einlieferungsbescheinigung

§ 31. Die Einlieferung solcher Sendungen, über welche die Postanstalt eine Einlieferungsbescheinigung auszustellen hat, wird durch diese bewiesen; der Einlieferer hat sich daher nicht zu entfernen, ohne sie in Empfang genommen zu haben. Vermag der Absender die Bescheinigung nicht vorzulegen, so wird die Einlieferung als nicht geschehen erachtet, wenn sie nicht aus den postamtlichen Buchungen ersichtlich ist oder nicht in anderer Weise überzeugend nachgewiesen wird.

Leitung der Postsendungen.

§ 32. Auf welchem Wege die Postsendungen zu leiten sind, wird von der Postbehörde bestimmt.

Zurückziehung von Postsendungen und Aenderung von Aufschriften durch den Absender.

§ 33. I Der Absender kann eine Postsendung zurücknehmen oder ihre Aufschrift ändern lassen, solange sie dem Empfänger noch nicht ausgehändigt ist.

II Die Rücknahme kann erfolgen am Aufgabeort oder am Bestimmungsort, ausnahmsweise auch an einem Unterwegsorte, sofern dadurch keine Störung des Dienstes herbeigeführt wird.

III Die Rückgabe geschieht an denjenigen, welcher ein von derselben Hand, von der die Aufschrift der Sendung geschrieben ist, ausgefertigtes Doppel des Briefumschlags, der Postanweisung oder der Postpacketadresse abgiebt und die Einlieferungsbescheinigung, sofern eine solche ertheilt ist, vorlegt.

IV Eine bereits abgegangene Sendung kann durch Vermittelung der Aufgabe-Postanstalt zurückgefordert werden. Derjenige, welcher sie zurückfordert, muß sich als Absender ausweisen (III) und die Sendung der Aufgabe-Postanstalt schriftlich so genau bezeichnen, daß sie unzweifelhaft als die verlangte zu erkennen ist.

V In gleicher Weise ist die Aenderung der Aufschrift von Postsendungen zu beantragen.

Eine einfache Berichtigung der Aufschrift (ohne Aenderung des Namens oder der Eigenschaft des Empfängers) kann jedoch vom Absender bei gewöhnlichen Briefsendungen auch unmittelbar bei der Bestimmungs-Postanstalt beantragt werden, also ohne Erfüllung der für die Aenderung der Aufschrift vorgeschriebenen Formen.

VI Die Rückforderung oder das Verlangen der Aufschriftänderung wird entweder brieflich oder telegraphisch von der Aufgabe-Postanstalt der Postanstalt, welche die Sendung zurücksenden oder die Aufschrift ändern soll, übermittelt. Der Absender hat dafür zu entrichten:

1) wenn die Uebermittelung brieflich erfolgt, das Porto für einen einfachen Einschreibbrief;
2) wenn die Uebermittelung auf telegraphischem Wege geschieht, die Gebühren für die Beförderung des Telegramms.

VII Ist die Sendung noch nicht abgegangen, so wird auf Verlangen von der Postanstalt das Franko bei Rückgabe des Briefumschlags 2c. erstattet.

VIII Ist die Sendung bereits abgegangen, so wird das Porto für den Rückweg wie bei einer gewöhnlichen Rücksendung (§ 45 VIII) erhoben. Wird die Sendung zurückgeleitet, bevor sie den Bestimmungsort erreicht hat, so ist das Porto für den Hinweg und für den Rückweg nach der wirklich zurückgelegten Entfernung unter Abrechnung des etwa gezahlten Frankos zu entrichten.

Aushändigung von Postsendungen an den Empfänger an Unterwegsorten.

§ 34. I Auch an einem Unterwegsorte kann die Aushändigung einer Sendung an einen sich gehörig ausweisenden Empfänger stattfinden, sofern keine dem Beamten bekannte Bedenken entgegenstehen und keine Störung des Dienstes herbeigeführt wird.

II Das Porto wird nach der wirklich stattgehabten Beförderung berechnet. Eine Erstattung von Porto für frankirte Sendungen findet nicht statt.

Herstellung des Verschlusses und Eröffnung der Sendungen durch Postbeamte.

§ 35. I Hat der Verschluß einer Sendung sich gelöst, so wird er postamtlich wiederhergestellt.

II Ist durch die Beschädigung rc. bei einem Briefe mit Werthangabe oder einem Packete die Herausnahme des Inhalts möglich geworden, so wird vor Herstellung des Verschlusses die Sendung geöffnet und der Inhalt festgestellt. Die Postbeamten müssen sich jeder über den Zweck der Eröffnung hinausgehenden Einsicht der Sendung enthalten.

III Der Beamte, welcher die Herstellung der Verpackung rc. oder die Feststellung des Inhalts bewirkt, muß thunlichst einen Zeugen hinzuziehen. Der Beamte und der Zeuge haben den über den Hergang auf der Sendung niederzuschreibenden Vermerk oder die darüber aufzunehmende Verhandlung zu unterzeichnen.

IV Beim Eingange von Briefen mit Werthangabe und Packeten, die nach den vorstehenden Bestimmungen anderweit verschlossen worden sind, ist der Empfänger davon in Kenntniß zu setzen und zu ersuchen, sich zur Eröffnung der Sendung in Gegenwart eines Postbeamten im Postdienstzimmer innerhalb der zu bestimmenden Frist einzufinden. Etwaige Erinnerungen, die der erschienene Empfänger bei Eröffnung der Sendung gegen deren Inhalt erhebt, sind in die Verhandlung aufzunehmen, durch welche der Befund festgestellt wird. Leistet der Empfänger dem Ersuchen keine Folge oder verzichtet er ausdrücklich auf Eröffnung der Sendung, so erfolgt deren Bestellung und Aushändigung in gewöhnlicher Weise.

V Sendungen mit Drucksachen, Geschäftspapieren oder Waarenproben zum Zwecke der Prüfung über die Zulässigkeit des ermäßigten Portos zu öffnen und einzusehen, sind die Postbeamten auch ohne weiteres Verfahren befugt.

VI Wenn eine Sendung in Folge mangelhafter Verpackung postamtlich neu verpackt werden muß, so werden die Kosten vom Empfänger oder, wenn von diesem keine Zahlung zu erlangen ist, vom Absender eingezogen.

Bestellung und Bestellgebühren.

§ 36. I Die Verbindlichkeit der Postverwaltung, die angekommenen Gegenstände dem Empfänger ins Haus senden (bestellen) zu lassen, erstreckt sich:

1) im Ortsbestellbezirk
   a) auf gewöhnliche und eingeschriebene Briefsendungen;
   b) auf gewöhnliche und eingeschriebene Packete;
   c) auf Sendungen mit einer Werthangabe bis einschl. 3000 Mark;
   d) auf Postaufträge;
   e) auf Postanweisungen nebst den Geldbeträgen;
   f) auf Ablieferungsscheine und Postpacketadressen zu Sendungen mit Werthangabe, die nach Vorstehendem nicht bestellt werden, sowie auf Postpacketadressen zu zollpflichtigen Packeten;
2) im Landbestellbezirk
   a) auf gewöhnliche und eingeschriebene Briefsendungen;
   b) auf gewöhnliche und eingeschriebene Packete, soweit sie im Einzelnen nicht über 5 Kilogramm wiegen und in der Landbriefträgertasche untergebracht oder durch anderweitige Vorkehrungen gegen Nässe 2c. geschützt werden können;
   c) auf Sendungen mit einer Werthangabe bis einschl. 800 Mark, bei Packeten unter den Voraussetzungen zu b;
   d) auf Postaufträge;
   e) auf Postanweisungen nebst den Geldbeträgen;
   f) auf Postpacketadressen und Ablieferungsscheine zu Packeten und Sendungen mit Werthangabe, die nach Vorstehendem nicht bestellt werden, sowie auf Postpacketadressen zu zollpflichtigen Packeten.

Die Postbehörde kann die Verpflichtung zur Bestellung bei besonderer Veranlassung beschränken und für bestimmte Orte dauernd oder vorübergehend die Bestellung in weiterem Umfang übernehmen.

Die[1] für Bewohner von Landorten mit Posthülfsstelle bestimmten gewöhnlichen Briefsendungen und Packete können der Posthülfsstelle zugeführt und entweder durch den Inhaber der Posthülfsstelle abgetragen oder zur Abholung bereit gehalten werden (§ 42). Wenn im letzteren Falle die Sendungen bis zur nächsten Ankunft des Landbriefträgers bei der Posthülfsstelle nicht vom Empfänger abgeholt sind, so erfolgt die Bestellung durch den Landbriefträger.

II Soweit die Postverwaltung die Bestellung nicht übernimmt, müssen gewöhnliche und eingeschriebene Packete, Sendungen mit Werthangabe und die Postanweisungsbeträge auf Grund der Postpacketadresse, des Ablieferungsscheins oder der Postanweisung von der Post abgeholt werden (§ 43).

---

[1] Neue Fassung durch BO vom 12. Dezember 1901 (CBl S. 429).

III Für die Bestellung der gewöhnlichen Packete und der Einschreibpackete im Ortsbestellbezirke werden erhoben:

1) bei den Postämtern I. Klasse

a) für Packete bis 5 Kilogramm einschließlich . . . 10 Pf.;
b) für schwerere Packete . . . . 15 „ .

Für einzelne große Orte kann durch die oberste Postbehörde die Bestellgebühr bei Packeten bis 5 Kilogramm auf 15 Pf. und bei schwereren Packeten auf 20 Pf. festgesetzt werden. Wegen der Einschreibpackete siehe auch V.

2) bei den übrigen Postanstalten

a) für Packete bis 5 Kilogramm einschließlich . . . 5 Pf.;
b) für schwerere Packete . . . . 10 „ .

Gehört mehr als ein Packet zu einer Postpacketadresse, so kommt für das schwerste Packet die ordnungsmäßige Bestellgebühr, für jedes weitere Packet aber nur eine Gebühr von 5 Pf. in Ansatz.

IV Für die Bestellung der Sendungen mit Werthangabe im Ortsbestellbezirke werden erhoben:

1) für Briefe mit Werthangabe

a) bis zum Betrage von 1500 Mark . . . . . . 5 Pf.;
b) im Betrage von mehr als 1500 bis 3000 Mark . 10 „ ;

2) für Packete mit Werthangabe

die Sätze für Bestellung gewöhnlicher Packete (III), mindestens aber die Sätze unter 1.

V An Orten, wo Sendungen mit höherer Werthangabe als 3000 Mark bestellt werden, ist dafür eine Bestellgebühr von 20 Pf. zu erheben. Für große Orte kann die oberste Postbehörde die Bestellgebühr auch bei Einschreibpacketen und bei Packeten mit Werthangabe von 3000 Mark und weniger auf 20 Pf. festsetzen.

VI Die Bestellgebühr für Postanweisungen nebst den Geldbeträgen im Ortsbestellbezirke beträgt 5 Pf. für jede Postanweisung. Diese Gebühr kommt auch dann zur Erhebung, wenn die Geldbeträge auf ein Girokonto der Reichsbank überwiesen werden.

VII Für das Abtragen der Briefe mit Werthangabe, der bis $2^1/_2$ Kilogramm schweren Packete mit oder ohne Werthangabe, der Einschreibpackete bis $2^1/_2$ Kilogramm und der Postanweisung nach dem Landbestellbezirke werden durchweg 10 Pf. für das Stück erhoben. Gelangen Packete von höherem Gewicht als $2^1/_2$ Kilogramm zur Bestellung, so beträgt das Bestellgeld 20 Pf. für das Stück.

In Orten mit Posthülfsstelle wird bei Bestellung der Packete durch den Inhaber der Hülfsstelle durchweg ein Bestellgeld von 10 Pf. für das Stück erhoben.

VIII Die Bestellgebühren können vom Absender im voraus entrichtet werden. In solchem Falle ist in der Aufschrift der Sendung vom Absender der Vermerk „Frei einschließlich Bestellgeld“ niederzuschreiben. Vorausbezahlte[1] Bestellgebühren werden nicht erstattet, wenn die Aushändigung der Sendung am Bestimmungsort im Wege der Abholung (§ 42) erfolgt ist.

IX Die Bestellgebühren werden auch für portofreie Sendungen erhoben.

X[2] Für das Abtragen der durch die Post bezogenen Zeitungen und Zeitschriften sind im Orts- und Landbestellbezirke für jedes Exemplar monatlich zu entrichten:

a)	für	Zeitungen,	die	seltener als wöchentlich einmal bestellt werden .			2	Pf.,
b)	=	=	= wöchentlich	einmal	bestellt	werden	4	=
c)	=	=	=	zweimal	=	=	6	=
d)	=	=	=	dreimal	=	=	8	=
e)	=	=	=	viermal	=	=	10	=
f)	=	=	=	fünfmal	=	=	12	=
g)	=	=	=	sechs- und siebenmal	=	=	14	=
h)	=	=	=	achtmal	=	=	16	=
i)	=	=	=	neunmal	=	=	18	=
k)	=	=	=	zehnmal	=	=	20	=
l)	=	=	=	elfmal	=	=	22	=
m)	=	=	=	zwölf- bis vierzehnmal	=	=	24	=
n)	=	=	=	fünfzehnmal	=	=	26	=
o)	=	=	=	sechzehnmal	=	=	28	=
p)	=	=	=	siebzehnmal	=	=	30	=
q)	=	=	=	achtzehn- bis einundzwanzigmal	=	=	32	=
r)	=	die amtlichen Verordnungsblätter					2	=

Das Zeitungsbestellgeld wird für die Dauer der Bezugszeit im voraus erhoben, und zwar vom 1. des Monats ab, in welchem die Abtragung beginnt. Die Bestellung erfolgt so oft, wie Gelegenheit dazu vorhanden ist.

Gebühren für Postsendungen im Orts- und Nachbarortsverkehre.

§ 37. I Für **Ortssendungen** (Postsendungen an Empfänger im Orts- oder Landbestellbezirke des Aufgabe-Postorts) werden erhoben:

a) für **Briefe**
- im Frankirungsfalle . . . . 5 Pf.,
- im Nichtfrankirungsfalle . . . . 10 = ;

b) für **Postkarten**
- im Frankirungsfalle . . . . 2 Pf.,
- im Nichtfrankirungsfalle . . . . 4 = ;

---

[1] Zusatz durch VO vom 12. Dezember 1901 (CBl S. 429).
[2] Aenderung durch VO vom 4. August 1900 (CBl S. 495).

c) für Drucksachen

	bis 50 Gramm einschließlich	....	2 Pf.,
über 50 - 100	- -	....	3 - ,
- 100 - 250	- -	....	5 - ,
- 250 - 500	- -	....	10 - ,
- 500 Gramm bis 1 Kilogramm einschließlich		.	15 - ;

d) für Geschäftspapiere

	bis 250 Gramm einschließlich	....	5 Pf.,
über 250 - 500	- -	....	10 - ,
- 500 Gramm bis 1 Kilogramm einschließlich		.	15 - ;

e) für Waarenproben

	bis 250 Gramm einschließlich	....	5 Pf.,
über 250 - 350	- -	....	10 - ;

f) für zusammengepackte Drucksachen, Geschäftspapiere und Waarenproben (§ 11)

	bis 250 Gramm einschließlich	....	5 Pf.,
über 250 - 500	- -	....	10 - ,
- 500 Gramm bis 1 Kilogramm einschließlich		.	15 - .

Drucksachen, Geschäftspapiere und Waarenproben sowie die daraus zusammengepackten Sendungen müssen frankirt sein.

II Gleich hohe Gebühren werden erhoben im Verkehre derjenigen Nachbarorte, auf welche der Reichskanzler gemäß Artikel 1 Ziffer II des Gesetzes, betreffend einige Aenderungen von Bestimmungen über das Postwesen vom 20. Dezember 1899, den Geltungsbereich der Ortstaxe ausgedehnt hat (Nachbarortsverkehr).

III Werden die Postsendungen (I) unter Einschreibung oder unter Nachnahme eingeliefert, so treten den obigen Gebühren die Einschreib- und die Vorzeigegebühr (§§ 13 und 19) hinzu. Bei Briefen mit Zustellungsurkunde tritt die Zustellungsgebühr (§ 25) hinzu; für die Rücksendung der Zustellungsurkunde wird im Ortsverkehre keine Gebühr, im Nachbarortsverkehre eine solche von 5 Pf. erhoben.

IV Bei unzureichend frankirten Briefen wird die Gebühr für unfrankirte Briefe abzüglich des Betrags der verwendeten Postwerthzeichen berechnet, für unzureichend frankirte sonstige Sendungen das Doppelte des Fehlbetrags, nöthigen Falles unter Abrundung auf eine durch 5 theilbare Pfennigsumme aufwärts.

V Die vorstehend nicht bezeichneten Postsendungen des Orts- und Nachbarortsverkehrs unterliegen denselben Taxen (einschließlich der Bestellgebühren — § 36 —) wie die gleichartigen Postsendungen des sonstigen Verkehrs; soweit bei den Taxen die Entfernung in Betracht kommt, wird der Satz für die geringste Entfernungsstufe in Anwendung gebracht.

VI Eine Porto- und Gebührenfreiheit besteht bei Postsendungen an Empfänger im Orts- oder Landbestellbezirke des Aufgabe-Postorts nicht.

Zeit der Bestellung.

§ 38. Die Postbehörde bestimmt, wie oft täglich und in welchen Fristen die eingegangenen Sendungen zu bestellen sind. Wegen der Eilsendungen siehe § 22.

An wen die Bestellung geschehen muß.

§ 39. I Die Bestellung erfolgt an den Empfänger selbst oder an dessen Bevollmächtigten. Wegen Bestellung der Briefe mit Zustellungsurkunde siehe § 40.

II Für die Empfangsberechtigung bei Postsendungen an Handelsfirmen (Einzelfirmen und Handelsgesellschaften), Genossenschaften und Vereine sind, wenn diese in die Handels-, Genossenschafts- und Vereinsregister eingetragen sind, die über die Vertretungsbefugniß in die Register eingetragenen Bestimmungen maßgebend. Postsendungen an nicht in die Register eingetragene Handelsfirmen, Genossenschaften und Vereine sowie an Gesellschaften, Direktionen, Ausschüsse, Büreaus, Geschäftsstellen und ähnliche Firmen, in deren Aufschrift der Empfänger nicht namentlich bezeichnet ist, sind an diejenige Person auszuhändigen, welche der Postanstalt als Inhaber, Direktor, Vorsteher ꝛc. bekannt ist oder als solcher sich unzweifelhaft ausweist.

III Der Empfänger, welcher einen Dritten zur Empfangnahme der für ihn bestimmten Postsendungen bevollmächtigen will, hat die Vollmacht schriftlich auszustellen und darin die Gattungen der Sendungen genau zu bezeichnen, zu deren Empfangnahme der Bevollmächtigte befugt sein soll. Die Unterschrift des Machtgebers unter der Vollmacht muß, wenn ihre Richtigkeit nicht ganz außer Zweifel steht, von einem Beamten, der zur Führung eines amtlichen Siegels berechtigt ist, unter dessen Beidrückung beglaubigt sein. Die Vollmacht ist bei der Postanstalt, welche die Bestellung ausführen läßt, niederzulegen.

IV Ist außer dem Empfänger noch ein Anderer, wenn auch nur zur näheren Bezeichnung der Wohnung des Empfängers, in der Aufschrift genannt, z. B. „An A. bei B.“, so ist dieser zweite Empfänger auch ohne ausdrückliche Ermächtigung als Bevollmächtigter des erstgenannten Empfängers zur Empfangnahme von gewöhnlichen Briefsendungen anzusehen. Ist ein Gasthof als Wohnung des Empfängers in der Aufschrift angegeben, so gilt der Gastwirth auch dann als bevollmächtigt zur Empfangnahme gewöhnlicher Briefsendungen, wenn der Empfänger noch nicht eingetroffen ist. Sind bei Postaufträgen mehrere Personen bezeichnet, so erfolgt die Vorzeigung nur an die zuerst genannte Person oder deren Bevollmächtigten.

V Wird der Empfänger oder dessen nach den vorstehenden Bestimmungen bestellter Bevollmächtigter in seiner Wohnung nicht angetroffen oder wird dem Briefträger ꝛc. der Zutritt zu ihnen nicht gestattet, so erfolgt die Bestellung und Aushändigung der gewöhnlichen Briefsendungen sowie der gewöhnlichen Packete oder der zugehörigen Postpacketadressen, ferner der Anlagen der Postaufträge zur Geldeinziehung, sofern der Betrag sogleich berichtigt wird, an einen Haus- (Geschäfts)beamten, ein erwachsenes Familienglied, einen sonstigen Angehörigen oder an einen Dienstboten des Empfängers oder des Bevollmächtigten. Wird Niemand angetroffen, an den hiernach die Bestellung und Aushändigung geschehen kann, so ist sie zulässig an den Hauswirth, den Wohnungsgeber oder den Pförtner des Hauses.

VI Hat der Empfänger oder dessen Bevollmächtigter (III) an seiner Wohnung oder an seinen Geschäftsräumen einen Briefkasten anbringen lassen, so werden gewöhnliche frankirte Briefsendungen durch die bestellenden Boten in den Briefkasten gelegt, soweit dessen Beschaffenheit es gestattet und andere Verabredungen nicht bestehen.

VII Einschreibsendungen und Sendungen mit Werthangabe bis 400 Mark oder die zugehörigen Ablieferungsscheine und Postpacketadressen (§ 36 I und II) sowie Postanweisungen bis 400 Mark können, wenn der Empfänger oder sein Bevollmächtigter in der Wohnung nicht angetroffen oder dem Briefträger ꝛc. der Zutritt nicht gestattet wird, an ein erwachsenes Familienglied des Empfängers bestellt werden.

Bei höherem Werth- oder Postanweisungsbetrage muß die Bestellung an den Empfänger oder seinen Bevollmächtigten selbst erfolgen.

Die Bestellung der Einschreibsendungen, Sendungen mit Werthangabe und Postanweisungen oder der zugehörigen Ablieferungsscheine und Postpacketadressen (§ 36 I und II) hat stets an den Empfänger selbst stattzufinden, wenn die Sendungen von dem Absender mit dem Vermerk „Eigenhändig" versehen sind.

VIII Lautet bei Einschreibsendungen, Sendungen mit Werthangabe, Postanweisungen und gewöhnlichen Packeten die Aufschrift:

„An A. zu erfragen bei B." „An A. abzugeben bei B." „An A. im Hause des B." „An A. wohnhaft bei B."	so muß die Bestellung an den zuerst genannten Empfänger (A.), seinen Bevollmächtigten oder den sonstigen Empfangsberechtigten (V und VII) erfolgen;

lautet die Aufschrift dagegen:

„An A. zu Händen des B." „An A. abzugeben an B." „An A. für B." „An A. unter (per) Adresse des B."	so darf die Bestellung sowohl an den zuerst genannten Empfänger (A.) als auch an den zuletzt genannten (B.), deren Bevollmächtigten oder den sonstigen Empfangsberechtigten (V und VII) erfolgen.

IX Sendungen gegen Rückschein dürfen nur an den Empfänger selbst oder seinen Bevollmächtigten bestellt werden.

X Die Bestellung von Einschreibsendungen, Postanweisungsbeträgen und Sendungen mit Werthangabe sowie von gewöhnlichen Packeten gegen Rückschein darf nur gegen Empfangsbescheinigung geschehen; die Person, an welche die Bestellung erfolgt, hat den Ablieferungsschein (Rückschein) oder die auf der Rückseite der Postanweisung oder der Postpacketadresse vorgedruckte Quittung handschriftlich zu vollziehen. Des Schreibens unkundige oder am Schreiben verhinderte Personen unterzeichnen mittelst Handzeichens, welches durch den Gemeinde- oder Bezirksvorsteher oder eine andere zur Führung eines amtlichen Siegels berechtigte Person unter Beidrückung des Siegels zu beglaubigen ist.

XI Die Bestellung der Postsendungen an Bewohner von Schlössern regierender deutscher Fürsten, an Militärpersonen sowie an Zöglinge von Erziehungsanstalten, Pensionaten rc. erfolgt auf Grund der mit den zuständigen Behörden oder den Vorstehern der Erziehungsanstalten getroffenen besonderen Abkommen an die von den Behörden rc. beauftragten Personen.

XII Die an Kranke in öffentlichen Krankenanstalten gerichteten Postsendungen dürfen an den Vorstand der Krankenanstalt behändigt werden, sofern dem Briefträger rc. der Zutritt zu dem Kranken nicht gestattet wird.

XIII Postsendungen, die an verstorbene Personen gerichtet sind, dürfen den Erben ausgehändigt werden, wenn sich diese durch Vorlegung des Testaments, der gerichtlichen Erbbescheinigung rc. ausgewiesen haben; solange dieser Nachweis nicht erbracht ist, kann nur die Aushändigung gewöhnlicher Briefsendungen nach den Vorschriften unter V erfolgen. Ist ein Testamentsvollstrecker oder Nachlaßpfleger ernannt, so sind die Sendungen an diesen auszuhändigen.[1]

XIV Hinsichtlich der Behändigung von Sendungen durch Eilboten gelten dieselben Bestimmungen, welche für die im gewöhnlichen Wege zur Bestellung gelangenden Sendungen maßgebend sind.

XV Zollpflichtige Postsendungen werden zur zollamtlichen Schlußabfertigung an die zuständigen Zoll- und Steuerstellen übergeben. Die Haftpflicht der Postverwaltung erlischt, sobald die ordnungsmäßige Uebergabe der Sendung an die Zoll- oder Steuerstelle auf Grund der bestehenden Vorschriften stattgefunden hat.

Bestellung der Briefe mit Zustellungsurkunde.

§ 40. I Auf die Bestellung von Briefen mit Zustellungsurkunde finden die Bestimmungen in den §§ 180 bis 186, 195, 208 und 212 der Civilprozeßordnung für das Deutsche Reich in der Fassung vom 20. Mai 1898 mit der Maßgabe Anwendung, daß an die Stelle des Gerichtsvollziehers der bestellende Bote der Postanstalt tritt.

[1] Zusatz durch VO vom 8. April 1901 (CBl S. 107).

II An Sonntagen und allgemeinen Feiertagen unterbleibt die Bestellung von Briefen mit Zustellungsurkunde, wenn sie nicht vom Absender auf der Aufschriftseite des Briefes besonders beantragt ist.

III Briefe, die an Eheleute gemeinschaftlich gerichtet sind, werden zugestellt, wie wenn sie an den Ehemann allein gerichtet wären. Leben die Eheleute getrennt, so werden solche Briefe als unbestellbar behandelt.

Briefe mit Zustellungsurkunde an verstorbene Personen sind stets als unbestellbar zu behandeln.

IV Wegen der Bestellung von Briefen mit Zustellungsurkunde, die von deutschen Gerichten, Gerichtsvollziehern, Gerichtsschreibern, Reichs- oder Staatsbehörden ausgehen, bewendet es bei den hierüber bestehenden besonderen Bestimmungen.

Aushändigung von postlagernden Sendungen.

§ 41. I Sendungen mit dem Vermerke „Postlagernd" werden bei der Bestimmungs-Postanstalt aufbewahrt und dem Empfänger behändigt, wenn er sich meldet und auf Erfordern ausweist.

II Die Aufbewahrungsfrist beträgt:

a) bei Sendungen mit lebenden Thieren 2 mal 24 Stunden nach dem Eintreffen;
b) bei Sendungen mit Postnachnahme 7 Tage vom Tage nach dem Eintreffen;
c) bei sonstigen Postsendungen einen Monat vom Tage nach dem Eintreffen.

Abholung der Postsendungen.

§ 42.[1] I Der Empfänger, welcher von der Befugniß, seine Postsendungen abzuholen oder abholen zu lassen, Gebrauch machen will, muß dies in einer schriftlichen Erklärung in der von der Postverwaltung vorgeschriebenen Fassung aussprechen und diese Erklärung bei der Postanstalt niederlegen. Hinsichtlich der Beglaubigung der Unterschrift unter der Erklärung gelten die Vorschriften des § 39 III. Die Postbehörde ist berechtigt, anzuordnen, daß dieselbe Person sich höchstens zur Empfangnahme der für drei Abholer eingegangenen Postsendungen melden darf.

Die Abholung von Postsendungen bei Posthülfstellen ist ohne Abgabe einer schriftlichen Abholungserklärung gestattet.

II Die Aushändigung erfolgt entweder am Postschalter innerhalb der Postschalterdienststunden (§ 30 II) oder, wenn die Postbehörde dem Abholer auf besonderen Antrag ein verschließbares Abholungsfach (Schließfach) überlassen hat, durch Einlegen in dieses Fach, dessen Leerung durch den Abholer nach besonderer Festsetzung der Postverwaltung auch außerhalb der Postschalterdienststunden zulässig ist. Auch bei Ueberlassung eines Schließfaches müssen Sendungen, die

[1] Fassung durch VO vom 8. April 1901 (CBl S. 107).

ihres Umfanges wegen nicht darin aufgenommen werden können, Nachnahmesendungen und mit Porto belastete Sendungen, wenn der Empfänger das Porto nicht stunden läßt, am Postschalter in Empfang genommen werden.

III Für die Ueberlassung eines verschließbaren Abholungsfaches nebst zwei Schlüsseln wird eine jährliche Gebühr von 12 Mark bei gewöhnlicher Größe und 18 Mark bei größerer Abmessung erhoben. Die Gebühr ist vierteljährlich im voraus zu entrichten. Die Ueberlassung geschieht zunächst auf die Dauer eines Jahres. Fällt der Endpunkt nicht mit dem Ablauf eines Kalendervierteljahres zusammen, so dauert die Ueberlassung bis zum Ablaufe des Vierteljahres. Erfolgt nicht drei Monate vorher eine schriftliche Kündigung, so verlängert sich die Ueberlassung auf unbestimmte Zeit unter Vorbehalt einer dreimonatigen, nur zum Ende eines Kalendervierteljahres zulässigen schriftlichen Kündigung.

Eine Verpflichtung zur Ueberlassung von Schließfächern besteht für die Postverwaltung nicht. Diese ist auch berechtigt, die Ueberlassung eines Faches jederzeit ohne Kündigung zurückzuziehen; alsdann wird die erhobene Gebühr u. U. antheilmäßig zurückgezahlt.

IV Wenn in der Aufschrift von Postsendungen außer dem eigentlichen Empfänger A. eine zweite Person B. derart benannt ist, daß nach § 39 IV und VIII die Aushändigung auch an B. erfolgen darf, so findet auf diese Sendungen eine von B. für seine eigenen Postsachen gegebene Abholungserklärung ohne Weiteres Anwendung. Dasselbe gilt für gewöhnliche Briefsendungen und gewöhnliche Packete, wenn ein Gasthof als Wohnung genannt ist und der Gastwirth zu den Abholern gehört.

V Insoweit die Postverwaltung die Bestellung von gewöhnlichen Packeten, von eingeschriebenen Packeten, von Sendungen mit Werthangabe oder von Geldbeträgen zu Postanweisungen übernommen hat, sind bezüglich der Bestellung oder Abholung:

a) die gewöhnlichen und eingeschriebenen Packete sowie die Packete mit Werthangabe nebst den Postpacketadressen sowie etwaigen Ablieferungsscheinen,
b) die Briefe mit Werthangabe nebst den Ablieferungsscheinen,
c) die Postanweisungen nebst den Geldbeträgen, gleichviel ob diese dem Empfänger baar ausgezahlt oder auf sein Girokonto der Reichsbank überwiesen werden,

je als eine zusammengehörige Sendung anzusehen.

VI Die mit den Posten ankommenden gewöhnlichen Briefsendungen müssen für die Abholer spätestens eine halbe Stunde nach der Ankunft zur Ausgabe gestellt werden, vorausgesetzt, daß die Abholungszeit in die Schalterdienststunden fällt. Eine Verlängerung jener Frist ist nur mit Genehmigung der obersten Postbehörde zulässig.

VII Bei eingeschriebenen Briefsendungen und Briefen mit Werthangabe wird zunächst nur der Ablieferungsschein, bei gewöhnlichen und eingeschriebenen Packeten sowie bei Packeten mit Werthangabe zunächst nur die Postpacketadresse oder der etwaige Ablieferungsschein an den Abholer verabfolgt. Bei Postanweisungen wird zunächst nur die Postanweisung ohne den Betrag dem Abholer ausgehändigt.

VIII Die Bestellung erfolgt, der abgegebenen Erklärung des Empfängers ungeachtet, durch Boten der Postanstalt:

1) wenn der Absender die Eilbestellung verlangt hat;
2) wenn es auf die Bestellung von Briefen mit Zustellungsurkunde oder auf die Vorzeigung von Postaufträgen ankommt;
3) wenn es sich um Einschreibsendungen, Postanweisungen und Sendungen mit Werthangabe handelt, die vom Absender mit dem Vermerk „Eigenhändig" versehen sind;
4) wenn der Empfänger den lagernden Gegenstand nicht am Tage nach dem Eingange, bei Sendungen mit lebenden Thieren (§ 6) nicht binnen 24 Stunden nach dem Eintreffen abholen läßt.

Die Ablehnung der Zahlung der Bestellgebühr im Falle zu 4 gilt als Verweigerung der Annahme.

Aushändigung der Sendungen und Geldbeträge nach Behändigung der Postpacketadressen, Ablieferungsscheine und Postanweisungen.

§ 43. I Nach der Aushändigung der Postpacketadressen, Ablieferungsscheine und Postanweisungen (§§ 36 I und II, 42 V) werden die abzuholenden Sendungen und Geldbeträge während der Schalterdienststunden der Postanstalten an denjenigen verabfolgt, welcher sich zur Abholung meldet und bei gewöhnlichen Packeten die Postpacketadresse, bei Einschreibsendungen, Sendungen mit Werthangabe und Postanweisungsbeträgen die mit dem Namen des Empfangsberechtigten unterschriebene Empfangsbescheinigung (Ablieferungsschein, Postpacketadresse, Postanweisung) abgiebt.

II Eine Untersuchung über die Echtheit der Unterschrift und des etwa hinzugefügten Siegels unter dem Ablieferungsscheine ꝛc. sowie eine weitere Prüfung der Berechtigung desjenigen, welcher diesen Schein ꝛc. überbringt, liegt der Postanstalt nach § 49 des Gesetzes über das Postwesen nicht ob.

III Wenn der Empfänger unterläßt, auf Grund der abgeholten Postpacketadressen, Ablieferungsscheine und Postanweisungen die Sendungen oder Geldbeträge bei der Postanstalt abzufordern, so werden

a) gewöhnliche Packete, soweit sie sich zur Bestellung eignen, am zweiten Tage nach dem Eingang unter Beachtung der Vorschriften des § 42 VI in die Wohnung bestellt,
b) gewöhnliche Packete, welche sich nicht zur Bestellung eignen, Einschreibsendungen, Sendungen mit Werthangabe und Post-

anweisungsbeträge am achten Tage nach dem Eingang als unbestellbar behandelt.

Die Bestimmung unter b findet auch auf die Sendungen Anwendung, bei denen nach §§ 36 I und 42 VI die Postpacketadressen ꝛc. bestellt worden sind. Bei Bemessung der Fristen bleiben die Sonntage und allgemeinen Feiertage außer Betracht.

Bei Sendungen mit lebenden Thieren tritt in den Fällen zu a und b die Bestellung oder die Unbestellbarkeit bereits nach Ablauf von 24 Stunden nach dem Eingang ein (vergl. § 6 I).

Nachsendung der Postsendungen.

§ 44.[1] I Hat der Empfänger seinen Aufenthalts- oder Wohnort verändert und ist sein neuer Aufenthalts- oder Wohnort bekannt, so werden gewöhnliche und eingeschriebene Briefsendungen und Postanweisungen nachgesendet, wenn nicht er oder der Absender eine andere Bestimmung getroffen hat. Dasselbe gilt von den Postaufträgen nebst ihren Anlagen, falls der Absender nicht die sofortige Rücksendung oder die Weitergabe zur Protesterhebung oder die Absendung an eine andere, namentlich bezeichnete Person verlangt hat. Drucksachen, Geschäftspapiere und Waarenproben, die nach der Ortstaxe frankirt sind, werden in den Fernverkehr nur auf ausdrücklichen Wunsch des Absenders oder des Empfängers nachgesendet.

II Bei Packeten und bei Briefen mit Werthangabe erfolgt die Nachsendung nur auf Verlangen, entweder des Absenders oder des Empfängers.

III Hat der Absender durch einen Vermerk in der Aufschrift, der bei Packeten auch auf der Postpacketadresse vorhanden sein muß, die Nachsendung ausgeschlossen, so darf eine solche auch auf Antrag des Empfängers (I und II) nicht eintreten.

IV Für Packete und für Briefe mit Werthangabe werden im Falle der Nachsendung das Porto und die Versicherungsgebühr von Bestimmungsort zu Bestimmungsort zugeschlagen, der Portozuschlag von 10 Pf. wird jedoch für die Nachsendung nicht erhoben. Für andere Sendungen findet ein neuer Ansatz von Porto nicht statt. Einschreib-, Postanweisungs- und Postauftragsgebühren sowie die Gebühr von 1 Mark für dringende Packete und die Vorzeigegebühr für Nachnahmesendungen werden bei der Nachsendung nicht noch einmal angesetzt.

Gehen gewöhnliche und eingeschriebene Briefsendungen aus dem Bereiche der Ortstaxe des Aufgabeorts (§ 37) hinaus und sind sie nicht bereits nach der Ferntaxe frankirt, so werden sie entsprechend nachtaxirt.

V Eine bei der Post bestellte Zeitung wird auf Verlangen des Beziehers an eine andere Postanstalt gegen eine Gebühr von 50 Pf. überwiesen. Wird die Ueberweisung gleichzeitig für den Rest der

---

[1] Fassung durch VO vom 12. Dezember 1901 (CBl S. 429).

laufenden und für die kommende Bezugszeit beantragt, so ist die Gebühr doppelt zu entrichten. Die Gebühr wird auch für jede folgende Ueberweisung erhoben, kommt aber für die Rücküberweisung nach dem früheren Bezugsorte nicht in Ansatz.

Behandlung unbestellbarer Postsendungen am Bestimmungsorte.

§ 45. I Postsendungen sind für unbestellbar zu erachten:

1) wenn der Empfänger am Bestimmungsorte nicht zu ermitteln und die Nachsendung nach den Vorschriften im § 44 nicht möglich oder nicht zulässig ist;
2) wenn die Annahme verweigert wird;
3) wenn eine Sendung mit dem Vermerke „Postlagernd" nicht innerhalb eines Monats vom Tage nach dem Eintreffen, bei Sendungen mit lebenden Thieren (§ 6) nicht spätestens innerhalb 2 mal 24 Stunden nach dem Eintreffen von der Post abgeholt wird;
4) wenn eine Sendung mit Postnachnahme, auch wenn sie mit „Postlagernd" bezeichnet ist, nicht innerhalb 7 Tage vom Tage nach dem Eingang am Bestimmungsort eingelöst wird;
5) wenn Einschreibsendungen, Sendungen mit Werthangabe und zur Bestellung nicht geeignete Packete auf Grund der ausgehändigten Ablieferungsscheine 2c. oder bei Postanweisungen die Geldbeträge nicht innerhalb 7 Tage vom Tage nach dem Eingang in Empfang genommen werden (§ 43 III b);
6) wenn die Sendung Loose oder Anbietungen zu einem Glückspiel enthält, an welchem der Empfänger nach den Gesetzen sich nicht betheiligen darf, und wenn eine solche Sendung sofort nach geschehener Eröffnung an die Post zurückgegeben wird.

II Bevor in den Fällen zu Abs. I Punkt 1 bis 5 ein Packet als unbestellbar nach dem Aufgabeorte zurückgeleitet wird, ist eine Unbestellbarkeitsmeldung an die Aufgabe-Postanstalt zu erlassen, um die Bestimmung des Absenders über die weitere Behandlung des Packets einzuholen. Die Absendung einer Unbestellbarkeitsmeldung hat jedoch zu unterbleiben, wenn der Absender durch einen für die Bestimmungs-Postanstalt verständlichen Vermerk auf der Vorderseite der Postpacketadresse und in der Aufschrift des Packets die sofortige Rücksendung nach dem ersten vergeblichen Bestellversuch oder nach Ablauf der vorgesehenen Lagerfrist verlangt oder im voraus die Zustellung an einen anderen Empfänger an demselben oder an einem anderen Orte des Deutschen Reichs vorgeschrieben hat.

Ist ein Brief mit Werthangabe oder eine Postanweisung deshalb unanbringlich, weil der Empfänger wegen unzureichender Adresse nicht sicher erkennbar ist, so muß ebenfalls eine Unbestellbarkeitsmeldung erlassen werden, sofern der Absender auf der Sendung genannt ist.

Für die Beförderung jeder Unbestellbarkeitsmeldung und der zu ertheilenden Antwort hat der Absender 20 Pf. Porto an die Aufgabe-Postanstalt zu entrichten.

III Ueber ein unbestellbar gemeldetes Packet kann der Absender dahin verfügen, daß

entweder die Bestellung nochmals an den ursprünglichen Empfänger zu versuchen sei oder an eine andere Person und, wenn die Bestellung auch in diesem Falle vergeblich ist, an eine dritte Person erfolgen solle oder daß das Packet an ihn selbst zurückgesendet werde.

Hierbei macht es keinen Unterschied, ob die weiter namhaft gemachten Personen an dem ursprünglichen Bestimmungsort oder an einem anderen Orte des Deutschen Reichs, wohin eintretenden Falles die Weitersendung zu bewirken ist, wohnen.

Ist die Bestellung an die vom Absender auf Grund der Unbestellbarkeitsmeldung namhaft gemachten Personen nicht ausführbar, so hat die Rücksendung des Packets nach dem Aufgabeort ohne Weiteres zu erfolgen; eine nochmalige Unbestellbarkeitsmeldung wird nicht erlassen.

Der Absender kann die Sendung auch durch Preisgabe der Postverwaltung überlassen, doch bleibt er in diesem Falle verpflichtet, die aufgelaufenen Portokosten, die Gebühr für die Unbestellbarkeitsmeldung und sonstige der Verwaltung für die Sendung erwachsene Kosten bis zur Höhe des Betrags zu entrichten, welcher durch den Verkauf des Packets nicht gedeckt wird.

IV Verweigert der Absender die Zahlung des Portos von 20 Pf. (II), so wird seiner etwaigen Bestimmung über die Sendung keine Folge gegeben, die Sendungen vielmehr nach dem Aufgabeorte zurückgeleitet.

Das Gleiche hat zu geschehen, wenn der Absender seine Erklärung nicht innerhalb 7 Tage nach Empfang der Benachrichtigung bei der Aufgabe-Postanstalt abgiebt.

V Alle anderen Postsendungen sind, wenn sie als unbestellbar erkannt werden, ohne Verzug nach dem Aufgabeorte zurückzusenden. Nur bei Sendungen, die einem schnellen Verderb unterliegen, muß, sofern nach dem Ermessen der Bestimmungs-Postanstalt Grund zu der Besorgniß vorhanden ist, daß der Verderb auf dem Rückweg eintreten werde, von der Rücksendung abgesehen werden und die Veräußerung des Inhalts für Rechnung des Absenders erfolgen.

VI In allen vorgedachten Fällen ist der Grund der Rücksendung oder eintretenden Falles, daß und weshalb die Veräußerung erfolgt sei, auf dem Briefe oder auf der Postpacketadresse zu vermerken.

VII Die zurückzusendenden Gegenstände dürfen nicht eröffnet sein. Eine Ausnahme hiervon tritt nur ein bei den unter I 6 bezeichneten Briefen sowie bei denjenigen Briefen, welche von einer mit dem Empfänger gleichnamigen Person irrthümlich geöffnet wurden. Bei Briefen der letzteren Art ist thunlichst dahin zu wirken, daß die

Personen, welche die Eröffnung irrthümlich bewirkt haben, dies unter Namensunterschrift auf der Rückseite des Briefes bescheinigen.

VIII Bei zurückzusendenden Packeten und Briefen mit Werthangabe sind das Porto und die Versicherungsgebühr auch für die Rücksendung zu entrichten; der Portozuschlag von 10 Pf. wird jedoch für die Rücksendung nicht erhoben. Bei anderen Gegenständen findet ein neuer Portoansatz nicht statt. Einschreib-, Postanweisungs- und Postauftragsgebühren sowie die Vorzeigegebühr für Nachnahmesendungen werden bei der Rücksendung nicht noch einmal berechnet. Dagegen wird für zurückzusendende dringende Packete die Gebühr von 1 Mark noch einmal angesetzt, wenn der Absender ausdrücklich verlangt hat, daß das Packet auch bei der Rücksendung als „Dringend" behandelt werde.

Behandlung unbestellbarer Postsendungen am Aufgabeorte.

§ 46.[1] I Die nach § 45 unbestellbaren und deshalb nach dem Aufgabeorte zurückgelangten, sowie die als unzulässig von der Postbeförderung ausgeschlossenen Sendungen werden an den Absender zurückgegeben. Wohnt der Absender in dem Bestellbezirk einer anderen Postanstalt als derjenigen, bei welcher die Aufgabe erfolgt war, so ist die Sendung der anderen Postanstalt zur Aushändigung an den Absender und Einziehung der darauf haftenden Beträge zu übersenden. Durch diese weitere Versendung sollen dem Absender in der Regel keine Mehrkosten erwachsen. Handelt es sich jedoch um unbestellbare Briefsendungen, die ursprünglich nach der Ortstaxe frankirt waren, so erfolgt bei Ueberweisung der Sendungen nach Orten außerhalb des Geltungsbereichs der Ortstaxe eine entsprechende Nachtaxirung (vergl. § 44 III).

II Bei der Aushändigung einer zurückgekommenen Sendung an den Absender wird nach den für die Aushändigung einer Sendung an den Empfänger gegebenen Vorschriften verfahren.

III Kann die Postanstalt am Aufgabeorte den Absender einer unbestellbaren oder von der Beförderung ausgeschlossenen Sendung (I) nicht ermitteln, so wird die Sendung an die vorgesetzte Ober-Postdirektion eingesendet und dort zur Feststellung des Absenders nöthigen Falles geöffnet. Die mit der Eröffnung beauftragten Beamten sind zur Beobachtung strenger Verschwiegenheit besonders verpflichtet und haben bei Briefen nur von der Unterschrift und von dem Orte Kenntniß zu nehmen, sich aber jeder weiteren Durchsicht zu enthalten. Die Sendung wird hiernächst mittelst Siegelmarken oder Dienstsiegel, die eine entsprechende Inschrift tragen, wieder verschlossen.

IV Wenn der Absender ermittelt wird, aber die Annahme verweigert oder innerhalb 7 Tage nach Behändigung der Postpacket-

[1] Fassung durch VO vom 12. Dezember 1901 (CBl S. 429).

adresse oder des Ablieferungsscheins oder der Postanweisung die Sendung oder den Geldbetrag nicht abholen läßt, so können die Gegenstände zum Besten der Post-Unterstützungskasse verkauft oder verwendet, Briefe und die zum Verkaufe nicht geeigneten werthlosen Gegenstände aber vernichtet werden.

V Ist der Absender auch mit Hülfe der Ober-Postdirektion nicht zu ermitteln, so werden gewöhnliche Briefsendungen und die zum Verkaufe nicht geeigneten werthlosen Gegenstände nach Verlauf von drei Monaten, vom Tage ihres Einganges bei der Ober-Postdirektion gerechnet, vernichtet. Dagegen ist

1) bei Einschreibsendungen, bei Briefen mit Werthangabe oder bei Briefen, in denen sich bei der Eröffnung Gegenstände von Werth vorgefunden haben, ohne daß dieser angegeben worden war, sowie bei Postanweisungen,
2) bei Packeten mit oder ohne Werthangabe

der Absender öffentlich aufzufordern, innerhalb vier Wochen die unbestellbaren Gegenstände in Empfang zu nehmen. Die zu erlassende öffentliche Aufforderung, die eine genaue Bezeichnung der Gegenstände unter Angabe des Aufgabe- und Bestimmungsorts, der Person des Empfängers und des Tages der Einlieferung enthalten muß, wird durch Aushang im Schaltervorraume der Aufgabe-Postanstalt bekannt gemacht.

VI Inzwischen lagern die Sendungen auf Gefahr des Absenders. Sachen, die dem Verderb ausgesetzt sind, können sofort verkauft werden.

VII Bleibt die öffentliche Aufforderung ohne Erfolg, so werden die Sendungen oder Geldbeträge zum Besten der Post-Unterstützungskasse verkauft oder verwendet, Briefe und zur Veräußerung 2c. nicht geeignete sonstige Gegenstände aber vernichtet.

Laufschreiben wegen Postsendungen.

§ 47. I Die Gebühr für den Erlaß eines Laufschreibens wegen einer zur Post gelieferten Sendung beträgt 20 Pf.

II Für Laufschreiben wegen gewöhnlicher Briefsendungen soll diese Gebühr erst nachträglich und nur in denjenigen Fällen erhoben werden, in welchen die richtige Aushändigung der Sendung an den Empfänger festgestellt wird.

III Für Laufschreiben wegen anderer Sendungen ist die Gebühr im voraus zu entrichten; die Erstattung erfolgt, wenn sich ergiebt, daß die Nachfrage durch Verschulden der Post herbeigeführt worden ist.

IV Für Laufschreiben, die portofreie Sendungen betreffen, wird eine Gebühr nicht erhoben.

Nachlieferung von Zeitungen.

§ 48. Wenn bei verspäteter Bestellung einer Zeitung der Bezieher die Nachlieferung der für die Bezugszeit bereits erschienenen Nummern wünscht, so ist für das an die Zeitungsverlags-Postanstalt wegen der Nachlieferung abzulassende besondere Bestellschreiben das Porto von 10 Pf. zu entrichten. Das gleiche Porto wird erhoben, wenn Bezieher von Zeitungen die nochmalige Lieferung einzelner ihnen fehlender Nummern der Zeitung verlangen.

Verkauf von Postwerthzeichen.

§ 49. I Die Freimarken sowie die gestempelten Kartenbriefe, Postkarten und Postanweisungen werden zu dem Nennwerthe des Stempels an das Publikum abgelassen.

II Außer bei den Postanstalten, den Posthülfstellen und amtlichen Verkaufsstellen können Postwerthzeichen in kleineren Mengen auch von den bestellenden Boten bei ihren Bestellgängen bezogen werden. Die bestellenden Boten nehmen ferner, wenn ihr Vorrath nicht ausreicht, Bestellungen auf Werthzeichen an. Die Landbriefträger haben diese Bestellungen nebst den ihnen dafür übergebenen Baarbeträgen in ihr Annahmebuch (§ 29 IV) einzutragen. Der Auftraggeber kann sich von der erfolgten Eintragung in das Annahmebuch überzeugen oder diese selbst bewirken.

III Die Anstalt, in welcher die Postwerthzeichen hergestellt werden, übernimmt die Abstempelung von Kartenbriefen und Postkarten sowie von Briefumschlägen, Streifbändern und offenen, zur Versendung als Drucksachen bestimmten Karten mit dem Freimarkenstempel für das Publikum unter den bei jeder Postanstalt zu erfragenden näheren Bedingungen.

IV Außer Kurs gesetzte Postwerthzeichen werden innerhalb der durch den Deutschen Reichsanzeiger und andere öffentliche Blätter bekannt zu machenden Frist bei den Postanstalten zum Nennwerthe gegen gültige Postwerthzeichen umgetauscht. Nach Ablauf der Frist findet ein Umtausch nicht mehr statt.

V Die Postverwaltung ist nicht verbunden, Postwerthzeichen baar einzulösen.

VI Die Verwendung der aus gestempelten Kartenbriefen, Postanweisungen und Postkarten sowie aus den nach III für das Publikum gestempelten Briefumschlägen rc. ausgeschnittenen Frankostempel zur Frankirung von Postsendungen ist nicht zulässig.

Zum Umtausch in den Händen des Publikums unbrauchbar gewordener Postwerthzeichen (Freimarken, gestempelter Kartenbriefe, Postanweisungen und Postkarten) ist die Postverwaltung nicht verpflichtet.

Entrichtung des Portos und der sonstigen Gebühren.

§ 50. I Die Postsendungen können, sofern nicht das Gegentheil ausdrücklich bestimmt ist, nach der Wahl des Absenders frankirt oder unfrankirt zur Post eingeliefert werden. Zur Frankirung der durch die Briefkasten einzuliefernden Gegenstände müssen Postwerthzeichen benutzt werden.

II Sendungen, in deren Aufschrift der Frankirungsvermerk durchstrichen, weggeschabt oder geändert ist, sind, wenn der Absender die Entrichtung des Frankos verweigert, von der Annahme zurückzuweisen. Wenn Briefsendungen dieser Art oder Briefsendungen mit Frankirungsvermerk, für welche das Porto überhaupt nicht oder nicht zureichend durch Postwerthzeichen entrichtet ist, im Briefkasten vorgefunden werden, so werden sie mit einer amtlichen Bescheinigung versehen und als unfrankirt oder unzureichend frankirt behandelt.

III Reicht das am Abgangsort entrichtete Franko nicht aus, so wird das Nachschußporto vom Empfänger erhoben. Bei gewöhnlichen Briefsendungen sowie bei allen Sendungen vom Auslande gilt die Verweigerung der Nachzahlung des Portos als Verweigerung der Annahme der Sendung. Bei unzureichend frankirten Einschreibsendungen und Sendungen mit Werthangabe sowie bei unzureichend frankirten Packeten aus dem Inlande kann der Empfänger die Auslieferung ohne Portozahlung verlangen, wenn er den Absender namhaft macht und bei Briefsendungen den Briefumschlag zurückgiebt. Der fehlende Betrag wird alsdann vom Absender eingezogen.

IV[1] Wird die Annahme einer Sendung vom Empfänger verweigert oder kann der Empfänger nicht ermittelt werden, so ist der Absender, selbst wenn er die Sendung nicht zurücknehmen will, verbunden, das Porto und die Gebühren zu zahlen. Dies gilt auch von dem Porto und den Gebühren für die Nachsendung, sofern der Absender diese nicht ausgeschlossen hatte (§ 44 III).

V Für Sendungen, die erweislich auf der Post verloren gegangen sind, wird kein Porto gezahlt und das etwa gezahlte erstattet. Dasselbe gilt von solchen Sendungen, deren Annahme wegen vorgekommener Beschädigung vom Empfänger verweigert wird, sofern die Beschädigung von der Postverwaltung zu vertreten ist.

VI Hat der Empfänger die Sendung angenommen, so ist er, sofern im Vorstehenden nicht ein Anderes bestimmt ist, zur Entrichtung des Portos und der Gebühren verpflichtet und kann sich davon durch spätere Rückgabe der Sendung nicht befreien. Nachforderungen an Porto für Sendungen, die nach ihrer Aushändigung an den Empfänger als unzureichend frankirt erkannt werden, hat jedoch der Absender zu berichtigen, wenn der Empfänger die Zahlung ablehnt.

Die Reichs- und Staatsbehörden sind befugt, auch nach erfolgter Annahme und Eröffnung portopflichtiger Sendungen zum Zwecke der nachträglichen Einziehung des Portos vom Absender die Briefumschläge an die Postanstalt zurückzugeben oder, falls es sich um Packete handelt, sich schriftlich an die Postanstalt zu wenden.

VII Für das Stunden von Portobeträgen ist monatlich eine Stundungsgebühr zu entrichten. Diese beträgt 5 Pf. für jede Mark oder den überschießenden Theil einer Mark, mindestens aber 50 Pf.

---

[1] Fassung durch VO vom 12. Dezember 1901 (CBl S. 429).

Wenn in einem Monate Porto nicht zu stunden gewesen ist, so wird eine Gebühr nicht erhoben. Eine Verpflichtung der Postanstalten zur Stundung besteht nicht.

VIII Wenn auf Antrag des Betheiligten zur Zustellung der für ihn eingehenden oder zur Einlieferung der von ihm abzusendenden gewöhnlichen Briefsendungen und Zeitungen mit den Posten verschlossene Taschen befördert werden, ist für diese Vermittelung eine Gebühr von 50 Pf. monatlich zu erheben.

Abschnitt II.

Personenbeförderung mit den Posten.

Meldung zur Reise.

§ 51. I Die Meldung zur Reise mit den ordentlichen Posten kann stattfinden:

a) bei den Postanstalten oder

b) bei den unterwegs belegenen Haltestellen, welche von den Ober-Postdirektionen öffentlich bekannt gemacht werden.

a) Bei den Postanstalten.

II Bei den Postanstalten kann die Meldung frühestens am Werktage vor der Abreise und spätestens bei Schluß der Post für die Personenbeförderung geschehen.

III Der Schluß der Post für die Personenbeförderung tritt ein:

wenn im Hauptwagen oder in den bereits gestellten Beiwagen noch Plätze offen sind, fünf Minuten und,

wenn dies nicht der Fall ist, sondern die Gestellung von Beiwagen erforderlich wird, fünfzehn Minuten

vor der festgesetzten Abgangszeit der Post.

IV Die Meldung muß innerhalb der für den Verkehr mit dem Publikum bestimmten Dienststunden geschehen, kann aber, wenn die Post außerhalb der Dienststunden abgeht, auch noch gegen die Zeit der Abfertigung der Post erfolgen. Ausnahmsweise darf die Meldung — über die gewöhnliche Schlußzeit der Post für die Personenbeförderung hinaus — noch unmittelbar bis zum Abgange der Post stattfinden, sofern dadurch die pünktliche Abfahrt nach dem Ermessen der Postanstalt nicht verzögert wird.

V Erfolgt die Meldung bei einer Postanstalt mit Beiwagenstation, so kann die Annahme wegen mangelnden Platzes nur dann abgelehnt werden, wenn zu der Post Beiwagen überhaupt nicht oder nur in beschränktem Umfange gestellt werden und die Plätze im Hauptwagen schon vergeben oder auf den Unterwegsstationen bei Ankunft der Post schon besetzt sind.

VI Erfolgt die Meldung bei einer Postanstalt ohne Beiwagenstation, so findet die Annahme nur unter dem Vorbehalte statt, daß in dem Hauptwagen und in den etwa mitkommenden Beiwagen noch unbesetzte Plätze vorhanden sind.

VII Bei Posten, zu denen Beiwagen überhaupt nicht gestellt werden, können Plätze nach einem vor der nächsten Postanstalt belegenen Zwischenorte nur insoweit vergeben werden, als sich bis zum Abgange der Post zu den vorhandenen Plätzen nicht Personen gemeldet haben, die bis zur nächsten Postanstalt oder darüber hinaus reisen wollen. Doch kann sich der Reisende einen vorhandenen Platz dadurch sichern, daß er bei seiner Meldung das Personengeld bis zur nächsten Postanstalt bezahlt.

b) An Haltestellen.

VIII Die Meldung an Haltestellen kann nur dann berücksichtigt werden, wenn noch Plätze im Hauptwagen oder in den Beiwagen unbesetzt sind. Reisegepäck wird an Haltestellen nur insoweit zugelassen, als es ohne Belästigung der anderen Reisenden im Personenraume leicht untergebracht werden kann. Die Packräume des Wagens dürfen nicht geöffnet werden, auch ist jedes längere Anhalten der Post unstatthaft.

IX Wünschen Reisende sich die Beförderung mit der Post von einer Postanstalt ohne Beiwagenstation oder von einer Haltestelle ab zu sichern, so müssen sie sich bei der vorliegenden Postanstalt mit Beiwagenstation melden und von da ab einen Platz bezahlen.

Personen, welche von der Reise mit der Post ausgeschlossen sind.

§ 52. Von der Reise mit der Post sind ausgeschlossen:

1) Kranke, die mit epileptischen oder Gemüthsleiden, mit ansteckenden oder Ekel erregenden Uebeln behaftet sind;
2) Personen, die durch Trunkenheit, durch unanständiges oder rohes Benehmen oder durch unanständigen oder unreinlichen Anzug Anstoß erregen;
3) Gefangene;
4) Personen, die Hunde oder geladene Schießwaffen mit sich führen.

Fahrschein.

§ 53. I Geschieht die Meldung zur Reise bei einer Postanstalt, so erhält der Reisende gegen Entrichtung des Personengeldes einen Fahrschein.

II Bei Posten, deren Abgang vom Eintreffen anschließender Posten oder Eisenbahnzüge abhängig ist, kann die Abfahrtszeit nur mit Bezug auf die Zeit des Eintreffens dieser Posten oder Eisenbahnzüge angegeben werden und es liegt dem Reisenden ob, die möglichst frühe Abgangszeit zur Richtschnur zu nehmen.

III Die Nummer des Fahrscheins richtet sich nach der Reihenfolge, in welcher die Meldung zur Mitreise geschehen ist; doch steht es Jedermann frei, bei der Meldung unter den im Hauptwagen noch unbesetzten Plätzen einen bestimmten Platz zu wählen.

IV Personen, welche sich an Haltestellen gemeldet haben und aufgenommen worden sind, können einen Fahrschein erst bei der nächsten Postanstalt erhalten und haben das Personengeld bei dieser Postanstalt oder, wenn sie nicht so weit fahren, an den Postschaffner oder Postillon zu entrichten.

Grundsätze der Personengelderhebung.

§ 54. I Das Personengeld wird nach den von der Postverwaltung bestimmten und für jeden Postkurs durch den Postbericht (§ 30 II) bekannt gegebenen Sätzen erhoben.

II Will der Reisende seine Reise über den Kurs hinaus oder auf einem Seitenkurse fortsetzen, so kann er nur bis zu dem Endpunkt oder bis zu dem Uebergangspunkte des Kurses einen Fahrschein erhalten und muß sich dort wegen Fortsetzung der Reise von neuem melden, sofern nicht Einrichtungen zur Durcherhebung des Personengeldes getroffen sind.

III Wollen an Haltestellen zugegangene Personen mit derselben Post von der nächsten Postanstalt ab weiter befördert werden, so haben sie dort den Fahrschein für die weitere Reise zu lösen.

IV Für ein Kind im Alter bis zu vier Jahren wird Personengeld nicht erhoben, wenn es keinen besonderen Wagenplatz einnimmt, sondern auf dem Schooße einer erwachsenen Person, unter deren Obhut es reist, mitgenommen wird.

V Für Kinder im Alter von mehr als vier Jahren wird das volle Personengeld erhoben. Nimmt jedoch eine Familie einen der abgeschlossenen Wagenräume oder auch nur eine Sitzbank ganz ein, so kann sie ein Kind bis zum Alter von zehn Jahren unentgeltlich und zwei Kinder bis zu diesem Alter für das einfache Personengeld mitnehmen, wenn sie sich mit den Kindern auf die von ihr bezahlten Sitzplätze beschränkt. Diese Vergünstigung kann nur für den Hauptwagen unbedingt, für Beiwagen nur insoweit zugestanden werden, als auf die Beibehaltung der ursprünglichen Plätze zu rechnen ist.

Erstattung von Personengeld.

§ 55. I Das Personengeld wird erstattet, wenn die Postanstalt die durch die Annahme des Reisenden eingegangene Verbindlichkeit ohne dessen Verschulden nicht erfüllen kann. Die Erstattung von Personengeld soll auch dann zulässig sein, wenn der Reisende an der Benutzung der Post verhindert ist und die Erstattung mindestens 15 Minuten vor dem planmäßigen Abgange der Post beantragt.

II Die Erstattung erfolgt gegen Rückgabe des Fahrscheins und gegen Quittung mit dem Betrage des Personengeldes für die noch nicht zurückgelegte Strecke.

Verhalten der Reisenden bei der Abreise.

§ 56. Die Reisenden müssen vor dem Posthaus oder an den sonst dazu bestimmten Stellen den Wagen besteigen und sich dort zu der im Fahrschein angegebenen Abgangszeit zur Abreise bereit halten, auch den Fahrschein zum Ausweise bei sich führen, widrigenfalls sie es sich selbst beizumessen haben, wenn ihre Ausschließung von der Mit- oder Weiterreise erfolgt und sie des bezahlten Personengeldes verlustig gehen. Das Reisegepäck wird in solchem Falle bis zu der Postanstalt befördert, auf welche der Fahrschein lautet, und dort aufbewahrt, bis die zurückgebliebene Person darüber Bestimmung getroffen hat.

Plätze der Reisenden.

§ 57. I Die Ordnung der Plätze im Hauptwagen ergiebt sich aus den Nummern über den Sitzplätzen.

II In den Beiwagen werden zuerst die Eckplätze des Vorderraums, dann die Eckplätze der Vorderbank und der Rückbank des Mittelraums und zuletzt in derselben Reihenfolge die Mittelplätze besetzt.

III Gehen unterwegs Reisende ab, so sind die folgenden Personen berechtigt, im Hauptwagen und in den Beiwagen um soviel Plätze vorzurücken, wie frei werden.

IV Die bei einer unterwegs gelegenen Postanstalt hinzutretenden Personen stehen den vom Kurse kommenden und weiter eingeschriebenen Reisenden in der Reihenfolge der Plätze nach.

V Reisende, die von einem Kurse auf einen anderen übergehen, stehen den für diesen bereits eingeschriebenen Reisenden hinsichtlich des Platzes nach.

VI Reisende, welche die Post nach einem zwischen zwei Beiwagenstationen belegenen Orte benutzen wollen, müssen, sobald durch ihren Abgang unterwegs ein Beiwagen eingehen kann, allen bis zur nächsten Station eingeschriebenen Reisenden nachstehen und die Plätze in dem Beiwagen einnehmen.

VII Reisende, welche von den Postschaffnern oder Postillonen unterwegs an Haltestellen aufgenommen worden sind, stehen bei der Weiterreise über die nächste Postanstalt hinaus den bei dieser bereits eingeschriebenen Reisenden hinsichtlich des Platzes nach.

VIII Ueber Meinungsverschiedenheiten der Reisenden wegen der von ihnen einzunehmenden Plätze entscheidet der abfertigende Beamte und, wenn sich die Reisenden bei dessen Entscheidung nicht beruhigen, der Vorsteher der Postanstalt. Dieser Entscheidung haben sich die Reisenden, vorbehaltlich der Beschwerde, zu unterwerfen.

Reisegepäck.

§ 58. I Jedem Reisenden ist die Mitnahme seines Reisegepäcks insoweit unbeschränkt gestattet, als die einzelnen Gegenstände zur Versendung mit der Post geeignet sind (vergl. §§ 1, 2, 5 und 6).

II Kleine Gegenstände, die ohne Belästigung der anderen Reisenden im Personenraum untergebracht werden können, dürfen die Reisenden unter eigener Aufsicht bei sich führen.

III Anderes Reisegepäck muß der Postanstalt zur Verladung übergeben werden. Die Uebergabe an Postschaffner und Postillone ist an Orten, an denen sich Postanstalten befinden, unzulässig. Das Reisegepäck muß, wenn ein bestimmter Werth angegeben wird, den für Packete mit Werthangabe gegebenen Bestimmungen entsprechend verpackt, verschlossen und bezeichnet sein (§§ 15 und 16); die Bezeichnung muß, außer dem Worte „Reisegepäck", den Namen des Reisenden, den Ort, bis zu welchem die Einschreibung erfolgt ist, und die Werthangabe enthalten. Bei Reisegepäck ohne Werthangabe bedarf es einer Bezeichnung nicht.

IV Das Reisegepäck, soweit es nicht in den Personenraum mitgenommen werden darf (II), muß spätestens 15 Minuten vor der Abfahrt der Post unter Vorzeigung des Fahrscheins bei der Postanstalt eingeliefert werden. Erfolgt die Einlieferung später, so hat der Reisende auf die Mitbeförderung des Gepäcks nur dann zu rechnen, wenn durch dessen Annahme und Verladung der Abgang der Post nicht verzögert wird. Wenn Reisende von einer Post auf die andere oder von einem Bahnzuge auf die Post unmittelbar übergehen, wird das Gepäck stets umgeschrieben, so lange es überhaupt noch möglich ist, den Reisenden zu der Weiterfahrt mit der Post ohne Versäumniß anzunehmen.

V Der Reisende erhält über das eingelieferte Reisegepäck einen Gepäckschein. Die Auslieferung des Reisegepäcks erfolgt nur gegen Rückgabe des Gepäckscheins.

Ueberfrachtporto und Versicherungsgebühr.

§ 59. I Jedem Reisenden ist auf das der Post übergebene Reisegepäck ein Freigewicht von 15 Kilogramm bewilligt.

II Für das Mehrgewicht des Reisegepäcks ist bei der Einlieferung Ueberfrachtporto zu entrichten. Dieses beträgt für jedes Kilogramm oder den überschießenden Theil eines Kilogramms:

1) bei Beförderungen bis 75 Kilometer 5 Pf., mindestens 25 Pf.;
2) bei Beförderungen über 75 Kilometer 10 Pf., mindestens 50 Pf.

III Ist der Werth des Reisegepäcks angegeben, so wird die Versicherungsgebühr für jedes Stück selbständig erhoben. Diese Gebühr beträgt ohne Unterschied der Entfernung 5 Pf. für je 300 Mark oder einen Theil von 300 Mark, mindestens jedoch 10 Pf.

IV Haben mehrere Reisende ihre Plätze auf einen Fahrschein genommen, so ist das Freigewicht für die auf dem Fahrscheine vermerkte Anzahl von Personen nur dann von dem Gesammtgewichte des Gepäcks in Abzug zu bringen, wenn die Personen zu einer Familie oder zu einem Hausstande gehören.

V Die Erstattung von Ueberfrachtporto und Versicherungsgebühr regelt sich nach denselben Grundsätzen wie die Erstattung von Personengeld.

Verfügung des Reisenden über das Reisegepäck unterwegs.

§ 60. I Dem Reisenden kann die Verfügung über das der Post übergebene Reisegepäck nur während des Aufenthalts an Orten, an denen sich eine Postanstalt befindet, und gegen Rückgabe oder Hinterlegung des Gepäckscheins gestattet werden.

II Reisende nach Zwischenorten müssen ihr Reisegepäck bei der vorliegenden Postanstalt in Empfang nehmen, von welcher ab die Postverwaltung dafür Gewähr nicht mehr leistet.

Wartezimmer der Postanstalten.

§ 61. I Bei den Postanstalten werden nach Bedürfniß Wartezimmer unterhalten. Der Aufenthalt in den Wartezimmern der Postanstalten ist den Reisenden gestattet:

1) am Abgangsort: eine Stunde vor der Abgangszeit;
2) auf der Reise mit derselben Post: während der Abfertigung bei jeder Postanstalt;
3) am Endpunkte der Reise: eine Stunde nach der Ankunft;
4) beim Uebergange von einer Post auf die andere: während 3 Stunden.

II Personen, welche die Reisenden zur Post begleiten oder die Ankunft einer Post erwarten wollen, kann der Aufenthalt in den Wartezimmern nur ausnahmsweise und in geringer Zahl gestattet werden.

Verhalten der Reisenden auf den Posten.

§ 62. I Die Reisenden stehen unter dem Schutze der Postbehörden.

II Pflicht der Reisenden ist es, sich in die zur Aufrechthaltung des Anstandes, der Ordnung und der Sicherheit auf den Posten und in den Wartezimmern getroffenen Anordnungen zu fügen.

III Das Rauchen im Postwagen ist nur gestattet, wenn sich in demselben Raume Personen weiblichen Geschlechts nicht befinden und die anderen Mitreisenden ihre Zustimmung zum Rauchen gegeben haben.

IV Reisende, welche die für Aufrechthaltung des Anstandes, der Ordnung und der Sicherheit auf den Posten und in den Wartezimmern getroffenen Anordnungen verletzen, können — vorbehaltlich der Bestrafung nach den Landesgesetzen — von der Postanstalt, unterwegs von dem Postschaffner oder Postillon, von der Mit- oder Weiterreise ausgeschlossen und aus dem Postwagen entfernt werden. Erfolgt die Ausschließung unterwegs, so haben solche Reisende ihr Gepäck bei der nächsten Postanstalt abzuholen; sie gehen des bezahlten Personengeldes und des etwaigen Ueberfrachtportos verlustig.

Abschnitt III.

Extrapostbeförderung.

Allgemeine Bestimmungen.

§ 63. I Die Gestellung von Extrapostpferden kann nur auf denjenigen Straßen verlangt werden, auf welchen die Postverwaltung es übernommen hat, Reisende mit Extrapostpferden zu befördern.

II Auf diesen Straßen erstreckt sich die Verpflichtung der Posthalter zur Gestellung von Extrapostpferden nur auf die Beförderung von Reisenden mit ihrem Gepäcke.

III Ausnahmsweise können jedoch auch zu Fuhren, bei denen die Beförderung von Gegenständen die Hauptsache ist, Extrapostpferde gestellt werden, sofern die Gegenstände von einer Person begleitet und beaufsichtigt werden und ihre Beförderung nicht mit Gefahr oder Nachtheil verbunden ist.

IV Die Posthalter sind nicht verpflichtet, zu den eigenen oder gemietheten Pferden der Reisenden Vorspannpferde herzugeben.

Zahlungssätze.

§ 64. I An Pferdegeld sind für jedes Extrapostpferd und für jedes Kilometer 20 Pf. zu zahlen.

II Das Wagengeld beträgt ohne Unterschied der Gattung des Wagens oder Schlittens für das Kilometer 10 Pf.

III Größere als viersitzige Wagen oder Schlitten herzugeben, sind die Posthalter nicht verpflichtet.

IV Die Befugniß, Posthaltereiwagen zur Weiterreise über den Punkt hinaus zu benutzen, wo der nächste Pferdewechsel stattfindet, können Reisende nur durch ein Abkommen mit dem Posthalter erlangen, der den Wagen herzugeben sich bereit finden läßt und dessen Sorge es überlassen bleibt, die Rückbeförderung des leeren Wagens auf seine Kosten zu bewirken.

V Das Bestellgeld beträgt für jeden Extrapostwagen auf jeder Station 25 Pf. Auf anderen Punkten als den wirklichen Stationen wird die Bestellgebühr nicht erhoben.

VI Für das Schmieren eines jeden Wagens, welcher nicht von der Post gestellt ist, sind 25 Pf. zu zahlen.

VII Für die Erleuchtung mit zwei Laternen werden 20 Pf. für jede Stunde der vorschriftsmäßigen Beförderungszeit erhoben. Ueberschießende Minuten werden für eine halbe Stunde gerechnet. Die Erleuchtungskosten müssen stationsweise von den Reisenden vor der Abfahrt mit den anderen Gebühren berichtigt werden.

VIII Wegegeld und sonstige derartige Abgaben werden nach den zur öffentlichen Kenntniß gebrachten Tarifen erhoben. Unentgeltlich hergegebene Mehrbespannung kommt bei Berechnung des Wegegeldes nicht in Betracht.

IX Das Postillonstrinkgeld beträgt ohne Unterschied der Bespannung für jeden Postillon für das Kilometer 10 Pf.

X Extrapostreisende, welche sich am Bestimmungsort ihrer Reise nicht über 6 Stunden aufhalten, haben, wenn sie mit den auf der Hinreise benutzten Pferden und Wagen einer Station die Rückfahrt bis zu dieser Station bewirken wollen und sich vor der Abfahrt darüber erklären, für die Rückfahrt nur die Hälfte der nach den Sätzen unter I, II, V und IX sich ergebenden Beträge, mindestens jedoch für die ganze Fahrt die Kosten für eine Hinbeförderung von 15 Kilometer zu entrichten. Eine Entschädigung für das sechsstündige Stilllager des Gespanns und des Postillons ist nicht zu zahlen. Zwischen der Ankunft und dem Antritte der Rückfahrt muß den Pferden eine Ruhezeit mindestens von der Dauer der einfachen Beförderungsfrist gewährt werden. Will der Reisende auf der Rückfahrt eine andere Straße benutzen als auf der Hinfahrt, so wird die ganze Fahrt als eine Rundreise angesehen, auf welche die vorstehenden Bestimmungen keine Anwendung finden.

XI Reisende können durch Laufzettel Extrapostpferde vorausbestellen. Die Wirkung der Pferdebestellung beschränkt sich auf 24 Stunden, für welche der Reisende auch bei unterbliebener Benutzung der Pferde nur das Wartegeld zu zahlen hat. In dem Laufzettel muß Ort, Tag und Stunde der Abfahrt, die Zahl der Pferde und der Reiseweg mit Benennung der Stationen angegeben, auch bemerkt werden, ob die Reise im eigenen Wagen erfolgt oder ob ein offener, ein ganz- oder halbverdeckter Stationswagen verlangt wird sowie ob und mit welchen Unterbrechungen die Reise stattfinden soll. Der Laufzettel ist von dem Reisenden abzufassen und zu unterschreiben. Ist der Reisende nicht am Orte ansässig oder sonst nicht hinlänglich bekannt, so muß er seinen Stand und Wohnort angeben. Für die Beförderung des Laufzettels mit den Posten ist eine Gebühr nicht zu entrichten.

XII Jeder Extrapostreisende, welcher sich an einem unterwegs gelegenen Orte länger als eine halbe Stunde aufhalten will, ist verpflichtet, hiervon der Postanstalt vor der Abfahrt Nachricht zu geben. Dauert der Aufenthalt über eine Stunde, so ist von der fünften Viertelstunde an ein Wartegeld von 25 Pf. für Pferd und Stunde zu entrichten. Ein längerer Aufenthalt als 24 Stunden darf nicht stattfinden.

XIII Wenn von vorausbestellten Pferden nicht zu der angegebenen Zeit Gebrauch gemacht wird, so ist für Pferd und Stunde ein Wartegeld von 25 Pf.

a) bei weiterher kommenden Reisenden von der siebzehnten Viertelstunde an,

b) bei im Orte befindlichen Reisenden von der fünften Viertelstunde an

zu entrichten.

XIV Benutzt ein im Orte befindlicher Reisender die bestellten Extrapostpferde nicht, so hat er, wenn die Abbestellung vor der Anspannung erfolgt, keine Entschädigung, wenn dagegen die Pferde zur Zeit der Abbestellung bereits angespannt waren, den Betrag des Pferde-, Wagen- und Trinkgeldes für fünf Kilometer sowie die Bestellgebühr als Entschädigung zu entrichten.

XV Der Reisende kann verlangen, daß ihm auf langen oder sonst beschwerlichen Stationen auf schriftliche Bestellung Pferde und Wagen entgegengesendet und möglichst auf der Hälfte des Weges, sofern dort ein Unterkommen zu finden ist, aufgestellt werden. Für die Beförderung solcher Bestellungen mit den Posten ist eine Gebühr nicht zu entrichten. Die Bestellung muß die Stunde enthalten, zu welcher die Pferde und Wagen auf dem Umspannungsorte bereit sein sollen. Trifft der Reisende später ein, so ist von der siebzehnten Viertelstunde an das Wartegeld (XII) zu zahlen.

XVI Für entgegengesendete Extraposten wird erhoben:

1) das bestimmungsmäßige Pferde-, Wagen- und Trinkgeld,
   a) wenn die Entfernung von einem Pferdewechsel zum andern 15 Kilometer oder mehr beträgt, nach der wirklichen Entfernung,
   b) wenn solche weniger als 15 Kilometer beträgt, nach dem Satze für 15 Kilometer;
2) die einfache Bestellgebühr, welche von der Postanstalt am Stations-Abgangsorte der Extrapost zu berechnen ist.

Für das Hinsenden der ledigen Pferde und Wagen wird, wenn damit die Fahrt nach der Station, zu welcher die Pferde gehören, zurückgelegt wird, keine Vergütung gezahlt. Geht aber die Fahrt nach einem anderen Orte, so ist zu entrichten:

1) für das Hinsenden der ledigen Pferde und Wagen von der Station bis zum Orte der Abfahrt die Hälfte des Pferde-, Wagen- und Trinkgeldes nach der wirklichen Entfernung;
2) für die Beförderung des Reisenden der volle Betrag dieser Gebühren;
3) für das Zurückgehen der ledigen Pferde und Wagen von dem Orte ab, wohin die Extrapost gebracht worden ist, bis zu der Station, zu welcher die Pferde gehören, die Hälfte des Pferde-, Wagen- und Trinkgeldes für den Theil des Rückwegs, der übrig bleibt, wenn die Entfernung abgerechnet wird, auf welcher die Extrapostbeförderung stattgefunden hat.

XVII Für Extraposten auf Entfernungen unter 15 Kilometer werden die Gebühren für eine Entfernung von 15 Kilometer erhoben.

XVIII Wenn die Reise an einem Orte endigt, der nicht über 10 Kilometer hinter oder seitwärts einer Station liegt, so hat der Reisende nicht nöthig, auf der letzten Station die Pferde zu wechseln, vielmehr müssen ihm auf der vorletzten Station die Pferde gleich bis zum Bestimmungsorte gegen Entrichtung der vorgeschriebenen Sätze für die wirkliche Entfernung, jedoch mindestens für 15 Kilometer, gestellt werden.

XIX Erstreckt sich die Fahrt von einer Station oder von einem Eisenbahn-Haltepunkt ab über eine Station hinaus, die nicht über 10 Kilometer vom Abfahrtsort entfernt liegt, so kann über diese Station ebenfalls ohne Pferdewechsel gegen Entrichtung der vorgeschriebenen Sätze für die wirkliche Entfernung, jedoch mindestens für 15 Kilometer, hinausgefahren werden.

XX Bei jeder Extrapoststation befindet sich im Postdienstzimmer ein Extraposttarif, dessen Vorlegung der Reisende verlangen und aus dem er die für jede Station zu zahlenden Beträge ersehen kann.

Zahlung und Quittung.

§ 65. I Die Gebühren für die Extrapostreisen müssen, mit Ausschluß des Trinkgeldes, das erst nach zurückgelegter Fahrt dem Postillone gezahlt zu werden braucht, in der Regel stationsweise vor der Abfahrt entrichtet werden.

II Jedem Reisenden wird über die gezahlten Extrapostgelder und Nebenkosten eine Quittung ertheilt, die er zu seinem Ausweis unterwegs bei sich führen muß, widrigenfalls er zu gewärtigen hat, daß in zweifelhaften Fällen seine Beförderung bis zur Aufklärung über die Höhe des gezahlten Betrags unterbrochen oder die nochmalige Zahlung von ihm verlangt wird.

III Die Vorausbezahlung der Extrapostgelder für mehrere Stationen ist nur insoweit statthaft, als hierauf berechnete Einrichtungen bestehen.

IV Macht der Reisende hiervon Gebrauch, so hat er für die Besorgung des Rechnungsgeschäfts, und zwar für jede Beförderung, welche die Ausstellung eines besonderen Begleitzettels erfordert, eine gleichzeitig mit dem Extrapostgelde zu erhebende Rechnungsgebühr von 1 Mark zu zahlen.

V Im Falle der Vorausbezahlung werden Pferdegeld, Wagengeld, Bestellgebühr und Wege- ꝛc. Abgaben von der Postanstalt am Abgangsorte für alle Stationen, für welche der Reisende es wünscht, erhoben, Postillonstrinkgeld jedoch nur dann, wenn der Reisende auch dieses vorausbezahlen will. Das Schmiergeld und die Erleuchtungskosten werden da bezahlt, wo der Wagen des Reisenden wirklich geschmiert wird, oder wo der Posthalter für die Erleuchtung des Wagens sorgt.

VI Wenn der Reisende den Weg, für welchen die Vorausbezahlung stattgefunden hat, unterwegs verläßt oder auf einer Zwischenstation die Reise einstellt, so wird ihm das zuviel bezahlte Extrapostgeld ohne Abzug, jedoch mit Ausnahme der Rechnungsgebühr, von der Postanstalt an dem Orte, wo er seine Reise ändert oder einstellt, gegen Rückgabe der ihm ertheilten Quittung (II) und gegen Empfangsbescheinigung erstattet.

Bespannung.

§ 66. I Die Bespannung richtet sich nach der Beschaffenheit der Wege und Wagen sowie nach dem Umfang und dem Gewichte der Ladung.

II Findet der Postschaffner oder der Posthalter die von dem Reisenden bestellte Anzahl Pferde nicht ausreichend, so ist dies zunächst dem abfertigenden Beamten und von diesem dem Reisenden vorzustellen. Kommt keine Einigung zu Stande, so steht dem Vorsteher der Postanstalt die Entscheidung zu und bei dieser behält es, unbeschadet des sowohl dem Reisenden als auch dem Posthalter zustehenden Rechtes der Beschwerde bei der Ober-Postdirektion, sein Bewenden.

III Bei mehr als vier Pferden müssen zwei Postillone gestellt werden.

Abfertigung.

§ 67. I Sind die Pferde und Wagen vorausbestellt worden, so müssen sie dergestalt bereit gehalten werden, daß zur bestimmten Zeit abgefahren werden kann.

II Für weiterher kommende Reisende müssen die Pferde schon vor der Ankunft angeschirrt stehen und auf Stationen, wo die Posthalterei über 200 Schritte vom Posthaus entfernt liegt, in dessen Nähe aufgestellt werden.

III Die Abfertigung muß, sofern der Reisende sich nicht länger aufhalten will, bei vorausbestellten Extraposten innerhalb 10 Minuten erfolgen. Wird ein Stationswagen verwendet, so tritt dieser Frist noch soviel Zeit hinzu, als zur ordnungsmäßigen Verladung des Reisegepäcks erforderlich ist.

IV Sind Pferde und Wagen nicht vorausbestellt worden, so müssen Extraposten, wenn der Reisende einen Wagen mit sich führt, innerhalb einer Viertelstunde und, wenn ein Stationswagen gestellt werden muß, innerhalb einer halben Stunde weiterbefördert werden.

V Auf Stationen, wo selten Extraposten vorkommen und wo zu deren Beförderung Postpferde nicht besonders unterhalten werden können, müssen sich die Reisenden den Aufenthalt gefallen lassen, der zur Beschaffung der Pferde nothwendig ist.

Beförderungszeit.

§ 68. I Die Beförderung der Extraposten muß innerhalb der durch die Postbehörde vorgeschriebenen Fristen erfolgen. Eine Uebersicht der Beförderungsfristen befindet sich im Postdienstzimmer bei jeder Extrapoststation und wird dem Reisenden auf Verlangen zur Einsicht vorgelegt.

II Hat auf Verlangen des Reisenden eine Einigung dahin stattgefunden, daß die Beförderung durch eine geringere Anzahl von Pferden erfolgt, als nach dem Umfange der Ladung und nach der Beschaffenheit der Wege und der Wagen eigentlich erforderlich waren, so kann der Reisende auf das Einhalten der vorgeschriebenen Beförderungszeit keinen Anspruch machen.

III Beträgt die zurückzulegende Entfernung nicht über 20 Kilometer, so darf der Postillon ohne Verlangen des Reisenden unterwegs nicht anhalten. Bei größerer Entfernung ist ihm zwar gestattet, zur Erholung der Pferde einmal höchstens eine Viertelstunde anzuhalten, die vorgeschriebene Beförderungszeit muß jedoch auch in diesem Falle eingehalten werden. Während des Aufenthalts darf der Postillon die Pferde nicht ohne Aufsicht lassen.

Postillone.

§ 69. I Der Postillon muß die vorschriftsmäßige Dienstkleidung tragen und mit dem Posthorne versehen sein. Die Hülfsanspänner haben zu ihrem Ausweis ein von der Postbehörde festgesetztes Abzeichen zu tragen.

II Bei zweispännigem Fuhrwerke gebührt dem Postillon ein Sitz auf dem Wagen. Ist daselbst kein Platz für ihn vorhanden, so muß der Reisende ein drittes Pferd nehmen. Bei ganz leichtem Fuhrwerk und, wenn der leichte Wagen etwa nur mit einem Reisenden besetzt ist, der kein umfangreiches Gepäck mit sich führt, kann jedoch bei geringen Entfernungen eine zweispännige Beförderung auch dann stattfinden, wenn der Postillon vom Sattel fahren muß. Bei drei- oder vierspännigem Fuhrwerke muß der Postillon vom Sattel fahren, wenn ihm der Reisende keinen Platz auf dem Wagen einräumt. Bei einer Bespannung mit mehr als vier Pferden muß stets lang gespannt und vom Sattel gefahren werden, sofern nicht der Reisende das Fahren vom Bocke verlangt.

III Ein Wechseln der Pferde mit entgegenkommenden Posten ist nicht zulässig. Bei sich begegnenden Extraposten dürfen die Pferde nur mit ausdrücklicher Einwilligung der Reisenden gewechselt werden. Der entstehende Aufenthalt ist bei der Fahrt wieder einzuholen. Das Trinkgeld erhält derjenige Postillon, welcher den Reisenden auf die Station bringt.

IV Der Reisende hat zu bestimmen, wo bei der Ankunft auf der Station vorgefahren werden soll. Wird nicht beim Posthause vorgefahren, so muß der Postillon auf Verlangen des Reisenden die Pferde zur Weiterreise bestellen.

V Dem Postillon allein gebührt es, die Pferde zu führen. Wenn der Reisende oder dessen Leute an dem Postillone Thätlichkeiten verüben oder die Pferde durch Schläge antreiben, so ist der Postillon befugt, sogleich auszuspannen.

Beschwerden.

§ 70. Sofern der Extrapostreisende Anlaß zur Beschwerde hat, ist er berechtigt, diese in den Begleitzettel einzutragen.

Inkrafttreten.

§ 71. Gegenwärtige Postordnung tritt am 1. April 1900 in Kraft.

173) Gesetz über die Konsulargerichtsbarkeit. Vom 7. April 1900 (RGBl S. 213.)[1]

Erster Abschnitt.

Umfang der Konsulargerichtsbarkeit.

§ 1. Die Konsulargerichtsbarkeit wird in den Ländern ausgeübt, in denen ihre Ausübung durch Herkommen oder durch Staatsverträge[2] gestattet ist.

---

[1] Vgl. VO zur Einführung des Gesetzes über die Konsulargerichtsbarkeit. Vom 25. Oktober 1900 (RGBl S. 999).

Wir Wilhelm, von Gottes Gnaden Deutscher Kaiser, König von Preußen rc. verordnen auf Grund des § 27 Abs. 2, des § 33, des § 36 Abs. 2 und des § 78 des Gesetzes über die Konsulargerichtsbarkeit vom 7. April 1900 (Reichs-Gesetzbl. S. 213), im Namen des Reichs, was folgt:

Artikel 1. Das Gesetz über die Konsulargerichtsbarkeit vom 7. April 1900 tritt am 1. Januar 1901 in Kraft.

Artikel 2. Für die Uebertragung des Eigenthums an Grundstücken in den Konsulargerichtsbezirken genügt, soweit nicht für diese Grundstücke ein Grundbuch im Sinne der Reichsgesetze angelegt ist, die Beobachtung der Form, die den von der dortigen Staatsgewalt erlassenen Vorschriften entspricht.

Innerhalb Rumäniens, Serbiens und Bulgariens gilt das Gleiche auch für die Form eines anderen Rechtsgeschäfts, das dort vorgenommen, sowie für die Form einer Ehe, die dort geschlossen wird.

Artikel 3. Statt der in den §§ 246, 247, 288 des Bürgerlichen Gesetzbuchs und im § 352 des Handelsgesetzbuchs aufgestellten Zinssätze gilt in den Konsulargerichtsbezirken ein den landesüblichen Vertragszinsen entsprechender Zinssatz, jedoch höchstens ein solcher von zehn vom Hundert für das Jahr.

Artikel 4. Diese Verordnung tritt gleichzeitig mit dem Gesetz über die Konsulargerichtsbarkeit in Kraft.

[2] Die in dem Bundes- bezw. Reichsgesetzblatte nicht enthaltenen Staatsverträge sind zum Abdrucke gebracht in folgender vom Auswärtigen Amte veranstalteten officiellen Sammlung: „Deutsche Konsularverträge. Abdruck der vom deutschen Reiche, vom früheren norddeutschen Bunde, vom früheren deutschen Zoll- und Handelsverein und von einzelnen deutschen Bundesstaaten mit auswärtigen Staaten über die Befugnisse der Konsuln abgeschlossenen, zur Zeit in Kraft bestehenden Vereinbarungen. Unter Benutzung amtlicher Quellen. Berlin 1878." (Vgl. hierzu CBl 1878, S. 43.)

Bezüglich der Gerichtsbarkeit der Konsuln sind zu erwähnen: Freundschaftsvertrag des Zollvereins mit China, vom 2. Sept. 1861 (Preuß. Gesetzsammlung 1863, Nr. 15) Art. 39 (angef. Samml. S. 17), Zusatzkonvention vom 31. März 1880 (RGBl 1881, S. 261a); diesem Vertrage sind beigetreten die beiden Mecklenburg und die Hansestädte; Freundschaftsvertrag des Zollvereins mit Siam, vom 7. Februar 1862 (beigetreten die beiden Mecklenburg) angef. Samml. S. 127, Art. 9; ähnlich Art. 9 des Freundschaftsvertrags der beiden Hansestädte mit Siam vom 25. Okt. 1858 (angef. Samml. S. 138). Handelsvertrag des Zollvereins mit der Türkei. Vom 20. März 1862 (Preuß. Gesetzsamml. 1863, Nr. 13. Beitritt der beiden Mecklenburg durch Deklaration vom 5. Nov. 1868; angef. Samml. S. 157) betrifft die Ausdehnung und Aufrechterhaltung des Freundschafts- und Handelsvertrags vom 22. März 1761 mit Preußen. Wichtig: Art. 5 (Angef. Samml. S. 158); Konsulats-

Sie kann durch Kaiserliche Verordnung mit Zustimmung des Bundesraths für bestimmte Gebiete und in Ansehung bestimmter Rechtsverhältnisse außer Uebung gesetzt werden.

§ 2. Der Konsulargerichtsbarkeit sind unterworfen:

1) Deutsche, soweit sie nicht in dem Lande, in dem die Konsular-

---

vertrag Bayerns mit der Türkei vom 25. Aug. 1870 (a. a. O. S. 161), Art. 5; Handels- und Schifffahrtsvertrag der freien Hansestädte mit der Türkei, vom 27. Sept. 1862; betrifft die Aufrechterhaltung des Freundschaftsvertrages vom 18. Mai 1839. Vgl. Art. 8 (angef. Samml. S. 164).

Vgl. Freundschafts-, Handels- und Schifffahrtsvertrag mit Persien. Vom 11. Juni 1873 (RGBl 1873, S. 351) Art. 13. G, betr. die Einschränkung der Gerichtsbarkeit der deutschen Konsuln in Egypten. Vom 30. März 1874 (RGBl S. 23), dazu G vom 5. Juni 1880 (RGBl S. 145); V, betr. die Einschränkung der Gerichtsbarkeit der deutschen Konsuln in Egypten. Vom 23. Dez. 1885 (RGBl S. 381), dazu V, betr. die Konsulargerichtsbarkeit in Egypten. Vom 23. Dez. 1880 (RGBl S. 192), desgl. vom 15. Februar 1897 (RGBl S. 17), desgl. vom 6. Januar 1901 (RGBl S. 3). G, betr. die Konsulargerichtsbarkeit in Bosnien und der Herzegowina. Vom 7. Juni 1880 (RGBl S. 136); hier die Konsulargerichtsbarkeit aufgehoben durch V vom 23. Dez. 1880 (RGBl S. 191). Freundschaftsvertrag mit Samoa. Vom 24. Januar 1879 (RGBl 1881, S. 29) Art. 7. G, betr. die Konsulargerichtsbarkeit in Tunis. Vom 27. Juli 1883 (RGBl S. 263); hier die Konsulargerichtsbarkeit aufgehoben durch V vom 21. Januar 1884 (RGBl S. 9); vgl. dazu Erklärung zwischen dem deutschen Reiche und Frankreich. Vom 18. Nov. 1896 (RGBl S. 7). Handels-, Freundschafts- und Schifffahrtsvertrag mit Korea. Vom 26. Nov. 1883. (RGBl 1884, S. 221) Art. 3. Vgl. dazu Schlußprotokoll. Vom 26. Nov. 1883. Zu Art. 3 (RGBl S. 252). Freundschafts-, Handels- und Schifffahrtsvertrag mit Zanzibar. Vom 20. Dez. 1885 (RGBl 1886, S. 261) Art. 16.

Die Ausdehnung des Konsulargerichtsbarkeitsgesetzes auf die deutschen Schutzgebiete ist erfolgt durch das Schutzgebietsgesetz vom 10. September 1900 (RGBl S. 813 ff.) (vgl. unten); vgl. dazu die Verordnungen vom 5. Juni 1886 (RGBl S. 187) bezw. 11. Januar 1887 (RGBl S. 4), Ausdehnung auf das Schutzgebiet der Neuguinea-Kompagnie bezw. die dazu gehörigen Salomonsinseln. Vgl. G, betr. die Konsulargerichtsbarkeit und die Uebernahme einer Bürgschaft des Reichs für die durch Einrichtung einer anderweiten Rechtspflege dortselbst erwachsenden antheilmäßigen Kosten. Vom 6. Juli 1890 (RGBl S. 139); dazu V, betr. die Konsulargerichtsbarkeit in Samoa. Vom 29. Okt. 1890 (RGBl S. 189).

Ueber die freiwillige Gerichtsbarkeit der Konsuln vgl. G, betr. die Organisation der Bundeskonsulate, sowie die Amtsrechte und Pflichten der Bundeskonsuln. Vom 8. Nov. 1867 (BGBl S. 137), §§ 14—18 (zu § 18 vgl. V vom 6. Dez. 1875, CBl S. 817). Es handelt sich hier insbesondere um Vornahme von notariellen Akten und Nachlaßregulirung. Hierauf beziehen sich denn auch vornehmlich die folgenden Artikel der Staatsverträge: Freundschaftsvertrag des Zollvereins mit Siam (beigetreten die beiden Mecklenburg) Art. 15 (vgl. oben Anm. zu § 1), ähnlich Art. 15 des Freundschaftsvertrages der freien Hansestädte mit Siam (vgl. Anm. zu § 1); Freundschaftsvertrag des Zollvereins mit der Argentinischen Republik, vom 19. Sept. 1857 (Preuß. Gesetzsamml. 1859,

gerichtsbarkeit ausgeübt wird, nach allgemeinen völkerrechtlichen Grundsätzen das Recht der Exterritorialität genießen;

2) Ausländer, soweit sie für ihre Rechtsverhältnisse durch Anordnung des Reichskanzlers oder auf Grund einer solchen dem deutschen Schutze unterstellt sind (Schutzgenossen).[3]

Nr. 31) Art. 11 (angef. Samml. S. 7); Freundschaftsvertrag des Zollvereins mit Chile, vom 1. Febr. 1862 (Preuß. Gesetzsamml. 1863, Nr. 43; beigetreten die beiden Mecklenburg und Lübeck) Art. 11 (angef. Samml. S. 11); Handelsvertrag des Zollvereins mit der Türkei (vgl. Anm. zu § 1) Art. 6. — Vgl. ferner Konsularvertrag mit Italien vom 21. Dez. 1868 (RGBl 1869, S. 113) Art. 10—13 (vgl. Ergänzungsvertrag vom 7. Febr. 1872, RGBl S. 134); Konsularkonvention mit Spanien, vom 22. Febr. 1870 (RGBl 1870, S. 99) Art. 10—13 (vgl. Ergänzungsvertrag vom 12. Januar 1872 (RGBl S. 211); Konsularkonvention mit den Vereinigten Staaten von Amerika. Vom 11. Dez. 1871 (RGBl 1872, S. 95) Art. 9—11; Uebereinkunft zwischen Preußen und den Niederlanden wegen der Zulassung preußischer Konsuln in den niederländischen Kolonien. Vom 16. Juni 1856 (RGBl 1872, S. 68), Art. 11; ausgedehnt auf die Konsuln des deutschen Reiches durch Deklaration betr. die Ausdehnung der zwischen Preußen und den Niederlanden am 16. Juni 1856 abgeschlossenen Konsularkonvention auf die Konsuln des deutschen Reiches in den niederländischen Kolonien. Vom 11. Januar 1872 (RGBl S. 67); Handelsvertrag mit Persien (s. Anm. zu § 1) Art. 15. Konsularvertrag mit Rußland. Vom 8. Dez./26. Nov. 1874 (RGBl 1875, S. 145) Art. 9; Konvention über die Regulirung von Hinterlassenschaften zwischen dem Deutschen Reiche und Rußland. Vom 12. Nov./31. Okt. 1874 (RGBl 1875, S. 136); Freundschafts-, Handels-, Schifffahrts- und Konsularvertrag mit Hawaii. Vom 25. März/19. Sept. 1879 (RGBl 1880, S. 121) Art. 18—20; Konsularvertrag mit Griechenland. Vom 26. Nov. 1881 (RGBl 1882, S. 101) Art. 9, 15—26; Konsularvertrag mit Brasilien. Vom 10. Jan. 1882 (RGBl S. 69), Art. 12 bis 39, dazu Vereinbarung vom 30. Nov. 1897 und 15. Februar 1898 (RGBl 1899, S. 550 ff.); Konsularvertrag mit Serbien. Vom 6. Januar 1883 (RGBl S. 62), Art. 9—13; Freundschafts- und Handelsvertrag mit der südafrikan. Republik. Vom 22. Januar 1885 (RGBl 1886, S. 209) Art. 18—29; Handelsvertrag mit Uruguay. Vom 20. Juni 1892 (RGBl 1894 S. 505); Freundschafts- und Konsularvertrag mit Columbien. Vom 23. Juli 1892 (RGBl 1894, S. 471); Handelsvertrag mit Rumänien. Vom 21. Oktober 1893 (RGBl 1894 S. 1); Freundschafts- und Konsularvertrag mit Nicaragua. Vom 4. Februar 1896 (RGBl 1897 S. 171); Freundschaftsvertrag mit dem Oranje-Freistaat. Vom 28. April 1897 (RGBl 1898 S. 93); Freundschaftsvertrag mit Zanzibar (siehe Anm. zu § 1) Art. 20; Freundschaftsvertrag mit Guatemala. Vom 20. Sept. 1887 (RGBl 1888 S. 238); Freundschaftsvertrag mit Honduras. Vom 12. Dez. 1887 (RGBl 1888, S. 263); Handels- und Schifffahrtsvertrag mit Japan. Vom 4. April 1896 (RGBl S. 715); Konsularvertrag mit Japan. Vom 4. April 1896 (RGBl S. 732).

Ueber die Wirksamkeit der Bundeskonsuln als Standesbeamte vgl. oben G vom 4. Mai 1870 und unten Schutzgebiets-G vom 10. September 1900 nebst Anmerkungen.

---

[3] Vgl. Anordnung des Reichskanzlers, betr. die Konsulargerichtsbarkeit über Schutzgenossen. Vom 27. Oktober 1900 (CBl S. 574).

Den Deutschen (Abs. 1 Nr. 1) werden gleichgeachtet Handelsgesellschaften, eingetragene Genossenschaften und juristische Personen, wenn sie im Reichsgebiet oder in einem deutschen Schutzgebiet ihren Sitz haben, juristische Personen auch dann, wenn ihnen durch den Bundesrath oder nach den bisherigen Vorschriften durch einen Bundesstaat die Rechtsfähigkeit verliehen worden ist. Das Gleiche gilt von offenen Handelsgesellschaften und Kommanditgesellschaften, die in einem Konsulargerichtsbezirk ihren Sitz haben, wenn die persönlich haftenden Gesellschafter sämmtlich Deutsche sind. Andere als die bezeichneten Handelsgesellschaften, eingetragenen Genossenschaften und juristischen Personen werden den Ausländern (Abs. 1 Nr. 2) gleichgeachtet.

Durch Anordnung des Reichskanzlers oder auf Grund einer solchen kann bestimmt werden, daß die im Abs. 2 Satz 1 bezeichneten Handelsgesellschaften, eingetragenen Genossenschaften und juristischen Personen, wenn Ausländer daran betheiligt sind, der Konsulargerichtsbarkeit nicht unterstehen.

§ 3. Die Militärgerichtsbarkeit wird durch dieses Gesetz nicht berührt.

Zweiter Abschnitt.

Gerichtsverfassung.

§ 4. Die Konsulargerichtsbezirke werden von dem Reichskanzler nach Vernehmung des Ausschusses des Bundesraths für Handel und Verkehr bestimmt.

§ 5. Die Konsulargerichtsbarkeit wird durch den Konsul (§ 2 des Gesetzes, betreffend die Organisation der Bundeskonsulate, vom 8. November 1867), durch das Konsulargericht und durch das Reichsgericht ausgeübt.

§ 6. Der Konsul ist zur Ausübung der Gerichtsbarkeit befugt, wenn er dazu von dem Reichskanzler ermächtigt wird.

Der Reichskanzler kann neben dem Konsul sowie an dessen Stelle einem anderen Beamten die dem Konsul bei der Ausübung der Gerichtsbarkeit obliegenden Verrichtungen übertragen.

§ 7. Der Konsul ist zuständig:

1) für die durch das Gerichtsverfassungsgesetz, die Prozeßordnungen und die Konkursordnung den Amtsgerichten zugewiesenen Sachen;
2) für die durch Reichsgesetze oder in Preußen geltende allgemeine Landesgesetze den Amtsgerichten übertragenen Angelegenheiten der freiwilligen Gerichtsbarkeit.

§ 8. Das Konsulargericht besteht aus dem Konsul als Vorsitzendem und zwei Beisitzern.

In Strafsachen sind in der Hauptverhandlung vier Beisitzer zuzuziehen, wenn der Beschluß über die Eröffnung des Hauptverfahrens ein Verbrechen oder ein Vergehen zum Gegenstande hat, das weder zur Zuständigkeit der Schöffengerichte noch zu den in den §§ 74, 75 des Gerichtsverfassungsgesetzes bezeichneten Handlungen gehört.

§ 9. Ist in bürgerlichen Rechtsstreitigkeiten die Zuziehung von zwei Beisitzern nicht ausführbar, so tritt an die Stelle des Konsulargerichts der Konsul.

Ist in Strafsachen die vorgeschriebene Zuziehung von vier Beisitzern nicht ausführbar, so genügt die Zuziehung von zwei Beisitzern.

Die Gründe, aus denen die Zuziehung von Beisitzern nicht ausführbar war, müssen in dem Sitzungsprotokoll angegeben werden.

§ 10. Das Konsulargericht ist zuständig:

1) für die durch das Gerichtsverfassungsgesetz und die Prozeßordnungen den Landgerichten in erster Instanz sowie den Schöffengerichten zugewiesenen Sachen;
2) für die Verhandlung und Entscheidung über das Rechtsmittel der Beschwerde gegen die Entscheidungen des Konsuls in Strafsachen.

§ 11. In den vor das Konsulargericht gehörenden Sachen steht den Beisitzern ein unbeschränktes Stimmrecht zu.

In den im § 10 Nr. 1 bezeichneten Sachen nehmen die Beisitzer nur an der mündlichen Verhandlung und an den im Laufe oder auf Grund dieser Verhandlung ergehenden Entscheidungen Theil; die sonst erforderlichen Entscheidungen werden von dem Konsul erlassen.

§ 12. Der Konsul ernennt für die Dauer eines jeden Geschäftsjahrs aus den achtbaren Gerichtseingesessenen oder in Ermangelung solcher aus sonstigen achtbaren Einwohnern seines Bezirkes vier Beisitzer und mindestens zwei Hülfsbeisitzer.

Die Gerichtseingesessenen haben der an sie ergehenden Berufung Folge zu leisten; die §§ 53, 55, 56 des Gerichtsverfassungsgesetzes finden entsprechende Anwendung.

§ 13. Die Beeidigung der Beisitzer erfolgt bei ihrer ersten Dienstleistung in öffentlicher Sitzung. Sie gilt für die Dauer des Geschäftsjahrs. Der Vorsitzende richtet an die zu Beeidigenden die Worte: „Sie schwören bei Gott dem Allmächtigen und Allwissenden, die Pflichten eines Beisitzers des deutschen Konsulargerichts getreulich zu erfüllen und Ihre Stimme nach bestem Wissen und Gewissen abzugeben."

Die Beisitzer leisten den Eid, indem jeder einzeln, unter Erhebung der rechten Hand, die Worte spricht: „Ich schwöre es, so wahr mir Gott helfe." Ist ein Beisitzer Mitglied einer Religionsgesellschaft, der das Gesetz den Gebrauch gewisser Betheuerungsformeln an Stelle des Eides gestattet, so wird die Abgabe einer Erklärung unter der Betheuerungsformel dieser Religionsgesellschaft der Eidesleistung gleichgeachtet. Ueber die Beeidigung ist ein Protokoll aufzunehmen.

§ 14. Das Reichsgericht ist zuständig für die Verhandlung und endgültige Entscheidung über die Rechtsmittel:

1) der Beschwerde und der Berufung in den vor dem Konsul oder dem Konsulargerichte verhandelten bürgerlichen Rechtsstreitigkeiten und in Konkurssachen;
2) der Beschwerde und der Berufung gegen die Entscheidungen des Konsulargerichts in Strafsachen;
3) der Beschwerde gegen die Entscheidungen des Konsuls in den Angelegenheiten der freiwilligen Gerichtsbarkeit.

§ 15. Eine Mitwirkung der Staatsanwaltschaft findet, soweit nicht in diesem Gesetz ein Anderes vorgeschrieben ist, in den vor den Konsul oder das Konsulargericht gehörenden Sachen nicht statt.

§ 16. Die Personen, welche die Verrichtungen der Gerichtsschreiber und der Gerichtsvollzieher sowie die Verrichtungen der Gerichtsdiener als Zustellungsbeamten auszuüben haben, werden von dem Konsul bestimmt. Sofern diese Personen nicht bereits den Diensteid als Konsularbeamte geleistet haben, sind sie vor ihrem Amtsantritt auf die Erfüllung der Obliegenheiten des ihnen übertragenen Amtes eidlich zu verpflichten.

Das Verzeichniß der Gerichtsvollzieher ist in der für konsularische Bekanntmachungen ortsüblichen Weise, jedenfalls durch Anheftung an die Gerichtstafel bekannt zu machen.

§ 17. Die Personen, die zur Ausübung der Rechtsanwaltschaft zuzulassen sind, werden von dem Konsul bestimmt. Die Zulassung ist widerruflich.

Gegen eine Verfügung des Konsuls, durch die der Antrag einer Person auf Zulassung zur Ausübung der Rechtsanwaltschaft abgelehnt oder die Zulassung zurückgenommen wird, findet Beschwerde an den Reichskanzler statt.

Das Verzeichniß der zur Ausübung der Rechtsanwaltschaft zugelassenen Personen ist in der für konsularische Bekanntmachungen ortsüblichen Weise, jedenfalls durch Anheftung an die Gerichtstafel bekannt zu machen.

§ 18. Die Vorschriften der §§ 157 bis 169 des Gerichtsverfassungsgesetzes und des § 2 des Reichsgesetzes über die Angelegenheiten der freiwilligen Gerichtsbarkeit finden auf die Leistung der Rechtshülfe unter den bei der Ausübung der Konsulargerichtsbarkeit mitwirkenden Behörden sowie unter diesen Behörden und den Behörden im Reichsgebiet oder in den deutschen Schutzgebieten mit der Maßgabe entsprechende Anwendung, daß für die im § 160 Abs. 1 des Gerichtsverfassungsgesetzes vorgesehene Entscheidung, sofern die Rechtshülfe von dem Konsul versagt oder gewährt wird, das Reichsgericht in erster und letzter Instanz zuständig ist.

Dritter Abschnitt.

Allgemeine Vorschriften über das anzuwendende Recht.

§ 19. In den Konsulargerichtsbezirken gelten für die der Konsulargerichtsbarkeit unterworfenen Personen, soweit nicht in diesem Gesetz ein Anderes vorgeschrieben ist:

1) die dem bürgerlichen Rechte angehörenden Vorschriften der Reichsgesetze und der daneben innerhalb Preußens im bisherigen Geltungsbereiche des preußischen Allgemeinen Landrechts in Kraft stehenden allgemeinen Gesetze sowie die Vorschriften der bezeichneten Gesetze über das Verfahren und die Kosten in bürgerlichen Rechtsstreitigkeiten, in Konkurssachen und in den Angelegenheiten der freiwilligen Gerichtsbarkeit;

2) die dem Strafrecht angehörenden Vorschriften der Reichsgesetze sowie die Vorschriften dieser Gesetze über das Verfahren und die Kosten in Strafsachen.

§ 20. Die im § 19 erwähnten Vorschriften finden keine Anwendung, soweit sie Einrichtungen und Verhältnisse voraussetzen, an denen es für den Konsulargerichtsbezirk fehlt.

Durch Kaiserliche Verordnung können die hiernach außer Anwendung bleibenden Vorschriften, soweit sie zu den im § 19 Nr. 1 erwähnten gehören, näher bezeichnet, auch andere Vorschriften an deren Stelle getroffen werden.

§ 21.[1] Durch Kaiserliche Verordnung können die Rechte an Grundstücken, das Bergwerkseigenthum sowie die sonstigen Berechtigungen, für welche die sich auf Grundstücke beziehenden Vorschriften gelten, abweichend von den nach § 19 maßgebenden Vorschriften geregelt werden.

§ 22. Durch Kaiserliche Verordnung kann bestimmt werden, inwieweit die Vorschriften der Gesetze über den Schutz von Werken der Literatur und Kunst, von Photographien, von Erfindungen, von Mustern und Modellen, von Gebrauchsmustern und von Waarenbezeichnungen in den Konsulargerichtsbezirken Anwendung finden oder außer Anwendung bleiben.

§ 23.[2] Soweit die im § 19 bezeichneten Gesetze landesherrliche Verordnungen oder landesherrliche Genehmigung vorsehen, treten an deren Stelle in den Konsulargerichtsbezirken Kaiserliche Verordnungen oder die Genehmigung des Kaisers.

Die nach diesen Gesetzen im Verwaltungsstreitverfahren zu treffenden Entscheidungen werden für die Konsulargerichtsbezirke in erster und letzter Instanz von dem Bundesrath erlassen.

Soweit in diesen Gesetzen auf Anordnungen oder Verfügungen einer Landes-Zentralbehörde oder einer höheren Verwaltungsbehörde verwiesen wird, treten an deren Stelle in den Konsulargerichtsbezirken Anordnungen oder Verfügungen des Reichskanzlers oder der von diesem bezeichneten Behörde.[3]

---

[1] Vgl. VO, betr. die Rechte an Grundstücken und die Anlegung von Grundbüchern in den deutschen Niederlassungen in Tientsin und Hankau. Vom 25. Oktober 1900 (RGBl S. 1000). — Vgl. die Verordnungen zum Schutzgebietsgesetze. (In der Fassung vom 10. September 1900 Anm. zu § 3.)

[2] Vgl. Anm. [1] zu § 21.

[3] Dienstanweisung zur Ausführung des Gesetzes über die Konsulargerichtsbarkeit. Vom 27. Oktober 1900. (CBl S. 577.)

Die nach diesen Gesetzen den Polizeibehörden zustehenden Befugnisse werden in den Konsulargerichtsbezirken von dem Konsul ausgeübt.

Bis zum Erlasse der im Abs. 1 vorgesehenen Kaiserlichen Verordnungen sowie der im Abs. 3 vorgesehenen Anordnungen oder Verfügungen des Reichskanzlers finden die innerhalb Preußens im bisherigen Geltungsbereiche des preußischen Allgemeinen Landrechts geltenden landesherrlichen Verordnungen sowie die dort geltenden Anordnungen oder Verfügungen der Landes-Zentralbehörden entsprechende Anwendung.

§ 24. Soweit nach den im § 19 bezeichneten Gesetzen dem Landesfiskus Rechte zustehen oder Verpflichtungen obliegen, tritt in den Konsulargerichtsbezirken an dessen Stelle der Reichsfiskus. Diese Vorschrift findet keine Anwendung auf die Rechte und Verpflichtungen, die für den Landesfiskus mit Rücksicht auf die Staatsangehörigkeit eines Betheiligten begründet sind.

Geldstrafen fließen zur Reichskasse. Durch Kaiserliche Verordnung kann bestimmt werden, daß die wegen Zuwiderhandlung gegen einzelne Gesetze oder Verordnungen verhängten Geldstrafen einem anderen Berechtigten zufallen.

§ 25. Die Rechtsverhältnisse der Schutzgenossen, die keinem Staate angehören, werden, soweit dafür die Staatsangehörigkeit in Betracht kommt, nach den Vorschriften beurtheilt, die für die keinem Bundesstaat angehörenden Deutschen gelten.

Die Rechtsverhältnisse der Schutzgenossen, die einem fremden Staate angehören, werden, soweit dafür die Staatsangehörigkeit in Betracht kommt, nach den für Ausländer geltenden Vorschriften beurtheilt.

§ 26. Durch Kaiserliche Verordnung kann bestimmt werden, inwieweit die Konsulargerichtsbezirke im Sinne der in den §§ 19, 22 bezeichneten Gesetze als deutsches Gebiet oder Inland oder als Ausland anzusehen sind.

§ 27. Soweit die nach § 19 zur Anwendung kommenden Gesetze auf die an einem ausländischen Orte geltenden Vorschriften Bezug nehmen, sind hierunter, falls es sich um einen Ort innerhalb eines Konsulargerichtsbezirkes und um die Rechtsverhältnisse einer der Konsulargerichtsbarkeit unterworfenen Person handelt, die deutschen Gesetze zu verstehen.

Durch Kaiserliche Verordnung kann bestimmt werden, inwieweit in einem Konsulargerichtsbezirke die von der dortigen Staatsgewalt erlassenen Vorschriften neben den deutschen Gesetzen als Gesetze des Ortes anzusehen sind.

§ 28. Zustellungen an die der Konsulargerichtsbarkeit unterworfenen Personen erfolgen im Konsulargerichtsbezirke, sofern sie entweder in einer in diesem Bezirke vor den Konsul oder das Konsulargericht gehörenden Sache oder in nicht gerichtlichen Rechtsangelegenheiten auf Betreiben einer in dem Bezirke befindlichen

Person zu geschehen haben, nach den Vorschriften über Zustellungen im Inlande. Falls die Befolgung dieser Vorschriften mit Schwierigkeiten verbunden ist, kann die Zustellung durch den Konsul nach den Vorschriften über Zustellungen im Auslande mit der Maßgabe bewirkt werden, daß an die Stelle des Ersuchens bei Zustellungen auf Betreiben der Betheiligten deren Antrag und bei Zustellungen von Amtswegen die Anzeige des Gerichtsschreibers tritt.

Im Uebrigen erfolgen Zustellungen im Konsulargerichtsbezirk an die der Konsulargerichtsbarkeit unterworfenen Personen nach den Vorschriften über Zustellungen im Ausland, und zwar in gerichtlichen Angelegenheiten mittelst Ersuchens des Konsuls und in nicht gerichtlichen Rechtsangelegenheiten auf einen von den Betheiligten an ihn zu richtenden Antrag.

§ 29. Die Einrückung einer öffentlichen Bekanntmachung in den Deutschen Reichsanzeiger ist nicht erforderlich, sofern daneben eine andere Art der Veröffentlichung vorgeschrieben ist. Der Reichskanzler kann Ausnahmen von dieser Vorschrift anordnen.

Der Reichskanzler kann bestimmen, daß an die Stelle der Einrückung einer öffentlichen Bekanntmachung in den Deutschen Reichsanzeiger eine andere Art der Veröffentlichung tritt.

§ 30. Neue Gesetze erlangen in den Konsulargerichtsbezirken, die in Europa, in Egypten oder an der asiatischen Küste des Schwarzen oder des Mittelländischen Meeres liegen, mit dem Ablaufe von zwei Monaten, in den übrigen Konsulargerichtsbezirken mit dem Ablaufe von vier Monaten nach dem Tage, an dem das betreffende Stück des Reichs-Gesetzblatts oder der Preußischen Gesetz-Sammlung in Berlin ausgegeben worden ist, verbindliche Kraft, soweit nicht für das Inkrafttreten ein späterer Zeitpunkt festgesetzt ist oder für die Konsulargerichtsbezirke reichsgesetzlich ein Anderes vorgeschrieben wird.

Vierter Abschnitt.

Besondere Vorschriften über das bürgerliche Recht.

§ 31. Auf Vereine, die ihren Sitz in einem Konsulargerichtsbezirke haben, finden die Vorschriften der §§ 21, 22, des § 44 Abs. 1 und der §§ 55 bis 79 des Bürgerlichen Gesetzbuchs keine Anwendung.

§ 32. Die in den §§ 8 bis 10 des Gesetzes, betreffend die Rechtsverhältnisse der deutschen Schutzgebiete (Reichs-Gesetzbl. 1888 S. 75, Reichs-Gesetzbl. 1899 S. 365), für die Errichtung deutscher Kolonialgesellschaften erlassenen Vorschriften finden entsprechende Anwendung auf deutsche Gesellschaften, die den Betrieb eines Unternehmens der im § 8 Abs. 1 des Gesetzes bezeichneten Art in einem Konsulargerichtsbezirke zum Gegenstand und ihren Sitz entweder im Reichsgebiet oder in einem deutschen Schutzgebiet oder in einem Konsulargerichtsbezirke haben.

§ 33. Durch Kaiserliche Verordnung kann für einen Konsulargerichtsbezirk oder für einen Theil eines solchen angeordnet werden, daß statt der in den §§ 246, 247, 288 des Bürgerlichen Gesetzbuchs und im § 352 des Handelsgesetzbuchs aufgestellten Zinssätze ein höherer Zinssatz gilt.

§ 34. Inhaberpapiere der im § 795 Abs. 1 des Bürgerlichen Gesetzbuchs bezeichneten Art, die in einem Konsulargerichtsbezirke von einer der Konsulargerichtsbarkeit unterworfenen Person ausgestellt worden sind, dürfen nur mit Genehmigung des Reichskanzlers in den Verkehr gebracht werden.

§ 35. Durch Anordnung des Reichskanzlers kann bestimmt werden, wer in den Konsulargerichtsbezirken an die Stelle der Gemeinde des Fundorts in den Fällen der §§ 976, 977 und an die Stelle der öffentlichen Armenkasse einer Gemeinde im Falle des § 2072 des Bürgerlichen Gesetzbuchs zu treten hat.

§ 36. Die Form einer Ehe, die in einem Konsulargerichtsbezirke von einem Deutschen oder von einem Schutzgenossen, der keinem Staate angehört, geschlossen wird, bestimmt sich ausschließlich nach den Vorschriften des Gesetzes, betreffend die Eheschließung und die Beurkundung des Personenstandes von Reichsangehörigen im Auslande, vom 4. Mai 1870 (Bundes-Gesetzbl. S. 599, Reichs-Gesetzbl. 1896 S. 614). Ein Schutzgenosse, der einem fremden Staate angehört, kann die Ehe in dieser oder in einer anderen, nach den Gesetzen seines Staates zulässigen Form schließen.

Durch Kaiserliche Verordnung kann bestimmt werden, inwieweit in einem Konsulargerichtsbezirke die Beachtung der Vorschriften genügt, die von der dortigen Staatsgewalt über die Form der Eheschließung erlassen sind.

§ 37. Durch Kaiserliche Verordnung können für die innerhalb der Konsulargerichtsbezirke belegenen Grundstücke die Grundsätze bestimmt werden, nach denen die Sicherheit einer Hypothek, einer Grundschuld oder einer Rentenschuld im Sinne des § 1807 des Bürgerlichen Gesetzbuchs festzustellen ist.

§ 38. Im Falle des § 2249 Abs. 1 des Bürgerlichen Gesetzbuchs kann das Testament durch mündliche Erklärung vor drei Zeugen nach § 2250 errichtet werden; der § 2249 Abs. 2 findet entsprechende Anwendung.

§ 39. Durch Kaiserliche Verordnung können für die Konsulargerichtsbezirke die der Landesgesetzgebung vorbehaltenen Bestimmungen über die Hinterlegung und die Hinterlegungsstellen getroffen werden.

§ 40. In Handelssachen finden die Vorschriften der im § 19 bezeichneten Gesetze nur soweit Anwendung, als nicht das im Konsulargerichtsbezirke geltende Handelsgewohnheitsrecht ein Anderes bestimmt.

Handelssachen im Sinne des Abs. 1 sind die von einem Kaufmanne vorgenommenen Rechtsgeschäfte der im § 1 Abs. 2 des Handelsgesetzbuchs bezeichneten Art sowie die Angelegenheiten, die eines der im § 101 Nr. 3 a, d, e, f des Gerichtsverfassungsgesetzes aufgeführten Rechtsverhältnisse zum Gegenstande haben.

Fünfter Abschnitt.

Besondere Vorschriften über das Verfahren in bürgerlichen Rechtsstreitigkeiten, in Konkurssachen und in den Angelegenheiten der freiwilligen Gerichtsbarkeit.

§ 41. In bürgerlichen Rechtsstreitigkeiten richtet sich das Verfahren vor dem Konsul sowie vor dem Konsulargerichte nach den Vorschriften über das Verfahren vor den Amtsgerichten mit der Maßgabe, daß auch die Vorschriften der §§ 348 bis 354 der Civilprozeßordnung Anwendung finden.

§ 42. In Rechtsstreitigkeiten, die die Nichtigkeit einer Ehe zum Gegenstande haben, werden die Verrichtungen der Staatsanwaltschaft von dem Konsul einer der zur Ausübung der Rechtsanwaltschaft zugelassenen Personen, einem anderen achtbaren Gerichtseingesessenen oder sonst im Konsulargerichtsbezirke befindlichen Deutschen oder Schutzgenossen übertragen. Das Gleiche gilt in Entmündigungssachen sowie im Aufgebotsverfahren zum Zwecke der Todeserklärung.

§ 43. In den nach § 7 Nr. 1 zur Zuständigkeit des Konsuls gehörenden bürgerlichen Rechtsstreitigkeiten findet, sofern der Werth des Streitgegenstandes die Summe von dreihundert Mark nicht übersteigt, ein Rechtsmittel nicht statt.

§ 44. Der Konsul ist zur Abänderung seiner durch sofortige Beschwerde angefochtenen Entscheidung auch außer den im § 577 Abs. 3 der Civilprozeßordnung bezeichneten Fällen befugt.

§ 45. Das Rechtsmittel der Berufung wird bei dem Konsul eingelegt. Die Einlegung erfolgt durch Einreichung der Berufungsschrift. Auf die Einlegung findet die Vorschrift des § 78 Abs. 1 der Civilprozeßordnung keine Anwendung. Die Berufungsschrift ist der Gegenpartei unter Beachtung der Vorschriften des § 179 der Civilprozeßordnung von Amtswegen zuzustellen. Der Konsul hat die Prozeßakten mit dem Nachweise der Zustellung dem Reichsgerichte zu übersenden.

Das Reichsgericht hat den Termin zur mündlichen Verhandlung von Amtswegen zu bestimmen und den Parteien bekannt zu machen.

Die Bekanntmachung des Termins erfolgt an den für die Berufungsinstanz bestellten und dem Reichsgerichte durch Vermittelung des Konsuls oder durch die Partei selbst rechtzeitig benannten Prozeßbevollmächtigten oder Zustellungsbevollmächtigten, in Ermangelung eines solchen an die Partei selbst.

Die im § 520 der Civilprozeßordnung vorgesehene Frist beginnt mit dem Zeitpunkt, in dem der Termin dem Berufungsbeklagten bekannt gemacht worden ist.

§ 46. Die Zwangsvollstreckung im Konsulargerichtsbezirk aus den bei der Ausübung der Konsulargerichtsbarkeit für diesen Bezirk entstandenen vollstreckbaren Schuldtiteln erfolgt gegen die der Konsulargerichtsbarkeit unterworfenen Personen nach den Vorschriften über die Zwangsvollstreckung im Inlande. Im Uebrigen wird die Vollstreckung im Konsulargerichtsbezirke gegen solche Personen durch den Konsul auf ein an ihn gemäß § 791 der Civilprozeßordnung gerichtetes Ersuchen veranlaßt.

§ 47. In den Fällen der §§ 110, 179 der Konkursordnung soll der Termin zur Beschlußfassung über die Wahl eines anderen Verwalters und über die Bestellung eines Gläubigerausschusses sowie der Vergleichstermin nicht über zwei Monate hinaus anberaumt werden.

Diese Termine können bis auf drei Monate hinausgeschoben werden, wenn der Bezirk des Konsulargerichts, vor dem das Verfahren schwebt, nicht in Europa, in Egypten oder an der asiatischen Küste des Schwarzen oder des Mittelländischen Meeres liegt.

Der Zeitraum, der nach § 138 der Konkursordnung zwischen dem Ablaufe der Anmeldefrist und dem allgemeinen Prüfungstermine liegen muß, soll mindestens zwei Wochen und höchstens drei Monate betragen.

An die Stelle der in den §§ 152, 203 der Konkursordnung vorgesehenen Fristen tritt eine Frist von einem Monat, im Falle des Abs. 2 eine Frist von zwei Monaten.

§ 48. Die Vorschrift des § 18 Abs. 2 des Reichsgesetzes über die Angelegenheiten der freiwilligen Gerichtsbarkeit findet auf eine durch Beschwerde angefochtene Verfügung des Konsuls keine Anwendung.

Sechster Abschnitt.

Besondere Vorschriften über das Strafrecht.

§ 49. In den Konsulargerichtsbezirken finden die von der dortigen Staatsgewalt erlassenen Strafgesetze soweit Anwendung, als dies durch Herkommen oder durch Staatsverträge bestimmt ist.

§ 50. Durch Kaiserliche Verordnung kann bestimmt werden, inwieweit in den Konsulargerichtsbezirken die strafrechtlichen Vorschriften der allgemeinen Gesetze Anwendung finden, die innerhalb Preußens im bisherigen Geltungsbereiche des preußischen Allgemeinen Landrechts in Kraft stehen.

§ 51. Der Konsul ist befugt, für seinen Gerichtsbezirk oder einen Theil des Bezirkes polizeiliche Vorschriften mit verbindlicher Kraft für die seiner Gerichtsbarkeit unterworfenen Personen zu erlassen und deren Nichtbefolgung mit Haft, Geldstrafe bis zum Betrage von eintausend Mark und Einziehung einzelner Gegenstände zu bedrohen. Diese Vorschriften sind sofort in Abschrift dem Reichskanzler mitzutheilen.

Der Reichskanzler ist befugt, die von dem Konsul erlassenen polizeilichen Vorschriften aufzuheben.

Die Verkündung der polizeilichen Vorschriften sowie die Verkündung ihrer Aufhebung erfolgt in der für konsularische Bekanntmachungen ortsüblichen Weise, jedenfalls durch Anheftung an die Gerichtstafel.

Siebenter Abschnitt.

Besondere Vorschriften über das Verfahren in Strafsachen.

§ 52. Der Konsul übt in Strafsachen die Verrichtungen des Amtsrichters und des Vorsitzenden der Strafkammer aus.

§ 53. Die Zustellungen, die Ladungen, die Vollstreckung von Beschlüssen und Verfügungen sowie die Strafvollstreckung werden durch den Konsul veranlaßt.

§ 54. Im vorbereitenden Verfahren ist die Beeidigung eines Zeugen oder Sachverständigen auch in den im § 65 Abs. 2 der Strafprozeßordnung bezeichneten Fällen zulässig.

Die Vorschriften des § 126 der Strafprozeßordnung finden keine Anwendung.

§ 55. Erhält der Konsul von dem Verdacht eines zur Zuständigkeit des Reichsgerichts oder der Schwurgerichte gehörenden Verbrechens Kenntniß, so hat er die zur Strafverfolgung erforderlichen Sicherheitsmaßregeln zu treffen sowie die Untersuchungshandlungen, in Ansehung deren Gefahr im Verzug obwaltet oder die Voraussetzungen des § 65 Abs. 2 der Strafprozeßordnung zutreffen, vorzunehmen und demnächst die Akten der Staatsanwaltschaft bei dem zuständigen deutschen Gericht, in Ermangelung eines solchen dem Ober-Reichsanwalte zu übersenden. Im letzteren Falle wird das zuständige Gericht von dem Reichsgerichte bestimmt.

§ 56. Gehört die strafbare Handlung zur Zuständigkeit des Konsulargerichts oder des Konsuls, so ist an Stelle der Staatsanwaltschaft der Konsul zum Einschreiten berufen. Er stellt insbesondere die der Staatsanwaltschaft im vorbereitenden Verfahren obliegenden Ermittelungen an.

§ 57. Eine Voruntersuchung findet nicht statt.

§ 58. An die Stelle der öffentlichen Klage tritt in den Fällen, in denen nicht sofort das Hauptverfahren eröffnet wird, die Verfügung des Konsuls über die Einleitung des Strafverfahrens gegen den Beschuldigten. Diese Verfügung hat die dem Angeschuldigten zur Last gelegte That unter Hervorhebung ihrer gesetzlichen Merkmale und des anzuwendenden Strafgesetzes zu bezeichnen.

Der Beschluß, durch den das Hauptverfahren eröffnet wird, hat auch die Beweismittel anzugeben.

§ 59. Die Vorschrift des § 232 des Strafprozeßordnung findet auch dann Anwendung, wenn nach dem Ermessen des Gerichts die zu erwartende Freiheitsstrafe nicht mehr als sechs Monate beträgt.

§ 60. Den Umfang der Beweisaufnahme bestimmt das Gericht, ohne hierbei durch Anträge, Verzichte oder frühere Beschlüsse gebunden zu sein.

§ 61. In das Protokoll über die Hauptverhandlung sind die wesentlichen Ergebnisse der Vernehmungen aufzunehmen.

§ 62. In den Fällen der §§ 45, 449 der Strafprozeßordnung beträgt die Frist zwei Wochen.

§ 63. Gegen die wegen Uebertretungen erlassenen Entscheidungen ist, sofern eine Verurtheilung auf Grund des § 361 Nr. 3 bis 8 des Strafgesetzbuchs erfolgt oder nur auf Geldstrafe oder auf Geldstrafe und Einziehung erkannt wird, ein Rechtsmittel nicht zulässig.

Im Uebrigen findet in Strafsachen gegen die Urtheile des Konsulargerichts das Rechtsmittel der Berufung statt.

§ 64. Auf Beschwerden gegen Entscheidungen des Konsuls findet die Vorschrift des § 23 Abs. 1 der Strafprozeßordnung keine Anwendung.

In den Fällen des § 353 der Strafprozeßordnung ist der Konsul zur Abänderung seiner durch Beschwerde angefochtenen Entscheidung befugt.

§ 65. Die der Staatsanwaltschaft zustehenden Rechtsmittel können gegen die Entscheidungen des Konsulargerichts von dem Konsul eingelegt werden.

§ 66. In den Fällen der §§ 353, 355, 358, 360 der Strafprozeßordnung beträgt die Frist zwei Wochen.

§ 67. Die Frist zur Anfechtung einer Entscheidung beginnt für den Nebenkläger im Falle des § 439 der Strafprozeßordnung mit der Bekanntmachung der Entscheidung an den Beschuldigten.

§ 68. Der Konsul kann Zeugen und Sachverständige, die zur Rechtfertigung der Berufung benannt sind, vernehmen und beeidigen, wenn die Voraussetzungen des § 65 Abs. 2 der Strafprozeßordnung vorliegen. Die Protokolle über diese Vernehmungen sind dem Ober-Reichsanwalte zu übersenden. Die Vorschriften des § 223 und des § 250 Abs. 2 der Strafprozeßordnung finden entsprechende Anwendung.

§ 69. Der Angeklagte kann in der Hauptverhandlung vor dem Berufungsgericht erscheinen oder sich durch einen mit schriftlicher Vollmacht versehenen Vertheidiger vertreten lassen.

Der nicht auf freiem Fuße befindliche Angeklagte hat keinen Anspruch auf Anwesenheit.

Soweit der Angeklagte die Berufung eingelegt hat, ist über diese auch dann zu verhandeln, wenn weder der Angeklagte noch ein Vertreter für ihn erschienen ist.

§ 70. Die Wiederaufnahme eines durch rechtskräftiges Urtheil geschlossenen Verfahrens kann von Amtswegen erfolgen.

§ 71. Das Gesetz, betreffend die Entschädigung der im Wiederaufnahmeverfahren freigesprochenen Personen, vom 20. Mai 1898 (Reichs-Gesetzbl. S. 345) findet mit folgenden Maßgaben Anwendung.

An die Stelle der Staatsanwaltschaft des Landgerichts tritt der Konsul. Die im § 5 Abs. 3 vorgesehene Ausschlußfrist beträgt sechs Monate. Für die Ansprüche auf Entschädigung ist das Reichsgericht in erster und letzter Instanz zuständig.

§ 72. In Strafsachen, in denen der Konsul oder das Konsulargericht in erster Instanz erkannt hat, steht das Begnadigungsrecht dem Kaiser zu.

Achter Abschnitt.

Besondere Vorschriften über die Kosten.

§ 73. Die Gebühren der Gerichte und der Gerichtsvollzieher in den Konsulargerichtsbezirken werden im doppelten Betrage der Sätze erhoben, die in den nach § 19 maßgebenden Vorschriften bestimmt sind.

Die Gebühr für eine Zustellung in den Konsulargerichtsbezirken nach den Vorschriften über Zustellungen im Auslande beträgt drei Mark.

Die den Gerichtsbeamten und Gerichtsvollziehern zustehenden Tagegelder und Reisekosten werden, soweit es sich um Konsularbeamte handelt, nach Maßgabe der für diese geltenden Vorschriften erhoben.

§ 74. Die Erhebung und Beitreibung der Kosten wird durch den Konsul veranlaßt.

Die Regelung des Beitreibungsverfahrens erfolgt im Anschluß an die Vorschriften der Civilprozeßordnung durch Anordnung des Reichskanzlers.[1]

§ 75. Die bei der Ausübung der Konsulargerichtsbarkeit mitwirkenden Behörden haben einander zum Zwecke der Erhebung und Beitreibung der Kosten Beistand zu leisten.

Das Gleiche gilt für die Beistandsleistung unter diesen Behörden und den Behörden im Reichsgebiet oder in den deutschen Schutzgebieten. Dabei finden die gemäß § 99 des Gerichtskostengesetzes (Reichs-Gesetzbl. 1898 S. 659) erlassenen Vorschriften über den zum Zwecke der Einziehung von Gerichtskosten unter den Bundesstaaten zu leistenden Beistand entsprechende Anwendung.

§ 76. Soweit die Gebühren der Rechtsanwälte durch Ortsgebrauch geregelt sind, kommt dieser zunächst zur Anwendung.

Neunter Abschnitt.

Schlußbestimmungen.

§ 77. Die im § 2 bezeichneten Personen können nach den in Gemäßheit dieses Gesetzes in den Konsulargerichtsbezirken Anwen-

---

[1] Anordnung des Reichskanzlers, betr. das Zwangsverfahren wegen Beitreibung der Gerichtskosten in den Konsulargerichtsbezirken. Vom 27. Oktober 1900 (RGBl S. 576).

dung findenden strafrechtlichen Vorschriften wegen eines Verbrechens oder Vergehens auch dann verfolgt werden, wenn sie die Handlung in einem Gebiete begangen haben, das keiner Staatsgewalt unterworfen ist.

Im Uebrigen können durch Kaiserliche Verordnung die in Gemäßheit dieses Gesetzes in den Konsulargerichtsbezirken geltenden Vorschriften in Gebieten der im Abs. 1 bezeichneten Art ganz oder theilweise für anwendbar erklärt werden. Soweit hiernach die Vorschriften über die Ausübung der Gerichtsbarkeit Geltung erlangen, ist der Reichskanzler befugt, an Stelle des Konsuls einen anderen Beamten zur Wahrnehmung der Gerichtsbarkeit zu ermächtigen; auch können als Gerichtsbeisitzer Personen zugezogen werden, die nicht Eingesessene oder Einwohner des Gerichtsbezirkes sind.

§ 78. Dieses Gesetz tritt an einem durch Kaiserliche Verordnung festzusetzenden Tage in Kraft.

§ 79. Soweit in Reichsgesetzen oder in Landesgesetzen auf Vorschriften des Gesetzes über die Konsulargerichtsbarkeit vom 10. Juli 1879 verwiesen ist, treten die entsprechenden Vorschriften dieses Gesetzes an deren Stelle.

§ 80. Der Reichskanzler hat die zur Ausführung des Gesetzes erforderlichen Anordnungen zu erlassen.

---

174) Verordnung zur Ausführung des Patentgesetzes vom 7. April 1891. Vom 2. Mai 1900. (RGBl S. 232.)

[Abgedruckt als Anm. zu § 17 des Patentgesetzes vom 7. April 1891.]

---

175) Gesetz, betr. die Patentanwälte. Vom 21. Mai 1900. (RGBl S. 233.)

§ 1. Bei dem Kaiserlichen Patentamte wird eine Liste der Patentanwälte geführt. In die Liste werden Personen, welche Andere in Angelegenheiten, die zum Geschäftskreise des Patentamts gehören, vor demselben für eigene Rechnung berufsmäßig vertreten wollen, auf ihren Antrag eingetragen.

§ 2. Die Eintragung ist nur zulässig, wenn der Antragsteller gemäß den §§ 3, 4 seine technische Befähigung und den Besitz der erforderlichen Rechtskenntnisse nachweist.

Im Uebrigen ist die Eintragung zu versagen:

1) wenn der Antragsteller nicht im Inlande wohnt;
2) wenn er das fünfundzwanzigste Lebensjahr nicht vollendet hat;
3) wenn er in der Verfügung über sein Vermögen durch gerichtliche Anordnung beschränkt ist;

4) wenn er sich eines unwürdigen Verhaltens schuldig gemacht hat. Als ein unwürdiges Verhalten sind politische, wissenschaftliche und religiöse Ansichten oder Handlungen als solche nicht anzusehen.

Wird die Eintragung gemäß Abs. 2 Nr. 4 versagt, so ist ausschließlich eine Beschwerde nach Maßgabe der folgenden Bestimmungen zulässig. Die Beschwerde ist innerhalb eines Monats nach der Zustellung der Entscheidung schriftlich bei dem Patentamt anzumelden. Ueber die Beschwerde entscheidet das Ehrengericht. Auf das Verfahren finden die Vorschriften des § 9 Abs. 2, 3 und der §§ 10, 11, 12 und 13 entsprechende Anwendung.

§ 3. Als technisch befähigt gilt, wer im Inland als ordentlicher Hörer einer Universität, einer technischen Hochschule oder einer Bergakademie sich dem Studium naturwissenschaftlicher und technischer Fächer gewidmet, alsdann eine staatliche oder akademische Fachprüfung bestanden, außerdem mindestens ein Jahr in praktischer gewerblicher Thätigkeit gearbeitet und hierauf mindestens zwei Jahre hindurch eine praktische Thätigkeit auf dem Gebiete des gewerblichen Rechtsschutzes ausgeübt hat.

Der Besuch ausländischer Universitäten oder Akademien und die Ausübung der praktischen Thätigkeit im Auslande kann durch Beschluß der Prüfungskommission (§ 4) als ausreichend anerkannt werden. Die Fachprüfung (Abs. 1) muß auch in diesem Falle im Inland abgelegt werden.

§ 4. Der Besitz der erforderlichen Rechtskenntnisse ist durch Ablegung einer Prüfung nachzuweisen. Zu derselben darf nur zugelassen werden, wer die technische Befähigung (§ 3) dargethan hat. Die Prüfung ist eine schriftliche und eine mündliche; sie ist insbesondere auch darauf zu richten, ob der Bewerber die Fähigkeit zur praktischen Anwendung der auf dem Gebiete des gewerblichen Rechtsschutzes geltenden Vorschriften besitzt.

Die Prüfung wird vor einer Kommission abgelegt, in welche Mitglieder des Patentamts und Patentanwälte durch den Reichskanzler zu berufen sind.

Im Falle des Nichtbestehens kann die Prüfung nach Ablauf einer von der Prüfungskommission festzusetzenden Frist von mindestens sechs Monaten einmal wiederholt werden.

Die näheren Bestimmungen über die Zusammensetzung und den Geschäftsgang der Prüfungskommission und über das Prüfungsverfahren und die Prüfungsgebühr werden durch eine vom Bundesrathe zu erlassende Prüfungsordnung getroffen.[1]

§ 5. Der Patentanwalt ist verpflichtet, seine Berufsthätigkeit gewissenhaft auszuüben und durch sein Verhalten in Ausübung

---

[1] Vgl. Bekanntm., betr. die Prüfungsordnung für Patentanwälte, vom 25. Juli 1900 (CBl S. 475).

des Berufs sowie außerhalb desselben sich der Achtung würdig zu zeigen, welche sein Beruf erfordert. Er wird auf die Erfüllung dieser Obliegenheiten durch Handschlag verpflichtet. Die Bestimmung des § 2 Abs. 2 Ziffer 4 findet Anwendung.

§ 6. Die Eintragung wird vom Patentamte gelöscht:

1) wenn der Eingetragene es beantragt;
2) wenn er gestorben ist;
3) wenn er keinen Wohnsitz im Inlande hat;
4) wenn er in Folge gerichtlicher Anordnung in der Verfügung über sein Vermögen beschränkt ist.

§ 7. Die Eintragung ist ferner zu löschen, wenn nachträglich Thatsachen bekannt werden, welche nach § 2 Abs. 2 Nr. 4 die Versagung der Eintragung begründen, oder wenn der Eingetragene die ihm nach § 5 obliegenden Pflichten verletzt.

In leichteren Fällen der Pflichtverletzung kann statt der Löschung in der Liste als Ordnungsstrafe ein Verweis oder eine Geldstrafe bis zu dreitausend Mark verhängt werden. Geldstrafe kann mit Verweis verbunden werden.

§ 8. Die Entscheidung in den Fällen des § 7 erfolgt in einem ehrengerichtlichen Verfahren.

§ 9. Die Einleitung des Verfahrens wird vom Reichskanzler verfügt. Derselbe ernennt, falls er eine besondere Voruntersuchung für erforderlich hält, den untersuchungsführenden Beamten.

Der Angeschuldigte ist über die Anschuldigungspunkte zu hören.

In dem Verfahren kann jederzeit die Vernehmung von Zeugen und Sachverständigen angeordnet werden. Die Vorschriften der Strafprozeßordnung über die Beweisaufnahme und die Vertheidigung finden entsprechende Anwendung. Als Vertheidiger können Patentanwälte nicht zurückgewiesen werden.

§ 10. Zuständig zur Verhandlung und Entscheidung ist das Ehrengericht. Es besteht aus zwei Mitgliedern des Patentamts, einem rechtskundigen und einem technischen, sowie drei Patentanwälten. Den Vorsitz führt das rechtskundige Mitglied des Patentamts.

Zu der mündlichen Verhandlung der Sache ist der Angeschuldigte unter schriftlicher Mittheilung der Anschuldigungspunkte zu laden.

Die Vorschriften der Strafprozeßordnung über Ausschließung und Ablehnung der Gerichtspersonen finden entsprechende Anwendung.

Die mündliche Verhandlung ist nicht öffentlich. Das Ehrengericht kann die Oeffentlichkeit der Verhandlung anordnen. Die Anordnung muß erfolgen, falls der Angeschuldigte es beantragt, sofern nicht die Voraussetzungen des § 173 des Gerichtsverfassungsgesetzes vorliegen.

§ 11. Die Entscheidung ist mit Gründen zu versehen, schriftlich auszufertigen und dem Angeschuldigten von Amtswegen zuzustellen.

Dem Angeschuldigten sind im Falle einer zu seinen Ungunsten ergehenden Entscheidung die baaren Auslagen des Verfahrens zur Last zu legen.

§ 12. Gegen die Entscheidung steht dem Angeschuldigten die Berufung zu.

Die Berufung ist innerhalb eines Monats nach der Zustellung der Entscheidung schriftlich bei dem Patentamt einzulegen.

Ueber die Berufung entscheidet der Ehrengerichtshof. Er besteht aus drei Mitgliedern des Patentamts, von denen der Vorsitzende und ein Mitglied rechtskündig sein müssen, und vier Patentanwälten. Auf das Verfahren finden die Vorschriften des § 9 Abs. 2, 3 und der §§ 10, 11 entsprechende Anwendung.

§ 13. Stellt der Angeschuldigte vor rechtskräftiger Entscheidung den Antrag, seinen Namen in der Liste zu löschen, so ist das Verfahren einzustellen. Dem Angeschuldigten fallen die baaren Auslagen des Verfahrens zur Last.

§ 14. Für jedes Jahr im voraus werden vom Reichskanzler diejenigen Mitglieder des Patentamts bestimmt, welche nach den §§ 10, 12 an dem Verfahren mitzuwirken haben, und zwanzig Patentanwälte bezeichnet, von welchen in einer öffentlichen Sitzung der Beschwerdeabtheilung I des Patentamts für jede Spruchsitzung die erforderliche Anzahl von Beisitzern ausgeloost wird.

§ 15. Die Eintragungen und Löschungen in der Liste der Patentanwälte sind zu veröffentlichen.

§ 16. Die Patentanwälte können für Personen, welche sie mit ihrer ständigen Vertretung im Verkehre mit dem Patentamte beauftragt haben, die Eintragung in eine besondere Spalte der Liste nachsuchen. Auf die Eintragung finden die Vorschriften der §§ 2 und 3 entsprechende Anwendung. Jedoch genügt es, wenn der Einzutragende das einundzwanzigste Lebensjahr vollendet und nach Ablegung der staatlichen oder akademischen Fachprüfung mindestens ein Jahr hindurch eine praktische Thätigkeit auf dem Gebiete des gewerblichen Rechtsschutzes ausgeübt hat. Im Uebrigen finden die Vorschriften der §§ 5 bis 13 auf diese Personen entsprechende Anwendung.

§ 17. Der Präsident des Patentamts ist befugt, Personen, welche, ohne in die Liste eingetragen zu sein, die Vertretung vor dem Patentamte berufsmäßig betreiben, von dem Vertretungsgeschäft auszuschließen. Auf Rechtsanwälte findet diese Vorschrift keine Anwendung.

§ 18. Die berufsmäßige Vertretung anderer Personen vor dem Patentamte darf Patentanwälten auf Grund der Vorschrift im § 35 Abs. 3 der Gewerbeordnung nicht untersagt werden.

§ 19. Mit Geldstrafe bis zu dreihundert Mark und im Unvermögensfalle mit Haft wird bestraft, wer, ohne als Patentanwalt eingetragen zu sein, sich als Patentanwalt bezeichnet oder sich einen ähnlichen Titel beilegt, durch den der Glaube erweckt wird, der Inhaber sei als Patentanwalt eingetragen.

§ 20. Auf diejenigen, welche zur Zeit des Inkrafttretens dieses Gesetzes das Vertretungsgeschäft für eigene Rechnung berufsmäßig betreiben, findet § 17 erst vom 1. April 1901 ab Anwendung. Wer von ihnen bis dahin die Erfüllung der im § 3 bezeichneten Voraussetzungen nachweist und die Zulassung zur Prüfung (§ 4) beantragt, kann, sofern nicht einer der im § 2 Abs. 2 bezeichneten Fälle vorliegt, bis zur endgültigen Entscheidung über seine Eintragung in die Liste vom Vertretungsgeschäfte nicht ausgeschlossen werden.

Wer zur Zeit des Inkrafttretens dieses Gesetzes das Vertretungsgeschäft für eigene Rechnung seit 1. Januar 1899 berufsmäßig betreibt, ist, sofern seine Geschäftsführung und sein Verhalten in Ausübung des Berufs sowie außerhalb desselben zu erheblichen Anständen keinen Anlaß gegeben hat, auf Antrag in die Liste der Patentanwälte einzutragen, auch wenn er die in den §§ 3 und 4 bezeichneten Voraussetzungen nicht erfüllt.

Der Antrag, über welchen die Prüfungskommission beschließt, ist spätestens bis zum 1. April 1901 zu stellen. Gegen eine den Antrag ablehnende Entscheidung steht dem Antragsteller die Beschwerde zu. Die Beschwerde ist innerhalb eines Monats nach der Zustellung der Entscheidung schriftlich bei dem Patentamt anzumelden. Ueber die Beschwerde entscheidet endgültig der Ehrengerichtshof (§ 12 Abs. 3). Auf das Verfahren finden die Vorschriften des § 9 Abs. 2, 3 und der §§ 10, 11 entsprechende Anwendung. Bis zur endgültigen Entscheidung kann der Antragsteller vom Vertretungsgeschäfte nicht ausgeschlossen werden.

§ 21. Wer seit dem 1. Januar 1899 das Vertretungsgeschäft berufsmäßig, wenn auch nicht auf eigene Rechnung, betreibt oder wer als technischer Beamter im Patentamte mindestens zwei Jahre hindurch thätig gewesen ist, kann, sofern er durch seine Thätigkeit und durch sein Verhalten zu erheblichen Anständen keinen Anlaß gegeben hat, auf seinen Antrag das Zeugniß über die Befähigung als ständiger Vertreter eines Patentanwalts (§ 16) erhalten, auch wenn er die Voraussetzungen des § 3 nicht erfüllt. Auf den Antrag und das weitere Verfahren finden die Vorschriften des § 20 Abs. 3 Anwendung.

Wer das Zeugniß erhalten hat, ist auf Antrag eines Patentanwalts, der ihn mit seiner ständigen Vertretung beauftragt hat, in die besondere Spalte der Liste (§ 16) einzutragen. Auf seinen eigenen Antrag ist er zur Prüfung (§ 4) zuzulassen und im Falle des Bestehens der Prüfung, sofern nicht einer der im § 2 Abs. 2 vorgesehenen Hinderungsgründe vorliegt, als Patentanwalt einzutragen.

Eine Entbindung von der Prüfung kann durch einstimmigen Beschluß der Prüfungskommission erfolgen, wenn der Besitz der erforderlichen Kenntnisse durch die bisherige Thätigkeit dargethan ist. Ein hierauf bezüglicher Antrag ist spätestens bis zum 1. Oktober 1901 zu stellen.

§ 22. Dieses Gesetz tritt am 1. Oktober 1900 in Kraft.

Solange die zur Ausführung dieses Gesetzes erforderliche Anzahl von Patentanwälten in die Liste noch nicht eingetragen ist, werden an deren Stelle durch den Reichskanzler Personen bestellt, welche bisher Andere in Angelegenheiten des gewerblichen Rechtsschutzes für eigene Rechnung berufsmäßig vertreten haben.

---

176) Gesetz, betr. Aenderungen im Münzwesen. Vom 1. Juni 1900. (RGBl S. 250.)

Artikel I. [Vgl. oben Münzgesetz, vom 9. Juli 1873 S. 67 Anm. 3.]

Artikel II. [Vgl. Münzgesetz S. 68 Anm. 1.]

Artikel III. [Vgl. Münzgesetz S. 69 Anm. 1.]

Artikel IV. [Vgl. Münzgesetz S. 70 Anm. 2.]

Artikel V. [Vgl. Münzgesetz S. 70 Anm. 1.]

Artikel VI. Der Artikel 8 der Maaß- und Gewichtsordnung vom 17. August 1868 (Bundes-Gesetzbl. S. 473) wird aufgehoben.

---

177) Gesetz, betr. die Schlachtvieh- und Fleischbeschau. Vom 3. Juni 1900. (RGBl. S. 547.)

§ 1. Rindvieh, Schweine, Schafe, Ziegen, Pferde und Hunde, deren Fleisch zum Genusse für Menschen verwendet werden soll, unterliegen vor und nach der Schlachtung einer amtlichen Untersuchung. Durch Beschluß des Bundesraths kann die Untersuchungspflicht auf anderes Schlachtvieh ausgedehnt werden.

Bei Nothschlachtungen darf die Untersuchung vor der Schlachtung unterbleiben.

Der Fall der Nothschlachtung liegt dann vor, wenn zu befürchten steht, daß das Thier bis zur Ankunft des zuständigen Beschauers verenden oder das Fleisch durch Verschlimmerung des krankhaften Zustandes wesentlich an Werth verlieren werde oder wenn das Thier in Folge eines Unglücksfalls sofort getödtet werden muß.

§ 2. Bei Schlachtthieren, deren Fleisch ausschließlich im eigenen Haushalte des Besitzers verwendet werden soll, darf, sofern sie keine Merkmale einer die Genußtauglichkeit des Fleisches ausschließenden Erkrankung zeigen, die Untersuchung vor der Schlachtung und, sofern sich solche Merkmale auch bei der Schlachtung nicht ergeben, auch die Untersuchung nach der Schlachtung unterbleiben.

Eine gewerbsmäßige Verwendung von Fleisch, bei welchem auf Grund des Abs. 1 die Untersuchung unterbleibt, ist verboten.

Als eigener Haushalt im Sinne des Abs. 1 ist der Haushalt der Kasernen, Krankenhäuser, Erziehungsanstalten, Speiseanstalten,

Gefangenanstalten, Armenhäuser und ähnlicher Anstalten sowie der Haushalt der Schlächter, Fleischhändler, Gast-, Schank- und Speisewirthe nicht anzusehen.

§ 9. Ergiebt die Untersuchung, daß das Fleisch zum Genusse für Menschen untauglich ist, so hat der Beschauer es vorläufig zu beschlagnahmen, den Besitzer hiervon zu benachrichtigen und der Polizeibehörde sofort Anzeige zu erstatten.

Fleisch, dessen Untauglichkeit sich bei der Untersuchung ergeben hat, darf als Nahrungs- oder Genußmittel für Menschen nicht in Verkehr gebracht werden.

Die Verwendung des Fleisches zu anderen Zwecken kann von der Polizeibehörde zugelassen werden, soweit gesundheitliche Bedenken nicht entgegenstehen. Die Polizeibehörde bestimmt, welche Sicherungsmaßregeln gegen eine Verwendung des Fleisches zum Genusse für Menschen zu treffen sind.

Das Fleisch darf nicht vor der polizeilichen Zulassung und nur unter Einhaltung der von der Polizeibehörde angeordneten Sicherungsmaßregeln in Verkehr gebracht werden.

Das Fleisch ist von der Polizeibehörde in unschädlicher Weise zu beseitigen, soweit seine Verwendung zu anderen Zwecken (Abs. 3) nicht zugelassen wird.

§ 10. Ergiebt die Untersuchung, daß das Fleisch zum Genusse für Menschen nur bedingt tauglich ist, so hat der Beschauer es vorläufig zu beschlagnahmen, den Besitzer hiervon zu benachrichtigen und der Polizeibehörde sofort Anzeige zu erstatten. Die Polizeibehörde bestimmt, unter welchen Sicherungsmaßregeln das Fleisch zum Genusse für Menschen brauchbar gemacht werden kann.

Fleisch, das bei der Untersuchung als nur bedingt tauglich erkannt worden ist, darf als Nahrungs- und Genußmittel für Menschen nicht in Verkehr gebracht werden, bevor es unter den von der Polizeibehörde angeordneten Sicherungsmaßregeln zum Genusse für Menschen brauchbar gemacht worden ist.

Insoweit eine solche Brauchbarmachung unterbleibt, finden die Vorschriften des § 9 Abs. 3 bis 5 entsprechende Anwendung.

§ 11. Der Vertrieb des zum Genusse für Menschen brauchbar gemachten Fleisches (§ 10 Abs. 1) darf nur unter einer diese Beschaffenheit erkennbar machenden Bezeichnung erfolgen.

Fleischhändlern, Gast-, Schank- und Speisewirthen ist der Vertrieb und die Verwendung solchen Fleisches nur mit Genehmigung der Polizeibehörde gestattet; die Genehmigung ist jederzeit widerruflich. An die vorbezeichneten Gewerbetreibenden darf derartiges Fleisch nur abgegeben werden, soweit ihnen eine solche Genehmigung ertheilt worden ist. In den Geschäftsräumen dieser Personen muß an einer in die Augen fallenden Stelle durch deutlichen Anschlag besonders erkennbar gemacht werden, daß Fleisch der im Abs. 1 bezeichneten Beschaffenheit zum Vertrieb oder zur Verwendung kommt.

Fleischhändler dürfen das Fleisch nicht in Räumen feilhalten oder verkaufen, in welchen taugliches Fleisch (§ 8) feilgehalten oder verkauft wird.

§ 18. Bei Pferden muß die Untersuchung (§ 1) durch approbirte Thierärzte vorgenommen werden.

Der Vertrieb von Pferdefleisch sowie die Einfuhr solchen Fleisches in das Zollinland darf nur unter einer Bezeichnung erfolgen, welche in deutscher Sprache das Fleisch als Pferdefleisch erkennbar macht.

Fleischhändlern, Gast-, Schank- und Speisewirthen ist der Vertrieb und die Verwendung von Pferdefleisch nur mit Genehmigung der Polizeibehörde gestattet; die Genehmigung ist jederzeit widerruflich. An die vorbezeichneten Gewerbetreibenden darf Pferdefleisch nur abgegeben werden, soweit ihnen eine solche Genehmigung ertheilt worden ist. In den Geschäftsräumen dieser Personen muß an einer in die Augen fallenden Stelle durch deutlichen Anschlag besonders erkennbar gemacht werden, daß Pferdefleisch zum Vertrieb oder zur Verwendung kommt.

Fleischhändler dürfen Pferdefleisch nicht in Räumen feilhalten oder verkaufen, in welchen Fleisch von anderen Thieren feilgehalten oder verkauft wird.

Der Bundesrath ist ermächtigt, anzuordnen, daß die vorstehenden Vorschriften auf Esel, Maulesel, Hunde und sonstige, seltener zur Schlachtung gelangende Thiere entsprechende Anwendung finden.

§ 28. In den Fällen des § 26 Nr. 1 und 2 und des § 27 Nr. 1 ist neben der Strafe auf die Einziehung des Fleisches zu erkennen. In den Fällen des § 26 Nr. 3 und des § 27 Nr. 2 bis 4 kann neben der Strafe auf die Einziehung des Fleisches oder des Thieres erkannt werden. Für die Einziehung ist es ohne Bedeutung, ob der Gegenstand dem Verurtheilten gehört oder nicht.

Ist die Verfolgung oder Verurtheilung einer bestimmten Person nicht ausführbar, so kann auf die Einziehung selbständig erkannt werden.

§ 30. Diejenigen Vorschriften dieses Gesetzes, welche sich auf die Herstellung der zur Durchführung der Schlachtvieh- und Fleischbeschau erforderlichen Einrichtungen beziehen, treten mit dem Tage der Verkündigung dieses Gesetzes in Kraft.

Im Uebrigen wird der Zeitpunkt, mit welchem das Gesetz ganz oder theilweise in Kraft tritt, durch Kaiserliche Verordnung mit Zustimmung des Bundesraths bestimmt.[1]

---

178) Bekanntmachung, betr. die Außerkurssetzung der Reichsgoldmünzen zu fünf Mark. Vom 13. Juni 1900. (RGBl S. 235.)

Abgedruckt als Anm. z. Art. 2 des Münzgesetzes vom 9. Juli 1873.

---

[1] Vgl. VO vom 30. Juni 1900 (RGBl S. 775); desgl. vom 16. Februar 1902 (RGBl S. 47), desgl. vom 7. Juli 1902 (RGBl S. 241). — Vgl. Bek. vom 10. Juli 1902 (RGBl S. 242).

179) Gesetz, betr. die Bekämpfung gemeingefährlicher Krankheiten. Vom 30. Juni 1900. (RGBl S. 306.)

Anzeigepflicht.

§ 1. Jede Erkrankung und jeder Todesfall an
Aussatz (Lepra), Cholera (asiatischer), Fleckfieber (Flecktyphus),
Gelbfieber, Pest (orientalischer Beulenpest), Pocken (Blattern),
sowie jeder Fall, welcher den Verdacht einer dieser Krankheiten erweckt, ist der für den Aufenthaltsort des Erkrankten oder den Sterbeort zuständigen Polizeibehörde unverzüglich anzuzeigen.

Wechselt der Erkrankte den Aufenthaltsort, so ist dies unverzüglich bei der Polizeibehörde des bisherigen und des neuen Aufenthaltsorts zur Anzeige zu bringen.

Ermittelung der Krankheit.

§ 7. Dem beamteten Arzte ist, soweit er es zur Feststellung der Krankheit für erforderlich und ohne Schädigung des Kranken für zulässig hält, der Zutritt zu dem Kranken oder zur Leiche und die Vornahme der zu den Ermittelungen über die Krankheit erforderlichen Untersuchungen zu gestatten. Auch kann bei Cholera-, Gelbfieber- und Pestverdacht eine Oeffnung der Leiche polizeilich angeordnet werden, insoweit der beamtete Arzt dies zur Feststellung der Krankheit für erforderlich hält.

Schutzmaßregeln.

§ 12. Kranke und krankheits- oder ansteckungsverdächtige Personen können einer Beobachtung unterworfen werden. Eine Beschränkung in der Wahl des Aufenthalts oder der Arbeitsstätte ist zu diesem Zwecke nur bei Personen zulässig, welche obdachlos oder ohne festen Wohnsitz sind oder berufs- oder gewohnheitsmäßig umherziehen.

§ 14. Für kranke und krankheits- oder ansteckungsverdächtige Personen kann eine Absonderung angeordnet werden. . . . .

§ 17. In Ortschaften, welche von Cholera, Fleckfieber, Pest oder Pocken befallen oder bedroht sind, sowie in deren Umgegend kann die Benutzung von Brunnen, Teichen, Seen, Wasserläufen, Wasserleitungen sowie der dem öffentlichen Gebrauche dienenden Bade-, Schwimm-, Wasch- und Bedürfnißanstalten verboten oder beschränkt werden.

§ 18. Die gänzliche oder theilweise Räumung von Wohnungen und Gebäuden, in denen Erkrankungen vorgekommen sind, kann, insoweit der beamtete Arzt es zur wirksamen Bekämpfung der Krankheit für unerläßlich erklärt, angeordnet werden. Den betroffenen Bewohnern ist anderweit geeignete Unterkunft unentgeltlich zu bieten.

§ 19. Für Gegenstände und Räume, von denen anzunehmen ist, daß sie mit dem Krankheitsstoffe behaftet sind, kann eine Desinfektion angeordnet werden.

Für Reisegepäck und Handelswaaren ist bei Aussatz, Cholera und Gelbfieber die Anordnung der Desinfektion nur dann zulässig, wenn die Annahme, daß die Gegenstände mit dem Krankheitsstoffe behaftet sind, durch besondere Umstände begründet ist.

Ist die Desinfektion nicht ausführbar oder im Verhältnisse zum Werthe der Gegenstände zu kostspielig, so kann die Vernichtung angeordnet werden.

Entschädigungen.

§ 28. Personen, welche der Invalidenversicherung unterliegen, haben für die Zeit, während der sie auf Grund des § 12 in der Wahl des Aufenthalts oder der Arbeitsstätte beschränkt oder auf Grund des § 14 abgesondert sind, Anspruch auf eine Entschädigung wegen des ihnen dadurch entgangenen Arbeitsverdienstes, bei deren Berechnung als Tagesarbeitsverdienst der dreihundertste Theil des für die Invalidenversicherung maßgebenden Jahresarbeitsverdienstes zu Grunde zu legen ist.

Dieser Anspruch fällt weg, insoweit auf Grund einer auf gesetzlicher Verpflichtung beruhenden Versicherung wegen einer mit Erwerbsunfähigkeit verbundenen Krankheit Unterstützung gewährt wird oder wenn eine Verpflegung auf öffentliche Kosten stattfindet.

§ 29.[1] Für Gegenstände, welche in Folge einer nach Maßgabe dieses Gesetzes polizeilich angeordneten und überwachten Desinfektion derart beschädigt worden sind, daß sie zu ihrem bestimmungsmäßigen Gebrauche nicht weiter verwendet werden können, oder welche auf polizeiliche Anordnung vernichtet worden sind, ist, vorbehaltlich der in §§ 32 und 33 angegebenen Ausnahmen, auf Antrag Entschädigung zu gewähren.

§ 30. Als Entschädigung soll der gemeine Werth des Gegenstandes gewährt werden ohne Rücksicht auf die Minderung des Werthes, welche sich aus der Annahme ergiebt, daß der Gegenstand mit Krankheitsstoff behaftet sei. Wird der Gegenstand nur beschädigt oder theilweise vernichtet, so ist der verbleibende Werth auf die Entschädigung anzurechnen.

§ 31. Die Entschädigung wird, sofern ein anderer Berechtigter nicht bekannt ist, demjenigen gezahlt, in dessen Gewahrsam sich der beschädigte oder vernichtete Gegenstand zur Zeit der Desinfektion befand. Mit dieser Zahlung erlischt jede Entschädigungsverpflichtung aus § 29.

§ 32. Eine Entschädigung auf Grund dieses Gesetzes wird nicht gewährt:

1) für Gegenstände, welche im Eigenthume des Reichs, eines Bundesstaats oder einer kommunalen Körperschaft sich befinden;
2) für Gegenstände, welche entgegen einem auf Grund des § 15 Nr. 1 oder des § 24 erlassenen Verbot aus- oder eingeführt worden sind.

---

[1] Vgl. EG BGB Art. 52.

§ 33. Der Anspruch auf Entschädigung fällt weg:
1) wenn derjenige, welchem die Entschädigung zustehen würde, die beschädigten oder vernichteten Gegenstände oder einzelne derselben an sich gebracht hat, obwohl er wußte oder den Umständen nach annehmen mußte, daß dieselben bereits mit dem Krankheitsstoffe behaftet oder auf polizeiliche Anordnung zu desinfiziren waren;
2) wenn derjenige, welchem die Entschädigung zustehen würde oder in dessen Gewahrsam die beschädigten oder vernichteten Gegenstände sich befanden, zu der Desinfektion durch eine Zuwiderhandlung gegen dieses Gesetz oder eine auf Grund desselben getroffene Anordnung Veranlassung gegeben hat.

§ 34. Die Kosten der Entschädigungen sind aus öffentlichen Mitteln zu bestreiten. Im Uebrigen bleibt der landesrechtlichen Regelung vorbehalten, Bestimmungen darüber zu treffen:
1) von wem die Entschädigung zu gewähren und wie dieselbe aufzubringen ist,
2) binnen welcher Frist der Entschädigungsanspruch geltend zu machen ist,
3) wie die Entschädigung zu ermitteln und festzustellen ist.

---

180) Gesetz, betr. die Abänderung der Gewerbeordnung. Vom 30. Juni 1900. (RGBl S. 321 ff.)

Artikel 17. Der Reichskanzler wird ermächtigt, den Text der Gewerbeordnung, wie er sich aus den Aenderungen ergiebt, welche in diesem Gesetz und den Gesetzen vom

	15. Juni	1883	(RGBl S. 73),
	1. Juni	1891	(" " 261),
	19. Juni	1893	(" " 197),
	6. August	1896	(" " 685),
	18. August	1896	(" " 604),
	10. Mai	1897	(" " 437),
und vom	26. Juli	1897	(" " 663),

sowie durch die am 12. Juli 1884, 31. Januar 1885, 15. Februar 1886, 16. Juni 1886, 16. Juli 1888, 9. Februar 1898 und 31. Oktober 1899 bekannt gemachten, vom Reichstage genehmigten Beschlüsse des Bundesraths (RGBl von 1884 S. 118, von 1885 S. 8, von 1886 S. 28 und S. 204, von 1888 S. 218, von 1898 S. 27 und von 1899 S. 664) festgestellt sind, durch das Reichsgesetzblatt bekannt zu machen.

---

181) Gesetz, betr. die Abänderung des Krankenversicherungsgesetzes. Vom 30. Juni 1900. (RGBl S. 332.)

[Enthält die oben im G vom 10. April 1892 zu § 2 und § 54 hervorgehobenen Abänderungen.]

---

182) Gesetz, betr. die Unfallfürsorge für Gefangene. Vom 30. Juni 1900. (RGBl S. 536.)

Umfang der Fürsorge.

§ 1. Wenn Gefangene einen Unfall bei einer Thätigkeit erleiden, bei deren Ausübung freie Arbeiter nach den Bestimmungen der Reichsgesetze über Unfallversicherung versichert sein würden, so ist für die Folgen solcher Unfälle eine Entschädigung zu leisten.

Den Gefangenen werden die in öffentlichen Besserungsanstalten, Arbeitshäusern und ähnlichen Zwangsanstalten untergebrachten Personen gleichgestellt, ebenso die zur Forst- oder Gemeindearbeit oder zu sonstigen Arbeiten auf Grund gesetzlicher oder polizeilicher Bestimmung zwangsweise angehaltenen Personen.

§ 2. Die Entschädigung tritt bei Körperverletzung oder Tödtung ein.

Die Entschädigung wird nicht gewährt, wenn der Verletzte den Unfall vorsätzlich herbeigeführt hat. Hat der Verletzte sich den Unfall bei Begehung einer strafbaren Handlung oder durch ein Verhalten zugezogen, welches als eine grobe Verletzung der Hausordnung erscheint, so kann die Entschädigung ganz oder theilweise versagt oder, sofern er im Inlande wohnende Angehörige hat, welche im Falle seines Todes eine Rente erhalten würden, diesen ganz oder theilweise überwiesen werden.'

§ 3. Im Falle der Verletzung wird als Entschädigung außer freier ärztlicher Behandlung, Arznei und sonstigen Heilmitteln sowie den zur Sicherung des Erfolges des Heilverfahrens und zur Erleichterung der Folgen der Verletzung erforderlichen Hülfsmitteln (Krücken, Stützapparaten und dergleichen) für die Dauer der Erwerbsunfähigkeit dem Verletzten nach der Entlassung aus der Anstalt eine Rente gewährt. Gehört der Verletzte auf Grund gesetzlicher oder statutarischer Verpflichtung einer Krankenkasse oder der Gemeinde-Krankenversicherung an, so fällt die Entschädigung für die Zeit bis zum Ablaufe der dreizehnten Woche nach dem Unfalle fort.......

§ 4. Im Falle der Tödtung ist außerdem von dem Zeitpunkt ab, mit welchem der Gefangene, wenn er am Leben geblieben wäre, in Folge der Strafverbüßung oder des Straferlasses entlassen worden wäre, an dessen Hinterbliebene eine Rente zu zahlen, welche beträgt:

1) für die Wittwe des Getödteten bis zu deren Tode oder Wiederverheirathung,
2) für jedes hinterbliebene Kind bis zu dessen zurückgelegtem fünfzehnten Lebensjahre

den sechzigfachen Betrag des nach § 3 zu Grunde zu legenden Tagelohns, jedoch nicht mehr als neunzig Mark.

Die Renten der Hinterbliebenen dürfen insgesammt den einhundertundachtzigfachen Betrag des Tagelohns (§ 3) und im Höchstbetrage zweihundertundsiebenzig Mark jährlich nicht übersteigen; ergiebt sich ein höherer Betrag, so werden die einzelnen Renten in gleichem Verhältnisse gekürzt.

Im Falle der Wiederverheirathung erhält die Wittwe den einhundertundachtzigfachen Betrag des Tagelohns (§ 3), jedoch nicht mehr als zweihundertundsiebenzig Mark als Abfindung.

Die Entschädigung der Hinterbliebenen fällt fort, wenn Thatsachen vorliegen, aus welchen zu schließen ist, daß der Getödtete auf freiem Fuße zum Unterhalte seiner Angehörigen nichts beigetragen hätte. Die Entschädigung der Wittwe fällt fort, wenn die Ehe erst nach dem Unfalle geschlossen worden ist. Die Entschädigung kann ganz oder theilweise versagt werden, wenn die Ehefrau, bevor ihrem Ehemanne die Freiheit entzogen worden ist, ohne gesetzlichen Grund seit mindestens einem Jahre von der häuslichen Gemeinschaft sich ferngehalten und ohne Beihülfe des Ehemanns ihren Unterhalt gefunden hat.

Die Bestimmungen über die Renten der Kinder finden auch Anwendung, wenn der Unfall eine alleinstehende weibliche Person betroffen hat und diese mit Hinterlassung von Kindern verstirbt.

§ 6. Ausländern sowie deren Hinterbliebenen wird die Rente nicht gewährt.

Entschädigungsverpflichtete.

§ 7. Die Entschädigung erfolgt durch den Bundesstaat, in dessen Gebiete die Anstalt liegt, in welcher der Unfall eingetreten ist, oder in dessen Gebiete die zwangsweise Beschäftigung stattgefunden hat.

Die Verpflichtung des Bundesstaats kann durch Landesgesetz auf andere Stellen übertragen werden. Die Bundesstaaten sind auch befugt, Gemeinden oder andere öffentlich-rechtliche Verbände, die Gefangenenanstalten unterhalten, zu Beiträgen heranzuziehen.

Mehrere Bundesstaaten können sich für ihre Gebiete oder Theile derselben behufs gemeinsamer Tragung der Lasten mit einander verbinden. Die Vereinbarung muß sich auf die Verwaltung, die Beaufsichtigung und das Verfahren sowie auf die Vertheilung der Lasten und Kosten erstrecken.

Unternehmer, welche auf Grund eines Vertrags mit der Anstaltsleitung Gefangene (§ 1) beschäftigen, können zu Beiträgen an diejenige Kasse, welche die Entschädigung zu gewähren hat, oder wenn sich der Unfall aus Anlaß einer für ihre Rechnung in oder außerhalb der Anstalt stattfindenden Beschäftigung zugetragen hat, zum Ersatze der der Kasse gemäß §§ 2 bis 5 erwachsenden Ausgaben herangezogen werden. Die Höhe der Beiträge sowie der Umfang und die Voraussetzungen der Ersatzpflicht sind durch den mit dem Unternehmer abzuschließenden Vertrag zu regeln. Die betreffenden Bestimmungen sind der Ausführungsbehörde auf Verlangen mitzutheilen.

Veränderung der Verhältnisse.

§ 13. Tritt in den Verhältnissen, welche für die Feststellung der Entschädigung maßgebend gewesen sind, eine wesentliche Veränderung ein, so kann eine anderweitige Feststellung auf Antrag oder von Amtswegen erfolgen.

Ruhen der Rente.

§ 15. Der Bezug der Rente ruht:

1) solange der Berechtigte eine die Dauer von einem Monat übersteigende Freiheitsstrafe verbüßt, oder solange er in einem Arbeitshaus oder in einer Besserungsanstalt untergebracht ist. Hat der Berechtigte im Inlande wohnende Angehörige, welche im Falle seines Todes Anspruch auf Rente haben würden, so ist diesen die Rente bis zur Höhe jenes Anspruchs zu überweisen;
2) solange der berechtigte Ausländer nicht im Inlande seinen gewöhnlichen Aufenthalt hat. Diese Bestimmung kann durch Beschluß des Bundesraths für bestimmte Grenzgebiete oder für solche auswärtige Staaten, durch deren Gesetzgebung deutschen, durch einen Betriebsunfall verletzten Arbeitern eine entsprechende Fürsorge gewährleistet ist, außer Kraft gesetzt werden;
3) solange der berechtigte Inländer im Auslande sich aufhält und es unterläßt, der Ausführungsbehörde seinen Aufenthalt mitzutheilen.

   Die Ausführungsbehörde hat über die Mittheilung des Aufenthaltsorts nähere Vorschriften zu erlassen und darin anzuordnen, daß der Rentenberechtigte sich von Zeit zu Zeit bei einem deutschen Konsul persönlich vorzustellen hat.

   Weist der Entschädigungsberechtigte nach, daß er der Vorstellungspflicht ohne sein Verschulden nicht hat genügen können, so lebt insoweit das Recht auf den Bezug der Rente wieder auf;
4) solange der Berechtigte als Landstreicher umherzieht.

Kapitalabfindung.

§ 16. Ist bei theilweiser Erwerbsunfähigkeit eine Rente von zwanzig oder weniger Prozenten der Vollrente festgestellt, so kann die Ausführungsbehörde den Entschädigungsberechtigten auf seinen Antrag durch eine entsprechende Kapitalzahlung abfinden. Gegen den Bescheid, durch welchen die Kapitalabfindung festgesetzt wird, ist die Beschwerde (§ 11) zulässig.

Das Rechtsmittel hat in diesem Falle aufschiebende Wirkung. Bis zur endgültigen Entscheidung kann der Antrag zurückgezogen werden.

Uebertragung der Renten.

§ 17. Die Uebertragung der Renten auf Dritte sowie deren Verpfändung oder Pfändung hat nur insoweit rechtliche Wirkung, als sie erfolgt:

1) zur Deckung eines Vorschusses, welcher dem Berechtigten auf seine Bezüge vor Anweisung der Rente von dem Betriebsunternehmer oder von dem Vorstande der Anstalt, in welcher der Verunglückte zur Zeit des Unfalls untergebracht ist, oder von einem Organe der Ausführungsbehörde gegeben worden ist;
2) zur Deckung der im § 850 Abs. 4 der Civilprozeßordnung bezeichneten Forderungen;
3) zur Deckung von Forderungen der ersatzberechtigten Armenverbände.

Liquidation der Post und Abführung der Beträge an die Postkasse.

§ 20. Die Verpflichtung von Kranken-, Sterbe-, Invaliden- und anderen Unterstützungskassen, ihren von Unfällen betroffenen Mitgliedern sowie deren Angehörigen und Hinterbliebenen Unterstützungen zu gewähren, sowie die Verpflichtung von Gemeinden und Armenverbänden zur Unterstützung hülfsbedürftiger Personen wird durch dieses Gesetz nicht berührt.

Wenn auf Grund solcher Verpflichtung Unterstützungen für einen Zeitraum geleistet werden, für welchen den Unterstützten nach Maßgabe dieses Gesetzes eine Entschädigung gewährt ist oder noch zu gewähren ist, so ist hierfür den verpflichteten Kassen, Gemeinden oder Armenverbänden durch Ueberweisung von Rentenbeträgen Ersatz zu leisten.

In Fällen dieser Art gilt für die unter das Krankenversicherungsgesetz fallenden Kassen als Ersatz der im § 6 Abs. 1 Ziffer 1 des Krankenversicherungsgesetzes bezeichneten Leistungen die Hälfte des gesetzlichen Mindestbetrags des Krankengeldes dieser Kassen, sofern nicht höhere Aufwendungen nachgewiesen werden.

Ist die von Kassen, Gemeinden oder Armenverbänden geleistete Unterstützung eine vorübergehende, so können als Ersatz höchstens drei Monatsbeträge der Rente, und zwar mit nicht mehr als der Hälfte in Anspruch genommen werden. Ist die Unterstützung eine fortlaufende, so kann als Ersatz, wenn die Unterstützung in der Gewährung des Unterhalts in einer Anstalt besteht, für dessen Dauer und in dem zur Ersatzleistung erforderlichen Betrage die fortlaufende Ueberweisung der vollen Rente, im Uebrigen die fortlaufende Ueberweisung von höchstens der halben Rente beansprucht werden.

§ 21. Der Antrag auf Ueberweisung von Rentenbeträgen (§ 20 Abs. 2 bis 4) ist bei der Ausführungsbehörde anzumelden; soweit es sich um den Ersatz für eine vorübergehende Unterstützung handelt, ist der Anspruch bei Vermeidung des Ausschlusses spätestens binnen drei Monaten seit Beendigung der Unterstützung geltend zu machen.

Streitigkeiten, welche aus den Bestimmungen des § 20 Abs. 2 bis 4 zwischen den Betheiligten über den Anspruch auf Ueberweisung von Rentenbeträgen entstehen, werden im Verwaltungsstreitverfahren und, wo ein solches nicht besteht, durch die dem Ersatzberechtigten vorgesetzte Aufsichtsbehörde entschieden. Die Entscheidung der Letz teren kann innerhalb eines Monats nach der Zustellung im Wege des Rekurses nach Maßgabe der §§ 20, 21 der Gewerbeordnung angefochten werden.

§ 22. Die Bestimmungen der §§ 20, 21 gelten auch für Betriebsunternehmer und Kassen, welche die den Gemeinden oder Armenverbänden obliegende Verpflichtung zur Unterstützung Hülfsbedürftiger auf Grund gesetzlicher Vorschrift erfüllen.

Haftpflicht.

§ 23. Die nach Maßgabe dieses Gesetzes entschädigungsberechtigten Personen und deren Hinterbliebene können, auch wenn sie eine Entschädigung nicht erhalten, einen Anspruch auf Ersatz des in Folge eines Unfalls erlittenen Schadens gegen die Anstalt nicht geltend machen, gegen die Beamten der Anstalt, den Unternehmer (§ 7 Abs. 4), dessen Vertreter und Beauftragte nur dann, wenn gegen diese Personen durch strafgerichtliches Urtheil festgestellt worden ist, daß sie den Unfall vorsätzlich herbeigeführt haben.

In diesem Falle beschränkt sich der Anspruch auf den Betrag, um welchen die dem Berechtigten nach anderen gesetzlichen Vorschriften gebührende Entschädigung diejenige übersteigt, welche ihnen nach diesem Gesetze zu gewähren ist.

Für das über einen solchen Anspruch erkennende ordentliche Gericht ist die Entscheidung bindend, welche in dem durch dieses Gesetz geordneten Verfahren über die Frage ergeht, ob ein Unfall vorliegt, für welchen nach diesem Gesetz Entschädigung zu leisten ist, und in welchem Umfange sie zu gewähren ist.

§ 24. Diejenigen Unternehmer sowie deren Vertreter und Beauftragte, gegen welche durch strafgerichtliches Urtheil festgestellt worden ist, daß sie den Unfall vorsätzlich oder durch Fahrlässigkeit mit Außerachtlassung derjenigen Aufmerksamkeit, zu der sie vermöge ihres Amtes, Berufs oder Gewerbes besonders verpflichtet sind, herbeigeführt haben, haften für alle Aufwendungen, welche in Folge des Unfalls auf Grund dieses Gesetzes oder des Krankenversicherungsgesetzes von Gemeinden, Armenverbänden oder von Kranken- und sonstigen Unterstützungskassen (§ 20 Abs. 1) gemacht worden sind. Dieselben Personen haften den auf Grund dieses Gesetzes Entschädigungsverpflichteten für deren Aufwendungen auch ohne Feststellung durch strafgerichtliches Urtheil. Ist der Unfall durch Fahrlässigkeit mit Außerachtlassung derjenigen Aufmerksamkeit, zu der sie vermöge ihres Amtes, Berufs oder Gewerbes verpflichtet sind, herbeigeführt, so ist die Ausführungsbehörde befugt, von der Verfolgung des Anspruchs abzusehen.

In gleicher Weise haftet als Unternehmer eine Aktiengesellschaft, eine Innung oder eingetragene Genossenschaft für die durch ein Mitglied ihres Vorstandes sowie eine Handelsgesellschaft, eine Innung oder eingetragene Genossenschaft für die durch einen der Liquidatoren herbeigeführten Unfälle.

Als Ersatz für die Rente kann in diesen Fällen deren Kapitalwerth gefordert werden.

Der Anspruch (Abs. 1 Satz 1) verjährt in achtzehn Monaten von dem Tage, an welchem das strafgerichtliche Urtheil rechtskräftig geworden ist, im Uebrigen in zwei Jahren nach dem Unfalle.

Die Bestimmung des § 23 Abs. 3 findet Anwendung.

§ 25. Die in den §§ 23, 24 bezeichneten Ansprüche können, auch ohne daß die daselbst vorgesehene Feststellung durch strafgerichtliches Urtheil stattgefunden hat, geltend gemacht werden, falls diese Feststellung wegen des Todes oder der Abwesenheit des Betreffenden oder aus einem anderen in der Person desselben liegenden Grunde nicht erfolgen kann.

§ 26. Die Haftung dritter, in den §§ 23, 24 nicht bezeichneter Personen bestimmt sich nach den sonstigen gesetzlichen Vorschriften. Insoweit den nach Maßgabe dieses Gesetzes entschädigungsberechtigten Personen ein gesetzlicher Anspruch auf Ersatz des ihnen durch den Unfall entstandenen Schadens gegen Dritte erwachsen ist, geht dieser Anspruch auf den nach diesem Gesetz Entschädigungsverpflichteten im Umfange seiner durch dieses Gesetz begründeten Entschädigungspflicht über.

§ 27. Der Zeitpunkt, mit welchem die Bestimmungen dieses Gesetzes in Kraft treten, wird mit Zustimmung des Bundesraths durch Kaiserliche Verordnung bestimmt.

---

183) Gesetz, betr. die Aenderung der Unfallversicherungsgesetze. Vom 30. Juni 1900. (RGBl S. 335.)

§ 28. Der Reichskanzler wird ermächtigt, den Text der Unfallversicherungsgesetze unter fortlaufender Nummernfolge der Paragraphen jedes einzelnen dieser Gesetze durch das Reichs-Gesetzblatt bekannt zu machen.

[Auf Grund dieses § 28 wurde auch das vorstehende Gesetz selbst durch die Bekanntm. vom 5. Juli 1900 nochmals publizirt, mit Rücksicht auf die durch die Neu-Publikation der Unfall-Vers.-Gesetze erfolgte Neu-Paragraphirung.]

---

184) Bekanntmachung des Textes der Unfallversicherungsgesetze vom 30. Juni 1900. Vom 5. Juli 1900. (RGBl. S. 573.)

Auf Grund der im § 28 des Gesetzes, betreffend die Abänderung der Unfallversicherungsgesetze, vom 30. Juni 1900 (Reichs-Gesetzbl. S. 335) ertheilten Ermächtigung wird der Text der Unfallversicherungsgesetze unter fortlaufender Nummernfolge der Paragraphen jedes einzelnen dieser Gesetze nachstehend bekannt gemacht.

Berlin, den 5. Juli 1900.

Der Stellvertreter des Reichskanzlers.
Graf von Posadowsky.

---

185) Gesetz, betr. die Abänderung der Unfallversicherungsgesetze.

Abänderung der bisherigen Gesetze.

§ 1. Das Unfallversicherungsgesetz vom 6. Juli 1884 (Reichs-Gesetzbl. S. 69), der Abschnitt A des Gesetzes, betreffend die Unfall- und Krankenversicherung der in land- und forstwirthschaftlichen Betrieben beschäftigten Personen, vom 5. Mai 1886 (Reichs-Gesetzbl. S. 132), das Gesetz, betreffend die Unfallversicherung der bei Bauten beschäftigten Personen, vom 11. Juli 1887 (Reichs-Gesetzbl. S. 287) und das Gesetz, betreffend die Unfallversicherung der Seeleute und anderer bei der Seeschiffahrt betheiligter Personen, vom 13. Juli 1887 (Reichs-Gesetzbl. S. 329) erhalten die aus den Anlagen ersichtliche Fassung.

Das Gesetz über die Ausdehnung der Unfall- und Krankenversicherung vom 28. Mai 1885 (Reichs-Gesetzbl. S. 159) wird aufgehoben.

Wo in Gesetzen auf Bestimmungen Bezug genommen wird, welche hiernach abgeändert oder aufgehoben werden, sind darunter die an deren Stelle getretenen Bestimmungen zu verstehen.

Errichtung neuer Berufsgenossenschaften.

§ 2. . . . . .

Schiedsgerichte.

§ 3. Die Entscheidung von Streitigkeiten über Entschädigungen auf Grund der Unfallversicherungsgesetze wird den gemäß §§ 103 ff. des Invalidenversicherungsgesetzes errichteten Schiedsgerichten übertragen. Diese führen fortan die Bezeichnung: „Schiedsgericht für Arbeiterversicherung" mit Angabe des Bezirkes und des Sitzes. Bei Streitigkeiten über Entschädigungen für die Folgen von Unfällen in Betrieben, für welche zugelassene besondere Kasseneinrichtungen bestehen (§§ 8, 10, 11 des Invalidenversicherungsgesetzes), treten die für diese errichteten Schiedsgerichte an die Stelle der Schiedsgerichte für Arbeiterversicherung.

Die bisherigen Schiedsgerichte für die einzelnen Berufsgenossenschaften und Ausführungsbehörden werden aufgehoben. Die bei diesen Gerichten schwebenden Streitigkeiten gehen in der Lage, in welcher sie sich zu dem im § 25 Abs. 1 bezeichneten Zeitpunkte befinden, auf die nach diesem Gesetze zuständigen Schiedsgerichte über und sind von diesen zu erledigen.[1]

§ 9. Das Schiedsgericht ist befugt, denjenigen Theil des Betriebs, in welchem der Unfall vorgekommen ist, in Augenschein zu nehmen. Weigert sich der Betriebsunternehmer oder dessen Stellvertreter, die Einnahme des Augenscheins zu gestatten, so ist er

---

[1] Vgl. VO, betr. das Verfahren vor den Schiedsgerichten für Arbeiterversicherung. Vom 22. November 1900 (RGBl S. 1017).

hierzu auf Antrag des Schiedsgerichtsvorsitzenden durch die Ortspolizeibehörde anzuhalten.

Soll die Augenscheinseinnahme in einem Dienstraum einer Behörde oder in einem Fahrzeuge der Kaiserlichen Marine stattfinden, so ist die zuständige Dienst- beziehungsweise Kommandobehörde um Gestattung derselben zu ersuchen.

Die Beisitzer haben über die Thatsachen, welche durch die Besichtigung des Betriebs zu ihrer Kenntniß kommen, Verschwiegenheit zu beobachten und sich der Nachahmung der von dem Betriebsunternehmer geheim gehaltenen, zu ihrer Kenntniß gelangten Betriebseinrichtungen und Betriebsweisen, solange als diese Betriebsgeheimnisse sind, zu enthalten.

Dem Schiedsgericht eingereichte Urkunden sind sowohl der Berufsgenossenschaft als auch dem Verletzten rechtzeitig mitzutheilen; inwieweit ärztliche Zeugnisse in gleicher Weise mitzutheilen sind, unterliegt zunächst der Entscheidung des Vorsitzenden. Das Schiedsgericht ist befugt, anzuordnen, daß die unterlassene Mittheilung nachzuholen ist.

Das Schiedsgericht ist befugt, den Verletzten, deren Erscheinen bei der Verhandlung als erforderlich bezeichnet ist oder angesehen wird, eine Reiseentschädigung zuzubilligen.

Reichs-Versicherungsamt.

§ 11. Das Reichs-Versicherungsamt hat seinen Sitz in Berlin und besteht aus ständigen und nichtständigen Mitgliedern.

Der Präsident und die übrigen ständigen Mitglieder werden auf Vorschlag des Bundesraths vom Kaiser auf Lebenszeit ernannt. Aus den ständigen Mitgliedern werden vom Kaiser die Direktoren und die Vorsitzenden der Senate ernannt. Die übrigen Beamten des Reichs-Versicherungsamts werden vom Reichskanzler ernannt.

Von den nichtständigen Mitgliedern werden sechs vom Bundesrath, und zwar mindestens vier aus seiner Mitte, sechs als Vertreter der Arbeitgeber von den Vorständen der Berufsgenossenschaften und den Ausführungsbehörden sowie sechs als Vertreter der Versicherten von den dem Arbeiterstand angehörenden Beisitzern der Schiedsgerichte gewählt. . . . .

§ 17. Will ein Senat des Reichs-Versicherungsamts in einer grundsätzlichen Rechtsfrage von der Entscheidung eines anderen Senats abweichen, so ist die Sache zur Entscheidung an einen erweiterten Senat zu verweisen. Dieser entscheidet unter dem Vorsitze des Präsidenten des Reichs-Versicherungsamts in der Besetzung mit zwei nichtständigen Mitgliedern des Reichs-Versicherungsamts aus den vom Bundesrathe gewählten Mitgliedern, zwei ständigen Mitgliedern, zwei richterlichen Beamten und je zwei Vertretern der Arbeitgeber und der Arbeitnehmer. An Stelle der vom Bundesrathe gewählten Mitglieder können ständige Mitglieder des Reichs-Versicherungsamts zugezogen werden.

Das Gleiche gilt, wenn ein Senat von der Entscheidung des erweiterten Senats abweichen will.

§ 19. Die Kosten des Reichs-Versicherungsamts und des Verfahrens vor demselben trägt das Reich.

Das Reichs-Versicherungsamt ist befugt, den Betheiligten solche Kosten des Verfahrens zur Last zu legen, welche durch Muthwillen oder durch ein auf Verschleppung oder Irreführung berechnetes Verhalten derselben veranlaßt worden sind.

Die nichtständigen Mitglieder erhalten für die Theilnahme an den Arbeiten und Sitzungen des Reichs-Versicherungsamts eine nach dem Jahresbetrage festzusetzende Vergütung, und diejenigen, welche außerhalb Berlins wohnen, außerdem Ersatz der Kosten der Hin- und Rückreise nach den für die vortragenden Räthe der obersten Reichsbehörden geltenden Sätzen (Verordnung vom 21. Juni 1875, Reichs-Gesetzbl. S. 249). Die Bestimmungen im § 16 des Gesetzes, betreffend die Rechtsverhältnisse der Reichsbeamten, vom 31. März 1873 (Reichs-Gesetzbl. S. 61) finden auf sie keine Anwendung.

Im Uebrigen werden die Formen des Verfahrens und der Geschäftsgang des Reichs-Versicherungsamts durch Kaiserliche Verordnung unter Zustimmung des Bundesraths geregelt.[1]

Regelung des Gebührenwesens.

§ 20. Die Gebühren der Rechtsanwälte im Verfahren vor den Schiedsgerichten und dem Reichs-Versicherungsamte werden durch Kaiserliche Verordnung mit Zustimmung des Bundesraths, die Gebühren im Verfahren vor den Landes-Versicherungsämtern von den Landesregierungen festgesetzt.[2]

Eine Vereinbarung über höhere Beträge ist nichtig.

Landes-Versicherungsämter.

§ 21. In den einzelnen Bundesstaaten können für das Gebiet und auf Kosten derselben Landes-Versicherungsämter errichtet werden. Die Wirksamkeit des Landes-Versicherungsamts beschränkt sich auf Berufsgenossenschaften, welche nur solche Betriebe umfassen, deren Sitz im Gebiete des betreffenden Bundesstaats belegen ist.

Weitere Einrichtungen der Berufsgenossenschaften.

§ 23. Die Berufsgenossenschaften sind berechtigt, Einrichtungen zu treffen

1) zur Versicherung der Betriebsunternehmer und der ihnen in Bezug auf Haftpflicht gleichgestellten Personen gegen Haftpflicht;

---

[1] Vgl. VO, betr. den Geschäftsgang und das Verfahren des Reichsversicherungsamts. Vom 19. Oktober 1900 (RGBl S. 983).

[2] Vgl. VO, betr. die Gebühren der Rechtsanwälte im Verfahren vor den Schiedsgerichten und dem Reichsversicherungsamte. Vom 22. Dezember 1901 (RGBl S. 497).

2) zur Errichtung von Rentenzuschuß- und Pensionskassen für Betriebsbeamte sowie für die Mitglieder der Berufsgenossenschaft, die bei ihr versicherten Personen und die Beamten der Berufsgenossenschaft sowie für die Angehörigen dieser Personen.

Die Theilnahme an diesen Einrichtungen ist freiwillig. Soweit es sich um Haftpflichtansprüche aus der reichsgesetzlichen Unfallversicherung handelt, darf bei der Einrichtung unter 1 nicht mehr als zwei Drittel durch Versicherung gedeckt werden.

Beschlüsse der Genossenschaftsversammlung, durch welche Einrichtungen der im Abs. 1 bezeichneten Art getroffen werden, sowie die hierfür erlassenen Statuten und deren Abänderung bedürfen der Genehmigung des Bundesraths.

Die Berufsgenossenschaften unterliegen auch in Bezug auf diese Einrichtungen der Aufsicht des Reichs-Versicherungsamts.

Gesetzeskraft.

§ 25. Der Zeitpunkt, von welchem ab

1) die im § 3 bezeichneten Schiedsgerichte an die Stelle der bisherigen nach Berufsgenossenschaften errichteten Schiedsgerichte treten;[1]
2) die Unfallversicherung für solche Betriebszweige in Kraft tritt, welche durch §§ 1, 2 des Gewerbe-Unfallversicherungsgesetzes und durch §§ 152 ff. des See-Unfallversicherungsgesetzes der Unfallversicherung neu unterstellt sind,

wird mit Zustimmung des Bundesraths durch Kaiserliche Verordnung bestimmt.[2]

Die Bestimmungen des § 20 dieses Gesetzes, der §§ 25 bis 27 des Gewerbe-Unfallversicherungsgesetzes, der §§ 30 bis 32, 51, 53 Abs. 3, §§ 57, 107, 108, 109 des Unfallversicherungsgesetzes für Land- und Forstwirthschaft sowie der §§ 29 bis 31, 49, 104 des See-Unfallversicherungsgesetzes treten erst am 1. Januar 1902 an die Stelle der bisherigen Bestimmungen.

Im Uebrigen tritt dieses Gesetz am 1. Oktober 1900 in Kraft.

§ 26. Sofern bis zum 1. Januar 1902 die Statuten einer Berufsgenossenschaft die nach dem gegenwärtigen Gesetz erforderlichen Aenderungen nicht rechtzeitig erfahren sollten, werden diese Abänderungen durch das Reichs-Versicherungsamt von Aufsichtswegen vollzogen.

§ 27. Die Bestimmungen dieses Gesetzes, insoweit sie für die Berechtigten günstiger sind, finden auch Anwendung auf die erste

[1] Vgl. VO, betr. die Schiedsgerichte für Arbeiterversicherung. Vom 22. November 1900 (RGBl S. 1031).

[2] Vgl. VO vom 2. Dez. 1901 (RGBl S. 493): „Der Zeitpunkt, von welchem ab die Unfallversicherung für solche Betriebszweige in Kraft tritt, welche durch §§ 1, 2 des Gewerbe-Unfallversicherungsgesetzes und durch §§ 152 ff. des See-Unfallversicherungsgesetzes der Unfallversicherung neu unterstellt sind, wird auf den 1. Januar 1902 festgesetzt.“

Feststellung von Entschädigungsansprüchen aus Unfällen, welche sich vor dem Inkrafttreten dieses Gesetzes ereignet haben, sofern diese Ansprüche bereits nach den bisherigen Unfallversicherungsgesetzen begründet waren und zu jenem Zeitpunkt über dieselben noch nicht rechtskräftig entschieden ist.

---

186) Gewerbe-Unfallversicherungsgesetz.

I. Allgemeine Bestimmungen.

Umfang der Versicherung.

§ 1. Alle Arbeiter und Betriebsbeamte, letztere sofern ihr Jahresarbeitsverdienst an Lohn oder Gehalt dreitausend Mark nicht übersteigt, werden nach Maßgabe dieses Gesetzes gegen die Folgen der bei dem Betriebe sich ereignenden Unfälle versichert, wenn sie beschäftigt sind:

1) in Bergwerken, Salinen, Aufbereitungsanstalten, Steinbrüchen, Gräbereien (Gruben), auf Werften und Bauhöfen sowie in Fabriken, gewerblichen Brauereien und Hüttenwerken;
2) in Gewerbebetrieben, welche sich auf die Ausführung von Maurer-, Zimmer-, Dachdecker- oder sonstigen durch Beschluß des Bundesraths für versicherungspflichtig erklärten Bauarbeiten oder von Steinhauer-, Schlosser-, Schmiede- oder Brunnenarbeiten erstrecken, sowie im Schornsteinfeger-, Fensterputzer- und Fleischergewerbe;
3) im gesammten Betriebe der Post-, Telegraphen- und Eisenbahnverwaltungen sowie in Betrieben der Marine- und Heeresverwaltungen, und zwar einschließlich der Bauten, welche von diesen Verwaltungen für eigene Rechnung ausgeführt werden;
4) im gewerbsmäßigen Fuhrwerks-, Binnenschiffahrts-, Flößerei-, Prahm- und Fährbetriebe, im Gewerbebetriebe des Schiffsziehens (Treidelei) sowie im Baggereibetriebe;
5) im gewerbsmäßigen Speditions-, Speicher-, Lagerei- und Kellereibetriebe;
6) im Gewerbebetriebe der Güterpacker, Güterlader, Schaffer, Bracker, Wäger, Messer, Schauer und Stauer;
7) in Lagerungs-, Holzfällungs- oder der Beförderung von Personen oder Gütern dienenden Betrieben, wenn sie mit einem Handelsgewerbe, dessen Inhaber im Handelsregister eingetragen steht, verbunden sind.

Auf Personen in land- und forstwirthschaftlichen Nebenbetrieben (§ 1 Abs. 2, 3 des Unfallversicherungsgesetzes für Land- und Forstwirthschaft) findet dieses Gesetz keine Anwendung.

Für Betriebe, welche mit besonderer Unfallgebühr für die darin beschäftigten Personen nicht verknüpft sind, kann durch Beschluß des Bundesraths die Versicherungspflicht ausgeschlossen werden.

§ 2. Den Betriebsbeamten im Sinne dieses Gesetzes werden Werkmeister und Techniker gleichgestellt.

Den Fabriken im Sinne dieses Gesetzes gelten alle Betriebe gleich, für welche Dampfkessel oder durch elementare Kraft (Wind, Wasser, Dampf, Gas, heiße Luft, Elektrizität u. s. w.) oder durch thierische Kraft bewegte Triebwerke nicht bloß vorübergehend zur Anwendung kommen.

Im Uebrigen gelten als Fabriken im Sinne dieses Gesetzes insbesondere diejenigen Betriebe, in welchen die Bearbeitung oder Verarbeitung von Gegenständen gewerbsmäßig ausgeführt wird und zu diesem Zwecke mindestens zehn Arbeiter regelmäßig beschäftigt werden, sowie Betriebe, in welchen Explosivstoffe oder explodirende Gegenstände gewerbsmäßig erzeugt werden.

Welche Betriebe außerdem als Fabriken im Sinne dieses Gesetzes anzusehen sind, bestimmt das Reichs-Versicherungsamt.

Auf gewerbliche Anlagen, Eisenbahn- und Schiffahrtsbetriebe, welche wesentliche Bestandtheile eines der vorbezeichneten oder der im § 1 bezeichneten Betriebe sind, finden die Bestimmungen dieses Gesetzes ebenfalls Anwendung.

§ 3. Die Versicherung erstreckt sich auf häusliche und andere Dienste, zu denen versicherte Personen neben der Beschäftigung im Betriebe von ihren Arbeitgebern oder von deren Beauftragten herangezogen werden.

§ 4. Der Reichskanzler wird ermächtigt, unter Zustimmung des Bundesraths mit den Regierungen solcher Staaten, die für Arbeiter und Betriebsbeamte eine der deutschen Unfallversicherung entsprechende Fürsorge durchgeführt haben, im Falle der Gegenseitigkeit Abkommen zu schließen, durch welche die Anwendung dieses Gesetzes

1) auf Betriebe im Inlande, welche Bestandtheile eines ausländischen Betriebs darstellen, ausgeschlossen,
2) auf Betriebe im Auslande, welche Bestandtheile eines versicherungspflichtigen inländischen Betriebs darstellen, erstreckt wird.

§ 5. Durch Statut (§ 37) kann die Versicherungspflicht erstreckt werden:

a) auf Betriebsunternehmer, deren Jahresarbeitsverdienst dreitausend Mark nicht übersteigt, oder welche nicht regelmäßig mehr als zwei Lohnarbeiter beschäftigen;
b) ohne Rücksicht auf die Zahl der von ihnen beschäftigten Lohnarbeiter auf solche Unternehmer eines in den §§ 1 und 2 bezeichneten Betriebs, welche in eigenen Betriebsstätten im Auftrag und für Rechnung anderer Gewerbetreibenden mit der Herstellung oder Bearbeitung gewerblicher Erzeugnisse beschäftigt werden (Hausgewerbetreibende), und zwar auch dann, wenn sie die Roh- und Hülfsstoffe selbst beschaffen;

c) auf Betriebsbeamte mit einem dreitausend Mark übersteigenden Jahresarbeitsverdienste. Bei der Versicherung von Betriebsbeamten ist, vorbehaltlich der Bestimmungen des § 10 Abs. 1, der volle Jahresarbeitsverdienst zu Grunde zu legen.

Betriebsunternehmer, deren Jahresarbeitsverdienst dreitausend Mark nicht übersteigt, oder welche nicht regelmäßig mehr als zwei Lohnarbeiter beschäftigen, sind berechtigt, gegen die Folgen von Betriebsunfällen sich selbst zu versichern. Durch Statut kann diese Berechtigung auf Unternehmer mit einem höheren Jahresarbeitsverdienst erstreckt werden.

Durch Statut kann ferner bestimmt werden, daß und unter welchen Bedingungen gegen die Folgen der bei dem Betrieb oder Dienste sich ereignenden Unfälle versichert werden können

a) im Betriebe beschäftigte, aber nach §§ 1 oder 2 nicht versicherte Personen durch den Betriebsunternehmer;
b) nicht im Betriebe beschäftigte, aber die Betriebsstätte besuchende oder auf derselben verkehrende Personen durch den Betriebsunternehmer oder den Vorstand der Berufsgenossenschaft (§ 28);
c) Organe und Beamte der Berufsgenossenschaft durch deren Vorstand.

§ 6. Als Gehalt oder Lohn im Sinne dieses Gesetzes gelten auch Tantiemen, Naturalbezüge und sonstige Bezüge, welche den Versicherten, wenn auch nur gewohnheitsmäßig, gewährt werden und ganz oder theilweise an Stelle des Gehalts oder Lohnes treten. Der Werth der Naturalbezüge ist nach Ortsdurchschnittspreisen in Ansatz zu bringen. Dieselben werden von der unteren Verwaltungsbehörde festgesetzt.

Beamte und Personen des Soldatenstandes.

§ 7. Auf die im § 1 des Gesetzes, betreffend die Fürsorge für Beamte und Personen des Soldatenstandes in Folge von Betriebsunfällen, vom 15. März 1886 (Reichs-Gesetzbl. S. 53) bezeichneten Personen, auf Beamte, welche in Betriebsverwaltungen eines Bundesstaats oder eines Kommunalverbandes mit festem Gehalt und Pensionsberechtigung angestellt sind, sowie auf andere Beamte eines Bundesstaats oder Kommunalverbandes, für welche die im § 12 a. a. O. vorgesehene Fürsorge in Kraft getreten ist, findet dieses Gesetz keine Anwendung.

Gegenstand der Versicherung und Umfang der Entschädigung.

§ 8. Gegenstand der Versicherung ist der nach Maßgabe der nachfolgenden Bestimmungen zu bemessende Ersatz des Schadens, welcher durch Körperverletzung oder Tödtung entsteht.

Dem Verletzten und seinen Hinterbliebenen steht ein Anspruch nicht zu, wenn er den Unfall vorsätzlich herbeigeführt hat. Der Anspruch kann ganz oder theilweise abgelehnt werden, wenn der Verletzte den Unfall bei Begehung eines durch strafgerichtliches Urtheil festgestellten Verbrechens oder vorsätzlichen Vergehens sich zugezogen hat. In Fällen der letzteren Art kann die Rente, sofern der Verletzte im Inlande wohnende Angehörige hat, welche im Falle seines Todes Anspruch auf Rente haben würden, ganz oder theilweise den Angehörigen überwiesen werden.

Die Ablehnung kann, auch ohne daß die vorgesehene Feststellung durch strafgerichtliches Urtheil stattgefunden hat, erfolgen, falls diese Feststellung wegen des Todes oder der Abwesenheit des Betreffenden oder aus einem anderen in seiner Person liegenden Grunde nicht erfolgen kann.

§ 9. Im Falle der Verletzung werden als Schadensersatz vom Beginne der vierzehnten Woche nach Eintritt des Unfalls ab gewährt:

1) freie ärztliche Behandlung, Arznei und sonstige Heilmittel sowie die zur Sicherung des Erfolges des Heilverfahrens und zur Erleichterung der Folgen der Verletzung erforderlichen Hülfsmittel (Krücken, Stützapparate und dergleichen);
2) eine Rente für die Dauer der Erwerbsunfähigkeit.

Die Rente beträgt:

a) im Falle völliger Erwerbsunfähigkeit für die Dauer derselben sechsundsechzigzweidrittel Prozent des Jahresarbeitsverdienstes (Vollrente);
b) im Falle theilweiser Erwerbsunfähigkeit für die Dauer derselben denjenigen Theil der Vollrente, welcher dem Maße der durch den Unfall herbeigeführten Einbuße an Erwerbsfähigkeit entspricht (Theilrente).

Ist der Verletzte in Folge des Unfalls nicht nur völlig erwerbsunfähig, sondern auch derart hülflos geworden, daß er ohne fremde Wartung und Pflege nicht bestehen kann, so ist für die Dauer dieser Hülflosigkeit die Rente bis zu hundert Prozent des Jahresarbeitsverdienstes zu erhöhen.

War der Verletzte zur Zeit des Unfalls bereits dauernd völlig erwerbsunfähig, so beschränkt sich der zu leistende Schadensersatz auf die im Abs. 1 Ziffer 1 bezeichneten Leistungen. Wird ein solcher Verletzter in Folge des Unfalls derart hülflos, daß er ohne fremde Wartung und Pflege nicht bestehen kann, so ist eine Rente bis zur Hälfte der Vollrente zu gewähren.

Solange der Verletzte aus Anlaß des Unfalls thatsächlich und unverschuldet arbeitslos ist, kann der Genossenschaftsvorstand die Theilrente bis zum Betrage der Vollrente vorübergehend erhöhen.

§ 11. Die Berufsgenossenschaft ist befugt, der Krankenkasse, welcher der Verletzte angehört oder zuletzt angehört hat, gegen Ersatz der ihr dadurch erwachsenden Kosten die Fürsorge für den Verletzten über den Beginn der vierzehnten Woche hinaus bis zur Beendigung des Heilverfahrens in demjenigen Umfange zu übertragen, welchen die Berufsgenossenschaft für geboten erachtet. Zu ersetzen ist bei Gewährung der im § 6 Abs. 1 Ziffer 1 des Krankenversicherungsgesetzes bezeichneten Leistungen die Hälfte, bei Unterbringung des Verletzten in ein Krankenhaus oder in eine Anstalt für Genesende das Einundeinhalbfache des in jenem Gesetze bestimmten Mindestbetrags des Krankengeldes, sofern nicht höhere Aufwendungen nachgewiesen werden.

Die Bestimmungen der §§ 76b bis 76d des Krankenversicherungsgesetzes finden auch auf Knappschaftskassen (§ 74 a. a. O.) Anwendung. Haben Knappschaftskassen, sonstige Krankenkassen oder Verbände von Krankenkassen Heilanstalten errichtet, in welchen ausreichende Einrichtungen für die Heilung der durch Unfall herbeigeführten Verletzungen getroffen sind, so kann die Landes-Zentralbehörde anordnen, daß die Mitglieder der betreffenden Kassen bis zum Beginne der vierzehnten Woche nach Eintritt des Unfalls nur mit Genehmigung der Vorstände dieser Kassen oder Kassenverbände in andere Heilanstalten untergebracht werden dürfen.

Verletzte Personen, welche auf Veranlassung von Knappschaftskassen, sonstigen Krankenkassen, Verbänden von Krankenkassen oder von Organen der Berufsgenossenschaften in eine Heilanstalt untergebracht sind, dürfen während des Heilverfahrens in andere Heilanstalten nur mit ihrer Zustimmung übergeführt werden. Diese Zustimmung kann durch die untere Verwaltungsbehörde des Aufenthaltsorts ergänzt werden.

Als Krankenkassen im Sinne der vorstehenden Bestimmungen sowie der §§ 76b bis 76d des Krankenversicherungsgesetzes gelten außer der Gemeinde-Krankenversicherung auch diejenigen Hülfskassen, welche die im § 75a a. a. O. vorgesehene amtliche Bescheinigung besitzen.

§ 12. Vom Beginne der fünften Woche nach Eintritt des Unfalls bis zum Ablaufe der dreizehnten Woche ist das Krankengeld, welches den durch einen Betriebsunfall verletzten Personen auf Grund des Krankenversicherungsgesetzes gewährt wird, auf mindestens zwei Drittel des bei der Berechnung desselben zu Grunde gelegten Arbeitslohns zu bemessen. Die Differenz zwischen diesen zwei Dritteln und dem gesetzlich oder statutengemäß zu gewährenden niedrigeren Krankengeld ist der betheiligten Krankenkasse (Gemeinde-Krankenversicherung) von dem Unternehmer desjenigen Betriebs zu ersetzen, in welchem der Unfall sich ereignet hat. Die zur Ausführung dieser Bestimmung erforderlichen Vorschriften erläßt das Reichs-Versicherungsamt.

Den nach §§ 1 oder 2 versicherten Arbeitern und Betriebsbeamten, letzteren bei einem Jahresarbeitsverdienste bis zu zweitausend Mark, welche nicht nach den Bestimmungen des Krankenversicherungsgesetzes versichert sind, hat der Betriebsunternehmer die in den §§ 6, 7 des Krankenversicherungsgesetzes vorgesehenen Unterstützungen einschließlich des aus dem vorhergehenden Absatze sich ergebenden Mehrbetrags für die ersten dreizehn Wochen aus eigenen Mitteln zu gewähren. Die Berufsgenossenschaft kann die dem Unternehmer obliegenden Leistungen ganz oder theilweise statt desselben übernehmen. Der Unternehmer hat in diesem Falle der Berufsgenossenschaft Ersatz zu leisten. Dabei gilt als Ersatz der im § 9 Abs. 1 Ziffer 1 bezeichneten Leistungen die Hälfte desjenigen Krankengeldes, welches dem Verletzten nach § 6 Abs. 1 Ziffer 2 des Krankenversicherungsgesetzes zustehen würde, wenn er nach dessen Bestimmungen versichert wäre.

§ 13. Wenn der aus der Krankenversicherung oder aus der Bestimmung des § 12 Abs. 2 erwachsende Anspruch auf Krankengeld vor dem Ablaufe von dreizehn Wochen nach Eintritt des Unfalls weggefallen, aber bei dem Verletzten eine noch über die dreizehnte Woche hinaus andauernde Beschränkung der Erwerbsfähigkeit zurückgeblieben ist, so hat die Berufsgenossenschaft dem Verletzten die Unfallrente (§ 9 Abs. 2 lit. b) schon von dem Tage ab zu gewähren, an welchem der Anspruch auf Krankengeld in Wegfall kommt. Erachtet die Berufsgenossenschaft die Voraussetzungen des Anspruchs schon vor dem Ablaufe der dreizehnten Woche nach dem Unfalle für gegeben, so hat sie die Rente zu diesem früheren Zeitpunkte festzustellen.

Durch Statut kann bestimmt werden, daß die Rente nach dem Wegfalle des Anspruchs auf Krankengeld auch dann zu gewähren ist, wenn nach jenem Zeitpunkte zwar noch eine Beschränkung der Erwerbsfähigkeit in Folge des Unfalls verblieben ist, aber voraussichtlich schon vor Ablauf der dreizehnten Woche nach dem Unfalle fortfallen wird.

Hat die Krankenkasse die ihr aus der Krankenversicherung, oder hat der Betriebsunternehmer die ihm aus § 12 Abs. 2 obliegenden Leistungen vor dem Ablaufe der dreizehnten Woche zu Unrecht eingestellt, so geht der Anspruch des Verletzten auf Krankengeld auf die Berufsgenossenschaft bis zu demjenigen Betrag über, welcher der gemäß Abs. 1, 2 gewährten Entschädigung gleichkommt.

§ 14. Streitigkeiten, welche aus Anlaß der in § 11 Abs. 1, §§ 12, 13 Abs. 3 enthaltenen Bestimmungen unter den Betheiligten entstehen, werden, wenn es sich um Ersatzansprüche handelt, nach § 58 Abs. 2 des Krankenversicherungsgesetzes, im Uebrigen nach § 58 Abs. 1 des Krankenversicherungsgesetzes entschieden, und zwar in den Fällen des § 12 Abs. 2 von der für die Ortskrankenkassen des Beschäftigungsorts zuständigen Aufsichtsbehörde. Gehört diese zu den Betheiligten, so wird die zur Entscheidung des Streitfalls berufene Behörde durch die für den Beschäftigungsort zuständige höhere Verwaltungsbehörde bestimmt.

§ 15. Im Falle der Tödtung ist als Schadensersatz außerdem zu leisten:

1) als Sterbegeld der fünfzehnte Theil des nach § 10 Abs. 1 bis 4 zu Grunde zu legenden Jahresarbeitsverdienstes, jedoch mindestens ein Betrag von fünfzig Mark;

2) eine den Hinterbliebenen vom Todestage des Verstorbenen ab zu gewährende Rente. Dieselbe besteht nach näherer Bestimmung der §§ 16 bis 20 in einem Bruchtheile seines nach § 10 Abs. 1 bis 4 ermittelten Jahresarbeitsverdienstes.

Ist der der Berechnung zu Grunde zu legende Jahresarbeitsverdienst in Folge eines früher erlittenen, nach den reichsgesetzlichen Bestimmungen über Unfallversicherung entschädigten Unfalls geringer als der vor diesem Unfalle bezogene Lohn, so ist die aus Anlaß des früheren Unfalls bei Lebzeiten bezogene Rente dem Jahresarbeitsverdienste bis zur Höhe des der früheren Rentenfeststellung zu Grunde gelegten Jahresarbeitsverdienstes hinzuzurechnen.

§ 16. Hinterläßt der Verstorbene eine Wittwe oder Kinder, so beträgt die Rente für die Wittwe bis zu deren Tode oder Wiederverheirathung sowie für jedes hinterbliebene Kind bis zu dessen zurückgelegtem fünfzehnten Lebensjahre je zwanzig Prozent des Jahresarbeitsverdienstes.

Im Falle der Wiederverheirathung erhält die Wittwe sechzig Prozent des Jahresarbeitsverdienstes als Abfindung.

Der Anspruch der Wittwe ist ausgeschlossen, wenn die Ehe erst nach dem Unfalle geschlossen worden ist; die Berufsgenossenschaft kann jedoch in besonderen Fällen auch dann eine Wittwenrente gewähren.

Die Bestimmungen über die Renten der Kinder finden auch Anwendung, wenn der Unfall eine alleinstehende weibliche Person betroffen hat und diese mit Hinterlassung von Kindern verstirbt.

§ 17. War die Verstorbene beim Eintritte des Unfalls verheirathet, aber der Lebensunterhalt ihrer Familie wegen Erwerbsunfähigkeit des Ehemanns ganz oder überwiegend durch sie bestritten worden, so erhalten bis zum Wegfalle der Bedürftigkeit an Rente

a) der Wittwer zwanzig Prozent,
b) jedes hinterbliebene Kind bis zu dessen zurückgelegtem fünfzehnten Lebensjahre zwanzig Prozent des Arbeitsverdienstes.

Die Berufsgenossenschaft ist berechtigt, im Falle der Tödtung einer Ehefrau, deren Ehemann sich ohne gesetzlichen Grund von der häuslichen Gemeinschaft ferngehalten und der Pflicht der Unterhaltung der Kinder entzogen hat, diesen Kindern die Rente zu gewähren.

§ 18. Hinterläßt der Verstorbene Verwandte der aufsteigenden Linie, so wird ihnen, falls ihr Lebensunterhalt ganz oder überwiegend durch den Verstorbenen bestritten worden war, bis zum Wegfalle der Bedürftigkeit eine Rente von insgesammt zwanzig Prozent des Jahresarbeitsverdienstes gewährt.

§ 19. Hinterläßt der Verstorbene elternlose Enkel, so wird ihnen, falls ihr Lebensunterhalt ganz oder überwiegend durch den Verstorbenen bestritten worden war, im Falle der Bedürftigkeit bis zum zurückgelegten fünfzehnten Lebensjahr eine Rente von insgesammt zwanzig Prozent des Jahresarbeitsverdienstes gewährt.

§ 20. Die Renten der Hinterbliebenen dürfen insgesammt sechzig Prozent des Jahresarbeitsverdienstes nicht übersteigen. Ergiebt sich ein höherer Betrag, so werden die Renten gekürzt. Bei Ehegatten und Kindern erfolgt die Kürzung im Verhältnisse der Höhe ihrer Renten; Verwandte der aufsteigenden Linie haben einen Anspruch nur insoweit, als der Höchstbetrag der Renten nicht für Ehegatten oder Kinder in Anspruch genommen wird; Enkel nur insoweit, als der Höchstbetrag der Renten nicht für Ehegatten, Kinder oder Verwandte der aufsteigenden Linie in Anspruch genommen wird.

Sind aus der aufsteigenden Linie Verwandte verschiedenen Grades vorhanden, so wird die Rente den Eltern vor den Großeltern gewährt.

§ 21. Die Hinterbliebenen eines Ausländers, welche zur Zeit des Unfalls nicht im Inland ihren gewöhnlichen Aufenthalt hatten, haben keinen Anspruch auf die Rente. Durch Beschluß des Bundesraths kann diese Bestimmung für bestimmte Grenzgebiete sowie für die Angehörigen solcher auswärtiger Staaten, durch deren Gesetzgebung eine entsprechende Fürsorge für die Hinterbliebenen durch Betriebsunfall getödteter Deutscher gewährleistet ist, außer Kraft gesetzt werden.[1]

§ 22. An Stelle der in den §§ 9 und 12 vorgeschriebenen Leistungen kann von der Berufsgenossenschaft freie Kur und Verpflegung in einer Heilanstalt gewährt werden, und zwar:

1) für Verletzte, welche verheirathet sind oder eine eigene Haushaltung haben oder Mitglieder der Haushaltung ihrer Familie sind, mit ihrer Zustimmung. Der Zustimmung bedarf es nicht, wenn die Art der Verletzung Anforderungen an die Behandlung oder Verpflegung stellt, denen in der Familie nicht genügt werden kann, oder wenn der für den Aufenthaltsort des Verletzten amtlich bestellte Arzt bezeugt, daß Zustand oder Verhalten des Verletzten eine fortgesetzte Beobachtung erfordert;
2) für sonstige Verletzte in allen Fällen.

Hat die Berufsgenossenschaft von dieser Befugniß in den Fällen des § 12 Abs. 2 Gebrauch gemacht, so hat der Betriebsunternehmer als Ersatz für die freie Kur und Verpflegung der Berufsgenossenschaft das Einundeinhalbfache des im § 12 Abs. 2 bezeichneten Krankengeldes zu vergüten. Auf Streitigkeiten, welche aus Anlaß dieser Bestimmung zwischen der Berufsgenossenschaft und dem Betriebsunternehmer entstehen, findet der § 14 Anwendung.

Für die Zeit der Verpflegung des Verletzten in der Heilanstalt steht seinen Angehörigen ein Anspruch auf Rente insoweit zu, als sie dieselbe im Falle seines Todes würden beanspruchen können (§§ 16 ff.).

Die Berufsgenossenschaften sind befugt, auf Grund statutarischer Bestimmung allgemein, ohne eine solche im Falle der Bedürftigkeit,

---

[1] Vgl. CBl 1901 S. 210. 236.

dem in einer Heilanstalt untergebrachten Verletzten sowie seinen Angehörigen eine besondere Unterstützung zu gewähren.

§ 23. Ist begründete Annahme vorhanden, daß der Empfänger einer Unfallrente bei Durchführung eines Heilverfahrens eine Erhöhung seiner Erwerbsfähigkeit erlangen werde, so kann die Berufsgenossenschaft zu diesem Zwecke jederzeit ein neues Heilverfahren eintreten lassen. Dabei finden die Bestimmungen der §§ 11, 22 Abs. 1, 3, 4 Anwendung.

Hat sich der Verletzte solchen Maßnahmen der Berufsgenossenschaft, den gemäß § 9 Abs. 1 Ziffer 1, §§ 11, 12 Abs. 2, § 22 oder gemäß den Bestimmungen der §§ 76c, 76d des Krankenversicherungsgesetzes getroffenen Anordnungen ohne gesetzlichen oder sonst triftigen Grund entzogen, so kann ihm der Schadensersatz auf Zeit ganz oder theilweise versagt werden, sofern er auf diese Folge hingewiesen worden ist, und nachgewiesen wird, daß durch sein Verhalten die Erwerbsfähigkeit ungünstig beeinflußt wird.

§ 24. Der Vorstand der Berufsgenossenschaft kann einem Rentenempfänger auf seinen Antrag an Stelle der Rente Aufnahme in ein Invalidenhaus oder in ähnliche von Dritten unterhaltene Anstalten auf Kosten der Berufsgenossenschaft gewähren. Der Aufgenommene ist auf ein Vierteljahr und, wenn er die Erklärung nicht einen Monat vor Ablauf dieses Zeitraums zurücknimmt, jedesmal auf ein weiteres Vierteljahr an den Verzicht auf die Rente gebunden.

Verhältniß zu Krankenkassen, Armenverbänden rc.

§ 25. Die Verpflichtung der eingeschriebenen Hülfskassen sowie der sonstigen Kranken-, Sterbe-, Invaliden- und anderen Unterstützungskassen, den von Unfällen betroffenen Arbeitern und Betriebsbeamten sowie deren Angehörigen und Hinterbliebenen Unterstützungen zu gewähren, sowie die Verpflichtung von Gemeinden oder Armenverbänden zur Unterstützung hülfsbedürftiger Personen wird durch dieses Gesetz nicht berührt.

Wenn auf Grund solcher Verpflichtung Unterstützungen für einen Zeitraum geleistet werden, für welchen den Unterstützten nach Maßgabe dieses Gesetzes ein Entschädigungsanspruch zustand oder noch zusteht, so ist hierfür den die Unterstützung gewährenden Kassen, Gemeinden oder Armenverbänden durch Ueberweisung von Rentenbeträgen Ersatz zu leisten.

In Fällen dieser Art gilt für die unter das Krankenversicherungsgesetz fallenden Kassen als Ersatz der im § 6 Abs. 1 Ziffer 1 des Krankenversicherungsgesetzes bezeichneten Leistungen die Hälfte des gesetzlichen Mindestbetrags des Krankengeldes dieser Kassen, sofern nicht höhere Aufwendungen nachgewiesen werden.

Ist die von Kassen, Gemeinden oder Armenverbänden geleistete Unterstützung eine vorübergehende, so können als Ersatz höchstens drei Monatsbeträge der Rente, und zwar mit nicht mehr als der Hälfte in Anspruch genommen werden.

Ist die Unterstützung eine fortlaufende, so kann als Ersatz, wenn die Unterstützung in der Gewährung des Unterhalts in einer Anstalt besteht, für dessen Dauer und in dem zur Ersatzleistung erforderlichen Betrage die fortlaufende Ueberweisung der vollen Rente, im Uebrigen die fortlaufende Ueberweisung von höchstens der halben Rente beansprucht werden.

§ 26. Der Antrag auf Ueberweisung von Rentenbeträgen (§ 25 Abs. 2 bis 5) ist bei der Berufsgenossenschaft anzumelden; soweit es sich um den Ersatz für eine vorübergehende Unterstützung handelt, ist der Anspruch bei Vermeidung des Ausschlusses spätestens binnen drei Monaten seit Beendigung der Unterstützung geltend zu machen.

Streitigkeiten, welche aus den Bestimmungen des § 25 Abs. 2 bis 5 zwischen den Betheiligten über den Anspruch auf Ueberweisung von Rentenbeträgen entstehen, werden im Verwaltungsstreitverfahren und, wo ein solches nicht besteht, durch die dem Ersatzberechtigten vorgesetzte Aufsichtsbehörde entschieden. Die Entscheidung der Letzteren kann innerhalb eines Monats nach der Zustellung im Wege des Rekurses nach Maßgabe der §§ 20, 21 der Gewerbeordnung angefochten werden.

§ 27. Die Bestimmungen der §§ 25, 26 gelten auch für Betriebsunternehmer und Kassen, welche die den Gemeinden oder Armenverbänden obliegende Verpflichtung zur Unterstützung Hülfsbedürftiger auf Grund gesetzlicher Vorschrift erfüllen.

Träger der Versicherung (Berufsgenossenschaften).

§ 28. Die Versicherung erfolgt auf Gegenseitigkeit durch die Unternehmer der unter §§ 1, 2 fallenden Betriebe, welche zu diesem Zwecke in Berufsgenossenschaften vereinigt werden. Die Berufsgenossenschaften sind für bestimmte Bezirke zu bilden und umfassen innerhalb derselben alle Betriebe derjenigen Gewerbszweige, für welche sie errichtet sind. Von letzterer Bestimmung kann bei der Errichtung von Berufsgenossenschaften für Eisenbahnen oder die im § 1 Abs. 1 Ziffer 4 bezeichneten Betriebe abgesehen werden. Die auf Grund der §§ 12 bis 15, 31 des Unfallversicherungsgesetzes vom 6. Juli 1884 (Reichs-Gesetzbl. S. 69) und des § 11 des Gesetzes über die Ausdehnung der Unfall- und Krankenversicherung vom 28. Mai 1885 (Reichs-Gesetzbl. S. 159) errichteten Berufsgenossenschaften bleiben, vorbehaltlich der nach § 2 Abs. 2 des Gesetzes, betreffend die Abänderung der Unfallversicherungsgesetze, und nach § 52 dieses Gesetzes zulässigen Abänderungen, bestehen.

Betriebe, welche wesentliche Bestandtheile verschiedenartiger Gewerbszweige umfassen, sind derjenigen Berufsgenossenschaft zuzutheilen, welcher der Hauptbetrieb angehört. Durch das Genossenschaftsstatut kann bestimmt werden, daß die Versicherung auch bei den dem Betriebe der Land- oder Forstwirthschaft dienenden Nebenbetrieben gewerblicher Betriebe nach den Bestimmungen dieses Gesetzes zu erfolgen hat, wenn in diesen Nebenbetrieben überwiegend die im Hauptbetriebe verwendeten gewerblichen Arbeiter beschäftigt werden. Wenn das Statut eine solche Bestimmung enthält, so scheiden mit dem Zeitpunkt ihres Inkrafttretens die davon betroffenen Betriebe aus der Versicherung bei der Berufsgenossenschaft des Unfallversicherungsgesetzes für Land- und Forstwirthschaft aus.

Als Unternehmer gilt derjenige, für dessen Rechnung der Betrieb erfolgt.

Unfälle in fremden Betrieben hat die Berufsgenossenschaft dann zu entschädigen, wenn sich diese Unfälle bei Betriebshandlungen ereignen, zu welchen ein der Berufsgenossenschaft angehörender Betriebsunternehmer den Auftrag gegeben und für welche er die Löhne zu zahlen hat.

Die Berufsgenossenschaften können unter ihrem Namen Rechte erwerben und Verbindlichkeiten eingehen, vor Gericht klagen und verklagt werden.

Für die Verbindlichkeiten der Berufsgenossenschaft haftet den Gläubigern derselben nur das Genossenschaftsvermögen.

Aufbringung der Mittel.

§ 29. Die Mittel zur Deckung der von den Berufsgenossenschaften zu leistenden Entschädigungen und der Verwaltungskosten werden durch Beiträge aufgebracht, welche auf die Mitglieder nach Maßgabe der in ihren Betrieben von den Versicherten verdienten Gehälter und Löhne beziehungsweise des nach § 10 Abs. 4 anzurechnenden ortsüblichen Tagelohns gewöhnlicher erwachsener Tagearbeiter sowie der statutenmäßigen Gefahrentarife (§ 49) jährlich umgelegt werden.

Gehälter und Löhne, welche während der Beitragsperiode den Jahresbetrag von fünfzehnhundert Mark übersteigen, kommen hierbei mit dem überschießenden Betrage nur zu einem Drittel in Anrechnung.

§ 30. Abweichend von den Vorschriften im § 29 kann durch das Statut bestimmt werden, daß für die Umlegung der Beiträge die wirklich verdienten Gehälter und Löhne in Anrechnung kommen.

Für Betriebe, in welchen regelmäßig nicht mehr als fünf Arbeiter beschäftigt werden, kann durch Statut ferner bestimmt werden, daß und nach welchen Grundsätzen mit Zustimmung des Betriebsunternehmers ein Pauschbetrag statt der Einzellöhne bei der Berechnung der Beträge zu Grunde zu legen ist oder daß ein einheitlicher Mindestbeitrag, der vier Mark jährlich nicht übersteigen darf, zu entrichten ist.

Durch Statut kann bestimmt werden, daß die Arbeitgeber der im § 5 Abs. 1 lit. b bezeichneten Gewerbetreibenden die Beiträge für die von diesen beschäftigten versicherten Personen und, sofern die Versicherung auf die im § 5 Abs. 1 lit. b bezeichneten Gewerbetreibenden selbst durch Statut ausgedehnt ist, die Beiträge auch für diese zu zahlen haben.

§ 31. Zu anderen Zwecken als zur Deckung der von der Genossenschaft zu leistenden Entschädigungen und der Verwaltungskosten, zur Ansammlung des Reservefonds (§ 34), zur Gewährung von Prämien für Rettung Verunglückter und zu Zwecken der Unfallverhütung sowie mit Genehmigung des Reichs-Versicherungsamts zur Errichtung von Heil- oder Genesungsanstalten dürfen weder Beiträge von den Mitgliedern der Genossenschaft erhoben werden, noch Verwendungen aus dem Vermögen der Genossenschaft erfolgen.

Behufs Bestreitung der Verwaltungskosten können die Berufsgenossenschaften von den Mitgliedern für das erste Jahr einen Beitrag im voraus erheben. Falls das Statut hierüber nichts Anderes bestimmt, erfolgt die Aufbringung dieser Mittel nach Maßgabe der Zahl der von den Mitgliedern in ihren Betrieben beschäftigten versicherungspflichtigen Personen (§ 35).

§ 32. Auf die Beiträge können von den Mitgliedern nach Bestimmung des Statuts viertel- oder halbjährliche Vorschüsse erfordert werden. Dieselben bemessen sich für die einzelnen Mitglieder nach der Höhe der für das letztvergangene Rechnungsjahr auf sie umgelegten oder nach § 30 Abs. 2 gezahlten Beiträge und betragen jedesmal den vierten Theil beziehungsweise die Hälfte der letzteren, solange nicht die Genossenschaftsversammlung einen niedrigeren Betrag festgesetzt hat. Für neu eintretende Mitglieder sind die Vorschüsse nach demjenigen Betrage zu bemessen, welchen diese Mitglieder nach dem Umfang ihres Betriebs zu den Jahreslasten des letztvergangenen Rechnungsjahrs hätten beitragen müssen, wenn sie in demselben schon Mitglieder der Berufsgenossenschaft gewesen wären.

Die Vorschüsse sind binnen zwei Wochen nach den durch das Statut oder die Genossenschaftsversammlung bestimmten Fälligkeitsterminen an den Vorstand einzuzahlen.

§ 33. Unternehmer von Betrieben, deren Sitz sich im Auslande befindet, können, wenn sie vorübergehend im Inland einen versicherungspflichtigen Betrieb ausüben, vom Genossenschaftsvorstande mit Beiträgen bis zur doppelten Höhe und zur Sicherheitsleistung herangezogen werden.

§ 34. Die Berufsgenossenschaften haben einen Reservefonds anzusammeln. An Zuschlägen zur Bildung desselben sind bei der erstmaligen Umlegung der Entschädigungsbeträge dreihundert Prozent, bei der zweiten zweihundert, bei der dritten einhundertundfünfzig, bei der vierten einhundert, bei der fünften achtzig, bei der sechsten sechzig und von da an bis zur elften Umlegung jedesmal zehn Prozent weniger als Zuschlag zu den Entschädigungsbeträgen zu erheben. Nach Ablauf der ersten elf Jahre und, sofern das elfte Jahr beim Inkrafttreten dieses Gesetzes schon überschritten ist, von diesem letzteren Zeitpunkt ab haben die Berufsgenossenschaften dem jeweiligen Bestande des gesetzlichen Reservefonds drei Jahre lang je zehn Prozent und weiter in Zeiträumen von je drei Jahren je ein Prozent weniger bis herab zu je vier Prozent alljährlich zuzuschlagen und zwar jedesmal unter Anrechnung der Zinsen. Nach Ablauf dieser Zeit sind aus den Zinsen des Reservefonds diejenigen Beträge zu entnehmen, welche erforderlich sind, um eine weitere Steigerung des auf eine jede versicherte Person im Durchschnitt entfallenden Umlagebeitrags zu beseitigen. Der Rest der Zinsen ist dem Reservefonds weiter zuzuschlagen.

In dringenden Bedarfsfällen kann die Genossenschaft mit Genehmigung des Reichs-Versicherungsamts schon vorher die Zinsen und erforderlichen Falles auch den Kapitalbestand des Reservefonds angreifen. Die Wiederergänzung erfolgt alsdann nach näherer Anordnung des Reichs-Versicherungsamts.

Auf Antrag des Genossenschaftsvorstandes kann die Genossenschaftsversammlung jederzeit weitere Zuschläge zum Reservefonds beschließen. Solche Beschlüsse bedürfen der Genehmigung des Reichs-Versicherungsamts.

II. Organisation und Veränderung der Berufsgenossenschaften.

Ermittelung der versicherungspflichtigen Betriebe.

§ 35. Jeder Unternehmer eines unter §§ 1 und 2 fallenden, bisher der reichsgesetzlichen Unfallversicherung nicht unterstellten Betriebs hat diesen binnen einer von dem Reichs-Versicherungsamte zu bestimmenden und öffentlich bekannt zu machenden Frist unter Angabe des Gegenstandes und der Art desselben sowie die Zahl der durchschnittlich darin beschäftigten versicherungspflichtigen Personen bei der unteren Verwaltungsbehörde anzumelden.

Für die nicht angemeldeten Betriebe hat die untere Verwaltungsbehörde die Angaben nach ihrer Kenntniß der Verhältnisse zu ergänzen.

Dieselbe ist befugt, die Unternehmer nicht angemeldeter Betriebe zu einer Auskunft darüber innerhalb einer zu bestimmenden Frist durch Geldstrafen im Betrage bis zu einhundert Mark anzuhalten.

Die untere Verwaltungsbehörde hat ein nach Gewerbszweigen geordnetes Verzeichniß der Betriebe ihres Bezirkes unter Angabe des Gegenstandes und der Art des Betriebs sowie der Zahl der darin beschäftigten versicherungspflichtigen Personen aufzustellen. Das Verzeichniß ist der höheren Verwaltungsbehörde einzureichen und von dieser erforderlichen Falles zu berichtigen.

Die höhere Verwaltungsbehörde hat die Verzeichnisse sämmtlicher versicherungspflichtigen Betriebe ihres Bezirkes dem Reichs-Versicherungsamt einzureichen, welches sie den zuständigen Genossenschaftsvorständen überweist.

Statut der Genossenschaft. .....

Veröffentlichung des Namens und Sitzes der Genossenschaft. .....

Genossenschaftsvorstände. .....

§ 45. Die Mitglieder der Vorstände sowie die Vertrauensmänner haften der Genossenschaft für getreue Geschäftsverwaltung wie Vormünder ihren Mündeln und unterliegen, wenn sie absichtlich zum Nachtheile der Genossenschaft handeln, der Strafbestimmung des § 266 des Strafgesetzbuchs.

Bildung der Gefahrenklassen.

§ 49. Durch die Genossenschaftsversammlung sind für die zur Genossenschaft gehörenden Betriebe je nach dem Grade der mit denselben verbundenen Unfallgefahr entsprechende Gefahrenklassen zu bilden und über die Höhe der in denselben zu leistenden Beiträge (Gefahrentarif) Bestimmungen zu treffen. . . . . .

Theilung des Risikos.

§ 50. Durch das Statut kann vorgeschrieben werden, daß die Entschädigungsbeträge bis zu fünfundsiebenzig Prozent von den Sektionen zu tragen sind, in deren Bezirken die Unfälle eingetreten sind.

Die hiernach den Sektionen zur Last fallenden Beträge sind auf die Mitglieder derselben nach Maßgabe der für die Genossenschaft festgesetzten Gefahrenklassen und der in diesen zu leistenden Beiträge (§§ 29, 30, 49) umzulegen.

Gemeinsame Tragung des Risikos.

§ 51. Vereinbarungen von Genossenschaften, die von ihnen zu leistenden Entschädigungsbeträge ganz oder zum Theil gemeinsam zu tragen, sind zulässig. Derartige Vereinbarungen bedürfen zu ihrer Gültigkeit der Zustimmung der betheiligten Genossenschaftsversammlungen sowie der Genehmigung des Reichs-Versicherungsamts. Dieselben dürfen nur mit dem Beginn eines neuen Rechnungsjahrs in Wirksamkeit treten.

Die Vereinbarung hat sich darauf zu erstrecken, in welcher Weise der gemeinsam zu tragende Entschädigungsbetrag auf die betheiligten Genossenschaften zu vertheilen ist.

Ueber die Vertheilung des auf eine jede Genossenschaft entfallenden Antheils an der gemeinsam zu tragenden Entschädigung unter die Mitglieder der Genossenschaft entscheidet die Genossenschaftsversammlung. Mangels einer anderweiten Bestimmung wird dieser Antheil in gleicher Weise wie die von der Genossenschaft nach Maßgabe dieses Gesetzes zu leistenden Entschädigungsbeträge (§§ 29, 30, 49) umgelegt.

Abänderung des Bestandes der Berufsgenossenschaften.

§ 52. Nach erfolgtem Abschlusse der Organisation der Berufsgenossenschaften sind Aenderungen in deren Bestande mit dem Beginn eines neuen Rechnungsjahrs unter nachstehenden Voraussetzungen zulässig:

1) Die Vereinigung mehrerer Genossenschaften erfolgt auf übereinstimmenden Beschluß der Genossenschaftsversammlungen mit Genehmigung des Bundesraths.

2) Das Ausscheiden einzelner Gewerbszweige oder örtlich abgegrenzter Theile aus einer Genossenschaft und die Zutheilung derselben zu einer anderen Genossenschaft erfolgt auf Beschluß der betheiligten Genossenschaftsversammlungen mit Genehmigung des Bundesraths. Die Genehmigung kann versagt werden, wenn durch das Ausscheiden die Leistungsfähigkeit einer der betheiligten Genossenschaften in Bezug auf die ihr obliegenden Pflichten gefährdet wird.

3) Wird die Vereinigung mehrerer Genossenschaften oder das Ausscheiden einzelner Gewerbszweige oder örtlich abgegrenzter Theile aus einer Genossenschaft und die Zutheilung derselben zu einer anderen Genossenschaft auf Grund eines Genossenschaftsbeschlusses beantragt, dagegen von der anderen betheiligten Genossenschaft abgelehnt, so entscheidet auf Anrufen der Bundesrath.

4) Anträge auf Ausscheidung einzelner Gewerbszweige oder örtlich abgegrenzter Theile aus einer Genossenschaft und Errichtung einer besonderen Genossenschaft für dieselben sind zunächst der Beschlußfassung der Genossenschaftsversammlung zu unterbreiten und sodann dem Bundesrathe zur Entscheidung vorzulegen.

Die Genehmigung zur Errichtung der neuen Genossenschaft kann versagt werden, wenn die Anzahl der Betriebe, für welche die Berufsgenossenschaft gebildet werden soll, oder die Anzahl der in denselben beschäftigten Arbeiter zu gering ist, um die dauernde Leistungsfähigkeit der Berufsgenossenschaft in Bezug auf die bei der Unfallversicherung ihr obliegenden Pflichten zu gewährleisten, oder wenn Betriebe von der Aufnahme in die Berufsgenossenschaft ausgeschlossen werden sollen, welche wegen ihrer geringen Zahl oder wegen der geringen Zahl der in ihnen beschäftigten Arbeiter eine eigene leistungsfähige Berufsgenossenschaft zu bilden außer Stande sind und auch einer anderen Berufsgenossenschaft zweckmäßig nicht zugetheilt werden können.

Wird die Genehmigung ertheilt, so erfolgt die Beschlußfassung über das Statut für die neue Genossenschaft nach Maßgabe der Bestimmungen in den §§ 36 bis 39.

§ 53. Werden mehrere Genossenschaften zu einer Genossenschaft vereinigt, so gehen mit dem Zeitpunkte, zu welchem die Veränderung in Wirksamkeit tritt, alle Rechte und Pflichten der vereinigten Genossenschaften auf die neuerrichtete Genossenschaft über.

Wenn einzelne Gewerbszweige oder örtlich abgegrenzte Theile aus einer Genossenschaft ausscheiden und einer anderen Genossenschaft angeschlossen werden, so sind von dem Eintritte dieser Veränderung ab die Entschädigungsansprüche, welche gegen die erstere Genossenschaft aus den in Betrieben der ausscheidenden Genossenschaftstheile eingetretenen Unfällen erwachsen sind, von der Genossenschaft zu befriedigen, welcher die Genossenschaftstheile nunmehr angeschlossen sind.

Scheiden einzelne Gewerbszweige oder örtlich abgegrenzte Theile aus einer Genossenschaft unter Errichtung einer neuen Genossenschaft aus, so sind von dem Zeitpunkte der Ausscheidung ab die Entschädigungsansprüche, welche gegen die erstere Genossenschaft aus den in Betrieben der ausscheidenden Genossenschaftstheile eingetretenen Unfällen erwachsen sind, von der neuerrichteten Genossenschaft zu befriedigen.

Insoweit zufolge des Ausscheidens von Gewerbszweigen oder örtlich abgegrenzten Theilen Entschädigungsansprüche auf andere Genossenschaften übergehen, haben die letzteren Anspruch auf einen entsprechenden Theil des Reservefonds und des sonstigen Vermögens derjenigen Genossenschaft, aus welcher die Ausscheidung stattfindet.

Die Bestimmungen der Abs. 2 und 4 finden entsprechende Anwendung, wenn einzelne Betriebe oder Nebenbetriebe in Folge von Berichtigungen der Kataster von einer Berufsgenossenschaft auf eine andere übergehen.

Die vorstehenden Bestimmungen können durch übereinstimmenden Beschluß der betheiligten Genossenschaftsversammlungen abgeändert oder ergänzt werden.

Streitigkeiten, welche in Betreff der Vermögensauseinandersetzung zwischen den betheiligten Genossenschaften entstehen, werden mangels Verständigung derselben über eine schiedsgerichtliche Entscheidung von dem Reichs-Versicherungsamt entschieden.

Auflösung von Berufsgenossenschaften.

§ 54. Berufsgenossenschaften, welche zur Erfüllung der ihnen durch dieses Gesetz auferlegten Verpflichtungen leistungsunfähig werden, können auf Antrag des Reichs-Versicherungsamts von dem Bundesrath aufgelöst werden. Diejenigen Gewerbszweige, welche die aufgelöste Genossenschaft gebildet haben, sind anderen Berufsgenossenschaften nach deren Anhörung zuzutheilen. Mit der Auflösung der Genossenschaft gehen deren Rechtsansprüche und Verpflichtungen, vorbehaltlich der Bestimmung im § 127, auf das Reich über.

III. Mitgliedschaft des einzelnen Betriebs. Betriebsveränderungen.

Mitgliedschaft.

§ 55. Mitglied der Genossenschaft ist jeder Unternehmer eines Betriebs derjenigen Gewerbszweige, für welche die Genossenschaft errichtet ist, sofern der Betrieb im Bezirke der Genossenschaft seinen Sitz hat. Die Mitgliedschaft beginnt mit dem Zeitpunkte der Eröffnung des Betriebs oder des Beginns seiner Versicherungspflicht.

Stimmberechtigt ist jedes Mitglied der Genossenschaft, sofern es sich im Besitze der bürgerlichen Ehrenrechte befindet.

Betriebsanmeldung.

§ 56. Jeder Unternehmer eines versicherungspflichtigen Betriebs, welcher diesen nicht bereits angemeldet hat, ist verpflichtet, binnen einer Woche, nachdem er Mitglied einer Genossenschaft geworden ist (§ 55), der unteren Verwaltungsbehörde, in deren Bezirke der Betrieb belegen ist, eine Anzeige zu erstatten, welche

1) den Gegenstand und die Art des Betriebs,
2) die Zahl der versicherten Personen,
3) die Berufsgenossenschaft, welcher der Betrieb angehört,
4) falls es sich um einen nach dem Inkrafttreten des Gesetzes neu begonnenen oder versicherungspflichtig gewordenen Betrieb handelt, den Tag der Eröffnung beziehungsweise des Beginns der Versicherungspflicht

angiebt. Die Anzeige ist in zwei Exemplaren einzureichen. Ueber dieselbe ist eine Empfangsbescheinigung zu ertheilen.

Wird die Anzeige nicht rechtzeitig erstattet, so ist die untere Verwaltungsbehörde befugt, den Unternehmer zu einer Auskunft über die Beschaffenheit des Betriebs innerhalb einer zu bestimmenden Frist durch Geldstrafen im Betrage bis zu einhundert Mark anzuhalten.

In dem Betriebe hat der Unternehmer durch einen Aushang bekannt zu machen, welcher Berufsgenossenschaft und Sektion der Betrieb angehört, sowie die Adresse des Genossenschafts- und Sektionsvorstandes. Ist ein landwirthschaftlicher Betrieb an den gewerblichen Betrieb gemäß § 28 angeschlossen, so ist in dem Aushange darauf hinzuweisen.

IV. Feststellung und Auszahlung der Entschädigungen.

Anzeige und Untersuchung der Unfälle.

§ 63. Von jedem in einem versicherten Betriebe vorkommenden Unfalle, durch welchen eine in demselben beschäftigte Person getödtet wird oder eine Körperverletzung erleidet, welche eine völlige oder theilweise Arbeitsunfähigkeit von mehr als drei Tagen oder den Tod zur Folge hat, ist von dem Betriebsunternehmer bei der Ortspolizeibehörde und dem durch Statut zu bestimmenden Genossenschaftsorgane schriftlich Anzeige zu erstatten.

Dieselbe muß binnen drei Tagen nach dem Tage erfolgen, an welchem der Betriebsunternehmer von dem Unfalle Kenntniß erlangt hat.

Für den Betriebsunternehmer kann derjenige, welcher zur Zeit des Unfalls den Betrieb oder den Betriebstheil, in welchem sich der Unfall ereignete, zu leiten hatte, die Anzeige erstatten; im Falle der Abwesenheit oder Behinderung des Betriebsunternehmers ist er dazu verpflichtet.

Das Formular für die Anzeige wird vom Reichs-Versicherungsamte festgestellt.

Die Vorstände der unter Reichs- oder Staatsverwaltung stehenden Betriebe haben die im Abs. 1 vorgeschriebene Anzeige der vorgesetzten Dienstbehörde nach näherer Anweisung derselben zu erstatten.

§ 64. Jeder zur Anzeige gelangte Unfall, durch welchen eine versicherte Person getödtet ist oder eine Körperverletzung erlitten hat, die voraussichtlich einen Entschädigungsanspruch auf Grund dieses Gesetzes zur Folge haben wird, ist sobald als möglich, in den im § 76b des Krankenversicherungsgesetzes und im § 13 dieses Gesetzes bezeichneten Fällen spätestens unmittelbar nach Eingang eines entsprechenden Ersuchens der Berufsgenossenschaft oder der betheiligten Krankenkasse, von der Ortspolizeibehörde einer Untersuchung zu unterziehen, durch welche festzustellen sind:

1) die Veranlassung und Art des Unfalls,
2) die getödteten oder verletzten Personen,
3) die Art der vorgekommenen Verletzungen,
4) der Verbleib der verletzten Personen,
5) die Hinterbliebenen der durch den Unfall getödteten und die Angehörigen der durch den Unfall verletzten Personen, welche auf Grund dieses Gesetzes einen Entschädigungsanspruch erheben können,
6) die Höhe der Renten, welche der Verletzte etwa auf Grund der Unfallversicherungsgesetze oder des Invalidenversicherungsgesetzes bezieht.

Auf Antrag des Vorstandes der Genossenschaft oder der Sektion oder der betheiligten Krankenkasse hat die Ortspolizeibehörde die Untersuchung auch dann vorzunehmen, wenn sie die Voraussetzung des ersten Absatzes nicht als gegeben ansieht.

§ 65. An den Untersuchungsverhandlungen können Theil nehmen: der staatliche Aufsichtsbeamte (§ 139b der Gewerbeordnung), Vertreter der Genossenschaft, ein von dem Vorstande der Krankenkasse, welcher der Getödtete oder Verletzte zur Zeit des Unfalls angehört hat, bestellter Bevollmächtigter sowie der Betriebsunternehmer oder ein Vertreter desselben. Zu diesem Zwecke ist dem staatlichen Aufsichtsbeamten, dem Genossenschaftsvorstande, dem Kassenvorstand und dem Betriebsunternehmer von der Einleitung der Untersuchung rechtzeitig Kenntniß zu geben. Ist die Genossenschaft in Sektionen getheilt oder sind von der Genossenschaft Vertrauensmänner bestellt, so ist die Mittheilung von der Einleitung der Untersuchung an den Sektionsvorstand beziehungsweise an den Vertrauensmann zu richten.

Außerdem sind, soweit thunlich, die sonstigen Betheiligten und auf Antrag und Kosten der Genossenschaft Sachverständige zuzuziehen.

§ 66. Von dem über die Untersuchung aufgenommenen Protokolle sowie von den sonstigen Untersuchungsverhandlungen ist den Betheiligten auf ihren Antrag Einsicht und gegen Erstattung der Schreibgebühren Abschrift zu ertheilen. Die Erstattung der Schreibgebühren kann erlassen werden.

§ 67. Bei den im § 63 Abs. 5 bezeichneten Betrieben bestimmt die vorgesetzte Dienstbehörde diejenige Behörde, welche die Untersuchung nach den Bestimmungen der §§ 64 bis 66 vorzunehmen hat.

§ 68. Ereignet sich ein Unfall auf der Reise, so ist die nach § 63 Abs. 1 zu erstattende Anzeige an diejenige Ortspolizeibehörde im Inlande zu richten, in deren Bezirke sich der Unfall ereignet hat oder der erste Aufenthalt nach demselben genommen wird. Die Untersuchung des Unfalls (§ 64) erfolgt durch diejenige Ortspolizeibehörde, an welche die Anzeige erstattet ist. Auf Antrag Betheiligter (§ 65) kann jedoch die der Ortspolizeibehörde vorgesetzte Behörde die Untersuchung durch eine andere Ortspolizeibehörde herbeiführen. Die zur Führung der Untersuchung berufene Ortspolizeibehörde hat der Krankenkasse, welcher der Verletzte angehört, rechtzeitig von dem Zeitpunkt, in welchem die Untersuchung vorgenommen werden wird, Kenntniß zu geben.

Hinsichtlich der unter Reichs- oder Staatsverwaltung stehenden Betriebe bewendet es bei den Vorschriften im § 63 Abs. 5, § 67.

Feststellung der Entschädigungen.

§ 69. Die Beschlußfassung über die Feststellung der Entschädigungen (§§ 8 bis 24) erfolgt

1) sofern die Genossenschaft in Sektionen eingetheilt ist, durch den Vorstand der Sektion, wenn es sich handelt
   a) um die im § 9 Abs. 1 Ziffer 1 bezeichneten Leistungen,
   b) um die für die Dauer einer voraussichtlich vorübergehenden Erwerbsunfähigkeit zu gewährende Rente,
   c) um das Sterbegeld,
   d) um die Aufnahme des Verletzten in eine Heilanstalt,
   e) um die den Angehörigen eines Verletzten für die Zeit seiner Behandlung in einer Heilanstalt zu gewährende Rente;
2) in allen übrigen Fällen durch den Vorstand der Genossenschaft.

Das Genossenschaftsstatut kann bestimmen, daß die Feststellung der Entschädigungen in den Fällen des Abs. 1 Ziffer 1 durch einen Ausschuß des Sektionsvorstandes oder durch besondere Kommissionen oder durch örtliche Beauftragte (Vertrauensmänner), in den Fällen des Abs. 1 Ziffer 2 durch den Sektionsvorstand oder durch einen Ausschuß des Genossenschafts- oder Sektionsvorstandes oder durch besondere Kommissionen zu bewirken ist.

Soll auf Grund eines ärztlichen Gutachtens die Bewilligung einer Entschädigung abgelehnt oder nur eine Theilrente festgestellt werden, so ist vorher der behandelnde Arzt zu hören. Steht dieser zu der Genossenschaft in einem Vertragsverhältnisse, so ist auf Antrag ein anderer Arzt zu hören.

§ 70. Soll die Bewilligung einer Entschädigung abgelehnt werden, so ist diese Absicht dem Verletzten oder im Falle seines Todes seinen Hinterbliebenen, soweit sie nach §§ 16 bis 19, 21 entschädigungsberechtigt sein würden, mitzutheilen. Soll eine Entschädigung bewilligt werden, so ist den genannten Personen die Höhe der in Aussicht genommenen Entschädigung mit den rechnungsmäßigen Grundlagen mitzutheilen.

Der Verletzte sowie seine Hinterbliebenen (§§ 16 bis 19) sind befugt, auf diese Mittheilung innerhalb zweier Wochen sich zu äußern. Auf ihren innerhalb der gleichen Frist gestellten Antrag hat die untere Verwaltungsbehörde diese Aeußerung zu Protokoll zu nehmen. Wird ein solcher Antrag gestellt, so hat hiervon die untere Verwaltungsbehörde unverzüglich dem zuständigen Genossenschaftsorgane Kenntniß zu geben; dieses hat bis zum Eingange des Protokolls den Bescheid auszusetzen.

Bei den im Abs. 1 bezeichneten Mittheilungen hat das zuständige Genossenschaftsorgan auf die aus Abs. 2 und aus § 69 Abs. 3 sich ergebenden Befugnisse sowie auf die im Abs. 2 vorgesehene Frist hinzuweisen.

§ 71. Die Feststellung der Entschädigung hat in beschleunigtem Verfahren von Amtswegen zu erfolgen.

Für diejenigen verletzten Personen, für welche noch nach Ablauf von dreizehn Wochen nach dem Unfall eine weitere ärztliche Behandlung behufs Heilung der erlittenen Verletzungen nothwendig ist, hat sich die Feststellung zunächst mindestens auf die bis zur Beendigung des Heilverfahrens zu leistenden Entschädigungen zu erstrecken. Die weitere Entschädigung ist, sofern deren Feststellung früher nicht möglich ist, nach Beendigung des Heilverfahrens unverzüglich zu bewirken.

Kann die endgültige Feststellung nicht sofort erfolgen, so ist eine Entschädigung vorläufig zuzubilligen.

§ 72. Entschädigungsberechtigte, für welche die Entschädigung nicht von Amtswegen festgestellt ist, haben ihren Entschädigungsanspruch bei Vermeidung des Ausschlusses vor Ablauf von zwei Jahren nach dem Eintritte des Unfalls bei derjenigen Berufsgenossenschaft anzumelden, welcher die Entschädigungspflicht obliegt. Die Frist gilt auch dann als gewahrt, wenn die Anmeldung bei einem nicht zuständigen Genossenschaftsorgan oder bei einer anderen Berufsgenossenschaft oder bei der für den Wohnort des Entschädigungsberechtigten zuständigen unteren Verwaltungsbehörde erfolgt ist. In solchem Falle ist die Anmeldung unverzüglich an die zuständige Stelle abzugeben und der Betheiligte davon zu benachrichtigen.

Nach Ablauf der Frist ist der Anmeldung nur dann Folge zu geben, wenn zugleich glaubhaft bescheinigt wird, daß eine einen Entschädigungsanspruch begründende Folge des Unfalls erst später bemerkbar geworden oder daß der Entschädigungsberechtigte von der Verfolgung seines Anspruchs durch außerhalb seines Willens liegende Verhältnisse abgehalten worden ist, und wenn die Anmeldung innerhalb dreier Monate, nachdem eine Unfallfolge bemerkbar geworden oder das Hinderniß für die Anmeldung weggefallen, erfolgt ist.

§ 73. Wird der angemeldete Entschädigungsanspruch anerkannt, so ist die Entschädigung sofort festzustellen. Ist die Berufsgenossenschaft der Ansicht, daß ein entschädigungspflichtiger Unfall nicht vorliegt, so ist der Anspruch durch schriftlichen Bescheid abzulehnen. Der Bescheid ist mit Gründen zu versehen.

Ist die Genossenschaft der Ansicht, daß zwar ein entschädigungspflichtiger Unfall vorliegt, die Entschädigung aber von einer anderen Genossenschaft zu gewähren ist, so hat der Genossenschaftsvorstand dem Entschädigungsberechtigten eine vorläufige Fürsorge zuzuwenden und sich unter Mittheilung der gepflogenen Verhandlungen wegen Anerkennung der Entschädigungspflicht mit dem Vorstande der anderen Genossenschaft ins Benehmen zu setzen. Wird von diesem die Entschädigungspflicht abgelehnt oder innerhalb einer Frist von sechs Wochen eine Erklärung nicht abgegeben, so ist die Entscheidung des Reichs-Versicherungsamts darüber herbeizuführen, welche Berufsgenossenschaft entschädigungspflichtig ist. Die Entscheidung ist auch dem Entschädigungsberechtigten zuzustellen.

§ 74. Die Mitglieder der Genossenschaften sind verpflichtet, auf Erfordern der Behörden und der nach § 69 zur Feststellung der Entschädigung berufenen Stellen binnen einer Woche diejenigen Gehalts- und Lohnnachweisungen zu liefern, welche zur Feststellung der Entschädigung erforderlich sind.

Bescheid der Vorstände.

§ 75. Ueber die Feststellung der Entschädigung hat diejenige Stelle (§ 69), welche sie vorgenommen hat, dem Entschädigungsberechtigten einen schriftlichen Bescheid zu ertheilen, aus welchem die Höhe der Entschädigung und die Art ihrer Berechnung zu ersehen ist. Bei Entschädigungen für erwerbsunfähig gewordene Verletzte ist namentlich anzugeben, in welchem Maße die Erwerbsunfähigkeit angenommen worden ist.

Berufung.

§ 76. Gegen den Bescheid, durch welchen der Entschädigungsanspruch abgelehnt wird, sowie gegen den Bescheid, durch welchen die Entschädigung festgestellt wird, findet die Berufung auf schiedsgerichtliche Entscheidung statt.

Die Berufung ist bei Vermeidung des Ausschlusses innerhalb eines Monats nach der Zustellung des Bescheids bei dem Schiedsgerichte (Gesetz, betreffend die Abänderung der Unfallversicherungsgesetze, § 3) zu erheben, in dessen Bezirke der Betrieb, in welchem der Unfall sich ereignet hat, belegen ist.

Die Frist gilt auch dann als gewahrt, wenn innerhalb derselben die Berufung bei einer anderen inländischen Behörde oder bei einem Genossenschaftsorgan eingegangen ist. Diese haben die Berufungsschrift unverzüglich an das zuständige Schiedsgericht abzugeben.

Der Bescheid muß die Bezeichnung des für die Berufung zuständigen Schiedsgerichts sowie die Belehrung über die einzuhaltende Frist enthalten.

Die Berufung hat, ausgenommen im Falle des § 23, keine aufschiebende Wirkung.

§ 77. Bildet in dem Falle des § 15 Abs. 1 Ziffer 2 die Anerkennung oder Nichtanerkennung des Rechtsverhältnisses zwischen dem Getödteten und dem die Entschädigung Beanspruchenden die Voraussetzung des Anspruchs, so kann das Schiedsgericht den Betheiligten aufgeben, zuvörderst die Feststellung des betreffenden Rechtsverhältnisses im ordentlichen Rechtswege herbeizuführen. In diesem Falle ist die Klage bei Vermeidung des Ausschlusses binnen einer vom Schiedsgerichte zu bestimmenden, mindestens auf einen Monat zu bemessenden Frist nach der Zustellung des hierüber ertheilten Bescheids des Schiedsgerichts zu erheben.

Nachdem im ordentlichen Rechtsweg eine rechtskräftige Entscheidung ergangen ist, hat das Schiedsgericht auf erneuten Antrag über den Entschädigungsanspruch zu entscheiden.

§ 78. Das Schiedsgericht hat, wenn es den Entschädigungsanspruch für begründet erachtet, zugleich die Höhe der Entschädigung und den Beginn der Rente festzustellen. Hat das Schiedsgericht in besonderen Ausnahmefällen, welche das Reichs-Versicherungsamt näher bestimmen darf, den Anspruch nur dem Grunde nach anerkannt und nicht gleichzeitig über die Höhe der Entschädigung und den Beginn der Rente entschieden, so hat das Schiedsgericht unverzüglich eine vorläufige Entschädigung zu bewilligen, gegen deren Feststellung ein Rechtsmittel nicht stattfindet. Sobald der Entschädigungsanspruch rechtskräftig feststeht, ist die Höhe der Entschädigung und der Beginn der Rente, sofern dies nicht bereits früher geschehen ist, festzustellen. Die vorläufig gezahlten Beträge werden auf die endgültig angewiesene Rente angerechnet.

§ 79. Die Entscheidung des Schiedsgerichts ist dem Berufenden und demjenigen Genossenschaftsorgane, welches den angefochtenen Bescheid erlassen hat, in Ausfertigung zuzustellen.

Rekurs.

§ 80. Gegen die Entscheidung des Schiedsgerichts steht in den Fällen des § 69 Abs. 1 Ziffer 2, vorbehaltlich der Bestimmungen des § 90 Abs. 2 und des § 95 Abs. 1, dem Verletzten oder dessen Hinterbliebenen sowie dem Genossenschaftsvorstande das Rechtsmittel des Rekurses zu. Der Rekurs des Vorstandes hat aufschiebende Wirkung insoweit, als es sich um Beträge handelt, die für die Zeit vor dem Erlasse der angefochtenen Entscheidung nachträglich gezahlt werden sollen. Im Uebrigen hat der Rekurs keine aufschiebende Wirkung.

Werden mit der Anfechtung einer Entscheidung des Schiedsgerichts in den im § 69 Abs. 1 Ziffer 1 bezeichneten Angelegenheiten

Rekursanträge wegen der im § 69 Abs. 1 Ziffer 2 bezeichneten Angelegenheiten verbunden, so darf die Entscheidung des Schiedsgerichts über die zuerst bezeichneten Angelegenheiten in dem Rekursverfahren nur dann abgeändert werden, wenn im Uebrigen den Rekursanträgen Folge gegeben wird.

Ueber den Rekurs entscheidet das Reichs-Versicherungsamt. Das Rechtsmittel ist bei demselben zur Vermeidung des Ausschlusses innerhalb eines Monats nach der Zustellung der Entscheidung des Schiedsgerichts einzulegen; die Bestimmung des § 76 Abs. 3 findet entsprechende Anwendung.

§ 81. Ist der Rekurs unzulässig (§ 80 Abs. 1) oder verspätet (§ 80 Abs. 3), so hat das Reichs-Versicherungsamt den Rekurs ohne mündliche Verhandlung zurückzuweisen; ebenso kann es verfahren, wenn die bei dem Beschlusse mitwirkenden Mitglieder einstimmig den Rekurs für offenbar ungerechtfertigt erachten. Anderenfalls hat das Reichs-Versicherungsamt nach mündlicher Verhandlung zu entscheiden.

Wird das angefochtene Urtheil aufgehoben, so kann das Reichs-Versicherungsamt, statt in der Sache selbst zu entscheiden, dieselbe an das Schiedsgericht oder an das zuständige Genossenschaftsorgan zurückverweisen. Dabei kann das Reichs-Versicherungsamt bestimmen, daß dem Entschädigungsberechtigten eine ihrem Betrage nach bestimmte Rente vorläufig zu zahlen ist. Im Falle der Zurückverweisung ist die rechtliche Beurtheilung, auf welche das Reichs-Versicherungsamt die Aufhebung gestützt hat, den weiteren Entscheidungen oder Bescheiden zu Grunde zu legen.

§ 82. Kommt nach Ansicht des Reichs-Versicherungsamts nicht die im Verfahren in Anspruch genommene, sondern eine andere Berufsgenossenschaft als entschädigungspflichtig in Frage, so kann das Reichs-Versicherungsamt diese andere Genossenschaft zur Verhandlung beiladen und gegebenen Falles zur Leistung der Entschädigung verurtheilen, auch wenn ein Anspruch gegen dieselbe bereits rechtskräftig abgelehnt worden ist.

§ 83. Sobald einem Verletzten oder dessen Hinterbliebenen ein Entschädigungsanspruch gegenüber einer Genossenschaft rechtskräftig zuerkannt ist, kann auf Antrag ein gegenüber einer anderen Genossenschaft wegen desselben Unfalls etwa schwebendes Verfahren durch Beschluß des Reichs-Versicherungsamts eingestellt werden.

Sind, abgesehen von den Fällen des § 85, wegen desselben Unfalls Entschädigungsansprüche gegen mehrere Genossenschaften rechtskräftig anerkannt, so hat das Reichs-Versicherungsamt die zu Unrecht ergangene Feststellung oder Entscheidung aufzuheben.

Die auf Grund der aufgehobenen Feststellung oder Entscheidung geleisteten Zahlungen sind zu ersetzen; der Anspruch des Verletzten geht insoweit auf die ersatzberechtigte Genossenschaft über.

§ 84. Auf die Anfechtung rechtskräftiger Entscheidungen über einen Entschädigungsanspruch finden, unbeschadet der Bestimmungen der §§ 82, 83, die Vorschriften der Civilprozeßordnung über die Wiederaufnahme des Verfahrens entsprechende Anwendung, soweit nicht durch Kaiserliche Verordnung mit Zustimmung des Bundesraths etwas Anderes bestimmt wird.

§ 85. Hat die Beschäftigung, bei welcher sich der Unfall ereignet hat, für mehrere zu verschiedenen Berufsgenossenschaften gehörende Betriebe stattgefunden, so können die betheiligten Genossenschaften die Entschädigungsverpflichtung unter sich vertheilen. Kommt eine Einigung nicht zu Stande, so ist das Reichs-Versicherungsamt berechtigt, auf Antrag einer betheiligten Genossenschaft die Vertheilung zu bestimmen. In solchem Falle ist nach Anhörung der betheiligten Vorstände nach billigem Ermessen festzustellen, mit welchem Antheile jede Genossenschaft an der Unfallentschädigung betheiligt ist, und welche Beträge derjenigen, welche vorläufig Entschädigung geleistet hat, zu erstatten sind.

Die Heranziehung einer der im vorstehenden Absatze bezeichneten Genossenschaften zur Aufbringung eines Antheils an der Entschädigung kann auch dann noch erfolgen, wenn ein ablehnender Bescheid der Genossenschaft oder eine den Anspruch des Entschädigungsberechtigten ihr gegenüber zurückweisende Entscheidung rechtskräftig geworden ist.

Die für die Feststellung der Entschädigung zuständige Genossenschaft ist mangels einer Vereinbarung durch das Reichs-Versicherungsamt zu bestimmen.

§ 86. Die Berufsgenossenschaften sind befugt, von der Rückforderung der gemäß §§ 76, 78, 81 Abs. 2 vor rechtskräftiger Entscheidung gezahlten Entschädigungen abzusehen.

§ 87. Nach erfolgter Feststellung der Entschädigung (§§ 69 ff.) hat der Genossenschaftsvorstand dem Berechtigten die mit der Zahlung beauftragte Postanstalt (§ 97) zu bezeichnen und der unteren Verwaltungsbehörde des Wohnorts über die dem Berechtigten zustehenden Bezüge Mittheilung zu machen. Das Gleiche gilt beim Eintritte von Veränderungen.

Veränderung der Verhältnisse.

§ 88. Tritt in den Verhältnissen, welche für die Feststellung der Entschädigung maßgebend gewesen sind, eine wesentliche Veränderung ein, so kann eine anderweite Feststellung erfolgen.

Nach Ablauf von zwei Jahren von der Rechtskraft des Bescheids oder der Entscheidung ab, durch welche die Entschädigung zuerst endgültig festgestellt worden ist, darf wegen einer im Zustande des Verletzten eingetretenen Veränderung eine anderweite Feststellung, sofern nicht zwischen der Berufsgenossenschaft und dem Empfangsberechtigten über einen kürzeren Zeitraum ausdrückliches Einverständniß erzielt ist, nur in Zeiträumen von mindestens einem Jahre beantragt oder vorgenommen werden.

Die anderweite Feststellung erfolgt innerhalb der ersten fünf Jahre von der Rechtskraft der erwähnten Bescheide oder Entscheidungen ab auf Antrag oder von Amtswegen durch Bescheid der Berufsgenossenschaft, später, sofern nicht über die anderweite Feststellung zwischen der Berufsgenossenschaft und dem Empfangsberechtigten ausdrückliches Einverständniß erzielt ist, nur auf Antrag durch Entscheidung des Schiedsgerichts.

Zu dem Antrag auf Wiederaufnahme eines Heilverfahrens ist neben dem Verletzten auch die Krankenkasse, der er angehört, berechtigt.

§ 89. Wird innerhalb der ersten fünf Jahre ein neuer Bescheid erlassen, bevor die frühere Entscheidung über die Höhe der Entschädigung die Rechtskraft erlangt hat, so muß die Rechtsmittelbelehrung in dem die Rente abändernden Bescheide darauf hinweisen, daß durch das gegen den früheren Bescheid eingelegte Rechtsmittel der Eintritt der Rechtskraft des neuen Bescheids nicht gehemmt wird. Abschrift des neuen Bescheids ist derjenigen Stelle, bei welcher das Verfahren über den älteren Bescheid schwebt, mitzutheilen. Diese ist berechtigt, bei Entscheidung der älteren Sache darüber zu befinden, welche Entschädigung für die Zeit nach Erlaß des neuen Bescheids zu gewähren ist. Ein in Folge der Anfechtung des neuen Bescheids etwa eingeleitetes Verfahren ist alsdann einzustellen.

Vor einer Herabsetzung oder Aufhebung der Rente ist dem Rentenempfänger unter Mittheilung derjenigen Unterlagen, auf Grund deren die Herabsetzung oder Aufhebung erfolgen soll, Gelegenheit zur Aeußerung zu geben.

Eine Erhöhung der Rente kann nur für die Zeit nach Anmeldung des höheren Anspruchs gefordert werden.

Eine Minderung, Einstellung (§ 94) oder Aufhebung der Rente tritt mit Ablauf des Monats in Wirksamkeit, in welchem der die Veränderung aussprechende Bescheid zugestellt worden ist.

§ 90. Die anderweite Feststellung einer Rente nach Ablauf der ersten fünf Jahre kann nur für die Zeit nach Zustellung des Antrags gefordert werden. Im Uebrigen wird der Zeitpunkt, von welchem an die Erhöhung, Minderung oder Aufhebung der Rente in Kraft treten soll, in der Entscheidung des Schiedsgerichts festgesetzt. Ebenso bestimmt das Schiedsgericht, in welchen Summen und Fristen die seit dem Inkrafttreten der Rentenminderung etwa bezahlten Mehrbeträge durch Kürzung späterer Rentenbezüge zur Erstattung gelangen sollen. Das Schiedsgericht kann auf Antrag auch schon vor dieser Entscheidung im Wege der einstweiligen Verfügung anordnen, daß die fernere Rentenzahlung bis zur rechtskräftigen Entscheidung über den Antrag auf Aufhebung oder Minderung der Rente ganz oder theilweise eingestellt werde.

Auf die Entscheidungen des Schiedsgerichts finden die Bestimmungen der §§ 80 ff. über das Rechtsmittel des Rekurses entsprechende Anwendung. Gegen die im Abs. 1 Satz 2 bis 4 bezeichneten Entscheidungen und Verfügungen des Schiedsgerichts findet jedoch ein Rechtsmittel nicht statt.

Wird der Antrag auf Abänderung der Rente dem Schiedsgericht unterbreitet, bevor die frühere Entscheidung über die Höhe der Entschädigung die Rechtskraft erlangt hat, so ist die Stelle, bei welcher das frühere Verfahren anhängig ist, berechtigt, in diesem darüber zu befinden, welche Entschädigung für die Zeit nach Zustellung des Antrags auf Abänderung der Rente zu gewähren ist.

§ 91. Die anderweite Rentenfestsetzung nach Abschluß eines neuen Heilverfahrens, die Einstellung von Rentenzahlungen (§ 94) sowie die Ablösung einer Rente durch Kapitalzahlung (§ 95) erfolgt auch nach Ablauf des im § 88 Abs. 3 vorgesehenen Zeitraums durch Bescheid der Berufsgenossenschaft.

§ 92. Ist der Verletzte, für welchen eine Entschädigung festgestellt war, in Folge der Verletzung gestorben, so muß der Anspruch auf Gewährung einer Entschädigung für die Hinterbliebenen, falls diese Entschädigung nicht von Amtswegen festgestellt ist, bei Vermeidung des Ausschlusses vor Ablauf von zwei Jahren nach dem Tode des Verletzten bei dem zuständigen Vorstand oder bei der für den Wohnort des Entschädigungsberechtigten zuständigen unteren Verwaltungsbehörde angemeldet werden. Nach Ablauf dieser Frist ist der Anmeldung nur dann Folge zu geben, wenn zugleich glaubhaft bescheinigt wird, daß der Entschädigungsberechtigte von der Verfolgung seines Anspruchs durch außerhalb seines Willens liegende Verhältnisse abgehalten worden ist, und die Anmeldung innerhalb dreier Monate, nachdem das Hinderniß weggefallen, erfolgt ist. Im Uebrigen finden auf das Verfahren die Vorschriften der §§ 69 bis 87 entsprechende Anwendung.

Fälligkeitstermine.

§ 93. Kosten des Heilverfahrens und Sterbegelder sind binnen einer Woche nach ihrer Feststellung, Renten in monatlichen, und wenn sich der Jahresbetrag auf sechzig Mark oder weniger beläuft, in vierteljährlichen Beträgen im voraus zu zahlen, letzteres insoweit, als nicht im voraus anzunehmen ist, daß die Rente vor Ablauf des Vierteljahrs fortfällt. Die Renten werden auf volle fünf Pfennig für den Monat beziehungsweise das Vierteljahr nach oben abgerundet.

Im Einverständnisse mit dem Entschädigungsberechtigten kann die Berufsgenossenschaft anordnen, daß die Zahlung in längeren Zeitabschnitten erfolgt.

Fällt das Recht auf den Rentenbezug im Laufe des Monats, für welchen die Rente gezahlt war, fort, so ist von einer Rückforderung abzusehen. Wenn für einen Theil des Monats die Rente für den Verletzten mit der Rente für die Hinterbliebenen zusammentrifft, so haben die Hinterbliebenen den höheren Betrag zu beanspruchen.

Ein Verzicht auf die Rückforderung ist auch dann zulässig, wenn die Rente für längere Zeitabschnitte gezahlt war.

Ruhen der Rente.

§ 94. Das Recht auf Bezug der Rente ruht:

1) solange der Berechtigte eine die Dauer von einem Monat übersteigende Freiheitsstrafe verbüßt oder solange er in einem Arbeitshaus oder einer Besserungsanstalt untergebracht ist. Hat der Berechtigte im Inlande wohnende Angehörige, welche im Falle seines Todes Anspruch auf Rente haben würden, so ist diesen die Rente bis zur Höhe jenes Anspruchs zu überweisen;
2) solange der berechtigte Ausländer nicht im Inlande seinen gewöhnlichen Aufenthalt hat. Diese Bestimmung kann durch Beschluß des Bundesraths für bestimmte Grenzgebiete oder für solche auswärtige Staaten, durch deren Gesetzgebung deutschen, durch einen Betriebsunfall verletzten Arbeitern eine entsprechende Fürsorge gewährleistet ist, außer Kraft gesetzt werden;[1]
3) solange der berechtigte Inländer im Auslande sich aufhält und es unterläßt, der Berufsgenossenschaft seinen Aufenthalt mitzutheilen.

Das Reichs-Versicherungsamt hat über die Mittheilung des Aufenthaltsorts nähere Vorschriften zu erlassen und darin anzuordnen, daß der Rentenberechtigte sich von Zeit zu Zeit bei einem deutschen Konsul persönlich vorzustellen hat.

Weist der Entschädigungsberechtigte nach, daß er der Vorstellungspflicht ohne sein Verschulden nicht hat genügen können, so lebt insoweit das Recht auf den Bezug der Rente wieder auf.

Kapitalabfindungen.

§ 95. Ist bei theilweiser Erwerbsunfähigkeit eine Rente von fünfzehn oder weniger Prozent der Vollrente festgestellt, so kann nach Anhörung der unteren Verwaltungsbehörde die Berufsgenossenschaft den Entschädigungsberechtigten auf seinen Antrag durch eine entsprechende Kapitalzahlung abfinden. Der Verletzte muß vor Annahme seines Antrags darüber belehrt werden, daß er nach der Abfindung auch in dem Falle keinerlei Anspruch auf Rente mehr habe, wenn sein Zustand sich erheblich verschlechtern würde. Gegen den Bescheid, durch welchen die Kapitalabfindung festgesetzt wird, ist Berufung (§ 76) zulässig. Das Rechtsmittel hat in diesem Falle aufschiebende Wirkung. Bis zur Verkündung der Entscheidung kann der Antrag zurückgezogen werden. Die Entscheidung des Schiedsgerichts ist endgültig. Sie kann nur auf Bestätigung oder auf Aufhebung des Bescheids lauten.

---

[1] Vgl. CBl 1900, S. 541; 1901 S. 236.

Ist der Entschädigungsberechtigte ein Ausländer, so kann er, falls er seinen Wohnsitz im Deutschen Reiche aufgiebt, auf seinen Antrag mit dem dreifachen Betrage der Jahresrente abgefunden werden. Durch Beschluß des Bundesraths kann diese Bestimmung für bestimmte Grenzgebiete oder für die Angehörigen solcher auswärtiger Staaten, durch deren Gesetzgebung deutschen, durch Unfall verletzten Arbeitern eine entsprechende Fürsorge gewährleistet ist, außer Kraft gesetzt werden.

Diese Bestimmungen finden auch Anwendung auf solche Renten, welche vor dem Inkrafttreten dieses Gesetzes festgestellt worden sind. Wird eine solche Abfindung im Laufe der ersten drei Jahre nach Inkrafttreten des Gesetzes ausgesprochen, so sind die Berufsgenossenschaften berechtigt, die erforderlichen Mittel aus dem Reservefonds zu entnehmen. Dieser ist dann nach näherer Anordnung des Reichs-Versicherungsamts (§ 34 Abs. 2) wieder zu ergänzen.

Uebertragung der Ansprüche.

§ 96. Die Uebertragung der aus diesem Gesetze sich ergebenden Ansprüche auf Dritte sowie deren Verpfändung oder Pfändung hat nur insoweit rechtliche Wirkung, als sie erfolgt:

1) zur Deckung eines Vorschusses, welcher dem Berechtigten auf seine Ansprüche vor Anweisung der Rente oder des Sterbegeldes von dem Betriebsunternehmer oder einem Genossenschaftsorgan oder dem Mitglied eines solchen Organs gegeben worden ist;
2) zur Deckung der im § 850 Abs. 4 der Civilprozeßordnung bezeichneten Forderungen;
3) zur Deckung von Forderungen der nach §§ 25, 27 ersatzberechtigten Gemeinden, Armenverbände und an deren Stelle getretenen Betriebsunternehmer und Kassen, der Krankenkassen sowie der Versicherungsanstalten für Invalidenversicherung.

Die Ansprüche dürfen nur auf geschuldete Beiträge, auf gezahlte Vorschüsse, auf zu Unrecht gezahlte Entschädigungen, auf die zu erstattenden Kosten des Verfahrens, auf die vom Vorstande verhängten Geldstrafen sowie auf die im § 136 Abs. 1 bezeichneten Regreßansprüche der Berufsgenossenschaften aufgerechnet werden.

Ausnahmsweise darf der Berechtigte den Anspruch ganz oder zum Theil auf Andere übertragen, sofern dies von der unteren Verwaltungsbehörde genehmigt wird.

Auszahlungen durch die Post.

§ 97. Die Auszahlung der auf Grund dieses Gesetzes zu leistenden Entschädigungen wird auf Anweisung des Genossenschaftsvorstandes vorschußweise durch die Postverwaltung und zwar durch diejenigen Postanstalten bewirkt, in deren Bezirke die Empfangsberechtigten ihren Wohnsitz haben.

Verlegt der Empfangsberechtigte seinen Wohnsitz, so hat er die Ueberweisung der Auszahlung der ihm zustehenden Entschädigung an die Postanstalt seines neuen Wohnorts bei dem Vorstande, von welchem die Zahlungsanweisung erlassen worden ist, oder bei der Postanstalt des bisherigen Wohnsitzes zu beantragen.

Liquidationen der Post.

§ 98. Binnen acht Wochen nach Ablauf jedes Rechnungsjahrs haben die Zentral-Postbehörden den einzelnen Genossenschaftsvorständen Nachweisungen der auf Anweisung der Vorstände geleisteten Zahlungen zuzustellen und gleichzeitig die Postkassen zu bezeichnen, an welche die zu erstattenden Beträge einzuzahlen sind.

Umlage- und Erhebungsverfahren.

§ 99. Die von den Zentral-Postverwaltungen zur Erstattung liquidirten Beträge sind von den Genossenschaftsvorständen gleichzeitig mit den Verwaltungskosten unter Berücksichtigung der auf Grund der §§ 50, 51 etwa vorliegenden Verpflichtungen oder Berechtigungen nach dem festgestellten Vertheilungsmaßstab auf die Genossenschaftsmitglieder umzulegen und von denselben einzuziehen. . . . .

Abführung der Beträge an die Postkassen.

§ 106. Die Genossenschaftsvorstände haben die von den Zentral-Postbehörden liquidirten Beträge innerhalb dreier Monate nach Empfang der Liquidationen an die ihnen bezeichneten Postkassen abzuführen.

Gegen Genossenschaften, welche mit der Erstattung der Beträge im Rückstande bleiben, ist auf Antrag der Zentral-Postbehörden von dem Reichs-Versicherungsamte, vorbehaltlich der Bestimmungen des § 54, das Zwangsbeitreibungsverfahren einzuleiten.

Das Reichs-Versicherungsamt ist befugt, zur Deckung der Ansprüche der Postverwaltungen zunächst über bereite Bestände der Genossenschaftskassen zu verfügen. Soweit diese nicht ausreichen, hat dasselbe das Beitreibungsverfahren gegen die Mitglieder der Genossenschaft einzuleiten und bis zur Deckung der Rückstände durchzuführen.

Vermögensverwaltung.

§ 107. Die Einnahmen und Ausgaben der Berufsgenossenschaften sind von allen den Zwecken der letzteren fremden Vereinnahmungen und Verausgabungen gesondert festzustellen und zu verrechnen, ebenso sind die Bestände gesondert zu verwahren.

Das Reichs-Versicherungsamt trifft nach Bedarf Bestimmung über die Aufbewahrung von Werthpapieren.

§ 108. Die Bestände der Berufsgenossenschaften müssen in der durch §§ 1806 bis 1808 des Bürgerlichen Gesetzbuchs bezeichneten Weise angelegt werden.

Außerdem dürfen dieselben in Werthpapieren, welche nach landesgesetzlichen Vorschriften zur Anlegung von Mündelgeldern zugelassen sind, sowie in solchen auf den Inhaber lautenden Pfandbriefen deutscher Hypotheken-Aktienbanken angelegt werden, welche die Reichsbank in Klasse I beleiht.

§ 109. Die Landes-Zentralbehörde desjenigen Bundesstaats, in dessen Gebiete die Berufsgenossenschaft ihren Sitz hat, kann genehmigen, daß die Bestände der Berufsgenossenschaft auch in Darlehen an Gemeinden und weitere Kommunalverbände angelegt werden; sie kann ferner anordnen, daß bei der Anlegung des Genossenschaftsvermögens einzelne Gattungen zinstragender Papiere nur bis zu einem näher zu bestimmenden Betrag erworben werden dürfen. Erstreckt sich der Bezirk der Genossenschaft auf Gebiete oder Gebietstheile mehrerer Bundesstaaten, so bedarf es der Zustimmung der Zentralbehörden dieser Bundesstaaten oder, sofern ein Einverständniß nicht erzielt wird, der Zustimmung des Bundesraths.

Die Landes-Zentralbehörde desjenigen Bundesstaats, in dessen Gebiete die Berufsgenossenschaft ihren Sitz hat, kann widerruflich gestatten, daß zeitweilig verfügbare baare Bestände auch in anderer als der im § 108 bezeichneten Weise vorübergehend angelegt werden.

§ 110. Die Berufsgenossenschaften können mit Genehmigung des Reichs-Versicherungsamts einen Theil ihres Vermögens in anderer als der nach §§ 108, 109 zulässigen Weise, insbesondere in Grundstücken anlegen. Will eine Genossenschaft mehr als den vierten Theil ihres Vermögens in dieser Weise anlegen, so bedarf sie dazu außerdem, sofern sie der Aufsicht eines Landes-Versicherungsamts unterstellt ist, der Genehmigung der Landes-Zentralbehörde, im Uebrigen der Genehmigung des Bundesraths. Eine solche Anlage ist jedoch nur in Werthpapieren, oder für die Zwecke der Verwaltung, zur Vermeidung von Vermögensverlusten für die Genossenschaft, oder für solche Veranstaltungen zulässig, welche ausschließlich oder überwiegend der versicherungspflichtigen Bevölkerung zu gute kommen. Mehr als die Hälfte ihres Vermögens darf jedoch eine Berufsgenossenschaft in der bezeichneten Weise nicht anlegen.

§ 111. Ueber die gesammten Rechnungsergebnisse eines Rechnungsjahrs ist nach Abschluß desselben alljährlich dem Reichstag eine vom Reichs-Versicherungsamt aufzustellende Nachweisung vorzulegen.

Das Rechnungsjahr beginnt mit dem 1. Januar und endet mit dem 31. Dezember.

V. Unfallverhütung. Ueberwachung der Betriebe.

Unfallverhütungsvorschriften.

§ 112. Die Genossenschaften sind befugt und können im Aufsichtsweg angehalten werden, Vorschriften zu erlassen:

1) über die von den Mitgliedern zur Verhütung von Unfällen in ihren Betrieben zu treffenden Einrichtungen und Anordnungen unter Bedrohung der Zuwiderhandelnden mit Geldstrafen bis zu eintausend Mark oder mit der Einschätzung ihrer Betriebe in eine höhere Gefahrenklasse oder, falls sich die letzteren bereits in der höchsten Gefahrenklasse befinden, mit Zuschlägen bis zum doppelten Betrag ihrer Beiträge.

Für die Herstellung der vorgeschriebenen Einrichtungen ist den Mitgliedern eine angemessene Frist zu bewilligen;

2) über das in den Betrieben von den Versicherten zur Verhütung von Unfällen zu beobachtende Verhalten unter Bedrohung der Zuwiderhandelnden mit Geldstrafen bis zu sechs Mark.

Die Genossenschaften sind außerdem befugt, solche Vorschriften für bestimmt abzugrenzende Bezirke oder für bestimmte Gewerbszweige oder Betriebsarten zu erlassen.

In den Unfallverhütungsvorschriften ist anzugeben, in welcher Art diese Vorschriften zur Kenntniß der Versicherten zu bringen sind.

§ 113. Die zu erlassenden Vorschriften sind vor der Beschlußfassung dem Reichs-Versicherungsamt einzureichen und, sofern die Genossenschaft in Sektionen eingetheilt ist, den Vorständen derjenigen Sektionen, für welche sie Gültigkeit haben sollen, zur Begutachtung vorzulegen.

Zu der Berathung und Beschlußfassung über diese Vorschriften sowie zur Begutachtung der nach § 120e Abs. 2 der Gewerbeordnung zu erlassenden Vorschriften haben die Genossenschaftsvorstände Vertreter der Arbeiter mit vollem Stimmrecht und in gleicher Zahl wie die betheiligten Vorstandsmitglieder zuzuziehen.

Das Reichs-Versicherungsamt ist zu der vom Genossenschaftsvorstand anberaumten Sitzung, in welcher über die von der Genossenschaft zu erlassenden Vorschriften berathen und Beschluß gefaßt werden soll, einzuladen.

Sollen die von der Genossenschaft oder die auf Grund des § 120e Abs. 2 der Gewerbeordnung zu erlassenden Vorschriften nur für den Bezirk einzelner Sektionen Gültigkeit haben, so sind zur Begutachtung durch die Sektionsvorstände auch Vertreter der Arbeiter gemäß Abs. 2 zuzuziehen.

Mit der Einladung zu der zur Begutachtung oder zur Berathung und Beschlußfassung anberaumten Sitzung ist den Vertretern der Arbeiter der Entwurf der Vorschriften zuzustellen, welcher der Begutachtung oder der Berathung und Beschlußfassung unterliegen soll.

§ 115. Die Unfallverhütungsvorschriften bedürfen der Genehmigung des Reichs-Versicherungsamts.

Das Reichs-Versicherungsamt kann anordnen, daß vor der Genehmigung, soweit dies nicht gemäß § 113 Abs. 4 schon geschehen ist, zur Begutachtung der Vorschriften oder einzelner Theile derselben durch die Sektionsvorstände auch die Vertreter der Arbeiter zuzuziehen sind.

Wenn durch Beschluß der Genossenschaftsversammlung (§ 37 Ziffer 10) die gemäß § 113 Abs. 2 vom Vorstande und den Vertretern der Arbeiter gefaßten Beschlüsse abgeändert worden sind, so hat das Reichs-Versicherungsamt zu bestimmen, ob die Vorschriften vor deren Genehmigung einer nochmaligen Berathung und Beschlußfassung seitens des Vorstandes und der Vertreter der Arbeiter zu unterwerfen sind. Wenn das Reichs-Versicherungsamt seine Genehmigung von der Abänderung der beschlossenen Vorschriften abhängig macht, so hat es gleichfalls zu bestimmen, ob zur Berathung und Beschlußfassung (§ 113 Abs. 2) über die erforderliche Abänderung die Vertreter der Arbeiter zuzuziehen sind.

Dem Antrag auf Genehmigung ist das über die Verhandlungen bei den Vorständen aufgenommene Protokoll, aus welchem die Abstimmung der Vertreter der Arbeiter ersichtlich sein muß, sowie die gutachtliche Aeußerung der Vorstände derjenigen Sektionen, für welche die Vorschriften Gültigkeit haben sollen, beizufügen. Vor der Genehmigung ist den Landes-Zentralbehörden derjenigen Bundesstaaten, auf deren Gebiete sich die Vorschriften erstrecken sollen, Gelegenheit zu einer Aeußerung zu geben.

Die genehmigten Vorschriften sind den höheren Verwaltungsbehörden, auf deren Bezirke dieselben sich erstrecken, durch den Genossenschaftsvorstand mitzutheilen.

§ 116. Die Festsetzung der im § 112 Abs. 1 Ziffer 1 vorgesehenen Geldstrafen sowie die höhere Einschätzung des Betriebs und die Festsetzung von Zuschlägen erfolgt durch den Vorstand der Genossenschaft, die Festsetzung der im § 112 Abs. 1 Ziffer 2 vorgesehenen Geldstrafen durch den Vorstand der Betriebs- (Fabrik-) oder Bau-Krankenkasse, oder, wenn eine solche für den Betrieb nicht errichtet ist, durch die Ortspolizeibehörde. Gegen die Verfügung findet innerhalb zweier Wochen nach der Zustellung die Beschwerde statt. Ueber dieselbe entscheidet, soweit es sich um eine Verfügung des Genossenschaftsvorstandes handelt, das Reichs-Versicherungsamt, im Uebrigen die der Krankenkasse oder Ortspolizeibehörde vorgesetzte Aufsichtsbehörde.

Ueberwachung der Betriebe.

§ 119. Die Genossenschaften sind verpflichtet, für die Durchführung der gemäß § 112 erlassenen Unfallverhütungsvorschriften Sorge zu tragen. Sie sind befugt, durch technische Aufsichtsbeamte die Befolgung der zur Verhütung von Unfällen erlassenen Vorschriften zu überwachen und von den Einrichtungen der Betriebe, soweit sie für die Zugehörigkeit zur Genossenschaft oder für die Einschätzung in den Gefahrentarif von Bedeutung sind, Kenntniß zu nehmen. Sie sind ferner befugt, durch Rechnungsbeamte behufs Prüfung der von den Betriebsunternehmern auf Grund gesetzlicher oder statutarischer Bestimmungen eingereichten Arbeiter- und Lohnnachweisungen diejenigen Geschäftsbücher und Listen einzusehen, aus welchen die Zahl der beschäftigten Arbeiter und Beamten und die Beträge der verdienten Gehälter und Löhne ersichtlich werden.

Die Funktionen des technischen Aufsichtsbeamten und des Rechnungsbeamten können mit Genehmigung des Reichs-Versicherungsamts in einer Person vereinigt werden.

Die einer Genossenschaft angehörenden Betriebsunternehmer sind verpflichtet, den als solchen legitimirten technischen Aufsichtsbeamten der betheiligten Genossenschaft auf Erfordern den Zutritt zu ihren Betriebsstätten während der Betriebszeit zu gestatten und den Rechnungsbeamten die bezeichneten Bücher und Listen an Ort und Stelle zur Einsicht vorzulegen. Sie können hierzu, vorbehaltlich der Bestimmungen des § 120, auf Antrag der technischen Aufsichtsbeamten oder der Rechnungsbeamten von der unteren Verwaltungsbehörde durch Geldstrafen im Betrage bis zu dreihundert Mark angehalten werden.

§ 120. Befürchtet der Betriebsunternehmer die Verletzung eines Fabrikgeheimnisses oder die Schädigung seiner Geschäftsinteressen in Folge der Besichtigung des Betriebs durch den technischen Aufsichtsbeamten der Genossenschaft, so kann derselbe die Besichtigung durch andere Sachverständige beanspruchen. In diesem Falle hat er dem Genossenschaftsvorstande, sobald er den Namen des technischen Aufsichtsbeamten erfährt, eine entsprechende Mittheilung zu machen und einige geeignete Personen zu bezeichnen, welche auf seine Kosten die erforderliche Einsicht in den Betrieb zu nehmen und dem Vorstande die für die Zwecke der Genossenschaft nothwendige Auskunft über die Betriebseinrichtungen zu geben bereit sind. In Ermangelung einer Verständigung zwischen dem Betriebsunternehmer und dem Vorstand entscheidet auf Anrufen des letzteren das Reichs-Versicherungsamt.

§ 121. Die Mitglieder der Vorstände der Genossenschaften sowie deren technische Aufsichtsbeamte und Rechnungsbeamte (§§ 119, 120) und die nach § 120 ernannten Sachverständigen haben über die Thatsachen, welche durch die Ueberwachung und Kontrole der Betriebe zu ihrer Kenntniß kommen, Verschwiegenheit zu beobachten und sich der Nachahmung der von den Betriebsunternehmern geheim gehaltenen, zu ihrer Kenntniß gelangten Betriebseinrichtungen und Betriebsweisen, solange als diese Betriebsgeheimnisse sind, zu enthalten. Die technischen Aufsichtsbeamten und Rechnungsbeamten der Genossenschaften und die Sachverständigen sind hierauf von der unteren Verwaltungsbehörde ihres Wohnorts zu beeidigen.

VI. Beaufsichtigung der Berufsgenossenschaften.

§ 125. Die Genossenschaften unterliegen in Bezug auf die Befolgung dieses Gesetzes der Beaufsichtigung durch das Reichs-Versicherungsamt. Die Aufsicht hat sich auf die Beobachtung der gesetzlichen und statutarischen Vorschriften zu erstrecken.

Das Reichs-Versicherungsamt ist befugt, jederzeit eine Prüfung der Geschäftsführung der Genossenschaften vorzunehmen.

Die Vorstandsmitglieder, Vertrauensmänner und Beamten der Genossenschaften sind auf Erfordern des Reichs-Versicherungsamts zur Vorlegung ihrer Bücher, Belege und ihrer auf den Inhalt der Bücher bezüglichen Korrespondenzen sowie der auf die Festsetzung der Entschädigungen und Jahresbeiträge bezüglichen Schriftstücke an die Beauftragten des Reichs-Versicherungsamts oder an das letztere selbst verpflichtet. Dieselben können hierzu durch Geldstrafen bis zu eintausend Mark angehalten werden.

Der Aufsicht des Reichs-Versicherungsamts unterstehen ferner die von den Berufsgenossenschaften errichteten oder unterhaltenen Heilanstalten. Das Reichs-Versicherungsamt kann zu den zum Zwecke der Aufsicht stattfindenden Revisionen Vertreter der Berufsgenossenschaften und der Arbeiter zuziehen.

§ 126. Das Reichs-Versicherungsamt entscheidet, unbeschadet der Rechte Dritter, über Streitigkeiten, welche sich auf die Rechte und Pflichten der Inhaber der Genossenschaftsämter, auf die Auslegung der Statuten und die Gültigkeit der vollzogenen Wahlen beziehen. Dasselbe kann die Inhaber der Genossenschaftsämter zur Befolgung der gesetzlichen und statutarischen Vorschriften durch Geldstrafen bis zu eintausend Mark anhalten.

§ 127. Ist für das Gebiet eines Bundesstaats ein Landes-Versicherungsamt errichtet, so unterliegen Berufsgenossenschaften, welche nur solche Betriebe umfassen, deren Sitz im Gebiete des betreffenden Bundesstaats belegen ist, der Beaufsichtigung durch das Landes-Versicherungsamt. In den Angelegenheiten dieser Berufsgenossenschaften gehen die in den §§ 23, 26 des Gesetzes, betreffend die Abänderung der Unfallversicherungsgesetze, sowie in den §§ 31, 34, 39, 44, 46 bis 49, 51, 53, 54, 58, 59, 61, 62, 73, 80 bis 85, 95, 102, 105 bis 107, 110, 112 bis 116, 119, 120, 123 bis 126, 128 dieses Gesetzes dem Reichs-Versicherungsamt übertragenen Zuständigkeiten auf das Landes-Versicherungsamt über.

Soweit jedoch in den Fällen der §§ 51, 53, 58, 61, 73, 82, 83, 85 eine der Aufsicht eines anderen Landes-Versicherungsamts oder des Reichs-Versicherungsamts unterstellte Berufsgenossenschaft oder eine Ausführungsbehörde eines anderen Bundesstaats mitbetheiligt ist, entscheidet das Reichs-Versicherungsamt. Das Landes-Versicherungsamt hat in solchen Fällen die Akten an das Reichs-Versicherungsamt zur Entscheidung abzugeben.

Hat das Reichs-Versicherungsamt einen Entschädigungsanspruch um deswillen abgelehnt, weil nicht der in Anspruch genommene Träger der Versicherung, sondern ein anderer Träger zur Entschädigung verpflichtet ist, so kann der Anspruch gegen den letzteren nicht mit der Begründung abgelehnt werden, daß der erstere entschädigungspflichtig sei.

Treten für eine der im Abs. 1 genannten, der Aufsicht eines

Landes-Versicherungsamts unterstellten Berufsgenossenschaften die Voraussetzungen des § 54 ein, so gehen die Rechtsansprüche und Verpflichtungen auf den betreffenden Bundesstaat über.

VII. Reichs- und Staatsbetriebe.

§ 128. Für die Post-, Telegraphen-, Marine- und Heeresverwaltungen sowie für die vom Reiche oder von einem Bundesstaate für Reichs- beziehungsweise Staatsrechnung verwalteten Eisenbahnbetriebe, sämmtlich einschließlich der Bauten, welche von denselben für eigene Rechnung ausgeführt werden, tritt an die Stelle der Berufsgenossenschaft das Reich beziehungsweise der Staat, für dessen Rechnung die Verwaltung geführt wird.

Dasselbe gilt hinsichtlich der vom Reiche oder von einem Bundesstaate für Reichs- beziehungsweise Staatsrechnung verwalteten Baggerei-, Binnenschiffahrts-, Flößerei-, Prahm- und Fährbetriebe, sofern nicht der Reichskanzler beziehungsweise die Landes-Zentralbehörde nach Maßgabe des § 2 des Gesetzes vom 28. Mai 1885 (Reichs-Gesetzbl. S. 159) rechtzeitig erklärt hat, daß diese Betriebe den für sie errichteten Berufsgenossenschaften angehören sollen.

Soweit hiernach das Reich oder ein Bundesstaat an die Stelle der Berufsgenossenschaft tritt, werden die Befugnisse und Obliegenheiten der Genossenschaftsversammlung und des Vorstandes der Genossenschaft durch Ausführungsbehörden wahrgenommen, welche für die Heeresverwaltungen von der obersten Militärverwaltungsbehörde des Kontingents, im Uebrigen für die Reichsverwaltungen vom Reichskanzler, für die Landesverwaltungen von der Landes-Zentralbehörde zu bezeichnen sind. Dem Reichs-Versicherungsamt ist mitzutheilen, welche Behörden als Ausführungsbehörden bezeichnet worden sind. Die auf Grund des § 2 des Gesetzes vom 28. Mai 1885 (Reichs-Gesetzbl. S. 159) eingesetzten Ausführungsbehörden bleiben bestehen.

§ 129. Soweit das Reich oder ein Bundesstaat an die Stelle der Berufsgenossenschaft tritt, finden die §§ 29 bis 52, 54 bis 62, 74, 99 bis 105, 106 Abs. 2, 3, §§ 107 bis 110, 112 bis 117, 119 bis 126, 134, 146 bis 151 keine Anwendung.

VIII. Schluß- und Strafbestimmungen.

Knappschafts-Berufsgenossenschaften.

§ 134. Unternehmer von Betrieben, welche landesgesetzlich bestehenden Knappschaftsverbänden angehören, können auf Antrag der Vorstände der letzteren vom Bundesrathe zu Knappschafts-Berufsgenossenschaften vereinigt werden.

Die Knappschafts-Berufsgenossenschaften können durch Statut bestimmen:

a) daß die Entschädigungsbeträge auch über fünfundsiebenzig Prozent hinaus (§ 50) von denjenigen Sektionen zu tragen sind, in deren Bezirken die Unfälle eingetreten sind;

b) daß den Knappschaftsältesten die Funktionen der in den §§ 113 bis 115 bezeichneten Vertreter der Arbeiter übertragen werden;
c) daß Knappschaftsälteste stimmberechtigte Mitglieder des Genossenschaftsvorstandes oder, sofern die Knappschafts-Berufsgenossenschaft in Sektionen getheilt ist, der Sektionsvorstände sind;
d) daß die Auszahlung der Entschädigungen durch die Knappschaftskassen bewirkt wird (§ 97).

Haftung der Betriebsunternehmer und Betriebsbeamten.

§ 135. Die nach Maßgabe dieses Gesetzes versicherten Personen und die in §§ 16 bis 19 bezeichneten Hinterbliebenen können, auch wenn sie einen Anspruch auf Rente nicht haben, einen Anspruch auf Ersatz des in Folge eines Unfalls erlittenen Schadens gegen den Betriebsunternehmer, dessen Bevollmächtigten oder Repräsentanten, Betriebs- oder Arbeiteraufseher nur dann geltend machen, wenn durch strafgerichtliches Urtheil festgestellt worden ist, daß der in Anspruch Genommene den Unfall vorsätzlich herbeigeführt hat.

In diesem Falle beschränkt sich der Anspruch auf den Betrag, um welchen die den Berechtigten nach anderen gesetzlichen Vorschriften gebührende Entschädigung diejenige übersteigt, auf welche sie nach diesem Gesetz Anspruch haben.

Für das über einen solchen Anspruch erkennende ordentliche Gericht ist die Entscheidung bindend, welche in dem durch dieses Gesetz geordneten Verfahren über die Frage ergeht, ob ein Unfall vorliegt, für welchen aus der Unfallversicherung Entschädigung zu leisten ist, und in welchem Umfang Entschädigung zu gewähren ist.

§ 136. Diejenigen Betriebsunternehmer, Bevollmächtigten oder Repräsentanten, Betriebs- oder Arbeiteraufseher, gegen welche durch strafgerichtliches Urtheil festgestellt worden ist, daß sie den Unfall vorsätzlich oder durch Fahrlässigkeit mit Außerachtlassung derjenigen Aufmerksamkeit, zu der sie vermöge ihres Amtes, Berufs oder Gewerbes besonders verpflichtet sind, herbeigeführt haben, haften für alle Aufwendungen, welche in Folge des Unfalls auf Grund dieses Gesetzes oder des Krankenversicherungsgesetzes von den Gemeinden, Armenverbänden, Krankenkassen und sonstigen Unterstützungskassen (§ 25 Abs. 1) gemacht worden sind. Dieselben Personen haften der Genossenschaft für deren Aufwendungen auch ohne Feststellung durch strafgerichtliches Urtheil. Ist der Unfall durch Fahrlässigkeit mit Außerachtlassung derjenigen Aufmerksamkeit, zu der sie vermöge ihres Amtes, Berufs oder Gewerbes verpflichtet sind, herbeigeführt, so ist die Genossenschaftsversammlung befugt, von der Verfolgung des Anspruchs abzusehen. Durch das Statut kann diese Befugniß auf den Vorstand übertragen werden.

In gleicher Weise haftet als Betriebsunternehmer eine Aktiengesellschaft, eine Innung oder eingetragene Genossenschaft für die durch ein Mitglied ihres Vorstandes sowie eine Handelsgesellschaft, eine Innung oder eingetragene Genossenschaft für die durch einen der Liquidatoren herbeigeführten Unfälle.

Als Ersatz für die Rente kann in diesen Fällen deren Kapitalwerth gefordert werden.

§ 137. Will der Vorstand den Ersatzanspruch aus § 136 Abs. 1 Satz 3 geltend machen, so hat er den Beschluß dem Ersatzpflichtigen schriftlich mitzutheilen. Der Ersatzpflichtige kann hiergegen die Beschlußfassung der Genossenschaftsversammlung anrufen.

Die Klage darf nicht vor Ablauf eines Monats nach der Zustellung dieser Mittheilung und nur dann angestellt werden, wenn nicht innerhalb dieser Frist die Beschlußfassung seitens des Ersatzpflichtigen angerufen ist. Ist letzteres der Fall, so ist die Beschlußfassung der Genossenschaftsversammlung abzuwarten.

§ 138. Der Anspruch (§ 136 Abs. 1 Satz 1) verjährt in achtzehn Monaten von dem Tage, an welchem das strafgerichtliche Urtheil rechtskräftig geworden ist, im Uebrigen in zwei Jahren nach dem Unfalle. Die Anrufung der Beschlußfassung der Genossenschaftsversammlung (§ 137 Abs. 1) unterbricht die Verjährung.

Die Bestimmung des § 135 Abs. 3 findet Anwendung.

§ 139. Die in den §§ 135, 136 bezeichneten Ansprüche können, auch ohne daß die daselbst vorgesehene Feststellung durch strafgerichtliches Urtheil stattgefunden hat, geltend gemacht werden, falls diese Feststellung wegen des Todes oder der Abwesenheit des Betreffenden oder aus einem anderen in seiner Person liegenden Grunde nicht erfolgen kann.

Haftung Dritter.

§ 140. Die Haftung dritter, in den §§ 135, 136 nicht bezeichneter Personen bestimmt sich nach den sonstigen gesetzlichen Vorschriften. Insoweit den nach Maßgabe dieses Gesetzes entschädigungsberechtigten Personen ein gesetzlicher Anspruch auf Ersatz des ihnen durch den Unfall entstandenen Schadens gegen Dritte erwachsen ist, geht dieser Anspruch auf die Berufsgenossenschaft im Umfang ihrer durch dieses Gesetz begründeten Entschädigungspflicht über.

Verbot vertragsmäßiger Beschränkungen.

§ 141. Den Berufsgenossenschaften sowie den Betriebsunternehmern und ihren Angestellten ist untersagt, durch Uebereinkunft oder mittelst Arbeitsordnungen die Anwendung der Bestimmungen dieses Gesetzes zum Nachtheile der Versicherten ganz oder theilweise auszuschließen oder die Versicherten in der Uebernahme oder Ausübung eines in Gemäßheit dieses Gesetzes ihnen übertragenen Ehrenamts zu beschränken. Vertragsbestimmungen, welche diesem Verbote zuwiderlaufen, haben keine rechtliche Wirkung.

Betriebsunternehmer oder Angestellte, welche gegen die vorstehende Bestimmung verstoßen, werden, sofern nicht nach anderen gesetzlichen Vorschriften eine härtere Strafe eintritt, mit Geldstrafe bis zu dreihundert Mark oder mit Haft bestraft.

Die gleiche Strafe trifft Betriebsunternehmer oder Angestellte, welche Beiträge zur Unfallversicherung den Versicherten ganz oder theilweise auf den Lohn in Anrechnung bringen oder eine solche Anrechnung wissentlich bewirken.

Unbehinderte Ausübung der Funktionen.

§ 142. Die Vertreter der Arbeiter (§§ 113 bis 115) und die Schiedsgerichtsbeisitzer aus der Klasse der Versicherten (Gesetz, betreffend die Abänderung der Unfallversicherungsgesetze, §§ 4, 5, 7) haben in jedem Falle, in welchem sie zur Wahrnehmung ihrer Obliegenheiten berufen werden, die Arbeitgeber hiervon in Kenntniß zu setzen. Die Nichtleistung der Arbeit während der Zeit, in welcher die bezeichneten Personen durch die Wahrnehmung jener Obliegenheiten an der Arbeit verhindert sind, berechtigt den Arbeitgeber nicht, das Arbeitsverhältniß vor dem Ablaufe der vertragsmäßigen Dauer aufzuheben.

Aeltere Versicherungsverträge.

§ 143. Die Rechte und Pflichten aus Versicherungsverträgen, welche von Unternehmern der durch die Vorschriften des § 1 Abs. 1 Ziffer 1, 2, 5, 7, § 2 Abs. 2 der Versicherungspflicht erst unterstellten Betriebe, oder von den in diesen Betrieben beschäftigten versicherten Personen gegen die Folgen der in diesem Gesetze bezeichneten Unfälle vor dem Inkrafttreten desselben mit Versicherungsanstalten abgeschlossen sind, gehen von dem Zeitpunkt ab, zu welchem die Unfallversicherung für den betreffenden Betrieb in Kraft getreten ist oder in Kraft tritt, auf die Berufsgenossenschaft, welcher der Betrieb angehört, über, wenn die Versicherungsnehmer dieses bei dem Vorstande der Genossenschaft beantragen. Die der Genossenschaft hieraus erwachsenden Zahlungsverbindlichkeiten werden durch Umlage auf die Mitglieder (§§ 29, 32, 49) gedeckt.

§ 151. Die im § 150 bezeichneten Personen[1] werden mit Gefängniß, neben welchem auf Verlust der bürgerlichen Ehrenrechte erkannt werden kann, bestraft, wenn sie absichtlich zum Nachtheile der Betriebsunternehmer Betriebsgeheimnisse, welche kraft ihres Amtes oder Auftrags zu ihrer Kenntniß gelangt sind, offenbaren, oder geheim gehaltene Betriebseinrichtungen oder Betriebsweisen, welche kraft ihres Amtes oder Auftrags zu ihrer Kenntniß gelangt sind, solange als diese Betriebsgeheimnisse sind, nachahmen.

Thun sie dies, um sich oder einem Anderen einen Vermögensvortheil zu verschaffen, so kann neben der Gefängnißstrafe auf Geldstrafe bis zu dreitausend Mark erkannt werden.

---

[1] Mitglieder der Vorstände der Genossenschaften, deren technische Aufsichtsbeamte und Rechnungsbeamte, die nach § 120 ernannten Sachverständigen, sowie die Beisitzer der Schiedsgerichte.

Zuständige Landesbehörden.

§ 152. Die Zentralbehörden der Bundesstaaten bestimmen, von welchen Staats- oder Gemeindebehörden die in diesem Gesetze den höheren Verwaltungsbehörden, den unteren Verwaltungsbehörden und den Ortspolizeibehörden zugewiesenen Verrichtungen wahrzunehmen sind.

Die in Gemäßheit dieser Vorschrift erlassenen Bestimmungen sind durch den Reichskanzler bekannt zu machen.

Die höhere Verwaltungsbehörde kann bestimmte Gemeindebehörden als untere Verwaltungsbehörden im Sinne des § 70 bezeichnen und mit der Wahrnehmung der dort vorgesehenen Geschäfte betrauen.

---

187) Unfallversicherungsgesetz für Land- und Forstwirthschaft.

I. Allgemeine Bestimmungen.

Umfang der Versicherung.

§ 1. Alle in land- oder forstwirthschaftlichen Betrieben beschäftigten Arbeiter und Betriebsbeamten, letztere sofern ihr Jahresarbeitsverdienst an Gehalt oder Lohn dreitausend Mark nicht übersteigt, werden gegen die Folgen der bei dem Betriebe sich ereignenden Unfälle nach Maßgabe der Bestimmungen dieses Gesetzes versichert.

Dasselbe gilt mit den aus Abs. 3 Ziffer 1, 2 sich ergebenden Ausnahmen von Arbeitern und Betriebsbeamten in solchen Unternehmungen, welche der Unternehmer eines land- oder forstwirthschaftlichen Betriebs neben einer Land- oder Forstwirthschaft, aber in wirthschaftlicher Abhängigkeit von derselben betreibt (land- oder forstwirthschaftliche Nebenbetriebe). Hierzu sind insbesondere solche Betriebe zu rechnen, welche ausschließlich oder vorzugsweise bestimmt sind

1) zur weiteren Bearbeitung oder Verarbeitung von Erzeugnissen der Land- oder Forstwirthschaft des Unternehmers,
2) oder zur Befriedigung von Bedürfnissen seiner Land- oder Forstwirthschaft,
3) oder zur Gewinnung oder Verarbeitung von Bodenbestandtheilen seines Grundstücks.

Unter dieses Gesetz fallen nicht

1) Bergwerke, Salinen, Aufbereitungsanstalten, Werften, Bauhöfe, Hüttenwerke sowie Betriebe, in denen Explosivstoffe oder explodirende Gegenstände gewerbsmäßig erzeugt werden,
2) solche Betriebe, welche nach näherer Bestimmung des Reichs-Versicherungsamts wegen ihres erheblichen Umfanges oder wegen besonderer maschineller Einrichtungen oder wegen der Zahl der verwendeten gewerblichen Arbeiter den unter das

Gewerbe-Unfallversicherungsgesetz fallenden Fabriken zuzurechnen sind.

Die laufenden Reparaturen an den zum Betriebe der Land- und Forstwirthschaft dienenden Gebäuden und die zum Wirthschaftsbetriebe gehörenden Bodenkultur- und sonstigen Bauarbeiten, insbesondere die diesem Zwecke dienende Herstellung oder Unterhaltung von Wegen, Dämmen, Kanälen und Wasserläufen gelten als Theile des land- und forstwirthschaftlichen Betriebs, wenn sie von Unternehmern land- oder forstwirthschaftlicher Betriebe ohne Uebertragung an andere Unternehmer auf ihren Grundstücken ausgeführt werden. Die kraft öffentlich-rechtlicher Verpflichtung von Unternehmern land- oder forstwirthschaftlicher Betriebe für Gemeindezwecke geleisteten Arbeiten zur Herstellung oder Unterhaltung von Gebäuden, Wegen, Kanälen, Dämmen und Wasserläufen werden den land- oder forstwirthschaftlichen Betrieben dieser Unternehmer zugerechnet.

Der Landesgesetzgebung bleibt überlassen, zu bestimmen, in welchem Umfang und unter welchen Voraussetzungen Unternehmer der unter Abs. 1 fallenden Betriebe versichert, oder Familienangehörige, welche in dem Betriebe des Familienhaupts beschäftigt werden, von der Versicherung ausgeschlossen sein sollen.

Wer im Sinne dieses Gesetzes als Betriebsbeamter oder als eine solche Person anzusehen ist, welche zum Unterschiede von den gewöhnlichen land- oder forstwirthschaftlichen Arbeitern eine, technische Fertigkeiten erfordernde besondere Stellung einnimmt (z. B. Förster; Gärtner, Gärtnereigehülfen; gewerbliche Facharbeiter, wie Brenner, Maschinenführer, Heizer, Müller, Ziegler, Stellmacher, Schmiede u. A.), wird durch statutarische Bestimmung der Berufsgenossenschaft (§ 33) für ihren Bezirk festgestellt. Bis zum Erlaß entsprechender statutarischer Bestimmungen bleiben diese Personen den sonstigen Arbeitern gleichgestellt.

Als landwirthschaftlicher Betrieb im Sinne dieses Gesetzes gilt auch der Betrieb der gewerblichen Gärtnerei (Kunst- und Handelsgärtnerei, Baumschule und Samengärtnerei), dagegen nicht die ausschließliche Bewirthschaftung von Haus- und Ziergärten.

Welche Betriebszweige im Sinne dieses Gesetzes als land- oder forstwirthschaftliche Betriebe anzusehen sind, bestimmt das Reichs-Versicherungsamt.

§ 2. Die Versicherung erstreckt sich auf hauswirthschaftliche Verrichtungen und andere Dienste, zu denen die auf Grund dieses Gesetzes versicherten Personen, die hauptsächlich in der Land- oder Forstwirthschaft oder in deren Nebenbetrieben beschäftigt werden, von dem Arbeitgeber oder dessen Beauftragten herangezogen werden. Durch Statut kann die Versicherung für Betriebsunternehmer, die hauptsächlich in der Land- oder Forstwirthschaft beschäftigt sind, auf die mit der Land- oder Forstwirthschaft im Zusammenhange stehenden hauswirthschaftlichen Verrichtungen erstreckt werden.

§ 3 [= UI (d. h. Gewerbe-Unfallversicherungsgesetz) § 4].[1]

§ 4. Durch Statut kann die Versicherungspflicht auf Betriebsunternehmer, deren Jahresarbeitsverdienst dreitausend Mark nicht übersteigt oder welche nicht regelmäßig mehr als zwei Lohnarbeiter beschäftigen, sowie auf Betriebsbeamte mit einem dreitausend Mark übersteigenden Jahresarbeitsverdienst erstreckt werden. Bei der Versicherung von Betriebsbeamten ist, vorbehaltlich der Bestimmung des § 12, der volle Jahresarbeitsverdienst zu Grunde zu legen.

Abs. 2 und 3 [= UI § 5 Abs. 2, 3].

§ 5 [= UI § 6].

Beamte und Personen des Soldatenstandes.

§ 6 [= UI § 7].

Gegenstand der Versicherung und Umfang der Entschädigung.

§ 7 [= UI § 8].

§ 8 [= UI § 9].

Solange der Verletzte aus Anlaß des Unfalls thatsächlich und unverschuldet arbeitslos ist, kann der Genossenschaftsvorstand die Theilrente bis zum Betrage der Vollrente vorübergehend erhöhen.

§ 14 Abs. 1 [= UI § 11 Abs. 1].

Streitigkeiten, welche aus Anlaß dieser Bestimmungen zwischen den Berufsgenossenschaften und den Krankenkassen entstehen, werden, sofern es sich um die Geltendmachung der den Berufsgenossenschaften eingeräumten Befugnisse handelt, von der nach § 58 Abs. 1 des Krankenversicherungsgesetzes zuständigen Aufsichtsbehörde der betheiligten Krankenkasse endgültig, sofern es sich aber um Ersatzansprüche handelt, nach § 58 Abs. 2 des Krankenversicherungsgesetzes entschieden.

Haben Krankenkassen oder Verbände von Krankenkassen Heilanstalten errichtet, in welchen ausreichende Einrichtungen für die Heilung der durch Unfall herbeigeführten Verletzungen getroffen sind, so kann die Landes-Zentralbehörde anordnen, daß die Mitglieder der betreffenden Kassen bis zum Beginne der vierzehnten Woche nach Eintritt des Unfalls nur mit Genehmigung der Vorstände dieser Kassen in andere Heilanstalten untergebracht werden dürfen.

Abs. 3 und 4 [= UI § 11 Abs. 3, 4].

§ 15. Wenn der aus der Krankenversicherung erwachsende Anspruch auf Krankengeld vor dem Ablaufe von dreizehn Wochen nach Eintritt des Unfalls weggefallen, aber bei dem Verletzten eine noch über die dreizehnte Woche hinaus andauernde Beschränkung der Erwerbsfähigkeit zurückgeblieben ist, so hat die Berufsgenossenschaft

[1] Mit UI ist das Gewerbeunfallversicherungsgesetz gemeint. Die Uebereinstimmung ist überall eine wörtliche, wenn das Gegentheil nicht hervorgehoben ist.

dem Verletzten die Unfallrente (§ 8 Abs. 2 lit. b) schon von dem Tage ab zu gewähren, an welchem der Anspruch auf Krankengeld in Wegfall kommt. Erachtet die Berufsgenossenschaft die Voraussetzungen des Anspruchs schon vor dem Ablaufe der dreizehnten Woche nach dem Unfalle für gegeben, so hat sie die Rente zu diesem früheren Zeitpunkte festzustellen.

Abs. 2 [= UI § 13 Abs. 2].

Hat die Krankenkasse die aus der Krankenversicherung ihr obliegenden Leistungen vor dem Ablaufe der dreizehnten Woche zu Unrecht eingestellt, so geht der Anspruch des Verletzten auf Krankengeld auf die Berufsgenossenschaft bis zu demjenigen Betrag über, welcher der gemäß Abs. 1, 2 gewährten Entschädigung gleichkommt. Streitigkeiten über diesen Anspruch werden nach § 58 Abs. 2 des Krankenversicherungsgesetzes entschieden.

§ 16. Im Falle der Tödtung ist als Schadensersatz außerdem zu leisten:

1) als Sterbegeld der fünfzehnte Theil des nach §§ 9 bis 12 der Berechnung der Rente zu Grunde zu legenden Jahresarbeitsverdienstes, jedoch mindestens ein Betrag von fünfzig Mark;
2) eine den Hinterbliebenen vom Todestage des Verstorbenen ab zu gewährende Rente. Dieselbe besteht nach näherer Bestimmung der §§ 17 bis 21 in einem Bruchtheile seines nach §§ 9 bis 12 ermittelten Jahresarbeitsverdienstes.

Ist bei Betriebsbeamten und Personen der im § 1 Abs. 6 bezeichneten Art der der Berechnung zu Grunde zu legende Jahresarbeitsverdienst in Folge eines früher erlittenen, nach den reichsgesetzlichen Bestimmungen über Unfallversicherung entschädigten Unfalls geringer als der vor diesem Unfalle bezogene Lohn, so ist die aus Anlaß des früheren Unfalls bei Lebzeiten bezogene Rente dem Jahresarbeitsverdienste bis zur Höhe des der früheren Rentenfeststellung zu Grunde gelegten Jahresarbeitsverdienstes hinzuzurechnen.

§ 17 [= UI § 16].
§ 18 [= UI § 17].
§ 19 [= UI § 18].
§ 20 [= UI § 19].
§ 21 [= UI § 20].
§ 22 [= UI § 21].

§ 23. An Stelle der im § 8 vorgeschriebenen Leistungen kann von der Berufsgenossenschaft freie Kur und Verpflegung in einer Heilanstalt gewährt werden, und zwar: [folgen UI § 22 Abs. 1 Nr. 1 und 2].

[Folgen UI § 22 Abs. 3, 4].

§ 24. Ist begründete Annahme vorhanden, daß der Empfänger einer Unfallrente bei Durchführung eines Heilverfahrens eine Erhöhung seiner Erwerbsfähigkeit erlangen werde, so kann die Berufsgenossenschaft zu diesem Zwecke jederzeit ein neues Heilverfahren eintreten lassen. Dabei finden die Bestimmungen der §§ 14, 23 Anwendung.

Hat sich der Verletzte solchen Maßnahmen der Berufsgenossenschaft, den gemäß § 8 Abs. 1 Ziffer 1, §§ 14, 23 oder gemäß den Bestimmungen der §§ 76c, 76d des Krankenversicherungsgesetzes getroffenen Anordnungen ohne gesetzlichen oder sonst triftigen Grund entzogen, so kann ihm der Schadensersatz auf Zeit ganz oder theilweise versagt werden, sofern er auf diese Folge hingewiesen worden ist und nachgewiesen wird, daß durch sein Verhalten die Erwerbsfähigkeit ungünstig beeinflußt wird.

§ 25 [= UI § 24].

§ 26. Durch statutarische Bestimmungen einer Gemeinde für ihren Bezirk oder eines weiteren Kommunalverbandes für seinen Bezirk oder Theile desselben kann, sofern daselbst nach Herkommen der Lohn der in land- oder forstwirthschaftlichen Betrieben beschäftigten Arbeiter ganz oder zum Theil in Form von Naturalleistungen gewährt wird, bestimmt werden, daß denjenigen in diesem Bezirke wohnenden Rentenempfängern, welche innerhalb desselben als Arbeiter in land- und forstwirthschaftlichen Betrieben ihren Gehalt oder Lohn ganz oder zum Theil in Form von Naturalleistungen bezogen haben, sowie den Angehörigen oder Hinterbliebenen solcher Personen auch die Rente bis zu zwei Dritteln ihres Betrags in dieser Form gewährt werde, falls der Bezugsberechtigte dieser Art der Gewährung der Rente zustimmt. Der Werth der Naturalleistungen wird nach Durchschnittspreisen in Ansatz gebracht. Dieselben werden von der höheren Verwaltungsbehörde festgesetzt. Die statutarische Bestimmung bedarf der Genehmigung der höheren Verwaltungsbehörde.

Solchen Personen, welchen wegen gewohnheitsmäßiger Trunksucht nach Anordnung der zuständigen Behörde geistige Getränke in öffentlichen Schankstätten nicht verabfolgt werden dürfen, ist die Rente in derjenigen Gemeinde, für deren Bezirk eine solche Anordnung getroffen worden ist, auch ohne daß die Voraussetzungen des Abs. 1 vorliegen, theilweise oder ihrem vollen Betrage nach in Naturalleistungen zu gewähren. Diese Bestimmung findet keine Anwendung auf Personen, welche wegen Trunksucht entmündigt sind.

Der Anspruch auf die Rente geht zu demjenigen Betrag, in welchem Naturalleistungen gewährt werden, auf den Kommunalverband, für dessen Bezirk eine solche Bestimmung getroffen ist, über, wogegen diesem die Leistung der Naturalien obliegt. Der für die Naturalleistungen im Falle des Abs. 2 nicht in Anspruch genommene Betrag der Rente ist der Ehefrau des Bezugsberechtigten, seinen Kindern oder seinen Eltern zu überweisen.

Dem Bezugsberechtigten, auf welchen vorstehende Bestimmungen Anwendung finden sollen, ist dies von dem Kommunalverbande mitzutheilen.

Der Bezugsberechtigte ist befugt, binnen zwei Wochen nach der Zustellung dieser Mittheilung die Entscheidung der Kommunalaufsichtsbehörde anzurufen. Auf demselben Wege werden alle übrigen Streitigkeiten entschieden, welche aus der Anwendung dieser Bestimmungen zwischen dem Bezugsberechtigten und dem Kommunalverband entstehen.

Sobald der Uebergang des Anspruchs auf Rente endgültig feststeht, hat auf Antrag des Kommunalverbandes der Vorstand der Berufsgenossenschaft die Postverwaltung hiervon rechtzeitig in Kenntniß zu setzen.

§ 27. Während der ersten dreizehn Wochen nach dem Unfall eines Arbeiters hat die Gemeinde, in deren Bezirke der Verletzte beschäftigt war, demselben die Kosten des Heilverfahrens in dem im § 6 Abs. 1 Ziffer 1 des Krankenversicherungsgesetzes bezeichneten Umfange zu gewähren. Diese Verpflichtung besteht nicht, insoweit die Verletzten auf Grund gesetzlicher Bestimmungen Anspruch auf eine gleiche Fürsorge haben oder nach § 136 des Gesetzes vom 5. Mai 1886 von der Versicherungspflicht befreit sind oder sich im Ausland aufhalten. Soweit aber solchen Personen die im § 6 Abs. 1 Ziffer 1 des Krankenversicherungsgesetzes bezeichneten Leistungen von den zunächst Verpflichteten nicht gewährt werden, hat die Gemeinde dieselben mit Vorbehalt des Ersatzanspruchs zu übernehmen. Die zu diesem Zwecke gemachten Aufwendungen sind von den Verpflichteten zu ersetzen.

Für außerhalb des Gemeindebezirkes (Abs. 1) wohnhafte Arbeiter hat die Gemeinde ihres Wohnorts die im Abs. 1 bezeichneten Leistungen unter Vorbehalt des Anspruchs auf Ersatz der aufgewendeten Kosten zu übernehmen.

Die Berufsgenossenschaft ist befugt, die im Abs. 1 bezeichneten Leistungen selbst zu übernehmen.

§ 28. Als Beschäftigungsort im Sinne dieses Gesetzes gilt für Personen, welche in der Land- oder Forstwirthschaft zur Beschäftigung an wechselnden, in verschiedenen Gemeindebezirken belegenen Orten angenommen sind, der Sitz des Betriebs (§ 65).

Der § 65 Abs. 3 findet keine Anwendung auf die Bestimmung derjenigen Gemeinde, welche nach § 27 die Kosten des Heilverfahrens zu gewähren hat.

§ 29. Streitigkeiten über Unterstützungsansprüche, welche aus der Bestimmung des § 27 zwischen den Verletzten einerseits und den Gemeinden andererseits entstehen, werden von der Aufsichtsbehörde entschieden. Die Entscheidung ist vorläufig vollstreckbar. Dieselbe kann innerhalb eines Monats nach der Zustellung der Entscheidung im Verwaltungsstreitverfahren, wo ein solches nicht besteht, im Wege des Rekurses nach Maßgabe der Vorschriften der §§ 20, 21 der Gewerbeordnung angefochten werden.

Streitigkeiten über Ersatzansprüche, welche aus den Bestimmungen des § 27 entstehen, werden im Verwaltungsstreitverfahren, wo ein solches nicht besteht, von der Aufsichtsbehörde der in Anspruch genommenen Gemeinde, Gemeindekrankenversicherung oder Krankenkasse entschieden. Gegen die Entscheidung der Letzteren findet der Rekurs nach Maßgabe der Vorschriften der §§ 20, 21 der Gewerbeordnung statt.

Der Landes-Zentralbehörde bleibt überlassen, vorzuschreiben, daß anstatt des Rekursverfahrens innerhalb der Rekursfrist die Berufung auf den Rechtsweg mittelst Erhebung der Klage stattfinde.

Verhältniß zu Krankenkassen, Armenverbänden 2c.

§ 30 [= U I § 25].

§ 31 [= U I § 26]. (In Abs. 1 und 2 sind hier statt § 25 Abs. 2 bis 5: § 30 Abs. 2 bis 5 citirt.)

§ 32 [= U I § 27]. (Statt §§ 25, 26 sind hier §§ 30, 31 citirt.)

Träger der Versicherung (Berufsgenossenschaften).

§ 33. Die Versicherung erfolgt auf Gegenseitigkeit durch die Unternehmer der unter § 1 fallenden Betriebe, welche zu diesem Zwecke nach örtlichen Bezirken in Berufsgenossenschaften vereinigt sind. Die Berufsgenossenschaften umfassen alle im § 1 genannten Betriebe, deren Sitz sich in demjenigen Bezirke befindet, für welchen die Genossenschaft errichtet ist. Die auf Grund des § 18 des Gesetzes, betreffend die Unfall- und Krankenversicherung der in land- und forstwirthschaftlichen Betrieben beschäftigten Personen, vom 5. Mai 1886 (Reichs-Gesetzbl. S. 132) errichteten Berufsgenossenschaften bleiben, vorbehaltlich der nach § 62 dieses Gesetzes zulässigen Abänderungen, bestehen.

Abs. 2 bis 5 [= U I § 28 Abs. 3 bis 6].

Aufbringung der Mittel.

§ 34. Die Mittel zur Deckung der von den Berufsgenossenschaften zu leistenden Entschädigungen und der Verwaltungskosten werden durch Beiträge aufgebracht, welche auf die Mitglieder jährlich umgelegt werden.

Abs. 2 [= U I § 31]. (Statt § 34 ist hier § 37 citirt, und statt der „Heil- und Genesungsanstalten" heißt es „Heil- oder Genesungsanstalten.)

§ 35 [= U I § 32; nur fehlt hinter „auf sie umgelegten": „oder nach § 30 Abs. 2 gezahlten"].

§ 36. Durch die Landesgesetzgebung, das Statut oder durch Beschluß der Genossenschaftsversammlung, welcher der Genehmigung der Landes-Zentralbehörde bedarf, kann bestimmt werden, daß Unternehmer solcher Betriebe, welche mit erheblicher Unfallgefahr nicht verbunden sind und in welchen ihres geringen Umfanges wegen Lohnarbeiter nur ausnahmsweise beschäftigt werden, von Beiträgen ganz oder theilweise befreit sein sollen, und in welcher Weise bei der Ermittelung der zu befreienden Unternehmer verfahren werden soll.

Streitigkeiten, welche wegen einer solchen Befreiung zwischen der Berufsgenossenschaft oder ihren Organen einerseits und den Unternehmern andererseits entstehen, werden von der höheren Verwaltungsbehörde endgültig entschieden.

§ 37. Die Berufsgenossenschaften haben einen Reservefonds anzusammeln. Zur Bildung sind, sofern nicht Landesgesetz oder Statuten einen höheren Betrag vorschreiben, bei der Umlegung des Jahresbedarfs jährlich zwei Prozent desselben zuzuschlagen, solange der Reservefonds nicht das Doppelte des jeweiligen Jahresbedarfs erreicht.

Abs. 2 und 3 [= UI § 34 Abs. 2, 3].

II. Organisation und Veränderung der Berufsgenossenschaften.

Statut der Berufsgenossenschaft.

§ 38. Die Berufsgenossenschaft regelt ihre Angelegenheiten und ihre Geschäftsordnung durch ein von der Genossenschaftsversammlung zu beschließendes Statut. . . . . .

§ 40 [= UI § 39 Abs. 1].

Genossenschaftsvorstände.

§ 42 Abs. 1 [= UI § 41 Abs. 1].

Abs. 2 [= UI § 41 Abs. 3].

§ 44 [= UI § 42]. (In Abs. 4 lautet das Citat statt § 45: § 47.)

§ 45 [= UI § 43].

§ 46 [= UI § 44].

§ 47 [= UI § 45].

§ 48 [= UI § 46].

§ 49 [= UI § 47].

Maßstab für die Umlegung der Beiträge.

a) Gefahrenklassen und Arbeitsbedarf.

§ 51. Die Umlegung der Beiträge erfolgt, unbeschadet abweichender Regelung gemäß §§ 57, 58, nach der Höhe der mit dem Betriebe verbundenen Unfallgefahr (Gefahrenklasse), nach den Gehältern und Löhnen der Betriebsbeamten und sonstigen im § 1 Abs. 6 bezeichneten Personen sowie nach dem Maße der für die einzelnen Betriebe durchschnittlich erforderlichen sonstigen menschlichen Arbeit (Arbeitsbedarf).

Theilung der Risikos.

§ 59 Abs. 1 [= UI § 50 Abs. 1].

Die hiernach den Sektionen zur Last fallenden Beträge sind auf die Mitglieder derselben nach Maßgabe der für die Genossenschaft zu leistenden Beiträge umzulegen.

Gemeinsame Tragung des Risikos.

§ 61 [= UI § 51]. (Nur fehlen die Citate im letzten Satze.)

Abänderung des Bestandes der Berufsgenossenschaften.

§ 62. Aenderungen im Bestande der Berufsgenossenschaften sind mit dem Beginn eines neuen Rechnungsjahrs unter nachstehenden Voraussetzungen zulässig:

1) Die Vereinigung mehrerer Genossenschaften erfolgt auf übereinstimmenden Beschluß der Genossenschaftsversammlungen mit Genehmigung des Bundesraths.
2) Das Ausscheiden einzelner örtlich abgegrenzter Theile aus einer Genossenschaft und die Zutheilung derselben zu einer anderen Genossenschaft erfolgt auf Beschluß der betheiligten Genossenschaftsversammlungen mit Genehmigung des Bundesraths. Die Genehmigung kann versagt werden, wenn durch das Ausscheiden die Leistungsfähigkeit einer der betheiligten Genossenschaften in Bezug auf die ihr obliegenden Pflichten gefährdet wird.
3) Wird die Vereinigung mehrerer Genossenschaften oder das Ausscheiden einzelner örtlich abgegrenzter Theile aus einer Genossenschaft und die Zutheilung derselben zu einer anderen Genossenschaft auf Grund eines Genossenschaftsbeschlusses beantragt, dagegen von der anderen betheiligten Genossenschaft abgelehnt, so entscheidet auf Anrufen der Bundesrath.
4) Anträge auf Ausscheidung einzelner örtlich abgegrenzter Theile aus einer Genossenschaft und Bildung einer besonderen Genossenschaft für dieselben sind zunächst der Beschlußfassung der Genossenschaftsversammlung zu unterbreiten und sodann dem Bundesrathe zur Entscheidung vorzulegen.

Wird die Genehmigung ertheilt, so ist zur Beschlußfassung über das Statut für die neue Genossenschaft eine Genossenschaftsversammlung einzuberufen, für welche die §§ 20, 21, 24 Abs. 3 des Gesetzes vom 5. Mai 1886 (Reichs-Gesetzbl. S. 132) maßgebend sind.

§ 63 Abs. 1 [= UI § 53 Abs. 1].

Wenn einzelne örtlich abgegrenzte Theile aus einer Genossenschaft ausscheiden und einer anderen Genossenschaft angeschlossen werden, so sind von dem Eintritte dieser Veränderung ab die Entschädigungsansprüche, welche gegen die erstere Genossenschaft aus den in Betrieben der ausscheidenden Genossenschaftstheile eingetretenen Unfällen erwachsen sind, von der Genossenschaft zu befriedigen, welcher die Genossenschaftstheile nunmehr angeschlossen sind.

Scheiden einzelne örtlich abgegrenzte Theile aus einer Genossenschaft unter Bildung einer neuen Genossenschaft aus, so sind von dem Zeitpunkte der Ausscheidung ab die Entschädigungsansprüche, welche gegen die erstere Genossenschaft aus den in Betrieben der ausscheidenden Genossenschaftstheile eingetretenen Unfällen erwachsen sind, von der neugebildeten Genossenschaft zu befriedigen.

Insoweit zufolge des Ausscheidens von örtlich abgegrenzten Theilen Entschädigungsansprüche auf andere Genossenschaften übergehen, haben die letzteren Anspruch auf einen entsprechenden Theil des Reservefonds und des sonstigen Vermögens derjenigen Genossenschaft, aus welcher die Ausscheidung stattfindet.

Abs. 5, 6, 7 [= U I § 53 Abs. 5, 6, 7].

Auflösung von Berufsgenossenschaften.

§ 64. Berufsgenossenschaften, welche zur Erfüllung der ihnen durch dieses Gesetz auferlegten Verpflichtungen leistungsunfähig werden, können auf Antrag des Reichs-Versicherungsamts, vorbehaltlich der Bestimmungen des § 144, von dem Bundesrath aufgelöst werden. Diejenigen Betriebe, welche die aufgelöste Genossenschaft gebildet haben, sind anderen Berufsgenossenschaften nach deren Anhörung zuzutheilen.

Mit der Auflösung der Genossenschaft gehen deren Rechtsansprüche und Verpflichtungen, vorbehaltlich der Bestimmungen der §§ 133, 144, 145, auf das Reich über.

III. Mitgliedschaft. Betriebsveränderungen.

Mitgliedschaft.

§ 65. Mitglied der Genossenschaft ist jeder Unternehmer eines unter § 1 fallenden Betriebs, dessen Sitz in dem Bezirke der Genossenschaft belegen ist.

Eine Gesammtheit von Grundstücken eines Unternehmers, für deren landwirthschaftlichen Gesammtbetrieb gemeinsame Wirthschaftsgebäude bestimmt sind, gilt im Sinne dieses Gesetzes als ein einziger Betrieb. Als Sitz eines landwirthschaftlichen Betriebs, welcher sich über die Bezirke mehrerer Gemeinden erstreckt, gilt diejenige Gemeinde, in deren Bezirke die gemeinsamen Wirthschaftsgebäude belegen sind. Dabei entscheiden diejenigen Wirthschaftsgebäude, welche für die wirthschaftlichen Hauptzwecke des Betriebs bestimmt sind. Die betheiligten Gemeinden und Unternehmer können sich über einen anderen Betriebssitz einigen.

Mehrere forstwirthschaftliche Grundstücke eines Unternehmers, welche derselben unmittelbaren Betriebsleitung (Revierverwaltung) unterstellt sind, gelten als ein einziger Betrieb. Forstwirthschaftliche Grundstücke verschiedener Unternehmer gelten als Einzelbetriebe, auch wenn sie zusammen derselben Betriebsleitung unterstellt sind. Als Sitz eines forstwirthschaftlichen Betriebs, welcher sich über mehrere Gemeindebezirke erstreckt, gilt diejenige Gemeinde, in deren Bezirke der größte Theil der Forstgrundstücke belegen ist, sofern nicht die betheiligten Gemeinden und der Unternehmer sich über einen anderen Betriebssitz einigen.

Ueber die Zugehörigkeit gemischter, theils land-, theils forstwirthschaftlicher Betriebe zur Genossenschaft entscheidet der Hauptbetrieb.

Stimmberechtigt sind die Mitglieder der Genossenschaft nur dann, wenn sie sich im Besitze der bürgerlichen Ehrenrechte befinden.

§ 66. Die Mitgliedschaft beginnt für die Unternehmer der unter § 1 fallenden Betriebe, welche zur Zeit der Errichtung der Genossenschaft bestehen, mit diesem Zeitpunkte, für die Unternehmer später eröffneter Betriebe mit dem Zeitpunkte der Eröffnung des Betriebs.

IV. Feststellung und Auszahlung der Entschädigungen.

Anzeige und Untersuchung der Unfälle.

§ 70 [= UI § 63].

§ 71 [= UI § 64]. (Statt § 15 UI ist § 13 citirt.)

§ 72. An den Untersuchungsverhandlungen können Theil nehmen: Vertreter der Genossenschaft, ein von dem Vorstande der Krankenkasse, welcher der Getödtete oder Verletzte zur Zeit des Unfalls angehört hat, bestellter Bevollmächtigter sowie der Betriebsunternehmer oder ein Vertreter desselben. Zu diesem Zwecke ist dem Genossenschaftsvorstande, dem Kassenvorstand und dem Betriebsunternehmer von der Einleitung der Untersuchung rechtzeitig Kenntniß zu geben. Ist die Genossenschaft in Sektionen getheilt, oder sind von der Genossenschaft Vertrauensmänner bestellt, so ist die Mittheilung von der Einleitung der Untersuchung an den Sektionsvorstand beziehungsweise an den Vertrauensmann zu richten.

Außerdem sind, soweit thunlich, die sonstigen Betheiligten und auf Antrag und Kosten der Genossenschaft Sachverständige zuzuziehen.

§ 73 [= UI § 66].

§ 74 [= UI § 67]. (Andere Citate: § 70 Abs. 5 bezw. §§ 71, 72.)

Feststellung der Entschädigungen.

§ 75 [= UI § 69]. (Statt §§ 8 bis 24 sind citirt: §§ 7 bis 25, statt § 9 Abs. 1 Ziffer 1: § 8 Abs. 1 Ziffer 1.)

§ 76 [= UI § 70]. (Statt §§ 16 bis 19, 21 sind citirt: §§ 17 bis 20, 22; statt §§ 16 bis 19: §§ 17 bis 20; statt § 69 Abs. 3: § 75 Abs. 3.)

§ 77 [= UI § 71].

§ 78 [= UI § 72].

§ 79 [= UI § 73].

§ 80 [= UI § 74]. (Statt § 69 ist citirt: § 75.)

Bescheid der Vorstände.

§ 81 [= UI § 75]. (Statt § 69 ist citirt: § 75.)

Berufung.

§ 82 [= UI § 76]. (Statt § 23 ist citirt: § 24.)

§ 83 [= UI § 77]. (Statt § 15 Abs. 1 Ziffer 2 ist citirt: § 16 Abs. 1 Ziffer 2.)

§ 84 [= U I § 78]. (In Satz 3 heißt es statt „ist die Höhe der Entschädigung": „hat der Vorstand die Höhe der Entschädigung".)

§ 85 [= U I § 79].

Rekurs.

§ 86 [= U I § 80]. (Statt § 69 Abs. 1 Ziffer 2 ist citirt: § 75 Abs. 1 Ziffer 2; statt § 90 Abs. 2: § 96 Abs. 2; statt § 95 Abs. 1: § 101 Abs. 1; statt des § 75 Abs. 1 Ziffer 1, Ziffer 2: § 69 Abs. 1 Ziffer 1, Ziffer 2; statt § 76 Abs. 3: § 82 Abs. 3.)

§ 87 [= U I § 81]. (Statt § 80 Abs. 1, 3 ist citirt: § 86 Abs. 1, 3.)

§ 88 [= U I § 82].

§ 89 [= U I § 83]. (Statt § 85 ist citirt: § 91.)

§ 90 [= U I § 84]. (Statt §§ 82, 83 sind citirt: §§ 88, 89.)

§ 91 [= U I § 85].

§ 92 [= U I § 86]. (Statt §§ 76, 78, 81 Abs. 2 sind citirt: §§ 82, 84, 87 Abs. 2.)

§ 93 [= U I § 87]. (Statt §§ 69 ff. sind citirt: §§ 75 ff.; statt § 97: § 103.)

Veränderung der Verhältnisse.

§ 94 [= U I § 88].

§ 95 [= U I § 89]. (Statt § 94 ist citirt: § 100.)

§ 96 [= U I § 90]. (Statt §§ 86 ff. sind citirt: §§ 80 ff.)

§ 97. Die anderweite Rentenfestsetzung nach Abschluß eines neuen Heilverfahrens, die Einstellung von Rentenzahlungen (§ 100) und die Ablösung einer Rente durch Kapitalzahlung (§ 101) erfolgt auch nach Ablauf des im § 94 Abs. 3 vorgesehenen Zeitraums durch Bescheid der Berufsgenossenschaft.

§ 98 [= U I § 92]. (Statt „§§ 69 bis 87" ist citirt: „§§ 75 bis 93".)

Fälligkeitstermine.

§ 99 [= U I § 93].

Ruhen der Rente.

§ 100 [= U I § 94].

Kapitalabfindungen.

§ 101 [= U I § 95]. (Statt § 76 ist citirt: § 82, und statt § 34 Abs. 2: § 37 Abs. 2.)

Uebertragung der Ansprüche.

§ 102 [= U I § 96]. (Statt §§ 25, 27 sind citirt: §§ 30, 32; statt § 136 Abs. 1: § 147 Abs. 1.)

Auszahlungen durch die Post.

§ 103 [= U I § 97].

Liquidationen der Post.

§ 104 [= U I § 98].

Umlage- und Erhebungsverfahren.

§ 105. Die von den Zentral-Postverwaltungen zur Erstattung liquidirten Beträge sind von dem Genossenschaftsvorstande gleichzeitig mit den Verwaltungskosten und den etwaigen Rücklagen zum Reservefonds unter Berücksichtigung der auf Grund der §§ 59 bis 61 etwa vorliegenden Verpflichtungen oder Berechtigungen nach dem festgestellten Vertheilungsmaßstab auf die Genossenschaftsmitglieder umzulegen und von denselben einzuziehen.

§ 113. Rückständige Beiträge, Vorschüsse auf die Beiträge (§ 35) sowie die Kautionsbeträge (§ 38 Ziffer 8) werden in derselben Weise beigetrieben wie Gemeindeabgaben.

Der Anspruch auf rückständige Beiträge verjährt, soweit nicht eine absichtliche Hinterziehung vorliegt, in zwei Jahren nach Ablauf des Kalenderjahrs, in welchem sie hätten gezahlt werden müssen.

Uneinziehbare Beiträge fallen der Gesammtheit der Berufsgenossen zur Last. Sie sind der Gemeinde, welche sie vorgeschossen hat (§ 110 Abs. 3), zu erstatten, vorschußweise aus dem Betriebsfonds oder erforderlichen Falles aus dem Reservefonds der Berufsgenossenschaft zu decken und bei dem Umlageverfahren des nächsten Rechnungsjahrs zu berücksichtigen.

Abführung der Beträge an die Postkassen.

§ 114 [= U I § 106]. (Statt § 54 sind citirt: §§ 64, 144, 145.)

Vermögensverwaltung.

§ 115. Die Einnahmen und Ausgaben der Berufsgenossenschaften sind von allen den Zwecken der letzteren fremden Vereinnahmungen und Verausgabungen gesondert festzustellen und zu verrechnen; ebenso die Bestände gesondert zu verwahren.

Das Reichs-Versicherungsamt trifft, soweit die Verwaltung der Genossenschaft nicht Organen der Selbstverwaltung oder staatlichen Behörden übertragen ist (§ 42 Abs. 3, § 141), nach Bedarf Bestimmung über die Aufbewahrung von Werthpapieren.

§ 116 [= U I § 108].

§ 117 [= U I § 109]. (Nur heißt es statt „zinstragender Papiere nur bis zu einem": „zinstragender Papiere nur zu einem" [wohl Druckfehler!], und statt § 108 ist § 116 citirt.)

§ 118 [= U I § 110]. (Statt §§ 116, 117 sind §§ 108, 109 citirt.)

§ 119 [= U I § 111].

V. Unfallverhütung. Ueberwachung der Betriebe.

Unfallverhütungsvorschriften.

§ 120. Die Genossenschaften sind befugt und auf Verlangen des Reichs-Versicherungsamts verpflichtet, für den Umfang des Genossenschaftsbezirkes Vorschriften zu erlassen: [folgt UI § 112 Abs. 1 Nr. 1, 2, und Abs. 2 und 3. In Abs. 2 heißt es statt „Gewerbszweige": „Betriebszweige"].

§ 121 [= UI § 113]. (Nur fehlt in Abs. 2 hinter „über diese Vorschriften": „sowie zur Begutachtung der nach § 120e Abs. 2 der Gewerbeordnung zu erlassenden Vorschriften", und in Abs. 4 hinter „von der Genossenschaft": „oder die auf Grund des § 120e Abs. 2 der Gewerbeordnung zu erlassenden Vorschriften".)

§ 123 [= UI § 115]. (Statt § 113 ist stets citirt: § 121; statt § 37 Ziffer 10: § 38 Ziffer 11, und in Abs. 3 Satz 1 ist hinter „Beschlußfassung" citirt (§ 121 Abs. 2).)

§ 124 [= UI § 116]. (Statt § 112 ist citirt: § 120, und statt „Vorstand der Betriebs- (Fabrik-) oder Bau-Krankenkasse" heißt es: „Vorstand der Betriebs-Krankenkasse".)

Ueberwachung der Betriebe.

§ 126 Abs. 1 und 2 [= UI § 119]. (Statt § 112 ist citirt: § 120.)

Die Betriebsunternehmer sind verpflichtet, den als solchen legitimirten technischen Aufsichtsbeamten der betheiligten Genossenschaft auf Erfordern den Zutritt zu ihren Betriebsstätten während der Betriebszeit zu gestatten und den Rechnungsbeamten die bezeichneten Bücher und Listen an Ort und Stelle zur Einsicht vorzulegen. Sie können hierzu, vorbehaltlich der Bestimmungen des § 127, auf Antrag der technischen Aufsichtsbeamten oder der Rechnungsbeamten von der unteren Verwaltungsbehörde durch Geldstrafen im Betrage bis zu dreihundert Mark angehalten werden.

§ 127 [= UI § 120]. (Statt „Fabrikgeheimnisses" heißt es: „Betriebsgeheimnisses".)

§ 128 [= UI § 121]. (Statt §§ 119, 120 sind citirt: „§§ 126, 127"; statt § 120: § 127.)

VI. Beaufsichtigung der Berufsgenossenschaften.

§ 131 [= UI § 125]. (In Abs. 3 Satz 1 heißt es statt „Festsetzung": „Festsetzungen".)

§ 132 Abs. 1 [= UI § 126].

Auf die dienstlichen Verhältnisse der auf Grund des § 42 Abs. 3, § 141 mit der Verwaltung einer Berufsgenossenschaft betrauten Organe der Selbstverwaltung oder staatlichen Behörden und Beamten findet diese Vorschrift keine Anwendung.

§ 133 [= U I § 127]. (Statt der §§ 31, 34 u. s. w. in Abs. 1 sind citirt: §§ 34, 37, 40, 46, 48 bis 50, 52, 55, 56, 61, 63, 64, 67, 69, 79, 86 bis 91, 101, 111, 114, 118, 120, 121, 123, 124, 126, 127, 130 bis 132, 134; statt der §§ 51, 53 u. s. w. in Abs. 2 sind citirt: §§ 55, 61, 63, 67, 69, 79, 88, 89, 91, und statt § 54 in Abs. 4: § 64.)

VII. Reichs- und Staatsbetriebe.

§ 134. Für Betriebe, welche für Rechnung des Reichs oder eines Bundesstaats verwaltet werden, tritt bei Anwendung dieses Gesetzes an die Stelle der Berufsgenossenschaft das Reich beziehungsweise der Staat. Die Befugnisse und Obliegenheiten der Genossenschaftsversammlung und des Genossenschaftsvorstandes werden durch Ausführungsbehörden wahrgenommen, welche für die Heeresverwaltungen von der obersten Militärverwaltungsbehörde des Kontingents, im Uebrigen für die Reichsverwaltungen vom Reichskanzler, für die Landesverwaltungen von der Landes-Zentralbehörde zu bezeichnen sind. Dem Reichs-Versicherungsamt ist mitzutheilen, welche Behörden als Ausführungsbehörden bezeichnet worden sind.

§ 135. Soweit das Reich beziehungsweise der Staat in Gemäßheit des § 134 an die Stelle der Berufsgenossenschaft tritt, finden die §§ 33 bis 62, 65 bis 69, 80, 105 bis 113, 114 Abs. 2, 3, §§ 115, 118, 120 bis 132, 156 bis 161 keine Anwendung.

§ 136 Abs. 1 [= U I § 130]. (Statt § 4 Abs. 1 ist citirt: § 5 Abs. 1 lit. c, und statt § 7: § 6.)

Den Ausführungsvorschriften bleibt auch die Bestimmung überlassen, ob und inwieweit die Renten nach Maßgabe des § 26 in Naturalleistungen gewährt werden sollen.

§ 137 [= U I § 131]. (Statt „§§ 69 ff." ist citirt: „§ 75".)

IX. Schluß- und Strafbestimmungen.

Haftpflicht für Betriebsunternehmer und Betriebsbeamten.

§ 146 Abs. 1 und 2 [= U I § 135 Abs. 1 und 2]. (Statt §§ 16 bis 19 sind citirt: §§ 17 bis 20.)

Die auf gesetzlichen Bestimmungen beruhenden Ansprüche eines Verletzten auf Ersatz des in Folge des Unfalls erlittenen Schadens für die Dauer der ersten dreizehn Wochen nach dem Unfalle bleiben vorbehalten, wenn nicht durch die Landesgesetzgebung oder durch statutarische Bestimmung eine den Vorschriften der §§ 6 und 7 des Krankenversicherungsgesetzes beziehungsweise der §§ 137 ff. des Gesetzes vom 5. Mai 1886 (Reichs-Gesetzbl. S. 132) mindestens gleichkommende Fürsorge für den Verletzten und seine Angehörigen getroffen ist oder der Verletzte auf Grund des § 136 a. a. O. von der Krankenversicherungspflicht befreit ist.

Abs. 4 [= U I § 135 Abs. 3].

§ 147 [= UI § 136]. (In Abs. 1 Satz 1 am Schlusse heißt es statt „und sonstigen Unterstützungskassen (§ 25 Abs. 1)“: „und anderen Unterstützungskassen (§§ 27, 30 Abs. 1)“.)

§ 148 [= UI § 137]. (Statt § 136 Abs. 1 Satz 3 heißt es: § 147 Abs. 1 Satz 3.)

§ 149 [= UI § 138]. (Statt § 147 ist citirt: § 136; statt § 137: § 148; statt § 135: § 146.)

§ 150 [= UI § 139]. (Statt §§ 135, 136 sind citirt: §§ 146, 147.)

Haftung Dritter.

§ 151 [= UI § 140]. (Statt §§ 135, 136 sind citirt: §§ 146, 147.)

Verbot vertragsmäßiger Beschränkungen.

§ 152 [= UI § 141].

Unbehinderte Ausübung der Funktionen.

§ 153 [= UI § 142]. (Statt §§ 113 bis 115 sind citirt: §§ 121 bis 123.)

Strafbestimmungen.

§ 158 [= UI § 148]. (Statt §§ 146, 147 sind citirt: §§ 156, 157.)

§ 159 [= UI § 149]. (Statt §§ 116, 124 Abs. 3 sind citirt: §§ 124, 130 Abs. 3.)

Zuständige Landesbehörden.

§ 162. Die Zentralbehörden der Bundesstaaten bestimmen, von welchen Staatsbehörden, Gemeindevertretungen oder, wo solche nicht bestehen, Gemeindebehörden die in diesem Gesetze den höheren Verwaltungsbehörden, den unteren Verwaltungsbehörden, den Ortspolizeibehörden, den Gemeindebehörden und den Vertretungen der Gemeinden und weiteren Kommunalverbände zugewiesenen Verrichtungen wahrzunehmen sind.

Die in Gemäßheit dieser Vorschrift erlassenen Bestimmungen sind durch den Reichsanzeiger bekannt zu machen.

Die höhere Verwaltungsbehörde kann bestimmte Gemeindebehörden als untere Verwaltungsbehörden im Sinne des § 76 bezeichnen und mit der Wahrnehmung der dort vorgesehenen Geschäfte betrauen.

Strafvollstreckung.

§ 163 [= UI § 153].

§ 164 [= UI § 154]. (Statt § 112 Abs. 1 Ziffer 2 sind citirt: § 120 Abs. 1 Ziffer 2; statt § 133: § 138.)

Zustellungen.

§ 166 [= UI § 155]. (In Abs. 3 heißt es statt „nicht ermittelt“: „nicht zu ermitteln“.)

Uebergangsbestimmungen.

§ 167.

188) Bau-Unfallversicherungsgesetz.

I. Allgemeine Bestimmungen.

Umfang der Versicherung.

§ 1. Arbeiter, welche bei der Ausführung von Bauarbeiten beschäftigt und nicht auf Grund des Gewerbe-Unfallversicherungsgesetzes oder des Unfallversicherungsgesetzes für Land- und Forstwirthschaft gegen Unfall versichert sind, werden gegen die Folgen der bei den Bauarbeiten sich ereignenden Unfälle nach Maßgabe der Bestimmungen dieses Gesetzes versichert.

Dasselbe gilt von den Betriebsbeamten und den ihnen im Sinne dieses Gesetzes gleichgestellten Werkmeistern und Technikern, sofern ihr Jahresarbeitsverdienst an Lohn oder Gehalt dreitausend Mark nicht übersteigt.

Auf die im § 1 des Gesetzes, betreffend die Fürsorge für Beamte und Personen des Soldatenstandes in Folge von Betriebsunfällen, vom 15. März 1886 (Reichs-Gesetzbl. S. 53) bezeichneten Personen, auf Beamte, welche in Betriebsverwaltungen eines Bundesstaats oder eines Kommunalverbandes mit festem Gehalt und Pensionsberechtigung angestellt sind, sowie auf andere Beamte eines Bundesstaats oder eines Kommunalverbandes, für welche die im § 12 a. a. O. vorgesehene Fürsorge in Kraft getreten ist, findet dieses Gesetz keine Anwendung. Die Ausführung von Bauarbeiten gilt als Betrieb im Sinne des Gesetzes vom 15. März 1886.

§ 2 [= UI[1] (Gewerbe-Unfallversicherungsgesetz) § 3].

§ 3 [= UI § 4].

§ 4. Durch Statut kann die Versicherungspflicht auf Gewerbetreibende, deren Jahresarbeitsverdienst dreitausend Mark nicht übersteigt oder welche nicht regelmäßig mehr als zwei Lohnarbeiter beschäftigen, sowie auf Betriebsbeamte mit einem dreitausend Mark übersteigenden Jahresarbeitsverdienst erstreckt werden.

Bei der Versicherung von Betriebsbeamten ist der volle Jahresarbeitsverdienst zu Grunde zu legen.

Unternehmer von Bauarbeiten, deren Jahresarbeitsverdienst dreitausend Mark nicht übersteigt oder welche nicht regelmäßig mehr als zwei Lohnarbeiter beschäftigen, sind berechtigt, gegen die Folgen von Betriebsunfällen sich selbst zu versichern. Durch Statut kann diese Berechtigung auf Unternehmer mit einem höheren Jahresarbeitsverdienst erstreckt werden.

Durch Statut kann ferner bestimmt werden, daß und unter welchen Bedingungen gegen die Folgen der bei dem Betrieb oder Dienste sich ereignenden Unfälle versichert werden können

a) im Betriebe beschäftigte, aber nach § 1 nicht versicherte Personen durch den Betriebsunternehmer;

---

[1] Mit UI ist das Gewerbe-Unfallversicherungsgesetz gemeint.

b) nicht im Betriebe beschäftigte, aber die Betriebsstätte besuchende oder auf derselben verkehrende Personen durch den Betriebsunternehmer oder den Vorstand der Berufsgenossenschaft;
c) Organe und Beamte der Berufsgenossenschaft durch deren Vorstand.

Unternehmer.

§ 5. Als Unternehmer im Sinne dieses Gesetzes gilt
1) bei Bauarbeiten, welche in einem gewerbsmäßigen Baubetriebe ausgeführt werden, der Baugewerbetreibende, für dessen Rechnung dieser Betrieb erfolgt;
2) bei anderen Bauarbeiten derjenige, für dessen Rechnung sie ausgeführt werden.

Träger der Versicherung.

§ 6. Die Versicherung erfolgt:
1) bei der gewerbsmäßigen Ausführung von Eisenbahn-, Kanal-, Wege-, Strom-, Deich- und anderen Bauarbeiten, welche nicht unter die Bestimmungen des Gewerbe-Unfallversicherungsgesetzes oder unter die nach § 1 Abs. 1 Ziffer 2 a. a. O. vom Bundesrath erlassenen Anordnungen fallen, unbeschadet der Bestimmungen in den Ziffern 2 und 3, auf Gegenseitigkeit durch die Unternehmer. Die Letzteren werden zu diesem Zwecke in eine Berufsgenossenschaft vereinigt (§§ 12 bis 17);
2) bei Bauarbeiten, welche von dem Reiche oder von einem Bundesstaat als Unternehmer (§ 5) ausgeführt werden und nicht zu den Bauten der im § 128 Abs. 1 des Gewerbe-Unfallversicherungsgesetzes aufgeführten Reichs- und Staatsverwaltungen gehören, vorbehaltlich der Bestimmung des § 8 Abs. 1, auf Kosten des Reichs oder des Staates durch das Reich beziehungsweise den Staat, für dessen Rechnung die Bauarbeit erfolgt, durch Ausführungsbehörden (§§ 42, 43);
3) bei Bauarbeiten, welche in anderen als Eisenbahnbetrieben von einem Kommunalverband oder einer anderen öffentlichen Korporation als Unternehmer (§ 5) ausgeführt werden, vorbehaltlich der Bestimmung des § 8 Abs. 2, auf Kosten dieses Kommunalverbandes oder dieser Korporation, sofern die Landes-Zentralbehörde auf deren Antrag erklärt, daß der Verband oder die Korporation zur Uebernahme der durch die Versicherung entstehenden Lasten für leistungsfähig zu erachten ist, durch Ausführungsbehörden (§§ 42, 43).

Die Landes-Zentralbehörden sind berechtigt, mehrere Kommunalverbände oder andere öffentliche Korporationen zum Zwecke der gemeinsamen Durchführung der Unfallversicherung bei den von ihnen als Unternehmern ausgeführten Bauarbeiten zu einem Verbande zu vereinigen.

Das Ausscheiden solcher Korporationen aus Berufsgenossenschaften darf nur am Schlusse des Rechnungsjahrs erfolgen;

4) bei Bauarbeiten, deren Ausführung entweder von anderen als den in Ziffer 2 und 3 bezeichneten Verbänden und Korporationen oder deren Ausführung nicht gewerbsmäßig erfolgt, auf Kosten der Unternehmer (§ 5) beziehungsweise Gemeindeverbände durch die Berufsgenossenschaften der Baugewerbetreibenden (§§ 1, 6 Ziffer 1, §§ 12 ff. dieses Gesetzes, §§ 1, 28 ff. des Gewerbe-Unfallversicherungsgesetzes) nach näherer Bestimmung der §§ 18 ff. (Unfallversicherungsanstalten).

Bezüglich der Bauten, welche von Eisenbahnverwaltungen für eigene Rechnung ausgeführt werden, sowie bezüglich solcher Bauarbeiten, welche als Nebenbetriebe oder Theile eines andern Betriebs anderweit versicherungspflichtig sind, behält es bei den sonstigen Bestimmungen sein Bewenden.

§ 7. Unfälle in fremden Betrieben hat die Berufsgenossenschaft (§ 6 Abs. 1 Ziffer 1) dann zu entschädigen, wenn sie sich bei Betriebshandlungen ereignen, zu welchen ein der Genossenschaft angehörender Unternehmer den Auftrag gegeben und für welche er die Löhne zu zahlen hat.

§ 8. Das Reich und die Bundesstaaten sind berechtigt, bezüglich aller oder einzelner Arten der unter § 6 Ziffer 2 fallenden, von ihnen als Unternehmer ausgeführten Bauarbeiten derjenigen Berufsgenossenschaft, welche in dem betreffenden Bezirke für die Gewerbetreibenden der betreffenden Art errichtet ist, durch eine von dem Reichskanzler beziehungsweise der Landes-Zentralbehörde abzugebende entsprechende Erklärung als Mitglied beizutreten.

Dieselbe Berechtigung (Abs. 1) steht den Kommunalverbänden und anderen öffentlichen Korporationen zu. Die Erklärung ist von ihrem Vorstand abzugeben.

Jahresarbeitsverdienst, Gegenstand der Versicherung, Umfang der Entschädigung, Verhältniß zu Krankenkassen 2c.

§ 9. Die Ermittelung des Jahresarbeitsverdienstes, der Gegenstand der Versicherung, der Umfang der Entschädigung und das Verhältniß der Unfallversicherung zu den eingeschriebenen Hülfskassen, zu den sonstigen Kranken-, Sterbe-, Invaliden- und anderen Unterstützungskassen, zu den Leistungen der zur Unterstützung hülfsbedürftiger Personen verpflichteten Gemeinden oder Armenverbände sowie der Unternehmer und Kassen, welche die den Gemeinden und Armenverbänden obliegende Verpflichtung zur Unterstützung auf Grund gesetzlicher Vorschrift erfüllt haben, bestimmt sich, vorbehaltlich der Vorschriften der §§ 10, 11 dieses Gesetzes, nach den §§ 6, 8 bis 27 des Gewerbe-Unfallversicherungsgesetzes.

§ 10. Bei Unfällen eines Arbeiters, welche sich bei Bauarbeiten der im § 6 Ziffer 4 Abs. 1 bezeichneten Art ereignen, finden die Bestimmungen der §§ 12 bis 14 des Gewerbe-Unfallversicherungsgesetzes keine Anwendung.

Bei solchen Unfällen hat die Gemeinde, in deren Bezirke der verletzte Arbeiter beschäftigt war, demselben während der ersten dreizehn Wochen nach dem Unfalle die im § 6 Abs. 1 Ziffer 1 des Krankenversicherungsgesetzes bezeichneten Leistungen zu gewähren, sofern nicht der verletzte Arbeiter sich im Ausland aufhält oder auf Grund der Krankenversicherung oder anderer Rechtsverhältnisse Anspruch auf eine mindestens gleiche Fürsorge hat. Soweit solchen Personen diese Leistungen von den zunächst Verpflichteten nicht gewährt werden, hat die Gemeinde dieselben zu übernehmen. Die zu diesem Zwecke gemachten Aufwendungen sind von den Verpflichteten zu ersetzen.

Für außerhalb des Gemeindebezirkes wohnhafte versicherte Personen hat auf Verlangen der verpflichteten Gemeinde die Gemeinde ihres Wohnorts die im Abs. 2 bezeichneten Leistungen, vorbehaltlich des Kostenersatzes, zu übernehmen.

Als Ersatz der Kosten gilt die Hälfte des nach dem Krankenversicherungsgesetze zu gewährenden Mindestbetrags des Krankengeldes, sofern nicht höhere Aufwendungen nachgewiesen werden.

Der weitere Kommunalverband ist befugt, statutarische Anordnungen zu erlassen, nach welchen den Gemeinden die ihnen durch Abs. 2 auferlegten Kosten des Heilverfahrens aus Mitteln des weiteren Kommunalverbandes zu ersetzen sind.

Die Versicherungsanstalt (§ 18) ist befugt, die im Abs. 2 bezeichneten Leistungen selbst zu übernehmen.

§ 11. Streitigkeiten über Unterstützungsansprüche, welche aus der Bestimmung des § 10 zwischen den Verletzten einerseits und den Gemeinden andererseits entstehen, werden von der Aufsichtsbehörde entschieden. Die Entscheidung ist vorläufig vollstreckbar. Dieselbe kann innerhalb eines Monats im Verwaltungsstreitverfahren, wo ein solches nicht besteht, im Wege des Rekurses nach Maßgabe der Vorschriften der §§ 20, 21 der Gewerbeordnung angefochten werden.

Streitigkeiten über Ersatzansprüche, welche aus den Bestimmungen des § 10 entstehen, werden im Verwaltungsstreitverfahren, wo ein solches nicht besteht, von der Aufsichtsbehörde der in Anspruch genommenen Gemeinde, Gemeinde-Krankenversicherung oder Krankenkasse entschieden. Gegen die Entscheidung der Letzteren findet der Rekurs nach Maßgabe der Vorschriften der §§ 20, 21 der Gewerbeordnung statt.

Der Landes-Zentralbehörde bleibt überlassen, vorzuschreiben, daß anstatt des Rekursverfahrens die Berufung auf den Rechtsweg mittelst Erhebung der Klage stattfindet.

II. Berufsgenossenschaft.

Umfang.

§ 12. Die Berufsgenossenschaft (§ 6 Ziffer 1) umfaßt, unbeschadet der Bestimmungen des § 8, alle Baubetriebe der im § 6 Ziffer 1 bezeichneten Art.

Bei Baubetrieben, welche sich auf verschiedene Arten von Bauarbeiten erstrecken, entscheidet für die Zugehörigkeit zur Berufsgenossenschaft der Hauptbetrieb. Auch im Uebrigen folgen Nebenbetriebe den Hauptbetrieben.

Aufbringung der Mittel.

§ 13. Die Mittel zur Deckung der von der Berufsgenossenschaft zu leistenden Entschädigungsbeträge und der Verwaltungskosten werden, vorbehaltlich der Bestimmungen der §§ 23 ff., von den Mitgliedern durch Beiträge aufgebracht. Die Beiträge sind so zu berechnen, daß durch dieselben außer den sonstigen Leistungen der Berufsgenossenschaft der Kapitalwerth der ihr im abgelaufenen Rechnungsjahre zur Last gefallenen Renten gedeckt wird. Die Grundsätze für die Berechnung des Kapitalwerths werden durch das Reichs-Versicherungsamt festgestellt. Die Ausschreibung der Beiträge erfolgt nach Maßgabe der in den Betrieben der Mitglieder von den Versicherten verdienten Löhne und Gehälter beziehungsweise des nach § 10 Abs. 4 des Gewerbe-Unfallversicherungsgesetzes anzurechnenden ortsüblichen Tagelohns gewöhnlicher erwachsener Tagearbeiter sowie des statutenmäßigen Gefahrentarifs (§ 49 a. a. O.).

Der § 29 Abs. 2, §§ 30 bis 33 des Gewerbe-Unfallversicherungsgesetzes finden Anwendung.

Organisation.

§ 14. Auf die Berufsgenossenschaft finden die Bestimmungen des § 28 Abs. 5, 6 und der §§ 36 bis 54 des Gewerbe-Unfallversicherungsgesetzes Anwendung.

§ 15. Der vorhandene Reservefonds ist in seinem Bestande zu erhalten; seine Zinsen können zur Deckung der Genossenschaftslasten verwendet werden. In dringenden Fällen kann die Genossenschaft mit Genehmigung des Reichs-Versicherungsamts auch den Kapitalbestand angreifen. Die Wiederergänzung erfolgt alsdann nach näherer Anordnung des Reichs-Versicherungsamts.

Mitgliedschaft.

§ 16. Mitglied der Genossenschaft ist jeder Unternehmer eines Betriebs der im § 12 bezeichneten Art sowie das Reich, die Bundesstaaten, Kommunalverbände und andere öffentliche Korporationen, soweit diese auf Grund der Bestimmungen des § 8 der Berufsgenossenschaft beigetreten sind.

Die Mitgliedschaft beginnt für das Reich und die Bundesstaaten, für Kommunalverbände und andere öffentliche Korporationen (§ 6

Ziffer 2, 3) mit dem in der Beitrittserklärung angegebenen Zeitpunkt, im Uebrigen mit der Eröffnung des Betriebs.

§ 17. Jedes Mitglied der Genossenschaft, welches seinen Betrieb nicht bereits angemeldet hat, ist verpflichtet, binnen einer Woche nach dem Beginne der Mitgliedschaft (§ 16) der unteren Verwaltungsbehörde, in deren Bezirke der Betrieb belegen ist, über denselben Anzeige zu erstatten. Auf die Anzeige und die Ueberweisung des Betriebs finden die Bestimmungen der §§ 56, 57 des Gewerbe-Unfallversicherungsgesetzes entsprechende Anwendung. Dasselbe gilt von den Bestimmungen der §§ 58 bis 62 a. a. O. über die Genossenschaftskataster und die Betriebsveränderungen.

III. Unfallversicherungsanstalten.

Bildung, Umfang und Organisation.

§ 18. In jeder Berufsgenossenschaft von Baugewerbetreibenden besteht für die Versicherung derjenigen Personen, welche in deren Bezirken von den unter § 6 Ziffer 4 Abs. 1 fallenden Unternehmern bei Bauarbeiten, wie sie in der Berufsgenossenschaft versichert sind, beschäftigt werden, einschließlich der selbstversicherten Unternehmer dieser Art, eine Versicherungsanstalt.

Den Versicherungsanstalten der auf Grund des Gewerbe-Unfallversicherungsgesetzes errichteten Berufsgenossenschaften von Baugewerbetreibenden werden außer denjenigen Arten von Bauarbeiten, für welche sie errichtet sind, die Eisenbahn-, Kanal-, Wege-, Strom-, Deich- und andere Bauarbeiten (vergl. § 6 Ziffer 1), zu deren Ausführung, einzeln genommen, nicht mehr als sechs Arbeitstage thatsächlich verwendet worden sind (vergl. § 23 lit. b), sofern diese Bauarbeiten von den im § 6 Ziffer 4 Abs. 1 bezeichneten Unternehmern ausgeführt werden, innerhalb ihrer Bezirke zugewiesen.

Durch das Genossenschaftsstatut kann bestimmt werden, daß auch die Versicherung von Unternehmern (§ 4), welche als Baugewerbetreibende Mitglieder der Genossenschaften sind, sowie anderer von diesen Baugewerbetreibenden bei der Bauausführung beschäftigten, nach § 1 nicht versicherten Personen (§ 4) bei der Versicherungsanstalt zu erfolgen hat.

Träger der Versicherungsanstalt ist die Berufsgenossenschaft. Der Genossenschaftsvorstand und die Genossenschaftsversammlung sowie die sonstigen Organe der Berufsgenossenschaft führen die Verwaltung der Versicherungsanstalt, unbeschadet der Bestimmungen des § 21 dieses Gesetzes, nach Maßgabe der §§ 41, 42, 45, 46 des Gewerbe-Unfallversicherungsgesetzes.

§ 19. Die Einnahmen und Ausgaben der Versicherungsanstalt sind besonders zu verrechnen und ihre Bestände gesondert zu verwahren.

Für die Versicherungsanstalt ist ein besonderer Reservefonds anzusammeln. Seine Verwendung zu Zwecken der Berufsgenossenschaft ist unstatthaft.

Das für die Zwecke der Versicherungsanstalt bestimmte sonstige Vermögen darf für die übrigen Zwecke der Berufsgenossenschaft nur mit Genehmigung des Reichs-Versicherungsamts verwendet werden. Die Genehmigung darf nur ertheilt werden, wenn der Nachweis erbracht ist, daß der für die Zwecke der Versicherungsanstalt verbleibende Theil dieses Vermögens zur dauernden Befriedigung der bisher festgestellten, von der letzteren zu zahlenden Renten und der sonstigen Verbindlichkeiten der Versicherungsanstalt voraussichtlich ausreichen wird.

Die für den Geschäftsbetrieb der Versicherungsanstalt etwa erforderlichen Mittel hat die Berufsgenossenschaft, soweit nöthig aus ihrem Reservefonds, vorzuschießen.

Die Versicherungsanstalt darf andere als die im § 18 bezeichneten Versicherungen nicht übernehmen.

Die von der Versicherungsanstalt aufzubringenden Verwaltungskosten bestimmen sich nach den durch die besondere Verwaltung derselben thatsächlich erforderlich gewesenen Aufwendungen; neben denselben kann nach näherer Bestimmung des Reichs-Versicherungsamts als Ersatz des auf die Versicherungsanstalt entfallenden Antheils an den gemeinsamen Verwaltungskosten ein Pauschbetrag erhoben werden.

§ 20. Für die Versicherungsanstalt hat die Genossenschaftsversammlung ein Nebenstatut zu errichten. Dasselbe muß Bestimmungen treffen: . . . .

§ 23. In der Versicherungsanstalt erfolgt die Unfallversicherung:

a) bei Bauarbeiten, zu deren Ausführung, einzeln genommen, mehr als sechs Arbeitstage thatsächlich verwendet worden sind, auf Kosten des Unternehmers (§ 5 Ziffer 2) gegen feste, im voraus bemessene Prämien nach Maßgabe eines Prämientarifs (§§ 24 ff.);

b) bei Bauarbeiten von geringerer Dauer auf Kosten der Gemeinden und der sonstigen im § 32 bezeichneten Verbände, über deren Bezirke die Berufsgenossenschaft sich erstreckt, gegen Beiträge, welche auf diese Gemeinden oder Verbände nach Maßgabe der in den einzelnen Jahren für Unfälle bei solchen Bauarbeiten thatsächlich erforderlich gewordenen Zahlungen jährlich umgelegt werden.

Versicherung auf Kosten der Unternehmer (§ 23 lit. a).

§ 24. Die im § 6 Ziffer 4 Abs. 1 aufgeführten Unternehmer, welche Bauarbeiten der im § 23 lit. a bezeichneten Art ausführen, haben der von der Landes-Zentralbehörde bestimmten Behörde nach einem von dem Reichs-Versicherungsamte vorzuschreibenden Formulare längstens binnen drei Tagen nach Ablauf eines jeden Monats eine Nachweisung der in diesem Monate bei Ausführung der Bauarbeiten verwendeten Arbeitstage und der von den Versicherten dabei verdienten Löhne und Gehälter vorzulegen.

Soweit die Verpflichteten die Nachweisung nicht rechtzeitig oder nicht vollständig einreichen, hat die in Gemäßheit des ersten Absatzes von der Landes-Zentralbehörde bestimmte Behörde diese Nachweisungen nach ihrer Kenntniß der Verhältnisse selbst aufzustellen oder zu ergänzen. Sie kann zu diesem Zwecke die Verpflichteten zu einer Auskunft innerhalb einer zu bestimmenden Frist durch Geldstrafen bis zu einhundert Mark anhalten.

Die Nachweisungen sind binnen zwei Wochen nach Ablauf des Kalendervierteljahrs an den Genossenschaftsvorstand oder das von diesem bezeichnete Organ der Genossenschaft einzureichen. Dabei hat die in Gemäßheit des ersten Absatzes von der Landes-Zentralbehörde bestimmte Behörde zu bescheinigen, daß ihr über die Ausführung weiterer Bauarbeiten, für welche nach den vorstehenden Vorschriften in ihrem Bezirke Nachweisungen vorzulegen wären, nichts bekannt geworden sei.

Prämientarif.

§ 25. Der Prämientarif (§ 23 lit. a) muß die der Berechnung der Prämien zu Grunde zu legenden Einheitssätze nach Verhältniß der bei der Bauausführung von den Versicherten verdienten Löhne oder Gehälter (vergl. § 27 Abs. 2) beziehungsweise des in Betracht kommenden Jahresarbeitsverdienstes (§ 4) dergestalt ersichtlich machen, daß sich ergiebt, wieviel für jede angefangene halbe Mark des in Betracht kommenden Lohnes an Prämie zu entrichten ist.

Sofern nach dem für die Berufsgenossenschaft bestehenden Gefahrentarife die einzelnen Arten von Bauarbeiten zu verschieden bemessenen Beiträgen herangezogen werden, sind auch die Einheitssätze der an die Versicherungsanstalt zu entrichtenden Prämien nach dem durch den Gefahrentarif der Genossenschaft festgestellten Verhältnisse verschieden zu berechnen.

§ 30. Weitere Zahlungen als die nach diesem Gesetze zu entrichtenden Prämien und die wegen Verletzung bestehender Verpflichtungen einzuziehenden Strafen und Kosten können seitens der Berufsgenossenschaft von den Unternehmern nicht gefordert werden.

§ 31. Für Kommunalverbände, öffentliche Korporationen und andere Bauherren, welche regelmäßig ohne Uebertragung an andere Unternehmer Bauarbeiten ausführen, kann auf ihren Antrag der Betrag der der Berechnung der Prämien zu Grunde zu legenden Arbeitslöhne und Gehälter nach Maßgabe der Zahl der im Jahresdurchschnitte verwendeten Arbeitstage in einem Pauschbetrage festgesetzt werden. Solche Festsetzungen müssen Bestimmungen über die Termine, zu welchen die Prämien einzuzahlen sind, enthalten. Soweit solche Festsetzungen getroffen sind, finden die Bestimmungen der §§ 24 und 27 keine Anwendung.

Versicherung auf Kosten von Gemeinden (§ 23 lit. b).

§ 32. Die Mittel zur Deckung der Entschädigungsbeträge und Verwaltungskosten, welche der Versicherungsanstalt aus Unfällen bei den im § 23 lit. b bezeichneten Bauarbeiten erwachsen sind, werden durch Beiträge der Gemeinden, über deren Bezirke die Berufsgenossenschaft sich erstreckt, aufgebracht und auf dieselben nach dem Verhältnisse der Bevölkerungsziffer jährlich umgelegt. Als Bevölkerungsziffer gilt diejenige Zahl von Einwohnern, welche aus Anlaß der nächstvorhergegangenen Volkszählung von der zuständigen Behörde amtlich festgestellt ist, und zwar von dem auf die Feststellung folgenden Rechnungsjahr ab.

Durch die Landes-Zentralbehörde kann bestimmt werden, daß an Stelle der Gemeinden weitere Kommunalverbände treten, oder daß innerhalb bestimmter Bezirke einzelne Gemeinden zur gemeinschaftlichen Uebernahme der aus der Unfallversicherung bei der Versicherungsanstalt ihnen erwachsenden Last vereinigt werden. Bestimmungen der letzteren Art müssen Festsetzungen über die Vertretung und Verwaltung dieser Vereinigung sowie darüber enthalten, nach welchen Grundsätzen die diesen Vereinigungen zur Last fallenden Beträge auf die einzelnen Gemeinden zu vertheilen sind.

Die Landes-Zentralbehörde kann ferner bestimmen, daß die Umlegung statt auf Gemeinden oder weitere Kommunalverbände auf Verwaltungsbezirke erfolge, und wie von den letzteren die auf sie umgelegten Beträge auf die einzelnen Gemeinden zu vertheilen sind.

Soweit derartige Bestimmungen der Landes-Zentralbehörde nicht erlassen sind, können Gemeinden durch übereinstimmende Beschlüsse zur gemeinsamen Uebernahme der gemäß § 23 lit. b ihnen zufallenden Lasten sich vereinigen. Solche Vereinbarungen müssen Bestimmungen über die Vertretung und Verwaltung dieser Vereinigungen enthalten und bedürfen der Genehmigung der Landes-Zentralbehörde.

Die Bestimmungen und Vereinbarungen sind den betreffenden Berufsgenossenschaften sowie dem Reichs-Versicherungsamte mitzutheilen.

§ 33. Der Betrag der auf die Verbände umzulegenden Verwaltungskosten wird nach Maßgabe der Vorschriften des § 26 festgesetzt.

§ 34. Innerhalb der einzelnen Gemeinden oder weiteren Kommunalverbände werden die aus den Bestimmungen des § 23 lit. b auf dieselben entfallenden Lasten wie Gemeindeabgaben aufgebracht.

Durch die Landesgesetzgebung oder durch statutarische Bestimmung der einzelnen Gemeinden beziehungsweise weiteren Kommunalverbände, welche der Genehmigung der höheren Verwaltungsbehörde bedarf, kann ein anderer Vertheilungsmaßstab festgestellt, insbesondere bestimmt werden, daß die Lasten von den Grund- oder Gebäudebesitzern zu tragen sind.

§ 35. Auf den besonderen Reservefonds der Versicherungsanstalt haben die Gemeinden und sonstigen im § 32 bezeichneten Verbände rücksichtlich der aus der Bestimmung des § 23 lit. b ihnen erwachsenden Lasten keinen Anspruch.

§ 36. Den Gemeinden im Sinne dieses Gesetzes stehen die selbständigen Gutsbezirke und Gemarkungen gleich. Soweit den Gemeinden aus diesem Gesetze Rechte oder Verbindlichkeiten erwachsen, tritt an die Stelle der Gemeinden der Gutsherr oder der Gemarkungsberechtigte.

IV. Feststellung und Auszahlung der Entschädigungen.

Untersuchung. Entschädigung.

§ 37. Auf die Anzeige und Untersuchung der Unfälle, auf die Feststellung, Auszahlung und Pfändung der Entschädigungen sowie auf die Liquidationen der Postverwaltungen finden die Bestimmungen der §§ 63 bis 98 des Gewerbe-Unfallversicherungsgesetzes entsprechende Anwendung.

Die Verpflichtung zur Einreichung von Lohn- und Gehaltsnachweisungen (§ 74 a. a. O.) erstreckt sich auch auf Unternehmer, welche nicht Mitglieder der Berufsgenossenschaft sind.

Erstattung der Vorschüsse.

§ 38. Der Genossenschaftsvorstand stellt fest, welcher Theil der von den Zentral-Postbehörden liquidirten Beträge der Berufsgenossenschaft, und welcher Theil der Versicherungsanstalt zur Last fällt.

Der erstere Theil ist aus den verfügbaren Mitteln der Berufsgenossenschaft zu entnehmen. Gleichzeitig ist nach den Bestimmungen des § 13 der Kapitalwerth der im vergangenen Rechnungsjahre neu entstandenen, der Berufsgenossenschaft erwachsenen Lasten zu berechnen und unter Berücksichtigung der auf Grund der §§ 50, 51 des Gewerbe-Unfallversicherungsgesetzes etwa vorliegenden besonderen Verpflichtungen oder Berechtigungen nach dem festgestellten Vertheilungsmaßstab und unter Verrechnung der erhobenen Vorschüsse (§ 13) von den Mitgliedern einzuziehen. Im Uebrigen finden die Bestimmungen des § 99 Abs. 2 bis 4 sowie der §§ 100 bis 102 a. a. O. Anwendung.

Der der Versicherungsanstalt zur Last fallende Theil ist, soweit er durch Unfälle verursacht ist, die sich bei Bauarbeiten der im § 23 lit. a bezeichneten Art ereignet haben, aus den verfügbaren Beständen an Prämien zu entnehmen. Soweit der Betrag aber durch Unfälle verursacht ist, die sich bei Bauarbeiten der im § 23 lit. b bezeichneten Art ereignet haben, ist derselbe nach dem im § 32 festgesetzten Maßstab auf die im Bezirke der Berufsgenossenschaft belegenen Gemeinden, weiteren Kommunalverbände oder Vereinigungen von Gemeinden, welche an die Stelle der Gemeinden gesetzt sind, umzulegen und von ihnen einzuziehen. Denselben ist zu diesem Zwecke ein Auszug aus der aufzustellenden Heberolle mit der Aufforderung zuzustellen, den festgesetzten Betrag bei Vermeidung der zwangsweisen Beitreibung binnen zwei Wochen einzuzahlen. Der Auszug muß diejenigen Angaben enthalten, welche die Gemeinden ꝛc. in den Stand setzen, die Richtigkeit der angestellten Beitragsberechnung zu prüfen. Den Gemeinden ꝛc. stehen gegen die Feststellung ihrer Beiträge, unbeschadet der Verpflichtung zur sofortigen Zahlung, die im § 102 des Gewerbe-Unfallversicherungsgesetzes angegebenen Rechtsmittel zu; die Beschwerde ist jedoch nur zulässig, wenn sich dieselbe entweder auf Rechenfehler oder auf Irrthümer bei Ansatz der Bevölkerungsziffer gründet.

§ 39. Die Bestimmungen der §§ 103 bis 106 des Gewerbe-Unfallversicherungsgesetzes über die Einziehung, Verjährung und Abführung der Beiträge sowie der §§ 107 bis 111 a. a. O. über die Vermögensverwaltung finden, und zwar auch auf Prämienbeträge, entsprechende Anwendung.

V. Unfallverhütung. Beaufsichtigung.

Unfallverhütung. Ueberwachung durch die Genossenschaft.

§ 40. Die Bestimmungen der §§ 112 bis 124 des Gewerbe-Unfallversicherungsgesetzes finden mit folgenden Maßgaben Anwendung:

1) Unfallverhütungsvorschriften können auch für die Bauarbeiten derjenigen Unternehmer erlassen werden, welche nicht Mitglieder der Genossenschaft sind, aber in deren Bezirke Bauarbeiten ausführen.

   In den Unfallverhütungsvorschriften, welche auf derartige Bauarbeiten Anwendung finden sollen, sind für die Zuwiderhandelnden Zuschläge bis zum doppelten Betrage der Prämie oder, sofern es sich um Bauarbeiten der im § 23 lit. b bezeichneten Art handelt, Geldstrafen bis zu einhundert Mark anzudrohen. Die Vorschriften sind von der höheren Verwaltungsbehörde in geeigneter Weise zu veröffentlichen.

2) Die Berechtigung der Genossenschaft zur Ueberwachung der Betriebe und die Verpflichtungen der Unternehmer wegen Gestattung des Zutritts zu den Betriebsstätten und wegen Vorlegung ihrer Bücher und Nachweisungen erstrecken sich auch auf Unternehmer, welche, ohne Mitglied der Genossenschaft zu sein, in deren Bezirke Bauarbeiten ausführen.

Reichs-Versicherungsamt. Landes-Versicherungsämter.

§ 41. Wegen der Zuständigkeit des Reichs-Versicherungsamts und der Landes-Versicherungsämter bewendet es bei den Bestimmungen der §§ 125 bis 127 des Gewerbe-Unfallversicherungsgesetzes.

Soweit hiernach ein Landes-Versicherungsamt zur Beaufsichtigung der Genossenschaft und zur Entscheidung der im Bezirke derselben vorkommenden Streitigkeiten befugt ist, gehen die im § 26 des Gesetzes, betreffend die Abänderung der Unfallversicherungsgesetze, sowie in den §§ 13, 19, 22, 26 bis 28, 32, 33, 38, 42 dem Reichs-Versicherungsamt übertragenen Zuständigkeiten auf das Landes-Versicherungsamt über.

VI. Bauarbeiten für Rechnung des Reichs, der Bundesstaaten, von Kommunalverbänden und Korporationen.

Ausführungsbehörden.

§ 42. Für Bauarbeiten des Reichs, eines Bundesstaats, eines nach den Bestimmungen des § 6 Ziffer 3 für leistungsfähig erklärten Verbandes oder einer anderen öffentlichen Korporation, bei welchen nach § 6 Ziffer 2, 3 bei Anwendung dieses Gesetzes an die Stelle der Berufsgenossenschaft das Reich, der betreffende Bundesstaat, der betreffende Verband oder die Korporation tritt, werden die Befugnisse und Obliegenheiten der Genossenschaftsversammlung und des Genossenschaftsvorstandes durch Ausführungsbehörden wahrgenommen, welche für die Reichsverwaltungen von dem Reichskanzler, im Uebrigen von der Landes-Zentralbehörde zu bezeichnen sind. Dem Reichs-Versicherungsamt ist mitzutheilen, welche Behörden als Ausführungsbehörden bezeichnet sind.

Versicherung durch das Reich ꝛc.

§ 43. Soweit das Reich oder ein Bundesstaat, ein Kommunalverband oder eine andere öffentliche Korporation an die Stelle der Berufsgenossenschaft tritt (§ 6 Ziffer 2, 3), finden die §§ 12 bis 36, 38, 40 dieses Gesetzes sowie die §§ 74, 103 bis 105, 106 Abs. 2, 3, §§ 107 bis 110, 125, 126, 146 bis 151 des Gewerbe-Unfallversicherungsgesetzes keine Anwendung. Dagegen sind die Bestimmungen der §§ 130 bis 133 des Gewerbe-Unfallversicherungsgesetzes entsprechend anzuwenden.

VII. Schluß- und Strafbestimmungen.

Erstreckung auf andere Gesetze über Unfallversicherung.

§ 44. Die Bestimmungen der §§ 8, 12 Abs. 2, §§ 18 bis 36, 37 Abs. 2, § 38 Abs. 1, 3, §§ 39 bis 41, 45 finden bei den im Geltungsbereiche des Gewerbe-Unfallversicherungsgesetzes errichteten Berufsgenossenschaften für Baugewerbetreibende gleichfalls entsprechende Anwendung.

Haftpflicht ꝛc. Strafbestimmungen. Zustellungen.

§ 45. Für Arbeiter, welche bei Bauarbeiten der im § 6 Ziffer 4 Abs. 1 bezeichneten Art beschäftigt, aber nicht nach den Bestimmungen des Krankenversicherungsgesetzes gegen Krankheit versichert sind, bleiben die auf gesetzlichen Bestimmungen beruhenden Ansprüche auf Ersatz des in Folge eines Unfalls erlittenen Schadens für die Dauer der ersten dreizehn Wochen nach dem Unfalle vorbehalten.

Im Uebrigen finden die Vorschriften der §§ 135, 139 bis 155 des Gewerbe-Unfallversicherungsgesetzes entsprechende Anwendung, die Strafbestimmungen insbesondere auch bezüglich der Einreichung und Richtigkeit der für die Berechnung der Prämien maßgebenden Nachweisungen (§ 24).

§ 46. Diejenigen Betriebsunternehmer, Bevollmächtigten oder Repräsentanten, Betriebs- oder Arbeiteraufseher, gegen welche durch strafgerichtliches Urtheil festgestellt worden ist, daß sie den Unfall vorsätzlich oder durch Fahrlässigkeit mit Außerachtlassung derjenigen Aufmerksamkeit, zu der sie vermöge ihres Amtes, Berufs oder Gewerbes besonders verpflichtet sind, oder dadurch herbeigeführt haben, daß sie bei der Leitung oder Ausführung eines Baues wider die allgemein anerkannten Regeln der Baukunst verstießen, haften für alle Aufwendungen, welche in Folge des Unfalls auf Grund dieses Gesetzes oder des Krankenversicherungsgesetzes von den Kommunalverbänden (§ 25 Abs. 1 des Gewerbe-Unfallversicherungsgesetzes, § 10 Abs. 2, 5 dieses Gesetzes) oder Krankenkassen gemacht worden sind. Dieselben Personen haften der Genossenschaft für deren Aufwendungen auch ohne Feststellung durch strafgerichtliches Urtheil. Ist der Unfall durch Fahrlässigkeit mit Außerachtlassung derjenigen Aufmerksamkeit, zu der sie vermöge ihres Amtes, Berufs oder Gewerbes besonders verpflichtet sind, herbeigeführt, so ist die Genossenschaftsversammlung befugt, von der Verfolgung des Anspruchs abzusehen. Durch Statut kann diese Befugniß auf den Vorstand übertragen werden.

In gleicher Weise haftet als Betriebsunternehmer eine Aktiengesellschaft, eine Innung oder eingetragene Genossenschaft für die durch ein Mitglied ihres Vorstandes sowie eine Handelsgesellschaft, eine Innung oder eingetragene Genossenschaft für die durch einen der Liquidatoren herbeigeführten Unfälle.

Als Ersatz für die Rente kann in diesen Fällen deren Kapitalwerth gefordert werden.

§ 47. Will der Vorstand den Ersatzanspruch aus § 46 Abs. 1 Satz 3 geltend machen, so hat er den Beschluß dem Ersatzpflichtigen schriftlich mitzutheilen. Der Ersatzpflichtige kann hiergegen die Beschlußfassung der Genossenschaftsversammlung anrufen.

Die Klage darf nicht vor Ablauf eines Monats nach der Zustellung dieser Mittheilung und nur dann angestellt werden, wenn nicht innerhalb dieser Frist die Beschlußfassung seitens des Ersatzpflichtigen angerufen ist. Ist letzteres der Fall, so ist die Beschlußfassung der Genossenschaftsversammlung abzuwarten.

§ 48. Der Anspruch (§ 46 Abs. 1 Satz 1) verjährt in achtzehn Monaten von dem Tage, an welchem das strafgerichtliche Urtheil rechtskräftig geworden ist, im Uebrigen in zwei Jahren nach dem Unfalle. Die Anrufung der Beschlußfassung der Genossenschaftsversammlung (§ 47 Abs. 1) unterbricht die Verjährung.

Für das über einen solchen Anspruch erkennende ordentliche Gericht ist die Entscheidung bindend, welche in dem durch dieses Gesetz geordneten Verfahren über die Frage ergeht, ob ein Unfall vorliegt, für welchen aus der Unfallversicherung Entschädigung zu leisten ist, und in welchem Betrag Entschädigung zu gewähren ist.

---

189) Gesetz, betr. Aenderungen des Gesetzes über die Rechtsverhältnisse der deutschen Schutzgebiete (RGBl 1888 S. 75, RGBl 1899 S. 365). Vom 25. Juli 1900. (RGBl S. 809.)

Artikel 1. Das Gesetz, betreffend die Rechtsverhältnisse der deutschen Schutzgebiete (Reichs-Gesetzbl. 1888 S. 75, Reichs-Gesetzbl. 1899 S. 365), erhält die Ueberschrift „Schutzgebietsgesetz" und wird geändert, wie folgt:

[Die Aenderungen sind in die Neu-Publikation vom 10. September 1900 übergegangen. S. ebenda.]

Artikel 2. Der Reichskanzler wird ermächtigt, den Text des Schutzgebietsgesetzes, wie er sich aus den Aenderungen ergiebt, die im Art. 1 sowie in dem Gesetze, betreffend Abänderung und Ergänzung des Gesetzes über die Rechtsverhältnisse der deutschen Schutzgebiete, vom 2. Juli 1899 (Reichs-Gesetzbl. S. 365) vorgesehen sind, unter fortlaufender Reihenfolge der Paragraphenzahlen und Nummern durch das Reichs-Gesetzblatt bekannt zu machen. Hierbei sind die in dem bisherigen Gesetz enthaltenen Verweisungen auf die Vorschriften von Gesetzen, die durch neuere Gesetze aufgehoben oder geändert worden sind, durch Verweisungen auf die an die Stelle jener Vorschriften getretenen neuen Vorschriften zu ersetzen.

Soweit in Reichsgesetzen oder Landesgesetzen auf Vorschriften des Gesetzes, betreffend die Rechtsverhältnisse der deutschen Schutzgebiete, verwiesen ist, treten die entsprechenden Vorschriften des von dem Reichskanzler bekannt gemachten Textes an die Stelle.

Artikel 3. Die Vorschriften des Art. 2 Abs. 1 treten mit dem Tage der Verkündung in Kraft.

Im Uebrigen tritt dieses Gesetz an einem durch Kaiserliche Verordnung festzusetzenden Tage in Kraft.[1]

Urkundlich unter Unserer Höchsteigenhändigen Unterschrift und beigedrucktem Kaiserlichen Insiegel.

---

[1] Vgl. unten, VO vom 9. November 1900 (RGBl S. 1005).

190) Bekanntmachung wegen Redaktion des Schutzgebietsgesetzes. Vom 10. September 1900. (RGBl S. 812.)

Auf Grund des Artikels 2 des Gesetzes vom 25. Juli 1900 (Reichs-Gesetzbl. S. 809) wird der Text des Schutzgebietsgesetzes nachstehend bekannt gemacht.

Schutzgebietsgesetz.[1]

§ 1. Die Schutzgewalt in den deutschen Schutzgebieten übt der Kaiser im Namen des Reichs aus.

§ 2. Auf die Gerichtsverfassung in den Schutzgebieten finden die Vorschriften der §§ 5, 7 bis 15, 17, 18 des Gesetzes über die Konsulargerichtsbarkeit vom 7. April 1900 (Reichs-Gesetzbl. S. 213) mit der Maßgabe entsprechende Anwendung, daß an die Stelle des Konsuls der von dem Reichskanzler zur Ausübung der Gerichtsbarkeit ermächtigte Beamte und an die Stelle des Konsulargerichts das in Gemäßheit der Vorschriften über das letztere zusammengesetzte Gericht des Schutzgebiets tritt.

§ 3. In den Schutzgebieten gelten die im § 19 des Gesetzes über die Konsulargerichtsbarkeit bezeichneten Vorschriften der Reichs-

---

[1] Es sind hierzu eine Reihe von Verordnungen und Bekanntmachungen ergangen, von denen aber ein großer Theil aufgehoben wurde durch VO vom 9. Nov. 1900. Es gelten noch: RGBl 1887 S. 379, 527, 535; 1888 S. 63, 115; 1889 S. 145, 157, 179; 1890 S. 67; 1892 S. 673 ff., 789 ff., 1045; 1893 S. 143; 1898 S. 1031, 1045, 1063 ff.; 1900 S. 231, 847. — Vgl. auch G über die Einnahmen und Ausgaben der Schutzgebiete vom 30. März 1892 (RGBl S. 369 ff.); G, betr. die Kaiserliche Schutztruppe, vom 22. März 1891 (RGBl S. 53); dazu V vom 3. Juni 1891 (RGBl S. 341); G, betr. die Kaiserlichen Schutztruppen für Südwestafrika und für Kamerun. Vom 9. Juni 1895 (RGBl S. 258); dgl. in den afrikanischen Schutzgebieten und die Wehrpflicht daselbst (RGBl 1896 S. 187, vgl. RGBl 1896 S. 653, 669, 670), dazu VO vom 30. März 1897 (RGBl S. 167), vom 18. Juli 1900 (RGBl S. 831); u. Ausführungsbestimmungen dazu vom 18. Juli 1900 (RGBl S. 839). — Vgl. auch VO, betr. die Regelung der Verwaltung und Rechtspflege in den zu den Schutzgebieten nicht gehörigen Theilen der deutschen Interessensphären in Afrika. Vom 2. Mai 1894 (RGBl S. 461). VO, betr. die Rechtsverhältnisse der Landesbeamten in den Schutzgebieten. Vom 9. August 1896 (RGBl S. 691); dazu Bekanntm. vom 3. März 1897 (CBl S. 72) und VO vom 23. Mai 1901 (RGBl S. 189); vgl. VO über die Anwendung des Gesetzes, betr. die Versorgung der Kriegsinvaliden und der Kriegshinterbliebenen. Vom 31. Mai 1901 (RGBl S. 193—199), auf die Landesbeamten des Schutzgebiets Kiautschou. Vom 23. August 1901 (RGBl S. 377); VO über das Telegraphenwesen im Kiautschou-Gebiet. Vom 16. Oktober 1901 (RGBl S. 379). Vgl. auch CBl 1898 (S. 285), 1901 (S. 215).

Vgl. Verordnung, betreffend die Vereinigung von Wohnplätzen in den Schutzgebieten zu kommunalen Verbänden vom 3. Juli 1899 (RGBl 1899 S. 366—367):

§ 1. Der Reichskanzler ist ermächtigt, Wohnplätze in den Schutzgebieten zu kommunalen Verbänden zu vereinigen. Die hiernach gebildeten kommunalen

gesetze und preußischen Gesetze. Die Vorschriften der §§ 20 bis 22[1], des § 23 Abs. 1 bis 3 und 5, der §§ 26, 29 bis 31, 33 bis 35, 37 bis 45, 47, 48, 52 bis 75 des Gesetzes über die Konsulargerichtsbarkeit finden entsprechende Anwendung.

§ 4. Die Eingeborenen unterliegen der im § 2 geregelten Gerichtsbarkeit und den im § 3 bezeichneten Vorschriften nur insoweit, als dies durch Kaiserliche Verordnung bestimmt wird. Den Eingeborenen können durch Kaiserliche Verordnung bestimmte andere Theile der Bevölkerung gleichgestellt werden.

§ 5. Die Militärgerichtsbarkeit wird durch dieses Gesetz nicht berührt.

§ 6. Durch Kaiserliche Verordnung kann:

1) in Vorschriften über Materien, welche nicht Gegenstand des Strafgesetzbuchs für das Deutsche Reich sind, Gefängniß bis zu einem Jahre, Haft, Geldstrafe und Einziehung einzelner Gegenstände angedroht werden;
2) vorgeschrieben werden, daß in Strafsachen
   a) die Mitwirkung einer Staatsanwaltschaft mit der Maßgabe eintritt, daß, soweit die Staatsanwaltschaft zuständig ist, die Vorschriften der §§ 56, 65 und des § 71 Abs. 2 Satz 1 des Gesetzes über die Konsulargerichtsbarkeit außer Anwendung bleiben,
   b) eine Voruntersuchung stattfindet, deren Regelung der Verordnung vorbehalten bleibt,
   c) der § 9 Abs. 2 des Gesetzes über die Konsulargerichtsbarkeit keine Anwendung findet;

Verbände sind unter Angabe des Namens, den der Verband zu führen haben wird, öffentlich bekannt zu machen.

§ 2. Die in Gemäßheit des § 1 gebildeten und öffentlich bekannt gemachten kommunalen Verbände haben die Fähigkeit, unter ihrem Namen Rechte, insbesondere Eigenthum und andere dingliche Rechte an Grundstücken zu erwerben, Verbindlichkeiten einzugehen, vor Gericht zu klagen und verklagt zu werden.

§ 3. Die näheren Bestimmungen über die Organisation der kommunalen Verbände, insbesondere über den Erwerb und den Verlust der Zugehörigkeit, über die Rechte und Pflichten der Mitglieder, über die Vertretung nach innen und außen sowie über die Art und Weise, auf welche der Verband über seine Einnahmen und Ausgaben Rechnung zu legen haben wird, erläßt der Reichskanzler.

§ 4. Diese Verordnung tritt mit dem Tage ihrer Verkündigung in Kraft.

[1] Siehe namentlich die Verordnungen vom 5. Oktober 1898, betreffend die Rechtsverhältnisse an unbeweglichen Sachen in Deutsch-Südwestafrika (RGBl S. 1063—1078), vom 15. August 1889 (RGBl S. 179—190) u. 6. Sept. 1892 (RGBl S. 789—792), betreffend das Bergwesen im südwestafrikanischen Schutzgebiet, vom 28. November 1892 (RGBl S. 1045—1048), betreffend das Schürfen im Schutzgebiet von Kamerun; vom 17. August 1898, betr. das Bergwesen in Togo (RGBl S. 1031); vom 9. Oktober 1898, betreffend das Bergwesen in Deutsch-Ostafrika (RGBl S. 1045—1060); dazu vom 3. Okt. 1900 (RGBl S. 847).

3) angeordnet werden, daß in Strafsachen, wenn der Beschluß über die Eröffnung des Hauptverfahrens eine Handlung zum Gegenstande hat, welche zur Zuständigkeit der Schöffengerichte oder zu den in den §§ 74, 75 des Gerichtsverfassungsgesetzes bezeichneten Vergehen gehört, in der Hauptverhandlung eine Zuziehung von Beisitzern nicht erforderlich ist;

4) die Gerichtsbarkeit in den zur Zuständigkeit der Schwurgerichte gehörenden Sachen den Gerichten der Schutzgebiete in der Weise übertragen werden, daß für diese Sachen, soweit nicht auf Grund der Nr. 2 etwas Anderes bestimmt wird, die Vorschriften Anwendung finden, welche für die im § 8 Abs. 2 des Gesetzes über die Konsulargerichtsbarkeit bezeichneten Strafsachen gelten;

5) an Stelle der Enthauptung eine andere, eine Schärfung nicht enthaltende Art der Vollstreckung der Todesstrafe angeordnet werden;

6) die nach dem Gesetz über die Konsulargerichtsbarkeit begründete Zuständigkeit des Reichsgerichts einem Konsulargericht oder einem Gerichtshof in einem Schutzgebiet übertragen und über die Zusammensetzung des letzteren Gerichtshofs sowie über das Verfahren in Berufungs- und Beschwerdesachen, die vor einem dieser Gerichte zu verhandeln sind, mit der Maßgabe Anordnung getroffen werden, daß das Gericht aus einem Vorsitzenden und mindestens vier Beisitzern bestehen muß;

7) für die Zustellungen, die Zwangsvollstreckung und das Kostenwesen die Anwendung einfacherer Bestimmungen vorgeschrieben werden;

8) für die gerichtliche und notarielle Beurkundung von Rechtsgeschäften mit Ausschluß der Verfügungen von Todeswegen ein einfacheres Verfahren vorgeschrieben sowie die Zuständigkeit der Notare eingeschränkt werden;

9) die Verlängerung aller zur Geltendmachung von Rechten und zur Erfüllung von Pflichten gesetzlich festgestellten Fristen angeordnet werden.

§ 7. Auf die Eheschließung und die Beurkundung des Personenstandes in den Schutzgebieten finden die §§ 2 bis 9, 11, 12 und 14 des Gesetzes vom 4. Mai 1870 (Bundes-Gesetzbl. S. 599, Reichs-Gesetzbl. 1896 S. 614) entsprechende Anwendung. Die Ermächtigung zur Eheschließung und zur Beurkundung des Personenstandes wird durch den Reichskanzler ertheilt.

Die Form einer Ehe, die in einem Schutzgebiete geschlossen wird, bestimmt sich ausschließlich nach den Vorschriften des bezeichneten Gesetzes.

Die Eingeborenen unterliegen den Vorschriften der Abs. 1, 2 nur insoweit, als dies durch Kaiserliche Verordnung bestimmt wird. Den Eingeborenen können durch Kaiserliche Verordnung bestimmte andere Theile der Bevölkerung gleichgestellt werden.

§ 8. Die Befugnisse, welche den deutschen Konsuln im Auslande nach anderen als den beiden in den §§ 2 und 7 bezeichneten Gesetzen zustehen, können durch den Reichskanzler Beamten in den Schutzgebieten übertragen werden.

§ 9. Ausländern, welche in den Schutzgebieten sich niederlassen, sowie Eingeborenen kann durch Naturalisation die Reichsangehörigkeit von dem Reichskanzler verliehen werden. Der Reichskanzler ist ermächtigt, diese Befugniß einem anderen Kaiserlichen Beamten zu übertragen.

Auf die Naturalisation und das durch dieselbe begründete Verhältniß der Reichsangehörigkeit finden die Bestimmungen des Gesetzes über die Erwerbung und den Verlust der Bundes- und Staatsangehörigkeit vom 1. Juni 1870 (Bundes-Gesetzbl. S. 355, Reichs-Gesetzbl. 1896 S. 615) sowie Artikel 3 der Reichsverfassung und § 4 des Wahlgesetzes für den Deutschen Reichstag vom 31. Mai 1869 (Bundes-Gesetzbl. S. 145) entsprechende Anwendung.

Im Sinne des § 21 des bezeichneten Gesetzes sowie bei Anwendung des Gesetzes wegen Beseitigung der Doppelbesteuerung vom 13. Mai 1870 (Bundes-Gesetzbl. S. 119) gelten die Schutzgebiete als Inland.

§ 10. Durch Kaiserliche Verordnung können Eingeborene der Schutzgebiete in Beziehung auf das Recht zur Führung der Reichsflagge (Gesetz, betreffend das Flaggenrecht der Kauffahrteischiffe, vom 22. Juni 1899, Reichs-Gesetzbl. S. 319) den Reichsangehörigen gleichgestellt werden.

Die Führung der Reichsflagge in Folge der Verleihung dieses Rechtes hat nicht die Wirkung, daß das betreffende Schiff als deutsches Seefahrzeug im Sinne des § 1 Abs. 1 Nr. 1 und § 3 Abs. 1 des See-Unfallversicherungsgesetzes vom 30. Juni 1900 (Reichs-Gesetzbl. S. 716) gilt.

§ 11. Deutschen Kolonialgesellschaften, welche die Kolonisation der deutschen Schutzgebiete, insbesondere den Erwerb und die Verwerthung von Grundbesitz, den Betrieb von Land- oder Plantagenwirthschaft, den Betrieb von Bergbau, gewerblichen Unternehmungen und Handelsgeschäften in denselben zum ausschließlichen Gegenstand ihres Unternehmens und ihren Sitz entweder im Reichsgebiet oder in einem Schutzgebiet oder in einem Konsulargerichtsbezirke haben oder denen durch Kaiserliche Schutzbriefe die Ausübung von Hoheitsrechten in den deutschen Schutzgebieten übertragen ist, kann auf Grund eines vom Reichskanzler genehmigten Gesellschaftsvertrags (Statuts) durch Beschluß des Bundesraths die Fähigkeit beigelegt werden, unter ihrem Namen Rechte, insbesondere Eigenthum und andere dingliche Rechte an Grundstücken zu erwerben, Verbindlichkeiten einzugehen, vor Gericht zu klagen und verklagt zu werden. In solchem Falle haftet den Gläubigern für alle Verbindlichkeiten der Kolonialgesellschaft nur das Vermögen derselben.

Das Gleiche gilt für deutsche Gesellschaften, welche den Betrieb eines Unternehmens der im Abs. 1 bezeichneten Art in dem Hinterland eines deutschen Schutzgebiets oder in sonstigen dem Schutzgebiete benachbarten Bezirken zum Gegenstand und ihren Sitz entweder im Reichsgebiet oder in einem Schutzgebiet oder in einem Konsulargerichtsbezirke haben.

Der Beschluß des Bundesraths und im Auszuge der Gesellschaftsvertrag sind durch den Reichsanzeiger zu veröffentlichen.

§ 12. Der Gesellschaftsvertrag hat insbesondere Bestimmungen zu enthalten:

1) über den Erwerb und den Verlust der Mitgliedschaft;
2) über die Vertretung der Gesellschaft Dritten gegenüber;
3) über die Befugnisse der die Gesellschaft leitenden und der die Leitung beaufsichtigenden Organe derselben;
4) über die Rechte und Pflichten der einzelnen Mitglieder;
5) über die Jahresrechnung und Vertheilung des Gewinns;
6) über die Auflösung der Gesellschaft und die nach derselben eintretende Vermögensvertheilung.

§ 13. Die Gesellschaften, welche die im § 11 erwähnte Fähigkeit durch Beschluß des Bundesraths erhalten haben, unterstehen der Aufsicht des Reichskanzlers. Die einzelnen Befugnisse desselben sind in den Gesellschaftsvertrag aufzunehmen.

§ 14. Den Angehörigen der im Deutschen Reiche anerkannten Religionsgemeinschaften werden in den Schutzgebieten Gewissensfreiheit und religiöse Duldung gewährleistet. Die freie und öffentliche Ausübung dieser Kulte, das Recht der Erbauung gottesdienstlicher Gebäude und der Einrichtung von Missionen der bezeichneten Religionsgemeinschaften unterliegen keinerlei gesetzlicher Beschränkung noch Hinderung.

§ 15. Der Reichskanzler hat die zur Ausführung des Gesetzes erforderlichen Anordnungen zu erlassen.

Der Reichskanzler ist befugt, für die Schutzgebiete oder für einzelne Theile derselben polizeiliche und sonstige die Verwaltung betreffende Vorschriften zu erlassen und gegen die Nichtbefolgung derselben Gefängniß bis zu drei Monaten, Haft, Geldstrafe und Einziehung einzelner Gegenstände anzudrohen.

Die Ausübung der Befugniß zum Erlasse von Ausführungsbestimmungen (Abs. 1) und von Verordnungen der im Abs. 2 bezeichneten Art kann vom Reichskanzler der mit einem Kaiserlichen Schutzbriefe für das betreffende Schutzgebiet versehenen Kolonialgesellschaft sowie den Beamten des Schutzgebiets übertragen werden.

§ 16. Für Schutzgebiete, in denen das Gesetz über die Konsulargerichtsbarkeit vom 10. Juli 1879 (Reichs-Gesetzbl. S. 197) und das Gesetz, betreffend die Eheschließung und die Beurkundung des Personenstandes von Reichsangehörigen im Auslande, vom 4. Mai 1870 noch nicht in Kraft gesetzt sind, wird der Zeitpunkt, in welchem die §§ 2 bis 7 dieses Gesetzes in Kraft treten, durch Kaiserliche Verordnung bestimmt.

191) Verordnung zur Einführung des Gesetzes über die Konsulargerichtsbarkeit. Vom 25. Oktober 1900. (RGBl S. 999.)

[Abgedruckt als Anm. 1 zum G über die Konsulargerichtsbarkeit vom 7. April 1900.]

192) Bekanntmachung, betr. die Außerkurssetzung der Vereinsthaler österreichischen Gepräges. Vom 8. November 1900. (RGBl S. 1013.)

[Vgl. Anm. 2 zu Art. 15 des Münzgesetzes vom 9. Juli 1873.]

193) Verordnung, betr. die Rechtsverhältnisse in den deutschen Schutzgebieten. Vom 9. November 1900. (RGBl S. 1005.)

§ 1. Das Gesetz, betreffend Aenderungen des Gesetzes über die Rechtsverhältnisse der deutschen Schutzgebiete (Reichs-Gesetzbl. 1888 S. 75, Reichs-Gesetzbl. 1899 S. 365), vom 25. Juli 1900 (Reichs-Gesetzbl. S. 809) tritt in den Schutzgebieten am 1. Januar 1901 in Kraft.

§ 2. Den Eingeborenen werden im Sinne des § 4 und des § 7 Abs. 3 des Schutzgebietsgesetzes die Angehörigen fremder farbiger Stämme gleichgestellt, soweit nicht der Gouverneur (Landeshauptmann) mit Genehmigung des Reichskanzlers Ausnahmen bestimmt. Japaner gelten nicht als Angehörige farbiger Stämme.

§ 3. Die im § 19 des Gesetzes über die Konsulargerichtsbarkeit vom 7. April 1900 (Reichs-Gesetzbl. S. 213) bezeichneten, dem bürgerlichen Rechte angehörenden Vorschriften bleiben außer Anwendung, soweit sie die Rechte an Grundstücken, das Bergwerkseigenthum sowie die sonstigen Berechtigungen betreffen, für welche die sich auf Grundstücke beziehenden Vorschriften gelten. Soweit diese Verhältnisse noch nicht durch Kaiserliche Verordnung geregelt sind, ist der Reichskanzler und mit dessen Genehmigung der Gouverneur (Landeshauptmann) bis auf Weiteres befugt, die erforderlichen Bestimmungen zu treffen.

§ 4. Die Vorschriften der Gesetze über den Schutz von Werken der Literatur und Kunst, von Photographien, von Erfindungen, von Mustern und Modellen, von Gebrauchsmustern und von Waarenbezeichnungen finden Anwendung.

§ 5. In Strafsachen tritt, sofern es sich um Verbrechen oder Vergehen handelt, die Mitwirkung einer Staatsanwaltschaft bei der Hauptverhandlung in erster Instanz, bei der Einlegung von Rechtsmitteln und bei dem Verfahren in zweiter Instanz ein.

Der Staatsanwalt wird von dem Gouverneur (Landeshauptmann), in dem Inselgebiete der Karolinen, Palau und Marianen von dem durch den Gouverneur zu bestimmenden Beamten bestellt. Die Auswahl erfolgt aus der Zahl der Beamten des Schutzgebiets. Sofern dies nicht ausführbar ist, können andere geeignete Personen als Staatsanwälte bestellt werden. Der Staatsanwalt untersteht der Aufsicht und Leitung desjenigen Beamten, welcher ihn bestellt hat.

Soweit der Staatsanwalt zuständig ist, bleiben die Vorschriften des § 65 und des § 71 Abs. 2 Satz 1 des Gesetzes über die Konsulargerichtsbarkeit außer Anwendung.

§ 6. In Strafsachen findet die Hauptverhandlung ohne die Zuziehung von Beisitzern statt, wenn der Beschluß über die Eröffnung des Hauptverfahrens eine Handlung zum Gegenstande hat, welche zur Zuständigkeit der Schöffengerichte oder zu den in den §§ 74, 75 des Gerichtsverfassungsgesetzes bezeichneten Vergehen gehört.

Diese Vorschrift findet für das Schutzgebiet von Kiautschou keine Anwendung.

§ 7. Die Gerichtsbarkeit in den zur Zuständigkeit der Schwurgerichte gehörenden Sachen wird den Gerichten erster Instanz übertragen. Für diese Sachen finden die Vorschriften Anwendung, welche für die im § 8 Abs. 2 des Gesetzes über die Konsulargerichtsbarkeit vom 7. April 1900 bezeichneten Strafsachen gelten.

§ 8. Die nach dem Gesetz über die Konsulargerichtsbarkeit vom 7. April 1900 begründete Zuständigkeit des Reichsgerichts wird für das Schutzgebiet von Togo der Gerichtsbehörde zweiter Instanz im Schutzgebiete von Kamerun, für das Schutzgebiet von Kiautschou dem Kaiserlichen Konsulargericht in Schanghai, für das Inselgebiet der Karolinen, Palau und Marianen der Gerichtsbehörde zweiter Instanz im Schutzgebiete von Deutsch-Neu-Guinea, für die übrigen Schutzgebiete der in einem jeden derselben errichteten Gerichtsbehörde zweiter Instanz mit der Maßgabe übertragen, daß das Gericht aus dem zur Ausübung der Gerichtsbarkeit zweiter Instanz ermächtigten Beamten und vier Beisitzern besteht.

Auf die Beisitzer und den Gerichtsschreiber finden die Vorschriften des § 11 Abs. 1 und der §§ 12, 13 des Gesetzes über die Konsulargerichtsbarkeit entsprechende Anwendung.

Auf das Verfahren in der Berufungs- und Beschwerdeinstanz finden, soweit für dieses nicht besondere Vorschriften getroffen sind, die das Verfahren in erster Instanz betreffenden Vorschriften entsprechende Anwendung. Der § 9 des Gesetzes über die Konsulargerichtsbarkeit bleibt außer Anwendung.

In bürgerlichen Rechtsstreitigkeiten, in Konkurssachen und in den Angelegenheiten der freiwilligen Gerichtsbarkeit erfolgt die Entscheidung über das Rechtsmittel der Beschwerde unter Mitwirkung der Beisitzer, wenn die angefochtene Entscheidung unter Mitwirkung von Beisitzern ergangen ist.

In den im § 7 bezeichneten Strafsachen ist die Vertheidigung auch in der Berufungsinstanz nothwendig. In der Hauptverhandlung ist die Anwesenheit des Vertheidigers erforderlich; der § 145 der Strafprozeßordnung findet Anwendung.

§ 9. Die Todesstrafe ist durch Enthaupten, Erschießen oder Erhängen zu vollstrecken.

Der Gouverneur (Landeshauptmann) bestimmt, welche der drei Vollstreckungsarten im einzelnen Falle stattzufinden hat.

§ 10. Für die Zustellungen, die Zwangsvollstreckungen und das Kostenwesen können einfachere Bestimmungen zur Anwendung kommen.

Der Reichskanzler und mit dessen Genehmigung der Gouverneur (Landeshauptmann) sind befugt, die erforderlichen Anordnungen zu treffen.

§ 11. Der Reichskanzler ist befugt, Notare zu ernennen.

Die Zuständigkeit der Notare wird auf die Beurkundung von Rechtsgeschäften unter Lebenden beschränkt.

§ 12. Der Gouverneur (Landeshauptmann) ist befugt, im Gnadenweg einen Strafaufschub bis zu sechs Monaten zu bewilligen.

§ 13. Die Verordnung, betreffend die Rechtsverhältnisse in dem Schutzgebiete der Neu-Guinea-Kompagnie, vom 5. Juni 1886 (Reichs-Gesetzbl. S. 187), die Verordnung, betreffend die Regelung der Rechtsverhältnisse auf den zum Schutzgebiete der Neu-Guinea-Kompagnie gehörigen Salomonsinseln, vom 11. Januar 1887 (Reichs-Gesetzbl. S. 4), die Verordnung, betreffend die Rechtsverhältnisse im Schutzgebiete der Neu-Guinea-Kompagnie, vom 13. Juli 1888 (Reichs-Gesetzbl. S. 221), die Verordnung, betreffend die Rechtsverhältnisse in dem Schutzgebiete der Marschall-, Brown- und Providence-Inseln, vom 13. September 1886 (Reichs-Gesetzbl. S. 291), die Verordnung, betreffend die Rechtsverhältnisse im Schutzgebiete der Marschall-Inseln, vom 7. Februar 1890 (Reichs-Gesetzbl. S. 55), die Verordnung, betreffend die Rechtsverhältnisse in den Schutzgebieten von Kamerun und Togo, vom 2. Juli 1888 (Reichs-Gesetzbl. S. 211), die Verordnung, betreffend die Rechtsverhältnisse in dem südwestafrikanischen Schutzgebiete, vom 10. August 1890 (Reichs-Gesetzbl. S. 171), die Verordnung, betreffend die Rechtsverhältnisse in Deutsch-Ostafrika, vom 1. Januar 1891 (Reichs-Gesetzbl. S. 1), die Verordnung, betreffend die Rechtsverhältnisse in Kiautschou, vom 27. April 1898 (Reichs-Gesetzbl. S. 173), die Verordnung, betreffend die Rechtsverhältnisse im Inselgebiete der Karolinen, Palau und Marianen, vom 18. Juli 1899 (Reichs-Gesetzbl. S. 542), die Verordnung, betreffend die Rechtsverhältnisse in Samoa, vom 17. Februar 1900 (Reichs-Gesetzbl. S. 136), die Verordnung, betreffend die Eheschließung und die Beurkundung des Personenstandes für die Schutzgebiete von Kamerun und Togo, vom 21. April 1886 (Reichs-Gesetzbl. S. 128), die Verordnung, betreffend die Eheschließung und die Beurkundung des Personenstandes für das südwestafrikanische Schutzgebiet, vom 8. November 1892 (Reichs-Gesetzbl. S. 1037) sowie die Verordnung, betreffend die Einrichtung einer Staatsanwaltschaft bei den Gerichten der Schutzgebiete, vom 13. Dezember 1897 (Reichs-Gesetzbl. 1898 S. 1) treten außer Kraft.

§ 14. Diese Verordnung tritt zu dem im § 1 bestimmten Zeitpunkt in Kraft.

In dem Inselgebiete der Karolinen, Palau und Marianen treten die §§ 2 bis 7 des Schutzgebietsgesetzes (Reichs-Gesetzbl. 1900 S. 813) zugleich mit den übrigen Vorschriften dieses Gesetzes in Kraft.

1901.

194) Gesetz über die privaten Versicherungsunternehmungen. Vom 12. Mai 1901. (RGBl S. 139.)

I. Einleitende Vorschriften.

§ 1. Privatunternehmungen, welche den Betrieb von Versicherungsgeschäften zum Gegenstande haben, unterliegen, vorbehaltlich der in den §§ 116, 117, 122 gegebenen Vorschriften, der Beaufsichtigung nach Maßgabe dieses Gesetzes.

Als Versicherungsunternehmungen im Sinne dieses Gesetzes sind solche Personenvereinigungen nicht anzusehen, die ihren Mitgliedern Unterstützung gewähren, ohne ihnen einen Rechtsanspruch darauf einzuräumen.

§ 2. Die Beaufsichtigung der Versicherungsunternehmungen wird, sofern ihr Geschäftsbetrieb durch die Satzung oder die sonstigen Geschäftsunterlagen auf das Gebiet eines Bundesstaats beschränkt ist, durch Landesbehörden, anderenfalls durch die hierzu bestellte Reichsbehörde ausgeübt.

§ 3. Die Beaufsichtigung von Versicherungsunternehmungen, deren Geschäftsbetrieb auf das Gebiet eines Bundesstaats beschränkt ist, kann auf Antrag dieses Bundesstaats mit Zustimmung des Bundesraths durch Kaiserliche Verordnung der Reichsbehörde übertragen werden.[1]

Im Einvernehmen mit den betheiligten Landesregierungen kann der Reichskanzler bestimmen, daß Unternehmungen, deren Geschäftsbetrieb sich zwar über das Gebiet eines Bundesstaats hinaus erstreckt, aber sachlich, örtlich oder hinsichtlich des Personenkreises eng begrenzt ist, durch die Landesbehörde desjenigen Bundesstaats beaufsichtigt werden, in dessen Gebiete sie ihren Sitz haben.[2]

---

[1] VO. Vom 3. Februar 1902 (RGBl S. 43): Die Beaufsichtigung aller bestehenden sowie aller zum Geschäftsbetriebe neu zuzulassenden privaten Versicherungsunternehmungen, deren Geschäftsbetrieb auf das Gebiet des Großherzogthums Hessen oder auf das Gebiet der freien Hansestadt Bremen beschränkt ist, wird dem Kaiserlichen Aufsichtsamte für Privatversicherung übertragen.

[2] Vgl. Bekanntm. vom 6. Februar 1902 (CBl S. 26 ff.).

II. Zulassung zum Geschäftsbetriebe.

§ 4. Versicherungsunternehmungen bedürfen zum Geschäftsbetriebe der Erlaubniß der Aufsichtsbehörde.

Mit dem Antrag auf Ertheilung der Erlaubniß ist der Geschäftsplan einzureichen, welcher den Zweck und die Einrichtung des Unternehmens, das räumliche Gebiet des beabsichtigten Geschäftsbetriebs sowie namentlich auch diejenigen Verhältnisse klarzulegen hat, aus denen sich die dauernde Erfüllbarkeit der künftigen Verpflichtungen des Unternehmens ergeben soll.

Als Bestandtheile des Geschäftsplans sind insbesondere einzureichen:

1) der Gesellschaftsvertrag oder die Satzung, sofern die Unternehmung auf solchen beruht,
2) die allgemeinen Versicherungsbedingungen und die technischen Geschäftsunterlagen, soweit solche nach der Art der zu betreibenden Versicherungen erforderlich sind.

§ 5. Die Ertheilung der Erlaubniß erfolgt unabhängig von dem Nachweis eines Bedürfnisses und, sofern nicht der Wirkungskreis des Unternehmens nach dem Geschäftsplan auf eine bestimmte Zeit oder auf ein kleineres Gebiet beschränkt ist, ohne Zeitbeschränkung beziehungsweise für den Umfang des Reichs.

§ 6. Die Erlaubniß darf Personenvereinigungen, welche die Versicherung ihrer Mitglieder nach dem Grundsatze der Gegenseitigkeit betreiben wollen, nur ertheilt werden, wenn diese Vereinigungen in der Form von Versicherungsvereinen auf Gegenseitigkeit (§§ 15 bis 53) errichtet werden.

Zum Betriebe der verschiedenen Arten der Lebensversicherung sowie zum Betriebe der Unfall-, Haftpflicht-, Feuer- oder Hagelversicherung darf die Erlaubniß außer Versicherungsvereinen auf Gegenseitigkeit nur an Aktiengesellschaften ertheilt werden.

Als Lebensversicherung im Sinne dieses Gesetzes gilt auch die Invaliditäts-, Alters-, Wittwen-, Waisen-, Aussteuer- und Militärdienstversicherung, gleichviel ob auf Kapital oder Renten.

§ 7. Die Erlaubniß zum Geschäftsbetriebe darf nur versagt werden, wenn

1) der Geschäftsplan gesetzlichen Vorschriften zuwiderläuft;
2) nach dem Geschäftsplane die Interessen der Versicherten nicht hinreichend gewahrt sind oder die dauernde Erfüllbarkeit der aus den Versicherungen sich ergebenden Verpflichtungen nicht genügend dargethan ist;
3) Thatsachen vorliegen, welche die Annahme rechtfertigen, daß ein den Gesetzen oder den guten Sitten entsprechender Geschäftsbetrieb nicht stattfinden wird.

Die Erlaubniß kann von der Stellung einer angemessenen Sicherheit abhängig gemacht werden, wobei deren Zweck und die Bedingungen für die Rückgabe festzustellen sind.

§ 8. Der Gesellschaftsvertrag einer Aktiengesellschaft soll die einzelnen Versicherungszweige, auf welche sich der Geschäftsbetrieb erstreckt, sowie die Grundsätze für die Anlegung des Vermögens festsetzen und ersichtlich machen, ob das Versicherungsgeschäft lediglich unmittelbar oder zugleich auch mittelbar (durch Rückversicherung) betrieben werden soll.

Bei Unternehmungen, die durch eine Satzung geregelt sind, sollen die im Abs. 1 bezeichneten Angaben in der Satzung enthalten sein.

§ 9. In den allgemeinen Versicherungsbedingungen sollen diejenigen Bestimmungen enthalten sein, welche getroffen werden:

1) über die Ereignisse, bei deren Eintritte der Versicherer zu einer Leistung verpflichtet ist, und über die Fälle, in denen aus besonderen Gründen diese Verpflichtung ausgeschlossen oder aufgehoben sein soll (wegen unrichtiger Angaben im Antrage, wegen Aenderungen während der Vertragsdauer u. s. w.);
2) über die Art, den Umfang und die Fälligkeit der dem Versicherer obliegenden Leistungen;
3) über die Feststellung und Leistung des vom Versicherten an den Versicherer zu entrichtenden Entgelts und über die Rechtsfolgen eines Verzugs in der Entrichtung des Entgelts;
4) über die Dauer, insbesondere eine stillschweigende Verlängerung, über die Kündigung sowie über die sonstige gänzliche oder theilweise Aufhebung des Versicherungsvertrags und die Verpflichtungen des Versicherers in den Fällen der letzteren Art (Storni, Rückkauf, Umwandlung der Versicherung, Reduktion und dergleichen);
5) über den Verlust des Anspruchs aus dem Versicherungsvertrag in Folge der Versäumung von Fristen;
6) über das Verfahren im Falle von Streitigkeiten aus dem Versicherungsvertrag, über das zuständige Gericht und die Bestellung eines Schiedsgerichts;
7) über die Grundsätze und Maßstäbe, nach denen die Versicherten an den Ueberschüssen Theil nehmen;
8) bei Lebensversicherungen über die Voraussetzungen und den Umfang von Vorauszahlungen oder Darlehen auf Versicherungsscheine (Policen).

Bei Versicherungsvereinen auf Gegenseitigkeit können die im Abs. 1 bezeichneten Gegenstände statt in den allgemeinen Versicherungsbedingungen in der Satzung geregelt werden.

Abweichungen von den allgemeinen Versicherungsbedingungen zu Ungunsten des Versicherten sind nur aus besonderen Gründen sowie unter der Bedingung statthaft, daß der Versicherungsnehmer vor dem Abschlusse des Vertrags auf diese Abweichungen ausdrücklich hingewiesen worden ist und sich hiernach schriftlich damit einverstanden erklärt hat.

§ 10. Vor dem Abschlusse des Versicherungsvertrags ist dem Versicherungsnehmer ein Exemplar der maßgebenden allgemeinen Versicherungsbedingungen gegen eine besonders auszufertigende Empfangsbescheinigung auszuhändigen. Das Gleiche gilt, soweit es sich um Versicherung auf Gegenseitigkeit handelt, auch von der Satzung des Vereins.

Auf solche Feuerversicherungen, deren Abschluß im Börsenverkehr oder nach Börsenusance erfolgt, findet die Vorschrift des Abs. 1 keine Anwendung.

Die Aufsichtsbehörde kann weitere Ausnahmen von den Vorschriften des Abs. 1 zulassen.

§ 11. Der Geschäftsplan einer Lebensversicherungsunternehmung hat die von ihr angenommenen Tarife sowie die Grundsätze für die Berechnung der Prämien und Prämienreserven vollständig darzustellen, namentlich auch den anzuwendenden Zinsfuß und die Höhe des Zuschlags zur Nettoprämie anzugeben. Auch ist anzugeben, ob und in welchem Maße bei der Berechnung der Prämienreserve eine Methode angewandt werden soll, nach welcher anfänglich nicht die volle Prämienreserve zurückgestellt wird, wobei jedoch der Satz von zwölfeinhalb per Mille der Versicherungssumme nicht überschritten werden darf. Die als Grundlage der Berechnungen dienenden Wahrscheinlichkeitstafeln, insbesondere über die Sterblichkeit und die Invaliditäts- und Krankheitsgefahr, sind beizufügen.

Für jede Versicherungsart (Versicherung auf den Lebensfall — auf den Todesfall, Kapitalversicherung — Rentenversicherung u. s. w.) sind die zur Berechnung der Prämien und der Prämienreserven dienenden Formeln vorzulegen und durch ein Zahlenbeispiel zu erläutern.

Sollen auch Versicherungen mit erhöhter Prämie übernommen werden, so ist in dem Geschäftsplane ferner anzugeben, ob und nach welchen Grundsätzen hierfür eine besondere Prämienreserve gebildet werden soll.

§ 12. Soweit Kranken- oder Unfallversicherungsunternehmungen Versicherungen nach Art der Lebensversicherung unter Zugrundelegung bestimmter Wahrscheinlichkeitstafeln betreiben, insbesondere die Versicherung von Renten, Versicherungen mit Prämienrückgewähr oder sonstige die Ansammlung von Prämienreserven erfordernde Versicherungen übernehmen, finden die Vorschriften des § 11 entsprechende Anwendung.

§ 13. Jede Aenderung des Geschäftsplans ist der Aufsichtsbehörde anzuzeigen und bedarf, bevor sie in Kraft gesetzt wird, ihrer Genehmigung. Die Genehmigung darf nur aus den Gründen des § 7 versagt werden.

§ 14. Jedes Uebereinkommen, wodurch der Versicherungsbestand eines Unternehmens in seiner Gesammtheit oder in einzelnen

Zweigen mit den darauf bezüglichen Reserven und Prämienüberträgen auf ein anderes Unternehmen übertragen werden soll, bedarf der Genehmigung der für die betheiligten Unternehmungen zuständigen Aufsichtsbehörden. Die Genehmigung darf nur aus den Gründen des § 7 versagt werden.

III. Versicherungsvereine auf Gegenseitigkeit.

§ 15. Ein Verein, welcher die Versicherung seiner Mitglieder nach dem Grundsatze der Gegenseitigkeit betreiben will, erlangt durch die von der Aufsichtsbehörde ertheilte Erlaubniß zum Geschäftsbetrieb als „Versicherungsverein auf Gegenseitigkeit" die Rechtsfähigkeit.

§ 16. Die in Betreff der Kaufleute im ersten und dritten Buche des Handelsgesetzbuchs gegebenen Vorschriften, mit Ausnahme der §§ 1 bis 7, finden auf die Versicherungsvereine auf Gegenseitigkeit entsprechende Anwendung, soweit dieses Gesetz nicht ein Anderes bestimmt.

§ 17. Die Verfassung eines Versicherungsvereins auf Gegenseitigkeit wird durch die Satzung bestimmt, soweit sie nicht auf den nachfolgenden Vorschriften beruht.

Die Satzung bedarf der gerichtlichen oder notariellen Beurkundung.

§ 18. Die Satzung hat den Namen (die Firma) und den Sitz des Vereins zu bestimmen.

Die Firma soll den Sitz des Vereins erkennen lassen. Auch ist in der Firma oder in einem Zusatz auszudrücken, daß Versicherung auf Gegenseitigkeit betrieben wird.

§ 19. Für alle Verbindlichkeiten des Vereins haftet den Vereinsgläubigern nur das Vereinsvermögen. Eine Haftung der Mitglieder gegenüber den Gläubigern des Vereins findet nicht statt.

§ 20. Die Satzung soll Bestimmungen über den Beginn der Mitgliedschaft enthalten. Der Erwerb der Mitgliedschaft setzt die Begründung eines Versicherungsverhältnisses mit dem Vereine voraus. Die Mitgliedschaft endigt, soweit nicht die Satzung ein Anderes bestimmt, mit Beendigung des Versicherungsverhältnisses.

§ 21. Die Beiträge der Mitglieder und die Leistungen des Vereins an die Mitglieder dürfen bei gleichen Voraussetzungen nur nach gleichen Grundsätzen bemessen sein.

Der Verein darf Versicherungsgeschäfte gegen feste Prämien in der Art, daß die Versicherungsnehmer nicht Mitglieder des Vereins werden, nur betreiben, soweit die Satzung dies ausdrücklich gestattet.

§ 22. In der Satzung ist die Bildung eines Gründungsfonds vorzusehen, der zur Deckung der Kosten der Errichtung des Vereins sowie als Garantie- und Betriebsfonds zu dienen hat. Die Satzung soll die Bedingungen, unter denen der Fonds dem Vereine zur Verfügung steht, enthalten und insbesondere bestimmen, in welcher Weise eine Tilgung des Gründungsfonds erfolgen und ob und in welchem Umfange den Personen, welche den Gründungsfonds zur Verfügung gestellt haben, ein Recht zur Theilnahme an der Verwaltung des Vereins eingeräumt sein soll.

Der Gründungsfonds ist baar einzuzahlen, soweit nicht die Satzung an Stelle der Baarzahlung die Hingabe eigener Wechsel gestattet; als Baarzahlung gilt nur die Zahlung in deutschem Gelde, in Reichskassenscheinen sowie in gesetzlich zugelassenen Noten deutscher Banken.

Denjenigen, welche den Gründungsfonds zur Verfügung gestellt haben, darf ein Kündigungsrecht nicht eingeräumt werden. In der Satzung kann ihnen außer einer Verzinsung aus den Jahreseinnahmen eine Betheiligung an dem aus der Jahresbilanz sich ergebenden Ueberschusse zugesichert werden; die Verzinsung darf vier, die gesammten Bezüge dürfen sechs vom Hundert des baar eingezahlten Betrags nicht übersteigen. Der Gründungsfonds darf in Antheile zerlegt werden, über welche Antheilscheine ausgegeben werden können.

Eine Tilgung des Gründungsfonds darf nur aus den Jahreseinnahmen erfolgen und nur in dem Maße, als die Bildung des im § 37 vorgesehenen Reservefonds fortgeschritten ist; sie muß beginnen, nachdem die Kosten der Errichtung und die im ersten Geschäftsjahr entstandenen Kosten der Einrichtung getilgt worden sind.

§ 23. Die Aufsichtsbehörde kann gestatten, von der Bildung eines Gründungsfonds Abstand zu nehmen, wenn nach der Natur der zu betreibenden Geschäfte oder durch besondere Einrichtungen eines Unternehmens anderweitige Sicherheit gegeben ist.

§ 24. Die Satzung hat darüber Bestimmung zu treffen, ob die Deckung der Ausgaben erfolgen soll

1) durch einmalige oder wiederkehrende Beiträge im voraus, und zwar mit Vorbehalt von Nachschüssen oder unter Ausschluß von Nachschüssen mit oder ohne Vorbehalt der Kürzung der Versicherungsansprüche,
2) durch Beiträge, die nach Maßgabe des eingetretenen Bedarfs umgelegt werden.

Die Satzung kann einen Höchstbetrag festsetzen, auf welchen die Pflicht zur Zahlung von Nachschüssen oder Umlagen beschränkt ist. Eine Beschränkung, wonach die Ausschreibung von Nachschüssen oder Umlagen nur zum Zwecke der Deckung von Versicherungsansprüchen der Mitglieder stattfinden darf, ist unzulässig.

§ 25. Zu den Nachschüssen oder Umlagen haben auch die im Laufe des Geschäftsjahrs ausgeschiedenen Mitglieder beizutragen. Die Beitragspflicht dieser Mitglieder sowie der im Laufe des Geschäftsjahrs eingetretenen Mitglieder bemißt sich nach dem Verhältnisse der Zeitdauer der Mitgliedschaft innerhalb des Geschäftsjahrs.

Bemißt sich die Höhe des von dem einzelnen Mitgliede zu leistenden Nachschuß- oder Umlagebetrags nach der Höhe des im voraus erhobenen Beitrags oder der Versicherungssumme, so ist bei der Berechnung, wenn im Laufe des Geschäftsjahrs eine Erhöhung oder Herabsetzung des Beitrags oder der Versicherungssumme eingetreten ist, der höhere Betrag zu Grunde zu legen.

Die Vorschriften der Abs. 1, 2 finden nur insoweit Anwendung, als nicht die Satzung ein Anderes bestimmt.

§ 26. Gegen eine Forderung des Vereins aus der Beitragspflicht kann das Mitglied eine Aufrechnung nicht geltend machen.

§ 27. Die Satzung soll über die Voraussetzungen, unter denen die Ausschreibung von Nachschüssen oder Umlagen zu erfolgen hat, insbesondere darüber Bestimmung treffen, inwieweit zuvor die sonst vorhandenen Deckungsmittel (Gründungsfonds, Rücklagen) zu verwenden sind.

Die Satzung soll ferner bestimmen, in welcher Weise die Nachschüsse oder Umlagen ausgeschrieben und eingezogen werden.

§ 28. Die Satzung hat über die Form Bestimmung zu treffen, in der die Bekanntmachungen des Vereins zu erfolgen haben.

Bekanntmachungen, die durch öffentliche Blätter erfolgen sollen, sind, wenn der Geschäftsbetrieb des Vereins sich über das Gebiet eines Bundesstaats hinaus erstreckt, in den Reichsanzeiger einzurücken. Ist der Geschäftsbetrieb auf das Gebiet eines Bundesstaats beschränkt, so kann die Landes-Zentralbehörde an Stelle des Reichsanzeigers ein anderes Blatt bestimmen. Weitere Blätter bestimmt die Satzung.

§ 29. Die Satzung hat über die Bildung eines Vorstandes, eines Aufsichtsraths und eines obersten Organs (Versammlung von Mitgliedern oder von Vertretern der Mitglieder) Bestimmung zu treffen.

Die durch das oberste Organ auszuübenden Obliegenheiten können auf mehrere dem Vorstand und dem Aufsichtsrath übergeordnete Organe vertheilt sein.

§ 30. Der Verein ist bei dem Gericht, in dessen Bezirk er seinen Sitz hat, von sämmtlichen Mitgliedern des Vorstandes und des Aufsichtsraths zur Eintragung in das Handelsregister anzumelden.

Von jeder Ertheilung der Erlaubniß zum Geschäftsbetriebe (§ 15) hat die Aufsichtsbehörde dem Registergerichte Mittheilung zu machen.

§ 31. Der Anmeldung sind beizufügen:

1) die Urkunde über die Erlaubniß zum Geschäftsbetriebe;
2) die Satzung;
3) die Urkunden über die Bestellung des Vorstandes und des Aufsichtsraths;
4) die Urkunden über die Bestellung des Gründungsfonds nebst einer Erklärung des Vorstandes und des Aufsichtsraths darüber, inwieweit der Gründungsfonds durch Baarzahlung gedeckt und in ihrem Besitz ist.

Die Mitglieder des Vorstandes haben ihre Namensunterschrift zur Aufbewahrung bei dem Gerichte zu zeichnen.

Die der Anmeldung beigefügten Schriftstücke werden bei dem Gericht in Urschrift oder in beglaubigter Abschrift aufbewahrt.

§ 32. Bei der Eintragung in das Handelsregister sind die Firma und der Sitz des Vereins, die Versicherungszweige, auf welche sich der Betrieb erstrecken soll, die Höhe des Gründungsfonds, der Tag, an dem die Erlaubniß zum Geschäftsbetrieb ertheilt ist, und die Mitglieder des Vorstandes anzugeben.

Enthält die Satzung besondere Bestimmungen über die Dauer des Vereins oder über die Befugniß der Mitglieder des Vorstandes oder der Liquidatoren zur Vertretung des Vereins, so sind auch diese Bestimmungen einzutragen.

§ 33. In die Veröffentlichung, durch welche die Eintragung bekannt gemacht wird, sind außer dem Inhalte der Eintragung aufzunehmen:

1) eine Angabe darüber, ob die Deckung der Ausgaben durch Beiträge im voraus oder im Umlageverfahren erfolgen soll, und im ersteren Falle, ob mit Ausschluß oder mit Vorbehalt von Nachschüssen, ob die Beitragspflicht beschränkt ist oder nicht, und ob eine Kürzung der Versicherungsansprüche vorbehalten ist (§ 24);
2) die im § 28 bezeichneten Festsetzungen;
3) die Art der Bestellung und Zusammensetzung der Vereinsorgane;
4) Name, Stand und Wohnort der Mitglieder des ersten Aufsichtsraths;
5) die Form, in der die Berufung des obersten Organs erfolgt.

§ 34. Auf den Vorstand finden die Vorschriften der §§ 231 bis 239, 241, 242 des Handelsgesetzbuchs mit der Maßgabe entsprechende Anwendung, daß das von Beschlüssen der Generalversammlung Gesagte von den Beschlüssen des obersten Organs gilt und daß an die Stelle des § 236 Abs. 1 und des § 241 Abs. 3 des Handelsgesetzbuchs folgende Vorschriften treten:

1) die Mitglieder des Vorstandes dürfen, sofern die Satzung nicht ein Anderes bestimmt, ohne Einwilligung des Aufsichtsraths weder ein Handelsgewerbe betreiben noch dem Vorstand oder Aufsichtsrath einer gleichartigen Versicherungsunternehmung angehören;
2) die Mitglieder des Vorstandes sind insbesondere zum Schadensersatze verpflichtet, wenn entgegen den Vorschriften des Gesetzes eine Verzinsung oder Tilgung des Gründungsfonds oder eine Vertheilung des Vereinsvermögens erfolgt oder wenn Zahlungen geleistet werden, nachdem die Zahlungsunfähigkeit des Vereins eingetreten ist oder seine Ueberschuldung sich ergeben hat.

§ 35. Auf den Aufsichtsrath finden die Vorschriften der §§ 243 bis 249 des Handelsgesetzbuchs mit der Maßgabe entsprechende Anwendung, daß die der Generalversammlung übertragenen Aufgaben von dem obersten Organe wahrgenommen werden, und daß an die Stelle des § 243 Abs. 4 Satz 2, des § 245 Abs. 1 und des § 249 Abs. 3 Satz 1 des Handelsgesetzbuchs folgende Vorschriften treten:

1) die Satzung hat zu bestimmen, ob für einen Beschluß des obersten Organs, durch den die Bestellung zum Mitgliede des Aufsichtsraths widerrufen wird, eine besondere Mehrheit erforderlich sein soll;
2) eine nach dem Jahresüberschusse bemessene Vergütung für die Mitglieder des Aufsichtsraths darf nur von dem Betrage gewährt werden, welcher verbleibt, nachdem sämmtliche Abschreibungen und Rücklagen bewirkt worden sind und nachdem für diejenigen Personen, welche gegen Zusicherung einer Betheiligung am Ueberschusse den Gründungsfonds zur Verfügung gestellt haben, der nach § 22 Abs. 3 bedungene Antheil am Ueberschuß in Abzug gebracht worden ist;
3) die Mitglieder des Aufsichtsraths sind insbesondere zum Schadensersatze verpflichtet, wenn mit ihrem Wissen und ohne ihr Einschreiten die im § 34 Nr. 2 bezeichneten Handlungen vorgenommen werden.

§ 36. Auf das oberste Organ finden die für die Generalversammlung der Aktionäre gegebenen Vorschriften der §§ 250, 251, des § 252 Abs. 3, 4, der §§ 253, 256 bis 261, 264, 265, des § 266 Abs. 1, des § 267 Abs. 1, 2, der §§ 268 bis 273 des Handelsgesetzbuchs und, wenn als oberstes Organ die Versammlung der Mitglieder bestellt ist, auch die Vorschriften des § 252 Abs. 2 und der §§ 254, 255, 263 des Handelsgesetzbuchs mit folgenden Maßgaben entsprechende Anwendung:

1) soweit nach diesen Vorschriften einer Minderheit von Aktionären, deren Antheile den zehnten oder den zwanzigsten Theil des Grundkapitals erreichen, gewisse Rechte gewährt sind, hat die Satzung die erforderliche Minderheit der Mitglieder des obersten Organs zu bestimmen;
2) die bezeichneten Vorschriften bleiben insoweit außer Anwendung, als sie eine Hinterlegung von Aktien oder die Angabe des Betrags der vertretenen Aktien vorschreiben;
3) die Aufsichtsbehörde kann bei der Erlaubniß zum Geschäftsbetriebe gestatten, daß die Kosten der Errichtung und die im ersten Geschäftsjahr entstehenden Kosten der Einrichtung, soweit sie weder die Hälfte des gesammten Gründungsfonds noch den baar eingezahlten Theil übersteigen, auf mehrere, höchstens jedoch auf die ersten fünf Geschäftsjahre vertheilt werden und der jedesmal verbleibende Rest als Aktivum in die Bilanz eingestellt wird.

Die Satzung hat die Form und, soweit nicht nach Abs. 1 die §§ 254, 255 des Handelsgesetzbuchs zur entsprechenden Anwendung gelangen, auch die Voraussetzungen und die Frist für die Berufung des obersten Organs zu bestimmen.

§ 37. Die Satzung hat die Bildung einer Rücklage, die zur Deckung eines aus dem Geschäftsbetriebe sich ergebenden außergewöhnlichen Verlustes zu dienen hat (Reservefonds), insbesondere die Beträge zu bestimmen, welche hierzu jährlich zurückzulegen sind, und den Mindestbetrag, bis zu dessen Erreichung die Zurücklegung zu erfolgen hat.

Aus den Gründen, aus denen von der Bildung eines Gründungsfonds Abstand genommen werden darf (§ 23), kann die Aufsichtsbehörde auch gestatten, von der Bildung eines Reservefonds abzusehen.

§ 38. Ein nach der Bilanz sich ergebender Ueberschuß kommt, soweit er nicht nach der Satzung dem Reservefonds oder anderen Rücklagen zuzuführen oder zur Vertheilung von Tantiemen zu verwenden oder auf das nächste Geschäftsjahr zu übertragen ist, zur Vertheilung unter die in der Satzung bestimmten Mitglieder.

Die Satzung hat über den Maßstab der Vertheilung sowie darüber zu bestimmen, ob die Vertheilung nur unter die am Schlusse des Geschäftsjahrs vorhandenen oder auch unter ausgeschiedene Mitglieder erfolgen soll.

Die Vertheilung darf erst erfolgen, nachdem die Kosten der Errichtung und ersten Einrichtung (§ 36 Abs. 1 Nr. 3) getilgt sind.

§ 39. Die Satzung kann nur durch Beschluß des obersten Organs geändert werden.

Die Vornahme von Aenderungen, die nur die Fassung betreffen, kann durch Beschluß des obersten Organs dem Aufsichtsrath übertragen werden.

Der Aufsichtsrath kann durch Beschluß des obersten Organs ermächtigt werden, den Aenderungsbeschluß für den Fall, daß die Aufsichtsbehörde vor der Genehmigung die Vornahme von Aenderungen verlangt, diesen Aenderungen zu unterziehen.

Der Beschluß des obersten Organs bedarf, wenn durch ihn ein Versicherungszweig aufgegeben oder ein neuer eingeführt werden soll, einer Mehrheit von drei Viertheilen der abgegebenen Stimmen; die Satzung kann noch andere Erfordernisse aufstellen. Zu sonstigen Beschlüssen der im Abs. 1 bis 3 bezeichneten Art bedarf es einer solchen Mehrheit nur dann, wenn die Satzung nicht andere Erfordernisse aufstellt.

§ 40. Die Aenderung der Satzung ist zur Eintragung in das Handelsregister anzumelden. Der Anmeldung ist die Genehmigungsurkunde beizufügen.

Bei der Eintragung genügt, soweit nicht die Aenderung die im § 32 bezeichneten Angaben betrifft, die Bezugnahme auf die bei dem Gericht eingereichten Urkunden über die Aenderung. Die öffentliche Bekanntmachung findet in Betreff aller Bestimmungen statt, auf welche sich die im § 33 vorgeschriebenen Veröffentlichungen beziehen.

Die Aenderung hat keine Wirkung, bevor sie bei dem Gericht,

in dessen Bezirke der Verein seinen Sitz hat, in das Handelsregister eingetragen worden ist.

§ 41. Die Vorschriften des § 39 Abs. 1 bis 3 finden auf Aenderungen der nach § 9 festgesetzten allgemeinen Versicherungsbedingungen entsprechende Anwendung.

Der Aufsichtsrath kann durch die Satzung oder durch Beschluß des obersten Organs ermächtigt werden, dringliche Aenderungen der allgemeinen Versicherungsbedingungen mit Genehmigung der Aufsichtsbehörde vorläufig vorzunehmen. Diese Aenderungen sind dem obersten Organe bei seinem nächsten Zusammentritte vorzulegen. Sie sind außer Kraft zu setzen, wenn das oberste Organ dies verlangt.

Durch eine Aenderung der Satzung oder der allgemeinen Versicherungsbedingungen wird ein bestehendes Versicherungsverhältniß nur berührt, wenn der Versicherte der Aenderung ausdrücklich zustimmt. Dies gilt nicht von der Aenderung solcher Bestimmungen, für welche die Satzung ausdrücklich vorsieht, daß ihre Aenderung auch mit Wirkung für die bestehenden Versicherungsverhältnisse geschehen kann.

§ 42. Durch den Ablauf der in der Satzung bestimmten Zeit wird der Verein aufgelöst.

§ 43. Die Auflösung des Vereins kann nur durch das oberste Organ beschlossen werden.

Zu dem Beschlusse bedarf es einer Mehrheit von drei Viertheilen der abgegebenen Stimmen, sofern nicht die Satzung andere Erfordernisse aufstellt. Mitglieder des obersten Organs, welche gegen die Auflösung gestimmt haben, sind berechtigt, gegen den Auflösungsbeschluß Widerspruch zum Protokolle zu erklären (§ 74).

Der Beschluß bedarf der Genehmigung der Aufsichtsbehörde. Von der Genehmigung hat die Aufsichtsbehörde dem Registergerichte Mittheilung zu machen.

Die zwischen den Mitgliedern und dem Vereine bestehenden Versicherungsverhältnisse erlöschen mit dem in dem Beschlusse bestimmten Zeitpunkte, frühestens jedoch mit dem Ablaufe von vier Wochen, mit der Wirkung, daß die bis zu diesem Zeitpunkt entstandenen Versicherungsansprüche geltend gemacht, im Uebrigen aber nur die für künftige Versicherungsperioden vorausbezahlten Beiträge, abzüglich der hierfür aufgewandten Kosten, zurückgefordert werden können.

Auf die Versicherungsverhältnisse aus der Lebensversicherung finden die Vorschriften des Abs. 4 keine Anwendung. Diese Versicherungsverhältnisse bleiben unberührt, soweit die Satzung nicht ein Anderes bestimmt.

§ 44. Die Vorschriften des § 43 Abs. 1, 2 Satz 1 finden auf Beschlüsse, die ein Uebereinkommen der im § 14 bezeichneten Art zum Gegenstande haben, entsprechende Anwendung.

§ 45. Die Auflösung des Vereins ist außer dem Falle des

Konkurses durch den Vorstand zur Eintragung in das Handelsregister anzumelden.

§ 46. Nach der Auflösung des Vereins findet die Liquidation statt, sofern nicht über sein Vermögen der Konkurs eröffnet ist.

Bis zur Beendigung der Liquidation gilt der Verein als fortbestehend, soweit nicht aus den folgenden Vorschriften oder dem Zwecke der Liquidation ein Anderes sich ergiebt; insbesondere kann die Ausschreibung und Einziehung von Nachschüssen oder Umlagen (§§ 24 ff.) erfolgen.

Neue Versicherungen dürfen nicht mehr übernommen, die bestehenden nicht erhöht oder verlängert werden.

§ 47. Auf die Liquidation finden die Vorschriften des § 295 Abs. 1, Abs. 3 Satz 2, der §§ 296 bis 299 und des § 302 des Handelsgesetzbuchs entsprechende Anwendung. Auf Antrag des Aufsichtsraths oder einer in der Satzung zu bestimmenden Minderheit von Mitgliedern kann aus wichtigen Gründen die Ernennung von Liquidatoren durch das Gericht erfolgen, in dessen Bezirke der Verein seinen Sitz hat. Die Abberufung von Liquidatoren kann durch das Gericht unter denselben Voraussetzungen wie die Bestellung stattfinden. Die Vorschriften der §§ 145, 146 des Gesetzes über die Angelegenheiten der freiwilligen Gerichtsbarkeit finden entsprechende Anwendung.

Eine Tilgung des Gründungsfonds darf erst erfolgen, nachdem die Ansprüche sämmtlicher übrigen Gläubiger, insbesondere die Ansprüche der Mitglieder aus dem Versicherungsverhältnisse, befriedigt oder sichergestellt worden sind. Zum Zwecke der Tilgung dürfen Nachschüsse oder Umlagen nicht erhoben werden.

§ 48. Das nach der Berichtigung der Schulden verbleibende Vermögen des Vereins wird, sofern nicht in der Satzung andere Anfallberechtigte bestimmt sind, an die zur Zeit der Auflösung vorhanden gewesenen Mitglieder und zwar, sofern die Satzung nicht ein Anderes bestimmt, nach demselben Maßstabe vertheilt, nach welchem während des Bestehens des Vereins die Vertheilung des Ueberschusses stattfindet.

Die Satzung kann vorschreiben, daß die Anfallberechtigten durch Beschluß des obersten Organs bestimmt werden.

Auf die Ausführung der Vertheilung finden die Vorschriften des § 301 des Handelsgesetzbuchs entsprechende Anwendung.

§ 49. Durch die Eröffnung des Konkurses wird der Verein aufgelöst. Die Vorschriften des § 307 Abs. 2, 3 des Handelsgesetzbuchs finden entsprechende Anwendung.

§ 50. Soweit den Mitgliedern oder ausgeschiedenen Mitgliedern nach dem Gesetz oder der Satzung eine Beitragspflicht obliegt (§§ 24 bis 26), haften sie im Falle des Konkurses dem Vereine gegenüber für dessen Schulden.

Ausgeschiedene Mitglieder gelten, wenn ihr Ausscheiden innerhalb des letzten Jahres vor der Konkurseröffnung stattgefunden hat, in Ansehung der Haftung für die Schulden des Vereins noch als dessen Mitglieder.

§ 51. Die Ansprüche auf Tilgung des Gründungsfonds stehen allen übrigen Konkursforderungen nach. Unter den letzteren werden die Ansprüche aus dem Versicherungsverhältnisse, soweit sie den zur Zeit der Konkurseröffnung dem Verein angehörenden oder den innerhalb des letzten Jahres vor der Konkurseröffnung ausgeschiedenen Mitgliedern zustehen, im Range nach den Ansprüchen der sonstigen Konkursgläubiger befriedigt.

Zur Tilgung des Gründungsfonds dürfen Nachschüsse oder Umlagen nicht erhoben werden.

§ 52. Die Feststellung und Ausschreibung der im Falle des Konkurses erforderlichen Nachschüsse oder Umlagen erfolgt durch den Konkursverwalter. Dieser hat sofort, nachdem die Bilanz auf der Gerichtsschreiberei niedergelegt worden ist (Konkursordnung § 124), zu berechnen, wieviel die Mitglieder zur Deckung des in der Bilanz bezeichneten Fehlbetrags auf Grund ihrer Beitragspflicht vorschußweise beizutragen haben. Auf diese Vorschußberechnung und die erforderlich werdenden Zusatzberechnungen finden die Vorschriften des § 106 Abs. 2, 3 und der §§ 107 bis 113 des Gesetzes, betreffend die Erwerbs- und Wirthschaftsgenossenschaften, entsprechende Anwendung.

Sobald mit dem Vollzuge der Schlußvertheilung (Konkursordnung § 161) begonnen ist, hat der Konkursverwalter in Ergänzung oder Berichtigung der Vorschußberechnung und der etwa ergangenen Zusätze die von den Mitgliedern zu leistenden Beiträge zu berechnen. Auf diese Berechnung und das weitere Verfahren finden die Vorschriften des § 114 Abs. 2 und der §§ 115 bis 118 des Gesetzes, betreffend die Erwerbs- und Wirthschaftsgenossenschaften, entsprechende Anwendung.

§ 53. Auf Vereine, die bestimmungsgemäß einen sachlich, örtlich oder hinsichtlich des Personenkreises engbegrenzten Wirkungskreis haben, finden von den im Abschnitte III gegebenen Vorschriften nur der § 15, der § 17 Abs. 1, der § 18 Abs. 1, die §§ 19, 20, der § 21 Abs. 1, die §§ 22 bis 27, der § 28 Abs. 1, der § 37, der § 38 Abs. 1, 2, der § 39 Abs. 1 bis 3, die §§ 41 bis 44, der § 47 Abs. 2 und die §§ 50 bis 52 Anwendung. Die Uebernahme von Versicherungen gegen feste Prämie ohne Erwerb der Mitgliedschaft durch den Versicherungsnehmer ist ausgeschlossen.

Soweit sich nach Abs. 1 nicht ein Anderes ergiebt, hat es für die daselbst bezeichneten Vereine bei den für Vereine gegebenen allgemeinen Vorschriften der §§ 24 bis 53 des Bürgerlichen Gesetzbuchs mit den Maßgaben sein Bewenden, daß

1) in den Fällen des § 29 und des § 37 Abs. 2 des Bürgerlichen Gesetzbuchs an die Stelle des Amtsgerichts die Aufsichtsbehörde tritt,

2) im Falle des § 45 Abs. 3 des Bürgerlichen Gesetzbuchs das Vermögen an die Mitglieder nach dem im § 48 Abs. 1 dieses Gesetzes bestimmten Maßstabe zu vertheilen ist.

Soll nach der Satzung ein Aufsichtsrath bestellt werden, so finden die Vorschriften des § 36 Abs. 2, 3, der §§ 37 bis 40 und des § 41 Abs. 1, 2, 4 des Gesetzes, betreffend die Erwerbs- und Wirthschaftsgenossenschaften, entsprechende Anwendung.

Darüber, ob ein Verein im Sinne des Abs. 1 als kleinerer Verein anzusehen ist, entscheidet die Aufsichtsbehörde.

IV. Geschäftsführung der Versicherungsunternehmungen.

1. Allgemeine Vorschriften. Rechnungslegung.

§ 54. Zum Erwerbe von Grundstücken bedürfen Versicherungsaktiengesellschaften und Versicherungsvereine auf Gegenseitigkeit der Genehmigung der Aufsichtsbehörde, soweit es sich nicht um den Erwerb von ihnen beliehener Grundstücke im Zwangsversteigerungsverfahren handelt. Die Genehmigung ist zu ertheilen, wenn es sich außerhalb des Zwangsversteigerungsverfahrens um die Sicherung eingetragener Forderungen, oder wenn es sich um den Erwerb von Grundstücken handelt, die für die Zwecke des Geschäftsbetriebs bestimmt sind.

In den Fällen des Abs. 1, auch soweit die Genehmigung der Aufsichtsbehörde nicht erforderlich ist, bedarf es der landesgesetzlich vorgeschriebenen staatlichen Genehmigung (Artikel 86 des Einführungsgesetzes zum Bürgerlichen Gesetzbuche) nicht.

§ 55. Die Bücher einer Versicherungsunternehmung sind jährlich abzuschließen; auf Grund der Bücher ist für das verflossene Geschäftsjahr ein Rechnungsabschluß und ein die Verhältnisse sowie die Entwickelung des Unternehmens darstellender Jahresbericht anzufertigen und der Aufsichtsbehörde einzureichen.

Soweit nicht in diesem Gesetz oder in sonstigen Reichsgesetzen oder durch den Bundesrath Vorschriften über die Buchführung und Rechnungslegung der Versicherungsunternehmungen getroffen sind, können nähere Vorschriften über die Fristen sowie die Art und Form des Rechnungsabschlusses und des Jahresberichts von der Aufsichtsbehörde erlassen werden.

Versicherungsaktiengesellschaften und Versicherungsvereine auf Gegenseitigkeit sind verpflichtet, innerhalb des auf das Berichtsjahr folgenden Geschäftsjahrs jedem Versicherten auf Verlangen ein Exemplar des Rechnungsabschlusses und des Jahresberichts mitzutheilen. Im Uebrigen kann die Aufsichtsbehörde darüber Bestimmung treffen, inwieweit und auf welche Weise alljährlich der Rechnungsabschluß und der Jahresbericht den Versicherten zugänglich zu machen oder zu veröffentlichen sind.

Vor Erlassung von Vorschriften der in den Abs. 2, 3 bezeichneten Art hat die aufsichtführende Reichsbehörde den Versicherungsbeirath zu hören.

2. Besondere Vorschriften über die Prämienreserve bei der Lebensversicherung.

§ 56. Die Prämienreserve für Lebensversicherungen ist hinsichtlich der in Kraft stehenden Versicherungsverträge für den Schluß eines jeden Geschäftsjahrs, unter Anwendung der nach § 11 angenommenen Rechnungsgrundlagen, getrennt nach den einzelnen Versicherungsarten zu berechnen und zu buchen.

Durch mindestens einen mit der Berechnung der Prämienreserve bei Lebens-, Kranken- oder Unfallversicherungsunternehmungen (§ 12) beauftragten Sachverständigen ist, unbeschadet der eigenen Verantwortlichkeit der Vertreter des Unternehmens, unter der Bilanz zu bestätigen, daß die eingestellte Prämienreserve gemäß Abs. 1 berechnet ist. Auf kleinere Vereine im Sinne des § 53 findet diese Vorschrift keine Anwendung.

§ 57. Der Vorstand des Unternehmens hat dafür Sorge zu tragen, daß unverzüglich die der Berechnung gemäß § 56 entsprechenden Beträge dem Prämienreservefonds zugeführt und vorschriftsmäßig angelegt werden. Diese Zuführung darf nur insoweit unterbleiben, als im Auslande zu Gunsten bestimmter Versicherungen besondere Sicherheit aus der Prämieneinnahme gestellt werden muß.

Der Prämienreservefonds (Gelder, Werthpapiere, Urkunden u. s. w.) ist gesondert von jedem anderen Vermögen zu verwalten und am Sitze des Unternehmens in einer der Aufsichtsbehörde bekannt zu gebenden Weise aufzubewahren; die Aufsichtsbehörde kann auch die Genehmigung zur Aufbewahrung an einem anderen Orte des Inlandes ertheilen.

Die den Prämienreservefonds bildenden Bestände sind einzeln in ein Register einzutragen. Jedoch brauchen darin die Forderungen aus Vorauszahlungen oder Darlehen auf die eigenen Versicherungsscheine des Unternehmens (Policenbeleihungen), soweit sie zu den Beständen des Prämienreservefonds gehören, nur in einer Gesammtsumme nachgewiesen zu werden. Am Schlusse eines jeden Geschäftsjahrs ist der Aufsichtsbehörde eine bezüglich ihrer Uebereinstimmung mit dem Originale gerichtlich oder notariell beglaubigte Abschrift der im Laufe des Geschäftsjahrs bewirkten Eintragungen vorzulegen. Die Abschrift ist von der Aufsichtsbehörde aufzubewahren.

§ 58. Bei Rückversicherungen hat das rückversicherte Unternehmen die Prämienreserve auch für die in Rückversicherung gegebenen Summen nach den Vorschriften der §§ 56, 57 zu berechnen sowie selbst aufzubewahren und zu verwalten.

§ 59. Die Anlegung der den Prämienreservefonds bildenden Bestände (§ 57) kann erfolgen:

1) in der im § 1807 Abs. 1 Nr. 1 bis 4 des Bürgerlichen Gesetzbuchs für die Anlegung von Mündelgeld vorgeschriebenen Weise. Außerdem dürfen die Bestände bis höchstens zum zehnten Theile des Prämienreservefonds in Werthpapieren, welche nach landes-

gesetzlichen Vorschriften zur Anlegung von Mündelgeld zugelassen sind, sowie in solchen auf den Inhaber lautenden Pfandbriefen deutscher Hypotheken-Aktien-Banken angelegt werden, welche die Reichsbank in Klasse I beleiht;

2) gegen Verpfändung solcher Hypotheken oder Werthpapiere, in denen eine Anlegung nach Nr. 1 gestattet ist, bis zu fünfundsiebzig vom Hundert ihres Nennwerths, sofern aber der Kurswerth niedriger ist, bis zu fünfundsiebzig vom Hundert des Kurswerths;

3) in der Weise, daß Vorauszahlungen oder Darlehen auf die eigenen Versicherungsscheine des Unternehmens (Policenbeleihung) nach Maßgabe der allgemeinen Versicherungsbedingungen (§ 9 Nr. 8) gewährt werden;

4) mit Genehmigung der Aufsichtsbehörde in Schuldverschreibungen inländischer kommunaler Körperschaften, Schulgemeinden und Kirchengemeinden, wofern diese Schuldverschreibungen entweder von Seiten des Gläubigers kündbar sind oder einer regelmäßigen Tilgung unterliegen.

Kann die Anlegung den Umständen nach nicht in einer dem Abs. 1 entsprechenden Weise erfolgen, so ist eine vorübergehende Anlegung bei der Reichsbank, bei einer Staatsbank oder bei einer durch die Aufsichtsbehörde dazu für geeignet erklärten anderen inländischen Bank oder öffentlichen Sparkasse gestattet.

§ 60. Bei der Anlegung der Bestände des Prämienreservefonds nach der Vorschrift des § 59 Abs. 1 Nr. 1 darf die Sicherheit einer Hypothek, einer Grundschuld oder einer Rentenschuld angenommen werden, wenn die Beleihung die ersten drei Fünftheile des Werthes des Grundstücks nicht übersteigt. Soweit jedoch die Zentralbehörde eines Bundesstaats gemäß § 11 Abs. 2 des Hypothekenbankgesetzes die Beleihung landwirthschaftlicher Grundstücke bis zu zwei Drittheilen des Werthes gestattet hat, darf die Sicherheit auch bei einer solchen Beleihung angenommen werden.

Die Beleihungen dürfen der Regel nach nur zur ersten Stelle erfolgen.

Beleihungen von Bauplätzen und solchen Neubauten, welche noch nicht fertiggestellt und ertragsfähig sind, sowie von Grundstücken, die einen dauernden Ertrag nicht gewähren, insbesondere von Gruben, Brüchen und Bergwerken, sind ausgeschlossen.

Der bei der Beleihung angenommene Werth des Grundstücks darf den durch sorgfältige Ermittelung festgestellten Verkaufswerth nicht übersteigen. Bei der Feststellung dieses Werthes sind nur die dauernden Eigenschaften des Grundstücks und der Ertrag zu berücksichtigen, welchen das Grundstück bei ordnungsmäßiger Wirthschaft jedem Besitzer nachhaltig gewähren kann.

Auf Verlangen der Aufsichtsbehörde haben die Unternehmungen über die Werthsermittelung eine Anweisung zu erlassen, welche der Genehmigung der Aufsichtsbehörde bedarf.

§ 61. Dem Prämienreservefonds dürfen, abgesehen von den zur Vornahme und Aenderung der Kapitalanlagen erforderlichen Mitteln, nur diejenigen Beträge entnommen werden, welche durch Eintritt des Versicherungsfalls, durch Rückkauf oder andere Fälle der Beendigung von Versicherungsverhältnissen frei werden.

Durch die Eröffnung des Konkurses erlöschen die Lebensversicherungsverhältnisse; die Versicherten können, unbeschadet ihrer weitergehenden Ansprüche aus dem Versicherungsverhältnisse, denjenigen Betrag fordern, der als rechnungsmäßige Prämienreserve zur Zeit der Konkurseröffnung auf sie entfällt.

In Ansehung der Befriedigung aus den in das Register der Bestände des Prämienreservefonds (§ 57 Abs. 3) eingetragenen Gegenständen gehen die Forderungen auf die rechnungsmäßige Prämienreserve insoweit, als für sie die Zuführung zu diesem Fonds vorgeschrieben ist (§ 57 Abs. 1), den Forderungen aller übrigen Konkursgläubiger vor. Unter einander haben sie gleichen Rang. In Betreff des Anspruchs der Versicherten auf Befriedigung aus dem sonstigen Vermögen der Unternehmung finden die für die Absonderungsberechtigten geltenden Vorschriften der §§ 64, 153, 155, 156 und des § 168 Nr. 3 der Konkursordnung entsprechende Anwendung.

§ 62. Das Konkursgericht hat den Versicherten zur Wahrung der ihnen nach § 61 zustehenden Rechte einen Pfleger zu bestellen. Für die Pflegschaft tritt an die Stelle des Vormundschaftsgerichts das Konkursgericht.

Dem Pfleger liegt ob, den Umfang des vorhandenen Prämienreservefonds festzustellen sowie die den Versicherten zustehenden Ansprüche zu ermitteln und anzumelden.

Der Pfleger hat die Versicherten soweit thunlich vor der Anmeldung zu hören und von der erfolgten Anmeldung zu benachrichtigen, ihnen auf Verlangen auch sonst über die für ihre Ansprüche erheblichen Thatsachen Auskunft zu ertheilen. Das Recht des einzelnen Versicherten zur Anmeldung bleibt unberührt. Soweit mit der Anmeldung des Versicherten eine Anmeldung des Pflegers in Widerspruch steht, gilt bis zur Beseitigung des Widerspruchs die dem Versicherten günstigere Anmeldung.

Der Konkursverwalter hat dem Pfleger die Einsichtnahme aller Bücher und Schriften des Gemeinschuldners zu gestatten und ihm auf Verlangen den Bestand des Prämienreservefonds nachzuweisen.

Der Pfleger kann für die Führung seines Amtes eine angemessene Vergütung verlangen. Die ihm zu erstattenden Auslagen und die Vergütung fallen dem Prämienreservefonds zur Last.

Vor der Bestellung des Pflegers und vor der Festsetzung der Vergütung ist die Aufsichtsbehörde zu hören.

§ 63. Auf Kranken- oder Unfallversicherungen der im § 12 bezeichneten Art finden die Vorschriften der §§ 56 bis 62 entsprechende Anwendung.

V. Beaufsichtigung der Versicherungsunternehmungen.

1. Aufgaben und Befugnisse der Aufsichtsbehörden.

§ 64. Der Aufsichtsbehörde liegt es ob, den ganzen Geschäftsbetrieb der Versicherungsunternehmungen, insbesondere die Befolgung der gesetzlichen Vorschriften und die Einhaltung des Geschäftsplans, zu überwachen.

Sie ist befugt, diejenigen Anordnungen zu treffen, welche geeignet sind, den Geschäftsbetrieb mit den gesetzlichen Vorschriften und dem Geschäftsplan im Einklange zu erhalten oder Mißstände zu beseitigen, durch welche die Interessen der Versicherten gefährdet werden oder der Geschäftsbetrieb mit den guten Sitten in Widerspruch geräth.

Zur Befolgung ihrer nach Abs. 2 erlassenen Anordnungen kann die Aufsichtsbehörde die Inhaber und Geschäftsleiter der Unternehmungen durch Geldstrafen bis zu eintausend Mark anhalten. Solche Geldstrafen werden in derselben Weise beigetrieben wie Gemeindeabgaben.

§ 65. Die Aufsichtsbehörde ist befugt, jederzeit die Geschäftsführung und Vermögenslage eines Unternehmens auch nach der Richtung zu prüfen, ob die veröffentlichten Rechnungsabschlüsse und die Jahresberichte mit den Thatsachen und dem Inhalte der Bücher übereinstimmen und ob die vorschriftsmäßigen Reserven vorhanden und vorschriftsmäßig angelegt und verwaltet sind.

Die Inhaber, Geschäftsleiter, Bevollmächtigten und Agenten eines Unternehmens haben innerhalb ihrer Geschäftsräume der Aufsichtsbehörde auf Erfordern alle Bücher, Belege und diejenigen Schriften vorzulegen, welche für die Beurtheilung des Geschäftsbetriebs und der Vermögenslage von Bedeutung sind, sowie jede von ihnen erforderte Auskunft über den Geschäftsbetrieb und die Vermögenslage zu ertheilen. Die Vorschriften des § 64 Abs. 3 finden entsprechende Anwendung.

Bei Versicherungsunternehmungen, die einen Aufsichtsrath, eine Mitgliederversammlung oder ähnliche Gesellschaftsorgane haben, ist die Aufsichtsbehörde befugt, Vertreter in die Versammlungen und Sitzungen dieser Organe zu entsenden; die Vertreter sind jederzeit zu hören. Die Aufsichtsbehörde ist ferner befugt, die Berufung von Versammlungen und Sitzungen, sowie die Ankündigung von Gegenständen zur Berathung und Beschlußfassung zu verlangen und, wenn dem Verlangen nicht entsprochen wird, die Berufung oder Ankündigung auf Kosten der Unternehmung selbst vorzunehmen. In den Versammlungen und Sitzungen, welche von der Aufsichtsbehörde berufen sind, führt ein Vertreter der letzteren den Vorsitz. Als Vertreter der Aufsichtsbehörde sind Leiter und Beamte von öffentlichen Versicherungsanstalten ausgeschlossen.

§ 66. Die Aufsicht hat sich auch auf die Liquidation eines Unternehmens und auf die Abwickelung der bestehenden Versicherungen im Falle einer Untersagung oder einer freiwilligen Einstellung des Geschäftsbetriebs sowie im Falle des Widerrufs der Zulassung eines Unternehmens zu erstrecken.

§ 67. Handelt eine Unternehmung fortgesetzt den ihr nach Maßgabe der Gesetze oder des genehmigten Geschäftsplans obliegenden Pflichten zuwider, oder ergeben sich bei Prüfung ihrer Geschäftsführung oder ihrer Vermögenslage so schwere Mißstände, daß bei Fortsetzung des Geschäftsbetriebs die Interessen der Versicherten gefährdet sind, oder befindet sich der Geschäftsbetrieb mit den guten Sitten in Widerspruch, so ist die Aufsichtsbehörde befugt, den Geschäftsbetrieb mit der Wirkung zu untersagen, daß neue Versicherungen nicht abgeschlossen, früher abgeschlossene nicht erhöht oder verlängert werden können.

Im Falle der Untersagung des Geschäftsbetriebs ist die Aufsichtsbehörde berechtigt, alle diejenigen Anordnungen zu treffen, welche zur einstweiligen Sicherstellung des Vermögens der Unternehmung im Interesse der Versicherten nöthig sind, insbesondere die Vermögensverwaltung geeigneten Personen zu übertragen. Die Vorschriften des § 64 Abs. 3 finden entsprechende Anwendung.

Bei Versicherungsvereinen auf Gegenseitigkeit hat die Untersagung des Geschäftsbetriebs die Wirkung eines Auflösungsbeschlusses. Die Eintragung der Untersagung in das Handelsregister erfolgt auf Anzeige der Aufsichtsbehörde.

§ 68. Das Konkursgericht hat, unbeschadet der Vorschrift im § 107 Abs. 1 der Konkursordnung, auf Antrag der Aufsichtsbehörde den Konkurs über das Vermögen einer Versicherungsgesellschaft auf Aktien oder eines Versicherungsvereins auf Gegenseitigkeit zu eröffnen. Der Antrag auf Eröffnung des Konkurses kann nur von der Aufsichtsbehörde gestellt werden. Eine Anfechtung des Eröffnungsbeschlusses findet nicht statt.

Sobald die Zahlungsunfähigkeit eintritt, hat der Vorstand der Aufsichtsbehörde Anzeige zu machen. Das Gleiche gilt, sobald sich bei der Aufstellung der Jahresbilanz oder einer Zwischenbilanz Ueberschuldung ergiebt. Diese Anzeigepflicht tritt an die Stelle der dem Vorstande durch andere gesetzliche Vorschriften auferlegten Pflicht, im Falle der Zahlungsunfähigkeit oder der Ueberschuldung die Eröffnung des Konkurses zu beantragen. Gehen bei Versicherungsvereinen auf Gegenseitigkeit mit Nachschuß- oder Umlagenpflicht ausgeschriebene Nachschüsse oder Umlagen innerhalb fünf Monaten nach der Fälligkeit nicht ein, so hat der Vorstand zu prüfen, ob sich, wenn die nicht baar eingegangenen Nachschuß- oder Umlagebeträge außer Berücksichtigung bleiben, Ueberschuldung ergiebt; liegt eine solche Ueberschuldung vor, so ist innerhalb eines Monats nach dem Ablaufe der bezeichneten Frist der Aufsichtsbehörde Anzeige zu machen. Die gleichen Pflichten liegen den Liquidatoren ob.

§ 69. Ergiebt sich bei der Prüfung der Geschäftsführung und der Vermögenslage eines Unternehmens, daß dieses zur Erfüllung seiner Verpflichtungen für die Dauer nicht mehr im Stande ist, die Vermeidung des Konkurses aber im Interesse der Versicherten geboten erscheint, so kann die Aufsichtsbehörde die zu diesem Zwecke erforderlichen Anordnungen treffen sowie auch die Vertreter des Unternehmens auffordern, binnen bestimmter Frist eine Aenderung der Geschäftsgrundlagen oder die sonstige Beseitigung der Mängel herbeizuführen. Bestimmte Arten von Zahlungen, insbesondere Gewinnvertheilungen, und bei Lebensversicherungen der Rückkauf oder die Beleihung des Versicherungsscheins sowie Vorauszahlungen darauf können zeitweilig verboten werden.

Unter der im Abs. 1 Satz 1 bezeichneten Voraussetzung ist die Aufsichtsbehörde berechtigt, nöthigenfalls die Verpflichtungen einer Lebensversicherungsunternehmung aus ihren laufenden Versicherungen, dem Stande ihres Vermögens entsprechend, jedoch um höchstens dreiunddreißigeindrittel Prozent, zu ermäßigen.

2. Verfassung und Verfahren der Aufsichtsbehörden.

§ 70. Als aufsichtführende Reichsbehörde wird ein Kaiserliches Aufsichtsamt für Privatversicherung mit dem Sitze in Berlin errichtet.[1] Es besteht aus einem Vorsitzenden und der erforderlichen Zahl von ständigen und nichtständigen Mitgliedern.

Der Vorsitzende und die ständigen Mitglieder werden auf Vorschlag des Bundesraths vom Kaiser ernannt, die nichtständigen Mitglieder vom Bundesrathe gewählt. Die Ernennung der ständigen Mitglieder erfolgt, soweit nicht einzelne Mitglieder, die im Reichs- oder Staatsdienst ein anderes Amt bekleiden, für die Dauer dieses Amtes berufen werden, auf Lebenszeit.

Die übrigen Beamten werden vom Reichskanzler ernannt.

Die Mitglieder des Aufsichtsamts dürfen nicht gleichzeitig Leiter oder Beamte von öffentlichen Versicherungsanstalten sein.

§ 71. Zur Erleichterung des Geschäftsverkehrs des Aufsichtsamts für Privatversicherung mit den seiner Aufsicht unterstehenden Unternehmungen können nach Bedarf vom Reichskanzler im Einvernehmen mit der betheiligten Landesregierung aus der Mitte der Landesbeamten besondere Kommissare bestellt werden, welche im Auftrag und nach näherer Anordnung des Amtes bestimmten Unternehmungen gegenüber mit der Ausübung der unmittelbaren Aufsicht betraut werden.

Die Bestimmung des § 70 Abs. 4 findet entsprechende Anwendung.

§ 72. Zur Mitwirkung bei der Aufsicht wird bei dem Amte ein aus Sachverständigen des Versicherungswesens bestehender Beirath gebildet, dessen Mitglieder auf Vorschlag des Bundesraths vom Kaiser auf fünf Jahre ernannt werden.

---

[1] CBl 1901 S. 244.

Die Mitglieder des Versicherungsbeiraths sind berufen, das Amt auf Erfordern bei Vorbereitung wichtigerer Beschlüsse gutachtlich zu berathen und bei den in den §§ 73 bis 76 bezeichneten Entscheidungen mit Stimmrecht mitzuwirken.

Sie verwalten ihr Amt als unentgeltliches Ehrenamt; für ihre Theilnahme an Sitzungen erhalten sie Tagegelder und Vergütung der Reisekosten nach festen, von dem Reichskanzler bestimmten Sätzen. Die Vorschriften des § 16 des Gesetzes, betreffend die Rechtsverhältnisse der Reichsbeamten, vom 31. März 1873 (Reichs-Gesetzbl. S. 61) finden auf sie keine Anwendung.

Die Bestimmung des § 70 Abs. 4 findet auch hier entsprechende Anwendung.

§ 73. Das Aufsichtsamt für Privatversicherung entscheidet auf Grund mündlicher Berathung in der Besetzung von drei Mitgliedern einschließlich des Vorsitzenden unter Zuziehung von zwei Mitgliedern des Versicherungsbeiraths

1) über die Ertheilung der Erlaubniß zum Geschäftsbetriebe (§§ 4 bis 7),
2) über die Genehmigung einer Aenderung des Geschäftsplans (§ 13), sofern bei dem Aufsichtsamte Bedenken bestehen,
3) über die Genehmigung einer Bestandsveränderung (§ 14),
4) über die Genehmigung der Auflösung eines Versicherungsvereins auf Gegenseitigkeit (§ 43),
5) über die Anerkennung eines Vereins als eines kleineren (§ 53),
6) über den Erlaß einer Anordnung der im § 64 Abs. 2 bezeichneten Art, sofern damit eine Strafandrohung nach § 64 Abs. 3 verbunden werden soll,
7) über die Untersagung des Geschäftsbetriebs (§ 67),
8) über die Stellung des Antrags auf Eröffnung des Konkurses (§ 68),
9) über den Erlaß einer Anordnung der im § 69 Abs. 1 Satz 2, Abs. 2 bezeichneten Art.

Die Zuziehung der Mitglieder des Versicherungsbeiraths erfolgt in der Regel nach einer im voraus (§ 80) aufgestellten Reihenfolge. Weicht der Vorsitzende des Amtes aus besonderen Gründen von der Reihenfolge ab, so sind diese aktenkundig zu machen.

Die Bestimmungen der Civilprozeßordnung über Ausschließung und Ablehnung der Gerichtspersonen finden auf alle zur Mitwirkung bei der Entscheidung berufenen Personen entsprechende Anwendung.

Vor der Ertheilung einer ablehnenden Entscheidung in den Fällen der Nr. 1 bis 5 und vor der Ertheilung einer Entscheidung in den Fällen der Nr. 6 bis 9 sind Vertreter der betheiligten Unternehmungen zu hören und auf ihren Antrag zur mündlichen Verhandlung zu laden.

Die ablehnenden Entscheidungen in den Fällen der Nr. 1 bis 5 und die Entscheidungen in den Fällen der Nr. 6 bis 9 sind mit Gründen zu versehen.

In den Fällen der Nr. 1 bis 3 kann der Vorsitzende des Amtes einen ablehnenden Vorbescheid ergehen lassen; gegen diesen ist bis zum Ablaufe von zwei Wochen nach der Zustellung der Antrag auf eine gemäß Abs. 1 bis 5 zu ertheilende Entscheidung statthaft.

Sämmtliche Entscheidungen sind den Betheiligten zuzustellen. Die rechtskräftig erfolgte Ertheilung der Erlaubniß zum Geschäftsbetrieb und die Genehmigung einer Bestandsveränderung sowie die Untersagung des Geschäftsbetriebs ist vom Aufsichtsamt im Reichsanzeiger öffentlich bekannt zu machen.

§ 74. Gegen die gemäß § 73 Abs. 1 ertheilten Entscheidungen steht den Betheiligten der Rekurs zu. Als Betheiligte gelten im Falle des § 73 Abs. 1 Nr. 4, wenn die Genehmigung des Auflösungsbeschlusses versagt ist, nur der Vereinsvorstand, wenn der Auflösungsbeschluß genehmigt ist, nur diejenigen Mitglieder des obersten Organs, welche gegen den Auflösungsbeschluß Widerspruch zum Protokoll erklärt haben. Im Falle des § 73 Abs. 1 Nr. 5 gilt als Betheiligter nur der Vereinsvorstand, gegen dessen Antrag die Anerkennung des Vereins als eines kleineren versagt worden ist.

Ueber den Rekurs entscheidet das Aufsichtsamt für Privatversicherung in der Besetzung von drei Mitgliedern einschließlich des Vorsitzenden unter Zuziehung von zwei Mitgliedern des Versicherungsbeiraths sowie eines richterlichen Beamten und eines Mitglieds eines höchsten Verwaltungsgerichtshofs in einem deutschen Bundesstaate.

Die richterlichen Beamten sowie die Mitglieder höchster Verwaltungsgerichtshöfe werden für die Dauer ihres Hauptamts auf Vorschlag des Bundesraths vom Kaiser ernannt.

Bezüglich der Zuziehung der Mitglieder des Versicherungsbeiraths gilt die Vorschrift des § 73 Abs. 2, bezüglich der Ausschließung und Ablehnung der zur Mitwirkung bei der Entscheidung berufenen Personen die Vorschrift des § 73 Abs. 3.

§ 75. Der Rekurs ist innerhalb eines Monats nach der Zustellung der Entscheidung bei dem Aufsichtsamte für Privatversicherung schriftlich einzulegen und zu begründen. Der Rekurs gegen die nach § 67 Abs. 2 oder nach § 69 Abs. 1 Satz 2 von der Aufsichtsbehörde getroffenen Anordnungen sowie gegen die Entscheidung auf Stellung des Konkursantrags hat keine aufschiebende Wirkung. Von der Aufhebung der Entscheidung auf Stellung des Konkursantrags hat das Aufsichtsamt für Privatversicherung dem Konkursgerichte Mittheilung zu machen. Das Konkursgericht hat das Verfahren einzustellen.

An der Entscheidung über den Rekurs dürfen außer dem Vorsitzenden des Amtes Personen, die bei der angefochtenen Entscheidung mitgewirkt haben, nicht Theil nehmen.

Der Vorsitzende des Amtes ernennt einen ersten und einen zweiten Berichterstatter; ein Berichterstatter muß aus den richterlichen Beamten oder aus den Mitgliedern höchster Verwaltungsgerichtshöfe ernannt werden.

Die Entscheidung erfolgt nach Ladung der Betheiligten auf Grund mündlicher und öffentlicher Verhandlung. Die Oeffentlichkeit kann aus den Gründen des § 173 des Gerichtsverfassungsgesetzes ausgeschlossen werden.

§ 76. Gegen eine nach § 65 Abs. 2, § 67 Abs. 2 oder § 98 von dem Aufsichtsamte für Privatversicherung erlassene Strafandrohung steht den Betheiligten bis zum Ablaufe von zwei Wochen nach der Zustellung die Beschwerde zu; über die Beschwerde entscheidet das Amt in der im § 73 bestimmten Besetzung.

§ 77. Soweit in diesem Gesetz ein Rechtsmittel nicht ausdrücklich zugelassen ist, steht den Betheiligten ein solches gegen Verfügungen oder Entscheidungen des Aufsichtsamts für Privatversicherung nicht zu.

§ 78. Das Amt kann jeden ihm erforderlich erscheinenden Beweis erheben, insbesondere Zeugen und Sachverständige, auch eidlich, vernehmen oder vernehmen lassen.

§ 79. Die Gerichte und sonstigen öffentlichen Behörden sind verpflichtet, den im Vollzuge dieses Gesetzes an sie ergehenden Ersuchen des Amtes zu entsprechen. Die Ersuchen um eidliche Vernehmungen sind an die zur eidlichen Abhörung von Zeugen und Sachverständigen zuständigen Landesbehörden zu richten. Als Kosten der Rechtshülfe sind der ersuchten Behörde die im § 79 des Gerichtskostengesetzes bezeichneten baaren Auslagen zu erstatten.

§ 80. Die Zahl und die Zuziehung der nichtständigen Mitglieder, die Formen des Verfahrens und der Geschäftsgang des Amtes sowie die Zusammensetzung des Versicherungsbeiraths und die Zuziehung seiner Mitglieder werden, soweit dieses Gesetz keine Vorschriften darüber enthält, durch Kaiserliche Verordnung unter Zustimmung des Bundesraths geregelt. Die Verordnung ist dem Reichstage bei seinem nächsten Zusammentritte zur Kenntnißnahme vorzulegen.[1]

§ 81. Die Kosten des Aufsichtsamts für Privatversicherung und des Verfahrens vor dem Amte trägt das Reich.

Als Gebühren für die Aufsichtsthätigkeit des Amtes werden von den seiner Aufsicht unterstellten Versicherungsunternehmungen Jahresbeträge erhoben, welche nach den einer jeden Unternehmung im letzten Geschäftsjahr aus den im Inland abgeschlossenen Versicherungen erwachsenen Bruttoprämien (Beiträgen, Vor- und Nachschüssen, Umlagen), jedoch abzüglich der zurückgewährten Ueberschüsse oder Gewinnantheile, mit der Maßgabe bemessen werden, daß Eins vom Tausend nicht überschritten werden darf. Nach Anhörung des

---

[1] Vgl. VO, betr. das Verfahren und den Geschäftsgang des Kaiserlichen Aufsichtsamts für Privatversicherung. Vom 23. Dezember 1901 (RGBl S. 498).

Versicherungsbeiraths ist der Bundesrath befugt, einen anderweiten Vertheilungsmaßstab zu bestimmen.

Der Gesammtbetrag der Gebühren soll annähernd die Hälfte der im letzten Reichshaushalts-Etat für das Amt festgesetzten fortdauernden Ausgaben betragen. Die genaue Summe wird jährlich durch den Bundesrath bestimmt.

Die Vertheilung der Gebühren erfolgt durch das Amt, welches die Unternehmungen unter Beifügung eines Vertheilungsplans auffordert, die Gebühren an die Reichs-Hauptkasse innerhalb eines Monats einzuzahlen. Nach dem Ablaufe dieser Frist können die Gebühren nach den für die Beitreibung[1] öffentlicher Abgaben bestehenden Vorschriften eingezogen werden.

§ 82. Das Amt kann bei einem Beweisverfahren, das durch unbegründete Anträge oder Beschwerden veranlaßt worden ist, sowie bei erfolgloser Einlegung eines Rechtsmittels die dadurch verursachten baaren Auslagen ganz oder theilweise den Antragstellern auferlegen.

§ 83. Das Amt veröffentlicht jährlich Mittheilungen über den Stand der seiner Aufsicht unterliegenden Versicherungsunternehmungen sowie über seine Wahrnehmungen auf dem Gebiete des Versicherungswesens.

Desgleichen veröffentlicht das Amt fortlaufend die Rechts- und Verwaltungsgrundsätze aus dem Bereiche seiner Thätigkeit.

§ 84. Entscheidungen der aufsichtführenden Landesbehörden, bei denen es sich um Gegenstände der im § 73 Abs. 1 bezeichneten Art handelt, können innerhalb eines Monats nach der Zustellung im Wege des Verwaltungsstreitverfahrens oder, wo ein solches nicht besteht, im Wege des Rekurses nach den Vorschriften der §§ 20, 21 der Gewerbeordnung angefochten werden.

Im Uebrigen ist für das Verfahren der Landesbehörden bei Ausübung der Beaufsichtigung das Landesrecht maßgebend.

VI. Ausländische Versicherungsunternehmungen.

§ 85. Ausländische Versicherungsunternehmungen, die im Inlande durch Vertreter, Bevollmächtigte, Agenten oder sonstige Vermittler das Versicherungsgeschäft betreiben wollen, bedürfen hierzu der Erlaubniß.

Die Vorschriften dieses Gesetzes finden auf sie, soweit sich nicht aus den §§ 86 bis 91 ein Anderes ergiebt, entsprechende Anwendung.

§ 86. Zur Entscheidung über den Antrag auf Ertheilung der Erlaubniß ist ausschließlich der Reichskanzler zuständig.

Die Erlaubniß darf nur dann ertheilt werden, wenn

1) das Aufsichtsamt für Privatversicherung nach Anhörung des Versicherungsbeiraths sich gutachtlich dahin äußert, daß keiner

[1] Das Reichsgesetzblatt hat hier den offenbaren Druckfehler: Betreibung.

der im § 7 bezeichneten Gründe zur Versagung der Erlaubniß vorliegt,

2) die Versicherungsunternehmung den Nachweis führt, daß sie am Sitze des Unternehmens unter ihrem Namen Rechte erwerben und Verbindlichkeiten eingehen, vor Gericht klagen und verklagt werden kann,

3) die Unternehmung sich verpflichtet, innerhalb des Reichsgebiets eine Niederlassung zu unterhalten und für das Inland einen Hauptbevollmächtigten zu bestellen, der innerhalb des Reichsgebiets seinen Wohnsitz hat. Der Hauptbevollmächtigte gilt als ermächtigt, die Unternehmung zu vertreten, insbesondere die Versicherungsverträge mit Versicherungsnehmern im Inland und über inländische Grundstücke mit verbindlicher Kraft abzuschließen, auch alle Ladungen und Verfügungen für die Unternehmung in Empfang zu nehmen.

Im Uebrigen entscheidet der Reichskanzler nach freiem Ermessen.

§ 87. Zum Geschäftsbetrieb im Inlande zugelassene ausländische Versicherungsunternehmungen dürfen die Versicherungsverträge mit Versicherungsnehmern, die im Inland ihren gewöhnlichen Aufenthalt haben, sowie Versicherungsverträge über inländische Grundstücke nur durch Bevollmächtigte abschließen, die im Inland ihren Wohnsitz haben.

§ 88. Die den Inhabern oder Vertretern einer inländischen Unternehmung nach diesem Gesetz obliegenden Pflichten hat der für das Reichsgebiet bestellte Hauptbevollmächtigte einer ausländischen Unternehmung zu erfüllen.

§ 89. Für Klagen, die aus dem inländischen Versicherungsgeschäfte gegen die Unternehmung erhoben werden, ist das Gericht zuständig, wo die Niederlassung (§ 86 Abs. 2 Nr. 3) sich befindet. Dieser Gerichtsstand darf nicht vertragsmäßig ausgeschlossen werden.

§ 90. Die Vorschriften des § 56, des § 57 Abs. 1 Satz 1, Abs. 2, 3 und der §§ 58 bis 63 finden auf ausländische Unternehmungen nur hinsichtlich der im Inland abgeschlossenen Versicherungen Anwendung.

Der Prämienreservefonds für diese Versicherungen ist nach näherer Bestimmung des Aufsichtsamts für Privatversicherung in der Weise sicherzustellen, daß nur mit Genehmigung des letzteren darüber verfügt werden kann.

§ 91. Die Beaufsichtigung der zugelassenen ausländischen Versicherungsunternehmungen nach Maßgabe dieses Gesetzes wird durch das Aufsichtsamt für Privatversicherung ausgeübt.

Auf Antrag des Reichskanzlers kann auch der Bundesrath gegen zugelassene ausländische Unternehmungen die Untersagung des Geschäftsbetriebs nach freiem Ermessen beschließen. Die Ausführung eines solchen Beschlusses liegt dem Aufsichtsamte für Privatversicherung ob.

VII. Uebergangsvorschriften.

§ 92. Die beim Inkrafttreten dieses Gesetzes in einem oder in mehreren Bundesstaaten landesgesetzlich zum Geschäftsbetriebe befugten Versicherungsunternehmungen bedürfen zur Fortsetzung ihres Geschäftsbetriebs in den von ihnen bisher eingehaltenen oder, sofern ihre Befugniß zum Geschäftsbetrieb auf besonderer Zulassung beruht, in den bisher durch die Zulassung gestatteten Grenzen keiner Erlaubniß nach Maßgabe dieses Gesetzes.

§ 93. Diejenigen beim Inkrafttreten des Gesetzes zum Geschäftsbetriebe befugten deutschen Unternehmungen, deren Geschäftsbetrieb sich über das Gebiet eines Bundesstaats hinaus erstreckt oder welchen durch die Zulassung ein solcher Geschäftsbetrieb gestattet ist, unterstehen der Aufsicht des Aufsichtsamts für Privatversicherung; die Beaufsichtigung der übrigen deutschen Unternehmungen wird durch Landesbehörden ausgeübt.

§ 94. Beim Ablauf einer landesgesetzlich auf eine bestimmte Zeit erfolgten Zulassung bedarf es der Ertheilung einer neuen Erlaubniß durch die Aufsichtsbehörde nach Maßgabe dieses Gesetzes.

Wenn der Zeitraum vom Inkrafttreten dieses Gesetzes bis zum Ablaufe der auf eine bestimmte Zeit erfolgten Zulassung nicht mehr als sechs Monate beträgt, so gilt die Dauer der Zulassung als um ein Jahr verlängert.

§ 95. Beruht die Zulassung einer Unternehmung auf einer widerruflichen Genehmigung, so unterliegt die Ausübung des Widerrufs solange dem freien Ermessen der Aufsichtsbehörde, als die Unternehmung nicht die Erlaubniß zum Geschäftsbetriebe nach Maßgabe dieses Gesetzes erlangt hat.

§ 96. Versicherungsunternehmungen, die zur Zeit des Inkrafttretens dieses Gesetzes in einem oder in mehreren Bundesstaaten zum Geschäftsbetriebe befugt sind, können jederzeit die Zulassung nach Maßgabe dieses Gesetzes beantragen. Zur Ausdehnung ihres Geschäftsbetriebs auf einen anderen Bundesstaat ist die Erlaubniß des Aufsichtsamts für Privatversicherung erforderlich.

§ 97. Soweit ein Uebergang der Aufsicht von Landesbehörden auf das Aufsichtsamt für Privatversicherung stattfindet, gehen auf dieses kraft Gesetzes auch alle Rechte und Pflichten über, welche durch Kautionsbestellung, Hinterlegung, Eintragung von Schuldverschreibungen in ein Staatsschuldbuch oder in das Reichsschuldbuch oder durch sonstige Sicherungsmaßregeln für die Landesbehörden begründet sind.

In den vorstehend bezeichneten Fällen ist auf Ersuchen des Amtes der Gewahrsam und die Verwaltung der vorhandenen Kautionen durch die Landesbehörden einstweilen, jedoch auf höchstens fünf Jahre, weiterzuführen.

§ 98. Die bereits zugelassenen Versicherungsunternehmungen haben der Aufsichtsbehörde auf Erfordern binnen einer von dieser zu bestimmenden Frist die zur Klarlegung ihres Geschäftsplans erforderlichen Angaben (§§ 4 bis 12) zu machen. Die Vorschriften des § 64 Abs. 3 finden entsprechende Anwendung.

§ 99. Bei bereits zugelassenen Unternehmungen finden die Vorschriften der §§ 56 bis 63 auf die Prämienreserve derjenigen Lebensversicherungen sowie derjenigen Kranken- oder Unfallversicherungen der im § 12 bezeichneten Art Anwendung, welche nach dem Inkrafttreten dieses Gesetzes abgeschlossen werden.

Die Prämienreserve für die früher abgeschlossenen Versicherungen ist, dem rechnungsmäßigen Soll entsprechend, binnen drei Jahren nach dem Inkrafttreten dieses Gesetzes aus dem übrigen Vermögen einer Unternehmung auszusondern, dem nach Abs. 1 gebildeten Prämienreservefonds zuzuführen und gemäß § 57, § 61 Abs. 1 aufzubewahren, zu buchen und zu verwalten. Ausnahmsweise kann für eine bestimmte Versicherungsunternehmung die bezeichnete Frist durch den Reichskanzler auf Antrag der Landesregierung desjenigen Bundesstaats, in dessen Gebiete die Unternehmung ihren Sitz hat, verlängert werden; eine solche Verlängerung der Frist ist durch den Reichskanzler im Reichsanzeiger bekannt zu machen.

Auf den gesammten Prämienreservefonds (Abs. 1, 2) finden die Vorschriften des § 61 Abs. 2, 3 und des § 62 mit dem Ablaufe von drei Jahren nach dem Inkrafttreten dieses Gesetzes oder mit dem Ablaufe der nach Abs. 2 Satz 2 durch den Reichskanzler verlängerten Frist Anwendung, sofern sie nicht auf Antrag einer Unternehmung durch die Aufsichtsbehörde schon zu einem früheren von dieser festzusetzenden und im Reichsanzeiger bekannt zu machenden Zeitpunkt in Wirksamkeit gesetzt werden.

Die Anlegung der Prämienreserve in der durch die §§ 59, 60 vorgeschriebenen Weise ist für die älteren Versicherungen binnen einer Frist von fünf Jahren zu bewirken. Hinsichtlich bestimmter Theile der Prämienreserve können Ausnahmen durch die Aufsichtsbehörde gestattet werden.

§ 100. Erachtet die Aufsichtsbehörde die Prämienreserve zur Sicherstellung einer dauernden Erfüllung der aus den Versicherungsverträgen sich ergebenden Verpflichtungen nicht für ausreichend, so kann sie, vorbehaltlich ihrer Befugniß zum Eingreifen nach den §§ 67 bis 69, zur Aenderung der Rechnungsgrundlagen oder sonstigen Beseitigung der Mängel eine angemessene Frist gewähren.

§ 101. Vereine, die zur Zeit des Inkrafttretens dieses Gesetzes die Versicherung ihrer Mitglieder nach dem Grundsatze der Gegenseitigkeit betreiben und die Rechtsfähigkeit besitzen, unterliegen auch den Vorschriften dieses Gesetzes über die Versicherungsvereine auf Gegenseitigkeit (Abschnitt III) mit Ausnahme der Vorschriften über die Bildung eines Gründungs- und eines Reservefonds.

Auf die Anmeldung und Eintragung dieser Vereine finden die §§ 30 bis 33 entsprechende Anwendung.

Die Aufsichtsbehörde hat nach dem Ablaufe der gemäß § 98

bestimmten Frist diejenigen Vereine, welche der Eintragungspflicht unterliegen, den für die Führung des Handelsregisters zuständigen Gerichten mitzutheilen.

§ 102. Den Vorschriften des Abschnitts III unterliegen nicht solche eingetragene Genossenschaften und solche nach dem sächsischen Gesetze vom 15. Juni 1868, betreffend die juristischen Personen, bestehende eingetragene Vereine, welche die Versicherung ihrer Mitglieder nach dem Grundsatze der Gegenseitigkeit betreiben.

Auf die im Abs. 1 bezeichneten Genossenschaften und Vereine finden die Vorschriften des § 68 Abs. 1, 2 Satz 1 bis 3, 5, auf die bezeichneten Vereine auch die Vorschriften des § 16 und des § 68 Abs. 2 Satz 4 entsprechende Anwendung.

§ 103. Auf Vereine, die, ohne die Rechtsfähigkeit zu besitzen, zur Zeit des Inkrafttretens dieses Gesetzes die Versicherung ihrer Mitglieder nach dem Grundsatze der Gegenseitigkeit betreiben, finden die Vorschriften des Abschnitts III keine Anwendung. Solche Vereine können von der Aufsichtsbehörde aufgefordert werden, binnen einer bestimmten Frist ihre Zulassung gemäß den Vorschriften dieses Gesetzes nachzusuchen; die Frist soll wenigstens sechs Monate betragen. Kommt ein Verein einer solchen Aufforderung nicht nach, so ist die Aufsichtsbehörde befugt, ihm den weiteren Geschäftsbetrieb zu untersagen; auf die Untersagung des Geschäftsbetriebs finden die Vorschriften des § 73 Abs. 1 bis 5, der §§ 74, 75 entsprechende Anwendung.

§ 104. Die Vorschriften dieses Gesetzes finden keine Anwendung auf Versicherungsunternehmungen, die sich bei seinem Inkrafttreten in Liquidation oder im Konkurse befinden.

VIII. Strafvorschriften.

§ 105. Wer der Aufsichtsbehörde gegenüber wissentlich falsche Angaben macht, um die Zulassung einer Versicherungsunternehmung zum Geschäftsbetriebe, die Verlängerung einer Zulassung oder die Genehmigung zu einer Aenderung der Geschäftsunterlagen oder des Versicherungsbestandes (§ 14) zu erlangen, wird mit Gefängniß und zugleich mit Geldstrafe bis zu zwanzigtausend Mark bestraft.

Auch kann auf Verlust der bürgerlichen Ehrenrechte erkannt werden.

Sind mildernde Umstände vorhanden, so kann ausschließlich auf die Geldstrafe erkannt werden.

§ 106. Mit Gefängniß bis zu sechs Monaten und zugleich mit Geldstrafe bis zu zweitausend Mark oder mit einer dieser Strafen werden die Mitglieder des Vorstandes, eines Aufsichtsraths oder ähnlichen Organs sowie die Liquidatoren einer Versicherungsgesellschaft auf Aktien oder eines Versicherungsvereins auf Gegenseitigkeit bestraft, wenn sie wissentlich

1) den Vorschriften des Gesetzes oder der Satzung über die Bildung von Reserven zuwider eine Gewinnvertheilung vorschlagen oder zulassen;
2) den gesetzlichen Vorschriften über die Berechnung und Buchung, Verwaltung und Aufbewahrung der Prämienreserve (§§ 56 bis 61, 63, 99) zuwiderhandeln;
3) den satzungsmäßigen Vorschriften über die Anlegung von Geldbeständen zuwiderhandeln.

§ 107. Sachverständige, welche die Berechnung der Prämienreserve bei Lebens-, Kranken- oder Unfallversicherungsunternehmungen zu prüfen haben, werden, wenn sie die nach § 56 Abs. 2 unter der Vermögensübersicht abzugebende Erklärung wissentlich falsch abgeben, mit Gefängniß und zugleich mit Geldstrafe bis zu zwanzigtausend Mark bestraft.

Auch kann auf Verlust der bürgerlichen Ehrenrechte erkannt werden.

Sind mildernde Umstände vorhanden, so kann ausschließlich auf die Geldstrafe erkannt werden.

§ 108. Wer im Inlande das Versicherungsgeschäft ohne die vorgeschriebene Erlaubniß betreibt, wird mit Geldstrafe bis zu eintausend Mark oder mit Haft oder mit Gefängniß bis zu drei Monaten bestraft.

Die gleiche Strafe trifft denjenigen, welcher im Inlande für eine daselbst zum Geschäftsbetriebe nicht befugte Unternehmung einen Versicherungsvertrag als Vertreter oder Bevollmächtigter abschließt oder den Abschluß von Versicherungsverträgen geschäftsmäßig vermittelt.

Die Vorschrift der Nr. 9 des § 360 des Strafgesetzbuchs ist, soweit sie sich auf Versicherungsunternehmungen im Sinne dieses Gesetzes bezieht, aufgehoben.

§ 109. Mit Gefängniß bis zu drei Monaten und zugleich mit Geldstrafe bis zu fünftausend Mark werden die Mitglieder des Vorstandes oder die Liquidatoren einer Versicherungsgesellschaft auf Aktien, eines Versicherungsvereins auf Gegenseitigkeit, einer eingetragenen Genossenschaft oder eines Vereins der im § 102 bezeichneten Art bestraft, wenn entgegen der Vorschrift des § 68 Abs. 2 der Aufsichtsbehörde eine der dort vorgeschriebenen Anzeigen nicht gemacht worden ist.

Sind mildernde Umstände vorhanden, so tritt ausschließlich die Geldstrafe ein.

Straflos bleibt derjenige, bezüglich dessen festgestellt wird, daß die Anzeige ohne sein Verschulden unterblieben ist.

§ 110. Die Mitglieder des Vorstandes, eines Aufsichtsraths oder eines ähnlichen Organs sowie die Liquidatoren eines Versicherungsvereins auf Gegenseitigkeit werden, wenn sie absichtlich zum Nachtheile des Vereins handeln, mit Gefängniß und zugleich mit Geldstrafe bis zu zwanzigtausend Mark bestraft.

Auch kann auf Verlust der bürgerlichen Ehrenrechte erkannt werden.

Sind mildernde Umstände vorhanden, so kann ausschließlich auf die Geldstrafe erkannt werden.

§ 111. Die Mitglieder des Vorstandes, eines Aufsichtsraths oder eines ähnlichen Organs sowie die Liquidatoren eines Versicherungsvereins auf Gegenseitigkeit werden mit Gefängniß bis zu einem Jahre und zugleich mit Geldstrafe bis zu zwanzigtausend Mark bestraft, wenn sie wissentlich in ihren Darstellungen, in ihren Uebersichten über den Vermögensstand des Vereins oder in ihren Vorträgen vor dem obersten Organe den Stand des Vereins unwahr darstellen oder verschleiern.

Zugleich kann auf Verlust der bürgerlichen Ehrenrechte erkannt werden.

Sind mildernde Umstände vorhanden, so kann ausschließlich auf die Geldstrafe erkannt werden.

§ 112. Die Vorschriften der §§ 239 bis 241 der Konkursordnung finden gegen die Mitglieder des Vorstandes und die Liquidatoren eines Versicherungsvereins auf Gegenseitigkeit, welcher seine Zahlungen eingestellt hat oder über dessen Vermögen das Konkursverfahren eröffnet worden ist, Anwendung, wenn sie in dieser Eigenschaft die mit Strafe bedrohten Handlungen begangen haben.

§ 113. Die Vorschriften der §§ 106, 109 bis 112 finden auch auf die Mitglieder des Vorstandes, eines Aufsichtsraths oder ähnlichen Organs sowie die Liquidatoren eines solchen Vereins Anwendung, der nach § 101 als Versicherungsverein auf Gegenseitigkeit im Sinne dieses Gesetzes gilt.

IX. Schlußvorschriften.

§ 114. Zur Ausführung dieses Gesetzes kann der Bundesrath nach Anhörung des Versicherungsbeiraths Vorschriften erlassen. Er kann insbesondere Art und Form der Rechnungslegung der Unternehmungen regeln und die näheren Voraussetzungen bestimmen, unter welchen ein Versicherungsverein auf Gegenseitigkeit als kleinerer Verein im Sinne des § 53 anzusehen ist.

§ 115. Der Vorstand einer Versicherungsunternehmung, deren Geschäftsbetrieb sich über das Gebiet eines Bundesstaats hinaus erstreckt, hat den Landes-Zentralbehörden derjenigen Bundesstaaten, in deren Gebieten sie Geschäfte betreiben will, bei der Eröffnung des Geschäftsbetriebs hiervon Anzeige zu erstatten.

Jedes Versicherungsunternehmen hat in demjenigen Bundesstaat, auf dessen Gebiet es seinen Betrieb erstreckt, ohne daß sein Sitz in diesem Gebiete gelegen ist, auf Verlangen der Zentralbehörde dieses Staates unter der Voraussetzung einen Hauptbevollmächtigten zu bestellen, daß der Geschäftsbetrieb in diesem Staate von einem solchen Umfang ist oder nach dem Geschäftsplane von einem solchen Umfange werden soll, daß darnach die Bestellung eines Hauptbevollmächtigten sich rechtfertigt. Bestreitet das Unternehmen das Vorhandensein dieser Voraussetzung, so entscheidet darüber der Bundesrath auf Grund der ihm vorzulegenden Nachweise. Das Verlangen kann von den Zentralbehörden mehrerer Bundesstaaten zusammen auf Bestellung eines gemeinschaftlichen Hauptbevollmächtigten gerichtet werden. Der Hauptbevollmächtigte muß seinen Wohnsitz innerhalb des betreffenden Bundesstaats beziehungsweise der zusammengehenden Bundesstaaten haben; er gilt als ermächtigt, die Unternehmung zu vertreten, insbesondere die Versicherungsverträge mit Versicherungsnehmern des Bundesstaats beziehungsweise der zusammengehenden Bundesstaaten und über daselbst belegene Grundstücke mit verbindlicher Kraft abzuschließen, auch alle Ladungen und Verfügungen für die Unternehmung in Empfang zu nehmen. Zum Abschlusse der Lebensversicherungsverträge ist jedoch die vorausgegangene Genehmigung der Zentralleitung der Unternehmung erforderlich, die in dem Vertrage zum Ausdrucke gebracht werden muß.

Für Klagen, die aus dem Versicherungsgeschäft innerhalb des Bundesstaats beziehungsweise der zusammengehenden Bundesstaaten gegen die Unternehmung erhoben werden, ist das Gericht zuständig, wo der Hauptbevollmächtigte seinen Wohnsitz hat. Dieser Gerichtsstand darf nicht vertragsmäßig ausgeschlossen werden.

§ 116. Unternehmungen, welche die Versicherung gegen Kursverluste oder die Transportversicherung oder ausschließlich die Rückversicherung zum Gegenstande haben, mit Ausnahme von Versicherungsvereinen auf Gegenseitigkeit, bedürfen keiner Zulassung. Sie unterliegen auch keiner behördlichen Beaufsichtigung ihres Geschäftsbetriebs; der Bundesrath kann jedoch anordnen, daß bestimmte Vorschriften dieses Gesetzes auch auf solche Unternehmungen Anwendung finden.

§ 117. Durch Beschluß des Bundesraths kann angeordnet werden:

1) daß die Vorschrift des § 6 Abs. 2 auch für andere als die dort bezeichneten Versicherungszweige gilt;
2) daß für Versicherungszweige, für welche die Vorschrift des § 6 Abs. 2 nicht gilt, die Vorschriften dieses Gesetzes ganz oder theilweise außer Anwendung bleiben.

§ 118. Alle der Beaufsichtigung nach Maßgabe dieses Gesetzes unterliegenden Unternehmungen sind verpflichtet, dem Aufsichtsamte für Privatversicherung die von diesem erforderten statistischen Nachweise über ihren Geschäftsbetrieb einzureichen. Ueber die hiernach zu erfordernden statistischen Nachweise ist der Versicherungsbeirath zu hören.

§ 119. Die auf Grund landesgesetzlicher Vorschriften errichteten öffentlichen Versicherungsanstalten unterliegen den Vorschriften dieses Gesetzes nicht, sind jedoch verpflichtet, nach näherer Anordnung des Bundesraths bestimmte statistische Nachweise über ihren Geschäftsbetrieb an das Aufsichtsamt für Privatversicherung einzureichen.

§ 120. Unberührt bleiben die landesgesetzlichen Vorschriften, nach denen der Betrieb bestimmter Versicherungsgeschäfte öffentlichen Anstalten vorbehalten ist.

§ 121. Unberührt bleiben die landesrechtlichen Vorschriften über die polizeiliche Ueberwachung der Feuerversicherungsverträge nach ihrem Abschluß und der Auszahlung von Brandentschädigungen; dagegen werden aufgehoben, die landesrechtlichen Vorschriften, welche den Abschluß von Feuerversicherungsgeschäften von einer vorgängigen polizeilichen Genehmigung abhängig machen, sowie die landesrechtlichen Vorschriften, durch welche der unmittelbare Abschluß von Feuerversicherungsverträgen mit solchen Vertretungen verboten wird, die sich nicht im Staatsgebiete befinden.

Unberührt bleiben ferner die landesrechtlichen Vorschriften und die mit Landesbehörden getroffenen Vereinbarungen über die Verpflichtungen der Feuerversicherungsunternehmungen in Bezug auf die Leistung von Abgaben für gemeinnützige Zwecke, insbesondere zur Förderung des Feuerlöschwesens oder zur Unterstützung von Mitgliedern von Feuerwehren und sonstigen bei Hülfeleistung in Brandfällen verunglückten Personen oder ihrer Hinterbliebenen.

Unberührt bleiben auch Verpflichtungen, welche nach dem Stande vom 1. Januar 1901 Feuerversicherungsunternehmungen in einem Bundesstaate nach Landesrecht oder auf Grund von Vereinbarungen mit Landesbehörden hinsichtlich der Uebernahme gewisser Versicherungen obliegen, wenn die Unternehmung ihren Geschäftsbetrieb in dem Bundesstaate fortsetzt oder die Zulassung nach Maßgabe dieses Gesetzes erlangt. Die Erfüllung dieser Verpflichtungen wird von der Aufsichtsbehörde nach Maßgabe dieses Gesetzes überwacht.

§ 122. Den Vorschriften dieses Gesetzes unterliegen nicht die auf Grund des Gesetzes über die eingeschriebenen Hülfskassen vom 7. April 1876 (Reichs-Gesetzbl. S. 125) in der Fassung des Gesetzes vom 1. Juni 1884 (Reichs-Gesetzbl. S. 54) errichteten Kassen, die im § 75 Abs. 4 des Krankenversicherungsgesetzes bezeichneten, auf Grund landesrechtlicher Vorschriften errichteten Hülfskassen, die auf Grund der Gewerbeordnung von Innungen oder Innungsverbänden errichteten Unterstützungskassen sowie die auf Grund berggesetzlicher Vorschriften errichteten Knappschaftskassen.

§ 123. Die Vorschrift des § 39 Abs. 3 findet auf Versicherungsaktiengesellschaften entsprechende Anwendung.

§ 124. Die Aufsichtsbehörde kann für Vereine auf Gegenseitigkeit, die der Eintragungspflicht nicht unterliegen, hinsichtlich der Zulassung, der Geschäftsführung und der Rechnungslegung Abweichungen von den Vorschriften der §§ 11, 12, 55 bis 57 gestatten.

Soweit die Abweichungen sich auf die Geschäftsführung und die Rechnungslegung beziehen, können sie insbesondere davon abhängig gemacht werden, daß in mehrjährigen Zeiträumen auf Kosten des Vereins eine Prüfung des Geschäftsbetriebs und der Vermögenslage durch einen Sachverständigen vorgenommen und der Prüfungsbericht der Aufsichtsbehörde eingereicht wird.

§ 125. Die Vorschriften des § 70, des § 98 Satz 1 und des § 101 Abs. 3 treten mit dem 1. Juli 1901 in Kraft.

Bis zu dem gleichen Zeitpunkte werden die zur Beaufsichtigung von Versicherungsunternehmungen zuständigen Landesbehörden durch die Landesregierungen bestimmt.

Im Uebrigen wird der Zeitpunkt, mit welchem das Gesetz in Kraft tritt, mit Zustimmung des Bundesraths durch Kaiserliche Verordnung bestimmt.[1]

Im Königreiche Bayern tritt das Gesetz, soweit es sich um das Immobiliar-Versicherungswesen handelt, nur mit Zustimmung der Königlich bayerischen Regierung in Kraft.

---

195) Gesetz, betr. den Verkehr mit Wein, weinhaltigen und weinähnlichen Getränken. Vom 24. Mai 1901. (RGBl S. 175.)[2]

§ 1. Wein ist das durch alkoholische Gährung aus dem Safte der Weintraube hergestellte Getränk.

§ 10. Bis zur reichsgesetzlichen einheitlichen Regelung der Beaufsichtigung des Verkehrs mit Nahrungs- und Genußmitteln treffen die Landesregierungen darüber Bestimmung, welche Beamten und Sachverständigen für die in den nachfolgenden Vorschriften bezeichneten Maßnahmen zuständig sind.

Diese Beamten und Sachverständigen sind befugt, außerhalb der Nachtzeit und, falls Thatsachen vorliegen, welche annehmen lassen, daß zur Nachtzeit gearbeitet wird, auch während dieser Zeit, in Räume, in denen Wein, weinhaltige oder weinähnliche Getränke gewerbsmäßig hergestellt, aufbewahrt, feilgehalten oder verpackt werden, einzutreten, daselbst Besichtigungen vorzunehmen, geschäftliche Aufzeichnungen, Frachtbriefe und Bücher einzusehen, auch nach ihrer Auswahl Proben zum Zwecke der Untersuchung gegen Empfangsbescheinigung zu entnehmen. Auf Verlangen ist ein Theil der Probe amtlich verschlossen oder versiegelt zurückzulassen und für die entnommene Probe eine angemessene Entschädigung zu leisten.

Die Nachtzeit umfaßt in dem Zeitraume vom ersten April bis dreißigsten September die Stunden von neun Uhr Abends bis vier Uhr Morgens und in dem Zeitraume vom ersten Oktober bis einunddreißigsten März die Stunden von neun Uhr Abends bis sechs Uhr Morgens.

---

[1] Vgl. VO, betr. die Inkraftsetzung des G über die privaten Versicherungsunternehmungen vom 12. Mai 1901 (RGBl S. 139). Vom 24. Nov. 1901 (RGBl S. 489), (Termin 1. Januar 1902).

[2] Vgl. Bekanntm., betr. Bestimmungen zur Ausführung des Gesetzes über den Verkehr mit Wein, weinhaltigen und weinähnlichen Getränken. Vom 2. Juli 1901 (RGBl S. 257).

§ 18. In den Fällen des § 13 Nr. 1 ist neben der Strafe auf Einziehung der Getränke zu erkennen, welche den dort bezeichneten Vorschriften zuwider hergestellt, feilgehalten, verkauft oder sonst in Verkehr gebracht sind, ohne Unterschied, ob sie dem Verurtheilten gehören oder nicht; auch kann die Vernichtung ausgesprochen werden. In den Fällen des § 13 Nr. 2, des § 16 Nr. 2, 4 kann auf Einziehung oder Vernichtung erkannt werden.

Ist die Verfolgung oder Verurtheilung einer bestimmten Person nicht ausführbar, so kann auf die Einziehung selbständig erkannt werden.

---

196) Gesetz, betr. die freiwillige Gerichtsbarkeit und andere Rechtsangelegenheiten in Heer und Marine. Vom 28. Mai 1901.
(RGBl S. 185.)

§ 1. Im Felde (Einführungsgesetz zur Militärstrafgerichtsordnung § 5) sind beim Heere hinsichtlich der im § 1 Nr. 1, 6, 7, 8 der Militärstrafgerichtsordnung vom 1. Dezember 1898 bezeichneten Personen auch die Kriegsgerichtsräthe und die Oberkriegsgerichtsräthe zuständig:

1) für die nach § 167 des Gesetzes über die Angelegenheiten der freiwilligen Gerichtsbarkeit vom 17. Mai 1898 den Amtsgerichten zustehenden Verrichtungen,
2) für die Entgegennahme von Versicherungen an Eidesstatt sowie für die Aufnahme von Urkunden über Thatsachen, auch soweit diese nicht unter die Nr. 1 fallen,
3) für die Erledigung von Ersuchen um Rechtshülfe, jedoch unbeschadet der Vorschriften des § 13 des Einführungsgesetzes zur Militärstrafgerichtsordnung.

§ 2. In den Fällen des § 1 Nr. 1 finden die Vorschriften der §§ 168 bis 183 des Gesetzes über die Angelegenheiten der freiwilligen Gerichtsbarkeit und, sofern ein Testament oder ein Erbvertrag den Gegenstand der Beurkundung bildet, die Vorschriften des Bürgerlichen Gesetzbuchs über die Errichtung von Testamenten und Erbverträgen Anwendung; die Geschäfte eines Gerichtsschreibers versieht der Militärgerichtsschreiber. Die Vorschriften des § 173 Nr. 1 des Gesetzes über die Angelegenheiten der freiwilligen Gerichtsbarkeit und des § 2237 Nr. 1 des Bürgerlichen Gesetzbuchs bleiben außer Anwendung bei Zeugen, die dem aktiven Heere angehören. Die Vorschriften des § 44 des Reichsmilitärgesetzes bleiben unberührt.

§ 3. In den Fällen des § 1 Nr. 2 finden folgende Vorschriften Anwendung:

1) Die Urkunde muß den Ort und den Tag der Verhandlung oder, falls sie nicht in der Form eines Protokolls aufgenommen wird, den Ort und den Tag der Ausstellung angeben und mit der Unterschrift des Kriegsgerichtsraths oder des Oberkriegsgerichtsraths versehen sein. Wird die Urkunde den Betheiligten in

Urschrift ausgehändigt, so muß sie auch mit Siegel oder Stempel versehen sein.

2) Die Beurkundung soll, sofern nicht ein Anderes bestimmt ist, in der Form eines Protokolls erfolgen. Außer dem Kriegsgerichtsrath oder dem Oberkriegsgerichtsrathe sollen auch die übrigen bei der Verhandlung mitwirkenden Personen das Protokoll unterzeichnen.

Das Protokoll ist den Betheiligten behufs der Genehmigung vorzulesen oder ihnen zur Durchsicht vorzulegen und von ihnen zu unterschreiben. Kann ein Betheiligter das Protokoll nicht unterschreiben, so ist dies unter dem Protokoll anzugeben.

3) Bei Zustellungen, bei der Beglaubigung von Abschriften, bei der Sicherstellung der Zeit, zu welcher eine Privaturkunde ausgestellt ist, bei Lebensbescheinigungen und bei sonstigen einfachen Zeugnissen bedarf es nicht der Aufnahme eines Protokolls.

4) Die Beglaubigung einer Abschrift geschieht durch einen unter die Abschrift zu setzenden Vermerk, der die Uebereinstimmung mit der Hauptschrift bezeugt. In dem Vermerke soll ersichtlich gemacht werden, ob die Hauptschrift eine Urschrift, eine einfache oder beglaubigte Abschrift oder eine Ausfertigung ist; ist sie eine beglaubigte Abschrift oder eine Ausfertigung, so ist der Beglaubigungsvermerk oder der Ausfertigungsvermerk in die beglaubigte Abschrift mitaufzunehmen.

Durchstreichungen, Aenderungen, Einschaltungen, Radirungen oder andere Mängel einer von den Betheiligten vorgelegten Schrift sollen in dem Vermerk angegeben werden.

Soll ein Auszug aus einer Urkunde beglaubigt werden, so sind in den Auszug außer solchen Theilen der Urkunde, welche die Beobachtung der Förmlichkeiten nachweisen, diejenigen Theile aufzunehmen, welche den Gegenstand betreffen, auf den sich der Auszug beziehen soll. In dem Beglaubigungsvermerk ist der Gegenstand anzugeben und zu bezeugen, daß weitere den Gegenstand betreffende Bestimmungen in der Urkunde nicht enthalten sind.

5) Die Sicherstellung der Zeit, zu welcher eine Privaturkunde ausgestellt ist, geschieht durch einen unter die Urkunde zu setzenden Vermerk, in welchem der Kriegsgerichtsrath oder der Oberkriegsgerichtsrath bezeugt, wann ihm die Urkunde vorgelegt worden ist. Die Vorschriften der Nr. 4 Abs. 2 finden Anwendung.

§ 4. In den Fällen des § 1 werden Beschwerden im Aufsichtswege erledigt. Dies gilt auch bei Ersuchen um Rechtshülfe in Strafsachen (§ 13 des Einführungsgesetzes zur Militärstrafgerichtsordnung).

§ 5. In Ansehung solcher Personen, die zur Besatzung eines in Dienst gestellten Schiffes der Kaiserlichen Marine gehören oder die in anderer Eigenschaft an Bord eines solchen Schiffes sind, finden die Vorschriften des § 1 Nr. 2 und der §§ 3, 4 Anwendung, solange das Schiff sich außerhalb eines inländischen Hafens befindet. Den Schiffen stehen die sonstigen Fahrzeuge der Kaiserlichen Marine gleich.

§ 6. Im Felde liegt beim Heere nach dem Tode einer der im § 1 bezeichneten Personen die vorläufige Sicherung des Nachlasses dem zunächst vorgesetzten Offizier oder Beamten ob.

§ 7. Nach dem Tode eines Angehörigen des aktiven Heeres (Reichsmilitärgesetz vom 2. Mai 1874 § 38) hat, unbeschadet der Zuständigkeit des Nachlaßgerichts, die Militärbehörde, welcher der Verstorbene angehörte, für die Sicherung der amtlichen Akten oder der sonstigen Sachen, deren Herausgabe auf Grund des Dienstverhältnisses verlangt werden kann, zu sorgen, soweit hierfür ein Bedürfniß besteht.

Werden bei der Ausführung einer Maßregel, die das Gericht zur Sicherung des Nachlasses angeordnet hat, Sachen der im Abs. 1 bezeichneten Art vorgefunden, so hat das Gericht die Militärbehörde, welcher der Verstorbene angehörte, hiervon zu benachrichtigen und ihr zugleich von den Sicherungsmaßregeln, die in Ansehung dieser Sachen vorgenommen worden sind, Mittheilung zu machen. Der Militärbehörde liegt es ob, das Weitere zu veranlassen.

War der Verstorbene der einzige Beamte der Behörde, so tritt an die Stelle der Militärbehörde das am Standorte befindliche Garnisonkommando.

§ 8. Der § 39 Abs. 3 des Reichsmilitärgesetzes wird aufgehoben.

Für Militärpersonen, deren Truppentheil sich im Ausland aufhält und im Inland einen Garnisonort weder hat noch gehabt hat, kann für Angelegenheiten der streitigen Gerichtsbarkeit ein im Inlande belegener Ort als Garnisonort durch Kaiserliche Verordnung bestimmt werden.

---

197) Gesetz, betr. Versorgung der Kriegsinvaliden und der Kriegshinterbliebenen. Vom 31. Mai 1901. (RGBl S. 193.)

V. Allgemeine Bestimmungen.

§ 19. Soweit dieses Gesetz nicht ein Anderes bestimmt, bleiben die bisherigen gesetzlichen Bestimmungen in Kraft. Die nach denselben zuständigen Gebührnisse und Bewilligungen werden auf die nach diesem Gesetze bewilligten Bezüge angerechnet. Die Mehrbeträge werden als Zuschüsse gewährt.

§ 20. Die Zuschüsse (§ 19 letzter Satz) stehen den Bezügen gleich, welche das Gesetz vom 27. Juni 1871 nebst Abänderungen und Ergänzungen gewährt, und unterliegen denselben gesetzlichen Bestimmungen.

Bei Anstellung und Beschäftigung im Civildienste sind diese Zuschüsse jedoch nicht der Kürzung unterworfen und beim Ausscheiden aus dem Civildienste mit einer Civilpension auf diese nicht in Anrechnung zu bringen.

Die Zuschüsse bleiben bei der Veranlagung zu den Steuern und anderen öffentlichen Abgaben jeder Art außer Ansatz; sie sind weder der Pfändung unterworfen noch bei der Ermittelung, ob und zu welchem Betrag ein Einkommen der Pfändung unterliegt, zu berechnen.

Bei Berechnung des Wittwen- und Waisengeldes nach den Gesetzen vom 20. April 1881 (Reichs-Gesetzbl. S. 85), vom 17. Juni 1887 (Reichs-Gesetzbl. S. 237) und vom 17. Mai 1897 (Reichs-Gesetzbl. S. 455) bleiben die Zuschüsse unberücksichtigt.

---

198) Unfallfürsorgegesetz für Beamte und für Personen des Soldatenstandes. Vom 18. Juni 1901. (RGBl S. 211.)

Artikel 1. Das Gesetz, betreffend die Fürsorge für Beamte und Personen des Soldatenstandes in Folge von Betriebsunfällen, vom 15. März 1886 (Reichs-Gesetzbl. S. 53) erhält die nachstehende Fassung:

§ 1. Beamte der Reichs-Civilverwaltung, des Reichsheeres und der Kaiserlichen Marine sowie Personen des Soldatenstandes, welche in reichsgesetzlich der Unfallversicherung unterliegenden Betrieben beschäftigt sind, erhalten, wenn sie in Folge eines im Dienste erlittenen Betriebsunfalls dauernd dienstunfähig werden, als Pension sechsundsechzigzweidrittel Prozent ihres jährlichen Diensteinkommens.

Personen der vorbezeichneten Art erhalten, wenn sie in Folge eines im Dienste erlittenen Betriebsunfalls nicht dauernd dienstunfähig geworden, aber in ihrer Erwerbsfähigkeit beeinträchtigt worden sind, bei ihrer Entlassung aus dem Dienste als Pension:

1) im Falle völliger Erwerbsunfähigkeit für die Dauer derselben den im ersten Absatze bezeichneten Betrag;
2) im Falle theilweiser Erwerbsunfähigkeit für die Dauer derselben denjenigen Theil der vorstehend bezeichneten Pension, welcher dem Maße der durch den Unfall herbeigeführten Einbuße an Erwerbsfähigkeit entspricht.

Ist der Verletzte in Folge des Unfalls nicht nur völlig dienst- oder erwerbsunfähig, sondern auch derart hülflos geworden, daß er ohne fremde Wartung und Pflege nicht bestehen kann, so ist für die Dauer dieser Hülflosigkeit die Pension bis zu hundert Prozent des Diensteinkommens zu erhöhen.

Solange der Verletzte aus Anlaß des Unfalls thatsächlich und unverschuldet arbeitslos ist, kann in den Fällen des Abs. 2 Ziffer 2 die Pension bis zum vollen Betrage des Abs. 1 vorübergehend erhöht werden.

Steht dem Verletzten nach anderweiter reichsgesetzlicher Vorschrift ein höherer Betrag zu, so erhält er diesen.

Nach dem Wegfalle des Diensteinkommens sind dem Verletzten außerdem die noch erwachsenden Kosten des Heilverfahrens (§ 9 Abs. 1 Nr. 1 des Gewerbe-Unfallversicherungsgesetzes, Reichs-Gesetzbl. 1900 S. 585) zu ersetzen.

§ 2. Die Hinterbliebenen solcher im § 1 bezeichneten Personen, welche in Folge eines im Dienste erlittenen Betriebsunfalls gestorben sind, erhalten:

1) als Sterbegeld, sofern ihnen nicht nach anderweiter Bestimmung Anspruch auf Gnadenquartal oder Gnadenmonat zusteht, den Betrag des einmonatigen Diensteinkommens oder der einmonatigen Pension des Verstorbenen, jedoch mindestens fünfzig Mark;
2) eine Rente. Diese beträgt
   a) für die Wittwe bis zu deren Tode oder Wiederverheirathung, ebenso für jedes Kind bis zum Ablaufe des Monats, in welchem das achtzehnte Lebensjahr vollendet wird, oder bis zur etwaigen früheren Verheirathung zwanzig Prozent des jährlichen Diensteinkommens des Verstorbenen, jedoch für die Wittwe nicht unter zweihundertundsechzehn Mark und nicht mehr als dreitausend Mark, für jedes Kind nicht unter einhundertundsechzig Mark und nicht mehr als eintausendsechshundert Mark;
   b) für Verwandte der aufsteigenden Linie, wenn ihr Lebensunterhalt ganz oder überwiegend durch den Verstorbenen bestritten worden war, bis zum Wegfalle der Bedürftigkeit insgesammt zwanzig Prozent des Diensteinkommens des Verstorbenen, jedoch nicht unter einhundertundsechzig Mark und nicht mehr als eintausendsechshundert Mark; sind mehrere Berechtigte dieser Art vorhanden, so wird die Rente den Eltern vor den Großeltern gewährt;
   c) für elternlose Enkel, falls ihr Lebensunterhalt ganz oder überwiegend durch den Verstorbenen bestritten worden war, im Falle der Bedürftigkeit bis zum Ablaufe des Monats, in welchem das achtzehnte Lebensjahr vollendet wird, oder bis zur etwaigen früheren Verheirathung insgesammt zwanzig Prozent des Diensteinkommens des Verstorbenen, jedoch nicht unter einhundertundsechzig Mark und nicht mehr als eintausendsechshundert Mark.

Die Renten dürfen zusammen sechzig Prozent des Diensteinkommens nicht übersteigen. Ergiebt sich ein höherer Betrag, so haben die Verwandten der aufsteigenden Linie nur insoweit einen Anspruch, als durch die Renten der Wittwe und der Kinder der Höchstbetrag der Renten nicht erreicht wird, die Enkel nur soweit, als der Höchstbetrag der Renten nicht für Ehegatten, Kinder oder Verwandte der aufsteigenden Linie in Anspruch genommen wird. Soweit die Renten der Wittwe und der Kinder den zulässigen Höchstbetrag überschreiten, werden die einzelnen Renten in gleichem Verhältnisse gekürzt.

Steht nach anderweiter reichsgesetzlicher Vorschrift einem von den Hinterbliebenen ein höherer Betrag zu, so erhält er diesen.

Der Anspruch der Wittwe ist ausgeschlossen, wenn die Ehe erst nach dem Unfalle geschlossen worden ist.

§ 3. Die Fürsorge erstreckt sich auf die Folgen von Unfällen bei häuslichen und anderen Diensten, zu denen Personen der im § 1 bezeichneten Art neben der Beschäftigung im Betriebe von ihren Vorgesetzten herangezogen werden.

§ 4. Erreicht das jährliche Diensteinkommen nicht den dreihundertfachen Betrag des für den Beschäftigungsort festgesetzten ortsüblichen Tagelohns gewöhnlicher erwachsener Tagearbeiter (§ 8 des Krankenversicherungsgesetzes, Reichs-Gesetzbl. 1892 S. 417), so ist dieser Betrag der Berechnung zu Grunde zu legen.

Bleibt der nach Abs. 1 zu Grunde zu legende Betrag hinter dem Jahresarbeitsverdienste zurück, welchen während des letzten Jahres vor dem Unfalle Personen bezogen haben, welche mit Arbeiten derselben Art in demselben Betrieb, oder in benachbarten gleichartigen Betrieben beschäftigt waren, so ist dieser Jahresarbeitsverdienst der Berechnung der Rente zu Grunde zu legen.

Der eintausendfünfhundert Mark übersteigende Betrag kommt nur zu einem Drittel zur Anrechnung.

Bleibt bei den nicht mit Pensionsberechtigung angestellten Beamten (§ 1) die nach vorstehenden Bestimmungen der Berechnung zu Grunde zu legende Summe unter dem niedrigsten Diensteinkommen derjenigen Stellen, in welchen solche Beamte nach den bestehenden Grundsätzen zuerst mit Pensionsberechtigung angestellt werden können, so ist der letztere Betrag der Berechnung zu Grunde zu legen.

§ 5. Ist das der Berechnung der Hinterbliebenenrente zu Grunde zu legende Diensteinkommen in Folge eines früher erlittenen, nach den reichsgesetzlichen Bestimmungen über Unfallversicherung oder Unfallfürsorge entschädigten Unfalls geringer, als der vor diesem Unfalle bezogene Lohn oder das vor diesem Unfalle bezogene Diensteinkommen, so ist die aus Anlaß des früheren Unfalls bei Lebzeiten bezogene Rente oder Pension dem Diensteinkommen bis zur Höhe des der früheren Entschädigung zu Grunde gelegten Jahresarbeitsverdienstes oder Diensteinkommens hinzuzurechnen.

§ 6. Der Bezug der Pension beginnt mit dem Wegfalle des Diensteinkommens, der Bezug der Hinterbliebenenrente mit dem Ablaufe des Gnadenquartals oder Gnadenmonats, oder, soweit solche nicht gewährt werden, mit dem Ablaufe derjenigen Zeit, für welche nach § 2 Abs. 1 Ziffer 1 das Diensteinkommen oder die Pension weiter bezogen ist.

Gehört der Verletzte auf Grund gesetzlicher oder statutarischer Verpflichtung einer Krankenkasse oder der Gemeinde-Krankenversicherung an, so wird bis zum Ablaufe der dreizehnten Woche nach dem Eintritte des Unfalls die Pension und der Ersatz der Kosten des Heilverfahrens um den Betrag der von der Krankenkasse oder der

Gemeinde-Krankenversicherung geleisteten Krankenunterstützung gekürzt. Der Anspruch auf das Sterbegeld und vom Beginne der vierzehnten Woche ab auch der Anspruch auf die Pension sowie auf den Ersatz der Kosten des Heilverfahrens geht bis zum Betrage des von der Krankenkasse gezahlten Sterbegeldes beziehungsweise bis zum Betrage der von dieser gewährten weiteren Krankenunterstützung auf die Krankenkasse über. Als Werth der freien ärztlichen Behandlung, der Arznei und der Heilmittel (§ 6 Abs. 1 Ziffer 1 des Krankenversicherungsgesetzes) gilt die Hälfte des gesetzlichen Mindestbetrags des Krankengeldes.

Fällt das Recht auf den Pensions- oder Rentenbezug im Laufe des Monats, für welchen die Pension oder Rente gezahlt war, fort, so ist von einer Rückforderung abzusehen. Wenn für einen Theil des Monats die Pension für den Verletzten mit der Rente für die Hinterbliebenen zusammentrifft, so haben die Hinterbliebenen den höheren Betrag zu beanspruchen.

§ 7. Ein Anspruch auf die in den §§ 1 bis 3 bezeichneten Bezüge besteht nicht, wenn der Verletzte den Unfall vorsätzlich oder durch ein Verschulden herbeigeführt hat, wegen dessen auf Dienstentlassung oder auf Verlust des Titels und Pensionsanspruchs gegen ihn erkannt oder wegen dessen ihm die Fähigkeit zur Beschäftigung in einem öffentlichen Dienstzweig aberkannt worden ist.

Der Anspruch kann, auch ohne daß ein Urtheil der bezeichneten Art ergangen ist, ganz oder theilweise abgelehnt werden, falls das Verfahren wegen des Todes oder der Abwesenheit des Betreffenden oder aus einem anderen in seiner Person liegenden Grunde nicht durchgeführt werden kann.

§ 8. Ansprüche auf Grund dieses Gesetzes sind, soweit deren Feststellung nicht von Amtswegen erfolgt, bei Vermeidung des Ausschlusses vor Ablauf von zwei Jahren nach dem Eintritte des Unfalls bei der dem Verletzten unmittelbar vorgesetzten Dienstbehörde anzumelden. Die Frist gilt auch dann als gewahrt, wenn die Anmeldung bei der für den Wohnort des Entschädigungsberechtigten zuständigen unteren Verwaltungsbehörde erfolgt ist. In solchem Falle ist die Anmeldung unverzüglich an die zuständige Stelle abzugeben und der Betheiligte davon zu benachrichtigen.

Nach Ablauf dieser Frist ist der Anmeldung nur dann Folge zu geben, wenn zugleich glaubhaft bescheinigt wird, daß eine den Anspruch begründende Folge des Unfalls erst später bemerkbar geworden oder daß der Berechtigte von der Verfolgung seines Anspruchs durch außerhalb seines Willens liegende Verhältnisse abgehalten worden ist, und wenn die Anmeldung innerhalb dreier Monate, nachdem eine Unfallfolge bemerkbar geworden oder das Hinderniß für die Anmeldung weggefallen, erfolgt ist.

Jeder Unfall, welcher von Amtswegen oder durch Anmeldung der Betheiligten einer vorgesetzten Dienstbehörde bekannt wird, ist sofort zu untersuchen. Den Betheiligten ist Gelegenheit zu geben, selbst oder durch Vertreter ihre Interessen bei der Untersuchung zu wahren.

§ 9. Soweit vorstehend nichts Anderes bestimmt ist, finden auf die nach §§ 1 bis 3 zu gewährenden Bezüge die für die Betheiligten geltenden Bestimmungen über die Pension und über die Fürsorge für Wittwen und Waisen Anwendung. Auf die Bezüge von Verwandten der aufsteigenden Linie und von Enkeln finden diese Bestimmungen entsprechende Anwendung.

§ 10. Die in den §§ 1, 2 bezeichneten Personen können, auch wenn sie einen Anspruch auf Pension oder Rente nicht haben, einen Anspruch auf Ersatz des durch den Unfall erlittenen Schadens gegen die Betriebsverwaltung, in deren Dienste der Unfall sich ereignet hat, überhaupt nicht, und gegen deren Betriebsleiter, Bevollmächtigte oder Repräsentanten, Betriebs- oder Arbeiteraufseher nur dann geltend machen, wenn durch strafgerichtliches Urtheil festgestellt worden ist, daß der in Anspruch Genommene den Unfall vorsätzlich herbeigeführt hat.

Der hiernach zulässige Anspruch ermäßigt sich um denjenigen Betrag, welcher den Berechtigten nach dem gegenwärtigen Gesetze zusteht.

§ 11. Die in dem § 10 bezeichneten Ansprüche können, auch ohne daß die daselbst vorgesehene Feststellung durch strafgerichtliches Urtheil stattgefunden hat, geltend gemacht werden, falls diese Feststellung wegen des Todes oder der Abwesenheit des Betreffenden oder aus einem anderen in seiner Person liegenden Grunde nicht erfolgen kann.

§ 12. Die dem Verletzten oder dessen Hinterbliebenen auf Grund des § 1 des Gesetzes, betreffend die Verbindlichkeit zum Schadenersatze für die bei dem Betriebe von Eisenbahnen, Bergwerken 2c. herbeigeführten Tödtungen und Körperverletzungen, vom 7. Juni 1871 (Reichs-Gesetzbl. S. 207) gegen Eisenbahn-Betriebsunternehmer zustehenden Ansprüche gehen auf die Betriebsverwaltung, welche dem Verletzten oder dessen Hinterbliebenen auf Grund des gegenwärtigen Gesetzes oder anderweiter reichsgesetzlicher Vorschrift Pensionen, Kosten des Heilverfahrens, Renten oder Sterbegelder zu zahlen hat, in Höhe dieser Bezüge und vorbehaltlich der Bestimmungen des Artikel 8 des Gesetzes vom 20. Dezember 1875 (Reichs-Gesetzbl. S. 318) über.

Weitergehende Ansprüche als auf diese Bezüge stehen dem Verletzten und dessen Hinterbliebenen gegen das Reich und die Bundesstaaten nicht zu.

Die Haftung anderer, in dem § 10 nicht bezeichneter Personen bestimmt sich nach den sonstigen gesetzlichen Vorschriften. Jedoch geht die Forderung des Entschädigungsberechtigten an den Dritten auf die Betriebsverwaltung insoweit über, als sie zu den im Abs. 1 gedachten Zahlungen auf Grund dieses Gesetzes verpflichtet ist.

§ 13. Auf die in den §§ 1, 2 bezeichneten Personen finden die reichsgesetzlichen Bestimmungen über Unfallversicherung keine Anwendung.

§ 14. Staats- und Kommunalbeamten sowie deren Hinterbliebenen, für welche durch die Landesgesetzgebung oder durch statutarische Festsetzung gegen die Folgen eines im Dienste erlittenen Betriebsunfalls eine den Vorschriften der §§ 1 bis 7 des gegenwärtigen Gesetzes mindestens gleichkommende Fürsorge getroffen ist, steht wegen eines solchen Unfalls ein reichsgesetzlicher Anspruch auf Ersatz des durch denselben erlittenen Schadens nur nach Maßgabe der §§ 10 bis 12 des gegenwärtigen Gesetzes zu. Auf solche Staats- und Kommunalbeamten sowie deren Hinterbliebene finden die reichsgesetzlichen Bestimmungen über Unfallversicherung keine Anwendung.

Artikel 2. Dies Gesetz tritt mit dem Tage der Verkündung in Kraft. Dasselbe kommt in Bayern nach näherer Bestimmung des Bündnißvertrags vom 23. November 1870 (Bundes-Gesetzbl. 1871 S. 9) unter III § 5 zur Anwendung.

Soweit Staats- und Kommunalbeamte der im Artikel 1 § 1 bezeichneten Art beim Inkrafttreten dieses Gesetzes zufolge einer dem Gesetze vom 15. März 1886 genügenden landesgesetzlichen oder statutarischen Fürsorge von der reichsgesetzlichen Unfallversicherung ausgeschlossen sind, behält es hierbei bis zum 1. Januar 1903 sein Bewenden.

---

199) Gesetz über das Verlagsrecht. Vom 19. Juni 1901.
(RGBl S. 217.)

§ 1. Durch den Verlagsvertrag über ein Werk der Literatur oder der Tonkunst wird der Verfasser verpflichtet, dem Verleger das Werk zur Vervielfältigung und Verbreitung für eigene Rechnung zu überlassen. Der Verleger ist verpflichtet, das Werk zu vervielfältigen und zu verbreiten.

§ 2. Der Verfasser hat sich während der Dauer des Vertragsverhältnisses jeder Vervielfältigung und Verbreitung des Werkes zu enthalten, die einem Dritten während der Dauer des Urheberrechts untersagt ist.

Dem Verfasser verbleibt jedoch die Befugniß zur Vervielfältigung und Verbreitung:

1) für die Uebersetzung in eine andere Sprache oder in eine andere Mundart;
2) für die Wiedergabe einer Erzählung in dramatischer Form oder eines Bühnenwerkes in der Form einer Erzählung;
3) für die Bearbeitung eines Werkes der Tonkunst, soweit sie nicht blos ein Auszug oder eine Uebertragung in eine andere Tonart oder Stimmlage ist.

Auch ist der Verfasser zur Vervielfältigung und Verbreitung in einer Gesammtausgabe befugt, wenn seit dem Ablaufe des Kalenderjahrs, in welchem das Werk erschienen ist, zwanzig Jahre verstrichen sind.

§ 3. Beiträge zu einem Sammelwerke, für die dem Verfasser ein Anspruch auf Vergütung nicht zusteht, dürfen von ihm anderweit verwerthet werden, wenn seit dem Ablaufe des Kalenderjahrs, in welchem sie erschienen sind, ein Jahr verstrichen ist.

§ 4. Der Verleger ist nicht berechtigt, ein Einzelwerk für eine Gesammtausgabe oder ein Sammelwerk sowie Theile einer Gesammtausgabe oder eines Sammelwerks für eine Sonderausgabe zu verwerthen. Soweit jedoch eine solche Verwerthung auch während der Dauer des Urheberrechts einem Jeden freisteht, bleibt sie dem Verleger gleichfalls gestattet.

§ 5. Der Verleger ist nur zu einer Auflage berechtigt. Ist ihm das Recht zur Veranstaltung mehrerer Auflagen eingeräumt, so gelten im Zweifel für jede neue Auflage die gleichen Abreden wie für die vorhergehende.

Ist die Zahl der Abzüge nicht bestimmt, so ist der Verleger berechtigt, tausend Abzüge herzustellen. Hat der Verleger durch eine vor dem Beginne der Vervielfältigung dem Verfasser gegenüber abgegebene Erklärung die Zahl der Abzüge niedriger bestimmt, so ist er nur berechtigt, die Auflage in der angegebenen Höhe herzustellen.

§ 6. Die üblichen Zuschußexemplare werden in die Zahl der zulässigen Abzüge nicht eingerechnet. Das Gleiche gilt von Freiexemplaren, soweit ihre Zahl den zwanzigsten Theil der zulässigen Abzüge nicht übersteigt.

Zuschußexemplare, die nicht zum Ersatz oder zur Ergänzung beschädigter Abzüge verwendet worden sind, dürfen von dem Verleger nicht verbreitet werden.

§ 7. Gehen Abzüge unter, die der Verleger auf Lager hat, so darf er sie durch andere ersetzen; er hat vorher dem Verfasser Anzeige zu machen.

§ 8. In dem Umfang, in welchem der Verfasser nach den §§ 2 bis 7 verpflichtet ist, sich der Vervielfältigung und Verbreitung zu enthalten und sie dem Verleger zu gestatten, hat er, soweit nicht aus dem Vertrage sich ein Anderes ergiebt, dem Verleger das ausschließliche Recht zur Vervielfältigung und Verbreitung (Verlagsrecht) zu verschaffen.

§ 9. Das Verlagsrecht entsteht mit der Ablieferung des Werkes an den Verleger und erlischt mit der Beendigung des Vertragsverhältnisses.

Soweit der Schutz des Verlagsrechts es erfordert, kann der Verleger gegen den Verfasser sowie gegen Dritte die Befugnisse ausüben, die zum Schutze des Urheberrechts durch das Gesetz vorgesehen sind.

§ 10. Der Verfasser ist verpflichtet, dem Verleger das Werk in einem für die Vervielfältigung geeigneten Zustand abzuliefern.

§ 11. Ist der Verlagsvertrag über ein bereits vollendetes Werk geschlossen, so ist das Werk sofort abzuliefern.

Soll das Werk erst nach dem Abschlusse des Verlagsvertrags hergestellt werden, so richtet sich die Frist der Ablieferung nach dem Zwecke, welchem das Werk dienen soll. Soweit sich hieraus nichts ergiebt, richtet sich die Frist nach dem Zeitraum, innerhalb dessen der Verfasser das Werk bei einer seinen Verhältnissen entsprechenden Arbeitsleistung herstellen kann; eine anderweitige Thätigkeit des Verfassers bleibt bei der Bemessung der Frist nur dann außer Betracht, wenn der Verleger die Thätigkeit bei dem Abschlusse des Vertrags weder kannte noch kennen mußte.

§ 12. Bis zur Beendigung der Vervielfältigung darf der Verfasser Aenderungen an dem Werke vornehmen. Vor der Veranstaltung einer neuen Auflage hat der Verleger dem Verfasser zur Vornahme von Aenderungen Gelegenheit zu geben. Aenderungen sind nur insoweit zulässig, als nicht durch sie ein berechtigtes Interesse des Verlegers verletzt wird.

Der Verfasser darf die Aenderungen durch einen Dritten vornehmen lassen.

Nimmt der Verfasser nach dem Beginne der Vervielfältigung Aenderungen vor, welche das übliche Maß übersteigen, so ist er verpflichtet, die hieraus entstehenden Kosten zu ersetzen; die Ersatzpflicht liegt ihm nicht ob, wenn Umstände, die inzwischen eingetreten sind, die Aenderung rechtfertigen.

§ 13. Der Verleger darf an dem Werke selbst, an dessen Titel und an der Bezeichnung des Urhebers Zusätze, Kürzungen oder sonstige Aenderungen nicht vornehmen.

Zulässig sind Aenderungen, für die der Verfasser seine Einwilligung nach Treu und Glauben nicht versagen kann.

§ 14. Der Verleger ist verpflichtet, das Werk in der zweckentsprechenden und üblichen Weise zu vervielfältigen und zu verbreiten. Die Form und Ausstattung der Abzüge wird unter Beobachtung der im Verlagshandel herrschenden Uebung sowie mit Rücksicht auf Zweck und Inhalt des Werkes von dem Verleger bestimmt.

§ 15. Der Verleger hat mit der Vervielfältigung zu beginnen, sobald ihm das vollständige Werk zugegangen ist. Erscheint das Werk in Abtheilungen, so ist mit der Vervielfältigung zu beginnen, sobald der Verfasser eine Abtheilung abgeliefert hat, die nach ordnungsmäßiger Folge zur Herausgabe bestimmt ist.

§ 16. Der Verleger ist verpflichtet, diejenige Zahl von Abzügen herzustellen, welche er nach dem Vertrag oder gemäß dem § 5 herzustellen berechtigt ist. Er hat rechtzeitig dafür zu sorgen, daß der Bestand nicht vergriffen wird.

§ 17. Ein Verleger, der das Recht hat, eine neue Auflage zu veranstalten, ist nicht verpflichtet, von diesem Rechte Gebrauch zu machen. Zur Ausübung des Rechtes kann ihm der Verfasser eine angemessene Frist bestimmen. Nach dem Ablaufe der Frist ist der Verfasser berechtigt, von dem Vertrage zurückzutreten, wenn nicht die Veranstaltung rechtzeitig erfolgt ist. Der Bestimmung einer Frist bedarf es nicht, wenn die Veranstaltung von dem Verleger verweigert wird.

§ 18. Fällt der Zweck, welchem das Werk dienen sollte, nach dem Abschlusse des Vertrags weg, so kann der Verleger das Vertragsverhältniß kündigen; der Anspruch des Verfassers auf die Vergütung bleibt unberührt.

Das Gleiche gilt, wenn Gegenstand des Verlagsvertrags ein Beitrag zu einem Sammelwerk ist und die Vervielfältigung des Sammelwerkes unterbleibt.

§ 19. Werden von einem Sammelwerke neue Abzüge hergestellt, so ist der Verleger im Einverständnisse mit dem Herausgeber berechtigt, einzelne Beiträge wegzulassen.

§ 20. Der Verleger hat für die Korrektur zu sorgen. Einen Abzug hat er rechtzeitig dem Verfasser zur Durchsicht vorzulegen.

Der Abzug gilt als genehmigt, wenn der Verfasser ihn nicht binnen einer angemessenen Frist dem Verleger gegenüber beanstandet.

§ 21. Die Bestimmung des Ladenpreises, zu welchem das Werk verbreitet wird, steht für jede Auflage dem Verleger zu. Er darf den Ladenpreis ermäßigen, soweit nicht berechtigte Interessen des Verfassers verletzt werden. Zur Erhöhung dieses Preises bedarf es stets der Zustimmung des Verfassers.

§ 22. Der Verleger ist verpflichtet, dem Verfasser die vereinbarte Vergütung zu zahlen. Eine Vergütung gilt als stillschweigend vereinbart, wenn die Ueberlassung des Werkes den Umständen nach nur gegen eine Vergütung zu erwarten ist.

Ist die Höhe der Vergütung nicht bestimmt, so ist eine angemessene Vergütung in Geld als vereinbart anzusehen.

§ 23. Die Vergütung ist bei der Ablieferung des Werkes zu entrichten. Ist die Höhe der Vergütung unbestimmt oder hängt sie von dem Umfange der Vervielfältigung, insbesondere von der Zahl der Druckbogen, ab, so wird die Vergütung fällig, sobald das Werk vervielfältigt ist.

§ 24. Bestimmt sich die Vergütung nach dem Absatze, so hat der Verleger jährlich dem Verfasser für das vorangegangene Geschäftsjahr Rechnung zu legen und ihm, soweit es für die Prüfung erforderlich ist, die Einsicht seiner Geschäftsbücher zu gestatten.

§ 25. Der Verleger eines Werkes der Literatur ist verpflichtet, dem Verfasser auf je hundert Abzüge ein Freiexemplar, jedoch im Ganzen nicht weniger als fünf und nicht mehr als fünfzehn zu liefern. Auch hat er dem Verfasser auf dessen Verlangen ein Exemplar in Aushängebogen zu überlassen.

Der Verleger eines Werkes der Tonkunst ist verpflichtet, dem Verfasser die übliche Zahl von Freiexemplaren zu liefern.

Von Beiträgen, die in Sammelwerken erscheinen, dürfen Sonderabzüge als Freiexemplare geliefert werden.

§ 26. Der Verleger hat die zu seiner Verfügung stehenden Abzüge des Werkes zu dem niedrigsten Preise, für welchen er das Werk im Betriebe seines Verlagsgeschäfts abgiebt, dem Verfasser, soweit dieser es verlangt, zu überlassen.

§ 27. Der Verleger ist verpflichtet, das Werk, nachdem es vervielfältigt worden ist, zurückzugeben, sofern der Verfasser sich vor dem Beginne der Vervielfältigung die Rückgabe vorbehalten hat.

§ 28. Die Rechte des Verlegers sind übertragbar, soweit nicht die Uebertragung durch Vereinbarung zwischen dem Verfasser und dem Verleger ausgeschlossen ist. Der Verleger kann jedoch durch einen Vertrag, der nur über einzelne Werke geschlossen wird, seine Rechte nicht ohne Zustimmung des Verfassers übertragen. Die Zustimmung kann nur verweigert werden, wenn ein wichtiger Grund vorliegt. Fordert der Verleger den Verfasser zur Erklärung über die Zustimmung auf, so gilt diese als ertheilt, wenn nicht die Verweigerung von dem Verfasser binnen zwei Monaten nach dem Empfange der Aufforderung dem Verleger gegenüber erklärt wird.

Die dem Verleger obliegende Vervielfältigung und Verbreitung kann auch durch den Rechtsnachfolger bewirkt werden. Uebernimmt der Rechtsnachfolger dem Verleger gegenüber die Verpflichtung, das Werk zu vervielfältigen und zu verbreiten, so haftet er dem Verfasser für die Erfüllung der aus dem Verlagsvertrage sich ergebenden Verbindlichkeiten neben dem Verleger als Gesammtschuldner. Die Haftung erstreckt sich nicht auf eine bereits begründete Verpflichtung zum Schadensersatze.

§ 29. Ist der Verlagsvertrag auf eine bestimmte Zahl von Auflagen oder von Abzügen beschränkt, so endigt das Vertragsverhältniß, wenn die Auflagen oder Abzüge vergriffen sind.

Der Verleger ist verpflichtet, dem Verfasser auf Verlangen Auskunft darüber zu ertheilen, ob die einzelne Auflage oder die bestimmte Zahl von Abzügen vergriffen ist.

Wird der Verlagsvertrag für eine bestimmte Zeit geschlossen, so ist nach dem Ablaufe der Zeit der Verleger nicht mehr zur Verbreitung der noch vorhandenen Abzüge berechtigt.

§ 30. Wird das Werk ganz oder zum Theil nicht rechtzeitig abgeliefert, so kann der Verleger, statt den Anspruch auf Erfüllung geltend zu machen, dem Verfasser eine angemessene Frist zur Ablieferung mit der Erklärung bestimmen, daß er die Annahme der Leistung nach dem Ablaufe der Frist ablehne. Zeigt sich schon vor dem Zeitpunkt, in welchem das Werk nach dem Vertrag abzuliefern ist, daß das Werk nicht rechtzeitig abgeliefert werden wird, so kann der Verleger die Frist sofort bestimmen; die Frist muß so bemessen werden, daß sie nicht vor dem bezeichneten Zeitpunkt abläuft. Nach dem Ablaufe der Frist ist der Verleger berechtigt, von dem Vertrage zurückzutreten, wenn nicht das Werk rechtzeitig abgeliefert worden ist; der Anspruch auf Ablieferung des Werkes ist ausgeschlossen.

Der Bestimmung einer Frist bedarf es nicht, wenn die rechtzeitige Herstellung des Werkes unmöglich ist oder von dem Verfasser verweigert wird oder wenn der sofortige Rücktritt von dem Vertrage durch ein besonderes Interesse des Verlegers gerechtfertigt wird.

Der Rücktritt ist ausgeschlossen, wenn die nicht rechtzeitige Ablieferung des Werkes für den Verleger nur einen unerheblichen Nachtheil mit sich bringt.

Durch diese Vorschriften werden die im Falle des Verzugs des Verfassers dem Verleger zustehenden Rechte nicht berührt.

§ 31. Die Vorschriften des § 30 finden entsprechende Anwendung, wenn das Werk nicht von vertragsmäßiger Beschaffenheit ist.

Beruht der Mangel auf einem Umstande, den der Verfasser zu vertreten hat, so kann der Verleger statt des im § 30 vorgesehenen Rücktrittsrechts den Anspruch auf Schadensersatz wegen Nichterfüllung geltend machen.

§ 32. Wird das Werk nicht vertragsmäßig vervielfältigt oder verbreitet, so finden zu Gunsten des Verfassers die Vorschriften des § 30 entsprechende Anwendung.

§ 33. Geht das Werk nach der Ablieferung an den Verleger durch Zufall unter, so behält der Verfasser den Anspruch auf die Vergütung. Im Uebrigen werden beide Theile von der Verpflichtung zur Leistung frei.

Auf Verlangen des Verlegers hat jedoch der Verfasser gegen eine angemessene Vergütung ein anderes im Wesentlichen übereinstimmendes Werk zu liefern, sofern dies auf Grund vorhandener Vorarbeiten oder sonstiger Unterlagen mit geringer Mühe geschehen kann; erbietet sich der Verfasser, ein solches Werk innerhalb einer angemessenen Frist kostenfrei zu liefern, so ist der Verleger verpflichtet, das Werk an Stelle des untergegangenen zu vervielfältigen und zu verbreiten. Jeder Theil kann diese Rechte auch geltend machen, wenn das Werk nach der Ablieferung in Folge eines Umstandes untergegangen ist, den der andere Theil zu vertreten hat.

Der Ablieferung steht es gleich, wenn der Verleger in Verzug der Annahme kommt.

§ 34. Stirbt der Verfasser vor der Vollendung des Werkes, so ist, wenn ein Theil des Werkes dem Verleger bereits abgeliefert worden war, der Verleger berechtigt, in Ansehung des gelieferten Theiles den Vertrag durch eine dem Erben des Verfassers gegenüber abzugebende Erklärung aufrechtzuerhalten.

Der Erbe kann dem Verleger zur Ausübung des im Abs. 1 bezeichneten Rechtes eine angemessene Frist bestimmen. Das Recht erlischt, wenn sich der Verleger nicht vor dem Ablaufe der Frist für die Aufrechterhaltung des Vertrags erklärt.

Diese Vorschriften finden entsprechende Anwendung, wenn die Vollendung des Werkes in Folge eines sonstigen nicht von dem Verfasser zu vertretenden Umstandes unmöglich wird.

§ 35. Bis zum Beginne der Vervielfältigung ist der Verfasser berechtigt, von dem Verlagsvertrage zurückzutreten, wenn sich Umstände ergeben, die bei dem Abschlusse des Vertrags nicht vorauszusehen waren und den Verfasser bei Kenntniß der Sachlage und verständiger Würdigung des Falles von der Herausgabe des Werkes zurückgehalten haben würden. Ist der Verleger befugt, eine neue Auflage zu veranstalten, so findet für die Auflage diese Vorschrift entsprechende Anwendung.

Erklärt der Verfasser auf Grund der Vorschrift des Abs. 1 den Rücktritt, so ist er dem Verleger zum Ersatze der von diesem gemachten Aufwendungen verpflichtet. Giebt er innerhalb eines Jahres seit dem Rücktritte das Werk anderweit heraus, so ist er zum Schadensersatze wegen Nichterfüllung verpflichtet; diese Ersatzpflicht tritt nicht ein, wenn der Verfasser dem Verleger den Antrag, den Vertrag nachträglich zur Ausführung zu bringen, gemacht und der Verleger den Antrag nicht angenommen hat.

§ 36. Wird über das Vermögen des Verlegers der Konkurs eröffnet, so finden die Vorschriften des § 17 der Konkursordnung auch dann Anwendung, wenn das Werk bereits vor der Eröffnung des Verfahrens abgeliefert worden war.

Besteht der Konkursverwalter auf der Erfüllung des Vertrags, so tritt, wenn er die Rechte des Verlegers auf einen Anderen überträgt, dieser an Stelle der Konkursmasse in die sich aus dem Vertragsverhältniß ergebenden Verpflichtungen ein. Die Konkursmasse haftet jedoch, wenn der Erwerber die Verpflichtungen nicht erfüllt, für den von dem Erwerber zu ersetzenden Schaden wie ein Bürge, der auf die Einrede der Vorausklage verzichtet hat. Wird das Konkursverfahren aufgehoben, so sind die aus dieser Haftung sich ergebenden Ansprüche des Verfassers gegen die Masse sicher zu stellen.

War zur Zeit der Eröffnung des Verfahrens mit der Vervielfältigung noch nicht begonnen, so kann der Verfasser von dem Vertrage zurücktreten.

§ 37. Auf das in den §§ 17, 30, 35, 36 bestimmte Rücktrittsrecht finden die für das vertragsmäßige Rücktrittsrecht geltenden Vorschriften der §§ 346 bis 356 des Bürgerlichen Gesetzbuchs entsprechende Anwendung. Erfolgt der Rücktritt wegen eines Umstandes, den der andere Theil nicht zu vertreten hat, so haftet dieser nur nach den Vorschriften über die Herausgabe einer ungerechtfertigten Bereicherung.

§ 38. Wird der Rücktritt von dem Verlagsvertrag erklärt, nachdem das Werk ganz oder zum Theil abgeliefert worden ist, so hängt es von den Umständen ab, ob der Vertrag theilweise aufrechterhalten bleibt. Es begründet keinen Unterschied, ob der Rücktritt auf Grund des Gesetzes oder eines Vorbehalts im Vertrag erfolgt.

Im Zweifel bleibt der Vertrag insoweit aufrechterhalten, als er sich auf die nicht mehr zur Verfügung des Verlegers stehenden Abzüge, auf frühere Abtheilungen des Werkes oder auf ältere Auflagen erstreckt.

Soweit der Vertrag aufrechterhalten bleibt, kann der Verfasser einen entsprechenden Theil der Vergütung verlangen.

Diese Vorschriften finden auch Anwendung, wenn der Vertrag in anderer Weise rückgängig wird.

§ 39. Soll Gegenstand des Vertrags ein Werk sein, an dem ein Urheberrecht nicht besteht, so ist der Verfasser zur Verschaffung des Verlagsrechts nicht verpflichtet.

Verschweigt der Verfasser arglistig, daß das Werk bereits anderweit in Verlag gegeben oder veröffentlicht worden ist, so finden die Vorschriften des bürgerlichen Rechtes, welche für die dem Verkäufer wegen eines Mangels im Rechte obliegende Gewährleistungspflicht gelten, entsprechende Anwendung.

Der Verfasser hat sich der Vervielfältigung und Verbreitung des Werkes gemäß den Vorschriften des § 2 in gleicher Weise zu enthalten, wie wenn an dem Werke ein Urheberrecht bestände. Diese Beschränkung fällt weg, wenn seit der Veröffentlichung des Werkes durch den Verleger sechs Monate abgelaufen sind.

§ 40. Im Falle des § 39 verbleibt dem Verleger die Befugniß, das von ihm veröffentlichte Werk gleich jedem Dritten von neuem unverändert oder mit Aenderungen zu vervielfältigen. Diese Vorschrift findet keine Anwendung, wenn nach dem Vertrage die Herstellung neuer Auflagen oder weiterer Abzüge von der Zahlung einer besonderen Vergütung abhängig ist.

§ 41. Werden für eine Zeitung, eine Zeitschrift oder ein sonstiges periodisches Sammelwerk Beiträge zur Veröffentlichung angenommen, so finden die Vorschriften dieses Gesetzes Anwendung, soweit sich nicht aus den §§ 42 bis 46 ein Anderes ergiebt.

§ 42. Sofern nicht aus den Umständen zu entnehmen ist, daß der Verleger das ausschließliche Recht zur Vervielfältigung und Verbreitung erhalten soll, verbleibt dem Verfasser die anderweitige Verfügung über den Beitrag.

Ueber einen Beitrag, für welchen der Verleger das ausschließliche Recht zur Vervielfältigung und Verbreitung erhalten hat, darf der Verfasser anderweit verfügen, wenn seit dem Ablaufe des Kalenderjahrs, in welchem der Beitrag erschienen ist, ein Jahr verstrichen ist. Ist der Beitrag für eine Zeitung geliefert, so steht diese Befugniß dem Verfasser alsbald nach dem Erscheinen zu.

§ 43. Der Verleger ist in der Zahl der von dem Sammelwerke herzustellenden Abzüge, die den Beitrag enthalten, nicht beschränkt. Die Vorschrift des § 20 Abs. 1 Satz 2 findet keine Anwendung.

§ 44. Soll der Beitrag ohne den Namen des Verfassers erscheinen, so ist der Verleger befugt, an der Fassung solche Aenderungen vorzunehmen, welche bei Sammelwerken derselben Art üblich sind.

§ 45. Wird der Beitrag nicht innerhalb eines Jahres nach der Ablieferung an den Verleger veröffentlicht, so kann der Verfasser das Vertragsverhältniß kündigen. Der Anspruch auf die Vergütung bleibt unberührt.

Ein Anspruch auf Vervielfältigung und Verbreitung des Beitrags oder auf Schadensersatz wegen Nichterfüllung steht dem Verfasser nur zu, wenn ihm der Zeitpunkt, in welchem der Beitrag erscheinen soll, von dem Verleger bezeichnet worden ist.

§ 46. Erscheint der Beitrag in einer Zeitung, so kann der Verfasser Freiexemplare nicht verlangen.

Der Verleger ist nicht verpflichtet, dem Verfasser Abzüge zum Buchhändlerpreise zu überlassen.

§ 47. Uebernimmt Jemand die Herstellung eines Werkes nach einem Plane, in welchem ihm der Besteller den Inhalt des Werkes sowie die Art und Weise der Behandlung genau vorschreibt, so ist der Besteller im Zweifel zur Vervielfältigung und Verbreitung nicht verpflichtet.

Das Gleiche gilt, wenn sich die Thätigkeit auf die Mitarbeit an encyklopädischen Unternehmungen oder auf Hülfs- oder Nebenarbeiten für das Werk eines Anderen oder für ein Sammelwerk beschränkt.

§ 48. Die Vorschriften dieses Gesetzes finden auch dann Anwendung, wenn derjenige, welcher mit dem Verleger den Vertrag abschließt, nicht der Verfasser ist.

§ 49. In bürgerlichen Rechtsstreitigkeiten, in welchen durch Klage oder Widerklage ein Anspruch auf Grund der Vorschriften dieses Gesetzes geltend gemacht ist, wird die Verhandlung und Entscheidung letzter Instanz im Sinne des § 8 des Einführungsgesetzes zum Gerichtsverfassungsgesetze dem Reichsgerichte zugewiesen.

§ 50. Dieses Gesetz tritt am 1. Januar 1902 in Kraft.

---

200) Gesetz, betr. das Urheberrecht an Werken der Literatur und der Tonkunst. Vom 19. Juni 1901. (RGBl S. 227.)

Erster Abschnitt.

Voraussetzungen des Schutzes.

§ 1. Nach Maßgabe dieses Gesetzes werden geschützt:

1) die Urheber von Schriftwerken und solchen Vorträgen oder Reden, welche dem Zwecke der Erbauung, der Belehrung oder der Unterhaltung dienen;
2) die Urheber von Werken der Tonkunst;
3) die Urheber von solchen Abbildungen wissenschaftlicher oder technischer Art, welche nicht ihrem Hauptzwecke nach als Kunstwerke zu betrachten sind. Zu den Abbildungen gehören auch plastische Darstellungen.

§ 2. Urheber eines Werkes ist dessen Verfasser. Bei einer Uebersetzung gilt der Uebersetzer, bei einer sonstigen Bearbeitung der Bearbeiter als Urheber.

§ 3. Juristische Personen des öffentlichen Rechtes, die als Herausgeber ein Werk veröffentlichen, dessen Verfasser nicht auf dem Titelblatt, in der Zueignung, in der Vorrede oder am Schlusse genannt wird, werden, wenn nicht ein Anderes vereinbart ist, als Urheber des Werkes angesehen.

§ 4. Besteht ein Werk aus den getrennten Beiträgen Mehrerer (Sammelwerk), so wird für das Werk als Ganzes der Herausgeber als Urheber angesehen. Ist ein solcher nicht genannt, so gilt der Verleger als Herausgeber.

§ 5. Wird ein Schriftwerk mit einem Werke der Tonkunst oder mit Abbildungen verbunden, so gilt für jedes dieser Werke dessen Verfasser auch nach der Verbindung als Urheber.

§ 6. Haben Mehrere ein Werk gemeinsam in der Weise verfaßt, daß ihre Arbeiten sich nicht trennen lassen, so besteht unter ihnen als Urhebern eine Gemeinschaft nach Bruchtheilen im Sinne des Bürgerlichen Gesetzbuchs.

§ 7. Enthält ein erschienenes Werk auf dem Titelblatt, in der Zueignung, in der Vorrede oder am Schlusse den Namen eines Verfassers, so wird vermuthet, daß dieser der Urheber des Werkes sei. Ist das Werk durch Beiträge Mehrerer gebildet, so genügt es, wenn der Name an der Spitze oder am Schlusse des Beitrags angegeben ist.

Bei Werken, die unter einem anderen als dem wahren Namen des Verfassers oder ohne den Namen eines Verfassers erschienen sind, ist der Herausgeber, falls aber ein solcher nicht angegeben ist, der Verleger berechtigt, die Rechte des Urhebers wahrzunehmen.

Bei Werken, die vor oder nach dem Erscheinen öffentlich aufgeführt oder vorgetragen sind, wird vermuthet, daß derjenige der Urheber sei, welcher bei der Ankündigung der Aufführung oder des Vortrags als Verfasser bezeichnet worden ist.

§ 8. Das Recht des Urhebers geht auf die Erben über.

Ist der Fiskus oder eine andere juristische Person gesetzlicher Erbe, so erlischt das Recht, soweit es dem Erblasser zusteht, mit dessen Tode.

Das Recht kann beschränkt oder unbeschränkt auf Andere übertragen werden; die Uebertragung kann auch mit der Begrenzung auf ein bestimmtes Gebiet geschehen.

§ 9. Im Falle der Uebertragung des Urheberrechts hat der Erwerber, soweit nicht ein Anderes vereinbart ist, nicht das Recht, an dem Werke selbst, an dessen Titel und an der Bezeichnung des Urhebers Zusätze, Kürzungen oder sonstige Aenderungen vorzunehmen.

Zulässig sind Aenderungen, für die der Berechtigte seine Einwilligung nach Treu und Glauben nicht versagen kann.

§ 10. Die Zwangsvollstreckung in das Recht des Urhebers oder in sein Werk findet gegen den Urheber selbst ohne dessen Einwilligung nicht statt; die Einwilligung kann nicht durch den gesetzlichen Vertreter ertheilt werden. Gegen den Erben des Urhebers ist ohne seine Einwilligung die Zwangsvollstreckung nur zulässig, wenn das Werk erschienen ist.

Zweiter Abschnitt.

Befugnisse des Urhebers.

§ 11. Der Urheber hat die ausschließliche Befugniß, das Werk zu vervielfältigen und gewerbsmäßig zu verbreiten; die ausschließliche Befugniß erstreckt sich nicht auf das Verleihen. Der Urheber ist ferner, solange nicht der wesentliche Inhalt des Werkes öffentlich mitgetheilt ist, ausschließlich zu einer solchen Mittheilung befugt.

Das Urheberrecht an einem Bühnenwerk oder an einem Werke der Tonkunst enthält auch die ausschließliche Befugniß, das Werk öffentlich aufzuführen.

Der Urheber eines Schriftwerkes oder eines Vortrags hat, solange nicht das Werk erschienen ist, die ausschließliche Befugniß, das Werk öffentlich vorzutragen.

§ 12. Die ausschließlichen Befugnisse, die dem Urheber nach § 11 in Ansehung des Werkes selbst zustehen, erstrecken sich auch auf die Bearbeitungen des Werkes.

Die Befugnisse des Urhebers erstrecken sich insbesondere auf:

1) die Uebersetzung in eine andere Sprache oder in eine andere Mundart derselben Sprache, auch wenn die Uebersetzung in gebundener Form abgefaßt ist;
2) die Rückübersetzung in die Sprache des Originalwerkes;
3) die Wiedergabe einer Erzählung in dramatischer Form oder eines Bühnenwerkes in der Form einer Erzählung;
4) die Herstellung von Auszügen aus Werken der Tonkunst sowie von Einrichtungen solcher Werke für einzelne oder mehrere Instrumente oder Stimmen.

§ 13. Unbeschadet der ausschließlichen Befugnisse, die dem Urheber nach § 12 Abs. 2 zustehen, ist die freie Benutzung seines Werkes zulässig, wenn dadurch eine eigenthümliche Schöpfung hervorgebracht wird.

Bei einem Werke der Tonkunst ist jede Benutzung unzulässig, durch welche eine Melodie erkennbar dem Werke entnommen und einer neuen Arbeit zu Grunde gelegt wird.

§ 14. Im Falle der Uebertragung des Urheberrechts verbleiben, soweit nicht ein Anderes vereinbart ist, dem Urheber seine ausschließlichen Befugnisse:

1) für die Uebersetzung eines Werkes in eine andere Sprache oder in eine andere Mundart;
2) für die Wiedergabe einer Erzählung in dramatischer Form oder eines Bühnenwerkes in der Form einer Erzählung;

3) für die Bearbeitung eines Werkes der Tonkunst, soweit sie nicht blos ein Auszug oder eine Uebertragung in eine andere Tonart oder Stimmlage ist.

§ 15. Eine Vervielfältigung ohne Einwilligung des Berechtigten ist unzulässig, gleichviel durch welches Verfahren sie bewirkt wird; auch begründet es keinen Unterschied, ob das Werk in einem oder in mehreren Exemplaren vervielfältigt wird.

Eine Vervielfältigung zum persönlichen Gebrauch ist zulässig, wenn sie nicht den Zweck hat, aus dem Werke eine Einnahme zu erzielen.

§ 16. Zulässig ist der Abdruck von Gesetzbüchern, Gesetzen, Verordnungen, amtlichen Erlassen und Entscheidungen sowie von anderen zum amtlichen Gebrauche hergestellten amtlichen Schriften.

§ 17. Zulässig ist:

1) die Wiedergabe eines Vortrags oder einer Rede in Zeitungen oder Zeitschriften, sofern der Vortrag oder die Rede Bestandtheil einer öffentlichen Verhandlung ist;
2) die Vervielfältigung von Vorträgen oder Reden, die bei den Verhandlungen der Gerichte, der politischen, kommunalen und kirchlichen Vertretungen gehalten werden.

   Die Vervielfältigung ist jedoch unzulässig, wenn sie in einer Sammlung erfolgt, die der Hauptsache nach Reden desselben Verfassers enthält.

§ 18. Zulässig ist der Abdruck einzelner Artikel aus Zeitungen, soweit die Artikel nicht mit einem Vorbehalte der Rechte versehen sind; jedoch ist nur ein Abdruck gestattet, durch den der Sinn nicht entstellt wird. Bei dem Abdruck ist die Quelle deutlich anzugeben.

Der Abdruck von Ausarbeitungen wissenschaftlichen, technischen oder unterhaltenden Inhalts ist, auch wenn ein Vorbehalt der Rechte fehlt, unzulässig.

Vermischte Nachrichten thatsächlichen Inhalts und Tagesneuigkeiten dürfen aus Zeitungen oder Zeitschriften stets abgedruckt werden.

§ 19. Zulässig ist die Vervielfältigung:

1) wenn einzelne Stellen oder kleinere Theile eines Schriftwerkes, eines Vortrags oder einer Rede nach der Veröffentlichung in einer selbständigen literarischen Arbeit angeführt werden;
2) wenn einzelne Aufsätze von geringem Umfang oder einzelne Gedichte nach dem Erscheinen in eine selbständige wissenschaftliche Arbeit aufgenommen werden;
3) wenn einzelne Gedichte nach dem Erscheinen in eine Sammlung aufgenommen werden, die Werke einer größeren Zahl von Schriftstellern vereinigt und ihrer Beschaffenheit nach zur Benutzung bei Gesangsvorträgen bestimmt ist;
4) wenn einzelne Aufsätze von geringem Umfang, einzelne Gedichte oder kleinere Theile eines Schriftwerkes nach dem Erscheinen in eine Sammlung aufgenommen werden, die Werke einer größeren Zahl von Schriftstellern vereinigt und ihrer

Beschaffenheit nach für den Kirchen-, Schul- oder Unterrichtsgebrauch oder zu einem eigenthümlichen literarischen Zwecke bestimmt ist. Bei einer Sammlung zu einem eigenthümlichen literarischen Zwecke bedarf es, solange der Urheber lebt, seiner persönlichen Einwilligung.

Die Einwilligung gilt als ertheilt, wenn der Urheber nicht innerhalb eines Monats, nachdem ihm von der Absicht des Verfassers Mittheilung gemacht ist, Widerspruch erhebt.

§ 20. Zulässig ist die Vervielfältigung, wenn kleinere Theile einer Dichtung oder Gedichte von geringem Umfange nach ihrem Erscheinen als Text zu einem neuen Werke der Tonkunst in Verbindung mit diesem wiedergegeben werden. Für eine Aufführung des Werkes darf die Dichtung auch allein wiedergegeben werden, sofern der Abdruck ausschließlich zum Gebrauche der Hörer bestimmt ist.

Unzulässig ist die Vervielfältigung von Dichtungen, die ihrer Gattung nach zur Komposition bestimmt sind.

§ 21. Zulässig ist die Vervielfältigung:

1) wenn einzelne Stellen eines bereits erschienenen Werkes der Tonkunst in einer selbständigen literarischen Arbeit angeführt werden;
2) wenn kleinere Kompositionen nach dem Erscheinen in eine selbständige wissenschaftliche Arbeit aufgenommen werden;
3) wenn kleinere Kompositionen nach dem Erscheinen in eine Sammlung aufgenommen werden, die Werke einer größeren Zahl von Komponisten vereinigt und ihrer Beschaffenheit nach für den Unterricht in Schulen mit Ausschluß der Musikschulen bestimmt ist.

§ 22. Zulässig ist die Vervielfältigung, wenn ein erschienenes Werk der Tonkunst auf solche Scheiben, Platten, Walzen, Bänder und ähnliche Bestandtheile von Instrumenten übertragen wird, welche zur mechanischen Wiedergabe von Musikstücken dienen. Diese Vorschrift findet auch auf auswechselbare Bestandtheile Anwendung, sofern sie nicht für Instrumente verwendbar sind, durch die das Werk hinsichtlich der Stärke und Dauer des Tones und hinsichtlich des Zeitmaßes nach Art eines persönlichen Vortrags wiedergegeben werden kann.

§ 23. Zulässig ist die Vervielfältigung, wenn einem Schriftwerk ausschließlich zur Erläuterung des Inhalts einzelne Abbildungen aus einem erschienenen Werke beigefügt werden.

§ 24. Auf Grund der §§ 19 bis 23 ist die Vervielfältigung eines fremden Werkes nur zulässig, wenn an den wiedergegebenen Theilen keine Aenderung vorgenommen wird. Jedoch sind, soweit der Zweck der Wiedergabe es erfordert, Uebersetzungen eines Schriftwerkes und solche Bearbeitungen eines Werkes der Tonkunst gestattet, die nur Auszüge oder Uebertragungen in eine andere Tonart oder Stimmlage oder Einrichtungen für die im § 22 bezeichneten Instrumente darstellen. Werden einzelne Aufsätze, einzelne Gedichte oder kleinere Theile eines Schriftwerkes in eine Sammlung zum Schulgebrauch aufgenommen, so sind die für diesen Gebrauch erforderlichen Aenderungen gestattet, jedoch bedarf es, solange der Urheber lebt, seiner persönlichen Einwilligung. Die Einwilligung gilt als ertheilt, wenn der Urheber nicht innerhalb eines Monats, nachdem ihm von der beabsichtigten Aenderung Mittheilung gemacht ist, Widerspruch erhebt.

§ 25. Wer ein fremdes Werk nach Maßgabe der §§ 19 bis 23 benutzt, hat die Quelle deutlich anzugeben.

§ 26. Soweit ein Werk nach den §§ 16 bis 24 ohne Einwilligung des Berechtigten vervielfältigt werden darf, ist auch die Verbreitung, die öffentliche Aufführung sowie der öffentliche Vortrag zulässig.

§ 27. Für öffentliche Aufführungen eines erschienenen Werkes der Tonkunst bedarf es der Einwilligung des Berechtigten nicht, wenn sie keinem gewerblichen Zwecke dienen und die Hörer ohne Entgelt zugelassen werden. Im Uebrigen sind solche Aufführungen ohne Einwilligung des Berechtigten zulässig:

1) wenn sie bei Volksfesten, mit Ausnahme der Musikfeste, stattfinden;
2) wenn der Ertrag ausschließlich für wohlthätige Zwecke bestimmt ist und die Mitwirkenden keine Vergütung für ihre Thätigkeit erhalten;
3) wenn sie von Vereinen veranstaltet werden und nur die Mitglieder sowie die zu ihrem Hausstande gehörigen Personen als Hörer zugelassen werden.

Auf die bühnenmäßige Aufführung einer Oper oder eines sonstigen Werkes der Tonkunst, zu welchem ein Text gehört, finden diese Vorschriften keine Anwendung.

§ 28. Zur Veranstaltung einer öffentlichen Aufführung ist, wenn mehrere Berechtigte vorhanden sind, die Einwilligung eines jeden erforderlich.

Bei einer Oper oder einem sonstigen Werke der Tonkunst, zu welchem ein Text gehört, bedarf der Veranstalter der Aufführung nur der Einwilligung desjenigen, welchem das Urheberrecht an dem musikalischen Theile zusteht.

Dritter Abschnitt.

Dauer des Schutzes.

§ 29. Der Schutz des Urheberrechts endigt, wenn seit dem Tode des Urhebers dreißig Jahre und außerdem seit der ersten Veröffentlichung des Werkes zehn Jahre abgelaufen sind. Ist die Veröffentlichung bis zum Ablaufe von dreißig Jahren seit dem Tode des Urhebers nicht erfolgt, so wird vermuthet, daß das Urheberrecht dem Eigenthümer des Werkes zustehe.

§ 30. Steht das Urheberrecht an einem Werke Mehreren gemeinschaftlich zu, so bestimmt sich, soweit der Zeitpunkt des Todes für die Schutzfrist maßgebend ist, deren Ablauf nach dem Tode des Letztlebenden.

§ 31. Ist der wahre Name des Urhebers nicht bei der ersten Veröffentlichung gemäß § 7 Abs. 1, 3 angegeben worden, so endigt der Schutz mit dem Ablaufe von dreißig Jahren seit der Veröffentlichung.

Wird der wahre Name des Urhebers binnen der dreißigjährigen Frist gemäß § 7 Abs. 1, 3 angegeben oder von dem Berechtigten zur Eintragung in die Eintragsrolle (§ 56) angemeldet, so finden die Vorschriften des § 29 Anwendung. Das Gleiche gilt, wenn das Werk erst nach dem Tode des Urhebers veröffentlicht wird.[1]

---

[1] Bestimmungen über die Führung der Eintragsrolle für Werke der Literatur, der Tonkunst und der bildenden Künste vom 13. September 1901 (CBl S. 335).

§ 1. Für die im § 31 Abs. 2 des Gesetzes, betreffend das Urheberrecht an Werken der Literatur und der Tonkunst, vom 19. Juni 1901 (Reichs-Gesetzbl. S. 227) und im § 9 des Gesetzes, betreffend das Urheberrecht an Werken der bildenden Künste, vom 9. Januar 1876 (Reichs-Gesetzbl. S. 4) vorgesehenen Eintragungen des Namens des Urhebers wird eine gemeinsame Eintragsrolle bei dem Stadtrathe zu Leipzig geführt.

§ 2. Der Antrag auf eine Eintragung ist schriftlich oder zu Protokoll bei dem Stadtrathe zu Leipzig zu stellen. In dem Antrag ist außer dem Namen des Urhebers und der Bezeichnung des Werkes anzugeben, wann und in welcher Form die erste Veröffentlichung des Werkes erfolgt ist.

Der Vorlegung des Werkes selbst bedarf es nicht.

§ 3. Die Eintragsrolle wird als Fortsetzung der bisherigen Eintragsrolle Abtheilung A (Bestimmungen vom 29. Februar 1876, Central-Blatt für das Deutsche Reich, S. 119) in zwei gleichlautenden Exemplaren nach dem anliegenden Formular 1 geführt. Das eine Exemplar wird unter sicherem Verschlusse gehalten, das zweite Exemplar zur öffentlichen Einsicht ausgelegt.

In der ersten Spalte der Eintragsrolle ist die laufende Nummer der Eintragung zu vermerken. Die erste Eintragung erfolgt unter der Nummer, welche auf die letzte laufende Nummer in der bisherigen Eintragsrolle Abtheilung A folgt.

In der zweiten Spalte ist der Tag der Anmeldung einzutragen.

In der dritten Spalte sind einzutragen:

der angemeldete Name des Urhebers, das Werk unter Angabe des Titels oder einer sonstigen Bezeichnung, der Zeitpunkt der ersten Veröffentlichung des Werkes sowie die Form, in welcher diese erfolgt ist.

§ 4. Die eingehenden Anträge, sowie die erlassenen Verfügungen werden in einem Aktenstücke vereinigt.

Zu der Eintragsrolle wird das alphabetische Register (§ 4 der Instruktion vom 7. Dezember 1870, CBl. f. das Deutsche Reich 1876 S. 120) in der bisherigen Weise fortgeführt.

§ 5. Der zum Nachweise der Eintragung dienende Eintragsschein wird dem Antragsteller nur auf besonderes Verlangen ertheilt. Er ist nach dem Formular 2 auszufertigen.

§ 6. Die Ausfertigungen der Eintragsscheine und sonstiger auf die Eintragung bezüglichen Verfügungen erhalten die Unterschrift:

Der Stadtrath zu Leipzig.

§ 32. Steht einer juristischen Person nach den §§ 3, 4 das Urheberrecht zu, so endigt der Schutz mit dem Ablaufe von dreißig Jahren seit der Veröffentlichung. Jedoch endigt der Schutz mit dem Ablaufe der im § 29 bestimmten Fristen, wenn das Werk erst nach dem Tode des Verfassers veröffentlicht wird.

§ 33. Bei Werken, die aus mehreren in Zwischenräumen veröffentlichten Bänden bestehen, sowie bei fortlaufenden Berichten oder Heften wird jeder Band, jeder Bericht oder jedes Heft für die Berechnung der Schutzfristen als ein besonderes Werk angesehen.

Bei den in Lieferungen veröffentlichten Werken wird die Schutzfrist erst von der Veröffentlichung der letzten Lieferung an berechnet.

§ 34. Die Schutzfristen beginnen mit dem Ablaufe des Kalenderjahrs, in welchem der Urheber gestorben oder das Werk veröffentlicht worden ist.

§ 35. Soweit der in diesem Gesetze gewährte Schutz davon abhängt, ob ein Werk erschienen oder anderweit veröffentlicht oder ob der wesentliche Inhalt eines Werkes öffentlich mitgetheilt worden ist, kommt nur eine Veröffentlichung oder Mittheilung in Betracht, die der Berechtigte bewirkt hat.

Vierter Abschnitt.

Rechtsverletzungen.

§ 36. Wer vorsätzlich oder fahrlässig unter Verletzung der ausschließlichen Befugniß des Urhebers ein Werk vervielfältigt, gewerbsmäßig verbreitet oder den wesentlichen Inhalt eines Werkes öffentlich mittheilt, ist dem Berechtigten zum Ersatze des daraus entstehenden Schadens verpflichtet.

§ 37. Wer vorsätzlich oder fahrlässig unter Verletzung der ausschließlichen Befugniß des Urhebers ein Werk öffentlich aufführt oder öffentlich vorträgt, ist dem Berechtigten zum Ersatze des daraus entstehenden Schadens verpflichtet. Die gleiche Verpflichtung trifft denjenigen, welcher vorsätzlich oder fahrlässig eine dramatische Bearbeitung, die nach § 12 unzulässig ist, öffentlich aufführt.

§ 38. Mit Geldstrafe bis zu dreitausend Mark wird bestraft:

1) wer in anderen als den gesetzlich zugelassenen Fällen vorsätzlich ohne Einwilligung des Berechtigten ein Werk vervielfältigt oder gewerbsmäßig verbreitet;

---

§ 7. Die Erhebung der für jede Eintragung, für jeden Eintragsschein sowie für jeden sonstigen Auszug aus der Eintragsrolle zu entrichtenden Gebühr von 1,50 M. steht dem Stadtrathe zu Leipzig zu.

Die Gebühren sind von dem Antragsteller im voraus zu zahlen.

§ 8. Diese Bestimmungen treten mit dem 1. Januar 1902 in Wirksamkeit. Gleichzeitig treten die Instruktion über die Führung der Eintragsrolle vom 7. Dezember 1870 und die Bestimmungen über die Führung der Eintragsrolle für Werke der bildenden Künste vom 29. Februar 1876 (CBl für das Deutsche Reich 1876 S. 119, 120) außer Kraft.

2) wer in anderen als den gesetzlich zugelassenen Fällen vorsätzlich ohne Einwilligung des Berechtigten ein Bühnenwerk, ein Werk der Tonkunst oder eine dramatische Bearbeitung, die nach § 12 unzulässig ist, öffentlich aufführt oder ein Werk, bevor es erschienen ist, öffentlich vorträgt.

War die Einwilligung des Berechtigten nur deshalb erforderlich, weil an dem Werke selbst, an dessen Titel oder an der Bezeichnung des Urhebers Aenderungen vorgekommen sind, so tritt Geldstrafe bis zu dreihundert Mark ein.

Soll eine nicht beizutreibende Geldstrafe in Gefängnißstrafe umgewandelt werden, so darf deren Dauer in den Fällen des Abs. 1 sechs Monate, in den Fällen des Abs. 2 einen Monat nicht übersteigen.

§ 39. Wer den wesentlichen Inhalt eines Werkes, bevor der Inhalt öffentlich mitgetheilt ist, vorsätzlich ohne Einwilligung des Berechtigten öffentlich mittheilt, wird mit Geldstrafe bis zu eintausendfünfhundert Mark bestraft. Soll eine nicht beizutreibende Geldstrafe in Gefängnißstrafe umgewandelt werden, so darf deren Dauer drei Monate nicht übersteigen.

§ 40. Auf Verlangen des Berechtigten kann neben der Strafe auf eine an ihn zu erlegende Buße bis zum Betrage von sechstausend Mark erkannt werden. Die zu dieser Buße Verurtheilten haften als Gesammtschuldner.

Eine erkannte Buße schließt die Geltendmachung eines weiteren Anspruchs auf Schadensersatz aus.

§ 41. Die in den §§ 36 bis 39 bezeichneten Handlungen sind auch dann rechtswidrig, wenn das Werk nur zu einem Theile vervielfältigt, verbreitet, öffentlich mitgetheilt, aufgeführt oder vorgetragen wird.

§ 42. Die widerrechtlich hergestellten oder verbreiteten Exemplare und die zur widerrechtlichen Vervielfältigung ausschließlich bestimmten Vorrichtungen, wie Formen, Platten, Steine, Stereotypen, unterliegen der Vernichtung. Ist nur ein Theil des Werkes widerrechtlich hergestellt oder verbreitet, so ist auf Vernichtung dieses Theiles und der entsprechenden Vorrichtungen zu erkennen.

Gegenstand der Vernichtung sind alle Exemplare und Vorrichtungen, welche sich im Eigenthume der an der Herstellung oder der Verbreitung Betheiligten sowie der Erben dieser Personen befinden.

Auf die Vernichtung ist auch dann zu erkennen, wenn die Herstellung oder die Verbreitung weder vorsätzlich noch fahrlässig erfolgt. Das Gleiche gilt, wenn die Herstellung noch nicht vollendet ist.

Die Vernichtung hat zu erfolgen, nachdem dem Eigenthümer gegenüber rechtskräftig darauf erkannt ist. Soweit die Exemplare oder die Vorrichtungen in anderer Weise als durch Vernichtung unschädlich gemacht werden können, hat dies zu geschehen, falls der Eigenthümer die Kosten übernimmt.

§ 43. Der Berechtigte kann statt der Vernichtung verlangen, daß ihm das Recht zuerkannt wird, die Exemplare und Vorrichtungen ganz oder theilweise gegen eine angemessene, höchstens dem Betrage der Herstellungskosten gleichkommende Vergütung zu übernehmen.

§ 44. Wer den Vorschriften des § 18 Abs. 1 oder des § 25 zuwider unterläßt, die benutzte Quelle anzugeben, wird mit Geldstrafe bis zu einhundertfünfzig Mark bestraft.

§ 45. Die Strafverfolgung in den Fällen der §§ 38, 39, 44 tritt nur auf Antrag ein. Die Zurücknahme des Antrags ist zulässig.

§ 46. Die Vernichtung der widerrechtlich hergestellten oder verbreiteten Exemplare und der zur widerrechtlichen Vervielfältigung ausschließlich bestimmten Vorrichtungen kann im Wege des bürgerlichen Rechtsstreits oder im Strafverfahren verfolgt werden.

§ 47. Auf die Vernichtung von Exemplaren oder Vorrichtungen kann auch im Strafverfahren nur auf besonderen Antrag des Berechtigten erkannt werden. Die Zurücknahme des Antrags ist bis zur erfolgten Vernichtung zulässig.

Der Berechtigte kann die Vernichtung von Exemplaren oder Vorrichtungen selbständig verfolgen. In diesem Falle finden die §§ 477 bis 479 der Strafprozeßordnung mit der Maßgabe Anwendung, daß der Berechtigte als Privatkläger auftreten kann.

§ 48. Die §§ 46, 47 finden auf die Verfolgung des im § 43 bezeichneten Rechtes entsprechende Anwendung.

§ 49. Für sämmtliche Bundesstaaten sollen Sachverständigen-Kammern bestehen, die verpflichtet sind, auf Erfordern der Gerichte und der Staatsanwaltschaften Gutachten über die an sie gerichteten Fragen abzugeben.

Die Sachverständigen-Kammern sind befugt, auf Anrufen der Betheiligten über Schadensersatzansprüche, über die Vernichtung von Exemplaren oder Vorrichtungen sowie über die Zuerkennung des im § 43 bezeichneten Rechtes als Schiedsrichter zu verhandeln und zu entscheiden.

Der Reichskanzler erläßt die Bestimmungen über die Zusammensetzung und den Geschäftsbetrieb der Sachverständigen-Kammern.[1]

---

[1] **Bestimmungen** über die Zusammensetzung und den Geschäftsbetrieb der Sachverständigen-Kammern für Werke der Literatur und der Tonkunst vom 13. September 1901 (CBl S. 337).

Auf Grund des § 49 Abs. 3 des Gesetzes, betreffend das Urheberrecht an Werken der Literatur und der Tonkunst, vom 19. Juni 1901 (Reichs-Gesetzbl. S. 227) wird bestimmt:

§ 1. Für Werke der Literatur und für Werke der Tonkunst werden gesonderte Sachverständigen-Kammern gebildet. In keinem Bundesstaate soll von solchen Kammern mehr als je eine bestehen.

§ 2. Jede Kammer besteht aus sieben Mitgliedern und aus der erforderlichen Anzahl von Stellvertretern.

§ 3. Die einer Kammer angehörenden Sachverständigen (Mitglieder und Stellvertreter) werden von der Landes-Centralbehörde ernannt. Diese ernennt auch den Vorsitzenden und dessen Stellvertreter aus der Zahl der Mitglieder.

Die Sachverständigen werden gerichtlich beeidigt.

Die einzelnen Mitglieder der Sachverständigen-Kammern sollen nicht ohne ihre Zustimmung und nicht ohne Genehmigung des Vorsitzenden von den Gerichten als Sachverständige vernommen werden.

§ 50. Der Anspruch auf Schadensersatz und die Strafverfolgung wegen Nachdrucks verjähren in drei Jahren.

Die Verjährung beginnt mit dem Tage, an welchem die Verbreitung der Nachdruckexemplare zuerst stattgefunden hat.

§ 51. Der Anspruch auf Schadensersatz und die Strafverfolgung wegen widerrechtlicher Verbreitung oder Aufführung sowie wegen widerrechtlichen Vortrags verjähren in drei Jahren. Das Gleiche gilt in den Fällen der §§ 36, 39.

Die Verjährung beginnt mit dem Tage, an welchem die widerrechtliche Handlung zuletzt stattgefunden hat.

§ 52. Der Antrag auf Vernichtung der widerrechtlich hergestellten oder verbreiteten Exemplare sowie der zur widerrechtlichen Vervielfältigung ausschließlich bestimmten Vorrichtungen ist solange zulässig, als solche Exemplare oder Vorrichtungen vorhanden sind.

§ 53. Die Verjährung der nach dem § 44 strafbaren Handlung beginnt mit dem Tage, an welchem die erste Veröffentlichung stattgefunden hat.

---

§ 4. Auf Erfordern der Gerichte und der Staatsanwaltschaften haben die Kammern ein Gutachten nur abzugeben, wenn

1. in dem Ersuchungsschreiben die zu begutachtenden Fragen einzeln aufgeführt,
2. die Akten und die zu vergleichenden Gegenstände übersandt werden.

§ 5. Der Vorsitzende der Kammer bestellt, sobald der Antrag auf Erstattung eines Gutachtens an ihn gelangt ist, nach seinem Ermessen einen oder zwei Berichterstatter. Diese legen dem Vorsitzenden eine schriftliche Bearbeitung der Sache vor. Die Beschlußfassung der Kammer erfolgt auf Grund mündlicher Berathung in einer von dem Vorsitzenden anzuberaumenden Sitzung nach Stimmenmehrheit; bei Stimmengleichheit giebt die Stimme des Vorsitzenden den Ausschlag.

§ 6. An jedem Beschlusse müssen mindestens fünf Sachverständige mit Einschluß des Vorsitzenden Theil nehmen. Mehr als sieben Sachverständige dürfen an dem Beschlusse nicht Theil nehmen.

§ 7. Die beschlossenen Gutachten werden ausgefertigt, von den Sachverständigen, die an dem Beschlusse Theil genommen haben, unterschrieben und mit dem Siegel der Kammer versehen.

§ 8. Die Kammer ist befugt, Gebühren für das Gutachten im Betrage von dreißig bis dreihundert Mark zu erheben. Die Gebühren sind von der ersuchenden Behörde der Kammer sofort nach Eingang des Gutachtens kostenfrei zu übersenden.

§ 9. Anträge, durch welche eine Kammer gemäß § 49 Abs. 2 des Gesetzes vom 19. Juni 1901 als Schiedsrichter angerufen wird, sind in beglaubigter Form einzureichen. Auf die Erledigung solcher Anträge finden die Vorschriften der §§ 4 bis 8 entsprechende Anwendung.

Fünfter Abschnitt.

Schlußbestimmungen.

§ 54. Den Schutz genießen die Reichsangehörigen für alle ihre Werke, gleichviel ob diese erschienen sind oder nicht.

§ 55.[1] Wer nicht Reichsangehöriger ist, genießt den Schutz für jedes seiner Werke, das im Inland erscheint, sofern er nicht das

---

[1] Neben der unter 1886 abgedruckten Berner Uebereinkunft bestehen noch besondere Konventionen: Mit Frankreich: 19. April 1883 (RGBl S. 269), dazu Bekanntmachung vom 3. Nov. 1883 (CBl S. 317). Mit Belgien: 12. Dez. 1883 (RGBl 1884, S. 173), dazu Bekanntmachung vom 18. Dez. 1884 (CBl S. 324). Mit Italien: 20. Juni 1884 (RGBl S. 193); dazu Bekanntmachung vom 18. Dez. 1884 (CBl S. 327), 20. Juni 1884 (CBl 1885, S. 21). Mit den Vereinigten Staaten von Amerika: 15. Januar 1892 (RGBl S. 473). Mit Oesterreich-Ungarn: 30. Dez. 1899 (RGBl 1901 S. 131). Zur Geltung dieser Sonderverträge vgl.: Art. 15 und Zusatzartikel der Berner Uebereinkunft von 1886. Vgl. auch oben G vom 4. April 1888, betr. die Ausführung der am 9. Sept. 1886 zu Bern abgeschlossenen Uebereinkunft und die dazu ergangenen Verordnungen. Die Uebereinkunft mit Oesterreich-Ungarn wird mitgetheilt:

Uebereinkommen, betreffend den Schutz der Urheberrechte an Werken der Literatur, Kunst und Photographie zwischen dem Deutschen Reiche und Oesterreich-Ungarn. Vom 30. Dezember 1899 (RGBl 1901 S. 131).

Artikel I. Jedes Werk der Literatur, der Kunst und der Photographie, welches in den Staatsgebieten eines der vertragschließenden Theile einheimisch ist, wird in den Staatsgebieten des anderen Theiles, wenn es nicht auch dort als einheimisch anzusehen ist, den dort für Werke gleicher Art durch die inländische Gesetzgebung jeweils gewährten Schutz auf Grund dieses Uebereinkommens genießen.

Der vertragsmäßige Schutz wird jedoch nicht gewährt, wenn das Werk dort, wo es einheimisch ist, überhaupt keinen gesetzlichen Schutz genießt. Er soll ferner nicht länger bestehen, als der gesetzliche Schutz dort dauert, wo das Werk einheimisch ist.

Artikel II. Als einheimisch gilt ein Werk, wenn auf dasselbe vermöge seines Erscheinungsortes oder vermöge der Staatsangehörigkeit oder des Wohnsitzes seines Urhebers die betreffende inländische Gesetzgebung Anwendung findet.

Artikel III. Im Verhältnisse zwischen dem Deutschen Reiche und den im Oesterreichischen Reichsrathe vertretenen Königreichen und Ländern ist der vertragsmäßige Schutz von der Erfüllung nur der Bedingungen und Förmlichkeiten abhängig, welche durch die Gesetzgebung des Theiles vorgeschrieben sind, in dessen Gebiete das betreffende Werk einheimisch ist.

Dagegen ist im Verhältnisse zwischen den Ländern der Ungarischen Krone und dem Deutschen Reiche der vertragsmäßige Schutz davon abhängig, daß hinsichtlich der Bedingungen und Förmlichkeiten nicht nur den Gesetzen und Vorschriften des vertragschließenden Theiles, in dessen Gebiete das Werk einheimisch ist, sondern auch den Gesetzen und Vorschriften des anderen Theiles, in dessen Gebiete der vertragsmäßige Schutz gewährt werden soll, entsprochen worden ist.

Als Bedingungen und Förmlichkeiten im Sinne dieses Artikels sind insbesondere der Vorbehalt des Uebersetzungsrechts und der Beginn der Uebersetzung

Werk selbst oder eine Uebersetzung an einem früheren Tage im Auslande hat erscheinen lassen.

Unter der gleichen Voraussetzung genießt er den Schutz für jedes seiner Werke, das er im Inland in einer Uebersetzung erscheinen läßt; die Uebersetzung gilt in diesem Falle als das Originalwerk.

---

innerhalb einer bestimmten Frist anzusehen; das Gleiche gilt von dem Vorbehalte des Rechtes der öffentlichen Aufführung bei musikalischen Werken.

Artikel IV. Das ausschließliche Uebersetzungsrecht dauert hinsichtlich der Sprachen, in denen nicht eine rechtmäßige und vollständige Uebersetzung herausgegeben worden ist, keinenfalls länger als drei Jahre nach der Herausgabe des Werkes.

Bezüglich der Sprachen, in denen eine solche Uebersetzung rechtzeitig herausgegeben ist, endigt das Uebersetzungsrecht erst fünf Jahre nach dieser Herausgabe.

Bei Berechnung der Fristen ist das Kalenderjahr der Herausgabe des Werkes oder der Uebersetzung nicht mitzuzählen.

Artikel V. Die durch dieses Uebereinkommen gewährleisteten Rechte stehen nicht nur den Urhebern, sondern auch ihren Rechtsnachfolgern, mit Einschluß der Verleger, zu, gleichviel ob das Urheberrecht als solches oder nur zur Ausübung auf den Rechtsnachfolger übergegangen ist.

Damit die Urheber bis zum Beweise des Gegentheils als solche angesehen und demgemäß von den Gerichten der vertragschließenden Theile zur Verfolgung ihrer Rechte zugelassen werden, genügt es, wenn ihr Name in der üblichen Weise auf dem Werke angegeben ist.

Bei anonymen oder pseudonymen Werken ist der Herausgeber, und wenn ein solcher nicht oder nicht mit seinem wahren Namen angegeben ist, der Verleger berechtigt, die dem Urheber zustehenden Rechte wahrzunehmen.

Der Herausgeber und der Verleger gelten in diesen Fällen ohne weiteren Beweis als Rechtsnachfolger des anonymen oder pseudonymen Urhebers.

Artikel VI. Die Bestimmungen des gegenwärtigen Uebereinkommens sollen in keiner Beziehung das jedem der beiden vertragschließenden Theile zustehende Recht beeinträchtigen, durch Maßregeln der Gesetzgebung oder inneren Verwaltung die Verbreitung, die Aufführung, die Ausstellung oder das Feilbieten eines jeden Werkes oder Erzeugnisses zu überwachen oder zu untersagen.

Jedem der beiden vertragschließenden Theile bleibt gleicherweise das Recht gewahrt, im eigenen Gebiete die Einfuhr solcher Werke zu verbieten, welche nach seinen inneren Gesetzen oder in Gemäßheit seiner Verabredungen mit anderen Mächten als unerlaubte Wiedergabe erklärt sind oder erklärt werden.

Artikel VII. Die Bestimmungen dieses Uebereinkommens sollen auch auf die vor Beginn der Wirksamkeit desselben vorhandenen Werke Anwendung finden. Jedoch können begonnene Vervielfältigungen und Nachbildungen, deren Herstellung bisher nicht verboten war, vollendet und gleich den bereits erlaubterweise hergestellten verbreitet werden.

Desgleichen können die Vorrichtungen zur Vervielfältigung oder Nachbildung (Abdrücke, Abgüsse, Platten, Steine und Formen), deren Herstellung bisher nicht verboten war, zu besagtem Zwecke noch während eines Zeitraums von vier Jahren, vom Beginne der Wirksamkeit des gegenwärtigen Uebereinkommens an, benutzt werden.

Die Verbreitung solcher Vervielfältigungen oder Nachbildungen und die fernere Benutzung der bezeichneten Vorrichtungen ist aber nur dann gestattet, wenn diese Gegenstände in Folge eines von der betheiligten Partei binnen drei

§ 56.[3] Die Rolle für die im § 31 Abs. 2 vorgesehenen Eintragungen wird bei dem Stadtrathe zu Leipzig geführt. Der Stadtrath bewirkt die Eintragungen, ohne die Berechtigung des Antragstellers oder die Richtigkeit der zur Eintragung angemeldeten Thatsachen zu prüfen.

Monaten nach Beginn der Wirksamkeit des gegenwärtigen Uebereinkommens gestellten Ansuchens in einem Inventare verzeichnet und mit einem besonderen Stempel versehen worden sind. Die näheren Bestimmungen hierüber werden durch die Verwaltungsbehörden getroffen.

Die vor Beginn der Wirksamkeit des gegenwärtigen Uebereinkommens rechtmäßig zur Aufführung gebrachten dramatischen, musikalischen und dramatisch-musikalischen Werke können auch ferner frei aufgeführt werden.

Artikel VIII. Das gegenwärtige Uebereinkommen wird durch zehn Jahre von dem Tage ab, an welchem es in Wirksamkeit tritt, in Kraft bleiben.

In dem Falle, daß keiner der vertragschließenden Theile zwölf Monate vor dem Ablaufe des zehnjährigen Zeitraums das gegenwärtige Uebereinkommen aufkündigt, bleibt dasselbe in Kraft bis zum Ablauf eines Jahres, von dem Tage ab gerechnet, an welchem einer der vertragschließenden Theile die Kündigung erklärt.

Artikel IX. Das gegenwärtige Uebereinkommen soll ratifizirt, und die Ratifikations-Urkunden sollen sobald als möglich in Berlin ausgetauscht werden; es wird mit Beginn des fünfzehnten Tages nach dem Tage, an welchem der Austausch der Ratifikationen erfolgt ist, in Wirksamkeit treten.

Zu Urkund dessen haben die beiderseitigen Bevollmächtigten das Uebereinkommen unterzeichnet und mit ihrem Wappen gesiegelt.

So geschehen in zweifacher Ausfertigung in Berlin, am 30. Dezember im Jahre Eintausend achthundertneunundneunzig.

Schlußprotokoll. Im Begriffe, zur Vollziehung des unter dem heutigen Datum abgeschlossenen Uebereinkommens zu schreiten, haben die unterzeichneten Bevollmächtigten das Nachstehende verabredet:

Zu Artikel I und II. In Betreff des Verhältnisses zwischen den im Oesterreichischen Reichsrathe vertretenen Königreichen und Ländern einerseits und dem Deutschen Reiche andererseits besteht Einverständniß darüber:

1. daß die in dem einen Gebiet erschienenen Werke inländischer Urheber in dem anderen Gebiete nicht als einheimisch gelten und deshalb nur den vertragsmäßigen Schutz genießen;

2. daß einem Werke, soweit dasselbe durch die Gesetzgebung des einen Theiles nur vermöge seines Erscheinens geschützt wird, der vertragsmäßige Schutz nur dann zukommt, wenn es auch nach der inländischen Gesetzgebung des anderen Theiles als in dem Gebiete des ersteren Theiles erschienen gilt.

Das gegenwärtige Protokoll, welches ohne besondere Ratifikation, durch die bloße Thatsache der Auswechselung der Ratifikationen des Uebereinkommens, auf welches es sich bezieht, als von den vertragschließenden Theilen gebilligt und bestätigt anzusehen ist, wurde in doppelter Ausfertigung am 30. Dezember Eintausend achthundertneunundneunzig zu Berlin unterzeichnet.

Vgl. auch Bekanntm., betr. die Ausführung des Uebereinkommens zwischen dem deutschen Reiche und Oesterreich-Ungarn zum Schutze der Urheberrechte an Werken der Literatur, Kunst und Photographie. Vom 17. Mai 1901 (CBl S. 130).

---

[3] Vgl. Anm. zu § 31.

Wird die Eintragung abgelehnt, so steht den Betheiligten die Beschwerde an den Reichskanzler zu.

§ 57. Der Reichskanzler erläßt die Bestimmungen über die Führung der Eintragsrolle. Die Einsicht der Eintragsrolle ist Jedem gestattet. Aus der Rolle können Auszüge gefordert werden; die Auszüge sind auf Verlangen zu beglaubigen.

Die Eintragungen werden im Börsenblatte für den deutschen Buchhandel und, falls das Blatt zu erscheinen aufhören sollte, in einer anderen vom Reichskanzler zu bestimmenden Zeitung öffentlich bekannt gemacht.

§ 58. Eingaben, Verhandlungen, Bescheinigungen und sonstige Schriftstücke, welche die Eintragung in die Eintragsrolle betreffen, sind stempelfrei.

Für jede Eintragung, für jeden Eintragsschein sowie für jeden sonstigen Auszug aus der Eintragsrolle wird eine Gebühr von 1,50 Mark erhoben; außerdem hat der Antragsteller die Kosten für die öffentliche Bekanntmachung der Eintragung zu entrichten.

§ 59. In bürgerlichen Rechtsstreitigkeiten, in welchen durch Klage oder Widerklage ein Anspruch auf Grund der Vorschriften dieses Gesetzes geltend gemacht ist, wird die Verhandlung und Entscheidung letzter Instanz im Sinne des § 8 des Einführungsgesetzes zum Gerichtsverfassungsgesetze dem Reichsgerichte zugewiesen.

§ 60. Einem nachgelassenen Werke, das bei dem Inkrafttreten dieses Gesetzes noch nicht veröffentlicht ist, wird die im § 29 vorgesehene Schutzfrist auch dann zu Theil, wenn die bisherige Schutzfrist bereits abgelaufen ist.

§ 61. Der durch dieses Gesetz gewährte Schutz gegen Aufführung kann nach dessen Inkrafttreten einem Werke der Tonkunst, für welches das Aufführungsrecht bis dahin nicht vorbehalten war, dadurch gesichert werden, daß das Werk nachträglich mit dem Vorbehalte versehen wird. Jedoch ist die Aufführung eines solchen Werkes auch ferner ohne Einwilligung des Urhebers zulässig, sofern nicht bei der Aufführung Noten benutzt werden, die mit dem Vorbehalte versehen sind.

Die ausschließliche Befugniß zur öffentlichen Aufführung eines nach diesen Vorschriften geschützten Werkes steht dem Urheber zu.

§ 62. Die ausschließlichen Befugnisse des Urhebers eines geschützten Werkes bestimmen sich nach den Vorschriften dieses Gesetzes, auch wenn das Werk vor dessen Inkrafttreten entstanden ist. War jedoch eine Uebersetzung oder sonstige Bearbeitung oder eine Sammlung, welche aus den Werken mehrerer Schriftsteller zum Schulgebrauche veranstaltet ist, vor dem Inkrafttreten dieses Gesetzes erlaubterweise ganz oder zum Theil erschienen, so bleibt die Befugniß des Bearbeiters zur Vervielfältigung, Verbreitung und öffentlichen Aufführung unberührt.

§ 63. Soweit eine Vervielfältigung, die nach dem Inkrafttreten dieses Gesetzes unzulässig ist, bisher erlaubt war, darf der bereits begonnene Druck von Exemplaren vollendet werden. Die vorhandenen Vorrichtungen, wie Formen, Platten, Steine, Stereotypen, dürfen noch bis zum Ablaufe von sechs Monaten benutzt werden. Die Verbreitung der gemäß dieser Vorschriften hergestellten sowie der bereits vor dem Inkrafttreten dieses Gesetzes vollendeten Exemplare ist zulässig.

§ 64. Dieses Gesetz tritt mit dem 1. Januar 1902 in Kraft. Die §§ 1 bis 56, 61, 62 des Gesetzes, betreffend das Urheberrecht an Schriftwerken u. s. w., vom 11. Juni 1870 (Bundes-Gesetzbl. S. 339) treten mit demselben Tage außer Kraft. Jedoch bleiben diese Vorschriften insoweit unberührt, als sie in den Reichsgesetzen über den Schutz von Werken der bildenden Künste, von Photographien sowie von Mustern und Modellen für anwendbar erklärt werden.

---

201) Bestimmungen über die Führung der Eintragsrolle für Werke der Literatur, der Tonkunst und der bildenden Künste. Vom 13. September 1901. (CBl S. 335.)

[Abgedruckt als Anm. zu § 31 des G betr. das Urheberrecht u. s. w. Vom 19. Juni 1901.]

---

202) Bestimmungen über die Zusammensetzung und den Geschäftsbetrieb der Sachverständigenkammern für Werke der Literatur und der Tonkunst. Vom 13. September 1901. (CBl S. 337.)

[Abgedruckt als Anm. zu § 49 des G betr. das Urheberrecht u. s. w. Vom 19. Juni 1901.]

---

203) Bekanntmachung, betr. die Außerkurssetzung der Zwanzigpfennigstücke aus Silber. Vom 31. Oktober 1901. (RGBl S. 486.)

[Abgedruckt als Anm. 4 zum Münzgesetz vom 9. Juli 1873.]

---

204) Gesetz, betr. Aenderung der Strandungsordnung. Vom 30. Dezember 1901. (RGBl 1902 S. 1.)

[S. Anm. zur Strandungsordnung vom 17. Mai 1874.]

1902

205) Verordnung, betr. die Beaufsichtigung hessischer und bremischer privater Versicherungsunternehmungen. Vom 3. Februar 1902. (RGBl S. 43.)

[Abgedruckt als Anm. zu § 3 des G über die privaten Versicherungsunternehmungen. Vom 12. Mai 1901.]

---

206) Gesetz zum Schutze des Genfer Neutralitätszeichens. Vom 22. März 1902. (RGBl S. 125.)

§ 1. Das in der Genfer Konvention zum Neutralitätszeichen erklärte Rothe Kreuz auf weißem Grunde sowie die Worte „Rothes Kreuz" dürfen, unbeschadet der Verwendung für Zwecke des militärischen Sanitätsdienstes, zu geschäftlichen Zwecken sowie zur Bezeichnung von Vereinen oder Gesellschaften oder zur Kennzeichnung ihrer Thätigkeit nur auf Grund einer Erlaubniß gebraucht werden.

Die Erlaubniß wird von den Landes-Zentralbehörden nach den vom Bundesrathe festzustellenden Grundsätzen für das Gebiet des Reichs ertheilt. Die Erlaubniß darf Vereinen oder Gesellschaften, welche sich im Deutschen Reiche der Krankenpflege widmen und für den Kriegsfall zur Unterstützung des militärischen Sanitätsdienstes zugelassen sind, nicht versagt werden.

Die von dem Bundesrathe festgestellten Grundsätze sind dem Reichstag alsbald zur Kenntnißnahme mitzutheilen.

§ 2. Wer den Vorschriften dieses Gesetzes zuwider das Rothe Kreuz gebraucht, wird mit Geldstrafe bis zu einhundertfünfzig Mark oder mit Haft bestraft.

§ 3. Die Anwendung der Vorschriften dieses Gesetzes wird durch Abweichungen nicht ausgeschlossen, mit denen das im § 1 erwähnte Zeichen wiedergegeben wird, sofern ungeachtet dieser Abweichungen die Gefahr einer Verwechselung vorliegt.

§ 4. Dieses Gesetz tritt am 1. Juli 1903 in Kraft.

§ 5. Die Vorschriften dieses Gesetzes finden keine Anwendung auf den Vertrieb der bei der Verkündung des Gesetzes mit dem Rothen Kreuze bezeichneten Waaren, sofern die Waaren oder deren Verpackung oder Umhüllung nach näherer Bestimmung des Reichskanzlers mit einem amtlichen Stempelabdrucke versehen werden.

§ 6. Bis zum 1. Juli 1906 darf das Rothe Kreuz fortgeführt werden:

1) in Waarenzeichen, die auf Grund einer vor dem 1. Juli 1901 erfolgten Anmeldung in die Zeichenrolle eingetragen worden sind;
2) in Firmen, die auf Grund einer vor dem 1. Juli 1901 erfolgten Anmeldung in das Handels- oder Genossenschaftsregister eingetragen worden sind;
3) in Namen rechtsfähiger Vereine, sofern die Vereine nach ihren Satzungen bereits vor dem 1. Juli 1901 das Rothe Kreuz in ihren Namen geführt haben.

Aenderungen, die sich in Folge dieses Gesetzes an den unter Nr. 2, 3 bezeichneten Firmen und Vereinsnamen erforderlich machen, werden gebührenfrei in das Handelsregister und das Vereinsregister

§ 7. Waarenzeichen, welche das Rothe Kreuz enthalten, sind eingetragen, sofern sie vor dem 1. Juli 1906 zur Eintragung angemeldet werden.
Zeichenrolle ausgeschlossen, sofern nicht die Anmeldung vor dem von der Verkündung des Gesetzes ab von der Eintragung in die 1. Juli 1901 erfolgt ist.

---

207) Schaumweinsteuergesetz. Vom 9. Mai 1902. (RGBl S. 155.)

1. Gegenstand der Besteuerung.

§ 1. Schaumwein aus Traubenwein, aus Obst- oder Beerenwein (Fruchtwein) sowie alle schaumweinähnlichen Getränke unterliegen, sofern sie zum Verbrauch im Inlande bestimmt sind, einer in die Reichskasse fließenden Verbrauchsabgabe (Schaumweinsteuer).

Schaumwein im Sinne dieses Gesetzes sind alle der Schaumweinsteuer unterliegende Getränke.

Schaumwein, welcher nachweislich der Verzollung unterlegen hat, bleibt von der Abgabe befreit.

2. Kontrole der Schaumweinfabriken.

a. Anmeldung der Fabriken.

§ 7. Wer Schaumwein herstellen will, hat vor der Eröffnung des Betriebs der Steuerbehörde einen Grundriß und eine Beschreibung der Betriebs- und Lagerräume sowie der damit in Verbindung stehenden oder unmittelbar daran angrenzenden Räume vorzulegen.

Diejenigen Räume, welche zur Lagerung von fertigem unversteuerten Schaumweine dienen sollen, bedürfen der Genehmigung der Steuerbehörde.

Räume, in denen der Ausschank oder der Verkauf von Schaumwein in einzelnen Flaschen betrieben wird, müssen auf Verlangen der Steuerbehörde von den Lagerräumen für fertigen unversteuerten Schaumwein derartig getrennt sein, daß Schaumwein nicht anders als auf offener Straße in sie übergeführt werden kann.

b. Bezeichnung des Besitzers und Betriebsleiters.

§ 8. Jeder Wechsel im Besitz einer Schaumweinfabrik ist der Steuerbehörde binnen einer Woche vom neuen Besitzer anzuzeigen.

Gesellschaften, welche Schaumwein herstellen, und Inhaber von Schaumweinfabriken, die den Betrieb nicht selbst leiten, haben der Steuerbehörde diejenige Person zu bezeichnen, welche als Betriebsleiter in ihrem Namen und Auftrage handelt.

c. Lagerung des fertigen unversteuerten Schaumweins; Buchführung.

§ 9. Fertiger unversteuerter Schaumwein darf nur in den dazu genehmigten Lagerräumen gelagert, behandelt und verpackt werden. Ueber Zu- und Abgang desselben sind nach näherer Anordnung des Bundesraths Anschreibungen zu führen, welche der Bestimmung der Steuerbehörde entsprechend aufzubewahren und den Beamten zugänglich zu halten sind.

Die Bestände sind von Zeit zu Zeit amtlich festzustellen und mit den Anschreibungen zu vergleichen. Von der Erhebung der Steuer für Fehlmengen ist abzusehen, wenn und soweit dargethan wird, daß eine Steuerhinterziehung nicht stattgefunden hat, sondern daß die Fehlmengen auf andere, eine Steuerschuld nicht begründende Umstände zurückzuführen sind.

d. Revisionsbefugniß der Steuerbeamten.

§ 10. Die Schaumweinfabriken unterliegen der steuerlichen Revision. Die Steuerbeamten sind befugt, die Betriebs- und Lagerräume, solange sie geöffnet sind oder darin gearbeitet wird, zu jeder Zeit, anderenfalls von Morgens 6 Uhr bis Abends 9 Uhr zu besuchen und, falls die Fabrik verschlossen sein sollte, sofortigen Einlaß zu verlangen. Die Revisionsbefugniß erstreckt sich auf alle Räume der Fabrik sowie auf die mit derselben in Verbindung stehenden oder unmittelbar daran grenzenden Räume. Die Zeitbeschränkung fällt fort, wenn Gefahr im Verzuge liegt.

e. Hülfsleistung bei Ausübung der Steuerkontrole.

§ 11. Der Fabrikinhaber hat den Steuerbeamten jede im Steuerinteresse oder zu statistischen Zwecken erforderliche Auskunft über den Fabrikbetrieb zu ertheilen und bei allen zum Zwecke der Kontrole oder Abfertigung stattfindenden Amtshandlungen die Hülfsdienste zu leisten oder leisten zu lassen, welche nothwendig sind, damit die Beamten die ihnen obliegenden Geschäfte in den vorgeschriebenen Grenzen vollziehen können. Insbesondere ist auch für Beleuchtung zu sorgen.

Den Oberbeamten der Steuerverwaltung sind die auf die Herstellung und Veräußerung von Schaumwein sich beziehenden Geschäftsbücher und Geschäftspapiere auf Erfordern zu jeder Zeit zur Einsicht vorzulegen.

f. Halbfertige Erzeugnisse.

§ 12. Der Bundesrath kann anordnen, daß die Versendung solcher Erzeugnisse, die als fertiger, der Steuer zu unterwerfender Schaumwein noch nicht anzusehen sind, unter Kontrole gestellt wird.

8. Erhaltung der Steuerzeichen.

§ 13. Die Schaumweinsteuerzeichen sind an den Umschließungen solange zu erhalten, bis diese geöffnet werden.

Wer Schaumwein empfängt, welcher der Vorschrift des Gesetzes zuwider mit den erforderlichen Steuerzeichen nicht versehen ist, hat hiervon binnen drei Tagen der Steuerbehörde Anzeige zu machen.

Händler mit Schaumwein und Wirthe sind verbunden, den Oberbeamten der Steuerverwaltung ihre Vorräthe an Schaumwein zum Nachweise, daß solche mit den vorgeschriebenen Steuerzeichen versehen sind, auf Verlangen vorzuzeigen.

10. Strafbestimmungen.

a. Einziehung.

§ 15. Schaumwein, welcher der Vorschrift dieses Gesetzes zuwider mit den erforderlichen Steuerzeichen (§§ 3 und 29) oder Zollzeichen (§ 30) nicht versehen ist, unterliegt der Einziehung, gleichviel wem er gehört und ob gegen eine bestimmte Person ein Strafverfahren eingeleitet wird.

Wird mit der Herstellung von Schaumwein begonnen, bevor die Betriebs- und Lagerräume angemeldet sind, so unterliegen außer dem hergestellten Schaumwein auch der in der Herstellung begriffene Schaumwein und die zur Herstellung, Lagerung und Aufmachung von Schaumwein geeigneten Geräthe und Materialien in gleicher Weise der Einziehung.

f. Haftung für andere Personen.

§ 20. Hersteller von Schaumwein sowie Händler und Wirthe haften für die von ihren Verwaltern, Geschäftsführern, Gehülfen und sonstigen in ihrem Dienste oder Lohne stehenden Personen sowie von ihren Familien- oder Haushaltungsmitgliedern verwirkten Geldstrafen und Prozeßkosten und für die nachzuzahlende Steuer im Falle des Unvermögens der eigentlich Schuldigen. Wird nachgewiesen, daß die Zuwiderhandlung ohne ihr Wissen verübt ist, so haften sie nur für die Steuer. Die Haftung für Geldstrafen kann nur durch richterliches Urtheil ausgesprochen werden.

Ist die Geldstrafe von dem Schuldigen nicht beizutreiben, so kann die Steuerbehörde davon absehen, den für die Geldstrafe Haftenden in Anspruch zu nehmen, und die an Stelle der Geldstrafe tretende Freiheitsstrafe an dem Schuldigen vollstrecken lassen.

§ 25. Mit Geldstrafe bis zu einhundertfünfzig Mark oder mit Haft wird bestraft, wer ohne schriftlichen Auftrag einer Behörde

1) Stempel, Siegel, Stiche, Platten oder andere Formen, welche zur Anfertigung von Schaumweinsteuer- oder Zollzeichen dienen können, anfertigt oder an einen Anderen als die Behörde verabfolgt;

2) den Abdruck der in Nr. 1 bezeichneten Stempel, Stiche, Platten oder Formen unternimmt oder Abdrücke an einen Anderen als die Behörde verabfolgt.

Neben der Strafe kann auf Einziehung der Stempel, Siegel, Stiche, Platten oder anderen Formen sowie der Abdrücke erkannt werden, ohne Unterschied ob sie dem Verurtheilten gehören oder nicht.

---

208) Verordnung zur Ausführung des Patentgesetzes vom 7. April 1901. Vom 26. Mai 1902. (RGBl S. 169.)

[Abgedruckt als Anm. zu § 17 des Patentgesetzes vom 7. April 1891, S. 182.]

Sach-Register.

FSC
www.fsc.org
MIX
Papier | Fördert
gute Waldnutzung
FSC® C083411

Kolibri 360 GmbH
Ferdinand-Jühlke-Straße 7
99095 Erfurt, Deutschland
produktsicherheit@kolibri360.de